KB015637

行 政 法 Ⅱ

[제 28 판]

金 南 辰
金 連 泰 共著

法 文 社

第28版 序文

이번 개정작업에서도 새로운 판례, 개정된 법령을 반영하는 데 중점을 두었다. 행정법이론과 실무에 있어서 의미 있는 판례를 빠짐없이 소개하려고 노력하였다. 대법원 판례를 중심으로 지난 한 해 선고된 중요한 판례를 조사하여 내용을 보완하였으며, 행정법 관련 쟁점을 내포하고 있는 헌법재판소 결정례를 찾아 소개하였다.

개정된 법령에 따라 관련 내용을 수정하였으며, 새로운 학술적 견해, 문헌을 소개하고 설명을 보충하였다. 이 책에 반영된 조문은 2024년 1월 1일을 기준으로 하였으며, 「개인정보 보호법」, 「행정심판법」, 「정부조직법」, 「행정업무의 운영 및 혁신에 관한 규정」, 「지방자치법」, 「지방자치분권 및 지역균형발전에 관한 특별법」, 「국가공무원법」, 「개발제한구역의 지정 및 관리에 관한 특별조치법」, 「도시 및 주거환경정비법」, 「순환경제사회 전환 촉진법」 등 주요 개정 법령의 내용을 반영하였다.

이번 개정판을 출간함에 있어서도 제자들로부터 많은 도움을 받았다. 김판기 박사는 개정작업을 총괄해 주었으며, 김용주 교수, 강득록 박사, 배정범 변호사, 민병후 교수, 송태원 변호사, 안기수 박사, 이승훈 교수 등이 바쁜 시간을 할애하여 도움을 주었다. 이 자리를 빌려 이들에게 다시 한 번 고마운 마음을 표하며, 학문적 발전을 진심으로 기원한다.

이 책에 대한 각별한 애정을 가지고 배려해 주시는 편집부의 김제원 이사님과 노윤정 님, 영업부의 정해찬 님, 전산팀의 김명희 님, 이선미 님 등 법문사 관계자분들에게도 깊은 감사의 말씀을 드린다.

2024년 2월

金 連 泰

第8版(共著版)　序文

共著로서의 行政法 Ⅰ(제8판)에 이어, 역시 共著로서의 行政法 Ⅱ(제8판)가 완성되기에 이르렀다. 共著者로서 책의 완성에 힘써 준 金連泰교수에게 우선 감사드리지 않을 수 없다.

行政法 Ⅰ(제8판)의 序文에 적어놓은 바와 같이, 金連泰교수는 나의 弟子일 뿐 아니라, 停年으로 떠난 大學講座(高麗大 法科大學)의 後任者이기도 하다. 대학강단을 떠남과 더불어, 著書도 사장되기 일쑤인 우리나라 현실에 있어서, 출중한 弟子덕에 책이 계속 生命을 이어가게 되었음은 큰 幸運이 아닐 수 없다. 기왕이면 序文까지 엮어 주기를 부탁하였으나 사양하므로, 金南辰이 몇 자 적기로 한다.

行政法各論으로서의 行政法 Ⅱ는 사실 단독으로 저술하기에는 너무나 방대하고 벅찬 분야이다. 독일에서의 行政法各論이 거의 전부 共著인 점이 그것을 단적으로 입증한다고 말할 수 있다. 그러한 사정을 숙지하고 있는 나 자신, 그 사이 최소한 5, 6명이 공동으로 집필하는 行政法各論을 여러 차례 의도해 보았다. 그러나 그러한 試圖가 열매를 맺지 못한 채 결국 "2인 共著"로 낙착된 셈이다. 다른 學者에 의해서라도, 우리나라에 독일에서와 같은 풍부한 내용의 行政法各論이 출현하기를 苦待하는 바이다.

行政法各論(行政法 Ⅱ)은 행정의 여러 분야를 포괄하는 관계로, 자연 빈번한 정책과 제도 및 법령의 변경에 직면하게 된다. 그리고 그것은 어쩌면, 모든 것이 "빛의 속도"로 변한다고 말해지고 있는 현대적 행정법각론의 宿命이라고도 말할 수 있다.

책만이 아니라, 모든 行政의 수단이며 도구인 法令 그 자체가 변화하는 현실에 좇아가느라 여념이 없다고 하겠으며, 그에 따라 朝令暮改는 피할 수 없는 현실이 되고 있다고도 말할 수 있다. 바로 그렇기 때문에 외국(특히 독일)에서는 試驗法律, 試驗條項이 논의·연구된 지 오래이다. 法律 또는 法律條項을 처음부터 期限을 정하여 시험적으로 실시·평가한 다음에 그 내용을 확정짓는 것을 의미한다.

우리나라에서는 아직 그 試驗法律, 試驗條項이 본격적으로 논의되고 있지 않으나, 예컨대 그 동안 조령모개를 거듭한 土地 관련의 立法은 사실상 시험법률적 성격을 지녔다고 보아도 잘못이 없을 것 같다. 우리에게 낯익은 都市計劃法, 土地收用法이 그 동안 개정을 거듭한 끝에 國土의計劃및利用에관한法律, 公益事業을위한土地등의取得및補償에관한法律에 각각 흡수됨으로써 이제는 이름조차 찾아 볼 수 없게 되었음은 주지의 사실이다.

사정은 여하간에 法書는 實定法을 반영하여야 하기에, 法令의 개정에 따라 法書도 변천을 거듭하여야 하는바, 行政法各論의 경우 그것이 거의 불가능하다고 하지 않을 수 없다. 多數人의 共著로서의 行政法各論의 출현은 그러한 의미에서도 필히 요청되는 바라고 하겠다.

그런데, 現實은 當爲와 점점 거리를 멀리 하는 것으로 보인다. 다수의 학자가 여러 분야를 분담하여 끊임없이 연구하고 현실을 추종 또는 선도해야 함에도 불구하고, ― 주로 각종 國家試驗의 受驗生의 취향에 영합하여 ― 오히려 單卷化를 지향함으로써 스스로 연구의 폭과 질을 下向平準化하고 있는 것이 우리의 현실이 아닌가 우려되는 것이다. 法科大學의 空洞化, 그 代案으로서의 Law School의 도입 등이 끊임없이 논의되는 이유를 그러한 데에서 찾을 수 있을 것으로 생각된다.

그러나, 그들 당면 과제는 개개 著者로서는 해결할 수 없는 문제이다. 교과서의 집필자로서는 변화하고 발전하는 理論, 制度(법령 포함), 判例 등을 최대한 수용·정리하여 讀者의 需要에 즉응하는 일을 하지 않으면 안되는 것이다. 바로 그와 같은 일을 본인 혼자의 힘으로써는 감당하기 어려워 혈기왕성하고 출중한 金連泰교수의 힘을 빌리게 되었는바, 讀者에게 많은 도움이 되기를 바라는 바이다.

끝으로, 이 책의 탄생으로부터 오늘에 이르기까지 精誠으로 돌보아주신 法文社의 裵孝善 社長님과 任職員 여러분께 깊이 감사드리는 바이다.

2004. 8. 새 學期의 開講을 앞두고

金 南 辰

第7版 序文

行政法 Ⅱ와 짝을 이루는 行政法 Ⅰ의 제6판이 처음으로 출판된 것은 1997년 여름의 일이다. 물론 그 사이 해마다 修訂版을 내어 부족한 부분을 메꾸어 왔다. 그러나, 부분수정으로는 한계가 있기에, 2002년 新學期에 대비하여 전면적으로 개필하여 제7판으로 출판하기에 이르렀다.

제목 이외에는 한글을 전용하였기에 겉보기에도 새 책(판)임을 알 수 있을 것으로 생각된다.

行政法 Ⅱ도 당초 그와 같은 계획하에 작업에 착수하였다. 그러나, 커다란 문제에 부닥쳤다. 법률은 개정되었으나, 시행은 1년 후인 2003년부터 시작되는 國土基本法, 國土의計劃및利用에관한法律 및 公益事業을위한土地등의取得및補償에관한法律을 어떻게 다룰 것인가 하는 문제에 부닥친 것이다. 그들 법률은 土地公法(토지 및 지역정비법) 및 公用負擔法의 근간을 이루는 것으로서, 책에 그들 법률의 내용을 반영하고자 하는 경우, 책에서의 그 부분을 처음부터 끝까지 새로 써야 하지 않으면 안되게 되어 있다.

그러나 그와 같은 부담보다도, 아직 1년이나 실정법(현행법)으로서의 생명을 지니고 있는 여러 법률(土地收用法 등)을 책에서 지울 수도 아니 그럴 수도 없는 문제가 보다 심각한 문제인 것이다. 결론적으로 위 새 법률(國土基本法 등)들은 2003년판부터 책에 반영하기로 결정하였다. 동시에 그 때를 대비하여, 책의 다른 부분도 큰 손질은 하지 않기로 결정하였다. 行政法 Ⅰ과 달리, 行政法 Ⅱ의 제6판은 2000년에 처음으로 나왔기에, 行政法 Ⅰ만큼은 고쳐써야 할 부분이 적은 것이 그나마 다행인 것으로 여기고 있다.

이 책은 실제 나의 강의를 수강하는 학생들을 위한 강의안의 성격을 가지는 것이기에, 부족한 부분은 강의를 통하여 보충하고자 한다. 다른 독자도 그러한 점을 고려에 넣기를 당부하는 바이다.

위와 같은 사정으로, 이 책은 "제6판 수정판"으로 표기함이 어울릴 것으로 생각된다. 그러나, 모처럼 출간되는 "行政法 Ⅰ의 제7판"과 짝을 이루는 관계로, 이 책 역시 "제7판"의 타이틀을 달게 되는 점, 독자의 양해를 구하는 바이다.

2002년 2월 開講을 앞 두고서　　金南辰 씀

第6版 序文

第5版이 1996년에 나왔으니, 4년만에 第6版이 나오게 되었다. "行政法 Ⅰ"의 第6版은 1997년에 나왔고, 해마다 修正版을 냈던 것인데, "行政法 Ⅱ"는 보조를 같이 하지 못한 셈이다. 그 사이 著者의 身上에도 커다란 변화가 있었다. 停年과 더불어 大學講壇을 완전히 떠났다면, 이 "行政法 Ⅱ"는 영원히 햇볕을 보지 못했을지도 모른다. 다행히 順天鄕大에서 敎壇生活을 계속하고 있고 보니, 著者 스스로 때에 맞춘 敎材의 필요를 절감하게 되었다. 著者의 이 책을 敎材로 택한 다른 學者의 독촉도 많이 받은 바 있다.

改訂版인 第6版이 절실히 필요한데도, 그의 出刊이 늦어진 데에는 그럴만한 사정이 있었다. 무엇보다 法令의 改正이 너무나 많이, 또한 빈번히 행해짐으로써 책이 그 속도를 따라 갈 수가 없었다. 文民政府니, 國民의 政府니 하면서 改革을 추진하는 바람에 法令 가운데 손대지 않은 것이 하나도 없다고 하여도 과언이 아니다.

行政과 行政法을 둘러 싼 與件과 環境에도 물론 많은 변화가 있었다. 開發獨裁라는 말이 상징하듯, 한 동안 行政(정부)은 우리 社會에서 선도적 역할을 담당하였으며, 法令은 그것을 뒷받침하였다. 그런데, 民間의 力量이 커지고, 世界化의 바람이 불면서부터는 行政의 간섭과 규제가 도리어 장애가 되는 것으로 인식되기 시작하였다. 그리하여 어느듯 規制緩和, 民間化 혹은 地方化가 시대의 조류를 형성하였으며, 法令도 그에 발맞추어 대폭 정비되기에 이르렀다. 그런데, 마치 疾風怒濤와 같은 변화의 물결이 올해인 2000년에 들어 서면서부터는 小康狀態에 접어든 듯이 보인다.

"行政法 Ⅱ"의 改訂版을 마무리할 여건이 어느 때보다 성숙한 듯이 보여 작업을 진행하고 보니, 새삼 能力의 부족을 절감하게 되었다. 그러기에, "行政法 Ⅱ"를 共著로 출간할 계획을 세운지는 오래 되었다. 독일에서의 行政法 敎材(특히 各論)가 보여 주듯이 行政法 各論의 전분야를 혼자서 저술한다는 것은 불가능에 속한다고 보아야 할 것이다. 日本에서 참고할 만한, 통합된 行政法各論의 敎材가 출간되지 않는 것도 같은 사정에 기인하는 것으로 보인다.

그런데, 이 "行政法 Ⅱ"의 共著者가 될 學者 가운데 몇 사람이 공교롭세도 외국에 나가 있다. 李日世교수는 미국에, 金重權교수는 독일에 留學中에 있는 것이다. 멀지 않은 시일내에 여러 學者의 힘을 모은, 보다 충실한 "行政法 Ⅱ"가 출간되기를 희망하는 바이다.

현재 몸담고 있는 順天鄕大 法學科에 아직 大學院課程이 설치되어 있지 않은 사정 등으로 인하여 이번의 改訂作業에는 젊은이의 도움을 전혀 받지 못하였다. 그에 따라 李在弼 部長을 위시한 法文社 編輯팀에 더욱 많은 것을 의지하게 되었다. 그 점을 포함하여, 法文社 여러 분의 厚意와 勞苦에 대하여 다시 한번 感謝드리는 바이다. 組版을 맡은 光岩文化社의 친절하고 신속한 서비스에 대해서도 고마움을 表하고 싶다.

2000年 새 學期를 맞이하여

著者 金南辰 씀

第5版 序文

1995年에도 많은 法令의 制定 내지 改正이 있었다. 또한 새로운 判例와 著書, 論文도 출현하였다. 이 책이 1年만에 다시 版을 짜게 된 직접적인 이유는 그 점에 있다. 行政法 Ⅱ(各論)가 行政의 全領域에 걸쳐 있음으로 인하여 法令의 빈번한 制定·改正에 민감한 반응을 나타내지 않을 수 없는 처지에 있다고 하겠다. 이 책을 愛讀해 주는 讀者의 數가 많음으로 인하여 變化를 속히 흡수할 수 있다고 생각되며, 그 점 익명의 많은 독자에게 우선 감사를 드리고 싶다. 개정된 부분이 적은 경우에는 別刷라도 만들어 증정할 수 있을 텐데, 사정이 그렇지 못한 점 양해를 求하고 싶다.

제5판을 다시 꾸미는 기회를 이용하여 理論 및 內容의 補强도 전반적으로 행한 바 있다, 社會保障基本法의 제정을 계기로, 社會行政法의 내용을 확충하였으며, 제3장(土地 및 地域整序行政法)에 새로이 "農地의 利用"에 관한 節(제6절)을 신설하였다. 農地 및 農地의 利用이 여러모로 중요하다는 인식에 덧붙여서, 농지관련 여러 法律을 統·廢合한 農地法의 내용을 반영할 필요가 있다 생각되었기 때문이다.

그 동안 個別地價公示의 법적 성질의 문제가 자주 判例 및 理論上의 문제로 등장한 바 있다. 그에 관한 說이 여러 갈래로 나누어진 원인은, 무엇보다도 법적 근거의 미비에 있었다고 여겨진다. 判例는 個別地價公示의 處分說을 뒷받침하기 위해서인지 訓令(국무총리훈령인 "개별토지가격합동조사지침")을 法規命令(집행명령)으로 强辯하는 것으로 보였다. 그러나, 다행히도 관계 法律(지가공시및토지등의평가에관한법률)의 개정을 통해 그들 문제가 어느 정도 立法的으로 해결되었다. 그리하여, 이론적 문제를 비교적 상세히 다루었던 부분을 제5판에서는 삭제하였다.

일일이 열거할 수 없을 정도로 많은 法律의 개정이 있었으나, 상당수가 年末에 국회를 통과한 탓으로 아직 그의 施行令이 정비되지 않은 것도 상당수 있다. 그러기에 改正法律은 대체로 공포 후 6월이 경과한 날부터 시행함이 보통이다(大氣環境保全法 등). 그럼에도 불구하고 책에는 改正된 법률의 내용을 반영시켜 놓고 있는 바, 施行令이 정비된 후 다소의 수정이 필요할 것으로 생각된다.

책이나 논문을 쓸 적마다 자료의 수집 기타의 문제와 관련하여 평소 많은 사람으로부터 도움을 받고 있는 가운데, 이번의 改訂版을 꾸미는 데는 특히 李日世教授와 金連泰博士로부터 많은 도움을 받았다. 이 자리를 빌어 感謝의 뜻을 전하기로 한다.

教材를 고치는 작업이 編輯·組版者에게는 新刊보다 훨씬 수고를 많이 끼치는 것으로 보인다. 그럼에도 불구하고 언제나 好意와 親切을 베풀어 주시는 李在弼編輯部長 그 밖의 여러분에게 다시 한번 感謝를 드리기로 한다.

1995. 2.

새學期를 맞이하며

著 者 씀

第四版 序文

第三版이 발간된 지 불과 6개월 만에 第四版을 내기에 이르렀다. 政府組織法, 地方自治法, 國家公務員法, 企業活動規制緩和에관한特別措置法을 위시한 각종 經濟法規, 土地超過利得稅法을 위시한 각종 稅法 등 行政法各論과 관련되는 거의 모든 法律이 약간씩이나마 개정되어, 그들 내용을 수록하기 위함 이다.

그 까다롭고 성가신 作業을 위해 많은 도움을 준 李日世敎授와 崔峰碩敎官 및 編輯部와 印刷所 여러 분께 특별히 감사드리기로 한다.

1995년 설날에

著 者 씀

第3版 序文

1989년에 初版이 나온 이 책이 이제서야 第3版이 나오는 데 대해 스스로 놀라게 된다. 그토록 게으르고 無感覺했던가 해서이다. 1년에도 몇 刷씩 찍어 내고, 그때마다 改正된 法令 등을 반영시켰던 것인데, 그 刷를 版으로 표시하였더라면, 이 책도 최소한 10 몇 版의 타이틀을 붙일 수 있었을 것으로 생각된다. 실제로 그러는 책도 없지 않다. 그러나 그것은 良心이 허락치 않아, 상당한 손질을 거듭하면서도 第2版을 유지해 왔다.

그러나 이제는 第3版이라는 간판을 내 걸어도 괜찮을 것 같다. 體系, 內容 등에 있어 손질을 많이 했기 때문이다. 行政法學에 있어서 行政法 Ⅱ(各論)가 차지하는 의미와 비중에 대해서는, 初版 序文에 적어 놓은 바 있기에 여기에서 되풀이하지 않기로 한다. 다만, 行政法 各論을 형성하는 行政領域 사이에서의 比重의 移動은 매우 현저하며, 이 책은 그러한 것을 反映하고 있음을 밝혀 두고 싶다. 經濟行政法과 環境行政法을 독립시키고, 地方自治法과 土地 및 地域整序行政法을 擴充한 것 등이 대표적 예이다. 새로운 文獻, 法令, 判例 등을 최대한 반영시키고자 노력하였다.

初版에서와 마찬가지로, 第3版도 少壯學者들의 도움으로 완성될 수 있었음을 맑히지 않을 수 없다. 그 가운데서도 地方自治法, 公務員法을 검토해 준 崔峰碩敎官(陸軍士官學校), 給付行政法을 다듬어 준 李日世敎授(江原大), 經濟行政法과 環境行政法의 틀을 짜준 高永訓博士(法制硏究院), 法令 등 새 情報를 신속히 해 준 鄭準鉉博士(法制處) 및 이 책의 完成에 여러 모로 도움을 준 金重權博士, 徐廷範博士, 博士課程의 柳志薰君에게 특별히 감사드리는 바이다.

生涯 처음인 것으로 느껴지는 무더위에 많은 勞苦와 親切을 베풀어 주신 出版社 여러 분께 다시 한번 감사드리는 바이다.

1994年 三伏에

著　者 씀

第2版 序文

1989년 봄에 出刊된 이 책의 初版은 기대했던 이상의 呼應을 얻어 版(刷)을 거듭하였다. 版을 거듭할 때마다 改正된 法令 등을 반영시켰으나 이제는 그러한 방법으로 變化를 追從하기가 어렵게 되었다. 그 사이 政府組織法, 地方自治 및 教育自治關聯法令, 警察關係法令, 環境關係法令, 土地關係法令, 地方稅關聯法令 등 너무나 많은 法令이 改正 내지 制定되었음으로 인해 책의 상당 부분을 改筆·增補하지 않을 수 없게 되었기 때문이다. 또한 그러한 기회를 이용하여, 原版을 크게 흐트르지 않은 범위에서 책의 여러 곳을 손질하였다. 예컨대, 公物의 公用變更, 部分公用廢止 등을 새로이 追加한 것 등이 그에 해당한다.

위와 같은 作業은 나의 여러 愛弟子들의 도움이 있음으로써 가능했다. 그 가운데에서도 博士課程에 籍을 두고 있는 金重權講師(祥明女大), 朴秀憲研究員(國土開發研究院), 碩士課程에 籍을 두고 있는 金亨根助教와 崔峰碩助教에게 이 자리를 빌어 특별히 고마운 뜻을 전하기로 한다. 아울러 法文社의 關係者 여러분의 勞苦에 대해서도 感謝드리고 싶다.

1991. 3.

著　者 씀

序　文

行政法各論에 해당하는 "行政法 Ⅱ"는 行政組織과 함께 여러 領域의 行政作用에 대한 法的 考察을 내용으로 삼고 있다. 現代國家에 있어서의 行政機能이 다양하고 방대함으로 인하여 行政法各論의 내용도 그만큼 다양할 수밖에 없다. 과연 現代國家에서 行政이 무엇을 어떻게 하고 있는가를 알기 위해서는 行政法 Ⅱ(行政法各論)을 一讀하는 것이 가장 손쉬운 방법이 아닌가 하는 생각이 든다.

"行政法 Ⅱ"가 行政의 거의 모든 領域을 그 안에 담고자 하는 만큼, 그것을 제대로 완성한다는 일은 그만큼 어려운 일에 속한다. 이 책의 脫稿 및 出刊이 예정보다 많이 늦어진 최대의 이유는 거기에 있다. 그 밖에, 그 사이의 우리나라에서의 政治·社會의 激變, 그로 인한 각종 法令의 改廢와 流動이 이 책의 出刊을 組版狀態에서 1年餘나 늦추는 결과를 가져오고 말았다. 그로 인해 出版社와 組版社에 끼친 累는 말할 수 없을 정도이다. 이 자리를 빌어 양社에 대해 感謝한 마음과 未安한 마음을 함께 전해 드리고자 한다.

1986年度에 "行政法 Ⅰ"을 出刊한 직후부터 "行政法 Ⅱ"를 완성하고자 著者 나름대로 있는 힘을 다하여 노력해 왔다. 그러나 이제 완성단계의 책의 전체 내용을 概觀해 보니, 새삼 자신의 能力의 限界를 절감하게 된다. 동시에, 行政法各論은 결코 1人이 전담해서는 안된다는 平素의 所信을 확인케 하여 준다. 近年에 발간되는 外國의 行政法各論이 대부분 共著인 것도 그러한 사실을 뒷받침해준다.

"行政法 Ⅱ"를 구성하는 각 行政領域에 관하여는, 그 분야만을 다룬 專門書가 國內外的으로 많이 出刊되어 있다. 그에 따라 이제는 行政法으로부터 완전히 分家했다고 보아야 하는 部門도 있다. 租稅法이 대표적 예이다. 실제로 近年의 外國의 行政法各論書에서는 租稅法을 다루고 있지 않다. 우리나라에서도 앞으로는 그래야 할 것으로 생각한다.

반드시 行政法各論에서 分家하지는 않더라도 각 部門別로 연구하고 정리해야 할 것이 너무나 많다. 外國에서는 물론 우리나라에서도 部門別의 研究業績

이 많이 쌓여 있으며, 그에 관한 單行本도 상당수 發刊되어 있다. 다만 行政法各論의 部門別研究가 行政法總論과의 연계성을 가지며, 보다 높은 水準에 도달해야 하는 것이 우리나라에서의 앞으로의 課題인 것으로 생각된다. 本書는 그 目標를 향한 조그마한 시작에 불과하다.

"行政法 Ⅱ"를 出刊하는 이 時點에서 著者는 이 책의 不足함에 너무 失望하지 않기로 한다. 그 이유는 앞으로 우리의 行政法學界를 이끌어 가고, 이 책을 分擔하며 補完해 줄 젊은 人材가 國內·國外에 걸쳐 健在하고 있기 때문이다. 그 가운데, 이 책의 完成에 직접 힘써 준 李日世講師, 鄭準鉉法制研究擔當官, 徐廷範助教, 金重權市立大助教, 朴尙熙研究員을 특별히 擧名하며 感謝의 뜻을 表하기로 한다.

1989. 3.

著　者 씀

차 례

제6편 행정조직법

주요참고문헌

고영훈, 환경법, 법문사, 2000.

김남진, 행정법의 기본문제, 제4판, 법문사, 1994.

김남진, 행정법 Ⅱ, 제7판, 법문사, 2002.

김남진 · 김연태, 행정법 Ⅰ, 제28판, 법문사, 2024.

김남진 · 박상희, 토지공법론, 경세원, 1994.

김남진 · 이명구, 행정법연습, 제4전정판, 고시연구사, 1994.

김도창, 일반 행정법론(하), 제4전정판, 청운사, 1993.

김동희, 행정법 Ⅱ, 제26판, 박영사, 2021.

김성수, 개별행정법, 제2판, 법문사, 2004.

김연태, 행정법사례연습, 제7판, 홍문사, 2012.

김연태, 환경보전작용연구, 고려대학교 출판부, 1999.

김중양 · 김명식, 주해 국가공무원법, 언약, 1996.

김철용, 행정법 Ⅱ, 제10판, 박영사, 2010.

롤프 슈토버(저), 최송화/이원우(공역), 독일경제행정법, 법문사, 1996.

류지태 · 박종수, 행정법신론, 제18판, 박영사, 2021.

류지태 · 김연태 · 김중권, 세법, 법문사, 1998.

박균성, 행정법론(하), 제21판, 박영사, 2023.

박균성 · 함태성, 환경법, 제7판, 박영사, 2015.

박송규, 사회복지법제론, 법문사, 2003.

박윤흔 · 정형근, 최신 행정법강의(하), 개정28판, 박영사, 2009.

볼프 R. 쉔케(저) · 서정범(역), 독일경찰법론, 세창출판사, 1998.

서정범, 경찰행정법, 세창출판사, 2022.

서정범 · 김연태 · 이기춘, 경찰법연구, 제3판, 세창출판사, 2018.

석종현 · 송동수, 일반행정법(하), 제13판, 삼영사, 2013.

유상현, 행정법 Ⅱ, 형설출판사, 2002.

이광윤 · 김민호 · 강현호, 행정작용법론, 법문사, 2002.

이기우, 지방자치행정법, 법문사, 1991.

이명구, 신행정법원론, 전면개정판, 대명출판사, 1997.

이상규, 신행정법론(하), 신판, 법문사, 1994.
이태로 · 한만수, 조세법강의, 신정9판, 박영사, 2013.
전광석, 한국사회보장법론, 제6판, 법문사, 2005.
정하중, 행정법사례연구, 성민사, 1999.
정하중 · 김광수, 행정법개론, 제17판, 법문사, 2023.
한견우 · 최진수, 현대행정법, 세창출판사, 2009.
홍정선, 신 지방자치법, 제5판, 박영사, 2022.
홍정선, 행정법원론(하), 제31판, 박영사, 2023.
홍준형, 행정법총론, 제4판, 한울아카데미, 2001.
홍준형, 환경법, 제2판, 박영사, 2005.

Achterberg/Püttner(Hg.), Besonderes Verwaltungsrecht Ⅰ, 1990.
Drews/Wacke/Vogel/Martens, Gefahrenabwehr, 9. Aufl., 1986.
Erischen(Hg.), Allgemeines Verwaltungsrecht, 11. Aufl., 1998.
Jarass, Wirtschaftsverwaltungsrecht und Wirtschaftsverfassungsrecht, 2. Aufl., 1984.
Kodal/Krämer, Straßenrecht, 4. Aufl., 1985
Maurer, Allgemeines Verwaltungsrecht, 14. Aufl., 2002.
Mayer, Deutsches Verwaltungsrecht, Bd.Ⅱ, 1924.
Pappermann/Löhr/Andriske, Recht der öffentlichen Sachen, 1987.
Püttner(Hg.), Handbuch der kommunalen Wissenschaft und Praxis, Bd.1, 2. Aufl., 1981.
Schmidt-Aßmann(Hg.), Besonderes Verwaltungsrecht, 11. Aufl. 1999.
Steiner(Hg.), Besonderes Verwaltungsrecht, 5. Aufl., 1995.
Tipke, Steuerrecht, 10. Aufl., 1985.

제 6 편

행정조직법

제 1 장 행정조직법통칙

제 1 절 행정조직법의 의의 및 범위

Ⅰ. 행정조직법의 의의

행정조직법은 문자 그대로 '행정조직'에 관한 법이다.[1)] 이것을 분설하면 다음과 같다.

(1) 행정조직법은 '행정권'의 조직에 관한 법이다. 그러한 의미에서 일단 '입법권'의 조직법이나 '사법권'의 조직법은 행정조직법이 아니다. 입법권의 조직법으로서는 「국회법」, 「국회사무처법」 등이 있으며, 사법권의 조직법으로서는 「법원조직법」이 있다. '행정' 또는 '행정권'이 무엇을 의미하는가에 관해서는 '실질적 의미의 행정'과 '형식적 의미의 행정'이 나누어져 있는데, 행정조직법상의 행정은 후자의 의미로 새길 수 있다.

(2) 행정조직법은 행정의 '조직'에 관한 법이다. 행정법은 크게 ① 행정조직법, ② 행정작용(행정의 행위형식·행정의 실효성확보수단)법, ③ 행정절차법, ④ 행정구제법, ⑤ 특별행정작용(기능별 행정영역)법 등으로 구분될 수 있는데, 이 중에서 행정조직법만이 본장에서의 고찰대상이 된다. 행정조직법은 행정의 각 영역(국가행정·지방자치행정·경찰행정·급부행정·사회행정·토지 및 지역정서행정·경제행정·환경행정·재무행정·조세행정 등)에 존재하는 행정조직에 어느 정도 공통되는 법이론을 다루는 것이므로 행정법 Ⅰ(총론)의 내용에 포함됨이 적절하다. 그러한 체재를 취하고 있는 독일의 예[2)]가 좋은 참고가 된다. 다만, 이 책은 우리나라에서의 일반적인 예에 따라 행정조직법을 행정법 Ⅱ(각론)에서의 고찰대상으로 하기로 한다.

(3) 행정조직법은 행정조직에 관한 '법'을 그의 고찰대상으로 삼는다. 그리

1) 참조: 김남진, 행정조직법(학)의 재조명, 학술원통신 제242호, 2013. 9.

2) Vgl. Erichsen(Hg.), Allgemeines Verwaltungsrecht, 11. Aufl., 1998, S. 772 ff.; Maurer, Allgemeines Verwaltungsrecht, 14. Aufl., 2002, S. 521 ff.

고 그 법에는 성문법과 불문법, 법규의 성질을 가지는 것과 법규의 성질을 가지지 않는 것(행정규칙) 등이 다 포함된다.[3]

Ⅱ. 행정조직법의 범위

행정조직법이 행정조직에 관한 법임은 앞에 적어 놓은 바와 같다. 그런데 그 행정조직을 어떻게 이해하는가에 따라 행정조직법의 범위는 달라진다. 행정조직을 광의로 이해하는 입장에서는 행정조직법에 국가·지방자치단체 및 기타의 공공단체의 행정조직에 관한 법과 공무원에 관한 법을 포함시킨다. 이에 대하여 행정조직을 협의로 이해하는 입장에서는 행정주체(국가·지방자치단체 등 공법인·공무수탁사인)[4]와 행정기관(후술)의 조직에 관한 일반적 사항(설치·상호관계·권한 등)만을 원칙적으로 행정조직법의 범위로 파악한다. 이 책은 그 중에서 후자의 입장을 취함을 밝혀 둔다.[5] 따라서 국가행정조직법도 별도의 장에서 다루는 것이 체계상으로는 옳을 것으로 생각되나, 편의상 이 장에 포함시키고 있음을 밝혀 둔다.

제 2 절 행정조직의 유형 및 특색

Ⅰ. 행정조직의 유형

행정조직은 나라마다의 사정과 시대의 흐름에 따라 상이할 수밖에 없다. 그럼에도 불구하고 경험적으로 일정한 유형이 구별되고 있으므로 그의 주된 것에 관해 약술하기로 한다.[1]

3) 본서에서는 성문·불문의 모든 법 가운데 성문의 상위규범(특히 법률)을 구체화하며 대내적·대외적 구속력(재판규범 포함)을 가질 수 있는 법규범만을 법규로 본다. 그러한 의미에서 법률의 수권없이 제정될 수 있으며, 원칙으로 행정조직(특별신분관계 포함) 내부에서만 구속력을 가지는 행정규칙은 법규로 보지 않는 입장을 취한다. 상세는 김남진·김연태(Ⅰ), 제2편 제2장 제3절 이하 등 참조.

4) 행정주체의 의의 및 종류에 관하여는 김남진·김연태(Ⅰ), 제1편 제3장 제5절 이하 참조.

5) 일본의 문헌 가운데에는, 행정조직법을 총론과 국가행정조직법 및 지방행정조직법으로 나누어 설명하고, '부편'의 이름으로 공무원법을 설명하는 예도 있다. 藤田宙靖, 行政組織法, 1994, 229면 이하.

1) 오늘날은 행정조직의 문제를 전문적으로 연구하는 행정학이 발달되어 있다. 따라서 보다 상세한 것은 그 분야의 전문서를 참조하기를 권한다.

1. 집권형과 분권형

국가적·행정적 권력이 중앙(국가)에 집중되어 있는가(Zentralization), 지방정부(지방자치단체)에 분산되어 있는가(Dezentralization)에 따른 구분이다. 과거에는 권력이 국가 또는 중앙정부에 집중되어 있는 집권형이 보편적이었으나, 근년에는 분권형을 지향하고 있는 것이 하나의 추세라 할 수 있다. 작은 정부(schlanker Staat), 규제완화(Deregulierung)와 같은 구호도 그러한 분권화를 촉진하는 요소로 작용하고 있다고 할 수 있다. 이와 같은 시대적 흐름에 비추어 볼 때, 우리의 관련 현행법(정부조직법, 지방자치법 등)에는 개정되어야 할 사항이 많다고 하지 않을 수 없다.[2)]

2. 집중형과 분산형

국가, 지방자치단체 등 하나의 행정주체 내에 있어서 권력(권한)이 특정기관에 집중되어 있는가(Konzentralization), 아니면 분산되어 있는가(Dekonzentralization)의 여부에 따른 구분이다. 행정조직은 계서(階序)제(Hierarchie)를 형성하고 있으며, 의사의 통일을 위하여 상급기관(행정청)에 하급기관에 대한 지휘·감독권(감시권·훈령권·승인권 등)이 부여됨이 보통이다. 그러나 근래에는 하의상달(下意上達)을 실현하며, 중지를 모으기 위한 팀(team)제를 도입하는 등 새로운 시도가 강구되고 있는 점에도 유의할 필요가 있다. 최종적인 결정은 상급기관이 하더라도 하급기관의 더 나은 의사나 정보를 수렴할 필요가 있는 것이다. 오늘의 정보화·전문화시대에 있어서, 상급기관의 의사나 정보가 언제나 최선의 것이라 할 수 없기 때문이다.

3. 대통령제(수장형)와 의원내각제

특히 중앙정부의 권력구조(정부형태)의 여하에 따른 구분이다. 이밖에 이원적 집정제, 회의제 등 정부형태가 구분되고 있음은 주지의 사실이라고 하겠다.[3)]

4. 독임형과 합의형

행정기관, 그 중에서도 행정관청 또는 행정청(후술 참조)이 한 사람으로 구성되어 있는가, 복수의 인원으로 구성되어 있는가에 따른 구분이다. 후자를 합의제관

2) 김남진, 분권화시대의 과제, 판례월보, 1997. 9 등 참조.
3) 이와 같은 정부형태론은 헌법학에서 다루어지고 있으므로 여기에서는 깊이 들어가지 않기로 한다.

청(후술)이라고 부르기도 한다.

Ⅱ. 행정조직의 특색

행정(권)이 그의 목적을 달성하기 위해서는 일정한 조직을 필요로 한다. 이것은 입법·사법권에 있어서나, 사인의 기업에 있어서나 마찬가지이다. 과연 행정이 그의 목적을 달성하기 위하여 어떠한 조직을 갖추어야 하는가, 행정의 조직이 다른 조직(예컨대, 사기업의 조직)과 어떻게 다른가 하는 점 등은 오늘날 다른 학문분야(행정학, 경영학 등)에서 깊이 연구되고 있다. 따라서 이 문제 역시 여기에서는 대강만 살펴보기로 한다.[4]

1. 행정조직의 통일성과 계층성

행정조직은 겉모습으로 볼 때 작은 피라미드가 모여 큰 피라미드를 형성하고 있다고 말할 수 있다. 피라미드형의 조직체를 흔히 계층제 또는 계서제(Hierarchie)라고 부른다. 행정조직이 일반적으로 계층성을 띠고 있는 이유는 지휘·감독 등의 방법을 통해 행정의사의 통일을 기하려는 데 있다. 이러한 점이 사법권의 조직이나 입법권의 조직과 근본적으로 다른 점이다. 행정조직 가운데에도 감사원, 소청심사위원회 같은 합의제관청은 그 계서제의 계열 밖에 위치하고 있으나, 이러한 것은 그의 기능의 특수성에 따른 예외적 현상으로 볼 수 있다.

행정이 계서제를 형성하고 있는 까닭으로, 조직 및 조직구성원 간의 협동(Kooperation)과 조정(Koordination)을 부단히 필요로 하며, 행정의 통일성을 확보하는 것이 큰 과제가 되고 있기 때문이다.[5]

2. 행정조직의 독임성과 책임의 명확성

행정조직은 사무를 신속히 처리하며 책임을 명확히 하기 위하여 한 사람의 장이 권한을 가지는 독임형을 대부분 취하고 있다. 행정조직 가운데에도 합의형을 취하는 것이 상당수 있는데, 이것은 사무의 신속한 처리보다도 판단의 신중·공정성을 확보하려는 데 그 목적을 두고 있다고 볼 수 있다.

4) 이에 관한 문헌으로서는 김명식, 중앙행정기관의 법적 지위와 조직원리, 고시계, 1997. 9, 96면 이하 참조.
5) Vgl. Schuppert, Die Einheit der Verwaltung als Rechtsproblem, DÖV 1987, S. 757 ff.

3. 행정조직의 관료성 · 전문성

행정기능의 확대, 행정수요의 고도화에 따라 행정에 관한 정책결정, 사무의 능률적 처리에는 더욱 더 전문성이 요구되고 있다. 오늘날 행정조직을 높은 수준의 지식과 경험을 갖춘 직업공무원(관료)으로써 충원하려는 이유는 바로 그러한 점에 있다고 하겠다.

제 3 절 우리나라 행정조직의 기본원리

우리나라가 민주적 · 사회적 법치국가라고 하는 이념을 지향하고 있음은 헌법에 비추어 보아 명백하다.[1] 그러한 헌법이념 및 행정조직에 관한 헌법상의 관계규정을 바탕으로 우리나라 행정조직의 기본원리로서 ① 행정조직의 민주성, ② 행정조직의 법정성, ③ 행정조직의 능률성, ④ 행정조직의 분권성, ⑤ 행정조직의 관료성을 추출할 수 있다.[2]

Ⅰ. 행정조직의 민주성

우리나라는 민주공화국이다(헌법 1조 1항). 따라서 행정조직 역시 민주국가원리에 입각하여 구성되고 운영되어야 함은 당연한 일이다.[3] 행정조직의 민주성은 행정권의 수반인 대통령이 국민에 의하여 직접 선출되는 점에서도 잘 나타나 있다(헌법 66조 4항, 67조 참조).

---

1) 행정법은 '헌법의 집행법'이며 '구체화된 헌법'으로서의 성격을 지니고 있으므로 우리 헌법의 기본원리인 민주국가원리, 법치국가원리, 사회국가(복지국가)원리 및 문화국가원리가 동시에 행정법의 기본원리(지도원리)가 된다. 이에 관한 상세는 김남진 · 김연태(Ⅰ), 제1편 제2장 제4절 이하 참조.

2) 다만, 무엇을 우리나라 행정조직의 기본원리로 보는가는 학자에 따라서 차이가 있다. 즉 ① 균형적 대통령제와 책임행정, ② 행정조직법정성, ③ 독임제와 합의제, ④ 지방분권주의, ⑤ 직업공무원제도와 그 민주화로 나누는 입장(김도창(하), 59면 이하), 또한 ① 행정조직의 민주성, ② 행정조직법률주의, ③ 지방분권주의, ④ 직업공무원제로 나누는 입장(이상규(하), 54면 이하) 등이 있으며, 그 밖에 ① 민주주의 원리에 기초한 민주적 통제가능성과 책임성, ② 법치주의 원리에 기초한 행정조직 법정주의와 명확성 및 책임성, ③ 사회국가원리에 기초한 복리증진에 기여할 수 있는 조직구조, ④ 실질적 의미의 공화주의에 기초한 합목적성과 효과성, 전문성과 독립성 등을 제시하는 견해(이원우, 행정조직의 구성 및 운영절차에 관한 법원리, 경제규제와 법, 2009. 11. 99면 이하)도 있다.

3) 헌법상의 민주국가원리, 그의 구체화 등에 관하여는 김남진 · 김연태(Ⅰ), 30면 이하 참조.

Ⅱ. 행정조직의 법정성

법치주의 또는 법치국가원리가 우리 헌법의 기본원리임은 누구나 인정하는 바이다.[4] 그 결과, 첫째로 법(률)우위원칙에 의하여 행정의 조직 역시 헌법, 법률 등 실정법에 위배되어서는 안 된다. 다음으로, 법률유보의 원칙이 행정조직에 어느 정도 적용되는가는 간단히 말하기 어렵다.[5] 과거에는 이른바 침해유보의 이론에 따라, 행정의 조직은 국민의 자유나 권리·의무와 직접 관계되지 않는다는 이유로 법률유보원칙의 적용영역에서 제외되는 것으로 보는 경향이 있었다. 그러나 현재는 그러한 내용의 침해유보설은 통용되지 않을 뿐만 아니라, 특히 우리 헌법은 "행정각부의 설치·조직과 직무범위는 법률로 정한다"(96條) 라고 규정함으로써, 행정조직의 법정성을 명문화하고 있는 점에 유의할 필요가 있다. 현재 「정부조직법」, 「감사원법」, 「국가경찰과 자치경찰의 조직 및 운영에 관한 법률」, 「지방자치법」 등 많은 조직법이 제정되어 있다.

Ⅲ. 행정조직의 능률성

헌법은 공적 임무를 효율적으로 수행할 능력이 있는 국가를 전제하고 있다고 말할 수 있다. 특히 오늘날과 같이 '세계화'의 경향 아래 경쟁이 치열한 시대에 있어서는 "작지만 효율적인 정부"가 시대의 구호가 되고 있음은 주지의 일이라 하겠다. 아울러 오늘의 사회국가, 복지국가는 그와 같은 능력 없이는 가동하기 어렵다고 하지 않을 수 없다. 그러한 의미에서 능률의 요청은 행정작용에 있어서뿐만 아니라 행정조직에 있어서도 요구되는 기본원리의 하나라고 할 수 있다.[6]

---

4) 헌법상의 법치국가원리의 상세에 관하여는 김남진·김연태(Ⅰ), 32면 이하 참조.

5) 법률유보원칙에 관한 여러 가지 이론, 문헌 등에 관하여는 특히 김남진, 기본문제, 37면 이하; 김남진·김연태(Ⅰ), 35면 이하 참조.

6) 행정작용에 적용되는 법원칙의 하나로서의 '능률의 요청'에 대하여는 김남진, 행정작용의 준용법 원칙, 고시연구, 1987. 10; 김남진, 기본문제, 352면 이하 참조.

Ⅳ. 행정조직의 분권성

'분권'은 자치를 내포하는 의미의 분권과 행정권한상의 분권이 있다. 우리의 행정은 그 양자를 지향하고 있거니와, 이 점과 관련하여는 「지방분권특별법」(2004. 1. 16. 제정. 현행 지방자치분권 및 지방행정체제개편에 관한 특별법), 「국가균형발전 특별법」(2004. 1. 16. 제정) 등의 제정에 특별히 주목할 필요가 있다.

Ⅴ. 행정조직의 관료(전문)성

'관료성'이라는 용어가 가지는 여러 가지 의미 가운데, 여기에서는 전문직업성의 의미로 사용함은 앞에 기술해 놓은 바와 같다. 이 점과 관련하여, 헌법이 "공무원의 신분과 정치적 중립성은 법률이 정하는 바에 의하여 보장된다"(7조 2항) 라고 규정하고 있는 사실에 유의할 필요가 있다.

제 4 절 행정기관

Ⅰ. 행정기관의 의의 및 성질

1. 행정기관의 의의

행정기관의 개념은 조직적 관점과 작용적 관점의 두 가지 측면에서 파악할 수 있다. 조직적 관점에서의 행정기관은 행정사무의 분배의 단위를 의미한다. 「정부조직법」은 "중앙행정기관은 … 부 · 처 및 청으로 한다"라고 규정하고 있는데(2조 2항), 이 경우의 행정기관 개념이 바로 그에 해당한다고 볼 수 있다. 작용 내지 쟁송법적 의미의 행정기관은 일정한 권한의 귀속자를 의미하고 있다. 권한의 위임 · 위탁과 관련된 규정(정부조직법 6조)상의 행정기관, 행정청으로서의 행정기관(행정심판법 2조 4호, 행정소송법 2조 2항) 등이 그에 해당한다. 국가 및 지방자치단체는 그 기관을 수족으로 삼아 활동하게 되며, 일정한 권한의 귀속자인 기관의 각종 행위의 효과는 궁극적으로 그의 주체(국가 또는 지방자치단체)에 귀속하게 되는 것이다. 행정법학에서 사용하는 경우의 기관은 대개 이와 같은 의미로 사용되고 있다.

2. 행정기관의 성질

국가 또는 지방자치단체의 행정기관에 있어서는 행정기관이 단순한 표현기관에 그치느냐 아니면 스스로 인격을 가지느냐 하는 것이 문제로 되어 있다. 종래의 통설은 행정기관은 권한은 가지지만 권리는 가지지 않으며, 기관 그 자체로서는 인격을 가지지 않는다고 보아왔다.

생각건대, 행정기관이 인격을 가지느냐의 여부는 그 인격의 관념을 어떻게 파악하느냐에 달려 있다. 우선 행정기관은 대외적(대국민) 관계에 있어서는 원칙적으로 행정주체의 표현기관으로서의 지위를 가질 뿐이다. 즉, 행정청이 명령을 발하고 또는 처분을 하는 경우 그 명령 또는 처분은 국가(또는 지방자치단체)의 명령 또는 처분으로서의 효력을 가지는 것으로서, 이 경우에는 행정청의 인격이라든가 권리주체성을 문제삼을 여지가 없다. 다만, 법률이 예외적으로 그 경우의 기관에 법률관계의 당사자로서의 지위를 부여하는 경우가 있는데(행정소송법 13조), 이러한 경우에는 그 한도에서 인격자에 준한 지위를 가진다. 한편, 행정기관은 대내적(기관 대 기관) 관계에 있어서 때로는 자기의 명의로 행위하고 그것에 일정한 법률상의 효과가 귀속하는 경우가 있는데(권한의 위임, 기관쟁송의 당사자), 이 한도에서 또한 행정기관은 인격자에 준한 지위를 가진다고 볼 수 있다.

일반적으로 행정기관이 인격을 가지지 않는다고 하는 것은 그의 권한의 범위 내에서 행한 행위의 효과가 직접 행정주체(특히 국가 또는 지방자치단체)에 귀속하고 그 행위자에게 귀속하지는 않는다는 것을 의미한다. 그런데 그 행위를 실제로 관찰하여 보게 되면 그것이 행정기관의 구성원으로서의 자연인의 행위인 것이 틀림없는 까닭에, 이것에 착안하여 행위자를 처벌하고 손해배상 및 기타의 책임을 지우기도 한다. 이러한 의미에서 행정기관의 구성원인 자연인이 인격을 가지는 것은 틀림없는 일이지만, 그러나 행정기관 그 자체의 지위·성질과 행정기관의 구성원인 자연인과는 구별하지 않으면 안 된다.

Ⅱ. 행정기관의 종류

행정기관은 그의 법률상의 지위, 권한, 소관사무의 종류 및 내용 등을 기준으로 하여 여러 가지로 분류할 수 있는데, 그의 주된 것에는 다음과 같은 것이 있다.

1. 권한에 의한 분류

(1) 행정청 · 행정관청

국가를 위하여 그의 의사를 결정하고 그것을 외부에 표시할 수 있는 권한을 가진 기관을 행정관청이라고 하고, 지방자치단체를 위하여 동일한 권한을 행사할 수 있는 기관을 행정청이라고 한다. 또한 행정관청과 행정청, 기타 행정권의 수탁자를 합쳐서 부를 때도 행정청이라고 한다. 「행정심판법」(2조 4호, 17조 등)이나 「행정소송법」(2조 2항, 3조, 13조 등)에서는 이러한 의미의 '행정청'이라는 용어를 사용하고 있는 데 대하여, 「정부조직법」은 행정청을 '행정기관' 또는 '행정기관의 장'으로 표현하고 있다(동법 2조, 7조 등).

일반적으로 외부에 대하여 행정주체의 의사를 결정 · 표시할 수 있는 기관(장관, 청장 등)만을 가리키나, 예를 들어 국립대학 학장이 학생을 징계하는 경우에 있어서와 같이 내부의 자에 대해 같은 권한을 가지는 기관 역시 행정청으로 볼 수 있다. 그 밖에 관청이라는 말은 관서의 의미로도 사용된다. 행정청은 독임제기관인 것이 보통이나 합의제기관인 경우(감사원, 소청심사위원회, 토지수용위원회, 노동위원회 등)도 있다.

[판례] 노동위원회는 노동관계에 있어서 판정 · 조정업무의 신속 · 공정한 수행을 위하여 설치된 합의제행정기관이므로 같은 위원회가 행하는 절차 및 조치는 행정작용으로서의 성질을 가지므로 사법상의 절차 및 조치와는 구별된다 할 것인 바, 중앙노동위원회위원장이 중재재심사건을 심리함에 있어 소송절차에 준하여 관계당사자들을 소환하지 아니하였다고 하더라도 그 절차에 위법이 있다고 할 수 없다(대판 1997. 6. 27, 95누17380).

(2) 보조기관 · 보좌기관

행정청에 소속되어 행정에 관한 행정주체(국가 · 지방자치단체 등)의 의사를 결정 · 표시하는 행정청의 권한행사를 보조함을 임무로 하는 기관을 보조기관이라 하는데, 차관 · 차장 · 실장 · 국장 및 과장이 그에 해당한다(정부조직법 2조 3항). 이러한 보조기관 가운데 특히 정책의 기획, 계획의 입안, 연구 · 조사, 심사 · 평가 및 홍보 등 참모적 기능을 담당하는 기관(차관보 · 담당관)을 보좌기관[1]이라고 부르기도 한다(동법 2조 5항).

---

1) 보좌기관을 보조기관과 구별하는 설도 있다: 김도창(하), 65면; 박윤흔 · 정형근(상), 14-15면 등. 그러나 '권한'이라고 하는 법적 측면에서 볼 때에는 보좌기관은 보조기관의 일종으로 봄이 타당하다.

(3) 자문기관

행정(관)청의 자문에 응하여, 혹은 스스로 행정청의 권한행사에 대해 의견을 제시함을 주된 임무로 하는 기관을 말한다. 아울러 조사연구, 심의, 연락조정 등을 임무로 하는 경우도 있다. 그의 의견·권고는 법률상으로는 행정(관)청을 구속하는 것은 아니다. 합의제기관으로서의 각종 위원회·심의회, 단독기관으로서의 고문 등이 이에 해당한다.

자문기관은 그의 구성방법에 따라 전문기술적 심의회와 이익대표제적 심의회로 나눌 수 있는데, 프랑스 등 선진국에 있어서는 후자가 국민의 행정에의 참가 및 그를 통한 행정의 민주화를 위한 주요 방편이 되고 있다. 다만 우리나라의 자문기관은 거의 전부가 전문기술적 심의회의 성격을 띠고 있다고 할 수 있다.

(4) 의결기관

단독으로 국가 등의 의사를 결정·표시할 수 있는 권한을 가지는 것도 아니며, 그렇다고 단순히 행정청을 보조하고 그의 자문에 응하는 것도 아니며, 행정청이 의사결정을 하기 위한 전제요건으로서 의결을 하며, 이것에 기해 국가 등의 의사가 결정·표시되는 의미에서 국가의 의사결정에 참여하는 기관을 말한다. 그의 의결이 없으면 국가 등의 유효한 의사결정은 행해질 수 없다. 징계위원회, 경찰위원회, 지방의회 등이 그 예이다. 의결기관과 참여기관을 구별하는 설도 있으나, 구별의 실익이 의심스럽다.

(5) 집행기관

행정청의 명을 받아 실력으로 이를 집행하는 기관, 즉 강제집행기관을 말한다. 경찰공무원·세무공무원·무허가건물철거반원 등이 이에 해당한다. 집행기관이라는 용어는 이밖에 '넓은 의미의 행정기관'을 의미하기도 한다. 지방의회를 의결기관이라 부르고, 지방자치단체의 장 및 그 소속기관을 집행기관이라 부르는 경우가 이에 해당한다.

2. 소관사무의 종류 또는 기능에 의한 분류[2)]

(1) 공기업기관 또는 영조물기관

공기업의 경영 또는 영조물의 관리를 임무로 하는 기관을 말한다. 한국철도

---

2) 다른 학자들이 '권한'에 의한 행정기관의 분류와 '기능'에 의한 분류를 구별함이 없이 그들 기관을 함께 병렬함은 모순인 것으로 보인다.

공사·우체국 등이 전자의 예이며, 국립대학·국립박물관 등은 후자의 예에 속한다.

(2) 감사기관

행정기관이 행하는 업무를 감찰하여 행정운영의 개선·향상을 임무로 하는 기관을 말한다. 감사원이 그 대표적인 예이다.

(3) 부속기관

「정부조직법」은 시험연구기관·교육훈련기관·문화기관·의료기관·제조기관 및 자문기관을 총칭하여 부속기관이라고 부르고 있다(동법 4조). 그러나 이러한 용어는 개선의 필요성이 있어 보인다.

(4) 책임운영기관

책임운영기관이란 정부가 수행하는 사무 중 공공성을 유지하면서도 경쟁원리에 따라 운영하는 것이 바람직한 사무에 대하여 책임운영기관의 장에게 행정 및 재정상의 자율성을 부여하고 그 운영성과에 대하여 책임을 지도록 하는 행정기관(국립중앙극장, 경찰병원 등)을 말하며, 「책임운영기관의 설치·운영에 관한 법률」(1999. 1. 29 제정)에 의하여 도입되기에 이르렀다.

Ⅲ. 행정기관의 설치와 예산조치

1. 헌법에 의한 설치

행정기관 가운데에는 헌법에 의해 직접 설치되는 것도 상당수 있는데, 국가의 최고행정청인 대통령(67조), 국무총리(86조), 감사원(97조) 등이 그에 해당한다.

2. 법률에 의한 설치

국가 및 지방자치단체의 중요 기관은 헌법에 근거한 법률에 의해 설치된다. 행정각부의 설치(헌법 96조, 정부조직법 26조 이하 참조), 지방의회 및 지방자치단체의 장의 설치(헌법 118조 2항, 지방자치법 37조, 106조), 중앙행정기관 및 그 보조기관의 설치(정부조직법 2조), 합의제행정기관의 설치(동법 5조) 등이 그에 해당한다.

3. 법규명령(대통령령 등)에 의한 설치

법률에 의해 직접 설치된 것을 제외한 중앙행정기관의 보조기관, 부속기관 등은 대통령령으로 정하는 바에 따라 설치할 수 있다(정부조직법 2조, 4조 등 참조).

4. 조례에 의한 설치

지방자치단체의 기관 가운데에는 조례에 의해 설치될 수 있는 것이 상당수 있다(지방자치법 125조 2항, 126조 등 참조).

5. 행정규칙에 의한 설치

하급의 행정기관(그 이하의 조직 등) 가운데에는 행정규칙(직제)에 의해 설치되는 예도 많이 있다.

6. 예산조치

행정기관 또는 소속기관을 설치할 때에는 반드시 예산상의 조치가 병행되어야 한다(정부조직법 9조).

제 5 절 행정청의 권한

Ⅰ. 권한의 의의

행정청이 유효하게 직무를 수행할 수 있는 범위를 행정청의 권한 또는 관할이라고 한다. 다만, 법에서는 '권한'이라는 용어 대신에 '직무권한' 등의 용어가 사용되기도 한다(정부조직법 7조).

권한(Zuständigkeit, Kompetenz)과 구별하여야 할 것에 권리(right; Recht)가 있다. 행정청은 일반적으로 권한은 가지지만 권리는 가지고 있지 않다. 권리는 「자기의 이익을 위하여 타인에게 일정한 요구(작위·부작위·급부·수인 등)를 할 수 있는 법상의 힘」으로서 인격주체만이 가질 수 있는 까닭에, 권리는 인격주체인 국가(지방자치단체 및 기타의 행정주체 포함)에 귀속하는 것이지 국가의 기관에 불과한 행정청에 귀속되는 것이 아니다. 말하자면, 행정청은 국가가 가지고 있는 권능(권리의 일부)을 행사할 권한을 가진다고 할 수 있다. 따라서 행정청이 권한을 행사한 효과는 국가에 귀속할 뿐이지, 권리를 행사한 경우에 있어서와 같이 행정청 자신에게 귀속하는 것이 아니다.

Ⅱ. 권한의 획정

행정청의 권한의 범위는 대체로 행정청을 설치하는 근거법규(법률 등)에 의해 정해지며, 법규에 의해 정해진 행정청의 직무의 범위는 행정청의 권한의 사항적 한계를 이룬다. 행정청 상호 간에 그 직무의 범위가 명확치 아니하여 다툼이 있는 경우, 즉 '권한쟁의'가 있는 경우에는 일정한 절차를 거쳐 해결한다(후술).

Ⅲ. 행정청의 권한의 한계

행정청은 그의 권한, 즉 직무의 범위가 정해져 있으므로 그 직무의 범위 내에서 권한을 행사하지 않으면 안 된다. 이것을 권한의 한계라고 하며, 구체적으로는 다음과 같이 정해진다.

1. 사항적 한계

행정권은 그 목적과 종류에 따라 각 행정청에 배분되어 있다. 그리하여 행정청의 권한에는 사항적으로 일정한 한계가 있는데, 이를 사실적 권한이라고도 한다. 예를 들면 ① 기획재정부장관은 중장기 국가발전전략수립, 경제・재정정책의 수립・총괄・조정, 예산・기금의 편성・집행・성과관리, 화폐・외환・국고・정부회계・내국세제・관세・국제금융, 공공기관 관리, 경제협력・국유재산・민간투자 및 국가채무에 관한 사무를 관장하며(정부조직법 27조 1항), ② 행정안전부장관은 국무회의의 서무, 법령 및 조약의 공포, 정부조직과 정원, 상훈, 정부혁신, 행정능률, 전자정부, 정부청사의 관리, 지방자치제도, 지방자치단체의 사무지원・재정・세제, 낙후지역 등 지원, 지방자치단체간 분쟁조정, 선거・국민투표의 지원, 안전 및 재난에 관한 정책의 수립・총괄・조정, 비상대비, 민방위 및 방재에 관한 사무를 관장한다(동법 34조 1항).

2. 지역적 한계

행정청의 권한에는 지역적으로 한계가 정해져 있는 경우가 있으며, 이를 지역적 권한이라고도 한다. 그 권한이 전국에 미치는 경우 이를 중앙행정청이라 하고, 한 지방에 한정되는 경우에 이를 지방행정청이라 한다. 각부처장관이 중앙행정청에 속하며, 지방산림관리청장 · 세무서장 · 경찰서장 등이 지방행정청에 속한다.

3. 대인적 한계

행정청의 권한이 미치는 인적 범위에 한계가 있는 경우가 있는데, 이를 대인적 권한이라고도 한다. 예를 들면 국립대학교총장의 권한이 동 대학의 학생 및 직원에 대해서만 미치는 것과 같다.

4. 형식적 한계

행정청의 권한행사의 형식이 제한되는 경우가 있는데 이를 형식적 한계라고 말할 수 있다. 예를 들면, 부령제정권은 원칙적으로 각부장관만이 가지는 것과 같다.

5. 시간적 한계

행정청의 권한행사가 시간적으로 제한되어 있는 경우 이를 시간적 한계라고 한다.

Ⅳ. 권한행사의 효과

1. 일반적 효과

행정청이 그 소관사무에 관하여 권한을 행사한 경우에는 그 행위는 국가 등 행정주체의 행위로서의 효과를 발생한다. 따라서 일단 국가적 행위로서 효과를 발생한 경우에는 그 후에 있어서 행정청의 구성원인 자연인에 변경이 있을지라도 그 효과는 소멸 · 변경되지 않는다.

행정청의 행위는 반드시 의사표시를 요소로 하는 법적 행위만이 국가적 행위로서의 효과를 발생하는 것이 아니고 사실행위도 국가적 행위로서의 효과를 발생한다. 행정상의 강제집행과 같은 집행행위 및 심지어는 공무원의 직무상 불법행위까지 이견은 있지만 국가적 행위로서의 효과를 발생한다 할 수 있다.

2. 위법한 권한행사의 효과

행정청이 그의 권한의 한계를 유월하는 등 법을 어기게 되면 그 권한행사는 위법이 된다. 다만, 위법한 권한행사의 효과는 권한행사의 형식에 따라 차이가 생긴다. 즉 행정행위(처분)[1]의 경우는 그 위법성 또는 하자의 정도에 따라 취소할 수 있는 행위 또는 무효인 행위로 구분되지만, 명령이 위법한 경우는 그것은 무효가 될 뿐, '취소할 수 있는 명령'이란 존재하지 않는다.[2] 행정행위와 명령 간에 그와 같은 차이가 생기는 이유는 명령에는 이른바 공정력[3]이 없기 때문이다.

제 6 절 행정청의 권한의 대리

Ⅰ. 대리의 의의

1. 대리의 개념

행정청의 권한의 대리 또는 행정청의 대리라고 함은 행정청의 권한의 전부 또는 일부를 다른 행정기관이 피대리청을 위한 것임을 표시하여 자기의 이름으로 행하고, 그 행위는 피대리청의 행위로서의 효과를 발생하는 것을 말한다. 단순히 권한의 대리 또는 직무대행이라고도 한다(정부조직법 7조 2항, 12조 2항).

행정청의 권한은 스스로 행함이 원칙이나 사고(여행·질병 등)가 있는 경우 또는 필요에 의하여(임의대리의 경우) 다른 행정기관이 대행하는 경우가 있다. 그리고 권한의 대리관계는 행정청과 그의 보조기관 사이에 행해짐이 보통이다.[1]

---

1) 행정행위와 처분이 같은 것인가 다른 것인가에 관하여는 학설이 나누어져 있는데, 처분이 행정행위보다 넓다고 보는 입장(이원설)이 현재 다수의 학설이며 판례의 경향이라 할 수 있다. 이에 관한 상세는 김남진·김연태(Ⅰ), 214면 이하 및 937면 이하 참조.

2) 김남진·김연태(Ⅰ), 180면; 김남진, 명령의 하자이론, 고시계, 1990. 12; 김남진, 기본문제, 177면 이하; 김중권, 명령(법률하위적 법규범)에 대한 사법적 통제에 관한 소고, 고시연구, 2004. 6, 159면 이하 참조.

3) 참고로 공정력 또는 예선적 효력과 구성요건적 효력(Tatbestandswirkung)은 구분되어야 할 것이다. 이에 대한 상세는, 김남진·김연태(Ⅰ), 제2편 제3장 제7절 이하 참조.

2. 유사개념과의 구별

대리와 유사하면서 다른 것에 다음과 같은 것이 있다.

(1) 대 표

대표는 대리와 같이 대리·피대리와 같은 대립관계에 있는 것이 아니라, 대표자인 행정청의 행위가 직접 국가 또는 지방자치단체의 행위가 되는 점에서 대리와 구별된다. 국가를 당사자 또는 참가인으로 하는 소송에서는 「법무부장관이 국가를 대표한다」(국가를 당사자로 하는 소송에 관한 법률 2조)는 경우의 대표가 이에 해당한다. 대표의 제2의 예로서는 「감사원장이 감사원을 대표」하는 경우(감사원법 4조 2항)와 같이 합의제 행정청의 구성원 중 특정한 자가 그 행정청을 외부에 향해 표시하는 경우인데, 이 경우도 제1의 경우와 같이 대리·피대리라는 대립관계에 있지 않는 점에서 전자와 구별된다.

(2) 보 조

행정청의 보조기관은 행정청을 보조하는 것을 임무로 하는데, 보조에는 행정청을 대리하는 권한이 당연히 포함되지는 않는다. 다만, 보조의 일환으로서 차관·국장이 장관의 식사(式辭)를 대독하는 경우와 같이 행정청의 비법률적인 사실행위를 대행하는 경우는 있다. 또한 보조기관이 행정청의 결정에 의해 성립한 행위를 명(命)에 의해 상대방에게 전달하는 것도 가능한 일이다.

(3) 위 임

위임은 행정청의 권한의 일부를 다른 기관에 부여하는 것이다. 위임이 있게 되면 그 한도에서 위임청(위임행정청)의 권한이 소멸하는 점이 대리와 크게 다른 점이다(후술 참조).

(4) 서 리

서리는 피대리청의 구성원이 궐위되어 있는 경우의 대리이나, 이 서리는 행정청의 지위에 있는 자에게 사고가 있는 경우의 대리와는 달리 대리되는 자가 없는 점에 특징이 있다. 그러나 피대리청의 지위에 있지 않는 자의 행위가 피대리청의 행위로서의 효과를 발생하는 점은 일반의 대리와 같은 셈이다(후술 참조).

---

1) 따라서 행정청이 아닌 행정기관 사이의 직무대리에 대해서도 넓게 인정하고 있는 직무대리규정상의 대리(법정대리·지정대리)는 여기에서 말하는 "행정청의 대리"와는 일치하지 않는 점에 유의할 필요가 있다.

(5) 전결 · 내부위임

행정의 실제에 있어서는 행정청인 보조기관 또는 하급기관에 대해 소관사무의 처리를 위임하면서 그 업무에 관한 대외적인 권한행사는 행정청 자신의 이름으로 하는 경우가 있는데, 이러한 경우를 전결 · 내부위임 또는 위임전결이라고 한다(행정업무의 운영 및 혁신에 관한 규정 10조 2항 참조).

(6) 대 결

대결은 행정청 기타 결재권자의 부재시 및 사고가 있는 때에 그 직무를 대리하는 자가 대신 결재한 다음, 중요한 사항에 관하여는 사후에 결재권자에게 사후에 보고하게 하는 것을 말한다(행정업무의 운영 및 혁신에 관한 규정 10조 3항 참조). 대외적인 권한행사는 여전히 원행정청의 이름으로 행하는 점에서 대리와 구별되며, 일시적인 것인 점에서 전결 및 내부위임과 구별된다.

3. 사법상의 대리와의 비교

사법상의 대리제도는 사적 자치의 원칙을 배경으로 하면서 사적 자치의 확장 또는 보충을 목적으로 하는 제도로서, 민법은 이와 같은 제도의 취지에 즉응하기 위해 본인 · 대리인 · 제3자 간의 이해조절을 기하고 있다. 이에 반해 행정청의 권한의 대리는 행정법률주의의 원칙에 입각하면서 행정청을 차지하고 있는 자 이외의 자에 의한 권한행사를 예외적으로 인정하려는 제도로서, 양자는 제도의 배경, 발생이유 내지 기반을 달리하기 때문에 권한의 대리에의 사법규정의 유추적용은 제약을 받는다.

Ⅱ. 대리의 종류

대리는 대리권의 발생원인을 표준으로 임의대리와 법정대리로, 대리권의 범위를 표준으로 전부대리와 일부대리로, 대리기간을 표준으로 임시대리와 상시대리 등으로 분류된다. 이 가운데 중요한 것은 임의대리와 법정대리의 구분이다.

1. 임의대리

(1) 임의대리의 의의 · 성질

임의대리는 피대리청을 차지하는 자가 피대리청의 권한의 대행권을 타자에게 수권함으로써 성립한다. 수권행위는 상대방의 동의를 요하지 않는 일방적 행위이다. 수권행위는 의사표시의 일반원칙에 따라 대리자에의 통지를 요하나, 일반에의 공시는 필요로 하지 않는다.

(2) 대리자와 피대리청과의 조직상 관계

피대리청의 보조기관이 대리자가 되는 것이 통례이다.

(3) 법적 근거의 필요여부

법에 근거가 있는 경우에만 가능한 것은 아니다.

2. 법정대리

법정대리는 법령의 규정에 의하여 법정사실의 발생과 더불어 당연히 또는 일정한 자의 지정에 의하여 비로소 성립한다. 법정대리는 대리자의 결정방법에 따라 다시 좁은 의미의 법정대리와 지정대리로 구분된다.

(1) 좁은 의미의 법정대리

법령에 대리자가 명시되어 있음으로써 법정사실의 발생과 더불어 당연히 대리관계가 형성되는 경우를 말한다. 대리자에 대한 별도의 지정이 필요 없는 점에서 다음에 보는 지정대리와 구별되는데, 대리자는 일반적으로 순위에 따라 정해져 있다(헌법 71조, 정부조직법 7조 2항, 12조 2항, 직무대리규정 4조).

(2) 지정대리

사고 등 법정사실이 발생하였을 때에 일정한 자가 대리자를 지정함으로써 비로소 대리관계가 발생하는 경우를 말한다. 국무총리와 부총리가 모두 사고로 직무를 수행할 수 없을 때에 '대통령의 지명을 받은 국무위원'이 그 직무를 대행하는 경우가 그에 해당한다(정부조직법 22조). 대통령의 지명이 없는 경우에는 「정부조직법」(26조 1항)에 규정된 순서에 따라 국무위원이 국무총리의 직무를 대행하도록 되어 있는데(동22조 법후단), 이 경우는 좁은 뜻의 법정대리에 해당하는 셈이다.

Ⅲ. 대리자의 표시방식

행정청의 대리에 있어서는 행정청을 구성하지 않는 자가 그 행정청의 권한을 행사하는 것이므로 대리자가 권한을 행사하는 경우 당연히 그 뜻을 명시할 것이 필요하다. 대리의 표시방법은 일정치 않으며, 피대리청의 직무대리·사무대리 등의 직함을 붙여서 표시하는 것이 관례이다.

[판례] 대리권을 수여받은 데 불과하여 그 자신의 명의로는 행정처분을 할 권한이 없는 행정청의 경우 대리관계를 밝힘이 없이 그 자신의 명의로 행정처분을 하였다면 그에 대하여는 처분명의자인 당해 행정청이 항고소송의 피고가 되어야 하는 것이 원칙이지만, 비록 대리관계를 명시적으로 밝히지는 아니하였다 하더라도 처분명의자가 피대리 행정청 산하의 행정기관으로서 실제로 피대리 행정청으로부터 대리권한을 수여받아 피대리 행정청을 대리한다는 의사로 행정처분을 하였고 처분명의자는 물론 그 상대방도 그 행정처분이 피대리 행정청을 대리하여 한 것임을 알고서 이를 받아들인 예외적인 경우에는 피대리 행정청이 피고가 되어야 한다(대결 2006. 2. 23, 2005부4. 동지판례: 대판 2018. 10. 25, 2018두43095).

Ⅳ. 대리권의 범위

1. 임의대리

임의대리는 그 이치상 권한의 일부에 한해서만 가능하다. 즉, 피대리청이 그의 권한에 관하여 포괄적으로 대리권을 부여하는 것은 법령에 의하여 정해진 권한을 사실상 포기하는 것이 되기 때문에 권한의 포괄적인 대리는 금지된다.

2. 법정대리

피대리청이 궐위되어 있거나 사고가 있는 경우에 생기는 것이므로 피대리청의 권한 전부에 미침이 당연하다. 다만, '지정대리'의 경우 지정자가 대리자를 지정함에 있어 대리사항을 한정할 수 있는가가 논의의 대상이 되며, 또한 성질상 대리가 부적합한 것이 있지 않겠는가 하는 점이 검토의 대상이 된다.

Ⅴ. 피대리청을 차지하는 자의 권한

피대리청을 차지하는 자가 대리자의 대리권에 속하는 사무에 관해 다음과 같은 권한을 가지는가의 여부가 문제된다.

1. 대리사무의 처리권

임의대리의 경우는 이미 대리사무의 처리가 효과를 발생한 경우를 제외하고는 그것이 긍정된다고 보며, 법정대리의 경우는 사고의 원인에 따라 사정을 달리한다고 보겠다.

2. 대리사무에 관한 지휘 · 감독권

임의대리의 경우는 일반적으로 그것이 긍정되며, 법정대리의 경우는 사고의 원인에 따라 다를 수 있다. 출장중 혹은 보행곤란 등이 사고의 원인을 이루는 경우에는 그것이 긍정될 수 있다.

Ⅵ. 대리행위의 효과

대리자가 대리권에 속한 사항에 관하여 행한 행위는 피대리청의 행위로서의 효과를 발생한다. 쟁송법상으로도 동일하다. 대리자가 대리권의 범위를 넘어서 행한 행위의 효력에 관해서는 민법상의 표현대리 규정(126조)이 유추적용될 수 있다.

Ⅶ. 대리행위에 관한 책임

대리자가 행한 대리행위에 관해서는 대리자 자신이 공무원법상, 민사법상, 형사법상의 모든 책임을 진다.

피대리청을 차지하는 자는 대리자의 대리행위에 관해서는 직접 책임을 지지 않으나, 대리자의 선임 및 지정 또는 지휘 · 감독상의 책임을 면할 수는 없을 것이다.

Ⅷ. 복대리의 문제

대리자가 피대리청의 대리권을 타자에게 대리시킬 수 있는가. 법령에 이에 관한 규정이 있는 경우(헌법 71조, 정부조직법 22조)에는 그에 의하지만, 그에 관한 규정이 없는 경우에는 임의대리와 법정대리를 구분하여야 한다. 임의대리에 있어서는 피대리청과 대리자가 신임관계를 바탕으로 맺어져 있으므로 그것이 부정된다. 이에 반해서 법정대리의 경우에 있어서는 신임관계와는 무관하게 일정한 법정사실의 발생에 따라 성립하므로 그것이 긍정된다.

Ⅸ. 대리관계의 종료

1. 임의대리의 경우

수권행위의 실효(종기의 도래, 해제조건의 성취) 및 수권행위의 해제, 대리자의 사망 및 신분의 상실 등에 의해 대리관계가 종료된다.

2. 법정대리의 경우

피대리청을 차지하는 자의 사고의 해소, 서리의 경우에는 그 피대리청을 구성하는 자의 선임 등에 의해 대리관계는 당연히 종료한다.

제 7 절 행정청의 권한의 위임(위탁 포함)

기본사례

건설업 영업정지 등에 관한 권한은 「건설산업기본법」 제91조 및 동법 시행령 제86조의 규정에 따라 국토교통부장관으로부터 서울특별시장에게 위임되었다. 그리고 서울특별시장은 국토교통부장관의 승인을 얻어 자신이 위임받은 영업정지권한을 서초구청장 乙에게 재위임하는 내용의 규칙을 제정하였다. 이에 따라 乙이 일괄 하도급을 이유로 건설업자 甲에게 영업정지처분을 하였다면 당해 처분은 적법한가?

Ⅰ. 개 설

1. 권한의 위임의 의의

권한의 위임이라고 함은, 본래 행정청이 법령에 근거하여 자기의 의사로써 권한의 일부를 하급행정청 또는 보조기관에 이전하고, 수임기관이 그 위임받은 권한을 자기의 이름과 책임으로 행사할 수 있게 하는 것을 의미하였다. 그러나 현행법상으로는 다른 행정청이나 사인에 대해서도 권한의 위임이 행해지고 있으며(이 경우를 보통 권한의 위탁이라고 함), "행정청의 의사"에 의해서가 아니라 직접 법령(명령·조례 등 포함)에 의거하여 권한의 위임이 행해지는 경우도 있다(정부조직법 6조, 행정권한의 위임 및 위탁에 관한 규정, 지방자치법 117조 등 참조).

특히 「행정권한의 위임 및 위탁에 관한 규정」(대통령령)에 의거한 '중앙행정사무의 지방이양'이 연례적으로 행해지고 있는데, 여기에는 법리상 문제가 있다. 개별법에 의해 부여된 행정청의 권한이 수임기관이나 수임기관의 의사와는 무관하게 일괄적으로 위임되고 있기 때문이다. 중앙(주로 행정각부의 장관)에 집중되어 있는 행정권한을 지방(주로 지방자치단체의 장)에 이양한다는 적극적인 의의를 가지고 있는 제도이기는 하나, 국가사무의 자치사무화, 행정청의 의사에 의한 권한의 위임 등 정도를 밟아 권한의 위임이 행해질 것이 요망되는 바이다.[1)]

[판례] 행정권한의 위임은 행정관청이 법률에 따라 특정한 권한을 다른 행정관청에 이전하여 수임관청의 권한으로 행사하도록 하는 것이어서 권한의 법적인 귀속을 변경하는 것이므로 법률의 위임을 허용하고 있는 경우에 한하여 인정된다(대판 1995. 11. 28, 94누6475. 동지판례: 대판 1992. 4. 24, 91누5792).

2. 유사개념 · 제도와의 구별

(1) 권한의 대리

권한의 위임 또는 같은 성질로서의 권한의 위탁이 행정청의 권한을 수임자에게 이전하는 것인데 대하여, 권한의 대리는 제3자가 행정청의 권한을 대행할 뿐, 행정청의 권한에 변동을 가져오지 않는 점에서 양자는 구별된다.

---

1) 상세는 김남진, 기관위임사무의 근거 등, 판례월보, 1996. 1, 40면 이하 참조.

(2) 내부위임

내부위임은 행정청이 그의 특정사항에 관한 권한(허가·허가취소 등)을 실질적으로 하급행정청 또는 보조기관에게 위임하면서, 대외적으로는 위임자의 명의로 권한을 행사하게 하는 것을 의미한다. 예컨대 서울특별시장이 일정 규모 이하의 건축허가에 관한 권한을 구청장에게 내부적으로 위임한다든가, 도지사가 석유사업면허 또는 면허취소의 권한을 시장·군수 등에게 내부적으로 위임하는 것을 말한다. 이러한 내부위임은 행정권한이 중앙 또는 상부기관에 치중되어 있는 상태에서, 그 권한의 위임에 관한 명문의 근거가 없음으로 인하여 파생된 제도인 것으로 보인다. 어떻든, 내부위임의 경우 그 권한의 행사는 위임자의 명의로 하지 않으면 안 되며, 수임자의 명의로 권한을 행사하게 되면 위법이 된다. 다만, 이 경우의 위법이 무효원인이 되는지 취소원인이 되는가에 관하여는 다툼이 있다.[2)]

[판례] 행정권한의 위임은 행정관청이 법률에 따라 특정한 권한을 다른 행정관청에 이전하여 수임관청의 권한으로 행사하도록 하는 것이어서 권한의 법적인 귀속을 변경하는 것이므로 법률이 위임을 허용하고 있는 경우에 한하여 인정된다 할 것이고, 이에 반하여 행정권한의 내부위임은 법률이 위임을 허용하고 있지 아니한 경우에도 행정관청의 내부적인 사무처리의 편의를 도모하기 위하여 그의 보조기관 또는 하급행정관청으로 하여금 그의 권한을 사실상 행사하게 하는 것이므로, 권한위임의 경우에는 수임관청이 자기의 이름으로 그 권한행사를 할 수 있지만 내부위임의 경우에는 수임관청은 위임관청의 이름으로만 그 권한을 행사할 수 있을 뿐 자기의 이름으로는 그 권한을 행사할 수 없다(대판 1995. 11. 28, 94누6475. 동지판례: 대판 1989. 9. 12, 89누671; 대판 1987. 5. 26, 86누757).

(3) 전 결

전결 또는 위임전결이란 행정청의 의사결정(결재) 내지는 권한의 일부를 보조기관에 실질적으로 위임하되, 대외적인 권한의 행사는 행정청의 명의로 하는

---

2) 법원은 석유판매허가취소권을 내부위임받은 기관(대전시장)이 위임행정청(충남도지사)의 명의(이름)로 하지 않고 스스로의 명의로 권한행사한 사건에 있어서, 동 행정처분의 무효를 선언하였다(대판 1986. 12. 9, 86누569). 그러나 무효선언은 행정행위의 하자에 관한 일반원칙(중대·명백설)에 비추어 보아, 지나치다는 느낌을 준다(김남진, 기본문제, 1153면 이하 참조). 그러한 점에서 다른 판례에서 대법원이 "피고(서울특별시 서대문구청장)의 이 사건 관리처분계획 인가처분은 결과적으로 적법한 위임 없이 권한없는 자에 의하여 행하여진 것과 마찬가지로 되어 그 하자가 중대하다고 할 것이나, 처분의 위임과정의 하자가 객관적으로 명백한 것이라고 할 수 없으므로, 이로 인한 하자는 결국 당연무효사유는 아니라고 봄이 타당하다"(대판 1995. 8. 22, 94누5694)라고 한 것에 찬동한다. 아울러 이 판례의 평석에 관하여서는 김남진, 판례월보, 1996. 1, 40면 이하 참조.

것을 말한다. 예컨대, 시장의 권한으로 되어 있는 건축허가 여부를 건축과장의 수준에서 결정하되 허가 자체는 시장 명의로 한다든가, 예산의 지출을 액수에 따라 과장·국장 등이 전결할 수 있도록 하는 것을 말한다. 결국 실질에 있어 상술한 "내부위임"과 별 차이가 없다. "내부위임"은 상하행정청 간에 행해짐이 보통인데 대하여, "전결"은 행정청과 보조기관 간에 행해지는 점이 차이점이라고 할 수 있다.

이러한 전결제도는 우리나라가 행정(관)청제, 즉 행정에 관한 대외적인 권한행사를 행정관청 또는 행정청(행정기관의 장)의 이름으로 행하도록 하고 있는 제도를 택함으로 인하여 파생된 것으로 보인다. 행정사무의 신속·간편한 처리도 전결제도의 하나의 목적으로 볼 수 있다.

[판례] 전결과 같은 행정권한의 내부위임은 법령상 처분권자인 행정관청이 내부적인 사무처리의 편의를 도모하기 위하여 그의 보조기관 또는 하급 행정관청으로 하여금 그의 권한을 사실상 행사하게 하는 것으로서 법률이 위임을 허용하지 않는 경우에도 인정되는 것이므로, 설사 행정관청 내부의 사무처리규정에 불과한 전결규정에 위반하여 원래의 전결권자 아닌 보조기관 등이 처분권자인 행정관청의 이름으로 행정처분을 하였다고 하더라도 그 처분이 권한 없는 자에 의하여 행하여진 무효의 처분이라고는 할 수 없다(대판 1998. 2. 27. 97누1105).

(4) 촉 탁

행정사무의 처리와 관련하여 등기·소송에 관한 사무처리를 위탁하는 것을 특별히 "촉탁"이라고 한다(부동산등기법 22조, 국세징수법 45조 이하). 이러한 촉탁도 행정청의 권한의 이전을 수반하는 것이 아니므로 권한의 위임과 구별된다.

(5) 민법상의 위임

민법상의 위임(민법 680조 이하)은 수임자가 위임받은 것을 자기의 명의와 책임으로 처리하고, 그의 법률적 효과도 일단은 수임자에게 귀속하는 점에서 행정법상의 위임과 유사하다. 그러나 행정법상의 위임은 인격주체 간의 관계가 아니며, 위임관계가 계약에 의해서가 아니라 법규 또는 위임청의 일방적 행위에 의해 발생하는 점에서 구별된다.

(6) 권한의 이관과의 구별

권한의 위임과 권한의 이관은 구별되어야 한다. 후자는 법령에 의하여 특정행정기관의 권한이 다른 행정기관의 권한으로 변동되고, 여기에는 위임의 법리(권한의 위임, 지휘·감독 등)가 통용되지 않기 때문이다. 예컨대 국가사무의 자치사무화는 '권한의 위임'이 아니라 '권한의 이관'에 해당한다. 참고로 「지방자치분권 및 지역균형발전에 관한 특별법」은 「지방자치법」 제11조의 사무배분의 기본원칙에 따라 국가의 권한 및 사무를 적극적으로 지방자치단체에 이양하기 위한 법적 조치를 요구하고 있다(33조).

(7) 행정사무의 민간화와의 구별

이곳에서 말해지고 있는 행정권한의 위임과 행정사무(국가 또는 자치단체의 사무)의 민간화 또는 사화(Privatisierung)[3]는 구별되어야 한다. 후자는 종래 국가 또는 지방자치단체가 담당하고 있던 사무 또는 사업을 민간인 또는 사인(사기업 포함)으로 하여금 맡게 하는 일종의 행정개혁을 의미하며, 따라서 여기에는 위임의 법리가 적용되지 않기 때문이다.

Ⅱ. 위임의 법적 근거

위임은 법령으로 정해진 행정청의 권한을 다른 기관에 옮기는 효과를 가지므로 법적 근거를 요한다. 행정기관의 권한의 위임에 관한 일반적 근거로서는 「정부조직법」 제6조 및 동조에 근거한 「행정권한의 위임 및 위탁에 관한 규정」 및 「지방자치법」 제117조가 있는 외에 개별법(국토의 계획 및 이용에 관한 법률 139조 등)에 많은 규정이 있다.

권한위임의 법적 근거와 관련하여 법령에 위임에 관한 명시적인 규정이 없는 경우에 「정부조직법」 제6조에 근거하여 권한을 위임할 수 있는지가 문제된다. 이에 대하여 ① 동조는 권한위임에 관한 일반적 가능성만을 정한 것에 불과하고 위임의 근거규정이 될 수 없다는 견해와 ② 동조가 위임의 직접적인 근거규정이 될 수 있다는 견해로 나누어진다.

판례는 이 규정을 권한의 위임에 관한 일반적 근거규정으로 보고 있다.

---

3) 오늘날 국내외적으로 행정사무의 민간화 또는 사화(Privatisierung)는 규제완화(Deregulierung), 작은 정부 또는 날씬한 국가(schlanker Staat)라는 용어와 함께 유행어가 되고 있는 느낌이다. 상세는 vgl. Benz, Privatisierung und Deregulierung, Die Verwaltung, 1994, S. 338 ff.; 김남진, 행정법의 탈규제화 경향, 토지공법연구 제2집, 1996, 115면 이하; 한양대학교 지방자치연구소(편), 민영화와 지방정부의 개혁, 1998; 김남진, 행정의 사화와 관련문제, 학술원통신 제235호, 2013. 2.

[판례] 정부조직법 제5조 제1항(현행 6조 1항)의 규정은 법문상 행정권한의 위임 및 재위임의 근거규정임이 명백하고 정부조직법이 국가행정기관의 설치, 조직과 직무범위의 대강을 정하는 데 목적이 있다고 하여 그 이유만으로 같은 법의 권한위임 및 재위임에 관한 규정마저 권한위임 및 재위임 등에 관한 대강을 정한 것에 불과할 뿐 권한위임 및 재위임의 근거규정이 아니라고 할 수 없다고 할 것이므로, 도지사 등은 정부조직법 제5조 제1항에 기하여 제정된 행정권한의 위임 및 위탁에 관한 규정에 정한 바에 의하여 위임기관의 장의 승인이 있으면 그 규칙이 정하는 바에 의하여 그 수임된 권한을 시장, 군수 등 소속기관의 장에게 다시 위임할 수 있다(대판 1990. 6. 26, 88누12158. 동지 판례: 대판 1990. 7. 27, 89누6846).

생각건대, 「정부조직법」 제6조는 「행정기관은 '법령으로 정하는 바에 따라' 그 소관사무의 일부를 … 위임할 수 있다」고 규정하고 있다. 이 규정에 의하여 「행정권한의 위임 및 위탁에 관한 규정」이 대통령령으로 제정되어 있는데, 이 규정에서 정한 바에 따라 행정권한의 위임이 행해질 수 있는 것이다(동규정 3조 참조). 따라서 개별적인 법령의 근거가 있어야 권한을 위임할 수 있는 것은 아니며, 「정부조직법」 제6조 및 「행정권한의 위임 및 위탁에 관한 규정」 제3조에 의하여 권한의 위임이 행해질 수 있다고 보아야 할 것이다. 다만, 동규정 제3조에서 규정하고 있는 허가・인가・등록 등 민원에 관한 사무, 정책의 구체화에 따른 집행사무와 일상적으로 반복되는 상규적 사무에 한정하여 위임에 관한 근거규정이 될 수 있음을 유의하여야 한다.

Ⅲ. 위임의 방식

위임에는 상대방에의 통지는 물론 일반에의 공시를 요한다고 본다. 공시사항은 위임청, 위임의 상대방, 위임기간 등인데, 관보・공보를 통해 공시하는 경우가 많다.

Ⅳ. 위임의 상대방(형태)

위임은 위임의 상대방 또는 모습을 기준으로 ① 하급행정청에 대한 위임(예: 국세청장이 세무서장에게 권한을 위임하는 경우), ② 보조기관에 대한 위임(예: 장관이 국장에게 위임하는 경우), ③ 대등행정청 또는 다른 행정청에 대한 위임(권한의 위탁이라 함), ④ 지방자치단체 또는 그 기관에 대한 위임(단체위임 또는 기관위임이라 함),[4] ⑤ 지방자치단체 이외의 법인·단체 또는 개인에 대한 위임 등으로 구분할 수 있다(민간위탁이라 함. 정부조직법 6조, 지방자치법 117조, 행정권한의 위임 및 위탁에 관한 규정 10조 내지 11조 참조). 그러나 위임은 하급행정청에 대해 행해지는 것이 통례이다. 하급행정청의 소관사무는 원칙적으로 상급행정청의 소관사무를 사항적 또는 지역적으로 한정하여 맡고 있는 것이므로 행정의 실제에 있어서 그 기관의 소관사무에 대응한 사무에 관해 권한이 위임되는 것이 통례이다.

위임청의 지휘·감독하에 있지 않는 기관 등에 대해 위임하는 경우도 가능함은 앞에서 보았거니와, 이것은 행정상의 감독조직의 체제를 문란케 할 우려가 있으므로 수임청과 협의를 거치는 것이 바람직하다.

V. 재 위 임

행정청 기타 권한을 위임받은 기관은 위임받은 권한의 일부를 보조기관 또는 하급행정청에 재위임할 수 있다(정부조직법 6조 1항, 행정권한의 위임 및 위탁에 관한 규정 4조 참조). 다만, 「행정권한의 위임 및 위탁에 관한 규정」 제4조에 의하면 위임받은 권한을 재위임함에 있어서는 그 위임기관의 장의 승인을 얻어 규칙이 정한 바에 의하도록 함으로써 규칙에서 근거규정을 따로 정해야 할 것이다.

[판례] 도시재개발법 제8조, 같은 법 시행령 제58조 제1항 제12호에 의하면 건설부장관의 권한에 속하는 도시재개발법 제41조의 규정에 의한 관리처분계획의 인가 등 처분권한은 시·도지사에게 위임되었을 뿐 시 도지사가 이를 구청장, 시장, 군수(이하 구청장 등이라고 한다)에게 재위임할 수 있는 근거규정은 없으나, 정부조직법 제5조 제1항과 이에 기한 행정권한의 위임 및 위탁에 관한 규정 제4조에 재위임에 관한 일반적인 근거규정이 있으므로, 시·도지사는 그 재위임에 관한 일반적인 규정에 따라 위임받은 위 처분권한을 구청장 등에게 재위임할 수 있는 것인바, 위 관리처분계획의 인가 등에 관한 사무는 국가사무로서 지방자치단체의 장에게 위임된 이른바 기관위임사무에 해당하므로, 시·도지사가 지방자치단체의 조례에 의하여 이를 구청장 등에게 재위임할 수는 없고, 위 행정권한의 위임 및 위탁에 관한 규정 제4조에 의하여 위임기관의 장의 승인을 얻은 후 지방자치단체의 장이 제정한 규칙이 정하는 바에 따라 재위임하는 것만이 가능하다고 할 것이다(대판 1995. 8. 22, 94누5694).[5]

---

4) 이에 관하여는 본서 141면 이하 참조.

Ⅵ. 위임사항

위임되는 사항에 관해 법은 위임청의 권한의 일정사항을 명시하는 경우도 있으나, 단순히 「사무 또는 권한의 일부」라고만 규정하는 예도 많이 있다(지방자치법 104조, 공유수면 관리 및 매립에 관한 법률 60조 등).

Ⅶ. 위임의 효과

권한의 위임에 의해 위임청은 위임사항을 처리할 수 있는 권한을 상실하는 동시에, 그 사항은 위임을 받은 기관(수임기관)의 권한으로 된다. 이 점에 대리·전결·대결 등과의 현저한 차이가 있다.

위임사항에 관해 수임기관은 자기의 권한으로써 이것을 행사하는 것이므로 수임기관의 이름으로 이를 처리하지 않으면 안 된다. 수임기관의 권한행사의 효과는 수임기관 자체에 귀속한다. 따라서 위임된 사항에 관해서는 쟁송상의 피고도 수임청이 된다.

수임청이 처리한 수임사항에 대해서는 수임청이 책임을 지며 위임청은 직접 책임을 지지 않는다. 다만, 위임청은 권한을 위임한 것 자체에 대한 책임은 면할 수 없다고 보아야 한다.

Ⅷ. 위임에 따르는 비용부담

행정청의 권한의 위임에는 그에 따르는 비용변상에 대한 조치를 아울러 행해야 할 것이다. 그러나 현실은 아직 그에 이르지 못하는 것이 사실이다. 법은 국가사무를 지방자치단체 또는 그 기관에 위임하는 경우에 그 소요되는 경비의 전부를 국가가 당해 지방자치단체에 교부할 것을 규정하고 있다(지방재정법 21조 2항 및 지방자치법 158조 단서 등 참조).

5) 이 판례의 평석에 관하여는 김남진, 기관위임사무의 재위임의 근거, 판례월보, 1996. 1, 40면 이하 참조.

Ⅸ. 위임청의 지휘·감독권

하위기관·보조기관에 위임한 경우 위임청은 본래 이들을 지휘·감독할 수 있는 지위에 있는 것이므로, 위임사무에 관한 지휘·감독권의 유무를 새삼스레 논할 실익이 없다. 문제는 기타의 기관에 위임한 경우의 지휘·감독 문제인데, 이 경우 「행정권한의 위임 및 위탁에 관한 규정」 제6조에 따라 위임기관 및 위탁기관은 지휘·감독권 및 위법·부당한 사무처리의 취소·정지권을 갖는다.

그러나 수임 및 수탁사무의 처리에 관하여 위임 및 위탁기관은 수임 및 수탁기관에 대하여 사전승인을 받거나 협의를 할 것을 요구할 수 없다(행정권한의 위임 및 위탁에 관한 규정 7조).

[판례] 정부조직법 제6조 등에 따른 행정권한의 위임 및 위탁에 관한 규정 제6조는 "위임 및 위탁기관은 수임 및 수탁기관의 수임 및 수탁사무 처리에 대하여 지휘·감독하고, 그 처리가 위법하거나 부당하다고 인정될 때에는 이를 취소하거나 정지시킬 수 있다."라고 규정하고 있다.

수임 및 수탁사무의 처리가 부당한지 여부의 판단은 위법성 판단과 달리 합목적적·정책적 고려도 포함되므로, 위임 및 위탁기관이 그 사무처리에 관하여 일반적인 지휘·감독을 하는 경우는 물론이고 나아가 수임 및 수탁사무의 처리가 부당하다는 이유로 그 사무처리를 취소하는 경우에도 광범위한 재량이 허용된다고 보아야 한다. 다만 그 사무처리로 인하여 이해관계 있는 제3자나 이미 형성된 법률관계가 존재하는 경우에는 위임 및 위탁기관이 일반적인 지휘·감독을 하는 경우와 비교하여 그 사무처리가 부당하다는 이유로 이를 취소할 때 상대적으로 엄격한 재량통제의 필요성이 인정된다. 따라서 위임 및 위탁기관이 이러한 취소 여부를 결정할 때에는 위임 및 위탁의 취지, 수임 및 수탁기관 사무처리의 부당한 정도, 취소되는 사무의 성격과 내용, 취소로 이익이 제한·침해되는 제3자의 존재 여부 및 제한·침해의 정도 등을 종합적으로 고려하여야 하고, 이러한 취소에 재량권 일탈·남용이 인정된다면 취소처분은 위법하다고 판단할 수 있다(대판 2017. 9. 21, 2016두55629).

Ⅹ. 위임의 종료

위임의 기간은 법령상 한정되어 있지 않는 것이 통례이다. 위임은 위임행위의 실효 및 위임의 해제에 의해 종료된다. 위임의 해제는 위임의 경우에 있어서와 마찬가지로 공시를 요한다고 본다. 위임의 종료와 함께 위임사항에 관한 수임기관의 권한은 소멸하고 그 사항은 다시 위임청의 권한에 귀속된다.

사례해설

반드시 개별적인 법령의 근거가 있어야 행정권한을 위임·재위임할 수 있는 것은 아니며 「정부조직법」 제6조, 「행정권한의 위임 및 위탁에 관한 규정」 제3조 1항 및 제4조에 의하여 권한의 위임·재위임이 행해질 수 있다. 판례도 같은 입장이다(대판 1990. 6. 26, 88누12158). 그리고 건설업 영업정지사무는 허가·인가·등록 등 민원에 관한 사무, 정책의 구체화에 따른 집행사무와 일상적으로 반복되는 상규적 사무로서 서울특별시장이 직접 시행하여야 할 사무에 해당하지 않으므로 乙구청장에게 재위임가능한 사무이고(동 규정 제3조 1항), 서울특별시장은 수임사무의 일부인 영업정지사무를 그 위임기관의 장인 국토교통부장관의 승인을 얻어 규칙으로 乙구청장에게 재위임하였으므로 재위임 역시 적법하다. 따라서 乙은 건설업영업정지처분 권한이 있으므로 당해 영업정지처분은 다른 위법사유가 발견되지 않는 이상 적법하다.

제 8 절 행정청 상호간의 관계

Ⅰ. 개 설

행정청은 행정부의 수반인 대통령을 정점으로 하는 피라미드형의 계서조직(階序組織)을 이루면서 상·하 및 대등의 관계에서 다른 행정청과 관계를 맺고 있다. 그리하여 그들 행정청은 상호 간 다른 행정청의 권한을 존중하여 그것을 침범하지 않도록 배려하며,[1] 또한 상호 간에 사무의 연락·조정을 함으로써 전체적인 통일을 기하고 있다. 아래에서 그 두 가지 관계를 나누어서 고찰하기로 한다.

1) 특히 행정청의 권한행사 중 행정행위(처분)가 유효하게 존재하는 한, 다른 행정청(및 기타 모든 국가적 기관)은 그의 효력 내지는 존재를 부인할 수 없으며, 스스로의 판단 내지 권한행사의 기초로 삼아야 하는 구속력(구성요건적 효력)과 공정력(예선적 효력)과의 이동에 관하여는 김남진, 기본문제, 256면 이하 참조.

Ⅱ. 상·하행정청간의 관계(권한의 위임과 감독)

1. 권한의 위임

행정청이 자기의 권한의 일부를 하급행정청에 위임하여 그의 이름(명의)과 책임하에 처리하게 하는 경우가 많이 있다. 그러한 권한의 위임에 관하여는 이미 앞에서 상설한 바 있으므로 여기서는 생략하기로 한다. 다른 한편, 그 권한의 위임은 상·하급행정청 간에서만 행해지는 것이 아닌 점, 그리고 '권한의 위임'의 문제를 '권한의 대리'와 함께 행정청의 '상하관계'가 아니라 '협력관계'의 이름 아래 설명하는 견해[2]도 있다는 점을 부기해 둔다.

2. 권한의 감독

상급행정청이 하급행정청의 권한의 행사를 지휘하여 그의 적법성과 타당성을 보장하기 위해서 하는 작용을 권한의 감독이라고 하는 바, 상급행정청은 하급행정청의 권한의 행사를 감독함에 의하여 행정의 통일을 기한다.

상급행정청의 하급행정청에 대한 감독의 범위는 행정청의 종류와 사무의 성질에 따라 다르나, 보통 인정되는 권한의 감독방법 및 수단은 다음과 같다. 그런데 그들 감독권은 사전감독을 위한 것이냐, 사후감독을 위한 것이냐에 따라 예방감독과 교정감독으로 구분된다.

(1) 감시권

상급행정청이 하급행정청을 감독하는 수단으로서, 사무를 감사하고 보고를 받는 등의 권한을 말한다. 상급행정청은 필요한 때에 부하인 공무원을 파견해서 하급행정청의 집무상황을 시찰하고, 서류·장부 등을 검열하며, 또한 하급행정청에게 명하여 집무상의 보고를 제출케 할 수 있다. 이러한 행위는 법적 근거가 있음을 요하지 않는다. 이러한 내용의 감시권은 예방적 감독수단인 것이 원칙이나 교정적 감독수단일 때도 있다.

(2) 인가(승인·동의)권

하급행정청이 명령을 발하거나 처분을 하기 전에 미리 이에 대한 상급행정청의 동의를 구하게 하는 것을 말한다. 하급행정청이 그 권한을 행사함에 있어

---

2) 이상규(하), 66면 이하; 遠藤文夫, 行政機關相互の關係, 現代行政法大系 7(行政組織), 1985, 17면 이하.

미리 상급행정청의 인가(승인)를 받는 것을 명문으로써 법에 규정하는 경우도 있지만(국토의 계획 및 이용에 관한 법률 139조 등), 법령에 근거가 없는 경우에도, 상급행정청은 감독권의 내용으로서 하급행정청의 일정한 권한행사에 미리 인가를 받게 할 수 있다는 것이 통설적 견해이다.

여기에서 인가 등의 용어가 사용되어 있지만, 그것은 행정의 내부적 행위로서 행정행위(처분)의 성질을 가지지 않음이 원칙이다. 따라서 하급행정청은 그 상급행정청의 인가의 거부 등에 대해 항고쟁송을 제기할 수는 없으며, 법률에 근거가 있는 경우 기관소송을 제기할 수 있다고 봄이 타당시된다(행정소송법 45조 참조).

다만, 법령이 정한 상급행정청의 인가를 받지 않고 한 하급행정청의 행정처분은 하자 있는 행위로서, 법률상 이익을 가지는 자는 쟁송을 통해 그의 효력을 다툴 수 있을 것이다.

(3) 훈령권

상급행정청이 하급행정청(및 기타의 행정기관)의 권한의 행사를 지휘함을 내용으로 하는 권한을 '훈령권'이라고 하며, 이를 위하여 발하는 명령을 훈령이라고 한다. 훈령에 관하여 특별히 고찰할 사항에는 다음과 같은 것이 있다.

(가) 훈령의 법규성 여부

훈령 가운데 좁은 의미의 훈령(후술의 '훈령의 종류' 참조), 즉 일반적 · 추상적 규범으로서의 그것을 보통 행정규칙(또는 행정명령)으로 부른다. 그 결과 행정규칙의 일반론에 있어서와 같이, 그 훈령(좁은 의미의 훈령)이 법규의 성질(특히 재판규범성)을 가지는가 하는 점이 문제가 되고 있다. 이 점과 관련하여 학설상으로는, 비법규설, 법규설, 준법규설 등이 나누어져 있으며, 판례 역시 일관되어 있지 않다.

과거 이른바 전통적 특별권력관계이론이 지배하던 시대에 있어서는, 훈령은 법이 지배하지 않는 특별권력관계 내부의 행위로서 법 또는 법규의 성질을 전혀 가지지 않는 것으로 보았다.[3] 그러나 전통적 특별권력관계이론이 붕괴된 이후에는 그에 관한 이론(특별신분관계 또는 특별행정법관계이론)이 나누어져 있는 바와 같이, 훈령의 법적 성질에 관하여도 학설이 나누어져 있는 셈이다.

그러나 법규명령과 행정규칙(비법규명령)을 구분하는 이상, 행정규칙의 일종으로서의 훈령은 법규의 성질을 가지지 않는다고 보아야 할 것이다. 판례 또한 대체로 그러한 입장을 취하고 있다.

---

3) 상세는 김남진 · 김연태(Ⅰ), 131면 이하 참조.

[판례①] 위 훈령(국민의 권익보호를 위한 행정절차에 관한 국무총리령 제235호)은 상급행정기관이 하급행정기관에 대하여 발하는 일반적인 행정명령으로서 행정기관 내부에서만 구속력이 있을 뿐 대외적인 구속력을 가지는 것이 아니다(대판 1994. 8. 9, 94누3414).

[판례②] 서울특별시가 정한 개인택시운송사업면허지침(훈령)은 재량권행사의 기준으로 설정된 행정청 내부의 사무처리준칙에 불과하므로, 대외적으로 국민을 기속하는 법규명령의 경우와는 달리 외부에 고지되어야만 효력이 발생하는 것은 아니다(대판 1997. 1. 21, 95누12941).

[판례③] 행정정보공개운영지침(국무총리훈령 제288호)은 공개대상에서 제외되는 범위를 규정하고 있으나, 국민의 자유와 권리는 법률로써만 제한할 수 있으므로, 이는 법률에 의하지 아니하고 국민의 기본권을 제한한 것이 되어 대외적으로 구속력이 없다(대판 1999. 9. 21, 97누5114).

그러나 판례 가운데에는 훈령(국세청장훈령, 국무총리훈령 등)에 대해 법규적 성질을 인정하는가 하면, 위임명령으로서의 대통령령에 대해서는 법규적 효력을 인정하면서, 부령에 대해서는 법규적 효력을 부인하는 등 일관성을 결여하고 있다.[4]

[판례①] 법령의 규정이 특정행정기관에게 그 법령내용의 구체적 사항을 정할 수 있는 권한을 부여하면서 그 권한행사의 절차나 방법을 특정하고 있지 아니한 관계로 수임행정기관이 행정규칙의 형식으로 그 법령의 내용이 될 사항을 구체적으로 정하고 있다면 그와 같은 행정규칙, 규정은 행정규칙이 갖는 일반적 효력으로서가 아니라, 행정기관에 법령의 구체적 내용을 보충할 권한을 부여한 법령규정의 효력에 의하여 그 내용을 보충하는 기능을 갖게 된다 할 것이므로 이와 같은 행정규칙, 규정은 당해 법령의 위임한계를 벗어나지 아니하는 한 그것들과 결합하여 대외적인 구속력이 있는 법규명령으로서의 효력을 갖게 된다(대판 1987. 9. 29, 86누484).

[판례②] 이 사건 처분의 기준이 된 시행령(주택건설촉진법 시행령) 제10조의3 제1항 [별표 1]은 법 제7조 제2항의 위임규정에 터 잡은 규정형식상 대통령령이므로 그 성질이 부령인 시행규칙이나 또는 지방자치단체의 규칙과 같이 통상적으로 행정조직 내부에 있어서의 행정명령에 지나지 않는 것이 아니라 대외적으로 국민이나 법원을 구속하는 힘이 있는 법규명령에 해당한다고 할 것이다(대판 1997. 12. 26, 97누15418).

4) 상세는 김남진, 위임명령은 법규명령이다, 법률신문, 1998. 4. 6; 김남진, 처분기준으로서의 대통령령·부령, 고시연구, 2001. 12 참조.

(나) 훈령과 직무명령

훈령은 '행정기관'에 대한 명령인 점에서 '공무원'에 대한 명령인 직무명령과 구별된다.

첫째, 훈령은 행정기관의 기관의사를 구속하는 것인데 대하여, 직무명령은 공무원 개인을 구속한다. 따라서 훈령은 어떤 행정기관의 구성자가 甲으로부터 乙로 변하더라도 여전히 유효한 데 대하여, 특정한 공무원에게 발해진 직무명령은 그 공무원의 전보 또는 지위의 상실에 의해 당연히 효력을 상실한다. 출장명령이 직무명령의 예이다.

둘째, 훈령은 하급행정기관(행정청)의 권한행사에 대한 명령인데 대해, 직무명령은 공무원의 직무에 관해 발하여지는 것으로서 본래의 직무사항에 대해서뿐만 아니라 직무수행에 필요하다고 인정되는 한 공무원의 생활행동에 대해서도 규율한다. 예컨대 '제복을 착용하라'는 명령은 직무명령에 해당한다.

위와 같이 훈령과 직무명령은 그의 성질을 달리 하나, 훈령은 동시에 직무명령으로서의 성질을 가진다. 왜냐하면 공무원이 행정기관의 지위에 있는 한, 그의 권한을 훈령에 좇아 행사하는 것은 공무원 개인의 의무도 되기 때문이다. 그러나 직무명령은 훈령으로서의 성질을 당연히 가지지는 않는 점에 유의할 필요가 있다.

(다) 훈령의 종류

상급행정청의 하급행정청의 권한행사에 관한 명령인 훈령(넓은 의미)은 현행법상의 규정(행정 효율과 협업 촉진에 관한 규정 4조)을 토대로 대개 다음과 같이 분류되고 있다.

① 좁은 의미의 훈령: 상급행정청이 하급행정청에 대하여 장기간에 걸쳐 그 권한의 행사를 일반적으로 지시하기 위하여 발하는 명령이다. 재량준칙 등 이른바 행위유도규칙(행위지도규칙)이 이에 해당한다.

② 지시: 상급행정청이 하급행정청의 문의에 의하여 하급행정청에 개별적·구체적으로 발하는 명령이다. 종래에는 상급행정청이 직권에 의하여 발하는 것을 '지시'라고 하고, 하급행정청의 문의·신청에 의하여 발하는 것을 '지령'이라고 하였는데, 현행법은 양자를 포함하여 지시라 하고 있다. 이와 같은 지시는 일반성(다수에게 적용됨)과 추상성(되풀이 적용됨)을 결하므로, 이론상으로는 행정규칙의 일종으로서의 훈령으로 보기 어렵다.

③ 예규: 행정사무의 통일을 기하기 위하여 반복적 행정사무의 처리기준을 제시하기 위하여 발하는 명령이다.

④ **일일명령**: 당직・출장・시간외근무・휴가 등 일일업무에 관하여 발하는 명령이다. 이러한 일일명령 역시 일반성과 추상성을 결하므로, 이론상으로는 훈령(행정규칙)으로 보기 어렵다.

(라) 훈령의 형식

훈령은 원래 특별한 형식을 요하지 않고 구두나 문서 등 어느 형식으로 하여도 무방하나, 행정 효율과 협업 촉진에 관한 규정 시행규칙은 그에 대해 일정한 통제를 가하고 있다. 예를 들면 좁은 의미의 훈령과 예규는 조문형식 또는 시행문형식에 의하여 작성하고 누년 일련번호를 사용하는 것과 같다(동시행규칙 8조 2호).

훈령은 지휘・감독권을 가지는 상급행정청이 스스로, 즉 자기의 명의로 발하는 것이 원칙인데, 보조기관에게 대리권을 부여하여 발하게 할 수도 있다. 이러한 경우를 의명발신(依名發信)이라고 한다.

(마) 훈령의 요건과 하급기관의 심사권

훈령이 유효하기 위해서는 우선 그 내용이 확정될 수 있어야 하고 그의 실현이 가능하여야 한다. 이와 같은 요건을 갖추지 않은 훈령이 효력을 가질 수 없음은 성질상 당연하다. 그 밖에 훈령이 일반적으로 갖추어야 할 요건으로서는 다음과 같은 것이 있다.

① 지휘권을 가지는 상급행정청으로부터 발하여질 것, ② 하급행정청의 권한사항에 관한 것일 것, ③ 하급행정청의 권한에 관한 것일지라도 권한행사의 독립성이 보장되어 있는 사항에 관한 것이 아닐 것, ④ 내용이 적법하고 공익에 적합할 것 등이다. 위의 네 가지 요건 중 ① 내지 ③을 형식적 요건이라 하고 ④를 실질적 요건이라고 하는데, 위의 요건을 구비하지 않은 훈령은 '하자 있는 훈령'이 된다.

문제는 하급행정청이 훈령의 하자에 대해 어느 정도의 심사권을 가지느냐 하는 것인데, 이에 대해 종래의 통설은 하급행정청은 훈령의 형식적 요건은 심사할 수 있으나 실질적 요건에 대해서는 원칙적으로 심사권을 가지지 않고 훈령의 내용이 위법할지라도 그에 복종하지 않으면 안 된다고 하였다. 그러나 요건의 형식・실질을 불문하고 하급행정청은 훈령의 여러 요건을 판단하여 그것이 객관적으로 위법함이 명백한 이상 그에 대한 복종을 거부하여야 할 것이다.

다음의 문제는 법령에 위반되는 행위를 명하는 위법한 훈령에 복종하여 소관의 행위를 한 당해 공무원의 징계책임이나 형사책임 여하이다. 이 문제는 당해 공무원에게 위법한 행위를 하지 않을 수 있는 기대가능성이 있었느냐 여부에 의해 결정되어야 할 것이다.

[판례] 공무원이 그 직무를 수행함에 즈음하여 상관은 하관에 대하여 범죄행위 등 위법한 행위를 하도록 명령할 직권이 없는 것이며, 또한 하관은 소속상관의 적법한 명령에 복종할 의무는 있으나 그 명령이 대통령 선거를 앞두고 특정후보에 대하여 반대하는 여론을 조성할 목적으로 확인되지도 않은 허위의 사실을 담은 책자를 발간·배포하거나 기사를 게재하도록 하라는 것과 같이 명백히 위법 내지 불법한 명령인 때에는 이는 벌써 직무상의 지시명령이라 할 수 없으므로 이에 따라야 할 의무가 없다(대판 1999. 4. 23, 99도636, 동지판례: 대판 1988. 2. 23, 87도2358).

(바) 훈령에 위반한 법률적 행위의 효력

훈령은 하급행정청의 권한, 즉 소관사무에 관한 명령이므로 하급행정청의 소관사무에 속하는 행위는 그 전부가 규율의 대상이 된다. 따라서 훈령의 규율 대상에는 법률적 행위(인·허가 등)와 사실적 행위(조사·출장 등)도 있을 수 있다. 이 중 하급행정청의 법률적 행위가 훈령에 위반하여 행해진 경우의 효력이 문제이다. 단순한 훈령위반만으로는 그 효력에 하등 영향이 없다는 것이 종래의 통설적 견해이다. 그러나 행정규칙이론의 변화는 여기에도 영향을 미치지 않을 수 없다. 본래 공무원은 소속상관의 직무상의 명령에 복종할 의무(국가공무원법 57조)가 있으므로 그러한 훈령에 일치하는 행정선례가 존재하는 것에 대한 사실상의 추정이 성립될 수 있으며, 따라서 이러한 훈령에 위반함은 헌법상의 평등원칙에 대한 위반이 될 수 있다. 훈령에 위반한 행정행위 등의 위법성은 이러한 이론의 매개를 통해 이루어짐에 유의할 필요가 있다.

[참고판례] 상급행정기관이 소속 공무원이나 하급행정기관에 대하여 업무처리지침이나 법령의 해석·적용 기준을 정해 주는 '행정규칙'은 일반적으로 행정조직 내부에서만 효력을 가질 뿐 대외적으로 국민이나 법원을 구속하는 효력이 없다. 처분이 행정규칙을 위반하였다고 해서 그러한 사정만으로 곧바로 위법하게 되는 것은 아니고, 처분이 행정규칙을 따른 것이라고 해서 적법성이 보장되는 것도 아니다. 처분이 적법한지는 행정규칙에 적합한지 여부가 아니라 상위법령의 규정과 입법목적 등에 적합한지 여부에 따라 판단해야 한다.

상급행정기관이 소속 공무원이나 하급행정기관에 하는 개별·구체적인 지시도 마찬가지이다. 상급행정기관의 지시는 일반적으로 행정조직 내부에서만 효력을 가질 뿐 대외적으로 국민이나 법원을 구속하는 효력이 없다. 대외적으로 처분 권한이 있는 처분청이 상급행정기관의 지시를 위반하는 처분을 하였다고 해서 그러한 사정만으로 처분이 곧바로 위법하게 되는 것은 아니고, 처분이 상급행정기관의 지시를 따른 것이라고 해서 적법성이 보장되는 것도 아니다. 처분이 적법한지는 상급행정기관의 지시를 따른 것인지 여부가 아니라, 헌법과 법률, 대외적으로 구속력 있는 법령의 규정과 입법 목적, 비례·평등원칙과 같은 법의 일반원칙에 적합한지 여부에 따라 판단해야 한다(대판 2019. 7. 11. 2017두38874).

(4) 취소·정지권

이는 상급행정청이 직권에 의하여 또는 행정심판 등의 청구에 의하여 하급행정청의 위법 또는 부당한 행위를 취소 또는 정지하는 권한이다. 여기서 취소란 그 행위의 효과를 행위시에 소급하여 또는 단순히 장래에 향하여 영구적으로 소멸시키는 것을 말하며, 정지(또는 중지)란 그 행위의 효과를 일시적으로 소멸시키는 것을 말한다.

[판례] 행정처분이 취소되면 그 소급효에 의하여 처음부터 그 처분이 없었던 것과 같은 효과를 발생하게 되는바, 행정청이 의료법인의 이사에 대한 이사취임승인취소처분(제1처분)을 직권으로 취소(제2처분)한 경우에는 그로 인하여 이사가 소급하여 이사로서의 지위를 회복하게 되고, 그 결과 제1처분과 제2처분 사이에 법원에 의하여 선임결정된 임시이사들의 지위는 법원의 해임결정이 없더라도 당연히 소멸한다(대판 1997. 1. 21. 96누3401).

법령에 근거가 있는 경우에 상급행정청이 취소·정지권을 행사할 수 있음은 당연하다(정부조직법 11조 2항, 지방자치법 188조). 이에 대해 그러한 근거규정이 없는 경우에 상급행정청의 감독권의 당연한 내용으로서 이를 행사할 수 있는가에 대해서는 견해가 나누어져 있다. 즉, 상급청은 특별한 규정이 없는 한 처분청에 대해 취소·정지를 명할 수 있을 뿐 직접 취소·정지권을 행사할 수는 없다는 견해[5]와 취소·정지권은 감독의 목적을 달성하기 위한 불가결의 수단이라는 이유로 상급청은 당연히 취소·정지권을 갖는다고 하는 견해[6]가 나누어져 있다. 생각건대, 감독청의 감독권에는 하급행정청의 권한을 직접 행사할 수 있는 권한까지 포함되는 것은 아니며, 따라서 감독권에는 취소·정지권이 당연히 포함되지는 않

5) 박윤흔·정형근(하), 55-56면; 류지태·박종수(신론), 799면.
6) 이상규(하), 86면.

는다고 볼 것이다. 다만, 「정부조직법」(11조 2항·18조 2항) 및 「지방자치법」(188조)이 취소·정지권을 명문화하고 있는 오늘날에 있어서는, 이를 논할 실익이 별로 없다고 판단된다.

행정처분의 취소·정지는 유효하게 성립하고 있는 하급행정청의 행위를 취소하여 그 효력을 소멸시키는 것이므로, 이해당사자는 행정쟁송을 통해 그의 효력을 다툴 수 있다. 그러나 특별한 규정이 없는 한 하급행정청은 감독청의 취소·정지를 쟁송(기관소송 등)을 통해 다툴 수는 없다.

(5) 주관쟁의결정권

그 소속 행정청간에 소관(관할·권한)에 관하여 다툼이 있는 경우에 쌍방 행정청에 공통되는 상급행정청이 그에 관해 결정하는 권한을 말한다.[7] 주관쟁의에는 서로 자기의 권한이라 주장하는 '적극적 주관쟁의'와 서로 자기의 권한이 아니라는 '소극적 주관쟁의'가 있다. 이러한 주관쟁의가 있는 경우에는 1차적으로 쌍방의 공통 상급행정청이 결정하고, 그러한 기관이 없을 때에는 쌍방의 상급행정청이 협의하여 결정하며, 협의가 이루어지지 않을 때에는 최종적으로는 국무회의의 심의를 거쳐(헌법 89조 10호) 대통령이 결정하게 된다.

이 점과 관련하여 「행정절차법」이 "행정청의 관할이 분명하지 아니한 경우에는 해당 행정청을 공통으로 감독하는 상급 행정청이 그 관할을 결정하며, 공통으로 감독하는 상급 행정청이 없는 경우에는 각 상급 행정청이 협의하여 그 관할을 결정한다"(6조 2항)라고 규정하고 있음에 유의할 필요가 있다.

Ⅲ. 대등행정청간의 관계

1. 권한의 상호존중·협조

대등행정청 상호 간에서는 서로 그 권한을 존중할 것이 요구되며, 자기의 권한이 다른 기관에 의해 침해되는 것을 배제하는 동시에 다른 행정청의 권한을 침범하지 않도록 배려하지 않으면 안 된다. 이러한 과정에서 행정청 상호 간에 소관에 관하여 적극·소극의 다툼이 있는 경우에는 '주관쟁의의 결정'의 방법에 의해 해결되어야 함은 상술한 바와 같다.

---

7) 학자에 따라서는 행정청의 주관쟁의결정권을 행정청 간의 '조정관계'의 내용으로서 설명하기도 한다. 이상규(하), 87면.

아울러 「행정절차법」이 이 점과 관련하여 "행정청이 그 관할에 속하지 아니하는 사안을 접수하였거나 이송받은 경우에는 지체 없이 이를 관할 행정청에 이송하여야 하고 그 사실을 신청인에게 통지하여야 한다. 행정청이 접수하거나 이송받은 후 관할이 변경된 경우에도 또한 같다"(6조 1항)라고 규정하고 있는 사실에 유의할 필요가 있다.

2. 행정청간의 협의

하나의 사항이 둘 이상의 행정청의 권한과 관련되는 경우에는 행정청 간의 협의에 의하여 이것을 결정한다. 이것에는 ① 주관행정청이 관계행정청과 협의하는 경우(공익사업을 위한 토지 등의 취득 및 보상에 관한 법률 21조), ② 둘 이상의 행정청이 공동주관행정청으로서 대등하게 협의하는 경우(도로교통법 15조 등), ③ 행정청이 사업자의 지위에서 그 사업의 주관행정청과 협의하거나 그의 승인을 받는 경우(공유수면 관리 및 매립에 관한 법률 35조) 등이 구분된다. ①의 경우에 당해 협의가 법령상 요구되는 경우에 협의 없이 행한 행위는 무효가 되나, 법령에 근거하지 않고 내부규율로 협의하도록 한 경우에는 그것은 행정조직 내부의 문제에 그치므로 협의 없이 행한 행위도 국민에 대한 관계에서는 유효한 것으로 보아야 할 것이다.[8] ②의 경우에는 대등행정청은 협의에 의하여 공동의 결정에 도달하게 되고, 또한 공동명의로 외부에 표시된다. 협의는 당해 결정의 유효요건이 된다.

3. 사무의 촉탁

대등한 행정청 간에 있어서 어느 행정청의 직무상 필요한 사무가 다른 행정청의 관할에 속하는 경우, 그 행정청에 위탁하여 처리시키는 것을 말한다. 예컨대 세무서장이 체납처분을 재산(체납처분대상)소재지의 세무서장에게 위탁하는 것과 같다. 사무의 촉탁은 행정청 상호 간에서는 물론 사법관청과 행정관청 간에서도 행해진다. 세무관청이 압류한 부동산의 등기를 법원에 촉탁하는 것이 그 예이다.

4. 행정응원

(1) 의의 및 종류

행정응원은 협의로 재해·사변 기타 비상시에 처하여 어느 한 행정청의 고

---

8) 박윤흔·정형근(하), 43-44면.

유의 기능만으로는 행정목적을 달성할 수 없을 때에 다른 행정청의 청구에 의하여 또는 자발적으로 그 기능의 전부 또는 일부로써 다른 행정청을 원조하는 법제도를 말한다. 행정상의 공조라고 말하기도 한다. 경찰응원(경찰직무 응원법 1조), 소방응원(소방기본법 11조) 등이 있다. 행정응원이라 하게 되면 보통 좁은 의미의 행정응원을 의미한다. 이밖에도 평상시의 대등행정청 간에 있어서 어느 한 행정청의 직무수행상 필요한 일정행위, 예컨대 서류의 제출, 의견의 진술 또는 보고 및 파견근무 등을 요구하고, 다른 행정청이 이에 응하는 제도가 인정되고 있는데(행정심판법 35조 1항, 국가공무원법 32조의4, 국가공무원 복무규정 7조), 이 경우까지 포함해서 넓은 의미의 행정응원이라 한다. 여기서 말하는 좁은 의미의 행정응원을 '근무응원'으로, 넓은 의미의 행정응원을 '협조응원'이라고 부르기도 한다.

(2) 행정응원의 요청 · 거부 · 방법 · 비용 등

「행정절차법」(8조)이 정하는 바는 다음과 같다.

(가) 행정응원의 요청

행정청은 다음 어느 하나에 해당하는 경우에는 다른 행정청에 행정응원을 요청할 수 있다.

① 법령 등의 이유로 독자적인 직무수행이 어려운 경우
② 인원 · 장비의 부족 등 사실상의 이유로 독자적인 직무수행이 어려운 경우
③ 다른 행정청에 소속되어 있는 전문기관의 협조가 필요한 경우
④ 다른 행정청이 관리하고 있는 문서(전자문서를 포함한다) 통계 등 행정자료가 직무수행을 위하여 필요한 경우
⑤ 다른 행정청의 응원을 받아 처리하는 것이 보다 능률적이고 경제적인 경우

(나) 행정응원의 거부

응원의 청구에 대해서는 정당한 이유 없이 그것을 거절할 수 없다. 다만, 그 응원의 정도 여하에 대해서는 응원자 측의 재량에 달렸다 할 수 있다.

행정청은 다음 어느 하나에 해당하는 경우에는 요청받은 행정응원을 거부할 수 있다.

① 다른 행정청이 보다 능률적이거나 경제적으로 응원할 수 있는 명백한 이유가 있는 경우
② 행정응원으로 인하여 고유의 직무수행이 현저히 지장받을 것으로 인정되는 명백한 이유가 있는 경우

행정응원을 요청받은 행정청이 응원을 거부하는 경우에는 그 사유를 응원을 요청한 행정청에 통지하여야 한다.

(다) 지휘 · 감독

행정응원을 위하여 파견된 직원은 응원을 요청한 행정청의 지휘 · 감독을 받는다(국가공무원법 32조의4, 국가공무원복무규정 7조 1항).[9] 다만, 당해 직원의 복무에 관하여 다른 법령 등에 특별한 규정이 있는 경우에는 그에 의하고, 응원자와 피응원자가 전혀 상이한 조직 및 작용의 원리에 입각한 경우에는 응원자는 그의 고유한 지휘자의 명령에 따른다고 할 수 있다.

(라) 비 용

행정응원에 소요되는 비용은 응원을 요청한 행정청이 부담하며, 그 부담금액 및 부담방법은 응원을 요청한 행정청과 응원을 행하는 행정청이 협의하여 결정한다.

9) 국가공무원 복무규정 제7조(파견근무) ① 법 제32조의4에 따라 다른 기관에서 파견근무하는 사람은 복무에 관하여 파견받은 기관의 장의 지휘 · 감독을 받는다.

제2장 국가행정조직법

제1절 개 설

Ⅰ. 국가행정조직법의 의의 및 범위

국가행정조직법은 국가의 직접적 행정 및 간접적 국가행정을 담당하고 있는 인격주체 및 기관의 설치·구성·권한 등에 관하여 규율하는 법을 말한다. 여기에서 '국가의 직접적 행정'이라고 함은 국가의 중앙 및 지방행정기관에 의한 행정을 말하며, '간접적 국가행정'이라고 함은 국가로부터 독립한 인격을 가지고 있는 법인(공공단체) 및 자연인, 즉 공무수탁사인(Beliehene)에 의한 국가행정을 의미한다.[1)]

Ⅱ. 국가행정조직법의 법원

국가의 기본법인 헌법은 대통령을 위시한 국가의 직접적 행정기관(특히 중앙행정기관)에 관한 많은 규정을 두고 있다. 그러한 헌법규정을 구체화한 많은 법률이 제정되어 있는 바, 「정부조직법」이 그 대표적 예이다. 그 밖에도 국가의 직접적 행정 및 간접적 행정에 관한 수많은 법령이 제정되어 있음은 본문을 통해서 보는 바와 같다.

1) 국가행정의 직접행정과 간접행정의 구분은 독일의 행정법문헌의 예에 따른 것이다(Vgl. Erichsen (Hg.), S. 788 ff.; Maurer, S. 550 ff.). 다만, 독일의 문헌에서와는 달리, 본서에서는 지방자치행정은 '간접적 국가행정'에 포함시키지 않는 입장을 취한다.

제 2 절 중앙행정조직[1)]

Ⅰ. 대 통 령

1. 대통령의 지위

우리 헌법이 대통령제를 취하고 있음으로 인하여, 대통령은 국가의 원수인 동시에 정부(행정부)의 수반으로서의 지위를 누리고 있다(헌법 66조 1항·4항 참조). 정부수반으로서의 대통령의 지위는 크게 ① 정부조직권자로서의 지위(동법 86조, 87조, 94조, 98조 등 참조), ② 최고행정청으로서의 지위(동법 75조, 78조 등 참조), ③ 국무회의의장으로서의 지위(동법 88조 3항 참조) 등으로 나눌 수 있다.

2. 대통령의 행정에 관한 주요권한

(1) 국무총리임명권

대통령은 국회의 동의를 얻어 국무총리를 임명한다(동법 86조 1항).

(2) 국무위원임명권

대통령은 국무총리의 제청으로 국무위원을 임명한다(동법 87조 1항).

(3) 행정각부의 장에 대한 임명권

대통령은 국무총리의 제청으로 국무위원 중에서 행정각부의 장을 임명한다(동법 94조).

(4) 공무원임면권

대통령은 헌법과 법률이 정하는 바에 의하여 공무원(5급 이상 및 고위공무원단에 속하는 일반직공무원)을 임면한다(헌법 78조, 국가공무원법 32조 1항).[2)]

(5) 행정각부의 통할권

대통령은 직접 또는 국무총리를 통하여 행정각부를 통할하며, 지휘·감독할

---

1) 대통령을 비롯한 중앙의 국가행정기관에 관하여는 헌법학에서 상설하는 경향이 있으므로, 여기에서는 약술하기로 한다.
2) 상세한 것은 본서 제6편 제4장 제2절 이하 참조.

수 있는 권한을 가진다(헌법 86조 2항, 정부조직법 11조 및 18조 참조).

(6) 위임명령 · 집행명령제정권

대통령은 법률에서 구체적으로 범위를 정하여 위임받은 사항과 법률을 집행하기 위하여 필요한 사항에 관하여 대통령령을 발할 수 있다(헌법 75조).

(7) 긴급재정 · 경제처분 · 명령권 및 긴급명령권

대통령은 내우 · 외환 · 천재 · 지변 또는 중대한 재정 · 경제상의 위기에 있어서 국가의 안전보장 또는 공공의 안녕 · 질서를 유지하기 위하여 긴급한 조치가 필요하고 국회의 집회를 기다릴 여유가 없을 때에 한하여 최소한으로 필요한 재정 · 경제상의 처분을 하거나 이에 관하여 법률의 효력을 가지는 명령을 발할 수 있으며, 국가의 안위에 관계되는 중대한 교전상태에 있어서 국가를 보위하기 위하여 긴급한 조치가 필요하고 국회의 집회가 불가능한 때에 한하여 법률의 효력을 가지는 명령을 발할 수 있다(동법 76조 1항 · 2항). 대통령은 위의 처분 또는 명령을 한 때에는 지체없이 국회에 보고하여 그 승인을 얻어야 하며, 국회의 승인을 얻지 못한 때에는 그 처분 또는 명령은 그 때부터 효력을 상실한다(동조 3항 · 4항).

(8) 국군통수권

대통령은 헌법과 법률이 정하는 바에 의하여 국군을 통수한다(동법 74조).

(9) 계엄선포권

대통령은 전시 · 사변 또는 이에 준하는 국가비상사태에 있어서 병력으로써 군사상의 필요에 응하거나 공공의 안녕 · 질서를 유지할 필요가 있을 때에는 법률이 정하는 바에 의하여 계엄을 선포할 수 있다(동법 77조).

Ⅱ. 국무회의

1. 법적 지위

국무회의는 정부의 권한에 속하는 중요한 정책을 심의하는 국가의 최고정책심의기관이다(헌법 88조 1항). 국가정책의 필수적 심의기관인 점에서 단순한 자문기관과 구별되며, 대통령이 심의내용에 구속되지 않는 점에서 의결기관과도 구별된다.

2. 구　　성

국무회의는 대통령·국무총리와 15인 이상 30인 이하의 국무위원으로 구성된다. 대통령이 국무회의의 의장이 되고, 국무총리는 부의장이 된다(동법 88조 2항·3항).

3. 심의사항

다음 사항은 국무회의의 심의를 거쳐야 한다(동법 89조).

① 국정의 기본계획과 정부의 일반정책
② 선전·강화 기타 중요한 대외정책
③ 헌법개정안·국민투표안·조약안·법률안 및 대통령령안
④ 예산안·결산·국유재산처분의 기본계획·국가의 부담이 될 계약 기타 재정에 관한 중요사항
⑤ 대통령의 긴급명령·긴급재정경제처분 및 명령 또는 계엄과 그 해제
⑥ 군사에 관한 중요사항
⑦ 국회의 임시회 집회의 요구
⑧ 영전수여
⑨ 사면·감형과 복권
⑩ 행정각부 간의 권한의 획정
⑪ 정부 안의 권한의 위임 또는 배정에 관한 기본계획
⑫ 국정처리상황의 평가·분석
⑬ 행정각부의 중요한 정책의 수립과 조정
⑭ 정당해산의 제소
⑮ 정부에 제출 또는 회부된 정부의 정책에 관계되는 청원의 심사
⑯ 검찰총장·합동참모의장·각군참모총장·국립대학교총장·대사 기타 법률이 정한 공무원과 국영기업체관리자의 임명
⑰ 기타 대통령·국무총리 또는 국무위원이 제출한 사항

4. 회　　의

(1) 대통령은 국무회의의 의장으로서 회의를 소집하고 이를 주재한다. 의장이 사고로 직무를 수행할 수 없는 경우에는 부의장인 국무총리가 그 직무를 대

행하고, 의장과 부의장이 모두 사고로 직무를 수행할 수 없으면 「정부조직법」 제26조 1항에 규정된 순서에 따라 국무위원이 그 직무를 대행한다. 국무위원은 의장에게 의안을 제출하고 국무회의의 소집을 요구할 수 있다(정부조직법 12조).

(2) 국무조정실장 · 인사혁신처장 · 법제처장 · 식품의약품안전처장 그 밖에 법률로 정하는 공무원은 필요한 경우 국무회의에 출석하여 발언할 수 있으며, 소관사무에 관하여 국무총리에게 의안의 제출을 건의할 수 있다(동법 13조).

Ⅲ. 대통령직속기관

1. 감 사 원

(1) 감사원의 지위

감사원은 국가의 세입 · 세출의 결산, 국가 및 법률이 정한 단체의 회계검사와 행정기관 및 공무원의 직무에 관한 감찰을 하기 위하여 대통령 소속하에 설치된 국가기관이다(헌법 97조). 감사원이 대통령직속기관이기는 하나, 직무에 관하여는 독립의 지위를 가진다(감사원법 2조). 따라서 대통령의 감사원의 직무에 대한 관여(지휘 · 감독)는 허용되지 않는다.

(2) 감사원의 조직

감사원은 감사원장을 포함한 7명의 감사위원으로 구성한다(감사원법 3조).[3] 그러한 의미에서 감사원은 행정위원회(합의제행정기관)로서의 성격을 가진다고 볼 수 있다.

(3) 감사원의 권한

헌법 및 「감사원법」이 정하고 있는 감사원의 주요 권한에는 다음과 같은 것이 있다.

---

3) 헌법은 "5인 이상 11인 이하의 감사위원으로 구성한다"(98조 1항)라고 규정하고 있으나 「감사원법」은 감사위원의 수를 7명으로 한정하였다(동법 3조). 다른 한편, 1995년 1월 5일의 「감사원법」 개정 이전에는 "감사원은 … 감사위원회의와 사무처로 구성된다"라고 규정되어 있었음으로 인하여, 사무처(장)의 위상과 관련하여 논란이 많았던 것인데, 그 문제가 입법을 통해 해결된 셈이다. 감사원의 법적 지위 등에 관한 상세한 연구에 관하여는 김유환, 감사원의 지위와 기능에 관한 법적 문제, 공법연구, 1994. 6, 359면 이하 참조.

(가) 결산 및 회계검사권

감사원은 국가 · 지방자치단체 기타 감사원법이 정한 단체에 대한 결산 및 회계검사권을 가진다(헌법 99조, 감사원법 21조 이하 참조).

(나) 직무감찰권

감사원은 국가 및 지방자치단체의 행정기관 및 소속공무원 등에 대한 직무를 감찰하는 권한을 가진다(감사원법 24조).

(다) 감사결과에 따르는 권한

감사원은 감사결과와 관련하여, ① 변상책임 유무의 판정(동법 31조), ② 징계 등의 요구권(동법 32조), ③ 시정 등의 요구권(동법 33조), ④ 개선 등의 요구권(동법 34조), ⑤ 고발(동법 35조), ⑥ 재심의(동법 36조 이하) 등의 권한을 가지고 있다.

(라) 심사청구에 대한 결정권[4)]

감사원의 감사를 받는 자의 직무에 관한 처분 기타 행위에 관하여 이해관계 있는 자는 감사원에 그 심사의 청구를 할 수 있는데(동법 43조 1항), 감사원은 심사결과 심사청구의 이유가 있다고 인정할 때에는 관계기관의 장에 대하여 시정 기타의 필요한 조치를 요구하며 심사청구의 이유가 없다고 인정할 때에는 이를 기각한다(동법 46조).

(마) 회계관계법령의 제정 · 개정 · 폐지 및 해석적용에 대한 의견표시권

국가의 각 기관은 ① 국가의 회계 관계 법령을 제정하거나 개정 · 폐지하려는 경우, ② 국가의 현금, 물품 및 유가증권의 출납 부기(簿記)에 관한 법령을 제정하거나 개정 · 폐지하려는 경우, ③ 감사원의 감사를 받도록 하거나 배제 · 제한하는 등의 감사원의 권한에 관한 법령을 제정하거나 개정 · 폐지하려는 경우, ④ 자체감사 업무에 관한 법령을 제정하거나 개정 · 폐지하려는 경우 등에는 미리 해당 법령안을 감사원에 보내 그 의견을 구하여야 한다(동법 49조).

---

4) 감사원의 이 권한은 1996년에 일어났던 '영광원자력발전소사건'으로 세인의 이목을 끌게 되었다. 전라남도 영광군수는 한전(한국전력주식회사)에 원자력발전소 5 · 6호기 건설을 위한 건축허가를 했던 것인데(1996. 1. 29), 주민 등의 반대에 부닥쳐 8일만에 허가취소를 하였다. 상대방인 한전 측은 위 처분에 대한 행정쟁송(행정심판 · 행정소송)을 제기하지 않고 감사원법 제43조에 의거하여 심사청구를 하기에 이르렀으며, 감사원은 심사결과 「영광군의 허가취소처분은 부당하니 1996. 9. 10.까지 건축허가 취소처분을 취소할 것」을 통보하였다('96. 7. 11). 영광군수는 1996. 9. 10. 기자회견을 통해 감사원의 요구에 불응하겠다는 뜻을 천명하였으나, 감사원이 군수를 직무유기로 고발하고, 관계공무원을 징계하겠다는 입장을 표명하고, 한전 측에서도 주민의 요구를 최대한 수용하겠다는 뜻을 표명함에 따라 영광군수가 한전 측에 다시 건축허가를 부여함으로써 일단락되었던 것이다.

(바) 감사대상기관 외의 자에 대한 협조요구권

감사원은 필요한 경우 동법에 따른 감사대상 기관 외의 자에 대하여 자료를 제출하거나 출석하여 답변할 것을 요구할 수 있으며, 이러한 요구를 받은 자는 정당한 사유가 없으면 그 요구에 따라야 한다. 다만, 요구는 감사에 필요한 최소한도에 그쳐야 한다(동법 50조).

(사) 규칙제정권

감사원은 감사에 관한 절차, 감사원의 내부규율과 감사사무처리에 관하여 필요한 규칙을 제정할 수 있다(동법 52조). 감사원규칙의 법적 성질에 관하여는 법규명령설[5]과 헌법에 근거가 없으며, 법률은 입법형식 자체를 창설하지 못한다는 이유로 법규명령성을 부인하는 설[6]이 대립되어 있다. 생각건대, 국회입법의 원칙에 대한 예외는 헌법 스스로 인정한 경우에 한하며, 법률에 의하여 창설적으로 인정될 수는 없다고 보아야 할 것이다.[7]

2. 국가정보원

(1) 법적 지위

국가정보원은 대통령 소속으로 국가안전보장에 관련되는 정보·보안 및 범죄수사에 관한 사무를 담당하는 국가의 중앙행정기관이다(정부조직법 17조, 국가정보원법 2조).

(2) 직 무

국가정보원은 다음의 직무를 수행한다(국가정보원법 4조).

① 국외 및 북한에 관한 정보, 방첩(산업경제정보 유출, 해외연계 경제질서 교란 및 방위산업침해에 대한 방첩을 포함), 대테러, 국제범죄조직에 관한 정보, 「형법」 중 내란의 죄, 외환의 죄, 「군형법」 중 반란의 죄, 암호 부정사용의 죄, 「군사기밀 보호법」에 규정된 죄에 관한 정보, 「국가보안법」에 규정된 죄와 관련되고 반국가단체와 연계되거나 연계가 의심되는 안보침해행위에 관한 정보, 국제 및 국가배후 해킹조직 등 사이버안보 및 위성자산 등 안보 관련 우주 정보 등의 수집·작성·배포

② 국가 기밀(국가의 안전에 대한 중대한 불이익을 피하기 위하여 한정된 인원만이 알 수 있도록 허용되고 다른 국가 또는 집단에 대하여 비밀로 할 사실·물건

---

5) 현재의 다수설이다.
6) 김도창(상), 311면; 홍준형(총론), 357면; 김성수, 일반행정법, 345면.
7) 이에 대하여는 김남진·김연태(Ⅰ), 165면 이하 및 171면 이하 참조.

또는 지식으로서 국가 기밀로 분류된 사항만을 의미)에 속하는 문서·자재·시설·지역 및 국가안전보장에 한정된 국가 기밀을 취급하는 인원에 대한 보안 업무(다만, 각급 기관에 대한 보안감사는 제외)

③ 제1호 및 제2호의 직무수행에 관련된 조치로서 국가안보와 국익에 반하는 북한, 외국 및 외국인·외국단체·초국가행위자 또는 이와 연계된 내국인의 활동을 확인·견제·차단하고, 국민의 안전을 보호하기 위하여 취하는 대응조치

④ 중앙행정기관(대통령 소속기관과 국무총리 소속기관을 포함한다) 및 그 소속기관과 국가인권위원회, 고위공직자범죄수사처 및 「행정기관 소속 위원회의 설치·운영에 관한 법률」에 따른 위원회, 지방자치단체와 그 소속기관 및 그 밖에 대통령령으로 정하는 공공기관을 대상으로 한 사이버공격 및 위협에 대한 예방 및 대응

⑤ 정보 및 보안 업무의 기획·조정

⑥ 그 밖에 다른 법률에 따라 국정원의 직무로 규정된 사항

(3) 조 직

국가정보원의 조직은 국가정보원장이 대통령의 승인을 얻어 정하며, 특별시·광역시·도 또는 특별자치도에 지부를 둘 수 있다(동법 6조).

3. 자문기관

대통령의 자문기관으로서 ① 국가원로자문회의, ② 국가안전보장회의, ③ 민주평화통일자문회의, ④ 국민경제자문회의 등이 설치될 수 있다(헌법 90조 이하 참조).

4. 대통령비서실 등

대통령의 직무를 보좌하기 위하여 대통령비서실을 둔다(정부조직법 14조 1항). 또한 국가안보에 관한 대통령의 직무를 보좌하기 위하여 국가안보실을 두며(동법 15조), 대통령 등의 경호를 담당하기 위하여 대통령경호처를 둔다(동법 16조).

Ⅳ. 국무총리

1. 국무총리의 지위

우리 헌법은 대통령제를 취하면서도 이례적으로 국무총리를 두고 있다. 정부의 수반은 대통령인 까닭에 국무총리가 의원내각제하에서의 국무총리와 같은 지위를 가지고 있지 않음은 명백하다.[8] 그러면서도 국무총리는 정부의 제2인자로서 다음과 같은 지위를 누리고 있다.

(1) 대통령의 권한대행자로서의 지위

국무총리는 대통령이 궐위되거나 사고로 인하여 직무를 수행할 수 없을 때 대통령의 권한을 대행하는 제1순위에 있다(헌법 71조).

(2) 국무회의 부의장으로서의 지위

국무총리는 국무회의 구성원인 동시에 부의장으로서의 지위에 있다(헌법 88조 2항·3항).

(3) 정부의 제2인자로서의 지위(후술하는 '행정각부통할권' 참조)

(4) 독자적 중앙행정청으로서의 지위

국무총리는 통할적 성질의 사무를 스스로 관장·처리하는 독자적 중앙행정청으로서의 성질을 가진다. 통할사무란 행정각부업무의 조정사무(기획·조정 등), 성질상 어느 일부에 관장시킴이 부적당한 사무(인사·법제·행정관리 등)를 가리킨다. 이를 위하여 국무총리소속에 중앙행정기관이 설치되어 있는 외에, 국무총리를 직접 보좌하는 국무조정실이 설치되어 있다.

(5) 서울특별시 행정에 대한 조정자로서의 지위(후술 참조)

2. 국무총리의 행정에 관한 주요권한

(1) 국무위원 및 행정각부의 장의 임면관여권

국무위원과 행정각부의 장은 국무총리의 제청에 의하여 임명되며, 국무총리는 국무위원의 해임을 대통령에게 건의할 수 있다(헌법 87조 1항·3항, 94조 등 참조).

---

8) 우리는 제2공화국헌법(1960. 6. 15. 헌법)하에서 국무총리가 정부의 수반인 의원내각제를 경험한 바 있다.

(2) 행정각부의 통할 · 감독권

국무총리는 대통령의 명을 받아 행정각부를 통할할 수 있다(헌법 86조 2항). 즉, 국무총리는 대통령의 명을 받아 각 중앙행정기관의 장을 지휘 · 감독하며, 중앙행정기관의 장의 명령이나 처분이 위법 또는 부당하다고 인정될 경우에는 대통령의 승인을 받아 이를 중지 또는 취소할 수 있다(정부조직법 18조 1 · 2항).

(3) 서울특별시 행정에 대한 조정권

행정안전부장관이 서울특별시의 자치사무에 관한 감사를 하고자 할 때에는 국무총리의 조정을 거쳐야 하며, 또한 수도권 지역에서 서울특별시와 관련된 도로 · 교통 · 환경 등에 관한 계획수립과 그 집행에 있어서 관계 중앙행정기관의 장과 서울특별시장이 의견을 달리하는 경우에는 다른 법률에 특별한 규정이 없는 한 국무총리가 이를 조정한다(서울특별시행정특례에 관한 법률 4조 2항, 5조 1항).

(4) 총리령제정권

국무총리는 소관사무에 관하여 법률이나 대통령령의 위임 또는 직권으로 총리령(위임명령 · 집행명령)을 발할 수 있다(헌법 95조).

3. 국무총리직속기관

(1) 부총리

국무총리가 특별히 위임하는 사무를 수행하기 위하여 부총리 2명을 둔다. 부총리는 국무위원으로 보하고, 기획재정부장관과 교육부장관을 겸임하며, 경제정책과 교육 · 사회 및 문화 정책에 관하여 국무총리의 명을 받아 관계 중앙행정기관을 총괄 · 조정한다(정부조직법 19조).

(2) 국무조정실

각 중앙행정기관의 행정의 지휘 · 감독, 정책 조정 및 사회위험 · 갈등의 관리, 정부업무평가 및 규제개혁에 관하여 국무총리를 보좌하기 위하여 국무조정실을 두고, 국무조정실에 실장 1명과 차장 2명을 두되, 실장과 차장은 정무직으로 한다(동법 20조).

(3) 국무총리비서실

국무총리의 직무를 보좌하기 위하여 국무총리비서실을 두고, 국무총리비서실에 실장 1명을 두되, 실장은 정무직으로 한다(동법 21조).

(4) 인사혁신처

인사혁신처는 공무원의 인사·윤리·복무 및 연금에 관한 사무를 관장한다. 인사혁신처에는 처장 1명과 차장 1명을 두되, 처장은 정무직으로 하고, 차장은 고위공무원단에 속하는 일반직 공무원으로 보한다(동법 22조의3).

(5) 법제처

법제처는 국무회의에 상정될 법령안·조약안과 총리령안 및 부령안의 심사와 그 밖에 법제에 관한 사무를 전문적으로 관장한다. 법제처에 처장 1명과 차장 1명을 두되, 처장은 정무직으로 하고, 차장은 고위공무원단에 속하는 일반직 공무원으로 보한다(동법 23조).

(6) 식품의약품안전처

식품의약품안전처는 식품 및 의약품의 안전에 관한 사무를 관장한다. 본래 보건복지부장관 소속하의 식품의약품안전청이었으나, 「정부조직법」 개정으로 인하여 국무총리 소속의 '처'로 승격되었다. 식품의약품안전처에 처장 1명과 차장 1명을 두되, 처장은 정무직으로 하고, 차장은 고위공무원단에 속하는 일반직 공무원으로 보한다(동법 25조).

(7) 기 타

국무총리 직속하에 설치되는 중앙행정기관으로서는 그 밖에 국민권익위원회, 공정거래위원회, 금융위원회, 원자력안전위원회 등이 있다.

한편, 위의 국무총리소속 중앙행정기관은 행정각부가 아니므로, 부령에 해당하는 실령이나 처령을 발할 수 없다고 보아야 할 것이다.

Ⅴ. 행정각부

1. 행정각부

행정각부는 정부(행정부)의 업무를 분담하고 있는 국가의 중앙행정기관이다. 이들 중앙행정기관은 장관을 정점으로 하나의 거대한 피라미드를 형성하고 있는 셈인데, 이들 중앙행정기관은 다시 대통령을 정점으로 보다 큰 피라미드를 형성하고 있는 것이 국가행정조직의 모습이라고 할 수 있다.

그들 행정각부의 설치 · 조직과 직무범위는 법률로 정하도록 되어 있는데(헌법 96조), 그에 관한 기본법이 「정부조직법」이다. 동법은 행정각부로서 기획재정부, 교육부, 과학기술정보통신부, 외교부, 통일부, 법무부, 국방부, 행정안전부, 국가보훈부, 문화체육관광부, 농림축산식품부, 산업통상자원부, 보건복지부, 환경부, 고용노동부, 여성가족부, 국토교통부, 해양수산부, 중소벤처기업부 등 19개부를 두고 있다(정부조직법 26조 1항).

행정각부에 장관 1명과 차관 1명을 두되, 장관은 국무위원으로 보하고, 차관은 정무직으로 한다. 다만, 기획재정부 · 과학기술정보통신부 · 외교부 · 문화체육관광부 · 산업통상자원부 · 보건복지부 · 국토교통부에는 차관 2명을 둔다(정부조직법 26조 2항).

2. 행정각부장관의 지위와 권한

행정각부장관은 국가의 최고정책심의기관인 국무회의의 구성원인 국무위원으로서의 지위와 중앙행정관청인 각부의 장관으로서의 지위를 동시에 갖는데, 양자는 구별되어야 한다. 장관의 주요 권한에는 다음과 같은 것이 있다.

(1) 부령제정권

행정각부의 장은 소관사무에 관하여 법률이나 대통령령의 위임 또는 직권으로 부령(위임명령 · 집행명령)을 발할 수 있다(헌법 95조).[9]

(2) 지휘 · 감독권

행정각부장관은 소관사무를 통할하고 소속공무원을 지휘 · 감독하며(정부조직법 7조 1항), 소관사무에 관하여 지방행정의 장을 지휘 · 감독하는 권한을 가진다(동법 26조 3항).[10]

(3) 행정에 관한 제권한

행정권은 다양한 형식을 통해 발해진다. 상술한 명령 이외에 계획 · 행정행위(처분) · 확약 · 사실행위(행정지도 포함) 등이 행정의 대표적 행위형식(Handlungsformen)이다.[11] 우리나라는 행정(관)청제를 취하고 또한 행정권한이 중앙(특히 행정각부장관)에 집중되어 있음으로 인해 행정권은 아직도 행정각부장관의 이름으로 많이 행해지고 있다. 각종의 인 · 허가, 그의 취소 · 철회가 그 예이다.

---

9) 부령으로서의 법규명령, 행정규칙 등의 제정범위, 효력 등에 관하여는 김남진 · 김연태(Ⅰ), 제2편 제2장 제2절 이하 참조.
10) 지휘 · 감독의 수단 등에 관하여는 본서 31면 참조.
11) 상세는 김남진 · 김연태(Ⅰ), 제2편 행정작용법 참조.

(4) 인사권

행정각부장관은 소속 공무원에 대한 임용제청 내지 임용권을 가진다.

3. 각부장관소속 행정기관

(1) 보조기관 등

행정각부에는 차관 1명을 두되 정무직으로 한다. 다만 기획재정부·과학기술정보통신부·외교부·문화체육관광부·산업통상자원부·보건복지부·국토교통부에는 차관 2명을 둔다(정부조직법 26조 2항). 차관 이외에도 행정각부에는 많은 수의 보조기관, 자문기관, 의결기관, 집행기관, 부속기관이 설치되어 있다.[12)]

(2) 외 청

행정각부에는 장관 소속하에 상당수의 외청이 설치되어 있다. ① 기획재정부장관 소속하의 국세청·관세청·조달청·통계청, ② 외교부장관 소속하의 재외동포청, ③ 법무부장관 소속하의 검찰청, ④ 국방부장관 소속하의 병무청·방위사업청, ⑤ 행정안전부장관 소속하의 경찰청·소방청, ⑥ 문화체육관광부장관 소속하의 문화재청, ⑦ 농림축산식품부장관 소속하의 농촌진흥청·산림청, ⑧ 산업통상자원부장관 소속하의 특허청, ⑨ 보건복지부장관 소속하의 질병관리청, ⑩ 환경부장관 소속하의 기상청, ⑪ 국토교통부장관 소속하의 행정중심복합도시건설청·새만금개발청, ⑫ 해양수산부장관 소속하의 해양경찰청 등이 그에 해당한다. 이들 외청의 특색은 청장이 자신의 이름으로 대외적으로 법적 효과를 발행하는 의사표시를 할 수 있는 행정청(행정기관의 장)의 지위를 가지는 점에 있다(정부조직법 27조 이하; 신행정수도 후속대책을 위한 연기·공주지역 행정중심복합도시 건설을 위한 특별법 38조; 새만금사업 추진 및 지원에 관한 특별법 34조 참조).

Ⅵ. 합의제행정기관(행정위원회)

1. 합의제행정기관의 의의 및 특징

「정부조직법」은 "행정기관에는 그 소관사무의 일부를 독립하여 수행할 필요가 있는 때에는 법률로 정하는 바에 따라 행정위원회 등 합의제행정기관을 둘 수 있다"(5조)라고 규정하고 있다. 이러한 합의제행정기관의 특징은 ① 합의

---

12) 이들 행정기관에 관해서는 앞에서 고찰한 바 있다(본서 11면 이하 참조).

제기관인 점, ② 직무의 독립성이 인정되고 있는 점, ③ 행정기관의 소관사무의 일부를 관장하는 점, ④ 행정청의 지위를 가지는 점에서 찾을 수 있다.

이러한 합의제행정기관(행정위원회)의 원형 내지 이념형은 19세기 말엽 이래 미국에서 발전된 각종의 독립규제위원회(Independent Regulatory Commission)에서 찾을 수 있을 것 같다. 그러나 미국에서 발전된 행정위원회가 준입법적 권한(quasi-legislative power) 및 준사법적 권한(quasi-judicial power)을 가지고 있음으로써 '머리없는 제4부'로 비유되기도 하였는데,[13] 우리의 「정부조직법」이 예상하고 있는 행정위원회는 "행정기관의 소관사무의 일부를 독립하여 수행"하는 정도의 것이므로 양자 사이에는 커다란 차이가 있다고 보지 않으면 안 된다.

한편, 행정위원회와 같은 합의제행정기관에는 행정능률을 저해하는 면이 있을 수 있다. 그러나 그의 구성·운용 여하에 따라서는 정부나 외부세력의 압력을 덜 받음으로써 직무의 독립성을 기할 수 있으며,[14] 행정위원회에 각 계·각층의 의견을 반영케 함으로써 행정의 민주화를 기할 수 있는 장점을 발휘할 수 있다.[15] 「정부조직법」이 특별히 행정위원회 등 합의제행정기관을 설치할 수 있는 근거를 마련하고 있는 이유도 그 점에 있다고 새겨진다.

2. 우리나라의 현황

우리나라에도 합의제행정기관이 많이 있으나 대부분 자문기관(각부처의 정책자문위원회 등) 아니면 의결기관(징계위원회·행정심판위원회·도시계획위원회·경찰위원회 등)의 성격을 가지고 있다. 합의제행정기관(행정위원회)으로 볼 수 있는 것에는 감사원, 중앙노동위원회, 토지수용위원회, 공정거래위원회, 방송통신위원회, 영상물등급위원회 등이 있다.

---

13) 미국에서는 자유방임주의시대로부터 자본주의의 폐단을 시정하기 위한 행정규제를 필요로 하는 과정에서 행정위원회가 탄생되었다고 볼 수 있다. 그러한 의미에서 이미 관료제가 확립되어 있는 나라에서 행정위원회를 두는 경우에는 사정이 많이 다르다는 점에 유의할 필요가 있다.

14) 경찰조직의 공안위원회제로의 개편론 같은 것은 그와 같은 발상에 터잡은 것이라 할 수 있다.

15) 예컨대, 방송통신위원회는 각계·각층의 의견과 이해를 대표할 수 있는 인사로 구성될 필요가 있다.

정부기구표

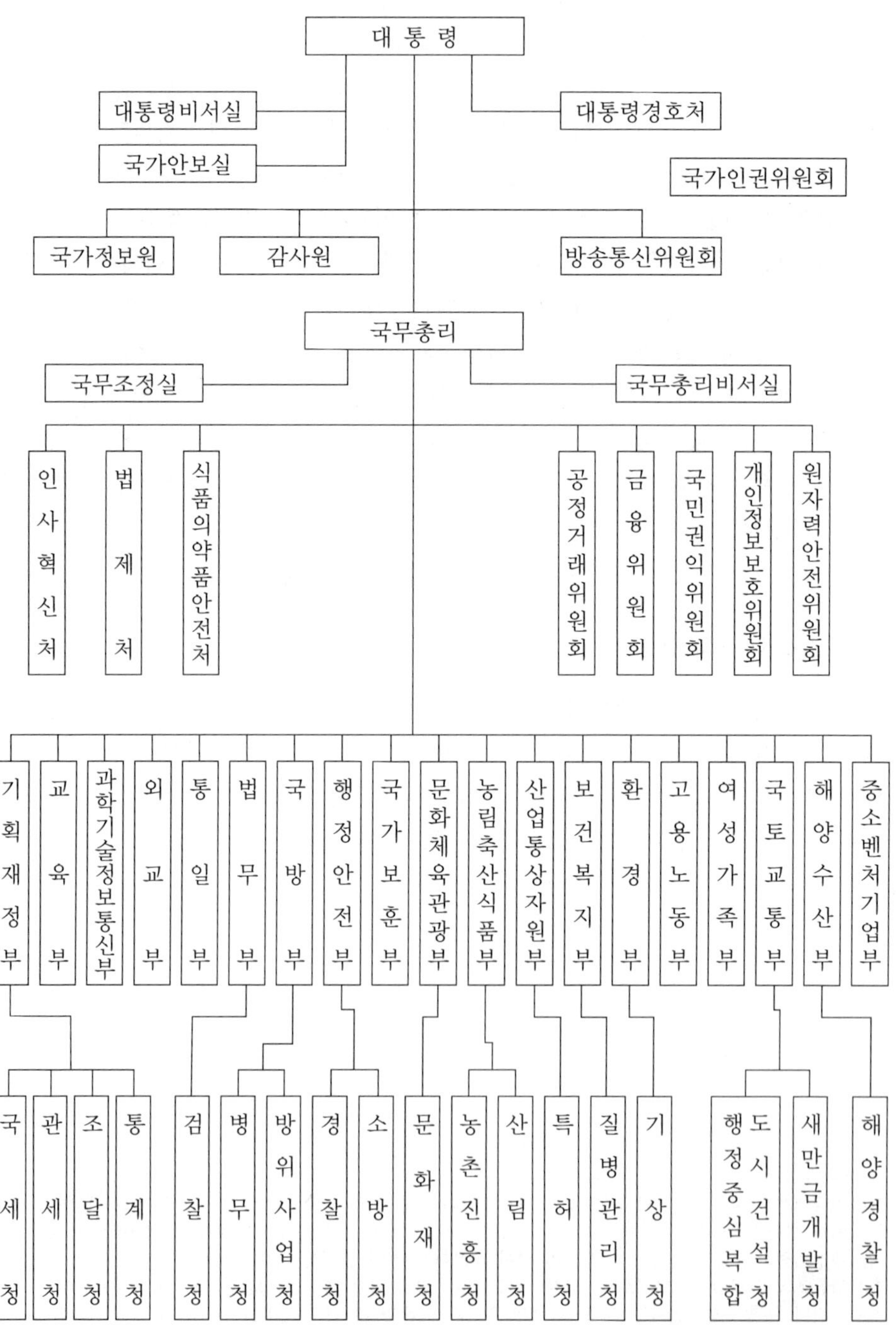
대 통 령
대통령비서실
국가안보실
대통령경호처
국가인권위원회
국가정보원
감사원
방송통신위원회
국무총리
국무조정실
국무총리비서실
인사혁신처
법제처
식품의약품안전처
공정거래위원회
금융위원회
국민권익위원회
개인정보보호위원회
원자력안전위원회
기획재정부
교육부
과학기술정보통신부
외교부
통일부
법무부
국방부
행정안전부
국가보훈부
문화체육관광부
농림축산식품부
산업통상자원부
보건복지부
환경부
고용노동부
여성가족부
국토교통부
해양수산부
중소벤처기업부
국세청
관세청
조달청
통계청
검찰청
병무청
방위사업청
경찰청
소방청
문화재청
농촌진흥청
산림청
특허청
질병관리청
기상청
행정중심복합도시건설청
새만금개발청
해양경찰청

제 3 절 지방행정조직

Ⅰ. 개 설

헌법은 지방자치제를 보장하고 있다(117조). 따라서 지방행정은 자치행정을 통해서 행해짐이 헌법의 취지에 맞는 일이다. 그럼에도 불구하고 현실적으로는 국가의 지방행정기관이 전국에 걸쳐 산재하고 있다. 그 국가의 지방행정기관은 이론상 관장사무의 일반성 여부에 따라 보통지방행정기관과 특별지방행정기관으로 구분된다.

Ⅱ. 보통지방행정기관

헌법상의 지방자치제의 취지에 따라 국가의 지방행정을 관장하는 보통지방행정기관(관치지방 행정기관)은 따로 설치되지 아니하며, 시·도와 시·군 및 자치구에서 시행하는 국가사무는 법령에 다른 규정이 없는 한 지방자치단체의 장인 시장(서울특별시장 및 광역시장 포함)·도지사와 시장·군수 및 자치구의 구청장에게 위임하여 행하는 형식을 취하고 있다(지방자치법 115조).[1]

Ⅲ. 특별지방행정기관

특정한 중앙행정기관의 소관사무만을 관장하는 지방행정기관이 특별지방행정기관이다. 「정부조직법」은 "중앙행정기관은 소관사무를 수행하기 위하여 필요한 때에는 특히 법률로 정한 경우를 제외하고는 대통령령으로 정하는 바에 따라 지방행정기관을 둘 수 있다"(3조 1항)라고 규정함으로써 국가의 지방행정기관을 설치할 수 있는 근거를 마련하고 있다.[2] 또한 국가의 지방행정기관은 특정한 중앙행정기관에 속하는 사무를 분장함이 원칙이나, 동법은 "업무의 관련성

1) 상세는 본서 144면 참조.

2) 지방행정기관의 설치가 본래의 법률사항이었던 것인데 대통령령 사항으로 개정(1981. 4. 8.)됨으로써 남설의 우려가 있음이 지적되고 있다.

이나 지역적인 특수성에 따라 통합하여 수행함이 효율적이라고 인정되는 경우에는 대통령령으로 정하는 바에 따라 관련되는 다른 중앙행정기관의 소관사무를 통합하여 수행할 수 있다"(3조 2항)라고 규정함으로써, 한정된 지역(예컨대, 수출자유지역 등)에서의 보통지방행정기관의 설치마저 가능한 법적 근거를 마련해 놓고 있다.

현재 특별지방행정기관은 전국에 산재하고 있는 바, 기획재정부 산하의 세무서·세관, 행정안전부 산하의 경찰서, 농림축산식품부 산하의 농산물검사소, 산업통상자원부 산하의 우체국 등이 대표적 예이다.

제 4 절 공공단체(간접국가행정조직)

I. 공공단체의 의의

우리나라에서 공공단체는 「국가 밑에서 국가로부터 그 존립의 목적이 부여된 법인」으로 정의됨이 보통이다.[1] 혹은 「국가 밑에서 행정목적을 수행하는 공법상의 법인을 말한다」는 식으로 정의되며 자치단체라 하기도 한다.[2]

이와 같은 공공단체는 국가 및 공무수탁사인[3]과 함께 행정주체로서의 의의를 가진다. 즉 행정이라고 하는 국가적 임무를 수행하며, 그 자체로서 공법(행정법상)의 권리·의무의 귀속주체(Zuordnungssubjekt)로서의 지위를 가지는 것이다. 이 점에서 행정의 실질적 담당자이기는 하나, 공법상의 권리·의무의 귀속주체로서의 지위를 가지지 않는 행정청 등 행정기관 및 그의 인적 구성원인 공무원과 구별된다.

우리나라에서는 이러한 공공단체에 해당하는 것으로서 지방자치단체·공공조합(공법상의 사단법인)·영조물법인 및 공법상의 재단법인을 열거함이 보통이다. 그러나 외국에서는 점차 그와 같은 넓은 의미의 공공단체의 개념이 자취를 감추는 것으로 보인다. 예컨대, 독일에서는 공공단체 또는 공법단체(Körperschaften des öffentlichen Rechts)라고 하게 되면, 우리나라에서 말하는 공공조합만을 의미하거나 인적 구성단체로서의 지방자치단체와 공공조합을 포괄하는 것을 의미함

1) 박윤흔·정형근(하), 62면; 김동희(Ⅱ), 46면.
2) 그러나 공공단체가 모두 자치단체가 아닌 점에 유의할 필요가 있다.
3) 이에 관한 상세는 김남진·김연태(Ⅰ), 102면; 김남진, 기본문제, 635면 이하 참조.

이 보통이며, 우리나라에서 통용되는 공공단체 및 공무수탁사인을 합친 것은 간접적 국가행정(mittelbare Staatsverwaltung)이라고 부름이 보통이다.[4] 한편, 일본에서는 우리나라에서 통용되는 공공단체를 특수법인과 지방공공단체로 나누는 경향에 있다.[5]

생각건대, 지방자치단체와 여타 공공단체(공법인)를 동격으로 취급하는 듯한 종래의 공공단체개념은 여러모로 부적당한 것으로 보인다. 그럼에도 불구하고 본서도 일단 통설적 공공단체(공법인) 개념을 채택하되, 지방자치단체에 대하여는 별도의 장으로써, 기타의 공공단체는 관련된 행정영역(급부행정·토지 및 지역정서행정 등)에서 상설하는 방법론을 택하기로 한다.

Ⅱ. 공공단체의 종류

1. 지방자치단체

지방자치단체는 일정한 구역과 그 주민을 구성요소로 하는 공공단체이다.[6] 지방자치단체는 일정한 토지를 불가결의 요소로 하는 지역단체(Gebietskörperschaft)인 점에서 다른 공공단체와 구별된다. 또한 지방자치단체는 주민이라는 인적 구성원을 불가결의 요소로 하는 점에서 인적 결합체로서의 공법상의 사단 또는 공공조합과 유사하며, 따라서 광의의 공법상의 사단에 포함시키는 예도 있으나, 지방자치단체는 기타의 공법상 사단과 동렬에 넣기 어려운 특별한 지위를 누리고 있음이 사실이다.

지방자치단체는 구성 및 권한의 일반성 여부에 따라 이론상 보통지방자치단체와 특별지방자치단체로 구분되는 바, 특별시·광역시·특별자치시·도·특별자치도·시·군 및 자치구가 전자에 해당하며, 시·군·자치구조합과 같은 지방자치단체조합이 후자에 해당한다(지방자치법 2조, 176조).

지방자치단체는 문자 그대로 지방주민에 의한 자치의 이념을 위해 설립되는 단체이다. 따라서 주민자치의 요소를 결하는 지방자치단체(수동적 지방자치단체라고도 한다)는 진정한 의미의 지방자치단체라고 하기 어렵다. 한편, 지방자치단체의 법적 의미

4) Vgl. Erichsen(Hg.), S. 772 ff.; Maurer, S. 574 ff.

5) 藤田宙靖, 行政組織法, 1994, 128면 이하; 塩野 宏, 行政法 Ⅲ, 71면 이하 참조.

6) 참조: 김남진, 지방자치단체의 법적 지위에 관하여, 학술원통신 제198호, 2010. 1; 김남진, 국가와 지방자치단체의 분립과 상호관계, 학술원통신 제353호, 2022. 12.

는 일정 지역의 주민(시민)이 스스로의 권리·의무를 향유하는 공법상의 단체(Verband, Körperschaft)로 결합되는 점에서 찾을 수 있다. 이와 같은 의미의 자치를 단체자치 또는 법률적 의미의 자치라고 하기도 한다.

지방자치단체는 주민의 복리에 관한 사무를 처리하고 재산을 관리하며 자치에 관한 규정을 제정하는 등 그 지방의 공공사무의 전반에 관하여 권한을 가진다. 즉 권한의 일반성(Allzuständigkeit)이 인정된다(헌법 117조 1항, 지방자치법 13조 참조).

이에 대하여 지방자치단체조합은 복수의 지방자치단체가 수도와 같은 공기업의 경영, 도로와 같은 공공시설의 설치·관리 등 개별적인 행정임무를 공동으로 수행하기 위해 설치되는 지방적 목적단체(kommunaler Zweckverband)이다. 지방자치단체조합 역시 법인의 성격을 가지므로(지방자치법 176조 2항) 지방자치단체의 일종임에는 틀림없다.

2. 공공조합

공공조합이란 특정한 목적을 위하여 결합된 인적 단체(Personenverbände)로서 자치권이 인정된 공공단체를 말하며, 공사단이라고도 한다. 공공조합의 구성원은 일정한 지역 내에서 일정한 자격을 가진 자인 것이 보통인데, 이 경우의 지역은 조합의 구성원이 될 자격요건이 되며 사업의 실시구역을 의미하는데 지나지 아니하는 점에서 지방자치단체의 구역과는 구별된다. 이 점에서 지방자치단체는 지역단체인데 대하여 공공조합은 인적 단체라고 말할 수 있다.

공공조합은 그의 설립목적 내지는 활동영역에 따라 다시 다음과 같이 분류할 수 있으며, 각 공공조합은 광역 또는 전국적 규모의 연합체를 결성함이 보통이다.

① **경제적 목적의 조합**: 상공회의소, 중소기업협동조합, 수산업협동조합·농업협동조합 등

② **지역개발·토목사업적 조합**: 도시개발조합, 도시재개발조합, 토지구획정리조합, 농지개량조합 등

③ **공공적·자유업종의 직업인 단체**: 대한변호사협회, 지방변호사회, 의사회, 대한약사회 등

④ **사회보험적 조합**: 국민건강보험공단, 근로복지공단, 국민연금관리공단, 공무원연금관리공단, 건설공제조합 등

⑤ **기타**: 대한민국재향군인회 등

3. 공법상의 영조물법인

영조물법인은 영조물이 법인격을 취득한 공공단체이다. 따라서 그 영조물법인을 이해하기 위해서는 먼저 영조물(Anstalt)의 개념을 파악할 필요가 있다. 영조물은 일찍이 Otto Mayer에 의하여 「공행정주체에 의하여 특정한 공적 목적에 계속적으로 봉사하도록 정해진 인적·물적 수단의 종합체」라고 정의되었던 바,[7] 그러한 정의가 오늘날까지 전해 내려오고 있다.[8]

영조물의 특징적 징표로서는 다음의 세 가지를 들 수 있다.

첫째로, 영조물은 행정요원과 물적 수단의 조직적 종합체이다. 물적 수단이란 건물·시설·기계 등을 말한다.

둘째로, 영조물은 그의 목적에 따르는 일정한 행정임무를 수행하지 않으면 안 된다. 여기에서 행정임무란 주로 급부적·공급적 과업을 의미한다.

셋째로, 영조물은 일반적으로 이용자(Benutzer)를 가진다. 이용자의 영조물 이용관계는 일시적인 경우도 있고 반복적·계속적인 경우도 있다. 여기에서 유의할 점은, 그 영조물의 이용자는 영조물의 구성원(Mitglieder)은 아니라는 점이다. 이 점이 영조물과 공공조합이 결정적으로 다른 점이다. 이용자는 어디까지나 영조물 밖으로부터 오는 제3자이며 그의 담하자(Träger)는 아니다. 영조물의 직원(Bediensteten) 역시 영조물의 구성원은 아니다.

위와 같은 영조물이 공법상의 법인격을 취득할 때, 여기서 말하는 공법상의 영조물법인이 된다. 영조물의 '공법인'으로서의 징표는 그것이 공법적으로 조직되는 점에 있으며, 그의 이용관계가 항상 공법적으로 형성되는 것에 있지 않은 점에 유의할 필요가 있다.

현행법상 영조물법인에 해당하는 것으로서는 한국방송공사·한국은행·서울대학교 병원·대한적십자사·서울메트로·인천국제공항공사 등이 있다. 우리나라에서의 영조물은 대부분 국가 또는 지방자치단체에 의해 직영되며 법인체로서의 영조물은 드문 상태이다. 아울러 영조물(법인)과 공기업은 구별됨이 마땅하다고 생각된다.[9]

---

7) Otto Mayer, Deutsches Verwaltungsrecht, Bd. II, 1924, S. 268, 331.

8) 전통적 특별권력관계이론이 극복된 오늘에 있어서도 영조물의 개념이나 이론이 유용한 점에 유의할 필요가 있다. 이러한 점에 관하여는 vgl. Erichsen(Hg.), S. 790 f.; Maurer, S. 610 f.

9) 이에 관해서는 본서 523면 참조.

4. 공법상의 재단

공법상의 재단 또는 공재단이란 재단설립자에 의해 출연된 재산(기금·물건 등)을 관리하기 위해 설립된 공공단체이다. 재단의 중심적 요소는 일정한 목적을 위해 바쳐진 재산의 뭉치(Vermögensmassen)이다. 이러한 재산을 관리하기 위한 형식적인 주체가 재단인데, 그러한 재단이 공법에 의하여 설립되고 뒤에서 보는 공공단체로서의 특색을 지니고 있을 때 공재단이라고 할 수 있는 것이다. 공재단에는 공공조합에 있어서와 같은 구성원이나 영조물법인에 있어서와 같은 이용자는 있을 수 없고, 수혜자만이 존재한다.

현행법상 공재단에 해당하는 것으로서는 한국연구재단·한국학중앙연구원 등이 있다. 「한국학중앙연구원 육성법」은 동 연구원이 재단법인임을 명시하고 있으며(1조), 교육부장관의 인가를 받아 연구원에 대학원을 설치할 수 있다고 규정하고 있다(6조). 그러나 실정법의 명시적 규정에도 불구하고 그의 기능면에서는 영조물법인의 성격을 가진다고 볼 수 있다. 유사한 성격을 가지고 있는 과학기술원에 대해서는 법은 단순히 "과학기술원은 법인으로 한다"(한국과학기술원법 2조)라고만 규정하고 있는 것이다.

우리나라의 대부분의 문헌은 영조물법인과 공재단을 구분하지 않는 경향에 있다. 실제로 양자의 구분이 명확치 않은 것이 사실이다. 또한 공재단은 국내외적으로 예가 드물다고 보면 될 것이다. 한편, 공법인(공공단체)인지 사법인인지 구분하기 어려운 것도 상당수 있는 것이 사실이다. 결국 각 법인의 성격의 농도에 따라 분류할 수밖에 없는 것으로 보인다. 다만, 공공단체는 행정주체의 일종임을 자각하고, 국가의 분신으로서의 행정주체로 보기 어려운 것은 공공단체로 보지 않음이 타당하다. 그러한 의미에서 특히 정부투자기관과 영조물법인을 동일시하는 견해[10]에 대해서는 의문을 표시하지 않을 수 없다. 정부투자기관의 상당수는 '공기업'이라고 말할 수는 있으나 '공공단체'라고 보기는 어렵다고 생각된다.[11]

다른 한편, 공공단체를 자치단체라고 부른다거나, 영조물법인을 자치행정조직의 하나로 부르는 예[12]도 있으나, 그 점에 대해서도 의문을 표시하고 싶다. 자치(Selbstverwaltung)란 최소한 사람들이 스스로의 일을 처리하는 것을 의미

10) 박윤흔·정형근(하), 64-65면.
11) 본서 534면 이하 참조.
12) 김도창(하), 133면.

한다고 할 때, 영조물법인과 공공단체는 그와 같은 의미의 자치의 요소, 즉 인적 요소를 결한다고 보기 때문이다.[13)]

Ⅲ. 공공단체의 특색

공공단체의 특색은 그것이 국가적 행위에 의하여 설립되고, 공권력을 행사하며, 국가에 의한 보호(특전)와 감독을 많이 받는 점에서 발견할 수 있다. 그러나 그와 같은 특색은 공공단체의 종류에 따라 차이가 많은 점을 간과해서는 안 될 것이다.

1. 국가적 행위에 의한 설립 · 변경 · 소멸

공공단체는 법률에 의하여 직접 설립되거나 법률에 근거한 행정행위를 통해서 설립된다. 그의 변경 내지 소멸(해산) 또한 같다. 개인적 의사행위만으로는 공공단체는 설립될 수 없다. 그의 설립근거는 대체로 공공단체의 명칭과 일치되는 이름의 법률에서 찾을 수 있다.

공공단체가 국가적 행위(입법 · 행정행위)에 의하여 설립된다고 하지만, 국가기관(특히 입법기관)이 공공단체의 세부적 사항까지 전부 정해야 하는 것은 아니다. 오히려 국가는 공공단체의 기본적 사항만 정하고, 나머지는 공공단체 스스로 정하게 함이 보통이다. 지방자치단체가 조례에 의하여, 다른 공공단체는 정관 등에 의하여 자율적으로 정하는 것에서 그 예를 발견할 수 있다.

2. 법인격의 취득

공공단체는 법인이며, 따라서 권리 · 의무의 귀속주체가 된다. 공공단체에 인격을 부여하는 이유는 공공단체의 일을 자기책임하에 수행할 수 있는 독립성(Selbstständigkeit)을 부여하기 위한 것이다.

3. 국가적 임무의 수행

공공단체가 국가의 분신으로서 국가적 임무를 수행하는 것임은 그의 명칭이나 개념을 통해서 밝혀져 있는 바이다. 그러나 한 마디로 국가적 임무라고 하지만 그 임무의 구체적 내용은 다양하다. 그 점은 공공단체 내지는 공공조합

---

13) 동지: Maurer, S. 574.

의 분류를 통해서도 어느 정도 해명되었다고 본다.

한편, 지방자치단체는 그 지방의 지역적 공공사무 전반에 대해서 권한을 가짐이 원칙인데 대하여, 기타의 공공단체는 법령 또는 정관에 의하여 특별히 명시된 임무(사업)만을 수행함이 원칙이다. 환언하면, 지방자치단체의 권한 내지 임무에 대해서는 개괄적 수권주의(Generalklausel)가 통용되는데 대하여, 기타의 공공단체에 대해서는 열기주의(Enumerationsprinzip)가 통용된다고 말할 수 있다. 예컨대, 「지방자치법」은 "지방자치단체는 관할구역의 자치사무 … 를 처리한다"(13조 1항)라고 규정하여, 지방의 자치사무에 관한 권한의 일반성을 인정하고 있는데 대하여, 기타의 공공단체는 정관을 통하여 그의 사업의 종목이 열거되어 있으며, 따라서 정관에 열거된 사업 이외의 일은 할 수 없음이 원칙인 것이다.

4. 국가적 공권의 부여

공공단체에는 행정행위를 발하는 권한, 공용부담특권, 강제징수권, 강제가입권 등 국가적 공권이 부여됨이 보통이다. 그러나 각 공공단체에 부여되어 있는 공권의 종류나 강도에는 많은 차이가 있다. 상기한 국가적 공권은 어느 것이나 법률의 근거를 필요로 하며, 위법한 공권력의 행사(특히 행정처분)는 행정쟁송의 대상이 된다. 환언하면, 공공단체가 처분(예컨대, 조합비의 부과처분 등)을 행하는 경우는 공공단체가 행정청의 지위를 가짐으로써 항고쟁송의 피고가 된다(행정심판법 2조 4호, 행정소송법 2조 2항 참조). 한편, 상기한 국가적 공권 가운데에는 공공조합에의 강제가입과 같이, 오늘날 헌법상의 허용성 여부 및 허용요건에 관하여 재음미를 필요로 하는 부분도 있음에 유의할 필요가 있다.[14]

[판례①] 피고 사업단(석탄사업법에 의하여 설립된 석탄사업합리화사업단)이 석탄광업자로부터 생산안정지원금 및 수송비 지급신청을 받아 그 신청액을 확인하거나 그 지급대상인지 여부를 확인하는 행위는 공권력의 주체로서의 우월한 지위에서 공권적으로 그 존부를 판단하는 행위로서 행정소송법 제2조 소정의 행정처분에 해당할 뿐 아니라, 피고가 석탄광업권자에게 지급하는 생산안정지원금 등은 석탄수급의 안정 및 석탄가격의 안정을 도모하기 위하여 석탄광업권자를 금전적으로 지원하는 일종의 보상금으로서 그 지급청구권은 위 법령이 특별히 인정하고 있는 공법상의 권리로 보아야 할 것이다(서울지법 1995. 5. 25, 95나7849).

14) Vgl. Maurer, S. 607 ff.

[판례②] 석탄광업자가 피고(석탄사업합리화사업단)에 대하여 가지는 지원금지원청구권은 석탄사업법령에 의하여 정책적으로 당연히 부여되는 공법상의 권리라고 할 것이므로, 석탄광업자가 피고를 상대로 석탄산업법령 및 석탄가격안정지원금 지급요령에 의하여 지원금의 지급을 구하는 소송은 공법상의 법률관계에 관한 소송인 공법상의 당사자소송에 해당한다고 할 것이다(대판 1997. 5. 30, 95다28960).[15)]

5. 보호의 특전

공공단체에는 면세·보조금의 교부·국공유재산의 무상대부 내지 공여 등 여러 가지 특전과 보호가 주어짐이 보통이다.

6. 국가의 특별감독

공공단체는 국가적 특권·특전이 부여되는 것에 상응하여, 국가의 특별한 감독을 받는다. 다만, 공공단체는 그 자체가 독립한 인격주체이므로, 국가의 공공단체의 고유사무(자치사무)에 대한 감독은 합법성의 통제(Rechtsmäßigkeitskontrolle)를 원칙으로 하고 예외적으로 합목적성의 통제(Zweckmäßigkeitskontrolle)를 받는다고 봄이 타당하다. 「지방자치법」은 그러한 법리를 명시하고 있다(180조 참조). 또한 공공단체는 주무부장관의 일반적인 감독을 받는 외에 그의 재무·재산 등에 관하여는 기획재정부장관의 감독을 받는 경우도 있다.

7. 공공단체의 임직원

지방자치단체의 임직원은 공무원으로 충당되는 경우도 있으나, 그 밖의 공공단체의 임직원은 공무원의 신분을 가지지 않음이 일반적이다. 다만, 형사벌과 관련해서는, 지방자치단체 이외의 공공단체에 있어서도 특히 그의 임원은 공무원에 준하게 되어 있음이 보통이다.

Ⅳ. 공공단체 상호 간의 관계

공공단체는 그 자체가 인격주체이므로 법 앞의 평등원칙이 공공단체 상호 간에도 적용된다. 따라서 도와 시·군 사이도 평등하다고 보아야 한다. 그와 같

15) 위 두 판례의 평석에 관하여는 김남진, 공법·사법, 공권·사권의 구별기준 등, 판례월보, 1998. 2, 25면 이하 참조.

은 법리는 다음과 같은 판지에도 잘 나타나 있다.

[판례] 무릇 지방자치단체인 시와 군은 하급지방자치단체로서 상급지방자치단체인 도의 관할구역에 있기는 하나, 그것은 다만 시와 군의 지역이 도의 관할구역 내에 있음을 의미할 뿐 자치단체인 시와 군이 역시 자치단체인 도에 예속되어 있거나 그의 지휘감독을 받는 것은 아니라 할 것이므로, 도가 상급지방자치단체라고 하여 그 장인 도지사가 자치단체인 시와 군의 장인 시장이나 군수의 권한을 대행하거나 침해할 수는 없다(서울고판 1973. 12. 18, 73구215).

다만, 도가 시·군을 포괄하는 단체임에 비추어, 행정사무처리상의 중복이나 모순을 방지하기 위해서 다음과 같은 불평등관계가 인정되고 있다.

① 지방자치단체는 법령을 위반하여 사무를 처리할 수 없으며, 시·군 및 자치구는 해당 구역을 관할하는 시·도의 조례를 위반하여 사무를 처리할 수 없다(지방자치법 12조 3항).

② 시·군 및 자치구의 조례나 규칙은 시·도의 조례나 규칙을 위반해서는 아니 된다(동법 30조).

제3장 지방자치법[1]

제1절 개 설

Ⅰ. 지방자치의 연혁[2]

(1) 1948년의 제헌헌법은 지방자치를 법적으로 보장하였으며(96조·97조), 그것을 구현하기 위한 「지방자치법」도 일찍 제정되었다(1949. 7. 4). 동법에 의하면 1949년 8월 15일부터 지방자치를 실시하도록 되어 있었다. 그러나 한국전쟁으로 인하여 지방의회(시·읍·면의회)의 구성은 1952년에야 이루어졌다. 1956년에는 시·읍·면장과 의원 및 서울특별시·도의회의원의 선거가 있었다. 1960년의 제3차 지방선거에 있어서는 서울특별시장과 도지사의 선거도 있었다.[3]

1961년의 5·16군사쿠데타에 의해 지방의회가 해산되었으며, 1972년 헌법(유신헌법)은 지방의회는 통일이 이루어질 때까지 구성하지 아니하는 것으로 규정(부칙 10조)하였다. 다행히 1980년 헌법(제5공화국 헌법)은 지방의회를 법률이 정하는 바에 따라 지방자치단체의 재정자립도를 감안하여 순차적으로 구성하도록 규정(부칙 10조)하여 다시금 지방자치실시의 의지를 나타내었다.

1987년의 6월 항쟁, 그의 결실로서의 헌법개정(제6공화국 헌법)을 통해 지방자치는 새로운 국면에 다다르게 되었다. 지방자치의 실시(지방의회의 구성)에 붙여졌던 단서(헌법 부칙)가 모두 제거된 것이다. 1988년 4월에 「지방자치법」의 전문개정(제7차 개정)이 행해졌으며, 이 법에 의거하여, 1991년에 30년 만에 지방의회(기초의

---

1) 지방자치법을 행정조직법의 편제에 포함시킴은 모순되는 점이 있다. 지방자치의 주역은 주민이어야 하며, 그 주민은 행정조직에 해당되지 않기 때문이다. 그러한 점을 의식하면서도 편의상 행정조직법편에서 다루게 되는 점을 밝혀 두고자 한다.

2) 대한민국 수립 이후의 지방자치(법제 포함)의 연혁에 관하여는 특히 법제처, 대한민국법제 오십년사(상), 1999, 509면 이하 참조.

3) 상세는 문광삼, 헌정사적 측면에서 본 한국의 지방자치, 자치연구, 창간호, 1991 : 김영삼, 우리나라 지방자치의 헌정사적 고찰, 월간고시, 1994. 5 참조.

회 및 광역의회)가 구성되었다(제6절 지방의회 참조).

1988년 법률에 의하면, 지방자치단체의 장은 1992년 6월말까지 선출하도록 되어 있었다(부칙 2조). 그러나 실제로는 1994년 3월 16일의 지방자치법 개정에 의하여 1995년 6월 27일에 시행된 이른바 4대지방선거(광역지방자치단체의 장과 의원 및 기초지방자치단체의 장과 의원의 선거)에 의해 선출되기에 이르렀다.

(2) 1994년 3월 16일 「지방자치법」은 법률 전반에 걸쳐 개정되었는데, 그 주요 내용은 다음과 같다.

① 시와 군을 통합한 지역이나, 인구 5만 이상의 도시 형태를 갖춘 지역이 있는 군을 도농복합형태의 시로 할 수 있도록 하고, 이러한 시에는 동을, 그 밖의 지역에는 읍·면을 두도록 하였다(7조 2항 및 3조 4항).

② 지방자치단체의 장이 지방자치단체의 폐치·분합 등 주요 결정사항에 대하여 주민투표에 붙일 수 있도록 하였다(13조 의2).

③ 지방자치단체는 조례로써 조례위반행위에 대하여 1천만 원 이하의 과태료를 정할 수 있도록 하였다(20조).

④ 지방의원의 의정자료의 수집·연구와 이를 위한 보조활동에 소요되는 비용 등을 보전하기 위하여 매월 의정활동비를 지급할 수 있도록 하였다(32조).

⑤ 지방자치단체 및 그 장이 위임받아 처리하는 국가사무와 시·도의 사무에 대하여 국회와 시·도의회가 직접 감사하기로 한 사무를 제외하고는 각각 당해 지방의회가 그 감사를 행할 수 있도록 하고, 이 경우, 국회와 시·도의회는 필요한 경우 당해 지방의회의 감사결과를 요구할 수 있도록 하였다(36조 3항).

⑥ 지방의회의 정기회 및 임시회의 회기를 각각 5일 연장하고 연간 회의 총일수도 20일을 연장하였다. 즉 지방의회의 정기회의 회기는 시·도의회의 경우 40일 이내, 시·군 및 자치구 의회의 경우 35일 이내로 하고, 임시회의 회기는 15일 이내로 하였으며, 연간 회의 총일수는 정기회 및 임시회를 합하여 시·도에 있어서는 120일, 시·군 및 자치구에 있어서는 80일을 초과할 수 없도록 하였다(41조 2항 및 3항).

⑦ 지방의회에서 재의결된 사항이 법령에 위반된다고 인정되는 때에 지방자치단체의 장은 대법원에 소를 제기할 수 있게 하였다(98조 3항).

⑧ 지방자치단체 상호 간 또는 지방자치단체의 장 상호 간의 분쟁 등의 조정을 위하여 내무부장관 또는 시·도지사 소속하에 지방자치단체분쟁조정위원회를 설치하도록 하였다(140조의 2 1항).

⑨ 지방자치단체의 장에 대한 직무이행명령 및 대집행의 제도를 신설하였다(157조 의2).

⑩ 지방자치단체의 자치사무에 대한 감사는 법령위반사항에 한하여 실시하도록 하였다(158조).

⑪ 지방의회의 재의결사항이 법령에 위반된다고 판단되는 경우에 있어서 내무부장관 또는 시·도지사는 당해 지방자치단체의 장에게 제소를 지시하거나 직접 제소 및 집행정지결정을 신청할 수 있게 하였다(159조 3항·4항).

(3) 1999년 8월 31일에 다시 한번 큰 폭의 「지방자치법」 개정(법률 제6002호)이 있었는데, 주요 내용은 다음과 같다.

① 20세 이상의 지방자치단체의 주민은 주민 총수의 20분의 1의 범위 안에서 대통령령이 정하는 주민수 이상의 연서로 당해 지방자치단체의 장에게 조례제정 및 개폐를 청구할 수 있도록 하였다(13조 의3).

② 20세 이상의 지방자치단체의 주민은 주민 총수의 50분의 1의 범위 안에서 조례가 정하는 주민수 이상의 연서로 당해 지방자치단체와 그 장의 권한에 속하는 사무의 처리가 법령에 위반되거나 공익을 현저히 해한다고 인정되는 경우에는 감사를 청구할 수 있도록 하였다(13조 의4).

③ 지방의회에서 의결할 의안은 지방자치단체의 장, 재적의원 5분의 1 이상 또는 의원 10인 이상의 연서로만 이를 발의하도록 되어 있는 것을 지방의회의 위원회도 의안을 발의할 수 있도록 하였다(58조 2항).

④ 사용료·수수료 등의 부과·징수에 대하여 이의신청을 한 자가 행정소송을 제기하고자 하는 경우에 종전에는 이의신청에 대한 결정의 통지를 받은 날부터 60일 이내에 소를 제기하도록 하였으나, 앞으로는 90일 이내에 소를 제기하도록 하고, 이의신청에 대한 결정기간 내에 그 결정의 통지를 받지 못한 경우에는 그 결정기간이 경과한 날로부터 90일 이내에 소를 제기할 수 있도록 하여 제소기간을 명확히 하였다(131조).

⑤ 지방자치단체분쟁조정위원회의 기능을 심의기구에서 의결기구로 강화하고, 분쟁이 공익을 현저히 저해하여 조속한 조정이 요청되는 경우 행정자치부장관 또는 시·도지사가 당사자의 신청이 없어도 조정할 수 있는 근거를 마련하였다(140조).

⑥ 각급 지방자치단체의 장 또는 지방의회의 의장은 상호 간의 교류와 협력을 증진하고 공동의 문제를 협의하기 위하여 전국적 협의체를 설립할 수 있도

록 하고, 협의체를 설립한 때에는 행정자치부장관에게 신고하도록 하며, 이들 협의체는 지방자치에 직접적 영향을 미치는 법령 등에 관하여 정부에 의견을 제출할 수 있도록 하였다(154조 의2).

(4) 2005년 1월 27일에 중요한 내용의 「지방자치법」 개정(법률 제7362호)이 있었는데, 주요 내용은 다음과 같다.

① 주민감사청구를 위하여 연서가 필요한 주민수를, 종전에는 20세 이상 주민 총수의 50분의 1의 범위 안에서 당해 지방자치단체의 조례로 정하도록 하던 것을, 시·도는 500명, 50만 명 이상 대도시는 300명, 그 밖의 시·군·구는 200명을 초과하지 아니하는 범위 안에서 당해 지방자치단체의 조례로 정하도록 하였다. 한편, 주민은 감사청구의 대상이 되는 당해 사무의 처리가 있었던 날 또는 종료된 날부터 2년을 경과한 때에는 감사를 청구할 수 없도록 하였다(동법 13조의 4 1항, 2항).

② 공금의 지출에 관한 사항, 재산의 취득·관리·처분에 관한 사항, 당해 지방자치단체를 당사자로 하는 매매·임차·도급 그 밖의 계약의 체결·이행에 관한 사항 또는 지방세·사용료·수수료·과태료 등 공금의 부과·징수의 해태에 관한 사항을 감사청구한 주민이 감사결과 등에 불복이 있는 경우에는 그 감사청구한 사항과 관련있는 위법한 행위나 해태사실에 대하여 당해 지방자치단체의 장을 상대방으로 하여 소송을 제기할 수 있도록 하는 주민소송제도를 도입하였다(동법 13조의5 내지 13조의7).

③ 지방의회 정기회 및 임시회 회기제한규정(동법 41조 2항)을 삭제하여 지방의회가 연간 총 회의일수 범위 안에서 정례회 및 임시회의 회기를 자율적으로 조정할 수 있도록 하였다.

④ 지방자치단체의 장이 법령위반을 이유로 재의요구지시를 받았음에도 불구하고 이에 불응할 경우 및 재의요구지시를 받기 전에 법령에 위반된 조례안을 공포한 경우, 주무부장관 또는 시·도지사가 대법원에 직접 제소 및 집행정지결정을 신청할 수 있도록 하였다(동법 159조 7항).

(5) 「지방자치법」은 2007년 5월 11일에 법률 제8423호로 전부개정이 되었다. 법 문장의 표기를 한글화하고, 어려운 용어를 쉬운 우리말로 풀어쓰며 복잡한 문장은 체계를 정리하여 쉽고 간결하게 다듬어 일반 국민이 쉽게 읽고 잘 이해할 수 있도록 하고, 국민의 언어생활에도 맞는 법률이 되도록 하려는 것이 그 개정이유이다.

(6) 2021년 1월 12일 「지방자치법」은 전부개정이 되었는데(법률 제17893호, 2022. 1. 13. 시행), 주요 내용은 다음과 같다.

① 지방자치단체의 기관구성 형태의 특례(4조)

지방자치단체의 의회와 집행기관에 관한 「지방자치법」의 규정에도 불구하고 따로 법률로 정하는 바에 따라 지방자치단체의 장의 선임방법을 포함한 지방자치단체의 기관구성 형태를 달리 할 수 있도록 하였으며, 이 경우에 「주민투표법」에 따른 주민투표를 거치도록 하였다.

② 지방자치단체 관할 구역 경계변경 제도 개선(6조)

㉠ 관계 지방자치단체의 장은 관할 구역과 생활권과의 불일치 등으로 인하여 주민생활에 불편이 큰 경우 등에는 행정안전부장관에게 관할 구역 경계변경에 관한 조정을 신청하도록 하고, 행정안전부장관은 그 신청내용을 공고한 후 경계변경자율협의체를 구성하게 하여 상호 협의하도록 하였다. 경계변경자율협의체의 구성을 요청받은 날부터 120일 이내에 협의체를 구성하지 못하였거나 법에서 정한 협의 기간 이내에 경계변경 여부 등에 관한 합의를 하지 못한 경우, 지방자치단체중앙분쟁조정위원회의 심의·의결을 거쳐 행정안전부장관이 경계변경에 관한 사항을 조정하도록 하였다.

㉡ 지방자치단체 간 경계변경에 관한 합의가 된 경우이거나 지방자치단체중앙분쟁조정위원회에서 경계변경이 필요하다고 의결한 경우에 행정안전부장관은 그 내용을 검토한 후 이를 반영하여 대통령령안을 입안하도록 하였다.

㉢ 지방자치단체 간 관할 구역 경계변경 과정에서 상호 비용 부담, 그 밖의 행정적·재정적 분쟁이 발생한 경우 경계변경에 관한 조정과 병합하여 지방자치단체중앙분쟁조정위원회의 심의·의결을 거쳐 행정안전부장관이 조정하도록 함으로써 관할 구역 경계변경에 관한 분쟁을 효율적으로 조정하도록 하였다.

③ 지방자치단체 규칙의 제정·개정·폐지에 관한 주민의 의견 제출(20조)

종전 상위법령이나 조례의 위임에 따른 지방자치단체의 규칙이 주민의 권리·의무에 영향을 미치는 경우, 규칙에 대한 주민의 제정 및 개정·폐지 의견 제출에 대한 처리가 미흡한 측면이 있었다. 이에 개정법에서는 주민이 권리·의무와 직접 관련되는 규칙의 제정, 개정 또는 폐지와 관련된 의견을 지방자치단체의 장에게 제출할 수 있도록 하였고, 지방자치단체의 장은 제출된 의견에 대하여 그 의견이 제출된 날부터 30일 이내에 검토 결과를 통보하도록 하였다.

④ 주민의 감사청구 제도 개선(21조)

㉠ 주민의 감사청구 제도가 주민의 권익침해에 대한 실질적인 구제 수단으로 운영되도록 하기 위하여 감사청구 연령 기준을 종전의 19세에서 18세로 낮추고, 청구주민 수 기준을 시 · 도의 경우 종전의 500명 이내에서 조례로 정하는 수에서 300명 이내에서 조례로 정하는 수로 하여 주민의 감사청구 요건을 완화하였다.

㉡ 주민 감사청구의 실효성을 높일 수 있도록 주민 감사청구를 사무처리가 있었던 날이나 끝난 날부터 2년 이내에 제기하도록 하던 것을 앞으로는 3년 이내에 제기할 수 있도록 제기기간을 연장하였다.

⑤ 주민에 대한 정보공개(26조)

지방자치단체는 지방의회의 의정활동 등의 정보를 주민에게 공개하도록 하고, 행정안전부장관은 이 법 또는 다른 법령에 따라 공개된 지방자치정보를 체계적으로 수집하고 주민에게 제공하기 위한 정보공개시스템을 구축 · 운영할 수 있도록 하였다.

⑥ 지방의회의 역량 강화 및 인사권 독립에 관한 사항(41조, 103조 2항)

㉠ 지방의회의 전문성을 강화하고 지방의회의원의 의정활동을 지원하기 위하여 지방의회에 정책지원 전문인력을 둘 수 있도록 하였다.

㉡ 지방의회 사무기구 인력운영의 자율성을 제고하기 위하여 지방의회 사무직원에 대한 임면 · 교육 · 훈련 · 복무 · 징계 등을 지방의회의 의장이 처리하도록 하였다.

⑦ 지방의회의원의 겸직금지 조항 정비(43조)

㉠ 지방의회의원의 겸직금지 대상이 불명확하여 각종 분쟁이 발생함에 따라, 해당 지방자치단체가 출자 · 출연한 기관 · 단체 또는 해당 지방자치단체로부터 사무를 위탁받아 수행하는 기관 · 단체 등으로 지방의원이 겸직할 수 없는 기관 · 단체의 범위와 의미를 명확하게 정하였다.

㉡ 지방의회의 의장이 지방의회의원의 겸직신고 내용을 연 1회 이상 공개하도록 하고, 지방의회의 의장은 지방의회의원의 겸직행위가 지방의회의원의 의무를 위반한다고 인정될 때에는 그 겸한 직의 사임을 권고하도록 하였다.

⑧ 지방자치단체의 장의 직 인수위원회 설치 근거 마련(105조)

지금까지는 지방자치단체의 장의 직 인수위원회에 대한 설치 근거가 없어 지방자치단체 간 인수위원회의 구성과 운영이 통일되지 못한 문제가 있었다.

이에 당선인을 보좌하여 지방자치단체의 장의 직 인수와 관련된 업무를 담당하기 위하여 당선이 결정된 때부터 해당 지방자치단체에 인수위원회를 설치할 수 있도록 하고, 인수위원회의 설치 기간, 구성 및 업무 등을 규정하였다.

⑨ 중앙지방협력회의 설치 근거 마련(186조)

국가와 지방자치단체 간의 협력을 도모하고 지방자치 발전과 지역 간 균형발전에 관련되는 중요 정책을 심의하기 위하여 중앙지방협력회의를 두고, 그 구성 및 운영에 관한 사항은 따로 법률로 정하도록 하였다.

⑩ 지방자치단체에 대한 적법성 통제 강화(188조, 192조)

지금까지는 시·군 및 자치구의 법령 위반에 대한 국가의 실효성 있는 통제수단이 없어 법령 위반사항이 해소되지 못하고 주민의 권리·의무에 영향을 미치는 문제가 있었다. 이러한 문제를 해결하기 위해 다음과 같이 지방자치단체에 대한 적법성 통제를 강화하였다.

㉠ 주무부장관은 자치사무에 관한 시장·군수 및 자치구의 구청장의 명령이나 처분이 법령에 위반됨에도 불구하고 시·도지사가 시정명령을 하지 아니하면 시·도지사에게 시정명령을 하도록 명할 수 있고, 시·도지사가 시정명령을 하지 아니하면 주무부장관이 직접 시정명령과 명령·처분에 대한 취소·정지를 할 수 있도록 하였다.

㉡ 주무부장관은 시·군 및 자치구의회의 의결이 법령에 위반됨에도 불구하고 시·도지사가 재의를 요구하게 하지 아니하면 시장·군수 및 자치구의 구청장에게 재의를 요구하게 할 수 있도록 하였다.

⑪ 특별지방자치단체의 설치 근거 마련(199조-211조)

지금까지는 광역행정수요에 효과적으로 대응할 수 있도록 특별지방자치단체의 설치 근거는 있으나, 구체적인 규정이 없어 특별지방자치단체를 설치·운영할 수 없는 문제가 있었다. 이에 개정법에서는 특별지방자치단체는 법인으로 하고, 특별지방자치단체 설치 시 상호 협의에 따른 규약을 정하여 행정안전부장관의 승인을 받도록 하며, 특별지방자치단체의 지방의회와 집행기관의 조직·운영 등은 규약으로 정하도록 하는 등 특별지방자치단체 설치·운영과 관련한 세부 내용을 규정하였다.

Ⅱ. 지방자치의 이념과 제약요인

1. 지방자치의 이념과 가치[4)]

지방자치는 어느 정도 공통적인 이념과 가치를 가지고 있는 것으로 말해지고 있다. 아래에서 그 중 주요한 것에 관해 살펴보기로 한다.

(1) 친근한 행정

지방자치의 이념 내지 목적은 무엇보다도 지역주민에게 친근하며 지역의 실정에 맞는 행정을 확보하려는 데 있다고 하겠다. 각 지방은 각기 독특한 전통, 상이한 사정을 가지는 경우가 많은데, 이러한 각 지방의 특성과 사정에 정통한 사람은 그 지방의 주민이라 할 수 있다. 동시에 각 지방에 애착을 느끼며, 그 지역의 보존·발전을 가장 강하게 염원하는 사람도 바로 그 지역의 주민이라 하지 않을 수 없다. 지방자치는 그러한 지역주민의 지식과 염원을 실현하기 위한 행정의 형태라고 할 수 있다.

(2) 자유의 보장

지역적인 자치의 연원은 서양의 경우 중세의 도시자치체에까지 소급된다. 13·4세기에 수공업이 발달하여 상공업자를 중심으로 도시적 취락이 형성되었다. 그 도시의 거주자인 시민(Bürger)들은 교역의 자유를 비롯한 시민적 자유를 옹호하기 위하여 그들의 경제력을 배경으로 결속하여 봉건영주의 지배와 억압에 대항하였으며, 점차 영주로부터 도시의 자유를 인정받는 헌장을 얻어냄으로써 자치권을 확보하였다. 이와 같은 과정을 통하여 중세의 자유도시는 영주의 권력에 대한 정치적 방파제로서 기능했으며 마치 국가 안의 국가와 같은 모습을 지니었다. 이와 같이 지방자치는 역사적으로 '자치체'가 국가적 권력으로부터 자유를 쟁취하기 위한 수단으로서 발전했다고 볼 수 있다.

봉건영주제나 군주제가 폐지되고 국민주권의 원리에 입각한 국가권력(정부)이 형성됨에 따라 "국가로부터의 자유를 확보하기 위한 지방자치"라는 종래의 명제는 논리의 힘을 잃은 듯이 보였다.

---

4) 이에 관련된 문제를 "지방자치의 기능"(정치형성적 기능, 지역발전적 기능, 권력분립적 기능, 기본권의 실현기능, 보충성의 원리실현기능 등)이라는 관점에서 설명하는 예도 있다. 류지태·박종수(신론), 889면 이하 참조.

그러나 오늘날에는 지방자치에 있어서의 자유의 보장이 다시금 강조되는 경향에 있다. 민주적으로 조직되고 정당화되는 권력 역시 남용될 수 있음을 체험을 통해 깨달았기 때문이다. 군주제를 경험하지 않은 미국에서도 지방자치에 있어서의 자유의 보장이 강조되는 바, 이는 주로 자치체에 있어서의 소수자보호를 기하기 위한 것으로 보인다. 또한 미국과 같은 나라에서 지방자치체정부가 과두화(寡頭化)하고 부패하여 물의를 일으킨 사례는 얼마든지 있는 것이다. 따라서 공화제하에서도 지방자치단체를 국가의 횡포나 지나친 간섭으로부터 보호하는 동시에 자치체 주민을 여러 가지 형태의 권력으로부터 보호할 필요성은 상존한다고 말할 수 있다. 뿐만 아니라, Tocqueville(1805~1895)의 다음과 같은 말은 오늘에도 충분히 음미해 볼 가치가 있다. 「지방자치제도 없이 사람들은 자유주의정부를 가질 수 있을지 모르나 자유의 정신은 결코 가질 수 없다」(Sans institutions communales une nation peut se donner un gouvernement libre, mais elle n'a pas l'esprit de la liberté).

(3) 민주주의의 실현

지방자치가 살아있는 민주주의의 구성요소임은 많은 사람에 의해 강조되고 있는 바이다. 비유적으로 말하면 지방자치의 민주주의에 대한 관계는 초등학교의 교육에 대한 관계와 같다고 말할 수 있다. 초등학교의 과정없이 일약 대학교육을 받을 수 없는 것과 같이 지방자치를 통한 훈련이나 경험없이 중앙에 있어서의 민주정치가 원활히 수행되기를 기대한다는 것은 연목구어(緣木求魚)에 가까운 일이라 할 수 있다. James Bryce(1888~1922)가 일찍이 「지방자치의 실시는 민주주의의 최고의 학교이며 그의 성공에 대한 최고의 보증이다」(The best school of democracy and the best guarantee of its success is the practice of local self-government)라고 하였음은 유명한 사실로 되어 있다.

흔히 지방자치는 민주정치의 훈련장이라고도 한다. 지방자치를 통한 교육의 효과는 두 가지 측면으로 나타난다. 그 하나는 주민의 교육이며, 다른 하나는 주민의 대표자, 즉 정치가의 육성이다. 민주주의의 선구자라 할 영국이 지방자치의 원천지이며, 의회의원의 대다수가 지방자치단체에서 근무한 경력의 소유자라고 함은 많은 시사를 주는 바라고 하겠다.

아울러, 주민의 적극적인 참여를 위한 통로와 방안이 강구될 필요가 있다. 특히 대표의 선출이라는 간접적 방법만이 아니라 주민발안, 주민투표 및 기타의 방법을 통한 직접적 참여(직접민주주의)의 길을 열어주는 방법이 강구될 필

요가 있다.[5)]

(4) 공공심의 함양

Stein 등 프로이센 도시자치제를 입안한 사람들은 지방자치의 실시를 통해 주민의 공공심이 계발되는 점을 강조한 바 있다. 지방자치는 주민의 협동심을 길러주며, 남과 함께 일하는 방법과 습관을 길러 준다고 하겠다. 「만일에 내가 알고 있는 내 이웃을 사랑하지 않는다면 어떻게 한 추상적 존재인 인류를 사랑할 수 있을 것인가? 또한 만일에 내가 소수의 사람들과 함께 일하는 방법을 터득하지 못한다면 어떻게 많은 사람들과 효과적으로 일할 수 있을 것인가」하는 물음은 하나의 교훈으로 새겨들을 만하다.

이러한 것과 관련하여 조선시대에 발달한 향약제도는 재음미해 볼 만하다. 향약은 본래 송나라의 여씨향약의 4개 덕목인 덕업상권(德業相勸), 과실상규(過失相規), 예속상교(禮俗相交), 환난상휼(患難相恤) 등을 기본으로 한 규약으로서, 조선중엽에 이퇴계, 이율곡에 의해 창도되어 각지에 전파되었다.[6)]

그 향약은 처음에는 유학자의 손에 의하여 향교를 중심으로 한 행정구역 내에서 지방교화를 위하여 활용되었던 것인데, 중기 이후부터는 향청과 표리일체가 되어 지방자치의 기능을 발휘한 것으로 기록되어 있다. 그 향약제도의 4대 덕목은 다음과 같다.

① 지방주민들로 하여금 열심히 일하게 만든다.

② 상호 간의 단점을 비판·경고하여 주민 개인의 약점을 개선할 수 있게 한다.

③ 유교윤리에 따라 정치·사회생활을 바르게 한다.

④ 환난시에 인보상조(隣保相助)한다.

[판례] ㉮ 지방자치제도라 함은 일정한 지역을 단위로 일정한 지역의 주민이 그 지방주민의 복리에 관한 사무·재산관리에 관한 사무·기타 법령이 정하는 사무(헌법 제117조 제1항)를 그들 자신의 책임하에서 자신들이 선출한 기관을 통하여 직접 처리하게 함으로써 지방자치행정의 민주성과 능률성을 제고하고 지방의 균형있는 발전과 아울러 국가의 민주적 발전을 도모하는 제도이다. 지방자치는 국민자치를 지방적

5) 김남진, 지방자치와 주민참여, 기본문제, 649면 이하; 김남진, 1999. 8. 31. 개정자치법 해설, 월간 자치행정, 2000. 1, 46면 이하 참조.

6) 김유혁, 이율곡의 주민자치론, 자치행정, 1992. 11, 41면 이하 참조.

범위 내에서 실현하는 것이므로 지방시정에 직접적인 관심과 이해관계가 있는 지방주민으로 하여금 스스로 다스리게 한다면 자연히 민주주의가 육성·발전될 수 있다는 소위 "풀뿌리 민주주의"를 그 이념적 배경으로 하고 있는 것이다.

㈏ 공업화·도시화·국제화의 추세가 가속되어 가고 있는 오늘날 우리나라처럼 국토도 협소하고 언어·풍속·문화·생활양식 등도 지방에 따라 현저한 차이가 없는 단일민족국가에서는 오히려 중앙집권의 강화가 바람직하다는 견해도 없지 않지만 지방자치제도는 현대 입헌민주국가의 통치원리인 권력분립 및 통제·법치주의·기본권보장 등의 제원리를 주민의 직접적인 관심과 참여속에서 구현시킬 수 있어 바로 자율과 책임을 중시하는 자유민주주의 이념에 부합되는 것이므로 국민(주민)의 자치의식과 참여의식만 제고된다면 권력분립원리의 지방차원에서의 실현을 가져다 줄 수 있을 뿐 아니라(지방분권) 지방의 개성 및 특징과 다양성을 국가전체의 발전으로 승화시킬 수 있고, 나아가 헌법상 보장되고 있는 선거권·공무담임권(피선거권) 등 국민의 기본권의 신장에도 크게 기여할 수 있는 제도라고 할 것이다.

㈐ 이와 같이 지방자치제도는 민주정치의 요체이며 현대의 다원적 복합사회가 요구하는 정치적 다원주의를 실현시키기 위한 제도적 장치로서 주민의 자발적인 참여·협조로 지역내의 행정관리·주민복지·재산관리·산업진흥·지역개발·문화진흥·지역민방위 등(헌법 제117조 제1항, 지방자치법 제9조 참조) 그 지방의 공동관심사를 자율적으로 처결해 나간다면, 국가의 과제도 그만큼 감축되는 것이고, 주민의 자치역량도 아울러 배양되어 국민주권주의와 자유민주주의 이념구현에 크게 이바지할 수 있는 것이다.

㈑ 민주주의의 본질은 국가권력의 형성 및 그 행사에 있어서 그 근거를 국민적 합의에 두는 것이므로 지방자치가 진실로 민주정치의 발전에 기여할 수 있기 위하여서는 우선 무엇보다도 지방의회의 구성이 당해 지역주민 각계각층의 의견이 민주적이고도 합리적으로 수렴된 유루(遺漏)없는 합의에 의하여 이루어질 수 있도록 제도화되어야 하는 것이다(헌재 1991. 3. 11, 91헌마21).

2. 지방자치의 제약요인과 활성화방안

주민의 향토애를 바탕으로 주민에게 친근하며 지방의 사정에 정통한 행정을 목표로 하는 지방자치, 그것은 또한 인간의 자유신장과 민주주의의 발전에 이바지하는 것이라 하여 높이 평가되고 있다. 제헌헌법 이래 지방자치가 빠짐없이 헌법에 의해 보장되고 있는 이유도 그러한 점에서 발견할 수 있다.

그러나 그러한 지방자치의 이념을 현실화하는 데에는 많은 장애와 어려움이 있는 것으로 보인다. ① 산업화에 따르는 개인의 의식 및 생활방식의 변화, ② 주민의 행정수요의 증대에 따르는 지방자치단체의 행·재정능력의 부족, ③

정당의 발달 등이 일반적으로 지방자치제의 위기 내지는 저해요인으로 지적되고 있다.[7] 따라서 지방자치제가 정착되고 활성화되기 위해서는 그들 장애요인을 제거하며, 주민의 행정수요에 대응할 수 있는 제도의 정비가 필요하다고 하지 않을 수 없다.

Ⅲ. 헌법상 지방자치보장의 의의

1. 지방자치단체의 자치권(단체자치)의 보장

헌법은 "지방자치단체는 주민의 복리에 관한 사무를 처리하고 재산을 관리하며, 법령의 범위안에서 자치에 관한 규정을 제정할 수 있다"(117조 1항)라는 말을 통해 지방자치를 제도적으로 보장하고 있는 동시에 각 지방자치단체에 대하여 포괄적인 자치권을 보장하고 있다.[8] 헌법이 제117조 1항에서 지방자치단체의 권능으로서 '주민의 복리사무처리', '재산관리' 및 '자치입법권'에 관하여 명시하고 있으나, 그들 권능은 예시적인 것에 지나지 않으며, 헌법은 지방자치단체에 대하여 다음과 같은 내용의 '포괄적인 자치권'을 보장하고 있다고 새겨진다.[9]

[판례①] 지방자치제도라 함은 일정한 지역을 단위로 일정한 지역의 주민이 그 지방주민의 복리에 관한 사무·재산관리에 관한 사무·기타 법령이 정하는 사무(헌법 제117조 제1항)를 그들 자신의 책임 하에서 자신들이 선출한 기관을 통하여 직접 처리하게 함으로써 지방자치행정의 민주성과 능률성을 제고하고 지방의 균형 있는 발전과 아울러 국가의 민주적 발전을 도모하는 제도이다. 헌법 제117조, 제118조가 제도적으로 보장하고 있는 지방자치의 본질적 내용은 자치단체의 보장, 자치기능의 보장 및 자치사무의 보장이라고 할 것이다(헌재 2006. 3. 30, 2003헌라2. 동지판례: 헌재 1994. 12. 29, 94헌마201; 헌재 2001. 6. 28, 2000헌마735).

---

7) 이 밖의 우리나라에서의 지방자치의 전통적 저해요인으로서 ① 지리적 요인, ② 이념적 요인, ③ 사회적 요인, ④ 경제적 요인, ⑤ 정치적 요인 등이 분석되고 있다. 노융희, 한국의 지방자치, 1987, 28면 이하.

8) 참조: 김남진, 지방자치단체의 법적 지위에 관하여, 학술원통신 제198호, 2010. 1; 김남진, 국가와 지방자치단체의 분립과 상호관계, 학술원통신 제353호, 2022. 12.

9) 헌법상 지방자치의 제도적 보장에 대한 상세는 류지태, 지방자치의 제도적 보장론 소고, 법학논집 제29호, 1993, 12; 이기우, 지방자치론, 1996, 119면 이하; 오동석, 지방자치의 제도적 보장론 비판, 공법연구 제29집 제1호, 2000. 11; 조성규, 지방자치제의 헌법적 보장의 의미, 공법연구 제30집 제2호, 2001. 12; 김명연, 지방자치행정의 제도적 보장의 의의와 내용, 공법연구 제32집 제5호, 2004. 6; 한수웅, 지방자치단체의 자치권을 제한하는 입법적 규율의 헌법적 한계, 헌법재판연구 창간호, 2014. 11; 한수웅, 오늘날의 헌법국가에서 제도보장의 의미와 기능의 변화, 법학논문집 제41집 제3호, 2017. 12; 김남철, 헌법상 지방자치권의 제도적 보장을 위한 수단으로서 '지방자치단체 헌법소원', 지방자치법연구 제68호, 2020. 12. 참조.

[판례②] ㉮ 헌법은 제117조와 제118조에서 '지방자치단체의 자치'를 제도적으로 보장하고 있는바, 그 보장의 본질적 내용은 자치단체의 보장, 자치기능의 보장 및 자치사무의 보장이다. 이와 같이 헌법상 제도적으로 보장된 자치권 가운데에는 자치사무의 수행에 있어 다른 행정주체(특히 중앙행정기관)로부터 합목적성에 관하여 명령·지시를 받지 않는 권한도 포함된다고 볼 수 있다. 다만, 이러한 헌법상의 자치권의 범위는 법령에 의하여 형성되고 제한된다. 헌법도 제117조 제1항 후단에서 '법령의 범위 안에서 자치에 관한 규정을 제정할 수 있다'고 하였고, 제118조 제2항에서는 '지방자치단체의 조직과 운영에 관한 사항은 법률로 정한다'고 규정하고 있다. 그러나 지방자치단체의 자치권은 헌법상 보장을 받고 있으므로 비록 법령에 의하여 이를 제한하는 것이 가능하다고 하더라도 그 제한이 불합리하여 자치권의 본질을 훼손하는 정도에 이른다면 이는 헌법에 위반된다고 보아야 할 것이다.

㉯ 지방자치단체의 사무에는 자치사무와 위임사무가 있다. 위임사무는 지방자치단체가 위임받아 처리하는 국가사무임에 반하여, 자치사무는 지방자치단체가 주민의 복리를 위하여 처리하는 사무이며 법령의 범위 안에서 그 처리 여부와 방법을 자기책임 아래 결정할 수 있는 사무로서 지방자치권의 최소한의 본질적 사항이므로 지방자치단체의 자치권을 보장한다고 한다면 최소한 이 같은 자치사무의 자율성만은 침해해서는 안 된다(헌재 2009. 5. 28. 2006헌라6).

[판례③] ㉮ 헌법 제117조 제1항은 "지방자치단체는 주민의 복리에 관한 사무를 처리하고 재산을 관리하며, 법령의 범위 안에서 자치에 관한 규정을 제정할 수 있다."고 규정하여 지방자치를 제도적으로 보장하고 있다. 이에 따라 지방자치단체에게는 법령의 범위 내에서 자신의 지역에 관련된 여러 사무를 자신의 책임 하에 수행할 수 있는 지방자치권이 보장되는데, 이러한 권한에는 자치입법권, 자치조직권, 자치인사권, 자치재정권 등이 포함된다.

㉯ 헌법 제117조 제1항에 의해 지방자치단체에게 보장된 지방자치권은 절대적인 것이 아니고 법령에 의하여 형성되는 것이므로, 입법자는 지방자치에 관한 사항을 형성하면서 지방자치단체의 지방자치권을 제한할 수 있다. 그러나 법령에 의하여 지방자치단체의 지방자치권을 제한하는 것이 가능하다고 하더라도, 지방자치단체의 존재 자체를 부인하거나 각종 권한을 말살하는 것과 같이 그 제한이 불합리하여 지방자치권의 본질적인 내용을 침해하여서는 아니 된다. 따라서 국회의 입법에 의하여 지방자치권이 침해되었는지 여부를 심사함에 있어서는 지방자치권의 본질적 내용이 침해되었는지 여부만을 심사하면 족하고, 기본권침해를 심사하는 데 적용되는 과잉금지원칙이나 평등원칙 등을 적용할 것은 아니다(헌재 2010. 10. 28. 2007헌라4. 동지 판례: 헌재 2001. 11. 29. 2000헌바78; 헌재 2002. 10. 31. 2002헌라2).

(1) 전권한성의 원칙

우리 헌법은 지방자치단체에 대하여 자치권을 인정함에 있어, '전권한성'을 인정하고 있다. 전권한성은 '활동영역의 전면성'이라고도 말해지는 것으로서, 헌법이나 법률이 국가나 그 밖의 공공단체의 사무로서 유보하지 않는 한, 지방자치단체는 지방적 공공사무에 대한 포괄적인 자치권을 가짐을 의미한다. 이와 같은 관점에서 볼 때, 지방자치단체는 헌법에 명시되어 있는 것 외에도 자주적 조직권, 자주적 인사권, 자주적 계획권 등을 향유한다고 새겨진다.[10)]

(2) 자기책임의 원칙

헌법이 지방자치단체에 대하여 전권한성을 인정하고 있음은 동시에 헌법이 지방자치단체의 자치권의 보장에 있어 '자기책임의 원칙'을 인정하고 있는 것으로 새겨진다. 여기에서 자기책임의 원칙이라고 함은, 적어도 자치사무에 관한 한 지방자치단체는 국가의 지시나 후견적 감독을 받음이 없이 법의 테두리 안에서 자주적으로 처리할 수 있음을 의미한다.

(3) 자치권의 구체화와 법적 구제

헌법에 의하여 보장되어 있는 지방자치단체의 자치권 역시 광의의 공권(공법상의 권리)에 해당하며, 그것이 침해되는 경우에는 법적인 구제를 받을 수 있는 것으로 보아야 할 것이다. 그러나 자치권의 구체적인 내용, 즉 각 지방자치단체 또는 그의 기관이 어떠한 권능을 가지며, 국가 등이 어떠한 범위에서 자치권(또는 지방자치단체)에 관여할 수 있는가 및 국가 등의 위법한 간섭에 대해 지방자치단체가 어떠한 구제방법을 취할 수 있는가 등은 원칙적으로 입법(법률의 제정)을 통해 결정될 일인 것으로 생각된다.[11)] 이것은 지방자치단체의 자치권은 주관적 권리로서의 성격을 가지는 동시에 일종의 통치권으로서의 성격을 아울러 가진다고 판단되기 때문이다.

다른 한편, 위와 같은 내용의 지방자치단체의 자치권이 기본권의 성격을 가지는 것은 아니므로 헌법소원을 통한 구제를 받을 수 없는 반면에,[12)] 지방자치

10) 이 가운데, 지방자치단체의 자주적 계획권에 관하여는 김남철, 지방자치단체간의 권한갈등과 그 조정원칙 - 지방자치단체의 도시계획권한을 중심으로, 허경교수화갑기념논문집, 1999, 357면 이하; 신보성, 지방자치단체의 계획고권에 관한 고찰, 법조, 1999. 6, 38면 참조.

11) 그러한 의미에서 국가기관의 처분에 의하여 특정 지방자치단체의 자치권이 침해되었다고 하여 행정소송법이 정한 취소소송을 당연히 제기할 수 있는가는 단정하기 어렵다. 지방자치단체의 자치권이 행정소송법 제12조 등이 규정하고 있는 '법률상 이익'과 동일하다고 보기 어렵기 때문이다.

12) 지방자치단체의 헌법소원에 관한 상세는 김기진, 지방자치단체의 헌법소원, 공법연구 제29집 제3호,

단체가 사인(사업주체)으로서 활동하는 경우에는 일반 사인과 마찬가지로 행정 소송, 민사소송 등 널리 법적 구제방법을 취할 수 있다고 새겨진다.[13)]

[판례] 기본권의 보장에 관한 각 헌법규정의 해석상 국민(또는 국민과 유사한 지위에 있는 외국인과 사법인)만이 기본권의 주체라 할 것이고, 국가나 국가기관 또는 국가조직의 일부나 공법인은 기본권의 '수범자'이지 기본권의 주체로서 그 '소지자'가 아니고 오히려 국민의 기본권을 보호 내지 실현해야 할 책임과 의무를 지니고 있는 지위에 있을 뿐이므로, 공법인인 지방자치단체의 의결기관인 청구인 의회는 기본권의 주체가 될 수 없고 따라서 헌법소원을 제기할 수 있는 적격이 없다(헌재 1998. 3. 26, 96헌마345. 참조판례: 헌재 1994. 12. 29, 93헌마120; 헌재 1995. 2. 23, 90헌마125; 헌재 1995. 9. 28, 92헌마23 등).

2. 주민자치의 보장

헌법은 "지방자치단체에 의회를 둔다"(118조 2항)라고 규정하고 있다. 지방의회는 주민이 선출한 대표에 의하여 구성되는 것이므로, 이것은 헌법이 주민자치를 보장하고 있음을 의미한다. 동시에 상술한 '지방자치단체의 자치권' 역시 어디까지나 주민자치를 전제로 하는 것이라고 보지 않을 수 없다. 헌법은 주민자치의 형태로서 대의제에 관해 규정하고 있지만, 대의제만이 주민자치의 전부가 아님은 말할 것도 없다. 주민투표, 직접청구제도, 주민감사청구제도 등 주민참가를 통한 지방자치의 활성화가 모색될 필요가 있다.

[판례] 헌법 제117조 및 제118조가 보장하고 있는 본질적인 내용은 자치단체의 보장, 자치기능의 보장 및 자치사무의 보장으로 어디까지나 지방자치단체의 자치권으로 헌법은 지역 주민들이 자신들이 선출한 자치단체의 장과 지방의회를 통하여 자치사무를 처리할 수 있는 대의제 또는 대표제 지방자치를 보장하고 있을 뿐이지 주민투표에 대하여는 어떠한 규정도 두고 있지 않다. 따라서 우리의 지방자치법이 비록 주민에게 주민투표권(제13조의2)과 조례의 제정 및 개폐청구권(제13조의3) 및 감사청구권(제13조의4)을 부여함으로써 주민이 지방자치사무에 직접 참여할 수 있는 길을 열어 놓고 있다 하더라도 이러한 제도는 어디까지나 입법자의 결단에 의하여 채택된 것일 뿐, 헌법이 이러한 제도의 도입을 보장하고 있는 것은 아니다(헌재 2001. 6. 28, 2000헌마735).

2001. 5; 최성환, 지방자치단체의 분쟁해결을 위한 헌법소송절차에 관한 연구, 한양대 박사학위논문, 2019; 김남철, 헌법상 지방자치권의 제도적 보장을 위한 수단으로서 '지방자치단체 헌법소원', 지방자치법연구 제68호, 2020. 12. 참조.

13) 김남진, 지방자치단체의 법적지위에 관하여, 학술원통신 제198호, 2010. 1.

Ⅳ. 지방자치법의 법원

지방자치법의 법원도 성문법원(헌법·법률 및 국제법규·명령·자치법규)과 불문법원(관습법·판례법·조리 또는 법의 일반원칙)으로 대별될 수 있다.

헌법은 "지방자치단체는 주민의 복리에 관한 사무를 처리하고 재산을 관리하며, 법령의 범위 안에서 자치에 관한 규정을 제정할 수 있다"(117조 2항)라고 규정하고 있다.

법률로는 지방자치에 관한 기본법인 「지방자치법」을 비롯하여, 「지방교육자치에 관한 법률」, 「지방공무원법」, 「공직선거법」, 「지방재정법」, 「공유재산 및 물품관리법」, 「지방세법」, 「지방세기본법」, 「지방세징수법」, 「지방공기업법」, 「지방자치분권 및 지역균형발전에 관한 특별법」, 「서울특별시 행정특례에 관한 법률」, 「제주특별자치도 설치 및 국제자유도시 조성을 위한 특별법」, 「세종특별자치시 설치 등에 관한 특별법」, 「강원특별자치도 설치 등에 관한 특별법」, 「전북특별자치도 설치 등에 관한 특별법」 등이 있다.

제 2 절 지방자치단체의 종류·성질·명칭·구역

Ⅰ. 지방자치단체의 종류

지방자치단체는 그 조직 및 권능의 일반성 여부에 따라 보통지방자치단체와 특별지방자치단체로 나눌 수 있다.

1. 보통지방자치단체

보통지방자치단체란 그 조직과 수행하는 사무가 일반적이고 보편적인 지방자치단체를 말한다. 「지방자치법」은 원칙적으로 보통지방자치단체를 그 규율대상으로 하고 있다.

「지방자치법」상 보통지방자치단체로는 광역지방자치단체인 특별시·광역시·특별자치시·도·특별자치도와 기초지방자치단체인 시·군·구가 있다(지방자치법 2조 1항).[1]

1) 특별시와 광역시는 자치구의 탄생 전까지는 광역과 기초라고 하는 이중적 성격을 가졌다고 말할 수

지방자치단체인 구(이하 '자치구'라 한다)는 특별시와 광역시의 관할 구역의 구만을 말하며, 자치구의 자치권의 범위는 법령으로 정하는 바에 따라 시·군과 다르게 할 수 있다(동법 2조 2항).

특별시·광역시·특별자치시·도·특별자치도(이하 "시·도"라 한다)는 정부의 직할(直轄)로 두고,[2] 시는 도 또는 특별자치도의 관할 구역 안에, 군은 광역시·도 또는 특별자치도의 관할 구역 안에 두며, 자치구는 특별시와 광역시의 관할 구역 안에 둔다.[3] 다만, 특별자치도의 경우에는 법률[4]이 정하는 바에 따라 관할 구역 안에 시 또는 군을 두지 아니할 수 있다(동법 3조 2항).

2. 특별지방자치단체

특별지방자치단체란 특정한 목적을 수행하기 위해 필요한 경우에 설치되는 특별한 조직의 지방자치단체를 말한다. 특별지방자치단체는 그 조직과 수행하는 사무가 일반적이고 보편적인 보통지방자치단체와 구별된다. 「지방자치법」 제2조 3항은 "제1항의 지방자치단체 외에 특정한 목적을 수행하기 위하여 필요하면 따로 특별지방자치단체를 설치할 수 있다. 이 경우 특별지방자치단체의 설치 등에 관하여는 제12장에서 정하는 바에 따른다"고 규정하고 있다.

종전에는 광역행정수요에 효과적으로 대응할 수 있도록 특별지방자치단체의 설치 근거는 있으나, 구체적인 규정이 없어 특별지방자치단체를 설치·운영할 수 없는 문제가 있었다(구 지방자치법 2조 3항 및 4항 참조). 이에 2021년 1월 전부개정된 「지방자치법」에서는 특별지방자치단체는 법인으로 하고, 특별지방자치단체 설치 시 상호 협의에 따른 규약을 정하여 행정안전부장관의 승인을 받도록 하며, 특별지방자치단체의 지방의회와 집행기관의 조직·운영 등은 규약으로 정하도록 하는 등 특별지방자치단체 설치 및 운영과 관련한 세부 내용을 규정함으로써 특별지방자치단체의 설치 근거를 마련하였다(지방자치법 2조 3항 및 199조 이하 참조).

있다.

2) 이때 정부의 직할로 둔다는 것은 시·도를 정부 직속의 산하단체로 한다는 의미가 아니라, 시·도 위에는 상위 자치단체를 두지 않고 시·도를 최상위 자치단체로 하여 시·도와 중앙정부가 직접 교섭한다는 의미이다(홍정선, 신 지방자치법, 111면; 최창호·강형기·이민규, 지방자치학, 2022, 166면 참조).

3) 이때 관할 구역 안에 둔다는 것은 시·군·자치구를 특별시·광역시·도·특별자치도의 하급기관으로 한다는 의미가 아니라, 시·군·자치구의 관할 구역이 그 시·도 관할 구역의 범위 안에 존재하며, 따라서 둘 이상의 시·도 관할 구역에 걸쳐 존재할 수 없다는 의미이다(홍정선, 신 지방자치법, 112면; 최창호·강형기·이민규, 지방자치학, 2022, 166면 참조).

4) 예를 들어 「제주특별자치도 설치 및 국제자유도시 조성을 위한 특별법」 제10조 참조.

Ⅱ. 지방자치단체의 성질

지방자치단체(보통지방자치단체와 특별지방자치단체)는 법인이다(지방자치법 3조 1항). 따라서 지방자치단체는 권리·의무의 주체가 될 수 있으며, 그 점에서 행정기관과 구별된다.

> **[참고판례]** 국가가 본래 그의 사무의 일부를 지방자치단체의 장에게 위임하여 처리하게 하는 기관위임사무의 경우 지방자치단체는 국가기관의 일부로 볼 수 있고, 지방자치단체가 그 고유의 자치사무를 처리하는 경우 지방자치단체는 국가기관의 일부가 아니라 국가기관과는 별도의 독립한 공법인으로서 양벌규정에 의한 처벌대상이 되는 법인에 해당한다(대판 2009. 6. 11. 2008도6530).[5]

Ⅲ. 지방자치단체의 명칭

지방자치단체의 명칭은 종전과 같이 하고, 명칭을 바꿀 때에는 법률로 정한다(지방자치법 5조 1항). 제1항에도 불구하고 지방자치단체의 한자 명칭의 변경은 대통령령으로 정한다(동법 5조 2항). 지방자치단체의 명칭을 변경할 때(한자 명칭을 변경할 때를 포함한다)는 관계 지방의회의 의견을 들어야 한다. 다만, 「주민투표법」 제8조에 따라 주민투표를 한 경우에는 그러하지 아니하다(동법 5조 3항 3호).

한편, 자치구가 아닌 구와 읍·면·동의 명칭은 종전과 같이 한다. 다만, 명칭의 변경은 그 지방자치단체의 조례로 정하고, 그 결과를 특별시장·광역시장·도지사에게 보고하여야 한다(동법 7조 1항). 리의 구역은 자연 촌락을 기준으로 하되, 그 명칭은 종전과 같이 하고, 명칭을 변경하는 때에는 그 지방자치단체의 조례로 정한다(동법 7조 2항).

Ⅳ. 지방자치단체의 관할구역

1. 구 역

지방자치단체의 구역은 지방자치단체의 자치권 내지는 권한이 미치는 지리적

5) 김남진·김연태(Ⅰ), 622면 이하 참조.

범위를 말하며, 수면도 이에 포함한다. 지방자치단체의 구역은 종전과 같이 한다(지방자치법 5조 1항). 한편, 자치구가 아닌 구와 읍·면·동의 구역은 종전과 같이 하며(동법 7조 1항), 리의 구역은 자연 촌락을 기준으로 하되, 그 구역은 종전과 같이 한다(동법 7조 2항).

특별시·광역시 또는 특별자치시가 아닌 인구 50만 이상의 시에는 자치구가 아닌 구를 둘 수 있고, 군에는 읍·면을 두며, 시와 구(자치구를 포함한다)에는 동을, 읍·면에는 리를 둔다(동법 3조 3항). 한편, 도농(都農) 복합형태의 시에는 도시의 형태를 갖춘 지역에는 동을, 그 밖의 지역에는 읍·면을 두되, 자치구가 아닌 구를 둘 경우에는 그 구에 읍·면·동을 둘 수 있다(동법 3조 4항, 10조 2항).

[판례①] 지방자치단체의 관할구역은 본래 지방자치제도 보장의 핵심영역, 본질적 부분에 속하는 것이 아니라 입법형성권의 범위에 속하는 점, 해상 공유수면 매립지의 경우 국가의 결정에 의하여 비로소 관할 지방자치단체가 정해지는 것인 점, 2009. 4. 1. 법률 제9577호로 개정된 지방자치법 제4조는 제1항에서 지방자치단체의 관할구역은 법령으로 정하는 것을 원칙으로 하면서도, 제3항에서 예외적으로 공유수면 매립지의 경우 종전에 헌법재판소의 권한쟁의심판 절차를 통해 해상경계선을 기준으로 관할 지방자치단체가 결정됨에 따라 발생하는 문제들을 해소하기 위하여 특별히 행정안전부장관으로 하여금 일정한 의견청취 절차를 거쳐 신중하게 관할 귀속 결정을 할 수 있는 권한을 위임한 것인 점, 국가는 해상 공유수면 매립지의 관할 지방자치단체를 결정할 때 관련 지방자치단체나 주민들의 이해관계 외에도 국토의 효율적이고 균형 있는 이용·개발과 보전(헌법 제120조 제2항, 제122조), 지역 간의 균형 있는 발전(헌법 제123조 제2항)까지도 고려하여 비교형량하여야 하는데 이러한 고려요소나 실체적 결정기준을 법률에 더 구체적으로 규정하는 것은 입법기술적으로도 곤란한 측면이 있는 점 등을 종합하면, 지방자치법 제4조 제3항부터 제7항이 행정안전부장관 및 그 소속 위원회의 매립지 관할 귀속에 관한 의결·결정의 실체적 결정기준이나 고려요소를 구체적으로 규정하지 않았다고 하더라도 지방자치제도의 본질을 침해하였다거나 명확성원칙, 법률유보원칙에 반한다고 볼 수 없다(대판 2021. 2. 4, 2015추528).

[판례②] 공유수면에 대한 지방자치단체의 관할구역 경계획정은 명시적인 법령상의 규정이 존재한다면 그에 따르고, 명시적인 법령상의 규정이 존재하지 않는다면 불문법상 해상경계에 따라야 한다. 불문법상 해상경계마저 존재하지 않는다면, 주민·구역·자치권을 구성요소로 하는 지방자치단체의 본질에 비추어 지방자치단체의 관할구역에 경계가 없는 부분이 있다는 것은 상정할 수 없으므로, 권한쟁의심판권을 가지고 있는 헌법재판소가 형평의 원칙에 따라 합리적이고 공평하게 해상경계선을 획정하여야 한다.

지방자치단체 사이의 불문법상 해상경계가 성립하기 위해서는 관계 지방자치단체·주민들 사이에 해상경계에 관한 일정한 관행이 존재하고, 그 해상경계에 관한 관행이 장기간 반복되어야 하며, 그 해상경계에 관한 관행을 법규범이라고 인식하는 관계 지방자치단체·주민들의 법적 확신이 있어야 한다.

국가기본도에 표시된 해상경계선은 그 자체로 불문법상 해상경계선으로 인정되는 것은 아니나, 관할 행정청이 국가기본도에 표시된 해상경계선을 기준으로 하여 과거부터 현재에 이르기까지 반복적으로 처분을 내리고, 지방자치단체가 허가, 면허 및 단속 등의 업무를 지속적으로 수행하여 왔다면 국가기본도상의 해상경계선은 여전히 지방자치단체 관할 경계에 관하여 불문법으로서 그 기준이 될 수 있다(헌재 2021. 2. 25. 2015헌라7).

2. 시·읍의 설치기준

(1) 시는 그 대부분이 도시의 형태를 갖추고 인구 5만 이상이 되어야 한다(지방자치법 10조 1항).

(2) 다음 각 호의 어느 하나에 해당하는 지역은 도농 복합형태의 시로 할 수 있다(동법 10조 2항).

① 제1항에 따라 설치된 시와 군을 통합한 지역

② 인구 5만 이상의 도시 형태를 갖춘 지역이 있는 군

③ 인구 2만 이상의 도시 형태를 갖춘 2개 이상의 지역 인구가 5만 이상인 군(이 경우 군의 인구는 15만 이상으로서 대통령령으로 정하는 요건을 갖추어야 한다)

④ 국가의 정책으로 인하여 도시가 형성되고, 제128조에 따라 도의 출장소가 설치된 지역으로서 그 지역의 인구가 3만 이상이며, 인구 15만 이상의 도농 복합형태의 시의 일부인 지역

(3) 읍은 그 대부분이 도시의 형태를 갖추고 인구 2만 이상이 되어야 한다. 다만, 다음 각 호의 어느 하나에 해당하면 인구 2만 미만인 경우에도 읍으로 할 수 있다(동법 10조 3항).

① 군사무소 소재지의 면

② 읍이 없는 도농 복합형태의 시에서 그 시에 있는 면 중 1개 면

3. 지방자치단체 규모의 적정화

지방자치의 실시라는 관점에서 볼 때, 현재의 특별시·광역시·도 및 시·

군·자치구의 규모가 적정한 것인가 하는 것이 항상 의문으로 제기되어 왔다. 1961년 5·16 군사정변 이전에는 군은 행정구역에 지나지 않았으며 읍과 면이 지방자치단체의 지위를 가지고 있었으나, 5·16 군사정변 이후에 군이 지방자치단체가 되는 대신에 읍과 면은 지방자치단체의 지위를 상실하게 되었다(구 지방자치에 관한 임시조치법 2조 참조). 기초적 지방자치단체의 행정·재정능력의 제고가 그 명분이었다. 주민자치가 실시되지 않는 상태에서의 그와 같은 변화는 큰 의미를 가지는 것이 아니었으나, 지방의회를 구성하며 주민자치를 실시하고 있는 현재에 있어서는 군을 기초적 지방자치단체로 하고 있는 점을 포함하여, 기존의 지방자치단체의 구역 등 규모를 그대로 유지하여야 할 것인지에 대해 심사숙고할 점이 많다.

4. 지방자치단체의 구역변경 또는 폐치분합

(1) 의 의

지방자치단체의 구역 변경에는 폐치·분합과 경계변경이 있다. 이 중에서 '폐치·분합'은 지방자치단체의 신설·폐지를 초래하는 것으로서, ① 합체(신설 합병), ② 편입(흡수 합병), ③ 분립(자치단체의 일부 지역을 자치단체로서 독립시킴), ④ 분할(하나의 자치단체를 둘 이상의 자치단체로 나눔) 등으로 구분된다. 이들은 엄격한 의미에서는 구역의 변경에 그치지 아니하고 새로운 인격의 발생 또는 소멸을 가져오는 것이므로 인격의 변경으로 볼 수 있다. 이에 대해 '경계변경'은 지방자치단체의 존폐에는 관계없이 다만 경계에 변경을 가져오는 점에서 전자와는 다른 의미를 가진다.

(2) 절 차

지방자치단체의 구역을 바꾸거나 지방자치단체를 폐지하거나 설치하거나 나누거나 합칠 때에는 법률로 정한다(지방자치법 5조 1항). 제1항에도 불구하고 지방자치단체의 구역변경 중 관할 구역 경계변경은 대통령령으로 정하며, 이 경우 경계변경의 절차는 제6조[6]에서 정한 절차에 따른다(동법 5조 2항).

---

6) 2021년 1월 전부개정된 「지방자치법」에서 제6조를 신설하여 지방자치단체 관할 구역 경계변경 제도를 개선하였는데, 주요 내용은 다음과 같다. ① 관계 지방자치단체의 장은 관할 구역과 생활권과의 불일치 등으로 인하여 주민생활에 불편이 큰 경우 등에는 행정안전부장관에게 관할 구역 경계변경에 관한 조정을 신청하도록 하고, 행정안전부장관은 그 신청내용을 공고한 후 경계변경자율협의체를 구성하게 하여 상호 협의하도록 하였다. ② 경계변경자율협의체의 구성을 요청받은 날부터 120일 이내에 협의체를 구성하지 못하였거나 법에서 정한 협의 기간 이내에 경계변경 여부 등에 관한 합의를 하지 못한 경우, 지방자치단체중앙분쟁조정위원회의 심의·의결을 거쳐 행정안전부장관이 경계변경에 관한 사항을 조정하도록 하였다. ③ 지방자치단체 간 경계변경에 관한 합의가 된 경우이거나 지방자치단체중앙분쟁조정위원회에서 경계변경이 필요하다고 의결한 경우에 행정안전부장관은 그 내용을 검토한 후 이를 반영

① 지방자치단체를 폐지하거나 설치하거나 나누거나 합칠 때, ② 지방자치단체의 구역을 변경할 때(경계변경을 할 때는 제외한다), ③ 지방자치단체의 명칭을 변경할 때(한자 명칭을 변경할 때를 포함한다)에는 관계 지방의회의 의견을 들어야 한다. 다만, 「주민투표법」 제8조에 따라 주민투표를 한 경우에는 그러하지 아니하다(동법 5조 3항 3호).

한편, 자치구가 아닌 구와 읍·면·동을 폐지하거나 설치하거나 나누거나 합칠 때에는 행정안전부장관의 승인을 받아 그 지방자치단체의 조례로 정한다(동법 7조 1항). 리의 구역은 자연 촌락을 기준으로 하되, 구역을 변경하거나 리를 폐지하거나 설치하거나 나누거나 합칠 때에는 그 지방자치단체의 조례로 정한다(동법 7조 2항).

(3) 사무와 재산의 승계

지방자치단체의 구역을 변경하거나 지방자치단체를 폐지하거나 설치하거나 나누거나 합칠 때에는 새로 그 지역을 관할하게 된 지방자치단체가 그 사무와 재산을 승계한다(동법 8조 1항). 이때 지역으로 지방자치단체의 사무와 재산을 구분하기 곤란하면 시·도에서는 행정안전부장관이, 시·군 및 자치구에서는 시·도지사가 그 사무와 재산의 한계 및 승계할 지방자치단체를 지정한다(동법 8조 2항).

[판례] 지방자치법 제5조 제1항에 의하면, 지방자치단체의 구역변경이나 폐치·분합이 있는 때에는 새로 그 지역을 관할하게 된 지방자치단체가 그 사무와 재산을 승계하도록 규정되어 있으나, 같은 법 제133조 제1항 및 제3항의 규정내용에 비추어 볼 때 같은 법에서 '재산'이라 함은 현금 외의 모든 재산적 가치가 있는 물건 및 권리만을 말하는 것으로서 채무는 '재산'에 포함되지 않는다고 해석하여야 한다(대판 1992. 6. 26, 91다40498).

(4) 사무소의 소재지

지방자치단체의 사무소 소재지와 자치구가 아닌 구 및 읍·면·동의 사무소 소재지는 종전과 같이 하고, 이를 변경하거나 새로 설정하려면 지방자치단체의 조례로 정한다(이 경우 면·동은 행정면·행정동을 말한다)(동법 9조 1항). 이에 관한 사항을 조례로 정할 때에는 그 지방의회의 재적의원 과반수의 찬성이 있어야 한다(동법 9조 2항).

하여 대통령령안을 입안하도록 하였다. ④ 지방자치단체 간 관할 구역 경계변경 과정에서 상호 비용 부담, 그 밖의 행정적·재정적 분쟁이 발생한 경우 경계변경에 관한 조정과 병합하여 지방자치단체중앙분쟁조정위원회의 심의·의결을 거쳐 행정안전부장관이 조정하도록 함으로써 관할 구역 경계변경에 관한 분쟁을 효율적으로 조정하도록 하였다.

제 3 절 지방자치단체의 주민

Ⅰ. 주민의 의의

1. 일반주민

지방자치단체의 주민이란 지방자치단체의 구역에 주소를 가진 자를 말하며(지방자치법 16조), 연령이나 성별, 행위능력, 국적을 가리지 않는다. 여기에서 '주소'는 자연인에게는 생활의 근거가 되는 곳을 의미한다(민법 18조 1항). 다만, 「주민등록법」이 30일 이상 거주할 목적으로 관할구역(시 · 군 · 구)에 주소를 가지는 자의 등록의무를 규정하고 있으므로(동법 6조 1항), 주민등록지가 「지방자치법」상의 주소로 된다고 할 수 있다. 한편, 「지방자치법」상 개별 제도별로 법인이 지방자치단체의 주민이 될 수 있는 경우가 있다. 이러한 경우 법인의 주된 사무소의 소재지가 주소가 된다(민법 36조).

[판례①] 지방자치법은 여러 조항에서 권리 · 의무의 주체이자 법적 규율의 상대방으로서 '주민'이라는 용어를 사용하고 있다. 지방자치법에 '주민'의 개념을 구체적으로 정의하는 규정이 없는데, 그 입법 목적, 요건과 효과를 달리하는 다양한 제도들이 포함되어 있는 점을 고려하면, 지방자치법이 단일한 주민 개념을 전제하고 있는 것으로 보기 어렵다. 자연인이든 법인이든 누군가가 지방자치법상 주민에 해당하는지는 개별 제도별로 제도의 목적과 특성, 지방자치법뿐만 아니라 관계 법령에 산재해 있는 관련 규정들의 문언, 내용과 체계 등을 고려하여 개별적으로 판단할 수밖에 없다.

지방자치법 제13조 제2항, 제14조, 제15조, 제16조, 제17조, 제20조에 따른 참여권 등의 경우 지방자치법 자체나 관련 법률에서 일정한 연령 이상 또는 주민등록을 참여자격으로 정하고 있으므로(공직선거법 제15조, 주민투표법 제5조, 주민소환에 관한 법률 제3조 참조) 자연인만을 대상으로 함이 분명하고, 제12조는 기본적으로 제2장에서 정한 다양한 참여권 등을 행사할 수 있는 주민의 자격을 명확히 하려는 의도로 만들어진 규정이라고 볼 수 있다. 그러나 제13조 제1항에서 정한 재산 · 공공시설 이용권, 균등한 혜택을 받을 권리와 제21조에서 정한 비용분담 의무의 경우 자연인만을 대상으로 한 규정이라고 볼 수 없다(대판 2021. 4. 29, 2016두45240).

[판례②] 구 지방자치법(2021. 1. 12. 법률 제17893호로 전부 개정되기 전의 것) 제138조에 따른 분담금 납부의무자인 '주민'은 구 지방세법(2020. 12. 29. 법률 제17769호로 개정되기 전의 것)에서 정한 균등분 주민세의 납부의무자인 '주민'과 기본적으로 동일한 의미이므로, 법인이 해당 지방자치단체의 구역 안에 주된 사무소 또는 본점을 두고 있지 않더라도 '사업소'를 두고 있다면 구 지방자치법 제138조에 따른 분담금 납부의무자인 '주민'에 해당한다.

따라서 어떤 법인이 특정한 지방자치단체에서 인적·물적 설비를 갖추고 계속적으로 사업을 영위하면서 해당 지방자치단체의 재산 또는 공공시설의 설치로 특히 이익을 받는 경우에는 구 지방자치법 제138조에 따른 분담금 납부의무자가 될 수 있고, 구지방자치법 제138조에 따라 분담금 제도를 구체화한 조례에서 정한 부과요건을 충족하는 경우에는 이중부과 등과 같은 특별한 사정이 없는 한 그 조례에 따라 분담금을 납부할 의무가 있다(대판 2022. 4. 14. 2020두58427).

도에 있어서와 같이 지방자치단체가 이중구조를 취하고 있는 곳에서는 주민 역시 이중적 지위를 가진다고 볼 수 있다. 즉, 시 또는 군의 주민인 동시에 도의 주민이 되는 셈이다.

주민의 자격은 사망, 관할 지방자치단체 밖으로의 주소 이동 등에 의해 상실된다.

2. 참정권의 주체로서의 주민(공민)

일반적 의미의 주민과 구분할 것에 '참정권의 주체로서의 주민'이 있다. 여기에서 '참정권의 주체로서의 주민'이란 당해 지방자치단체에서 선거권과 피선거권을 가지는 주민을 말하며, 편의상 공민[1]이라고 부르기로 한다.

일반적 의미의 주민과는 달리 주민 가운데 일정한 자격을 가진 자만이 공민이 될 수 있다. 즉, 첫째로 대한민국 국민만이 공민이 될 수 있다. 따라서 외국인은 주민은 될 수 있으나 공민은 될 수 없다. 다만, 2005년 공직선거법의 개정으로 일정한 자격을 갖춘 외국인의 경우 해당 지방자치단체의 지방의회의원 및 단체장 선거의 선거권이 부여되었다(공직선거법 15조 2항). 둘째, 연령·거주기간 등의 제한이 있다(후술 참조). 셋째, 참정권은 자연인에게만 부여된다. 그러한 의미에서 법

1) 주민(Einwohner)과 공민(Bürger)의 구분은 독일의 많은 주의 지방자치단체법에서 행하고 있다(Vgl. §10 I bwGO; Art. 15 I bayGO; §6 I nwGO 등). 독일 등 유럽에서 그 공민은 일종의 특권계급을 의미했다. 현재에는 그러한 의미는 없으나 선거권, 피선거권을 가지는 주민만을 의미하는 점에서 단순한 주민과는 구분하고 있다(Vgl. Ossenbühl, Die Rechtsstellung von Bürgern und Einwohnern, in: Püttner(Hg.), Handbuch der kommunalen Wissenschaft und Praxis, 2. Aufl., Bd. 1(1981), S. 379 f.). 우리나라에도 「공민권정지에 관한 법률」 등 실정법상 '공민'이라는 용어가 사용된 바 있었다.

인은 공민에 포함되지 않는다.

Ⅱ. 주민의 권리

권리란 일반적으로 개인이 타인에게 작위·부작위·급부 등을 요구할 수 있는 법에 의해 인정된 힘을 의미한다. 권리 가운데 개인의 행정주체(국가·지방자치단체 등)에 대한 공법상의 권리를 개인적 공권(또는 단순히 공권)이라고 부르는데, 여기에서 말하는 '주민의 권리'는 바로 개인적 공권으로서의 성질을 가진다. 개인적 공권도 어디까지나 권리인 점에서 법의 뒷받침을 받지 못하는 반사적 이익 또는 사실상 이익과 구분된다.[2] 주민의 권리로서 중요한 것에는 다음과 같은 것이 있다.

1. 정책의 결정 및 집행 과정 참여권

주민은 법령으로 정하는 바에 따라 주민생활에 영향을 미치는 지방자치단체의 정책의 결정 및 집행 과정에 참여할 권리를 가진다(지방자치법 17조 1항). 이는 2021년 1월 전부개정된 「지방자치법」에 신설된 규정이다. 주민의 권리로서 정책 결정 및 집행 과정에 대한 참여권을 명시적으로 규정함으로써, 주민의 능동적인 참여를 보장하고 조례의 제정·개정·폐지 청구 등의 주민참여 관련 제도를 활성화시키는 등 지방자치행정에 대한 주민의 참여를 확대할 것으로 기대된다(동법 19조, 20조 등 참조).[3]

2. 공공시설이용권

「지방자치법」은 "주민은 법령으로 정하는 바에 따라 소속 지방자치단체의 재산과 공공시설을 이용할 권리를 가진다"고 규정하고 있다(17조 2항). 이러한 규정과 관련하여 고찰할 것에는 다음과 같은 것이 있다.

(1) 재산 및 공공시설의 의의

재산이란 "금전적 가치있는 물건 및 권리의 총체"를 의미함이 보통이다.[4]

---

2) 권리 내지 공권의 개념 및 그것과 반사적 이익의 구분에 대한 상세는 김남진·김연태(Ⅰ), 110면 이하; 김남진, 법률상 이익과 사실상 이익의 구분, 법률신문, 1999. 8. 19. 참조.

3) 한편, 2021년 1월 전부개정된 「지방자치법」 제1조에서 지방자치법의 목적 중의 하나로 지방자치행정에 주민의 참여를 보장한다는 점을 명시함으로써 주민자치의 원리를 강화하고 있으며, 제17조 1항에 신설된 정책의 결정 및 집행 과정에 대한 주민참여권은 이러한 목적을 구체화한 것으로 이해할 수 있다.

4) 지방자치법 제159조 1항에서는 '재산'을 "현금 외의 모든 재산적 가치 있는 물건과 권리"를 의미하는

그러나 여기에서 말하는 재산이란 그 중에서 주민의 이용에 제공되어 있는 것만을 의미하므로 결국 '공공시설'과 동의어로 볼 수 있다.[5]

공공시설이란 공중(여기에서의 주민)의 이용에 제공되는 시설을 의미한다고 말할 수 있다. 환언하면, 주민의 복리증진을 위해 지방자치단체에 의하여 설치·관리되는 일체의 시설이 여기에서 말하는 공공시설에 해당한다고 말할 수 있다. 따라서 주민의 이용에 제공되는 한, 공물·영조물·공기업 등이 전부 공공시설에 포함된다고 봄이 타당하다.[6]

공공시설의 조직형태나 소유권의 소재는 불문시된다. 즉 공공시설 가운데에는 지방자치단체가 직영하는 것, 법인(공·사법인)형태를 취하는 것, 타인에게 위탁경영시키는 것이 있을 수 있으며, 자유(自有)시설은 물론 타유(他有)시설도 있을 수 있다.

공공시설의 공공성은 공용지정(Widmung)[7]에 의해 정해진다고 하겠는데, 그 공용지정은 공공시설 주체의 명시적 또는 묵시적 의사를 통해 표시된다.

(2) 공공시설의 이용권

지방자치법은 주민의 '재산 및 공공시설'의 이용권에 관하여 규정하고 있다. 그러나 여기에서 말하는 '재산'은 앞서 언급한 바와 같이 그 자체 공공시설의 성격을 가진다. 따라서 아래에서는 주민의 '공공시설'의 이용권에 관하여서만 고찰하기로 한다.

(가) 이용의 주체

이용의 주체는 주민(일반주민)이다. 따라서 도로 등의 보통사용[8]에 있어서와 같이 공공시설의 이용이 모든 사람에게 개방되어 있는 경우를 제외하고는, 지방자치단체는 공공시설의 이용을 주민에게 한정시키거나 주민과 비주민간의 이용에 차등을 둘 수도 있다. 환언하면, 비주민은 공공시설의 보통사용의 경우를 제외하고서는 주민과 동일한 이용청구권을 가지는 것은 아니다. 일정기간의 거주를 조건으로 하는 학생의 학교배정 같은 것도 이러한 시각에서 판단될 수

뜻으로 사용하고 있다.

5) 동지: 홍정선(하), 94면. 그렇다고 할 때, 공공시설이라는 용어 외에 재산이란 용어를 추가할 필요는 없으며, 입법론적으로 볼 때에는 "재산"이란 용어는 삭제함이 바람직하다. 이설: 류지태·박종수(신론), 926면.

6) 동지: 류지태, 주민의 법적지위, 자치연구 제4권 제1호, 1994, 58면. 한편, 공공시설과 영조물을 같은 것으로 보는 견해(이상규(상), 145면)도 있으나, 양자는 구별된다고 봄이 타당하다.

7) 이에 관하여는 본서 478면 이하 참조.

8) 이에 관하여는 김남진, 도로의 보통사용과 허가사용의 구분, 판례월보, 1999. 8 및 본서 500면 이하 참조.

있는 일이다. 다만 비주민도 최소한 불합리한 차등대우를 받지 않을 수 있다.[9] 한편, 생활권이 급속히 광역화되어 가고 있는 현대사회에 있어서, 법문이 명시하고 있는 '지방자치단체 주민'의 공공시설의 이용권은 그의 권리로서의 의의가 희박해 가고 있는 것만은 부인할 수 없다.

법인도 주민이므로 공공시설이용권을 가진다. 자치단체의 주민은 아니나 자치단체의 구역 내에 토지나 영업소를 가지고 있는 자는 그 토지나 영업소 유지·관리와 관계되는 범위에서, 주민과 동등한 공공시설이용권을 가진다고 봄이 타당하다.[10]

(나) 이용권의 범위와 한계

주민의 공공시설의 이용권의 구체적인 내용은 다음과 같다.

첫째, 이용권의 내용과 한계는 법령(지방자치단체의 조례 및 규칙 포함)에 의해 한정된다. 「도로법」, 「하천법」, 「도시공원 및 녹지 등에 관한 법률」, 「하수도법」, 「도서관법」, 「초·중등교육법」, 「지방공기업법」, 「지방재정법」, 「공유재산 및 물품관리법」, 공공시설에 관한 당해 자치단체의 자치법규는 공공시설이용에 관한 중요한 법원이 된다. 다만, 법규가 아닌 행정규칙을 통해서는 원칙적으로 주민에게 의무를 부과할 수 없음은 물론, 권리를 발생시킬 수도 없다고 하는 점에 유의할 필요가 있다.

[참고판례] 서울특별시 자치구의 구청장이 시행하던 '철거민에 대한 국민주택 특별공급지침'은 행정청 내부에 있어서의 행정지침에 불과하며 그 지침 소정의 사람에게 공법상의 분양신청권이 부여되는 것은 아니므로, 행정청이 그에 해당하는 자에 의한 국민주택 특별공급신청을 받아들이지 않는 의사표시를 하였다고 하더라도 이를 항고소송의 대상이 되는 행정처분으로 볼 수는 없다(대판 1997. 3. 14, 96누19079. 동지판례: 대판 1991. 11. 26, 91누3352; 대판 1992. 10. 27, 91누3871; 대판 1993. 5. 11, 93누2247).

둘째, 주민의 공공시설이용권은 공공시설의 공용지정(Widmung)을 통해 정해진 공공시설의 목적에 의해 한정된다. 예컨대, 다같은 공설운동장이지만 축구장, 야구장 등의 구분에 따라 그의 이용이 한정될 수 있는 것이다.

셋째, 주민의 공공시설이용권은 그 공공시설의 수용능력, 정원과 같은 사실

9) 자의의 금지(Willkürverbot)는 행정작용을 규율하는 주요 법원칙의 하나라고 할 수 있다. 상세는 김남진, 기본문제, 91면 이하 참조.

10) 동지: Ossenbühl, a.a.O., S. 383; Steiner(Hg.), Besonderes Verwaltungsrecht, 5. Aufl., 1995, S. 56.

적 한계에 의해 제한받게 된다. 따라서 공공시설의 이용신청자의 수가 그의 수용능력을 상회하는 경우에는 자치단체는 원칙적으로 신청의 선착순에 따라 그의 순위를 결정하지 않으면 안 된다.

넷째, 자치단체는 위험을 방지하기 위하여 또는 공공시설에 대한 파손을 방지하기 위하여 공공시설의 전부 또는 일부의 이용을 거절할 수 있다. 자치단체가 공공시설의 파손에 대비한 보증을 요구하였는데 이용신청자가 그에 응하지 않는 경우에도 또한 같다.[11] 다만 상기한 이유에 의한 공공시설의 이용거절이 자의적이어서는 안 될 것이다.

(다) 이용의 형태

주민의 공공시설의 이용형태에는 여러 가지가 있을 수 있다. 즉 보통사용(자유사용), 허가사용, 특허사용, 관습법상의 사용, 공법계약에 의한 사용, 사법계약에 의한 사용[12]이 있을 수 있는 외에, 특수한 것으로서 이단계형태에 의한 사용도 있을 수 있다.[13]

여기에서 이단계형태 또는 이단계절차에 의한 사용이란 주민 등에게 공공시설을 이용시킬 것인가 여부에 대한 결정(ob의 문제)은 행정처분을 통해서 행해지며, 어떠한 조건으로 이용시킬 것인가 등의 문제(wie의 문제)는 사법상의 계약을 통해 정해지는 경우를 말한다. 다만 이와 같은 형태의 공공시설의 이용관계는 공공시설의 관리주체(지방자치단체)에게 그 이용형태의 선택에 대한 재량권(결정재량 · 선택재량)이 인정되어 있는 경우에만 가능하다고 새겨진다.

3. 균등하게 행정의 혜택을 받을 권리

지방자치단체의 주민은 법령으로 정하는 바에 따라 소속 지방자치단체로부터 균등하게 행정의 혜택을 받을 권리를 가진다(헌법 11조, 지방자치법 17조 2항 참조).

여기에서 '행정의 혜택'이란 지방자치단체의 행정작용 중 상술한 공공시설의 설치 · 관리를 제외한 일체의 행정작용을 통한 주민의 수익을 의미한다고 볼 수 있다. 각종의 인 · 허가, 지역개발을 위한 계획의 책정 등이 그 일례라 할 수 있다. 다만 그 '혜택을 받을 권리'의 핵심은 자의의 배제에 있다고 새겨진다.

---

11) 동지: Steiner(Hg.), S. 63; Ossenbühl, Rechtliche Probleme der Zulassung zu öffentlichen Stadthallen, DVB1. 1973, S. 289.

12) 상술한 공공시설의 이용형태는 보통 「공물의 사용형태」로서 설명되고 있으므로 이곳에서의 상설은 약하기로 한다. 아울러 본서 500면 이하 참조.

13) Vgl. Ossenbühl, Die Rechtsstellung von Bürgern und Einwohnern, a.a.O., S. 387 f.

따라서 만약 지방자치단체가 행정의 혜택을 내용으로 하는 조례를 제정할 때 그 조례의 내용이 평등의 원칙에 반한다면 그 조례는 「지방자치법」 제17조 2항에 위반한 것이 된다고 할 것이다.

[판례] 지방자치법 제13조 제1항은 주민이 지방자치단체로부터 행정적 혜택을 균등하게 받을 수 있다는 권리를 추상적이고 선언적으로 규정한 것으로서, 위 규정에 의하여 주민이 지방자치단체에 대하여 구체적이고 특정한 권리가 발생하는 것이 아닐 뿐만 아니라, 지방자치단체가 주민에 대하여 균등한 행정적 혜택을 부여할 구체적인 법적 의무가 발생하는 것도 아니므로, 이 사건 조례안으로 인하여 주민들 가운데 일정한 조건에 해당하는 일부 주민이 지원을 받게 되는 혜택이 발생하였다고 하여 위 조례안이 지방자치법 제13조 제1항에 위반한 것이라고 볼 수는 없다(대판 2008. 6. 12, 2007추42).

4. 선거에 참여할 권리

주민[14]은 법령으로 정하는 바에 따라 그 지방자치단체에서 실시하는 지방의회의원과 지방자치단체의 장의 선거에 참여할 권리를 가진다(지방자치법 17조 3항).

(1) 선거권

18세 이상으로서 선거인명부작성기준일 현재 다음 각 호의 어느 하나에 해당하는 사람은 그 구역에서 선거하는 지방자치단체의 의회의원 및 장의 선거권이 있다(공직선거법 15조 2항).

① (거주자 또는 거주불명자의 경우) 해당 지방자치단체의 관할 구역에 주민등록이 되어 있는 사람

② (재외국민의 경우) 주민등록표에 3개월 이상 계속하여 올라 있고 해당 지방자치단체의 관할구역에 주민등록이 되어 있는 사람

③ (외국인의 경우) 「출입국관리법」 제10조에 따른 영주의 체류자격 취득일 후 3년이 경과한 외국인으로서 같은 법 제34조에 따라 해당 지방자치단체의 외국인등록대장에 올라 있는 사람

---

14) 종전에는 '국민인 주민'으로 규정되어 있었으나, 「공직선거법」에 따라 영주권을 가지고 3년이 경과한 외국인 주민도 선거에 참여할 권리를 가지므로 지방선거 참여 주체를 국민으로 제한하는 것은 법체계와 맞지 않다는 이유로 2021년 1월 전부개정된 「지방자치법」에서 '주민'으로 개정하였다.

(2) 피선거권

선거일 현재 계속하여 60일 이상(공무로 외국에 파견되어 선거일전 60일후에 귀국한 자는 선거인명부작성기준일부터 계속하여 선거일까지) 해당 지방자치단체의 관할구역에 주민등록이 되어 있는 주민으로서 18세 이상의 국민은 그 지방의회의원 및 지방자치단체의 장의 피선거권이 있다. 이 경우 60일의 기간은 그 지방자치단체의 설치·폐지·분할·합병 또는 구역변경(제28조 각 호의 어느 하나에 따른 구역변경을 포함한다)에 의하여 중단되지 아니한다(공직선거법 16조 3항).[15)]

5. 주민투표권

(1) 의 의

지방자치단체의 장은 주민에게 과도한 부담을 주거나 중대한 영향을 미치는 지방자치단체의 주요 결정사항 등에 대하여 주민투표에 부칠 수 있다(지방자치법 18조 1항). 이에 따라 주민은 주민투표에 참여할 수 있는 권리, 즉 주민투표권을 갖는다.

주민투표의 대상·발의자·발의요건, 그 밖에 투표절차 등에 관한 사항은 따로 법률로 정한다(동법 18조 2항).[16)] 이에 따라 2004년 1월 「주민투표법」이 제정되었다.[17)]

한편, 헌법재판소는 주민투표제 및 주민투표권의 성질과 관련하여, 주민투표제는 입법에 의해 채택된 것일 뿐 헌법에 의해 보장되고 있는 것은 아니라고 하면서, 주민투표권은 법률이 보장하는 권리일 뿐 헌법이 보장하는 기본권 또는 헌법상 제도적으로 보장되는 주관적 공권으로 볼 수는 없다고 판시한 바 있다.

[판례①] ㉮ 우리 헌법은 간접적인 참정권으로 선거권(헌법 제24조), 공무담임권(헌법 제25조)을, 직접적인 참정권으로 국민투표권(헌법 제72조, 제130조)을 규정하고 있을 뿐 주민투표권을 기본권으로 규정한 바가 없고 제117조, 제118조에서 제도적으로 보장하고 있는 지방자치단체의 자치의 내용도 자치단체의 설치와 존속 그리고 그 자치기능 및 자치사무로서 지방자치단체의 자치권의 본질적 사항에 관한 것이므로 주민투표권을 헌법상 보장되는 기본권이라고 하거나 헌법 제37조 제1항의 "헌법에 열거되지 아니

15) 이때 「공직선거법」 제16조 3항 전단의 경우에 지방자치단체의 사무소 소재지가 다른 지방자치단체의 관할 구역에 있어 해당 지방자치단체의 장의 주민등록이 다른 지방자치단체의 관할 구역에 있게 된 때에는 해당 지방자치단체의 관할 구역에 주민등록이 되어 있는 것으로 본다(공직선거법 16조 4항).

16) 주민투표에 관한 사항을 법률로써 정하도록 하고 있는 동 조항은 그 동안 주민투표조례의 출현 가능성을 막아 오히려 주민투표제 도입을 저지한 것이라고 평가된다(김중권, 주민투표법안의 문제점에 관한 소고, 공법연구, 2004. 2, 102면 이하 참조).

17) 아울러 '주민참여제' 전반에 관해서는 최봉석, 주민참여법제의 현황과 개선과제, 지방자치법연구, 2006. 12; 최봉석, 지방자치의 기본원리, 2007, 341면 이하 참조.

한 권리"의 하나로 보기 어렵다. ㉯ 지방자치법이 주민에게 주민투표권(제13조의2), 조례의 제정 및 개폐청구권(제13조의3), 감사청구권(제13조의4) 등을 부여함으로써 주민이 지방자치사무에 직접 참여할 수 있는 길을 일부 열어 놓고 있지만 이러한 제도는 어디까지나 입법에 의하여 채택된 것일 뿐 헌법에 의하여 보장되고 있는 것은 아니므로 주민투표권은 법률이 보장하는 권리일 뿐 헌법이 보장하는 기본권 또는 헌법상 제도적으로 보장되는 주관적 공권으로 볼 수 없다(헌재 2005. 12. 22. 2004헌마530).

[판례②] 지방자치법 제13조의2에서 규정하고 있는 주민투표권은 어디까지나 입법에 의하여 채택된 것일 뿐 헌법에 의하여 이러한 제도의 도입이 보장되고 있는 것은 아니므로 헌법이 보장하는 기본권이 아니라 법률이 보장하는 권리에 불과하다. 따라서 지방자치법 제13조의2 제2항에 근거하여 제정된 주민투표법이 구체적으로 주민투표의 종류와 대상, 실시요건 및 절차, 그 효력이나 쟁송방법 등을 어떻게 정할 것인가의 문제는 입법자의 광범위한 입법형성의 자유영역에 속하는 것으로 기본적으로는 국가의 입법정책에 달려 있다고 할 것이다(헌재 2009. 3. 26. 2006헌마99).

「주민투표법」 제1조는 "이 법은 지방자치단체의 주요결정사항에 관한 주민의 직접참여를 보장하기 위하여 「지방자치법」 제18조에 따른 주민투표의 대상·발의자·발의요건·투표절차 등에 관한 사항을 규정함으로써 지방자치행정의 민주성과 책임성을 제고하고 주민복리를 증진함을 목적으로 한다"고 규정하고 있으며, 그 주요 내용은 다음과 같다.

(2) 투표권자

19세 이상의 주민 중 투표인명부 작성기준일 현재 다음 각 호의 어느 하나에 해당하는 사람에게는 주민투표권이 있다. 다만, 「공직선거법」 제18조에 따라 선거권이 없는 사람에게는 주민투표권이 없다(주민투표법 5조 1항). 이때 주민투표권자의 연령은 투표일 현재를 기준으로 산정한다(동법 5조 2항).

① 그 지방자치단체의 관할 구역에 주민등록이 되어 있는 사람

② 출입국관리 관계 법령에 따라 대한민국에 계속 거주할 수 있는 자격(체류자격변경허가 또는 체류기간연장허가를 통하여 계속 거주할 수 있는 경우를 포함한다)을 갖춘 외국인으로서 지방자치단체의 조례로 정한 사람

[관련판례] 이 사건 법률조항(주민투표법 제5조 제1항) 부분은 주민등록만을 요건으로 주민투표권의 행사 여부가 결정되도록 함으로써 '주민등록을 할 수 없는 국내거주 재외국민'을 '주민등록이 된 국민인 주민'에 비해 차별하고 있고, 나아가 '주민투표권이 인

정되는 외국인'과의 관계에서도 차별을 행하고 있는바, 그와 같은 차별에 아무런 합리적 근거도 인정될 수 없으므로 국내거주 재외국민의 헌법상 기본권인 평등권을 침해하는 것으로 위헌이다(헌재 2007. 6. 28. 2004헌마643).

(3) 주민투표의 대상

주민에게 과도한 부담을 주거나 중대한 영향을 미치는 지방자치단체의 주요결정사항으로서 그 지방자치단체의 조례로 정하는 사항은 주민투표에 부칠 수 있다(동법 7조 1항). 다만, 제1항의 규정에 불구하고 다음 각 호의 사항은 이를 주민투표에 부칠 수 없다(동법 7조 2항).

① 법령에 위반되거나 재판중인 사항

② 국가 또는 다른 지방자치단체의 권한 또는 사무에 속하는 사항

③ 지방자치단체의 예산·회계·계약 및 재산관리에 관한 사항과 지방세·사용료·수수료·분담금 등 각종 공과금의 부과 또는 감면에 관한 사항

④ 행정기구의 설치·변경에 관한 사항과 공무원의 인사·정원 등 신분과 보수에 관한 사항

⑤ 다른 법률에 의하여 주민대표가 직접 의사결정주체로서 참여할 수 있는 공공시설의 설치에 관한 사항(다만, 제9조 제5항의 규정에 의하여 지방의회가 주민투표의 실시를 청구하는 경우에는 그러하지 아니하다)

⑥ 동일한 사항(그 사항과 취지가 동일한 경우를 포함한다)에 대하여 주민투표가 실시된 후 2년이 경과되지 아니한 사항

(4) 국가정책에 관한 주민투표

중앙행정기관의 장은 지방자치단체의 폐치·분합 또는 구역변경, 주요시설의 설치 등 국가정책의 수립에 관하여 주민의 의견을 듣기 위하여 필요하다고 인정하는 때에는 주민투표의 실시구역을 정하여 관계 지방자치단체의 장에게 주민투표의 실시를 요구할 수 있다. 이 경우 중앙행정기관의 장은 미리 행정안전부장관과 협의하여야 한다(동법 8조 1항).

지방자치단체의 장은 제1항의 규정에 의하여 주민투표의 실시를 요구받은 때에는 지체 없이 이를 공표하여야 하며, 공표일부터 30일 이내에 그 지방의회의 의견을 들어야 한다(동법 8조 2항). 제2항의 규정에 의하여 지방의회의 의견을 들은 지방자치단체의 장은 그 결과를 관계 중앙행정기관의 장에게 통지하여야 한다(동법 8조 3항).

국가정책사항에 관한 주민투표에 관하여는 제7조(주민투표의 대상), 제16조(주민투표 실시구역),

제24조(주민투표결과의 확정) 제1항 · 제5항 · 제6항, 제25조(주민투표소송 등) 및 제26조(재투표 및 투표연기)의 규정을 적용하지 아니한다(동법 8조 4항). 따라서 「주민투표법」 제8조에 따른 주민투표는 제24조에 규정된 주민투표결과의 구속력 등이 인정되지 않는 순수한 자문적 성격의 주민의견 수렴절차에 그치는 것으로 볼 수 있다. 헌법재판소 역시 같은 취지에서 판시하고 있다.

[판례] 지방자치단체의 주요결정사항에 관한 주민투표와 국가정책사항에 관한 주민투표는 그 대상으로 하는 사항의 성격, 그 사항의 영향 범위 및 규모, 예산 및 재정상의 근거, 전국적으로 통일적, 획일적인 처리를 요하는지 여부 등에 있어서 본질적인 차이가 있다. 주민투표법은 이와 같은 차이를 감안하여, 지방자치단체의 주요결정사항에 관한 주민투표의 경우에는 국가사무가 아닌 지방자치단체의 권한에 속하는 일정한 사항만을 대상으로 이를 실시하도록 하고(제7조, 제9조), 그 주민투표결과 확정된 내용에 대하여 지방자치단체의 장 및 지방의회는 행정 · 재정상의 필요한 조치를 취하여야 하며(제24조 제5항), 2년 이내에는 이를 변경하거나 새로운 결정을 할 수 없도록 규정함으로써(제24조 제6항), 단순한 자문적인 주민의견 수렴절차에 그치지 않고 주민투표를 통한 주민결정권을 인정한 반면, 국가정책에 관한 주민투표에 대하여는 그 실시 여부 및 구체적 실시구역에 관하여 중앙행정기관의 장에게 상당한 범위의 재량을 인정하고(제8조 제1항), 그 주민투표결과에 대해서도 법적 구속력을 인정하지 않고 단순한 자문적인 주민의견 수렴절차에 그치도록 하고 있다(헌재 2009. 3. 26. 2006헌마99).

(5) 주민투표의 실시요건

지방자치단체의 장은 주민 또는 지방의회의 청구에 의하거나 직권에 의하여 주민투표를 실시할 수 있다(동법 9조 1항).

19세 이상 주민 중 제5조 1항에 따라 주민투표권이 있는 사람(이하 "주민투표청구권자"라 한다)은 주민투표청구권자 총수의 20분의 1 이상 5분의 1 이하의 범위 안에서 지방자치단체의 조례로 정하는 수 이상의 서명으로 그 지방자치단체의 장에게 주민투표의 실시를 청구할 수 있다(동법 9조 2항).

지방의회는 재적의원 과반수의 출석과 출석의원 3분의 2 이상의 찬성으로 그 지방자치단체의 장에게 주민투표의 실시를 청구할 수 있다(동법 9조 5항).

지방자치단체의 장은 직권에 의하여 주민투표를 실시하고자 하는 때에는 그 지방의회 재적의원 과반수의 출석과 출석의원 과반수의 동의를 얻어야 한다(동법 9조 6항).

(6) 주민투표의 발의

지방자치단체의 장은 다음 각 호의 어느 하나에 해당하는 경우에는 지체 없이 그 요지를 공표하고 관할선거관리위원회에 통지하여야 한다(동법 13조 1항).

① 제8조(국가정책에 관한 주민투표) 3항의 규정에 의하여 관계 중앙행정기관의 장에게 주민투표를 발의하겠다고 통지한 경우

② 제9조(주민투표의 실시요건) 2항 또는 5항의 규정에 의한 주민 또는 지방의회의 주민투표청구가 적법하다고 인정되는 경우

③ 제9조(주민투표의 실시요건) 6항의 규정에 의한 지방의회의 동의를 얻은 경우

지방자치단체의 장은 주민투표를 발의하고자 하는 때에는 제1항의 규정에 의한 공표일부터 7일 이내(제3항의 규정에 의하여 주민투표의 발의가 금지되는 기간은 이를 산입하지 아니한다)에 투표일과 주민투표안을 공고하여야 한다. 다만, 지방자치단체의 장 또는 지방의회가 주민투표청구의 목적을 수용하는 결정을 한 때에는 주민투표를 발의하지 아니한다(동법 13조 2항).

지방자치단체의 관할구역의 전부 또는 일부에 대하여 「공직선거법」의 규정에 의한 선거가 실시되는 때에는 그 선거의 선거일전 60일부터 선거일까지의 기간 동안에는 주민투표를 발의할 수 없다(동법 13조 3항).

(7) 주민투표의 형식 및 실시구역

주민투표는 특정한 사항에 대하여 찬성 또는 반대의 의사표시를 하거나 두 가지 사항중 하나를 선택하는 형식으로 실시하여야 한다(동법 15조).

주민투표는 그 지방자치단체의 관할구역 전체를 대상으로 실시한다. 다만, 특정한 지역 또는 주민에게만 이해관계가 있는 사항인 경우 지방자치단체의 장이 지방의회의 동의를 얻은 때에는 관계 시·군·구 또는 읍·면·동을 대상으로 주민투표를 실시할 수 있다(동법 16조).

(8) 주민투표결과의 확정 및 효력

주민투표에 부쳐진 사항은 주민투표권자 총수의 3분의 1 이상의 투표와 유효투표수 과반수의 득표로 확정된다. 다만, 다음 각 호의 어느 하나에 해당하는 경우에는 찬성과 반대 양자를 모두 수용하지 아니하거나, 양자택일의 대상이 되는 사항 모두를 선택하지 아니하기로 확정된 것으로 본다(동법 24조 1항).

① 전체 투표수가 주민투표권자 총수의 3분의 1에 미달되는 경우

② 주민투표에 부쳐진 사항에 관한 유효득표수가 동수인 경우

전체 투표수가 주민투표권자 총수의 3분의 1에 미달되는 때에는 개표를 하

지 아니한다(동법 24조 2항). 관할선거관리위원회는 개표가 끝난 때에는 지체없이 그 결과를 공표한 후 지방자치단체의 장에게 통지하여야 한다. 제2항의 규정에 의하여 개표를 하지 아니한 때에도 또한 같다(동법 24조 3항).

지방자치단체의 장은 제3항의 규정에 의하여 주민투표결과를 통지받은 때에는 지체 없이 이를 지방의회에 보고하여야 하며, 제8조의 규정에 의한 국가정책에 관한 주민투표인 때에는 관계 중앙행정기관의 장에게 주민투표결과를 통지하여야 한다(동법 24조 4항).

지방자치단체의 장 및 지방의회는 주민투표결과 확정된 내용대로 행정·재정상의 필요한 조치를 하여야 한다(동법 24조 5항).

지방자치단체의 장 및 지방의회는 주민투표결과 확정된 사항에 대하여 2년 이내에는 이를 변경하거나 새로운 결정을 할 수 없다. 다만, 제1항 단서의 규정에 의하여 찬성과 반대 양자를 모두 수용하지 아니하거나 양자택일의 대상이 되는 사항 모두를 선택하지 아니하기로 확정된 때에는 그러하지 아니하다(동법 24조 6항).

(9) 주민투표에 대한 불복절차

주민투표의 효력에 관하여 이의가 있는 주민투표권자는 주민투표권자 총수의 100분의 1 이상의 서명으로 제24조 제3항의 규정에 의하여 주민투표결과가 공표된 날부터 14일 이내에 관할 선거관리위원회 위원장을 피소청인으로 하여 시·군 및 자치구에 있어서는 특별시·광역시·도 선거관리위원회에, 특별시·광역시·특별자치시·도·특별자치도에 있어서는 중앙선거관리위원회에 소청할 수 있다(동법 25조 1항).

제1항의 소청에 대한 결정에 관하여 불복이 있는 소청인은 관할 선거관리위원회위원장을 피고로 하여 그 결정서를 받은 날(결정서를 받지 못한 때에는 결정기간이 종료된 날을 말한다)부터 10일 이내에 특별시·광역시·특별자치시·도·특별자치도에 있어서는 대법원에, 시·군 및 자치구에 있어서는 관할 고등법원에 소를 제기할 수 있다(동법 25조 2항).

주민투표에 관한 소청 및 소송의 절차에 관하여는 「주민투표법」에 규정된 사항을 제외하고는 「공직선거법」 제219조부터 제229조까지의 규정 중 지방자치단체의 장 및 의원에 관한 규정을 준용한다(동법 25조 3항).

한편, 「주민투표법」 제8조에 따른 국가정책에 관한 주민투표에 대해서는 제25조(주민투표 소송 등)의 규정을 적용하지 아니한다(동법 8조 4항). 이와 관련하여 헌법재판소는 국가정책에 관한 주민투표에 대해 주민투표소송을 배제한 것이 재판청구권을 침해하는 것은 아닌지와 관련하여 합헌이라고 판시하고 있다.

[판례] ㉮ 지방자치법 제13조의2에서 규정하고 있는 주민투표권은 어디까지나 입법에 의하여 채택된 것일 뿐 헌법에 의하여 이러한 제도의 도입이 보장되고 있는 것은 아니므로 헌법이 보장하는 기본권이 아니라 법률이 보장하는 권리에 불과하다. 따라서 지방자치법 제13조의2 제2항에 근거하여 제정된 주민투표법이 구체적으로 주민투표의 종류와 대상, 실시요건 및 절차, 그 효력이나 쟁송방법 등을 어떻게 정할 것인가의 문제는 입법자의 광범위한 입법형성의 자유영역에 속하는 것으로 기본적으로는 국가의 입법정책에 달려 있다고 할 것이다.

㉯ 지방자치단체의 주요결정사항에 관한 주민투표와 국가정책사항에 관한 주민투표는 그 대상으로 하는 사항의 성격, 그 사항의 영향 범위 및 규모, 예산 및 재정상의 근거, 전국적으로 통일적, 획일적인 처리를 요하는지 여부 등에 있어서 본질적인 차이가 있다. 주민투표법은 이와 같은 차이를 감안하여, 지방자치단체의 주요결정사항에 관한 주민투표의 경우에는 국가사무가 아닌 지방자치단체의 권한에 속하는 일정한 사항만을 대상으로 이를 실시하도록 하고(제7조, 제9조), 그 주민투표결과 확정된 내용에 대하여 지방자치단체의 장 및 지방의회는 행정·재정상의 필요한 조치를 취하여야 하며(제24조 제5항), 2년 이내에는 이를 변경하거나 새로운 결정을 할 수 없도록 규정함으로써(제24조 제6항), 단순한 자문적인 주민의견 수렴절차에 그치지 않고 주민투표를 통한 주민결정권을 인정한 반면, 국가정책에 관한 주민투표에 대하여는 그 실시 여부 및 구체적 실시구역에 관하여 중앙행정기관의 장에게 상당한 범위의 재량을 인정하고(제8조 제1항), 그 주민투표결과에 대해서도 법적 구속력을 인정하지 않고 단순한 자문적인 주민의견 수렴절차에 그치도록 하고 있다.

㉰ 이러한 점들을 종합하여 볼 때, 주민투표법은 국가정책에 관한 주민투표의 경우에 지방자치단체의 결정사항에 관한 주민투표와 동일하게 주민투표운동의 원칙 내지 금지사항을 규정하고 그에 위반한 행위에 대하여 관할 선거관리위원회에 의한 행정제재처분이나 사법기관에 의한 형사처벌을 가하도록 규정하는 등 공정성과 절차적 정당성을 확보하도록 하는 한편, 지방자치단체의 주요결정사항에 관한 주민투표와 국가정책사항에 관한 주민투표 사이의 본질적인 차이를 감안하여, 이 사건 법률조항에 의하여 지방자치단체의 주요결정사항에 관한 주민투표와는 달리 주민투표소송의 적용을 배제하고 있는 것이다. 그렇다면, 이 사건 법률조항이 현저히 불합리하게 입법재량의 범위를 벗어나 청구인들의 주민투표소송 등 재판청구권을 침해하였다고 보기는 어렵다(헌재 2009. 3. 26, 2006헌마99).

6. 조례의 제정 · 개정 · 폐지청구권

(1) 의 의

주민은 지방자치단체의 조례를 제정하거나 개정하거나 폐지할 것을 청구할 수 있다(지방자치법 19조 1항). 이는 조례의 제정 · 개정 · 폐지를 청구할 수 있는 권리일 뿐, 주민이 직접 조례를 제정 · 개정 · 폐지하는 것은 아니다.

조례의 제정 · 개정 또는 폐지 청구의 청구권자 · 청구대상 · 청구요건 및 절차 등에 관한 사항은 따로 법률로 정한다(동법 19조 2항). 이에 따라 2021년 10월 「주민조례발안에 관한 법률」이 제정되었다.[18)]

한편, 헌법재판소는 조례의 제정 · 개정 · 폐지청구권을 헌법상 보장되는 기본권이나 헌법 제37조 1항의 '헌법에 열거되지 아니한 권리'로 보기는 어려우며 법률에 의하여 보장되는 권리에 불과하다고 판시하고 있다.

[판례①] ㉮ 헌법 제117조 및 제118조가 보장하고 있는 본질적인 내용은 자치단체의 존재의 보장, 자치기능의 보장 및 자치사무의 보장으로 어디까지나 지방자치단체의 자치권인 것이다. 한편, 헌법은 지역 주민들이 자신들이 선출한 자치단체의 장과 지방의회를 통하여 자치사무를 처리할 수 있는 대의제 또는 대표제 지방자치를 보장하고 있을 뿐이지 주민발안에 대하여는 어떠한 규정도 두고 있지 않다.

㉯ 물론 이러한 대표제 지방자치제도를 보완하기 위하여 주민발안, 주민투표, 주민소환 등의 제도가 도입될 수도 있고, 실제로 구 지방자치법은 주민에게 주민투표권(제13조 의2)과 조례의 제정 및 개폐청구권(제13조 의3) 및 감사청구권(제13조 의4)을 부여함으로써 주민이 지방자치사무에 직접 참여할 수 있는 길을 열어 놓고 있다. 그렇지만 이러한 제도는 어디까지나 입법에 의하여 채택된 것일 뿐, 헌법이 이러한 제도의 도입을 보장하고 있는 것은 아니고, 조례제정 · 개폐청구권을 주민들의 지역에 관한 의사결정에 참여에 관한 권리 내지 주민발안권으로 이해하더라도 이러한 권리를 헌법이 보장하는 기본권인 참정권이라고 할 수는 없으며, 입법자에게는 지방자치제도의 본질적 내용을 침해하지 않는 한도에서 제도의 구체적인 내용과 형태의 형성권이 폭넓게 인정된다(헌재 2009. 7. 30, 2007헌바75).

[판례②] 헌법 제10조의 행복추구권은 국민이 행복을 추구하기 위하여 국가의 적극적인 행동을 요청하는 헌법적인 근거가 아니라, 국민이 행복을 추구하기 위한 활

---

18) 종전에는 조례의 제정과 개폐 청구에 관하여 「지방자치법」에서 직접 세부사항을 규정하였으나(구 지방자치법 15조 참조), 2021년 1월 전부개정된 「지방자치법」에서는 조례의 제정과 개정 · 폐지 청구에 관한 일반적 근거 규정만을 정하고, 구체적인 사항에 대해서는 별도의 법률로 정하도록 하였다(동법 19조). 이에 따라 2021년 10월 「주민조례발안에 관한 법률」이 제정되었다.

동에 대한 국가권력의 간섭을 배제하는 내용의 포괄적인 의미의 자유권으로서의 성격을 가진다. 그런데 주민투표권이나 조례제정·개폐청구권은 법률에 의하여 보장되는 권리에 해당하고, 헌법상 보장되는 기본권이라거나 헌법 제37조 제1항의 '헌법에 열거되지 아니한 권리'로 보기 어려우므로, 19세 미만인 사람들에 대하여 법률에 의하여 보장되는 권리에 불과한 주민투표권이나 조례제정·개폐청구권을 인정하지 않는다고 하여 포괄적인 의미의 자유권으로서의 행복추구권이 제한된다고 볼 수 없다(헌재 2014. 4. 24, 2012헌마287).

「주민조례발안에 관한 법률」 제1조는 "이 법은 「지방자치법」 제19조에 따른 주민의 조례 제정과 개정·폐지 청구에 필요한 사항을 규정함으로써 주민의 직접참여를 보장하고 지방자치행정의 민주성과 책임성을 제고함을 목적으로 한다"고 규정하고 있으며, 그 주요 내용은 다음과 같다.

(2) 청구권자 및 청구의 상대방

18세 이상의 주민으로서 다음 각 호의 어느 하나에 해당하는 사람(「공직선거법」 제18조에 따른 선거권이 없는 사람은 제외한다. 이하 "청구권자"라 한다)은 해당 지방자치단체의 의회(이하 "지방의회"라 한다)에 조례를 제정하거나 개정 또는 폐지할 것을 청구(이하 "주민조례청구"라 한다)할 수 있다(주민조례발안에 관한 법률 2조).

① 해당 지방자치단체의 관할 구역에 주민등록이 되어 있는 사람

② 「출입국관리법」 제10조에 따른 영주할 수 있는 체류자격 취득일 후 3년이 지난 외국인으로서 같은 법 제34조에 따라 해당 지방자치단체의 외국인등록대장에 올라 있는 사람

조례의 제정·개정·폐지청구권의 상대방은 지방의회이다(동법 2조). 2021년 1월 전부개정되기 전의 구 「지방자치법」(15조 및 15조의2)은 '해당 지방자치단체의 장'을 청구의 상대방으로 규정하고, 청구를 받은 지방자치단체의 장이 청구를 수리 또는 각하하고, 수리한 주민청구조례안을 지방의회에 부의하도록 규정하고 있었다.

(3) 청구권의 보장

국가 및 지방자치단체는 청구권자가 지방의회에 주민조례청구를 할 수 있도록 필요한 조치를 하여야 한다(동법 3조 1항). 지방자치단체는 청구권자가 전자적 방식을 통하여 주민조례청구를 할 수 있도록 행정안전부장관이 정하는 바에 따라 정보시스템을 구축·운영하여야 한다. 이 경우 행정안전부장관은 정보시스템을 구축·운영하는 데 필요한 지원을 할 수 있다(동법 3조 2항).

(4) 청구의 대상

지방의회의 조례제정권이 미치는 모든 사항이 조례제정 · 개정 · 폐지청구의 대상이 된다. 다만, 다음 각 호의 사항은 청구대상에서 제외한다(동법 4조 1항).

① 법령을 위반하는 사항
② 지방세 · 사용료 · 수수료 · 부담금을 부과 · 징수 또는 감면하는 사항
③ 행정기구를 설치하거나 변경하는 사항
④ 공공시설의 설치를 반대하는 사항

한편, 헌법재판소는 청구대상에서 '법령을 위반하는 사항'을 제외한 것과 관련하여 합헌이라 판단하고 있다.

[판례] ㉮ 이 사건 법률조항들은 법령에 위반되는 사항을 주민의 조례제정 · 개폐 청구권의 행사 대상에서 제외하고(제13조의3 제1항 제1호), 주민의 조례제정 · 개폐청구가 있는 경우 그 행사요건을 갖추었는지 여부를 지방자치단체장이 심사하여 청구를 수리 또는 각하할 수 있도록 하고 있다(같은 조 제6항).

우리 헌법 제117조 제1항은 지방자치단체가 '법령의 범위 안에서' 자치에 관한 규정을 제정할 수 있도록 규정하고 있고, 구 지방자치법 제15조는 이를 구체화하여, 지방자치단체는 '법령의 범위 안에서' 그 사무에 관하여 조례를 제정할 수 있으며, 다만 주민의 권리제한 또는 의무부과에 관한 사항이나 벌칙을 정할 때에는 법률의 위임이 있어야 한다는 취지를 규정하는바, 이에 따라 조례는 법령의 범위 안에서 제정되어야 하고, 이것은 주민이 자치입법에 직접 관여하는 경우에도 마찬가지이다. 법령에 위반하는 사항에 대해 조례제정 · 개폐청구권을 행사할 수 없도록 청구대상에서 제외한 구 지방자치법 제13조의3 제1항 제1호는 이와 같은 내용을 확인한 것에 불과하다.

확정된 조례안에 대한 사법심사가 가능함에도 주민의 조례제정 · 개폐청구를 사전에 차단하는 것이 지나친 것이 아닌가 하는 의문이 있을 수 있다. 그러나 주민이 제정 · 개폐를 청구한 조례안이 상위법에 위반되더라도 형식적 요건만 갖추면 일정한 절차를 거쳐 조례로 제정될 수 있도록 하고, 사후적으로 사법심사를 거쳐 무효화되도록 하는 것은 지방행정의 낭비를 초래하고, 자치입법에 대한 주민의 신뢰를 실추시키는 결과를 야기하며, 회복하기 어려운 법질서의 혼란을 가져올 수 있으므로 이를 방지하기 위하여 사전차단장치를 둔 것이 입법자의 자의적인 법형성권의 행사로서 지방자치제도의 본질적 내용을 침해한다고 볼 수 없다. 이는 '법령에 위반하는' 조례안 의결시의 지방자치단체장의 재의요구권한 및 대법원에의 제소권 인정과 맥락이 유사한 것이다.

㉯ 한편, 구 지방자치법 제13조의3 제6항이 지방자치단체장에게 조례제정 · 개폐

청구의 대상이 된 사항이 법령에 위반하는지 여부를 심사할 수 있도록 권한을 부여한 것이 지방자치단체장의 자의적 권한 행사로 주민의 조례제정·개폐청구권을 유명무실해지도록 만드는 것이 아닌가 하는 우려가 있다. 그러나 이는 사실상의 권한남용의 문제일 뿐 규범에 내재한 것이 아니며, 지방자치단체장에 의해 주민의 조례제정·개폐청구가 각하되는 경우 이를 청구한 주민은 지방자치단체장을 상대로 각하처분의 취소를 구하는 행정심판 및 행정소송을 제기할 수 있으므로 지방자치단체장의 권한남용으로 인한 지방자치제도의 형해화의 문제가 발생한다고는 볼 수 없다(헌재 2009. 7. 30, 2007헌바75).[19]

(5) 청구요건

청구권자가 주민조례청구를 하려는 경우에는 다음 각 호의 구분에 따른 기준 이내에서 해당 지방자치단체의 조례로 정하는 청구권자 수 이상이 연대 서명하여야 한다(동법 5조 1항).

① 특별시 및 인구 800만 이상의 광역시·도: 청구권자 총수의 200분의 1

② 인구 800만 미만의 광역시·도, 특별자치시, 특별자치도 및 인구 100만 이상의 시: 청구권자 총수의 150분의 1

③ 인구 50만 이상 100만 미만의 시·군 및 자치구: 청구권자 총수의 100분의 1

④ 인구 10만 이상 50만 미만의 시·군 및 자치구: 청구권자 총수의 70분의 1

⑤ 인구 5만 이상 10만 미만의 시·군 및 자치구: 청구권자 총수의 50분의 1

⑥ 인구 5만 미만의 시·군 및 자치구: 청구권자 총수의 20분의 1

---

19) 이에 대해 반대의견(이동흡 재판관)은 다음과 같은 이유로 위헌이라 판단하고 있다. 이 사건 조항들은 지방자치단체장이 법령에 위반되는 것으로 판단한 주민의 조례제정개폐청구를 각하할 수 있게 하여 주민자치와 관련된 지방의회의 고유한 권한인 조례제정권을 침해한다. 또한, 조례제정개폐청구의 각하사유인 '법령에 위반하는 사항'은 지방자치단체장이 문제되는 법령과 주민이 발안한 조례안의 각 규정 취지나 목적과 내용 및 효과 등을 어떻게 평가하느냐에 따라 달라질 수 있어 지방자치단체장의 자의적 권한행사의 위험성을 내포하고 있는바, 주민자치의 주체인 주민이 이러한 자의적 권한행사에 따른 각하처분에 대하여 행정쟁송수단으로 불복하여 잘못되었다는 판단을 받기까지 소요되는 상당한 시간적·비용적 부담을 떠안지 않으려 함으로써 지방의회 의원이나 지방자치단체장이 조례발안권을 적절히 행사하지 않는 경우에 주민에게 제3의 조례발안권을 부여하여 지방행정 운영에 민의를 제대로 반영하기 위하여 마련된 주민의 조례제정개폐청구제도가 유명무실해질 수 있다. 따라서 이 사건 조항들은 주민자치제도의 본질적 내용을 침해하여 헌법에 위반된다.

(6) 청구절차

(가) 대표자 증명서 발급 등

청구권자가 주민조례청구를 하려는 경우에는 청구인의 대표자를 선정하여야 하며, 선정된 대표자는 다음 각 호의 서류를 첨부하여 지방의회의 의장에게 대표자 증명서 발급을 신청하여야 한다. 이 경우 대표자는 그 발급을 신청할 때 전자서명의 요청에 필요한 정보시스템의 이용을 함께 신청할 수 있다(동법 6조 1항).

① 주민조례청구의 취지·이유 등을 내용으로 하는 조례의 제정·개정·폐지 청구서(이하 "청구서"라 한다)

② 조례의 제정안·개정안·폐지안(이하 "주민청구조례안"이라 한다)

지방의회의 의장은 제1항에 따른 신청을 받으면 대표자가 청구권자인지를 확인하여 대표자 증명서를 발급하고 그 사실을 공표하여야 한다. 이 경우 제1항 각 호 외의 부분 후단에 따라 정보시스템의 이용 신청을 받은 지방의회의 의장은 다음 각 호의 사항을 함께 공표하고, 정보시스템에 제7조 제3항 각 호의 서류를 게시하여야 한다(동법 6조 2항).

① 전자서명을 할 수 있는 정보시스템의 인터넷 주소

② 전자서명 방법 및 제9조 제3항에 따른 전자서명 취소 방법

(나) 서명요청 등

대표자(제2항에 따라 서명요청권을 위임한 경우에는 같은 항에 따른 수임자를 포함한다)는 청구권자에게 청구인명부에 서명할 것을 요청할 수 있다(동법 7조 1항). 대표자는 청구권자에게 제1항에 따른 서명요청권을 위임할 수 있으며, 이를 위임한 경우에는 수임자의 성명 및 위임 연월일을 해당 지방의회의 의장에게 신고하여야 한다. 이 경우 지방의회의 의장은 즉시 위임 신고증을 발급하여야 한다(동법 7조 2항). 대표자는 청구권자에게 제1항에 따른 서명을 갈음하여 전자적 방식으로 생성된 청구인서명부에 정보시스템을 이용하여 전자서명을 할 것을 요청할 수 있다(동법 7조 3항). 대표자 또는 수임자는 제6조 제2항 각 호의 사항을 청구권자에게 알릴 수 있다(동법 7조 4항). 제1항부터 제5항까지에서 규정한 사항 외에 서명요청 절차 등에 관하여 필요한 사항은 지방자치단체의 조례로 정한다(동법 7조 5항).

(다) 서명요청 기간 등

대표자 또는 수임자는 제6조 제2항에 따른 공표가 있은 날부터 특별시·광역시·특별자치시·도 및 특별자치도(이하 "시·도"라 한다)의 경우에는 6개월 이내에, 시·

군 및 자치구의 경우에는 3개월 이내에 제7조 제1항에 따른 서명과 전자서명을 요청하여야 한다. 이 경우 서명과 전자서명의 요청 기간을 계산할 때 「공직선거법」 제33조에 따른 선거기간은 산입하지 아니한다(동법 8조 1항). 대표자 또는 수임자는 「공직선거법」 제33조에 따른 선거기간에는 서명과 전자서명을 요청할 수 없다(동법 8조 2항). 대표자 또는 수임자가 아닌 자는 서명과 전자서명을 요청할 수 없다(동법 8조 3항).

(라) 청구인명부의 작성 등

청구인명부에 서명하려는 청구권자는 청구인명부에 ① 성명, ② 생년월일, ③ 주소 또는 체류지, ④ 서명 연월일을 적고, 서명하거나 도장을 찍어야 한다. 다만, 청구권자가 전자서명을 하는 경우에는 전자문서로 생성된 청구인명부에 ①부터 ④까지의 사항을 적은 것으로 본다(동법 9조 1항). 서명을 한 청구권자가 그 서명을 취소하려면 대표자가 지방의회의 의장에게 청구인명부를 제출하기 전에 대표자에게 서명 취소를 요청하여야 한다. 이 경우 요청을 받은 대표자는 즉시 청구인명부에서 그 서명을 삭제하여야 한다(동법 9조 2항). 전자서명을 한 청구권자가 그 전자서명을 취소하려는 경우에는 대표자가 해당 지방의회에 청구인명부 활용을 요청하기 전에 정보시스템을 통하여 직접 취소하여야 한다(동법 9조 3항). 제1항 각 호 외의 부분 본문에 따른 청구인명부는 시·군 및 자치구의 경우에는 읍·면·동별로 작성하고, 시·도의 경우에는 시·군·자치구별로 읍·면·동으로 구분하여 작성하여야 한다(동법 9조 4항). 제1항부터 제4항까지에서 규정한 사항 외에 청구인명부 작성 등에 필요한 사항은 지방자치단체의 조례로 정한다(동법 9조 5항).

(마) 청구인명부의 제출 등

대표자는 청구인명부에 서명(전자서명을 포함한다)한 청구권자의 수가 제5조 제1항에 따른 해당 지방자치단체의 조례로 정하는 청구권자 수 이상이 되면 제8조 제1항에 따른 서명요청 기간이 지난 날부터 시·도의 경우에는 10일 이내에, 시·군 및 자치구의 경우에는 5일 이내에 지방의회의 의장에게 청구인명부를 제출하여야 한다. 다만, 전자서명의 경우에는 대표자가 지방의회의 의장에게 정보시스템에 생성된 청구인명부를 직접 활용하도록 요청하여야 한다(동법 10조 1항). 지방의회의 의장은 제1항에 따라 청구인명부를 제출받거나 청구인명부의 활용을 요청받은 날부터 5일 이내에 청구인명부의 내용을 공표하여야 하며, 공표한 날부터 10일간 청구인명부나 그 사본을 공개된 장소에 갖추어 두어 열람할 수 있도록 하여야 한다(동법 10조 2항). 제1항 및 제2항에서 규정한 사항 외에 청구인명부의 제출 등에 필요한 사항은 지방자치단체의 조례로 정한다(동법 10조 3항).

(바) 이의신청 등

지방의회의 의장은 청구인명부의 서명이 다음 각 호의 어느 하나에 해당하는 경우 해당 서명을 무효로 결정하고 청구인명부를 수정한 후 그 사실을 즉시 대표자에게 알려야 한다(동법 11조 1항).

① 청구권자가 아닌 사람의 서명

② 누구의 서명인지 확인하기 어려운 서명

③ 서명요청권이 없는 사람이 받은 서명

④ 한 사람이 동일한 사안에 대하여 2개 이상의 유효한 서명을 한 경우 그 중 하나의 서명을 제외한 나머지 서명

⑤ 서명요청 기간 외의 기간 또는 서명요청 제한 기간에 받은 서명

⑥ 청구권자가 서명 취소를 요청한 서명

⑦ 강요·속임수나 그 밖의 부정한 방법으로 받은 서명

청구인명부의 서명에 이의가 있는 사람은 제10조 2항에 따른 열람기간에 지방의회의 의장에게 이의를 신청할 수 있다(동법 11조 2항). 지방의회의 의장은 제2항에 따른 이의신청을 받으면 제10조 2항에 따른 열람기간이 끝난 날부터 14일 이내에 이를 심사·결정하여야 한다. 이 경우 이의신청이 이유 있다고 결정하는 경우에는 청구인명부를 수정하고, 그 사실을 이의신청을 한 사람과 대표자에게 알려야 하며, 이의신청이 이유 없다고 결정하는 경우에는 그 뜻을 즉시 이의신청을 한 사람에게 알려야 한다(동법 11조 3항).

지방의회의 의장은 제1항 및 제3항에 따른 결정으로 청구인명부에 서명한 청구권자의 수가 제5조 제1항에 따른 청구요건에 미치지 못할 때에는 대표자로 하여금 다음 각 호의 구분에 따른 기간의 범위에서 해당 지방자치단체의 조례로 정하는 기간 내에 보정하게 할 수 있다(동법 11조 4항).

① 시·도: 15일 이상

② 시·군 및 자치구: 10일 이상

제4항에 따라 보정된 청구인명부의 제출, 공표 및 이의신청 등에 관하여는 제10조 및 이 조 제1항부터 제3항까지의 규정을 준용한다(동법 11조 5항). 제1항부터 제5항까지에서 규정한 사항 외에 이의신청에 필요한 사항은 지방자치단체의 조례로 정한다(동법 11조 6항).

지방의회의 의장은 청구인명부의 서명 확인 사무를 원활하게 수행하기 위하여 필요한 경우 해당 지방자치단체의 장에게 협조를 요청할 수 있다. 이 경우 요청을 받은 지방자치단체의 장은 특별한 사유가 없으면 그 요청에 따라야 한다(동법 14조).

(사) 청구의 수리 및 각하

지방의회의 의장은 다음 각 호의 어느 하나에 해당하는 경우로서 제4조, 제5조 및 제10조 1항(제11조 5항에서 준용하는 경우를 포함한다)에 따른 요건에 적합한 경우에는 주민조례청구를 수리하고, 요건에 적합하지 아니한 경우에는 주민조례청구를 각하하여야 한다. 이 경우 수리 또는 각하 사실을 대표자에게 알려야 한다(동법 12조 1항).

① 제11조 2항(같은 조 5항에 따라 준용되는 경우를 포함하며, 이하 같다)에 따른 이의신청이 없는 경우

② 제11조 2항에 따라 제기된 모든 이의신청에 대하여 같은 조 제3항(같은 조 제5항에 따라 준용되는 경우를 포함한다)에 따른 결정이 끝난 경우

지방의회의 의장은 제1항에 따라 주민조례청구를 각하하려면 대표자에게 의견을 제출할 기회를 주어야 한다(동법 12조 2항). 지방의회의 의장은 「지방자치법」 제76조 제1항에도 불구하고 이 조 제1항에 따라 주민조례청구를 수리한 날부터 30일 이내에 지방의회의 의장 명의로 주민청구조례안을 발의하여야 한다(동법 12조 3항). 제1항 및 제2항에서 규정한 사항 외에 주민조례청구의 수리 절차에 관하여 필요한 사항은 지방의회의 회의규칙으로 정한다(동법 12조 4항).

(7) 주민청구조례안의 심사 절차

지방의회는 제12조 1항에 따라 주민청구조례안이 수리된 날부터 1년 이내에 주민청구조례안을 의결하여야 한다. 다만, 필요한 경우에는 본회의 의결로 1년 이내의 범위에서 한 차례만 그 기간을 연장할 수 있다(동법 13조 1항). 지방의회는 심사 안건으로 부쳐진 주민청구조례안을 의결하기 전에 대표자를 회의에 참석시켜 그 청구의 취지(대표자와의 질의·답변을 포함한다)를 들을 수 있다(동법 13조 2항). 「지방자치법」 제79조 단서에도 불구하고 주민청구조례안은 제12조 1항에 따라 주민청구조례안을 수리한 당시의 지방의회의원의 임기가 끝나더라도 다음 지방의회의원의 임기까지는 의결되지 못한 것 때문에 폐기되지 아니한다(동법 13조 3항). 제1항부터 제3항까지에서 규정한 사항 외에 주민청구조례안의 심사 절차에 관하여 필요한 사항은 지방의회의 회의규칙으로 정한다(동법 13조 4항).

7. 규칙의 제정 · 개정 · 폐지 의견 제출권

주민은 「지방자치법」 제29조에 따른 규칙(권리 · 의무와 직접 관련되는 사항으로 한정한다)의 제정, 개정 또는 폐지와 관련된 의견을 해당 지방자치단체의 장에게 제출할 수 있다(지방자치법 20조 1항). 이는 2021년 1월 전부개정된 「지방자치법」에 신설된 내용이다.[20]

주민이 규칙의 제정 · 개정 · 폐지와 관련하여 의견을 제출할 수 있는 것은 권리 · 의무와 직접 관련되는 사항에 한한다(동법 20조 1항). 또한 법령이나 조례를 위반하거나 법령이나 조례에서 위임한 범위를 벗어나는 사항은 제1항에 따른 의견 제출 대상에서 제외한다(동법 20조 2항).

지방자치단체의 장은 제1항에 따라 제출된 의견에 대하여 의견이 제출된 날부터 30일 이내에 검토 결과를 그 의견을 제출한 주민에게 통보하여야 한다(동법 20조 3항). 제1항에 따른 의견 제출, 제3항에 따른 의견의 검토와 결과 통보의 방법 및 절차는 해당 지방자치단체의 조례로 정한다(동법 20조 4항).

8. 주민의 감사청구권

(1) 의 의

주민의 감사청구권이란 일정한 요건을 갖춘 주민이 그 지방자치단체와 그 장의 권한에 속하는 사무의 처리가 법령에 위반되거나 공익을 현저히 해친다고 인정되면 시 · 도의 경우에는 주무부장관에게, 시 · 군 및 자치구의 경우에는 시 · 도지사에게 감사를 청구할 수 있는 권리를 말한다(지방자치법 21조 1항). 주민의 감사청구제도는 주민에 의한 자치행정의 감시기능과 주민의 참여를 통한 주민의 권익보호기능을 갖는다고 할 수 있다.[21]

(2) 청구권자 및 청구의 상대방

지방자치단체의 18세 이상의 주민으로서 다음 각 호의 어느 하나에 해당하는 사람(「공직선거법」 제18조에 따른 선거권이 없는 사람은 제외한다. 이하 "18세 이상의 주민"이라 한다)은 시 · 도는 300명, 제198조에 따른 인구 50만 이상 대도시는 200명, 그 밖의 시 · 군 및 자치구는 150명 이내에서 그 지

---

20) 규칙의 제정 · 개정 · 폐지 의견 제출권을 신설한 취지는 다음과 같다. 종전 상위법령이나 조례의 위임에 따른 지방자치단체의 규칙이 주민의 권리 · 의무에 영향을 미치는 경우, 규칙에 대한 주민의 제정 및 개정 · 폐지 의견 제출에 대한 처리가 미흡한 측면이 있었다. 이에 개정법에서는 주민이 권리 · 의무와 직접 관련되는 규칙의 제정, 개정 또는 폐지와 관련된 의견을 지방자치단체의 장에게 제출할 수 있도록 하였고, 지방자치단체의 장은 제출된 의견에 대하여 그 의견이 제출된 날부터 30일 이내에 검토 결과를 통보하도록 하였다.

21) 홍정선, 신 지방자치법학, 173면.

방자치단체의 조례로 정하는 수 이상의 18세 이상의 주민이 연대 서명하여 그 지방자치단체와 그 장의 권한에 속하는 사무의 처리가 법령에 위반되거나 공익을 현저히 해친다고 인정되면 시·도의 경우에는 주무부장관에게, 시·군 및 자치구의 경우에는 시·도지사에게 감사를 청구할 수 있다(동법 21조 1항).[22)]

① 해당 지방자치단체의 관할 구역에 주민등록이 되어 있는 사람

② 「출입국관리법」 제10조에 따른 영주할 수 있는 체류자격 취득일 후 3년이 경과한 외국인으로서 같은 법 제34조에 따라 해당 지방자치단체의 외국인등록대장에 올라 있는 사람

(3) 청구대상

주민의 감사청구의 대상은 해당 지방자치단체와 그 장의 권한에 속하는 사무이다(동법 21조 1항). 이러한 사무에는 자치사무와 단체위임사무, 그리고 기관위임사무가 모두 포함된다고 할 것이다. 다만, 다음 각 호의 사항은 감사 청구의 대상에서 제외한다(동법 21조 2항).

① 수사나 재판에 관여하게 되는 사항

② 개인의 사생활을 침해할 우려가 있는 사항

③ 다른 기관에서 감사하였거나 감사 중인 사항. 다만, 다른 기관에서 감사한 사항이라도 새로운 사항이 발견되거나 중요 사항이 감사에서 누락된 경우와 제22조 제1항에 따라 주민소송의 대상이 되는 경우에는 그러하지 아니하다.

④ 동일한 사항에 대하여 제22조 제2항 각 호의 어느 하나에 해당하는 소송이 진행 중이거나 그 판결이 확정된 사항

(4) 청구사유

주민은 지방자치단체와 그 장의 권한에 속하는 사무의 처리가 법령에 위반되거나 공익을 현저히 해친다고 인정되면 감사를 청구할 수 있다(동법 21조 1항). 여기에서 '법령에 위반되거나 공익을 현저히 해친다고 인정되면'의 의미와 관련하여, 대법원은 "주민감사를 청구하는 단계에서는 '해당 사무의 처리가 법령에 반하거나 공익을 현저히 해친다고 인정될 가능성'을 주장하는 것으로 족하며, '해

22) 주민의 감사청구 제도가 주민의 권익침해에 대한 실질적인 구제 수단으로 운영되도록 하기 위하여 감사청구 연령 기준을 종전의 19세에서 18세로 낮추고, 청구주민 수 기준을 시·도의 경우 종전의 500명 이내에서 조례로 정하는 수에서 300명 이내에서 조례로 정하는 수로 하여 주민의 감사청구 요건을 완화하는 내용으로 2021년 1월 「지방자치법」을 개정하였다.

당 사무의 처리가 법령에 반하거나 공익을 현저히 해친다고 인정될 것'이 주민감사청구의 적법요건이라고 볼 수는 없다"고 판시하고 있다.

[판례] 지방자치법 제16조 제1항에서 규정한 '해당 사무의 처리가 법령에 위반되거나 공익을 현저히 해친다고 인정되면'이란 감사기관이 감사를 실시한 결과 피감기관에 대하여 시정요구 등의 조치를 하기 위한 요건 및 주민소송에서 법원이 본안에서 청구를 인용하기 위한 요건일 뿐이고, 주민들이 주민감사를 청구하거나 주민소송을 제기하는 단계에서는 '해당 사무의 처리가 법령에 반하거나 공익을 현저히 해친다고 인정될 가능성'을 주장하는 것으로 족하며, '해당 사무의 처리가 법령에 반하거나 공익을 현저히 해친다고 인정될 것'이 주민감사청구 또는 주민소송의 적법요건이라고 볼 수는 없다. 왜냐하면 '해당 사무의 처리가 법령에 위반되거나 공익을 현저히 해친다고 인정되는지 여부'는 감사기관이나 주민소송의 법원이 구체적인 사실관계를 조사·심리해 보아야지 비로소 판단할 수 있는 사항이기 때문이다. 만약 이를 주민감사청구의 적법요건이라고 볼 경우 본안의 문제가 본안 전(前) 단계에서 먼저 다루어지게 되는 모순이 발생할 뿐만 아니라, 주민감사를 청구하는 주민들로 하여금 주민감사청구의 적법요건으로서 '해당 사무의 처리가 법령에 위반되거나 공익을 현저히 해친다고 인정될 것'을 증명할 것까지 요구하는 불합리한 결과가 야기될 수 있다(대판 2020. 6. 25. 2018두67251).

(5) 청구기간

주민의 감사 청구는 사무처리가 있었던 날이나 끝난 날부터 3년이 지나면 제기할 수 없다(동법 21조 3항).[23]

(6) 청구절차

지방자치단체의 18세 이상의 주민이 제1항에 따라 감사를 청구하려면 청구인의 대표자를 선정하여 청구인명부에 적어야 하며, 청구인의 대표자는 감사청구서를 작성하여 주무부장관 또는 시·도지사에게 제출하여야 한다(동법 21조 4항). 주무부장관이나 시·도지사는 제1항에 따른 청구를 받으면 청구를 받은 날부터 5일 이내에 그 내용을 공표하여야 하며, 청구를 공표한 날부터 10일간 청구인명부나 그 사본을 공개된 장소에 갖추어 두어 열람할 수 있도록 하여야 한다(동법 21조 5항).

---

23) 주민 감사청구의 실효성을 높일 수 있도록 주민 감사청구를 사무처리가 있었던 날이나 끝난 날부터 2년 이내에 제기하도록 하던 것을 앞으로는 3년 이내에 제기할 수 있도록 제기기간을 연장하는 내용으로 2021년 1월 「지방자치법」을 개정하였다.

청구인명부의 서명에 관하여 이의가 있는 사람은 제5항에 따른 열람기간에 해당 주무부장관이나 시·도지사에게 이의를 신청할 수 있다(동법 21조 6항). 주무부장관이나 시·도지사는 제6항에 따른 이의신청을 받으면 제5항에 따른 열람기간이 끝난 날부터 14일 이내에 심사·결정하되, 그 신청이 이유 있다고 결정한 경우에는 청구인명부를 수정하고, 그 사실을 이의신청을 한 사람과 제4항에 따른 청구인의 대표자에게 알려야 하며, 그 이의신청이 이유 없다고 결정한 경우에는 그 사실을 즉시 이의신청을 한 사람에게 알려야 한다(동법 21조 7항).

주무부장관이나 시·도지사는 제6항에 따른 이의신청이 없는 경우 또는 제6항에 따라 제기된 모든 이의신청에 대하여 제7항에 따른 결정이 끝난 경우로서 제1항부터 제3항까지의 규정에 따른 요건을 갖춘 경우에는 청구를 수리하고, 그러하지 아니한 경우에는 청구를 각하하되, 수리 또는 각하 사실을 청구인의 대표자에게 알려야 한다(동법 21조 8항).

(7) 감사절차

주무부장관이나 시·도지사는 감사 청구를 수리한 날부터 60일 이내에 감사 청구된 사항에 대하여 감사를 끝내야 하며, 감사 결과를 청구인의 대표자와 해당 지방자치단체의 장에게 서면으로 알리고, 공표하여야 한다. 다만, 그 기간에 감사를 끝내기가 어려운 정당한 사유가 있으면 그 기간을 연장할 수 있으며, 기간을 연장할 때에는 미리 청구인의 대표자와 해당 지방자치단체의 장에게 알리고, 공표하여야 한다(동법 21조 9항).

주무부장관이나 시·도지사는 주민이 감사를 청구한 사항이 다른 기관에서 이미 감사한 사항이거나 감사 중인 사항이면 그 기관에서 한 감사 결과 또는 감사 중인 사실과 감사가 끝난 후 그 결과를 알리겠다는 사실을 청구인의 대표자와 해당 기관에 지체 없이 알려야 한다(동법 21조 10항).

주무부장관이나 시·도지사는 주민 감사 청구를 처리(각하를 포함한다)할 때 청구인의 대표자에게 반드시 증거 제출 및 의견 진술의 기회를 주어야 한다(동법 21조 11항).

주무부장관이나 시·도지사는 제9항에 따른 감사 결과에 따라 기간을 정하여 해당 지방자치단체의 장에게 필요한 조치를 요구할 수 있다. 이 경우 그 지방자치단체의 장은 이를 성실히 이행하여야 하고, 그 조치 결과를 지방의회와 주무부장관 또는 시·도지사에게 보고하여야 한다(동법 21조 12항). 주무부장관이나 시·도지사는 제12항에 따른 조치 요구 내용과 지방자치단체의 장의 조치 결과를 청구인의 대표자에게 서면으로 알리고, 공표하여야 한다(동법 21조 13항). 제1항부터 제13항까지에서 규정한 사항 외에 18세 이상의 주민의 감사 청구에 필요한 사항은 대통령령으로 정한다(동법 21조 14항, 동법 시행령 12조부터 27조까지 참조).

9. 주민소송권

(1) 의 의

주민소송권이란 「지방자치법」 제21조 1항에 따라 공금의 지출에 관한 사항 등에 대해 감사를 청구한 주민이 그 감사 청구한 사항과 관련이 있는 위법한 행위나 업무를 게을리한 사실에 대해 해당 지방자치단체의 장을 상대방으로 하여 소송을 제기할 수 있는 권리를 말한다(지방자치법 22조 1항). 이러한 주민소송제도는 주민의 직접 참여에 의한 지방행정의 공정성과 투명성 강화를 위해 2005년 「지방자치법」 개정을 통해 도입되었다.

(2) 주민소송의 당사자

주민소송을 제기할 수 있는 자(원고)는 「지방자치법」 제22조 1항에 따라 감사 청구한 주민이며, 피고는 감사 청구한 사항과 관련이 있는 위법한 행위나 게을리 한 사실에 대하여 권한을 가진 지방자치단체의 장(해당 사항의 사무처리에 관한 권한을 소속 기관의 장에게 위임한 경우에는 그 소속 기관의 장을 말한다)이 된다(동법 22조 1항).

(3) 주민감사청구 전치주의

「지방자치법」은 주민감사를 청구한 주민이 한하여 주민소송을 제기할 수 있도록 하여 '주민감사청구 전치'를 주민소송의 소송요건으로 규정하고 있다(동법 22조 1항). 이와 같이 주민소송에 대해 주민감사청구 전치 요건을 규정한 것은 감사기관에게 스스로 전문지식을 활용하여 간이·신속하게 문제를 1차적으로 시정할 수 있는 기회를 부여하고 이를 통해 법원의 부담도 경감하려는 데에 그 입법 취지가 있다고 할 수 있다.

[판례] ㉮ 지방자치법 제17조 제1항이 주민감사를 청구한 주민에 한하여 주민소송을 제기할 수 있도록 '주민감사청구 전치 요건'을 규정한 것은 감사기관에게 스스로 전문지식을 활용하여 간이·신속하게 문제를 1차적으로 시정할 수 있는 기회를 부여하고 이를 통해 법원의 부담도 경감하려는 데에 그 입법 취지가 있다.

㉯ 주민감사청구를 통해 행정내부적으로 1차적으로 시정할 수 있는 기회가 부여

> 되었음에도, 감사기관이 사실관계를 오인하거나 또는 법리를 오해하여 주민감사청구를 기각하거나 각하한 경우 또는 주민감사청구를 인용하면서도 피감기관에 대하여 충분하지 않은 시정조치를 요구한 경우에는, 주민감사를 청구한 주민들로 하여금 감사기관의 위법한 결정을 별도의 항고소송의 대상으로 삼아 다투도록 할 것이 아니라, 지방자치법이 규정한 다음 단계의 권리구제절차인 주민소송을 제기할 수 있도록 하는 것이 분쟁의 1회적이고 효율적인 해결 요청과 주민감사청구 전치를 규정한 지방자치법의 입법 취지에 부합한다. 오히려 감사기관의 위법한 각하결정에 대하여 별도의 항고소송으로 다투도록 할 경우에는, 그 항고소송에서 해당 각하결정을 취소하거나 무효임을 확인하는 판결이 확정된 다음, 감사기관이 취소·무효확인판결의 기속력(행정소송법 제30조 제1항, 제2항, 제38조 제1항 참조)에 따라 감사청구사항의 실체에 관하여 본안판단을 하는 내용의 감사결과를 통보한 후에야 비로소 지방자치법 제17조 제1항 제2호에 근거하여 주민소송을 제기할 수 있게 되는데, 그러한 항고소송은 주민들에게는 간접적이고 우회적인 분쟁해결절차에 불과하고 직접적인 분쟁해결절차인 주민소송의 제기를 장기간 지연시키는 문제가 있다(대판 2020. 6. 25, 2018두67251).

이와 관련하여 대법원은 주민감사청구 전치 요건을 충족하였는지 여부는 주민소송의 수소법원이 직권으로 조사하여 판단해야 한다고 하면서, 주민소송이 주민감사청구 전치 요건을 충족하였다고 하려면 주민감사청구가 「지방자치법」 제21조에서 정한 적법요건을 모두 갖추고, 나아가 제22조 제1항 각 호에서 정한 사유에도 해당해야 한다고 판시하고 있다.

> **[판례]** 지방자치법 제17조 제1항은 주민감사를 청구한 주민에 한하여 주민소송을 제기할 수 있도록 하여 '주민감사청구 전치'를 주민소송의 소송요건으로 규정하고 있으므로, 주민감사청구 전치 요건을 충족하였는지 여부는 주민소송의 수소법원이 직권으로 조사하여 판단하여야 한다. 주민소송이 주민감사청구 전치 요건을 충족하였다고 하려면 주민감사청구가 지방자치법 제16조에서 정한 적법요건을 모두 갖추고, 나아가 지방자치법 제17조 제1항 각 호에서 정한 사유에도 해당하여야 한다(대판 2020. 6. 25, 2018두67251).[24]

(4) 주민소송의 대상

공금의 지출에 관한 사항, 재산의 취득·관리·처분에 관한 사항, 해당 지방자치단체를 당사자로 하는 매매·임차·도급 계약이나 그 밖의 계약의 체결·

24) 이에 관한 평석으로는 문상덕, 주민감사청구 전치주의와 주민소송에 관한 고찰, 지방자치법연구 제72호, 2021. 12. 참조

이행에 관한 사항 또는 지방세·사용료·수수료·과태료 등 공금의 부과·징수를 게을리한 사항을 감사 청구한 주민은 다음 각 호의 어느 하나에 해당하는 경우에 그 감사 청구한 사항과 관련이 있는 위법한 행위나 업무를 게을리한 사실에 대하여 해당 지방자치단체의 장을 상대방으로 하여 소송을 제기할 수 있다(동법 22조 1항).

① 주무부장관이나 시·도지사가 감사 청구를 수리한 날부터 60일(감사기간이 연장된 경우에는 연장된 기간이 끝난 날을 말한다)이 지나도 감사를 끝내지 아니한 경우

② 감사 결과 또는 감사 결과에 따른 조치 요구에 불복하는 경우

③ 감사 결과에 따른 주무부장관이나 시·도지사의 조치 요구를 지방자치단체의 장이 이행하지 아니한 경우

④ 주무부장관이나 시·도지사의 조치 요구에 따른 지방자치단체의 장의 이행 조치에 불복하는 경우

[판례①] 지방자치법 제17조 제1항에 따른 주민소송은 주민들이 해당 지방자치단체의 장을 상대방으로 하여 감사 청구한 사항과 관련이 있는 해당 지방자치단체의 조치나 부작위의 당부를 다투어 위법한 조치나 부작위를 시정하거나 또는 이와 관련하여 해당 지방자치단체에 손해를 야기한 행위자들을 상대로 손해배상청구 등을 할 것을 요구하는 소송이지, 감사기관이 한 감사결과의 당부를 다투는 소송이 아니다(대판 2020. 6. 25, 2018두67251).

[판례②] ㉮ 주민소송 제도는 지방자치단체 주민이 지방자치단체의 위법한 재무회계행위의 방지 또는 시정을 구하거나 그로 인한 손해의 회복 청구를 요구할 수 있도록 함으로써 지방자치단체 재무행정의 적법성, 지방재정의 건전하고 적정한 운영을 확보하려는 데 목적이 있다. 그러므로 주민소송은 원칙적으로 지방자치단체의 재무회계에 관한 사항의 처리를 직접 목적으로 하는 행위에 대하여 제기할 수 있고, 지방자치법 제17조 제1항에서 주민소송의 대상으로 규정한 '재산의 취득·관리·처분에 관한 사항', '해당 지방자치단체를 당사자로 하는 계약의 체결·이행에 관한 사항' 등에 해당하는지 여부도 그 기준에 의하여 판단하여야 한다.

㉯ 주민감사청구가 '지방자치단체와 그 장의 권한에 속하는 사무의 처리'를 대상으로 하는 데 반하여, 주민소송은 '그 감사청구한 사항과 관련이 있는 위법한 행위나 업무를 게을리한 사실'에 대하여 제기할 수 있는 것이므로, 주민소송의 대상은 주민감사를 청구한 사항과 관련이 있는 것으로 충분하고, 주민감사를 청구한 사항과 반드시 동일할 필요는 없다. 주민감사를 청구한 사항과 관련성이 있는지는 주민감사청구사항의 기초인 사회적 사실관계와 기본적인 점에서 동일한지에 따라 결정

되는 것이며 그로부터 파생되거나 후속하여 발생하는 행위나 사실은 주민감사청구 사항과 관련이 있다고 보아야 한다(대판 2020. 7. 29. 2017두63467).

[판례③] 주민소송은 원칙적으로 지방자치단체의 재무회계에 관한 사항의 처리를 직접 목적으로 하는 행위에 대하여 제기할 수 있고, 지방자치법 제17조 제1항에서 주민소송의 대상으로 규정한 '재산의 취득 · 관리 · 처분에 관한 사항'에 해당하는지 여부도 그 기준에 의하여 판단하여야 한다. 특히 도로 등 공물이나 공공용물을 특정 사인이 배타적으로 사용하도록 하는 점용허가가 도로 등의 본래 기능 및 목적과 무관하게 그 사용가치를 실현 · 활용하기 위한 것으로 평가되는 경우에는 주민소송의 대상이 되는 재산의 관리 · 처분에 해당한다고 보아야 한다(대판 2016. 5. 27. 2014두8490).

[판례④] 지방자치법 제17조 제1항 중 '재산의 취득 · 관리 · 처분에 관한 사항' 부분이 '재산의 취득 · 관리 · 처분'이라는 일반 · 추상적 용어를 사용하고 있더라도, '재산', '취득', '관리', '처분' 개념은 다수의 법률에서 널리 사용하는 용어이고, 특히 지방자치단체의 재산에 관한 사항을 규율하고 있는 지방자치법과 구 공유재산 및 물품 관리법(2010. 2. 4. 법률 제10006호로 개정되기 전의 것) 등 관련 법률의 조항들을 통해 의미를 파악하는 것이 가능하며, 어떤 '재산의 취득 · 관리 · 처분'에 관한 행위가 주민소송의 대상이 되는지는 결국 법원이 주민소송 제도의 입법 취지를 고려하여 구체적으로 심리하여 판단해야 할 영역이다. 따라서 지방자치법 제17조 제1항 중 '재산의 취득 · 관리 · 처분에 관한 사항' 부분은 명확성원칙에 반하지 아니한다(대판 2019. 10. 17. 2018두104).

[판례⑤] ㉮ 주민소송 제도는 주민으로 하여금 지방자치단체의 위법한 재무회계 행위의 방지 또는 시정을 구할 수 있도록 함으로써 지방재무회계에 관한 행정의 적법성을 확보하려는 데 그 목적이 있다. 그러므로 위 규정에 따라 주민소송의 대상이 되는 '재산의 관리 · 처분에 관한 사항'이나 '공금의 부과 · 징수를 게을리한 사항'이라 함은, 지방자치단체의 소유에 속하는 재산의 가치를 유지 · 보전 또는 실현함을 직접 목적으로 하는 행위 또는 그와 관련된 공금의 부과 · 징수를 게을리한 행위를 말하고, 그 밖에 재무회계와 관련이 없는 행위는 설령 그것이 지방자치단체의 재정에 어떤 영향을 미친다고 하더라도, 주민소송의 대상이 되는 '재산의 관리 · 처분에 관한 사항' 또는 '공금의 부과 · 징수를 게을리한 사항'에 해당하지 않는다.

㉯ 이행강제금은 지방자치단체의 재정수입을 구성하는 재원 중 하나로서 '지방세외수입금의 징수 등에 관한 법률'에서 이행강제금의 효율적인 징수 등에 필요한 사항을 특별히 규정하는 등 그 부과 · 징수를 재무회계 관점에서도 규율하고 있으므로, 이행강제금의 부과 · 징수를 게을리한 행위는 주민소송의 대상이 되는 공금의 부과 · 징수를 게을리한 사항에 해당한다(대판 2015. 9. 10. 2013두16746).

[판례⑥] 구 지방자치법 제13조의 5 제1항에 규정된 주민소송의 대상으로서 "공금의 지출에 관한 사항"이라 함은 지출원인행위 즉, 지방자치단체의 지출의 원인이

되는 계약 그 밖의 행위로서 당해 행위에 의하여 지방자치단체가 지출의무를 부담하는 예산집행의 최초 행위와 그에 따른 지급 명령 및 지출 등에 한정되고, 특별한 사정이 없는 한 이러한 지출 원인행위 등에 선행하여 그러한 지출원인행위를 수반하게 하는 당해 지방자치단체의 장 및 직원, 지방의회 의원의 결정 등과 같은 행위는 포함되지 않는다고 보아야 할 것이다(대판 2011. 12. 22. 2009두14309).

[판례⑦] 지방자치법 제17조 제1항 제2호에 정한 '감사결과'에는 감사기관이 주민감사청구를 수리하여 일정한 조사를 거친 후 주민감사청구사항의 실체에 관하여 본안판단을 하는 내용의 결정을 하는 경우뿐만 아니라, 감사기관이 주민감사청구가 부적법하다고 오인하여 위법한 각하결정을 하는 경우까지 포함한다. 주민감사청구가 지방자치법에서 정한 적법요건을 모두 갖추었음에도, 감사기관이 해당 주민감사청구가 부적법하다고 오인하여 더 나아가 구체적인 조사·판단을 하지 않은 채 각하하는 결정을 한 경우에는, 감사청구한 주민은 위법한 각하결정 자체를 별도의 항고소송으로 다툴 필요 없이, 지방자치법이 규정한 다음 단계의 권리구제절차인 주민소송을 제기할 수 있다고 보아야 한다(대판 2020. 6. 25. 2018두67251).

(5) 주민소송의 유형

「지방자치법」은 주민소송의 유형을 다음의 4가지로 한정하여 규정하고 있다(동법 22조 2항).

(가) 제1호 소송(중지청구소송)

제1호 소송이란 해당 행위를 계속하면 회복하기 어려운 손해를 발생시킬 우려가 있는 경우에는 그 행위의 전부나 일부를 중지할 것을 요구하는 소송을 말하는데(동법 22조 2항 1호), 이를 중지청구소송이라 한다. 이는 부작위를 구하는 소극적 형태의 이행소송으로서, 제1호 소송의 대상이 되는 행위는 처분에 국한되는 것은 아니라고 할 것이다.

제1호 소송(중지청구소송)은 해당 행위를 중지할 경우 생명이나 신체에 중대한 위해가 생길 우려가 있거나 그 밖에 공공복리를 현저하게 해칠 우려가 있으면 제기할 수 없다(동법 22조 3항).

(나) 제2호 소송(취소 또는 무효확인소송)

제2호 소송이란 행정처분인 해당 행위의 취소 또는 변경을 요구하거나 그 행위의 효력 유무 또는 존재 여부의 확인을 요구하는 소송을 말한다(동법 22조 2항 2호). 이는 처분의 취소 또는 무효확인 등을 구하는 소송이다. 제2호 소송 중 무효확인소송의 경우 「행정소송법」상 무효확인소송과 달리 제소기간의 제한이 있다

(동법 22조 4항 2호).

[판례] 지방자치법 제16조, 제17조 제1항, 제2항 제2호, 제17항의 내용과 체계에다가 주민소송 제도의 입법 취지와 법적 성질 등을 종합하면, 주민소송에서 다툼의 대상이 된 처분의 위법성은 행정소송법상 항고소송에서와 마찬가지로 헌법, 법률, 그 하위의 법규명령, 법의 일반원칙 등 객관적 법질서를 구성하는 모든 법규범에 위반되는지 여부를 기준으로 판단하여야 하는 것이지, 해당 처분으로 지방자치단체의 재정에 손실이 발생하였는지만을 기준으로 판단할 것은 아니다(대판 2019. 10. 17, 2018두104).

(다) 제3호 소송(부작위위법확인소송)

제3호 소송이란 게을리한 사실의 위법 확인을 요구하는 소송을 말한다(동법 22조 2항 3호). 이는 부작위의 위법확인을 구하는 소송인데, 「행정소송법」상 부작위위법확인소송은 '처분'의 부작위를 대상으로 한정하고 있는 반면에, 제3호 소송에서는 '게을리한 사실'로만 규정하고 있으므로 처분의 부작위인가 여부를 불문하며 사실행위의 부작위도 여기에 포함된다고 할 것이다.

(라) 제4호 소송(손해배상 또는 부당이득반환청구소송)

제4호 소송이란 해당 지방자치단체의 장 및 직원, 지방의회의원, 해당 행위와 관련이 있는 상대방에게 손해배상청구 또는 부당이득반환청구를 할 것을 요구하는 소송을 말한다. 다만, 그 지방자치단체의 직원이 「회계관계직원 등의 책임에 관한 법률」 제4조에 따른 변상책임을 져야 하는 경우에는 변상명령을 할 것을 요구하는 소송을 말한다(동법 22조 2항 4호).

[판례] 지방자치법 제17조 제2항 제1호부터 제3호까지의 주민소송은 해당 지방자치단체의 장을 상대방으로 하여 위법한 재무회계행위의 방지, 시정 또는 확인 등을 직접적으로 구하는 것인 데 반하여, 제4호 주민소송은 감사청구한 사항과 관련이 있는 위법한 행위나 업무를 게을리한 사실에 대하여 지방자치단체의 장 및 직원, 지방의회의원, 해당 행위와 관련이 있는 상대방(이하 '상대방'이라 통칭한다)에게 손해배상청구, 부당이득반환청구, 변상명령 등을 할 것을 요구하는 소송이다. 따라서 제4호 주민소송 판결이 확정되면 지방자치단체의 장인 피고는 상대방에 대하여 판결에 따라 결정된 손해배상금이나 부당이득반환금의 지불 등을 청구할 의무가 있으므로, 제4호 주민소송을 제기하는 자는 상대방, 재무회계행위의 내용, 감사청구와의 관련성, 상대방에게 요구할 손해배상금 내지 부당이득금 등을 특정하여야 한다(대판 2020. 7. 29, 2017두63467).

(6) 주민소송의 제기

(가) 제소기간

주민소송은 ① 제1호 소송의 경우 감사 청구를 수리한 날부터 60일이 끝난 날(감사기간이 연장된 경우에는 연장기간이 끝난 날), ② 제2호 소송의 경우 해당 감사 결과나 조치 요구 내용에 대한 통지를 받은 날, ③ 제3호 소송의 경우 해당 조치를 요구할 때에 지정한 처리기간이 끝난 날, ④ 제4호 소송의 경우 해당 이행조치결과에 대한 통지를 받은 날부터 각각 90일 이내에 제기해야 한다(동법 22조 4항). 또한 주민소송의 남발을 방지하기 위하여 주민소송이 진행 중이면 다른 주민은 같은 사항에 대하여 별도의 소송을 제기할 수 없도록 규정하고 있다(동법 22조 5항).

(나) 소송절차의 중단 및 수계

소송의 계속 중에 소송을 제기한 주민이 사망하거나 주민의 자격을 잃으면 소송절차는 중단되며(소송대리인이 있는 경우에도 또한 같다), 감사 청구에 연대 서명한 다른 주민은 제6항에 따른 사유가 발생한 사실을 안 날부터 6개월 이내에 소송절차를 수계할 수 있다(이 기간에 수계절차가 이루어지지 아니할 경우 그 소송절차는 종료된다)(동법 22조 6항 및 7항).

(다) 관할 법원

주민소송은 해당 지방자치단체의 사무소 소재지를 관할하는 행정법원(행정법원이 설치되지 아니한 지역에서는 행정법원의 권한에 속하는 사건을 관할하는 지방법원 본원을 말한다)의 관할로 한다(동법 22조 9항).

(라) 소송고지 및 소송참가

해당 지방자치단체의 장은 제22조 1항 1호부터 3호까지의 규정에 따른 소송이 제기된 경우 그 소송 결과에 따라 권리나 이익의 침해를 받을 제3자가 있으면 그 제3자에 대하여, 제22조 1항 4호에 따른 소송이 제기된 경우 그 직원, 지방의회의원 또는 상대방에 대하여 소송고지를 해 줄 것을 법원에 신청하여야 한다(동법 22조 10항).

이때 제22조 1항 4호에 따른 소송이 제기된 경우 지방자치단체의 장이 한 소송고지신청은 그 소송에 관한 손해배상청구권 또는 부당이득반환청구권의 시효중단에 관하여 「민법」 제168조 1호에 따른 청구로 보며(동법 22조 11항), 그에 따른 시효중단의 효력은 그 소송이 끝난 날부터 6개월 이내에 재판상 청구, 파산절차참가, 압류 또는 가압류, 가처분을 하지 아니하면 효력이 생기지 아니한다(동법 22조 12항).

(마) 소의 취하 등

주민소송에서 당사자는 법원의 허가를 받지 아니하고는 소의 취하, 소송의 화해 또는 청구의 포기를 할 수 없다(동법 22조 14항). 법원은 제14항에 따른 허가를 하기 전에 감사 청구에 연대 서명한 다른 주민에게 그 사실을 알려야 하며, 알린 때부터 1개월 이내에 허가 여부를 결정하여야 한다(이 경우 통지방법 등에 관하여는 제22조 8항 후단을 준용한다)(동법 22조 15항).

(바) 비용보상

소송을 제기한 주민은 승소(일부 승소를 포함한다)한 경우 그 지방자치단체에 대하여 변호사 보수 등의 소송비용, 감사 청구절차의 진행 등을 위하여 사용된 여비, 그 밖에 실제로 든 비용을 보상할 것을 청구할 수 있다. 이 경우 지방자치단체는 청구된 금액의 범위에서 그 소송을 진행하는 데 객관적으로 사용된 것으로 인정되는 금액을 지급하여야 한다(동법 22조 17항).

(사) 행정소송법의 적용

주민소송에 관하여 「지방자치법」에 규정된 것 외에는 「행정소송법」에 따른다(동법 22조 18항).

(7) 손해배상금 등의 지급청구 등

지방자치단체의 장(해당 사항의 사무처리에 관한 권한을 소속 기관의 장에게 위임한 경우에는 그 소속 기관의 장을 말한다)은 제22조 2항 4호 본문에 따른 소송에 대하여 손해배상청구나 부당이득반환청구를 명하는 판결이 확정되면 판결이 확정된 날부터 60일 이내를 기한으로 하여 당사자에게 그 판결에 따라 결정된 손해배상금이나 부당이득반환금의 지급을 청구하여야 한다. 다만, 손해배상금이나 부당이득반환금을 지급하여야 할 당사자가 지방자치단체의 장이면 지방의회의 의장이 지급을 청구하여야 한다(동법 23조 1항).

지방자치단체는 제1항에 따라 지급청구를 받은 자가 같은 항의 기한까지 손해배상금이나 부당이득반환금을 지급하지 아니하면 손해배상·부당이득반환의 청구를 목적으로 하는 소송을 제기하여야 한다. 이 경우 그 소송의 상대방이 지방자치단체의 장이면 그 지방의회의 의장이 그 지방자치단체를 대표한다(동법 23조 2항).

[판례] 지방자치단체의 장은 지방자치법 제17조 제2항 제4호 주민소송에 따라 손해배상청구나 부당이득반환청구를 명하는 판결 또는 회계관계직원 등의 책임에 관한 법률(이하 '회계직원책임법'이라 한다)에 따른 변상명령을 명하는 판결이 확정되면 위법한 재무회계

행위와 관련이 있는 상대방에게 손해배상금이나 부당이득반환금을 청구하여야 하거나 변상명령을 할 수 있다(지방자치법 제17조 제2항 제4호, 제18조 제1항, 회계직원책임법 제6조 제1항). 그리고 이에 더 나아가 상대방이 손해배상금 등의 지급을 이행하지 않으면 지방자치단체의 장은 손해배상금 등을 청구하는 소송을 제기하여야 한다(지방자치법 제18조 제2항). 이때 상대방인 지방자치단체의 장이나 공무원은 국가배상법 제2조 제2항, 회계직원책임법 제4조 제1항의 각 규정 내용 및 취지 등에 비추어 볼 때, 그 위법행위에 대하여 고의 또는 중대한 과실이 있는 경우에 제4호 주민소송의 손해배상책임을 부담하는 것으로 보아야 한다(대판 2020. 7. 29, 2017두63467).

(8) 변상명령 등

지방자치단체의 장은 제22조 2항 4호 단서에 따른 소송에 대하여 변상할 것을 명하는 판결이 확정되면 판결이 확정된 날부터 60일 이내를 기한으로 하여 당사자에게 그 판결에 따라 결정된 금액을 변상할 것을 명령하여야 한다(동법 24조 1항). 제1항에 따라 변상할 것을 명령받은 자가 같은 항의 기한까지 변상금을 지급하지 아니하면 지방세 체납처분의 예에 따라 징수할 수 있다(동법 24조 2항). 제1항에 따라 변상할 것을 명령받은 자는 그 명령에 불복하는 경우 행정소송을 제기할 수 있다. 다만, 「행정심판법」에 따른 행정심판청구는 제기할 수 없다(동법 24조 3항).

10. 주민소환권

(1) 의 의

주민소환이란 주민의 의사에 의하여 공직자를 공직에서 해임시키는 것으로서 직접민주제 원리에 충실한 제도이다. 「지방자치법」은 "주민은 그 지방자치단체의 장 및 지방의회의원(비례대표 지방의회의원은 제외한다)을 소환할 권리를 가진다."고 규정하고 있는데(25조 1항), 이를 주민소환권이라 한다. 그리고 「지방자치법」은 주민소환의 투표 청구권자·청구요건·절차 및 효력 등에 관하여는 따로 법률로 정하도록 규정하고 있으며(25조 2항), 이에 따라 「주민소환에 관한 법률」이 제정되어 있다.

이러한 주민소환은 선출직 지방공직자인 지방자치단체의 장 및 지방의회의원의 위법·부당행위, 직무유기 또는 직권남용 등을 통제하고 지방자치에 관한 주민의 직접 참여를 확대함으로써 지방행정의 민주성과 책임성을 제고하고 주민의 복리 증진을 도모하는 것을 목적으로 한다(주민소환에 관한 법률 1조 참조).[25]

---

25) 주요문헌: 최봉석, 주민소환제에 관한 독일에서의 논의와 법제, 공법연구 제30집 제1호, 2001. 12; 길준

[판례] ㉮ 헌법은 지방자치단체장에 대한 선거권을 직접 규정하지 않고 그 선임 방법을 법률에 위임하여(제118조 제2항) 지방자치법이 이를 정하고 있으므로, 지방자치단체장에 대한 선거권이 헌법상의 권리인지 법률상의 권리인지 분명하지 아니하다.

그런데 대의제는 선거를 전제로 한 개념으로서, 지방자치단체장에 대한 선거권을 헌법상의 권리로 이해하면 이에 대하여도 헌법상의 대의제의 원리가 적용될 것이나, 단순한 법률상의 권리로 보면 이를 헌법에서 명문으로 선거권을 인정하는 대통령이나 국회의원, 지방의회의원과 같은 수준의 대의제의 원리가 당연히 작용된다고 볼 수는 없어, 지방자치단체장의 주민들에 대한 무기속 위임성은 좀 더 약해진다 할 것이므로, 이로써 주민들의 지방자치단체장에 대한 통제는 더욱 강화될 수 있다고 보아야 할 것이다.

지방자치단체장에 대한 선거권의 성격이 어떻다 하더라도, 현행 지방자치제에 있어 대의제는 원칙적인 요소이고, 직접민주제로서의 주민소환은 예외적으로 대의제의 결함을 보완하는 것으로 볼 수 있을 것이다.

㉯ 주민소환은 주민의 의사에 의하여 공직자를 공직에서 해임시키는 것으로서 직접민주제 원리에 충실한 제도이다. 지방자치법 제20조 제1항은 "주민은 그 지방자치단체의 장 및 지방의회의원(비례대표 지방의회의원은 제외한다)을 소환할 권리를 가진다."고 하고, 같은 조 제2항은 "주민소환의 투표 청구권자 · 청구요건 · 절차 및 효력 등에 관하여는 따로 법률로 정한다."고 하며, 이에 따른 주민소환법 제1조는 "이 법은 「지방자치법」 제20조의 규정에 의한 주민소환의 투표 청구권자 · 청구요건 · 절차 및 효력 등에 관하여 규정함으로써 지방자치에 관한 주민의 직접참여를 확대하고 지방행정의 민주성과 책임성을 제고함을 목적으로 한다."고 하여 주민소환에 관하여 규정하고 있다.

이러한 주민소환은 주민이 지방의원 · 지방자치단체장 기타 지방자치단체의 공무원을 임기 중에 주민의 청원과 투표로써 해임하는 제도이고, 이는 주민에 의한 지방행정 통제의 가장 강력한 수단으로서 주민의 참정기회를 확대하고 주민대표의 정책이나 행정처리가 주민의사에 반하지 않도록 주민대표자기관이나 행정기관을 통제하여 주민에 대한 책임성을 확보하는 데 그 목적이 있다(헌재 2009. 3. 26, 2007헌마843).

(2) 주민소환의 대상

「지방자치법」상 주민소환의 대상은 그 지방자치단체의 장 및 지방의회의원

규, 주민소환제의 법리적 검토, 공법연구 제34집 제4호 제1권, 2006. 6 ; 이동훈, 주민소환제의 헌법적 의미, 지방자치법연구 제35호, 2012. 9 ; 김상현, 주민소환투표 대상자의 권한행사 정지에 관한 연구, 지방자치법연구 제46호, 2015. 6 ; 김상현, 주민소환투표 청구의 대상과 사유에 관한 연구, 지방자치법연구 제52호, 2016. 12 ; 이관행, 현행 주민소환제도의 운용에 대한 평가와 개선과제, 지방자치법연구 제66호, 2020. 6.

(비례대표 지방의회 의원은 제외한다)이고(25조 1항),[26] 「지방교육자치에 관한 법률」상 주민소환의 대상은 교육감이다(24조의 2 1항).

(3) 주민소환투표권자

주민소환투표인명부 작성기준일 현재 다음 각 호의 어느 하나에 해당하는 자는 주민소환투표권이 있다(주민소환에 관한 법률 3조 1항). 이때 주민소환투표권자의 연령은 주민소환투표일 현재를 기준으로 계산한다(동법 3조 2항).

① 19세 이상의 주민으로서 당해 지방자치단체 관할구역에 주민등록이 되어 있는 자(「공직선거법」 제18조의 규정에 의하여 선거권이 없는 자를 제외한다)

② 19세 이상의 외국인으로서 「출입국관리법」 제10조의 규정에 따른 영주의 체류자격 취득일 후 3년이 경과한 자 중 같은 법 제34조의 규정에 따라 당해 지방자치단체 관할구역의 외국인등록대장에 등재된 자

(4) 주민소환투표의 청구

전년도 12월 31일 현재 주민등록표 및 외국인등록표에 등록된 주민소환투표청구권자는 해당 지방자치단체의 장 및 지방의회의원(비례대표 시·도의회의원 및 비례대표 자치구·시·군의회의원은 제외한다)에 대하여 일정 수 이상 주민의 서명으로 그 소환사유를 서면에 구체적으로 명시하여 관할 선거관리위원회에 주민소환투표의 실시를 청구할 수 있다(동법 7조 1항). 소환사유는 제한을 두지 않는다.

[판례] 대의민주주의 아래에서 대표자에 대한 선출과 신임은 선거의 형태로 이루어지는 것이 바람직하고, 주민소환은 대표자에 대한 신임을 묻는 것으로서 그 속성은 재선거와 다를 바 없으므로 선거와 마찬가지로 그 사유를 묻지 않는 것이 제도의 취지에 부합한다. 또한, 주민소환제는 역사적으로도 위법·탈법행위에 대한 규제보다 비민주적·독선적 행위에 대한 광범위한 통제의 필요성이 강조되어 왔으므로 주민소환의 청구사유에 제한을 둘 필요가 없고, 또 업무의 광범위성이나 입법기술적 측면에서 소환사유를 구체적으로 적시하는 것도 쉽지 않다. 다만, 청구사유에 제한을 두지 않음으로써 주민소환제가 남용될 소지는 있으나, 법에서 그 남용의 가능성을 제도적으로 방지하고 있을 뿐만 아니라, 현실적으로도 시민의식 또한 성장하여 남용의 위험성은 점차 줄어들 것으로 예상할 수 있다. 그리고 청구사유를 제

---

26) 한편, 비례대표 지방의회의원의 선출방식이 지역구 의원과 다를 뿐 그 권한과 의무 측면에서는 차이가 없다는 점에서 비례대표 지방의회의원을 주민소환의 대상에서 제외하는 것에 대해 비판적으로 보는 견해도 있다(김병기, 주민소송·주민투표·주민소환을 중심으로 한 주민참여법제 소고, 지방자치법연구 제31호, 2011. 9, 57면 참조).

한하는 경우 그 해당여부를 사법기관에서 심사하는 것이 과연 가능하고 적정한지 의문이고, 이 경우 절차가 지연됨으로써 조기에 문제를 해결하지 못할 위험성이 크다 할 수 있으므로 법이 주민소환의 청구사유에 제한을 두지 않는 데에는 상당한 이유가 있고, 입법자가 주민소환제 형성에 있어서 반드시 청구사유를 제한하여야 할 의무가 있다고 할 수도 없으며, 달리 그와 같이 청구사유를 제한하지 아니한 입법자의 판단이 현저하게 잘못되었다고 볼 사정 또한 찾아볼 수 없다(헌재 2011. 3. 31, 2008헌마355. 동지판례: 헌재 2009. 3. 26, 2007헌마843).

주민소환투표의 청구 서명인 수는 ① 시·도지사는 당해 지방자치단체의 주민소환투표청구권자 총수의 100분의 10 이상, ② 시장·군수·자치구의 구청장은 당해 지방자치단체의 주민소환투표청구권자 총수의 100분의 15 이상, ③ 지역구 시·도의회의원 및 지역구 자치구·시·군의회의원: 당해 지방의회의원의 선거구 안의 주민소환투표청구권자 총수의 100분의 20 이상으로 한다(동법 7조 1항).

[판례] 주민소환투표의 구체적인 요건을 설정하는 데 있어 입법자의 재량이 매우 크고, 주민소환투표의 청구요건이 남용될 위험이 클 정도로 너무 낮다고 볼 수 없으며, 법 제7조 제3항과 법 시행령 제2조가 특정 지역 주민의 의사에 따라 청구가 편파적이고 부당하게 이루어 질 위험을 방지하여 전체 주민의 의사가 어느 정도 고루 반영되도록 하고 있으므로, 주민소환투표청구권자 총수의 100분의 15 이상의 서명만으로 지방자치단체장의 주민소환투표청구를 청구할 수 있도록 한 법 제7조 제1항 제2호 중 시장에 대한 부분이 과잉금지원칙에 위반하여 청구인의 공무담임권을 침해한다고 볼 수 없다(헌재 2009. 3. 26, 2007헌마843).

(5) 주민소환투표의 청구제한기간

① 선출직 지방공직자의 임기개시일부터 1년이 경과하지 아니한 때, ② 선출직 지방공직자의 임기만료일부터 1년 미만일 때, ③ 해당선출직 지방공직자에 대한 주민소환투표를 실시한 날부터 1년 이내인 때에는 주민소환투표의 실시를 청구할 수 없다(동법 8조).

(6) 권한행사의 정지 및 권한대행

주민소환투표대상자는 관할 선거관리위원회가 주민소환투표안을 공고한 때부터 주민소환투표결과를 공표할 때까지 그 권한행사가 정지된다(동법 21조 1항). 제1항의 규정에 의하여 지방자치단체장의 권한이 정지된 경우에는 부지사·부시장·부군수·부구청장(이하 "부단체장"이라 한다)이 그 권한을 대행하고, 부단체장이 권한을 대행할 수 없는 경우에는 「지방자치법」 제124조 5항을 준용하여 그 권한을 대행한다(동조 2항).

[판례] 주민소환투표대상자에 대하여 주민소환투표안을 공고한 때로부터 주민소환투표결과를 공표할 때까지 그 권한행사가 정지되도록 한 법 제21조 제1항의 입법목적은 행정의 정상적인 운영과 공정한 선거관리라는 정당한 공익을 달성하려는 데 있고, 주민소환투표가 공고된 날로부터 그 결과가 공표될 때까지 주민소환투표대상자의 권한행사를 정지하는 것은 위 입법목적을 달성하기 위한 상당한 수단이 되는 점, 위 기간 동안 권한행사를 일시 정지한다 하더라도 이로써 공무담임권의 본질적인 내용이 침해된다고 보기 어려운 점, 권한행사의 정지기간은 통상 20일 내지 30일의 비교적 단기간에 지나지 아니하므로, 이 조항이 달성하려는 공익과 이로 인하여 제한되는 주민소환투표 대상자의 공무담임권이 현저한 불균형 관계에 있지 않은 점 등을 고려하면, 위 조항이 과잉금지의 원칙에 반하여 공무담임권을 제한하는 것으로 볼 수 없다.

또 대통령 등 탄핵소추 대상 공무원의 권한행사 정지와 주민소환대상 공무원의 권한행사정지는 성격과 차원을 달리하여, 양자를 평등권 침해 여부 판단에 있어 비교의 대상으로 삼을 수 없으므로, 탄핵소추대상 공무원과 비교하여 평등권이 침해된다는 청구인의 주장도 이유 없다(헌재 2009. 3. 26. 2007헌마843).

(7) 주민소환투표결과의 확정

주민소환은 주민소환투표권자(이하 "주민소환투표권자"라 한다) 총수의 3분의 1 이상의 투표와 유효투표 총수 과반수의 찬성으로 확정된다(동법 22조 1항). 전체 주민소환투표자의 수가 주민소환투표권자 총수의 3분의 1에 미달하는 때에는 개표를 하지 아니한다(동조 2항).

관할선거관리위원회는 개표가 끝난 때에는 지체 없이 그 결과를 공표한 후 소환청구인대표자, 주민소환투표대상자, 관계중앙행정기관의 장, 당해 지방자치단체의 장(지방자치단체의 장이 주민소환투표대상자인 경우에는 제21조 2항의 규정에 의하여 권한을 대행하는 당해 지방자치단체의 부단체장 등을 말한다) 및 당해 지방의회의 의장(지방의회의원이 주민소환투표대상자인 경우에 한하며, 지방의회의 의장이 주민소환투표대상자인 경우에는 당해 지방의회의 부의장을 말한다)에게 통지하여야 한다. 제2항의 규정에 의하여 개표를 하지 아니한 때에도 또한 같다(동조 3항).

(8) 주민소환투표의 효력

주민소환이 확정된 때에는 주민소환투표대상자는 그 결과가 공표된 시점부터 그 직을 상실한다(동법 23조 1항). 제1항의 규정에 의하여 그 직을 상실한 자는 그로 인하여 실시하는 이 법 또는 「공직선거법」에 의한 해당보궐선거에 후보자로 등록할 수 없다(동조 2항).

(9) 주민소환투표소송 등

주민소환투표의 효력에 관하여 이의가 있는 해당 주민소환투표대상자 또는 주민소환투표권자(주민소환투표권자 총수의 100분의 1이상의 서명을 받아야 한다)는 주민소환투표결과가 공표된 날부터 14일 이내에 관할선거관리위원회 위원장을 피소청인으로 하여 지역구시·도의원, 지역구자치구·시·군의원 또는 시장·군수·자치구의 구청장을 대상으로 한 주민소환투표에 있어서는 특별시·광역시·도선거관리위원회에, 시·도지사를 대상으로 한 주민소환투표에 있어서는 중앙선거관리위원회에 소청할 수 있다(동법 24조 1항).

제1항의 규정에 따른 소청에 대한 결정에 관하여 불복이 있는 소청인은 관할선거관리위원회 위원장을 피고로 하여 그 결정서를 받은 날(결정서를 받지 못한 때에는 「공직선거법」 제220조 1항의 규정에 의한 결정기간이 종료된 날을 말한다)부터 10일 이내에 지역구시·도의원, 지역구자치구·시·군의원 또는 시장·군수·자치구의 구청장을 대상으로 한 주민소환투표에 있어서는 그 선거구를 관할하는 고등법원에, 시·도지사를 대상으로 한 주민소환투표에 있어서는 대법원에 소를 제기할 수 있다(동법 24조 2항).

11. 청 원 권

주민은 지방의회에 대한 청원권을 가진다. 지방의회에 청원을 하려는 자는 지방의회의원의 소개를 받아 청원서를 제출하여야 한다(지방자치법 85조 1항). 다만, 재판에 간섭하거나 법령에 위배되는 내용의 청원은 수리하지 아니한다(동법 86조).

지방의회의 의장은 청원서를 접수하면 소관 위원회나 본회의에 회부하여 심사를 하게 한다(동법 87조 1항). 청원을 소개한 지방의회의원은 소관 위원회나 본회의가 요구하면 청원의 취지를 설명하여야 한다(동조 2항). 위원회가 청원을 심사하여 본회의에 부칠 필요가 없다고 결정하면 그 처리 결과를 지방의회의 의장에게 보고하고, 지방의회의 의장은 청원한 자에게 알려야 한다(동조 3항).

지방의회가 채택한 청원으로서 그 지방자치단체의 장이 처리하는 것이 타당하다고 인정되는 청원은 의견서를 첨부하여 지방자치단체의 장에게 이송한다(동법 88조 1항). 지방자치단체의 장은 청원을 처리하고 그 처리결과를 지체 없이 지방의회에 보고하여야 한다(동조 2항).

12. 주민에 대한 정보공개

지방자치단체는 사무처리의 투명성을 높이기 위하여 「공공기관의 정보공개에 관한 법률」에서 정하는 바에 따라 지방의회의 의정활동, 집행기관의 조직, 재무 등 지방자치에 관한 정보(이하 "지방자치정보"라 한다)를 주민에게 공개하여야 한다(지방자치법 26조 1항). 행정안전부장관은 주민의 지방자치정보에 대한 접근성을 높이기 위하여 이 법 또는 다른 법령에 따라 공개된 지방자치정보를 체계적으로 수집하고 주민에게 제공하기 위한 정보공개시스템을 구축·운영할 수 있다(동조 2항).

13. 기 타

그 밖에 주민은 법령(조례 포함)이 정하는 바에 따라 청문권, 지방의회 방청권(동법 69조 1항), 지방의회 회의록 열람권(동법 84조 4항), 각종 행정절차에 참여할 권리[27] 등을 향유한다.

> **[참고판례]** 지방자치법상의 의회대표제하에서 의회의원과 주민은 엄연히 다른 지위를 지니는 것으로서 의원과는 달리 정치적, 법적으로 아무런 책임을 지지 아니하는 주민이 본회의 또는 위원회의 안건 심의중 안건에 관하여 발언한다는 것은 선거제도를 통한 대표제원리에 정면으로 위반되는 것으로서 허용될 수 없고, 다만 간접민주제를 보완하기 위하여 의회대표제의 본질을 해하지 않고 의회의 기능수행을 저해하지 아니하는 범위 내에서 주민이 의회의 기능수행에 참여하는 것(예컨대 공청회에서 발언하거나 본회의, 위원회에서 참고인, 증인, 청원인의 자격으로 발언하는 것)은 허용된다(대판 1993. 2. 26, 92추109).

Ⅲ. 주민의 의무

여기에서 의무란 권리에 대한 반대개념으로서, 타인(지방자치법상으로는 주민이 속해 있는 지방자치단체)을 위하여 일정한 작위·부작위·급부·수인 등을 해야 하는 법적 구속을 의미한다. 주민의 지방자치단체에 대한 주요 의무로는 다음과 같은 것이 있다.

1. 비용의 분담의무

「지방자치법」은 "주민은 법령으로 정하는 바에 따라 소속 지방자치단체의 비용을 분담하여야 하는 의무를 진다"(27조)라고 규정하고 있다. 이에 의하여 자

27) 이에 관한 상세는 최봉석, 지방자치행정결정절차에 대한 주민참여, 공법연구, 2001. 2 참조.

치단체의 주민이 분담하는 비용에는 ① 지방세(지방자치법 152조, 지방세법 5조, 6조 등 참조), ② 공공시설의 사용료(지방자치법 153조), ③ 개인을 위한 사무처리에 대한 대가로서의 수수료(지방자치법 154조), ④ 지방자치단체의 재산 또는 공공시설로 인하여 주민의 일부가 특히 이익을 받은 때 그 이익을 받은 범위에서 부담하게 되는 분담금(지방자치법 156조) 등이 있다.

[참고판례] 지방자치법 제138조에 따른 분담금 제도의 취지와 균등분 주민세 제도와의 관계 등을 고려하면, 지방자치법 제138조에 따른 분담금 납부의무자인 '주민'은 균등분 주민세의 납부의무자인 '주민'과 기본적으로 동일하되, 다만 '지방자치단체의 재산 또는 공공시설의 설치로 주민의 일부가 특히 이익을 받은 경우'로 한정된다는 차이점이 있을 뿐이다. 따라서 법인의 경우 해당 지방자치단체의 구역 안에 주된 사무소 또는 본점을 두고 있지 않더라도 '사업소'를 두고 있다면 지방자치법 제138조에 따른 분담금 납부의무자인 '주민'에 해당한다.

지방자치법 제12조가 '주민의 자격'을 '지방자치단체의 구역 안에 주소를 가진 자'로 정하고 있으나 이는 자연인의 참여권 등을 염두에 두고 만들어진 규정이고, 지방자치법은 주소의 의미에 관하여 별도의 규정을 두고 있지 않다. 민법 제36조가 '법인의 주소'를 '주된 사무소의 소재지'로, 상법 제171조는 '회사의 주소'를 '본점 소재지'로 정하고 있으나, 이는 민법과 상법의 적용에서 일정한 장소를 법률관계의 기준으로 삼기 위한 필요에서 만들어진 규정이다. 따라서 지방자치법 제138조에 따른 분담금 납부의무와 관련하여 법인의 주소가 주된 사무소나 본점의 소재지로 한정된다고 볼 것은 아니다.

어떤 법인이 해당 지방자치단체에서 인적·물적 설비를 갖추고 계속적으로 사업을 영위하면서 해당 지방자치단체의 재산 또는 공공시설의 설치로 특히 이익을 받는 경우에는 지방자치법 제138조에 따른 분담금 납부의무자가 될 수 있다. 특히 지방자치법 제138조에 근거하여 분담금 제도를 구체화한 조례에서 정한 분담금 부과요건을 충족하는 경우에는 부담금 이중부과 등과 같은 특별한 사정이 없는 한 조례 규정에 따라 분담금을 납부할 의무가 있다(대판 2021. 4. 29, 2016두45240).

2. 기 타

구 「지방자치법」(129조)에서 인정되었던 부역·현품, 노역·물품제도는 현재는 폐지되었다. 본래 그들 제도는 화폐경제가 충분히 발달하지 않은 시대에 활용되었던 것으로서, 오늘의 산업경제시대에는 부적합한 것으로 판정된 것으로 보인다. 다만, 현행법상 이와 유사한 제도로서 '응급조치를 위한 노역·물품제공의무'(농어업재해대책법 7조)를 찾아볼 수 있다.

독일 각주의 지방자치단체법에서는 주민의 의무로서 상·하수도, 공중의 보건·위생 등 공공시설의 이용강제(Benutzungszwang)와 명예직 수락의무가 광범하게 채택되고 있다. 이 중에서 전자는 우리나라에서 공설화장시설의 이용에서 그 예를 찾아볼 수 있으며(장사 등에 관한 법률 7조), 후자는 지방자치의 내실화, 활성화를 위하여 우리 역시 도입해 볼 만한 제도인 것으로 생각된다.

제 4 절 지방자치단체의 사무

Ⅰ. 지방자치단체의 사무 범위

지방자치단체는 관할 구역의 자치사무와 법령에 따라 지방자치단체에 속하는 사무를 처리한다(지방자치법 13조 1항). 제1항에 따른 지방자치단체의 사무[1]를 예시하면 다음과 같다. 다만, 법률에 이와 다른 규정이 있으면 그러하지 아니하다(동조 2항).

1. 지방자치단체의 구역, 조직, 행정관리 등에 관한 사무

① 관할 구역 안 행정구역의 명칭·위치 및 구역의 조정
② 조례·규칙의 제정·개정·폐지 및 그 운영·관리
③ 산하 행정기관의 조직관리
④ 산하 행정기관 및 단체의 지도·감독
⑤ 소속 공무원의 인사·후생복지 및 교육
⑥ 지방세 및 지방세 외 수입의 부과 및 징수
⑦ 예산의 편성·집행 및 회계감사와 재산관리
⑧ 행정장비관리, 행정전산화 및 행정관리개선
⑨ 공유재산 관리
⑩ 주민등록 관리[2]

---

1) 여기에서의 '지방자치단체의 사무'가 자치사무와 단체위임사무를 말함은 제1항의 규정에 비추어 보아 명백하다. 그러나 그 '단체위임사무(법령에 따라 지방자치단체에 속하는 사무)'는 현실적으로 거의 존재하지 않는 점에 유의할 필요가 있다.

2) 2022년 1월 13일에 시행되는 개정된 「지방자치법」 제13조 2항 차목에서는 '주민등록 관리'만 규정하고, '가족관계등록'은 삭제되었다. 이전 구 「호적법」하에서 그 호적사무가 국가사무(국가의 기관위임사무)인가 자치사무인가 하는 점이 다투어진 가운데, 대법원은 "지방자치법에서 정하는 지방자치사무에 속한다."고 판시하였다(대판 1995. 3. 28, 94다45654). 구 「호적법」에서는 "호적에 관한 사무는 … 시·

⑪ 지방자치단체에 필요한 각종 조사 및 통계의 작성

2. 주민의 복지증진에 관한 사무

① 주민복지에 관한 사업
② 사회복지시설의 설치・운영 및 관리
③ 생활이 어려운 사람의 보호 및 지원
④ 노인・아동・장애인・청소년 및 여성의 보호와 복지증진
⑤ 공공보건의료기관의 설립・운영
⑥ 감염병과 그 밖의 질병의 예방과 방역
⑦ 묘지・화장장 및 봉안당의 운영・관리
⑧ 공중접객업소의 위생을 개선하기 위한 지도
⑨ 청소, 생활폐기물의 수거 및 처리
⑩ 지방공기업의 설치 및 운영

[판례①] 수업료, 입학금 그 자체에 관한 사무는 교육・학예에 관한 사무로서 지방자치단체 중 특별시・광역시・도의 사무에 해당하나, 수업료, 입학금의 지원에 관한 사무는 학생 자녀를 둔 주민의 수업료, 입학금 등에 관한 부담을 경감시킴으로써 청소년에 대한 기본적인 교육여건을 형성함과 동시에 청소년이 평등하게 교육을 받을 수 있도록 하는 것이므로, 이와 같은 사무는 지방자치단체 고유의 자치사무인 지방자치법 제9조 제2항 제2호에서 정한 주민의 복지증진에 관한 사무 중 주민복지에 관한 사업[(가)목] 및 노인・아동・심신장애인・청소년 및 부녀의 보호와 복지증진[(라)목]에 해당되는 사무이다(대판 2013. 4. 11, 2012추22).

[판례②] 지방자치단체 내 대중교통 소외지역에 거주하는 주민들의 사전요청에 따른 택시 운행과 해당 주민에 대한 운행요금의 보조 등에 관한 사항을 정한 조례안의 보조금 지급사무는 지방자치법 제9조 제2항 제2호 (가)목에서 정한 '주민복지에 관한 사업'에 속하는 것으로 지방자치단체가 법령의 위임 없이도 조례로 규율할 수 있는 자치사무에 해당한다(대판 2015. 6. 24, 2014추545).

읍・면의 장이 관장한다."(제2조), "호적사무에 요하는 비용은 당해 시・읍・면의 부담으로 한다."(제7조)라고 규정하고 있었기 때문이다. 그러나 구 「호적법」을 폐지하고 2007년 5월 17일에 제정된 「가족관계의 등록 등에 관한 법률」이 "가족관계의 발생 및 변동사항에 관한 등록과 그 증명에 관한 사무(이하 '등록사무'라 한다)는 대법원이 관장한다."(제2조), "대법원장은 등록사무의 처리에 관한 권한을 시・읍・면의 장에게 위임한다."(제3조 1항), "제3조에 따라 시・읍・면의 장에게 위임한 등록사무에 드는 비용은 국가가 부담한다."(제7조)라고 규정하고 있는 것에 비추어, 위 '등록사무'는 국가사무에 속한다고 이해되었다.

3. 농림 · 수산 · 상공업 등 산업 진흥에 관한 사무

① 못 · 늪지 · 보 등 농업용수시설의 설치 및 관리
② 농산물 · 임산물 · 축산물 · 수산물의 생산 및 유통 지원
③ 농업자재의 관리
④ 복합영농의 운영 · 지도
⑤ 농업 외 소득사업의 육성 · 지도
⑥ 농가 부업의 장려
⑦ 공유림 관리
⑧ 소규모 축산 개발사업 및 낙농 진흥사업
⑨ 가축전염병 예방
⑩ 지역산업의 육성 · 지원
⑪ 소비자 보호 및 저축 장려
⑫ 중소기업의 육성
⑬ 지역특화산업의 개발과 육성 · 지원
⑭ 우수지역특산품 개발과 관광민예품 개발

4. 지역개발과 자연환경보전 및 생활환경시설의 설치 · 관리에 관한 사무

① 지역개발사업
② 지방 토목 · 건설사업의 시행
③ 도시 · 군계획사업의 시행
④ 지방도, 시도 · 군도 · 구도의 신설 · 개선 · 보수 및 유지
⑤ 주거생활환경 개선의 장려 및 지원
⑥ 농어촌주택 개량 및 취락구조 개선
⑦ 자연보호활동
⑧ 지방하천 및 소하천의 관리
⑨ 상수도 · 하수도의 설치 및 관리
⑩ 소규모급수시설의 설치 및 관리
⑪ 도립공원, 광역시립공원, 군립공원, 시립공원 및 구립공원 등의 지정 및 관리
⑫ 도시공원 및 공원시설, 녹지, 유원지 등과 그 휴양시설의 설치 및 관리
⑬ 관광지, 관광단지 및 관광시설의 설치 및 관리

⑭ 지방 궤도사업의 경영
⑮ 주차장 · 교통표지 등 교통편의시설의 설치 및 관리
⑯ 재해대책의 수립 및 집행
⑰ 지역경제의 육성 및 지원

5. 교육 · 체육 · 문화 · 예술의 진흥에 관한 사무

① 어린이집 · 유치원 · 초등학교 · 중학교 · 고등학교 및 이에 준하는 각종 학교의 설치 · 운영 · 지도
② 도서관 · 운동장 · 광장 · 체육관 · 박물관 · 공연장 · 미술관 · 음악당 등 공공교육 · 체육 · 문화시설의 설치 및 관리
③ 지방문화재의 지정 · 등록 · 보존 및 관리
④ 지방문화 · 예술의 진흥
⑤ 지방문화 · 예술단체의 육성

[판례] 학교는 교육과정을 운영하는 주체로서 대통령령이 정하는 교과를 포함하여 교육부장관이 고시하는 기본적인 교육과정을 구성하는 과목 외의 내용을 교육내용에 포함시킬 수 있는 재량이 있다고 보이는 점, 교육감은 지방자치단체의 교육 · 학예에 관한 사무를 담당하는 주체로서 교육부장관이 정한 교육과정의 범위 안에서 지역의 실정에 맞는 교육과정의 기준과 내용을 정할 수 있을 뿐만 아니라 관할구역 내 학교의 교육과정 운영에 대한 장학지도를 할 수 있는 점, 교육부장관이 정한 기본적인 교육과정과 대통령령에 정한 교과 외의 교육내용에 관한 결정 및 그에 대한 지도는 전국적으로 통일하여 규율되어야 할 사무가 아니라 각 지역과 학교의 실정에 맞는 규율이 허용되는 사무라고 할 것인 점 등에 비추어 보면, 학기당 2시간 정도의 인권교육의 편성 · 실시는 지방자치법 제9조 제2항 제5호가 지방자치단체의 사무로 예시한 교육에 관한 사무로서 초등학교 · 중학교 · 고등학교 등의 운영 · 지도에 관한 사무에 속한다(대판 2015. 5. 14, 2013추98).

6. 지역민방위 및 지방소방에 관한 사무

① 지역 및 직장 민방위조직(의용소방대를 포함한다)의 편성과 운영 및 지도 · 감독
② 지역의 화재예방 · 경계 · 진압 · 조사 및 구조 · 구급

7. 국제교류 및 협력에 관한 사무

① 국제기구 · 행사 · 대회의 유치 · 지원
② 외국 지방자치단체와의 교류 · 협력

Ⅱ. 지방자치단체의 종류별 사무배분기준

1. 공통사무

지방자치단체의 사무로서 예시된 사무 가운데 「지방자치법」 제13조 2항 1호에 열거되어 있는 사무, 즉 지방자치단체의 구역, 조직 및 행정관리 등에 관한 사무는 시 · 도와 시 · 군 · 구에 공통된 사무이다(지방자치법 14조 1항 단서).

2. 시 · 도의 사무

다음의 사무는 시 · 도가 처리한다(동법 14조 1항 1호).

① 행정처리 결과가 2개 이상의 시 · 군 및 자치구에 미치는 광역적 사무
② 시 · 도 단위로 동일한 기준에 따라 처리되어야 할 성질의 사무
③ 지역적 특성을 살리면서 시 · 도 단위로 통일성을 유지할 필요가 있는 사무
④ 국가와 시 · 군 및 자치구 사이의 연락 · 조정 등의 사무
⑤ 시 · 군 및 자치구가 독자적으로 처리하기 어려운 사무
⑥ 2개 이상의 시 · 군 및 자치구가 공동으로 설치하는 것이 적당하다고 인정되는 규모의 시설을 설치하고 관리하는 사무

3. 시 · 군 및 자치구의 사무

제1호에서 시 · 도가 처리하는 것으로 되어 있는 사무를 제외한 사무는 시 · 군 및 자치구가 처리한다. 다만, 인구 50만 이상의 시에 대해서는 도가 처리하는 사무의 일부를 직접 처리하게 할 수 있다(동법 14조 1항 2호).

4. 기초자치단체 우선의 원칙

시 · 도와 시 · 군 및 자치구는 사무를 처리할 때 서로 겹치지 아니하도록 하여야 하며, 사무가 서로 겹치면 시 · 군 및 자치구에서 먼저 처리한다(동법 14조 3항). 이와 같은 기초자치단체 우선의 원칙은 사무배분의 원칙으로서 보충성 원칙의

적용에 따른 것으로 이해할 수 있다(동법 11조 2항 참조).

Ⅲ. 국가사무의 처리 제한

지방자치단체는 다음 각 호의 국가사무를 처리할 수 없다. 다만, 법률에 이와 다른 규정이 있는 경우에는 국가사무를 처리할 수 있다(지방자치법 15조).

① 외교, 국방, 사법(司法), 국세 등 국가의 존립에 필요한 사무
② 물가정책, 금융정책, 수출입정책 등 전국적으로 통일적 처리를 할 필요가 있는 사무
③ 농산물·임산물·축산물·수산물 및 양곡의 수급조절과 수출입 등 전국적 규모의 사무
④ 국가종합경제개발계획, 국가하천, 국유림, 국토종합개발계획, 지정항만, 고속국도·일반국도, 국립공원 등 전국적 규모나 이와 비슷한 규모의 사무
⑤ 근로기준, 측량단위 등 전국적으로 기준을 통일하고 조정하여야 할 필요가 있는 사무
⑥ 우편, 철도 등 전국적 규모나 이와 비슷한 규모의 사무
⑦ 고도의 기술이 필요한 검사·시험·연구, 항공관리, 기상행정, 원자력개발 등 지방자치단체의 기술과 재정능력으로 감당하기 어려운 사무

Ⅳ. 사무배분의 기본원칙

1. 중복배제의 원칙

국가는 지방자치단체가 사무를 종합적·자율적으로 수행할 수 있도록 국가와 지방자치단체 간 또는 지방자치단체 상호 간의 사무를 주민의 편익증진, 집행의 효과 등을 고려하여 서로 중복되지 아니하도록 배분하여야 한다(지방자치법 11조 1항).

2. 보충성의 원칙

국가는 제1항에 따라 사무를 배분하는 경우 지역주민생활과 밀접한 관련이 있는 사무는 원칙적으로 시·군 및 자치구의 사무로, 시·군 및 자치구가 처리하기 어려운 사무는 시·도의 사무로, 시·도가 처리하기 어려운 사무는 국가

의 사무로 각각 배분하여야 한다(동법 11조 2항).

3. 포괄적 배분의 원칙

국가가 지방자치단체에 사무를 배분하거나 지방자치단체가 사무를 다른 지방자치단체에 재배분할 때에는 사무를 배분받거나 재배분받는 지방자치단체가 그 사무를 자기의 책임 하에 종합적으로 처리할 수 있도록 관련 사무를 포괄적으로 배분하여야 한다(동법 11조 3항).

Ⅴ. 사무처리의 기본원칙

지방자치단체는 그 사무를 처리함에 있어 다음과 같은 원칙을 준수하여야 한다(지방자치법 12조).

① 지방자치단체는 사무를 처리할 때 주민의 편의와 복리증진을 위하여 노력하여야 한다.

② 지방자치단체는 조직과 운영을 합리적으로 하고 규모를 적절하게 유지하여야 한다.

③ 지방자치단체는 법령을 위반하여 사무를 처리할 수 없으며, 시·군 및 자치구는 해당 구역을 관할하는 시·도의 조례를 위반하여 사무를 처리할 수 없다.

Ⅵ. 지방자치단체의 사무의 구분

1. 자치사무·단체위임사무·기관위임사무

「지방자치법」은 "지방자치단체는 관할 구역의 자치사무와 법령에 따라 지방자치단체에 속하는 사무를 처리한다"(13조 1항)고 규정하고 있다. 이 가운데 「관할 구역의 자치사무」를 학술적으로 '자치사무' 또는 '고유사무'라고 부르며, 「법령에 따라 지방자치단체에 속하는 사무」를 '단체위임사무'라고 부른다. 그리고 이 밖에도 지방자치단체가 사실상 처리하는 사무에 '기관위임사무'가 있다.

그러나 '기관위임사무'는 실제로 지방자치단체(직원)가 처리하지만 '지방자치단체의 사무'가 아닌 점에 유의할 필요가 있다.

(1) 자치사무

자치사무는 지방자치단체의 본래 목적으로서 예정되어 있는 사무를 말한다. 지방자치단체는 본래 지역적인 공공사무를 처리함을 목적으로 하는 것으로서, 주민의 복리증진에 관한 사무가 자치사무의 핵심을 이룬다. 헌법이 "지방자치단체는 주민의 복리에 관한 사무를 처리하고…"라고 규정하고 있으며(117조 1항), 「지방자치법」이 '주민의 복지증진에 관한 사무'를 지방자치단체의 사무로서 규정하고 있음은(13조 2항) 이것을 잘 나타내 준다. 따라서 자치사무는 당해 지방자치단체의 지역적 이해관계성이 인정되는 사무, 즉 지역공동체에 뿌리를 두고 있거나 특수한 관계를 맺고 있는 사무이어야 하며, 초지역적 이해관계를 바탕으로 하거나 국가적 일반이익에 관계되는 사무는 원칙적으로 자치사무로 볼 수 없다(동법 15조). 지방자치단체가 그 존립목적인 주민의 복리증진에 관한 사무(자치사무)를 처리하기 위해서는 조직을 갖추고 재산을 관리하며 자치에 관한 규정(조례 · 규칙)을 제정할 수 있지 않으면 안 된다. 따라서 법령에 다른 규정이 없는 한 이와 같은 사무는 지방자치단체의 자치사무에 속한다고 할 수 있다(헌법 117조 1항, 지방자치법 13조 2항 1호 참조).

[판례] ㉮ 헌법은 제117조와 제118조에서 '지방자치단체의 자치'를 제도적으로 보장하고 있는바, 그 보장의 본질적 내용은 자치단체의 보장, 자치기능의 보장 및 자치사무의 보장이다. 이와 같이 헌법상 제도적으로 보장된 자치권 가운데에는 자치사무의 수행에 있어 다른 행정주체(특히 중앙행정기관)로부터 합목적성에 관하여 명령 · 지시를 받지 않는 권한도 포함된다고 볼 수 있다. 다만, 이러한 헌법상의 자치권의 범위는 법령에 의하여 형성되고 제한된다. 그러나 지방자치단체의 자치권은 헌법상 보장을 받고 있으므로 비록 법령에 의하여 이를 제한하는 것이 가능하다고 하더라도 그 제한이 불합리하여 자치권의 본질을 훼손하는 정도에 이른다면 이는 헌법에 위반된다고 보아야 할 것이다. ㉯ 한편, 지방자치단체의 사무에는 자치사무와 위임사무가 있다. 위임사무는 지방자치단체가 위임받아 처리하는 국가사무(구 지방자치법 제156조)임에 반하여, 자치사무는 지방자치단체가 주민의 복리를 위하여 처리하는 사무이며(헌법 제117조 제1항 전단 참조) 법령의 범위 안에서 그 처리 여부와 방법을 자기책임 아래 결정할 수 있는 사무로서 지방자치권의 최소한의 본질적 사항이므로, 지방자치단체의 자치권을 보장한다고 한다면 최소한 이 같은 자치사무의 자율성만은 침해해서는 안 된다(헌재 2009. 5. 28, 2006헌라6).

자치사무를 처리할 것인가 아닌가, 어떻게 처리할 것인가는 일단 지방자치단체의 재량(결정재량 · 선택재량)에 맡겨져 있다고 볼 수 있는데, 이러한 성질의 사무를 '수의(隨意)사무'라고 한다. 이에 대하여 그 사무의 처리가 지방자치단체의 의무로 되어 있는 경우를 '필요사무'라고 부르는데, 초등학교 및 중학교의 설립 · 경영(초·중등교육법 12조 2항), 폐기물처리시설의 설치 · 운영(폐기물관리법 4조) 등은 필요사무의 성질을 가진다고 새겨진다.

(2) 단체위임사무

단체위임사무란 법령에 의하여 국가 또는 다른 지방자치단체가 그 지방자치'단체'에 위임한 사무를 말한다(지방자치법 13조 1항 참조). 즉, 자치사무가 지방자치단체에 고유한 사무로서 헌법에 근거한 사무인데 대하여, 단체위임사무는 국가나 다른 지방자치단체가 법령에 의하여 그 지방자치단체에 구체적으로 위임한 사무로서 성격을 가진다. 따라서 단체위임사무에 대한 지방자치단체의 권한은 법령이 정하는 권한에 한정되므로, 이러한 점에서 사무에 대한 전권한성을 내용으로 하는 자치사무와 구분된다. 다만 일반적인 위임의 법리에 따라 지방자치단체는 자기의 책임 하에 단체위임사무를 처리한다고 할 수 있으므로, 이러한 점에서는 자치사무의 경우와 다르지 않다. 단체위임사무는 원래 국가 또는 다른 자치단체의 사무를 위임받은 것이므로 그 처리에 소요되는 비용은 위임자가 부담해야 하며(동법 158조), 이에 대한 감독 역시 합법성뿐만 아니라 합목적성에 관한 통제까지도 행해질 수 있다고 보아야 할 것이다(동법 188조 1항 및 5항).[3]

「지방자치법」 제13조 2항에서는 '지방자치단체의 사무'를 예시하면서도 자치사무와 단체위임사무(법령에 의하여 지방자치단체에 속하는 사무)를 구별하지 않고 있으며, 또한 동법 제28조 1항은 지방자치단체는 법령의 범위에서 그 사무(자치사무와 단체위임사무)에 관하여 조례를 제정할 수 있다고 함으로써, 자치사무와 단체위임사무의 구별을 상대화하고 있음을 발견할 수 있다. 한편, 구 「지방세법」 제53조[4]에 따른 도세징수의 위임을 단체위임사무의 예로 들고 있으나(대판 2000. 9. 8. 99두2765 참조), 현행 법령상 단체위임사무를 찾기는 어렵다는 점에서 과연 '단체위임사무'를 별도로 인정할 실익이 있는지는 의문이다.

3) 단체위임사무에 대하여는 '합법성감독'에 국한되어야 한다는 견해도 없지 않다. 김중권, 지방자치법상 단체위임사무제도의 재인식에 관한 소고, 고시연구, 2005. 9. 참조.

4) 구 지방세법 제53조(도세징수의 위임) ① 시, 군은 그 시, 군내의 도세를 징수하여 도에 납입할 의무를 진다. 다만, 필요할 때에는 도지사는 납세의무자 또는 특별징수의무자에게 직접 납세고지서 또는 납입통지서를 교부할 수 있다.

(3) 기관위임사무

기관위임사무란 법령에 근거하여 국가 또는 다른 지방자치단체로부터 당해 지방자치단체의 '기관'(통상 지방자치단체의 장)에게 위임된 사무를 말한다. 그 점에서 지방자치단체 자체에 위임된 단체위임사무와 구분되며, 그 점에서 지방자치단체 자체에 위임된 단체위임사무와 구분되며, 단체위임사무와 자치사무를 포함한 의미의 '지방자치단체의 사무'와도 구분된다(지방자치법 13조 1항 참조).

이와 같은 기관위임사무는 위임자를 기준으로 '국가의 사무'와 '다른 지방자치단체의 사무'로 구분할 수 있으며, 수임자를 기준으로 '장의 기관위임사무'와 '그 밖의 행정기관의 기관위임사무'로 구분될 수 있다. 그러나 그 가운데 가장 많으며 중심이 되는 것은 "지방자치단체의 장에게 위임된 국가사무(국가기관위임사무)"라고 할 수 있다.

[판례①] 지방자치법 제22조, 제9조에 의하면, 지방자치단체가 조례를 제정할 수 있는 사항은 지방자치단체의 고유사무인 자치사무와 개별 법령에 의하여 지방자치단체에 위임된 단체위임사무에 한하고, 국가사무가 지방자치단체의 장에게 위임되거나 상위 지방자치단체의 사무가 하위 지방자치단체의 장에게 위임된 기관위임사무에 관한 사항은 원칙적으로 조례의 제정범위에 속하지 않는다. 그리고 법령상 지방자치단체의 장이 처리하도록 규정하고 있는 사무가 자치사무인지 기관위임된 국가사무에 해당하는지를 판단할 때에는 법령의 규정 형식과 취지를 우선 고려해야 할 것이지만, 그 밖에도 사무의 성질이 전국적으로 통일적인 처리가 요구되는 사무인지 여부나 경비부담과 최종적인 책임귀속의 주체 등도 아울러 고려하여 판단해야 한다(대판 2014. 2. 27, 2012추145. 동지판례: 대판 2020. 9. 3, 2019두58650).

[판례②] 자동차운전면허시험 관리업무는 국가행정사무이고 지방자치단체의 장인 서울특별시장은 국가로부터 그 관리업무를 기관위임받아 국가행정기관의 지위에서 그 업무를 집행하므로, 국가는 면허시험장의 설치 및 보존의 하자로 인한 손해배상 책임을 부담한다(대판 1991. 12. 24, 91다34097. 참조판례: 대판 1999. 9. 17, 99추30; 대판 2001. 11. 27, 2001추57; 대판 2004. 6. 11, 2004추34 등).

[판례③] 학교생활기록에 관한 초·중등교육법, 고등교육법 및 각 시행령의 규정 내용에 의하면, 어느 학생이 시·도를 달리하여 또는 국립학교와 공립·사립학교를 달리하여 전출하는 경우에 학교생활기록의 체계적·통일적인 관리가 필요하고, 중학생이 다른 시·도 지역에 소재한 고등학교에 진학하는 경우에도 학교생활기록은 고등학교의 입학전형에 반영되며, 고등학생의 학교생활기록은 교육부장관의 지도·감독을 받는 대학교의 입학전형자료로 활용되므로, 학교의 장이 행하는 학교생활기록의 작성에 관한 사무는 국민 전체의 이익을 위하여 통일적으로 처리되어야 할

성격의 사무이다. 따라서 전국적으로 통일적 처리를 요하는 학교생활기록의 작성에 관한 사무에 대한 감독관청의 지도·감독 사무도 국민 전체의 이익을 위하여 통일적으로 처리되어야 할 성격의 사무라고 보아야 하므로, 공립·사립학교의 장이 행하는 학교생활기록부 작성에 관한 교육감의 지도·감독 사무는 국가사무로서 교육감에 위임된 사무이다(대판 2014. 2. 27, 2012추183. 동지 판례: 대판 2015. 9. 10, 2013추517).

[판례④] 교육공무원 징계사무의 성격, 권한의 위임에 관한 교육공무원법령의 규정 형식과 내용 등에 비추어 보면, 국가공무원인 도교육청 교육국장 및 그 하급자인 장학관, 장학사에 대한 징계는 국가사무이고, 그 일부인 징계의결요구의 신청 역시 국가사무에 해당한다. 따라서 교육감이 담당 교육청 소속 국가공무원인 도교육청 교육국장 및 그 하급자들에 대하여 하는 징계의결요구 신청 사무는 기관위임 국가사무라고 보아야 한다(대판 2015. 9. 10. 2013추517).

[판례⑤] 사립학교 교원의 복무나 징계 등은 국·공립학교 교원과 같이 전국적으로 통일하여 규율되어야 한다. 이를 고려할 때, 구 사립학교법 제54조 제3항이 사립 초등·중·고등학교 교사의 징계에 관하여 규정한 교육감의 징계요구 권한은 위 사립학교 교사의 자질과 복무태도 등을 국·공립학교 교사와 같이 일정 수준 이상 유지하기 위한 것으로서 국·공립학교 교사에 대한 징계와 균형 있게 처리되어야 할 국가사무로서 시·도 교육감에 위임된 사무라고 보아야 한다(대판 2013. 6. 27. 2009추206).

기관위임사무는 위임자가 속한 국가 또는 다른 지방자치단체의 사무이지, 위임받은 지방자치단체의 사무가 아니다. 위임사무를 처리하는 지방자치단체의 기관은 '기관위임사무를 처리하는 범위 안'에서 그 사무를 위임한 국가 또는 지방자치단체의 '기관'의 지위에 서게 되며, 위임자와 수임자의 관계는 '상급행정기관과 하급행정기관의 관계'를 형성함이 일반적이다.[5]

[판례①] 국가가 본래 그의 사무의 일부를 지방자치단체의 장에게 위임하여 그 사무를 처리하게 하는 기관위임사무의 경우에는 지방자치단체는 국가기관의 일부로 볼 수 있는 것이지만, 지방자치단체가 그 고유의 자치사무를 처리하는 경우에는 지방자치단체는 국가기관의 일부가 아니라 국가기관과는 별도의 독립한 공법인이므로, 지방자치단체 소속 공무원이 지방자치단체 고유의 자치사무를 수행하던 중 도로법 제81조 내지 제85조의 규정에 의한 위반행위를 한 경우에는 지방자치단체

5) 기관위임사무의 존재이유 내지 순기능은 행정의 경제성, 지방사정의 정통성(精通性), 위임자(국가 등)와 피위임자 간의 유대의 강화에서 찾을 수 있으며, 그의 역기능으로서는 자치단체의 국가의 하부기관화, 책임의 불명확성, 통제의 약화 등을 지적할 수 있다. 김남진, 기관위임사무의 법적고찰, 자치행정, 1992. 3, 54면 이하; 최봉석, 기관위임사무폐지론에 대한 재고, 지방자치법연구, 2004. 1 참조.

는 도로법 제86조의 양벌규정에 따라 처벌대상이 되는 법인에 해당한다고 할 것이다(대판 2005. 11. 10, 2004도2657).

[판례②] 목포시장은 지방자치단체의 장인 동시에 구 지방자치법 제102조에 의한 국가위임사무를 집행하는 관계에 있어서는 국가기관이라 할 것이다(대판 1968. 4. 16, 68다295).

「지방자치법」은 ① "시·도와 시·군 및 자치구에서 시행하는 국가사무는 시·도지사와 시장·군수 및 자치구의 구청장에게 위임하여 수행하는 것을 원칙으로 한다"(115조), ② "지방자치단체의 장은 그 지방자치단체의 사무와 법령에 따라 그 지방자치단체의 장에게 위임된 사무를 관리하고 집행한다"(116조), ③ "지방자치단체의 장은 조례나 규칙으로 정하는 바에 따라 그 권한에 속하는 사무의 일부를 보조기관, 소속 행정기관 또는 하부행정기관에 위임할 수 있다"(117조 1항)는 규정을 통해 그 기관위임사무에 관한 근거를 마련하고 있다.

그러나 「지방자치법」 제117조 1항은 국가사무를 지방자치단체의 장에게 위임한 국가기관위임사무에는 적용이 없다는 것을 유의하여야 한다. '그 권한에 속하는 사무'에 기관위임사무는 해당하지 않는다. 기관위임사무의 권한은 위임자에게 있는 것이다. 따라서 지방자치단체의 장이 국가기관위임사무를 다시 소속 행정기관에게 위임할 수는 없다. 다만, 지방자치단체의 장이 자치사무와 단체위임사무의 일부를 소속 행정기관 또는 하부행정기관에 위임하는 경우는 포함되며, 이것도 기관위임사무라 할 수 있다.

[판례] 영업정지 등 처분에 관한 사무는 국가사무로서 지방자치단체의 장에게 위임된 이른바 기관위임사무에 해당하므로 시·도지사가 지방자치단체의 조례에 의하여 이를 구청장 등에게 재위임할 수는 없고 행정권한의 위임 및 위탁에 관한 규정 제4조에 의하여 위임기관의 장의 승인을 얻은 후 지방자치단체의 장이 제정한 규칙이 정하는 바에 따라 재위임하는 것만이 가능하다(대판 1995. 7. 11, 94누4615).

한편, 「정부조직법」(6조) 및 개별법(국토의 계획 및 이용에 관한 법률 139조 등)에도 기관위임사무(특히 국가기관위임사무)에 관한 규정이 많은 가운데, 병사·공직선거·지적·통계·경제시책에 관한 사무, 각종의 인·허가사무 등에서 그 예를 많이 발견할 수 있다.

2. 사무구분의 이유와 실익

사무처리의 현장에서 자치사무·단체위임사무·기관위임사무를 구별한다는 것은 용이하지 않다. 그럼에도 불구하고 지방자치단체에서 처리되는 사무가 상기 세 종류의 사무 중 어느 것에 속하는가에 따라 다음과 같은 차이가 있는 점은 인정해야 할 것이다.

(1) 경비부담관계

자치사무는 지방자치단체 자신의 사무이므로 그 비용을 지방자치단체 스스로 부담함은 당연하다고 할 수 있다. 반면에 단체위임사무와 기관위임사무는 위임자가 비용을 부담하는 것이 원칙이다. 「지방자치법」 제158조의 "지방자치단체는 자치사무 수행에 필요한 경비와 위임된 사무에 필요한 경비를 지출할 의무를 진다. 다만, 국가사무나 지방자치단체사무를 위임할 때에는 사무를 위임한 국가나 지방자치단체에서 그 경비를 부담하여야 한다"는 규정 및 「지방재정법」 제20조의 "지방자치단체의 관할 구역의 자치사무에 관하여 필요한 경비는 당해 지방자치단체가 그 전액을 부담한다"는 규정 등은 이러한 원칙을 성문화한 것으로 볼 수 있다.

[판례] ㉮ 자치사무는 지방자치단체의 사무이므로 그에 관한 경비 또한 당해 지방자치단체가 부담하는 것이 원칙이나(지방재정법 제20조, 지방자치법 제141조 본문), 기관위임사무에 관한 경비는 이를 위임한 국가가 부담하고, 그 소요되는 경비 전부를 당해 지방자치단체에 교부하여야 하므로(지방재정법 제21조 제2항, 지방자치법 제141조 단서), 국가는 청구인이 이 사건 토지를 관리하면서 지출한 경비 전부를 청구인에게 교부하여야 한다. ㉯ 기관위임사무는 사무수행의 편의와 능률 그리고 지방자치단체가 담당하는 업무와의 연관성을 고려할 때 국가가 직접 특별관청을 설치하여 수행하는 것보다 지방자치단체나 그 기관으로 하여금 대행케 하는 것이 보다 경제적이고 능률적이라 보아 위임한 것이므로, 귀속금으로 충당할 수 없는 관리경비는 그 전액을 국고에서 교부·전보하는 것이 마땅하다(헌재 2010. 12. 28. 2009헌라2).

그러나 「지방재정법」 제21조 1항 및 2항에 의하면 단체위임과 기관위임의 구별 없이 법령에 의한 위임인가 또는 국가 스스로 해야 할 사무를 임의로 한 위임인가를 구분하여 전자의 경우에는 사무의 이해관계에 따라 국가와 지방자치단체 사이에 비용부담이 행해지도록 규정하고 있다. 즉 지방자치단체 또는 그 기관이 '법령에 의하여 처리하여야 할 사무'로서 국가와 지방자치단체 상호간에 이해관계가 있는 경우에는 그 원활한 사무처리를 위하여 국가에서 부담하지 아니하면 아니 될 경비는 국가가 그 전부 또는 일부를 부담하여야 하며

(동법 21조 1항), '국가가 스스로 행하여야 할 사무'를 지방자치단체 또는 그 기관에 위임하여 수행하는 경우에는 그 소요되는 경비의 전부를 국가가 당해 지방자치단체에 교부하여야 한다(동법 21조 2항)고 규정하고 있다.

(2) 감독권의 소재

자치사무에 대하여는 행정안전부장관 또는 시·도지사의 감독을 받는다. "행정안전부장관이나 시·도지사는 지방자치단체의 자치사무에 관하여 보고를 받거나 서류·장부 또는 회계를 감사할 수 있다. 이 경우 감사는 법령 위반사항에 대해서만 한다"(지방자치법 190조 1항)라는 규정이 이것을 말하여 준다.[6]

이에 대하여 단체위임사무와 기관위임사무는 '위임되는 사무의 소속' 여하에 따라 감독기관을 달리한다. 즉 국가사무의 경우에는 위임자(주무부장관)와 시·도지사가, 시·도사무의 경우에는 위임자인 시·도지사가 지도·감독권을 갖는다(동법 185조).

(3) 감독의 형태와 범위

자치사무에 대한 감독은 교정감독 및 합법성감독에 그침을 원칙으로 하는데 대하여, 단체위임사무 및 기관위임사무에 대한 감독은 예방적 감독 및 합목적성 감독까지 행할 수 있다. 「지방자치법」 제188조 5항에서 자치사무와 관련하여 "제1항부터 제4항까지의 규정에 따른 자치사무에 관한 명령이나 처분에 대한 주무부장관 또는 시·도지사의 시정명령, 취소 또는 정지는 법령을 위반한 것에 한정한다"고 규정함으로써 이를 명백히 하고 있다.

[참고판례] 하급행정관청으로서 군수의 일반적 지휘·감독을 받는 읍·면장의 위임사무처리에 관한 위법한 처분에 대하여만 군수에게 취소·정지권을 부여하여 부당한 처분에 대하여는 이를 배제한 조례안은 지방자치법에 위배되어 무효이다(대판 1996. 12. 23, 96추114).

특히 기관위임사무에 대한 감독과 관련해서는, 1994년 3월 16일의 법률개정을 통해 새로운 제도가 도입된 점에 유의할 필요가 있다. 즉 지방자치단체장이 법령의 규정에 의하여 그 의무에 속하는 국가위임사무 또는 시·도위임사무의 관리 및 집행을 명백히 해태하고 있다고 인정되는 경우에 직무이행명령 및 대

6) 다만 행정안전부가 지방자치단체에 대하여 광범위한 감독권을 가지는 데 대해서 오늘날 비판적 시각이 많다는 점에 유의할 필요가 있다.

집행을 통해 그 의무이행을 강제할 수 있는 근거규정(동법 189조)이 신설된 것이다.[7)]

(4) 지방의회의 관여

지방자치단체의 사무에 대하여는 지방의회가 의결·감사 및 조사 등으로 관여할 수 있음이 일반적으로 인정되고 있다(지방자치법 47조, 49조 1항, 2항 참조). 단체위임사무 및 기관위임사무에 대하여는 국회와 시·도의회가 직접 감사하기로 한 사무 이외의 것에 대해서만 당해 지방의회가 감사 또는 조사를 행할 수 있다(동법 49조 3항 이하 참조).[8)] 그러나 지방의회가 법률의 규정에 없는 관여수단 내지 견제장치 등을 조례를 통해 제정하여 행사하는 것은 허용될 수 없다.

[판례①] 지방자치단체의 주민을 상대로 한 모든 행정기관의 행정처분에 대한 행정심판청구를 지원하는 것을 내용으로 하는 조례안은 지방자치단체의 사무에 관한 조례제정권의 범위를 벗어난 것일 뿐 아니라, 그 지원 여부를 결정하기 위한 전제로서 당해 행정처분의 정당성 여부를 지방의회에서 판단하도록 규정하고 있다면 이는 결국 지방의회가 스스로 행정처분의 정당성 판단을 함으로써 자치단체의 장을 견제하려는 것으로서 이는 법률에 규정이 없는 새로운 견제장치를 만드는 것이 되어 지방자치단체의 장의 고유권한을 침해하는 것이 되어 효력이 없다(대판 1997. 3. 28, 96추60).

[판례②] 지방자치법은 지방자치단체의 의사를 내부적으로 결정하는 최고의결기관으로 지방의회를, 외부에 대하여 지방자치단체의 대표로서 지방자치단체의 의사를 표명하고 그 사무를 통할하는 집행기관으로 단체장을 독립한 기관으로 두고, 의회와 단체장에게 독자적인 권한을 부여하여 상호 견제와 균형을 이루도록 하고 있으므로, 법률에 특별한 규정이 없는 한 조례로써 견제의 범위를 넘어서 상대방의 고유권한을 침해하는 규정을 제정할 수 없는 것인바, 지방의회는 조례의 제정 및 개폐, 예산의 심의 확정, 결산의 승인, 기타 같은 법 제35조에 규정된 사항에 대한 의결권을 가지는 외에 같은 법 제36조 등의 규정에 의하여 지방자치단체사무에 관한 행정사무감사 및 조사권 등을 가지므로, 이처럼 법령에 의하여 주어진 권한의 범위 내에서 집행기관을 견제할 수 있는 것이지 법령에 규정이 없는 새로운 견제장치를 만드는 것은 집행기관의 고유권한을 침해하는 것이 되어 허용할 수 없다(대판 2003. 9. 23, 2003추13. 동지 판례: 대판 2012. 11. 29, 2011추87).

[판례③] 상위법령에서 지방자치단체장에게 기관구성원 임명·위촉권한을 부여하면서도 임명·위촉권의 행사에 지방의회의 동의를 받도록 하는 등의 견제나 제약을 규정하고 있거나 그러한 제약을 조례 등에서 할 수 있다고 규정하고 있지 않는

7) 자세한 것은 본서 255면 이하 참조.
8) 자세한 것은 본서 217면 이하 참조.

한 당해 법령에 의한 임명·위촉권은 지방자치단체의 장에게 전속적으로 부여된 것이라고 보아야 한다. 따라서 하위법규인 조례로는 지방자치단체장의 임명·위촉권을 제약할 수 없고, 지방의회의 지방자치단체 사무에 대한 비판, 감시, 통제를 위한 행정사무감사 및 조사권 행사의 일환으로 위와 같은 제약을 규정하는 조례를 제정할 수도 없다(대판 2013. 9. 27, 2012추169. 동지 판례: 대판 2023. 3. 9, 2022추5118).

또한 지방의회의 집행기관의 사무집행에 대한 관여는 본회의 및 위원회 활동에 의해 이루어져야 하며, 의원의 개별적 관여는 허용되지 않는다고 보아야 할 것이다.

[판례] 의원은 의회의 본회의 및 위원회의 의결과 안건의 심사·처리에 있어서 발의권, 질문권, 토론권 및 표결권을 가지며 의회가 행하는 지방자치단체사무에 대한 행정감사 및 조사에서 직접 감사 및 조사를 담당하여 시행하는 권능이 있으나 이는 의회의 구성원으로서 의회의 권한행사를 담당하는 권능이지 의원 개인의 자격으로 가지는 권능이 아니므로 의원은 의회의 본회의 및 위원회의 활동과 아무런 관계없이 의원 개인의 자격에서 집행기관의 사무집행에 간섭할 권한이 없다(대판 1992. 7. 28, 92추31).

(5) 배상책임의 귀속

자치사무의 위법한 처리 또는 자치단체가 설치·관리하는 공공시설의 하자로 인하여 발생한 손해에 대하여는 지방자치단체가 그 손해를 배상함이 원칙이다.

「국가배상법」 제6조 1항은 "국가나 지방자치단체가 손해를 배상할 책임이 있는 경우에 공무원의 선임·감독 또는 영조물의 설치·관리를 맡은 자와 공무원의 봉급·급여 그 밖의 비용 또는 영조물의 설치·관리의 비용을 부담하는 자가 동일하지 아니하면 그 비용을 부담하는 자도 손해를 배상하여야 한다"고 규정하고 있는 바, 이 규정에 의하면 피해자는 사무의 귀속주체(관리주체)와 비용부담자에 대하여 선택적으로 배상을 청구할 수 있다.

「국가배상법」 제6조의 비용부담자의 해석과 관련하여 견해가 대립되는데, 비용부담자의 의미를 규정상 확연한 것은 아니나 일응 대외적으로 비용을 지출하는 자를 뜻한다고 해석하는 견해(형식적 비용부담자설)와 비용부담자에 대외적으로 경비를 지출하는 형식적 비용부담자 외에 궁극적으로 비용을 부담하는 실질적 비용부담자를 포함시킬 수 있다는 견해(병합설) 등이 주장된다.

생각건대, 「국가배상법」 제6조는 피해자가 그 사무의 귀속주체를 정확히 파악하여 그 사무의 귀속주체에게 배상을 청구할 것을 기대하기 힘든 소송현실에서 피해자의 권리구제의 길의 확대를 위하여 마련된 규정이다. 이러한 견지에서 병합설에 찬성한다.

병합설에 의할 때, 기관위임사무의 경우에 위임자(국가 또는 다른 지방자치단체)는 사무의 귀속주체로서 또한 통상적인 경우 사무처리비용의 실질적 비용부담자로서 피해자에 대해 배상책임을 지며, 지방자치단체는 형식적 비용부담자로서 배상책임을 지게 된다. 다만, 기관위임사무의 처리로 인하여 발생한 손해에 대하여는 궁극적으로 위임자(국가 또는 다른 지방자치단체)가 최종적인 배상책임자가 되고, 따라서 국가배상을 한 지방자치단체는 국가 등에게 구상할 수 있을 것이다.

[판례①] 도지사가 그의 권한에 속하는 사무를 소속 시장 또는 군수에게 위임하여 시장, 군수로 하여금 그 사무를 처리하게 하는, 소위 기관위임의 경우에는, 지방자치단체의 장인 시장, 군수는 도산하 행정기관의 지위에서 그 사무를 처리하는 것이므로, 시장, 군수 또는 그들을 보조하는 시, 군소속 공무원이 그 위임 받은 사무를 집행함에 있어 고의 또는 과실로 타인에게 손해를 가하였다면 그 사무의 귀속주체인 도가 손해배상책임을 진다(대판 1994. 1. 11, 92다29528).

[판례②] 도로교통법 제3조 제1항은 특별시장·광역시장 또는 시장·군수(광역시의 군수를 제외)는 도로에서의 위험을 방지하고 교통의 안전과 원활한 소통을 확보하기 위하여 필요하다고 인정하는 때에는 신호기 및 안전표지를 설치하고 이를 관리하여야 하도록 규정하고, 도로교통법 시행령 제71조의2 제1항 제1호는 특별시장·광역시장이 위 법률규정에 의한 신호기 및 안전표지의 설치·관리에 관한 권한을 지방경찰청장에게 위임하는 것으로 규정하고 있는바, 이와 같이 행정권한이 기관위임된 경우 권한을 위임받은 기관은 권한을 위임한 기관이 속하는 지방자치단체의 산하 행정기관의 지위에서 그 사무를 처리하는 것이므로 사무귀속의 주체가 달라진다고 할 수 없고, 따라서 권한을 위임받은 기관 소속의 공무원이 위임사무처리에 있어 고의 또는 과실로 타인에게 손해를 가하였거나 위임사무로 설치·관리하는 영조물의 하자로 타인에게 손해를 발생하게 한 경우에는 권한을 위임한 관청이 소속된 지방자치단체가 국가배상법 제2조 또는 제5조에 의한 배상책임을 부담하고, 권한을 위임받은 관청이 속하는 지방자치단체 또는 국가가 국가배상법 제2조 또는 제5조에 의한 배상책임을 부담하는 것이 아니다.

한편 국가배상법 제6조 제1항은 같은 법 제2조, 제3조 및 제5조의 규정에 의하여 국가 또는 지방자치단체가 손해를 배상할 책임이 있는 경우에 공무원의 선임·감독 또는 영조물의 설치·관리를 맡은 자와 공무원의 봉급·급여 기타의 비용 또는 영조물의 설치·관리의 비용을 부담하는 자가 동일하지 아니한 경우에는 그 비용을 부담하는 자도 손해를 배상하여야 한다고 규정하고 있으므로 교통신호기를 관리하는 지방경찰청장 산하 경찰관들에 대한 봉급을 부담하는 국가도 국가배상법 제6조 제1항에 의한 배상책임을 부담한다(대판 1996. 6. 25, 99다11120).

[판례③] 지방자치단체의 장이 기관위임된 국가행정사무를 처리하는 경우 그에 소요되는 경비의 실질적·궁극적 부담자는 국가라고 하더라도 당해 지방자치단체는 국가로부터 내부적으로 교부된 금원으로 그 사무에 필요한 경비를 대외적으로 지출하는 자이므로, 이러한 경우 지방자치단체는 국가배상법 제6조 제1항 소정의 비용부담자로서 공무원의 불법행위로 인한 같은 법에 의한 손해를 배상할 책임이 있다(대판 1994. 12. 9, 94다38137).

그러나 단체위임사무의 경우에는 사무의 관리주체(귀속주체)이자 형식적 비용부담자인 지방자치단체가 배상책임을 지며, 또한 국가 등이 사무처리비용의 전부 또는 일부를 부담하는 경우에는 실질적 비용부담자로서 책임을 지게 된다. 국가 등이 실질적 비용부담자로서 배상한 경우에는 사무관리주체인 지방자치단체에게 구상할 수 있는가의 문제는 학설(관리자설, 비용부담자설, 기여도설 등)에 따라 결론이 달라질 수 있다.

3. 사무의 구별기준

(1) 문제의 소재

지방자치단체의 사무는 자치사무, 단체위임사무, 기관위임사무로 대별되는바, 「지방자치법」 제13조 2항과 제15조에서는 지방자치단체의 사무(이에는 자치사무와 단체위임사무가 포함)와 국가사무를 예시하고 있지만, 법률에서 이와 달리 규정하고 있는 경우에는 이 규정에도 불구하고 그 법적 성질이 달라지기 때문에 절대적인 구별기준이 되지 못한다.

근본적으로 어떠한 사무가 어느 유형에 속하는지는 입법정책의 문제로서, 관계법 규정에 담겨 있는 입법자의 의사를 추적함으로써 해명될 수 있는 것이다. 다만, 지방자치단체의 본질적인 내용을 이루는 사무(예컨대, 주민의 복리증진에 관한 사무)를 지방자치단체로부터 박탈하는 것은 입법형성의 자유의 한계를 벗어나는 것이므로 허용될 수 없다.

(2) 구별기준

(가) 개별법 규정을 통한 실마리 찾기

① **권한규정:** 구별의 가장 중요한 실마리가 되는 것은 근거법령의 권한규정이다. 개별법에서 대통령과 국무총리 또는 각 중앙부처의 장 등 중앙행정기관의 장의 권한으로 규정하고 있는 사무는 국가사무로 볼 수 있다. 위와 같은 국가사무 중에서 시·도지사나 시장·군수·구청장 등에게 위임된 사무는 기관위임사무로 보아야 할 것이고, 지방자치단체에 위임된 것은 단체위임사무로 보아야 할 것이다.

② **권한규정이 불분명한 경우:** 이러한 경우에는 개별법상의 비용부담, 수입규정, 감독규정을 고려하여 어떠한 사무인지를 판단하여야 할 것이다. 가령, 사무에 소요되는 비용을 지방자치단체가 부담하고 그로 인한 수입도 지방자치단체의 것으로 귀속시키는 경우에는 자치사무라고 할 수 있을 것이다.

③ **보충적 규정:** 지방자치단체의 사무를 구별하는 데 있어 「지방자치법」 제13조 2항과 제15조의 예시규정을 보충적으로 고려하면 그 판단의 실마리를 제공한다.

(나) 「지방자치단체장이 행한다」는 권한규정의 의미

① **문제점:** 개별법령에서 시·도지사 등 지방자치단체장의 권한으로 규정하고 있는 경우, 즉 「지방자치단체장이 행한다」고 규정한 경우 이 규정상 지방자치단체장의 권한대상으로서의 사무가 자치사무인지 기관위임사무인지 여부가 문제된다. 기관위임사무인 경우가 많겠지만 본래적 자치사무에 대하여 단지 자치단체의 대표자로서 '장'이 행한다는 의미로 쓰일 때도 있기 때문이다.

② **해석을 통한 입법자의 의사추적:** 개별법령의 취지와 내용을 구체적으로 판단하여 해당사무가 주무부장관의 통제하에 적극적 기준에 의하여 처리되어야 할 사무는 국가의 기관위임사무로, 해당사무가 「지방자치법」 제13조 2항 소정의 지방자치단체사무로 예시되어 있는 사무 중에 포함되어 있거나 그렇지 아니하더라도 특히 지역적 특성에 따라 자율적으로 처리되는 것이 바람직한 사무는 자치사무로 보아야 할 것이다.

[판례] 법령상 지방자치단체의 장이 처리하도록 규정하고 있는 사무가 자치사무인지 아니면 기관위임사무인지를 판단함에 있어서는 그에 관한 법령의 규정형식과 취지를 우선 고려하여야 하지만 그 외에도 그 사무의 성질이 전국적으로 통일적인

처리가 요구되는 사무인지 여부나 그에 관한 경비부담과 최종적인 책임귀속의 주체 등도 아울러 고려하여야 한다(대판 2003. 4. 22, 2002두10483, 동지판례: 대판 2001. 11. 27, 2001추57; 대판 2010. 12. 9, 2008다71575; 대판 2013. 5. 23, 2011추56; 대판 2017. 12. 5, 2016추5162).

「지방자치법」 제13조는 단지 지방자치단체의 사무의 예시적 의미만을 지닐 뿐이고, 동조 제2항 단서에 의해 개별법의 규정이 있으면 사무의 성질이 바뀔 수 있으므로 개별법의 규정을 살펴보아야 하나, 개별법에 사무의 종류가 명정되어 있지 않는 한 그 구별이 쉽지 아니하다. 이 경우 그 구별은 개별법 관련조항의 해석과 행정현실을 고려하여 할 수밖에 없을 것이다.

[참고판례] 구 초·중등교육법 등 관계 법령의 해석에 의하면 교육감의 학교생활기록의 작성에 관한 사무에 대한 지도·감독 사무는 기관위임 국가사무에 해당하지만, 지방자치법 제169조에 규정된 취소처분에 대한 이의소송의 입법 취지 등을 고려할 때, 교육감이 위와 같은 지도·감독 사무의 성격에 관한 선례나 학설, 판례 등이 확립되지 않은 상황에서 이를 자치사무라고 보아 사무를 집행하였는데, 사후적으로 사법절차에서 그 사무가 기관위임 국가사무임이 밝혀졌다는 이유만으로 곧바로 기존에 행한 사무의 구체적인 집행행위가 위법하다고 보아 징계사유에 해당한다고 볼 수는 없다(대판 2014. 2. 27, 2012추213).

4. 공관사무의 문제

(1) 공관사무의 의의

지방자치단체 또는 그 기관이 처리하는 사무는 자치사무와 단체위임사무 그리고 기관위임사무로 구분됨이 보통이다. 그러나 행정의 실제에 있어서는 국가와 지방자치단체가 공동으로 사무를 수행하는 경우도 존재하는 것이 사실이다. 바로 그와 같은 사무를 공관사무(공동관리사무)라고 부를 수 있다.[9] 법이 "지방자치단체 또는 그 기관이 법령에 의하여 처리하여야 할 사무로서 국가와 지방자치단체 상호 간에 이해관계가 있는 경우에, 그 원활한 사무처리를 위하여 국가에서 부담하지 아니하면 아니 되는 경비는 국가가 그 전부 또는 일부를 부담한다"(지방재정법 21조)라고 규정하고 있음은, 현행법 역시 공관사무의 존재를 간접적으로 시인하고 있는 것으로 보인다.

9) 공관사무는 외국어의 Kondominium(staatlich-gemeindliches Kondominium) 또는 rex mixta, rex mixtae를 우리말로 옮긴 것으로서, 학자에 따라서는 공동행정영역, 공동결정영역 등의 용어를 사용하기도 한다. 상세는 김남진, 자치사무·공관사무의 구별과 승인유보, 고시연구, 1996. 10, 135면 이하 등 참조.

(2) 관련문제: 승인유보

공관사무와 관련된 법적 문제가 많이 있는 가운데, 특히 중요한 것에 승인유보(staatliche Genehmigungsvorbehalt)의 문제가 있다. 즉, 자치사무에 대해서는 국가(기타 다른 감독기관 등 포함)에 의한 사전승인제가 원칙적으로 허용되지 않는 데 대하여, 공관사무에 대해서는 사전승인이 허용되며, 당해 문제와 관련하여 합법성감독은 물론 합목적성감독도 허용된다고 보는 것이다.

[관련판례] 지방세법 제9조에서 지방자치단체가 과세면제·불균일과세 또는 일부과세(이하 '과세면제 등'이라 함)를 하고자 할 경우에 내무부장관의 허가를 받도록 한 취지는, 과세면제 등 제도의 무분별한 남용으로 국민의 조세부담의 불균형 또는 지방자치단체 간의 지방세과세체계에 혼란을 초래할 우려가 있을 뿐 아니라 지방세법 본래의 취지에도 맞지 않는 결과가 발생할 수가 있고, 과세면제 등으로 인한 세수입손실의 결과는 결국 다른 지방자치단체의 지방교부세 감소라는 결과를 가져올 가능성도 있으므로, 내무부장관이 지방자치단체의 과세면제 등 일정한 사항에 관한 조례제정에 한하여 사전허가제도를 통하여 전국적으로 이를 통제·조정함으로써 건전한 지방세제를 확립하기 위하여 마련한 제도인 것으로 이해되고, 따라서 위 규정이 지방자치단체의 조례제정권의 본질적 내용을 침해하는 규정이라고 할 수 없다(대판 1996. 6. 14, 96추22).[10]

제 5 절 지방자치단체의 권한

Ⅰ. 개 설

헌법이 지방자치단체에 대하여 포괄적인 자치권을 보장하고 있음으로써, 지방자치단체는 지방적 공공사무(자치사무)에 관한 한 개별적 법률의 수권 없이도 자주적으로 규율하고 처리할 수 있는 권한을 가진다고 함(전권한성의 원칙과 자기책임의 원칙)은 앞에 밝혀 놓은 바와 같다. 헌법상의 그와 같은 지방자치단체의 권한은 「지방자치법」 등의 법률을 통해 구체화되어 있는 바, 그들 실정법을 바탕으로 지방자치단체의 주요 권한에 관하여 살펴보기로 한다.

---

10) 이 판례의 평석에 관하여는 김남진, 시세(市稅)감면조례안무효확인과 승인유보, 고려대 판례연구 제8집, 1996, 41면 이하 참조.

[판례] 헌법 제117조 제1항은 "지방자치단체는 주민의 복리에 관한 사무를 처리하고 재산을 관리하며, 법령의 범위 안에서 자치에 관한 규정을 제정할 수 있다."고 규정하여 지방자치를 제도적으로 보장하고 있다. 이에 따라 지방자치단체에게는 법령의 범위 내에서 자신의 지역에 관련된 여러 사무를 자신의 책임 하에 수행할 수 있는 지방자치권이 보장되는데, 이러한 권한에는 자치입법권, 자치조직권, 자치인사권, 자치재정권 등이 포함된다. 헌법 제117조 제1항에 의해 지방자치단체에게 보장된 지방자치권은 절대적인 것이 아니고 법령에 의하여 형성되는 것이므로, 입법자는 지방자치에 관한 사항을 형성하면서 지방자치단체의 지방자치권을 제한할 수 있다. 그러나 법령에 의하여 지방자치단체의 지방자치권을 제한하는 것이 가능하다고 하더라도, 지방자치단체의 존재 자체를 부인하거나 각종 권한을 말살하는 것과 같이 그 제한이 불합리하여 지방자치권의 본질적인 내용을 침해하여서는 아니 된다(헌재 2010. 10. 28, 2007헌라4).

Ⅱ. 자치입법권

기본사례

수원시의회는 「도시교통정비 촉진법」 제33조 3항과 동법 시행령 제14조의 규정에 따라 교통수요관리 중 주차수요관리의 시행방안으로 자동차(1,500cc 미만의 승용차 제외)의 보유자에게 차고지를 확보하도록 하는 내용의 조례안을 의결하여 수원시장에게 이송하였다. 수원시장으로부터 보고를 받은 경기도지사는 위 조례안의 내용 중 자동차 보유자에게 차고지확보의무 및 자동차관리법에 의한 자동차등록을 함에 있어서 차고지확보 입증서류의 제출의무를 부과하며, 그 미제출을 등록신청의 수리거부사유로 정하고 있는 것은 위법이라고 주장한다. 경기도지사의 주장이 정당한지의 여부와 그 주장의 관철방법은 어떠한가?

1. 조례제정권

(1) 조례의 의의

조례는 지방자치단체가 지방의회의 의결을 거쳐 제정하는 법규이다. 지방의회의 의결을 거쳐 제정되는 점에서, 같은 자치법규인 지방자치단체장의 규칙과 구별된다(지방자치법 28조, 29조, 47조 참조).

(2) 조례의 종류

(가) 자치조례

헌법 제117조는 "지방자치단체는 … 법령의 범위 안에서 자치에 관한 규정을 제정할 수 있다"고 규정하고 있고, 「지방자치법」 제28조 1항 본문은 "지방자치단체는 법령의 범위에서 그 사무에 관하여 조례를 제정할 수 있다"라고 규정하고 있다. 여기에서 '그 사무'란 동법 제13조 1항에서 말하는 '관할 구역의 자치사무'와 '법령에 따라 지방자치단체에 속하는 사무(단체위임사무)'를 말하는 것으로, 기관위임사무는 조례의 규율대상이 아니다. 이들 사무에 관해서는 법령의 개별적인 위임 없이 비교적 폭넓게 조례를 제정할 수 있는 바, 이렇게 제정되는 조례를 자치조례라고 한다.

[판례①] 헌법 제117조 제1항과 지방자치법 제15조에 의하면 지방자치단체는 법령의 범위 안에서 그 사무에 관하여 자치조례를 제정할 수 있으나 이 때 사무란 지방자치법 제9조 제1항에서 말하는 지방자치단체의 자치사무와 법령에 의하여 지방자치단체에 속하게 된 단체위임사무를 가리키므로 지방자치단체가 자치조례를 제정할 수 있는 것은 원칙적으로 이러한 자치사무와 단체위임사무에 한하므로, 국가사무가 지방자치단체의 장에게 위임된 기관위임사무와 같이 지방자치단체의 장이 국가기관의 지위에서 수행하는 사무일 뿐 지방자치단체 자체의 사무라고 할 수 없는 것은 원칙적으로 자치조례의 제정 범위에 속하지 않는다(대판 2001. 11. 27. 2001추57).

[판례②] 지방자치법 제22조, 제9조에 따르면, 지방자치단체가 조례를 제정할 수 있는 사항은 지방자치단체의 고유사무인 자치사무와 개별 법령에 따라 지방자치단체에 위임된 단체위임사무에 한정된다. 국가사무가 지방자치단체의 장에게 위임되거나 상위 지방자치단체의 사무가 하위 지방자치단체의 장에게 위임된 기관위임사무에 관한 사항은 원칙적으로 조례의 제정범위에 속하지 않는다(대판 2020. 9. 3, 2019두58650. 동지판례: 대판 2013. 4. 11. 2011두12153).

[판례③] 헌법 제117조 제1항은 지방자치단체에 포괄적인 자치권을 보장하고 있으므로, 자치사무와 관련한 조례에 대한 법률의 위임은 법규명령에 대한 법률의 위임과 같이 구체적으로 범위를 정하여서 할 엄격성이 반드시 요구되지는 않는다. 법률이 주민의 권리의무에 관한 사항에 관하여 구체적으로 범위를 정하지 않은 채 조례로 정하도록 포괄적으로 위임한 경우에도 지방자치단체는 법령에 위반되지 않는 범위 내에서 각 지역의 실정에 맞게 주민의 권리의무에 관한 사항을 조례로 제정할 수 있다(대판 2019. 10. 17. 2018두40744).

(나) 위임조례

지방자치단체의 사무(자치사무 및 단체위임사무)가 아닌 기관위임사무는 원칙적으로 조례의 규율대상이 아니다. 그럼에도 불구하고, 현실적으로는 기관위임사무에 관하여도 그의 규율을 조례에 위임하는 경우도 없지 않다. 그와 같은 위임조례는 실질적으로 법규명령(위임명령)의 성질을 가지므로, 그의 제정에는 위임입법에 관한 법리가 적용되어야 한다고 보아야 할 것이다.[1]

[판례] ㉮ 지방자치단체가 자치조례를 제정할 수 있는 것은 원칙적으로 자치사무와 단체위임사무에 한하므로, 국가사무가 지방자치단체의 장에게 위임된 기관위임사무와 같이 지방자치단체의 장이 국가기관의 지위에서 수행하는 사무일 뿐 지방자치단체 자체의 사무라고 할 수 없는 것은 원칙적으로 자치조례의 제정범위에 속하지 않는다.

㉯ 기관위임사무에 있어서도 그에 관한 개별 법령에서 일정한 사항을 조례로 정하도록 위임하고 있는 경우에는 지방자치단체의 자치조례 제정권과 무관하게 이른바 위임조례를 정할 수 있다고 하겠으나 이 때에도 그 내용은 개별 법령이 위임하고 있는 사항에 관한 것으로서 개별 법령의 취지에 부합하는 것이라야만 하고, 그 범위를 벗어난 경우에는 위임조례로서의 효력도 인정할 수 없다(대판 1999. 9. 17, 99추30).

(3) 조례제정권의 범위

(가) 법령우위의 원칙

조례가 법령(법률과 법규명령)을 위반하여서는 안 됨은 명백하다. 헌법 제117조 1항 및 「지방자치법」 제28조 1항 본문에서 지방자치단체는 "법령의 범위 안에서(또는 법령의 범위에서)" 조례를 제정할 수 있도록 한 취지도 바로 이 원칙을 선언한 것이라 할 것이다.[2]

[판례①] 지방자치법 제15조 본문은 "지방자치단체는 법령의 범위 안에서 그 사무에 관하여 조례를 제정할 수 있다"고 규정하는바, 여기서 말하는 '법령의 범위 안에서'란 '법령에 위반되지 않는 범위 내에서'를 가리키므로 지방자치단체가 제정

1) 상세는 김남진, 조례제정의 법적 문제, 법제연구 통권 제9호, 1995, 27면 이하 참조.
2) 자치입법권의 범위를 확대하는 취지에서 2021년 1월 전부개정된 「지방자치법」 제28조 1항에서는 "법령의 범위 안에서"를 "법령의 범위에서"로 개정하였다. 판례가 "법령의 범위 안에서"를 "법령에 위반되지 않는 범위 내에서"로 해석하고 있는 취지를 명확하게 반영하였다는 점에서는 의미를 부여할 수 있다. 그러나 헌법에서 '법령의 범위 안에서'로 규정하고 있는 점을 고려할 때 법리상 다른 특별한 의미를 부여하기는 어렵다고 생각된다.

한 조례가 법령에 위반되는 경우에는 효력이 없다(대판 2002. 4. 26, 2002추23. 동지 판례: 대판 2009. 4. 9, 2007추103).

[판례②] 조례가 법령을 위반하는지 여부는 법령과 조례 각각의 규정 취지, 규정의 목적과 내용 및 효과 등을 비교하여 둘 사이에 모순·저촉이 있는지의 여부에 따라서 개별적·구체적으로 결정하여야 한다(대판 2008. 6. 12, 2007추42. 동지 판례: 대판 2009. 10. 15, 2008추32).

[판례③] 헌법 제117조 제1항과 지방자치법 제22조에 의하면 지방자치단체는 법령의 범위 안에서 그 사무에 관하여 조례를 제정할 수 있고, 지방자치법은 의결기관으로서의 지방의회와 집행기관으로서의 지방자치단체장에게 독자적 권한을 부여하는 한편, 지방의회는 행정사무감사와 조사권 등에 의하여 지방자치단체장의 사무집행을 감시 통제할 수 있게 하고 지방자치단체장은 지방의회의 의결에 대한 재의요구권 등으로 의회의 의결권행사에 제동을 가할 수 있게 함으로써 상호 견제와 균형을 유지하도록 하고 있으므로, 지방의회는 자치사무에 관하여 법률에 특별한 규정이 없는 한 조례로써 위와 같은 지방자치단체장의 고유권한을 침해하지 않는 범위 내에서 조례를 제정할 수 있다고 할 것이다(대판 2013. 4. 11, 2012추22. 동지판례: 대판 1992. 7. 28, 92추31; 대판 2009. 8. 20, 2009추77).

[판례④] 상위 법령에서 지방자치단체의 장에게 기관구성원 임명·위촉권한을 부여하면서도 임명·위촉권의 행사에 대한 지방의회의 동의를 받도록 하는 등의 견제나 제약을 규정하고 있거나 그러한 제약을 조례 등에서 할 수 있다고 규정하고 있지 아니하는 한, 당해 법령에 의한 임명·위촉권은 지방자치단체의 장에게 전속적으로 부여된 것이라고 보아야 한다. 따라서 하위 법규인 조례로써는 지방자치단체장의 임명·위촉권을 제약할 수 없고, 지방의회의 지방자치단체 사무에 대한 비판, 감시, 통제를 위한 행정사무감사 및 조사권 행사의 일환으로 위와 같은 제약을 규정하는 조례를 제정할 수도 없다(대판 2017. 12. 3, 2014추644).

[판례⑤] 헌법 제117조 제1항에서 규정하고 있는 '법령'에 법률 이외에 '대통령령', '총리령' 및 '부령'과 같은 법규명령이 포함되는 것은 물론이지만, 법규명령으로서 기능하는 행정규칙이 포함된다고 보아야 할 것이다. 헌법재판소는 "법령의 직접적인 위임에 따라 수임행정기관이 그 법령을 시행하는데 필요한 구체적 사항을 정한 것이면, 그 제정형식은 비록 법규명령이 아닌 고시, 훈령, 예규 등과 같은 행정규칙이더라도, 그것이 상위법령의 위임한계를 벗어나지 아니하는 한, 상위법령과 결합하여 대외적인 구속력을 갖는 법규명령으로서 기능하게 된다고 보아야 한다"고 판시한 바 있다(헌재 2002. 10. 31, 2001헌라1).

그러나 법령의 규제내용이 전국적 최저기준을 표시하고 있다고 새겨지고, 그 이상의 규제는 각 지방의 특수한 사정을 고려하여 자율적으로 정하는 것을 허용하고 있다고 새겨지는 경우에는 법령의 내용을 초과 또는 추가하는 내용의 조례(초과조례·추가조례)도 유효하다고 봄이 타당하다.[3]

[판례①] 조례가 규율하는 특정사항에 관하여 그것을 규율하는 국가의 법령이 존재하는 경우에는 조례가 법령과 별도의 목적에 기하여 규율함을 의도하는 것으로서 그 적용에 의하여 법령의 규정이 의도하는 목적과 효과를 전혀 저해하는 바가 없는 때, 또는 양자가 동일한 목적에서 출발한 것이라고 할지라도 국가의 법령이 반드시 그 규정에 의하여 전국에 걸쳐 일률적으로 동일한 내용을 규율하려는 취지가 아니고 각 지방자치단체가 그 지방의 실정에 맞게 별도로 규율하는 것을 용인하는 취지라고 해석되는 때에는 그 조례가 국가의 법령에 위반되는 것은 아니라고 보아야 할 것이다(대판 1997. 4. 25, 96추244; 동지판례: 대판 2006. 10. 12, 2006추38).

[판례②] 지방자치법 제15조(현행 제22조)에서 말하는 '법령의 범위 안'이라는 의미는 '법령에 위반되지 아니하는 범위 안'이라는 의미로 풀이되는 것으로서, 특정 사항에 관하여 국가 법령이 이미 존재할 경우에도 그 규정의 취지가 반드시 전국에 걸쳐 일률적인 규율을 하려는 것이 아니라 각 지방자치단체가 그 지방의 실정에 맞게 별도로 규율하는 것을 용인하고 있다고 해석될 때에는 조례가 국가 법령에서 정하지 아니하는 사항을 규정하고 있다고 하더라도 이를 들어 법령에 위반되는 것이라고 할 수가 없다(대판 2000. 11. 24, 2000추29, 동지판례: 대판 2007. 12. 13, 2006추52).

상위법령의 제한범위를 초과하여 제정된 조례는 무효가 된다.

[판례①] 하위법령인 조례로서 상위법령이 정한 자동차 등록기준보다 더 높은 수준의 기준(차고지 확보의무)을 부가하고 있는 이 사건 조례안 제4조, 제5조는 자동차관리법령에 위반된다고 할 것이다. 또한 … 하위법령인 조례로서 차고지확보의 대상을 위 법령이 정한 것보다 확대하고(자가용자동차 중 승차정원 16인 미만의 승합자동차와 적재정량 2.5t 미만의 화물자동차에까지) 또한 확보해야 할 차고지의 면적 등을 조례안시행규칙이 정하는 바에 따라 위 법령이 정한 기준보다 확대 또는 감축할 수 있도록 하는 이 사건 조례안 제4조는 자동차운수사업법령에 위반된다(대판 1997. 4. 25, 96추251).

[판례②] 시·도지사의 승인을 받을 필요 없는 경미한 조성계획의 변경을 신설하는 내용의 제주특별자치도 조례안은, 관광진흥법 제54조 제1항이 조성계획을 변경할 때에는 시·도지사의 승인을 받을 필요가 없는 '경미한 사항'을 대통령령으로 정하도록 규정하고 있고, 같은 법 시행령 제47조 제1항은 '경미한 사항'을 제1호부터 제3호까지 열거하고 있음에도, 위 조례안이 관광진흥법 시행령 제47조 제1항에 없는 내용을 규정한 것은 상위 법령에 위배되므로 효력이 없다(대판 2013. 9. 27, 2011추94).

3) 상세는 김남진, 법률의 지배와 조례제정권의 범위, 시사법률신문, 2004. 6; 김남진, 조례 및 조례제정에 관련된 판례의 경향, 법률저널, 2004. 7. 19; 김남진, 법적목적외조례 및 초과조례의 승인, 법률신문, 1999. 5. 3 참조.

한편, 특정 사안과 관련하여 법령에서 조례에 위임한 경우, 조례는 위임의 한계를 준수하여야 한다.

[판례] 법령에서 특정사항에 관하여 조례에 위임을 한 경우 조례가 위임의 한계를 준수하고 있는지를 판단할 때는 당해 법령 규정의 입법 목적과 규정 내용, 규정의 체계, 다른 규정과의 관계 등을 종합적으로 살펴야 하고, 위임 규정 자체에서 그 의미 내용을 정확하게 알 수 있는 용어를 사용하여 위임의 한계를 분명히 하고 있는데도 그 문언적 의미의 한계를 벗어났는지, 수권 규정에서 사용하고 있는 용어의 의미를 넘어 그 범위를 확장하거나 축소하여 위임 내용을 구체화하는 정도를 벗어나 새로운 입법을 하였는지 등도 아울러 고려해야 한다(대판 2017. 4. 7, 2014두37122. 동지판례: 대판 2012. 10. 25, 2010두25077; 대판 2018. 8. 30, 2017두56193; 대판 2019. 1. 31, 2018두43996; 대판 2019. 7. 10, 2016두61051).

(나) 광역자치단체조례 우위의 원칙

시·군 및 자치구의 조례는 시·도의 조례를 위반해서는 아니 된다(동법 30조). 기초자치단체와 광역자치단체는 서로 독립된 지위에 있고, 상하관계일 수 없으므로 조례 상호 간의 우열을 인정하는 것이 곤란하다는 문제점이 있으나, 이 규정은 행정의 전체적 통일성을 확보하고, 기초자치단체가 광역자치단체의 관할구역 안에 위치하고 있다는 점을 고려한 규정이라고 볼 것이다.

(다) 법률유보의 원칙

조례의 제정에 언제나 법률의 수권이 있어야 하는 것은 아니다.

[판례] 그 내용이 주민의 권리·의무에 관한 사항이거나 벌칙에 관한 것이 아닌 한, 법률의 위임이 없더라도 조례를 제정할 수 있다(대판 1970. 2. 10, 69다2121. 동지판례: 대판 1992. 6. 23, 92추17).

〈침해유보와의 관계〉

헌법은 지방자치단체가 "법령의 범위 안에서" 자치에 관한 규정을 제정할 수 있다고 규정하고 있는데 대하여(117조 1항), 「지방자치법」은 "주민의 권리 제한 또는 의무 부과에 관한 사항"에는 법률의 위임이 있어야 한다고 규정하고 있다(동법 28조 1항 단서). 이와 관련하여 「지방자치법」 제28조 1항 단서가 헌법에서 보장한 일반적 조례제정권을 제한하여 위헌인지 여부에 대하여 견해가 나뉘어 있다.

합헌설은 위 제28조 1항 단서의 내용은 헌법상의 법률유보원칙의 최소한도에 지나지 않는다고 본다.[4]

4) 김동희(Ⅱ), 85면 이하; 홍정선(하), 172면 이하; 김연태, 행정법사례연습, 776면 등.

이에 대해, 위헌설은 조례는 그 자체 민주적 정당성을 가진 지방의회에 의해 제정된 것이며, 헌법이 법령에 저촉되지 않는 한 널리 조례를 제정할 수 있는 권한을 지방자치단체에 부여하고 있는데, 위 제28조 1항 단서가 지방자치단체의 포괄적인 자주입법권을 침해하는 것으로 본다.[5)]

위 제28조 1항 단서와 관련하여 특정 지역에 대하여 법률유보원칙의 적용에 의해 법률이 직접 규율하고 있는 때에는 조례가 독자적으로 규정하여 법령과 충돌되거나 경합되는 내용을 마련할 수는 없으나, 법령에 의한 규율이 없는 때에는 지방자치단체가 법령의 위임 없이도 직접 규율할 수 있는 것으로 새기어, 헌법합치적인 것으로 보는 견해[6)]도 있다.

「지방자치분권 및 지역균형발전에 관한 특별법」이 "국가는 지방자치단체의 자치입법권을 강화하기 위하여 조례 제정 범위를 확대하는 등 필요한 법적 조치를 하여야 한다"(38조 1항)고 규정하고 있는 점에 유의할 필요가 있다.

판례는 합헌의 입장을 명백히 밝히고 있다.

[판례①] 이 사건의 조례들은 담배소매업을 영위하는 주민들에게 자판기설치를 제한하는 것을 내용으로 하는 것이므로 주민의 직업선택의 자유 특히 직업수행의 자유를 제한하는 것이 되어 지방자치법 제15조 단서 소정의 주민의 권리 의무에 관한 사항을 규율하는 조례라고 할 수 있으므로 지방자치단체가 이러한 조례를 제정함에 있어서는 법률의 위임을 필요로 한다(헌재 1995. 4. 20. 92헌마264 · 279).

[판례②] 지방자치법 제15조가 원칙적으로 헌법 제117조 제1항의 규정과 같이 지방자치단체의 자치입법권을 보장하면서, 국민의 권리제한 · 의무부과에 관한 사항을 규정하는 조례의 중대성에 비추어 입법정책적 고려에서 법률의 위임을 요구한다고 규정하고 있는 바, 이는 기본권제한에 대하여 법률유보원칙을 선언한 헌법 제37조 제2항의 취지에 부합한다고 할 것이므로 조례제정에 있어서 위와 같은 경우에 법률의 위임근거를 요구하는 것이 위헌성이 있다고 할 수 없다(대판 1995. 5. 12. 94추28).

[판례③] 지방자치법 제22조, 제9조 제1항, 구 지방자치법 제9조 제1항, 제15조, 행정규제기본법 제4조 제3항에 의하면 지방자치단체는 그 고유사무인 자치사무와 개별법령에 의하여 지방자치단체에 위임된 단체위임사무에 관하여 자치조례를 제정할 수 있지만 그 경우라도 주민의 권리제한 또는 의무부과에 관한 사항이나 벌칙은 법률의 위임이 있어야 하며, 기관위임사무에 관하여 제정되는 이른바 위임조례

---

5) 김남진, 조례제정권의 범위, 고시연구, 1997. 9, 20면; 박윤흔 · 정형근(하), 118 · 119면; 유상현(Ⅱ), 135면.

6) 류지태 · 박종수(신론), 965면 이하.

는 개별법령에서 일정한 사항을 조례로 정하도록 위임하고 있는 경우에 한하여 제정할 수 있으므로, 주민의 권리제한 또는 의무부과에 관한 사항이나 벌칙에 해당하는 조례를 제정할 경우에는 그 조례의 성질을 묻지 아니하고 법률의 위임이 있어야 하고 그러한 위임 없이 제정된 조례는 효력이 없다(대판 2007. 12. 13, 2006추52. 동지판례: 대판 2009. 5. 28, 2007추134; 대판 2012. 11. 22, 2010두19270; 대판 2012. 11. 22, 2010두22962; 대판 2017. 12. 13, 2014추644).

한편, 조례제정에 침해유보의 원칙이 적용되는 경우, 그에 관한 법률의 위임은 포괄적인 것으로 족하다고 보아야 할 것이다(자치조례의 경우).

[판례①] 지방자치법 제22조, 행정규제기본법 제4조 제3항에 따르면 지방자치단체가 조례를 제정할 때 내용이 주민의 권리 제한 또는 의무 부과에 관한 사항이나 벌칙인 경우에는 법률의 위임이 있어야 한다. 법률의 위임 없이 주민의 권리를 제한하거나 의무를 부과하는 사항을 정한 조례는 효력이 없다.

그러나 법률에서 조례에 위임하는 방식에 관해서는 법률상 제한이 없다. 조례의 제정권자인 지방의회는 선거를 통해서 지역적인 민주적 정당성을 지니고 있는 주민의 대표기관이다. 헌법 제117조 제1항은 지방자치단체에 포괄적인 자치권을 보장하고 있다. 따라서 조례에 대한 법률의 위임은 법규명령에 대한 법률의 위임과 같이 반드시 구체적으로 범위를 정하여 할 필요가 없다. 법률이 주민의 권리의무에 관한 사항에 관하여 구체적으로 범위를 정하지 않은 채 조례로 정하도록 포괄적으로 위임한 경우에도 지방자치단체는 법령에 위반되지 않는 범위 내에서 주민의 권리의무에 관한 사항을 조례로 제정할 수 있다(대판 2017. 12. 5, 2016추5162. 동지판례: 대판 1970. 2. 10, 69다2121; 대판 1992. 6. 23, 92추17).

[판례②] 조례에 대한 법률의 위임은 법규명령에 대한 법률의 위임과 같이 반드시 구체적으로 범위를 정하여 할 필요가 없고, 법률이 주민의 권리의무에 관한 사항에 관하여 구체적으로 범위를 정하지 않은 채 조례로 정하도록 포괄적으로 위임한 경우나 법률규정이 예정하고 있는 사항을 구체화·명확화한 것으로 볼 수 있는 경우에는 지방자치단체는 법령에 위반되지 않는 범위 내에서 각 지역의 실정에 맞게 주민의 권리의무에 관한 사항을 조례로 제정할 수 있다(대판 2022. 4. 28, 2021추5036).

기관위임사무에 관하여 제정하는 위임조례의 경우에 법률의 위임은 구체적 범위를 정한 개별적인 위임이 있어야 한다.

[판례①] 기관위임사무에 있어서도 그에 관한 개별 법령에서 일정한 사항을 조례로 정하도록 위임하고 있는 경우에는 지방자치단체의 자치조례 제정권과 무관하게 이른바 위임조례를 정할 수 있다고 하겠으나 이때에도 그 내용은 개별 법령이 위

임하고 있는 사항에 관한 것으로서 개별 법령의 취지에 부합하는 것이라야만 하고, 그 범위를 벗어난 경우에는 위임조례로서의 효력도 인정할 수 없다(대판 1999. 9. 17, 99추30).

[판례②] 교권보호와 교육활동 지원에 필요한 제반 사항을 정한 조례안에 대하여 교육부장관의 재의요구지시에 따라 교육감이 재의를 요구하였으나 시의회가 원안대로 재의결한 사안에서, 교원의 지위에 관한 사항은 법률로 정하여 전국적으로 통일적인 규율이 필요한 것이고 국가가 이를 위하여 상당한 경비를 부담하고 있으므로, 이에 관한 사무는 국가사무로 보아야 하는데, 위 조례안 제5조가 교원의 지위에 관한 사항에 속하는 교원의 차별 및 불이익 금지 등에 관하여 규정하고, 제6조, 제9조, 제10조가 교원의 지위 보호를 위하여 교권보호위원회 및 교권보호지원센터의 설치·구성·운영에 관한 사항 등을 규정한 것은 국가사무에 관하여 법령의 위임 없이 조례로 정한 것으로 조례제정권의 한계를 벗어나 위법하다(대판 2014. 2. 27, 2012추145).

(라) 벌칙 및 행정강제

벌칙 및 행정강제 기타 조례의 실효성을 확보하기 위한 강제수단은 법률의 위임이 있어야만 정할 수 있다(지방자치법 28조 1항 단서). 이와 관련한 「지방자치법」상의 규정은 다음과 같다.

① 지방자치단체는 조례를 위반한 행위에 대하여 조례로써 1천만원 이하의 과태료를 정할 수 있다(동법 34조 1항). 구법에서는 조례로 3월 이하의 징역, 10만원 이하의 벌금 등을 정할 수 있도록 되어 있었으나, 죄형법정주의(헌법 12조 1항)에 반함을 이유로 삭제되었다(1994. 3. 16).[7]

② 지방자치단체는 사기나 그 밖의 부정한 방법으로 사용료·수수료 또는 분담금의 징수를 면한 자에게는 그 징수를 면한 금액의 5배 이내의 과태료를, 공공시설을 부정사용한 자에게는 50만원 이하의 과태료를 부과하는 규정을 조례로 정할 수 있다(동법 156조 2항).

---

7) 구법상의 벌칙규정이 헌법에 위반되는가 여부는 학설상 다투어졌다. 즉, 형사벌칙규정을 조례에 위임함에 있어서 처벌의 대상과 범위를 구체적으로 정하지 않고 조례에 백지위임하는 것은 위임의 범위를 벗어난 것으로, 죄형법정주의원칙에 위배된다는 것이었다. 이에 대하여 지방자치단체가 자치입법권을 가진다고 하는 경우, 그 자치입법권은 자치사무를 수권하고 기속하는 조례의 정립권만이 아니라 그것을 실효성 있게 하기 위한 벌칙정립권까지도 당연히 포함하는 것으로 보아야 할 것이라고 주장하거나(서원우, 지방자치법 제20조 삭제문제, 자치행정, 1993. 2, 67면), 조례에 대한 형벌의 위임도 무한정·백지위임이어서는 아니 되며 한정적이어야 한다고 하면서도 그 한정성은 조례가 갖는 법률유사성에 의하여 행정입법보다는 완화되어야 한다고 주장하며, 지방자치법 제20조에 의한 형벌은 자치사무에 대하여만 정할 수 있으므로 조례규정사항이 한정되어 있고, 형량도 3월 이하의 징역, 10만원 이하의 벌금 등으로 한정되어 있어 '한정성'이 충분히 인정되며 따라서 위헌이 아니라고 하는 견해가 있었다(이에 관한 상세는 박윤흔, 법령과 조례와의 관계, 고시계, 1992. 11, 48면 이하 참조).

(마) 사무의 범위

조례제정의 대상이 되는 「지방자치법」 제28조 1항의 '사무'는 지방자치단체의 자치사무(고유사무)와 단체위임사무를 의미한다(동법 13조 1항 참조). 그러나 '단체위임사무'는 별도의 법령의 위임이 있는 경우에만 처리할 수 있는 점에 유의할 필요가 있다.

[판례] 헌법 제117조 제1항과 지방자치법 제15조에 의하면 지방자치단체는 법령의 범위 안에서 그 사무에 관하여 자치조례를 제정할 수 있으나 이 때 사무란 지방자치법 제9조 제1항에서 말하는 지방자치단체의 자치사무와 법령에 의하여 지방자치단체에 속하게 된 단체위임사무를 가리키므로 지방자치단체가 자치조례를 제정할 수 있는 것은 원칙적으로 이러한 자치사무와 단체위임사무에 한하므로, 국가사무가 지방자치단체의 장에게 위임된 기관위임사무와 같이 지방자치단체의 장이 국가기관의 지위에서 수행하는 사무일 뿐 지방자치단체 자체의 사무라고 할 수 없는 것은 원칙적으로 자치조례의 제정 범위에 속하지 않는다(대판 2001. 11. 27, 2001추57. 동지판례: 대판 1992. 7. 28, 92추31; 대판 1999. 4. 13, 98추40; 대판 1999. 9. 17, 99추30; 대판 2000. 5. 30, 99추85).

(바) 필요적 규율사항과 임의적 규율사항

필요적 규율사항은 법령이 조례로 정할 것을 의무지우고 있는 사항(예: 수도법 38조에 따른 수도공급조례)을 말하며, 임의적 규율사항은 지방자치단체의 재량(결정재량·선택재량)에 맡겨져 있는 규율사항을 말한다.

(사) 하위법령에 의한 자치입법권 침해 금지

법령에서 조례로 정하도록 위임한 사항은 그 법령의 하위 법령에서 그 위임의 내용과 범위를 제한하거나 직접 규정할 수 없다(동법 28조 2항). 이는 자치입법권을 보장하기 위한 취지에서 2021년 1월 전부개정된 「지방자치법」에 신설된 내용이다.

(4) 조례제정의 규준: 형량명령

조례의 제정은 단순한 상위법령의 집행에 머무는 것이 아니며, 조례제정권자에게 광범위한 형성영역이 부여되는 경우가 많이 있다. 이러한 영역에 있어서 조례제정권자가 가지는 재량은 효과재량, 즉 (요건·효과)정형(Wenn-Dann-Schema) 또는 조건프로그램(Konditionalprogramme)하의 그것이 아니라, 목적·수단정형(Zweck-Mittel-Schema) 또는 목적프로그램(Zweckprogramme)하의 그

것에 가깝다고 할 수 있다. 따라서 계획재량에 있어서와 같이 관계 제이익을 정당하게 형량하여야 한다.[8]

(5) 조례의 제정절차

지방자치의 대표적인 영역인 지방의회 운영에 관한 사항이 법률에 상세하게 규정됨에 따라 지역 특성에 맞는 지방의회 운영의 자율성이 제약된 측면이 있었다. 이에 2021년 1월 전부개정된 「지방자치법」에서 지방의회 운영의 자율성을 확대하는 방향으로 일부 내용을 개정하였다.

(가) 의안 발의

① 발의요건: 지방의회에서 의결할 의안은 지방자치단체의 장이나 조례로 정하는 수 이상의 지방의회의원의 찬성으로 발의한다(지방자치법 76조 1항).[9] 위원회는 그 직무에 속하는 사항에 관하여 의안을 제출할 수 있다(동조 2항). 제1항 및 제2항의 의안은 그 안을 갖추어 지방의회의 의장에게 제출하여야 한다(동조 3항). 제1항에 따라 지방의회의원이 조례안을 발의하는 경우에는 발의 의원과 찬성 의원을 구분하되, 해당 조례안의 제명의 부제로 발의 의원의 성명을 기재하여야 한다. 다만, 발의 의원이 2명 이상인 경우에는 대표발의 의원 1명을 명시하여야 한다(동조 4항). 지방의회의원이 발의한 제정조례안 또는 전부개정조례안 중 지방의회에서 의결된 조례안을 공표하거나 홍보하는 경우에는 해당 조례안의 부제를 함께 표기할 수 있다(동조 5항).

② 조례의 제정 · 개정 · 폐지청구권: 주민에게는 조례안에 대한 발의권은 없으나, 18세 이상의 주민으로서 일정한 요건을 갖춘 경우에는 지방의회에 조례를 제정하거나 개정 또는 폐지할 것을 청구할 수 있다(동법 19조 1항, 주민조례발안법 2조 이하 참조). 이는 조례의 제정 · 개정 · 폐지를 청구할 수 있는 권리일 뿐, 주민이 직접 조례를 제정 · 개정 · 폐지하는 것은 아니다.[10]

③ 의안에 대한 비용추계 자료 등의 제출: 지방자치단체의 장이 예산상 또는 기금상의 조치가 필요한 의안을 제출할 경우에는 그 의안의 시행에 필요할 것으로 예상되는 비용에 대한 추계서와 그에 따른 재원조달방안에 관한 자

8) 김남진 · 김연태(Ⅰ), 415면 이하; 김남진, 조례제정권과 위임명령제정권의 구별, 법률신문, 2003. 7. 15.
9) 구 「지방자치법」 제66조 1항은 "지방의회에서 의결할 의안은 지방자치단체의 장이나 재적의원 5분의 1 이상 또는 의원 10명 이상의 연서로 발의한다."고 규정하였으나, 2021년 1월 전부개정된 「지방자치법」에서는 "조례로 정하는 수 이상의 지방의회의원의 찬성"으로 발의할 수 있도록 개정하였다.
10) 주민의 권리로서 조례의 제정 · 개정 · 폐지청구권에 대한 상세는 본서 105면 이하 참조.

료를 의안에 첨부하여야 한다(동법 78조 1항). 이 경우 비용의 추계 및 재원조달방안에 관한 자료의 작성 및 제출절차 등에 관하여 필요한 사항은 해당 지방자치단체의 조례로 정한다(동조 2항).

(나) 조례안 예고

지방의회는 심사대상인 조례안에 대하여 5일 이상의 기간을 정하여 그 취지, 주요 내용, 전문을 공보나 인터넷 홈페이지 등에 게재하는 방법으로 예고할 수 있다(동법 77조 1항). 조례안 예고의 방법, 절차, 그 밖에 필요한 사항은 회의규칙으로 정한다(동조 2항).

(다) 의 결

조례안은 지방의회의 의결을 거쳐야 한다(동법 47조 1항 1호).

지방의회는 재적의원 3분의 1 이상의 출석으로 개의한다(동법 72조 1항). 회의 참석 인원이 제1항의 정족수에 미치지 못할 때에는 지방의회의 의장은 회의를 중지하거나 산회를 선포한다(동조 2항).

의결사항은 「지방자치법」에 특별히 규정된 경우 외에는 재적의원 과반수의 출석과 출석의원 과반수의 찬성으로 의결한다(동법 73조 1항). 지방의회의 의장은 의결에서 표결권을 가지며, 찬성과 반대가 같으면 부결된 것으로 본다(동조 2항).

본회의에서 표결할 때에는 조례 또는 회의규칙으로 정하는 표결방식에 의한 기록표결로 가부(可否)를 결정한다. 다만, 재의 요구에 관한 의결 등의 경우에는 무기명투표로 표결한다(동법 74조).[11)]

(라) 이송 및 재의요구

조례안이 지방의회에서 의결되면 지방의회의 의장은 의결된 날부터 5일 이내에 그 지방자치단체의 장에게 이송하여야 한다(동법 32조 1항). 지방자치단체의 장은 제1항의 조례안을 이송받으면 20일 이내에 공포하여야 한다(동조 2항).

(마) 재의요구

지방자치단체의 장은 이송받은 조례안에 대하여 이의가 있으면 제2항의 기간에 이유를 붙여 지방의회로 환부하고, 재의를 요구할 수 있다. 이 경우 지방자치단체의 장은 조례안의 일부에 대하여 또는 조례안을 수정하여 재의를 요구할 수 없다(동법 32조 3항).

---

11) 한편 구 「지방자치법」 제64조의2에서는 표결의 선포 방법 등에 관하여 규정하고 있었으나, 2021년 1월 전부개정된 「지방자치법」은 이를 삭제하였다.

한편, 조례안에 대하여 이의가 있는 경우 이외에도 지방자치단체의 장은 지방의회의 의결(조례안에 대한 의결 포함)이 ① 월권이거나 법령에 위반되거나 공익을 현저히 해친다고 인정되는 경우(동법 120조 1항), ② 예산상 집행할 수 없는 경비를 포함하고 있다고 인정되는 경우(동법 121조 1항), ③ 법령에 따라 지방자치단체에서 의무적으로 부담하여야 할 경비를 줄이는 경우(동법 121조 2항 1호), ④ 비상재해로 인한 시설의 응급복구를 위하여 필요한 경비를 줄이는 경우(동법 121조 2항 2호)에 재의를 요구할 수 있다.

또한 지방의회의 의결이 법령에 위반되거나 공익을 현저히 해친다고 판단되면 시·도에 대해서는 주무부장관이, 시·군 및 자치구에 대해서는 시·도지사가 해당 지방자치단체의 장에게 재의를 요구하게 할 수 있고, 재의 요구 지시를 받은 지방자치단체의 장은 의결사항을 이송 받은 날부터 20일 이내에 지방의회에 이유를 붙여 재의를 요구하여야 한다(동법 192조 1항). 그리고 시·군 및 자치구의회의 의결이 법령에 위반된다고 판단됨에도 불구하고 시·도지사가 제1항에 따라 재의를 요구하게 하지 아니한 경우 주무부장관이 직접 시장·군수 및 자치구의 구청장에게 재의를 요구하게 할 수 있고, 재의 요구 지시를 받은 시장·군수 및 자치구의 구청장은 의결사항을 이송받은 날부터 20일 이내에 지방의회에 이유를 붙여 재의를 요구하여야 한다(동법 192조 2항).

(바) 조례안의 확정

지방의회는 제3항에 따라 재의 요구를 받으면 조례안을 재의에 부치고 재적의원 과반수의 출석과 출석의원 3분의 2 이상의 찬성으로 전(前)과 같은 의결을 하면 그 조례안은 조례로서 확정된다(동법 192조 4항). 지방자치단체의 장이 제2항의 기간에 공포하지 아니하거나 재의 요구를 하지 아니하더라도 그 조례안은 조례로서 확정된다(동조 5항).

(사) 공포와 효력발생

지방자치단체의 장은 제4항 또는 제5항에 따라 확정된 조례를 지체 없이 공포하여야 한다. 이 경우 제5항에 따라 조례가 확정된 후 또는 제4항에 따라 확정된 조례가 지방자치단체의 장에게 이송된 후 5일 이내에 지방자치단체의 장이 공포하지 아니하면 지방의회의 의장이 공포한다(동법 32조 6항).

지방자치단체의 장이 조례를 공포하였을 때에는 즉시 해당 지방의회의 의장에게 통지하여야 하며, 제6항 후단에 따라 지방의회의 의장이 조례를 공포하였을 때에는 그 사실을 즉시 해당 지방자치단체의 장에게 통지하여야 한다

(동조 7항).

조례와 규칙의 공포는 해당 지방자치단체의 공보에 게재하는 방법으로 한다. 다만, 제32조 제6항 후단에 따라 지방의회의 의장이 조례를 공포하는 경우에는 공보나 일간신문에 게재하거나 게시판에 게시한다(동법 33조 1항). 제1항에 따른 공보는 종이로 발행되는 공보(종이공보) 또는 전자적인 형태로 발행되는 공보(전자공보)로 운영한다(동조 2항). 공보의 내용 해석 및 적용 시기 등에 대하여 종이공보와 전자공보는 동일한 효력을 가진다(동조 3항).

조례는 특별한 규정이 없으면 공포한 날부터 20일이 지나면 효력을 발생한다(동법 32조 8항).

한편, 지방자치단체를 나누거나 합하여 새로운 지방자치단체가 설치되거나 지방자치단체의 격이 변경되면 그 지방자치단체의 장은 필요한 사항에 관하여 새로운 조례가 제정·시행될 때까지 종래 그 지역에 시행되던 조례를 계속 시행할 수 있다(동법 31조).

(아) 보 고

조례를 제정하거나 개정하거나 폐지할 경우 조례는 지방의회에서 이송된 날부터 5일 이내에 시·도지사는 행정안전부장관에게, 시장·군수 및 자치구의 구청장은 시·도지사에게 그 전문(全文)을 첨부하여 각각 보고하여야 하며, 보고를 받은 행정안전부장관은 그 내용을 관계 중앙행정기관의 장에게 통보하여야 한다(동법 35조).

(자) 제 소

지방자치단체의 장은 지방의회에서 재의결된 사항(조례안에 대한 재의결 포함)이 법령에 위반된다고 인정되면 조례안이 재의결된 날부터 20일 이내에 대법원에 소를 제기할 수 있다. 이 경우 필요하다고 인정되면 그 의결의 집행을 정지하게 하는 집행정지결정을 신청할 수 있다(동법 120조 3항, 192조 4항).

[판례] 지방자치법 제19조 제3항은 지방의회의 의결사항 중 하나인 조례안에 대하여 지방자치단체의 장에게 재의요구권을 폭넓게 인정한 것으로서 지방자치단체의 장의 재의요구권을 일반적으로 인정한 지방자치법 제98조 제1항에 대한 특별규정이라고 할 것이므로, 지방자치단체의 장의 재의요구에도 불구하고 조례안이 원안대로 재의결되었을 때에는 지방자치단체의 장은 지방자치법 제98조 제3항에 따라 그 재의결에 법령위반이 있음을 내세워 대법원에 제소할 수 있는 것이다(대판 1999. 4. 27. 99추23).

주무부장관이나 시 · 도지사는 재의결된 사항이 법령에 위반된다고 판단됨에도 불구하고 해당 지방자치단체의 장이 소를 제기하지 아니하면 시 · 도에 대해서는 주무부장관이, 시 · 군 및 자치구에 대해서는 시 · 도지사(제2항에 따라 주무부장관이 직접 재의 요구 지시를 한 경우에는 주무부장관을 말한다)가 그 지방자치단체의 장에게 제소를 지시하거나 직접 제소 및 집행정지결정을 신청할 수 있다(동법 192조 5항, 6항, 7항).

지방의회의 의결이 법령에 위반된다고 판단되어 주무부장관이나 시 · 도지사로부터 재의 요구 지시를 받은 해당 지방자치단체의 장이 재의를 요구하지 아니하는 경우(법령에 위반되는 지방의회의 의결사항이 조례안인 경우로서 재의 요구 지시를 받기 전에 그 조례안을 공포한 경우를 포함한다)에는 주무부장관이나 시 · 도지사는 대법원에 직접 제소 및 집행정지 결정을 신청할 수 있다(동법 192조 8항). 한편, 재의결된 사항이 둘 이상의 부처와 관련되거나 주무부장관이 불분명하면 행정안전부장관이 재의 요구 또는 제소를 지시하거나 직접 제소 및 집행정지 결정을 신청할 수 있다(동조 9항).

(6) 조례에 대한 통제

(가) 주민에 의한 통제

① 18세 이상의 주민은 일정한 요건 하에 지방의회에 조례를 제정하거나 개정 또는 폐지할 것을 청구할 수 있다(지방자치법 19조 1항, 주민조례발안법 2조 이하 참조).

② 주민은 기본권 침해를 이유로 헌법소원을 제기할 수 있다.

③ 조례가 처분의 성질을 가지는 경우에는 행정심판 또는 행정소송을 통한 권익구제 및 통제(구체적 규범통제)를 생각할 수 있다.

(나) 지방자치단체장의 재의요구 및 제소

이에 관한 내용은 앞에서 살펴본 바와 같다.

(다) 감독청의 재의요구 및 제소지시 등

지방의회의 의결이 법령에 위반되거나 공익을 현저히 해친다고 판단되면 시 · 도에 대해서는 주무부장관이, 시 · 군 및 자치구에 대해서는 시 · 도지사가 해당 지방자치단체의 장에게 재의를 요구하게 할 수 있고, 재의 요구 지시를 받은 지방자치단체의 장은 의결사항을 이송받은 날부터 20일 이내에 지방의회에 이유를 붙여 재의를 요구하여야 한다(지방자치법 192조 1항).

시 · 군 및 자치구의회의 의결이 법령에 위반된다고 판단됨에도 불구하고 시 · 도지사가 제1항에 따라 재의를 요구하게 하지 아니한 경우 주무부장관이 직접 시장 · 군수 및 자치구의 구청장에게 재의를 요구하게 할 수 있고, 재의 요구 지시를 받은 시장·군수 및 자치구의 구청장은 의결사항을 이송받은 날부터 20일 이내에 지방의회에 이유를 붙여 재의를 요구하여야 한다(동조 2항).[12]

제1항 또는 제2항의 요구에 대하여 재의한 결과 재적의원 과반수의 출석과 출석의원 3분의 2 이상의 찬성으로 전과 같은 의결을 하면 그 의결사항은 확정된다(동조 3항). 지방자치단체의 장은 제3항에 따라 재의결된 사항이 법령에 위반된다고 판단되면 재의결된 날부터 20일 이내에 대법원에 소를 제기할 수 있다. 이 경우 필요하다고 인정되면 그 의결의 집행을 정지하게 하는 집행정지결정을 신청할 수 있다(동조 4항).

주무부장관이나 시·도지사는 재의결된 사항이 법령에 위반된다고 판단됨에도 불구하고 해당 지방자치단체의 장이 소를 제기하지 아니하면 시·도에 대해서는 주무부장관이, 시·군 및 자치구에 대해서는 시·도지사(제2항에 따라 주무부장관이 직접 재의 요구 지시를 한 경우에는 주무부장관을 말한다)가 그 지방자치단체의 장에게 제소를 지시하거나 직접 제소 및 집행정지결정을 신청할 수 있다(동조 5항).[13]

제5항에 따른 제소의 지시는 제4항의 기간이 지난 날부터 7일 이내에 하고, 해당 지방자치단체의 장은 제소 지시를 받은 날부터 7일 이내에 제소하여야 한다(동조 6항). 주무부장관이나 시·도지사는 제6항의 기간이 지난 날부터 7일 이내에 제5항에 따른 직접 제소 및 집행정지결정을 신청할 수 있다(동조 7항).

제1항 또는 제2항에 따라 지방의회의 의결이 법령에 위반된다고 판단되어 주무부장관이나 시·도지사로부터 재의 요구 지시를 받은 해당 지방자치단체의 장이 재의를 요구하지 아니하는 경우(법령에 위반되는 지방의회의 의결사항이 조례안인 경우로서 재의 요구 지시를 받기 전에 그 조례안을 공포한 경우를 포함한다)에는 주무부장관이나 시·도지사는 제1항 또는 제2항에 따른 기간이 지난 날부터 7일 이내에 대법원에 직접 제소 및 집행정지 결정을 신청할 수 있다(동조 8항).

12) 구 「지방자치법」에 따르면 시·군 및 자치구의회의 의결이 법령에 위반된다고 판단됨에도 불구하고 시·도지사가 재의를 요구하지 않는 경우에 주무부장관이 직접 시장·군수 및 자치구의 구청장에게 재의요구 지시를 할 수는 없었다. 그러나 시·군 및 자치구의 법령 위반에 대한 국가의 실효성 있는 통제 수단을 마련하여 지방자치단체에 대한 적법성 통제를 강화한다는 취지에서, 2021년 1월 전부개정된 「지방자치법」은 주무부장관이 직접 시장·군수 및 자치구의 구청장에게 재의요구 지시를 할 수 있는 근거를 신설하였다.

13) 구 「지방자치법」에 따르면 시·군 및 자치구의회의 재의결된 사항이 법령에 위반된다고 판단됨에도 불구하고 시장·군수 및 자치구의 구청장이 소를 제기하지 않는 경우에 주무부장관이 시장·군수 및 자치구의 구청장에게 제소를 지시하거나 직접 제소 및 집행정지 결정을 신청할 수는 없었다. 그러나 시·군 및 자치구의 법령 위반에 대한 국가의 실효성 있는 통제 수단을 마련하여 지방자치단체에 대한 적법성 통제를 강화한다는 취지에서, 2021년 1월 전부개정된 「지방자치법」은 재의요구 지시를 한 주무부장관이 시장·군수 및 자치구의 구청장에게 제소를 지시하거나 직접 제소 및 집행정지 결정을 신청할 수 있는 근거를 신설하였다.

제1항 또는 제2항에 따른 지방의회의 의결이나 제3항에 따라 재의결된 사항이 둘 이상의 부처와 관련되거나 주무부장관이 불분명하면 행정안전부장관이 재의 요구 또는 제소를 지시하거나 직접 제소 및 집행정지 결정을 신청할 수 있다(동조 9항).

(라) 기 타

국가기관으로서의 국회, 법원, 헌법재판소 등은 조례를 포함하여 지방자치단체에 대한 광범위한 통제권을 가지고 있음은 후술하는 "지방자치단체에 대한 국가 등의 관여"에서 살펴보는 바와 같다.

(7) 조례에 대한 사법심사

(가) 구체적 규범심사

지방자치단체의 조례에 근거한 처분이 위법함을 이유로 법원에 항고소송을 제기하면서 원고가 그 처분의 근거가 되는 조례의 위법을 주장하는 경우, 수소법원은 선결문제로서 당해 조례의 위법 여부에 대한 심사권을 가지게 된다. 물론 이 경우 수소법원이 당해 조례를 위법으로 판단하더라도 그 조례가 효력을 상실하는 것은 아니며, 당해 사건에의 적용만이 배제된다.

(나) 항고소송

조례는 그 자체는 법규범으로서 일반적 · 추상적 규율로서의 성질을 가지며, 처분으로서의 성질을 가지지 않음이 일반적이다. 그러나 예외적으로 조례가 대외적으로 개별적 · 구체적 법적 효과(특정학교의 폐지 등)를 발생하는 경우에는 처분으로서 성질을 가지므로 조례 그 자체가 항고소송(취소소송 또는 무효등확인소송)의 대상이 될 수 있다.

[판례] 조례(경기도 두밀분교통폐합에 관한 조례)가 집행행위의 개입없이 그 자체로서 국민의 권리의무나 법적 이익에 영향을 미치는 등의 법률상의 효과를 발생하는 경우 그 조례는 항고소송의 대상이 되는 행정처분에 해당한다(대판 1996. 9. 20. 95누8003).[14]

(다) 추상적 규범심사 및 기관소송

우리나라에는 구체적인 분쟁을 매개하지 않고 주민이 조례의 위법 여부에 대한 심사를 법원에 청구할 수 있다는 의미의 추상적 규범심사제도는 인정되지 않고 있다. 또한 「지방자치법」 제32조에는 조례안에 대하여 지방자치단체의

14) 이 판례에 대한 비판적 검토에 관하여는 김남진, 초등학교분교의 폐지와 학생들의 권리보호, 고시연구, 2002. 10, 82면 이하 참조.

장이 대법원에 제소할 수 있다는 명문의 규정이 없다. 그럼에도 불구하고 「지방자치법」 제120조 3항이 준용되어 지방자치단체의 장은 조례안이 법령에 위반된다고 인정되는 경우 대법원에 제소할 수 있다고 새겨진다.

[판례] 피고(안양시의회)는 지방자치법 제19조에는 지방의회에서 재의결된 조례안에 대하여 대법원에 제소할 수 있다는 규정이 없으므로, 이 사건 소는 부적법하다고 주장한다. 그러나 지방자치법 제19조 제3항은 지방자치법 제98조 제1항에 대한 특별규정이라 할 것이므로, 지방자치단체장의 재의요구에도 불구하고 조례안이 원안대로 재의결되었을 때에는 지방자치단체장은 지방자치법 제98조 제3항에 따라 그 재의결에 법령위반이 있음을 이유로 대법원에 제소할 수 있다(대판 1999. 4. 27, 99추23).[15]

조례안의 일부에 위법성이 있는 경우에 대법원이 조례안 전부에 대해 무효확인을 할 것인지 아니면 일부에 한해 할 것인지의 문제가 있다. 생각건대, 조례안 일부에 대한 재의요구를 할 수 없도록 한 점(지방자치법 32조 3항), 조례안 중 일부만 무효로 할 경우 의회가 당초 의도치 않았던 결과를 낳을 수 있다는 점 등에 비추어 조례안 전부에 대해 무효확인을 하여야 한다고 본다. 판례도 같은 입장이다.

[판례] 의결의 일부에 대한 효력의 배제는 결과적으로 전체적인 의결의 내용을 변경하는 것에 다름 아니어서 의결기관인 지방의회의 고유권한을 침해하는 것이 될 뿐 아니라, 그 일부만의 효력배제는 자칫 전체적인 의결내용을 지방의회의 당초의 의도와는 다른 내용으로 변질시킬 우려가 있으며, 또한 재의 요구가 있는 때에는 재의 요구에서 지적한 이의사항이 의결의 일부에 관한 것이라고 하여도 의결 전체가 실효되고 재의결만이 의결로서 효력을 발생하는 것이어서 의결의 일부에 대한 재의 요구나 수정재의 요구가 허용되지 않는 점에 비추어 보면, 재의결의 내용 전부가 아니라 그 일부만이 위법한 경우에도 그 재의결 전부의 효력을 부인하여야 한다(대판 1994. 5. 10, 93추144. 동지판례: 대판 2017. 12. 5, 2016추5162).

(라) 헌법소원심판

「헌법재판소법」은 법원의 재판을 제외한 일체의 "공권력의 행사 또는 불행사"에 대한 헌법소원심판을 인정하고 있다(동법 68조 1항). 그에 따라 조례에 의하여 직접 기본권을 침해받은 자로서 다른 구제방법이 없는 경우 헌법재판소에 헌법

15) 이 사건의 평석에 관하여는 김남진, 건축조례안의 위법성과 대법원제소의 능부, 자치공론, 1999. 12, 102면 이하 참조.

소원을 제기할 수 있다고 새겨진다. 이 점과 관련하여 대법원규칙(법무사법 시행규칙)의 위헌을 판시한 1990년 10월 15일의 헌법재판소 결정(헌재 1990. 10. 15, 89헌마178)은 획기적 의의를 가진다고 말할 수 있다.[16]

2. 규칙제정권

(1) 의의 및 성질

지방자치단체의 장은 법령 또는 조례의 범위에서[17] 그 권한에 속하는 사무에 관하여 규칙을 제정할 수 있다(지방자치법 29조). 규칙이란 지방자치단체의 장이 그 권한에 속하는 사무에 관하여 제정하는 법형식을 말하며, 조례와 마찬가지로 자치입법의 한 형식이다. 한편, 지방자치단체의 장은 '법령 또는 조례의 범위에서' 그 권한에 속하는 사무에 관하여 규칙을 제정할 수 있는바, 규칙은 법령과 조례의 하위에 위치하는 법형식이다.

규칙은 원칙적으로 법규범으로서 대외적 구속력을 갖는다. 다만, 규칙으로 행정조직 내부에 관한 사항을 규율하는 경우와 같이 대외적 구속력이 없는 행정규칙의 성질을 갖는 규칙도 있을 수 있다. 판례는 규칙의 내용에 따라 그 법적 성질을 판단한다.

[판례] 부산직할시 지하철공채조례 시행규칙 제9조 제1항은 행정조직 내부에 있어서 훈령에 불과하고 법규명령의 성질을 가진 것은 아니라 할 것이므로, 위 규정을 들어 위 채권매입이 인·허가 등 신청서의 접수요건이라 할 수 없다(대판 1985. 7. 9, 83누189. 동지판례: 대판 1985. 12. 23, 84누343).

(2) 규칙의 규율사항

(가) 법령 또는 조례의 범위

지방자치단체의 장은 '법령 또는 조례의 범위에서' 그 권한에 속하는 사무에 관하여 규칙을 제정할 수 있다(지방자치법 29조). 구 「지방자치법」에서는 '법령이나 조례가 위임한 범위에서' 규칙을 제정할 수 있다고 규정하고 있었던 바, 법령 또는 조례의 위임이 있는 사항에 대해서만 규칙을 제정할 수 있는지 여부 또는 법령의 수권 없이 집행명령으로서 직권규칙을 제정할 수 있는가 여부 등과 관련하

16) 이에 관한 상세는 김남진·김연태(Ⅰ), 186면 참조.
17) 구 「지방자치법」에서는 '법령이나 조례가 위임한 범위에서'라고 규정하고 있었으나, 2021년 1월 전부개정된 「지방자치법」에서 '법령 또는 조례의 범위에서'로 개정하였다.

여 견해 대립이 있었다.[18]

그러나 2021년 1월 전부개정된 「지방자치법」에서는 '법령 또는 조례의 범위에서' 규칙을 제정할 수 있다고 규정하고 있는 바, 법령 또는 조례의 위임이 없는 경우에도 지방자치단체의 장은 법령 또는 조례를 위반하지 않는 범위에서 규칙을 제정할 수 있다고 할 것이다.

[참고판례] 위임명령은 법률이나 상위명령에서 구체적으로 범위를 정한 개별적인 위임이 있을 때에 가능하고, 여기에서 구체적인 위임의 범위는 규제하고자 하는 대상의 종류와 성격에 따라 달라지는 것이어서 일률적 기준을 정할 수는 없지만, 적어도 위임명령에 규정될 내용 및 범위의 기본사항이 구체적으로 규정되어 있어서 누구라도 당해 법률이나 상위법령으로부터 위임명령에 규정될 내용의 대강을 예측할 수 있어야 한다. 하지만 이 경우 그 예측가능성의 유무는 당해 위임조항 하나만을 가지고 판단할 것이 아니라 그 위임조항이 속한 법률의 전반적인 체계와 취지 및 목적, 당해 위임조항의 규정형식과 내용 및 관련 법규를 유기적·체계적으로 종합하여 판단하여야 하며, 나아가 각 규제 대상의 성질에 따라 구체적·개별적으로 검토함을 요한다. 이러한 법리는 조례가 법률로부터 위임받은 사항을 다시 지방자치단체장이 정하는 '규칙' 등에 재위임하는 경우에도 적용된다(대판 2022. 4. 14, 2020추5169).

(나) 규율 범위

규칙의 규율 범위는 교육·학예에 관한 사항을 제외하고 지방자치단체장의 권한에 속하는 모든 사항이 그 대상이 되며, 자치사무와 단체위임사무 및 기관위임사무의 전부에 미칠 수 있다.

(다) 규칙의 입법한계

규칙은 법령 또는 조례의 범위에서 제정할 수 있으므로(동법 29조), 상위법령이나 조례의 내용을 위반할 수 없다. 그리고 시·군 및 자치구의 규칙은 시·도의 규칙을 위반해서는 아니 된다(동법 30조).

18) 이와 관련하여 본서에서는 구 「지방자치법」 제23조에 따른 규칙 제정과 관련하여 다음과 같이 설명한 바 있다. 규칙은 법령 또는 조례의 위임이 있는 사항에 관하여서 규정할 수 있다. 이 경우의 위임은 개별·구체적인 위임이어야 한다. 이 점이 개괄적 위임도 가능한 조례의 경우와 다른 점이다. 법령의 규칙에의 위임에는 위임명령(법규명령)의 법리가 적용된다고 봄이 타당하다. 법령의 수권 없이 집행명령으로서의 직권규칙을 제정할 수 있는가는 다투어지고 있는 문제이다. 그 가운데 직권규칙(집행명령)은 법령의 수권 없이 제정할 수 있다는 견해가 유력시된다. 입법론적으로는 법률로써 이 점을 명시함이 좋을 것으로 생각된다(김남진·김연태(Ⅱ), 제25판, 2021, 147면 참조).

(라) 벌 칙

현행법은 규칙에 대하여 벌칙을 위임하지 않고 있다. 동시에 죄형법정주의에 비추어 볼 때 법률의 위임 없이 규칙으로 벌칙을 설정할 수 없다고 보아야 할 것이다.

(3) 규칙의 제정절차

규칙은 지방자치단체의 장이 제정하되 원칙적으로 입법예고를 하여야 한다(행정절차법 41조). 규칙을 제정하거나 개정하거나 폐지할 경우 공포 예정일 15일 전에 시·도지사는 행정안전부장관에게, 시장·군수 및 자치구의 구청장은 시·도지사에게 그 전문(全文)을 첨부하여 각각 보고하여야 하며, 보고를 받은 행정안전부장관은 그 내용을 관계 중앙행정기관의 장에게 통보하여야 한다(지방자치법 35조).

(4) 공포와 효력발생

규칙은 특별한 규정이 없으면 공포한 날부터 20일이 지나면 효력을 발생한다(지방자치법 32조 8항). 규칙의 공포는 해당 지방자치단체의 공보에 게재하는 방법으로 한다(동법 33조 1항).

한편, 지방자치단체를 나누거나 합하여 새로운 지방자치단체가 설치되거나 지방자치단체의 격이 변경되면 그 지방자치단체의 장은 필요한 사항에 관하여 새로운 규칙이 제정·시행될 때까지 종래 그 지역에 시행되던 규칙을 계속 시행할 수 있다(동법 31조).

3. 교육규칙의 제정권

교육규칙은 교육·학예에 관한 사무의 집행기관인 교육감이 법령 또는 조례의 범위 안에서 자신의 권한에 속하는 사무에 관하여 제정하는 법이다. 그리고 그의 성질·제정절차·공포·효력발생 등은 위에서 본 규칙의 경우와 유사하다(지방교육자치에 관한 법률 25조 참조).[19]

[판례] 법률의 시행령이나 시행규칙은 법률에 의한 위임이 없으면 개인의 권리·의무에 관한 내용을 변경·보충하거나 법률이 규정하지 아니한 새로운 내용을 정할 수는 없지만, 법률의 시행령이나 시행규칙의 내용이 모법의 입법 취지와 관련 조항 전체를 유기적·체계적으로 살펴보아 모법의 해석상 가능한 것을 명시한 것

19) 아울러 본서 228면 이하 참조.

에 지나지 아니하거나 모법 조항의 취지에 근거하여 이를 구체화하기 위한 것인 때에는 모법의 규율 범위를 벗어난 것으로 볼 수 없으므로, 모법에 이에 관하여 직접 위임하는 규정을 두지 아니하였다고 하더라도 이를 무효라고 볼 수는 없다. 이러한 법리는 지방자치단체의 교육감이 제정하는 교육규칙과 모법인 상위 법령의 관계에서도 마찬가지이다(대판 2014. 8. 20. 2012두19526).

4. 내부규칙(행정규칙)의 제정권

여기에서 내부규칙이라고 함은, 지방자치단체의 기관이 상위법령의 위임이나 근거 없이 그의 권한의 범위 내에 기관내부의 사항에 관하여 규율하는 법규범을 말한다. 지방자치단체의 장이 정하는 훈령(행정규칙), 영조물규칙 등이 그의 대표적인 예이다.

사례해설

사안의 경우 교통수요관리사무는 지방자치단체장이 도시교통의 원활한 소통과 교통시설의 효율적인 이용을 위하여 관할 지역안의 일정한 지역에서 시행하는 주민의 복리에 관한 사무로서 당해 지역의 도시교통 및 교통시설의 상황에 따라 자율적으로 처리되는 것이 바람직한 자치사무이므로 이 사건 조례안의 해당부분은 조례제정의 규율범위를 준수하였다. 그리고 이 사건 조례안 해당부분은 주민의 권리를 제한하고 의무를 부과하는 것이므로, 판례와 같이 지방자치법 제22조 단서를 합헌으로 본다면 법률의 위임이 있어야 한다. 다만 이 경우 그 위임의 정도는 포괄적인 것으로 족하다고 보는 견지에서 도시교통정비촉진법 제33조 3항에 포괄적 위임근거를 두고 있으므로 법률유보의 원칙을 준수하였다고 볼 수 있다. 그러나 자동차관리법 및 자동차등록령 소정의 자동차기준은 전국에 걸쳐 일률적으로 동일한 내용의 자동차등록요건을 규율하려는 것이므로 법령에 없는 등록신청 거부사유를 추가적으로 규정한 것은 법령우위의 원칙에 반한다(대판 1997. 4. 25. 96추251 참조).

경기도지사는 수원시장에게 이 사건 조례안의 해당부분의 법령위반을 이유로 수원시의회가 재의를 할 수 있는 기간 내에(대판 1992. 6. 23. 92추17) 재의를 요구하게 할 수 있다(지방자치법 172조 1항). 한편, 수원시장이 재의를 요구하여 수원시의회에서 당해 조례안을 재의결하였음에도 수원시장이 대법원에 제소하지 않으면 경기도지사는 수원시장에게 제소를 지시하거나 직접 대법원에 조례안재의결무효확인소송을 제기할 수 있으며 아울러 집행정지결정을 신청할 수도 있다. 이에 따라 제소가 된 경우 조례안의 일부가 위법이라 하더라도 조례안의 전부에 대해 무효확인을 선고해야 할 것이다(대판 1992. 7. 28. 92추31 참조).[20]

---

20) 상세는 김연태, 행정법사례연습, 762면 이하 참조.

Ⅲ. 자치조직권

지방자치단체는 지방의회의원 및 지방자치단체의 장을 선거하여 필요한 조직을 갖추는 등 자주적 조직권을 보장받고 있다고 새겨진다(권한의 일반성 보장). 헌법은 제118조 2항에서 "…지방자치단체의 장의 선임방법 기타 지방자치단체의 조직과 운영에 관한 사항은 법률로 정한다"라고 규정하였고, 이에 따라 「지방자치법」·「서울특별시 행정특례에 관한 법률」·「제주특별자치도 설치 및 국제자유도시 조성을 위한 특별법」 등이 지방자치단체의 조직에 관하여 그의 대강을 정해 놓고 있다. 따라서 지방자치단체는 법령이 정한 범위 내에서 자치입법(조례·규칙 또는 교육규칙) 또는 의결 기타 형식으로써 자기의 조직을 자주적으로 정할 수 있다. 다만 이들 문제는 "지방자치단체의 기관"의 절에서 고찰하기로 한다.

[판례] 헌법 제117조 제1항은 '지방자치단체는 주민의 복리에 관한 사무를 처리하고 재산을 관리하며, 법령의 범위 안에서 자치에 관한 규정을 제정할 수 있다.'고 규정하고, 제118조 제2항은 '…… 지방자치단체의 조직과 운영에 관한 사항은 법률로 정한다.'고 규정함으로써 헌법적 차원에서 지방자치단체에게 일정한 자치권을 부여하고 있다. 그리고 구 지방자치법 제9조는 지방자치단체가 행하는 자치사무에 대하여 그 범위를 정하고 있는데, 제1항은 '지방자치단체는 그 관할구역의 자치사무와 법령에 의하여 지방자치단체에 속하는 사무를 처리한다.'고 규정하고 있고, 제2항은 지방자치단체의 구역, 조직 및 행정관리 등에 관한 사무를 지방자치단체의 사무로 예시하고 있는바, 이에 의하면 지방자치단체는 그 조직을 구성할 권한, 즉, 조직고권(자치조직권)을 가지고 있다 할 것이다. 이 조직고권은 지방자치단체가 자신의 조직을 자주적으로 정하는 권능으로서 자치행정을 실시하기 위한 행정조직을 국가의 간섭으로부터 벗어나 스스로 결정하는 권한을 말하고, 이러한 조직고권이 제도적으로 보장되지 않을 때에는 지방자치단체의 자치행정은 그 실현이 불가능하게 될 것이다(헌재 2008. 6. 26, 2005헌라7).

Ⅳ. 기구·인사에 관한 자치권

지방자치단체는 그 사무를 분장하기 위하여 필요한 행정기구와 지방공무원을 둔다(지방자치법 125조 1항). 제1항에 따른 행정기구의 설치와 지방공무원의 정원은 인건비 등 대통령령으로 정하는 기준에 따라 그 지방자치단체의 조례로 정한다(동조 2항).

행정안전부장관은 지방자치단체의 행정기구와 지방공무원의 정원이 적절하게 운영되고 다른 지방자치단체와의 균형이 유지되도록 하기 위하여 필요한 사항을 권고할 수 있다(동조 3항). 지방공무원의 임용과 시험·자격·보수·복무·신분보장·징계·교육·훈련 등에 관한 사항은 따로 법률(지방공무원법)로 정한다(동조 4항).

지방자치단체에는 제1항에도 불구하고 법률로 정하는 바에 따라 국가공무원을 둘 수 있다(동조 5항). 이 경우 「국가공무원법」 제32조 1항부터 3항까지의 규정에도 불구하고 5급 이상의 국가공무원이나 고위공무원단에 속하는 공무원은 해당 지방자치단체의 장의 제청으로 소속 장관을 거쳐 대통령이 임명하고, 6급 이하의 국가공무원은 그 지방자치단체의 장의 제청으로 소속 장관이 임명한다(동조 6항).

한편, 2021년 1월 전부개정된 「지방자치법」은 지방의회 사무기구 인력운영의 자율성을 제고하기 위하여 지방의회 사무직원에 대한 임면·교육·훈련·복무·징계 등을 지방의회의 의장이 처리하도록 함으로써, 지방의회 사무직원에 대한 인사권을 지방의회의 의장에게 부여하고 있다(동법 103조 2항).[21] 지방의회에 두는 사무직원의 수는 인건비 등 대통령령으로 정하는 기준에 따라 조례로 정한다(동법 103조 1항).

[판례] 헌법 제117조 제1항은 "지방자치단체는 주민의 복리에 관한 사무를 처리하고 재산을 관리하며, 법령의 범위안에서 자치에 관한 규정을 제정할 수 있다"고 규정하여 지방자치제도의 보장과 지방자치단체의 자치권을 규정하고 있다. 헌법이 규정하는 이러한 자치권 가운데에는 자치에 관한 규정을 스스로 제정할 수 있는 자치입법권은 물론이고 그밖에 그 소속 공무원에 대한 인사와 처우를 스스로 결정하고 이에 관련된 예산을 스스로 편성하여 집행하는 권한이 성질상 당연히 포함된다. 자치권은 자치임무의 효율적인 수행의 전제가 되므로 위와 같은 자치권의 보장은 자치제도의 보장과 분리하여 생각할 수 없기 때문이다. 다만, 이러한 헌법상의 자치권의 범위는 법령에 의하여 형성되고 제한된다. 헌법도 제117조 제1항에서 법령의 범위안에서 자치에 관한 규정을 제정할 수 있다고 하였고 제118조 제2항에서

---

21) 구 「지방자치법」 제91조 2항에서는 "사무직원은 지방의회의 의장의 추천에 따라 그 지방자치단체의 장이 임명한다. 다만, 지방자치단체의 장은 사무직원 중 다음 각 호의 어느 하나에 해당하는 공무원(별정직 공무원 등)에 대한 임용권은 지방의회 사무처장·사무국장·사무과장에게 위임하여야 한다."고 규정함으로써, 지방의회 사무직원에 대한 임명권이 지방자치단체의 장에게 있었다.

지방자치단체의 조직과 운영에 관한 사항은 법률로 정한다고 규정하고 있다. 지방자치법 제9조는 그 제2항 마목에서 소속공무원의 인사와 후생복지에 관한 사무를 자치사무의 하나로 예시하고 있고 그 사목은 예산의 편성과 집행에 관한 사무를 역시 자치사무의 하나로 예시하고 있다(헌재 2002. 10. 31, 2002헌라2).

V. 자치경영·관리권

1. 재산과 기금의 설치

지방자치단체는 행정목적을 달성하기 위한 경우나 공익상 필요한 경우에는 재산(현금 외의 모든 재산적 가치가 있는 물건과 권리를 말한다)을 보유하거나 특정한 자금을 운용하기 위한 기금을 설치할 수 있다(지방자치법 159조 1항). 제1항의 재산의 보유, 기금의 설치·운용에 필요한 사항은 조례로 정한다(동조 2항).

2. 재산의 관리와 처분

지방자치단체의 재산은 법령이나 조례에 따르지 아니하고는 교환·양여(讓與)·대여하거나 출자 수단 또는 지급 수단으로 사용할 수 없다(지방자치법 160조).

3. 공공시설의 설치·관리

지방자치단체는 주민의 복지를 증진하기 위하여 공공시설을 설치할 수 있다(지방자치법 161조 1항). 공공시설의 설치와 관리에 관하여 다른 법령에 규정이 없으면 조례로 정한다(동조 2항). 공공시설은 관계 지방자치단체의 동의를 받아 그 지방자치단체의 구역 밖에 설치할 수 있다(동조 3항). 다만 이들 내용은 "주민의 권리"를 통하여 고찰한 바 있다.[22]

4. 지방공기업의 설치·운영

지방자치단체는 주민의 복리증진과 사업의 효율적 수행을 위하여 지방공기업을 설치·운영할 수 있다(지방자치법 163조 1항). 지방공기업의 설치·운영에 필요한 사항은 따로 법률(지방공기업법)로 정한다(동조 2항). 다만 이들 내용은 "공기업법"을 통해서 고찰하고자 한다.[23]

---

22) 본서 93면 이하 참조.

Ⅵ. 자치재정권

1. 개　설

지방자치단체는 자치사무 수행에 필요한 경비와 위임된 사무에 필요한 경비를 지출할 의무를 지고 있다(지방자치법 158조). 이를 위하여 지방자치단체는 스스로 필요한 세입을 확보하고 지출을 관리하는 권한을 가지게 되는 것인데, 이와 같은 권한을 지방자치단체의 자주재정권 또는 자치재정권이라 한다.

지방자치가 일정한 지역과 주민을 기초로 하는 지방자치단체가 스스로의 의사와 책임 하에 지역의 공공사무를 처리하는 것을 의미한다고 할 때, 지방자치단체의 자주재정권의 확보는 필수불가결하다고 말할 수 있다.

[판례①] 지방자치단체에게는 법령의 범위 내에서 자신의 지역에 관련된 여러 사무를 자신의 책임 하에 수행할 수 있는 지방자치권이 보장되는데, 이러한 권한에는 자치입법권, 자치조직권, 자치인사권, 자치재정권 등이 포함된다. 그 중 자치재정권은 지방자치단체가 법령의 범위 내에서 수입과 지출을 자신의 책임 하에 운영할 수 있는 권한으로서, 지방자치단체가 법령의 범위 내에서 국가의 지시를 받지 않고 자기책임 하에 재정에 관한 사무를 스스로 관장할 수 있는 권한을 말한다. 자치재정권 중에서 자치수입권은 지방자치단체가 법령의 범위 내에서 자기책임 하에 그에 허용된 수입원으로부터 수입정책을 결정할 수 있는 권한을 말하는데, 이에는 지방세, 분담금 등의 공과금을 부과 징수할 수 있는 권한 등이 포함된다. 그리고 자치지출권은 지방자치단체가 그의 재정 수단을 예산의 범위 내에서 그의 업무 수행을 위해 자기책임 하에 지출 사용할 수 있는 권한을 말한다. 이러한 지방자치단체의 자치재정권은 절대적인 것은 아니고, 지방세법, 지방재정법, 지방공기업법 등 법률에 의하여 형성되고 제한을 받는 것이다(헌재 2010. 10. 28, 2007헌라4).

[판례②] 지방선거사무가 자치사무로서 해당 지방자치단체가 선거비용을 부담하는 것이 타당하다고 하더라도 지방자치단체가 중앙정부로부터 독립하여 완전한 지방재정권을 가지지 못하고 법률이 정하는 바에 따라 부분적으로만 그러한 권한을 행사할 수밖에 없는 현실에서, 지방자치단체의 재정을 파탄에 이르게 할 정도의 과도한 재정부담을 불러오는 입법행위를 하는 것은 지방자치단체의 재정권을 침해하는 행위가 될 가능성이 있다(헌재 2008. 6. 26, 2005헌라7).

---

23) 본서 제7편 제2장 제4절 참조.

2. 지방재정 운영의 기본원칙

(1) 지방재정의 조정

국가와 지방자치단체는 지역 간 재정불균형을 해소하기 위하여 국가와 지방자치단체 간, 지방자치단체 상호 간에 적절한 재정 조정을 하도록 노력하여야 한다(지방자치법 136조).[24]

(2) 건전재정의 운영

지방자치단체는 그 재정을 수지균형의 원칙에 따라 건전하게 운영하여야 한다(지방자치법 137조 1항). 국가는 지방재정의 자주성과 건전한 운영을 장려하여야 하며, 국가의 부담을 지방자치단체에 넘겨서는 아니 된다(지방자치법 137조 2항).

국가는 ① 국가행정기관 및 그 소속 기관, ②「공공기관의 운영에 관한 법률」에 따른 공공기관, ③ 국가가 출자·출연한 기관(재단법인, 사단법인 등을 포함한다), ④ 국가가 설립·조성·관리하는 시설 또는 단지 등을 지원하기 위하여 설치된 기관(재단법인, 사단법인 등을 포함한다)의 신설·확장·이전·운영과 관련된 비용을 지방자치단체에 부담시켜서는 아니 된다(동조 3항). 국가는 제3항 각 호의 기관을 신설하거나 확장하거나 이전하는 위치를 선정할 경우 지방자치단체의 재정적 부담을 입지 선정의 조건으로 하거나 입지 적합성의 선정항목으로 이용해서는 아니 된다(동조 4항).

(3) 국가시책의 구현

지방자치단체는 국가시책을 달성하기 위하여 노력하여야 한다(지방자치법 138조 1항). 제1항에 따라 국가시책을 달성하기 위하여 필요한 경비의 국고보조율과 지방비부담률은 법령으로 정한다(동조 2항).

3. 지방자치단체의 수입

(1) 지방세

(가) 특별시세와 광역시세(다만, 광역시의 군지역에서는 지방세기본법 8조 2항에 따른 도세를 광역시세로 한다)

① 보통세: 취득세, 레저세, 담배소비세, 지방소비세, 주민세, 지방소득세, 자동차세

---

24) 2021년 1월 전부개정된「지방자치법」에 신설된 내용으로, 지방자치에 관한 일반법인「지방자치법」에 지방재정조정제도를 포괄하는 기본 원칙을 규정함으로써 국가와 지방자치단체가 지역 간 재정불균형을 해소하도록 노력 의무를 부여하는 한편, 현재 운영 중인 지방교부세와 조정교부금 제도 외에도 재정격차를 해소하기 위한 다른 정책수단 도입을 가능하게 하는 근거를 마련하였다는 점에 의의가 있다.

② 목적세: 지역자원시설세, 지방교육세

(나) 도 세

① 보통세: 취득세, 등록면허세, 레저세, 지방소비세

② 목적세: 지역자원시설세, 지방교육세

(다) 구 세

① 등록면허세, ② 재산세

(라) 시·군세(광역시의 군세를 포함한다)

① 담배소비세, ② 주민세, ③ 지방소득세, ④ 재산세, ⑤ 자동차세

(마) 특별자치시세와 특별자치도세

① 취득세, ② 등록면허세, ③ 레저세, ④ 담배소비세, ⑤ 지방소비세, ⑥ 주민세, ⑦ 지방소득세, ⑧ 재산세, ⑨ 자동차세, ⑩ 지역자원시설세, ⑪ 지방교육세

(2) 협의의 세외수입

(가) 사용료·수수료·분담금

① 사용료: 지방자치단체는 공공시설의 이용 또는 재산의 사용에 대하여 사용료를 징수할 수 있다(지방자치법 153조). 사용료란 공공시설의 이용 또는 재산의 사용에 대해 사용자가 부담하는 반대급부로서의 금전을 의미한다.

한편, 지방자치단체나 그 지방자치단체의 장이 관리하는 국가의 공공시설 중 지방자치단체가 그 관리에 드는 경비를 부담하는 공공시설에 대하여는 법령에 특별한 규정이 있는 경우를 제외하고는 그 지방자치단체나 지방자치단체의 장은 조례나 규칙으로 정하는 바에 따라 그 공공시설의 사용료를 징수할 수 있으며, 징수한 사용료는 그 지방자치단체의 수입으로 한다(지방재정법 31조).

② 수수료: 지방자치단체는 그 지방자치단체의 사무가 특정인을 위한 것이면 그 사무에 대하여 수수료를 징수할 수 있다(지방자치법 154조 1항). 또한 지방자치단체는 국가나 다른 지방자치단체의 위임사무가 특정인을 위한 것이면 그 사무에 대하여 수수료를 징수할 수 있다(동조 2항). 제2항에 따른 수수료는 그 지방자치단체의 수입으로 한다. 다만, 법령에 달리 정해진 경우에는 그러하지 아니하다(동조 3항).

③ 분담금: 지방자치단체는 그 재산 또는 공공시설의 설치로 주민의 일부가 특히 이익을 받으면 이익을 받는 자로부터 그 이익의 범위에서 분담금을

징수할 수 있다(지방자치법 155조).

④ **사용료의 징수조례 등:** 사용료·수수료 또는 분담금의 징수에 관한 사항은 조례로 정한다. 다만, 국가가 지방자치단체나 그 기관에 위임한 사무와 자치사무의 수수료 중 전국적으로 통일할 필요가 있는 수수료는 다른 법령의 규정에도 불구하고 대통령령으로 정하는 표준금액으로 징수하되, 지방자치단체가 다른 금액으로 징수하려는 경우에는 표준금액의 50퍼센트 범위에서 조례로 가감 조정하여 징수할 수 있다(지방자치법 156조 1항).

사기나 그 밖의 부정한 방법으로 사용료·수수료 또는 분담금의 징수를 면한 자에게는 그 징수를 면한 금액의 5배 이내의 과태료를, 공공시설을 부정사용한 자에게는 50만원 이하의 과태료를 부과하는 규정을 조례로 정할 수 있다(동조 2항). 제2항에 따른 과태료의 부과·징수, 재판 및 집행 등의 절차에 관한 사항은 「질서위반행위규제법」에 따른다(동조 3항).

⑤ **사용료 등의 부과·징수 및 이의신청:** 사용료·수수료 또는 분담금은 공평한 방법으로 부과하거나 징수하여야 한다(지방자치법 140조 1항).

사용료·수수료 또는 분담금의 부과나 징수에 대하여 이의가 있는 자는 그 처분을 통지받은 날부터 90일 이내에 그 지방자치단체의 장에게 이의신청할 수 있다(동조 2항). 지방자치단체의 장은 제2항의 이의신청을 받은 날부터 60일 이내에 결정을 하여 알려야 한다(동조 3항). 제2항과 제3항에 따른 이의신청의 방법과 절차 등에 관하여는 「지방세기본법」 제90조와 제94조부터 제100조까지의 규정을 준용한다(동조 6항).

사용료·수수료 또는 분담금의 부과나 징수에 대하여 행정소송을 제기하려면 제3항에 따른 결정을 통지받은 날부터 90일 이내에 처분청을 당사자로 하여 소를 제기하여야 한다(동조 4항). 제3항에 따른 결정기간에 결정의 통지를 받지 못하면 제4항에도 불구하고 그 결정기간이 지난 날부터 90일 이내에 소를 제기할 수 있다(동조 5항).

지방자치단체의 장은 사용료·수수료 또는 분담금을 내야 할 자가 납부기한까지 그 사용료·수수료 또는 분담금을 내지 아니하면 지방세 체납처분의 예에 따라 징수할 수 있다(동조 7항).

(나) 재산수입

재산수입은 지방자치단체가 보유하는 재산 및 기금에서 얻어지는 수입을 말한다(지방자치법 142조 1항 참조). 지방자치단체의 재산의 보유, 기금의 설치 · 운용에 필요한 사항은 조례로 정한다(동조 2항).

(다) 사업수입

사업수업은 지방자치단체가 경영하는 지방공기업, 공공시설 등의 사업경영을 통해서 얻어지는 수입을 말한다(지방자치법 163조 참조).

(라) 교부금

교부금은 국가가 스스로 행하여야 할 사무를 지방자치단체 또는 그 기관에 위임하여 수행하는 경우에 국가가 그 지방자치단체에 교부하는 소요경비를 말한다(지방재정법 21조 2항).

(마) 과태료

지방자치단체는 조례를 위반한 행위에 대하여 조례로써 1천만원 이하의 과태료를 정할 수 있다(지방자치법 34조 1항). 제1항에 따른 과태료는 해당 지방자치단체의 장이나 그 관할 구역의 지방자치단체의 장이 부과 · 징수한다(동조 2항).

사기나 그 밖의 부정한 방법으로 사용료 · 수수료 또는 분담금의 징수를 면한 자에게는 그 징수를 면한 금액의 5배 이내의 과태료를, 공공시설을 부정사용한 자에게는 50만원 이하의 과태료를 부과하는 규정을 조례로 정할 수 있다(동법 156조 2항).

지방자치단체가 국가나 다른 지방자치단체의 위임사무에 대하여 법령에서 정하는 바에 따라 과태료 또는 과징금을 부과 · 징수한 경우 그 수입은 사무위임을 받은 지방자치단체의 수입으로 한다. 다만, 다른 법령에 특별한 규정이 있거나 「비송사건절차법」에서 정하는 바에 따라 부과 · 징수한 과태료의 경우에는 그러하지 아니하다(지방재정법 32조).

(바) 기타(잡수입)

잡수입은 체납처분비(강제징수비), 위약금, 불용품의 매각 등을 통해 얻어지는 수입을 말한다.

(3) 지방교부세와 지방교육재정교부금

(가) 지방교부세

지방교부세란 지방자치단체의 행정운영에 필요한 재원을 교부하여 그 재정을 조정함으로써 지방행정의 건전한 발전을 기함을 목적으로 국가가 재정적 결함이 있는 지방자치단체에 교부하는 금액을 말한다(지방교부세법 2조 1호 참조).[25] 지방교부세의 종류는 ① 보통교부세, ② 특별교부세, ③ 부동산교부세, ④ 소방안전교부세로 구분하며(동법 3조), 그 종류별 재원은 다음과 같다(동법 4조).

① 보통교부세 = {해당 연도의 내국세(목적세 및 종합부동산세, 담배에 부과하는 개별소비세 총액의 100분의 45 및 다른 법률에 따라 특별회계의 재원으로 사용되는 세목의 해당 금액은 제외한다) 총액의 1만분의 1,924에 해당하는 금액 + 「지방교부세법」 제4조 1항 4호의 정산액} × 100분의 97

② 특별교부세 = {해당 연도의 내국세(목적세 및 종합부동산세, 담배에 부과하는 개별소비세 총액의 100분의 45 및 다른 법률에 따라 특별회계의 재원으로 사용되는 세목의 해당 금액은 제외한다) 총액의 1만분의 1,924에 해당하는 금액 + 「지방교부세법」 제4조 1항 4호의 정산액} × 100분의 3

③ 부동산교부세 = 「종합부동산세법」에 따른 종합부동산세 총액 + 「지방교부세법」 제4조 1항 5호의 정산액

④ 소방안전교부세 = 「개별소비세법」에 따라 담배에 부과하는 개별소비세 총액의 100분의 45에 해당하는 금액 + 「지방교부세법」 제4조 1항 6호의 정산액

국가는 해마다 「지방교부세법」에 따른 교부세를 국가예산에 계상하여야 한다(동법 5조 1항). 추가경정예산에 의하여 교부세의 재원인 국세가 늘거나 줄면 교부세도 함께 조절하여야 한다. 다만, 국세가 줄어드는 경우에는 지방재정 여건 등을 고려하여 다음 다음 연도까지 교부세를 조절할 수 있다(동조 2항).

(나) 지방교육재정교부금

지방교육재정교부금은 지방자치단체가 교육기관 및 교육행정기관(그 소속기관을 포함한다)을 설치·경영하는 데 필요한 재원의 전부 또는 일부를 국가가 교부하여 교육의 균형 있는 발전을 도모하기 위하여 지방자치단체에 교부하는 금액을 말하며, 보통교부금과 특별교부금으로 나눈다(지방교육재정교부금법 1조, 3조).

국가는 회계연도마다 이 법에 따른 교부금을 국가예산에 계상하여야 한다(동법 9조 1항). 추가경정예산에 따라 내국세나 교육세의 증감이 있는 경우에는 교부금

25) 지방자치단체가 표준적인 행정서비스를 제공하기 위한 가장 바람직한 재원 조달 방안은 지방자치단체 스스로가 징수하여 자유롭게 사용할 수 있는 '지방세'이다. 그러나 조세재원의 중앙 집중과 지역 간 세원의 불균형으로 인해, 모든 지방자치단체가 필요한 재원을 이러한 지방세수로 충당하는 재정구조는 사실상 불가능하다고 할 수 있다. 따라서 지역주민으로부터 징수되는 지방세만으로는 표준적인 행정서비스를 제공하는데 필요한 재원을 확보할 수 없는 재정 부족 단체에 대해서는 그 부족 정도에 따라 재원을 보전해 주는 재정지원 제도가 필요하게 된다. 지역 간 세원 편재와 재정 불균형을 해소하고 모든 지방자치단체가 일정한 행정수준을 확보할 수 있도록 재원을 보장하는 재정조정 제도의 그 중추적 기능을 담당하는 것이 바로 지방교부세이다(행정안전부, 지방교부세 산정해설, 2021. 3, 3면).

도 함께 증감하여야 한다. 다만, 내국세나 교육세가 줄어드는 경우에는 지방교육재정 여건 등을 고려하여 다음다음 회계연도까지 교부금을 조절할 수 있다(동조 2항).

(4) 조정교부금

(가) 시·군 조정교부금

시·도지사(특별시장은 제외한다)는 다음 각 호의 금액의 27퍼센트(인구 50만 이상의 시와 자치구가 아닌 구가 설치되어 있는 시의 경우에는 47퍼센트)에 해당하는 금액을 관할 시·군 간의 재정력 격차를 조정하기 위한 조정교부금의 재원으로 확보하여야 한다(지방재정법 29조 1항). 이러한 재원조정은 광역자치단체의 관할 구역 내에 있는 기초자치단체 간 재정균형화를 도모하기 위한 것이다.

① 시·군에서 징수하는 광역시세·도세(화력발전·원자력발전에 대한 지역자원시설세, 소방분 지역자원시설세 및 지방교육세는 제외한다)의 총액

② 해당 시·도(특별시는 제외한다)의 지방소비세액(「지방세법」 제71조제3항제3호가목 및 같은 항 제4호가목에 따라 시·도에 배분되는 금액은 해당 지방소비세액에서 제외한다)을 전년도 말의 해당 시·도의 인구로 나눈 금액에 전년도 말의 시·군의 인구를 곱한 금액

(나) 자치구 조정교부금

특별시장이나 광역시장은 「지방재정법」에서 정하는 바에 따라 해당 지방자치단체의 관할 구역의 자치구 상호 간의 재원을 조정하여야 한다(지방자치법 196조 및 동법 시행령 117조). 이러한 재원조정은 특별시·광역시 관할 구역 내의 자치구 간 재정불균형을 해소하고 광역행정의 효율성 및 통일성을 도모하기 위한 것이다.

특별시장 및 광역시장은 대통령령으로 정하는 보통세 수입의 일정액을 조정교부금으로 확보하여 조례로 정하는 바에 따라 해당 지방자치단체 관할구역의 자치구 간 재정력 격차를 조정하여야 한다(지방재정법 29조의2 1항). 그리고 특별시장 및 광역시장은 「지방세법」 제43조 2호의 장외발매소(경륜등의 사업장과 함께 있는 장외발매소는 제외한다)에서 발매한 승자투표권등에 대하여 자치구에서 징수한 레저세의 100분의 20에 해당하는 금액을 그 장외발매소가 있는 자치구에 각각 배분하여야 한다(동조 2항).

(5) 보조금

국가는 정책상 필요하다고 인정할 때 또는 지방자치단체의 재정 사정상 특히 필요하다고 인정할 때에는 예산의 범위에서 지방자치단체에 보조금을 교부할 수 있다(지방재정법 23조 1항). 특별시·광역시·특별자치시·도·특별자치도는 정책상 필요하다고 인정할 때 또는 시·군 및 자치구의 재정 사정상 특히 필요하다고

인정할 때에는 예산의 범위에서 시·군 및 자치구에 보조금을 교부할 수 있다(동조 2항). 제1항 및 제2항에 따라 지방자치단체에 보조금을 교부할 때에는 법령이나 조례에서 정하는 경우와 국가 정책상 부득이한 경우 외에는 재원 부담 지시를 할 수 없다(동조 3항).

(6) 지방채·일시차입금

지방채는 지방자치단체가 재정수입의 부족액을 메우기 위하여 증서차입 또는 채권발행의 방법에 의하여 자금을 조달하는 1회계연도를 넘는 장기차입금을 의미하며, 일시차입금은 당해 회계연도 내의 일시적인 자금부족을 메우기 위하여 빌리는 금전을 말한다.

지방자치단체의 장이나 지방자치단체조합은 긴급한 재난복구 등의 필요가 있는 때에는 지방의회의 의결을 얻어 지방채를 발행할 수 있다(지방자치법 139조 1항, 지방재정법 11조).

4. 지방자치단체의 예산과 결산

(1) 회계연도 및 회계의 구분

지방자치단체의 회계연도는 매년 1월 1일에 시작하여 그 해 12월 31일에 끝난다(지방자치법 140조).

지방자치단체의 회계는 일반회계와 특별회계로 구분한다(지방자치법 141조 1항, 지방재정법 9조 1항). 특별회계는 「지방공기업법」에 따른 지방직영기업이나 그 밖의 특정사업을 운영할 때 또는 특정자금이나 특정세입·세출로서 일반세입·세출과 구분하여 회계처리할 필요가 있을 때에만 법률이나 조례로 설치할 수 있다. 다만, 목적세에 따른 세입·세출은 다른 법률에 특별한 규정이 있는 경우를 제외하고는 특별회계를 설치·운용하여야 한다(지방자치법 141조 2항, 지방재정법 9조 2항).

(2) 예산안의 편성 및 의결

지방자치단체의 장은 회계연도마다 예산안을 편성하여 시·도는 회계연도 시작 50일 전까지, 시·군 및 자치구는 회계연도 시작 40일 전까지 지방의회에 제출하여야 한다(지방자치법 142조 1항). 시·도의회는 제1항의 예산안을 회계연도 시작 15일 전까지, 시·군 및 자치구의회는 회계연도 시작 10일 전까지 의결하여야 한다(동조 2항).

지방의회는 지방자치단체의 장의 동의 없이 지출예산 각 항의 금액을 증가시키거나 새로운 비용항목을 설치할 수 없다(동조 3항). 지방자치단체의 장은 제1항의 예산안을 제출한 후 부득이한 사유로 그 내용의 일부를 수정하려면 수정예산안을 작성하여 지방의회에 다시 제출할 수 있다(동조 4항).

(3) 계속비

지방자치단체의 장은 한 회계연도를 넘어 계속하여 경비를 지출할 필요가 있으면 그 총액과 연도별 금액을 정하여 계속비로서 지방의회의 의결을 받아야 한다(지방자치법 143조).

(4) 예비비

지방자치단체는 예측할 수 없는 예산 외의 지출이나 예산초과지출에 충당하기 위하여 세입·세출예산에 예비비를 계상하여야 한다(지방자치법 144조 1항). 예비비의 지출은 다음 해 지방의회의 승인을 받아야 한다(동조 2항).

(5) 추가경정예산

지방자치단체의 장은 예산을 변경할 필요가 있으면 추가경정예산안을 편성하여 지방의회의 의결을 받아야 한다(지방자치법 145조 1항). 제1항의 경우에는 예산안의 편성 및 의결에 관한 제142조 3항 및 4항을 준용한다(동조 2항).

(6) 예산이 성립하지 아니할 때의 예산 집행

지방의회에서 새로운 회계연도가 시작될 때까지 예산안이 의결되지 못하면 지방자치단체의 장은 지방의회에서 예산안이 의결될 때까지 ① 법령이나 조례에 따라 설치된 기관이나 시설의 유지·운영, ② 법령상 또는 조례상 지출의무의 이행, ③ 이미 예산으로 승인된 사업의 계속을 위한 경비를 전년도 예산에 준하여 집행할 수 있다(지방자치법 146조).

(7) 지방자치단체를 신설할 때의 예산

지방자치단체를 폐지하거나 설치하거나 나누거나 합쳐 새로운 지방자치단체가 설치된 경우에는 지체 없이 그 지방자치단체의 예산을 편성하여야 한다(지방자치법 147조 1항). 제1항의 경우에 해당 지방자치단체의 장은 예산이 성립될 때까지 필요한 경상적 수입과 지출을 할 수 있다. 이 경우 수입과 지출은 새로 성립될 예산에 포함시켜야 한다(동조 2항).

(8) 재정부담이 따르는 조례 제정 등

지방의회는 새로운 재정부담이 따르는 조례나 안건을 의결하려면 미리 지방자치단체의 장의 의견을 들어야 한다(지방자치법 148조).

(9) 예산의 이송・고시 등

지방의회의 의장은 예산안이 의결되면 그날부터 3일 이내에 지방자치단체의 장에게 이송하여야 한다(지방자치법 149조 1항). 지방자치단체의 장은 제1항에 따라 예산을 이송받으면 지체 없이 시・도에서는 행정안전부장관에게, 시・군 및 자치구에서는 시・도지사에게 각각 보고하고, 그 내용을 고시하여야 한다. 다만, 제121조에 따른 재의 요구를 할 때에는 그러하지 아니하다(동조 2항).

(10) 결 산

지방자치단체의 장은 출납 폐쇄 후 80일 이내에 결산서와 증명서류를 작성하고 지방의회가 선임한 검사위원의 검사의견서를 첨부하여 다음 해 지방의회의 승인을 받아야 한다. 결산의 심사 결과 위법하거나 부당한 사항이 있는 경우에 지방의회는 본회의 의결 후 지방자치단체 또는 해당 기관에 변상 및 징계조치 등 그 시정을 요구하고, 지방자치단체 또는 해당 기관은 시정 요구를 받은 사항을 지체 없이 처리하여 그 결과를 지방의회에 보고하여야 한다(지방자치법 150조 1항).

지방자치단체의 장은 제1항에 따른 승인을 받으면 그날부터 5일 이내에 시・도에서는 행정안전부장관에게, 시・군 및 자치구에서는 시・도지사에게 각각 보고하고, 그 내용을 고시하여야 한다(동조 2항). 제1항에 따른 검사위원의 선임과 운영에 필요한 사항은 대통령령으로 정한다(동조 3항).

한편, 지방자치단체를 폐지하거나 설치하거나 나누거나 합쳐 없어진 지방자치단체의 수입과 지출은 없어진 날로 마감하되, 그 지방자치단체의 장이었던 사람이 결산하여야 한다(동법 151조 1항). 제1항의 결산은 제150조 1항에 따라 사무를 인수한 지방자치단체의 의회의 승인을 받아야 한다(동조 2항).

제 6 절 지방자치단체의 기관

Ⅰ. 개 설

지방자치단체는 추상적 존재이므로, 실제의 활동은 그의 기관을 통해 행해진다. 지방자치단체의 대표적 기관에는 의결기관으로서 지방의회와 집행기관으로서 지방자치단체의 장이 있으며 그 밖에 각종의 보조기관·자문기관 등이 있다. 또한, 교육·학예에 관한 사무를 관장하는 기관(교육감 등)은 별도로 설치되어 있다.

현행 「지방자치법」은 주민자치를 실현한다는 전제 아래 주민의 선거에 의하여 지방의회를 구성하며, 지방자치단체의 장 역시 주민이 선출하는 체제를 취하고 있다. 그러한 의미에서 지방자치법은 그의 조직(정부)형태로서 수장(首長)주의 또는 기관분립주의를 채택하고 있다고 말할 수 있다.

한편, 2021년 1월 전부개정된 「지방자치법」은 지방자치단체의 기관구성 형태의 특례에 관한 규정을 신설하였다.[1] 지방자치단체의 의회(지방의회)와 집행기관에 관한 이 법의 규정에도 불구하고 따로 법률로 정하는 바에 따라 지방자치단체의 장의 선임방법을 포함한 지방자치단체의 기관구성 형태를 달리 할 수 있다(지방자치법 4조 1항). 제1항에 따라 지방의회와 집행기관의 구성을 달리하려는 경우에는 「주민투표법」에 따른 주민투표를 거쳐야 한다(동조 2항).

Ⅱ. 지방의회

1. 의 의

지방자치단체에 의회를 둔다는 것은 지방자치가 '대의민주제'를 그 기본으로 삼음을 의미한다. 따라서 지방의회는 당연히 주민에 의해 선출된 대표로 구

1) 현재 지방자치단체 기관구성 형태는 기관대립형의 단일한 형태로 규정되어 전국의 지방자치단체에 동일하게 적용되고 있다. 그러나 지역별 행정 여건이 다변화되고, 지방자치의 패러다임이 주민 중심으로 전환됨에 따라 지방자치단체의 기관구성 형태를 다양화할 필요성이 증대되고 있다. 그에 따라 기본적으로는 현재와 같이 기관분리형을 유지하되, 주민투표를 거쳐 지방자치단체 기관구성 형태를 변경할 수 있는 근거를 신설하였다.

성되어야 하며, 그 지방의회에는 자치입법권(조례제정권)을 비롯하여 지방자치단체의 중요사항에 대한 의결권이 부여되지 않으면 안 된다.

지방자치단체에 위와 같은 지위 내지 권한을 가지는 지방의회를 설치한다는 것은 헌법의 요청이다. 헌법 제118조 1항의 "지방자치단체에 의회를 둔다"라는 규정이 그것을 말하여 준다. 또한 헌법 제118조 2항은 "지방의회의 조직·권한·의원선거와 지방자치단체의 장의 선임방법 기타 지방자치단체의 조직과 운영에 관한 사항은 법률로 정한다"라고 규정하고 있는바, 이에 관한 법률이 「지방자치법」, 「공직선거법」 등이다.

2. 지방의회의 법적 지위

(1) 주민대표기관성

지방의회는 주민에 의해 선출된 의원으로 구성되므로, 지방의회를 주민대표기관이라 할 수 있다. 이것은 국회를 국민대표기관으로 부르는 것과 같은 취지이다. 다만, 지방자치단체를 대표하는 기관은 지방자치단체의 장이므로(지방자치법 114조), 지방의회는 주민의 대표기관일 뿐, 지방자치단체의 대표기관이 되는 것이 아님에 유의할 필요가 있다.

여기에서 지방의회가 주민을 대표한다는 의미는, 일반적으로 지방의회의 의사를 주민의 의사로 간주·의제하는 것으로 받아들여지고 있다. 다만, 의회가 국민 또는 주민을 대표한다는 의미는 시대에 따라 변천이 있는 점을 감안할 필요가 있다.

(2) 의결기관성

지방의회는 지방자치단체의 최상위 의결기관으로서 지위를 가진다. 지방의회에서 의결된 사항에는 지방자치단체의 장 기타 기관이 그에 기속을 받게 된다.

다만, 지방의회의 최고의결기관성은 의결사항이 제한적으로 열거되어 있으며(지방자치법 47조 1항), 지방자치단체의 장에게 인정되는 재의요구권이나 선결처분권 등에 의하여 제약을 받고 있다(동법 120조, 121조, 122조 참조).

(3) 자치입법기관성

자치입법이라 하게 되면 보통 지방자치단체의 조례와 지방자치단체의 장이 제정하는 규칙을 가리킨다. 그리고 조례와 규칙의 관계는 법률과 명령과의 관계에 비유될 수 있다. 이 중 법률제정권을 의미하는 입법권이 국회에 있다(헌법 40조)

고 말하는 식으로 지방자치단체의 자치입법권은 지방의회에 있다고 말할 수 있다. 법률의 의결권이 국회에 있는 식으로 조례의 제정·개정 및 폐지에 대한 의결권이 지방의회에 있기 때문이다(지방자치법 47조 1항 1호 참조).

지방의회를 '자치입법기관'이라고 부르는 것은 바로 이러한 의미에서 이다. 그러나 국회를 입법기관이라고 부르는 것에 준하여 지방의회를 (자치)입법기관이라고 부를 수는 있지만, 법률과 조례 사이에 그 효력 및 의결사항 등에 있어 많은 차이가 있는 것과 같이 국회와 지방의회 사이에도 많은 차이가 있는 점을 간과해서는 안 될 것이다.

'법률'과 '조례'와의 관계 내지 차이에 관해서는 조례제정권의 범위와 관련하여 고찰한 바 있다.

(4) 감시·통제기관성

지방의회는 지방자치단체의 주민대표기관, 의결기관, 입법기관으로서 지위를 가지는 외에, 집행기관에 대한 감시·통제기관으로서 지위를 가진다. 지방의회와 집행기관으로서의 지방자치단체장은 상호 독립된 지위를 갖지만, 또한 상호 견제와 균형의 관계에 있음도 주목해야 한다.

지방의회의 집행기관에 대한 감시·통제 수단으로는 행정사무 감사권 및 조사권(지방자치법 49조), 지방자치단체의 장과 관계 공무원에 대한 출석요구 및 행정사무 처리상황 보고·질문권(동법 51조), 지방자치단체의 장에 대한 서류제출요구권(동법 48조) 등이 있다. 다른 한편, 지방의회가 가지고 있는 의결권(동법 47조), 예산·결산에 대한 권한(동법 140조 이하), 확정된 조례에 대한 지방의회 의장의 공포권(동법 32조 6항) 등도 간접적으로 지방자치단체의 장 및 집행기관에 대한 통제 수단으로 기능한다고 말할 수 있다.

[판례] 지방자치단체의 집행기관의 사무집행에 관한 감시·통제기능은 지방의회의 고유권한이므로 이러한 지방의회의 권한을 제한·박탈하거나 제3의 기관 또는 집행기관 소속의 어느 특정 행정기관에 일임하는 내용의 조례를 제정한다면 이는 지방의회의 권한을 본질적으로 침해하거나 그 권한을 스스로 저버리는 내용의 것으로서 지방자치법령에 위반되어 무효이다(대판 1997. 4. 11, 96추138).

(5) 행정기관성 여부

행정법학자 간에는 지방의회의 「행정기관으로서의 지위」를 강조하는 견해도 적지 않다. 다음이 그 예이다.

「지방의회는 국회와 같은 의미의 의회는 아니며, 따라서 지방의회는 지방자치단체의 구성부분의 하나로서 지방행정청에 귀속되는 행정기관의 지위를 가진다」(석종현).

「지방의회가 국회와 유사한 방법으로 구성된다고 하여도 법적 의미에서 지방의회는 국회와 같은 소위 헌법상 의미의 의회는 아니다. 왜냐하면 전체로서 지방자치단체는 집행부의 한 구성부분인데, 지방의회는 바로 이러한 지방자치단체의 한 구성부분인 것이고, 바꾸어 말하면 체계상 지방의회는 합의제의결기관으로서 지방행정권에 귀속되는 것이며…」(홍정선).

「지방의회는 지방자치단체의 장과 마찬가지로 지방자치단체의 행정기관으로서의 지위를 차지한다…」(류지태 · 박종수).

「지방자치단체 자체가 행정기관으로서의 법적인 지위를 가지고 있으므로 그 구성부분인 지방의회는 지방자치단체의 입법기관적인 지위를 가지는 것이 아니라 지방행정기능을 분담하는 행정기관으로서의 지위를 갖는다고 보아야 한다」(이기우).

독일에서는 조례제정권 같은 자치입법권을 행정권의 일부(ein Teil der Verwaltung)로 보는 경향이 유력하다. 지방의회를 입법기관으로 보지 않고 행정기관으로 보려는 견해는 그와 같은 독일 학계의 영향을 받은 것으로 볼 수 있다. 독일에서의 사정은 여하간에, 지방의회의 입법기관성은 부인하고 행정기관으로서의 지위만을 인정하는 견해에 대해서는 찬성하기 어렵다. 먼저 지방의회의 (지방자치)입법기관성을 긍정하고, 국가의 입법기관인 국회와의 차이점을 살펴보아야 할 것으로 생각된다. 아울러 아직도 주민 100인 내외의 기초자치단체(Gemeinde)가 있는 독일의 지방자치단체의 지방의회(Gemeinderat)[2]의 법적 성격 내지 지위에 관한 논의를 우리의 그것에 그대로 대입시키는 데에도 문제가 있다고 생각된다.[3]

3. 지방의회의 조직

(1) 구 성

지방자치단체에 주민의 대의기관인 의회를 둔다(지방자치법 37조). 헌법 제118조 2항

2) 독일에서 연방의회나 주의회를 부를 때는 Tag라는 용어를 사용하는데 대하여 지방의회의 경우, 보통 참사 또는 참사회로 번역되는 Rat라는 용어를 사용하고 있는 점도 참고할 만하다.
3) 주민 1,000만 명이 넘는 지방자치단체(서울시)도 있는 것이 우리나라의 실정임을 감안할 필요가 있다.

은 "지방자치단체에 의회를 둔다"라고 규정하고 있는바, 지방의회는 헌법에서 직접 규정하고 있다는 의미에서 헌법기관의 성질을 갖는다고 볼 수 있다.

지방의회는 주민이 보통·평등·직접·비밀선거로 선출한 의원으로 구성된다(동법 38조).

(2) 의원정수

(가) 시·도의회의 의원정수

① **지역구 시·도의원정수**: 시·도별 지역구 시·도의원의 총 정수는 그 관할구역 안의 자치구·시·군(하나의 자치구·시·군이 2 이상의 국회의원지역구로 된 경우에는 국회의원지역구를 말하며, 행정구역의 변경으로 국회의원지역구와 행정구역이 합치되지 아니하게 된 때에는 행정구역을 말한다)수의 2배수로 하되, 인구·행정구역·지세·교통, 그 밖의 조건을 고려하여 100분의 14의 범위에서 조정할 수 있다. 다만, 자치구·시·군의 지역구 시·도의원정수는 최소 1명으로 한다(공직선거법 22조 1항).

위와 같은 규정에도 불구하고 「지방자치법」 제10조 2항에 따라 시와 군을 통합하여 도농복합형태의 시로 한 경우에는 시·군통합후 최초로 실시하는 임기만료에 의한 시·도의회의원선거에 한하여 해당 시를 관할하는 도의회의원의 정수 및 해당 시의 도의회의원의 정수는 통합 전의 수를 고려하여 이를 정한다(동조 2항). 이러한 기준에 의하여 산정된 의원정수가 19명 미만이 되는 광역시 및 도는 그 정수를 19명으로 한다(동조 3항).

② **비례대표 시·도의원정수**: 비례대표 시·도의원정수는 위에서 살펴본 규정에 의하여 산정된 지역구 시·도의원정수의 100분의 10으로 한다. 이 경우 단수는 1로 본다. 다만, 산정된 비례대표 시·도의원정수가 3인 미만인 때에는 3인으로 한다(동조 4항).

(나) 자치구·시·군의회의 의원정수

시·도별 자치구·시·군의회 의원의 총정수는 별도로 정해지며(공직선거법 별표 3 참조), 자치구·시·군의회의 의원정수는 당해 시·도의 총정수 범위 내에서 제24조의3의 규정에 따른 당해 시·도의 자치구·시·군의원선거구획정위원회가 자치구·시·군의 인구와 지역대표성을 고려하여 중앙선거관리위원회규칙이 정하는 기준에 따라 정한다(동법 23조 1항).

자치구·시·군의회의 최소정수는 7인으로 한다(동조 2항). 비례대표자치구·시·군의원정수는 자치구·시·군의원 정수의 100분의 10으로 한다. 이 경우 단수는 1로 본다(동조 3항).

(3) 기 관

(가) 의장과 부의장

① **의장과 부의장의 선거와 임기:** 지방의회는 지방의회의원 중에서 시·도의 경우 의장 1명과 부의장 2명을, 시·군 및 자치구의 경우 의장과 부의장 각 1명을 무기명투표로 선출하여야 한다(지방자치법 57조 1항). 지방의회의원 총선거 후 처음으로 선출하는 의장·부의장 선거는 최초집회일에 실시한다(동조 2항). 의장과 부의장의 임기는 2년으로 한다(동조 3항).

② **의장의 직무 등:** 지방의회의 의장은 의회를 대표하고 의사(議事)를 정리하며, 회의장 내의 질서를 유지하고 의회의 사무를 감독한다(동법 58조). 지방의회의 의장은 확정된 조례의 예외적 공포권(동법 32조 6항), 의결에서의 표결권(동법 73조 2항), 지방의회 폐회 중 의원의 사직허가권(동법 89조), 회의의 질서유지권(동법 94조) 방청인에 대한 단속권(동법 97조) 등을 가진다.

지방의회의 의장이 부득이한 사유로 직무를 수행할 수 없을 때에는 부의장이 그 직무를 대리한다(동법 59조). 지방의회의 의장과 부의장이 모두 부득이한 사유로 직무를 수행할 수 없을 때에는 임시의장을 선출하여 의장의 직무를 대행하게 한다(동법 60조).

③ **보궐선거:** 지방의회의 의장이나 부의장이 궐위된 경우에는 보궐선거를 실시한다(동법 61조 1항). 보궐선거로 당선된 의장이나 부의장의 임기는 전임자 임기의 남은 기간으로 한다(동조 2항).

④ **의장·부의장 불신임의 의결:** 지방의회의 의장이나 부의장이 법령을 위반하거나 정당한 사유 없이 직무를 수행하지 아니하면 지방의회는 불신임을 의결할 수 있다(동법 62조 1항). 제1항의 불신임 의결은 재적의원 4분의 1 이상의 발의와 재적의원 과반수의 찬성으로 한다(동조 2항). 제2항의 불신임 의결이 있으면 지방의회의 의장이나 부의장은 그 직에서 해임된다(동조 3항).

[판례] 지방의회를 대표하고 의사를 정리하며 회의장 내의 질서를 유지하고 의회의 사무를 감독하며 위원회에 출석하여 발언할 수 있는 등의 직무권한을 가지는 지방의회 의장에 대한 불신임의결은 의장으로서의 권한을 박탈하는 행정처분의 일종으로서 항고소송의 대상이 된다(대판 1994. 10. 11. 94두23).

⑤ 의장 등을 선거할 때의 의장 직무 대행: 의장·부의장·임시의장의 선거 등을 실시할 때 의장의 직무를 수행할 사람이 없으면 출석의원 중 최다선의원이, 최다선의원이 2명 이상이면 그 중 연장자가 그 직무를 대행한다. 이 경우 직무를 대행하는 지방의회의원이 정당한 사유 없이 의장 등의 선거를 실시할 직무를 이행하지 아니할 때에는 다음 순위의 지방의회의원이 그 직무를 대행한다(동법 63조).

(나) 교섭단체 및 위원회

① 교섭단체: 지방의회에 교섭단체를 둘 수 있다. 이 경우 조례로 정하는 수 이상의 소속 의원을 가진 정당은 하나의 교섭단체가 된다(동법 63조의2 1항). 제1항 후단에도 불구하고 다른 교섭단체에 속하지 아니하는 의원 중 조례로 정하는 수 이상의 의원은 따로 교섭단체를 구성할 수 있다(동조 2항). 그 밖에 교섭단체의 구성 및 운영 등에 필요한 사항은 조례로 정한다(동조 3항).

② 위원회의 설치: 지방의회는 조례로 정하는 바에 따라 위원회를 둘 수 있다(동법 64조 1항). 위원회의 종류는 소관 의안과 청원 등을 심사·처리하는 상임위원회와 특정한 안건을 심사·처리하는 특별위원회가 있다(동조 2항). 위원회의 위원은 본회의에서 선임한다(동조 3항).

③ 윤리특별위원회: 지방의회의원의 윤리강령과 윤리실천규범 준수 여부 및 징계에 관한 사항을 심사하기 위하여 윤리특별위원회를 둔다(동법 65조 1항). 윤리특별위원회는 지방의회의원의 윤리강령과 윤리실천규범 준수 여부 및 지방의회의원의 징계에 관한 사항을 심사하기 전에 윤리심사자문위원회의 의견을 들어야 하며 그 의견을 존중하여야 한다(동조 2항).

④ 윤리심사자문위원회: 지방의회의원의 겸직 및 영리행위 등에 관한 지방의회의 의장의 자문과 지방의회의원의 윤리강령과 윤리실천규범 준수 여부 및 징계에 관한 윤리특별위원회의 자문에 응하기 위하여 윤리특별위원회에 윤리심사자문위원회를 둔다(동법 66조 1항). 윤리심사자문위원회의 위원은 민간전문가 중에서 지방의회의 의장이 위촉한다(동조 2항). 제1항 및 제2항에서 규정한 사항 외에 윤리심사자문위원회의 구성 및 운영에 필요한 사항은 회의규칙으로 정한다(동조 3항).

⑤ 위원회의 권한: 위원회는 그 소관에 속하는 의안과 청원 등 또는 지방의회가 위임한 특정한 안건을 심사한다(동법 67조).

⑥ **전문위원**: 위원회에는 위원장과 위원의 자치입법활동을 지원하기 위하여 지방의회의원이 아닌 전문지식을 가진 위원(이하 "전문위원"이라 한다)을 둔다(동법 68조). 전문위원은 위원회에서 의안과 청원 등의 심사, 행정사무감사 및 조사, 그 밖의 소관 사항과 관련하여 검토보고 및 관련 자료의 수집·조사·연구를 한다(동조 2항). 위원회에 두는 전문위원의 직급과 수 등에 관하여 필요한 사항은 대통령령으로 정한다(동조 3항).

⑦ **위원회에서의 방청 등**: 위원회에서 해당 지방의회의원이 아닌 사람은 위원회의 위원장의 허가를 받아 방청할 수 있다(동법 69조 1항). 위원장은 질서를 유지하기 위하여 필요할 때에는 방청인의 퇴장을 명할 수 있다(동조 2항).

⑧ **위원회의 개회**: 위원회는 본회의의 의결이 있거나 지방의회의 의장 또는 위원장이 필요하다고 인정할 때, 재적위원 3분의 1 이상이 요구할 때에 개회한다(동법 70조 1항). 폐회 중에는 지방자치단체의 장도 지방의회의 의장 또는 위원장에게 이유서를 붙여 위원회 개회를 요구할 수 있다(동조 2항).

⑨ **위원회에 관한 조례**: 위원회에 관하여 이 법에서 정한 것 외에 필요한 사항은 조례로 정한다(동법 71조).

(다) 사무기구와 직원

① **사무처 등의 설치**: 시·도의회에는 사무를 처리하기 위하여 조례로 정하는 바에 따라 사무처를 둘 수 있으며, 사무처에는 사무처장과 직원을 둔다(동법 102조 1항). 시·군 및 자치구의회에는 사무를 처리하기 위하여 조례로 정하는 바에 따라 사무국이나 사무과를 둘 수 있으며, 사무국·사무과에는 사무국장 또는 사무과장과 직원을 둘 수 있다(동조 2항). 제1항과 제2항에 따른 사무처장·사무국장·사무과장 및 직원(이하 "사무직원"이라 한다)은 지방공무원으로 보한다(동조 3항).

② **사무직원의 정원과 임면 등**: 지방의회에 두는 사무직원의 수는 인건비 등 대통령령으로 정하는 기준에 따라 조례로 정한다(동법 103조 1항). 지방의회의 의장은 지방의회 사무직원을 지휘·감독하고 법령과 조례·의회규칙으로 정하는 바에 따라 그 임면·교육·훈련·복무·징계 등에 관한 사항을 처리한다(동조 2항).[4]

---

4) 2021년 1월 전부개정된 「지방자치법」은 지방의회 사무기구 인력운영의 자율성을 제고하기 위하여 지방의회 사무직원에 대한 인사권을 지방의회의 의장에게 부여하고 있다. 구 「지방자치법」 제91조 2항에서는 "사무직원은 지방의회의 의장의 추천에 따라 그 지방자치단체의 장이 임명한다. 다만, 지방자치단체의 장은 사무직원 중 다음 각 호의 어느 하나에 해당하는 공무원(별정직 공무원 등)에 대한 임용권은 지방의회 사무처장·사무국장·사무과장에게 위임하여야 한다."고 규정함으로써, 지방의회 사무직원에 대한 임명권이 지방자치단체의 장에게 있었다.

③ **사무직원의 직무와 신분보장 등:** 사무처장·사무국장 또는 사무과장은 지방의회의 의장의 명을 받아 의회의 사무를 처리한다(동법 104조 1항). 사무직원의 임용·보수·복무·신분보장·징계 등에 관하여는 이 법에서 정한 것 외에는 「지방공무원법」을 적용한다(동조 2항).

4. 지방의회의원

(1) 의원의 임기

의원의 임기는 선거에 의하여 선출된 지방의회의원이 의원으로서 지위를 누리는 기간을 의미한다. 우리나라의 경우 지방의회의원의 임기에 변천이 있는데, 1949년 「지방자치법」은 4년으로 정했고, 1956년에는 법개정을 통해 3년으로 단축된 바 있다. 그러나 1958년의 법개정을 통해 4년으로 환원한 후 오늘에 이르고 있다. 따라서 현행 지방자치법상 의원의 임기는 4년이다(지방자치법 39조).

(2) 의원의 겸직금지 등

(가) 지방의회의원은 다음 각 호의 어느 하나에 해당하는 직을 겸할 수 없다(지방자치법 43조 1항). 만약 지방의회의원이 이를 위반하여 다음 각 호의 어느 하나에 해당하는 직에 취임할 때에는 지방의회의원의 직에서 당연 퇴직한다(동법 90조 1호).

① 국회의원, 다른 지방의회의원

② 헌법재판소 재판관, 각급 선거관리위원회 위원

③ 「국가공무원법」 제2조에 따른 국가공무원과 「지방공무원법」 제2조에 따른 지방공무원(「정당법」 제22조에 따라 정당의 당원이 될 수 있는 교원은 제외한다)

④ 「공공기관의 운영에 관한 법률」 제4조에 따른 공공기관(한국방송공사, 한국교육방송공사 및 한국은행을 포함한다)의 임직원

⑤ 「지방공기업법」 제2조에 따른 지방공사와 지방공단의 임직원

⑥ 농업협동조합, 수산업협동조합, 산림조합, 엽연초생산협동조합, 신용협동조합, 새마을금고(이들 조합·금고의 중앙회와 연합회를 포함한다)의 임직원과 이들 조합·금고의 중앙회장이나 연합회장

⑦ 「정당법」 제22조에 따라 정당의 당원이 될 수 없는 교원[5)]

⑧ 다른 법령에 따라 공무원의 신분을 가지는 직

⑨ 그 밖에 다른 법률에서 겸임할 수 없도록 정하는 직

---

5) 「정당법」 제22조에 따라 정당의 당원이 될 수 있는 교원이 지방의회의원으로 당선되면 임기 중 그 교원의 직은 휴직된다(지방자치법 43조 2항).

(나) 지방의회의원이 당선 전부터 제1항 각 호의 직을 제외한 다른 직을 가진 경우에는 임기 개시 후 1개월 이내에, 임기 중 그 다른 직에 취임한 경우에는 취임 후 15일 이내에 지방의회의 의장에게 서면으로 신고하여야 하며, 그 방법과 절차는 해당 지방자치단체의 조례로 정한다(동법 43조 3항). 지방의회의 의장은 제3항에 따라 지방의회의원의 겸직신고를 받으면 그 내용을 연 1회 이상 해당 지방의회의 인터넷 홈페이지에 게시하거나 지방자치단체의 조례로 정하는 방법에 따라 공개하여야 한다(동조 4항).

(다) 지방의회의원이 다음 각 호의 기관·단체 및 그 기관·단체가 설립·운영하는 시설의 대표, 임원, 상근직원 또는 그 소속 위원회(자문위원회는 제외한다)의 위원이 된 경우에는 그 겸한 직을 사임하여야 한다(동법 43조 5항).

① 해당 지방자치단체가 출자·출연(재출자·재출연을 포함한다)한 기관·단체

② 해당 지방자치단체의 사무를 위탁받아 수행하고 있는 기관·단체

③ 해당 지방자치단체로부터 운영비, 사업비 등을 지원받고 있는 기관·단체

④ 법령에 따라 해당 지방자치단체의 장의 인가를 받아 설립된 조합(조합설립을 위한 추진위원회 등 준비단체를 포함한다)의 임직원

(라) 지방의회의 의장은 지방의회의원이 다음 각 호의 어느 하나에 해당하는 경우에는 그 겸한 직을 사임할 것을 권고하여야 한다. 이 경우 지방의회의 의장은 제66조에 따른 윤리심사자문위원회의 의견을 들어야 하며 그 의견을 존중하여야 한다(동법 43조 6항).

① 제5항에 해당하는 데도 불구하고 겸한 직을 사임하지 아니할 때

② 다른 직을 겸하는 것이 제44조 2항에 위반된다고 인정될 때

(마) 지방의회의 의장은 지방의회의원의 행위 또는 양수인이나 관리인의 지위가 제5항 또는 제6항에 따라 제한되는지와 관련하여 제66조에 따른 윤리심사자문위원회의 의견을 들을 수 있다(동법 43조 7항).

(3) 의원의 권리

(가) 직무상 권리

의원은 주민의 대표로서 그 직무를 수행하기 위한 여러 권리를 가지는데, ① 의안발의권(지방자치법 76조), ② 질문권(동법 51조), ③ 표결권(동법 82조) 등이 그에 해당한다.

(나) 선거권

의원은 지방의회의 의장과 부의장의 선거권을 가진다(동법 57조).

(다) 요구권

의원은 ① 임시회 소집요구권(동법 54조 3항), ② 의원의 자격심사청구권(동법 91조 1항), ③ 의원의 징계요구권(동법 99조 1항) 등을 가진다.

(라) 의정활동비 등을 받을 권리

지방의회의원에게는 다음 각 호의 비용을 지급한다(동법 40조 1항).

① 의정 자료를 수집하고 연구하거나 이를 위한 보조 활동에 사용되는 비용을 보전하기 위하여 매월 지급하는 의정활동비

② 지방의회의원의 직무활동에 대하여 지급하는 월정수당

③ 본회의 의결, 위원회 의결 또는 지방의회의 의장의 명에 따라 공무로 여행할 때 지급하는 여비

제1항 각 호에 규정된 비용은 대통령령으로 정하는 기준을 고려하여 해당 지방자치단체의 의정비심의위원회에서 결정하는 금액 이내에서 지방자치단체의 조례로 정한다. 다만, 제1항제3호에 따른 비용은 의정비심의위원회 결정 대상에서 제외한다(동법 40조 2항).

(마) 정책지원 전문인력

지방의회의원의 의정활동을 지원하기 위하여 지방의회의원 정수의 2분의 1 범위에서 해당 지방자치단체의 조례로 정하는 바에 따라 지방의회에 정책지원 전문인력을 둘 수 있다(동법 41조 1항).[6] 정책지원 전문인력은 지방공무원으로 보하며, 직급·직무 및 임용절차 등 운영에 필요한 사항은 대통령령으로 정한다(동조 2항). 이는 2021년 1월 전부개정된 「지방자치법」에 신설된 내용으로, 지방의회 의정활동의 전문성을 제고하기 위해 정책지원 전문인력 도입의 법적 근거를 마련하였다.

[참고판례] 지방의회의원에 대하여 유급 보좌 인력을 두는 것은 지방의회의원의 신분·지위 및 그 처우에 관한 현행 법령상의 제도에 중대한 변경을 초래하는 것으로서 국회의 법률로 규정하여야 할 입법사항이다. 그런데 지방의회의원의 신분·지위 및 그 처우에 관하여 지방자치법 제33조는 의정활동비, 공무여비 및 월정수당에 관한 내용을 규정하고, 제34조는 회기 중 직무로 인한 사망·상해 시 등에 보상

6) 한편, 정책지원 전문인력 도입과 관련하여 2021년 1월 전부개정된 「지방자치법」 부칙 제6조는 "지방의회에 정책지원 전문인력을 두는 경우 그 규모는 2022년 12월 31일까지는 지방의회의원 정수의 4분의 1 범위에서, 2023년 12월 31일까지는 지방의회의원 정수의 2분의 1 범위에서 연차적으로 도입한다"고 규정하였다.

> 금을 지급하도록 규정하고 있을 뿐이다. 지방자치법 제90조는 지방의회에 그 사무를 처리하기 위하여 조례로 정하는 바에 따라 사무처(국·과) 및 사무직원을 둘 수 있도록 규정하고 있으나, 이는 지방의회가 의결기관으로서 기능을 수행하는 데에 필요한 의사운영의 보좌 및 그에 수반되는 여러 가지 행정사무의 처리를 위한 것이지 지방의회의원 개개인의 활동에 대한 보좌를 하도록 하는 규정은 아니므로, 위 각 규정이 지방의회의원에 대하여 유급 보좌 인력을 둘 수 있는 근거가 될 수 없다(대판 2017. 3. 30, 2016추5087. 동지 판례: 대판 2012. 5. 24, 2011추49).

(바) 보상을 받을 권리

지방의회의원이 직무로 인하여 신체에 상해를 입거나 사망한 경우와 그 상해나 직무로 인한 질병으로 사망한 경우에는 보상금을 지급할 수 있다(동법 42조 1항). 제1항의 보상금의 지급기준은 대통령령으로 정하는 범위에서 해당 지방자치단체의 조례로 정한다(동조 2항).

(4) 의원의 의무

(가) 공익우선 및 성실 의무

지방의회의원은 공공의 이익을 우선하여 양심에 따라 그 직무를 성실히 수행하여야 한다(지방자치법 44조 1항).

(나) 청렴 및 품위유지 의무

지방의회의원은 청렴의 의무를 지며, 지방의회의원으로서의 품위를 유지하여야 한다(동법 44조 2항).

(다) 지위남용의 금지

지방의회의원은 지위를 남용하여 재산상의 권리·이익 또는 직위를 취득하거나 다른 사람을 위하여 그 취득을 알선해서는 아니 된다(동법 44조 3항).

(라) 영리 목적 거래 금지

지방의회의원은 해당 지방자치단체, 제43조 5항 각 호의 어느 하나에 해당하는 기관·단체(① 해당 지방자치단체가 출자·출연한 기관·단체, ② 해당 지방자치단체의 사무를 위탁받아 수행하고 있는 기관·단체, ③ 해당 지방자치단체로부터 운영비, 사업비 등을 지원받고 있는 기관·단체, ④ 법령에 따라 해당 지방자치단체의 장의 인가를 받아 설립된 조합) 및 그 기관·단체가 설립·운영하는 시설과 영리를 목적으로 하는 거래를 하여서는 아니 된다(동법 44조 4항).

(마) 직무 관련 영리행위 금지

지방의회의원은 소관 상임위원회의 직무와 관련된 영리행위를 할 수 없으며, 그 범위는 해당 지방자치단체의 조례로 정한다(동법 44조 5항).

(바) 기 타

지방의회는 지방의회의원이 준수하여야 할 지방의회의원의 윤리강령과 윤리실천규범을 조례로 정하여야 한다(동법 46조 1항). 지방의회는 소속 의원(「공직선거법」 제190조 및 제190조의2에 따라 지방의회의원 당선인으로 결정된 사람을 포함한다)들이 의정활동에 필요한 전문성을 확보하도록 노력하여야 한다(동조 2항).

(5) 의원체포 및 확정판결의 통지

수사기관의 장은 체포되거나 구금된 지방의회의원이 있으면 지체 없이 해당 지방의회의 의장에게 영장의 사본을 첨부하여 그 사실을 알려야 한다(지방자치법 45조 1항). 각급 법원장은 지방의회의원이 형사사건으로 공소가 제기되어 판결이 확정되면 지체 없이 해당 지방의회의 의장에게 그 사실을 알려야 한다(동조 2항). 이와 같은 규정은 지방의회의원의 신분을 간접적으로 보호하기 위한 규정으로 새길 수 있다. 국회의원의 경우와는 달리, 지방의회의원에 대해서는 불체포특권이 인정되지 않음이 각국에서의 추세이다.

(6) 의원의 사직·퇴직과 자격심사

(가) 의원의 사직

지방의회는 그 의결로 소속 지방의회의원의 사직을 허가할 수 있다. 다만, 폐회 중에는 지방의회의 의장이 허가할 수 있다(지방자치법 89조).

(나) 의원의 퇴직

지방의회의원이 다음 각 호의 어느 하나에 해당될 때에는 지방의회의원의 직에서 퇴직한다(동법 90조).

① 제43조 제1항 각 호의 어느 하나(① 국회의원, 다른 지방의회의원, ② 헌법재판소 재판관, 각급 선거관리위원회 위원, ③ 「국가공무원법」 제2조에 따른 국가공무원과 「지방공무원법」 제2조에 따른 지방공무원, ④ 「공공기관의 운영에 관한 법률」 제4조에 따른 공공기관의 임직원, ⑤ 「지방공기업법」 제2조에 따른 지방공사와 지방공단의 임직원, ⑥ 농업협동조합, 수산업협동조합, 산림조합, 엽연초생산협동조합, 신용협동조합, 새마을금고의 임직원과 이들 조합·금고의 중앙회장이나 연합회장, ⑦ 「정당법」 제22조에 따라 정당의 당원이 될 수 없는 교원, ⑧ 다른 법령에 따라 공무원의 신분을 가지는 직, ⑨ 그 밖에 다른 법률에서 겸임할 수 없도록 정하는 직)에 해당하는 직에 취임할 때

② 피선거권이 없게 될 때(지방자치단체의 구역변경이나 없어지거나 합한 것 외의 다른 사유로 그 지방자치단체의 구역 밖으로 주민등록을 이전하였을 때를 포함한다)

③ 징계에 따라 제명될 때

(다) 의원의 자격심사

지방의회의원은 다른 의원의 자격에 대하여 이의가 있으면 재적의원 4분의

1 이상의 찬성으로 지방의회의 의장에게 자격심사를 청구할 수 있다(동법 91조 1항). 심사 대상인 지방의회의원은 자기의 자격심사에 관한 회의에 출석하여 의견을 진술할 수 있으나, 의결에는 참가할 수 없다(동조 2항).

자격심사 대상인 지방의회의원에 대한 자격상실 의결은 재적의원 3분의 2 이상의 찬성이 있어야 한다(동법 92조 1항). 심사 대상인 지방의회의원은 제1항에 따라 자격상실이 확정될 때까지는 그 직을 상실하지 아니한다(동조 2항).

(라) 결원의 통지

지방의회의 의장은 지방의회의원의 결원이 생겼을 때에는 15일 이내에 그 지방자치단체의 장과 관할 선거관리위원회에 알려야 한다(동법 93조).

(7) 의원의 징계

지방의회는 지방의회의원이 이 법이나 자치법규에 위배되는 행위를 하면 윤리특별위원회의 심사를 거쳐 의결로써 징계할 수 있다(지방자치법 98조).

지방의회의 의장은 제98조에 따른 징계대상 지방의회의원이 있어 징계 요구를 받으면 윤리특별위원회에 회부한다(동법 99조 1항). 이때 제95조 제1항을 위반한 지방의회의원에 대하여 모욕을 당한 지방의회의원이 징계를 요구하려면 징계 사유를 적은 요구서를 지방의회의 의장에게 제출하여야 한다(동조 2항). 지방의회의 의장은 제2항의 징계 요구를 받으면 윤리특별위원회에 회부한다(동조 3항).

징계의 종류는 ① 공개회의에서의 경고, ② 공개회의에서의 사과, ③ 30일 이내의 출석정지, ④ 제명이 있다(동법 88조 1항). 이 경우 제명 의결에는 재적의원 3분의 2 이상의 찬성이 있어야 한다(동조 2항).

징계에 관하여 이 법에서 정한 사항 외에 필요한 사항은 회의규칙으로 정한다(동법 101조).

[판례①] 지방자치법 제78조 내지 제81조의 규정에 의거한 지방의회의 의원징계의결은 그로 인해 의원의 권리에 직접 법률효과를 미치는 행정처분의 일종으로서 행정소송의 대상이 된다(대판 1993. 11. 26, 92누7341).

[판례②] 징계권자가 재량권의 행사로서 한 징계처분이 사회통념상 현저하게 타당성을 잃어 재량권을 남용한 것이라고 인정되는 경우 그 처분은 위법한 바, 징계권의 행사가 공익적 목적을 위하여 징계권을 행사하여야 할 공익의 원칙에 반하거나 일반적으로 징계사유로 삼은 비행의 정도에 비하여 균형을 잃은 과중한 징계처분을 선택함으로써 비례의 원칙에 반하거나 또는 같은 정도의 비행에 대하여 일반

적으로 적용하여 온 기준에 비추어 합리적인 이유 없이 공평을 잃은 징계처분을 선택함으로써 평등의 원칙을 위반한 경우 이러한 징계처분은 재량권의 한계를 벗어난 처분으로서 위법하다. 그리고 지방의회에서의 의원에 대한 징계에 관하여도 위와 같은 법리가 적용된다(대판 2015. 1. 29. 2014두40616).

5. 지방의회의 권한[7)]

(1) 의결권

지방의회는 ① 조례의 제정·개정 및 폐지, ② 예산의 심의·확정, ③ 결산의 승인, ④ 법령에 규정된 것을 제외한 사용료·수수료·분담금·지방세 또는 가입금의 부과와 징수, ⑤ 기금의 설치·운용, ⑥ 대통령령으로 정하는 중요 재산의 취득·처분, ⑦ 대통령령으로 정하는 공공시설의 설치·처분, ⑧ 법령과 조례에 규정된 것을 제외한 예산 외의 의무부담이나 권리의 포기, ⑨ 청원의 수리와 처리, ⑩ 외국 지방자치단체와의 교류·협력, ⑪ 그 밖에 법령에 따라 그 권한에 속하는 사항을 의결한다(지방자치법 47조 1항). 지방자치단체는 제1항 각 호의 사항 외에 조례로 정하는 바에 따라 지방의회에서 의결되어야 할 사항을 따로 정할 수 있다(동법 47조 2항).

(2) 인사청문회

지방자치단체의 장은 다음의 어느 하나에 해당하는 직위 중 조례로 정하는 직위의 후보자에 대하여 지방의회에 인사청문을 요청할 수 있다(동법 47조의2 1항).

① 「지방자치법」 제123조 2항에 따라 정무직 국가공무원으로 보하는 부시장·부지사

② 「제주특별자치도 설치 및 국제자유도시 조성을 위한 특별법」 제11조에 따른 행정시장

③ 「지방공기업법」 제49조에 따른 지방공사의 사장과 같은 법 제76조에 따른 지방공단의 이사장

④ 「지방자치단체 출자·출연 기관의 운영에 관한 법률」 제2조 1항 전단에 따른 출자·출연 기관의 기관장

지방의회의 의장은 제1항에 따른 인사청문 요청이 있는 경우 인사청문회를

7) 지방의회의 권한은 의회 자체의 권한일 뿐 의원 개인의 권한은 아니다. 따라서 의원은 의회구성원으로서 의회의 권한행사를 담당하는 외에 개별적으로 집행기관의 사무에 관여하는 등의 권한은 없다(대판 1992. 7. 28, 92추31; 대판 1992. 8. 21, 92추24 참조).

실시한 후 그 경과를 지방자치단체의 장에게 송부하여야 한다(동조 2항). 그 밖에 인사청문회의 절차 및 운영 등에 필요한 사항은 조례로 정한다(동조 3항).

(3) 서류제출 요구권

본회의나 위원회는 그 의결로 안건의 심의와 직접 관련된 서류의 제출을 해당 지방자치단체의 장에게 요구할 수 있다(지방자치법 48조 1항). 위원회가 제1항의 요구를 할 때에는 지방의회의 의장에게 그 사실을 보고하여야 한다(동조 2항). 제1항에도 불구하고 폐회 중에는 지방의회의 의장이 서류의 제출을 해당 지방자치단체의 장에게 요구할 수 있다(동조 3항). 제1항 또는 제3항에 따라 서류제출을 요구할 때에는 서면, 전자문서 또는 컴퓨터의 자기테이프·자기디스크, 그 밖에 이와 유사한 매체에 기록된 상태 등 제출 형식을 지정할 수 있다(동조 4항).

[판례] 지방자치법은 지방의회의 권한 중 하나로 안건 심의에 관련된 서류제출 요구권(제48조)과 행정사무 감사권·조사권에 기한 서류제출 요구권(제49조 제4항)을 규정함으로써 지방의회의 심의 및 감사·조사가 효율적으로 이루어지도록 하고 있다. 한편, 그 구체화에 관하여 위임받은 지방자치법 시행령은, 지방의회가 안건의 심의와 직접 관련된 서류의 제출을 요구할 경우 그 요구를 받은 지방자치단체의 장은 법령이나 조례에서 특별히 규정한 경우 외에는 그 요구에 따라야 하고(제40조 제2항), 지방의회가 행정사무 감사 또는 조사를 위하여 필요한 서류제출을 요구할 경우 그 요구를 받은 사람은 법령이나 조례에서 특별히 규정한 경우 외에는 그 요구에 따라야 하며 행정사무 감사 또는 조사에 협조하여야 한다(제46조 제2항)고 규정함으로써, 지방의회의 서류제출 요구에 대하여 구속력을 인정하되, 법령 또는 조례에서 특별히 규정한 경우는 그 예외를 인정하도록 함으로써 지방자치의 법령적합성을 도모하고 있다. 결국 지방의회의 서류제출 요구권에 기한 심의 및 감사·조사 역시 그 구체적인 실현은 법령 또는 조례에서의 제한 규정을 예정하고 있다.

그런데 지방공무원법 제52조와 국가공무원법 제60조는 공무원으로 하여금 직무상 알게 된 비밀을 엄수하도록 하는 내용의 비밀유지의무를 규정하고 있다. 따라서 지방자치단체의 장이 지방의회의 요구에 따라 지방의회에 제출할 자료 중에 직무상 알게 된 비밀이 포함된 경우, 이 사건 조례안 제6조 제1항에 따르면 지방자치단체의 장이 이를 지방의회에 제출하여야 하는 반면, 지방공무원법 제52조 등에 따르면 지방자치단체의 장이 지방의회의 제출요구를 거부함으로써 직무상 알게 된 비밀을 엄수하여야 한다. 이러한 측면에서 이 사건 조례안 제6조 제1항이 지방공무원법 제52조 등과 충돌한다고 볼 여지가 크다.

그런데 지방의회의 감사 또는 조사는 공개를 원칙으로 하기 때문에(지방자치법 시행령 제51조 본문) 감사 또는 조사 과정에 수반되는 지방의회에 대한 서류제출 역시 정보의 공개에 관하여 위 법률조항들이 정한 한계를 준수해야 할 필요가 있다. 그럼에도 이 사건 조례안 제6조 제1항은 서류제출요구에 응할 경우 기업의 자유 등이 침해될 수 있다는 점에 대한 어떠한 고려도 없이 원고에게 피고의 서류제출 요구에 응하도록 하고 있다. 결국 이 사건 조례안 제6조 제1항은 기본권에 의한 한계를 규정하고 있는 위 법률조항들과도 충돌한다.

물론 직무상 비밀이라거나 영업상 비밀이라는 이유로 언제나 지방자치단체의 장이 서류제출을 거부할 수 있다고 하게 되면 업무협약을 통한 사업추진 과정의 투명성 제고가 어려워지고, 지방의회의 지방정부에 대한 견제기능도 효율적으로 수행할 수 없게 되며, 주민의 알권리도 충족될 수 없다는 점에서 이 사건 조례안 제6조 제1항의 제정 필요성을 부정할 수는 없다. 그러나 주민의 알권리도 헌법 제37조 제2항에 의하여 국가안전보장, 질서유지, 공공복리를 이유로 제한될 수 있다는 점에서 절대적 권리는 아니다. 이 사건 조례안 제6조 제1항이 목적하는 바가 업무협약의 비밀유지조항을 빌미로 자료제출을 거부하려는 것을 막는 데 있다면, 자료제출을 원칙적으로 강제하되, 법령에서 보호하고 있는 직무상 비밀 혹은 영업상 비밀 등의 경우에는 자료제출을 거부할 수 있는 예외를 합리적으로 인정하였어야 한다(대판 2023. 7. 13, 2022추5149).

(4) 행정사무 감사권 및 조사권

(가) 행정사무의 감사와 조사

지방의회는 매년 1회 그 지방자치단체의 사무에 대하여 시·도에서는 14일의 범위에서, 시·군 및 자치구에서는 9일의 범위에서 감사를 실시하고, 지방자치단체의 사무 중 특정 사안에 관하여 본회의 의결로 본회의나 위원회에서 조사하게 할 수 있다(지방자치법 49조 1항). 제1항의 조사를 발의할 때에는 이유를 밝힌 서면으로 하여야 하며, 재적의원 3분의 1 이상의 찬성이 있어야 한다(동법 49조 2항).

지방자치단체 및 그 장이 위임받아 처리하는 국가사무와 시·도의 사무에 대하여 국회와 시·도의회가 직접 감사하기로 한 사무 외에는 그 감사를 각각 해당 시·도의회와 시·군 및 자치구의회가 할 수 있다. 이 경우 국회와 시·도의회는 그 감사 결과에 대하여 그 지방의회에 필요한 자료를 요구할 수 있다(동법 49조 3항).

제1항의 감사 또는 조사와 제3항의 감사를 위하여 필요하면 현지확인을 하거나 서류제출을 요구할 수 있으며, 지방자치단체의 장 또는 관계 공무원이나

그 사무에 관계되는 사람을 출석하게 하여 증인으로서 선서한 후 증언하게 하거나 참고인으로서 의견을 진술하도록 요구할 수 있다(동법 49조 4항).

제4항에 따른 증언에서 거짓증언을 한 사람은 고발할 수 있으며, 제4항에 따라 서류제출을 요구받은 자가 정당한 사유 없이 서류를 정해진 기한까지 제출하지 아니한 경우, 같은 항에 따라 출석요구를 받은 증인이 정당한 사유 없이 출석하지 아니하거나 선서 또는 증언을 거부한 경우에는 500만원 이하의 과태료를 부과할 수 있다(동법 49조 5항). 제5항에 따른 과태료 부과절차는 「지방자치법」 제34조를 따른다(동법 49조 6항).

제1항의 감사 또는 조사와 제3항의 감사를 위하여 필요한 사항은 「국정감사 및 조사에 관한 법률」에 준하여 대통령령으로 정하고, 제4항과 제5항의 선서·증언·감정 등에 관한 절차는 「국회에서의 증언·감정 등에 관한 법률」에 준하여 대통령령으로 정한다(동법 49조 7항).

(나) 행정사무 감사 또는 조사 보고의 처리

지방의회는 본회의의 의결로 감사 또는 조사 결과를 처리한다(지방자치법 50조 1항). 지방의회는 감사 또는 조사 결과 해당 지방자치단체나 기관의 시정이 필요한 사유가 있을 때에는 시정을 요구하고, 지방자치단체나 기관에서 처리함이 타당하다고 인정되는 사항은 그 지방자치단체나 기관으로 이송한다(동조 2항). 지방자치단체나 기관은 제2항에 따라 시정 요구를 받거나 이송받은 사항을 지체 없이 처리하고 그 결과를 지방의회에 보고하여야 한다(동조 3항).

(5) 행정사무 처리상황 보고와 질의응답

지방자치단체의 장이나 관계 공무원은 지방의회나 그 위원회에 출석하여 행정사무의 처리상황을 보고하거나 의견을 진술하고 질문에 답변할 수 있다(지방자치법 51조 1항). 지방자치단체의 장이나 관계 공무원은 지방의회나 그 위원회가 요구하면 출석·답변하여야 한다. 다만, 특별한 이유가 있으면 지방자치단체의 장은 관계 공무원에게 출석·답변하게 할 수 있다(동조 2항). 제1항이나 제2항에 따라 지방의회나 그 위원회에 출석하여 답변할 수 있는 관계 공무원은 조례로 정한다(동조 3항).

(6) 선거권

지방의회는 의장·부의장(지방자치법 57조), 임시의장(동법 60조), 위원회의 위원(동법 64조 3항) 등에 대한 선거권을 가진다.

(7) 자율권

지방의회는 의회 및 의원에 대한 자율권을 가진다. 이에 속하는 사항으로서는 임원의 선임 등 내부조직(지방자치법 57조 이하), 개회·휴회·폐회 및 회기의 결정(동법 56조), 의장·부의장 불신임 의결(동법 62조), 의회규칙의 제정(동법 52조) 등이 있다.[8]

(8) 청원의 심사·처리권

지방의회는 지방의회에 제출된 청원을 심사·처리할 권한을 가진다(지방자치법 85조 이하). 지방의회의 의장은 청원서를 접수하면 소관 위원회나 본회의에 회부하여 심사를 하게 한다(동법 87조 1항). 청원을 소개한 지방의회의원은 소관 위원회나 본회의가 요구하면 청원의 취지를 설명하여야 한다(동조 2항). 위원회가 청원을 심사하여 본회의에 부칠 필요가 없다고 결정하면 그 처리 결과를 지방의회의 의장에게 보고하고, 지방의회의 의장은 청원한 자에게 알려야 한다(동조 3항).

한편, 지방의회가 채택한 청원으로서 그 지방자치단체의 장이 처리하는 것이 타당하다고 인정되는 청원은 의견서를 첨부하여 지방자치단체의 장에게 이송한다(동법 88조 1항). 이 경우 지방자치단체의 장은 청원을 처리하고 그 처리결과를 지체 없이 지방의회에 보고하여야 한다(동조 2항).

6. 지방의회의 회의

(1) 소집과 회기

(가) 정례회

지방의회는 매년 2회 정례회를 개최한다(지방자치법 53조 1항). 정례회의 집회일, 그 밖에 정례회 운영에 필요한 사항은 해당 지방자치단체의 조례로 정한다(동조 2항).

(나) 임시회

지방의회의원 총선거 후 최초로 집회되는 임시회는 지방의회 사무처장·사무국장·사무과장이 지방의회의원 임기 개시일부터 25일 이내에 소집한다(동법 54조 1항). 지방자치단체를 폐지하거나 설치하거나 나누거나 합쳐 새로운 지방자치단체가 설치된 경우에 최초의 임시회는 지방의회 사무처장·사무국장·사무과장이 해당 지방자치단체가 설치되는 날에 소집한다(동조 2항).

지방의회의 의장은 지방자치단체의 장이나 조례로 정하는 수 이상의 지방

---

8) '의결'과 '결의'는 전자는 단체의사결정의 뜻으로, 후자는 기관의사결정의 뜻으로 사용함이 일반적이나, 일관되어 있지는 않다. 상세는 김남진, 축조해설, 지방행정, 1994. 6, 93면 이하 참조.

의회의원이 요구하면 15일 이내에 임시회를 소집하여야 한다. 다만, 지방의회의 의장과 부의장이 부득이한 사유로 임시회를 소집할 수 없을 때에는 지방의회의원 중 최다선의원이, 최다선의원이 2명 이상인 경우에는 그 중 연장자의 순으로 소집할 수 있다(동조 3항). 임시회 소집은 집회일 3일 전에 공고하여야 한다. 다만, 긴급할 때에는 그러하지 아니하다(동조 4항).

(다) 제출안건의 공고

지방자치단체의 장이 지방의회에 제출할 안건은 지방자치단체의 장이 미리 공고하여야 한다. 다만, 회의 중 긴급한 안건을 제출할 때에는 그러하지 아니하다(동법 55조).

(라) 개회 · 휴회 · 폐회와 회의일수

지방의회의 개회 · 휴회 · 폐회와 회기는 지방의회가 의결로 정한다(동법 56조 1항). 연간 회의 총일수와 정례회 및 임시회의 회기는 해당 지방자치단체의 조례로 정한다(동조 2항).

(2) 회 의

(가) 의사정족수

지방의회는 재적의원 3분의 1 이상의 출석으로 개의한다(동법 72조 1항). 회의 참석 인원이 제1항의 정족수에 미치지 못할 때에는 지방의회의 의장은 회의를 중지하거나 산회를 선포한다(동조 2항).

(나) 의결정족수

회의는 이 법에 특별히 규정된 경우 외에는 재적의원 과반수의 출석과 출석의원 과반수의 찬성으로 의결한다(동법 73조 1항). 지방의회의 의장은 의결에서 표결권을 가지며, 찬성과 반대가 같으면 부결된 것으로 본다(동조 2항).

(다) 표결방법

본회의에서 표결할 때에는 조례 또는 회의규칙으로 정하는 표결방식에 의한 기록표결로 가부(可否)를 결정한다. 다만, 다음 각 호의 어느 하나에 해당하는 경우에는 무기명투표로 표결한다(동법 74조).

① 제57조에 따른 의장 · 부의장 선거

② 제60조에 따른 임시의장 선출

③ 제62조에 따른 의장 · 부의장 불신임 의결

④ 제92조에 따른 자격상실 의결

⑤ 제100조에 따른 징계 의결

⑥ 제32조, 제120조 또는 제121조, 제192조에 따른 재의 요구에 관한 의결

⑦ 그 밖에 지방의회에서 하는 각종 선거 및 인사에 관한 사항

(라) 회의의 공개 등

지방의회의 회의는 공개한다. 다만, 지방의회의원 3명 이상이 발의하고 출석의원 3분의 2 이상이 찬성한 경우 또는 지방의회의 의장이 사회의 안녕질서 유지를 위하여 필요하다고 인정하는 경우에는 공개하지 아니할 수 있다(동법 75조 1항). 지방의회의 의장은 공개된 회의의 방청 허가를 받은 장애인에게 정당한 편의를 제공하여야 한다(동조 2항).

(마) 의안의 발의

지방의회에서 의결할 의안은 지방자치단체의 장이나 조례로 정하는 수 이상의 지방의회의원의 찬성으로 발의한다(동법 76조 1항). 위원회는 그 직무에 속하는 사항에 관하여 의안을 제출할 수 있다(동조 2항). 제1항 및 제2항의 의안은 그 안을 갖추어 지방의회의 의장에게 제출하여야 한다(동조 3항).

제1항에 따라 지방의회의원이 조례안을 발의하는 경우에는 발의 의원과 찬성 의원을 구분하되, 해당 조례안의 제명의 부제로 발의 의원의 성명을 기재하여야 한다. 다만, 발의 의원이 2명 이상인 경우에는 대표발의 의원 1명을 명시하여야 한다(동조 4항). 지방의회의원이 발의한 제정조례안 또는 전부개정조례안 중 지방의회에서 의결된 조례안을 공표하거나 홍보하는 경우에는 해당 조례안의 부제를 함께 표기할 수 있다(동조 5항).

(바) 조례안 예고

지방의회는 심사대상인 조례안에 대하여 5일 이상의 기간을 정하여 그 취지, 주요 내용, 전문을 공보나 인터넷 홈페이지 등에 게재하는 방법으로 예고할 수 있다(동법 77조 1항). 조례안 예고의 방법, 절차, 그 밖에 필요한 사항은 회의규칙으로 정한다(동조 2항).

(사) 의안에 대한 비용추계 자료 등의 제출

지방자치단체의 장이 예산상 또는 기금상의 조치가 필요한 의안을 제출할 경우에는 그 의안의 시행에 필요할 것으로 예상되는 비용에 대한 추계서와 그에 따른 재원조달방안에 관한 자료를 의안에 첨부하여야 한다(동법 78조 1항). 제1항에

따른 비용의 추계 및 재원조달방안에 관한 자료의 작성 및 제출절차 등에 관하여 필요한 사항은 해당 지방자치단체의 조례로 정한다(동조 2항).

(아) 회기계속의 원칙

지방의회에 제출된 의안은 회기 중에 의결되지 못한 것 때문에 폐기되지 아니한다. 다만, 지방의회의원의 임기가 끝나는 경우에는 그러하지 아니하다(동법 79조).

(자) 일사부재의의 원칙

지방의회에서 부결된 의안은 같은 회기 중에 다시 발의하거나 제출할 수 없다(동법 80조).

(차) 위원회에서 폐기된 의안

위원회에서 본회의에 부칠 필요가 없다고 결정된 의안은 본회의에 부칠 수 없다. 다만, 위원회의 결정이 본회의에 보고된 날부터 폐회나 휴회 중의 기간을 제외한 7일 이내에 지방의회의 의장이나 재적의원 3분의 1 이상이 요구하면 그 의안을 본회의에 부쳐야 한다(동법 81조 1항). 제1항 단서의 요구가 없으면 그 의안은 폐기된다(동조 2항).

(카) 의장 또는 의원의 제척

지방의회의 의장이나 지방의회의원은 본인·배우자·직계존비속 또는 형제자매와 직접 이해관계가 있는 안건에 관하여는 그 의사에 참여할 수 없다. 다만, 의회의 동의가 있으면 의회에 출석하여 발언할 수 있다(동법 82조).

(타) 회의규칙

지방의회는 회의 운영에 관하여 이 법에서 정한 것 외에 필요한 사항을 회의규칙으로 정한다(동법 83조).

(파) 회의록

지방의회는 회의록을 작성하고 회의의 진행내용 및 결과와 출석의원의 성명을 적어야 한다(동법 84조 1항). 회의록에는 지방의회의 의장과 지방의회에서 선출한 지방의회의원 2명 이상이 서명하여야 한다(동조 2항). 지방의회의 의장은 회의록 사본을 첨부하여 회의 결과를 그 지방자치단체의 장에게 알려야 한다(동조 3항).

지방의회의 의장은 회의록을 지방의회의원에게 배부하고, 주민에게 공개한다. 다만, 비밀로 할 필요가 있다고 지방의회의 의장이 인정하거나 지방의회에서 의결한 사항은 공개하지 아니한다(동조 4항).

Ⅲ. 집행기관

1. 지방자치단체의 장의 지위

(1) 지방자치단체의 장

특별시에 특별시장, 광역시에 광역시장, 특별자치시에 특별자치시장, 도와 특별자치도에 도지사를 두고, 시에 시장, 군에 군수, 자치구에 구청장을 둔다(지방자치법 106조). 한편, 지방자치단체의 장은 국가사무를 위임받아 처리하는 한도에서 국가기관으로서의 지위를 아울러 가진다(동법 115조).

(2) 지방자치단체의 장의 선거

지방자치단체의 장은 주민이 보통·평등·직접·비밀선거로 선출한다(동법 107조).

(3) 지방자치단체의 장의 임기

지방자치단체의 장의 임기는 4년으로 하며, 3기 내에서만 계속 재임할 수 있다(동법 108조).

> **[판례]** 지방자치단체 장의 계속 재임을 3기로 제한한 규정의 입법취지는 장기집권으로 인한 지역발전저해 방지와 유능한 인사의 자치단체 장 진출확대로 대별할 수 있는바, 그 목적의 정당성, 방법의 적절성, 피해의 최소성, 법익의 균형성이 충족되므로 헌법에 위반되지 아니한다(헌재 2006. 2. 23, 2005헌마403).[9]

(4) 겸임 제한

지방자치단체의 장은 다음 각 호의 어느 하나에 해당하는 직을 겸임할 수 없다(동법 109조 1항).

① 대통령, 국회의원, 헌법재판소 재판관, 각급 선거관리위원회 위원, 지방의회의원

② 「국가공무원법」 제2조에 따른 국가공무원과 「지방공무원법」 제2조에 따른 지방공무원

③ 다른 법령에 따라 공무원의 신분을 가지는 직

---

9) 이에 대한 비판적 견해에 대하여는 김남진, 지방자치단체장의 3기 초과연임제한제의 합헌성 여부, 자치발전 2006. 4, 37면 이하 참조.

④ 「공공기관의 운영에 관한 법률」 제4조에 따른 공공기관(한국방송공사, 한국교육방송공사 및 한국은행을 포함한다)의 임직원

⑤ 농업협동조합, 수산업협동조합, 산림조합, 엽연초생산협동조합, 신용협동조합 및 새마을금고(이들 조합·금고의 중앙회와 연합회를 포함한다)의 임직원

⑥ 교원

⑦ 「지방공기업법」 제2조에 따른 지방공사와 지방공단의 임직원

⑧ 그 밖에 다른 법률에서 겸임할 수 없도록 정하는 직

(5) 영리 목적 거래 금지 등

지방자치단체의 장은 재임 중 그 지방자치단체와 영리를 목적으로 하는 거래를 하거나 그 지방자치단체와 관계있는 영리사업에 종사할 수 없다(동법 109조 2항).

(6) 지방자치단체의 폐지·설치·분리·합병과 지방자치단체의 장

지방자치단체를 폐지하거나 설치하거나 나누거나 합쳐 새로 지방자치단체의 장을 선출하여야 하는 경우에는 그 지방자치단체의 장이 선출될 때까지 시·도지사는 행정안전부장관이, 시장·군수 및 자치구의 구청장은 시·도지사가 각각 그 직무를 대행할 사람을 지정하여야 한다. 다만, 둘 이상의 동격의 지방자치단체를 통폐합하여 새로운 지방자치단체를 설치하는 경우에는 종전의 지방자치단체의 장 중에서 해당 지방자치단체의 장의 직무를 대행할 사람을 지정한다(동법 110조).

(7) 지방자치단체의 장의 사임

지방자치단체의 장은 그 직을 사임하려면 지방의회의 의장에게 미리 사임일을 적은 서면(이하 "사임통지서"라 한다)으로 알려야 한다(동법 111조 1항). 지방자치단체의 장은 사임통지서에 적힌 사임일에 사임한다. 다만, 사임통지서에 적힌 사임일까지 지방의회의 의장에게 사임통지가 되지 아니하면 지방의회의 의장에게 사임통지가 된 날에 사임한다(동조 2항).

(8) 지방자치단체의 장의 퇴직

지방자치단체의 장이 다음 각 호의 어느 하나에 해당될 때에는 그 직에서 퇴직한다(동법 112조).

① 지방자치단체의 장이 겸임할 수 없는 직에 취임할 때

② 피선거권이 없게 될 때(이 경우 지방자치단체의 구역이 변경되거나 없어지거나 합한 것 외의 다른 사유로 그 지방자치단체의 구역 밖으로 주민등록을 이전하였을 때를 포함한다)

③ 제110조에 따라 지방자치단체의 장의 직을 상실할 때

(9) 지방자치단체의 장의 체포 및 확정판결의 통지

수사기관의 장은 체포되거나 구금된 지방자치단체의 장이 있으면 지체 없이 영장의 사본을 첨부하여 해당 지방자치단체에 알려야 한다. 이 경우 통지를 받은 지방자치단체는 그 사실을 즉시 행정안전부장관에게 보고하여야 하며, 시·군 및 자치구가 행정안전부장관에게 보고할 때에는 시·도지사를 거쳐야 한다(동법 113조 1항).

각급 법원장은 지방자치단체의 장이 형사사건으로 공소가 제기되어 판결이 확정되면 지체 없이 해당 지방자치단체에 알려야 한다. 이 경우 통지를 받은 지방자치단체는 그 사실을 즉시 행정안전부장관에게 보고하여야 하며, 시·군 및 자치구가 행정안전부장관에게 보고할 때에는 시·도지사를 거쳐야 한다(동법 113조 2항).

2. 지방자치단체의 장의 권한

(1) 지방자치단체의 통할대표권

지방자치단체의 장은 지방자치단체를 대표하고, 그 사무를 총괄한다(지방자치법 114조).

여기에서 '대표한다'고 함은 지방자치단체장이 외부에 대해 행한 행위가 바로 당해 지방자치단체의 행위가 되는 것을 의미하며, 그러한 점에서 행위 그 자체는 어디까지나 대리인의 행위인 대리와 구분된다. 지방자치단체의 대표권은 다른 독립한 집행기관(교육감 등)에는 미치지 않는다.

다음으로 여기에서 '총괄한다'고 함은 지방자치단체장이 당해 지방자치단체의 사무의 최종적 일체성을 유지한다는 뜻으로 새겨지며, 대표와 함께 지방자치단체장의 지위를 나타내는 표현으로 볼 수 있다. 따라서 지방자치단체장의 구체적인 권한 행사는 별도의 법적 근거를 필요로 한다고 보아야 할 것이다.

(2) 지방자치단체장의 권한대행 등

지방자치단체의 장이 ① 궐위된 경우, ② 공소 제기된 후 구금상태에 있는 경우, ③ 「의료법」에 따른 의료기관에 60일 이상 계속하여 입원한 경우에는 부지사·부시장·부군수·부구청장(이하 "부단체장"이라 한다)이 그 권한을 대행한다(지방자치법 124조 1항). 지방자치단체의 장이 그 직을 가지고 그 지방자치단체의 장 선거에 입후보하면 예비후보자 또는 후보자로 등록한 날부터 선거일까지 부단체장이 그 지방자치

단체의 장의 권한을 대행한다(동법 124조 2항). 지방자치단체의 장이 출장·휴가 등 일시적 사유로 직무를 수행할 수 없으면 부단체장이 그 직무를 대리한다(동법 124조 3항).

(3) 규칙제정권

지방자치단체의 장은 법령 또는 조례의 범위에서 그 권한에 속하는 사무에 관하여 규칙을 제정할 수 있다(지방자치법 29조).

(4) 사무의 관리 및 집행권

지방자치단체의 장은 그 지방자치단체의 사무와 법령에 따라 그 지방자치단체의 장에게 위임된 사무를 관리하고 집행한다(지방자치법 116조). 지방자치단체의 장이 처리하는 주요 사무로서는 ① 지방의회에 대한 의안의 제출, ② 예산의 집행, ③ 지방세의 부과·징수, 사용료·수수료·분담금·과태료 등의 부과·징수, ④ 지방의회 결산서 제출, ⑤ 수입·지출의 명령과 회계의 감독, ⑥ 재산의 취득·관리·처분, ⑦ 공공시설의 설치·관리, ⑧ 증서와 공문서의 보관 등이 있다.

(5) 사무의 위임 등

지방자치단체의 장은 조례나 규칙으로 정하는 바에 따라 그 권한에 속하는 사무의 일부를 보조기관, 소속 행정기관 또는 하부행정기관에 위임할 수 있다(지방자치법 117조 1항).

지방자치단체의 장은 조례나 규칙으로 정하는 바에 따라 그 권한에 속하는 사무의 일부를 관할 지방자치단체나 공공단체 또는 그 기관(사업소·출장소를 포함한다)에 위임하거나 위탁할 수 있다(동법 117조 2항).

지방자치단체의 장은 조례나 규칙으로 정하는 바에 따라 그 권한에 속하는 사무 중 조사·검사·검정·관리업무 등 주민의 권리·의무와 직접 관련되지 아니하는 사무를 법인·단체 또는 그 기관이나 개인에게 위탁할 수 있다(동법 117조 3항).

지방자치단체의 장이 위임받거나 위탁받은 사무의 일부를 제1항부터 제3항까지의 규정에 따라 다시 위임하거나 위탁하려면 미리 그 사무를 위임하거나 위탁한 기관의 장의 승인을 받아야 한다(동법 117조 4항).

[판례] ㉮ 지방자치법 제104조 제3항은 지방자치단체의 장은 그 권한에 속하는 사무 중 주민의 권리·의무와 직접 관련이 없는 사무는 조례나 규칙으로 정하는 바에 따라 민간에게 위탁할 수 있다고 규정하고 있다. 지방자치단체가 그 권한에 속

한 업무를 민간에 위탁하는 이유는, 그 업무를 민간으로 하여금 대신 수행하도록 함으로써 행정조직의 방대화를 억제하고, 위탁되는 사무와 동일한 업무를 수행하는 자에게 이를 담당하도록 하여 행정사무의 능률성을 높이고 비용도 절감하며, 민간의 특수한 전문기술을 활용함과 아울러, 국민생활과 직결되는 단순 행정업무를 신속하게 처리하기 위한 것이라 할 것이다. 그런데 민간위탁은 다른 한편으로는 보조금의 교부 등으로 비용이 더 드는 경우가 있고, 공평성의 저해 등에 의한 행정서비스의 질적 저하를 불러 올 수 있으며, 위탁기관과 수탁자 간에 책임 한계가 불명확하게 될 우려가 있고, 행정의 민주화와 종합성이 손상될 가능성도 있다. 따라서 지방자치단체장이 일정한 사무에 관하여 민간위탁을 하는 경우에는 위와 같은 단점을 최대한 보완하여 민간위탁이 순기능적으로 작용하도록 할 필요가 있다. ㉯ 이러한 제반 사정을 고려하여 보면, 이 사건 조례안이 지방자치단체 사무의 민간위탁에 관하여 지방의회의 사전 동의를 받도록 한 것은 지방자치단체장의 민간위탁에 대한 일방적인 독주를 제어하여 민간위탁의 남용을 방지하고 그 효율성과 공정성을 담보하기 위한 장치에 불과하고, 민간위탁의 권한을 지방자치단체장으로부터 박탈하려는 것이 아니므로, 지방자치단체장의 집행권한을 본질적으로 침해하는 것으로 볼 수 없다(대판 2011. 2. 10. 2010추11).[10]

(6) 직원에 대한 임면권 및 지휘 · 감독권

지방자치단체의 장은 소속 직원(지방의회의 사무직원은 제외한다)을 지휘 · 감독하고 법령과 조례 · 규칙으로 정하는 바에 따라 그 임면 · 교육훈련 · 복무 · 징계 등에 관한 사항을 처리한다(지방자치법 118조).

[판례①] 지방자치단체장의 기관구성원 임명 · 위촉권한이 조례에 의하여 비로소 부여되는 경우는 조례에 의하여 단체장의 임명권한에 견제나 제한을 가하는 규정을 둘 수 있다고 할 것이나 상위 법령에서 단체장에게 기관구성원 임명 · 위촉권한을 부여하면서도 임명 · 위촉권의 행사에 대한 의회의 동의를 받도록 하는 등의 견제나 제약을 규정하고 있거나 그러한 제약을 조례 등에서 할 수 있다고 규정하고 있지 아니하는 한 당해 법령에 의하여 임명 · 위촉권은 단체장에게 전속적으로 부여된 것이라고 보아야 할 것이어서 하위 법규인 조례로써는 단체장의 임명 · 위촉권을 제약할 수 없다 할 것이고 지방의회의 지방자치단체 사무에 대한 비판, 감시, 통제를 위한 행정사무감사 및 조사권의 행사의 일환으로 위와 같은 제약을 규정하는 조례를 제정할 수도 없다(대판 1992. 2. 9. 92추93).

10) 이에 대한 평석은 김남진, 행정사무의 민간위탁 관련판례, 자치행정 제297호, 2012. 12; 김남진, 행정의 사화와 관련문제, 학술원통신 제235호, 2013. 2 참조.

[판례②] 지방자치법상 지방자치단체의 집행기관과 지방의회는 서로 분립되어 제각각 그 고유권한을 행사하되 상호견제의 범위 내에서 상대방의 권한 행사에 대한 관여가 허용되는 것이므로, 집행기관의 고유권한에 속하는 인사권의 행사에 있어서도 지방의회는 견제의 범위 내에서 소극적·사후적으로 개입할 수 있을 뿐 사전에 적극적으로 개입하는 것은 허용되지 아니한다(대판 2000. 11. 10. 2000추36).

(7) 행정 지도 및 감독권

(가) 위임사무의 지도·감독

시·도지사는 시·군·자치구 또는 그 장이 위임받아 처리하는 국가사무와 시·도의 위임사무에 대하여 지도·감독할 수 있다(지방자치법 185조 1항, 2항). 위임사무가 그 대상이므로, 감독권은 적법성은 물론 합목적성에 대해서도 미친다고 보아야 할 것이다.

(나) 처분 등의 시정명령

시·도지사는 시장·군수·구청장의 명령이나 처분이 법령에 위반되거나 현저히 부당하여 공익을 해친다고 인정되면 기간을 정하여 서면으로 시정할 것을 명하고, 그 기간에 이행하지 아니하면 이를 취소하거나 정지할 수 있다(동법 188조 1항). 이 경우 자치사무에 관한 명령이나 처분의 취소 또는 정지는 법령을 위반한 것에 한한다(동법 188조 5항).

시장·군수·구청장은 시·도지사의 자치사무에 관한 명령이나 처분의 취소 또는 정지에 대하여 이의가 있으면 그 취소처분 또는 정지처분을 통보받은 날부터 15일 이내에 대법원에 소를 제기할 수 있다(동법 188조 6항).

(다) 직무이행명령과 대집행 등

시장·군수·구청장이 법령에 따라 그 의무에 속하는 국가위임사무나 시·도위임사무의 관리와 집행을 명백히 게을리하고 있다고 인정되면 시·도지사가 기간을 정하여 서면으로 이행할 사항을 명령할 수 있다(동법 189조 1항). 시·도지사는 시장·군수·구청장이 제1항의 기간에 이행명령을 이행하지 아니하면 시·군·구의 비용부담으로 대집행 또는 행정상·재정상 필요한 조치를 할 수 있다. 이 경우 행정대집행에 관하여는 「행정대집행법」을 준용한다(동법 189조 2항).

시장·군수·구청장은 제1항에 따른 시·도지사의 이행명령에 이의가 있으면 이행명령서를 접수한 날부터 15일 이내에 대법원에 소를 제기할 수 있다. 이 경우 시장·군수·구청장은 이행명령의 집행을 정지하게 하는 집행정지결정을 신청할 수 있다(동법 189조 6항).

[판례①] 피고(전라북도지사)가 지방자치법 제157조 제1항에 의하여, 기간을 정하여 원고의 위와 같은 위법한 승진임용의 시정을 명하고 원고가 그 기간 내에 이를 이행하지 아니하자 위와 같이 그 승진임용을 취소한 것은 적법하다고 보아야 할 것이다(대판 1998. 7. 10, 97추67).[11]

[판례②] 피고(울산광역시장)가 원고(울산광역시 북구청장)에게 기간을 정하여 시정(승진임용처분의 취소)을 명하였음에도 원고가 기간 내에 이를 이행하지 아니하자 이 사건 승진처분을 취소한 것은 지방자치법 제157조 제1항에 근거한 것으로서 적법하고, 이 사건 처분에 재량권 일탈·남용의 위법이 있다고 할 수 없다(대판 2007. 3. 22, 2005추62).[12]

(라) 감사권 등

시·도지사는 지방자치단체의 자치사무에 관하여 보고를 받거나 서류·장부 또는 회계를 감사할 수 있다. 이 경우 감사는 법령 위반사항에 대해서만 한다(동법 190조 1항).

(8) 주민투표부의권

지방자치단체의 장은 주민에게 과도한 부담을 주거나 중대한 영향을 미치는 지방자치단체의 주요 결정사항 등에 대하여 주민투표에 부칠 수 있다(지방자치법 18조).

(9) 행정소송제기권

지방자치단체의 장은 ① 지방의회의 재의결된 사항이 법령에 위반된다고 인정되는 경우(지방자치법 120조 3항, 192조 4항), ② 자치사무에 대한 명령이나 처분의 취소 또는 정지에 이의가 있는 경우(동법 188조 6항), ③ 위임사무 관련 직무이행명령에 이의가 있는 경우(동법 189조 6항) 등에 대법원에 소를 제기할 수 있다.[13]

3. 지방자치단체장과 지방의회의 관계

「지방자치법」은 의결기관과 집행기관의 분립원칙을 채택하여 상호 권한의 독립을 인정하는 동시에 협력·견제관계를 유지하도록 하고 있다. 양 기관이

---

11) 이에 관하여는 김남진, 지방자치단체장의 임용행위의 시정과 쟁송, 자치공론, 1998. 12, 72면 이하; 김남진, 지방자치단체의 장과 지방의회와의 관계, 법률저널, 2003. 12. 1. 참조.

12) 이 판례에 대한 비판적 평석에 대하여는 김남진, 울산광역시장에 대한 북구청장의 감독불복소송, 법률신문 제3587호, 2007. 9. 17 참조.

13) 상세는 본서 167면 및 258면 이하 참조.

충돌하는 경우에 있어서 지방의회의 지방자치단체의 장에 대한 불신임, 지방의회의 해산과 같은 제도는 인정하지 않고 있으며, 재의요구와 대법원 제소 등과 같은 방법만을 인정하고 있다(동법 120조, 192조 등 참조).

[판례①] 지방자치단체가 그 자치사무에 관하여 조례로 제정할 수 있다고 하더라도 상위 법령에 위배할 수는 없고(지방자치법 제15조), 특별한 규정이 없는 한 지방자치법이 규정하고 있는 지방자치단체의 집행기관과 지방의회의 고유권한에 관하여는 조례로 이를 침해할 수 없고, 나아가 지방의회가 지방자치단체장의 고유권한이 아닌 사항에 대하여도 그 사무집행에 관한 집행권을 본질적으로 침해하는 것은 지방자치법의 관련 규정에 위반되어 허용될 수 없다(대판 2001. 11. 27. 2001추57).

[판례②] 지방의회는 조례의 제정 및 개폐, 예산의 심의·확정, 결산의 승인, 기타 같은 법 제35조에 규정된 사항에 대한 의결권을 가지는 외에 같은 법 제36조 등의 규정에 의하여 지방자치단체사무에 관한 행정사무감사 및 조사권 등을 가지므로, 이처럼 법령에 의하여 주어진 권한의 범위 내에서 집행기관을 견제할 수 있는 것이지 법령에 규정이 없는 새로운 견제장치를 만드는 것은 집행기관의 고유권한을 침해하는 것이 되어 허용할 수 없다(대판 2003. 9. 23. 2003추13).[14]

[판례③] 지방자치법상 지방자치단체의 집행기관과 지방의회는 서로 분립되어 제각각 그 고유권한을 행사하되 상호견제의 범위 내에서 상대방의 권한 행사에 대한 관여가 허용되는 것이므로, 집행기관의 고유권한에 속하는 인사권의 행사에 있어서도 지방의회는 견제의 범위 내에서 소극적·사후적으로 개입할 수 있을 뿐 사전에 적극적으로 개입하는 것은 허용되지 아니하고, 또 집행기관을 비판·감시·견제하기 위한 의결권·승인권·동의권 등의 권한도 지방자치법상 의결기관인 지방의회에 있는 것이지 의원 개인에게 있는 것이 아니므로, 지방의회가 재의결한 조례안에서 구청장이 주민자치위원회 위원을 위촉함에 있어 동장과 당해 지역 구의원 개인과의 사전 협의 절차가 필요한 것으로 규정함으로써 지방의회 의원 개인이 구청장의 고유권한인 인사권 행사에 사전 관여할 수 있도록 규정하고 있는 것 또한 지방자치법상 허용되지 아니하는 것이다(대판 2000. 11. 10. 2000추36. 동지판례: 대판 1996. 5. 14. 96추15; 대판 2003. 9. 23. 2003추13; 대판 2007. 2. 9. 2006추45; 대판 2009. 9. 24. 2009추53).

[판례④] 지방자치법은 지방의회와 지방자치단체의 장에게 독자적 권한을 부여하고 상호견제와 균형을 이루도록 하고 있으므로, 지방의회는 법률에 특별한 규정이 없는 한 견제의 범위를 넘어서 상대방의 고유권한을 침해하는 내용의 조례를 제정할 수 없다. 정부업무평가기본법 제18조에서 지방자치단체의 장의 권한으로 정하고 있는 자체평가업무에 관한 사항에 대하여 지방의회가 견제의 범위 내에서 소극적·사후적으로 개입한 정도가 아니라 사전에 적극적으로 개입하는 내용을 지방자

---

14) 이 판례에 관하여는 김남진, 지방자치단체의 장과 지방의회의 관계, 법률저널, 2003. 12. 1 참조.

치단체의 조례로 정하는 것은 허용되지 않는다(대판 2007. 2. 9. 2006추45).

[판례⑤] 지방자치법 제116조에 그 설치의 근거가 마련된 합의제 행정기관은 지방자치단체의 장이 통할하여 관리·집행하는 지방자치단체의 사무를 일부 분담하여 수행하는 기관으로서 그 사무를 독립하여 수행한다 할지라도 이는 어디까지나 집행기관에 속하는 것이지 지방의회에 속한다거나 집행기관이나 지방의회 어디에도 속하지 않는 독립된 제3의 기관에 해당하지 않는 점, 지방자치단체의 행정기구와 정원기준 등에 관한 규정 제3조 제1항의 규정에 비추어 지방자치단체의 장은 집행기관에 속하는 행정기관 전반에 대하여 조직편성권을 가진다고 해석되는 점을 종합해 보면, 지방자치단체의 장은 합의제 행정기관을 설치할 고유의 권한을 가지며 이러한 고유권한에는 그 설치를 위한 조례안의 제안권이 포함된다고 봄이 상당하므로, 지방의회가 합의제 행정기관의 설치에 관한 조례안을 발의하여 이를 그대로 의결, 재의결하는 것은 지방자치단체장의 고유권한에 속하는 사항의 행사에 관하여 지방의회가 사전에 적극적으로 개입하는 것으로서 관련 법령에 위반되어 허용되지 않는다(대판 2009. 9. 24. 2009추53).

[판례⑥] 이 사건 조례안이 지방자치단체 사무의 민간위탁에 관하여 지방의회의 사전 동의를 받도록 한 것은 지방자치단체장의 민간위탁에 대한 일방적인 독주를 제어하여 민간위탁의 남용을 방지하고 그 효율성과 공정성을 담보하기 위한 장치에 불과하고, 민간위탁의 권한을 지방자치단체장으로부터 박탈하려는 것이 아니므로, 지방자치단체장의 집행권한을 본질적으로 침해하는 것으로 볼 수 없다. 또한 지방자치단체장이 동일 수탁자에게 위탁사무를 재위탁하거나 기간연장 등 기존 위탁계약의 중요한 사항을 변경하고자 할 때 지방의회의 동의를 받도록 한 목적은 민간위탁에 관한 지방의회의 적절한 견제기능이 최초의 민간위탁 시뿐만 아니라 그 이후에도 지속적으로 이루어질 수 있도록 하는 데 있으므로, 이에 관한 이 사건 조례안 역시 지방자치단체장의 집행권한을 본질적으로 침해하는 것으로 볼 수 없다. 나아가 재위탁 등에 관하여 지방의회의 동의를 받을 기한이나 수탁기관의 적정 여부를 판단할 기한의 설정이 다소 부적절하다는 점만으로 지방자치단체장의 집행권한을 본질적으로 침해한다고 단정할 수도 없다(대판 2011. 2. 10. 2010추11).

[판례⑦] 지방자치법 제22조 본문, 제113조, 지방자치법 시행령 제75조, 지방교육자치에 관한 법률 제18조 제1항, 제32조, 지방교육행정기관의 행정기구와 정원기준 등에 관한 규정 제3조 제1항 제2호, 제3호, 제25조 제1항, 제2항의 규정 내용을 종합하면, 시·도교육청의 직속기관을 포함한 지방교육행정기관의 행정기구(이하 '기구'라 한다)의 설치는 기본적으로 법령의 범위 안에서 조례로써 결정할 사항이다. 교육감은 시·도의 교육·학예에 관한 사무를 집행하는 데 필요한 때에는 법령 또는 조례가 정하는 바에 따라 기구를 직접 설치할 권한과 이를 위한 조례안의 제안권을 가지며, 설치된 기구 전반에 대하여 조직편성권을 가질 뿐이다. 지방의회는 교육감의

지방교육행정기구 설치권한과 조직편성권을 견제하기 위하여 조례로써 직접 교육행정기관을 설치·폐지하거나 교육감이 조례안으로써 제안한 기구의 축소, 통폐합, 정원 감축의 권한을 가진다(대판 2021. 9. 16, 2020추5138).

(1) 지방의회의 지방자치단체장에 대한 관계

지방의회가 가지고 있는 ① 의결권(지방자치법 47조), ② 행정사무 감사권 및 조사권(동법 49조), ③ 출석·답변요구권(동법 51조), ④ 청원의 이송과 처리보고(동법 88조), ⑤ 예산·결산에 대한 권한(동법 142조 이하), ⑥ 지방의회 의장의 조례 공포권(동법 32조 6항), ⑦ 서류제출 요구권(동법 48조) 등은 지방의회의 지방자치단체장 및 집행기관에 대한 견제수단인 동시에 협력을 위한 장치로 볼 수 있다.

(2) 지방자치단체장의 지방의회에 대한 관계 및 권한

(가) 의회출석·진술권

지방자치단체의 장이나 관계 공무원은 지방의회나 그 위원회에 출석하여 행정사무의 처리상황을 보고하거나 의견을 진술하고 질문에 답변할 수 있다(지방자치법 51조 1항). 지방자치단체의 장이나 관계 공무원은 지방의회나 그 위원회가 요구하면 출석·답변하여야 한다. 다만, 특별한 이유가 있으면 지방자치단체의 장은 관계 공무원에게 출석·답변하게 할 수 있다(동조 2항). 제1항이나 제2항에 따라 지방의회나 그 위원회에 출석하여 답변할 수 있는 관계 공무원은 조례로 정한다(동조 3항).

(나) 조례안의 공포권·거부권

지방자치단체의 장은 지방의회에서 의결된 조례안을 이송받으면 20일 이내에 공포하여야 한다(동법 32조 2항). 지방자치단체의 장은 이송받은 조례안에 대하여 이의가 있으면 제2항의 기간에 이유를 붙여 지방의회로 환부하고, 재의를 요구할 수 있다. 이 경우 지방자치단체의 장은 조례안의 일부에 대하여 또는 조례안을 수정하여 재의를 요구할 수 없다(동법 32조 3항).

지방의회는 제3항에 따라 재의 요구를 받으면 조례안을 재의에 부치고 재적의원 과반수의 출석과 출석의원 3분의 2 이상의 찬성으로 전과 같은 의결을 하면 그 조례안은 조례로서 확정된다(동법 32조 4항). 지방자치단체의 장이 제2항의 기간에 공포하지 아니하거나 재의 요구를 하지 아니하더라도 그 조례안은 조례로서 확정된다(동법 32조 5항).

(다) 재의요구권

① **조례안에 이의가 있는 경우:** 지방자치단체의 장은 이송받은 조례안에 대하여 이의가 있으면 이송받은 날로부터 20일 이내에 이유를 붙여 지방의회로 환부하고, 재의를 요구할 수 있다(동법 32조 3항).

② **의결이 월권 또는 법령위반 등인 경우:** 지방자치단체의 장은 지방의회의 의결이 월권이거나 법령에 위반되거나 공익을 현저히 해친다고 인정되면 그 의결사항을 이송받은 날부터 20일 이내에 이유를 붙여 재의를 요구할 수 있다(동법 120조 1항). 제1항의 요구에 대하여 재의한 결과 재적의원 과반수의 출석과 출석의원 3분의 2 이상의 찬성으로 전과 같은 의결을 하면 그 의결사항은 확정된다(동조 2항). 지방자치단체의 장은 제2항에 따라 재의결된 사항이 법령에 위반된다고 인정되면 대법원에 소를 제기할 수 있다(동조 3항).

> **[판례]** 조례안재의결 무효확인소송에서의 심리대상은 지방자치단체의 장이 지방의회에 재의를 요구할 당시 이의사항으로 지적하여 재의결에서 심의의 대상이 된 것에 국한된다(대판 1992. 7. 28, 92추31. 동지판례: 대판 2007. 12. 13, 2006추52).

③ **예산상 집행 불가능한 의결인 경우:** 지방자치단체의 장은 지방의회의 의결이 예산상 집행할 수 없는 경비를 포함하고 있다고 인정되면 그 의결사항을 이송받은 날부터 20일 이내에 이유를 붙여 재의를 요구할 수 있다(동법 121조 1항). 이 경우 제120조 제2항을 준용한다(동조 3항).

④ **경비를 줄이는 의결인 경우:** 지방자치단체의 장은 지방의회가 ㉠ 법령에 따라 지방자치단체에서 의무적으로 부담하여야 할 경비 또는 ㉡ 비상재해로 인한 시설의 응급 복구를 위하여 필요한 경비를 줄이는 의결을 하는 경우 그 의결사항을 이송받은 날부터 20일 이내에 이유를 붙여 재의를 요구할 수 있다(동법 121조 2항). 이 경우 제120조 제2항을 준용한다(동조 3항).

⑤ **감독청의 요청에 의하는 경우:** 지방의회의 의결이 법령에 위반되거나 공익을 현저히 해친다고 판단되면 시·도에 대해서는 주무부장관이, 시·군 및 자치구에 대해서는 시·도지사가 해당 지방자치단체의 장에게 재의를 요구하게 할 수 있고, 재의 요구 지시를 받은 지방자치단체의 장은 의결사항을 이송받은 날부터 20일 이내에 지방의회에 이유를 붙여 재의를 요구하여야 한다(동법 192조 1항).

시·군 및 자치구의회의 의결이 법령에 위반된다고 판단됨에도 불구하고

시・도지사가 제1항에 따라 재의를 요구하게 하지 아니한 경우 주무부장관이 직접 시장・군수 및 자치구의 구청장에게 재의를 요구하게 할 수 있고, 재의 요구 지시를 받은 시장・군수 및 자치구의 구청장은 의결사항을 이송받은 날부터 20일 이내에 지방의회에 이유를 붙여 재의를 요구하여야 한다(동법 192조 2항).

제1항 또는 제2항의 요구에 대하여 재의한 결과 재적의원 과반수의 출석과 출석의원 3분의 2 이상의 찬성으로 전과 같은 의결을 하면 그 의결사항은 확정된다(동법 192조 3항).

지방자치단체의 장은 제3항에 따라 재의결된 사항이 법령에 위반된다고 판단되면 재의결된 날부터 20일 이내에 대법원에 소를 제기할 수 있다. 이 경우 필요하다고 인정되면 그 의결의 집행을 정지하게 하는 집행정지결정을 신청할 수 있다(동법 192조 4항).

주무부장관이나 시・도지사는 재의결된 사항이 법령에 위반된다고 판단됨에도 불구하고 해당 지방자치단체의 장이 소를 제기하지 아니하면 시・도에 대해서는 주무부장관이, 시・군 및 자치구에 대해서는 시・도지사(제2항에 따라 주무부장관이 직접 재의 요구 지시를 한 경우에는 주무부장관을 말한다)가 그 지방자치단체의 장에게 제소를 지시하거나 직접 제소 및 집행정지결정을 신청할 수 있다(동법 192조 5항).

제5항에 따른 제소의 지시는 제4항의 기간이 지난 날부터 7일 이내에 하고, 해당 지방자치단체의 장은 제소 지시를 받은 날부터 7일 이내에 제소하여야 한다(동법 192조 6항). 주무부장관이나 시・도지사는 제6항의 기간이 지난 날부터 7일 이내에 제5항에 따른 직접 제소 및 집행정지결정을 신청할 수 있다(동법 192조 7항).

제1항 또는 제2항에 따라 지방의회의 의결이 법령에 위반된다고 판단되어 주무부장관이나 시・도지사로부터 재의 요구 지시를 받은 해당 지방자치단체의 장이 재의를 요구하지 아니하는 경우(법령에 위반되는 지방의회의 의결사항이 조례안인 경우로서 재의 요구 지시를 받기 전에 그 조례안을 공포한 경우를 포함한다)에는 주무부장관이나 시・도지사는 제1항 또는 제2항에 따른 기간이 지난 날부터 7일 이내에 대법원에 직접 제소 및 집행정지 결정을 신청할 수 있다(동법 192조 8항).

제1항 또는 제2항에 따른 지방의회의 의결이나 제3항에 따라 재의결된 사항이 둘 이상의 부처와 관련되거나 주무부장관이 불분명하면 행정안전부장관이 재의 요구 또는 제소를 지시하거나 직접 제소 및 집행정지 결정을 신청할 수 있다.

[판례] 조례안재의결 무효확인소송에서의 심리대상은 지방자치단체의 장이 지방의회에 재의를 요구할 당시 이의사항으로 지적하여 재의결에서 심의의 대상이 된 것에 국한된다. 이러한 법리는 주무부장관이 지방자치법 제172조 제7항에 따라 지방의회의 의결에 대하여 직접 제소함에 따른 조례안의결 무효확인소송에도 마찬가지로 적용되므로, 조례안의결 무효확인소송의 심리대상은 주무부장관이 재의요구 요청에서 이의사항으로 지적한 것에 한정된다(대판 2015. 5. 14, 2013추98).

(라) 선결처분

지방자치단체의 장은 지방의회가 지방의회의원이 구속되는 등의 사유로 제73조에 따른 의결정족수에 미달될 때와 지방의회의 의결사항 중 주민의 생명과 재산 보호를 위하여 긴급하게 필요한 사항으로서 지방의회를 소집할 시간적 여유가 없거나 지방의회에서 의결이 지체되어 의결되지 아니할 때에는 선결처분을 할 수 있다(동법 122조 1항). 제1항에 따른 선결처분은 지체 없이 지방의회에 보고하여 승인을 받아야 한다(동조 2항). 지방의회에서 제2항의 승인을 받지 못하면 그 선결처분은 그때부터 효력을 상실한다(동조 3항). 지방자치단체의 장은 제2항이나 제3항에 관한 사항을 지체 없이 공고하여야 한다(동조 4항).

(마) 기 타

지방자치단체의 장은 그 밖에 지방의회 임시회소집 요구권(동법 54조), 지방자치단체장이 지방의회에 제출할 안건의 공고권(동법 55조), 지방의회에서 의결할 의안의 발의권(동법 76조) 등을 가진다.

4. 지방자치단체장의 보조기관 및 행정기구

(1) 부지사 · 부시장 · 부군수 · 부구청장

특별시 · 광역시 및 특별자치시에 부시장, 도와 특별자치도에 부지사, 시에 부시장, 군에 부군수, 자치구에 부구청장을 두며, 그 수는 다음 각 호의 구분과 같다(지방자치법 123조 1항).

① 특별시의 부시장의 수: 3명을 넘지 아니하는 범위에서 대통령령으로 정한다.

② 광역시와 특별자치시의 부시장 및 도와 특별자치도의 부지사의 수: 2명(인구 800만 이상의 광역시나 도는 3명)을 넘지 아니하는 범위에서 대통령령으로 정한다.

③ 시의 부시장, 군의 부군수 및 자치구의 부구청장의 수: 1명으로 한다.

특별시 · 광역시 및 특별자치시의 부시장, 도와 특별자치도의 부지사는 대통령령으로 정하는 바에 따라 정무직 또는 일반직 국가공무원으로 보한다. 다만, 제1항 제1호 및 제2호에 따라 특별시 · 광역시 및 특별자치시의 부시장, 도와 특별자치도의 부지사를 2명이나 3명 두는 경우에 1명은 대통령령으로 정하는 바에 따라 정무직 · 일반직 또는 별정직 지방공무원으로 보하되, 정무직과 별정직 지방공무원으로 보할 때의 자격기준은 해당 지방자치단체의 조례로 정한다(동법 123조 2항).

제2항의 정무직 또는 일반직 국가공무원으로 보하는 부시장 · 부지사는 시 · 도지사의 제청으로 행정안전부장관을 거쳐 대통령이 임명한다. 이 경우 제청된 사람에게 법적 결격사유가 없으면 시 · 도지사가 제청한 날부터 30일 이내에 임명절차를 마쳐야 한다(동법 123조 3항).

시의 부시장, 군의 부군수, 자치구의 부구청장은 일반직 지방공무원으로 보하되, 그 직급은 대통령령으로 정하며 시장 · 군수 · 구청장이 임명한다(동법 123조 4항).

시 · 도의 부시장과 부지사, 시의 부시장 · 부군수 · 부구청장은 해당 지방자치단체의 장을 보좌하여 사무를 총괄하고, 소속 직원을 지휘 · 감독한다(동법 123조 5항).

제1항 제1호 및 제2호에 따라 시 · 도의 부시장과 부지사를 2명이나 3명 두는 경우에 그 사무 분장은 대통령령으로 정한다. 이 경우 부시장 · 부지사를 3명 두는 시 · 도에서는 그중 1명에게 특정지역의 사무를 담당하게 할 수 있다(동법 123조 6항).

(2) 지방자치단체장의 권한대행 등

지방자치단체의 장이 ① 궐위된 경우, ② 공소 제기된 후 구금상태에 있는 경우, ③ 「의료법」에 따른 의료기관에 60일 이상 계속하여 입원한 경우에는 부지사 · 부시장 · 부군수 · 부구청장(이하 "부단체장"이라 한다)이 그 권한을 대행한다(지방자치법 124조 1항).

지방자치단체의 장이 그 직을 가지고 그 지방자치단체의 장 선거에 입후보하면 예비후보자 또는 후보자로 등록한 날부터 선거일까지 부단체장이 그 지방자치단체의 장의 권한을 대행한다(동법 124조 2항).

지방자치단체의 장이 출장 · 휴가 등 일시적 사유로 직무를 수행할 수 없으면 부단체장이 그 직무를 대리한다(동법 124조 3항).

제1항부터 제3항까지의 경우에 부지사나 부시장이 2명 이상인 시 · 도에서는 대통령령으로 정하는 순서에 따라 그 권한을 대행하거나 직무를 대리한다

(동법 124조 4항). 제1항부터 제3항까지의 규정에 따라 권한을 대행하거나 직무를 대리할 부단체장이 부득이한 사유로 직무를 수행할 수 없으면 그 지방자치단체의 규칙에 정해진 직제 순서에 따른 공무원이 그 권한을 대행하거나 직무를 대리한다(동법 124조 5항).

(3) 행정기구

지방자치단체는 그 사무를 분장하기 위하여 필요한 행정기구를 둔다(지방자치법 125조 1항). 제1항에 따른 행정기구의 설치는 대통령령으로 정하는 기준에 따라 그 지방자치단체의 조례로 정한다(동조 2항). 행정안전부장관은 지방자치단체의 행정기구가 적절하게 운영되고 다른 지방자치단체와의 균형이 유지되도록 하기 위하여 필요한 사항을 권고할 수 있다(동조 3항).

5. 지방자치단체의 소속 행정기관

(1) 직속기관

지방자치단체는 소관 사무의 범위에서 필요하면 대통령령이나 대통령령으로 정하는 범위에서 그 지방자치단체의 조례로 자치경찰기관(제주특별자치도만 해당한다), 소방기관, 교육훈련기관, 보건진료기관, 시험연구기관 및 중소기업지도기관 등을 직속기관으로 설치할 수 있다(지방자치법 126조).

(2) 사업소

지방자치단체는 특정 업무를 효율적으로 수행하기 위하여 필요하면 대통령령으로 정하는 범위에서 그 지방자치단체의 조례로 사업소를 설치할 수 있다(동법 127조).

(3) 출장소

지방자치단체는 외진 곳의 주민의 편의와 특정지역의 개발 촉진을 위하여 필요하면 대통령령으로 정하는 범위에서 그 지방자치단체의 조례로 출장소를 설치할 수 있다(동법 128조).

(4) 합의제행정기관

지방자치단체는 소관 사무의 일부를 독립하여 수행할 필요가 있으면 법령이나 그 지방자치단체의 조례로 정하는 바에 따라 합의제행정기관을 설치할 수 있다(동법 129조 1항). 제1항의 합의제행정기관의 설치·운영에 필요한 사항은 대통령령이나 그 지방자치단체의 조례로 정한다(동조 2항).

한편, 「지방자치법 시행령」은 ① 고도의 전문지식이나 기술이 필요한 경우, ② 중립적이고 공정한 집행이 필요한 경우, ③ 주민 의사의 반영과 이해관계의 조정이 필요한 경우에 합의제행정기관을 설치할 수 있다고 규정하고 있다(지방자치법 시행령 77조).

[판례] 지방자치법 제116조에 그 설치의 근거가 마련된 합의제 행정기관은 지방자치단체의 장이 통할하여 관리·집행하는 지방자치단체의 사무를 일부 분담하여 수행하는 기관으로서 그 사무를 독립하여 수행한다 할지라도 이는 어디까지나 집행기관에 속하는 것이지 지방의회에 속한다거나 집행기관이나 지방의회 어디에도 속하지 않는 독립된 제3의 기관에 해당하지 않는 점, 지방자치단체의 행정기구와 정원기준 등에 관한 규정 제3조 제1항의 규정에 비추어 지방자치단체의 장은 집행기관에 속하는 행정기관 전반에 대하여 조직편성권을 가진다고 해석되는 점을 종합해 보면, 지방자치단체의 장은 합의제 행정기관을 설치할 고유의 권한을 가지며 이러한 고유권한에는 그 설치를 위한 조례안의 제안권이 포함된다고 봄이 상당하므로, 지방의회가 합의제 행정기관의 설치에 관한 조례안을 발의하여 이를 그대로 의결, 재의결하는 것은 지방자치단체장의 고유권한에 속하는 사항의 행사에 관하여 지방의회가 사전에 적극적으로 개입하는 것으로서 관련 법령에 위반되어 허용되지 않는다(대판 2009. 9. 24, 2009추53).

(5) 자문기관

지방자치단체는 소관 사무의 범위에서 법령이나 그 지방자치단체의 조례로 정하는 바에 따라 자문기관(소관 사무에 대한 자문에 응하거나 협의, 심의 등을 목적으로 하는 심의회, 위원회 등을 말한다)을 설치·운영할 수 있다(지방자치법 130조 1항). 자문기관은 법령이나 조례에 규정된 기능과 권한을 넘어서 주민의 권리를 제한하거나 의무를 부과하는 내용으로 자문 또는 심의 등을 하여서는 아니 된다(동조 2항). 자문기관의 설치 요건·절차, 구성 및 운영 등에 관한 사항은 대통령령으로 정한다. 다만, 다른 법령에서 지방자치단체에 둘 수 있는 자문기관의 설치 요건·절차, 구성 및 운영 등을 따로 정한 경우에는 그 법령에서 정하는 바에 따른다(동조 3항).

지방자치단체는 자문기관 운영의 효율성 향상을 위하여 해당 지방자치단체에 설치된 다른 자문기관과 성격·기능이 중복되는 자문기관을 설치·운영해서는 아니 되며, 지방자치단체의 조례로 정하는 바에 따라 성격과 기능이 유사한 다른 자문기관의 기능을 포함하여 운영할 수 있다(동조 4항). 지방자치단체의 장은 자문기관 운영의 효율성 향상을 위한 자문기관 정비계획 및 조치 결과 등을 종합하여 작성한 자문기관 운영현황을 매년 해당 지방의회에 보고하여야 한다(동조 5항).

6. 지방자치단체장의 하부행정기관

(1) 하부행정기관의 장

자치구가 아닌 구에 구청장, 읍에 읍장, 면에 면장, 동에 동장을 둔다. 이 경우 면·동은 행정면·행정동을 말한다(지방자치법 131조).

(2) 하부행정기관의 장의 임명

자치구가 아닌 구의 구청장은 일반직 지방공무원으로 보하되, 시장이 임명한다(동법 132조 1항). 읍장·면장·동장은 일반직 지방공무원으로 보하되, 시장·군수 또는 자치구의 구청장이 임명한다(동조 2항).

(3) 하부행정기관의 장의 직무권한

자치구가 아닌 구의 구청장은 시장, 읍장·면장은 시장이나 군수, 동장은 시장(구가 없는 시의 시장을 말한다)이나 구청장(자치구의 구청장을 포함한다)의 지휘·감독을 받아 소관 국가사무와 지방자치단체의 사무를 맡아 처리하고 소속 직원을 지휘·감독한다(동법 133조).

(4) 하부행정기구

지방자치단체는 조례로 정하는 바에 따라 자치구가 아닌 구와 읍·면·동에 소관 행정사무를 분장하기 위하여 필요한 행정기구를 둘 수 있다. 이 경우 면·동은 행정면·행정동을 말한다(동법 134조).

7. 공 무 원

(1) 지방공무원제와 정원 등

지방자치단체는 그 사무를 분장하기 위하여 필요한 지방공무원을 둔다(지방자치법 125조 1항). 제1항에 따른 지방공무원의 정원은 인건비 등 대통령령으로 정하는 기준에 따라 그 지방자치단체의 조례로 정한다(동법 125조 2항). 행정안전부장관은 지방공무원의 정원이 적절하게 운영되고 다른 지방자치단체와의 균형이 유지되도록 하기 위하여 필요한 사항을 권고할 수 있다(동법 125조 3항).

지방공무원의 임용과 시험·자격·보수·복무·신분보장·징계·교육·훈련 등에 관한 사항은 따로 법률로 정한다(동법 125조 4항). 이에 따라 「지방공무법」, 「지방공무원 교육훈련법」 등이 제정되어 있다.

(2) 국가공무원의 배치와 임용

지방자치단체에는 제1항에도 불구하고 법률로 정하는 바에 따라 국가공무원을 둘 수 있다(동법 125조 5항). 제5항에 규정된 국가공무원의 경우 「국가공무원법」 제32조 제1항부터 제3항까지의 규정에도 불구하고 5급 이상의 국가공무원이나 고위공무원단에 속하는 공무원은 해당 지방자치단체의 장의 제청으로 소속 장관을 거쳐 대통령이 임명하고, 6급 이하의 국가공무원은 그 지방자치단체의 장의 제청으로 소속 장관이 임명한다(동법 125조 6항).

Ⅳ. 지방교육자치(교육·과학·기술·체육·학예 등에 관한 기관)

1. 개 설

헌법은 "교육의 자주성·전문성·정치적 중립성 및 대학의 자율성은 법률이 정하는 바에 의하여 보장된다"(동법 31조 4항)고 규정하고 있다. 이러한 헌법의 이념에 따라 「지방자치법」은 "지방자치단체의 교육·과학 및 체육에 관한 사무를 분장하게 하기 위하여 별도의 기관을 두며, 그 기관의 조직과 운영에 관하여 필요한 사항은 따로 법률로 정한다"고 규정하고 있는데(동법 135조), 이에 따라 제정된 법률이 「지방교육자치에 관한 법률」(1991. 3. 8. 제정, 법률 제4347호)이다.

[판례①] ㉮ 헌법 제31조 제4항은 "교육의 자주성·전문성·정치적 중립성 및 대학의 자율성은 법률이 정하는 바에 의하여 보장된다"고 규정하고 있고, 헌법 제117조 제1항은 지방자치단체는 주민의 복리에 관한 사무를 처리하고 재산을 관리하며, 법령의 범위 안에서 자치에 관한 규정을 제정할 수 있다"고 규정함으로써, 제도보장으로서의 교육자치와 지방자치를 규정하고 있다.

㉯ 국민주권의 원리는 공권력의 구성·행사·통제를 지배하는 우리 통치질서의 기본원리이므로, 공권력의 일종인 지방자치권과 국가교육권(교육입법권·교육행정권·교육감독권 등)도 이 원리에 따른 국민적 정당성 기반을 갖추어야만 한다. 그런데, 국민주권·민주주의원리는 그 작용영역, 즉, 공권력의 종류와 내용에 따라 구현방법이 상이할 수 있다. 지방교육자치도 지방자치권 행사의 일환으로서 보장되는 것이므로, 중앙권력에 대한 지방적 자치로서의 속성을 지니고 있지만, 동시에 그것

은 헌법 제31조 제4항이 보장하고 있는 교육의 자주성 · 전문성 · 정치적 중립성을 구현하기 위한 것이므로, 정치권력에 대한 문화적 자치로서의 속성도 아울러 지니고 있다. 이러한 '이중의 자치'의 요청으로 말미암아 지방교육자치의 민주적 정당성 요청은 어느 정도 제한이 불가피하게 된다. 즉, 지방교육자치의 영역에서는 주민자치의 원칙이라는 민주주의적 요청만을 철저하게 관철하는 것이 반드시 바람직한 것으로 볼 수 없고, 교육자치의 특성상 민주적 정당성에 대한 요청이 일부 후퇴하는 일이 있다 하더라도 이는 헌법적으로 용인될 수 있다(헌재 2011. 12. 29. 2010헌마285).

[판례②] 지방교육자치도 지방자치권행사의 일환으로서 보장되는 것이므로, 중앙권력에 대한 지방적 자치로서의 속성을 지니고 있지만, 동시에 그것은 헌법 제31조 제4항이 보장하고 있는 교육의 자주성 · 전문성 · 정치적 중립성을 구현하기 위한 것이므로, 정치권력에 대한 문화적 자치로서의 속성도 아울러 지니고 있다. 이러한 '이중의 자치'의 요청으로 말미암아 지방교육자치의 민주적 정당성요청은 어느 정도 제한이 불가피하게 된다. 지방교육자치는 '민주주의 · 지방자치 · 교육자주'라고 하는 세 가지의 헌법적 가치를 골고루 만족시킬 수 있어야만 하는 것이다. '민주주의'의 요구를 절대시하여 비정치기관인 교육위원이나 교육감을 정치기관(국회의원 · 대통령 등)의 선출과 완전히 동일한 방식으로 구성한다거나, '지방자치'의 요구를 절대시하여 지방자치단체장이나 지방의회가 교육위원 · 교육감의 선발을 무조건적으로 좌우한다거나, '교육자주'의 요구를 절대시하여 교육 · 문화분야 관계자들만이 전적으로 교육위원 · 교육감을 결정한다거나 하는 방식은 그 어느 것이나 헌법적으로 허용될 수 없다(헌재 2000. 3. 30, 99헌바113. 동지판례: 헌재 2006. 2. 23, 2003헌바84; 헌재 2008. 6. 26, 2007헌마1175; 헌재 2009. 9. 24, 2008헌마563).

(1) 1991년 제정된 동 법률은 그 사이 여러 차례 개정된 바 있는데, 특히 2006. 12. 20. 전부개정(법률 제8069호) 되었다. 교육위원회를 시 · 도의회 내 상임위원회로 전환하고, 구법하에서 교육위원 및 교육감이 학교운영위원들을 선거인단으로 한 간선제로 선출되는 과정에서 여러 문제점들이 발생하여 교육의원 및 교육감을 주민직선으로 선출하도록 하며, 교육감의 임기에 관한 규정을 완화하는 등 제도의 운영과정에서 나타난 일부 미비점을 개선 · 보완하려는 것이 그 개정이유이다. 주요 개정내용은 다음과 같다.

① **교육위원회를 시 · 도의회 내 상임위원회로 전환**(법 4조 및 5조): 시 · 도의 교육 · 학예에 관한 의안과 청원 등을 심사 · 의결하기 위한 교육위원회를 시 · 도의회 내 상임위원회로 두도록 하고, 시 · 도의회의원과 교육의원으로 교육위원회를 구성하되, 교육의원이 과반수가 되도록 하였다.

② **교육의원 및 교육감 선거방법을 주민직선제로 변경**(법 8조 및 22조): 교육의원 및

교육감을 주민직선으로 선출하되, 교육의원의 경우 주민직선에 관하여 필요한 사항을 따로 법률로 정하도록 하고, 교육감의 경우 공직선거법의 시·도지사 선거의 무소속후보자에 관한 규정을 준용하도록 하였다.

③ **교육감 임기에 관한 규정 완화**(법 21조): 교육감의 임기는 1차에 한하여 중임할 수 있도록 하던 것을, 계속 재임은 3기에 한하는 것으로 변경하였다.

④ **지방교육행정협의회의 설치 등**(법 41조 및 42조): 교육감과 시·도지사 사이에 지방교육 관련 업무협의를 활성화하기 위하여 지방교육행정협의회를 조례로 설치하도록 하고, 각 시·도 교육감 상호간의 교류와 협력을 증진하고 공동의 문제를 협의하기 위하여 전국적인 교육감 협의체를 설립할 수 있도록 하였다.

⑤ **주민직선제로 전환되는 교육감 선거의 시기**(부칙 법 4조 내지 6조): 주민직선제로 전환되는 차기 교육감 선거를 2010년 실시되는 전국지방 동시선거와 통합하여 실시할 수 있도록 하기 위하여 교육감의 임기에 관한 경과조치 및 임기 및 선출에 관한 특례를 마련하는 한편, 이 법 시행 후 6개월 이내에 실시되는 교육감 선거를 공직선거법의 규정에 불구하고 별도의 일정에 따라 실시할 수 있도록 공직선거법의 적용에 관한 특례를 규정하였다.

(2) 한편, 교육위원회와 관련하여 다음과 같이 법률이 개정되었다. 종전 법률에 따르면 시·도의회에 교육·학예에 관한 사무를 심의·의결하는 상임위원회로서 교육위원회를 설치하고, 시·도의회의원과 주민직선으로 선출된 교육의원으로 구성하되 교육의원이 과반수가 되도록 하였다. 이와 같은 교육위원회 및 교육의원 제도는 「지방교육자치에 관한 법률」(2010. 2. 26. 개정. 법률 제10046호) 부칙 제2조 1항에 따라 2014년 6월을 기점으로 그 효력을 상실하였으며, 이후 동 법률에 남아있던 교육위원회 관련 조항이 삭제되었다(2016. 12. 13. 개정. 법률 제14372호). 현재 교육위원회는 시·도의회의원으로만 구성되어 있으며, 다른 상임위원회와 동일한 차원에서 운영되고 있다. 다만, 제주특별자치도의 경우 주민직선으로 교육의원을 선출하여 도의회의원과 함께 교육위원회를 구성하고 있다(제주특별자치도 설치 및 국제자유도시 조성을 위한 특별법 63조 이하 참조).

2. 교 육 감

(1) 법적 지위

교육감은 시·도의 교육·학예에 관한 사무의 집행기관이며, 교육·학예에 관한 소관사무로 인한 소송이나 재산의 등기 등에 대하여 당해 시·도를 대표한다(동법 18조).

교육감의 임기는 4년으로 하며, 교육감의 계속재임은 3기에 한한다(동법 21조).

(2) 교육감의 선출

교육감은 주민의 보통·평등·직접·비밀선거에 따라 선출한다.

정당은 교육감선거에 후보자를 추천할 수 없으며, 교육감후보자는 「공직선거법」에 따른 선거권자의 추천을 받아 선거일 전 20일부터 2일간 관할선거구 선거관리위원회에 서면으로 등록신청을 하되, 그 추천 및 등록은 같은 법 제48조 및 제49조의 규정에 따른 무소속후보자의 추천 및 등록에 관한 규정을 준용한다(동법 49조).

(3) 관장사무

교육감은 교육·학예에 관한 다음 각 호의 사항에 관한 사무를 관장한다(동법 20조).

① 조례안의 작성 및 제출에 관한 사항
② 예산안의 편성 및 제출에 관한 사항
③ 결산서의 작성 및 제출에 관한 사항
④ 교육규칙의 제정에 관한 사항
⑤ 학교, 그 밖의 교육기관의 설치·이전 및 폐지에 관한 사항
⑥ 교육과정의 운영에 관한 사항
⑦ 과학·기술교육의 진흥에 관한 사항
⑧ 평생교육, 그 밖의 교육·학예진흥에 관한 사항
⑨ 학교체육·보건 및 학교환경정화에 관한 사항
⑩ 학생통학구역에 관한 사항
⑪ 교육·학예의 시설·설비 및 교구(教具)에 관한 사항
⑫ 재산의 취득·처분에 관한 사항
⑬ 특별부과금·사용료·수수료·분담금 및 가입금에 관한 사항
⑭ 기채(起債)·차입금 또는 예산 외의 의무부담에 관한 사항
⑮ 기금의 설치·운용에 관한 사항
⑯ 소속 국가공무원 및 지방공무원의 인사관리에 관한 사항
⑰ 그 밖에 당해 시·도의 교육·학예에 관한 사항과 위임된 사항

(4) 보조기관

교육감 소속하에 국가공무원으로 보하는 부교육감 1인(인구 800만 명 이상이고 학생 170만 명 이상인 시·도는 2인)을

두되, 대통령령이 정하는 바에 따라 「국가공무원법」 제2조의2의 규정에 따른 고위공무원단에 속하는 일반직공무원 또는 장학관으로 보한다.

부교육감은 당해 시·도의 교육감이 추천한 자를 교육부장관의 제청으로 국무총리를 거쳐 대통령이 임명한다(동법 30조 1항, 2항).

3. 하급교육행정기관

(1) 지역교육청과 교육장

시·도의 교육·학예에 관한 사무를 분장하기 위하여 1개 또는 2개 이상의 시·군 및 자치구를 관할구역으로 하는 하급교육행정기관으로서 교육지원청을 둔다(동법 34조 1항).

교육지원청에 교육장을 두되 장학관으로 보하고, 그 임용에 관하여 필요한 사항은 대통령령으로 정한다(동법 34조 3항).

(2) 교육장의 분장사무

교육장은 시·도의 교육·학예에 관한 사무 중 다음 각 호의 사무를 위임받아 분장한다(동법 35조).

① 공·사립의 유치원·초등학교·중학교·고등공민학교 및 이에 준하는 각종학교의 운영·관리에 관한 지도·감독

② 그 밖에 조례로 정하는 사무

4. 교육재정

(1) 교육·학예에 관한 경비

교육·학예에 관한 경비는 다음 각 호의 재원(財源)으로 충당한다(동법 36조).

① 교육에 관한 특별부과금·수수료 및 사용료

② 지방교육재정교부금

③ 해당 지방자치단체의 일반회계로부터의 전입금

④ 유아교육지원특별회계에 따른 전입금

⑤ 제1호 내지 제4호 외의 수입으로서 교육·학예에 속하는 수입

(2) 의무교육경비 등

의무교육에 종사하는 교원의 보수와 그 밖의 의무교육에 관련되는 경비는 「지방교육재정교부금법」이 정하는 바에 따라 국가 및 지방자치단체가 부담한다.

의무교육 외의 교육에 관련되는 경비는 「지방교육재정교부금법」이 정하는 바에 따라 국가 · 지방자치단체 및 학부모 등이 부담한다(동법 37조).

제 7 절 지방자치단체 상호 간의 관계

Ⅰ. 개 설

우리나라의 지방자치단체는 특별시 · 광역시와 자치구, 도와 시 · 군이라고 하는 중층 구조를 형성하고 있다(지방자치법 2조, 3조 참조).[1] 그에 따라 각 지방자치단체는 다른 지방자치단체와 종적 · 횡적 관계를 맺고 있으며, 이것은 마치 행정조직에 있어서의 행정기관(그 중에서도 행정청)의 지위를 연상케 한다. 다시 말하면, 지방자치단체 상호관계는 행정청의 상호관계[2]와 유사한 점이 있다. 그러나 행정청은 행정주체의 한 기관에 지나지 않는데 대하여, 지방자치단체는 그 자체 독립한 인격을 가진 행정주체인 점에서 근본적인 차이가 있다. 여기에 바로 지방자치단체 상호관계를 별도로 규율하며, 고찰하게 되는 이유가 있다.

다른 한편, 지방자치단체가 인접하고 있으므로 서로 협력할 필요가 있을 뿐 아니라 분쟁이 일어나는 경우 분쟁을 평화적으로 해결할 필요가 있는데, 오늘날 생활권이 점차 광역화하고 있는 동시에 님비(NIMBY)현상이 심화되고 있음으로 인하여, 지방자치단체 상호의 협력 및 분쟁해결의 필요는 점점 더 높아지고 있다고 할 수 있다.

Ⅱ. 지방자치단체 상호관계의 형태

1. 지방자치단체 간의 협력과 분쟁조정

(1) 지방자치단체 상호 간의 협력

지방자치단체는 다른 지방자치단체로부터 사무의 공동처리에 관한 요청이

1) 한편, 특별자치시와 특별자치도는 광역자치단체와 기초자치단체의 이중적 지위를 가지고 있으며, 단층 구조를 가지고 있다.
2) 행정청의 상하관계 및 대등관계의 고찰에 관하여는 본서 32면 이하 참조.

나 사무처리에 관한 협의·조정·승인 또는 지원의 요청을 받으면 법령의 범위에서 협력하여야 한다(지방자치법 164조 1항). 관계 중앙행정기관의 장은 지방자치단체 간의 협력 활성화를 위하여 필요한 지원을 할 수 있다(동법 164조 2항).[3)]

'협력의 대상이 되는 사무'는 해석상 자치사무 및 단체위임사무이며, 기관위임사무는 이에 포함되지 않는다고 새겨진다. 또한 '협력'은 법령의 범위에서 하여야 하며, '협력의 방식'에는 비공식적 방법, 사법적 방식, 공사혼합방식 등이 포함될 수 있다고 새겨진다.

(2) 지방자치단체 상호 간의 분쟁조정

(가) 분쟁의 조정

지방자치단체 상호 간 또는 지방자치단체의 장 상호 간에 사무를 처리할 때 의견이 달라 다툼(이하 "분쟁"이라 한다)이 생기면 다른 법률에 특별한 규정이 없으면 행정안전부장관이나 시·도지사가 당사자의 신청을 받아 조정할 수 있다. 다만, 그 분쟁이 공익을 현저히 해쳐 조속한 조정이 필요하다고 인정되면 당사자의 신청이 없어도 직권으로 조정할 수 있다(지방자치법 165조 1항). 제1항 단서에 따라 행정안전부장관이나 시·도지사가 분쟁을 조정하는 경우에는 그 취지를 미리 당사자에게 알려야 한다(동법 165조 2항).

행정안전부장관이나 시·도지사가 제1항의 분쟁을 조정하려는 경우에는 관계 중앙행정기관의 장과의 협의를 거쳐 제166조에 따른 지방자치단체중앙분쟁조정위원회나 지방자치단체지방분쟁조정위원회의 의결에 따라 조정을 결정하여야 한다(동법 165조 3항). 행정안전부장관이나 시·도지사는 제3항에 따라 조정을 결정하면 서면으로 지체 없이 관계 지방자치단체의 장에게 통보하여야 하며, 통보를 받은 지방자치단체의 장은 그 조정 결정 사항을 이행하여야 한다(동법 165조 4항).

제3항에 따른 조정 결정 사항 중 예산이 필요한 사항에 대해서는 관계 지방자치단체는 필요한 예산을 우선적으로 편성하여야 한다. 이 경우 연차적으로 추진하여야 할 사항은 연도별 추진계획을 행정안전부장관이나 시·도지사에게 보고하여야 한다(동법 165조 5항). 행정안전부장관이나 시·도지사는 제3항의 조정 결정에 따른 시설의 설치 또는 서비스의 제공으로 이익을 얻거나 그 원인을 일으켰

---

3) 구 「지방자치법」 제147조에는 지방자치단체 상호 간의 협력의무에 대해서만 규정하고 있었으나(현행 지방자치법 164조 1항과 같은 내용), 2021년 1월 전부개정된 「지방자치법」 제164조 2항에서는 관계 중앙행정기관이 지방자치단체 간의 협력을 지원할 수 있는 근거를 신설하여 지방자치단체 협력을 확대할 수 있는 기반을 마련하였다.

다고 인정되는 지방자치단체에 대해서는 그 시설비나 운영비 등의 전부나 일부를 행정안전부장관이 정하는 기준에 따라 부담하게 할 수 있다(동법 165조 6항).

행정안전부장관이나 시·도지사는 제4항부터 제6항까지의 규정에 따른 조정 결정 사항이 성실히 이행되지 아니하면 그 지방자치단체에 대하여 제189조를 준용하여 이행하게 할 수 있다(동법 165조 7항).

[판례①] 지방자치법의 내용 및 체계에다가 지방자치법이 분쟁조정절차를 둔 입법 취지가 지방자치단체 상호 간이나 지방자치단체의 장 상호 간 사무처리 과정에서 분쟁이 발생하는 경우 당사자의 신청 또는 직권으로 구속력 있는 조정절차를 진행하여 이를 해결하고자 하는 데 있는 점, 분쟁조정 대상에서 자치사무를 배제하고 있지 않은 점 등을 종합하면, 지방자치단체의 자치사무라 하더라도 당해 지방자치단체에 내부적인 효과만을 발생시키는 것이 아니라 그 사무로 인하여 다른 지방자치단체나 그 주민의 보호할 만한 가치가 있는 이익을 침해하는 경우에는 지방자치법 제148조에서 정한 분쟁조정 대상 사무가 될 수 있다. 그리고 지방자치법 제148조에서 정한 분쟁조정 대상 사무가 될 수 있는 자치사무에 관하여 분쟁조정결정이 있었음에도 그 조정결정사항을 성실히 이행하지 않은 지방자치단체에 대하여는 제148조 제7항에 따라 제170조를 준용하여 그 지방자치단체를 대표하는 지방자치단체의 장에 대하여 조정결정사항의 이행을 위하여 직무이행명령을 할 수 있다(대판 2016. 7. 22, 2012추121).

[판례②] 지방자치법 제148조 제4항, 제7항, 제170조 제3항의 내용과 체계, 지방자치법 제148조 제1항에 따른 지방자치단체 또는 지방자치단체의 장 상호 간 분쟁에 대한 조정결정(이하 '분쟁조정 결정'이라 한다)의 법적 성격 및 분쟁조정결정과 이행명령 사이의 관계 등에 비추어 보면, 행정자치부장관이나 시·도지사의 분쟁조정결정에 대하여는 후속의 이행명령을 기다려 대법원에 이행명령을 다투는 소를 제기한 후 그 사건에서 이행의무의 존부와 관련하여 분쟁조정결정의 위법까지 함께 다투는 것이 가능할 뿐, 별도로 분쟁조정결정 자체의 취소를 구하는 소송을 대법원에 제기하는 것은 지방자치법상 허용되지 아니한다. 나아가 분쟁조정결정은 상대방이나 내용 등에 비추어 행정소송법상 항고소송의 대상이 되는 처분에 해당한다고 보기 어려우므로, 통상의 항고소송을 통한 불복의 여지도 없다(대판 2015. 9. 24, 2014추613).

(나) 지방자치단체중앙분쟁조정위원회 등의 설치와 구성 등

① 분쟁조정위원회의 설치: 「지방자치법」 제165조 1항에 따른 분쟁의 조정과 제173조 1항에 따른 협의사항의 조정에 필요한 사항을 심의·의결하기 위하여 행정안전부에 지방자치단체중앙분쟁조정위원회(이하 "중앙분쟁조정위원회"라 한다)를, 시·도

에 지방자치단체지방분쟁조정위원회(이하 "지방분쟁조정위원회"라 한다)를 둔다(동법 166조 1항).

중앙분쟁조정위원회는 다음 각 호의 분쟁을 심의·의결한다(동법 166조 2항).

㉠ 시·도 간 또는 그 장 간의 분쟁

㉡ 시·도를 달리하는 시·군 및 자치구 간 또는 그 장 간의 분쟁

㉢ 시·도와 시·군 및 자치구 간 또는 그 장 간의 분쟁

㉣ 시·도와 지방자치단체조합 간 또는 그 장 간의 분쟁

㉤ 시·도를 달리하는 시·군 및 자치구와 지방자치단체조합 간 또는 그 장 간의 분쟁

㉥ 시·도를 달리하는 지방자치단체조합 간 또는 그 장 간의 분쟁

지방분쟁조정위원회는 제2항 각 호에 해당하지 아니하는 지방자치단체·지방자치단체조합 간 또는 그 장 간의 분쟁을 심의·의결한다(동법 166조 3항).

② 분쟁조정위원회의 구성: 중앙분쟁조정위원회와 지방분쟁조정위원회(이하 "분쟁조정위원회"라 한다)는 각각 위원장 1명을 포함하여 11명 이내의 위원으로 구성한다(동법 166조 4항).

중앙분쟁조정위원회의 위원장과 위원 중 5명은 다음 각 호의 사람 중에서 행정안전부장관의 제청으로 대통령이 임명하거나 위촉하고, 대통령령으로 정하는 중앙행정기관 소속 공무원은 당연직위원이 된다(동법 166조 5항).

㉠ 대학에서 부교수 이상으로 3년 이상 재직 중이거나 재직한 사람

㉡ 판사·검사 또는 변호사의 직에 6년 이상 재직 중이거나 재직한 사람

㉢ 그 밖에 지방자치사무에 관한 학식과 경험이 풍부한 사람

지방분쟁조정위원회의 위원장과 위원 중 5명은 제5항 각 호의 사람 중에서 시·도지사가 임명하거나 위촉하고, 조례로 정하는 해당 지방자치단체 소속 공무원은 당연직위원이 된다(동법 166조 6항).

공무원이 아닌 위원장 및 위원의 임기는 3년으로 하며, 연임할 수 있다. 다만, 보궐위원의 임기는 전임자 임기의 남은 기간으로 한다(동법 166조 7항).

③ 분쟁조정위원회의 운영: 분쟁조정위원회는 위원장을 포함한 위원 7명 이상의 출석으로 개의하고, 출석위원 3분의 2 이상의 찬성으로 의결한다(동법 167조 1항). 분쟁조정위원회의 위원장은 분쟁의 조정과 관련하여 필요하다고 인정하면 관계 공무원, 지방자치단체조합의 직원 또는 관계 전문가를 출석시켜 의견을 듣거나 관계 기관이나 단체에 대하여 자료 및 의견 제출 등을 요구할 수 있다. 이 경우 분쟁의 당사자에게는 의견을 진술할 기회를 주어야 한다(동법 167조 2항).

(3) 사무의 위탁

지방자치단체나 그 장은 소관 사무의 일부를 다른 지방자치단체나 그 장에게 위탁하여 처리하게 할 수 있다(지방자치법 168조 1항). 지방자치단체나 그 장은 제1항에 따라 사무를 위탁하려면 관계 지방자치단체와의 협의에 따라 규약을 정하여 고시하여야 한다(동법 168조 2항). 제2항의 사무위탁에 관한 규약에는 다음 각 호의 사항이 포함되어야 한다(동법 168조 3항).

① 사무를 위탁하는 지방자치단체와 사무를 위탁받는 지방자치단체
② 위탁사무의 내용과 범위
③ 위탁사무의 관리와 처리방법
④ 위탁사무의 관리와 처리에 드는 경비의 부담과 지출방법
⑤ 그 밖에 사무위탁에 필요한 사항

지방자치단체나 그 장은 사무위탁을 변경하거나 해지하려면 관계 지방자치단체나 그 장과 협의하여 그 사실을 고시하여야 한다(동법 168조 4항). 사무가 위탁된 경우 위탁된 사무의 관리와 처리에 관한 조례나 규칙은 규약에 다르게 정해진 경우 외에는 사무를 위탁받은 지방자치단체에 대해서도 적용한다(동법 168조 5항).

(4) 지방자치단체장 등의 협의체

지방자치단체의 장이나 지방의회의 의장은 상호 간의 교류와 협력을 증진하고, 공동의 문제를 협의하기 위하여 ① 시・도지사, ② 시・도의회 의장, ③ 시장・군수 및 자치구 구청장, ④ 시・군 및 자치구의회 의장의 구분에 따라 각각 전국적 협의체를 설립할 수 있다(지방자치법 182조 1항).[4]

제1항 각 호의 전국적 협의체는 그들 모두가 참가하는 지방자치단체 연합체를 설립할 수 있다(동법 182조 2항). 제1항에 따른 협의체나 제2항에 따른 연합체를 설립하였을 때에는 그 협의체・연합체의 대표자는 지체 없이 행정안전부장관에게 신고하여야 한다(동법 182조 3항).

제1항에 따른 협의체나 제2항에 따른 연합체는 지방자치에 직접적인 영향을 미치는 법령 등에 관한 의견을 행정안전부장관에게 제출할 수 있으며, 행정안전부장관은 제출된 의견을 관계 중앙행정기관의 장에게 통보하여야 한다(동법 182조 4항). 관계 중앙행정기관의 장은 제4항에 따라 통보된 내용에 대하여 통보

4) 이에 따라 설립된 협의체는 ① 대한민국시도지사협의회, ② 전국시도의회의장협의회, ③ 전국시장군수구청장협의회, ④ 전국시군자치구의회의장협의회 등이며, 이를 통상 '지방4대협의체'라 부른다.

를 받은 날부터 2개월 이내에 타당성을 검토하여 행정안전부장관에게 결과를 통보하여야 하고, 행정안전부장관은 통보받은 검토 결과를 해당 협의체나 연합체에 지체 없이 통보하여야 한다. 이 경우 관계 중앙행정기관의 장은 검토 결과 타당성이 없다고 인정하면 구체적인 사유 및 내용을 밝혀 통보하여야 하며, 타당하다고 인정하면 관계 법령에 그 내용이 반영될 수 있도록 적극 협력하여야 한다(동법 182조 5항).

제1항에 따른 협의체나 제2항에 따른 연합체는 지방자치와 관련된 법률의 제정·개정 또는 폐지가 필요하다고 인정하는 경우에는 국회에 서면으로 의견을 제출할 수 있다(동법 182조 6항).

2. 광역자치단체의 기초자치단체에 대한 관여

광역자치단체(시·도)와 기초자치단체(시·군·자치구)는 다 같이 보통지방자치단체로서 존립 목적과 소관 사무를 달리하므로 대등관계에 있음이 원칙이다. 그러나 기초자치단체는 광역자치단체의 관할 구역 안에 존재함으로 인하여 법은 일정 한도에서 광역자치단체의 기초자치단체에 대한 관여를 인정하고 있다.[5)]

(1) 입법적 관여

시·군 및 자치구의 조례나 규칙은 시·도의 조례나 규칙을 위반해서는 아니 된다(지방자치법 30조). 그러한 점에서 광역자치단체는 간접적으로 기초자치단체에 대하여 입법적 관여를 하게 된다.

(2) 행정적 관여

광역자치단체(장)의 행정적 관여의 수단으로는 사무 유형에 따라 다음과 같이 구분할 수 있다.

첫째, 자치사무에 대한 관여 수단으로서 보고를 받거나 서류·장부 또는 회계에 대한 감사를 들 수 있다(동법 190조).

둘째, 자치사무와 위임사무에 공통되는 관여 수단으로서 ① 예산·결산의 보고(동법 149조 2항, 150조 2항), ② 지방자치단체 간의 분쟁조정(동법 165조), ③ 지방자치단체의 사무에 대한 지도와 지원(동법 184조), ④ 위법·부당한 명령 또는 처분의 시정(동법 188조), ⑤ 지방의회 의결에 대한 재의요구지시와 제소지시 및 직접 제소(동법 192조) 등이 있다.

---

5) 이하에서 설명하는 관여 수단은 "제8절 지방자치단체의 국가 등의 관여"에서 상세히 고찰하게 된다.

셋째, 위임사무에만 인정되는 관여 수단으로서 직무이행명령과 그에 따른 대집행 또는 행정상·재정상 필요한 조치(동법 189조) 등이 있다.

(3) 행정심판(재결)을 통한 관여

① 시·도의 관할구역에 있는 시·군·자치구의 장, 소속 행정청 또는 시·군·자치구의 의회(의장, 위원회의 위원장, 사무국장, 사무과장 등 의회 소속 모든 행정청을 포함한다), ② 시·도의 관할구역에 있는 둘 이상의 지방자치단체(시·군·자치구를 말한다)·공공법인 등이 공동으로 설립한 행정청의 처분 또는 부작위에 대한 심판청구에 대하여는 시·도지사 소속으로 두는 행정심판위원회에서 심리·재결한다(행정심판법 6조 3항).

3. 행정협의회

(1) 행정협의회의 구성

지방자치단체는 2개 이상의 지방자치단체에 관련된 사무의 일부를 공동으로 처리하기 위하여 관계 지방자치단체 간의 행정협의회를 구성할 수 있다. 이 경우 지방자치단체의 장은 시·도가 구성원이면 행정안전부장관과 관계 중앙행정기관의 장에게, 시·군 또는 자치구가 구성원이면 시·도지사에게 이를 보고하여야 한다(지방자치법 169조 1항).

지방자치단체는 행정협의회를 구성하려면 관계 지방자치단체 간의 협의에 따라 규약을 정하여 관계 지방의회에 각각 보고한 다음 고시하여야 한다(동법 169조 2항). 행정안전부장관이나 시·도지사는 공익상 필요하면 관계 지방자치단체에 대하여 행정협의회를 구성하도록 권고할 수 있다(동법 169조 3항).

(2) 행정협의회의 조직

행정협의회는 회장과 위원으로 구성한다(동법 170조 1항). 회장과 위원은 규약으로 정하는 바에 따라 관계 지방자치단체의 직원 중에서 선임한다(동조 2항). 회장은 행정협의회를 대표하며 회의를 소집하고 행정협의회의 사무를 총괄한다(동조 3항).

(3) 행정협의회의 규약

행정협의회의 규약에는 ① 행정협의회의 명칭, ② 행정협의회를 구성하는 지방자치단체, ③ 행정협의회가 처리하는 사무, ④ 행정협의회의 조직과 회장 및 위원의 선임방법, ⑤ 행정협의회의 운영과 사무처리에 필요한 경비의 부담이나 지출방법, ⑥ 그 밖에 행정협의회의 구성과 운영에 필요한 사항이 포함되어야 한다(동법 171조).

(4) 행정협의회의 운영

① **자료제출 요구 등:** 행정협의회는 사무를 처리하기 위하여 필요하다고 인정하면 관계 지방자치단체의 장에게 자료 제출, 의견 제시, 그 밖에 필요한 협조를 요구할 수 있다(동법 172조).

② **협의사항의 조정:** 행정협의회에서 합의가 이루어지지 아니한 사항에 대하여 관계 지방자치단체의 장이 조정을 요청하면 시·도 간의 협의사항에 대해서는 행정안전부장관이, 시·군 및 자치구 간의 협의사항에 대해서는 시·도지사가 조정할 수 있다. 다만, 관계되는 시·군 및 자치구가 2개 이상의 시·도에 걸쳐 있는 경우에는 행정안전부장관이 조정할 수 있다(동법 173조 1항). 행정안전부장관이나 시·도지사가 제1항에 따라 조정을 하려면 관계 중앙행정기관의 장과의 협의를 거쳐 분쟁조정위원회의 의결에 따라 조정하여야 한다(동조 2항).

③ **협의 및 사무처리의 효력:** 행정협의회를 구성한 관계 지방자치단체는 행정협의회가 결정한 사항이 있으면 그 결정에 따라 사무를 처리하여야 한다(동법 174조 1항). 제173조 1항에 따라 행정안전부장관이나 시·도지사가 조정한 사항에 관하여는 분쟁조정위원회에 관한 제165조 3항부터 6항까지의 규정을 준용한다(동조 2항). 행정협의회가 관계 지방자치단체나 그 장의 명의로 한 사무의 처리는 관계 지방자치단체나 그 장이 한 것으로 본다(동조 3항).

④ **규약변경 및 폐지:** 지방자치단체가 행정협의회의 규약을 변경하거나 행정협의회를 없애려는 경우에는 행정협의회의 구성에 관한 제169조 1항 및 2항을 준용한다(동법 175조).

4. 지방자치단체조합

(1) 지방자치단체조합의 설립

2개 이상의 지방자치단체가 하나 또는 둘 이상의 사무를 공동으로 처리할 필요가 있을 때에는 규약을 정하여 지방의회의 의결을 거쳐 시·도는 행정안전부장관의 승인, 시·군 및 자치구는 시·도지사의 승인을 받아 지방자치단체조합을 설립할 수 있다. 다만, 지방자치단체조합의 구성원인 시·군 및 자치구가 2개 이상의 시·도에 걸쳐 있는 지방자치단체조합은 행정안전부장관의 승인을 받아야 한다(지방자치법 176조 1항). 지방자치단체조합은 법인으로 한다(동조 2항). 김포매립지(쓰레기처리장)를 공동으로 운영하기 위하여 1991년에 서울특별시 · 인천광역시 · 경기도가 공동으로 설립한 '수도권매립지운영관리조합'이 대표적 사례이다.[6]

본래 지방자치단체조합에는 자치단체 사무의 일부를 공동처리하기 위한 '일부사무조합'과 그 전부를 공동처리하기 위한 '전부사무조합'이 있는데, 현행법에서는 하나 또는 둘 이상의 사무의 공동처리를 위한 조합, 즉 일부사무조합만을 인정하고 있다.

(2) 지방자치단체조합의 조직

지방자치단체조합에는 지방자치단체조합회의와 지방자치단체조합장 및 사무직원을 둔다(동법 177조 1항). 지방자치단체조합회의의 위원과 지방자치단체조합장 및 사무직원은 지방자치단체조합규약으로 정하는 바에 따라 선임한다(동조 2항). 관계 지방의회의원과 관계 지방자치단체의 장은 제43조 1항과 제109조 1항에도 불구하고 지방자치단체조합회의의 위원이나 지방자치단체조합장을 겸할 수 있다(동조 3항).

(3) 지방자치단체조합회의와 지방자치단체조합장의 권한

지방자치단체조합회의는 지방자치단체조합의 규약으로 정하는 바에 따라 지방자치단체조합의 중요 사무를 심의 · 의결한다(동법 178조 1항). 지방자치단체조합회의는 지방자치단체조합이 제공하는 서비스에 대한 사용료 · 수수료 또는 분담금을 제156조 1항에 따른 조례로 정한 범위에서 정할 수 있다(동조 2항). 지방자치단체조합장은 지방자치단체조합을 대표하며 지방자치단체조합의 사무를 총괄한다(동조 3항).

(4) 지방자치단체조합의 규약

지방자치단체조합의 규약에는 다음 각 호의 사항이 포함되어야 한다(동법 179조).

① 지방자치단체조합의 명칭
② 지방자치단체조합을 구성하는 지방자치단체
③ 사무소의 위치
④ 지방자치단체조합의 사무
⑤ 지방자치단체조합회의의 조직과 위원의 선임방법
⑥ 집행기관의 조직과 선임방법

---

6) 1991년 설립된 수도권매립지운영관리조합은 「수도권매립지공사」로 전환되었다(2000년 7월).

⑦ 지방자치단체조합의 운영 및 사무처리에 필요한 경비의 부담과 지출방법
⑧ 그 밖에 지방자치단체조합의 구성과 운영에 관한 사항

(5) 지방자치단체조합의 지도 · 감독

시 · 도가 구성원인 지방자치단체조합은 행정안전부장관, 시 · 군 및 자치구가 구성원인 지방자치단체조합은 1차로 시 · 도지사, 2차로 행정안전부장관의 지도 · 감독을 받는다. 다만, 지방자치단체조합의 구성원인 시 · 군 및 자치구가 2개 이상의 시 · 도에 걸쳐 있는 지방자치단체조합은 행정안전부장관의 지도 · 감독을 받는다(동법 180조 1항). 행정안전부장관은 공익상 필요하면 지방자치단체조합의 설립이나 해산 또는 규약 변경을 명할 수 있다(동조 2항).

(6) 지방자치단체조합의 규약 변경 및 해산

지방자치단체조합의 규약을 변경하거나 지방자치단체조합을 해산하려는 경우에는 지방자치단체조합의 설립에 관한 제176조 1항을 준용한다(동법 181조 1항). 지방자치단체조합을 해산한 경우에 그 재산의 처분은 관계 지방자치단체의 협의에 따른다(동조 2항).

제 8 절 지방자치단체에 대한 국가 등의 관여

Ⅰ. 개 설

헌법은 지방자치를 제도적으로 보장하고 있다(117조 1항). 그에 의하여 각 지방자치단체는 적어도 지방적 공공사무(자치사무)에 관한 한 국가의 후견적 감독을 받지 않고 자주적으로 처리할 수 있는 포괄적인 자치권을 보장받고 있다고 말할 수 있다. 그러나 지방자치단체의 자치권 역시 국가의 기본법인 헌법에 의하여 수권된 것이므로, 지방자치단체의 활동이 국가의 법규범과 합치되도록 하고, 국가적 이익과 조화될 것을 확보할 필요가 있다. 여기에 "국가(상급지방자치단체 포함)의 지방자치단체에 대한 관여"의 필요성과 정당성의 근거가 있다.

[판례①] 지방자치의 본질상 자치행정에 대한 국가의 관여는 가능한 한 배제하는 것이 바람직하지만, 지방자치도 국가적 법질서의 테두리 안에서만 인정되는 것이고, 지방행정도 중앙행정과 마찬가지로 국가행정의 일부이므로, 지방자치단체가 어느 정도 국가적 감독, 통제를 받는 것은 불가피하다. 즉, 지방자치단체의 존재 자체를 부인하거나 각종 권한을 말살하는 것과 같이 그 본질적 내용을 침해하지 않는 한 법률에 의한 통제는 가능하다. 결국, 지방자치단체의 자치권은 헌법상 보장을 받고 있으므로 비록 법령에 의하여 이를 제한하는 것이 가능하다고 하더라도 그 제한이 불합리하여 자치권의 본질을 훼손하는 정도에 이른다면 이는 헌법에 위반된다(헌재 2008. 5. 29, 2005헌라3).

[판례②] 지방자치단체는 독립된 법인이기는 하지만 국가의 주권성을 전제로 하는 국가의 구성요소이므로 국가적 통일성을 유지하기 위하여 국가의 관여가 필요하거나 특정 사안이 해당 지방자치단체의 문제에 그치지 않고 국가 전체의 문제와 직결되는 등의 경우에는 지방자치단체의 독자성을 보장하는 범위 내에서 필요에 따라 자치사무라 하더라도 국가가 관여할 수 있다(헌재 2008. 6. 26, 2005헌라7).

과거 지방자치단체에 대한 국가의 관여는 '권력적 감독'이 그의 주된 형식이며 수단이었다. 그러나 주권재민의 민주국가에서의 관여는 기술적·재정적 지원과 같은 '비권력적 방법'이 우선되어야 함이 강조될 필요가 있다. 또한 지방자치단체에 대한 '국가(중앙)의 통제' 이상으로 '주민에 의한 통제'가 강화될 필요가 있을 것이다.

1991년에 이르러 주민자치가 부활되고, 더욱이 지방자치단체장까지 주민이 직접 선거를 통해 선출하게 됨으로써(1994. 6) 우리나라에도 지방자치의 토대는 어느 정도 확립되기에 이르렀다. 반면에 예상되던 부작용도 표면에 나타나고 있는데, 그것은 지역이기주의, 국가(국가기관)와 지방자치단체(및 그 기관) 간의 알력과 분쟁 등이다. 그러므로 오늘에 있어 "국가의 지방자치단체에 대한 관여"는 위에서 지적한 바와 같은 다각적인 시각에서 고찰될 필요가 있다. 다른 한편, 본서가 일반적으로 많이 사용되고 있는 '감독'이라는 용어 대신에 '관여'라는 용어를 택하고 있는 이유도 거기에 있음을 밝혀 둔다.

한편, 2021년 1월 전부개정된 「지방자치법」에서는 국가(상급 지방자치단체 포함)의 관여와 관련하여 많은 개정이 이루어졌으며, 주요 개정내용은 다음과 같다.

① 제9장의 제목을 "국가의 지도·감독"에서 "국가와 지방자치단체 간의

관계"로 변경하는 한편, 기초지방자치단체(시·군·구)에 대한 적법성 통제 등과 관련하여 국가의 보충적 관여를 확대하는 방향으로 개정이 이루어졌다(지방자치법 188조, 189조, 192조 참조).

② 「지방자치법」 제183조는 "국가와 지방자치단체는 주민에 대한 균형적인 공공서비스 제공과 지역 간 균형발전을 위하여 협력하여야 한다"고 하여 국가와 지방자치단체의 협력 의무를 규정하고 있다.

③ 「지방자치법」 제186조는 "① 국가와 지방자치단체 간의 협력을 도모하고 지방자치 발전과 지역 간 균형발전에 관련되는 중요 정책을 심의하기 위하여 중앙지방협력회의를 둔다. ② 제1항에 따른 중앙지방협력회의의 구성과 운영에 관한 사항은 따로 법률로 정한다"고 하여 중앙지방협력회의 설치에 관한 법적 근거를 마련하였다. 이에 따라 2021년 7월 「중앙지방협력회의의 구성 및 운영에 관한 법률」이 제정되었다.

Ⅱ. 행정기관에 의한 관여

기본사례

서울시 성북구청장 乙이 건축법을 위반한 甲에 대하여 공사중지를 명하면서, 건축법 제79조 4항의 규정에도 불구하고 위반건축물표지를 그 건축물의 출입구에 설치하지 않자, 서울특별시장 丙이 기간을 정하여 서면으로 이를 설치할 것을 乙에게 명하였으나 乙이 그 기간 내에 이를 이행하지 아니하였고, 이에 丙이 「행정대집행법」 소정의 절차에 따라 이를 설치하였다. 이 경우 丙의 대집행은 적법한가?

1. 필 요 성

국가의 지방자치단체에 대한 관여는 크게 '입법기관에 의한 관여', '행정기관에 의한 관여' 및 '사법기관(법원)에 의한 관여'로 나눌 수 있는데, 그 가운데 '행정기관에 의한 관여'가 가장 실효성이 있다고 말할 수 있다. '사법기관에 의한 관여'와 '입법기관에 의한 관여'는 시간이 오래 걸리고 그의 수단·방법이 제한되어 있는 데 비하여, '행정기관에 의한 관여'는 직접적이며, 수단·방법이 다양하기 때문이다. 물론, '행정기관에 의한 관여'에 대해서는, 그것이 관치행정의 유물이라 하여 백안시하는 경향이 없지 않다. 그러나 관여의 방식에 '권력적인' 것만 있는 것이 아니므로, '행정기관에 의한 관여'를 무조건 배격해서는 안 될 것이다. 아울러 지방자치단체장이 주민에 의해 직선되면서부터 국가와 지방자치단체간의 갈등(지역이기주의에 따르는 폐단 포함)이 심해지는 경향에 있으므로 이에 대한 연구와 대책이 강구될 필요가 있다.[7)]

2. 관여의 수단과 내용

지방자치단체의 사무는 크게 자치사무와 위임사무(단체위임사무 및 기관위임사무)로 구분될 수 있는바, 관여의 수단과 내용은 그 양자에 공통되는 것과 사무의 종류에 따라 상이한 것으로 대별할 수 있다.

[판례] 지방자치단체의 사무에는 자치사무와 위임사무가 있다. 위임사무는 지방자치단체가 위임받아 처리하는 국가사무임에 반하여, 자치사무는 지방자치단체가 주민의 복리를 위하여 처리하는 사무(헌법 제117조 제1항 전단 참조)이며 법령의 범위 안에서 그 처리 여부와 방법을 자기책임 아래 결정할 수 있는 사무로서 지방자치권의 최소한의 본질적 사항이므로 지방자치단체의 자치권을 보장한다고 한다면 최소한 이 같은 자치사무의 자율성만은 침해해서는 안 된다(헌재 2009. 5. 28, 2006헌라6).

(1) 공통된 관여 수단

(가) 조언 · 권고 · 지도 등

중앙행정기관의 장이나 시 · 도지사는 지방자치단체의 사무에 관하여 조언 또는 권고하거나 지도할 수 있으며, 이를 위하여 필요하면 지방자치단체에 자료 제출을 요구할 수 있다(지방자치법 184조 1항). 지방자치단체의 장은 제1항의 조언 · 권고 또는 지도와 관련하여 중앙행정기관의 장이나 시 · 도지사에게 의견을 제출할 수 있다(동조 3항).[8)]

감독기관(중앙행정기관의 장 또는 시 · 도지사)의 지방자치단체에 대한 대표적 '비권력적 관여의 수단'이라고 하겠으며, 사전적 관여 수단의 성질을 가짐이 보통이나, 사후적 수단으로도 활용될 수 있을 것이다.

「지방자치법」은 위 조언 등을 '지방자치단체의 사무', 즉 자치사무와 단체위임사무에 대한 관여의 수단으로서 규정하고 있다. 그러나 그들 수단은 성질상

7) 본격적인 지방자치가 실시되면서, 우리나라에도 NIMBY(Not In My Back Yard), NIMTOO(Not In My Term of Office) 또는 PIMFY(Please in My Front Yard) 현상이 일어나고 있어, 이러한 현상을 감안한 '국가(중앙정부) · 지방자치단체간의 갈등해소'가 당면의 과제가 되고 있음을 강조하는 바이다.
8) 조언 · 권고 또는 지도와 관련한 의견제출권은 2021년 1월 전부개정된 「지방자치법」에 신설된 내용이다.

기관위임사무에 대한 관여의 수단도 될 수 있다고 새겨진다.

(나) 재정지원 · 기술지원

국가나 시 · 도는 지방자치단체가 그 지방자치단체의 사무를 처리하는 데 필요하다고 인정하면 재정지원이나 기술지원을 할 수 있다(동법 184조 2항).

지방자치단체의 가장 큰 애로는 그의 임무를 수행하는 데 필요한 행 · 재정적 능력을 충분히 갖추지 못하고 있으며, 특히 '재정'에 있어 지역적 편차가 심한 점에 있다고 할 수 있다. 따라서 '재정지원'과 관련하여서는 특히 그러한 점이 고려될 필요가 있다. 그 밖의 사항에 있어서는 '조언'과 관련하여 앞에서 기술한 내용이 여기의 '지원'에 관하여도 거의 그대로 타당할 수 있다.

(다) 명령 또는 처분의 시정명령 및 취소 · 정지

지방자치단체의 사무에 관한 지방자치단체의 장(제103조 2항에 따른 사무의 경우에는 지방의회의 의장을 말한다)의 명령이나 처분이 법령에 위반되거나 현저히 부당하여 공익을 해친다고 인정되면 시 · 도에 대해서는 주무부장관이, 시 · 군 및 자치구에 대해서는 시 · 도지사가 기간을 정하여 서면으로 시정할 것을 명하고, 그 기간에 이행하지 아니하면 이를 취소하거나 정지할 수 있다(동법 188조 1항).

주무부장관은 지방자치단체의 사무에 관한 시장 · 군수 및 자치구의 구청장의 명령이나 처분이 법령에 위반되거나 현저히 부당하여 공익을 해침에도 불구하고 시 · 도지사가 제1항에 따른 시정명령을 하지 아니하면 시 · 도지사에게 기간을 정하여 시정명령을 하도록 명할 수 있다(동법 188조 2항).

주무부장관은 시 · 도지사가 제2항에 따른 기간에 시정명령을 하지 아니하면 제2항에 따른 기간이 지난 날부터 7일 이내에 직접 시장 · 군수 및 자치구의 구청장에게 기간을 정하여 서면으로 시정할 것을 명하고, 그 기간에 이행하지 아니하면 주무부장관이 시장 · 군수 및 자치구의 구청장의 명령이나 처분을 취소하거나 정지할 수 있다(동법 188조 3항).

주무부장관은 시 · 도지사가 시장 · 군수 및 자치구의 구청장에게 제1항에 따라 시정명령을 하였으나 이를 이행하지 아니한 데 따른 취소 · 정지를 하지 아니하는 경우에는 시 · 도지사에게 기간을 정하여 시장 · 군수 및 자치구의 구청장의 명령이나 처분을 취소하거나 정지할 것을 명하고, 그 기간에 이행하지 아니하면 주무부장관이 이를 직접 취소하거나 정지할 수 있다(동법 188조 4항).

제1항부터 제4항까지의 규정에 따른 자치사무에 관한 명령이나 처분에 대

한 주무부장관 또는 시·도지사의 시정명령, 취소 또는 정지는 법령을 위반한 것에 한정한다(동법 188조 5항).

지방자치단체의 장은 제1항, 제3항 또는 제4항에 따른 자치사무에 관한 명령이나 처분의 취소 또는 정지에 대하여 이의가 있으면 그 취소처분 또는 정지처분을 통보받은 날부터 15일 이내에 대법원에 소를 제기할 수 있다(동법 188조 6항).

한편, 「지방자치법」 제188조의 해석·적용과 관련하여 유의할 점은 다음과 같다.

① 시정명령의 대상: 지방자치단체의 사무에 관한 그 장의 명령이나 처분이 그 대상이 된다. '지방자치단체의 사무'는 문리상 자치사무와 단체위임사무를 의미하나, 성질상 기관위임사무도 포함될 수 있다고 새겨진다. 그리고 '명령'은 일반적·추상적 규율로서의 규칙을 의미하며, '처분'에는 이른바 법률행위적 행정행위 및 준법률행위적 행정행위가 모두 포함된다고 새겨진다.

[판례] ㉮ 행정소송법상 항고소송은 행정청이 행하는 구체적 사실에 관한 법집행으로서의 공권력의 행사 또는 거부와 그 밖에 이에 준하는 행정작용을 대상으로 하여 위법상태를 배제함으로써 국민의 권익을 구제함을 목적으로 하는 것과 달리, 지방자치법 제169조 제1항은 지방자치단체의 자치행정 사무처리가 법령 및 공익의 범위 내에서 행해지도록 감독하기 위한 규정이므로 적용대상을 항고소송의 대상이 되는 행정처분으로 제한할 이유가 없다.

㉯ 지방의회의원에 대하여 유급 보좌 인력을 두는 것은 지방의회의원의 신분·지위 및 처우에 관한 현행 법령상의 제도에 중대한 변경을 초래하는 것으로서 국회의 법률로 규정하여야 할 입법사항이다. 지방자치법은 물론 다른 법령에서도 위 공무원을 지방의회에 둘 수 있는 법적 근거를 찾을 수 없으므로, 위 공무원의 임용을 위한 채용공고는 위법하고, 이에 대한 직권취소처분이 적법하다(대판 2017. 3. 30, 2016추5087).

② 시정명령의 사유: 위임사무에 있어서는 그의 위법·부당성이 사유가 되나, 자치사무의 경우는 위법성만이 시정명령의 사유가 되는 점에 유의할 필요가 있다(동법 188조 5항 참조).

지방자치법 제188조 1항에서 정한 지방자치단체장의 명령·처분의 취소 요건인 '법령 위반'에 '재량권의 일탈·남용'이 포함되는지 여부가 문제된 사안에서, 대법원 다수의견은 긍정하였고, 반대의견은 부정하였다.[9]

9) 이 사안에서 대법원은 하급 지방자치단체장이 전국공무원노동조합의 불법 총파업에 참가한 소속 지방공무원들에 대하여 징계의결을 요구하지 않은 채 승진임용하는 처분을 한 것이 재량권의 범위를 현저

[판례] ㉮ 다수의견: 지방자치법 제157조 제1항 전문 및 후문에서 규정하고 있는 지방자치단체의 사무에 관한 그 장의 명령이나 처분이 법령에 위반되는 경우라 함은 명령이나 처분이 현저히 부당하여 공익을 해하는 경우, 즉 합목적성을 현저히 결하는 경우와 대비되는 개념으로, 시·군·구의 장의 사무의 집행이 명시적인 법령의 규정을 구체적으로 위반한 경우뿐만 아니라 그러한 사무의 집행이 재량권을 일탈·남용하여 위법하게 되는 경우를 포함한다고 할 것이므로, 시·군·구의 장의 자치사무의 일종인 당해 지방자치단체 소속 공무원에 대한 승진처분이 재량권을 일탈·남용하여 위법하게 된 경우 시·도지사는 지방자치법 제157조 제1항 후문에 따라 그에 대한 시정명령이나 취소 또는 정지를 할 수 있다.

㉯ 반대의견: 헌법이 보장하는 지방자치제도의 본질상 재량판단의 영역에서는 국가나 상급 지방자치단체가 하급 지방자치단체의 자치사무 처리에 개입하는 것을 엄격히 금지하여야 할 필요성이 있으므로, 지방자치법 제157조 제1항 후문은 지방자치제도의 본질적 내용이 침해되지 않도록 헌법합치적으로 조화롭게 해석하여야 하는바, 일반적으로 '법령위반'의 개념에 '재량권의 일탈·남용'도 포함된다고 보고 있기는 하나, 지방자치법 제157조 제1항에서 정한 취소권의 행사요건은 위임사무에 관하여는 '법령에 위반되거나 현저히 부당하여 공익을 해한다고 인정될 때', 자치사무에 관하여는 '법령에 위반하는 때'라고 규정되어 있어, 여기에서의 '법령위반'이라는 문구는 「현저히 부당하여 공익을 해한다고 인정될 때」와 대비적으로 쓰이고 있고, 재량권의 한계 위반 여부를 판단할 때에 통상적으로는 '현저히 부당하여 공익을 해하는' 경우를 바로 '재량권이 일탈·남용된 경우'로 보는 견해가 일반적이므로, 위 법조항에서 '현저히 부당하여 공익을 해하는 경우'와 대비되어 규정된 '법령에 위반하는 때'의 개념 속에는 일반적인 '법령위반'의 개념과는 다르게 '재량권의 일탈·남용'은 포함되지 않는 것으로 해석하여야 한다. 가사 이론적으로는 합목적성과 합법성의 심사가 명확히 구분된다고 하더라도 '현저히 부당하여 공익을 해한다는 것'과 '재량권의 한계를 일탈하였다는 것'을 실무적으로 구별하기 매우 어렵다는 점까지 보태어 보면, 지방자치법 제157조 제1항 후문의 '법령위반'에 '재량권의 일탈·남용'이 포함된다고 보는 다수의견의 해석은 잘못된 것이다(대판 2007. 3. 22, 2005추62).

③ 소제기의 가능 여부: 지방자치단체의 장이 감독청의 시정명령을 이행하지 않을 때, 그 대상이 자치사무에 관한 명령이나 처분인 때에는 감독청은 당해 명령이나 처분을 취소·정지할 수 있고, 이 경우 지방자치단체의 장은 그 취소·정지에 대하여 대법원에 소를 제기할 수 있도록 되어 있다(동법 188조 6항 참조). 그

히 일탈한 것으로서 위법한 처분이므로, 상급 지방자치단체장이 「지방자치법」 제169조 1항(현행 제188조 1항)에 따라 위 승진임용처분을 취소한 것이 적법하다고 판시하였다.

러면 지방자치단체의 장은 '시정명령'에 대해서도 소를 제기할 수 있는 것인가? 생각건대, 명문의 규정이 없으므로 부정적으로 새길 수밖에 없을 것이다. 판례 역시 같은 취지에서 판시하고 있다.

[판례] 지방자치법 제169조 제1항은 "지방자치단체의 사무에 관한 그 장의 명령이나 처분이 법령에 위반되거나 현저히 부당하여 공익을 해친다고 인정되면 시·도에 대하여는 주무부장관이, 시·군 및 자치구에 대하여는 시·도지사가 기간을 정하여 서면으로 시정할 것을 명하고, 그 기간에 이행하지 아니하면 이를 취소하거나 정지할 수 있다. 이 경우 자치사무에 관한 명령이나 처분에 대하여는 법령을 위반하는 것에 한한다."라고 규정하고, 제2항은 "지방자치단체의 장은 제1항에 따른 자치사무에 관한 명령이나 처분의 취소 또는 정지에 대하여 이의가 있으면 그 취소처분 또는 정지처분을 통보받은 날부터 15일 이내에 대법원에 소를 제기할 수 있다."라고 규정하고 있다.

이와 같이 지방자치법 제169조 제2항은 '시·군 및 자치구의 자치사무에 관한 지방자치단체의 장의 명령이나 처분에 대하여 시·도지사가 행한 취소 또는 정지'에 대하여 해당 지방자치단체의 장이 대법원에 소를 제기할 수 있다고 규정하고 있을 뿐 '시·도지사가 지방자치법 제169조 제1항에 따라 시·군 및 자치구에 대하여 행한 시정명령'에 대하여도 대법원에 소를 제기할 수 있다고 규정하고 있지 않으므로, 이러한 시정명령의 취소를 구하는 소송은 허용되지 않는다(대판 2017. 10. 12, 2016추5148. 동지판례: 대판 2011. 1. 27, 2010추42; 대판 2014. 2. 27, 2012추183).

(라) 지방의회 의결의 재의와 제소

① **재의요구 지시 및 제소**: 지방의회의 의결[10]이 법령에 위반되거나 공익을 현저히 해친다고 판단되면 시·도에 대해서는 주무부장관이, 시·군 및 자치구에 대해서는 시·도지사가 해당 지방자치단체의 장에게 재의를 요구하게 할 수 있고, 재의 요구 지시를 받은 지방자치단체의 장은 의결사항을 이송받은 날부터 20일 이내에 지방의회에 이유를 붙여 재의를 요구하여야 한다(동법 192조 1항).

그리고 시·군 및 자치구의회의 의결이 법령에 위반된다고 판단됨에도 불구하고 시·도지사가 제1항에 따라 재의를 요구하게 하지 아니한 경우 주무부장관이 직접 시장·군수 및 자치구의 구청장에게 재의를 요구하게 할 수 있고, 재의 요구 지시를 받은 시장·군수 및 자치구의 구청장은 의결사항을 이송받은

10) 지방의회는 자치사무와 단체위임사무에 대하여는 일반적으로 의결권을 가지고 있으나, 기관위임사무에 대해서는 의결권을 가지지 않음이 원칙이다. 그 결과 여기에서의 의결 대상이 되는 사항에는 일반적으로 자치사무와 단체위임사무만이 포함될 수 있다고 새겨진다.

날부터 20일 이내에 지방의회에 이유를 붙여 재의를 요구하여야 한다(동법 192조 2항).[11]

이 경우 감독청(주무부장관 또는 시·도지사)이 지방의회의 재의를 요구할 수 있는 것은 지방의회의 의결이 "법령에 위반되거나 공익을 현저히 해친다"고 판단되는 때이다. 이 가운데 "공익을 현저히 해친다"는 것은 재량권이 인정되어 있는 경우에도 그의 한계를 유월하는 경우를 의미한다고 새겨진다(판례 의견 반대). '공익 위반'을 '재량권이 인정되는 범위 안에서의 합목적성 위반으로서의 부당'과 동일시하는 견해도 있다(판례 의견 다수).

제1항 또는 제2항의 요구에 대하여 재의한 결과 재적의원 과반수의 출석과 출석의원 3분의 2 이상의 찬성으로 전과 같은 의결을 하면 그 의결사항은 확정된다(동법 192조 3항). 지방자치단체의 장은 제3항에 따라 재의결된 사항이 법령에 위반된다고 판단되면 재의결된 날부터 20일 이내에 대법원에 소를 제기할 수 있다. 이 경우 필요하다고 인정되면 그 의결의 집행을 정지하게 하는 집행정지결정을 신청할 수 있다(동법 192조 4항).

제1항 또는 제2항에 따라 지방의회의 의결이 법령에 위반된다고 판단되어 주무부장관이나 시·도지사로부터 재의 요구 지시를 받은 해당 지방자치단체의 장이 재의를 요구하지 아니하는 경우(법령에 위반되는 지방의회의 의결사항이 조례안인 경우로서 재의 요구 지시를 받기 전에 그 조례안을 공포한 경우를 포함한다)에는 주무부장관이나 시·도지사는 제1항 또는 제2항에 따른 기간이 지난 날부터 7일 이내에 대법원에 직접 제소 및 집행정지 결정을 신청할 수 있다(동법 192조 8항).

② **제소 지시 및 직접 제소:** 주무부장관이나 시·도지사는 재의결된 사항이 법령에 위반된다고 판단됨에도 불구하고 해당 지방자치단체의 장이 소를 제기하지 아니하면 시·도에 대해서는 주무부장관이, 시·군 및 자치구에 대해서는 시·도지사(제2항에 따라 주무부장관이 직접 재의 요구 지시를 한 경우에는 주무부장관을 말한다)가 그 지방자치단체의 장에게 제소를 지시하거나 직접 제소 및 집행정지결정을 신청할 수 있다(동법 192조 5항).[12] 제5항에 따

11) 구 「지방자치법」에 따르면 시·군 및 자치구의회의 의결이 법령에 위반된다고 판단됨에도 불구하고 시·도지사가 재의를 요구하지 않는 경우에 주무부장관이 직접 시장·군수 및 자치구의 구청장에게 재의요구 지시를 할 수는 없었다(동법 172조 참조). 그러나 시·군 및 자치구의 법령 위반에 대한 국가의 실효성 있는 통제 수단을 마련하여 지방자치단체에 대한 적법성 통제를 강화한다는 취지에서, 2021년 1월 전부개정된 「지방자치법」은 주무부장관이 직접 시장·군수 및 자치구의 구청장에게 재의요구 지시를 할 수 있는 근거를 신설하였다.

12) 구 「지방자치법」에 따르면 시·군 및 자치구의회의 재의결된 사항이 법령에 위반된다고 판단됨에도 불구하고 시장·군수 및 자치구의 구청장이 소를 제기하지 않는 경우에 주무부장관이 시장·군수 및 자치구의 구청장에게 제소를 지시하거나 직접 제소 및 집행정지 결정을 신청할 수는 없었다(동법 172조 참조). 그러나 시·군 및 자치구의 법령 위반에 대한 국가의 실효성 있는 통제 수단을 마련하여 지방자치단체에 대한 적법성 통제를 강화한다는 취지에서, 2021년 1월 전부개정된 「지방자치법」은 재의요구 지시를 한 주무부장관이 시장·군수 및 자치구의 구청장에게 제소를 지시하거나 직접 제소 및 집행정

른 제소의 지시는 제4항의 기간이 지난 날부터 7일 이내에 하고, 해당 지방자치단체의 장은 제소 지시를 받은 날부터 7일 이내에 제소하여야 한다(동법 192조 6항). 주무부장관이나 시·도지사는 제6항의 기간이 지난 날부터 7일 이내에 제5항에 따른 직접 제소 및 집행정지결정을 신청할 수 있다(동법 192조 7항).

[참고판례] 지방의회 의결의 재의와 제소에 관한 지방자치법 제172조 제4항, 제6항의 문언과 입법 취지, 제·개정 연혁 및 지방자치법령의 체계 등을 종합적으로 고려하여 보면, 아래에서 보는 바와 같이 지방자치법 제172조 제4항, 제6항에서 지방의회 재의결에 대하여 제소를 지시하거나 직접 제소할 수 있는 주체로 규정된 '주무부장관이나 시·도지사'는 시·도에 대하여는 주무부장관을, 시·군 및 자치구에 대하여는 시·도지사를 각 의미한다고 해석하는 것이 타당하다.

㉮ 지방의회의 재의결에 대한 주무부장관이나 시·도지사의 제소 지시 또는 직접 제소는 해당 지방자치단체의 장의 재의요구에 대하여 지방의회가 전과 같은 내용으로 재의결을 한 경우 비로소 할 수 있는 것이므로, 지방의회의 재의결에 대한 제소 지시 또는 직접 제소 권한(이하 '제소 등 권한'이라고 한다)은 관련 의결에 관하여 해당 지방자치단체의 장을 상대로 재의요구를 지시할 권한이 있는 기관에게만 있다고 해석하는 것이 지방자치법 제172조의 체계에 부합한다.

㉯ 이와 달리 주무부장관의 경우 재의요구 지시 권한과 상관없이 모든 지방의회의 재의결에 대한 제소 등 권한이 있다고 본다면 시·군 및 자치구의회의 재의결에 관하여는 주무부장관과 시·도지사의 제소 등 권한이 중복됨에도 지방자치법은 그 상호관계를 규율하는 규정을 두고 있지 아니하다. 이는 주무부장관과 시·도지사의 지도·감독 권한이 중복되는 경우에 관한 지방자치법 제163조 제1항 및 제167조 제1항이 '1차로 시·도지사의, 2차로 행정자치부장관 또는 주무부장관의 지도·감독을 받는다'는 명시적인 규정을 두어 중복되는 권한 사이의 상호관계를 규율하고 있는 입법태도와 명백하게 다르다.

㉰ 지방자치법은 1949년 제정된 이래 장관이 시·군·자치구의회의 재의결에 대하여 직접 통제·감독 권한을 행사할 수 있도록 하는 규정을 두고 있지 아니하다가, 1994. 3. 16. 법률 제4741호로 개정되면서 현행 지방자치법 제172조 제4항과 유사한 규정을 제159조 제4항으로 신설하였으나, 그 개정이유에서 장관의 감독 권한을 시·군·자치구에 대해서까지 확대하는 것인지에 대하여는 전혀 언급이 없는데, 국가와 지방자치단체 사이의 권한 통제라는 중요한 사항에 관하여 입법자가 아무런 설명 없이 권한의 중복관계에 대한 명확한 규정도 두지 아니한 채로 통제 및 감독 권한을 확장하였다고 보기는 어렵다.

지 결정을 신청할 수 있는 근거를 신설하였다.

㉣ 그 밖에 지방자치법은 제16조 제3항 내지 제7항, 제170조 제2항, 제172조 제7항 등에서 주민 감사청구에 따른 감사 절차, 직무이행명령의 대집행, 지방의회 의결에 대한 재의요구 지시의 불이행에 따른 제소 지시 또는 직접 제소에 대하여 '주무부장관이나 시·도지사'의 권한과 후속조치를 규정하고 있는데, 관련 규정의 체계와 형식, 내용에 비추어 보면 위 각 조항들은 각 조의 제1항에 따라 주무부장관은 시·도에 대하여, 시·도지사는 시·군 및 자치구에 대하여 각각 일정한 권한을 가지고 있는 것이 전제되어 있음을 알 수 있다.

㉤ 헌법 제107조 제2항은 "명령·규칙 또는 처분이 헌법이나 법률에 위반되는 여부가 재판의 전제가 된 경우에는 대법원은 이를 최종적으로 심사할 권한을 가진다."라고 규정함으로써 명령·규칙에 대한 추상적 규범통제가 아닌 구체적 규범통제를 원칙으로 하고 있으므로, 위법 여부가 문제 되는 조례는 사후적으로도 법원에 의한 심사의 대상이 될 수 있다고 할 것이어서, 반드시 주무부장관의 제소 지시 또는 직접 제소 방식에 의하여 조례안에 대한 사전 통제를 해야 할 필요성이 크다고 보기도 어렵다(대판 2016. 9. 22. 2014추521 전합).[13)]

③ **행정안전부장관의 재의요구 지시 등:** 제1항 또는 제2항에 따른 지방의회 의결이나 제3항에 따라 재의결된 사항이 둘 이상의 부처와 관련되거나 주무부장관이 불분명하면 행정안전부장관이 재의 요구 또는 제소를 지시하거나 직접 제소 및 집행정지 결정을 신청할 수 있다(동법 192조 9항).

[판례] 지방의회에 의하여 재의결된 사항이 법령에 위반된다고 판단되면 주무부

13) 한편, 이 전원합의체 판결에서 [반대의견]은 다음과 같다. ㉮ 지방자치법 제172조 제4항, 제6항의 문언상 지방자치단체의 조례가 법령에 위반된다고 판단됨에도 지방자치단체의 장이 소를 제기하지 아니함을 이유로 대법원에 제소를 하는 경우에 제소권자를 주무부장관 또는 시·도지사로 병렬적으로 규정하고 있는 점, 위 법률조항의 취지가 국가가 지방자치행정의 합법성을 감독하고 국가법질서의 통일성을 유지하려는 데 있다는 점 등에 비추어 보면, 주무부장관은 지방자치단체가 '시·도' 또는 '시·군 및 자치구'인지 관계없이 제소권을 가진다고 보아야 하고, 다수의견과 같이 '시·도'에 대하여는 주무부장관에게, '시·군 및 자치구'에 대하여는 시·도지사에게만 있다고 해석할 것은 아니다. 만약 이와 달리 주무부장관에게 '시·군 및 자치구' 의회의 조례안 재의결에 대하여 제소할 권한이 없다고 해석한다면, 주무부장관은 조례안 재의결이 법령에 위반된다고 판단하는 경우에도 시·도지사가 제소하지 아니하면 위법한 상태를 용인할 수밖에 없게 되고, 그 결과 법령 위반 여부가 문제 되는 동일한 내용의 조례안이 시·도지사의 제소 여부에 따라 효력을 달리하는 결과가 발생할 우려가 있다. ㉯ 또한 상위법령에 위배된다고 판단되는 경우에도 형식적 요건만 갖추면 일정한 절차를 거쳐 조례로 제정될 수 있도록 하고, 사후적으로 사법심사를 거쳐 무효화되도록 하는 것은 지방행정의 낭비를 초래하고, 자치입법에 대한 주민의 신뢰를 실추시키는 결과를 야기하며, 회복하기 어려운 법질서의 혼란을 가져올 수 있다는 점 등에 비추어 볼 때, 위 법률조항은 이를 사전에 시정하기 위한 제도적 장치로서 지방자치제도의 본질적 내용을 침해한다고 볼 수 없으므로, 이 점에서도 위 법률조항의 적용 범위를 축소하여 해석할 것은 아니다.

> 장관이 지방자치단체의 장에게 대법원에 제소를 지시하거나 직접 제소할 수 있다(지방자치법 제172조 제4항). 다만 재의결된 사항이 둘 이상의 부처와 관련되거나 주무부장관이 불분명하면 행정안전부장관이 재의요구 또는 제소를 지시하거나 직접 제소와 집행정지결정을 신청할 수 있다(지방자치법 제172조 제8항). 이는 주무부처가 중복되거나 주무부장관이 불분명한 경우에 행정안전부장관이 소송상의 필요에 따라 재량으로 주무부장관의 권한을 대신 행사할 수 있다는 것일 뿐이고, 언제나 주무부장관의 권한행사를 배제하고 오로지 행정안전부장관만이 그러한 권한을 전속적으로 행사하도록 하려는 취지가 아니다(대판 2017. 12. 5. 2016추5162).

④ **제소의 효과**: 「지방자치법」 제192조에 따라 소가 제기된 경우에 재의결된 내용 전부가 아니라 일부만 위법한 경우에도 대법원은 의결 전부의 효력을 부인하여야 한다.

> **[판례]** 조례안 일부가 법령에 위반되어 위법한 경우에 의결 일부에 대한 효력을 배제하는 것은 결과적으로 전체적인 의결 내용을 변경하는 것으로 의결기관인 지방의회의 고유권한을 침해하는 것이 된다. 뿐만 아니라 일부만의 효력 배제는 자칫 전체적인 의결 내용을 지방의회의 당초 의도와는 다른 내용으로 변질시킬 우려가 있다. 또한 재의요구가 있는 때에는 재의요구에서 지적한 이의사항이 의결 일부에 관한 것이더라도 의결 전체가 실효되고 재의결만이 새로운 의결로서 효력이 생긴다. 따라서 의결 일부에 대한 재의요구나 수정 재의요구는 허용되지 않는다. 이러한 점들을 종합하면, 재의결 내용 전부가 아니라 일부만 위법한 경우에도 대법원은 의결 전부의 효력을 부인하여야 한다(대판 2017. 12. 5. 2016추5162).

(마) **승인 · 승인유보**(협력적 관여)

여기에서 승인 또는 승인유보라고 함은 일반적으로 지역적 이해와 국가적 이해가 상호 관련된 일정한 사안에 대하여, 사전에 국가(또는 감독기관)의 승인을 받음으로써 지방자치단체의 일정한 법적 행위가 효력을 가지게 하는 것을 말한다. 아울러 여기에서 말하는 승인은 국가(또는 다른 지방자치단체) 대 지방자치단체 간에 행해지는 것을 말하므로, 행정조직 내부에 있어서의 상급행정청의 하급행정청에 대한 승인과 구별될 필요가 있다. 승인은 지방자치단체가 행할 일정한 법적 효력의 효력발생요건이 된다는 점에서 사전적 통제 수단으로 분류될 수 있으며, 법률의 근거를 필요로 한다고 새겨진다. 「지방자치법」 제176조 1항에 따른 지방자치단체조합의 설립 승인, 「지방재정법」 제11조 2항에 따

른 지방채 발행의 승인 등이 그 예이다.[14)]

(바) 예산 · 결산의 보고

지방자치단체의 장은 지방의회 의장으로부터 의결된 예산을 이송받으면 지체 없이 시 · 도에서는 행정안전부장관에게, 시 · 군 및 자치구에서는 시 · 도지사에게 각각 보고하고, 그 내용을 고시하여야 한다(지방자치법 149조 2항). 지방의회의 승인을 받은 결산에 대해서도 동일하다(동법 150조 2항).

(2) 자치사무에만 적용되는 관여 수단

(가) 보고를 받을 권한

행정안전부장관이나 시 · 도지사는 지방자치단체의 자치사무에 관하여 보고를 받을 권한을 가진다(지방자치법 190조 1항). 여기에서의 '보고'는 사전적 · 사후적인 보고를 모두 포함하는 것으로서, 지방자치단체에 대한 권력적 관여 수단에 선행하여 개개의 경우에 관한 지식의 부족을 보완하고 관련 지방자치단체에게 필요한 설명의 기회를 주어, 이를 바탕으로 다른 관여 수단의 실시 여부 및 그 관여 수단에 의해 일어날 수 있는 반응 등을 미리 고려하게 하는 감독청에 대한 일종의 배려로 이해될 수 있다. 따라서 지방자치단체에 대한 권력적 · 규제적 관여에 있어서는 보고(사전적 정보수집)는 그의 전제가 되는 필수적 절차로 봄이 타당하다.

아울러 '보고'는 원칙적으로 특별한 동기가 있는 경우 개별적인 사안과 관련하여 요구하여야 하며, 사무의 전반에 대하여 정기적으로 보고할 의무를 지운다든가 하는 것은 지방자치단체의 자치권 침해 문제를 일으킬 수 있다고 판단된다.

(나) 감사권

행정안전부장관이나 시 · 도지사는 지방자치단체의 자치사무에 관하여 서류 · 장부 또는 회계를 감사할 수 있다. 이 경우 감사는 법령 위반사항에 대해서만 한다(동법 190조 1항). 행정안전부장관 또는 시 · 도지사는 제1항에 따라 감사를 하기 전에 해당 사무의 처리가 법령에 위반되는지 등을 확인하여야 한다(동조 2항).

여기에서의 '감사권'은 지방자치단체의 자치사무에 대하여 행정안전부장관 또는 시 · 도지사가 감사를 하되, 법령위반사항에 한하여 할 수 있게 하고 있는 점에 의의가 있다. 내용적으로 행정감사(서류 · 장부에 대한 감사)와 회계감사로 나누어진다.

14) 승인유보에 관한 상세에 관하여는 김남진, 자치사무 · 공관사무의 구분과 승인유보, 고시연구, 1996. 10, 135면 이하 참조.

[판례] 중앙행정기관의 지방자치단체의 자치사무에 대한 구 지방자치법 제158조 단서 규정의 감사권은 사전적·일반적인 포괄감사권이 아니라 그 대상과 범위가 한정적인 제한된 감사권이라 해석함이 마땅하다. 중앙행정기관이 구 지방자치법 제158조 단서 규정상의 감사에 착수하기 위해서는 자치사무에 관하여 특정한 법령위반행위가 확인되었거나 위법행위가 있었으리라는 합리적 의심이 가능한 경우이어야 하고, 또한 그 감사대상을 특정해야 한다. 따라서 전반기 또는 후반기 감사와 같은 포괄적·사전적 일반감사나 위법사항을 특정하지 않고 개시하는 감사 또는 법령위반사항을 적발하기 위한 감사는 모두 허용될 수 없다(헌재 2009. 5. 28. 2006헌라6).

[참고판례] 감사원법은 지방자치단체의 위임사무나 자치사무의 구별 없이 합법성 감사뿐만 아니라 합목적성 감사도 허용하고 있는 것으로 보이므로, 감사원의 지방자치단체에 대한 이 사건 감사는 법률상 권한 없이 이루어진 것은 아니다. 헌법이 감사원을 독립된 외부감사기관으로 정하고 있는 취지, 중앙정부와 지방자치단체는 서로 행정기능과 행정책임을 분담하면서 중앙행정의 효율성과 지방행정의 자주성을 조화시켜 국민과 주민의 복리증진이라는 공동목표를 추구하는 협력관계에 있다는 점을 고려하면 지방자치단체의 자치사무에 대한 합목적성 감사의 근거가 되는 이 사건 관련규정(감사원법 24조 1항 1호)은 그 목적의 정당성과 합리성을 인정할 수 있으며, 지방자치단체의 고유한 권한을 유명무실하게 할 정도로 지나친 제한을 함으로써 지방자치권의 본질적 내용을 침해하였다고는 볼 수 없다(헌재 2008. 5. 29. 2005헌라3).[15]

(3) 위임사무에만 인정되는 관여 수단

(가) 직무이행명령

지방자치단체의 장이 법령에 따라 그 의무에 속하는 국가위임사무나 시·도위임사무의 관리와 집행을 명백히 게을리하고 있다고 인정되면 시·도에 대해서는 주무부장관이, 시·군 및 자치구에 대해서는 시·도지사가 기간을 정하여 서면으로 이행할 사항을 명령할 수 있다(지방자치법 189조 1항). 주무부장관이나 시·도지사는 해당 지방자치단체의 장이 제1항의 기간에 이행명령을 이행하지 아니하면 그 지방자치단체의 비용부담으로 대집행 또는 행정상·재정상 필요한 조치

15) 이 결정에 대한 반대의견: 「감사원이 지방자치단체의 자치사무에 대하여까지 합목적성 감사까지 하게 된다면 지방자치단체는 자치사무에 대한 자율적 정책결정을 하기 어렵고, 독립성과 자율성을 크게 제약받아 중앙정부의 하부행정기관으로 전락할 우려가 다분히 있게 되어 지방자치제도의 본질적 내용을 침해하게 될 것이다. 따라서 이 사건 관련규정, 특히 감사원법 제24조 제1항 제2호 소정의 '지방자치단체의 사무에 대한 감찰' 부분을 해석함에 있어 지방자치단체의 사무 중 자치사무에 대한 합목적성 감찰까지 포함된다고 해석하는 한 그 범위 내에서는 위헌이다」.

(이하 "대집행 등"이라 한다)를 할 수 있다. 이 경우 행정대집행에 관하여는 「행정대집행법」을 준용한다(동법 189조 2항).

주무부장관은 시장·군수 및 자치구의 구청장이 법령에 따라 그 의무에 속하는 국가위임사무의 관리와 집행을 명백히 게을리하고 있다고 인정됨에도 불구하고 시·도지사가 제1항에 따른 이행명령을 하지 아니하는 경우 시·도지사에게 기간을 정하여 이행명령을 하도록 명할 수 있다(동법 189조 3항). 주무부장관은 시·도지사가 제3항에 따른 기간에 이행명령을 하지 아니하면 제3항에 따른 기간이 지난 날부터 7일 이내에 직접 시장·군수 및 자치구의 구청장에게 기간을 정하여 이행명령을 하고, 그 기간에 이행하지 아니하면 주무부장관이 직접 대집행등을 할 수 있다(동법 189조 4항).[16]

주무부장관은 시·도지사가 시장·군수 및 자치구의 구청장에게 제1항에 따라 이행명령을 하였으나 이를 이행하지 아니한 데 따른 대집행등을 하지 아니하는 경우에는 시·도지사에게 기간을 정하여 대집행등을 하도록 명하고, 그 기간에 대집행등을 하지 아니하면 주무부장관이 직접 대집행등을 할 수 있다(동법 189조 5항).

지방자치단체의 장은 제1항 또는 제4항에 따른 이행명령에 이의가 있으면 이행명령서를 접수한 날부터 15일 이내에 대법원에 소를 제기할 수 있다. 이 경우 지방자치단체의 장은 이행명령의 집행을 정지하게 하는 집행정지결정을 신청할 수 있다(동법 189조 6항).

① **입법 배경**: 직무이행명령제도는 지방자치단체장의 민선을 앞두고서 1994년 3월 법개정을 통해 처음으로 도입되었다. 명목상의 지방자치단체장이 국가에 의해 임명되던 시대와는 달리, 지방자치단체장이 직무를 성실히 수행하지 않는 등 국가·광역자치단체(그의 기관 포함) 등과 마찰을 일으킬 것이 예상되어 이행명령, 대집행과 같은 강력한 감독 수단이 마련된 셈이다.

16) 구 「지방자치법」에 따르면 시장·군수·구청장이 법령에 따라 그 의무에 속하는 국가위임사무의 관리와 집행을 명백히 게을리하고 있다고 인정됨에도 불구하고 시·도지사가 이행명령을 하지 아니하는 경우에 주무부장관이 직접 시장·군수·구청장에게 이행명령을 할 수는 없었다(동법 170조 참조). 그러나 시장·군수·구청장이 수행하는 국가위임사무에 대한 실효성 있는 감독 수단을 마련하는 취지에서, 2021년 1월 전부개정된 「지방자치법」은 주무부장관이 시·도지사로 하여금 시장·군수·구청장에게 이행명령을 하도록 지시할 수 있도록 하고, 그와 같은 지시에도 불구하고 시·도지사가 이행명령을 하지 아니하는 경우에는 주무부장관이 직접 시장·군수·구청장에게 이행명령을 할 수 있도록 하는 근거를 신설하였다.

[판례] 직무이행명령 및 이에 대한 이의소송 제도의 취지는 국가위임사무나 시·도위임사무의 관리·집행에서 위임기관과 수임기관 사이의 지위와 권한, 상호 관계 등을 고려하여, 수임기관인 지방자치단체의 장이 해당 사무에 관한 사실관계의 인식이나 법령의 해석·적용에서 위임기관과 견해를 달리하여 해당 사무의 관리·집행을 하지 아니할 때, 위임기관에는 사무집행의 실효성을 확보하기 위하여 수임기관인 지방자치단체의 장에 대한 직무이행명령과 그 불이행에 따른 후속 조치를 할 권한을 부여하는 한편, 해당 지방자치단체의 장에게는 직무이행명령에 대한 이의의 소를 제기할 수 있도록 함으로써, 위임사무의 관리·집행에 관한 양 기관 사이의 분쟁을 대법원의 재판을 통하여 합리적으로 해결하고 사무집행의 적법성과 실효성을 보장하려는 데 있다(대판 2020. 3. 27. 2017추5060).

② 이행명령의 대상: 감독청의 이행명령의 대상은 "지방자치단체의 장이 법령의 규정에 따라 그 의무에 속하는 위임사무(국가위임사무 및 시·도위임사무)"의 관리와 집행을 명백히 게을리하고 있다고 인정되는 경우이다. 그런데 그 '위임사무'를 단체위임사무로 보는 견해[17]도 없지 않으나, 법이 "지방자치단체의 장"이 "그 의무에 속하는 위임사무"의 관리와 집행을 게을리하는 경우로 규정하고 있음에 비추어, 여기에서의 위임사무는 기관위임사무를 의미한다고 새겨진다.

[판례] ㉮ 지방교육자치에 관한 법률 제3조, 지방자치법 제170조 제1항에 따르면, 교육부장관이 교육감에 대하여 할 수 있는 직무이행명령의 대상사무는 '국가위임사무의 관리와 집행'이다. 그 규정의 문언과 함께 직무이행명령 제도의 취지, 즉 교육감이나 지방자치단체의 장 등, 기관에 위임된 국가사무의 통일적 실현을 강제하고자 하는 점 등을 고려하면, 여기서 국가위임사무란 교육감 등에 위임된 국가사무, 즉 기관위임 국가사무를 뜻한다고 보는 것이 타당하다.

㉯ 교육공무원 징계사무의 성격, 그 권한의 위임에 관한 교육공무원법령의 규정 형식과 내용 등에 비추어 보면, 국가공무원인 교사에 대한 징계는 국가사무이고, 그 일부인 징계의결요구 역시 국가사무에 해당한다고 보는 것이 타당하다. 따라서 교육감이 담당 교육청 소속 국가공무원인 교사에 대하여 하는 징계의결요구 사무는 국가위임사무라고 보아야 한다.

㉰ 사립학교 교원의 복무나 징계 등은 국·공립학교 교원과 같이 전국적으로 통

17) 홍준형, 지방자치법상 직무이행명령제도, 고시계, 1996. 5, 77면. '위임사무'하면 단체위임사무를 의미하는 것이 보통이며, 기관위임사무에 대해서는 상급기관이 포괄적인 감독권을 가지므로, 「지방자치법」에 별도의 규정을 둘 필요가 없다고 하는 것이 그 논거이다.

일하여 규율되어야 한다. 이를 고려할 때, 구 사립학교법 제54조 제3항이 사립 초등·중·고등학교 교사의 징계에 관하여 규정한 교육감의 징계요구 권한은 위 사립학교 교사의 자질과 복무태도 등을 국·공립학교 교사와 같이 일정 수준 이상 유지하기 위한 것으로서 국·공립학교 교사에 대한 징계와 균형 있게 처리되어야 할 국가사무로서 시·도 교육감에 위임된 사무라고 보아야 한다(대판 2013. 6. 27, 2009추206).

③ 이행명령의 요건: 지방자치단체의 장이 그 의무에 속하는 위임사무의 관리 및 집행을 "명백히 게을리하고 있다고 인정"되어야 한다. 따라서 '부작위'만이 이행명령의 대상이 된다고 할 것이다.

[판례①] 직무이행명령의 요건 중 '법령의 규정에 따라 지방자치단체의 장에게 특정 국가위임사무나 시·도위임사무를 관리·집행할 의무가 있는지' 여부의 판단대상은 문언대로 법령상 의무의 존부이지, 지방자치단체의 장이 사무의 관리·집행을 하지 아니한 데 합리적 이유가 있는지 여부가 아니다. 법령상 의무의 존부는 원칙적으로 직무이행명령 당시의 사실관계에 관련 법령을 해석·적용하여 판단하되, 직무이행명령 이후의 정황도 고려할 수 있다(대판 2020. 3. 27, 2017추5060).

[판례②] 지방자치법 제170조 제1항에 따르면, 주무부장관은 지방자치단체의 장이 그 의무에 속하는 국가위임사무의 관리와 집행을 명백히 게을리하고 있다고 인정되면 해당 지방자치단체의 장에게 이행할 사항을 명할 수 있다. 여기서 '국가위임사무의 관리와 집행을 명백히 게을리하고 있다'는 요건은 국가위임사무를 관리·집행할 의무가 성립함을 전제로 하는데, 지방자치단체의 장은 그 의무에 속한 국가위임사무를 이행하는 것이 원칙이므로, 지방자치단체의 장이 특별한 사정이 없이 그 의무를 이행하지 아니한 때에는 이를 충족한다고 해석하여야 한다. 여기서 특별한 사정이란, 국가위임사무를 관리·집행할 수 없는 법령상 장애사유 또는 지방자치단체의 재정상 능력이나 여건의 미비, 인력의 부족 등 사실상의 장애사유를 뜻한다고 보아야 하고, 지방자치단체의 장이 특정 국가위임사무를 관리·집행할 의무가 있는지 여부에 관하여 주무부장관과 다른 견해를 취하여 이를 이행하고 있지 아니한 사정은 이에 해당한다고 볼 것이 아니다. 왜냐하면, 직무이행명령에 대한 이의소송은 그와 같은 견해의 대립을 전제로 지방자치단체의 장에게 제소권을 부여하여 성립하는 것이므로, 그 소송의 본안판단에서 그 사정은 더는 고려할 필요가 없기 때문이다(대판 2013. 6. 27, 2009추206. 동지판례: 대판 2015. 9. 10, 2013추517).

④ 소송의 성격: 지방자치단체의 장이 감독청의 이행명령에 이의가 있는 경우에 대법원에 소를 제기할 수 있는데(동법 189조 6항), 이 때의 소(소송)가 어떠한 성

격의 것인가 하는 점이 문제된다.

'지방자치단체의 장'이라는 행정기관이 감독청(주무부장관 또는 시・도지사)이라는 행정기관을 상대로 소를 제기하는 점만 생각하면 '기관소송'이라 볼 수도 있을 것이다. 그러나 이론적으로 "동일한 법인격주체 내부의 기관 간의 소송"만 기관소송으로 부르는 것이 통설이라 할 때, 통설적 의미의 기관소송이라 할 수는 없으며, "법이 인정한 특수한 행정소송(항고소송)"이라고 봄이 타당하다.[18]

(나) 대집행 또는 행정상・재정상 필요한 조치

주무부장관 또는 시・도지사는 이행명령을 해당 지방자치단체의 장이 감독청(주무부장관 또는 시・도지사)이 정한 기간에 이행하지 아니하는 경우에는 그 지방자치단체의 부담으로 대집행 또는 행정상・재정상 필요한 조치를 할 수 있다. 이 경우 행정대집행에 관하여는 「행정대집행법」을 준용한다(동법 189조 2항, 4항, 5항).

생각건대, 「대집행」은 그의 강도에 비추어 보아 최후의 수단으로 활용되어야 할 것이며, 과잉금지원칙 또는 광의의 비례원칙(적합성의 원칙・최소침해의 원칙・상당성의 원칙)을 준수하여 집행되어야 할 것이다.

다른 한편, 감독청의 대집행에 「행정대집행법」을 준용하도록 되어 있는바, 과연 '대집행'이 충분한 의무이행확보수단이 되는가에 대해서는 의문을 가질만 하다. "타인이 대신할 수 있는 작위"만이 그 대상이 되기 때문이다.

3. 협의・조정기구의 설치

중앙행정기관의 장과 지방자치단체의 장이 사무를 처리할 때 의견을 달리하는 경우 이를 협의・조정하기 위하여 국무총리 소속으로 행정협의조정위원회를 둔다(지방자치법 187조 1항).

행정협의조정위원회는 위원장 1명을 포함하여 13명 이내의 위원으로 구성한다(동법 187조 2항). 행정협의조정위원회의 위원은 다음 각 호의 사람이 되고, 위원장은 제3호의 위촉위원 중에서 국무총리가 위촉한다(동법 187조 3항).

① 기획재정부장관, 행정안전부장관, 국무조정실장 및 법제처장
② 안건과 관련된 중앙행정기관의 장과 시・도지사 중 위원장이 지명하는 사람
③ 그 밖에 지방자치에 관한 학식과 경험이 풍부한 사람 중에서 국무총리가 위촉하는 사람 4명

---

18) 이에 관한 상세는 김남진・김연태(Ⅰ), 1071면 이하 참조.

행정협의조정위원회는 중앙행정기관의 장이나 지방자치단체의 장의 신청에 따라 당사자 간에 의견을 달리하는 사항에 대하여 협의·조정한다(지방자치법 시행령 106조 1항). 제1항에 따른 협의·조정의 신청은 당사자의 양쪽이나 어느 한쪽이 서면으로 행정협의조정위원회의 위원장에게 해야 한다(동법 시행령 106조 2항). 제2항에 따라 협의·조정을 신청했을 때에는 당사자가 시·도지사인 경우 행정안전부장관에게, 당사자가 시장·군수·구청장인 경우 시·도지사와 행정안전부장관에게 신청사실을 통보해야 한다(동법 시행령 106조 3항). 행정협의조정위원회의 위원장은 제2항에 따른 신청을 받으면 그 사실을 지체 없이 국무총리에게 보고하고 행정안전부장관, 관계 중앙행정기관의 장과 해당 지방자치단체의 장에게 통보해야 한다(동법 시행령 106조 4항).

행정협의조정위원회의 위원장은 제1항에 따른 협의·조정사항에 관한 결정을 하면 지체 없이 서면으로 국무총리에게 보고하고, 행정안전부장관, 관계 중앙행정기관의 장과 해당 지방자치단체의 장에게 통보해야 한다(동법 시행령 106조 5항). 제5항에 따른 통보를 받은 관계 중앙행정기관의 장과 해당 지방자치단체의 장은 그 협의·조정 결정사항을 이행해야 한다(동법 시행령 106조 6항).

[판례] 건설교통부장관은 지방자치단체의 장이 기관위임사무인 국토이용계획 사무를 처리함에 있어 자신과 의견이 다를 경우 행정협의조정위원회에 협의·조정 신청을 하여 그 협의·조정 결정에 따라 의견불일치를 해소할 수 있고, 법원에 의한 판결을 받지 않고서도 행정권한의 위임 및 위탁에 관한 규정이나 구 지방자치법에서 정하고 있는 지도·감독을 통하여 직접 지방자치단체의 장의 사무처리에 대하여 시정명령을 발하고 그 사무처리를 취소 또는 정지할 수 있으며, 지방자치단체의 장에게 기간을 정하여 직무이행명령을 하고 지방자치단체의 장이 이를 이행하지 아니할 때에는 직접 필요한 조치를 할 수도 있으므로, 국가가 국토이용계획과 관련한 지방자치단체의 장의 기관위임사무의 처리에 관하여 지방자치단체의 장을 상대로 취소소송을 제기하는 것은 허용되지 않는다(대판 2007. 9. 20. 2005두6935).

사례해설

설문의 경우 丙의 행위가 지방자치법 제189조 소정의 직무이행명령 요건을 충족하였는지 여부가 문제된다. 건축허가권 행사는 국토교통부장관이나 상급지방자치단체의 엄격한 통제하에 있다는 점(건축법 78조 참조), 건축에 관한 사무는 전국적으로 통일적인 처리가 요구되는 사무인 점 등에 비추어 위반건축물표지설치사무는 기관위임사무에 해당한다. 그리고 이러한 사무는 동법 제79조의 문언상 기속행위로 보이므로 이를 설치하지 않은 행위는 사무의 집행을 명백히 해태한 경우에 해당한다. 따라서 丙은 乙에게 기간을 정하여 서면으로 위반건축물표지를 설치할 것을 명하였으나 乙은 그 기간 내에 이를 이행하지 아니하였으므로 丙의 대집행은 지방자치법 제189조 소정의 실체적, 절차적 요건을 모두 충족하였다고 볼 수 있다. 결국 丙의 행위는 적법하다.[19]

Ⅲ. 사법기관에 의한 관여

1. 법원에 의한 관여

(1) 주민이 당사자가 되는 경우

주민이 「지방자치법」 제22조가 정하는 바에 따라 주민소송을 제기하는 경우, 주민이 지방자치단체를 상대로 손해배상청구 또는 손실보상청구 등의 소송을 제기하는 경우 또는 지방자치단체장의 처분의 위법성을 이유로 행정소송(항고소송)을 제기하는 경우 등에 법원이 재판을 통해 지방자치단체에 대해 직접 또는 간접으로 관여한다고 할 수 있다.

(2) 지방자치단체가 당사자가 되는 경우

첫째, 지방자치단체가 공법상 당사자소송의 피고가 되는 경우(행정소송법 39조), 민사소송의 당사자가 되는 경우의 재판을 통해서도 법원은 지방자치단체의 활동에 관여한다고 할 수 있다.

둘째, 지방자치단체가 국가기관의 처분에 의해 '법률상 이익'을 침해받은 것을 이유로 행정소송(항고소송)을 제기하는 경우를 생각할 수 있다(행정소송법 12조 참조).

[판례] 구 건축법 제29조 제1항, 제2항, 제11조 제1항 등의 규정 내용에 의하면, 건축협의의 실질은 지방자치단체 등에 대한 건축허가와 다르지 않으므로, 지방자치단체 등이 건축물을 건축하려는 경우 등에는 미리 건축물의 소재지를 관할하는 허가권자인 지방자치단체의 장과 건축협의를 하지 않으면, 지방자치단체라 하더라도 건축물을 건축할 수 없다. 그리고 구 지방자치법 등 관련 법령을 살펴보아도 지방자치단체의 장이 다른 지방자치단체를 상대로 한 건축협의의 취소에 관하여 다툼이 있는 경우에 법적 분쟁을 실효적으로 해결할 구제수단을 찾기도 어렵다. 따라서 건축협의의 취소는 상대방이 다른 지방자치단체 등 행정주체라 하더라도 '행정청이 행

19) 상세는 김연태, 행정법사례연습, 387면 이하 참조.

하는 구체적 사실에 관한 법집행으로서의 공권력 행사'(행정소송법 제2조 제1항 제1호)로서 처분에 해당한다고 볼 수 있고, 지방자치단체인 원고가 이를 다툴 실효적 해결 수단이 없는 이상, 원고는 건축물 소재지 관할 허가권자인 지방자치단체의 장을 상대로 항고소송을 통해 건축협의 취소의 취소를 구할 수 있다(대판 2014. 2. 27. 2012두22980).

문제는 지방자치단체가 국가나 다른 지방자치단체의 행정청의 처분에 의하여 '자치권'을 침해받았음을 이유로 행정소송(특히 취소소송)을 제기할 수 있는가이다.[20] 그 점에 관하여, 지방자치단체의 자치권은 일종의 통치권으로서 행정소송법상의 법률상 이익과는 성질을 달리한다는 것이 통설적 견해라 할 수 있다. 다만, 지방자치단체의 자치권을 법률상 이익에 포함시키는 견해도 있다.[21]

(3) 지방자치단체의 기관이 당사자가 되는 경우

첫째, 지방자치단체장이 지방의회를 상대로 대법원에 소를 제기하는 경우(지방자치법 120조 3항, 192조 4항), 그 소송이 '기관소송'의 성격을 가지는 것에 관하여는 이견이 없다. 「행정소송법」은 "기관소송은 법률이 정한 경우에 법률에 정한 자에 한하여 제기할 수 있다"고 규정하고 있다(동법 45조).

둘째, 지방자치단체장의 명령이나 처분이 위법함을 이유로 주무부장관 또는 시·도지사가 취소·정지한 것에 대하여 대법원에 소를 제기한 경우이다(지방자치법 188조 6항).

[판례] 구청장은 불법파업에 참가해 무단결근이 확인된 공무원에 대해 더 이상 조사도 하지 않고 징계의결요구를 거부하고 오히려 그들을 승진시킨 것은 법률이 임용권자에게 부여한 승진임용에 관한 재량권을 현저히 일탈한 위법한 처분으로 광역시장이 승진처분을 취소한 것은 재량권 일탈·남용이 있다고 할 수 없다(대판 2007. 3. 22. 2005추62).[22]

지방자치단체장과 주무부장관 및 시·도지사가 다 같이 국가나 지방자치단체의 기관임을 이유로 이 경우의 소송을 기관소송으로 볼 수도 있다. 그러나 기관소송은 동일한 법인격주체의 기관끼리의 소송을 의미하는 것으로 보아 이 소송을 '법률이 인정한 특수한 행정소송'으로 보는 것이 통설적 견해라 할 수

20) 예컨대, 「지방자치법」 188조에 따른 주무부장관이나 시·도지사의 시정명령이 해당 지방자치단체의 자치권을 침해하였음을 이유로 취소소송을 제기할 수 있는가를 생각해 볼 만하다.
21) 대표적 예로서, 박정훈, 행정소송의 구조와 기능, 2006, 286면 이하 및 329면 이하 참조.
22) 이 판례에 대한 비판적 평석에 관하여는 김남진, 울산광역시장에 대한 북구청장의 감독불복소송, 법률신문 제3587호(2007. 9. 17), 15면 참조.

있다.

셋째, 지방의회에서 재의결된 사항이 법령에 위반된다고 판단됨에도 불구하고 해당 지방자치단체장이 소를 제기하지 아니하여 감독청(주무부장관 또는 시·도지사)이 대법원에 소를 제기하는 경우(지방자치법 192조 5항), 그리고 지방의회 의결이 법령에 위반된다고 판단되어 감독청으로부터 재의요구 지시를 받은 지방자치단체장이 재의를 요구하지 아니하여 감독청이 대법원에 직접 제소하는 경우(동법 192조 8항) 역시 '법률이 인정한 특수한 행정소송'이라고 말할 수 있다.

2. 헌법재판소에 의한 관여

(1) 권한쟁의심판

국가기관과 지방자치단체간의 권한쟁의 및 지방자치단체 상호 간의 권한쟁의에 대한 심판(헌법 111조 1항 4호, 헌법재판소법 62조 1항 3호, 제2항 참조)을 통하여 헌법재판소는 지방자치단체(기관 포함)에 대하여 관여하게 된다.

[판례] 이 사건의 쟁점은 피청구인(경기도 지사)이 재결청의 지위에서 행정심판법 제37조 제2항의 규정에 따라 행한 직접처분이 청구인(성남 시)의 권한을 침해하였는가의 여부이다. 따라서 이 사건은 지방자치단체인 청구인(성남 시)과 국가기관인 재결청으로서의 피청구인(경기도 지사) 사이의 권한쟁의 사건이라고 할 것이다(헌재 1999. 7. 22. 98헌라4).

(2) 위헌법률심사

지방자치단체장의 처분의 근거가 된 법률의 위헌심사(헌법 107조 1항, 111조 1항 1호, 헌법재판소법 41조 이하) 역시 헌법재판소의 지방자치단체에 대한 사법적 관여의 수단이 된다.

[판례] 구 '개발제한구역의 지정 및 관리에 관한 특별조치법' 제20조 제1항, 제22조, 제23조 제1항은 각 헌법에 위반되지 아니한다(헌재 2007. 5. 31. 2005헌바47).[23]

(3) 헌법소원심판

첫째로 공권력의 행사 또는 불행사로 인하여 기본권을 침해받은 주민이 제기하는 헌법소원심판(헌법재판소법 68조 이하)을 통하여 헌법재판소는 지방자치단체에 관여할 수 있다.

---

23) 이 판례의 평석에 관하여는 김남진, 개발제한구역훼손부담금부과의 적법성, 자치발전, 2007. 1, 47면 이하 참조.

둘째로, 지방자치단체나 그 기관이 국가나 다른 지방자치단체 및 그 기관의 공권력의 행사로 기본권으로서의 자치권을 침해받았음을 이유로 헌법소원심판을 제기하는 경우를 생각할 수 있다.

그러나, 지방자치단체나 그 기관은 「기본권의 향유주체」가 아니므로 헌법소원의 주체가 될 수 없다고 판단된다.

Ⅳ. 국회에 의한 관여

지방자치단체의 종류, 지방의회의 조직·권한·의원선거와 지방자치단체의 장의 선임방법 기타 지방자치단체의 조직과 운영 등에 관한 사항, 지방세에 관한 사항이 모두 법률사항이므로 입법기관인 국회에 의한 관여를 받게 된다(헌법 117조 2항, 118조 등 참조).

국회가 가지고 있는 예산심의(헌법 54조 이하), 조세에 관한 권한(헌법 59조) 등 재정에 관한 권한 역시 지방자치단체에 대한 중요한 관여수단이 된다.

국회가 가지고 있는 국정감사·조사권(헌법 61조) 역시 일정한도에서 지방자치단체에 대한 관여수단이 된다. 지방자치단체중 특별시·광역시·도의 국가위임사무와 국가가 보조금 등 예산을 지원하는 사업이 국회의 국정감사 및 조사의 대상이 된다(국정감사 및 조사에 관한 법률 7조 2호 참조).

제 9 절 지방자치단체의 국정참여

헌법은 지방자치를 제도적으로 보장하고 있으며, 그 의의는 적어도 지방적 공공사무는 지방자치단체가 국가 등의 후견적 감독을 받음이 없이 자주적으로 처리할 수 있는 포괄적 권한을 가지고 있는 것으로 이해되고 있다.[1] 그러나, 앞의 "제8절 지방자치단체에 대한 국가 등의 관여"에서 살펴본 바와 같이, 지방자치단체에 관련된 중요 입법이나 정책이 국가(중앙정부)에 의해 결정되며 관여 받고 있는 것이 현실이다. 그리고 그것은 어떤 면에서 불가피한 면이 있다. 주민의 생활수준이 향상되고 생활권이 광역화되어 가는 데 비하여, 지방자치단

1) 이에 관한 상세는 본서 80면 이하 참조.

체의 행정·재정능력이 부족한 데다가 지방자치단체의 재정 등이 고르지 않기 때문이다. 더욱이 우리나라의 경우, 지방행정이 오랫동안 관치하에 있었던 탓으로 의식면으로나 제도적으로나 참다운 지방자치가 아직 뿌리를 충분히 내리지 못하고 있는 것이 현실이라 할 수 있다.

그러나 지방의 중요 입법이나 정책이 중앙에 의해 결정된다고 하게 되면, 지방자치는 그 의미를 상실하게 되므로, 참다운 의미의 지방자치를 실현하기 위해 "지방에 관련되는 국가의 입법·정책 결정에 지방자치단체 또는 그의 연합의 참여"를 실천하려는 것이 '지방자치단체의 국정참여'의 문제이다. 독일 등 선진국에서는 이미 오래전부터 논해진 문제인데,[2] 우리나라에서도 그에 대한 관심과 연구가 깊어지고 있다.[3]

법률 또는 대통령령 등을 통해 지방자치단체가 국정에 참여할 수 있는 통로에는 다음과 같은 것이 있다.

1. 중앙지방협력회의

2021년 1월 전부개정된 「지방자치법」 제186조는 "① 국가와 지방자치단체 간의 협력을 도모하고 지방자치 발전과 지역 간 균형발전에 관련되는 중요 정책을 심의하기 위하여 중앙지방협력회의를 둔다. ② 제1항에 따른 중앙지방협력회의의 구성과 운영에 관한 사항은 따로 법률로 정한다"고 하여 중앙지방협력회의의 설치에 관한 법적 근거를 마련하였다. 이에 따라 2021년 7월 「중앙지방협력회의의 구성 및 운영에 관한 법률」이 제정되었다.

(1) 중앙지방협력회의의 기능

중앙지방협력회의(이하 "협력회의"라 한다)는 다음 각 호의 사항을 심의한다(중앙지방협력회의의 구성 및 운영에 관한 법률 2조).

① 국가와 지방자치단체 간 협력에 관한 사항

② 국가와 지방자치단체의 권한, 사무 및 재원의 배분에 관한 사항

③ 지역 간 균형발전에 관한 사항

④ 지방자치단체의 재정 및 세제에 영향을 미치는 국가 정책에 관한 사항

---

2) Vgl. Roters, Kommunale Mitwirkung an höhestufigen Entscheidungsprozessen, 1975; Voigt, Kommunale Partizipation am staatlichen Entscheidungsprozess, 1976; Leidinger, Die Mitwirkung der kommunalen Spitzenverbände an der Gesetzgebung im Bund und Ländern, Festschrift für Friedlich Schäfer, 1980, S. 162 ff.; 成田頼明, 地方自治の法理と改革, 1988, 231면 이하 등.

3) 주요문헌: 김남진, 지방자치단체의 국정참여, 자치행정, 1992. 11, 92면 이하; 김성호, 지방자치단체의 국가정책결정 참여방안, 1997. 2(한국지방행정연구원 연구보고서); 김기진, 지방자치단체의 국정참가, 공법연구 제26집 제2호, 1998. 6, 297면 이하.

⑤ 그 밖에 지방자치 발전에 관한 사항

(2) 구성 및 운영

협력회의는 대통령, 국무총리, 기획재정부장관, 교육부장관, 행정안전부장관, 국무조정실장, 법제처장, 특별시장 · 광역시장 · 특별자치시장 · 도지사 · 특별자치도지사(이하 "시 · 도지사"라 한다), 「지방자치법」 제182조 1항 2호부터 4호까지의 규정에 따른 전국적 협의체의 대표자 및 그 밖에 대통령령으로 정하는 사람으로 구성한다(동법 3조 1항).

협력회의의 의장(이하 "의장"이라 한다)은 대통령이 된다(동조 2항). 협력회의의 부의장(이하 "부의장"이라 한다)은 국무총리와 「지방자치법」 제182조 1항 1호에 따라 설립된 시 · 도지사 협의체의 대표자(이하 "시 · 도지사협의회장"이라 한다)가 공동으로 된다(동조 3항). 의장은 협력회의를 소집하고 이를 주재한다(동조 4항). 부의장은 의장에게 회의의 소집을 요청할 수 있으며, 의장이 협력회의에 출석하지 못하는 경우에는 국무총리, 시 · 도지사협의회장의 순으로 그 직무를 대행한다(동조 5항).

제1항에 따른 협력회의의 구성원은 협력회의에 심의할 안건을 제출할 수 있다(동조 6항). 의장은 제6항에 따라 제출된 안건의 심의를 위하여 필요한 경우에는 안건과 관련된 중앙행정기관의 장, 지방자치단체의 장, 관계 공무원 또는 해당 분야의 민간전문가를 협력회의에 참석하게 하여 의견을 들을 수 있다(동조 7항). 제1항부터 제7항까지에서 규정한 사항 외에 협력회의의 개최 및 운영에 필요한 사항은 대통령령으로 정한다(동조 8항).

(3) 심의 결과의 활용

국가 및 지방자치단체는 협력회의의 심의 결과를 존중하고 성실히 이행하여야 한다(동법 4조 1항). 국가 및 지방자치단체는 심의 결과에 따른 조치 계획 및 이행 결과를 협력회의에 보고하여야 한다(동조 2항). 국가 또는 지방자치단체는 제1항에도 불구하고 심의 결과를 이행하기 어려운 특별한 사유가 있는 경우에는 그 사유와 향후 조치 계획을 협력회의에 보고하여야 한다(동조 3항).

(4) 관계기관 등에 대한 협조요청

협력회의는 제2조에 따른 심의를 위하여 필요하다고 인정하는 경우에는 관계 중앙행정기관의 장, 지방자치단체의 장 및 지방의회의 의장 등에게 필요한 자료의 제출을 요청하거나 의견을 수렴할 수 있다(동법 5조).

(5) 실무협의회

협력회의에 상정할 안건을 사전에 조정하고 의장으로부터 지시받은 사항을 처리하기 위하여 실무협의회를 둔다(동법 6조 1항). 실무협의회는 다음 각 호의 사람으로 구성한다(동조 2항).

① 기획재정부의 차관 중 기획재정부장관이 지명하는 1명, 교육부차관, 행정안전부차관, 국무조정실의 차장 중 국무조정실장이 지명하는 1명, 법제처 차장

② 특별시 · 광역시 · 특별자치시 · 도 · 특별자치도의 부시장 또는 부지사(해당 지방자치단체에 부시장 또는 부지사가 2명 이상인 경우에는 해당 시 · 도지사가 지명하는 1명을 말한다)

③ 「지방자치법」 제182조 1항 2호부터 4호까지의 규정에 따른 전국적 협의체의 대표자가 그 구성원 중에서 지명하는 각 1명

④ 그 밖에 대통령령으로 정하는 사람

실무협의회의 위원장은 행정안전부장관과 시 · 도지사협의회장이 시 · 도지사 중에서 지명하는 1명이 공동으로 된다(동조 3항). 실무협의회의 위원장은 실무협의회를 소집하고 이를 주재한다(동조 4항). 실무협의회의 위원장은 필요한 경우에는 관계 공무원 또는 해당 분야의 민간전문가를 실무협의회에 참석하게 하여 의견을 들을 수 있다(동조 5항). 제1항부터 제5항까지에서 규정한 사항 외에 실무협의회의 구성 및 운영에 필요한 사항은 대통령령으로 정한다(동조 6항).

2. 중앙행정기관 · 지방자치단체 정책협의회

(1) 설치 및 기능

중앙행정기관과 지방자치단체 간의 효율적인 정책 협의를 위하여 행정안전부장관 소속으로 중앙행정기관 · 지방자치단체 정책협의회(이하 "협의회"라 한다)를 둔다(중앙행정기관 · 지방자치단체 정책협의회 운영 규정 2조 1항). 협의회는 다음 각 호의 사항을 심의 · 조정한다(동조 2항).

① 지방 행정과 관련하여 주요 국가 정책의 지방자치단체에서의 집행에 관한 사항

② 지방 행정과 관련하여 중앙행정기관과 지방자치단체와의 협의가 필요한 사항

③ 주요 정책의 수립 · 집행과 관련하여 지방자치단체 상호 간 협의가 필요한 사항

④ 주요 정책의 수립 · 집행과 관련하여 중앙행정기관 또는 지방자치단체가

건의하는 법 · 제도 개선에 관한 사항

⑤ 그 밖에 협의회의 의장(이하 "의장"이라 한다)이 회의에 부치는 사항

(2) 구 성

의장은 행정안전부장관이 된다(중앙행정기관 · 지방자치단체 정책협의회 운영 규정 3조 1항). 협의회는 ① 행정안전부장관, ② 행정안전부차관 및 안건과 관련된 행정안전부 소속 고위공무원단에 속하는 공무원, ③ 안건과 관련된 중앙행정기관의 차관(차관급 공무원을 포함한다) 또는 고위공무원단에 속하는 공무원, ④ 특별시 · 광역시 · 특별자치시 · 도 및 특별자치도의 부시장 · 부지사로 구성한다(동조 2항). 의장은 심도 있는 안건 논의를 위하여 필요한 경우에는 그 안건과 관련된 중앙행정기관 및 지방자치단체의 관계공무원 또는 전문적인 지식과 경험이 있는 사람을 회의에 참석하게 하여 의견을 들을 수 있다(동조 3항).

(3) 회 의

회의는 정례회의와 수시회의로 구분한다(중앙행정기관 · 지방자치단체 정책협의회 운영 규정 5조 1항). 중앙행정기관 또는 시 · 도는 회의 개최가 필요한 경우 서면으로 개최 사유 및 일시를 명시하여 회의 개최를 요청할 수 있다(동조 4항).

(4) 회의 결과의 통보 및 이행

의장은 회의의 협의사항을 중앙행정기관 및 지방자치단체에 회의 종료 후 3일 이내에 통보하여야 한다(중앙행정기관 · 지방자치단체 정책협의회 운영 규정 9조).

관계행정기관의 장은 회의의 협의사항을 성실히 이행하여야 한다. 다만, 협의사항을 이행하기 어려운 특별한 사유가 있는 경우에는 이에 관한 사유와 내용을 보고하고, 그 해결을 위한 조치계획을 회의에 보고할 수 있다(중앙행정기관 · 지방자치단체 정책협의회 운영 규정 10조).

3. 행정협의조정위원회

중앙행정기관의 장과 지방자치단체의 장이 사무를 처리할 때 의견을 달리하는 경우 이를 협의 · 조정하기 위하여 국무총리 소속으로 행정협의조정위원회를 둔다(지방자치법 187조).[4] 이는 중앙행정기관과 지방자치단체 간의 이견을 협의 · 조정할 수 있는 제도로서 그 과정을 통해 지방자치단체의 의견을 반영할 수 있으

4) 이에 대한 상세는 본서 259면 참조.

므로 지방자치단체의 국정참여의 유용한 통로가 될 수 있을 것이다.

4. 계획 등 정책결정에의 참여

예컨대 「국토의 계획 및 이용에 관한 법률」은 "국토교통부장관은 광역도시계획을 수립하거나 변경하려면 관계 시·도지사에게 광역도시계획안을 송부하여야 하며, 관계 시·도지사는 그 광역도시계획안에 대하여 그 시·도의 의회와 관계 시장 또는 군수의 의견을 들은 후 그 결과를 국토교통부장관에게 제출하여야 한다"(동법 15조 2항)고 규정하여 지방자치단체의 의견을 청취하도록 하고 있는 등, 국가(중앙정부)의 정책결정에 있어 지방자치단체(기관)의 참여의 길을 터놓고 있는 예가 많이 있다.[5]

5. 이의신청

예컨대 「지방교부세법」은 "지방자치단체의 장은 … 보통교부세의 결정 통지를 받은 경우에 그 지방자치단체의 교부세액의 산정 기초자료 등에 이의가 있으면 통지를 받은 날부터 30일 이내에 행정안전부장관에게 이의를 신청할 수 있다"(동법 13조 1항)고 규정하고 있는데, 이와 같은 이의신청제도도 간접적이기는 하지만 지방자치단체의 국정참여방안의 하나로 볼 수 있다.

6. 지방자치단체의 장 등의 협의체의 활용

지방자치단체의 장 또는 지방의회의 의장은 상호 간의 교류와 협력을 증진하고, 공동의 문제를 협의하기 위하여 각각 전국적 협의체를 설립할 수 있다(지방자치법 182조 1항). 이들 협의체는 지방자치에 직접적인 영향을 미치는 법령 등에 관한 의견을 행정안전부장관에게 제출할 수 있으며, 행정안전부장관은 제출된 의견을 관계 중앙행정기관의 장에게 통보하여야 한다(동조 4항). 관계 중앙행정기관의 장은 제4항에 따라 통보된 내용에 대하여 통보를 받은 날부터 2개월 이내에 타당성을 검토하여 행정안전부장관에게 결과를 통보하여야 하고, 행정안전부장관은 통보받은 검토 결과를 해당 협의체나 연합체에 지체 없이 통보하여야 한다. 이 경우 관계 중앙행정기관의 장은 검토 결과 타당성이 없다고 인정하면 구체적인 사유 및 내용을 밝혀 통보하여야 하며, 타당하다고 인정하면 관계 법

5) 유사 규정으로는 수도권정비계획 수립에 관한 「수도권정비계획법」 4조 1항, 문화재기본계획 수립에 관한 「문화재보호법」 6조 1항, 자연환경보전기본방침 수립에 관한 「자연환경보전법」 6조 등 참조.

령에 그 내용이 반영될 수 있도록 적극 협력하여야 한다(동조 5항).

또한 지방자치단체의 장 등의 협의체는 지방자치와 관련된 법률의 제정·개정 또는 폐지가 필요하다고 인정하는 경우에는 국회에 서면으로 의견을 제출할 수 있다(동조 6항).

제10절 대도시행정의 특례

Ⅰ. 자치구의 재원 조정

1. 「지방자치법」상 자치구의 재원 조정

특별시장이나 광역시장은 「지방재정법」에서 정하는 바에 따라 해당 지방자치단체의 관할 구역의 자치구 상호 간의 재원을 조정하여야 한다(지방자치법 196조). 이 경우 자치구 상호 간의 조정 재원은 해당 시세(市稅) 중 「지방세기본법」 제8조 1항 1호 각 목의 보통세(광역시의 경우에는 「지방세법」 제7장 제3절의 주민세 사업소분과 같은 장 제4절의 주민세 종업원분은 제외한다)로 한다(동법 시행령 117조 1항). 자치구 상호 간의 재원 조정 방법을 정하는 조례는 조정교부금의 교부율·산정방법 및 교부시기 등을 포함해야 한다(동법 시행령 117조 2항).

2. 「지방재정법」상 조정교부금

특별시장 및 광역시장은 대통령령으로 정하는 보통세 수입의 일정액을 조정교부금으로 확보하여 조례로 정하는 바에 따라 해당 지방자치단체 관할구역의 자치구 간 재정력 격차를 조정하여야 한다(지방재정법 29조의2 1항). 특별시장 및 광역시장은 「지방세법」 제43조 2호의 장외발매소(같은 법 같은 조 제1호의 경륜등의 사업장과 함께 있는 장외발매소는 제외한다)에서 발매한 승자투표권등에 대하여 자치구에서 징수한 레저세의 100분의 20에 해당하는 금액을 그 장외발매소가 있는 자치구에 각각 배분하여야 한다(동법 29조의2 2항).

「지방재정법」 제29조의2에 따른 조정교부금은 일반적 재정수요에 충당하기 위한 일반조정교부금과 특정한 재정수요에 충당하기 위한 특별조정교부금으로 구분하여 운영하되, 특별조정교부금은 민간에 지원하는 보조사업의 재원으로 사용할 수 없다(동법 29조의3). 시·도지사(특별자치시장 및 특별자치도지사는 제외한다)는 제29조의2에 따라 산정된 일반조정교부금의 세부명세를 매년 해당 시·도(특별자치시 및 특별자치도는 제외한다) 홈페이지 등에 공개하여야 한다(동법 29조의4).

Ⅱ. 서울특별시의 특례

서울특별시의 지위·조직 및 운영에 대해서는 수도로서의 특수성을 고려하여 법률로 정하는 바에 따라 특례를 둘 수 있다(지방자치법 196조 1항). 이러한 서울특별시에 관한 특례는 종래 「서울특별시 시정에 관한 특별조치법」에 의해 인정되어 왔다. 그러나 서울특별시의회의 구성과 함께 이 법은 폐지되었고(동법 부칙 6조 2항), 이를 대신하여 「서울특별시 행정특례에 관한 법률」이 제정되었다(1991. 5. 31. 제정). 동법에 따른 특례의 내용은 다음과 같다.

1. 지 위

서울특별시는 정부의 직할로 두되, 이 법에서 정하는 범위에서 수도로서의 특수한 지위를 가진다(서울특별시 행정특례에 관한 법률 2조).

2. 일반행정 운영상의 특례

행정안전부장관이 「지방재정법」 제11조에 따라 서울특별시의 지방채 발행의 승인 여부를 결정하려는 경우에는 국무총리에게 보고하여야 한다(동법 4조 1항).

행정안전부장관은 「지방자치법」 제190조에 따라 서울특별시의 자치사무에 관한 감사를 하려는 경우에는 국무총리의 조정을 거쳐야 한다(동법 4조 2항).

서울특별시 소속 국가공무원의 임용 등에 관한 「국가공무원법」 제32조 1항부터 3항까지, 제78조 1항·4항 및 제82조에 따른 소속 장관 또는 중앙행정기관의 장의 권한 중 대통령령으로 정하는 사항은 서울특별시장이 행사하며, 이와 관련된 행정소송의 피고는 같은 법 제16조에도 불구하고 서울특별시장이 된다(동법 4조 3항).

서울특별시 소속 공무원 등에 대한 서훈의 추천은 「상훈법」 제5조 1항에도 불구하고 서울특별시장이 한다(동법 4조 7항).

3. 수도권 광역행정 운영상의 특례

수도권 지역에서 서울특별시와 관련된 도로·교통·환경 등에 관한 계획을 수립하고 그 집행을 할 때 관계 중앙행정기관의 장과 서울특별시장의 의견이 다른 경우에는 다른 법률에 특별한 규정이 없으면 국무총리가 이를 조정하며, 조정에 필요한 사항은 대통령령으로 정한다(동법 5조 1항).

Ⅲ. 세종특별자치시와 제주특별자치도의 특례

세종특별자치시와 제주특별자치도의 지위·조직 및 행정·재정 등의 운영에 대해서는 행정체제의 특수성을 고려하여 법률로 정하는 바에 따라 특례를 둘 수 있는데(지방자치법 197조 2항), 그에 따라 제정된 법률이 「세종특별자치시 설치 등에 관한 특별법」과 「제주특별자치도 설치 및 국제자유도시 조성을 위한 특별법」이다.

Ⅳ. 대도시 등에 대한 특례

1. 「지방자치법」상 대도시 등의 특례

(1) 인구 50만 이상 대도시 특례

서울특별시·광역시 및 특별자치시를 제외한 인구 50만 이상 대도시의 행정, 재정 운영 및 국가의 지도·감독에 대해서는 그 특성을 고려하여 관계 법률로 정하는 바에 따라 특례를 둘 수 있다(지방자치법 198조 1항, 동법 시행령 10조 3항). 인구 50만 이상 대도시의 인구 인정기준은 대통령령으로 정한다(동법 198조 3항, 동법 시행령 118조).

(2) 인구 100만 이상 대도시 특례

「지방자치법」 제198조 1항에도 불구하고, 서울특별시·광역시 및 특별자치시를 제외한 인구 100만 이상 대도시(이하 "특례시"라 한다)의 행정, 재정 운영 및 국가의 지도·감독에 대해서는 그 특성을 고려하여 관계 법률로 정하는 바에 따라 추가로 특례를 둘 수 있다(동법 198조 2항 1호, 동법 시행령 10조 4항). 특례시의 인구 인정기준은 대통령령으로 정한다(동법 198조 3항, 동법 시행령 118조).

(3) 행정안전부장관이 지정하는 시·군·구 특례

「지방자치법」 제198조 1항에도 불구하고, 서울특별시·광역시 및 특별자치시를 제외한 실질적인 행정수요, 지역균형발전 및 지방소멸위기 등을 고려하여 대통령령으로 정하는 기준과 절차에 따라 행정안전부장관이 지정하는 시·

군 · 구의 행정, 재정 운영 및 국가의 지도 · 감독에 대해서는 그 특성을 고려하여 관계 법률로 정하는 바에 따라 추가로 특례를 둘 수 있다(동법 198조 2항 2호, 동법 시행령 119조).

2. 「지방자치분권 및 지역균형발전에 관한 특별법」상 특례

(1) 대도시에 대한 사무 특례

특별시와 광역시가 아닌 인구 50만 이상 대도시와 인구 100만 이상 대도시(이하 "특례시"라 한다)의 행정 · 재정 운영 및 지도 · 감독에 대해서는 그 특성을 고려하여 관계 법률에서 정하는 바에 따라 특례를 둘 수 있다. 다만, 인구 30만 이상인 지방자치단체로서 면적이 1천제곱킬로미터 이상인 지방자치단체의 경우 이를 인구 50만 이상 대도시로 본다(지방자치분권 및 지역균형발전에 관한 특별법 58조 1항). 지방시대위원회는 제1항에 따른 특례를 발굴하고 그 이행방안을 마련하여야 한다(동조 2항).

(2) 인구 100만 이상 대도시의 사무 특례

특별시와 광역시가 아닌 인구 100만 이상 대도시의 장은 관계 법률의 규정에도 불구하고 다음 각 호의 사무를 처리할 수 있다(동법 59조).

① 「지방공기업법」 제19조제2항에 따른 지역개발채권의 발행. 이 경우 미리 지방의회의 승인을 받아야 한다.

② 「건축법」 제11조제2항제1호에 따른 건축물에 대한 허가. 다만, 다음 각 목의 어느 하나에 해당하는 건축물의 경우에는 미리 도지사의 승인을 받아야 한다.

㉮ 51층 이상인 건축물(연면적의 100분의 30 이상을 증축하여 층수가 51층 이상이 되는 경우를 포함한다)

㉯ 연면적 합계가 20만제곱미터 이상인 건축물(연면적의 100분의 30 이상을 증축하여 연면적 합계가 20만제곱미터 이상이 되는 경우를 포함한다)

③ 「택지개발촉진법」 제3조제1항에 따른 택지개발지구의 지정(도지사가 지정하는 경우로 한정한다). 이 경우 미리 관할 도지사와 협의하여야 한다.

④ 「소방기본법」 제3조 및 제6조에 따른 화재 예방 · 경계 · 진압 및 조사와 화재, 재난 · 재해, 그 밖의 위급한 상황에서의 구조 · 구급 등의 업무

⑤ 도지사를 경유하지 아니하고 「농지법」 제34조에 따른 농지전용허가 신청서의 제출

⑥ 「지방자치법」 제125조에 따라 지방자치단체별 정원의 범위에서 정하는 5급 이하 직급별 · 기관별 정원의 책정

⑦ 도지사를 경유하지 아니하고 「개발제한구역의 지정 및 관리에 관한 특

별조치법」 제4조에 따른 개발제한구역의 지정 및 해제에 관한 도시·군 관리계획 변경 결정 요청. 이 경우 미리 관할 도지사와 협의하여야 한다.

⑧ 「환경개선비용 부담법」 제9조제5항 및 제22조에 따른 환경개선부담금의 부과·징수

⑨ 「항만법」 제2조제6호나목에 따라 지방관리무역항에서 시·도가 행정주체이거나 시·도지사가 관리청으로서 수행하는 항만의 개발 및 관리에 관한 행정 업무, 「선박의 입항 및 출항 등에 관한 법률」 제2조제2호의2 나목에 따라 지방관리무역항에서 시·도가 행정주체이거나 시·도지사가 관리청으로서 수행하는 선박의 입항 및 출항 등에 관한 행정 업무, 「항만운송사업법」 제2조제7항제2호에 따라 지방관리무역항에서 시·도가 행정주체이거나 시·도지사가 관리청으로서 수행하는 항만운송사업 및 항만운송관련사업의 등록, 신고 및 관리 등에 관한 행정 업무, 「해양환경관리법」 제33조제1항제2호에 따른 해양시설의 신고 및 변경신고 업무, 같은 법 제115조제2항에 따른 출입검사·보고 등의 업무 및 같은 법 제133조에 따른 과태료(같은 법 제132조제2항제2호에 따른 과태료로 한정한다)의 부과·징수 업무

⑩ 「공유수면 관리 및 매립에 관한 법률」 제6조, 제8조부터 제10조까지, 제13조부터 제21조까지, 제55조, 제57조, 제58조 및 제66조에 따른 지방관리무역항 항만구역 안에서의 방치 선박 제거 및 공유수면 점용·사용 허가 등 공유수면의 관리

⑪ 「산지관리법」 제14조제1항에 따른 산지전용허가[산지전용허가를 받으려는 산지면적이 50만제곱미터 이상 200만제곱미터 미만(보전산지의 경우에는 3만제곱미터 이상 100만제곱미터 미만)인 산지로서 산림청장 소관이 아닌 국유림, 공유림 또는 사유림의 산지로 한정한다]의 절차 및 심사에 관한 업무

⑫ 「건설기술 진흥법」 제5조제1항에 따른 지방건설기술심의위원회의 구성·기능 및 운영에 관한 업무

⑬ 「물류시설의 개발 및 운영에 관한 법률」 제22조, 제22조의2, 제22조의3, 제22조의5부터 제22조의7까지, 제26조, 제27조, 제27조의2, 제28조, 제44조, 제46조, 제50조의3, 제52조의2, 제52조의3, 제53조, 제54조 및 제57조에 따른 물류단지의 지정·지정해제 및 개발·운영 등의 업무

(3) 인구 100만 이상 대도시의 보조기관 등

「지방자치법」 제123조 1항에도 불구하고 특례시의 부시장은 2명으로 한다.

이 경우 부시장 1명은 「지방자치법」 제123조 4항에도 불구하고 일반직, 별정직 또는 임기제 지방공무원으로 보(補)할 수 있다(동법 60조 1항). 제1항에 따라 부시장 2명을 두는 경우에 명칭은 각각 제1부시장 및 제2부시장으로 하고, 그 사무 분장은 해당 지방자치단체의 조례로 정한다(동조 2항). 「지방자치법」 제68조, 제102조 및 제125조에도 불구하고 특례시의 행정기구 및 정원은 인구, 도시 특성, 면적 등을 고려하여 대통령령으로 정할 수 있다(동조 3항).

(4) 대도시에 대한 재정 특례

도지사는 「지방재정법」 제29조에 따라 배분되는 조정교부금과 별도로 제58조 1항에 따른 대도시의 경우에는 해당 시에서 징수하는 도세(원자력발전에 대한 지역자원시설세, 소방분 지역자원시설세 및 지방교육세는 제외한다) 중 100분의 10 이하의 범위에서 일정 비율을 추가로 확보하여 해당 시에 직접 교부할 수 있다(동법 61조 1항). 제1항에 따라 대도시에 추가로 교부하는 도세의 비율은 사무이양 규모 및 내용 등을 고려하여 대통령령으로 정한다(동조 2항). 특례시의 경우 「지방세법」 제142조 1항에 따른 소방분 지역자원시설세는 「지방세기본법」 제8조 2항 2호 가목에도 불구하고 시세로 한다(동조 3항).

제11절 특별지방자치단체

Ⅰ. 특별지방자치단체의 설치

1. 의 의

2개 이상의 지방자치단체가 공동으로 특정한 목적을 위하여 광역적으로 사무를 처리할 필요가 있을 때에는 특별지방자치단체를 설치할 수 있다. 이 경우 특별지방자치단체를 구성하는 지방자치단체(이하 "구성 지방자치단체"라 한다)는 상호 협의에 따른 규약을 정하여 구성 지방자치단체의 지방의회 의결을 거쳐 행정안전부장관의 승인을 받아야 한다(지방자치법 199조 1항). 행정안전부장관은 제1항 후단에 따라 규약에 대하여 승인하는 경우 관계 중앙행정기관의 장 또는 시·도지사에게 그 사실을 알려야 한다(동법 199조 2항). 특별지방자치단체는 법인으로 한다(동법 199조 3항).

특별지방자치단체를 설치하기 위하여 국가 또는 시·도 사무의 위임이 필요할 때에는 구성 지방자치단체의 장이 관계 중앙행정기관의 장 또는 시·도지사에게 그 사무의 위임을 요청할 수 있다(동법 199조 4항). 행정안전부장관이 국가 또는 시·도 사무의 위임이 포함된 규약에 대하여 승인할 때에는 사전에 관계 중앙행정기관의 장 또는 시·도지사와 협의하여야 한다(동법 199조 5항).

구성 지방자치단체의 장이 제1항 후단에 따라 행정안전부장관의 승인을 받았을 때에는 규약의 내용을 지체 없이 고시하여야 한다. 이 경우 구성 지방자치단체의 장이 시장·군수 및 자치구의 구청장일 때에는 그 승인사항을 시·도지사에게 알려야 한다(동법 199조 6항).

2. 설치 권고 등

행정안전부장관은 공익상 필요하다고 인정할 때에는 관계 지방자치단체에 대하여 특별지방자치단체의 설치, 해산 또는 규약 변경을 권고할 수 있다. 이 경우 행정안전부장관의 권고가 국가 또는 시·도 사무의 위임을 포함하고 있을 때에는 사전에 관계 중앙행정기관의 장 또는 시·도지사와 협의하여야 한다(지방자치법 200조).

3. 구　　역

특별지방자치단체의 구역은 구성 지방자치단체의 구역을 합한 것으로 한다. 다만, 특별지방자치단체의 사무가 구성 지방자치단체 구역의 일부에만 관계되는 등 특별한 사정이 있을 때에는 해당 지방자치단체 구역의 일부만을 구역으로 할 수 있다(지방자치법 201조).

Ⅱ. 특별지방자치단체의 규약과 기관구성

1. 규　　약

(1) 규약의 내용

구성 지방자치단체는 상호 협의에 따른 규약을 정하여 구성 지방자치단체의 지방의회 의결을 거쳐 행정안전부장관의 승인을 받아야 한다(지방자치법 199조 1항). 특별지방자치단체의 규약에는 법령의 범위에서 다음 각 호의 사항이 포함되어야 한다(동법 202조 1항).

① 특별지방자치단체의 목적
② 특별지방자치단체의 명칭
③ 구성 지방자치단체
④ 특별지방자치단체의 관할 구역
⑤ 특별지방자치단체의 사무소의 위치
⑥ 특별지방자치단체의 사무
⑦ 특별지방자치단체의 사무처리를 위한 기본계획에 포함되어야 할 사항
⑧ 특별지방자치단체의 지방의회의 조직, 운영 및 의원의 선임방법
⑨ 특별지방자치단체의 집행기관의 조직, 운영 및 장의 선임방법
⑩ 특별지방자치단체의 운영 및 사무처리에 필요한 경비의 부담 및 지출방법
⑪ 특별지방자치단체의 사무처리 개시일
⑫ 그 밖에 특별지방자치단체의 구성 및 운영에 필요한 사항

(2) 규약의 변경

구성 지방자치단체의 장은 규약을 변경하려는 경우에는 구성 지방자치단체의 지방의회 의결을 거쳐 행정안전부장관의 승인을 받아야 한다. 이 경우 국가 또는 시·도 사무의 위임에 관하여는 제199조 4항 및 5항을 준용한다(동법 202조 2항). 구성 지방자치단체의 장은 제2항에 따라 행정안전부장관의 승인을 받았을 때에는 지체 없이 그 사실을 고시하여야 한다. 이 경우 구성 지방자치단체의 장이 시장·군수 및 자치구의 구청장일 때에는 그 승인사항을 시·도지사에게 알려야 한다(동조 3항).

2. 기본계획

특별지방자치단체의 장은 소관 사무를 처리하기 위한 기본계획(이하 "기본계획"이라 한다)을 수립하여 특별지방자치단체 의회의 의결을 받아야 한다. 기본계획을 변경하는 경우에도 또한 같다(지방자치법 203조 1항). 특별지방자치단체는 기본계획에 따라 사무를 처리하여야 한다(동조 2항). 특별지방자치단체의 장은 구성 지방자치단체의 사무처리가 기본계획의 시행에 지장을 주거나 지장을 줄 우려가 있을 때에는 특별지방자치단체의 의회 의결을 거쳐 구성 지방자치단체의 장에게 필요한 조치를 요청할 수 있다(동조 3항).

3. 의회의 조직

특별지방자치단체의 의회는 규약으로 정하는 바에 따라 구성 지방자치단체의 의회 의원으로 구성한다(지방자치법 204조 1항). 제1항의 지방의회의원은 제43조 1항에도 불구하고 특별지방자치단체의 의회 의원을 겸할 수 있다(동조 2항). 특별지방자치단체의 의회가 의결하여야 할 안건 중 대통령령으로 정하는 중요한 사항에 대해서는 특별지방자치단체의 장에게 미리 통지하고, 특별지방자치단체의 장은 그 내용을 구성 지방자치단체의 장에게 통지하여야 한다. 그 의결의 결과에 대해서도 또한 같다(동조 3항).

4. 집행기관의 조직

특별지방자치단체의 장은 규약으로 정하는 바에 따라 특별지방자치단체의 의회에서 선출한다(지방자치법 205조 1항). 구성 지방자치단체의 장은 제109조에도 불구하고 특별지방자치단체의 장을 겸할 수 있다(동조 2항). 특별지방자치단체의 의회 및 집행기관의 직원은 규약으로 정하는 바에 따라 특별지방자치단체 소속인 지방공무원과 구성 지방자치단체의 지방공무원 중에서 파견된 사람으로 구성한다(동조 3항).

Ⅲ. 특별지방자치단체의 운영

1. 경비의 부담

특별지방자치단체의 운영 및 사무처리에 필요한 경비는 구성 지방자치단체의 인구, 사무처리의 수혜범위 등을 고려하여 규약으로 정하는 바에 따라 구성 지방자치단체가 분담한다(지방자치법 206조 1항). 구성 지방자치단체는 제1항의 경비에 대하여 특별회계를 설치하여 운영하여야 한다(동조 2항). 국가 또는 시·도가 사무를 위임하는 경우에는 사무를 위임한 국가 또는 시·도가 그 사무를 수행하는 데 필요한 경비를 부담하여야 한다(동조 3항).

2. 사무처리상황 등의 통지

특별지방자치단체의 장은 대통령령으로 정하는 바에 따라 사무처리 상황 등을 구성 지방자치단체의 장 및 행정안전부장관(시·군 및 자치구만으로 구성하는 경우에는 시·도지사를 포함한다)에게 통지하여야 한다(지방자치법 207조).

3. 가입 및 탈퇴

특별지방자치단체에 가입하거나 특별지방자치단체에서 탈퇴하려는 지방자치단체의 장은 해당 지방의회의 의결을 거쳐 특별지방자치단체의 장에게 가입 또는 탈퇴를 신청하여야 한다(지방자치법 208조 1항). 제1항에 따른 가입 또는 탈퇴의 신청을 받은 특별지방자치단체의 장은 특별지방자치단체 의회의 동의를 받아 신청의 수용 여부를 결정하되, 특별한 사유가 없으면 가입하거나 탈퇴하려는 지방자치단체의 의견을 존중하여야 한다(동조 2항). 제2항에 따른 가입 및 탈퇴에 관하여는 제199조를 준용한다(동조 3항).

4. 해　산

구성 지방자치단체는 특별지방자치단체가 그 설치 목적을 달성하는 등 해산의 사유가 있을 때에는 해당 지방의회의 의결을 거쳐 행정안전부장관의 승인을 받아 특별지방자치단체를 해산하여야 한다(지방자치법 209조 1항). 구성 지방자치단체는 제1항에 따라 특별지방자치단체를 해산할 경우에는 상호 협의에 따라 그 재산을 처분하고 사무와 직원의 재배치를 하여야 하며, 국가 또는 시·도 사무를 위임받았을 때에는 관계 중앙행정기관의 장 또는 시·도지사와 협의하여야 한다. 다만, 협의가 성립하지 아니할 때에는 당사자의 신청을 받아 행정안전부장관이 조정할 수 있다(동조 2항).

Ⅳ. 기　타

1. 지방자치단체에 관한 규정의 준용

시·도, 시·도와 시·군 및 자치구 또는 2개 이상의 시·도에 걸쳐 있는 시·군 및 자치구로 구성되는 특별지방자치단체는 시·도에 관한 규정을, 시·군 및 자치구로 구성하는 특별지방자치단체는 시·군 및 자치구에 관한 규정을 준용한다. 다만, 제3조, 제1장 제2절, 제11조부터 제14조까지, 제17조 3항, 제25조, 제4장, 제38조, 제39조, 제40조 1항 1호 및 2호, 같은 조 3항, 제41조, 제6장 제1절 제1관, 제106조부터 제108조까지, 제110조, 제112조 2호 후단, 같은 조 3호, 제123조, 제124조, 제6장 제3절(제130조는 제외한다)부터 제5절까지, 제152조, 제166조, 제167조 및 제8장 제2절부터 제4절까지, 제11장에 관하여는 그러하지 아니하다

(지방자치법 210조).

2. 다른 법률과의 관계

(1) 지방자치단체 또는 지방자치단체의 장

다른 법률에서 지방자치단체 또는 지방자치단체의 장을 인용하고 있는 경우에는 제202조 1항에 따른 규약으로 정하는 사무를 처리하기 위한 범위에서는 특별지방자치단체 또는 특별지방자치단체의 장을 인용한 것으로 본다(지방자치법 211조 1항).

(2) 시·도 또는 시·도지사

다른 법률에서 시·도 또는 시·도지사를 인용하고 있는 경우에는 제202조 1항에 따른 규약으로 정하는 사무를 처리하기 위한 범위에서는 시·도, 시·도와 시·군 및 자치구 또는 2개 이상의 시·도에 걸쳐 있는 시·군 및 자치구로 구성하는 특별지방자치단체 또는 특별지방자치단체의 장을 인용한 것으로 본다.

(3) 시·군 및 자치구 또는 시장·군수 및 자치구의 구청장

다른 법률에서 시·군 및 자치구 또는 시장·군수 및 자치구의 구청장을 인용하고 있는 경우에는 제202조 제1항에 따른 규약으로 정하는 사무를 처리하기 위한 범위에서는 동일한 시·도 관할 구역의 시·군 및 자치구로 구성하는 특별지방자치단체 또는 특별지방자치단체의 장을 인용한 것으로 본다.

제 4 장 공무원법[1]

제 1 절 개 설

Ⅰ. 공무원의 개념

공무원이라는 용어는 여러 가지 뜻으로 사용되고 있다. 그의 정확한 개념은 「국가공무원법」, 「지방공무원법」 혹은 「국가배상법」 등 개개 법령의 규정에 비추어 판단되어야 할 것이나, 여기서는 광의와 협의로 나누어 그것을 고찰해 보고자 한다. 전자는 헌법상의 공무원이 그의 중심이 되겠으며, 후자는 「국가공무원법」 및 「지방공무원법」상의 공무원이 그의 중심을 이루게 된다.[2]

1. 광의의 공무원

공무원은 광의로는 국가 또는 공공단체의 공무를 담당하는 일체의 자를 의미한다. 헌법은 "공무원은 국민전체에 대한 봉사자이며, 국민에 대하여 책임을 진다"(7조 1항)라고 규정하고 있는데, 광의의 공무원개념은 바로 상기한 헌법규정상의 공무원개념과 일치한다고 볼 수 있다.

이와 같은 의미의 공무원에는 대통령, 국회의원 등과 같이 선거에 의하여 취임하거나 임명에 있어 국회의 동의를 요하는 공무원(정무직공무원)은 물론,

---

1) '지방자치법'을 행정조직법의 편에 포함시키는 것의 문제점을 지적한 바 있다. 공무원법을 행정조직법의 편에 포함시키는 것 또한 문제가 있다. 공무원은 행정조직의 구성원(공무의 담임자)이라는 지위 외에 국민 또는 사회의 구성원으로서의 지위, 근로자의 한 사람으로서의 지위를 누리고 있다고 보기 때문이다. 이러한 점을 인식하면서도 본서에서는 관례에 따라 공무원법을 행정조직법편에 포함시키기로 한다.

2) 학자에 따라서는 공무원을 최광의의 공무원(일체의 공무담당자), 광의의 공무원(공법상 근무관계를 맺고 공무를 담당하는 기관구성자) 및 협의의 공무원(국가 또는 자치단체와 특별행정법관계를 맺고 공무를 담당하는 기관구성자)으로 나누기도 하는 바(김도창(하), 204면 이하), 그 광의의 공무원과 협의의 공무원의 구별의 실익은 적어 보인다. 헌법상의 공무원과 공무원법상의 공무원을 "형식적 의미의 공무원"이라 하여 "실질적 의미의 공무원"(공법상의 근무의무를 지는 자)과 구별하는 입장도 있는 바(이상규(하), 198면 이하), 이러한 구분에 있어서는 "실질적 의미의 공무원"과 "공무원법상의 공무원"과의 구별의 실익이 적은 것으로 보인다.

법관, 검사 등의 특정직공무원, 그 외 특수경력직공무원, 기간을 정하여 임용되는 자 등 모든 공무담당자가 포함된다.

2. 협의의 공무원

협의의 공무원은 국가 또는 지방자치단체와 공법상의 근무관계에 있는 모든 자로서, 국가공무원법 및 지방공무원법 기타 공무원의 지위 및 신분에 관해 규율하고 있는 각종 공무원법상의 공무원이 이에 해당한다. 다만, 행정법학에 있어서는 「국가공무원법」 및 「지방공무원법」상의 경력직공무원(후술)이 그의 주된 고찰의 대상이 되고 있다.

Ⅱ. 공무원의 종류

1. 국가공무원과 지방공무원

국가공무원은 국가에 의하여 임용되어 원칙적으로 국가기관에 근무하며, 국가로부터 보수를 받는 공무원을 의미하며, 지방공무원은 지방자치단체에 의해 임용되어 원칙적으로 지방자치단체에 근무하며 지방자치단체로부터 보수를 받는 공무원을 의미한다. 국가공무원이면서 지방자치단체에 근무하는 예도 아직 많이 있다.

국가공무원은 일반적으로 「국가공무원법」의 적용을 받으며, 지방공무원은 일반적으로 「지방공무원법」의 적용을 받는다.

2. 경력직공무원과 특수경력직공무원

「국가공무원법」 및 「지방공무원법」이 1981년의 법개정 이후부터 채택하고 있는 분류방법으로서, 공무원의 임용자격 및 신분보장의 유무와 직무내용의 정치성 및 전문성 유무를 기준으로 경력직공무원과 특수경력직공무원으로 대별되며, 경력직은 다시 일반직·특정직으로, 특수경력직은 정무직·별정직으로 나누어진다(국가공무원법 2조 2항·3항, 지방공무원법 2조 2항·3항 참조).[3] [4] 이 중 경력직공무원이 직업공무원의 주류에

3) 공무원 세계에서도 채용계약에 의하여 일정한 기간 전문지식이 요구되는 업무에 종사하는 공무원의 수가 늘어나는 추세에 있다.

4) 「국가공무원법」과 「지방공무원법」은 2012. 12. 11. 개정되어, 기능직과 계약직을 폐지하고 인사관리방식과 직무분야가 유사한 일반직과 기능직을 일반직으로 통합하여 인사관리의 효율성을 제고하고, 계약직은 업무성격에 따라 일반직 또는 별정직에 통합하였다. 또한 전문지식이나 기술이 요구되거나 임용

속한다.

일반직공무원은 기술·연구 또는 행정일반에 대한 업무를 담당하며, 직군별(학예·공안·행정직 등 15개)·직렬별(행정직군에 있어서의 일반행정·재무·교육·사회·문화·홍보)로 분류된다. 특정직공무원은 특수분야의 업무를 담당하는 공무원으로서 다른 법률이 특정직공무원으로 지정하는 공무원을 말한다. 각 개별법에 의한 법관·검사·외무공무원·경찰공무원·소방공무원·교육공무원·군인·군무원, 헌법재판소 헌법연구관, 국가정보원의 직원과 경호공무원, 특수분야의 업무를 담당하는 공무원 등이 이에 속한다. 특수경력직공무원은 경력직공무원 외의 공무원을 말하며, 정무직공무원과 별정직공무원으로 나뉜다.

경력직공무원에 대하여는 「국가공무원법」 또는 「지방공무원법」이 적용되나, 특수경력직공무원에 대하여는 보수 및 복무에 관한 규정(단, 대통령령으로 정하는 특수경력직공무원에 대하여는 예외규정이 있음)과 각 개별법(법원조직법, 검찰청법, 교육공무원법 등)만이 적용된다(국가공무원법 3조, 지방공무원법 3조).

3. 정규공무원과 준공무원

「국가공무원법」, 「지방공무원법」 등 공무원법이 정하고 있는 신분을 가지고 있는 공무원을 정규공무원이라고 하고, 개별법에 의해 신분에 관해서 공무원에 준하는 취급을 받는 자를 준공무원이라 한다. 준공무원의 예로서는 한국은행, 한국조폐공사, 한국방송광고공사 등 정부투자기관의 임원 및 별정우체국장 등이 있다. 이들은 대체로 정규공무원에 준하는 의무와 책임을 지도록 되어 있으나, 구체적으로는 각 개별법이 정하는 바에 따른다.

4. 고위공무원단

고위공무원단이란 직무의 곤란성과 책임도가 높은 중앙행정기관의 실·국장 및 이에 상당하는 직위에 임용되어 재직 중이거나 파견·휴직 등으로 인사관리되고 있는 일반직공무원·별정직공무원 및 특정직공무원(특정직공무원은 다른 법률에서 고위공무원단에 속하는 공무원으로 임용할 수 있도록 규정하고 있는 경우만 해당한다)의 군을 말한다(국가공무원법 2조의2). 정부정책에 핵심적 역할을 수행하는 실·국장급 국가공무원을 범정부적 차원에서 적재적소에 활용할 수 있도록 인사관리하고, 고위공무원의 개방과 경쟁을 확대하며, 성과책임을 강화함으로써

관리에 특수성이 요구되는 업무에 근무기간을 정하여 임용하는 공무원을 둘 수 있도록 하되, 직권면직 절차 등 인사 관계법령을 적용할 때에는 신분보장 규정이 적용되도록 하여 우수한 인재를 확보할 수 있도록 하였다.

역량있는 정부를 구현하기 위하여 고위공무원단 제도를 도입하였다.

일반직공무원에 대하여는 1급 내지 9급의 계급구분을 적용하고 있지만, 고위공무원단에 속하는 공무원에 대하여는 이러한 계급 구분을 적용하지 아니함으로써 계급이 아닌 업무와 직위를 중심으로 관리된다(동법 4조 1항). 또한 고위공무원단에 속하는 공무원의 경우 소속장관은 당해 기관에 소속되지 아니한 자에 대하여도 임용제청을 할 수 있도록 함으로써 범정부적 차원에서 효율적인 인사관리를 할 수 있도록 하였다(동법 32조 1항).

한편 고위공무원단에 속하는 일반직공무원은 일정한 경우에 고위공무원으로서 적격한지 여부에 대한 심사를 받아야 한다. 즉, ① 근무성적평정에서 최하위 등급의 평정을 총 2년 이상 받은 때, ② 정당한 사유 없이 직위를 부여받지 못한 기간이 총 1년에 이른 때 중 어느 하나에 해당하는 경우에는 적격심사를 받아야 하며, 근무성적과 능력의 평정에 따라 적격심사를 하여 고위공무원의 직무를 계속하여 수행하는 것이 곤란하다고 판단되는 경우에는 부적격자로 결정하도록 하였다(동법 70조 의2). 임용권자는 위의 ①와 ②의 사유로 적격심사를 요구받은 자에게는 직위를 부여하지 아니할 수 있으며(동법 73조의3 1항 5호), 적격심사 결과 부적격 결정을 받은 공무원은 직권으로 면직시킬 수 있도록 하여(동법 70조 1항 9호), 고위공무원의 책임성을 강화하였다.

Ⅲ. 공무원제도의 발달

1. 전근대적 공무원제도로부터 근대적 공무원제도로

전제적 군주국가에도 공무원은 존재하였다. 그러나 그러한 체제하에서의 공무원은 무엇보다도 군주 개인에 대한 봉사자로서의 성격이 강했으며, 근무의무의 내용도 지배자의 개인적 목적을 실현하는 데 중점이 두어졌다. 그러한 공무원제도로부터 지배자의 사복(私僕)이 아닌 국민에 대한 봉사자로서의 공무원제도가 탄생된 것은 시민혁명의 성과로서 근대국가의 탄생과 그 때를 같이 한다. 근대적 공무원제도의 특징은 ① 공무원이 개인의 고용원이 아니라 국가 등 행정주체의 기관인 점, ② 공무원의 사생활과 공생활이 명확히 구분되는 점, ③ 공무원직이 세습되지 않는 점 등에서 발견된다.

2. 엽관제로부터 성적제로

엽관제(spoils system)는 공무원의 임용이 선거에 승리한 집권당의 임의적 의사로 행해지는 공무원제도를 말한다. 이 제도는 공무원의 임면을 선거의 결과에 의존케 함으로써 공무원의 특권화를 방지하려는 데 그 본래의 뜻이 있었다고 할 수 있다. 그러나 이 제도는 필연적으로 공무원의 부패를 초래하는 동시에, 전문화의 요청에 부응하지 못함으로써 그 자리를 성적제(merit system)에 내주기에 이르렀다. 성적제는 최소한 ① 능력주의, ② 중립성의 원칙, ③ 기회균등의 원칙을 그 요소로 하는 공무원제도로서, 현대국가는 어느 나라에서나 기본적으로 성적제를 지향하고 있다고 말할 수 있다.

3. 독보적 관료집단으로부터 보편적 근무집단으로

사회가 충분히 산업화되지 않은 시대에 있어서는, 공무원집단은 독보적 관료조직으로서의 성격이 강했으며, 그 사회의 엘리트집단으로서의 긍지를 강하게 지닐 수 있었다. 그러나 사회가 발달하여 사기업이 다수 출현하고 그의 조직 및 운영이 관료제(계층제)방식을 취함에 따라 공무원집단이 지녔던 과거의 특성이 상대화되어 가는 한편으로, 공무원의 근무관계도 고용관계의 일종임이 강조되는 경향에 있다.[5] 그러나 그렇다고 하여 공무원의 고용관계를 사법상의 고용관계와 동일시할 수는 없는 일이며,[6] 여기에 아직도 수정된 공법상의 특별권력(신분)관계이론[7]이 존재하게 되는 이유가 있다고 하겠다.

Ⅳ. 우리나라 공무원제도의 기본원칙

우리나라의 공무원제도가 민주적 · 직업적 공무원제를 그 근간으로 하고 있음은 학자들의 거의 일치된 견해라 할 수 있다.

1. 민주적 공무원제

헌법이 "공무원은 국민전체에 대한 봉사자이며, 국민에 대하여 책임을 진다"

5) 이와 같은 경향은 특수경력직공무원 등(책임운영기관의 장 등 포함)의 수가 늘어남에 따라 더욱 심화되는 경향에 있다.
6) 헌법 제33조 2항 등 참조.
7) 상세는 김남진 · 김연태(Ⅰ), 제1편 제3장 제7절 이하; 김선욱, 특별권력관계이론의 수정과 한국공무원법상의 과제, 서원우교수화갑기념, 현대행정과 공법이론, 1991, 309면 이하 등 참조.

(7조 1항)라고 규정하고 있음은 우리의 공무원제가 민주주의에 그 바탕을 두고 있음을 선명히 밝혀 주는 것이라 하겠다.

(1) 국민에 대한 봉사

헌법이 명시하고 있는 바와 같이, 공무원은 국민전체에 대한 봉사자이며 특정인 또는 집권당에 대한 봉사자가 아니다. 여기에 공무원의 정치적 중립성 및 임용에 있어서의 기회균등이 보장되어야 할 이유가 또한 있다.

(2) 국민에 대한 책임

공무원은 주권자인 국민의 수임자이므로, 그 위임된 임무를 충실히 수행하지 못한 경우, 법을 위배한 경우 등에는 그에 대한 정치적 · 법적 책임을 지지 않으면 안된다. 정치적 책임은 주로 선거를 통해 묻게 되며, 법적 책임은 공무원법상의 책임, 민사책임, 형사책임 등을 통해 추궁된다(후술 '공무원의 책임' 참조).

(3) 공무담임의 기회균등

헌법은 국민의 공무담임권을 국민의 기본권으로서 보장하고 있으며(25조), "누구든지 성별 · 종교 또는 사회적 신분에 의하여 … 모든 영역에 있어서 차별을 받지 아니한다"(11조 1항)라고 규정하고 있다. 이러한 국민의 기본권 역시 우리 공무원제도의 민주성을 뒷받침하는 법원칙의 하나이다.

2. 직업공무원제

우리나라의 직업공무원제는 다음과 같은 요소에 의해 뒷받침되고 있다.

(1) 신분보장

직업공무원제는 공무원의 신분보장을 통해서만 달성될 수 있다. 이러한 이유로 헌법은 "공무원의 신분…은 법률이 정하는 바에 의하여 보장된다"(7조 2항)라고 규정하고 있으며, 국가공무원법 등 각종의 공무원법이 그 내용을 구체화하고 있다(후술 '공무원의 신분상의 권리' 참조).

(2) 정치적 중립성

헌법은 공무원의 신분과 함께 '정치적 중립성'을 보장하고 있는 바, 여기에도 직업공무원제를 확립하려는 헌법제정권자의 의지가 뚜렷이 표명되어 있다. 정권의 교체에도 불구하고 공무원의 지위가 안정되기 위해서는 공무원의 정치적 중립이 전제되어야 하기 때문이다. 따라서 이들 공무원에게는 정치운동이나 집단행위가 원칙적으로 금지되어 있다(국가공무원법 65조·66조, 지방공무원법 57조·58조).

(3) 성적주의

성적주의 또는 성적제(merit system)가 능력주의를 그의 핵심적 요소로 하고 있음은 전술한 바이다. 현행법은 "공무원의 임용은 시험성적·근무성적, 경력평정, 그 밖의 능력의 실증에 의하여 행한다"(국가공무원법 26조, 지방공무원법 25조)라고 규정함으로써 성적주의를 명시하고 있다. 현행법이 단계적으로 실시할 것을 기약하고 있는 직위분류제(국가공무원법 3장, 지방공무원법 3장) 역시 성적주의를 실현하는 데 기여하게 됨은 부인하기 어렵다.[8)]

직위분류제(position classification)란 모든 직위를 직무의 종류와 곤란성 및 책임도에 따라 직군·직렬·직급 또는 직무등급별로 분류하되, 동일직급 또는 동일직무등급에 속하는 직위에 대하여는 동시에 동일하거나 유사한 보수를 지급하는 인사제도를 의미한다(국가공무원법 22조, 지방공무원법 22조 2항 참조). 이러한 직위분류제는 사회적 출신성분이나 학력과의 관련성이 적고, 특정 직무수행능력을 중요시하는 제도인 점에서 상술한 성적주의와 관련이 많다고 볼 수 있다.

직위분류제와 대조를 이루는 것이 '계층제(계서제)'이다. 이는 직위분류제와 달리 사람을 중심으로 학력·경력·능력을 기준으로 하여 공무원을 계급으로 분류하는 제도이며, 신분상의 자격·지위에 중점을 둔다. 위의 직위분류제와 계층제 중 어느 것이 직무수행의 능률을 높이는 데 더 효과적인가는 일률적으로 말하기 어려운 면이 있다.[9)]

우리나라는 1963년 직위분류법을 제정하였다가 1973년에 폐지하였으나, 공무원의 채용·승진·전직 등에 있어 직위분류제의 원칙이 부분적으로 이용되고 있다.

---

8) 다만, 직위분류제는 실시가 쉬운 것부터 단계적으로 실시하게 되어 있다(국가공무원법 24조 등 참조).

9) 계급제가 공무원의 전문화의 장애가 된다고 지적되기도 한다.

제 2 절 공무원관계의 발생 · 변경 · 소멸

Ⅰ. 공무원관계의 발생

기본사례

甲은 국가공무원 시험에 합격하여 공무원채용후보자등록을 하고 교도소 교도보로 임명된 후, 교사로 승진하여 현재 보안과 공무원으로 재직중이다. 그러나 甲에게는 공무원채용후보자등록 후 임용 전에 징역 8월형을 선고유예하는 판결이 확정된 사실이 있었다. 이 경우 甲에 대한 임용행위는 유효한가?

공무원관계의 발생원인에는 임명 · 선거 · 법률에 의한 강제설정 등이 있다. 이 중 '임명'이 가장 보편적인 형태이므로, 여기에서는 그 임명을 중심으로 살펴보기로 한다.

1. 임명의 의의 및 성질

(1) 임명의 의의

임명은 특정인에게 공무원으로서의 신분을 부여하며, 공법상의 근무관계를 설정하는 행위이다. 그러한 의미에서 임명은 공무원의 신분을 취득한 자에게 일정한 직위를 부여하는 행위, 즉 보직과 구별된다.

상술한 의미의 임명은 실정법상으로는 '임용'으로 표시되기도 한다(국가공무원법 26조, 지방공무원법 25조). 그러나 임용은 보다 넓은 의미, 즉 신규채용 · 승진임용 · 전직 · 전보 · 겸임 · 파견 · 강임 · 휴직 · 직위해제 · 정직 · 강등 · 복직 · 면직 · 해임 및 파면을 포괄하는 의미로 사용되고 있다(공무원임용령 2조 1호).[1]

(2) 임명의 성질

임명의 성질에 관하여는 크게 ① 행정행위설(쌍방적 행정행위설)과 ② 공법상 계약설이 나누어져 있는 상태이다. 그러나 오늘날, 그러한 학설대립은 무의

1) 공무원의 임용 등에 관한 실무규정으로는 「공무원 임용규칙」이 있다. 아울러 김명식, 공무원임명행위의 법적성질, 고시계, 1998. 3, 94면 참조.

미하다고 생각된다. 대부분의 공무원은 행정행위를 통해 임명되지만, 특수경력직공무원(이전의 전문직공무원)에 있어서와 같이 계약(공법계약)에 의하여 임용되는 공무원도 있기 때문이다(국가공무원법 2조 3항, 지방공무원법 2조 3항 참조).[2]

[판례①] 지방전문직 공무원의 채용계약은 일반공무원이 그 동의에 의한 쌍방적 행정행위에 속하는 데 비하여 특별행정기관의 설정을 목적으로 하는 공법상의 계약이라 할 것이다(서울고판 1987. 12. 7, 87누633; 대판 1993. 9. 14, 92누4611).

[판례②] 공중보건의사 채용계약해지의 의사표시에 대하여는 대등한 당사자 간의 소송형식인 공법상의 당사자소송으로 그 의사표시의 무효확인을 구할 수 있는 것이지, 이를 항고소송의 대상이 되는 행정처분이라는 전제에서 그 취소를 구하는 항고소송을 제기할 수는 없다고 할 것이다(대판 1996. 5. 31, 95누10617).[3]

한편, 정무직공무원에는 ① 선거에 의하여 취임하는 공무원(대통령, 지방자치단체장 등), ② 국회의 동의를 받아 임명되는 공무원(국무총리·감사원장 등), ③ 국회에서 선출하는 공무원(중앙선거관리위원회위원 3인 등), ④ 지명에 의하여 취임하는 공무원(헌법재판소재판관 중 3인 등) 및 ⑤ 국무총리의 제청으로 대통령이 임명하는 공무원(장관급공무원)이 있는 점에 유의할 필요가 있다.[4]

2. 임명의 요건

(1) 능력요건

공무원이 되기 위해서는 법정의 결격사유가 없어야 한다. 즉, ① 피성년후견인, ② 파산선고를 받고 복권되지 아니한 자, ③ 금고 이상의 실형을 선고받고 그 집행이 끝나거나(집행이 끝난 것으로 보는 경우를 포함한다) 집행이 면제된 날부터 5년이 지나지 아니한 자, ④ 금고 이상의 형의 집행유예를 선고받고 그 유예기간이 끝난 날부터 2년이 지나지 아니한 자, ⑤ 금고 이상의 형의 선고유예를 받은 경우에 그 선고유예 기간 중에 있는 자, ⑥ 법원의 판결 또는 다른 법률에 따라 자격이 상실되거나 정지된 자, ⑦ 공무원으로 재직기간 중 직무와 관련하여 형법 제355조 및 제356조에 규정된 죄를 범한 자로서 300만 원 이상의 벌금형을 선고받고 그 형이 확정된 후 2년이 지나지 아니한 자, ⑧ 「성폭력범죄의 처벌 등에 관한 특례법」 제2조에 따른 성폭력범죄 등을 범한 사람으로서 100만원 이상의 벌금형을 선

2) 공법계약으로서 공무원의 임용에 관련된 법적 문제에 관하여는 김남진·김연태(Ⅰ), 423면 이하 참조.
3) 이들 판례 및 공법계약의 상세에 관하여는 김남진·김연태(Ⅰ), 제2편 제4장 제3절 이하 참조.
4) 아울러 김명식, 공무원임명행위의 법적 성질, 고시계, 1998. 3, 92면 이하 참조.

고받고 그 형이 확정된 후 3년이 지나지 아니한 자, ⑨ 미성년자에 대하여 「성폭력범죄의 처벌 등에 관한 특례법」 제2조에 따른 성폭력범죄와 「아동·청소년의 성보호에 관한 법률」 제2조 제2호에 따른 아동·청소년대상 성범죄를 저질러 파면·해임되거나 형 또는 치료감호를 선고받아 그 형 또는 치료감호가 확정된 사람(집행유예를 선고받은 후 그 집행유예기간이 경과한 사람을 포함한다), ⑩ 징계로 파면처분을 받은 때부터 5년이 지나지 아니한 자, ⑪ 징계로 해임처분을 받은 때부터 3년이 지나지 아니한 자는 공무원에 임용될 수 없다(국가공무원법 제33조, 지방공무원법 제31조). 외국인의 경우에는 대학의 교원인 교육공무원으로 임용될 수 있으며(교육공무원법 10조의2), 국가안보 및 보안·기밀에 관계되는 분야를 제외하고 공무원으로 임용될 수 있으나(국가공무원법 26조의3, 지방공무원법 25조의2), 외무공무원으로 임용될 수는 없다(외무공무원법 9조 2항).

한편, 공무원 관계는 「국가공무원법」 제38조, 「공무원임용령」 제12조의 규정에 의한 채용후보자 명부에 등록한 때가 아니라 국가의 임용이 있는 때에 설정되는 것이므로 공무원임용결격사유가 있는지의 여부는 채용 후보자 명부에 등록한 때가 아닌 임용 당시에 시행되던 법률을 기준으로 하여 판단하여야 한다.

위의 결격사유에 해당하는 자를 공무원으로 임용하는 행위는 무효로 보고 있으며(아래 판례 참조),[5] 재직중에 이 결격사유(⑤의 경우는 제외, 이에 대하여는 후술)에 해당하는 사유가 발생한 때에는 당연히 퇴직된다(국가공무원법 69조, 지방공무원법 61조).[6]

[판례①] 임용당시 공무원임용결격사유가 있었다면 비록 국가의 과실에 의하여 임용결격자임을 밝혀내지 못하였다 하더라도 그 임용행위는 당연무효로 보아야 한다(대판 1987. 4. 14, 86누459).

[판례②] 공무원연금법이나 근로자퇴직급여 보장법에서 정한 퇴직급여는 적법한 공무원으로서의 신분을 취득하거나 근로고용관계가 성립하여 근무하다가 퇴직하는 경우에 지급되는 것이다. 임용 당시 공무원 임용결격사유가 있었다면, 비록 국가의 과실에 의하여 임용결격자임을 밝혀내지 못하였다 하더라도 임용행위는 당연무효로 보아야 하고, 당연무효인 임용행위에 의하여 공무원의 신분을 취득한다거나 근로고용관계가 성립할 수는 없다. 따라서 임용결격자가 공무원으로 임용되어 사실상

5) 결격사유 있는 공무원 임용의 효력에 관하여는, 김남진, 공무원임용의 취소와 신의칙, 고시연구, 1987. 8; 김남진·이명구, 행정법연습, 474면 이하; 김연태, 행정법사례연습, 743면 이하 참조.

6) 정부는 1998년 2월 20일 "임용결격사유가 있는 공무원은 당연히 퇴직해야 한다"며, 경찰청의 신원조회 자료를 첨부한 약 2,000명의 명단을 정부 각 부처에 통보하여 많은 공무원을 해직한 바 있다. 이로 인하여 큰 물의가 일어났는데, 「임용결격공무원 등에 대한 퇴직보상금지급 등에 관한 특별법」(1999. 8. 31, 법률 제6008호)을 제정하여 해결한 바 있다.

근무하여 왔다 하더라도 적법한 공무원으로서의 신분을 취득하지 못한 자로서는 공무원연금법이나 근로자퇴직급여 보장법에서 정한 퇴직급여를 청구할 수 없다. 나아가 이와 같은 법리는 임용결격사유로 인하여 임용행위가 당연무효인 경우뿐만 아니라 임용행위의 하자로 임용행위가 취소되어 소급적으로 지위를 상실한 경우에도 마찬가지로 적용된다(대판 2017. 5. 11, 2012다200486. 동지판례: 대판 1998. 1. 23, 97누16985; 대판 1996. 2. 27, 95누9617; 대판 1996. 7. 12, 96누3333).

[판례③] 임용결격자가 공무원으로 임용되어 사실상 근무하여 왔다고 하더라도 적법한 공무원으로서의 신분을 취득하지 못한 자로서는 공무원연금법 소정의 퇴직급여 등을 청구할 수 없으며, 임용결격사유가 소멸된 후에 계속 근무하여 왔다고 하더라도 그 때부터 무효인 임용행위가 유효로 되어 적법한 공무원의 신분을 회복하고 퇴직급여 등을 청구할 수 있다고 볼 수 없다(대판 1998. 1. 23, 97누16985).

(2) 자격요건

공무원이 되기 위해서는 위의 결격사유가 없을 뿐 아니라 일정한 자격을 갖추어야 한다. 별정직인 비서와 같은 예외도 있으나, 공무원의 임명은 공개경쟁채용시험(신규임명의 경우), 특별채용시험(퇴직공무원의 재임용 등의 경우) 등 시험 또는 근무성적, 경력평정 등을 통한 실증을 통하여 하도록 되어 있으며, 공개시험합격자를 우선적으로 임용하도록 되어 있다(국가공무원법 26조·28조·31조, 지방공무원법 25조·27조·30조).

(3) 임명권자·임명절차

행정부 소속의 공무원의 경우, 국가공무원의 임명권은 대통령에게(헌법 78조), 지방공무원의 임명권은 지방자치단체의 장에게 있음이 원칙이다. 다만, 현실적으로 5급 이상 국가공무원 및 고위공무원단에 속하는 일반직공무원은 소속 장관의 제청[7]으로 인사혁신처장과의 협의를 거친 후에 국무총리를 거쳐 대통령이 임용하도록 하고, 그 밖의 소속 공무원에 대하여는 소속장관이 임용권을 가지되, 그 일부를 소속기관장에게 위임할 수 있게 하고 있다(국가공무원법 32조, 공무원임용령 5조). 지방자치단체의 장도 조례가 정하는 바에 의하여 임용권의 일부를 소속 기관장 등에게 위임할 수 있다(지방공무원법 6조 2항).

한편, 5급공무원을 신규채용하는 경우에는 1년, 6급 이하 공무원을 신규채용하는 경우에는 6개월간 시보로 임용하고, 그 기간중의 근무성적이 양호한 경우에 정규공무원으로 임용함이 원칙이다(국가공무원법 29조 1항, 지방공무원법 28조 1항). 시보임용기간 중의 공

7) 제청은 한 사람만 하는 것이 타당하며, 이 점이 복수의 사람을 '추천'할 수 있는 것과 다르다. 김명식, 공무원임명행위의 법적성질, 고시계, 1998. 3, 101면 참조.

무원이 근무성적 또는 교육훈련성적이 불량한 때에는 면직시키거나 면직을 제청할 수 있다(국가공무원법 29조 3항, 지방공무원법 28조 3항).

(4) 형식적 요건

임명은 임용장의 교부에 의해 하는 것이 원칙이다. 다만, 임명(임용)은 요식행위가 아니므로 임용장의 교부는 유효요건이 아니라는 것이 통설적 견해이다.

(5) 임명의 효력발생시기

공무원은 임용장이나 임용통지서에 적힌 날짜에 임용된 것으로 보며,[8] 원칙적으로 임용일자를 소급해서는 아니 된다(공무원임용령 6조 1항, 지방공무원 임용령 5조). 그리고 임용 시기의 특례로 ① 재직 중 공적이 특히 뚜렷한 자가 공무로 사망한 때 특별승진임용하는 경우 재직 중 사망한 경우에는 사망일의 전날, 퇴직 후 사망한 경우에는 퇴직일의 전날, ② 휴직 기간이 끝나거나 휴직 사유가 소멸된 후에도 직무에 복귀하지 아니하거나 직무를 감당할 수 없을 때 직권으로 면직시키는 경우에는 휴직기간의 만료일 또는 휴직사유의 소멸일, ③ 시보임용이 될 사람이 공무원의 직무수행과 관련된 실무수습 중 사망한 경우에는 사망일의 전날 임용된 것으로 본다(공무원임용령 7조, 지방공무원 임용령 6조).

(6) 개방형 직위의 지정 · 운영

임용권자나 임용제청권자는 해당 기관의 직위 중 전문성이 특히 요구되거나 효율적인 정책 수립을 위하여 필요하다고 판단되어 공직 내부나 외부에서 적격자를 임용할 필요가 있는 직위에 대하여는 개방형 직위로 지정하여 운영할 수 있다(국가공무원법 28조의4, 지방공무원법 29조의4).

(7) 공모 직위의 지정 · 운영

임용권자나 임용제청권자는 해당 기관의 직위 중 효율적인 정책 수립 또는 관리를 위하여 해당 기관 내부 또는 외부의 공무원 중에서 적격자를 임용할 필요가 있는 직위에 대하여는 공모 직위로 지정하여 운영할 수 있다(국가공무원법 28조의5, 지방공무원법 29조의5).

---

8) 만일 임용장이 임용장에 기재된 일자보다 늦게 도달된 때는 임용장이 도달된 일자에 임용된 것으로 보아야 할 것이다. 동지: 「공무원에 대한 임명 또는 해임행위는 … 임명 또는 해임의 의사표시가 상대방에게 도달되지 아니하면 그 효력이 발생하지 않는다」(대판 1962. 11. 15, 62누165).

사례해설

공무원임용결격사유 유무는 채용후보자명부에 등록한 때가 아닌 임용 당시에 시행되던 법률을 기준으로 판단하는 바(대판 1987. 4. 14, 86누459), 임명 당시 甲은 선고유예기간 중에 있었으므로 甲은 임용결격자이다. 따라서 사안상의 임용행위는 하자가 있다. 판례는 임용결격자에 대한 임용행위는 당연무효라는 입장을 취하고 있다(대판 1987. 4. 14, 86누459). 이에 대하여 하자의 정도를 판단함에 있어서는 공무원 임용행위가 동의에 의한 행정행위인 이상 행정행위 하자의 무효와 취소의 구별기준이 그대로 적용되어야 한다는 반론이 제기될 수 있다. 이러한 입장에 선다면, 사안상 甲은 비교적 가벼운 범죄를 범한 경우에 유죄선고를 유보하고 유죄판결을 받을 피고인이 쉽게 법질서에 다시 통합될 수 있는 기회를 주는 선고유예판결을 받았다는 점, 선고유예기간이 경과하는 2년여 후인 때에 甲이 임용되었더라면 임용행위는 아무런 하자가 없게 된다는 점 등을 고려할 때 사안상의 임용행위의 법규 위반이 甲의 임용을 무효로 만들 만큼 중대하다고 볼 수는 없다. 따라서 무효·취소의 구별기준에 관하여 다수설·판례의 입장인 중대명백설에 의할 때 사안상의 임용행위의 하자는 취소사유에 불과하므로 당해 임용행위는 유효하다고 볼 수 있을 것이다.[9]

Ⅱ. 공무원관계의 변경

공무원으로서의 신분을 유지하면서 공무원관계의 내용의 전부 또는 일부를 일시적 또는 영구적으로 변경함을 공무원관계의 변경이라 한다. 그의 종류에는 다음과 같은 것이 있다.

1. 승진·전직·전보·복직

(1) 승 진

승진이란 같은 직렬 내에서 상위 직급에 임용되는 것을 말하며, 승진임용은 근무성적평정·경력평정, 그 밖에 능력의 실증에 따른다. 이때 1급부터 3급까지의 공무원으로의 승진임용 및 고위공무원단 직위로의 승진임용의 경우에는 능력과 경력 등을 고려하여 임용하며, 5급 공무원으로의 승진임용의 경우에는 승진시험을 거치도록 하되 필요하다고 인정하면 국회인사규칙 등이 정하는 바에 따라 승진심사위원회의 심사를 거쳐 임용할 수 있다(국가공무원법 40조 1항, 지방공무원법 38조 1항). 또한 6급 이하 공무원으로의 승진임용의 경우 필요하다고 인정하면 국회인사규칙 등

9) 상세는 김연태, 행정법사례연습, 738면 이하 참조.

이 정하는 바에 따라 승진시험을 병용할 수 있다(국가공무원법 40조 2항, 지방공무원법 38조 2항).

한편, 근무성적이 우수한 경우 등 일정한 경우에는 위와 같은 규정에도 불구하고 특별승진임용하거나 일반 승진시험에 우선 응시하게 할 수 있도록 하고 있다(국가공무원법 40조의4, 지방공무원법 39조의3).

국가공무원을 승진임용하거나 승진임용제청을 할 때에는 미리 승진심사위원회의 심사를 거쳐야 하며(국가공무원법 40조의3), 지방공무원을 승진임용할 때에는 해당 인사위원회의 사전심의를 거쳐야 한다(지방공무원법 39조 4항).

(2) 전 직

직렬을 달리하는 임용을 전직 또는 전직임용이라고 하며, 시험을 거쳐야 함을 원칙으로 하되, 시험의 일부 또는 전부를 면제할 수 있다(국가공무원법 28조의3, 공무원임용령 29조 · 30조, 지방공무원법 29조의2, 지방공무원 임용령 28조 · 29조).

(3) 전 보

전보란 같은 직급내에서의 보직 변경 또는 고위공무원단 직위 간의 보직 변경을 말한다(국가공무원법 5조 6호, 지방공무원법 5조 6호). 임용권자 또는 임용제청권자는 소속 공무원의 전보를 실시할 때에는 해당 공무원이 맡은 직무에 대하여 전문성과 능률을 높이고, 창의적이며 안정적인 직무수행이 가능하도록 하여야 한다(공무원임용령 44조). 다만, 징계처분을 받은 경우 등(공무원임용령 45조 2항, 3항)을 제외하고는 원칙적으로 소속 공무원을 해당 직위에 임용된 날로부터 필수보직기간인 3년이 지나야 다른 직위에 전보할 수 있으며, 정부조직법 제2조 제3항에 따라 실장 · 국장 밑에 두는 보조기관 또는 이에 상당하는 보좌기관인 직위에 보직된 3급 또는 4급 공무원, 연구관 및 지도관과 고위공무원단 직위에 재직 중인 공무원의 필수보직 기간은 2년이다(공무원임용령 45조 1항). 전보가 행정행위(처분)의 성질을 가지는가는 다투어지고 있는 문제인데, 이를 긍정함이 타당하다.[10]

(4) 전 입

국회 · 법원 · 헌법재판소 · 선거관리위원회 및 행정부 간에 타소속공무원을 시험을 거쳐 임용하는 것을 전입이라고 한다(국가공무원법 28조의2). 「지방공무원법」(29조의3)은 지방자치단체의 장(또는 지방의회의 의장)은 다른 지방자치단체의 장(또는 지방의회의 의장)의 동의를 얻어

---

10) 이에 관하여는 이경운, 공무원근무관계와 사법심사, 고시계, 1996. 5, 177면 이하; 김남진, 전보에 대하여도 쟁송을 제기할 수 있는가?, 자치공론, 1999. 6, 92면 이하 참조.

그 소속공무원을 전입할 수 있음을 규정하고 있다. 그러나 대법원은 본인의 동의 없는 전출명령은 위법이라고 판시하였다(대판 2001. 12. 20, 99두1823).

(5) 인사교류

소속 장관을 달리하는 행정기관 상호 간, 행정안전부 또는 교육부와 지방자치단체 상호 간, 광역지방자치단체 및 관할구역 안의 기초지방자치단체 상호 간에 인사교류계획에 따라 행하여지는 인사이동을 인사교류라고 한다(국가공무원법 32조의2, 지방공무원법 30조의2, 공무원임용령 48조 이하 참조). 인사교류에는 공무원 개인의 동의가 필요하다.

[판례] 지방공무원법 제30조의2 제2항에 정한 인사교류에 따라 지방자치단체의 장이 소속 공무원을 전출하는 것은 임명권자를 달리하는 지방자치단체로의 이동인 점에 비추어 반드시 당해 공무원 본인의 동의를 전제로 하는 것이고, 따라서 위 법 규정의 위임에 따른 지방공무원 임용령 제27조의5 제1항도 본인의 동의를 배제하는 취지의 규정은 아니라고 해석하여야 한다(대판 2008. 9. 25, 2008두5759).

(6) 복 직

휴직 · 직위해제 또는 정직중이거나 강등으로 직무에 종사하지 못한 공무원을 직위에 복귀시키는 임용행위를 복직이라 한다(국가공무원법 73조, 공무원임용령 2조 2호).

휴직 중인 공무원은 휴직기간 중 그 사유가 소멸된 때에는 이를 30일 이내에 임용권자 또는 임용제청권자에게 신고하여야 하고, 임용권자는 지체없이 복직을 명하여야 한다. 휴직기간이 만료된 공무원이 30일 이내에 복귀신고를 한 때에는 당연히 복직된다(국가공무원법 73조 2항 · 3항). 그리고 직위해제 중인 공무원의 직위해제 사유가 소멸된 때에는 지체없이 직위를 부여하여야 한다(국가공무원법 73조의3 2항).

2. 휴직 · 직위해제 · 강임

(1) 휴 직

공무원으로서의 신분은 보유하게 하면서 직무담임을 일시적으로 해제하는 행위를 휴직이라고 한다. 현행법은 직권휴직과 의원휴직을 일정한 사유 아래 인정하고 있으며, 그 기간 동안의 휴직보수 기타 휴직의 효력 등은 휴직의 사유에 따라 다르다(국가공무원법 71조 내지 73조의2, 지방공무원법 63조 내지 65조의2, 공무원보수규정 28조, 지방공무원보수규정 27조). 휴직은 제재적 성격을 가지지 않는 점에 유의할 필요가 있다.

(2) 직위해제

직위해제는 공무원에게 당해 직무수행을 계속하게 할 수 없는 사유가 발생한 경우에, 그 보직을 해제하여 직무담임을 하지 못하게 하는 것을 말한다.

임용권자는 ① 직무수행 능력이 부족하거나 근무성적이 극히 나쁜 자, ② 파면·해임·강등 또는 정직에 해당하는 징계 의결이 요구 중인 자, ③ 형사사건으로 기소된 자(약식명령이 청구된 자는 제외한다), ④ 고위공무원단에 속하는 일반직공무원으로서 적격심사를 요구받은 자, ⑤ 금품비위, 성범죄 등 대통령령으로 정하는 비위행위로 인하여 감사원 및 검찰·경찰 등 수사기관에서 조사나 수사 중인 자로서 비위의 정도가 중대하고 이로 인하여 정상적인 업무수행을 기대하기 현저히 어려운 자 등에 해당하는 경우에는 직위를 부여하지 아니할 수 있다(국가공무원법 73조의3 1항, 지방공무원법 65조의3 1항).

[판례] ㉮ 국가공무원법 제73조의3 제1항에서 정한 직위해제는 당해 공무원이 장래에 계속 직무를 담당하게 될 경우 예상되는 업무상의 장애 등을 예방하기 위하여 일시적으로 당해 공무원에게 직위를 부여하지 아니함으로써 직무에 종사하지 못하도록 하는 잠정적인 조치로서, 임용권자가 일방적으로 보직을 박탈시키는 것을 의미한다. 이러한 직위해제는 공무원의 비위행위에 대한 징벌적 제재인 징계와 법적 성질이 다르지만, 해당 공무원에게 보수·승진·승급 등 다양한 측면에서 직간접적으로 불리한 효력을 발생시키는 침익적 처분이라는 점에서 그것이 부당하게 장기화될 경우에는 결과적으로 해임과 유사한 수준의 불이익을 초래할 가능성까지 내재되어 있으므로, 직위해제의 요건 및 효력 상실·소멸시점 등은 문언에 따라 엄격하게 해석해야 하고, 특히 헌법 제7조 제2항 및 국가공무원법 제68조에 따른 공무원에 대한 신분보장의 관점은 물론 헌법상 비례원칙에 비추어 보더라도 직위해제처분의 대상자에게 불리한 방향으로 유추·확장해석을 해서는 안 된다.

㉯ 국가공무원법 제73조의3 제1항 제3호는 파면·해임·강등 또는 정직에 해당하는 징계의결(이하 '중징계의결'이라 한다)이 요구 중인 자에 대하여 직위해제처분을 할 수 있음을 규정하였는바, 이는 중징계의결 요구를 받은 공무원이 계속 직위를 보유하고 직무를 수행한다면 공무집행의 공정성과 그에 대한 국민의 신뢰를 저해할 구체적인 위험이 생길 우려가 있으므로 이를 사전에 방지하고자 하는 데 목적이 있다. 이러한 직위해제제도의 목적 및 취지는 물론 이로 인한 불이익의 정도와 침익적 처분의 성질에 비추어 보면, 단순히 '중징계의결 요구'가 있었다는 형식적 이유만으로 직위해제처분을 하는 것이 정당화될 수는 없고, 직위해제처분의 대상자가 중징계처분을 받을 고도의 개연성이 인정되는 경우임을 전제로 하여, 대상자의 직위·보직·업무의 성격상 그가 계속 직무를 수행함으로 인하여 공정한

공무집행에 구체적인 위험을 초래하는지 여부 등에 관한 제반 사정을 면밀히 고려하여 그 요건의 충족 여부 등을 판단해야 한다.

㈐ 국가공무원법 제73조의3 제2항은 직위해제처분을 한 경우에도 그 사유가 소멸되면 지체 없이 직위를 부여하여야 함을 명시하였다. 이는 같은 조 제1항 제3호의 요건 중 하나인 '중징계의결이 요구 중인 자'의 의미 및 '중징계의결 요구'의 종기에 관한 해석과 관계된다. 국가공무원법은 '징계의결 요구(제78조), 징계의결(제82조 제1항), 징계의결 통보(공무원 징계령 제18조), 징계처분(제78조 및 공무원 징계령 제19조) 또는 심사·재심사 청구(제82조 제2항 및 공무원 징계령 제24조)' 등 징계절차와 그 각 단계를 명확히 구분하여 규정하였고, '재징계의결 요구(제78조의3)'는 징계처분이 무효·취소된 경우에 한하는 것으로 명시함으로써 '심사·재심사 청구'가 이에 포함되지 않는다는 점 역시 문언상 분명하다. 이러한 관련 규정의 문언 내용·체계에 비추어 보면, '중징계의결이 요구 중인 자'는 국가공무원법 제82조 제1항 및 공무원 징계령 제12조에 따른 징계의결이 이루어질 때까지로 한정된다고 보는 것이 타당하다(대판 2022. 10. 14, 2022두45623).

직위해제 중에는 담당직무가 없으므로 직무수행의 의무가 없으며 직무수행을 전제로 한 출근의무도 없다.

[판례] 직위해제를 받은 사람은 직위해제처분을 받음과 동시에 직위해제기간 중 담당직무가 없음은 물론, 직무수행을 전제로 한 출근의무도 없다(서울고판 1969. 2. 27, 68구464).

직위해제의 효과는 해제의 사유에 따라 차이가 있다. 그 중에서 직무수행능력부족과 근무성적불량이 이유가 되어 직위해제된 자에 대하여는 임용권자 또는 임용제청권자는 능력회복이나 근무성적의 향상을 위한 교육훈련 또는 특별한 연구과제의 부여 등 필요한 조치를 하여야 한다(국가공무원법 73조의3 3항·4항, 지방공무원법 65조의3 4항). 직위해제사유가 소멸한 때에는 임용권자 또는 임용제청권자는 지체 없이 직위를 부여하여야 한다(국가공무원법 73조의3 2항, 지방공무원법 65조의3 2항). 대기명령을 받은 자가 그 기간 중 능력 또는 근무성적의 향상을 기대하기 어렵다고 인정된 때에는 징계위원회(지방공무원의 경우는 인사위원회)의 동의를 얻어 직권에 의하여 면직시킬 수 있다(국가공무원법 70조 1항 5호·70조 2항, 지방공무원법 62조 1항 5호·62조 2항).

[참고판례] 행정청이 공무원에 대하여 새로운 직위해제사유에 기한 직위해제처분을 한 경우 그 이전에 한 직위해제처분은 이를 묵시적으로 철회하였다고 봄이 상당하므로, 그 이전 처분의 취소를 구하는 부분은 존재하지 않는 행정처분을 대상으로 한 것으로서 그 소의 이익이 없어 부적법하다(대판 2003. 10. 10, 2003두5945).

(3) 강 임

강임이란 같은 직렬 내에서 하위 직급에 임명하거나 하위 직급이 없어 다른 직렬의 하위 직급으로 임명하거나 고위공무원단에 속하는 일반직공무원(국가공무원법 4조 2항에 따라 4조 1항의 계급 구분을 적용하지 아니하는 공무원은 제외)을 고위공무원단 직위가 아닌 하위 직위에 임명하는 것을 말한다(국가공무원법 5조 4호, 지방공무원법 5조 4호).

임용권자는 직제 또는 정원의 변경이나 예산의 감소 등으로 직위가 폐직되거나 하위의 직위로 변경되어 과원이 된 경우 또는 본인이 동의한 경우에는 소속 공무원을 강임할 수 있다. 이 경우 강임된 공무원은 상위 직급 또는 고위공무원단 직위에 결원이 생기면 우선적으로 임용된다. 다만, 본인이 동의하여 강임된 공무원은 본인의 경력과 해당 기관의 인력 사정 등을 고려하여 우선 임용될 수 있다(국가공무원법 73조의4, 지방공무원법 65조의4).

3. 정직 · 감봉

(1) 정 직

정직은 징계의 일종으로, 1개월 이상 3개월 이하의 기간 공무원의 신분은 보유하나 직무에 종사하지 못하게 되며, 보수는 전액을 감한다(국가공무원법 80조 3항, 지방공무원법 71조 3항).

(2) 감 봉

감봉 역시 징계의 일종으로서, 1개월 이상 3개월 이하의 기간 보수의 3분의 1을 감하는 것을 말한다(국가공무원법 80조 4항, 지방공무원법 71조 4항).

Ⅲ. 공무원관계의 소멸

공무원관계는 공무원이 공무원으로서의 신분을 상실함으로써 소멸한다. 이러한 소멸원인은 크게 퇴직과 면직으로 나눌 수 있다.

1. 퇴 직

퇴직은 일정한 사유의 발생과 더불어 공무원의 신분이 상실되는 경우를 말한다. 따라서 퇴직발령은 퇴직된 사실을 알리는 관념의 표시에 지나지 않으며, 행정행위(처분)의 성질을 가지지 않는다고 본다.[11]

---

11) 한편, 최근 대법원은 "임용기간이 만료된 국·공립대학의 교원은 교원으로서의 능력과 자질에 관하여

[판례] 국가공무원법 제69조에 의하면 공무원이 제33조 각호의 1에 해당할 때에는 당연히 퇴직한다고 규정하고 있으므로, 국가공무원법상 당연퇴직은 결격사유가 있을 때 법률상 당연히 퇴직하는 것이지 공무원관계를 소멸시키기 위한 별도의 행정처분을 요하는 것은 아니며, 당연퇴직의 인사발령은 법률상 당연히 발생하는 퇴직사유를 공적으로 확인하여 알려주는 이른바 관념의 통지에 불과하고 공무원의 신분을 상실시키는 새로운 형성적 행위가 아니므로 행정소송의 대상이 되는 독립한 행정처분이라고 할 수 없다(대판 1995. 11. 14, 95누2036. 동지판례: 헌재 2003. 10. 30, 2002헌가24).

퇴직사유는 다음과 같다.

(1) 결격사유의 발생(국가공무원법 69조, 지방공무원법 61조)

공무원은 임용결격사유가 발생하게 되면 당연 퇴직하게 된다. 다만, 임용결격사유 중 '금고 이상의 형의 선고유예를 받은 경우'에 공무직에서 당연히 퇴직하는 것으로 규정하였던 「국가공무원법」(69조 단서) 및 「지방공무원법」(61조 단서)의 부분이 헌법재판소에 의하여 위헌 결정을 받았으며, 현재는 「형법」 제129조부터 제132조까지, 「성폭력범죄의 처벌 등에 관한 특례법」 제2조, 「정보통신망 이용촉진 및 정보보호 등에 관한 법률」 제74조 제1항 제2호 · 제3호, 「스토킹범죄의 처벌 등에 관한 법률」 제2조 제2호, 「아동 · 청소년의 성보호에 관한 법률」 제2조 제2호 및 직무와 관련하여 「형법」 제355조 또는 제356조에 규정된 죄를 범한 경우에 한하여 금고 이상의 형의 선고유예가 있는 경우에만 당연퇴직하도록 규정하고 있다(국가공무원법 69조 1호, 지방공무원법 61조 1호).

[판례] 공무원이 금고 이상의 형의 선고유예를 받은 경우에는 공무원직에서 당연히 퇴직하는 것으로 규정하고 있는 이 사건 법률조항은 금고 이상의 선고유예의 판결을 받은 모든 범죄를 포괄하여 규정하고 있을 뿐 아니라, 심지어 오늘날 누구에게나 위험이 상존하는 교통사고 관련 범죄 등 과실범의 경우마저 당연퇴직의 사유에서 제외하지 않고 있으므로 최소침해성의 원칙에 반한다. … 더욱이, 이 사건 법률조항은 지방공무원의 당연퇴직사유를 공무원 채용시의 임용결격사유와 동일하게 규정하고 있는데, 일단 공무원으로 채용된 공무원을 퇴직시키는 것은 공무원이 장기간 쌓은 지위를 박탈해 버리는 것이므로 같은 입법목적을 위한 것이라고 하여

합리적인 기준에 의하여 공정한 심사를 받아 위 기준에 부합하면 특별한 사정이 없는 한 재임용이라는 기대를 가지고 재임용여부에 대하여 합리적인 기준에 의한 공정한 심사를 요구할 법규상 또는 조리상 신청권을 가진다고 할 것이므로, 관계 조교수에 대한 재임용제외결정 및 통지는 행정소송의 대상이 되는 처분에 해당한다"(대판 2004. 4. 22, 2000두7735)고 판시한 바 있다.

도 당연퇴직사유를 임용결격사유와 동일하게 취급하는 것은 타당하다고 할 수 없다(헌재 2003. 10. 30, 2002헌마684 등. 동지판례: 헌재 2002. 8. 29, 2001헌마788, 2002헌마173).

(2) 사망 · 임기만료

임기제공무원의 그 근무기간이 만료된 경우에는 당연퇴직한다. 또한 공무원 자신이 사망한 경우에도 당연퇴직 사유에 해당한다.

(3) 정 년

정년에는 일정연령을 기준으로 하는 위와 같은 '연령정년' 외에도 현행법에는 '계급정년'과 '근속정년'이 있다. 여기에서 계급정년이라 함은 동일계급에서 일정기간 내에 승진을 하지 못하면 자동으로 퇴직해야 하는 경우(군인사법 8조, 경찰공무원법 30조, 소방공무원법 25조)를 말하며, 근속정년은 연령에 관계없이 공직임용 후의 기간을 통산하여 장기근무자를 퇴직시키는 경우(군인사법 8조)를 의미한다.

[판례] 국가안전기획부장이 법률(국가안전기획부직원법)에 따라 계급정년으로 인한 퇴직인사발령을 한 것은 … 계급정년자에 해당하여 당연히 퇴직하였다는 것을 공적으로 확인하여 알려 주는 사실의 통보에 불과한 것이지 징계파면이나 직권면직과 같이 공무원의 신분을 상실시키는 새로운 형성적 행위가 아니어서 항고소송의 대상이 되는 행정처분에 해당하지 아니한다(대판 1994. 12. 27, 91누9244).

한편, 공무원이 정년에 달한 날이 1월과 6월 사이에 있는 경우에는 6월 30일에, 7월에서 12월 사이에 있는 경우에는 12월 31일에 각각 당연 퇴직된다(국가공무원법 74조 4항, 지방공무원법 66조 2항).

(4) 국적상실

외무공무원의 경우 국적상실이 공무원의 신분상실의 원인이 된다(외무공무원법 9조 2항 2호 참조).

(5) 퇴직 제한 등

공무원이 퇴직을 희망하는 경우에는 제78조 1항에 따른 징계사유가 있는지 및 2항 각 호의 어느 하나에 해당하는지 여부를 감사원과 검찰 · 경찰 등 조사 및 수사기관(이하 "조사 및 수사기관"이라 한다)의 장에게 확인하여야 하며, 확인 결과 퇴직을 희망하는 공무원이 파면, 해임, 강등 또는 정직에 해당하는 징계사유가 있거나 ⅰ 비위(非違)와 관련하여 형사사건으로 기소된 때, ⅱ 징계위원회에 파면 · 해임 ·

강등 또는 정직에 해당하는 징계 의결이 요구 중인 때, ⅲ 조사 및 수사기관에서 비위와 관련하여 조사 또는 수사 중인 때, ⅳ 각급 행정기관의 감사부서 등에서 비위와 관련하여 내부 감사 또는 조사 중인 때에 해당하는 경우(제1호 · 제3호 및 제4호의 경우에는 해당 공무원이 파면 · 해임 · 강등 또는 정직의 징계에 해당한다고 판단되는 경우에 한정한다)에는 제78조 제4항에 따른 소속 장관 등은 지체 없이 징계의결 등을 요구하여야 하고, 퇴직을 허용하여서는 아니 된다(법 78조의 4).

2. 면 직

면직은 공무원의 신분을 상실시키는 행정행위(처분)로서, 의원면직과 직권면직이 있다.

(1) 의원면직

본인의 사직원[12]에 의하여 행해지는 면직이다. 사의표시만으로 공무원관계가 소멸되는 것은 아니며, 면직처분이 있기까지는 공무원관계가 유지된다. 따라서 사직원만 제출하고 직장을 무단이탈하면 징계 및 형사책임의 원인이 될 수 있다.[13] 그렇다고 면직처분이 있을 때까지 무한정 기다릴 수는 없으며, 그 기간은 신의칙에 의하여 결정할 수밖에 없다. 임용권자는 후임의 보충 기타 업무의 공백을 막기 위한 조치를 취할 수 있는 상당기한까지는 사표를 수리할 의무가 있다고 판단된다. 사의표시는 자유로운 상태에서 행해져야 하며, 그렇지 않은 경우에는 취소 또는 무효의 원인이 된다.

[판례①] 중앙정보부 수사과가 본건과 같은 인사문제에 개입할 수 없음은 소론과 같으나 … 원고의 사직원은 본인의 진정한 의사에 의하여 작성된 것이 아님에도 불구하고 피고가 이를 오인하여 원고를 면직처분하였음은 부당하다(대판 1963. 3. 19, 67누164. 동지판례: 대판 1968. 4. 30, 68누8).

[판례②] 상사인 세무서장이 원고에게 사직원을 제출할 것을 강력히 요구하므로 원고는 사직원을 제출할 의사가 없으면서 사직원을 제출하더라도 반려될 것으로 알고, 수리되는 경우에는 행정소송을 할 의사로 사직원을 제출하였다면 이는 무효로 보아야 할 것이다(대판 1975. 6. 24, 75누46).

[판례③] 공무원이 한 사직의 의사표시는 의원면직처분이 있기까지는 이를 철회할 수 있는 것이지만, 의원면직처분이 있기 전이라도 사직의 의사표시를 철회하는

12) 사직원은 강학상 "사인의 공법행위"로서의 성질을 가진다. 관련문제에 관하여는 김남진 · 김연태(I), 148면 이하 참조.

13) 동지판례: 대판 1971. 3. 23, 71누7; 대판 1971. 3. 31, 71누14.

것이 신의칙에 반한다고 인정되는 특별한 사정이 있는 경우에는 그 철회는 허용되지 않는다고 할 것이다(대판 1993. 7. 27, 92누16942. 동지 판례: 대판 2001. 8. 24, 99두9971).

(2) 명예퇴직

명예퇴직도 의원면직의 일종이다. 이 제도는 인사적체를 해소하기 위해 도입된 제도인데, 공무원으로서 20년 이상 근속한 자가 정년 전에 자진하여 퇴직하는 경우에는 예산의 범위 안에서 명예퇴직수당을 지급할 수 있다(국가공무원법 74조의2 1항, 지방공무원법 66조의2 1항).

직제와 정원의 개폐 또는 예산의 감소 등에 의하여 폐직 또는 과원(過員)이 되었을 때에 20년 미만 근속한 자가 정년 전에 자진하여 퇴직하는 경우에는 예산의 범위 안에서 수당을 지급할 수 있다(국가공무원법 74조의2 2항).[14]

(3) 일방적 면직(강제면직)

광의의 직권면직으로 볼 수 있는 일방적 면직은 본인의 의사와는 상관없이 일방적으로 행해지는 면직처분으로서, 여기에는 징계면직과 협의의 직권면직이 있다.

(가) 징계면직

징계면직이란 공무원이 공무원법상 요구되는 의무를 위반한 경우 그에 대한 징계로서 해당 공무원의 공무원신분을 박탈하는 것을 의미하며, 이에는 파면과 해임이 있다(국가공무원법 79조, 지방공무원법 70조). 파면의 경우에는 연금이 제한되어 지급된다는 점에서 해임과 다르다(후술하는 징계책임 참조).

(나) 직권면직

직권면직이란 징계면직과는 다른 사유로 임용권자가 일방적으로 행하는 면직을 말한다. 직권면직의 사유는 ① 직제와 정원의 개폐 또는 예산의 감소 등에 따라 폐직 또는 과원이 되었을 때, ② 휴직 기간이 끝나거나 휴직 사유가 소멸된 후에도 직무에 복귀하지 아니하거나 직무를 감당할 수 없을 때, ③ 대기명령을 받은 자가 그 기간에 능력 또는 근무성적의 향상을 기대하기 어렵다고 인정된 때, ④ 전직시험에서 세 번 이상 불합격한 자로서 직무수행 능력이 부족하다고 인정된 때, ⑤ 병역판정검사·입영 또는 소집의 명령을 받고 정당한

---

14) 위 국가공무원법 제74조의2 2항은 1998년 2월 법률개정에 의해 신설되었다. 이른바 IMF 한파로 불어닥친 노동계에서의 고용조정(정리해고)과 보조를 같이 하기 위하여 공무원의 명예퇴직에도 변화가 일어나고 있는 셈이다.

사유 없이 이를 기피하거나 군복무를 위하여 휴직 중에 있는 자가 군복무 중 군무를 이탈하였을 때, ⑥ 해당 직급 · 직위에서 직무를 수행하는 데 필요한 자격증의 효력이 없어지거나 면허가 취소되어 담당 직무를 수행할 수 없게 된 때, ⑦ 고위공무원단에 속하는 공무원이 적격심사 결과 부적격 결정을 받은 때 등으로 법에 그 사유가 정해져 있다(국가공무원법 70조 1항, 지방공무원법 62조 1항).

국가공무원을 직권면직 시키는 경우 임용권자는 미리 관할 징계위원회의 의견을 들어야 하며, 다만 ③의 사유에 따라 면직시킬 경우에는 징계위원회의 동의를 받아야 한다(국가공무원법 70조 2항). 또한 지방공무원을 직권면직 시키는 경우에는 임용권자는 미리 인사위원회의 의견을 들어야 하며, 다만 ③의 사유에 따라 면직시킬 경우에는 해당 인사위원회의 동의를 받아야 하고, 시 · 군 · 구의 5급 이상 공무원은 시 · 도인사위원회의 동의를 받아야 한다(지방공무원법 62조 2항).

직위해제를 받은 끝에 직권면직을 당한 자가 직위해제의 위법성을 이유로 직권면직의 위법성을 주장할 수 있는 것인가? 관련사건에서 법원은 직위해제 처분의 불가쟁성을 이유로 직권면직처분에 대한 취소청구를 행할 수 없는 것으로 판시한 바 있다.[15] 그러나 직위해제처분에 대한 쟁송제기의 기대가능성이 적은 점, 소청제기기간이 짧은 점 등을 고려할 때 직위해제처분의 위법성을 이유로 한 직권면직처분에 대한 가쟁성이 인정되어야 할 필요가 있다고 생각된다.[16] "선행정행위의 후행정행위에 대한 구속력(규준력)" 또는 "행정행위의 하자의 승계" 등의 이름으로 다루어지는 문제로서, 종래의 통설인 '하자승계론'에 대한 재검토가 필요하다.[17]

[판례] 선행처분과 후행처분이 서로 독립하여 별개의 효과를 목적으로 하는 경우에도 선행처분의 불가쟁력이나 구속력이나 그로 인하여 불이익을 입게 되는 자에게 수인한도를 넘는 가혹함을 가져오며, 그 결과가 당사자에게 예측가능한 것이 아닌 경우에는 국민의 재판받을 권리를 보장하고 있는 헌법의 이념에 비추어 선행처분의 후행처분에 대한 구속력은 인정될 수 없다(대판 1994. 1. 25, 93누8542).[18]

15) 대판 1984. 9. 11, 84누191.
16) 김남진, 판례평석, 법률신문, 1985. 3. 18; 김남진, 기본문제, 977면 이하.
17) 상세는 김남진 · 김연태(Ⅰ), 359면 이하; 김남진, 기본문제, 256면 이하; 김남진, 선행처분의 후행처분에 대한 구속력과 예외, 판례월보, 1994. 6, 25면 이하; 김남진, 하자승계론에 대한 비판, 감정평가논집 제8호(1998. 2), 95면 이하; 김남진, 판례평석, 법률신문, 1998. 12. 14; 김남진, 다단계 행정행위와 존속력, 사법연구, 2000. 2, 44면 이하 등 참조.
18) 이 판례는 행정행위의 규준력(선행정행위의 후행정행위에 대한 구속력)의 법리를 부분적이나마 받아들인 것이라고 평가할 수 있을 것이다.

Ⅳ. 권익의 보장·행정구제

우리의 공무원제도가 공무원의 신분을 보장하며, 직업공무원제를 지향하고 있음은 앞에서 살펴본 바와 같다. 그 공무원의 신분 및 권익보장의 취지를 관철하기 위하여 현행법은 다음과 같은 제도를 마련하고 있다.

1. 처분사유 설명서의 교부

공무원에 대하여 징계처분을 행할 때나 강임·휴직·직위해제 또는 면직처분을 행할 때에는 그 처분권자 또는 처분제청권자는 처분의 사유를 기재한 설명서를 교부하여야 한다. 다만, 본인의 원에 의한 강임·휴직 또는 면직처분은 그러하지 아니하다(국가공무원법 75조, 지방공무원법 67조). 이것은 공무원에 대한 불이익처분이 정당한 이유에 의한 것이라는 것을 분명히 하고, 피처분자로 하여금 불복있는 경우에 출소의 기회를 부여하려는 데 그 의의가 있다고 할 수 있다. 문제는 그 처분사유설명서의 교부가 처분의 효력발생요건인가 하는 점에 있다.

생각건대, 처분사유설명서를 교부하지 않음으로 인하여 상대방이 처분이 있은 것을 알 수 없었다면, 당해 처분은 효력을 발생할 수 없을 것이나, 처분사유서를 본인이 직접 수령하지 않았을지라도 상대방이 알 수 있는 상태에 도달하였다면, 당해 처분은 유효하다고 보아야 할 것이다.[19]

2. 후임자의 보충발령의 유예

공무원이 본인의 의사에 반하여 파면 또는 해임된 경우 또는 근무성적의 불량, 대기발령 받은 자의 능력 또는 근무성적의 불향상 등이 이유가 된 직권면직(국가공무원법 70조 1항 5호, 지방공무원법 62조 1항 5호)의 경우에는, 그 처분을 한 날로부터 40일 이내에는 후임자의 보충발령을 하지 못한다. 그러나 면직처분을 원인으로 이루어진 파면 또는 해임 등에 대해 보충발령유예의 가결정이 이루어진 경우를 제외하고서, 인력관리상 후임자를 보충해야 할 불가피한 사유가 있는 경우에는 보충발령을 할 수 있다(국가공무원법 76조 2항·3항, 지방공무원법 67조 3항·4항).

위와 같은 내용의 "후임자의 보충발령의 유예제도"는 불이익처분을 받은

19) 동지판례: 대판 1970. 1. 27, 68누10. 이 사건에서 법원은 처분통지가 피처분자가 볼 수 있는 상태에 놓여진 때에는 처분사유설명서의 직접적 교부가 없어도 그 처분은 유효하다고 판시하였다.

자가 후임자의 발령으로 인하여 입게 될 불이익을 미연에 방지하기 위한 것으로서, 공무원의 권익보장을 위한 제도의 하나로 산입할 수 있다.

3. 소청 및 재심청구

(1) 의 의

소청이란 징계처분 기타 본인의 의사에 반하는 불이익처분을 받은 자가 관할 소청심사위원회에 심사를 청구하는 행정심판이다. 행정심판법에 의한 행정심판에 대한 특별행정심판절차인 셈이다. 소청제도는 공무원의 권익보장을 1차적 목적으로 하는 것이지만 행정질서의 확립 역시 동 제도의 다른 하나의 목적이라 할 수 있다.[20] 심리에 있어서의 직권조사주의의 채택(국가공무원법 12조 2항) 등이 그것을 나타내고 있다.

교육공무원 및 사립학교교원은 「교원의 지위 향상 및 교육활동 보호를 위한 특별법」에 의하여 교육부에 설치되어 있는 교원소청심사위원회에 불이익처분에 대한 심사청구를 할 수 있다(동법 7조 이하).[21]

(2) 소청사항

소청의 대상은 징계처분 그 밖에 그 의사에 반하는 불리한 처분이나 부작위이다(국가공무원법 9조 1항, 소청절차규정 2조 1항). 문제는 "그밖에 본인의 의사에 반하는 불리한 처분"이 무엇을 의미하느냐 하는 데 있다. 중요한 점은 '처분'의 성질을 가져야 하므로, 처분의 성질을 가지지 않음이 명백한 것(훈계, 권고, 내부적 결정 등)은 제외된다고 하는 점이다. 일반적으로 의원면직 형식에 의한 면직, 전직 · 전보, 대기명령, 불리한 경력평정 등이 그에 해당하는 것으로 보고 있다.[22]

(3) 소청절차

징계 · 강임 · 휴직 · 직위해제 또는 면직처분의 경우에는 처분사유설명서를 받은 날로부터, 그 밖의 불리한 처분을 받았을 때에는 그 처분이 있은 것을 안 날로부터 30일 이내에 소청심사위원회에 심사를 청구할 수 있다. 이 경우에 변호사를 대리인으로 선임할 수 있다(국가공무원법 76조 1항, 지방공무원법 67조 3항).

---

20) 동지: 박윤흔 · 정형근(하), 230면.

21) 위 '특별법'의 제정을 통해 사립학교교원에게는 신분상 불이익을 받은 경우, 민사소송을 제기할 수도 있고 위 특별법이 정한 구제제도를 활용할 수도 있는 길이 열려 있는 셈이다. 상세는 김남진, 사립대교수의 재임용탈락 등과 권리구제, 고시연구, 1996. 3 참조.

22) 김중양 · 김명식, 주해 국가공무원법, 410면 이하 등 참조.

헌법재판소는 소청심사청구기간을 처분사유설명서 교부일부터 30일 이내로 정한 것이 헌법에 위반되지 않는다고 하였다.

[판례] 지방공무원법은 임용권자가 직권으로 면직처분을 할 수 있는 사유를 구체적으로 규정하고 있고, 면직처분을 하는 경우 당해 공무원에게 그 처분사유를 적은 설명서를 교부하도록 하고 있으므로, 당해 처분의 당사자로서는 그 설명서를 받는 즉시 면직처분을 받은 이유를 상세히 알 수 있고, 30일이면 그 면직처분을 소청심사 등을 통해 다툴지 여부를 충분히 숙고할 수 있다고 할 것이다. 따라서 처분사유설명서 교부일부터 30일 이내 소청심사를 청구하도록 한 것이 지나치게 짧아 청구인의 권리구제를 위한 재판청구권의 행사를 불가능하게 하거나 형해화한다고 볼 수 없으므로 이 사건 청구기간 조항은 청구인의 재판청구권을 침해하거나 평등원칙에 위반된다고 볼 수 없다(헌재 2015. 3. 6. 2013헌바186).

(4) 소청심사위원회

소청심사위원회는 공무원의 징계처분 기타 불리한 처분에 대한 소청을 심사하는 합의제행정청으로서, 국회사무처와 법원행정처·헌법재판소사무처 및 중앙선거관리위원회사무처에 설치된 소청심사위원회는 위원장 1명을 포함한 위원 5명 이상 7명 이내의 비상임위원으로 구성하고, 인사혁신처에 설치된 소청심사위원회는 위원장 1명을 포함한 5명 이상 7명 이내의 상임위원과 상임위원 수의 2분의 1 이상인 비상임위원을 둘 수 있다(국가공무원법 9조). 한편, 시·도에 임용권자별로 설치되는 소청심사위원회는 16명 이상 20명 이하의 위원으로 구성하되, 법조인(판사·검사 또는 변호사의 직에 있는 자) 및 법률학교수(부교수 이상) 중에서 위촉되는 위원이 전체 위원의 2분의 1 이상이 되도록 한다(지방공무원법 13조·14조 참조).

(5) 소청의 심사

소청심사위원회는 소청을 접수하였을 때에는 지체 없이 이를 심사하여야 하며, 심사에 있어 위원회는 검정·감정 등을 할 수 있다(국가공무원법 12조. 지방공무원법 17조). 소청인 또는 대리인에게 진술의 기회를 부여하여야 하며, 진술의 기회를 부여하지 아니한 결정은 무효이다(국가공무원법 13조. 지방공무원법 18조).

(6) 소청심사위원회의 결정 및 재심요구

소청심사위원회의 결정은 각하·기각·취소·변경·확인·이행명령 등으로 구분된다(국가공무원법 14조 6항. 지방공무원법 19조 6항).

소청심사위원회의 결정은 이유를 명시한 결정서로 하여야 한다. 이 결정은 처분 행정청을 기속한다(국가공무원법 15조). 따라서 처분 행정청에게는 소청심사위원회의 결정의 내용에 따라 작위 또는 부작위의 의무가 발생하게 된다. 소청심사위원회가 징계처분을 받은 자의 청구에 의하여 소청을 심사할 경우에는 원징계처분에서 과한 징계보다 중한 징계를 과하는 결정을 하지 못한다(국가공무원법 14조 8항, 지방공무원법 19조 8항).

4. 행정소송

소청을 제기한 자가 소청심사위원회의 결정에 불복이 있는 때 또는 위원회가 60일이 지나도 결정을 하지 않는 경우 등에는 관할 법원에 행정소송을 제기할 수 있다(행정소송법 18조 참조).

징계처분 또는 불이익처분에 대한 행정소송에 있어서 그 처분청이 대통령인 때에는 소속 장관(대통령령이 정하는 기관의 장을 포함)이 피고가 되며, 중앙선거관리위원회위원장이 행한 처분의 경우에는 중앙선거관리위원회사무총장이 피고가 된다(국가공무원법 16조 2항). 징계처분 기타 불이익처분에 대한 행정소송은 소청심사위원회의 심사·결정을 거치지 아니하면 이를 제기할 수 없다(동법 16조 1항).

헌법재판소는 공무원이 징계처분 등 불이익처분에 대해 불복할 경우 행정소송 제기에 앞서 반드시 소청심사위원회의 심사를 거치도록 한 것이 헌법에 위반되지 않는다고 하였다.

[판례] 직권면직처분을 받은 지방공무원이 그에 대해 불복할 경우 행정소송의 제기에 앞서 반드시 소청심사를 거치도록 규정한 것은 행정기관 내부의 인사행정에 관한 전문성 반영, 행정기관의 자율적 통제, 신속성 추구라는 행정심판의 목적에 부합한다. 소청심사제도에도 심사위원의 자격요건이 엄격히 정해져 있고, 임기와 신분이 보장되어 있는 등 독립성과 공정성이 확보되어 있으며, 증거조사절차나 결정절차 등 심리절차에 있어서도 사법절차가 상당 부분 준용되고 있다. 나아가 소청심사위원회의 결정기간은 엄격히 제한되어 있고, 행정심판전치주의에 대해 다양한 예외가 인정되고 있으며, 행정심판의 전치요건은 행정소송 제기 이전에 반드시 갖추어야 하는 것은 아니어서 전치요건을 구비하면서도 행정소송의 신속한 진행을 동시에 꾀할 수 있으므로, 이 사건 필요적 전치조항은 입법형성의 한계를 벗어나 재판청구권을 침해하거나 평등원칙에 위반된다고 볼 수 없다(헌재 2015. 3. 6, 2013헌바186).

5. 고충심사청구

공무원은 인사·조직·처우 등 각종 직무 조건과 그 밖에 신상 문제와 관련한 고충에 대하여 상담을 신청하거나 심사를 청구할 수 있으며, 누구나 기관 내 성폭력 범죄 또는 성희롱 발생 사실을 알게 된 경우 이를 신고할 수 있다. 이 경우 상담 신청이나 심사 청구 또는 신고를 이유로 불이익한 처분이나 대우를 받지 않는다. 청구를 받은 중앙인사관장기관의 장, 임용권자 또는 임용제청권자는 제1항에 따른 상담을 신청받은 경우에는 소속 공무원을 지정하여 상담하게 하고, 심사를 청구받은 경우에는 제4항에 따른 관할 고충심사위원회에 부쳐 심사하도록 하여야 하며, 그 결과에 따라 고충의 해소 등 공정한 처리를 위하여 노력하여야 한다. 또한 기관 내 성폭력 범죄 또는 성희롱 발생 사실의 신고를 받은 경우에는 지체 없이 사실 확인을 위한 조사를 하고 그에 따라 필요한 조치를 하여야 한다(국가공무원법 76조의2 1항 내지 3항, 지방공무원법 67조의2 1항·2항). 고충심사위원회의 심사결과 필요하다고 인정되는 때에는 처분청 또는 관계기관의 장에게 시정을 요청할 수 있으며, 처분청 및 관계기관의장은 특별한 사유가 없는 한 이를 이행하고 그 처리결과를 알려야 한다. 다만, 부득이한 사유로 이행하지 못할 경우에는 그 사유를 알려야 한다(국가공무원법 76조의2 7항, 지방공무원법 67조의2 5항).

고충처리제도는 공무원의 사기앙양을 위하여 1981년에 처음으로 도입되었고, 이후 보완되었는데, 소청심사제도와 비교해 볼 때, 양자 사이에는 다음과 같은 차이가 있다.[23]

① 심사대상에 있어서, 소청은 공무원이 받은 신분상 불이익이 주요대상이 되는 데 대하여, 고충처리는 근무조건·처우 등 일상의 모든 신상문제가 그 대상이 될 수 있다.

② 법적 성격에 있어서, 소청은 행정소송의 전심절차적 성격을 가지는 데 대하여 고충처리는 행정소송과는 무관한 행정제도라 할 수 있다.

③ 기속력에 있어서, 행정청은 소청심사위원회의 결정에 기속되는 데 대하여, 고충심사위원회의 결정에는 법적 기속력이 인정되지 않는다.

④ 관할에 있어서, 소청은 소청심사위원회가 전담하고 있으나, 고충심사는 복수의 기관이 분담하고 있다.

---

23) 이에 관하여는 특히 김중양·김명식, 주해 국가공무원법, 417면 이하 참조.

[판례] 지방공무원법 제67조의2에서 규정하고 있는 고충심사제도는 공무원으로서의 권익을 보장하고 적정한 근무환경을 조성하여 주기 위하여 근무조건 또는 인사관리 기타 신상문제에 대하여 법률적인 쟁송의 절차에 의하여서가 아니라 사실상의 절차에 의하여 그 시정과 개선책을 청구하여 줄 것을 임용권자에게 청구할 수 있도록 한 제도로서, 고충심사결정 자체에 의하여는 어떠한 법률관계의 변동이나 이익의 침해가 직접적으로 생기는 것은 아니므로 고충심사의 결정은 행정상 쟁송의 대상이 되는 행정처분이라고 할 수 없다(대판 1987. 12. 8, 87누657).

고충심사위원회는 공무원을 위한 Ombudsman[24]적 성격을 가진다고 할 수 있다. 동시에 그 고충심사청구제는 공무원에게 근로삼권이 제약되는 것에 대한 대상적(代償的) 의미를 가진다고도 볼 수 있다.

제 3 절 공무원의 권리

Ⅰ. 개 설

공무원은 국가 또는 지방자치단체의 기관의 지위에서 각종의 권한을 행사할 수 있는 동시에,[1] 인간 또는 국민의 한 사람으로서 여러 가지 권리를 가지고 있다. 공무원이 가지는 권리는 크게 헌법이 보장하고 있는 기본권과 개별법상의 권리로 나눌 수 있다.[2] 공무원의 개별법상의 권리는 다시 크게 신분상의 권리와 재산상의 권리로 나누어질 수 있다.[3] 그리고 이러한 공무원의 권리는 직종·직무에 따라 상당한 차이가 있음에 유의할 필요가 있다.

---

24) 이에 관한 상세에 관하여는 김남진·김연태(Ⅰ), 제5편 제8장 이하 참조.

1) 행정기관의 종류(행정청·보조기관 등)에 따라 그 권한에 많은 차이가 있음은 앞에서 설명한 바 있다. 본서 10면 이하 참조.

2) 공무원의 권리를 개별법상의 권리(spezifische Beamtenrechte)와 기본권(Grundrechte des Beamten)으로 나누어 고찰함은 외국의 문헌에서 흔히 볼 수 있는 일이다. 예컨대 vgl. Kunig, Das Recht des öffentlichen Dienstes, in: Schmidt-Aßmann(Hg.), S. 705 ff.

3) 이 밖에 "노동법상의 권리와 불이익처분에 대한 시정청구권"을 별도로 설명하는 예(박윤흔(하), 251면 이하)도 있다.

Ⅱ. 공무원의 기본권

공무원이 공무원이라는 신분 이외에 한 사람의 국민, 한 사람의 근로자로서의 신분을 가지고 있음은 틀림없는 사실이다. 따라서 공무원은 국민의 한 사람으로서, 근로자의 한 사람으로서 여러 가지 기본권을 향유한다는 점을 또한 간과할 수 없다. 특히 헌법이 「공무원인 근로자는…」(33조 2항)이라는 표현을 통하여 공무원도 근로자임을 명시하고 있는 점에 유의할 필요가 있다.

공무원이 기본권의 향유주체임은 일단 긍정하여야 하나, 공무원의 신분을 가짐으로 인하여 그의 기본권 행사는 여러 가지 제약을 받지 않을 수 없다. 헌법이 공무원도 근로자임을 명시하면서도, 「…법률이 정하는 자에 한하여 단결권·단체교섭권 및 단체행동권을 가진다」(33조 2항)라고 규정하고 있는 것이 그 예이다. 그러나 중요한 것은 공무원 역시 기본권의 향유주체이며, 따라서 그들의 기본권도 공무원관계를 유지하기 위하여 필요한 한도에서, 법률에 근거하여서만 제한할 수 있다는 사실을 인식하는 점이다. 따라서 과거에 있어서와 같이 공무원의 근무관계가 공법상의 특별신분관계(특별행정법관계)라 하여 공무원의 기본권을 법률의 근거없이 제한한다든가 하는 일은 허용되지 않는다.[4)]

Ⅲ. 신분상의 권리

공무원의 신분상의 권리는 공무원의 신분과 직접 관계되는 권리로서 다음과 같은 것이 있다.

1. 신분보유권

공무원의 신분은 법률에 의해 보장된다(헌법 7조 2항). 즉, 공무원은 형의 선고·징계처분 또는 법에 정하는 사유에 의하지 아니하고는 그 의사에 반하여 휴직·강임 또는 면직을 당하지 아니한다. 다만, 1급공무원, 특수경력직 공무원, 시보

---

4) 그렇다고 하여, 공무원과 그의 근무주체인 국가·공공단체와의 관계가 개인과 국가와의 관계(일반권력관계)와 완전히 동일하다고 할 수는 없을 것이다. 그러한 의미에서 특별신분관계(또는 특별행정법관계)라는 카테고리(범주)조차 인정될 수 없다고 한다면, 그것은 너무나 성급한 주장이라 하지 않을 수 없다. 이러한 점에 관하여는 김남진·김연태(Ⅰ), 125면 이하 및 김남진, 기본문제, 685면 이하 참조. 이견으로서는, 김유환, 특별권력관계의 해체와 법리적 대안, 공법연구 제28집 제1호, 1999. 10, 181면 이하 참조.

임용기간 중의 공무원은 예외로 한다(국가공무원법 29조 3항 · 68조, 지방공무원법 28조 3항 · 60조).

2. 직위보유권

공무원은 법에 정한 사유(직무수행능력의 부족 등)가 있는 경우가 아니고서는 직위를 해제당하지 아니하며, 직위해제된 경우에도 그 해제사유가 소멸된 때에는 지체 없이 직위를 부여받을 권리를 갖는다(국가공무원법 73조의3, 지방공무원법 65조의3 참조).

3. 직무수행권

공무원은 자기가 담당하는 직무를 방해받지 아니하고 수행할 권리를 가진다. 따라서 공무원의 공무집행을 방해하게 되면 공무집행방해죄를 구성한다(형법 136조 · 137조). 아울러 공무원은 '직무수행의 의무'를 지고 있음은 후술하는 바와 같다.

4. 직명사용권 · 제복착용권

공무원은 직명을 사용할 권리를 가지며, 일정한 직에 있는 공무원(군인 · 경찰관 · 교도공무원 · 소방공무원 · 세관공무원 등)은 제복 · 제모를 착용할 권리(아울러 의무)를 가진다.

5. 행정구제청구권 · 고충심사청구권

공무원은 위법 · 부당하게 신분상의 불이익을 입은 경우에 소청 · 행정소송 등을 통해 그 시정을 구할 수 있는 권리를 가지고 있음은 앞에서 고찰한 바와 같다.

6. 노동운동에 관한 권리

(1) 사실상 노무에 종사하는 공무원

공무원은 일반적으로 노동운동을 해서는 안 되지만, 사실상 노무에 종사하는 공무원은 예외이다(국가공무원법 66조 1항, 지방공무원법 58조 1항). 국가공무원으로서의 "사실상 노무에 종사하는 공무원"은 과학기술정보통신부 소속 현업기관의 작업 현장에서 노무에 종사하는 우정직공무원(우정직공무원의 정원을 대체하여 임용된 일반임기제공무원 및 시간선택제일반임기제공무원을 포함한다)으로서 다음의 어느 하나에 해당하지 아니하는 공무원을 말하며(국가공무원복무규정 28조), 지방공무원으로서의 "사실상 노무에 종사하는 공무원"의 범위는 조례로 정한다(지방공무원법 58조 2항).

① 서무 · 인사 및 기밀업무에 종사하는 자

② 경리 및 물품출납사무에 종사하는 자

③ 노무자의 감독사무에 종사하는 자
④ 보안업무규정에 의한 보안목표시설의 경비업무에 종사하는 자
⑤ 승용자동차 및 구급차의 운전에 종사하는 자

[판례] 공무원에 대해서만 노동3권을 제한함으로써 일반 근로자 또는 사실상 노무에 종사하는 공무원과 차별하는 것은 합리적인 이유(공공성, 공정성, 성실성 및 중립성이 요구되는 공무원 직무의 성질상의 필요성)에 의한 것이기 때문에 평등의 원칙에 위반되지 않는다(헌재 1992. 4. 28, 92헌바15).

(2) 노동조합의 설립 · 가입 및 단체교섭권

(가) 공무원노동조합의 설립

공무원의 노동기본권을 보장하기 위하여 「공무원의 노동조합설립 및 운영 등에 관한 법률」이 제정되었는데, 동법은 공무원의 노동조합 설립 및 운영, 단체교섭, 분쟁조정절차 등에 관하여 정하고 있다.

공무원노동조합은 국회 · 법원 · 헌법재판소 · 선거관리위원회 · 행정부 · 특별시 · 광역시 · 특별자치시 · 도 · 특별자치도 · 시 · 군 · 구(자치구를 말한다) 및 특별시 · 광역시 · 특별자치시 · 도 · 특별자치도의 교육청을 최소단위로 하여 설립될 수 있다(동법 5조).

이 법에서 말하는 "공무원"은 「국가공무원법」 제2조 및 「지방공무원법」 제2조에서 규정하고 있는 공무원을 말하는데, 다만 「국가공무원법」 제66조 1항 단서 및 「지방공무원법」 제58조 1항 단서의 규정에 의한 '사실상 노무에 종사하는 공무원'과 「교원의 노동조합 설립 및 운영 등에 관한 법률」의 적용을 받는 교원인 공무원은 제외된다(동법 2조). 후자, 즉 초등학교 · 중학교 · 고등학교 · 공민학교 · 고등공민학교 · 고등기술학교 및 특수학교의 교원은 「교원의 노동조합 설립 및 운영 등에 관한 법률」(1999. 1. 29 제정)에 의하여 노동조합을 설립하고, 단체교섭 등을 할 권리가 보장되어 있다(동법 4조 이하).[5)]

한편, 「공무원의 노동조합설립 및 운영 등에 관한 법률」 제17조 1항은 "이 법의 규정은 공무원이 공무원직장협의회의 설립 · 운영에 관한 법률에 의하여 직장협의회를 설립 · 운영하는 것을 방해하지 아니한다"고 규정하여, 노동조합과 직장협의회가 병존할 수 있도록 하고 있다.

---

5) 이에 관하여는 허종열, 교원 근로기본권보장 법제의 분석과 평가, 공법연구 제27집 제2호, 1999. 6, 219면 이하 참조.

(나) 가입범위

공무원노동조합에 가입할 수 있는 사람은 ① 일반직공무원, ② 특정직공무원 중 외무영사직렬・외교정보기술직렬 외무공무원, 소방공무원 및 교육공무원(다만, 교원은 제외한다), ③ 별정직공무원, ④ 위 ①부터 ③까지의 어느 하나에 해당하는 공무원이었던 사람으로서 노동조합 규약으로 정하는 사람 등이다(동법 6조 1항). 다만, 이에 해당하는 경우라고 하더라도 ① 업무의 주된 내용이 다른 공무원에 대하여 지휘・감독권을 행사하거나 다른 공무원의 업무를 총괄하는 업무에 종사하는 공무원, ② 업무의 주된 내용이 인사・보수 또는 노동관계의 조정・감독 등 노동조합의 조합원 지위를 가지고 수행하기에 적절하지 아니한 업무에 종사하는 공무원, ③ 교정・수사 등 공공의 안녕과 국가안전보장에 관한 업무에 종사하는 공무원 등은 노동조합에 가입할 수 없다(동조 2항).

(다) 노동조합 대표자의 교섭 및 단체협약 체결권

공무원노동조합의 대표자는 노동조합에 관한 사항 또는 조합원의 보수・복지 그 밖의 근무조건에 관한 사항에 대하여 정부측 교섭대표와 교섭하고 단체협약을 체결할 권한을 갖는다. 다만, 정책결정에 관한 사항, 임용권의 행사 등 그 기관의 관리・운영에 관한 사항으로서 근무조건과 직접 관련되지 아니하는 사항은 교섭의 대상에서 제외된다(동법 8조).

(라) 정치활동 및 쟁의행위의 금지

공무원노동조합과 그 조합원은 정치활동을 할 수 없으며(동법 4조), 파업, 태업 또는 그 밖에 업무의 정상적인 운영을 방해하는 일체의 행위를 하여서는 아니 된다(동법 11조).

7. 공무원직장협의회를 설립・운영할 수 있는 권리

(1) 협의회의 설립

국가기관・지방자치단체 및 그 하부기관에 근무하는 공무원은 근무환경 개선・업무능률향상 및 고충처리 등을 위한 직장협의회(이하 "협의회"라 함)를 설립할 수 있다. 협의회는 기관단위로 설립하되, 하나의 기관에는 하나의 협의회만을 설립할 수 있다(공무원직장협의회의 설립・운영에 관한 법률 1조 및 2조 참조). 결국 "1직장 1협의회 원칙"을 취함으로써 복수 협의회의 설립이나 협의회의 연합회 결성 등이 금지되는 셈이며, 이 점이 협의회가 노동조합과 성격을 달리하는 점이라 할 수 있다.[6]

(2) 가입범위

협의회에 가입할 수 있는 공무원의 범위는 다음과 같다. 즉, ① 일반직공무원, ② 특정직공무원 중 외무영사직렬·외교정보기술직렬 외무공무원, 경찰공무원, 소방공무원, ③ 별정직공무원은 협의회에 가입할 수 있다(동법 3조 1항).

다만, 위 규정에도 불구하고 ① 지휘·감독의 직책에 있는 공무원, ② 인사, 예산, 경리, 물품출납, 비서, 기밀, 보안, 경비 및 그 밖에 이와 유사한 업무에 종사하는 공무원은 협의회에 가입할 수 없다(동법 3조 2항).

Ⅳ. 재산상의 권리

공무원은 사용주로 볼 수 있는 국가 또는 지방자치단체에 대하여 여러 가지 재산상의 권리를 가진다.

1. 보수청구권

(1) 보수의 의의 및 성질

공무원은 근로의 대가로서의 보수청구권을 가진다. 공무원의 보수의 성질에 관하여는 일찍부터 반대급부설과 생활자금설이 나누어져 있었던 바, 공무원의 보수는 기본적으로 근로의 대가로서의 성질을 가지면서도 공무원의 생활보장적 의미를 또한 가진다고 말할 수 있다. 법이 「공무원의 보수는 일반의 표준 생계비, 물가 수준, 그 밖의 사정을 고려하여 정하되, 민간 부문의 임금 수준과 적절한 균형을 유지하도록 노력하여야 한다」(국가공무원법 46조 2항, 지방공무원법 44조 2항)라고 정하고 있음은 공무원의 보수가 그 두 가지 성질을 아울러 가짐을 나타낸다고 볼 수 있다.

(2) 보수의 내용

공무원의 보수는 봉급과 수당으로 나누어진다.

(가) 봉 급

봉급이란 직무의 곤란성과 책임의 정도에 따라 직책별로 지급되는 기본급여 또는 직무의 곤란성과 책임의 정도 및 재직기간 등에 따라 계급(직무등급이나 직위를 포함)별·호봉별로 지급되는 기본급여를 말한다(공무원보수규정 4조 2호).

---

6) 이러한 점에 관하여는 특히 조정찬, 공무원직장협의회의설립·운영에관한법률, 법제, 1999. 2, 52면 이하 참조.

(나) 수 당

수당은 공무원에게 지급되는 봉급 이외에 직무여건 및 생활여건에 따라 지급되는 부가급여를 말하는 것(동 규정 4조 3호)으로서, 상여수당, 가계보전수당, 특수지근무수당, 특수근무수당, 초과근무수당 등이 그에 해당한다(공무원수당 등에 관한 규정 참조). 수당은 봉급과 달리 예산조치가 되어 있는 경우에만 지급한다.

(3) 보수청구권의 성질

공무원의 보수청구권은 공법상의 권리로서의 성질을 가진다. 따라서 그에 대한 분쟁은 행정쟁송의 방법으로 해결되어야 할 것이다. 공무원의 보수청구권의 소멸시효는 5년이며(국가재정법 96조, 지방재정법 82조), 공무원의 보수에 대한 압류가 제한(2분의 1까지)되고 있으나(민사집행법 246조 1항 4호, 국세징수법 42조), 이것은 공무원의 보수청구권이 공법상의 권리임으로 인하여 인정되는 특수성은 아니다. 사법상의 권리로서의 모든 금전청구권 역시 국가나 지방자치단체에 대한 것은 소멸시효기간이 5년이며, 일반적인 급여채권에 대한 압류 역시 제한되고 있기 때문이다.

[판례] 공무원이 국가를 상대로 실질이 보수에 해당하는 금원의 지급을 구하려면 공무원의 '근무조건 법정주의'에 따라 국가공무원법령 등 공무원의 보수에 관한 법률에 그 지급근거가 되는 명시적 규정이 존재하여야 하고, 나아가 해당 보수 항목이 국가예산에도 계상되어 있어야만 한다(대판 2018. 2. 28, 2017두64606).

2. 연금청구권

(1) 연금의 의의 및 성질

공무원의 연금은 공무원의 퇴직 또는 사망과 공무로 인한 부상・질병・장애에 대하여 적절한 급여를 지급함으로써, 공무원 및 그 유족의 생활안정과 복리향상에 이바지함을 목적으로 하는 급여를 말한다(공무원연금법 1조). 이와 같은 연금제도는 공무원의 복지를 증진시키는 동시에 공무원의 세계에 있어서의 신진대사를 원활하게 하는 기능 또한 가진다고 할 수 있다.

연금의 성질에 관하여는 사회보장설, 보험금설, 거치보수(deferred pay)설 또는 봉급연불설 등이 있다. 생각건대 연금은 공무원의 봉급에서 매달 납부되는 기여금(기준 소득월액의 9퍼센트)과 국가 또는 지방자치단체의 부담금(보수예산의 9퍼센트)을 기금으로 하여 지급되는 것이므로(공무원연금법 67조・71조, 동법 시행령 67조), 연금은 위 각 설의 성질을 아울러 가진다고 할 수 있다.

[참고판례] 공무원연금법이나 근로자퇴직급여 보장법에서 정한 퇴직급여는 적법한 공무원으로서의 신분을 취득하거나 근로고용관계가 성립하여 근무하다가 퇴직하는 경우에 지급되는 것이다. 임용 당시 공무원 임용결격사유가 있었다면, 비록 국가의 과실에 의하여 임용결격자임을 밝혀내지 못하였다 하더라도 임용행위는 당연무효로 보아야 하고, 당연무효인 임용행위에 의하여 공무원의 신분을 취득한다거나 근로고용관계가 성립할 수는 없다. 따라서 임용결격자가 공무원으로 임용되어 사실상 근무하여 왔다 하더라도 적법한 공무원으로서의 신분을 취득하지 못한 자로서는 공무원연금법이나 근로자퇴직급여 보장법에서 정한 퇴직급여를 청구할 수 없다. 나아가 이와 같은 법리는 임용결격사유로 인하여 임용행위가 당연무효인 경우뿐만 아니라 임용행위의 하자로 임용행위가 취소되어 소급적으로 지위를 상실한 경우에도 마찬가지로 적용된다.

임용행위가 당연무효이거나 취소된 공무원(이하 이를 통칭하여 '임용결격공무원 등'이라 한다)의 공무원 임용 시부터 퇴직 시까지의 사실상의 근로(이하 '이 사건 근로'라 한다)는 법률상 원인 없이 제공된 것으로서, 국가 및 지방자치단체는 이 사건 근로를 제공받아 이득을 얻은 반면 임용결격공무원 등은 이 사건 근로를 제공하는 손해를 입었다 할 것이므로, 손해의 범위 내에서 국가 및 지방자치단체는 위 이득을 민법 제741조에 의한 부당이득으로 반환할 의무가 있다.

즉, 국가 또는 지방자치단체는 공무원연금법이 적용될 수 있었던 임용결격공무원 등의 이 사건 근로 제공과 관련하여 매월 지급한 월 급여 외에 공무원연금법상 퇴직급여의 지급을 면하는 이익을 얻는데, 퇴직급여 가운데 임용결격공무원 등이 스스로 적립한 기여금 관련 금액은 임용기간 중의 이 사건 근로의 대가에 해당하고, 기여금을 제외한 나머지 금액 중 순수한 근로에 대한 대가로서 지급되는 부분(공무원의 지위에 대한 공로보상적, 사회보장적 차원에서 지급되는 부분을 제외하는 취지이다) 상당액이 퇴직에 따라 이 사건 근로의 대가로 지급되는 금액이라 할 수 있다.

한편 근로자퇴직급여 보장법 제8조에서 정한 퇴직금 제도는 퇴직하는 근로자의 근로조건에 대한 최하한의 기준으로서 본질적으로 근로제공의 대가인 후불적 임금의 성질을 지니고 있음에 비추어 보면, 퇴직에 따라 지급받을 수 있는 이 사건 근로의 대가라고 평가될 수 있는 금액은 적어도 근로자퇴직급여 보장법상 퇴직금 상당액으로 볼 수 있으므로, 임용결격공무원 등은 이 사건 근로를 제공함으로써 그 상당의 손해를 입는다고 할 수 있다.

그리고 앞에서 본 것과 같이 부당이득은 손해액과 이득액 중 적은 범위 내에서 반환의무를 지므로, 위와 같이 임용결격공무원 등이 입은 손해, 즉 임용기간 중 이 사건 근로의 대가로서의 손해액에 해당하는 공무원연금법상 기여금 관련 금액 및 퇴직에 따라 지급받을 수 있는 이 사건 근로의 대가로서의 손해액에 해당하는 근로자퇴직급여 보장법상 퇴직금 상당액의 합계가 국가 또는 지방자치단체의 이득액에 해당하는 공무원연금법상 퇴직급여 상당액을 넘는 경우에, 국가 또는 지방자치단체가 반환하여야 할 부당이득액은 공무원연금법상 퇴직급여 상당액으로 제한된다(대판 2017. 5. 11, 2012다200486).

한편, 공무원연금법상의 장해연금이나 퇴직유족급여는 불법행위로 인한 손해배상제도와는 그 취지와 목적을 달리하는 제도로서, 법률에 특별한 규정이 없는 한 과실상계의 이론이 적용되지 않는다.[7]

(2) 급여의 종류

공무원연금법상의 급여의 종류에는 ① 퇴직급여, ② 퇴직유족급여, ③ 비공무상장해급여, ④ 퇴직수당이 있다(공무원연금법 28조).

(3) 급여의 결정 등

각종 급여는 그 급여를 받을 권리를 가진 사람의 신청에 따라 인사혁신처장의 결정으로 공단이 지급하는데, 제59조에 따른 장해연금 또는 장해일시금과 제63조 3항 및 4항에 따른 급여제한사유 해당 여부 등 대통령령으로 정하는 사항은 「공무원 재해보상법」 제6조에 따른 공무원재해보상심의회의 심의를 거쳐야 한다. 급여의 결정에 관한 인사혁신처장의 권한은 대통령령으로 정하는 바에 따라 공단에 위탁할 수 있다(공무원연금법 29조 1항·2항).

(4) 연금청구와 권리보호

급여에 관한 결정, 기여금의 징수, 그 밖에 이 법에 따른 급여에 관하여 이의가 있는 사람은 대통령령으로 정하는 바에 따라 공무원재해보상연금위원회에 심사를 청구할 수 있다(공무원연금법 87조 1항). 이때 심사청구는 급여에 관한 결정 등이 있었던 날부터 180일, 그 사실을 안 날부터 90일 이내에 하여야 한다. 다만, 정당한 사유가 있어 그 기간 내에 심사를 청구할 수 없었던 것을 증명한 경우에는 예외로 한다(동법 87조 2항). 만약 급여에 관한 결정에 불복하는 경우에는 행정쟁송을 제기할 수 있다.

[판례①] 구 공무원연금법 제26조 제1항, 제80조 제1항, 공무원연금법시행령 제19조의2의 각 규정을 종합하면, 같은 법 소정의 급여는 급여를 받을 권리를 가진 자

7) 동지판례: 대판 1966. 6. 28, 66다715; 대판 1969. 6. 24, 69다562.

가 당해 공무원이 소속하였던 기관장의 확인을 얻어 신청하는 바에 따라 공무원연금관리공단이 그 지급결정을 함으로써 그 구체적인 권리가 발생하는 것이므로, 공무원연금관리공단의 급여에 관한 결정은 국민의 권리에 직접 영향을 미치는 것이어서 행정처분에 해당하고, 공무원연금관리공단의 급여결정에 불복하는 자는 공무원연금급여재심위원회의 심사결정을 거쳐 공무원연금관리공단의 급여결정을 대상으로 행정소송을 제기하여야 한다(대판 1996. 12. 6, 96누6417).

[판례②] 공무원연금법 소정의 퇴직연금 등의 급여는 급여를 받을 권리를 가진 자가 당해 공무원이 소속하였던 기관장의 확인을 얻어 신청하는 바에 따라 공무원연금관리공단이 그 지급결정을 함으로써 그 구체적인 권리가 발생하는 것이므로, 공무원연금관리공단의 급여에 관한 결정은 국민의 권리에 직접 영향을 미치는 것이어서 행정처분에 해당할 것이지만, 공무원연금관리공단의 인정에 의하여 퇴직연금을 지급받아 오던 중 구 공무원연금법령의 개정 등으로 퇴직연금 중 일부 금액의 지급이 정지된 경우에는 당연히 개정된 법령에 따라 퇴직연금이 확정되는 것이지 같은 법 제26조 제1항에 정해진 공무원연금관리공단의 퇴직연금 결정과 통지에 의하여 비로소 그 금액이 확정되는 것이 아니므로, 공무원연금관리공단이 퇴직연금 중 일부 금액에 대하여 지급거부의 의사표시를 하였다고 하더라도 그 의사표시는 퇴직연금 청구권을 형성·확정하는 행정처분이 아니라 공법상의 법률관계의 한쪽 당사자로서 그 지급의무의 존부 및 범위에 관하여 나름대로의 사실상·법률상 의견을 밝힌 것일 뿐이어서, 이를 행정처분이라고 볼 수는 없고, 이 경우 미지급퇴직연금에 대한 지급청구권은 공법상 권리로서 그의 지급을 구하는 소송은 공법상의 법률관계에 관한 소송인 공법상 당사자소송에 해당한다(대판 2004. 7. 8, 2004두244).

[판례③] 공무원연금법령상 급여를 받으려고 하는 자는 우선 관계 법령에 따라 피고에게 급여지급을 신청하여 피고가 이를 거부하거나 일부 금액만 인정하는 급여지급결정을 하는 경우 그 결정을 대상으로 항고소송을 제기하는 등으로 구체적 권리를 인정받아야 할 것이고, 구체적인 권리가 발생하지 않은 상태에서 곧바로 피고를 상대로 한 당사자소송으로 그 권리의 확인이나 급여의 지급을 소구하는 것은 허용되지 아니한다. 이러한 법리는 구체적인 급여를 받을 권리의 확인을 구하기 위하여 소를 제기하는 경우뿐만 아니라, 구체적인 급여수급권의 전제가 되는 지위의 확인을 구하는 경우에도 마찬가지로 적용된다(대판 2017. 2. 9, 2014두43264).

3. 실비변상을 받을 권리

공무원은 보수를 받는 외에 대통령령이 정하는 바에 의하여 직무수행에 소요되는 실비(여비 등)를 변상 받을 권리를 가진다(국가공무원법 48조 1항, 지방공무원법 46조 1항).

4. 보상을 받을 권리

공무원이 소속 기관의 장의 허가를 받아 본래의 업무 수행에 지장이 없는 범위에서 담당직무 외의 특수한 연구과제를 위탁받아 처리하면 그 보상을 지급받을 권리를 가진다(국가공무원법 48조 2항. 지방공무원법 46조 2항).

제 4 절 공무원의 의무

Ⅰ. 개 설

공무원의 근무관계는 공법상의 영조물이용관계[1]와 함께 전형적인 공법상의 특별신분관계(또는 특별행정법관계)[2]를 형성한다. 따라서 공무원은 일반국민이 가지고 있지 않은 특별한 권리를 가지는 동시에 일반국민이 가지지 않는 특별한 의무를 또한 지고 있다.[3] 과거에는 특별권력관계에는 법이 침투할 수 없으며 따라서 법이 지배하지 않는 영역으로 생각된 때도 있었다. 그러나 그러한 이론이 비판의 십자포화를 받아 침몰한 지 오래된 일이며, 특별신분관계라 하여 당연히 구성원의 권리가 제한되고 특별한 의무가 부과될 수 있는 것은 아니다. 그럼에도 불구하고 공무원은 "국민 전체에 대한 봉사자"라고 하는 특수한 신분과 책무를 지니고 있으므로(헌법 7조 1항 참조), 그러한 공무원의 특수한 신분·기능과 공무원의 법적 이익이라는 두 가지 가치가 실천적 조화(praktische Konkordanz)를 이룰 필요가 있다고 보는 것이다.

1) 이에 관하여는 본서 524면 이하 참조.
2) 이에 관하여는 김남진·김연태(Ⅰ), 126면 이하 참조.
3) 특별신분관계에 관하여 오늘날에는 「신분적 관념은 현행법이 배척하는 바」인 것으로 보는 견해(이상규(하), 204면)도 있다. 그러나 '일반국민의 의무'와 구별되는 '공무원의 의무'에 관하여 별도로 논하는 것 자체가 공무원이라는 '신분'에 대해 특별한 의미를 부여하는 증좌가 아닌가 생각된다.

Ⅱ. 공무원의 주요의무[4)]

1. 선서의 의무

공무원은 취임할 때에 소속기관장 앞에서 선서할 의무를 지고 있다. 다만, 불가피한 사유가 있을 때에는 취임 후에 선서를 하게 할 수 있다(국가공무원법 55조, 지방공무원법 47조).

〈선 서〉
나는 대한민국 공무원으로서 헌법과 법령을 준수하고, 국가를 수호하며, 국민에 대한 봉사자로서의 임무를 성실히 수행할 것을 엄숙히 선서합니다.[5)]

2. 성실의 의무

모든 공무원은 성실히 직무를 수행할 의무를 진다(국가공무원법 56조, 지방공무원법 48조). 성실의무는 공무원의 기본적 의무로서 최대한으로 공공의 이익을 도모하고 그 불이익을 방지하기 위해 전인격과 양심을 바쳐서 성실히 직무를 수행할 것을 뜻한다. 따라서 공무원이 법령을 위배하지 않더라도 성실의 의무를 위배하면 징계의 사유가 된다.

[판례] 국가공무원법 제56조는 "모든 공무원은 법령을 준수하며 성실히 직무를 수행하여야 한다."라고 규정하고 있다. 이러한 성실의무는 공무원의 가장 기본적이고 중요한 의무로서 최대한으로 공공의 이익을 도모하고 그 불이익을 방지하기 위하여 전인격과 양심을 바쳐서 성실히 직무를 수행하여야 하는 것을 그 내용으로 한다(대판 2017. 11. 9, 2017두47472. 동지판례: 대판 1989. 5. 23, 88누3161; 대판 2017. 12. 22, 2016두38167).

그러나 '성실한 직무 수행'의 기준이 불명확하기 때문에 구체적인 경우 성실

---

4) 공무원의 의무를 몇 가지로 유형화하는 경향이 있다. 즉 ① 선서의 의무, ② 성실의 의무, ③ 직무상의 의무, ④ 신분상의 의무로 유형화하는 예(김도창, 박윤흔), ① 선서의 의무, ② 성실의 의무, ③ 직무상의 의무로 나누어, 흔히 신분상의 의무로 말해지고 있는 것(품위유지의무, 청렴의무 등)도 직무상의 의무에 포함시키는 예(김동희) 등이 그에 해당한다. 다만 본서에서는 그러한 유형화에 따르는 혼선을 피하는 의미에서 주요의무를 나열식으로 설명하기로 한다.

5) 이와 같은 내용의 선서문이 당초에는 국가공무원법 등 법률에 있었으나, 현재는 국가공무원복무규정과 「공무원 인사기록·통계 및 인사사무처리규칙」의 별표에 규정되어 있다. 한편, 국가정보원직원과 재외공관 등에 파견되는 외무공무원의 선서문은 해당 법률에서 직접 규정하고 있다(외무공무원법 18조, 국가정보원직원법 15조).

의무의 위반에 해당하는지를 판단하는 것은 용이하지 않다.

[판례①] 구비서류 등이 형식적으로 구비된 점만을 피상적으로 확인하였을 뿐 … 동일인이 부가가치세액 확정신고를 하지 아니한 데 따른 조사결정조치도 취하지 아니한 세무공무원은 공무원의 성실의무에 크게 위반한 것이니 그에 대한 해임의 징계처분은 적법하다(대판 1984. 1. 24, 83누610).

[판례②] 특정건축물 양성화의무의 주무국장 겸 신고된 양성화대상 건축물의 정리 등에 관한 사항을 심의의결한 특정건축물정리심의위원회 위원장 직무대행자가 담당직원 1인에게 그 신고서류에 대한 검토를 전담시켰을 뿐 아니라 … 위 담당직원이 그 신고인들과 결탁하여 허위의 신고서류임을 알고서도 위 심의위원회의 심의에 회부하도록 방치함으로써 부당양성화조치가 이루어지게 되었다면, 이는 부하직원에 대한 감독을 소홀히 하는 등 업무상 성실의무를 위배하였다고 할 것이다(대판 1987. 4. 14, 86누183).

[판례③] 철도기관사로서의 성실의무는 철도의 정상운행에 지장을 초래할 가능성이 높은 집회에 참석하지 아니할 의무에까지도 미친다고 보아야 한다(대판 1997. 2. 11, 96누2125).

[판례④] 정책을 수립·시행하는 고위 공무원이 국가적인 사업을 추진하는 경우에, 당시 정부의 정책, 산업 분야의 경제적 영향 등 다양한 정책적 요소에 대한 고도의 전문적 판단이 요구되므로 상당히 폭넓은 재량이 인정되며, 그 사업 추진 결과가 기대에 미치지 못한다고 하여 그 사유만을 징계사유로 삼기는 어렵다. 그렇지만 그러한 사업추진이 주식시장에 상장된 특정 회사의 사업에 대한 지원으로 이어지고 나아가 국가가 그 회사의 사업을 홍보까지 하는 경우에는 특혜 시비를 낳을 수 있고, 더욱이 부적정한 상장회사에 대한 지원은 주식시장의 혼란, 정부 및 국가정책에 대한 신뢰를 크게 떨어뜨릴 우려가 있으므로, 그 지원 활동을 결정하는 공무원은 지원 대상 사업의 타당성, 공익성 및 실현가능성, 해당 회사의 재정상태 및 경영의 투명성 등에 관하여 객관적 검증을 거친 후, 신뢰할 수 있는 사업에 대하여 신중하게 지원 여부 및 지원 방법을 결정함으로써, 정부의 정책과 행정에 대한 공적 신뢰를 유지하고 공공의 이익을 도모할 수 있도록 주의를 기울여야 하며, 이는 공무원에게 부과된 가장 기본적이고 중요한 의무인 성실의무의 내용을 이룬다(대판 2017. 12. 22, 2016두38167).

3. 법령준수의 의무

(1) 의 의

공무원은 법령을 준수할 의무를 진다(국가공무원법 56조, 지방공무원법 48조). 공무원이 법령을 준수하여야 함은 너무나 당연한 일이다. 이것과 관련하여, "행정법은 헌법의 집행법이며, 구체화된 헌법"이라는 점이 강조되고 있는 사실을 인식할 필요가 있다.[6] 또한 법령이 위계질서를 형성하고 있음으로써 하위법령은 상위법령에 위배될 수 없는 사실 또한 중요하다. 그 결과 공무원은 상위법에 위배되는 법령을 준수할 의무를 지느냐 하는 문제가 제기된다.

법원(법관)은 법률의 위헌 여부가 재판의 전제가 되는 경우에 헌법재판소에 제청할 수 있으며(헌법 107조), 명령·규칙의 위법 여부가 재판의 전제가 되는 경우에는 스스로 심판할 수 있는 권한을 가지고 있다(동조 2항). 그러면, 공무원(집행부 소속)에게 법령의 위법 여부를 스스로 심사하고 나아가 위법하다고 판단되는 법령의 적용을 배제할 권한이 있는 것인가?

(2) 학 설

이 문제에 대한 학설을 분류해 보면 다음과 같다.

첫째는 공무원(또는 행정기관)은 법령의 형식적 요건에 대한 심사권을 가지나, 법령의 실질적 심사 내지 적용배제권은 가지지 않는다고 하는 입장이다.

둘째는 공무원이 법령에 대한 전반적 심사 및 적용배제권을 가진다고 보는 입장이다.

셋째는 절충설로서, 공무원(또는 행정기관)이 법령의 위법 여부에 대한 실질적 심사권은 가지되 적용배제권은 가지지 않는다고 보는 입장이다. 그리고 이러한 입장이 독일에서의 통설·판례의 입장인 것으로 보인다.[7)]

(3) 사 견

생각건대, 공무원은 일련의 절차를 거쳐 효력을 발생한 법령에만 구속되며, 따라서 입법예고 단계에 있는 법령안, 공포는 되었으나 아직 시행되지 않은 법령에는 구속되지 않으므로, 공무원은 그와 같은 법령의 형식적 요건에 대한 심사권을 가진다고 보지 않을 수 없다. 반면에, 공무원의 법령에 대한 실질적 심사권은 원칙적으로 부인된다고 할 것이다. 즉, 공무원은 어떤 법령이 상위법에 저촉된다고 생각하는 경우, 그에 대한 의견을 상관에게 제시하는 등 필요한 조치를 취할 수 있으나, 독자적인 판단에 따라 그의 적용을 배제할 수는 없다고 판단된다. 그리고 이 점이 직접 재판을 담당하고 있는 법관과 집행부소속 공무

---

6) 이러한 점에 관하여는 김남진·김연태(Ⅰ), 30면 이하 참조.

7) 이 점에 관하여는 김남진, 기본문제, 640면 이하 참조. 공무원법(국가공무원법 및 지방공무원법)이 공무원의 법령준수의무를 규정하고 있는 것은 분명하다. 그렇다고 공무원이 위법 또는 무효의 법령까지 무조건 준수할 의무를 지는 것은 아니라고 보아야 한다. 그에 따라 공무원에 의한 법령의 심사 내지 적용배제의 문제가 대두하게 된다. 그럼에도 불구하고 우리나라에 있어서 이 문제가 경시되고 있는 점에 대하여는 의문을 가진다.

원이 다른 점이라고 하겠다. 그러나 예외적으로 법령의 위헌·위법이 명백한 경우에는 행정기관에도 당해 법령에 대한 심사권은 물론 적용배제의 권리·의무가 있다고 보아야 할 것이다.

4. 복종의 의무

공무원은 직무를 수행함에 있어 소속 상관의 직무상의 명령에 복종할 의무를 진다(국가공무원법 57조, 지방공무원법 49조). 다만, 복종의 의무는 직무의 독립성이 인정된 공무원(감사위원, 의결기관의 구성원 등)에게는 적용되지 아니한다. 공무원의 복종의무와 관련하여 고찰할 사항은 다음과 같다.

(1) 소속상관

공무원의 소속 상관에는 '신분상의 상관'과 '직무상의 상관'이 있다. 그 가운데 여기서의 소속 상관은 후자를 의미한다. 아울러 이러한 의미의 소속 상관에는 소속 기관의 장뿐만 아니라 보조기관인 상급자, 기타 하급자에 대해 지휘·감독권을 가진 모든 상급자가 포함되는 것으로 새겨진다.

(2) 직무명령

직무명령은 공무원의 직무에 관하여 상관이 발하는 일체의 '명령'을 말한다. 그리고 이것에는 일단 일반·추상적인 것과 개별·구체적인 것이 다 포함된다.

직무명령은 상관(상급공무원)의 하관(하급공무원)에 대한 명령인 점에서 상급행정청(상급행정기관)의 하급행정청(하급행정기관)에 대한 명령인 훈령과 일단 구별된다. 그러나 이미 앞에서(제1장 행정조직법통칙) 살펴 본 바와 같이, 훈령은 수명(受命)기관의 구성원인 공무원에 대해서도 구속력을 가짐으로써 넓은 의미의 직무명령의 성질을 가지는 점에 유의할 필요가 있다.[8)]

(3) 복종의 의무와 그 한계

공무원은 '적법한' 상관의 직무명령에 복종해야 할 의무를 지는데, 그 직무명령의 적법요건으로는 ① 직무상의 상관이 발한 것일 것, ② 부하공무원의 직무에 관한 것일 것, ③ 직무상의 독립이 인정되는 사항에 관한 것이 아닐 것, ④ 적법한 절차로 발해진 것일 것, ⑤ 기타 법규에 저촉하는 것이 아닐 것 등을 열거할 수 있다.

---

8) 상세는 본서 34면 이하 참조.

상관의 직무명령이 위와 같은 요건을 충족하지 않음으로 인하여 위법함이 명백한 경우에는 복종을 거부하여야 하며, 위법함을 알고도 복종하였으면 그에 대한 책임(징계책임·민사책임·형사책임)을 면할 수 없다. 그 밖의 경우(예컨대 법령해석상의 견해차이에 불과한 경우, 부당하다고 인정되는 경우 등)에는 공무원은 자기의 의견을 진술할 수 있으나 복종을 거부할 수는 없다(지방공무원법 49조 단서 참조).[9]

[판례①] 공무원이 그 직무를 수행함에 즈음하여 상관은 하관에 대하여 범죄행위 등 위법한 행위를 하도록 명령할 직권이 없는 것이며, 또한 하관은 소속 상관의 적법한 명령에 복종할 의무는 있으나 그 명령이 대통령 선거를 앞두고 특정후보에 대하여 반대하는 여론을 조성할 목적으로 확인되지도 않은 허위의 사실을 담은 책자를 발간·배포하거나 기사를 게재하도록 하라는 것과 같이 명백히 위법 내지 불법한 명령인 때에는 이는 벌써 직무상의 지시명령이라 할 수 없으므로 이에 따라야 할 의무가 없다(대판 1999. 4. 23, 99도636. 동지판례: 대판 1988. 2. 23, 87도2358).

[판례②] 상명하복에 의한 지휘통솔체계의 확립이 필수적인 군의 특수성에 비추어 군인은 상관의 명령에 복종하여야 한다. 구 군인복무규율 제23조 제1항은 그와 같은 취지를 규정하고 있다. 군인이 일반적인 복종의무가 있는 상관의 지시나 명령에 대하여 재판청구권을 행사하는 경우에는 재판청구권이 군인의 복종의무와 외견상 충돌하는 모습으로 나타날 수 있다.

그러나 상관의 지시나 명령 그 자체를 따르지 않는 행위와 상관의 지시나 명령은 준수하면서도 그것이 위법·위헌이라는 이유로 재판청구권을 행사하는 행위는 구별되어야 한다. 법원이나 헌법재판소에 법적 판단을 청구하는 것 자체로는 상관의 지시나 명령에 직접 위반되는 결과가 초래되지 않으며, 재판절차가 개시되더라도 종국적으로는 사법적 판단에 따라 위법·위헌 여부가 판가름 나므로 재판청구권 행사가 곧바로 군에 대한 심각한 위해나 혼란을 야기한다고 상정하기도 어렵다. 상관의 지시나 명령을 준수하는 이상 그에 대하여 소를 제기하거나 헌법소원을 청구하였다는 사실만으로 상관의 지시나 명령을 따르지 않겠다는 의사를 표명한 것으로 간주할 수도 없다. 종래 군인이 상관의 지시나 명령에 대하여 사법심사를 청구하는 행위를 무조건 하극상이나 항명으로 여겨 극도의 거부감을 보이는 태도 역시 모든 국가권력에 대하여 사법심사를 허용하는 법치국가의 원리에 반하는 것으로 마땅히 배격되어야 한다.

따라서 군인이 상관의 지시나 명령에 대하여 재판청구권을 행사하는 경우에 그것이 위법·위헌인 지시와 명령을 시정하려는 데 목적이 있을 뿐, 군 내부의 상명하복관계를 파괴하고 명령불복종 수단으로서 재판청구권의 외형만을 빌리거나 그 밖에 다른 불순한 의도가 있지 않다면, 정당한 기본권의 행사이므로 군인의 복종의

9) 아울러 김남진, 직무명령과 복종의 의무, 자치행정, 1995. 11, 42면 이하 참조.

무를 위반하였다고 볼 수 없다(대판 2018. 3. 22, 2012두26401 전합).[10)]

(4) 직무명령이 경합된 경우

상하관계에 있는 2인 이상의 상관으로부터 서로 모순되는 직무명령을 받았을 때에는 직근상관의 명령에 복종해야 한다는 것이 통설적 견해이다.

5. 직무에 전념할 의무

(1) 직장이탈의 금지

① 소속 상관의 허가 또는 정당한 이유 없이 직장을 이탈하지 못한다. ② 수사기관이 공무원을 구속하려면 그 소속 기관의 장에게 미리 통보하여야 한다. 다만, 현행범은 그러하지 아니하다(국가공무원법 58조, 지방공무원법 50조).

(2) 영리업무 및 겸직의 금지

① 공무원은 공무 외에 영리를 목적으로 하는 업무에 종사하지 못하며, 소속 기관의 장의 허가 없이 다른 직무를 겸할 수 없다. ② 영리를 목적으로 하는 업무의 한계는 「국가공무원 복무규정」, 「지방공무원 복무규정」, 「법원공무원규칙」, 「선거관리위원회 공무원 규칙」, 「헌법재판소 공무원 규칙」 등으로 정한다(국가공무원법 64조, 지방공무원법 56조). 이에 따라 공무원이 스스로 영리적인 업무를 경영하는 것 또는 사기업의 임원이 되는 것 등이 제한된다(국가공무원복무규정 25조). 한편, 퇴직공무원의 취업제한은 「공직자윤리법」에 정해져 있다(동법 17조 이하).

[판례] 공무원으로서 겸직이 금지되는 영리업무는 영리적인 업무를 공무원이 스스로 경영하여 영리를 추구함이 현저한 업무를 의미하고, 공무원이 여관을 매수하여 임대하는 행위는 부동산 투기행위가 된다고 볼 자료가 없으므로 영리업무에 종

---

10) 이 판결의 [반대의견]에서는 다음과 같이 판시하고 있다. ㉮ 군인을 포함하여 모든 국민이 헌법상 재판청구권을 가짐은 다툼의 여지가 없다. 그러나 재판청구권이 절대적, 무제한적인 권리는 아닐 뿐만 아니라, 재판청구권의 행사 의도나 목적 또는 방법에 따라서는 사후에 그 행사자가 형사처벌을 받거나 민사상 손해배상책임을 지기도 하고 징계처분을 받을 수도 있다. ㉯ 군 지휘관의 직무상 명령이 명백히 위법한 것이 아닌 이상 부하인 군인은 복무규율에 따라 이에 복종할 의무가 있다. 그런데 상관의 명령에 대한 복종으로 참을 수 없는 불이익이 발생한다면, 부하로서는 우선 군인복무규율에 따라 내부적 해결을 위한 진지한 노력을 하여야 하고, 그에 따른 해결이 이루어지지 않는다면 법이 정한 다른 구제방법을 찾아야 한다. 만약 이와 달리 군대 내에서 발생하는 모든 불이익에 대해, 군인들이 언제라도 자유로이, 일반 법령이 정한 군대 밖의 국가기관의 구제절차를 통해 불이익의 해소를 시도하는 것이 정당화된다면, 국군의 조직력은 와해되고, 그로 인한 위협은 전체 국민이 떠안게 될 것이다.

사하는 경우라고 할 수 없다(대판 1982. 9. 14. 82누46).

위와 같은 공무원의 겸직금지(광의)와 관련해서, 공무원의 근무시간이 단축되어 가는 추세에 비추어 그 겸직의 폭을 넓혀야 한다는 견해와 고용기회의 확대(실업자 구제)라는 견지에서 그것을 강화해야 한다는 견해가 있으나, 과잉금지의 원칙(광의의 비례성원칙)에 위배될 정도의 겸직금지는 허용되지 않는다고 보아야 한다.[11]

6. 친절 · 공정의 의무

공무원은 국민전체에 대한 봉사자로서 친절하고 공정하게 직무를 수행해야 할 의무를 진다(국가공무원법 59조, 지방공무원법 51조). 친절공정의 의무 역시 윤리적 의무가 아니라 법적 의무이며, 이에 위반하면 징계의 원인이 된다는 점에 유의할 필요가 있다.

7. 종교중립의 의무

공무원은 종교에 따른 차별 없이 직무를 수행하여야 하며, 소속 상관이 이에 위배되는 직무상 명령을 한 경우에는 이에 따르지 아니할 수 있다(국가공무원법 59조의2, 지방공무원법 51조의2).

8. 비밀엄수의 의무[12]

공무원은 재직 중은 물론 퇴직 후에도 직무상 알게 된 비밀을 엄수하여야 한다(국가공무원법 60조, 지방공무원법 52조). 여기에서 '직무상 지득한 비밀'이란, 자신이 처리하는 직무에 관한 비밀만이 아니라, 직무와 관련하여 알게 된 모든 비밀을 포함한다는 것이 일치된 견해이다. 문제는 무엇이 '비밀'에 속하는 사항에 해당하느냐 하는 점에 있다. 일단은 법령에 의하여 비밀사항으로 정해진 사항, 관계기관이 비밀문서로 분류해 놓은 사항이 그에 해당한다고 할 수 있으나,[13] 사안의 성질상, 객관적으로 비밀임이 명백한 사항도 그에 포함된다고 볼 수 있다.[14]

---

11) 상세는 김남진, 공무원의 겸직금지의무와 한계, 고시연구, 1987. 12 및 김남진 · 이명구, 행정법연습, 499면 이하 참조.

12) 공무원의 비밀엄수의 의무는 학자에 따라 직무상의 의무로(김도창, 서원우), 또는 신분상의 의무로(석종현, 이상규) 분류되고 있는 바, 엄격히 말하면 양면을 가진다고 볼 수 있다.

13) 동지: 김도창(하), 241면.

14) 동지: 김중양 · 김명식, 주해 국가공무원법, 248면. 일설은 형벌로서 보호할 가치가 있는 것만이 그에 해당한다고 하고 있다(박윤흔 · 정형근(하), 255-256면).

[판례] 국가공무원법상 직무상 비밀이라 함은 국가 공무의 민주적, 능률적 운영을 확보하여야 한다는 이념에 비추어 볼 때 당해 사실이 일반에 알려질 경우 그러한 행정의 목적을 해할 우려가 있는지 여부를 기준으로 판단하여야 하며, 구체적으로는 행정기관이 비밀이라고 형식적으로 정한 것에 따를 것이 아니라 실질적으로 비밀로서 보호할 가치가 있는지, 즉 그것이 통상의 지식과 경험을 가진 다수인에게 알려지지 아니한 비밀성을 가졌는지, 또한 정부나 국민의 이익 또는 행정목적 달성을 위하여 비밀로서 보호할 필요성이 있는지 등이 객관적으로 검토되어야 한다(대판 1996. 10. 11. 94누7171).

공무원의 비밀누설은 징계의 원인이 될 뿐 아니라, 형사상의 피의사실공표죄(형법 126조), 공무상 비밀누설죄(동법 127조) 등을 구성한다. 퇴직한 공무원에 대하여는 징계책임을 물을 수는 없으나, 그 후에 있어서의 공무원관계의 설정을 거부할 수 있다는 것이 다수의 견해이다.

공무원 또는 공무원이었던 자가 법원 기타 법률상 권한을 가진 기관의 증인 또는 감정인이 되어 직무상 비밀에 관하여 신문을 받을 때에는 소속공무소 또는 감독관공서의 허가를 받은 사항에 한하여 진술할 수 있다(형사소송법 147조 · 177조, 민사소송법 306조 · 333조 참조).

「국회에서의 증언 · 감정 등에 관한 법률」에도 그에 관한 특례규정이 있는데, 최종적으로 서류의 제출이 국가의 중대한 이익을 해친다는 취지의 국무총리의 성명발표가 없는 한 서류제출을 거부할 수 없게 되어 있다(동법 4조).

[판례] 공무원 또는 공무원이었던 자가 직무상 비밀에 속한다는 이유로 지방의회의 증언 또는 서류제출요구 등을 거부할 수 없도록 규정한 조례안의 경우…국가의 안전보장에 중대한 영향을 미칠 국가기밀까지도 반드시 공개하도록 규정한 조례안은 국가공무원법 제60조, 지방공무원법 제52조, 형법 제127조, 보안업무규정 제24조와 지방자치법 제36조 제7항, 같은 법 시행령 제17조의4 제3항에 위반된다(대판 1995. 6. 30. 93추83).

9. 청렴의 의무

공무원은 직무와 관련하여 직접적이든 간접적이든 사례 · 증여 또는 향응을 주거나 받을 수 없으며, 직무상 관계가 있든 없든 그 소속 상사에게 증여하거나 소속 공무원으로부터 증여를 받아서는 아니 된다(국가공무원법 61조, 지방공무원법 53조). 「공직자윤리법」은 공무원의 청렴의무의 제도적 확보를 위하여 일정한 공직자의 재산등록 및 공개, 선물신고 및 퇴직공직자의 취업제한 등에 관하여 정하고 있는데, 그의 주요내용은 다음과 같다.

(1) 재산등록 및 공개의무

① **등록의무자**: 대통령·국무총리 등 국가의 정무직공무원과 지방자치단체의 장, 지방의회의원 및 4급 이상의 공무원 등이 그에 해당된다(공직자윤리법 3조).

② **재산등록**: 등록의무자가 등록할 재산은 본인, 배우자, 본인의 직계존비속의 재산이다(동법 4조 1항). 그리고 등록할 재산의 내역은 부동산, 1천만 원 이상의 현금 등 동산과 기타 각종의 권리이다(동법 4조 2항).

등록재산의 가액산정방법은 토지는 개별공시지가, 주택은 공시가격 또는 실거래가격에 의한다(동법 4조 3항). 공직자가 등록재산을 등록기관에 등록하게 되면 공직자윤리위원회는 등록된 사항을 심사해야 한다(동법 8조). 심사 결과 등록대상재산을 거짓으로 기재한 경우, 중대한 과실로 빠트리거나 잘못 기재한 경우, 불성실하게 재산등록을 하거나 심사에 응한 경우, 직무상 알게 된 비밀을 이용하여 재물 또는 재산상 이익을 취득한 사실이 인정된 경우에는 경고 및 시정조치, 과태료의 부과, 일간신문광고란을 통한 허위등록사실의 공표, 해임 또는 징계의결 요구 등을 해야 한다(동법 8조의2 1항·2항).

③ **등록재산의 공개**: 대통령·국무총리 등 국가의 정무직공무원과 지방자치단체의 장, 지방의회의원 및 정무직공무원, 1급 이상의 일반·별정직공무원 등의 경우에는 등록재산의 내용을 공개하는 것을 원칙으로 하고 있다(동법 10조). 또한 공직선거후보자 등도 재산을 공개할 의무가 있다(동법 10조의2).

(2) 선물신고의무

공무원과 공직유관단체의 임·직원이 외국 또는 그 직무와 관련하여 외국인으로부터 선물을 받은 때에는 소속기관·단체의 장에게 신고하고 물건을 인도해야 한다(동법 15조). 신고된 선물은 즉시 국가 또는 지방자치단체에 귀속된다(동법 16조).

(3) 퇴직공직자의 취업제한

퇴직공직자는 퇴직일로부터 3년간 퇴직 전 5년 동안 소속하였던 부서 또는 기관의 업무와 밀접한 관련성이 있는 유관사기업체 등의 취업이 제한된다(동법 17조).

10. 품위유지의 의무

공무원은 직무의 내외를 불문하고 그 품위가 손상되는 행위를 하여서는 아니 된다(국가공무원법 63조, 지방공무원법 55조).

[판례] 국가공무원법 제63조는 "공무원은 직무의 내외를 불문하고 그 품위가 손상되는 행위를 하여서는 아니 된다."라고 규정하고 있다. 국민으로부터 널리 공무를 수탁받아 국민 전체를 위해 근무하는 공무원의 지위를 고려할 때 공무원의 품위손상행위는 본인은 물론 공직사회에 대한 국민의 신뢰를 실추시킬 우려가 있으므로, 모든 공무원은 국가공무원법 제63조에 따라 직무의 내외를 불문하고 품위를 손상하는 행위를 하여서는 아니 된다. 여기서 '품위'는 공직의 체면, 위신, 신용을 유지하고, 주권자인 국민의 수임을 받은 국민 전체의 봉사자로서의 직책을 다함에 손색이 없는 몸가짐을 뜻하는 것으로서, 직무의 내외를 불문하고, 국민의 수임자로서의 직책을 맡아 수행해 나가기에 손색이 없는 인품을 말한다.

이와 같은 국가공무원법 제63조의 규정 내용과 의미, 입법 취지 등을 종합하면, 국가공무원법 제63조에 규정된 품위유지의무란 공무원이 직무의 내외를 불문하고, 국민의 수임자로서의 직책을 맡아 수행해 나가기에 손색이 없는 인품에 걸맞게 본인은 물론 공직사회에 대한 국민의 신뢰를 실추시킬 우려가 있는 행위를 하지 않아야 할 의무라고 해석할 수 있다. 구체적으로 어떠한 행위가 품위손상행위에 해당하는가는 수범자인 평균적인 공무원을 기준으로 구체적 상황에 따라 건전한 사회통념에 따라 판단하여야 한다(대판 2017. 11. 9, 2017두47472. 동지판례: 대판 2013. 9. 12, 2011두20079; 대판 2017. 4. 13, 2014두8469).

판례상 ① 고등학교장의 공무원훈련원에서의 시험부정행위(대판 1964. 9. 22, 64누6), ② 부첩 관계에 있는 여인을 구타한 행위(대판 1972. 10. 31, 72누157), ③ 교사의 불륜관계가 있는 것으로 의심받을 만한 행위(대판 1996. 4. 26, 95누18727), ④ 교육공무원이 타인의 논문을 표절하여 연구보고서를 제출한 행위(대판 1996. 4. 26, 95누3848), ⑤ 출장근무 중 근무장소를 벗어나 동료 여직원의 의사에 반하여 성관계를 요구하다가 상해를 입힌 행위(대판 1998. 2. 27, 97누18172) 등이 품위유지의무에 위반한 행위로 판시된 바 있다.

11. 영예 등 제한

공무원은 대통령의 허가 없이 외국정부로부터 영예나 증여를 받지 못한다(국가공무원법 62조, 지방공무원법 54조). 이것은 공무원이 국민에 대한 봉사자임을 일깨우며, 공무원에 대한 외국정부의 영향을 배제하기 위한 규정으로 볼 수 있다.

12. 정치운동의 금지

공무원은 정당 그 밖에 정치단체의 결성에 관여하거나 이에 가입할 수 없으며 ① 투표를 하거나 하지 아니하도록 권유 운동을 하는 것, ② 서명 운동을 기도·주재하거나 권유하는 것, ③ 문서나 도서를 공공시설 등에 게시하거나 게시하게 하는 것, ④ 기부금을 모집 또는 모집하게 하거나 공공자금을 이용 또는 이용하게 하는 것, ⑤ 타인으로 하여금 정당 기타 정치단체에 가입하게 하거나 또는 가입하지 아니하도록 권유운동을 하는 것 등의 행위를 하여서는 아니 된다(국가공무원법 65조 1항·2항, 지방공무원법 57조 1항·2항).[15] 다만, 「국가공무원법」 제3조 제3항의 공무원의 범위에 관한 규정에서 정하는 공무원(예: 대통령, 국무총리, 국무위원, 국회의원, 처의 장, 각원·부·처의 차관, 정무차관 등)에 대하여는 정치운동의 금지에 관한 공무원법의 규정이 적용되지 아니하며(국가공무원법 3조 3항), 교육공무원 중 총장, 학장, 교수, 부교수, 조교수, 강사는 정당의 당원이나 발기인이 될 수 있다(정당법 22조).

공무원은 또한 다른 공무원에게 금지된 정치활동을 하도록 요구하거나 정치적 행위에 대한 보상 또는 보복으로서 이익 또는 불이익을 약속하여서는 아니 된다(국가공무원법 65조 3항, 지방공무원법 57조 3항).

이와 같은 정치활동의 금지는 공무원의 직무수행에 있어서 정치적 중립성을 확보하기 위한 것인데, 일반시민으로서의 정치적 기본권의 제한과 공무원으로서의 직무수행의 공정성 사이에 적절한 비례관계가 있어야 할 것이다.

[판례①] 공무원인 교원의 경우에도 정치적 표현의 자유가 보장되어야 하지만, 공무원의 정치적 중립성 및 교육의 정치적 중립성을 선언한 헌법정신과 관련 법령의 취지에 비추어 정치적 표현의 자유는 일정한 범위 내에서 제한될 수밖에 없고, 이는 헌법에 의하여 신분이 보장되는 공무원인 교원이 감수하여야 하는 한계이다. 더구나 공무원인 교원의 정치적 표현행위가 교원의 지위를 전면에 드러낸 채 대규모로 집단적으로 이루어지는 경우에는 그것이 교육현장 및 사회에 미치는 파급력을 고려한 평가가 요구된다. 따라서 공무원인 교원이 집단적으로 행한 의사표현행위가 국가공무원법이나 공직선거법 등 개별 법률에서 공무원에 대하여 금지하는 특정의 정치적 활동에 해당하는 경우나, 특정 정당이나 정치세력에 대한 지지 또는 반대의사를 직접적으로 표현하는 등 정치적 편향성 또는 당파성을 명백히 드러내는 행위 등과 같이 공무원인 교원의 정치적 중립성을 침해할 만한 직접적인 위험을 초래할 정도에 이르렀다고 볼 수 있는 경우에, 그 행위는 공무원인 교원의 본분을 벗어나 공익에 반하는 행위로서 공무원의 직무에 관한 기강을 저해하거나 공무의 본질을 해치는 것이어서 직무전념의무를 해태한 것이라 할 것이므로, 국가공무원법 제66조

15) 법원은 사립대학 교수의 한일협정비준반대에 관한 집단적인 성명을 정치활동으로 판시한 바 있으며(대판 1967. 1. 24, 66다2282), 국립대학교 교수가 민주회복국민회의(가칭)를 발족하기로 하는 내용의 국민선언을 채택하고 서명한 행위를 정치적 행위를 한 것에 해당한다고 판시한 바 있다(대판 1981. 12. 22, 80누499).

제1항에서 금지하는 '공무 외의 일을 위한 집단행위'에 해당한다고 보아야 한다. 여기서 어떠한 행위가 정치적 중립성을 침해할 만한 직접적인 위험을 초래할 정도에 이르렀다고 볼 것인지는 일률적으로 정할 수 없고, 헌법에 의하여 정치적 중립성이 요구되는 공무원 및 교원 지위의 특수성과 아울러, 구체적인 사안에서 당해 행위의 동기 또는 목적, 시기와 경위, 당시의 정치적·사회적 배경, 행위 내용과 방식, 특정 정치세력과의 연계 여부 등 당해 행위와 관련된 여러 사정을 종합적으로 고려하여 판단하여야 한다(대판 2012. 4. 19, 2010도6388 전합).

[판례②] 공무원인 교원이 집단으로 행한 의사표현행위가 국가공무원법이나 공직선거법 등 개별 법률에서 공무원에 대하여 금지하는 특정의 정치적 활동에 해당하는 경우나, 특정 정당이나 정치세력에 대한 지지 또는 반대의사를 직접적으로 표현하는 등 정치적 편향성 또는 당파성을 명백히 드러내는 행위 등과 같이 공무원인 교원의 정치적 중립성을 침해할 만한 직접적인 위험을 가져올 정도에 이르렀다고 볼 수 있는 경우에, 그 행위는 공무원인 교원으로서의 본분을 벗어나 공익에 반하는 행위로서 공무원으로서의 직무에 관한 기강을 저해하거나 공무의 본질을 해치는 것이어서 직무전념의무를 해태한 것이라 할 것이므로, 국가공무원법 제66조 제1항이 금지하는 '공무 외의 일을 위한 집단행위'에 해당한다고 보는 것이 타당하다. 그리고 사립학교 교원의 복무에 관하여 국·공립학교의 교원에 관한 규정이 준용되고(구 사립학교법 제55조), 사립학교 교원이 직무상의 의무에 위반한 경우 등은 징계사유에 해당하므로(구 사립학교법 제61조 제1항), 사립학교 교원이 국가공무원법 제66조 제1항이 금지하는 '공무 외의 일을 위한 집단행위'에 참여한 때에는 징계사유에 해당한다(대판 2013. 6. 27, 2009추206).

[판례③] ㉮ 교원노조의 정치활동을 금지하고 있는 구 '교원의 노동조합 설립 및 운영 등에 관한 법률'(이하 '교원노조법'이라 한다) 제3조 중 '일체의 정치활동' 부분(이하 '이 사건 교원노조법 규정'이라 한다)이 비록 '일체의' 정치활동을 금지하는 형태로 규정되어 있지만, 교육의 정치적 중립성을 선언한 헌법과 교육기본법의 규정 및 교원노조법의 입법목적, 교원노조의 인정취지, 그리고 관련 규범들과의 관계 등을 종합적으로 고려할 때, 이 규정에 의하더라도 교원의 경제적·사회적 지위 향상을 위한 활동은 노조활동의 일환으로서 당연히 허용되고, 교원노조는 교육 전문가 집단이라는 점에서 초·중등교육 교육정책과 관련된 정치적 의견표명 역시 그것이 정치적 중립성을 훼손하지 않고 학생들의 학습권을 침해하지 않을 정도의 범위 내라면 허용된다고 보아야 한다. 이와 같이 이 사건 교원노조법 규정의 의미 내용을 한정하여 해석하는 것이 가능한 이상, 명확성원칙에 위반된다고 볼 수는 없다. ㉯ 교원의 행위는 교육을 통해 건전한 인격체로 성장해 가는 과정에 있는 미성숙한 학생들의 인격형성에 지대한 영향을 미칠 수 있는 점, 교원의 정치적 표현행위가 교원노조와 같은 단체의 이름으로 교원의 지위를 전면에 드러낸 채 대규모로 행해지는 경우 다양한 가치관을 조화롭게

소화하여 건전한 세계관 · 인생관을 형성할 능력이 미숙한 학생들에게 편향된 가치관을 갖게 할 우려가 있는 점, 교원노조에게 일반적인 정치활동을 허용할 경우 교육을 통해 책임감 있고 건전한 인격체로 성장해가야 할 학생들의 교육을 받을 권리는 중대한 침해를 받을 수 있는 점 등에 비추어 보면, 교원노조라는 집단성을 이용하여 행하는 정치활동을 금지하는 것이 과잉금지원칙에 위반된다고 볼 수 없다. ㈐ 교원노조는 교육의 정치적 중립성 요청으로 인해 그 업무와 활동에 있어서 강하게 정치적 중립을 요구받을 수밖에 없다는 점, 교원노조법은 공무원노조법과 달리 '일체의' 정치활동을 금지하는 것으로 되어 있지만, 교원노조에게도 교원의 근로조건 향상을 위한 활동 등은 허용된다는 점, 정치활동이 자유로운 대학교원단체의 경우 그 교육대상이 교원의 정치적 경향성에 별다른 영향을 받지 아니하는 대학생이라는 점에서 교원노조를 일반노조나 공무원노조, 대학교원단체와 달리 취급하는 것이 평등원칙 위반이라고 볼 수 없다(헌재 2014. 8. 28, 2011헌바18, 2011헌바32, 2012헌바185).[16)]

13. 집단행위의 금지

공무원은 노동운동이나 그 밖에 공무 이외의 일을 위한 집단적 행위를 하여서는 아니된다(국가공무원법 66조 1항 본문, 지방공무원법 58조 1항 본문).

[판례①] 국가공무원법 제66조에서 금지한 '노동운동'은 헌법과 국가공무원법과의 관계 및 우리 헌법이 근로삼권을 집회, 결사의 자유와 구분하여 보장하면서도 근로삼권에 한하여 공무원에 대한 헌법적 제한규정을 두고 있는 점에 비추어 헌법 및 노동법적 개념으로서의 근로삼권, 즉 단결권, 단체교섭권, 단체행동권을 의미한다고 해석하여야 할 것이고, 제한되는 단결권은 종속근로자들이 사용자에 대하여 근로조건의 유지, 개선 등을 목적으로 조직한 경제적 결사인 노동조합을 결성하고 그에 가입, 활동하는 권리를 말한다고 할 것이다(대판 2005. 4. 15, 2003도2960. 동지 판례: 대판 2006. 5. 12, 2005도4513).

[판례②] ㉮ 공무원의 집단행위를 금지하고 있는 국가공무원법 제78조 제1항 제1호의 '이 법' 부분 중 제66조 제1항 본문의 '공무 외의 일을 위한 집단 행위'는 언론 · 출판 · 집회 · 결사의 자유를 보장하고 있는 헌법 제21조 제1항과 국가공무원법의 입법취지, 국가공무원법상 공무원의 성실의무와 직무전념의무 등을 종합적으로

16) 이에 대하여 「이 사건 교원노조법 규정의 취지는 교원 및 교원노동조합에게 '일체의 정치활동'을 금지하는 것인데, 교육의 정치적 중립성으로 인하여 교원의 정치활동이 일부 제한될 수는 있지만, 정치활동이 제한되는 장소 · 대상 · 내용은 학교 내에서의 학생에 대한 당파적 선전교육과 정치선전, 선거운동에 국한하여야 하고, 그 밖의 정치활동은 정치적 기본권으로서 교원에게도 보장되어야 한다는 점에서 과잉금지원칙에 위배된다. 대학교원에게는 정치활동을 일반적으로 허용하면서 초 · 중등학교 교원에게는 전면적으로 이를 금지하는 것은 현저히 불합리한 차별에 해당하여 평등원칙에 위배된다」는 재판관 2인의 반대의견이 있다.

고려할 때, '공익에 반하는 목적을 위하여 직무전념의무를 해태하는 등의 영향을 가져오거나, 공무에 대한 국민의 신뢰에 손상을 가져올 수 있는 공무원 다수의 결집된 행위'를 말하는 것으로 한정 해석되므로 명확성원칙에 위반된다고 볼 수 없다. ㉯ 이 사건 국가공무원법 규정에서 공무원의 정치적 의사표현이 집단적으로 이루어지는 것을 금지하는 것은, 다수의 집단행동은 그 행위의 속성상 개인행동보다 공공의 안녕질서나 법적 평화와 마찰을 빚을 가능성이 크고, 공무원이 집단적으로 정치적 의사표현을 하는 경우에는 이것이 공무원이라는 집단의 이익을 대변하기 위한 것으로 비춰질 수 있으며, 정치적 중립성의 훼손으로 공무의 공정성과 객관성에 대한 신뢰를 저하시킬 수 있기 때문이다. 특히 우리나라의 정치 현실에서는 집단적으로 이루어지는 정부 정책에 대한 비판이나 반대가 특정 정당이나 정파 등을 지지하는 형태의 의사표시로 나타나지 않더라도 그러한 주장 자체로 현실정치에 개입하려 한다거나, 정파적 또는 당파적인 것으로 오해 받을 소지가 크다. 따라서 공무원의 집단적인 의사표현을 제한하는 것은 불가피하고 이것이 과잉금지원칙에 위반된다고 볼 수 없다(헌재 2014. 8. 28. 2011헌바18, 2011헌바32, 2012헌바185).[17]

[판례③] 지방의회의원과 선거로 취임한 지방자치단체장에게 집단 행위 금지 규정을 적용하지 않는 것은 이들이 모두 자신의 정치적 주장을 펼쳐 주민의 표를 획득함으로써 지방자치행정에 참여하게 되는 대의제민주주의의 핵심 주역이기 때문인바, 오늘날 대의민주주의 하에서 선거로 선출되는 지방의회의원이나 자치단체장은 자신의 정치적 활동과 업적, 추구하는 정책의 타당성으로 주민을 설득하여 그 직을 획득하고 유지함을 본질로 하므로 이들의 정치적 견해 표명은 집단적 행위라 하더라도 허용되어야 한다는 점에서 집단행위 금지 규정을 이들에게 적용하지 않는 것이 평등원칙 위반이라고 볼 수 없다(헌재 2014. 8. 28. 2011헌바50).

다만, '사실상의 노무에 종사하는 공무원' 및 '국가공무원법 제3조 제3항의 공무원의 범위에 관한 규정에서 정하는 공무원'에 대하여는 이에 대한 예외를 인정하고 있다(국가공무원법 66조 1항 단서, 지방공무원법 58조 1항 단서, 국가공무원법 3조 3항, 국가공무원복무규정 28조 등 참조).

공무원도 근로자임은 일단 긍정된다. 그러면서도 그의 지위 및 업무의 특수성으로 인하여, 단결권·단체교섭권 및 단체행동권은 법률이 정하는 자에 한하

---

17) 이에 대하여 「어떠한 표현행위가 과연 '공익'을 해하는 것인지, 아닌지에 관한 판단은 사람마다의 가치관, 윤리관에 따라 크게 달라질 수밖에 없고, 법집행자의 통상적 해석을 통하여 그 의미내용을 객관적으로 확정할 수 있는 개념이라고 보기 어려운바, '공무 외의 일을 위한 집단행위'를 '공익에 반하는 목적을 위하여 직무전념의무를 해태하는 등의 영향을 가져오는 집단적 행위'라고 축소 해석한다고 하더라도 여전히 그 의미는 불명확할 수밖에 없으므로 명확성원칙에 위반된다. 또한 이 사건 국가공무원법 규정은 공무원의 직무나 직급 또는 근무시간 내외를 구분하지 않고 표현행위가 집단적으로 행해지기만 하면 헌법질서의 수호유지를 위한 정치적 의사표현까지도 금지하고 있으므로 과잉금지원칙에 위반된다」는 재판관 2인의 반대의견이 있다.

여 가질 수 있게 되어 있다(헌법 33조 2항). 이에 기하여 공무원법은 사실상 노무에 종사하는 공무원을 제외한 공무원에 대하여는 노동운동 및 공무 이외의 집단행동을 금지하고 있는데, 이러한 규정이 헌법에 위배되는지 여부가 문제되었으나, 판례는 합헌으로 판시한 바 있다.

[판례①] 국가공무원으로 하여금 노동운동 등 집단적 행위를 하지 못하도록 규정한 국가공무원법 제66조 제1항 본문은 헌법 제37조 제2항에 위반된다고 할 수 없다(대판 1992. 6. 26, 91누11780. 동지 판례: 대판 1990. 12. 26, 90다8916).

[판례②] 국가공무원법 제66조 제1항이 근로3권이 보장되는 공무원의 범위를 사실상 노무에 종사하는 공무원에 한정하고 있는 것은 근로3권의 향유주체가 될 수 있는 공무원의 범위를 정하도록 하기 위하여 헌법 제33조 제2항이 입법권자에게 부여하고 있는 형식적 재량권의 범위를 벗어난 것이라고는 볼 수 없다(헌재 1992. 4. 28, 90헌바27 등).

이러한 가운데 헌법의 규정에 의한 공무원의 노동기본권을 보장하기 위하여 공무원의 노동조합 설립 및 운영, 단체교섭, 분쟁조정절차 등에 관한 사항을 정하고 있는 「공무원의 노동조합설립 및 운영 등에 관한 법률」이 제정되었음은 다행스러운 일이다. 다만, 동법은 노동조합의 조직 및 가입과 노동조합과 관련된 정당한 활동에 대하여는 노동운동 기타 공무 이외의 집단적 행위를 금지하고 있는 「국가공무원법」 제66조 제1항 및 「지방공무원법」 제58조 제1항이 적용되지 아니한다고 규정하여 공무원노동조합의 활동을 보장하고 있으나, 파업·태업 그 밖에 업무의 정상적인 운영을 저해하는 일체의 행위를 금지하고 있다(동법 3조, 11조 참조).

14. 병역사항의 신고의무

대통령, 국무총리, 국무위원, 국회의원 등 「공직자 등의 병역사항신고 및 공개에 관한 법률」 제2조에 규정되어 있는 자(신고의무자)는 신고의무자가 된 날부터 1월 이내에 본인과 본인의 배우자 및 18세 이상인 직계비속에 대한 병역사항을 신고하여야 한다(동법 3조 이하 참조).

제5절 공무원의 책임

제1관 개 설

공무원의 책임이란 공무원이 자기의 행위로 인하여 받게 되는 법률상의 제재 또는 불이익을 의미한다. 그것을 협의로는 공무원이 공무원으로서의 의무를 위반함으로 인하여 사용주인 국가 또는 지방자치단체에 대하여 지는 책임을 말하며, 징계책임과 변상책임이 그에 해당한다. 이 협의의 책임을 공무원법상의 책임 또는 협의의 공무원의 책임이라고 일컫는다.

광의의 공무원책임은 협의의 공무원책임 이외에, 공무원의 의무위반이 동시에 일반법익을 침해하는 경우에 지는 책임, 즉 형사책임과 민사책임을 포함한다. 아래에서는 광의의 책임에 관해 살펴보기로 한다.

제2관 행정상의 책임(공무원법상 책임)

I. 징계책임

1. 개 설

(1) 징계 및 징계벌의 의의

징계란 공무원의 의무위반 또는 비행이 있는 경우에 공무원관계(특별신분관계)의 질서를 유지하기 위해 임용권자에 의해 과해지는 제재를 의미하며, 그 제재로서의 벌을 징계벌이라고 한다.

(2) 징계벌과 형벌

징계벌과 형벌은 제재로서의 공통점을 가지면서도 다음과 같은 차이점을 가진다.

(가) 권력의 기초

징계벌은 직접적으로 특별신분관계에 입각한 특별권력에 기초하고 있는 데 대하여,[1] 형벌은 국가의 통치권에 근거하여 과해진다.

(나) 목 적

징계벌은 특별신분관계로서의 공무원관계 내부의 질서를 유지하는 것을 목적으로 하는 데 대하여,[2] 형벌은 일반사회에서의 질서유지를 목적으로 한다.

(다) 내 용

징계벌은 공무원의 신분적 이익의 전부 또는 일부를 박탈함을 그 내용으로 하는 데 대하여, 형벌은 자유형, 재산적 이익의 박탈을 그 내용으로 한다.

(라) 대 상

징계벌은 공무원법상의 의무위반을 그 대상으로 하는 데 대하여, 형벌은 형법상의 비행, 즉 형사범을 그 대상으로 한다.

(마) 주관적 요건

징계벌에 있어서는 고의·과실의 유무와 같은 주관적 요건은 형벌에 있어서 보다 완화된다고 보고 있다.

(3) 징계벌과 형벌의 병과

징계벌과 형벌은 이상에서 본 바와 같이 많은 차이가 있으므로 양자를 병과(併科)할 수 있으며, 이는 일사부재리원칙에 저촉되지 아니한다. 한편, 감사원에서 조사중인 사건에 대하여는 조사개시의 통보를 한 날로부터 징계의결의 요구나 그 밖의 징계절차를 진행하지 못하도록 되어 있는 데 대하여(국가공무원법 83조 1항), 형벌과의 관계에 있어서는 형사소추선행의 원칙은 채택되어 있지 않다. 즉 검찰·경찰 그 밖의 수사기관에서 수사 중인 사건에 대하여 수사개시의 통보를 받은 날부터 징계의결의 요구나 그 밖의 징계절차를 진행하지 아니할 수 있다고 규정하고 있을 뿐이므로, 징계절차를 진행시킬 수도 있는 것이다(동조 2항 참조).

---

1) 오늘날 공무원의 징계에 법률의 수권을 필요로 하는 점은 일반적으로 시인되고 있다. 그러나 징계 그 자체는 법률의 수권을 통해 형성된, 특별신분관계 내에서만 통용되는 특별권력에 기초하고 있다고 말할 수 있다. 여기에 일반통치관계와 구별되는 특별신분관계(특별행정법관계)라고 하는 카테고리(범주)를 인정하는 하나의 실익과 필요성이 있다. 이러한 점에 관하여는 김남진·김연태(Ⅰ), 122면 이하 참조.

2) 동지판례: ① 공무원에 대한 징계처분은 공무원관계의 질서를 유지하고 기강을 숙정하여 공무원으로서 의무를 다하도록 하기 위하여 과하는 제재이다(대판 1983. 6. 28, 83누130).
② 공무원에 대한 징계처분은 당해 공무원의 직무상 위반행위 기타 비행이 있는 경우 공무원관계의 질서를 유지하고, 기강을 숙정하여 공무원으로서의 의무를 다하도록 하기 위하여 과하는 제재이므로, 공무원인 피징계자에게 징계사유가 있어 징계처분을 하는 경우 어떠한 처분을 할 것인가 하는 것은 징계권자의 재량에 맡겨진 것이고, 다만 징계권자가 징계권의 행사로서 한 징계처분이 사회통념상 현저하게 타당성을 잃어 징계권자에게 맡겨진 재량권을 남용한 것이라고 인정된 경우에 한하여 위법한 것이다(대판 1992. 3. 27, 91누9145).

[판례] 공무원에게 징계사유가 인정되는 이상, 관련된 형사사건이 아직 유죄로 확정되지 아니하였다 하더라도 징계처분을 할 수 있음은 물론, 그 징계처분에 대한 행정소송을 진행함도 아무런 지장이 있을 수 없다(대판 1986. 11. 11, 86누59).

(4) 징계벌과 법치주의

특별권력(신분)관계에는 법이 침투할 수 없으며, 따라서 법으로부터 자유로운 영역인 것으로 간주되던 시대에는 특별신분관계 내에서의 징계에 아무런 법률적 수권도 필요 없는 것으로 생각되었다.[3] 그러나 그러한 생각은 공무원의 신분이 헌법(7조 2항)에 의해 보장되고 있는 우리의 사회에서는 통용되지 않는다. 따라서 공무원의 징계에는 법률의 수권을 필요로 하되, 징계권의 발동에는 공무원사회의 기능의 특수성·전문성에 비추어, 어느 정도의 재량 내지는 판단의 여지를 인정하지 않을 수 없다고 판단된다.[4] 국가공무원법, 지방공무원법도 징계사유·징계종류·징계절차 등에 관해 비교적 자세히 규정하고 있으나 재량(특히 선택재량) 및 판단여지가 인정될 여지는 남겨 놓고 있다(후술 참조).

2. 징계의 사유

(1) 징계사유

징계의 사유(원인)에는 ① 공무원법 및 공무원법에 따른 명령에 위반하였을 때, ② 직무상의 의무를 위반하거나 직무를 태만히 한 때, ③ 직무의 내외를 불문하고 그 체면 또는 위신을 손상하는 행위를 한 때 등 세 가지가 있다(국가공무원법 78조 1항, 지방공무원법 69조 1항). 이와 같은 징계사유가 있는 때에는 징계권자는 징계의결의 요구를 하여야 하고, 그 결과에 따라 징계처분을 하여야 한다.

위와 같은 징계사유의 발생에 있어서의 행위자의 고의·과실은 불문한다는 것이 판례(대판 1979. 11. 13, 79누245 등)와 다수설[5]의 입장이나, 최소한 '고의·과실의 유무'가 징계의 양정에 있어서의 고려사항은 된다고 보아야 할 것이다.

징계처분에도 일사부재리의 원칙이 적용된다. 다만, 징계처분과 직위해제는 그 성질을 달리하므로 직위해제와 같은 사유로 징계처분을 함은 무방하다고 새겨진다.

---

3) 전통적 특별권력관계이론 및 그에 대한 비판에 관하여는 김남진·김연태(Ⅰ), 127면 참조.
4) 재량(결정재량·선택재량)과 판단여지의 이동 등에 관하여는 김남진·김연태(Ⅰ), 231면 이하 참조.
5) 김동희(Ⅱ), 177면; 이명구(원론), 929면; 이상규(하), 245면; 류지태·박종수(신론), 872면.

[판례] 직위해제처분이 공무원에 대하여 불이익한 처분이기는 하지만 징계처분과 같은 성질의 것은 아니므로 동일한 사유에 대하여 직위해제처분이 있은 후 다시 해임처분이 있었다고 하여 일사부재리의 법리에 위반되지 않는다(대판 1984. 2. 28, 83누489. 동지판례: 대판 1983. 10. 25, 83누184).

감독자의 감독태만 역시 '직무의 태만'에 해당되므로 징계사유가 될 수 있다(대판 1979. 11. 13, 79누245).

(2) 징계사유의 발생시점

징계사유는 공무원의 재직 중에 일어난 것이어야 하나, 재직 전의 것이라도 그것이 공무원의 위신을 손상하는 것이 되는 때에는 임명의 취소사유 내지는 징계사유가 될 수 있다고 판단된다.[6]

[판례] 뇌물을 공여한 행위는 공립학교 교사로 임용되기 전이었더라도 그 때문에 임용 후의 공립학교 교사로서의 체면과 위신이 크게 손상되었다고 하지 않을 수 없으므로 이를 징계사유로 삼은 것은 정당하다(대판 1990. 5. 22, 89누7368).

공무원(특수경력직공무원 및 지방공무원을 포함한다)이었던 사람이 다시 공무원으로 임용된 경우에 재임용 전에 적용된 법령에 따른 징계 사유는 그 사유가 발생한 날부터 이 법에 따른 징계 사유가 발생한 것으로 본다(국가공무원법 78조 2항, 지방공무원법 69조 2항).

(3) 징계사유의 시효

징계 등 사유가 발생한 날부터 성범죄 관련 사유의 경우에는 10년, 금품 및 향응 수수 등의 사유에는 5년, 그 밖의 경우에는 3년이 지나면 징계의결 등의 요구를 하지 못한다(국가공무원법 83조의2 1항, 지방공무원법 73조의2 1항). 다만, 감사원이나 수사기관에서의 조사 또는 수사기간 동안의 조사·수사의 종료통보시까지 시효의 진행이 유예되는 것으로 본다.[7] 한편, 징계처분이 행정소송을 통하여 취소된 경우에 있어, 가벼운 징계처분으로 경정하는 경우에는 동 시효기간이 제한을 받지 않는다고 판시된 바 있다.[8]

6) 동지: 김동희(Ⅱ), 177면; 박윤흔·정형근(하), 263면; 이명구(원론), 930면; 이상규(하), 245면.
7) 동지판례: 대판 1981. 7. 28, 80누515.
8) 대판 1980. 8. 10, 80누189.

3. 징계의 종류와 효력

징계는 파면 · 해임 · 강등 · 정직 · 감봉 · 견책으로 구분한다(국가공무원법 79조, 지방공무원법 70조).

강등은 1계급 아래로 직급을 내리고 공무원신분은 보유하나 3개월간 직무에 종사하지 못하며 그 기간 중 보수의 3분의 2를 감한다(국가공무원법 80조 1항, 지방공무원법 71조 1항 본문).

정직은 1개월 이상 3개월 이하의 기간으로 하고, 정직 처분을 받은 자는 그 기간 중 공무원의 신분은 보유하나 직무에 종사하지 못하며 보수는 전액을 감한다(국가공무원법 80조 3항, 지방공무원법 71조 3항).

감봉은 1개월 이상 3개월 이하의 기간 동안 보수의 3분의 1을 감한다(국가공무원법 80조 4항, 지방공무원법 71조 4항).

견책은 전과에 대하여 훈계하고 회개하게 한다(국가공무원법 80조 5항, 지방공무원법 71조 5항).

파면과 해임은 공무원관계를 해제하는 점에서는 같으나 파면을 당한 자는 이후 5년간, 해임을 당한 자는 이후 3년간 공무원에 임용될 수 없다(국가공무원법 33조, 지방공무원법 31조).

강등(3개월간 직무에 종사하지 못하는 효력 및 그 기간 중 보수는 전액을 감하는 효력으로 한정한다), 정직 및 감봉의 징계처분은 휴직기간 중에는 그 집행을 정지한다(국가공무원법 80조 6항).

공무원으로서 징계처분을 받은 자에 대하여는 그 처분을 받은 날 또는 그 집행이 끝난 날부터 대통령령 등으로 정하는 기간 동안 승진임용 또는 승급할 수 없다. 다만, 징계처분을 받은 후 직무수행의 공적으로 포상 등을 받은 공무원에 대하여는 대통령령 등으로 정하는 바에 따라 승진임용이나 승급을 제한하는 기간을 단축하거나 면제할 수 있다(국가공무원법 80조 7항, 지방공무원법 71조 6항).

다른 한편, 징계에 관하여 공무원(특수경력직공무원 및 지방공무원을 포함한다)이었던 사람이 다시 「국가공무원 법」·「지방공무원법」의 적용을 받는 공무원이 된 경우에는, 다른 법률에 의하여 받은 징계처분은 그 처분일부터 「국가공무원법」·「지방공무원법」에 의한 징계처분을 받은 것으로 본다(국가공무원법 80조 8항, 지방공무원법 71조 7항).

4. 징계에 있어서의 재량 및 판단여지(징계의 양정)

징계사유가 발생한 경우, 어떠한 징계처분을 할 것인가에 관하여는 징계권자의 재량이 인정된다고 새겨진다. 판례도 피징계자에게 어떠한 처분을 할 것인가 하는 것은 징계권자의 재량으로 보고 있다. 다만, 징계의 양정이 행정규칙으로 정하여져 있는 경우, 동 규칙의 위반은 평등의 원칙, 행정의 자기구속의 원칙 등을 위반하는 것이 되어 위법이 되는 경우가 있는 점에 유의할 필요가 있다.[9] 또한 징계사실의 인정과 관련하여서는 판단여지가 인정될 수 있다고 생각한다.

[판례①] 공무원인 피징계자에게 징계사유가 있어서 징계처분을 하는 경우 어떠한 처분을 할 것인가는 징계권자의 재량에 맡겨진 것이므로, 그 징계처분이 위법하다고 하기 위해서는 징계권자가 재량권의 행사로서 한 징계처분이 사회통념상 현저하게 타당성을 잃어 징계권자에게 맡겨진 재량권을 남용한 것이라고 인정되는 경우에 한한다. 그리고 공무원에 대한 징계처분이 사회통념상 현저하게 타당성을 잃었는지 여부는 구체적인 사례에 따라 직무의 특성, 징계의 원인이 된 비위사실의 내용과 성질, 징계에 의하여 달성하려고 하는 행정목적, 징계 양정의 기준 등 여러 요소를 종합하여 판단하여야 하고, 특히 금품수수의 경우는 수수액수, 수수경위, 수수시기, 수수 이후 직무에 영향을 미쳤는지 여부 등이 고려되어야 한다(대판 2006. 12. 21, 2006두16274. 동지판례: 대판 2007. 5. 11, 2006두19211; 대판 1999. 11. 26, 98두6951).

[판례②] 징계사유에 해당하는 행위가 있더라도, 징계권자가 그에 대하여 징계처분을 할 것인지, 징계처분을 하면 어떠한 종류의 징계를 할 것인지는 징계권자의 재량에 맡겨져 있다고 할 것이나, 그 재량권의 행사가 징계권을 부여한 목적에 반하거나, 징계사유로 삼은 비행의 정도에 비하여 균형을 잃은 과중한 징계처분을 선택함으로써 비례의 원칙에 위반하거나 또는 합리적인 사유 없이 같은 정도의 비행에 대하여 일반적으로 적용하여 온 기준과 어긋나게 공평을 잃은 징계처분을 선택함으로써 평등의 원칙에 위반한 경우에는, 그 징계처분은 재량권의 한계를 벗어난 것으로서 위법하다고 할 것이다. 징계처분에 있어 재량권의 행사가 비례의 원칙을 위반하였는지 여부는, 징계사유로 인정된 비행의 내용과 정도, 그 경위 내지 동기, 그 비행이 당해 행정조직 및 국민에게 끼치는 영향의 정도, 행위자의 직위 및 수행직무의 내용, 평소의 소행과 직무성적, 징계처분으로 인한 불이익의 정도 등 여러 사정을 건전한 사회통념에 따라 종합적으로 판단하여 결정하여야 한다(대판 2001. 8. 24, 2000두7704. 동지판례: 대판 2017. 10. 31, 2014두45734).

[판례③] 공무원에 대한 징계처분이 사회통념상 현저하게 타당성을 잃었는지는 구체적인 사례에 따라 직무의 특성, 징계의 원인이 된 비위사실의 내용과 성질, 징계에 의하여 달성하려고 하는 행정목적, 징계양정의 기준 등 여러 요소를 종합하여 판단할 때 징계내용이 객관적으로 명백히 부당하다고 인정할 수 있는 경우라야 한다. 징계권자가 내부적인 징계양정기준을 정하고 그에 따라 징계처분을 하였을 경우 정해진 징계양정기준이 합리성이 없다는 등의 특별한 사정이 없는 한 당해 징계처분이 사회통념상 현저하게 타당성을 잃었다고 할 수 없다(대판 2017. 11. 9, 2017두47472).

9) 이러한 점에 관하여는 김남진·김연태(Ⅰ), 62면 이하 참조.

5. 징계권자

징계권은 임용권에 포함되는 것이므로 징계권자는 임용권자가 되는 것이 원칙이나, 법률이 이에 대해 별도의 규정을 두고 있는 경우도 있다. 국가공무원의 징계는 징계위원회가 설치되어 있는 소속기관의 장이 하되 국무총리소속으로 설치된 징계위원회(국회·법원·헌법재판소 및 선거관리위원회에 있어서는 해당 중앙인사관장기관에 설치된 상급징계위원회를 말한다)에서 행한 징계의결에 대하여는 중앙행정기관의 장이 한다. 다만, 파면과 해임은 각 임용권자 또는 임용을 위임한 상급감독기관의 장이 이를 한다(국가공무원법 82조 1항).

지방공무원의 징계는 임용권자가 한다. 다만, 5급 이상의 공무원 또는 이와 관련된 하위직공무원의 징계와 소속기관(시·도와 구·시·군, 구·시·군)을 달리하는 동일사건에 관련된 사람의 징계는 시·도지사 소속 인사위원회 또는 시·도의회의 의장 소속 인사위원회의 의결로 한다(지방공무원법 72조 1항).

대통령이나 국무총리의 명령에 따른 감사결과 징계사유가 있다고 인정되는 공무원에 대해서는 국무총리가 직접 관할 징계위원회에 징계의결을 요구할 수 있다(공무원징계령 8조 1항).

6. 징계의 절차

(1) 징계위원회

공무원의 징계는 관할 징계위원회(지방공무원은 인사위원회)의 의결을 거쳐 행하여져야 하는 바, 징계위원회에는 국무총리 소속의 중앙징계위원회와 중앙행정기관에 설치하는(중앙행정기관의 장이 필요하다고 인정할 때에는 그 소속기관에도 설치할 수 있다) 보통징계위원회가 있다(공무원징계령 3조).

각 징계위원회가 관할하는 징계사건은 각 징계사건에 관련한 공무원의 직급이나 직무에 따라 나뉘어져 있다(동령 2조).

(2) 징계의 절차

공무원의 징계는 징계위원회의 의결을 거쳐 징계위원회가 설치된 소속 기관의 장이 하되, 국무총리 소속으로 설치된 징계위원회(국회·법원·헌법재판소·선거관리위원회에 있어서는 해당 중앙인사관장기관에 설치된 상급 징계위원회를 말한다)에서 한 징계의결에 대하여는 중앙행정기관의 장이 한다. 다만, 파면과 해임은 징계위원회의 의결을 거쳐 각 임용권자 또는 임용권을 위임한 상급감독기관의 장이 한다(국가공무원법 82조 1항, 공무원징계령 7조).[10]

---

10) 지방공무원의 경우 징계는 인사위원회의 의결을 거쳐 임용권자가 한다. 다만, 5급 이상 공무원 또는 이와 관련된 하위직공무원의 징계처분등과 소속 기관(시·도와 구·시·군, 구·시·군)을 달리하는 동

징계의결을 요구한 기관의 장은 징계위원회의 의결 가볍다고 인정하면 그 처분을 하기 전에 다음의 구분에 따라 심사나 재심사를 청구할 수 있다(국가공무원법 82조 2항).[11)]

① 국무총리 소속으로 설치된 징계위원회의 의결: 해당 징계위원회에 재심사 청구

② 중앙행정기관에 설치된 징계위원회(중앙행정기관의 소속기관에 설치된 징계위원회는 제외한다)의 의결: 국무총리 소속으로 설치된 징계위원회에 심사 청구

③ 제1호 및 제2호 외의 징계위원회의 의결: 직근 상급기관에 설치된 징계위원회에 심사 청구

징계위원회가 징계사건을 심의함에 있어서는 당해 공무원 또는 대리인(변호사)에게 진술의 기회를 주어야 하며, 이를 거치지 아니한 징계는 무효이다(국가공무원법 81조 3항, 13조 2항 참조).[12)]

징계권자는 징계의결서를 받은 날부터 15일 내에 이를 집행하여야 하는 바, 징계권자가 징계의결을 집행한 때에는 징계의결서의 사본을 첨부하여 징계처분사유설명서를 교부하여야 한다(공무원징계령 19조). 징계처분사유설명서가 징계처분의 효력요건인가에 관하여 다툼이 있음은 전술한 바와 같다.

7. 징계에 대한 불복

징계처분을 받은 자는 처분사유설명서를 받은 날부터 30일 이내에 소청심사위원회에 심사를 청구할 수 있다(국가공무원법 76조 1항, 지방공무원법 67조 3항).[13)]

[판례] 항고소송은 원칙적으로 당해 처분을 대상으로 하나, 당해 처분에 대한 재결 자체에 고유한 주체, 절차, 형식 또는 내용상의 위법이 있는 경우에 한하여 그 재결을 대상으로 할 수 있다고 해석되므로, 징계혐의자에 대한 감봉 1월의 징계처분을 견책으로 변경한 소청결정 중 그를 견책에 처한 조치는 재량권의 남용 또는 일탈로서 위법하다는 사유는 소청결정 자체에 고유한 위법을 주장하는 것으로 볼 수 없어 소청결정의 취소사유가 될 수 없다(대판 1993. 8. 24. 93누5673).

일사건에 관련된 사람의 징계는 시·도지사 소속 인사위원회 또는 시·도의회의 의장 소속 인사위원회의 의결로 한다(지방공무원법 72조 1항).

11) 지방공무원의 경우 징계의결을 요구한 기관의 장은 인사위원회의 의결이 가볍다고 인정하면 그 처분을 하기 전에 직근 상급기관에 설치된 인사위원회(시·도인사위원회의 의결에 대하여는 그 인사위원회, 시·도에 복수의 인사위원회를 두는 경우 제1인사위원회의 의결에 대하여는 그 인사위원회, 제2인사위원회의 의결에 대하여는 제1인사위원회)에 심사 또는 재심사를 청구할 수 있다(지방공무원법 72조 2항).

12) 지방공무원에 대한 인사위원회의 징계의결에 관한 절차는 「지방공무원징계 및 소청규정」(대통령령)에 의하여 정해져 있다(지방공무원법 8조 1항 4호 참조).

13) 소청 및 그 밖의 구제절차에 관하여는 본서 305면 이하 참조.

Ⅱ. 변상책임

공무원이 국가 또는 지방자치단체에 대하여 재산상의 손해를 발생케 한 경우의 배상책임을 공무원의 변상책임이라고 한다. 여기에는 다음과 같은 두 가지 유형이 있다.

1. 국가배상법에 의한 변상책임

공무원이 그 직무를 집행하면서 고의 또는 과실로 법령에 위반하여 타인에게 손해를 입힌 경우에, 국가 또는 지방자치단체가 손해를 배상하도록 되어 있다. 이 경우, 가해공무원에게 고의 또는 중대한 과실이 있으면 국가 또는 지방자치단체는 가해공무원에게 구상할 수 있게 되어 있으므로, 이에 의하여 그 공무원은 국가 또는 지방자치단체에 대하여 변상책임을 지게 된다(국가배상법 2조 1항).[14)]

한편, 도로·하천 등 공공의 영조물의 설치·관리의 하자로 인하여 타인에게 손해를 발생하게 한 경우에 있어서도 국가 또는 지방자치단체가 그 손해를 배상하도록 하고, 다만 공무원에게 책임이 있는 경우 그에게 구상할 수 있도록 되어 있는데, 이에 의하여서도 공무원은 국가 또는 지방자치단체에 대하여 변상의 책임을 지게 된다(동법 5조 2항).[15)]

2. 「회계관계직원 등의 책임에 관한 법률」에 의한 책임

공무원인 회계관계직원(동법 2조 참조)은 위의 법률이 정한 바에 따른 다음과 같은 변상책임을 진다.

(1) 고의 또는 중대한 과실로 법령이나 그 밖의 관계규정 및 예산에 정해진 바에 위반하여 국가의 재산에 손해를 끼친 경우에는 변상할 책임이 있다(동법 4조 1항).

(2) 특히 현금 또는 물품을 출납, 보관하는 자가 그 보관에 속하는 현금 또는 물품을 망실, 훼손하였을 경우에 선량한 관리자의 주의를 게을리 하지 아니한 증명을 못하였을 때에는 변상할 책임이 있다(동조 2항).

(3) 회계관계직원은 스스로 사무를 집행하지 아니한 것을 이유로 그 책임을 면할 수 없다(동조 3항).

---

14) 상세는 김남진·김연태(Ⅰ), 707면 이하 참조.
15) 김남진·김연태(Ⅰ), 731면 이하 참조.

변상책임의 유무 및 변상액은 감사원이 판정한다(감사원법 31조). 따라서 소속 장관 또는 감독기관의 장은 변상사유가 발생한 경우에는 지체없이 기획재정부장관과 감사원에 통지하여야 하는 바, 감사원의 판정 전이라도 당해 회계관계직원에 대하여 변상을 명할 수 있다(회계관계직원 등의 책임에 관한 법률 6조, 7조).

제 3 관 형사상의 책임

여기에서 형사상의 책임이라고 함은, 공무원이 법을 어긴 경우에 형법에 정해진 벌에 의하여 처벌받게 되는 경우를 총칭한다. 협의의 형사책임과 행정형벌책임으로 나누어진다. 어느 경우에나 형사소송법이 정한 바에 따라 처벌을 받게 된다.

1. 협의의 형사책임

협의의 형사책임은 공무원이 형법상의 "공무원의 직무에 관한 죄"(형법 122조 내지 135조)를 범한 경우에 받게 되는 책임을 말한다. 내용적으로 직무범과 준직무범으로 나눌 수 있다. 전자는 공무원이 직권을 남용하는 등 직무행위와 직결되는 범죄를 말하는 것으로서, 직무유기죄(형법 122조), 직권남용죄(동법 123조), 불법체포·감금죄(동법 124조), 폭행·가혹행위죄(동법 125조), 피의사실공표죄(동법 126조), 공무상 비밀누설죄(동법 127조), 선거방해죄(동법 128조) 등이 그에 해당한다.

준직무범은 직무행위 자체가 범죄를 구성하는 것이 아니라, 행위자가 공무원의 신분을 가졌기 때문에, 또는 공무원의 직무와 관련이 있기 때문에 일정한 행위가 형사상의 범죄를 구성하는 경우를 말한다. 수뢰죄(형법 129조), 제3자뇌물제공죄(동법 130조), 사후수뢰죄(동법 131조), 알선수뢰죄(동법 132조), 뇌물공여죄(동법 133조) 등이 그에 해당한다. 공무원이 수뢰죄 등을 범한 경우에 있어 그 가액이 일정한도를 넘는 경우에 가중처벌하도록 되어 있다(특정범죄 가중처벌 등에 관한 법률 2조).

2. 행정형벌책임

행정형벌책임이란, 공무원이 행정법규를 위반한 데 대하여 형법이 정한 벌을 받게 되는 경우를 말한다. 공무원이 「국가공무원법」 제65조(정치운동의 금지)를 위반함으로써 3년 이하의 징역과 3년 이하의 자격정지에 처해지는 경우(동법 84조)와 동법 제44조(시험 또는 임용의 방해행위 금지), 제45조(인사에 관한 부정행위의 금지), 제66조(집단행위의 금지)를 위반함으로써 1년 이하의 징역 또는 1천만 원 이하의 벌금에 처해지는 경우(동법 84조의2) 등이 그에 해당한다.

제 4 관 민사상의 배상책임(사인에 대한 배상책임)

1. 공무원의 직무상 불법행위에 따른 배상책임

공무원이 직무상 불법행위로 타인에게 손해를 가한 경우에, 가해공무원이 국가 또는 지방자치단체의 구상을 통해 국가나 지방자치단체에 대하여 변상책임을 지게 됨은 앞에서 살펴 본 바와 같다. 그러면 그 가해공무원은 피해자인 사인에 대해서도 직접 배상책임을 지는 것인가? 이 문제는 학설상 다투어지고 있으며, 판례 역시 변천을 거듭하고 있다.[16]

[판례①] 헌법 제26조 단서는 국가 또는 공공단체가 불법행위로 인한 손해배상책임을 지는 경우 공무원 자신의 책임은 면제되지 아니한다고 규정하여 공무원의 직무상 불법행위로 손해를 받은 국민이 공무원 자신에게 대하여도 직접 그의 불법행위를 이유로 손해배상을 청구할 수 있음을 규정하여 국가배상법의 공무원 자신의 책임에 관한 규정 여하를 기다릴 것 없이 공무원 자신이 불법행위를 이유로 민사상의 손해배상책임을 져야 할 법리이다(대판 1972. 10. 10, 69다701).

[판례②] 공무원의 직무상 불법행위로 인하여 손해를 받은 사람은 국가 또는 공공단체를 상대로 손해배상을 청구할 수 있고, 이 경우에 공무원에게 고의 또는 중대한 과실이 있는 때에는 국가 또는 공공단체는 그 공무원에게 구상할 수 있을 뿐, 피해자가 공무원 개인을 상대로 손해배상을 청구할 수는 없다(대판 1994. 4. 12, 93다11807).

[판례③] 공무원이 직무수행 중 불법행위로 타인에게 손해를 입힌 경우에는 국가 등이 국가배상책임을 부담하는 외에 공무원 개인도 고의 또는 중과실이 있는 경우에는 불법행위로 인한 손해배상책임을 진다고 할 것이지만, 공무원에게 경과실뿐인 경우에는 공무원 개인은 손해배상책임을 부담하지 아니한다고 해석하는 것이 헌법 제29조 제1항 본문과 단서 및 국가배상법 제2조의 입법취지에 조화되는 올바른 해석이다(대판 1996. 2. 15, 95다38677).

16) 상세는 김남진 · 김연태(Ⅰ), 707면 이하 참조.

2. 판결의 간접강제에 따른 배상책임

행정청이 거부처분의 취소판결에 따른 처분을 하지 아니하는 때에는 법원은 당사자의 신청에 의하여 결정으로써 상당한 기간을 정하고 행정청이 그 기간 내에 이행하지 아니하는 때에는 그 지연기간에 따라 일정한 배상을 할 것을 명하거나 즉시 손해배상을 할 것을 명할 수 있게 되어 있다(행정소송법 34조 1항).

제 7 편

특별행정작용법

제1장 경찰행정법

제1절 개 설

Ⅰ. 경찰개념의 연혁[1)]

경찰(police; Polizei)은 그의 어원을 멀리 희랍어(politeia)·라틴어(politia)에 두고 있는데, 당시 그것은 헌법 또는 질서있는 공동사회를 의미하였다. 그 후 중세 독일에 있어서는 봉건영주의 통치권과 결부되어, 공공의 질서와 복리를 위한 특별한 통치권으로서의 경찰권이 인정되었다. 당시의 경찰개념은 공동체의 양호한 질서 상태를 의미하였다. 즉 경찰작용은 공동체의 양호한 질서 상태를 조성하고 유지하기 위한 모든 활동을 포함하였다. 양호한 질서에는 위험방지뿐만 아니라 생활배려와 복리증진까지 포함하는 것이었다. 그에 따라 경찰의 임무는 신민의 생활배려와 복리증진을 위한 작용을 포함하여, 경찰이란 용어는 국가작용전체를 의미하였다.

한편, 16세기에 들어와서는 경찰은 교회행정의 권한을 제외한 일체의 국가행정을 의미하게 되어, 경찰은 결국 세속적인 사회생활의 질서를 공권력에 의해 유지하는 작용을 의미하였다. 이후 국가작용이 확대되면서 사법·군정·외정·재정 등이 분리됨에 따라 근대국가에 있어서 경찰은 공공의 안녕과 복지를 직접 다루는 내무행정을 의미하게 되었다.

내무행정에 관한 국가의 임무는 그 후 더욱 확대되어, 한때는 당시로서의 복지국가를 의미하는 경찰국가의 시대를 이루기도 하였다. 그 뒤 18세기 법치국가사상의 영향을 받아 경찰권의 발동은 '소극적인 공안유지'에 한정되었는데, 1794년의 프로이센 일반주법, 1931년의 프로이센 경찰행정법[2)]에 정해진 경찰개

---

1) 이에 대한 상세는 서정범, 경찰개념의 역사적 발전, 중앙법학 제9집 제3호, 2007 참조.

2) 동법 제14조는 「경찰행정청은 현행법의 테두리 안에서 공공의 안녕 또는 질서를 위협하는 위험으로부터 공중 또는 개인을 보호하기 위하여 의무에 적합한 재량에 따라 필요한 조치(die nach pflichtgemäßem Ermessen notwendigen Maßnahmen)를 취하지 않으면 안 된다」라고 규정하였다.

념이 서구 여러 나라의 경찰개념으로 정착되기에 이르렀다.[3]

우리나라에 이러한 서구적 의미의 경찰개념이 도입된 것은 갑오경장(1894년) 이후의 일이다. 즉, 1894년 7월 30일의 신관제 실시에 따라 포도청이 폐지되고, 내무아문 소속하에 경무청이 설치된 것이 그의 시초라 할 수 있다.[4]

Ⅱ. 형식적 의미의 경찰

근대국가에 있어서 경찰(police; Polizei)은 일반적으로 '사회의 안녕질서유지를 위한 권력작용'을 의미함이 보통인데, 이러한 경찰개념은 반드시 각국의 실정법상의 경찰개념과 일치되는 것은 아니다.

우리나라에 있어서도 위에서 말한 바와 같은 경찰의 개념(실질적 의미의 경찰, 학문적 의미의 경찰)과 「국가경찰과 자치경찰의 조직 및 운영에 관한 법률」, 「경찰공무원법」, 「경찰관 직무집행법」 등 실정법상의 경찰개념(실정법상 보통경찰기관이 관장하는 모든 작용, 형식적 의미의 경찰)은 일치되지 않는다.

이와 같이 형식적 의미의 경찰은 입법자에 의해 경찰의 직무로 규정되어 있는 것, 즉 제도적(조직적) 의미의 경찰이 행하는 모든 행정작용을 의미한다. 다시 말해 형식적 의미의 경찰이란 그때그때의 실정법상 명시적으로 경찰이라고 표현되어 있는 행정기관(즉, 보통경찰기관)이 관장하는 모든 행정작용을 의미하며, 그 작용의 성질 여하를 불문한다.[5]

대표적인 예로서, 「경찰관 직무집행법」은 경찰관의 직무범위를 ① 국민의 생명 · 신체 및 재산의 보호, ② 범죄의 예방 · 진압 및 수사, ③ 범죄피해자 보호, ④ 경비 · 요인경호 및 대간첩 · 대테러 작전 수행, ⑤ 공공안녕에 대한 위험의 예방과 대응을 위한 정보의 수집 · 작성 및 배포, ⑥ 교통의 단속과 위해의 방지, ⑦ 외국 정부기관 및 국제기구와의 국제협력, ⑧ 그 밖에 공공의 안녕과 질서 유지(동법 2조)로 규정하고 있는데, 이러한 실정법상의 경찰개념은 실질적 의미의 경찰개념과 일치되지 않는다. 즉, 실질적 의미의 경찰은 경찰기관에 의한 공공의 안녕 · 질서유지작용(보안경찰) 이외에 위생 · 산업 등 분야에 있어서의

3) 서구에 있어 경찰개념은 독일과 프랑스를 중심으로 발전하였는바, 프랑스의 경찰개념의 역사적 전개에 대해서는 오승규, 프랑스 행정경찰 개념의 역사적 변천과 시사점, 경찰법연구 제14권 제1호, 2016, 237면 이하 참조.

4) 이에 대한 상세는 김용주, 사법경찰과 검찰의 관계에 대한 역사적 고찰, 고려대학교 박사학위논문, 2012, 99면 이하 참조.

5) 서정범 · 김연태 · 이기춘, 경찰법연구, 59면.

질서유지작용까지 포함하고 있는데 대해, 실정법상으로는 위생이나 산업·노무 등에 관련한 질서유지작용은 다른 행정기관의 권한으로 되어 있는 반면 범죄의 수사 및 피의자의 체포 등의 사법작용(사법경찰)이 경찰의 직무로 되어 있는 것이다.

Ⅲ. 실질적 의미의 경찰

1. 개　념

다른 행정작용과 구분되는 의미의 실질적 의미의 경찰은 「공공의 안녕·질서를 유지하기 위하여 일반통치권에 근거하여 국민에 대해 명령·강제함으로써 그의 자연적 자유를 제한하는 작용」을 의미한다고 함이 보통이다. 그러나 위와 같은 경찰개념은 주로 경찰의 활동형식(Tätigkeitsform)에 착안하여 세워진 개념이며, 활동내용(Tätigkeitsgehalt), 즉 경찰의 기능·임무면에서 볼 때, 경찰은 개인의 자유 및 재산에 대한 위해를 방지함으로써 그것들을 보호해 주는 역할을 담당하고 있다고 볼 수 있다. 즉, 경찰은 개인의 권리·자유를 '제한하는 작용'이 아니라 그것을 '지켜 주고 보호해 주는 작용'이라고 볼 수도 있다. 그러한 점에서 종래의 경찰개념은 경찰의 자유제한적 측면에 치중한 감이 있다.

한편, 독일·일본 등 과거 경찰의 권력이 강대했던 나라들에서 제2차대전 후에는 그의 기능이 축소되어 '실질적 의미의 경찰임무'가 대폭 일반행정기관에 이양되었다(위생·건축·산업·경제경찰 등). 이와 같은 현상을 두고 독일에서는 이론 혹은 제도상으로 종래의 실질적 의미의 경찰을 감시행정(Überwachungsverwaltung)이라고 부르고, 그 중 조직법상의 경찰이 장악하고 있는 것만을 경찰(Polizei)이라고 하는 동시에, 기타의 행정기관에서 관장하고 있는 실질적 의미의 경찰을 질서유지행정(Ordnungsverwaltung)이라고 부르기도 한다.[6] 다만, 이들 개념은 아직 정착한 것이 아니기에 여기에서는 종전의 용례에 따라, 또한 종래의 설명방법에 따라 경찰의 개념을 그의 목적·수단·내용·권력의 기초라는 네 가지 측면에서 설명해 보기로 한다.[7]

---

6) Wolff/Bachof, Verwaltungsrecht Ⅲ, 1978, S. 26 f.

7) 경찰개념에 대한 보다 상세한 검토에 대해서는 서정범·김연태·이기춘, 경찰법연구, 56면 이하 참조.

2. 경찰개념의 요소

(1) 경찰의 목적

경찰의 목적은 공공의 안녕과 질서를 유지하는 것이다. 여기에서 '공공의 안녕'이라고 함은 한편으로 개인의 생명·신체·건강·자유·재산과 같은 개인적 법익과 다른 한편으로 국가적 공동체의 존속 및 기능과 같은 국가적 법익이 침해되지 않는 상태를 의미하며, '공공의 질서'란 지배적인 사회·윤리관에 비추어 그것을 준수하는 것이 원만한 공동생활을 위한 전제로 간주되는 법규범 이외의 규범의 총체를 의미한다.[8] 법규범을 여기에서 제외하는 이유는, 그것은 공공의 안녕의 요소를 이룬다고 보기 때문이다. 이상과 같은 의미의 공공의 안녕과 질서에 대한 위험을 예방하며, 장해를 제거하는 것(위해의 방지)이 경찰의 목적 또는 직무라고 말할 수 있다.

한편, 그 경찰의 목적 또는 직무는 뒤에서 살펴보게 되는 경찰권발동의 요건 및 한계와 깊은 관련을 가지는 점에 유의할 필요가 있다.[9]

이와 같은 경찰목적에 비추어, 명령·강제작용일지라도 그의 목적을 달리하는 다른 행정작용은 경찰작용과 구별된다. 즉 ① 국가목적적 작용(국방·외교), ② 국가의 수입목적적 작용(재정), ③ 국민경제질서의 형성작용(통제), ④ 생활공간의 규제작용(지역정서·환경보전 등) 등은 목적 면에서 경찰과 구별된다.

(2) 경찰의 수단

경찰은 국민에 대해 명령·강제 등의 권력을 발동하는 경우가 많이 있으며, 경찰명령·경찰처분·경찰허가·경찰강제 등이 주요 수단이 되고 있다. 물론 이밖에 확인·공증·통지·수리 등 이른바 준법률행위적 행정행위를 하기도 하며, 혹은 비권력적 작용으로서의 행정지도(계몽·권고, 비공식적 행정작용)를 하는 경우도 있다.

경찰은 권력작용을 그의 주된 수단으로 하고 있는 점에서 비권력적 행정작용(급부행정 등)과 구별되며, 형벌을 부과하는 형사작용 및 권리관계의 형성작용인 민사사법작용과도 구별된다.

---

8) 공공의 안녕과 질서의 위와 같은 의미·내용에 관하여는 김남진, 기본문제, 697면 이하; 박규하, "경찰행정법에 있어서 공공의 안녕·질서의 개념과 개괄적 수권조항", 외법논집 제26집, 2007, 293면 이하; 서정범, "경찰법에 있어서 공공의 안녕의 개념", 공법학연구 제9권 제2호, 2008, 333면 이하; 이기춘, 경찰법상 공공의 질서 개념의 재설정에 관한 연구, 공법학연구 제19권 제1호, 2018, 457면 이하 참조.

9) 김남진, 기본문제, 1160면 이하 및 본서 366면 이하; 서정범, 경찰행정법, 50면 이하 참조.

(3) 경찰의 내용

경찰은 개인의 자연적 자유를 제한하는 일을 많이 한다. 여기에서 '자연적 자유'란 개인이 자유로이 활동하고 자기가 지배하는 물건을 자유로이 처분·관리·이용할 수 있음을 의미한다.

이러한 자연적 자유는 법률에 의해 부여되는 법률상의 능력이나 권리와 대립되는 관념으로서, 사실상으로 어떠한 일을 하고 혹은 하지 않는 자유를 의미한다. 경찰은 바로 이와 같은 자연적 자유를 여러 가지 수단에 의해 제한하는 작용으로서, 직접 법률상의 능력이나 권리를 형성·변경·소멸시킨다든가 하는 효과를 발생시키지는 않는다. 예를 들면 「식품위생법」에 의거하여 불량식품의 판매를 금지하는 행위(경찰작용)는 '판매'라고 하는 법률상 행위의 효력을 당연히 무효로 만들지는 않는 것이다.

그러나 경찰에 의해 개인의 자연적 자유가 제한되는 결과 부수적으로 법률상의 능력이나 권리에 어떠한 변동이 일어나는 일은 있다. 예를 들면 유해식품을 폐기할 의무를 짐으로써 그 물건에 대한 소유권이 소멸될 수 있는 것이다.

(4) 경찰의 권력적 기초

경찰은 일반통치권에 기초를 둔 작용이다. 따라서 일반통치권에 복종하는 자는 자연인·법인·내국인·외국인을 막론하고 경찰권에 복종하여야 한다.

경찰권은 일반통치권에 기초하고 있는 점에서 특별권력에 기초하고 있는 의원(議院)경찰, 법정(法廷)경찰 등과 구별된다.

Ⅳ. 경찰의 종류

경찰은 여러 가지 관점에서 분류할 수 있는데, 그 주요한 것을 설명하면 다음과 같다.

1. 사법경찰과 행정경찰

사법경찰은 범죄의 수사, 피의자의 체포 등을 목적으로 하는 형사사법작용을 말한다. 이에 대하여 행정작용의 일부로서의 경찰(공공의 안녕·질서에 대한 위험방지작용)을 행정경찰이라 한다. 범죄의 수사, 피의자의 체포와 같은 직무는 본래 사법작용으로서의 성질을 가지는 것이지만, 공공의 안녕·질서의 유지를 임무로 하는 기관에 담임시키는 것이 편리한 탓으로 행정경찰기관에 위탁되어 있는 셈이다(형사소송법 196조 참조). 이에 의하여 행정기관으로서의 경찰이 범죄수사 등의 직무를 수행할 때, 이를 사법경찰이라고 한다.

2. 예방경찰과 진압경찰

위해의 발생을 예방하기 위하여 하는 권력작용을 예방경찰이라고 하고, 위해가 이미 발생한 후에 그것을 제거하는 권력작용을 진압경찰이라고 한다. 「사람의 생명·신체·재산에 대하여 위해가 절박한 경우에 그 위해를 예방하기 위하여 타인의 토지·건물 등에 출입하는 것」은 예방경찰에 해당하며, 「위해가 발생한 연후에 사건을 수사하기 위하여 타인의 주거 등에 출입하는 것」 등은 진압경찰에 해당한다.

행정경찰은 예방경찰의 성격을 많이 가지며, 사법경찰은 진압경찰의 성격을 많이 가지는 셈인데, 행정경찰 안에서도 예방경찰과 진압경찰의 구분이 행해질 수 있다.

3. 보안경찰과 협의의 행정경찰

사법경찰과 구별되는 의미의 행정경찰은 다시 보안경찰과 협의의 행정경찰로 구분될 수 있다. 보안경찰이란 공공의 안녕·질서를 유지하기 위하여 다른 종류의 행정작용에 수반됨이 없이 그것 자체가 독립하여 행하여지는 경찰작용을 말하며, 협의의 행정경찰이란 경찰이라는 이름이 붙지 않은 행정기관에 의한 위해방지작용을 말한다. 교통·집회·결사·전당포·위험물단속 등에 관한 경찰은 전자에 해당하며, 위생경찰·관세경찰·산업경찰 등은 후자에 해당한다.

4. 고등경찰(정치경찰)과 보통경찰

고등경찰이라는 말은 본래 「높은 가치를 가지는 사회적 이익을 보호하기 위한 경찰」을 의미하였으나, 오늘날에는 개인의 안전을 보호하는 통상의 경찰(보안경찰)에 대해서 「국가의 안전을 보호하는 경찰」, 즉 정치경찰의 의미로 사용되고 있다. 경찰기관 내의 정보과, 국가정보원 등은 그 고등경찰을 담당하는 기관으로 볼 수 있다.

5. 평시경찰과 비상경찰

일반경찰기관이 일반경찰법규에 의하여 행하는 공공의 안녕·질서유지작용을 평시경찰이라고 하고, 병력에 의한 안녕·질서유지작용을 비상경찰이라고 부르기도 한다. 사회의 안녕·질서유지는 일반경찰기관에 의하여 행하여지는 것이 원칙이지만, 전시·사변 또는 이에 준하는 국가비상사태에 있어서는 병력으로써 공공의 안녕·질서를 유지할 수 있게 되어 있는데(헌법 77조 및 계엄법 참조), 후자의 경우를 비상경찰이라고 부른다.

6. 국가경찰과 자치경찰

경찰의 권한이나 책임의 소재가 국가 또는 지방자치단체 중 어디에 귀속되느냐 하는 구조적인 측면을 기준으로 하는 분류이다. 국가가 경찰작용의 감독과 책임을 주관하는 것을 국가경찰이라 하며, 경찰기관이 지방자치단체에 소속되어 지방자치단체가 경찰작용의 감독과 책임을 담당하는 것을 자치경찰이라 한다.

우리나라의 경찰은 지금까지 중앙집권적인 권력구조와 남북대치 상황이라는 특수한 여건을 반영하여 국가경찰체제가 정착되어온 것은 주지의 사실이다.[10] 그러나 지방자치가 시작되고 그에 따라 국가의 모든 분야가 지방자치화의 구조로 개편되는 본격적인 지방자치시대가 열리면서 자치경찰제 도입이 활발히 논의되어 왔으며, 그 결과 「경찰법」이 「국가경찰과 자치경찰의 조직 및 운영에 관한 법률」로 전부개정되어 2021년 1월 1일부터 국가경찰과 자치경찰로 구분되어 시행되고 있다.[11]

10) 소방공무원의 신분은 국가직과 지방직으로 이원화되어 있었으나, 2020년 4월 1일부터 국가직 공무원으로 일원화하는 것으로 개정되었다(소방공무원법 1조 및 6조 참조).

11) 2020년 12월 22일 「경찰법」은 법률 제17689호 「국가경찰과 자치경찰의 조직 및 운영에 관한 법률」로 전부개정되어, 2021년 1월 1일부터 시행 중에 있다. 한편, 2006년 2월 21일 제정되고, 동년 7월 1일부터 시행되고 있는 「제주특별자치도 설치 및 국제자유도시 조성을 위한 특별법」에 의한 제주특별자치도의 자치경찰단은 이와 상관없이 계속 유지되고 있음을 밝혀 둔다.

제 2 절 경찰의 조직

Ⅰ. 개 설

우리나라의 경찰조직은 2020년 1월 1일 자치경찰제도가 시행되기 전까지 중앙집권적인 국가행정조직으로 이루어져 왔었다. 경찰이 국가행정조직으로서 중앙에 의한 지휘·통제를 받는 관계로 집권자에 의해 악용될 소지가 있었으며, 실제로 그러한 사례가 많았다. 그러한 관계로 경찰중립화가 시대적 요청이 되어 왔다.[1] 그리하여 종래에는 내무부장관(현 행정안전부장관)이 지방행정·선거 등과 같은 일반행정사무와 아울러 일반경찰사무를 관장하였으나, 1990년 말에 개정된 「정부조직법」(1990. 12. 27. 개정)은 경찰행정의 중립성을 보장하는 취지에서 종래 내무부장관의 보조기관이었던 치안본부를 폐지하고 경찰청을 신설하였다. 아울러, 경찰의 민주적인 관리·운영과 효율적인 임무수행을 위하여 경찰의 기본조직 및 직무범위 등을 규정함을 목적으로 「경찰법」이 제정되었다(1991. 5. 10.). 이후 「경찰법」이 「국가경찰과 자치경찰의 조직 및 운영에 관한 법률」로 전부개정되어 2021년 1월 1일부터 시행되고 있다.

한편, 1997년에 해양수산부가 신설됨과 동시에, 해양경찰청은 해양수산부 소속하에 두었다가, 2014년 법률을 개정하여 국민안전처 소속으로 해양경비안전본부를 두었다. 그 이후 2017년 다시 법률을 개정하여 국민안전처를 폐지하고, 현재는 행정안전부장관 소속으로 경찰청을, 해양수산부장관 소속으로 해양경찰청을 두고 있다.

현행법상 경찰조직을 개관하면 다음과 같다.

Ⅱ. 보통경찰기관

보통경찰기관이란 직접 보안경찰을 담당하고 있는 경찰기관을 말하는 바, 그의 권한 및 기능에 따라 경찰행정청과 경찰집행기관으로 나눌 수 있다.

1) 제2공화국헌법(75조 2항)에는 경찰중립화에 관한 명문의 규정을 둔 바 있다.

1. 보통경찰행정청

현행 「국가경찰과 자치경찰의 조직 및 운영에 관한 법률」은 경찰의 사무를 지역적으로 분담하여 수행하게 하기 위하여 특별시·광역시·특별자치시·도·특별자치도에 시·도경찰청을 두고, 시·도경찰청장 소속으로 경찰서를 둔다. 이 경우 인구, 행정구역, 면적, 지리적 특성, 교통 및 그 밖의 조건을 고려하여 시·도에 2개의 시·도경찰청을 둘 수 있다고 규정하고 있다(동법 13조).

경찰행정청이란 경찰에 관하여 직접 대외적 구속력 있는 의사를 결정·표시할 수 있는 권한을 가진 경찰기관(행정청)[2]을 말한다. 경찰행정청은 국가경찰사무에 있어서는 경찰청장을 최상급의 기관으로 하여 시·도경찰청으로 구성되는 계층제를 형성하고 있으며(동법 14조 2항), 자치경찰사무에 있어서는 시·도자치경찰위원회를 최상급의 기관으로 시·도경찰청 및 경찰서장으로 구성되는 계층제를 형성하고 있다(동법 28조 2항·3항).

(1) 경찰청장

치안에 관한 사무를 관장하게 하기 위하여 행정안전부장관 소속으로 경찰청을 둔다(동법 12조). 경찰청에 경찰청장을 두며, 경찰청장은 치안총감으로 보한다(동법 14조 1항). 경찰청장은 국가경찰위원회의 동의를 받아 행정안전부장관의 제청으로 국무총리를 거쳐 대통령이 임명한다. 이 경우 국회의 인사청문을 거쳐야 한다(동법 14조 2항). 경찰청장은 국가경찰사무를 총괄하고 경찰청 업무를 관장하며 소속 공무원 및 각급 경찰기관의 장을 지휘·감독한다(동법 14조 3항). 경찰청장의 임기는 2년으로 하고, 중임(重任)할 수 없다(동법 14조 4항). 경찰청장이 직무를 집행하면서 헌법이나 법률을 위배하였을 때에는 국회는 탄핵 소추를 의결할 수 있다(동법 14조 5항).

경찰청장은 경찰의 수사에 관한 사무의 경우에는 개별 사건의 수사에 대하여 구체적으로 지휘·감독할 수 없다. 다만, 국민의 생명·신체·재산 또는 공공의 안전 등에 중대한 위험을 초래하는 긴급하고 중요한 사건의 수사에 있어서 경찰의 자원을 대규모로 동원하는 등 통합적으로 현장 대응할 필요가 있다고 판단할 만한 상당한 이유가 있는 때에는 제16조에 따른 국가수사본부장을 통하여 개별 사건의 수사에 대하여 구체적으로 지휘·감독할 수 있다(동법 14조 6항). 경찰청장은 제6항 단서에 따라 개별 사건의 수사에 대한 구체적 지휘·감독을

2) 행정청의 의의에 관하여는 본서 11면 참조.

개시한 때에는 이를 국가경찰위원회에 보고하여야 한다(동법 14조 7항). 경찰청장은 제6항 단서의 사유가 해소된 경우에는 개별 사건의 수사에 대한 구체적 지휘·감독을 중단하여야 한다(동법 14조 8항). 경찰청장은 제16조에 따른 국가수사본부장이 제6항 단서의 사유가 해소되었다고 판단하여 개별 사건의 수사에 대한 구체적 지휘·감독의 중단을 건의하는 경우 특별한 이유가 없으면 이를 승인하여야 한다(동법 14조 9항). 제6항 단서에서 규정하는 긴급하고 중요한 사건의 범위 등 필요한 사항은 대통령령으로 정한다(동법 14조 10항).[3]

(2) 시·도경찰청장

시·도경찰청에 시·도경찰청장을 두며, 시·도경찰청장은 치안정감·치안감 또는 경무관으로 보한다(동법 28조 1항). 「경찰공무원법」 제7조에도 불구하고 시·도경찰청장은 경찰청장이 시·도자치경찰위원회와 협의하여 추천한 사람 중에서 행정안전부장관의 제청으로 국무총리를 거쳐 대통령이 임용한다(동법 28조 2항).

시·도경찰청장은 국가경찰사무에 대해서는 경찰청장의 지휘·감독을, 자치경찰사무에 대해서는 시·도자치경찰위원회의 지휘·감독을 받아 관할구역의 소관 사무를 관장하고 소속 공무원 및 소속 경찰기관의 장을 지휘·감독한다. 다만, 수사에 관한 사무에 대해서는 국가수사본부장의 지휘·감독을 받아 관할구역의 소관 사무를 관장하고 소속 공무원 및 소속 경찰기관의 장을 지휘·감독한다(동법 28조 3항). 제3항 본문의 경우 시·도자치경찰위원회는 자치경찰사무에 대해 심의·의결을 통하여 시·도경찰청장을 지휘·감독한다. 다만, 시·도자치경찰위원회가 심의·의결할 시간적 여유가 없거나 심의·의결이 곤란한 경우 대통령령으로 정하는 바에 따라 시·도자치경찰위원회의 지휘·감독권을 시·도경찰청장에게 위임한 것으로 본다(동법 28조 4항).

(3) 경찰서장

경찰서에 경찰서장을 두며, 경찰서장은 경무관, 총경 또는 경정으로 보한다(동법 30조 1항). 경찰서장은 시·도경찰청장의 지휘·감독을 받아 관할구역의 소관 사무를 관장하고 소속 공무원을 지휘·감독한다(동법 30조 2항). 경찰서장 소속으로 지구

---

3) 2021년 1월 1일부로 「국가경찰과 자치경찰의 조직 및 운영에 관한 법률」이 시행됨에 따라 국가경찰의 조직으로 국가수사본부가 창설되었다. 동법에 의하면, 경찰청에 국가수사본부를 두며, 국가수사본부장은 치안정감으로 보하며(동법 16조 1항), 「형사소송법」에 따른 경찰의 수사에 관하여 각 시·도경찰청장과 경찰서장 및 수사부서 소속 공무원을 지휘·감독한다(동법 16조 2항). 다만, 국가수사본부는 수사기관인 관계로 이 정도로 설명함을 밝혀 둔다.

대 또는 파출소를 두고, 그 설치기준은 치안수요·교통·지리 등 관할구역의 특성을 고려하여 행정안전부령으로 정한다. 다만, 필요한 경우에는 출장소를 둘 수 있다(동법 30조 3항). 시·도자치경찰위원회는 정기적으로 경찰서장의 자치경찰 사무 수행에 관한 평가결과를 경찰청장에게 통보하여야 하며 경찰청장은 이를 반영하여야 한다(동법 30조 4항).

(4) 해양경찰청장

해양에서의 경찰 및 오염방제에 관한 사무를 관장하기 위하여 해양수산부장관 소속으로 해양경찰청을 둔다(정부조직법 43조 2항). 해양경찰청에 청장 1명과 차장 1명을 두되, 청장 및 차장은 경찰공무원으로 보하며(동법 43조 3항), 해양경찰청장은 치안총감으로 보한다(해양경찰법 11조 1항).

2. 경찰의결기관·합의제 행정기관

(1) 국가경찰위원회

국가경찰행정에 관하여 일정한 사항을 심의·의결하기 위하여 행정안전부에 국가경찰위원회를 둔다(국가경찰과 자치경찰의 조직 및 운영에 관한 법률 7조 1항). 국가경찰위원회는 위원장 1명을 포함한 7명의 위원으로 구성하되, 위원장 및 5명의 위원은 비상임으로 하고, 1명의 위원은 상임으로 한다(동법 7조 2항). 제2항에 따른 위원 중 상임위원은 정무직으로 한다(동법 7조 3항).

위원은 행정안전부장관의 제청으로 국무총리를 거쳐 대통령이 임명한다(동법 8조 1항). 행정안전부장관은 위원 임명을 제청할 때 경찰의 정치적 중립이 보장되도록 하여야 한다(동법 8조 2항). 위원 중 2명은 법관의 자격이 있는 사람이어야 한다(동법 8조 3항). 위원은 특정 성(性)이 10분의 6을 초과하지 아니하도록 노력하여야 한다(동법 8조 4항). 한편, ① 정당의 당원이거나 당적을 이탈한 날부터 3년이 지나지 아니한 사람, ② 선거에 의하여 취임하는 공직에 있거나 그 공직에서 퇴직한 날부터 3년이 지나지 아니한 사람, ③ 경찰, 검찰, 국가정보원 직원 또는 군인의 직에 있거나 그 직에서 퇴직한 날부터 3년이 지나지 아니한 사람, ④ 「국가공무원법」 제33조 각 호의 어느 하나에 해당하는 사람(다만, 「국가공무원법」 제33조 제2호 및 제5호에 해당하는 경우에는 같은 법 제69조 제1호 단서에 따른다)은 위원이 될 수 없으며, 위원이 위의 어느 하나에 해당하는 경우에는 당연퇴직한다(동법 8조 5항). 위원에 대해서는 「국가공무원법」 제60조 및 제65조를 준용한다(동법 8조 6항).

위원의 임기는 3년으로 하며, 연임할 수 없다. 이 경우 보궐위원의 임기는 전임자 임기의 남은 기간으로 한다(동법 9조 1항). 위원은 중대한 신체상 또는 정신상의 장애로 직무를 수행할 수 없게 된 경우를 제외하고는 그 의사에 반하여 면직되지 아니하도록 규정함으로써(동법 9조 2항) 신분을 보장하고 있다.

국가경찰위원회는 ① 국가경찰사무에 관한 인사, 예산, 장비, 통신 등에 관한 주요정책 및 경찰 업무 발전에 관한 사항, ② 국가경찰사무에 관한 인권보호와 관련되는 경찰의 운영·개선에 관한 사항, ③ 국가경찰사무 담당 공무원의 부패 방지와 청렴도 향상에 관한 주요 정책사항, ④ 국가경찰사무 외에 다른 국가기관으로부터의 업무협조 요청에 관한 사항, ⑤ 제주특별자치도의 자치경찰에 대한 경찰의 지원·협조 및 협약체결의 조정 등에 관한 주요 정책사항, ⑥ 제18조에 따른 시·도자치경찰위원회 위원 추천, 자치경찰사무에 대한 주요 법령·정책 등에 관한 사항, 제25조 제4항에 따른 시·도자치경찰위원회 의결에 대한 재의 요구에 관한 사항, ⑦ 제2조에 따른 시책 수립에 관한 사항, ⑧ 제32조에 따른 비상사태 등 전국적 치안유지를 위한 경찰청장의 지휘·명령에 관한 사항, ⑨ 그 밖에 행정안전부장관 및 경찰청장이 중요하다고 인정하여 국가경찰위원회의 회의에 부친 사항을 심의·의결한다(동법 10조 1항). 이 경우 행정안전부장관은 제1항에 따라 심의·의결된 내용이 적정하지 아니하다고 판단할 때에는 재의(再議)를 요구할 수 있다(동법 10조 2항).

국가경찰위원회의 사무는 경찰청에서 수행한다(동법 11조 1항). 국가경찰위원회의 회의는 재적위원 과반수의 출석과 출석위원 과반수의 찬성으로 의결한다(동법 11조 2항). 이 법에 규정된 것 외에 국가경찰위원회의 운영 및 제10조 제1항 각 호에 따른 심의·의결 사항의 구체적 범위, 재의 요구 등에 필요한 사항은 대통령령으로 정한다(동법 11조 3항).

(2) 시·도자치경찰위원회

자치경찰사무를 관장하게 하기 위하여 특별시장·광역시장·특별자치시장·도지사·특별자치도지사 소속으로 시·도자치경찰위원회를 둔다(동법 18조 1항). 시·도자치경찰위원회는 합의제 행정기관으로서 그 권한에 속하는 업무를 독립적으로 수행한다(동법 18조 2항).[4]

---

4) 시·도자치경찰위원회의 법적 성격에 대한 상세는 김용주·서정범, 시·도자치경찰위원회의 법적 성격 및 지위, 그리고 자리매김을 위한 소고, 사법 제60호, 2022. 6, 545면 이하 참조.

시·도자치경찰위원회는 위원장 1명을 포함한 7명의 위원으로 구성하되, 위원장과 1명의 위원은 상임으로 하고, 5명의 위원은 비상임으로 한다(동법 19조 1항).[5] 위원은 특정 성(性)이 10분의 6을 초과하지 아니하도록 노력하여야 한다(동법 19조 2항). 위원 중 1명은 인권문제에 관하여 전문적인 지식과 경험이 있는 사람이 임명될 수 있도록 노력하여야 한다(동법 19조 3항).

시·도지사는 시·도자치경찰위원회 위원으로 ① 시·도의회가 추천하는 2명, ② 국가경찰위원회가 추천하는 1명, ③ 해당 시·도 교육감이 추천하는 1명, ④ 시·도자치경찰위원회 위원추천위원회가 추천하는 2명, ⑤ 시·도지사가 지명하는 1명을 임명한다(동법 20조 1항). 시·도자치경찰위원회 위원은 ① 판사·검사·변호사 또는 경찰의 직에 5년 이상 있었던 사람, ② 변호사 자격이 있는 사람으로서 국가기관등에서 법률에 관한 사무에 5년 이상 종사한 경력이 있는 사람, ③ 대학이나 공인된 연구기관에서 법률학·행정학 또는 경찰학 분야의 조교수 이상의 직이나 이에 상당하는 직에 5년 이상 있었던 사람, ④ 그 밖에 관할 지역주민 중에서 지방자치행정 또는 경찰행정 등의 분야에 경험이 풍부하고 학식과 덕망을 갖춘 사람 중 어느 하나에 해당하는 자격을 갖추어야 한다(동법 20조 2항). 시·도자치경찰위원회 위원장은 위원 중에서 시·도지사가 임명하고, 상임위원은 시·도자치경찰위원회의 의결을 거쳐 위원 중에서 위원장의 제청으로 시·도지사가 임명한다. 이 경우 위원장과 상임위원은 지방자치단체의 공무원으로 한다(동법 20조 3항). 위원은 정치적 중립을 지켜야 하며, 권한을 남용하여서는 아니 된다(동법 20조 4항). 공무원이 아닌 위원에 대해서는 「지방공무원법」 제52조 및 제57조를 준용하며(동법 20조 5항), 공무원이 아닌 위원은 그 소관 사무와 관련하여 형법이나 그 밖의 법률에 따른 벌칙을 적용할 때에는 공무원으로 본다(동법 20조 6항). 한편, ① 정당의 당원이거나 당적을 이탈한 날부터 3년이 지나지 아니한 사람, ② 선거에 의하여 취임하는 공직에 있거나 그 공직에서 퇴직한 날부터 3년이 지나지 아니한 사람, ③ 경찰, 검찰, 국가정보원 직원 또는 군인의 직에 있거나 그 직에서 퇴직한 날부터 3년이 지나지 아니한 사람, ④ 국가 및 지방자치단체의 공무원(국립 또는 공립대학의 조교수 이상의 직에 있는 사람은 제외한다. 이하 이

---

5) 2020. 12. 22.「국가경찰과 자치경찰의 조직 및 운영에 관한 법률」이 전부개정되어 자치경찰제도가 도입되면서 세종특별자치시 자치경찰위원회에 대해서는 동법 제19조 제1항 및 제20조 제3항에도 불구하고 위원장 및 상임위원을 비상임으로 할 수 있도록 규정하고 있었으나(동법 36조 1항), 2022. 11. 15. 개정과 함께 삭제되었으므로, 2023. 2. 16.부터 세종특별자치시 자치경찰위원회도 다른 시·도자치경찰위원회와 마찬가지로 위원장 및 상임위원은 상임으로 임명해야 한다.

조에서 같다)이거나 공무원이었던 사람으로서 퇴직한 날부터 3년이 지나지 아니한 사람(다만, 제20조 제3항 후단에 따라 위원장과 상임위원이 지방자치단체의 공무원이 된 경우에는 당연퇴직하지 아니한다), ⑤「지방공무원법」 제31조 각 호의 어느 하나에 해당하는 사람(다만, 「지방공무원법」 제31조 제2호 및 제5호에 해당하는 경우에는 같은 법 제61조 제1호 단서에 따른다)은 위원이 될 수 없으며, 위의 어느 하나에 해당하는 경우에는 당연퇴직한다(동법 20조 7항). 그 밖에 위원의 임명방법 등에 관하여 필요한 사항은 대통령령으로 정하는 기준에 따라 시·도조례로 정한다(동법 20조 8항).

시·도자치경찰위원회 위원 추천을 위하여 시·도지사 소속으로 시·도자치경찰위원회 위원추천위원회를 둔다(동법 21조 1항). 시·도지사는 시·도자치경찰위원회 위원추천위원회에 각계각층의 관할 지역주민의 의견이 수렴될 수 있도록 위원을 구성하여야 한다(동법 21조 2항). 시·도자치경찰위원회 위원추천위원회 위원의 수, 자격, 구성, 위원회 운영 등에 관하여 필요한 사항은 대통령령으로 정한다(동법 21조 3항).

한편, 시·도자치경찰위원회 위원장은 시·도자치경찰위원회를 대표하고 회의를 주재하며 시·도자치경찰위원회의 의결을 거쳐 업무를 수행하는데(동법 22조 1항), 위원장이 부득이한 사유로 직무를 수행할 수 없을 때에는 상임위원, 시·도자치경찰위원회 위원 중 연장자순으로 그 직무를 대행한다(동법 22조 2항).

시·도자치경찰위원회 위원장과 위원의 임기는 3년으로 하며, 연임할 수 없다(동법 23조 1항). 보궐위원의 임기는 전임자 임기의 남은 기간으로 하되, 전임자의 남은 임기가 1년 미만인 경우 그 보궐위원은 제1항에도 불구하고 한 차례만 연임할 수 있다(동법 23조 2항). 위원은 중대한 신체상 또는 정신상의 장애로 직무를 수행할 수 없게 된 경우를 제외하고는 그 의사에 반하여 면직되지 아니한다(동법 23조 3항)고 하여 국가경찰위원회와 마찬가지로 신분을 보장하고 있다.

시·도자치경찰위원회의 소관사무는 ① 자치경찰사무에 관한 목표의 수립 및 평가, ② 자치경찰사무에 관한 인사, 예산, 장비, 통신 등에 관한 주요정책 및 그 운영지원, ③ 자치경찰사무 담당 공무원의 임용, 평가 및 인사위원회 운영, ④ 자치경찰사무 담당 공무원의 부패 방지와 청렴도 향상에 관한 주요 정책 및 인권침해 또는 권한남용 소지가 있는 규칙, 제도, 정책, 관행 등의 개선, ⑤ 제2조에 따른 시책 수립, ⑥ 제28조 제2항에 따른 시·도경찰청장의 임용과 관련한 경찰청장과의 협의, 제30조 제4항에 따른 평가 및 결과 통보, ⑦ 자치경찰사무 감사 및 감사의뢰, ⑧ 자치경찰사무 담당 공무원의 주요 비위사건에 대한 감찰요구, ⑨ 자치경찰사무 담당 공무원에 대한 징계요구, ⑩ 자치경찰사무 담당 공무원의 고충심사 및 사기진작, ⑪ 자치경찰사무와 관련된 중요사건·사고 및 현안의 점검, ⑫ 자치경찰사무에 관한 규칙의 제정·개정 또는 폐지, ⑬ 지방행정과 치안행정의 업무조정과 그 밖에 필요한 협의·조정, ⑭ 제32조에 따른 비상사태 등 전국적 치안유지를 위한 경찰청장의 지휘·명령에 관한 사무, ⑮ 국가경찰사무·자치경찰사무의 협력·조정과 관련하여 경찰청장과 협의, ⑯ 국가경찰위원회에 대한 심의·조정 요청, ⑰ 그 밖에 시·도지사, 시·도경찰청장이 중요하다고 인정하여 시·도자치경찰위원회의 회의에 부친 사항에 대한 심의·의결 등이다(동법 24조 1항). 시·도자치경찰위원회의 업무와 관련하여 시·도지사는 정치적 목적이나 개인적 이익을 위해 관여하여서는 아니 된다(동법 24조 2항).

시·도자치경찰위원회는 동법 제24조의 사무에 대하여 심의·의결하는바(동법 25조 1항), 시·도자치경찰위원회의 회의는 재적위원 과반수의 출석과 출석위원 과반수의 찬성으로 의결한다(동법 25조 2항). 이 경우 시·도지사는 제1항에 관한 시·도자치경찰위원회의 의결이 적정하지 아니하다고 판단할 때에는 재의를 요구할 수 있다(동법 25조 3항). 위원회의 의결이 법령에 위반되거나 공익을 현저히 해친다고 판단되면 행정안전부장관은 미리 경찰청장의 의견을 들어 국가경찰위원회를 거쳐 시·도지사에게 제3항의 재의를 요구하게 할 수 있고, 경찰청장은 국가경찰위원회와 행정안전부장관을 거쳐 시·도지사에게 재의를 요구하게 할 수 있다(동법 25조 4항). 시·도자치경찰위원회의 위원장은 재의요구를 받은 날부터 7일 이내에 회의를 소집하여 재의결하여야 한다. 이 경우 재적위원 과반수의 출석과 출석위원 3분의 2 이상의 찬성으로 전과 같은 의결을 하면 그 의결사항은 확정된다(동법 25조 5항).

시·도자치경찰위원회의 회의는 정기적으로 개최하여야 한다. 다만 위원장이 필요하다고 인정하는 경우, 위원 2명 이상이 요구하는 경우 및 시·도지사가 필요하다고 인정하는 경우에는 임시회의를 개최할 수 있다(동법 26조 1항). 시·도자치경찰위원회는 회의 안건과 관련된 이해관계인이 있는 경우 그 의견을 듣거나 회의에 참석하게 할 수 있다(동법 26조 2항). 시·도자치경찰위원회의 위원 중 공무원이 아닌 위원에게는 예산의 범위에서 직무활동에 필요한 비용 등을 지급할 수 있다(동법 26조 3항). 그 밖에 시·도자치경찰위원회의 운영 등에 필요한 사항은 대통령령으로 정하는 기준에 따라 시·도조례로 정한다(동법 26조 4항).

시·도자치경찰위원회의 사무를 처리하기 위하여 시·도자치경찰위원회에 필요한 사무기구를 둔다(동법 27조 1항).[6] 사무기구에는 「지방자치단체에 두는 국가공무원의 정원에 관한 법률」에도 불구하고 대통령령으로 정하는 바에 따라 경찰공무원을 두어야 한다(동법 27조 2항). 제주특별자치도에는 「제주특별자치도 설치 및 국제자유도시 조성을 위한 특별법」 제44조 제3항에도 불구하고 같은 법 제6조 제1항 단서에 따라 이 법 제27조 제2항을 우선하여 적용한다(동법 27조 3항). 사무기구의 조직·정원·운영 등에 관하여 필요한 사항은 경찰청장의 의견을 들어 대통령령으로 정하는 기준에 따라 시·도조례로 정한다(동법 27조 4항).

3. 보통경찰집행기관

보통경찰기관 가운데 집행기관, 즉 실력으로써 행정의사를 실현하는 기관을 경찰집행기관이라고 한다. 이러한 경찰집행기관은 그의 직무의 일반성 여부에 따라 일반경찰집행기관과 특별경찰집행기관으로 나눌 수 있다.

(1) 일반경찰집행기관

경찰집행기관에는 치안총감·치안정감·치안감·경무관·총경·경정·경감·경위·경사·경장·순경 등이 있다.[7] 이들은 특정직국가공무원으로서, 제복을 착용하고, 무기를 휴대할 수 있다(국가공무원법 2조, 경찰공무원법 26조 참조).

일반경찰집행기관을 이루는 경찰공무원은 사법경찰에 관한 사무를 아울러 담당하도록 되어 있는 바(형사소송법 197조), 이 경우의 경찰기관을 사법경찰관리라고 부른다. 그리고 수사, 공소제기 및 공소유지에 관하여 사법경찰관은 검사와 서로 협력하여 그 직무를 수행한다(형사소송법 195조 참조).[8]

(2) 특별경찰집행기관

특별한 분야의 경찰임무를 담당하는 특별경찰집행기관에는 다음과 같은 것

---

6) 2020. 12. 22. 「국가경찰과 자치경찰의 조직 및 운영에 관한 법률」이 전부개정되어 자치경찰제도가 도입되면서 동법 제27조에도 불구하고 세종특별자치시 자치경찰위원회에는 사무기구를 두지 아니하며 세종특별자치시 자치경찰위원회의 사무는 세종특별자치시경찰청에서 처리하도록 규정하고 있었으나(동법 36조 2항), 2022. 11. 15. 개정과 함께 삭제되었으므로, 2023. 2. 16.부터 세종특별자치시 자치경찰위원회도 다른 시·도자치경찰위원회와 마찬가지로 필요한 사무기구를 두고 있다.

7) 이들 가운데에는 경찰청장, 시·도경찰청장, 경찰서장으로서 경찰행정청의 지위에 있는 기관도 있다.

8) 우리나라에서도 외국(영·미 등)에 있어서와 같은 경찰수사권의 독립이 꾸준히 거론되어 왔다. 이에 관하여는 장석헌, 경찰의 수사권독립방안, 경찰행정, 1998. 12, 19면 이하 등 참조. 이후 2020년 2월 4일 형사소송법 제195조의 신설로 검사와 사법경찰관의 관계는 원칙적으로 상호 협력하는 관계로 변경되었다.

이 있다.

(가) 소방공무원

소방, 즉 화재를 예방·진압·경계하는 데 종사하는 기관이 소방공무원이다. 소방공무원에는 소방총감·소방정감·소방감·소방준감·소방정·소방령·소방경·소방위·소방장·소방교·소방사가 있다(소방공무원법 3조 참조).

(나) 의무경찰대

의무경찰대는 간첩의 침투거부·포착·섬멸 그밖의 대간첩작전을 수행하고, 치안업무를 보조하기 위하여 지방경찰청장 및 대통령령으로 정하는 국가경찰기관의 장 또는 해양경찰기관의 장 소속하에 설치하는 특별경찰집행기관이다. 다만, 경찰청장과 해양경찰청장은 필요한 경우 그 소속하에 따로 의무경찰대를 두거나 대통령령으로 정하는 바에 따라 의무경찰대의 총괄기관을 둘 수 있다(의무경찰대 설치 및 운영에 관한 법률 1조 이하 참조).

(다) 군사경찰[9]

군사경찰은 군사 및 군인·군무원에 관한 경찰집행기관으로서, 그에 관한 보안경찰과 사법경찰작용을 담당한다(군사법원법 43조 이하, 군사경찰의 직무수행에 관한 법률 3조, 군사경찰령 2조 참조). 군사경찰은 원칙적으로 군인·군무원에 대하여만 군사에 관한 경찰의 직무를 수행할 수 있으나, 예외적으로 민간인에 대하여도 적용할 수 있다(군사경찰의 직무수행에 관한 법률 4조 참조). 또한 군사경찰은 원칙으로 일반인에 대하여는 수사하지 못하나, 군사 또는 군인·군무원의 범죄에 관련 있는 일반인의 범죄와 군용물·군용시설·군사기밀에 관한 일반인의 범죄에 관하여는 수사할 수 있다(사법경찰관리의 직무를 수행할 자와 그 직무범위에 관한 법률 9조 참조).

Ⅲ. 특별경찰기관

상기한 보통경찰집행기관 이외의 특별경찰기관으로서는 다음과 같은 것이 있다.

---

9) 2020년 2월 4일 「군사법원법」 제43조의 개정으로 헌병의 명칭이 군사경찰로 변경되었다. 이에 따라 「헌병령」과 「헌병무기사용령」이 각각 「군사경찰령」과 「군사경찰무기사용령」으로 개정되었다. 한편 「군사경찰령」은 사문화되었고, 「군사경찰무기사용령」은 법률의 위임없이 대통령령으로 규정되어 있다는 점에서 문제가 제기되어 왔다. 그 결과 군사경찰의 직무수행에 관한 작용법적 근거로서, 「군사경찰의 직무수행에 관한 법률」이 2020년 12월 22일 제정되어 2021년 6월 23일부터 시행되었다. 한편, 이 법률이 시행됨에 따라 「군사경찰령」, 「군사경찰무기사용령」은 폐지되었다.

1. 협의의 행정경찰기관

다른 행정작용에 부수하여, 그 영역에서 일어나는 공공의 안녕 · 질서에 대한 위해를 방지하는 임무를 담당하고 있는 기관이 협의의 행정경찰기관이다.[10] 위생경찰, 산림경찰, 관세경찰 등으로 불려지는 기관이 그에 해당한다. 이들은 대부분 사법경찰관리로서의 신분을 아울러 가진다(사법경찰관리의 직무를 수행할 자와 그 직무범위에 관한 법률 3조 · 4조 · 5조 참조).

2. 비상경찰기관

비상경찰기관은 보통경찰기관의 힘만으로는 치안을 유지할 수 없는 비상시에 병력으로써 치안을 담당하는 기관을 의미한다. 계엄사령관 또는 위수사령관[11]이 그에 해당하는데, 그 중에서 계엄사령관에 대하여 살펴보면 다음과 같다.

전시 · 사변 또는 이에 준하는 국가비상사태에 있어서 병력으로써 군사상의 필요에 응하거나 공공의 안녕 · 질서를 유지할 필요가 있을 때에는 대통령은 계엄을 선포할 수 있는데(헌법 77조 1항), 계엄이 선포되면 계엄사령관이 병력으로 당해 지역 내의 경찰임무를 수행한다(계엄법 7조 내지 8조 참조).

계엄은 경비계엄과 비상계엄으로 구분된다(헌법 77조 2항 · 계엄법 2조 1항). 경비계엄은 전시 · 사변 또는 이에 준하는 비상사태에 있어서 질서가 교란되어 일반행정기관만으로는 치안을 확보할 수 없는 지역에서 선포하며(동법 2조 3항), 경비계엄이 선포된 경우에는 계엄사령관은 계엄지역 내의 군사에 관한 행정사무와 사법사무를 관장한다(동법 7조 2항).

비상계엄은 전시 · 사변 또는 이에 준하는 비상사태에 있어서 적과 교전상태에 있거나 질서가 극도로 교란되어 행정 · 사법기능의 수행이 곤란한 경우에 군사상의 필요에 응하거나 공공의 안녕 · 질서를 유지하기 위해 선포하며(동법 2조 2항), 계엄사령관은 계엄지역 내의 모든 행정사무와 사법사무를 관장한다(동법 7조 1항).

계엄의 시행에 관하여 계엄사령관은 국방부장관의 지휘 · 감독을 받으나, 전국을 계엄지역으로 하는 경우와 대통령이 직접 지휘 · 감독을 할 필요가 있는

---

10) 협의의 행정경찰의 의의에 관하여는 본서 353면 참조.

11) 한편 위수사령관은 2018. 9. 18. 「위수령」이 폐지됨에 따라 더 이상 존재하지 않는다. 다만, 비상경찰기관에 대한 이해를 위해 간략하게 설명하면 다음과 같다. 위수사령관은 재해 또는 비상사태에 즈음하여 서울특별시장 · 부산광역시장 또는 도지사로부터 병력출동의 요청을 받았을 때는 육군 참모총장에게 상신하여 그 승인을 얻어 이에 응할 수 있는데, 이를 병력출동이라 한다(구 위수령 12조). 이러한 병력출동은 독자적인 군사활동이 아니라 '행정응원'의 일종이다. 따라서 경비 · 순찰과 같은 본래의 위수활동과 구분되는 경찰작용으로서의 성질을 가지며, 그 한도에서 「경찰관 직무집행법」이 정한 활동을 할 수 있다고 새겨진다(구 위수령 14조 참조).

경우에는 대통령의 지휘 · 감독을 받는다(동법 6조).

Ⅳ. 청원경찰과 경비업

1. 청원경찰

청원경찰은 ① 국가기관 또는 공공단체와 그 관리하에 있는 중요시설 또는 사업장, ② 국내 주재 외국기관, ③ 그 밖에 행정안전부령으로 정하는 중요 시설, 사업장 또는 장소의 기관의 장 또는 시설 · 사업자 등의 경영자가 소요경비(청원경찰경비)를 부담할 것을 조건으로 경찰의 배치를 신청하는 경우에, 그 기관 · 시설 또는 사업장 등의 경비를 담당하게 하기 위하여 배치하는 경찰을 말한다(청원경찰법 2조 참조).

청원경찰은 관할 경찰서장의 감독을 받아 그 경비구역 만의 경비를 목적으로 필요한 범위에서 「경찰관 직무집행법」에 의한 경찰관의 직무를 행한다(동법 3조 참조).

2. 경 비 업

경비업이라고 함은, 다음 각 목에 규정하는 업무의 전부 또는 일부를 도급받아 행하는 영업을 말한다(경비업법 2조 1호).[12]

① 시설경비업무: 국가중요시설 · 산업시설 · 공공시설 · 사무소 · 흥행장 · 주택 · 창고 · 주차장 · 행사장 · 유원지 · 항공기 · 차량 기타 경비를 필요로 하는 시설 및 장소에서의 도난 · 화재 그 밖의 혼잡 등으로 인한 위험발생을 방지하는 업무

② 호송경비업무: 운반중에 있는 현금 · 유가증권 · 귀금속 · 상품 그 밖의 물건에 대하여 도난 · 화재 등 위험발생을 방지하는 업무

③ 신변보호업무: 사람의 생명이나 신체에 대한 위해의 발생을 방지하고 그 신변을 보호하는 업무

④ 기계경비업무

⑤ 특수경비업무

12) 상세는, 김남진, 경찰임무의 탈국가화 · 민간화의 법적 문제, 고시연구, 2006. 9 참조.

제 3 절 경찰권발동의 근거와 한계(요건과 효과)

Ⅰ. 개괄조항과 개별조항의 구분

우리나라(및 일본)에서는 경찰권의 근거와 한계를 논함에 있어서 개괄적 수권조항에 의한 경우와 개별적 수권조항에 의한 경우를 구분함이 없이 설명함이 일반적이었다. 그러나 우리나라의 문헌에서 행해지고 있는 경찰권의 조리상의 한계에 관한 설명(경찰소극의 원칙·경찰공공의 원칙·경찰책임의 원칙·경찰비례의 원칙 등)을 보게 되면, 그것은 독일에 있어서 개괄적 수권조항(Generalklausel)에 근거하여 경찰권을 발동하는 경우에 적용되는 법원칙으로서 발전된 것임을 알 수 있다.[1] 따라서 우리나라에도 그와 같은 개괄적 수권조항이 존재하는가 하는 문제부터 검토할 필요가 있다. 동시에 그 경찰권의 근거와 한계의 문제는 경찰권발동의 요건과 효과의 문제로 볼 수 있음을 밝혀두기로 한다.[2]

Ⅱ. 개괄조항에 의한 경찰권발동의 요건과 효과(한계)

1. 개괄조항의 존재 및 기능과 필요성

(1) 개괄적 수권조항의 존재 여부

경찰권발동의 개괄적 수권조항과 관련하여, 종래에는 「경찰관 직무집행법」 제2조(특히 동조 7호)가 그 논의의 대상이 되었다. 개괄적 수권조항의 존재에 대하여 부

1) Vgl. Drews/Wacke/Vogel/Martens, Gefahrenabwehr, 9. Aufl., 1986, S. 129 ff.; Friauf, in: Schmidt-Aßmann(Hg.), Besonderes Verwaltungsrecht, 1999, S. 120 ff.; Schenke, in: Steiner(Hg.), Besondereres Verwaltungsrecht, 5. Aufl., 1995, S. 188 ff.; 정하중, 독일의 경찰법의 체계와 한국 경찰관직무집행법의 개선방향, 사법행정, 1994. 3, 2-3면; 볼프 R. 쉔케(저)·서정범(역), 독일경찰법론, 1998, 25면 이하.

2) 주요문헌: 서정범·김연태·이기춘, 경찰법연구, 84면 이하; 박정훈·정초아, 사권보호를 위한 경찰권 발동에 관한 연구, 치안연구소 연구보고서, 2001, 21면 이하; 이기춘, 경찰관직무집행법 제5조 1항과 독일경찰질서법상 개괄적 수권조항간의 비교, JURIST 393-394호, 2003. 6-7; 이운주, 경찰법상의 개괄수권조항에 관한 연구, 서울대학교 박사학위논문, 2005; 손재영, 경찰법상의 개괄적 수권조항-개괄적 수권조항의 기능 및 적용영역을 중심으로, 법학논고 제31집, 2009; 이기춘, 독일경찰질서법상 개괄적 수권조항 혹은 경찰일반조항의 고찰과 시사점의 도출, 법학연구 제59권 제1호, 2018; 장재성, 데이트폭력에 대한 경찰 대응 방안의 법적 근거와 한계에 관한 연구-수권근거와 개괄적 수권조항의 적용 가능성을 중심으로, 한국치안행정논집 제17권 제1호, 2020.

정적인 견해도 있었으나,[3] 현재는 ① 「경찰관 직무집행법」 제2조 7호를 개괄적 수권조항(일반조항)으로 보는 견해,[4] ② 제2조 7호는 수권규정이 아니라 임무규정이므로 구체적인 경우에 경찰이 임무수행을 위하여 개인의 권리·이익에 대한 침해까지 가능하게 하는 규정으로 볼 수 없다는 견해,[5] ③ 부정설을 취하면서도 비침해작용은 임무규정에 의거하여 행해질 수 있음을 긍정하는 견해[6] 등이 있다.

한편, 최근에는 「경찰관 직무집행법」 제5조 1항 또는 동법 제6조의 개괄조항성 여부가 또한 쟁점이 되고 있는데, ① 제5조 1항을 개괄적 수권조항으로 볼 수 있다는 입장,[7] ② 개인적 법익에 대해서는 「경찰관 직무집행법」 제5조 1항을, 범죄를 구성하는 국가적·사회적 법익에 대해서는 제6조를, 그리고 범죄를 구성하지 않는 국가적·사회적 법익 및 인명·신체·재산 이외의 개인적 법익에 대해서는 제2조 7호를 각각 개괄적 수권조항으로 간주하는 입장[8] 등이 그에 해당한다.[9]

(2) 개괄적 수권조항의 기능과 필요성

개괄적 수권조항에 관하여는 법치주의의 관점에서 의문을 제기하는 견해도 없지 않으나,[10] 현행법상 개괄적 수권조항의 인정 여부와 관계없이 그 필요성을 인정하는 견해가 다수이다.[11]

---

3) 이상규(하), 303면에서는 「전통적인 침해유보설을 들출 것도 없이, 법치행정주의의 내용의 하나인 법률유보의 본령이 된 것은 경찰작용의 분야이었음은 의심의 여지조차 없는 일인바, 경찰권은 개별적인 작용법에 의한 구체적인 법적 수권을 필요로 하는 것임은 법치주의의 당연한 요구라고 하겠다」라고 설명하고 있다.

4) 류지태·박종수(신론), 1020면 이하.

5) 김연태, 행정법사례연습, 838-839면.

6) 홍정선(하), 510면 이하.

7) 이운주, 경찰법상의 개괄수권조항에 관한 연구, 서울대학교 박사학위논문, 2005, 200면 이하. 서정범 교수는 현행법 체계 하에서는 독일식의 적확한 의미의 개괄적 수권조항은 존재하지 않지만, 개괄적 수권조항의 필요성을 긍정하면서 경찰관직무집행법 제5조 제1항을 잠정적으로 개괄적 수권조항으로 보고 있다(서정범·김연태·이기춘, 경찰법연구, 95면 이하 참조).

8) 박정훈·정초영, 사권보호를 위한 경찰권 발동에 관한 연구, 치안연구소 연구보고서, 2001, 21면 이하.

9) 이와 같은 견해에 대하여 「우리 경찰관직무집행법 제5조 1항이 독일식의 개괄적 수권조항에 가장 근접해 있음은 확인할 수 있으나, 독일경찰법이 개괄적 수권조항과 동시에 그에 따른 재량행사의 남용가능성을 통제하고자 한계원칙을 발전시켜왔고 그것이 실정규범화되고 있다는 점과 결과적으로 발생한 비용 및 손실의 조정을 기하고자 여러 법규정을 두고 있는 완비된 태도를 보이고 있다는 것과 비교할 때, 동법 제5조 1항이 개괄적 수권조항으로서 일반법으로 적용되는 것은 시기상조이며, 보호이익 측면과 수범자 측면, 비용상환 및 손실보상 측면 등의 법개정을 통해 보완될 때까지 유보되어야 할 것이다」라는 비판적 견해도 존재한다(이기춘, 경찰관직무집행법 제5조 1항과 독일경찰질서법상 개괄적 수권조항간의 비교, JURIST 393호, 2003. 6).

10) 박윤흔·정형근(하), 313면; 김철용(Ⅱ), 239면; 최영규, 경찰행정법, 2004, 168면.

개괄적 수권조항은 다음과 같은 이유에서 그의 기능과 필요성이 인정된다고 할 것이다. 첫째, 개괄적 수권조항은 개별적 수권조항이 없는 경우에 한하여 보충적으로 적용된다.[12] 둘째, 사회사정과 관념이 부단히 변하기 때문에 경찰권 발동의 요건이나 효과를 상세히 정한다는 것이 기술적으로 불가능하다. 셋째, 개괄적 수권조항에 의거한 경찰권 발동에 관련된 법원칙(조리상의 한계)이 충분히 발달되어 있다. 넷째, 개괄적 수권조항의 확대해석 및 그에 근거한 권력남용 등은 법원의 심판을 통해 억제될 수 있다.[13]

(3) 검 토

생각건대, 임무규정과 수권규정을 엄격히 구분한다는 전제에서 보면 「경찰관 직무집행법」 제2조(특히 7호)를 수권규정으로 보는 것에는 문제가 있다고 생각된다. 그러나 독일에 있어서도 과거에는 임무규정에 의거해서 경찰권을 발동하던 시대가 있었음을 상기할 필요가 있다.[14] 따라서 현재의 독일에 있어서와 같이, 임무규정과 수권규정을 명확히 구분하는 법률이 제정되기까지는 「경찰관 직무집행법」 제2조 7호를 불충분하나마 경찰권발동의 개괄적 수권조항으로 인정하는 것이 의미가 있다고 할 것이다.[15] 개괄적 수권조항은 어디까지나 개별적 수권조항이 없는 경우에 있어서의 제2차적 · 보충적 수권조항으로 이해되어야 한다. 이와 같은 견해는 다른 학자에 의해서도 받아들여지고 있으며,[16] 판례에 의해서도 뒷받침되고 있다고 할 것이다.

---

11) 김남진, 경찰관직무집행법 개정의 필요 - 특히 개괄적 수권조항 신설과 관련하여, 학술원통신 제231호, 2012. 10 참조.

12) 개괄적 수권조항의 보충성에 대한 상세는 서정범 · 김연태 · 이기춘, 경찰법연구, 107면 이하; 서정범, 경찰행정법, 65면 이하 참조.

13) 이와 같은 내용은 독일에 있어서 개괄조항을 정당화하는 논거로서 제시되고 있는 내용이다.

14) 류지태 · 박종수(신론), 1020면 참조.

15) 김남진, 경찰상의 개괄적 수권조항, 고시연구, 1994. 7; 김남진, 「경찰관직무집행법」 개정의 필요 - 특히 '개괄적 수권조항 신설'과 관련하여, 학술원통신 제231호, 2012. 10; 김남진, 기본문제, 697면 이하; 김남진 · 이명구, 행정법연습, 507면 이하. 경찰관직무집행법 제2조는 "경찰관은 다음 각호의 직무를 행한다"라고 규정하고 있다. 이와 같은 규정은 '임무규정'과 '권한규정'이 합쳐진 것으로 볼 수 있다. 그러나 현재의 독일의 입법례(연방의 모범초안 및 각 주의 경찰법 등)에 있어서와 같이, 그 임무규정과 권한규정을 분리하여 규정함이 바람직한 것은 말할 필요도 없는 일이다. 하루 속히 그 날이 오기를 갈망하는 바이다.

16) 서원우, 경찰법상의 개괄조항, 월간고시, 1980. 6; 이명구, 경찰작용과 공공질서, 고시연구, 1984. 1; 신보성, 경찰권의 근거와 한계, 월간고시, 1987. 12; 강구철, 경찰권의 근거와 한계, 고시연구, 1991. 9; 석종현(하), 262면; 류지태 · 박종수(신론), 1021면; 남승길, 경찰관직무집행법, 공법연구 제25집 제3호, 1997. 6, 91면 이하; 오병주, 경찰권의 근거와 한계, 법조, 1998. 2, 73면 이하; 김해룡, 경찰권발동과 행정상 손실보상, 고시계, 1998. 4, 64면 이하; 김재호, 경찰권의 근거, 저스티스, 1999. 6, 7면 이하; 김성수, 개별행정법, 461면; 서정범, 경찰행정법, 65면 이하 참조.

[관련판례①] 청원경찰법 제3조는 청원경찰은 청원주와 배치된 기관, 시설 또는 사업장등의 구역을 관할하는 경찰서장의 감독을 받아 그 경비구역 내에 한하여 경찰관직무집행법에 의한 직무를 행한다고 정하고 있고, 한편 경찰관직무집행법 제2조에 의하면 경찰관은 범죄의 예방, 진압 및 수사, 경비요인, 경호 및 대간첩작전 수행, 치안정보의 수집 작성 및 배포, 교통의 단속과 위해의 방지, 기타 공공의 안녕과 질서유지 등을 그 직무로 하고 있는 터이므로, 경상남도 양산군 도시과 단속계 요원으로 근무하고 있는 청원경찰관인 공소외 김차성 및 이성주가 원심판시와 같이 1984. 12. 29. 경상남도 양산군 장안면에 있는 피고인의 집에서 피고인의 형 공소외 甲이 허가없이 창고를 주택으로 개축하는 것을 단속한 것은 그들의 정당한 공무집행에 속한다고 할 것이므로 이를 폭력으로 방해한 피고인의 판시 소위를 공무집행방해죄로 다스린 원심조치는 정당하고 이에 소론과 같은 위법이 있다고 할 수 없다(대판 1986. 1. 28. 85도2448).[17]

[관련판례②] ㉮ [재판관 이동흡, 재판관 박한철의 반대의견] 경찰버스들로 서울특별시 서울광장을 둘러싸 통행을 제지한 행위(이하 '이 사건 통행제지행위'라고 한다)는 경찰관직무집행법 제5조 제2항에서 말하는 소요사태 진압을 위한 국가중요시설에 대한 접근 또는 통행제한에 해당하지 않을 뿐만 아니라, 법 제6조 제1항의 범죄 예방을 위한 사전 경고나, 범죄행위를 실행할 행위자에 대한 범죄행위의 제지로 볼 수도 없으므로, 위 조항들을 이 사건 통행제지행위의 법적인 근거로 삼기는 어렵다 할 것이다.

그러나 이 사건 통행제지행위는 '공공의 안녕과 질서유지'를 위하여 일반시민의 공물에 대한 자유로운 이용행위를 제한한 것으로서, 경찰법 제3조 및 경찰관직무집행법 제2조에서 그 법적인 근거를 찾을 수 있다. 경찰법 제3조는 '국가경찰의 임무'라는 제목 하에 '국가경찰은 국민의 생명 · 신체 및 재산의 보호와 범죄의 예방 · 진압 및 수사, 치안정보의 수집, 교통의 단속 기타 공공의 안녕과 질서유지를 그 임무로 한다.'라고 규정하고 있으며, 경찰관직무집행법 제2조는 '직무의 범위'라는 제목 하에 경찰관의 직무를 제1호 내지 제5호에 나열하고 있고, 그 중 제5호는 '기타 공공의 안녕과 질서유지'를 경찰관의 직무 내용의 하나로 규정하고 있는바, 위 조항들은 경찰의 임무 또는 경찰관의 직무에 관한 규정들이면서, 동시에 경찰의 임무의 하나로서 '기타 공공의 안녕과 질서유지'를 규정한 일반적 수권조항으로 해석할 수 있다.

이러한 일반적 수권조항이 경찰권 발동의 법적인 근거가 되는지에 관하여 보건대, 복잡다기하고 변화가 많은 현대사회에서는 경찰권 발동의 요건이나 효과를 빠짐없이 개별적 수권조항으로 규정하는 것이 입법기술상 불가능한 점, 사회 · 경제적

---

17) 이에 대한 평석은 김남진, 경찰권발동의 개괄적 수권조항, 법률신문 제1798호; 김남진, 기본문제, 1160면 이하 참조.

인 제반여건에 따라 경찰이 사전에 예측하지 못한 돌발적인 상황이 언제든지 발생할 수 있으므로, 시의적절하고 효율적인 경찰권 행사가 가능하기 위해서는 일반적 수권조항의 현실적 필요성을 부인할 수 없는 점, 일반적 수권조항은 개별적 수권조항이 없는 경우에 한하여 보충적으로 적용되는 것이고, 오늘날에는 경찰소극목적의 원칙, 경찰공공의 원칙, 경찰비례의 원칙, 경찰책임의 원칙, 경찰평등의 원칙 등 경찰권 발동에 관한 조리상의 원칙이 충분히 발달되어 있어 일반적 수권조항이 남용될 우려가 크지 않은 점, 설령 일반적 수권조항의 확대 해석이나 이에 기한 권력남용이 발생하더라도 이는 법원에 의해 충분히 억제될 수 있다는 점 등에 비추어 보면, 일반적 수권조항 역시 경찰권 발동의 법적 근거가 된다고 봄이 상당하다. 비록 경찰법 제3조 및 경찰관직무집행법 제2조가 '공공의 안녕과 질서유지'라는 다소 추상적인 개념을 사용하고 있더라도, 경찰권 행사의 주체인 피청구인으로서는 제반사정을 종합하여 그 의미를 충분히 판단할 수 있으므로, 경찰권 발동의 구체적인 요건이 법률조항에서 세세히 나열되어 있지 않다는 사정만으로 위 조항이 불명확하여 공권력 주체에게 아무런 한계규범으로 작용하지 못하거나, 과잉제재를 필연적으로 초래한다고 보기도 어렵다.

그렇다면, 경찰법 제3조 및 경찰관직무집행법 제2조는 단순히 경찰의 임무나 직무에 관한 법률조항이 아니라, 개별적 수권조항이 없는 경우 경찰권 행사의 법적 근거로서 기능한다고 봄이 상당하다(헌재 2011. 6. 30. 2009헌마406).

㉯ [재판관 김종대, 재판관 송두환의 보충의견] 경찰의 임무 또는 경찰관의 직무범위를 규정한 경찰법 제3조, 경찰관직무집행법 제2조는 그 성격과 내용 및 아래와 같은 이유로 '일반적 수권조항'이라 하여 국민의 기본권을 구체적으로 제한 또는 박탈하는 행위의 근거조항으로 삼을 수는 없으므로 위 조항 역시 이 사건 통행제지행위 발동의 법률적 근거가 된다고 할 수 없다. 우선 우리 헌법이 국민의 자유와 권리를 제한하는 경우 근거하도록 한 '법률'은 개별적 또는 구체적 사안에 적용할 작용법적 조항을 의미하는 것이지, 조직법적 규정까지 포함하는 것이 아니다. 다음으로 이를 일반적 수권조항이라고 보는 것은 각 경찰작용의 요건과 한계에 관한 개별적 수권조항을 자세히 규정함으로써 엄격한 요건 아래에서만 경찰권의 발동을 허용하려는 입법자의 의도를 법률해석으로 뒤집는 것이다. 또한 국가기관의 임무 또는 직무에 관한 조항을 둔 다른 법률의 경우에는 이를 기본권제한의 수권조항으로 해석하지 아니함에도 경찰조직에만 예외를 인정하는 것은 법치행정의 실질을 허무는 것이다. 마지막으로 만약 위 조항들이 일반적 수권조항에 해당한다고 인정하더라도 명확성의 원칙 위반이라는 또 다른 위헌성을 피할 수 없으므로 결국 합헌적인 법률적 근거로 볼 수 없게 된다(헌재 2011. 6. 30. 2009헌마406).

2. 경찰권발동의 요건(어떤 경우에)

경찰은 공공의 안녕과 질서유지를 위한 직무를 수행한다(경찰관 직무집행법 2조 7호 참조). 이와 같은 개괄조항에 의거하여 경찰권을 발동하기 위해서는 다음과 같은 요건이 충족되어야 한다.

(1) 공공의 안녕・질서에 대한 위해의 존재

경찰권을 발동하기 위해서는 공공의 안녕・질서에 대한 위해가 있어야 한다. 따라서 '공공의 안녕・질서', '위해'라고 하는 불확정개념의 해석이 우선 중요한 의미를 가진다.

(가) 공공의 안녕

여기에서 공공의 안녕이라고 함은 한편으로 개인의 생명・신체・자유・재산과 같은 개인적 법익이 침해받지 않으며, 다른 한편으로는 국가적 공동체의 존속과 기능이 방해받지 않고 정상적으로 활동하는 상태를 의미한다.[18]

이와 같이 개인적 법익도 공공의 안녕 조항의 보호대상이 된다는 점이 매우 중요한 의미를 갖는다. 다만 개인적 법익의 보호는 일정한 제한을 받는다.[19] 사법상의 권리와 이익의 보호는 원칙적으로 법원에 맡겨져 있다. 따라서 경찰은 권리자의 신청이 있는 경우에, 그리고 법원에 의한 보호가 적시에 행해질 수 없고 경찰의 개입 없이는 그 권리의 실현이 불가능하거나 현저히 곤란한 경우에만 사법상의 권리와 이익을 보호할 권한이 있는 바, 이를 보충성의 원칙이라고 한다. 다른 한편, 경찰에 의한 개인적 법익의 보호는 그것이 관계인의 사익을 위하여 행해진다 하더라도 최소한 공공의 이익과 관련성이 있어야 한다는 제한을 받는다.

(나) 공공의 질서

여기에서 공공의 질서라고 함은 사회의 지배적인 가치관(사회・윤리관)에 비추어 그것을 준수하는 것이 원만한 공동생활을 위한 전제요건이 되는 법규범 이외의 규범의 총체를 의미한다.[20]

---

18) 이에 대한 상세는 서정범, 경찰법에 있어서의 공공의 안녕의 개념, 공법학연구 제9권 제2호, 2008. 5; 이호용, 독일경찰법상 '경찰' 및 '공공의 안녕'의 개념의 역사적 전개에 관한 연구, 치안정책연구 제23호, 2009 참조.

19) 이에 대하여는 서정범, 경찰권발동에 관한 연구, 고려대학교 박사학위논문, 1992, 33면 이하 참조.

20) 이에 대한 상세는 서정범, 경찰법에 있어서의 공공의 질서의 개념, 경찰학연구 제8호, 2005; 이기춘, 독일경찰질서법상 공공의 질서개념에 관한 논쟁의 개관과 평가, 토지공법연구 제30집, 2006. 3; 이기춘, 경찰법상 공공의 질서 개념의 재설정에 관한 연구, 공법학연구 제19권 제1호, 2018 참조.

법규범은 국가적 공동체 내에서 인간의 공동생활의 질서와 형성에 관한 입법자의 구속적 의사로서 그 자체 '국가의 제도'라고 이해되므로, 법규범을 위반한 자는 국가의사를 부정한 것이고, 그 결과 공공의 안녕에 대한 위험을 가져오게 된다.[21] 따라서 여기서의 규범은 그 속에 공동체의 가치관이 담겨져 있는 풍속과 도덕 등 사회규범을 의미한다. 이것은 고정된 것이 아니라 시대와 장소에 따라 변화하는 가변적인 성격을 가지는 것이다. 국가가 그와 같은 규범을 의미 있는 것으로 간주하여 법률로 규정하게 되면 그때부터 그것은 공공의 안녕 개념에 포섭되어 보호받게 된다.

오늘날 경찰 관련 입법의 완비에 의하여 종래 공공의 질서개념에 속하던 대부분의 것들이 법적 규율의 대상이 되어 있고, 따라서 공공의 질서라는 보호이익의 전통적인 적용영역이 현저하게 축소되는 경향에 있다. 이러한 관점에서 공공의 안녕 이외에 공공의 질서를 경찰상 보호이익으로 열거할 실익이 있는지에 대하여 의문이 제기된다.[22]

이에 대하여 입법자가 입법을 하기 전에는 공공의 질서개념에 의존하여 새로운 유형의 위험에 대처할 수 있어야 하며, 공공의 안녕에 대한 위험은 아니지만 사회적으로 수인할 수 없는 위험도 기술적·사회적 변화를 고려할 때 방지되어야 하므로 공공의 안녕이라는 보호이익 이외에 공공의 질서개념에 의존하는 것이 불가피하다는 반론이 있다.[23]

생각건대, 가치관과 윤리관의 다양성으로 인하여 공공의 질서개념은 그 내용을 명확히 확정할 수 없고 국민이 예측할 수 없으므로 법치주의의 관점에서 그 적용은 문제가 있으며, 공공의 질서에 근거한 경찰의 개입에 대하여 오히려 적법성·정당성의 시비만 야기될 수 있으므로 경찰상 보호이익에서 공공의 질서는 배제하는 것이 바람직하다고 판단된다.

(다) 위 해

경찰권을 발동하기 위하여서는 공공의 안녕·질서에 대한 위해, 즉 위험(Gefahr) 또는 장해(Störung)가 있어야 한다. 여기에서 「위험」이라 함은, 어떤 사실상태가 그 진행을 방해받지 않는 경우에 개인적·국가적 법익에 손해가 발생할 것이 인식되는 경우를 의미하며, 「장해」는 위험이 현실적으로 발생한

21) Drews/Wacke/Vogel/Martens, Gefahrenabwehr, 9. Aufl., 1986, S. 236.

22) 이에 대하여는 이기춘, 독일경찰질서법상 공공의 질서개념에 관한 논쟁의 개관과 평가, 토지공법연구 제30집, 2006 참조.

23) 이에 대하여는 서정범, 경찰권발동에 관한 연구, 고려대학교 박사학위논문, 1992, 47면 참조.

상태를 의미한다.[24)]

위험의 존재와 관련하여 손해발생의 단순한 추정이나 약간의 가능성만으로는 충분하지 않고 손해가 발생할 것이라는 충분한 개연성이 있어야 한다. 그러나 손해의 발생이 확실하거나 목전에 급박할 것을 요구하는 것은 아니다. 결국 손해발생의 개연성은 손해발생의 확실성과 단순한 최소한의 가능성 사이의 광범위한 중간영역이라 할 수 있다. 개연성의 정도는 예견되는 손해의 범위와 개입을 하지 않는 경우에 위협받게 되는 경찰상의 보호법익의 중요성 및 보호의 필요성 등의 요소에 달려 있다. 즉 발생가능한 손해가 중대하면 할수록 손해발생의 개연성은 덜 요구된다고 할 것이다(소위 Je-desto-Regel).[25)]

위험의 존재 여부, 즉 손해가 발생할 것인지의 여부는 구체적 상황에 따라 사회통념에 비추어 판단해야 하며, 그러한 판단은 행정예측을 전제로 한다. 그 예측에 있어서는 사전적인, 즉 경찰이 개입하는 시점에서의 사실상태와 인식가능성이 기준이 된다. 따라서 경찰이 개입하는 시점에서 상황을 정당하게 평가하였다면, 사건의 전개가 시간의 흐름에 따라 예측한 것과 달리 진행된다고 하더라도 경찰이 위험의 존재를 이유로 개입한 것은 위법하지 않다.[26)] 위와 같은 요건사실이 존재하느냐 여부에 대한 판단에는 재량(Ermessen)이 아니라 판단의 여지(Beurteilungsspielraum)의 존부만이 문제될 수 있다.[27)]

한편, 위에서 설명한 일반적인 위험의 개념 이외에 학설상 위험의 개념에 해당하는지 여부가 논의되고 있는 위험의 유형으로는 다음과 같은 것이 있다.[28)]

① **오상위험**: 경찰공무원은 어떤 상황을 '주관적으로' 위험하다고 판단하였으나, 그 상황판단 또는 장래의 예측에 잘못이 있어 그와 같은 판단에 상응하는 '객관적인' 위험은 실제로는 존재하지 않는 경우를 오상위험이라 한

---

24) 이에 대한 상세는 김남진, 경찰상의 위험과 위험의 혐의 등, 고시연구, 2001. 9; 김남진, 위험의 방지와 리스크의 사전배려, 고시계, 2008. 3; 이기춘, 경찰질서법상 위험개념 및 표현위험과 위험의 의심, 공법연구 제31집 제4호, 2003. 5; 김성태, 위험방지조치와 구체적 위험, 홍익법학 제5집, 2004; 김성태, 위험에 대한 의심과 위험여부의 확인, 행정법연구 제51호, 2017 참조.

25) Drews/Wacke/Vogel/Martens, Gefahrenabwehr, 9. Aufl., 1986, S. 224.

26) 서정범, 경찰권발동에 관한 연구, 고려대학교 박사학위논문, 1992, 58-59면.

27) 재량이란 '복수행위 사이의 선택의 자유'를 의미하므로, 경찰기관에 '위험이 존재한다는 판단'과 '위험이 존재하지 않는다는 판단' 사이의 선택의 자유(재량)가 존재하는 것은 아니며, '법원이 경찰기관의 판단을 그대로 받아들일 수밖에 없는 영역'으로서의 판단여지는 있을 수 있다고 본다. 재량과 판단여지의 구별에 관한 상세에 관하여는 김남진·김연태(Ⅰ), 231면 이하 참조.

28) 이에 대하여는 서정범, 경찰권발동에 관한 연구, 고려대학교 박사학위논문, 1992, 60면; 서정범, 경찰행정법, 2020, 116면 이하; 이기춘, 경찰질서법상 위험개념 및 표현위험과 위험의 의심, 공법연구 제31집 제4호, 2003. 6 참조.

다. 오상위험의 경우는 경찰공무원이 주관적으로 잘못 판단한 사실에 기초하여 개입하는 것은 위법한 것이므로 허용되지 않는다.

② 외관상 위험: 경찰공무원이 개입하는 시점에서의 합리적인 판단에 의할 때 위험을 인정할 수 있는 객관적인 근거는 존재하지만, 사후에 위험이 실제로는 존재하지 않았다는 것이 밝혀질 때 이를 외관상 위험이라 한다. 이 경우 객관적으로 인정되는 위험의 외관은 경찰법상의 위험이며, 따라서 그에 대한 경찰의 개입은 적법하다.

③ 위험의 혐의: 경찰공무원이 상황을 합리적으로 판단할 때 위험을 인정하기 위한 근거가 존재하는 동시에 위험의 존재에 대한 의문도 있는 경우, 즉 현재 상황의 사후적 전개에 대한 불확실성이 존재할 때, 이를 위험의 혐의라고 한다. 이 경우에는 원칙적으로 위험의 존재 여부를 확인하기 위한 잠정적인 조치만이 적법한 것으로 간주된다.

④ 잠재적 위험: 처음에는 전혀 위험하지 않던 상황이 사후에 외부적인 사정이 부가됨으로써 비로소 경찰상의 보호이익에 대한 구체적 위험으로 되는 경우를 잠재적 위험이라고 한다. '현존하는' 위험만이 경찰법상 위험이 될 수 있으므로, 위험이 잠재적인 한 그 자체만으로는 위험은 존재하지 않는다고 보아야 할 것이다.

(2) 경찰공공의 원칙

우리나라(및 일본)에서는 이전부터 경찰권의 조리상의 한계를 획정하기 위한 법원칙의 하나로서 '경찰공공의 원칙'이 거론되어 왔다. 그의 내용 역시 경찰권발동의 요건을 예시적으로 설명해 주는 것으로 볼 수 있다.

경찰공공의 원칙이란 경찰권은 공공의 안녕·질서를 유지하기 위해서만 발동될 수 있고, 공공의 안녕·질서와 직접 관계되지 아니하는 사생활·사주소 및 민사관계에는 원칙적으로 관여할 수 없다는 원칙이다.

(가) 사생활불가침의 원칙

이는 개인의 사생활에 대해서는 원칙으로 경찰권이 개입할 수 없음을 의미한다. 그리고 그 '사생활'이란 사회통념에 따라 구체적으로 결정될 문제이나, 보통 일반사회와 직접적인 교섭이 없는 개인의 생활행동을 의미한다.

개인의 사생활에 대해 경찰이 원칙으로 개입할 수 없는 이유는, 그곳에는 일반적으로 '공공의 안녕·질서에 대한 위해'가 존재하지 않기 때문이다. 그러나 개인의 사생활일지라도 그것이 공공의 안녕·질서에 대해 위해를 미치는 경우(예컨대 공중이 보는 앞에서의 남녀간의 문란행위)에는 경찰권이 발동될 수 있는 것이다.

(나) 사주소불가침의 원칙

이는 경찰은 원칙적으로 개인의 사주소에 대해서는 개입할 수 없음을 의미한다. 여기에서 '사주소'란 일반사회와 직접적인 접촉이 없는 개인의 거주장소를 말한다. 다만, 일반공중에게 개방되어 있는 개인의 거주장소(영업장소)는 여기서의 '사주소'에 해당되지 않음이 보통이다. 「경찰관 직무집행법」이 "흥행장·여관·음식점·역 기타 다수인이 출입하는 장소의 관리자 또는 이에 준하는 관계인은 그 영업 또는 공개시간 내에 경찰관이 범죄의 예방 또는 인명·신체와 재산에 대한 위해예방을 목적으로 그 장소에 출입할 것을 요구한 때에는 정당한 이유없이 이를 거절할 수 없다"(동법 7조 2항)라고 규정하고 있음은 이러한 취지에서 이해할 수 있다.

한편, 사주소 안에서의 행동이라도 그것이 공공의 안녕·질서에 대해 위해를 미치는 경우(예컨대 이웃에 불편을 주는 과도한 소음발생행위 또는 가정폭력행위 등)에는 경찰권이 발동될 수 있다.

(다) 민사관계(경제관계) 불간섭의 원칙

이는 경찰이 개인간의 민사관계에는 원칙적으로 관여할 수 없음을 의미한다. 개인의 재산권의 행사, 계약의 이행 등은 공공의 안녕·질서에 대한 위해가 일어날 개연성이 적은 영역이기 때문이다. 아울러 이러한 영역에서 일어나는 분쟁은 법원에 대한 쟁송제기의 방법으로 해결해야 할 성질의 것이다. 다만, 민사관계에 있어서도, 그것이 당사자 사이의 개인적 이해에 그치지 아니하고 동시에 공공의 안녕·질서에 영향을 미치는 경우(예컨대 총포·도검·화약류의 거래)에는 경찰권 발동의 대상이 되며, 또한 법원에의 제소가 때를 놓칠 우려가 있으며 사인의 자력구제 역시 충분치 않은 때(예컨대 거액의 채무자가 외국으로 도피하려고 공항에 나와 있는 경우 등)에는 예외적으로 경찰권이 발동(도주하려는 자의 억류 등)될 수 있다고 새겨진다.[29]

29) 민사관계에 있어서도 경찰이 적극적으로 개입할 필요성이 요구되는바, 이에 대한 상세는 파스칼 바쉬텐(저)/김형훈·서정범 (공역), 경찰실무에서의 사법(私法), 박영사, 2021, 73면 이하 참조.

3. 경찰권발동의 대상(경찰책임의 원칙)[30]

기본사례1

甲정유회사 소속 유조차가 과속으로 달리던 중 전복되었고 사고 후 운전자 乙은 도망쳤다. 전복된 유조차에서는 기름이 丙소유의 토지 위로 흘러나오고 있어 인접한 하천이 오염될 우려가 있는 경우에, 행정청은 누구에게 오염방지를 명할 수 있는가?

기본사례2

甲소유의 토지로부터 바위가 굴러 떨어져 도로의 통행을 방해하고 있는데 甲에게는 연락이 되지 않고 있다. 경찰은 인근에서 건설공사중인 건설업자 乙에게 건설중기를 사용하여 바위를 제거하라는 경찰하명을 발할 수 있는가?

(1) 경찰책임자에 대한 경찰권의 발동

경찰위해가 존재하는 경우에, 경찰은 스스로의 인력으로 그 위해를 방지·제거할 수 있다. 그러나 경찰위해자(경찰위해에 대한 행위책임 또는 상태책임이 있는 자)에게 경찰권을 발동함으로써(작위·부작위·급부 등 의무를 부과함으로써) 목적을 달성할 수 있는 경우에는 우선적으로 그 방법을 택해야 한다.

(가) 행위책임의 의의 및 귀속

자기의 행위 또는 자기의 보호·감독하에 있는 자의 행위로 인해 경찰위해가 발생한 경우에 있어서의 책임이 행위책임이다. 위해발생에 대한 고의·과실의 유무는 묻지 않는다. 당해 행위가 공공의 안녕·질서에 대한 위해의 원인이 되고 있다는 객관적인 사실에 기하여지는 책임이다. 문제는 어떠한 기준에 의하여 그 책임의 귀속을 결정할 수 있는가 하는 점에 있다.

이 점과 관련하여 상당인과관계설(Adäquanztheorie)[31]은 경찰책임의 귀속을 결정함에 있어 부적당하다. 이유는 '위험'의 세계에서는 경험법칙으로써 예견·측정할 수 없는 이례적인 일이 많이 생기는데, 경찰은 그러한 위험을 방지하기 위해서도 경찰권을 발동할 수 있어야 하기 때문이다. 또한 이른바 조건설

30) 이에 관한 주요문헌으로서는 정하중, 경찰법상의 책임, 공법연구 제25집 제3호, 1997. 6, 109면 이하; 서정범(역), 앞의 책, 122면 이하; 이기춘, 위험방지를 위한 협력의무로서 경찰책임의 귀속에 관한 연구, 고려대학교 박사학위논문, 2002; 김현준, 공법상 책임으로서의 경찰책임, 고시연구, 2005. 10 참조.

31) 상당인과관계설은 사후적으로 판단되는 관찰자의 관점에서 인간의 생활경험상 어떠한 행위로부터 어떤 결과의 발생이 인정될 수 있을 때에 그 행위는 결과발생에 원인을 제공하였다고 보는 견해이다.

(Äquivalenztheorie)[32]도 적당치 않다. 이유는 이에 의하게 되면 경찰책임의 귀속이 무한히 확대되기 때문이다. 결국 직접원인설(Theorie der unmittelbaren Verursachung)이 타당시된다. 이에 의하면, 경찰위해에 대하여 직접적(결정적)인 원인을 일으킨(verursachen) 자에게만 행위책임이 귀속하게 된다. 예컨대 도로에서 약 선전을 하여 사람을 모이게 함으로써 교통장해를 일으킨 자에게는 행위책임이 귀속된다. 이에 반하여 운동장에서 축구시합을 개최하였는데 흥분한 관중 사이에서 싸움이 벌어진 경우, 그 축구시합의 개최자에게 행위책임을 귀속시킬 수는 없는 일이다.

(나) 상태책임의 의의 및 귀속

어떤 물건(식물·가축 등 포함)이 경찰위해를 조성(bilden)하고 있는 경우에 그 물건에 대한 현실적인 지배권을 가지고 있는 자에게 경찰책임을 지우는 경우를 상태책임이라고 한다. 여기에 있어서도 고의·과실의 유무는 불문한다. 상태책임에 있어서도 그 책임의 귀속 및 범위를 정하는 것이 중요한 문제로서 등장한다.[33]

첫째, 책임의 귀속에 있어서는, 누가 물건에 대한 실질적인 지배권 내지는 처분권(Verfügungsmacht)을 가지고 있는가의 여부가 중요한 의미를 가진다. 예컨대, 절취당한 물건(자동차 등)이 경찰장해를 조성하고 있는 경우에 그 물건의 소유권자에게 경찰책임을 귀속시킬 수는 없다고 보아야 할 것이다.

둘째, 상태책임의 범위를 어느 정도로 한정할 것인가 하는 것이 때때로 문제가 된다. 예컨대, 폭격으로 큰 가옥이 무너져 위해를 조성하고 있는 경우에, 그 위해의 제거를 전적으로 그 가옥의 소유자에게만 귀속시킬 수 있는가 하는 문제가 제기되고 있는 것이다.[34]

(다) 다수자책임

행위책임과 상태책임이 경합하는 경우(책임의 경합) 또는 다수인의 행위 또는 다수인의 물건이 합쳐져 경찰위해를 일으키고 있는 경우(책임의 복합)에 누구에게 경찰위해에 대한 책임을 부여하여야 할 것인가 하는 문제가 있다. 이는 원칙적으로 경찰기관이 의무에 합당한 재량으로 결정할 문제이다. 경찰은 재량권을 행사함

---

32) 조건설은 그것이 없었다면 위해가 발생하지 않았을 것이라고 고려되는 모든 조건을 결과에 대한 법적 의미에서의 원인인 것으로 보는 견해이다.

33) 이에 대하여는 이기춘, 독일경찰법상 상태책임의 근거 및 제한에 관한 고찰, 토지공법연구 제18집, 2003. 6 참조.

34) 상태책임에 대해서는 그 한계획정이 중요한 바, 이에 대해서는 서정범, 상태책임의 한계에 관한 고찰 – 이른바 연계책임의 종언?, 토지공법연구 제48집, 2010. 2 참조.

에 있어서 비례성의 원칙을 준수해야 한다. 행위책임과 상태책임이 경합하는 경우에는 행위책임자에게 우선 책임이 부여되어야 한다거나, 행위책임과 상태책임을 동시에 지는 자가 있으면 그가 다른 사람에 우선하여 경찰책임을 져야 한다고 할 수 없다. 경찰은 합목적성에 따라 결정해야 하는데 무엇이 합목적적인가는 스스로 판단해야 한다. 결국 경찰은 위험방지 또는 위해제거를 위하여 가장 효과적인 방법을 선택해야 한다(효과적인 위험방지의 원칙). 따라서 경찰은 일반적으로 위험방지 또는 경찰위해를 제거하는 데 있어서 가장 적합한 상황에 있는 자에게 경찰상의 의무를 부과해야 한다.[35]

(2) 국가적 기관의 경찰책임

국가(기타의 공권력주체 포함)가 소유·관리하는 건물이 노후하여 위험을 조성한다든가, 군대의 기동연습이 타인에게 위해를 일으키는 등 국가적 기관의 행위나 물건이 경찰위해를 일으키는 일이 있을 수 있다. 이러한 경우 그 국가적 기관에 대하여 경찰권을 발동할 수 있는 것인가? 이 문제는 두 가지 각도에서 검토될 필요가 있다.

첫째는, 국가 또는 국가기관은 공공의 안녕·질서유지에 관한 법을 지킬 의무가 있느냐 하는 것이다. 이 점은 긍정되지 않을 수 없다. 둘째로, 그러면 그 경찰위해를 일으키는 국가적 기관에 대하여 경찰은 경찰권을 발동할 수 있는 것인가? 경찰처분(의사표시를 통한 의무의 부과 등)을 발할 수 있는 것은 경우에 따라 긍정될 수 있을 것이다. 그러나 기타의 경찰조치(경찰강제 등)를 통하여 국가적 기관의 적법한 권한행사를 방해해서는 안 될 것이며, 관계기관간의 협의를 통해 문제를 해결해야 할 것이다.

(3) 경찰비책임자에 대한 경찰권의 발동

경찰위해가 존재하는 경우, 경찰이 스스로의 인력으로 또는 경찰책임자에 대한 명령·강제를 통하여 경찰위해를 제거할 수 있음은 당연하다. 그러면 경찰책임이 없는 자(비책임자, 제3자)에 대하여도 필요한 경우 경찰권발동으로서의 위해의 방지 내지는 제거의 명령을 할 수 있는 것인가?[36]

첫째, 개별조항에 근거가 있는 경우에 그것이 가능함은 말할 것도 없다. 예컨대 「경찰관 직무집행법」은 위험발생의 방지를 위하여 '그 장소에 있는 자'에

35) 이에 대한 상세는 서정범, 다수의 경찰책임자에 관한 법적문제, 공법연구 제24집 제2호, 1996 참조.
36) 이에 대한 상세는 서정범, 비책임자에 대한 경찰권발동, 안암법학 제25호, 2007 참조.

게 '위해방지상 필요하다고 인정되는 조치를 하게' 할 수 있음을 규정하고 있는 것이다(동법 5조 1항 3호 참조).

둘째, 경찰권발동의 근거로서 개괄조항의 존재를 긍정하는 입장[37]에서는 그 밖에 조리상 인정되는 요건하에 비책임자인 제3자에 대한 경찰권의 발동(명령·강제)을 긍정한다.[38] 예컨대 공로상에서 자동차끼리 충돌하여 교통장해를 일으키고 있는 경우를 상상해 보자. 그리고 그 장해를 일으킨 책임자인 두 자동차의 운전사가 부상을 입어 그들에게 위해방지의 의무를 명할 수 없으며, 경찰 스스로의 힘으로도 위해를 제거할 수 없는 상황인데 마침 인근에 자동차서비스공장이 위치하고 있다고 가정해 보자. 그리하여 그 서비스공장의 장비를 사용하여 경찰위해를 제거할 수 있다고 판단되는 경우에 경찰은 명문의 근거가 없음을 이유로 그 제3자(비책임자로서의 자동차서비스공장주)에 대하여 경찰권을 발동할 수 없다고 할 것인가? (관계법규가 정비되기까지나마) 개괄조항의 존재를 긍정하는 입장에서 볼 때에는, 바로 그 개괄조항에 근거한 경찰권의 발동이 가능하다고 보며 그 개괄조항의 유용성은 이러한 데에서 발견된다고 말할 수 있다.[39]

다만, 개괄조항에 근거한 제3자에 대한 경찰권의 발동은 다음과 같은 요건하에서만 가능하다고 보아야 할 것이다. ① 위해가 급박할 것, ② 다른 방법에 의한 위해방지가 불가능할 것, ③ 제3자의 생명이나 건강을 해하지 않을 것, ④ 제3자의 본래의 급박한 업무를 방해해서는 안 될 것, ⑤ 위해방지를 위한 최소한도에 그칠 것, ⑥ 일시적·임시적 방편에 그칠 것, ⑦ 제3자에게 손실이 발생한 경우에는 보상이 지급될 것 등이다.[40]

(4) 경찰책임의 승계

경찰책임이 다른 사람에게 이전될 수 있는 것인가? 이 문제는 "공법상의 권리·의무의 승계"의 일반이론[41]에 의거하여 판단하는 동시에, 행위책임과 상태책임, 구체적 책임과 추상적 책임, 포괄승계와 특정승계 등을 구분하여 개별·

37) 이에 관하여는 본서 366면 이하 참조.

38) 한편, 현행법상 개괄조항의 존재를 인정하더라도 이는 엄격한 요건을 요구하는 경찰비책임자에 대한 경찰권발동의 근거규정이 될 수 없다는 견해도 주장된다. 이에 대하여는 정하중, 행정법사례연구, 406면.

39) 독일에서도 과거에는 그 '개괄적 수권조항'에 의거하여 경찰비책임자에 대한 경찰권의 발동이 정당화되었다. 그러나 현재는 각주의 경찰법에 이에 대한 근거가 설정되어 있다. 우리 역시 하루속히 명문의 법적 근거를 마련할 필요가 있다고 하겠다.

40) 제3자에 의한 손실보상청구의 법리에 관하여는 김남진·김연태(Ⅰ), 제5편 제3장 제2절 이하; 김남진, 기본문제, 506면 이하 참조.

41) 이에 관한 상세는 김남진·김연태(Ⅰ), 107면 이하 참조.

구체적으로 고찰할 필요가 있다.[42)]

사례해설1

乙은 사고를 낸 운전자로서, 甲은 乙의 사용자로서 행위책임을 부담한다. 甲과 乙의 행위로 인해 직접적으로 하천오염이 발생한 경우이므로 인과관계도 인정된다. 丙은 토지소유자로서 토지에 대한 지배권을 가지고 있으므로 상태책임을 지게 되며, 甲 또한 기름의 소유자로서 상태책임자에 해당한다.

이와 같이 경찰책임이 경합하는 경우에는 경찰은 일반적으로 위험방지 또는 경찰상의 위해를 제거하는 데 있어서 가장 적합한 상황에 있는 자에게 경찰상의 의무를 부과해야 한다. 사안의 경우 우선 관할 행정청은 甲에 대해 「물환경보전법」 제15조 3항을 근거로 오염 방제조치의 이행을 명할 수 있다. 그러나 관할 행정청이 아직 권한행사를 못하고 있는 경우에는 「경찰관 직무집행법」 제5조 1항에 기하여 오염방지명령을 발할 수 있는지가 고려될 수 있다. 생각건대, 경찰권을 발동하려는 당시 丙이 그 토지에 있거나 토지에 인접해 있으면 그가 경찰상의 위험을 방지하고 위해를 제거하는 데 가장 적합한 상황에 있으므로 그에게 「경찰관 직무집행법」 제5조 1항 3호에 기하여 오염방지명령을 발할 수 있다.

사례해설2

乙은 경찰비책임자이므로 그에게 경찰권을 발동하기 위하여는 법적 근거가 필요한데, 「도로교통법」 제71조 1항은 물건을 방치한 자에 대한 근거규정이고, 동조 제2항은 그러한 자가 없는 경우 경찰 스스로 제거할 것을 규정한 것이며, 「경찰관 직무집행법」 제5조 1항 3호 소정의 기타 관계인은 사고발생과 무관한 자까지 포함한다고 해석할 수 없는 이상 乙에 대한 개별적 수권규정은 존재하지 않는다.

현행법상 경찰권발동의 근거로서 개괄조항의 존재를 긍정하는 입장에서는 그 밖에 조리상 인정되는 요건하에서 비책임자인 제3자에 대한 경찰권의 발동을 긍정한다. 사안의 경우 ① 바위가 굴러 떨어져 도로의 통행을 방해하고 있고 교통안전을 위해 긴급히 제거될 필요성이 있으며, ② 경찰책임자인 갑에게 연락이 되지 않고 경찰 스스로 바위를 제거할 장비가 없다면 乙에 대한 경찰권 발동이 가능하다. 또한 ③ 乙에 대한 바위제거하명으로 인하여 乙의 생명·신체 등에 현저한 위험을 가져오거나, ④ 乙의 본래의 급박한 업무를 방해할 만한 사정도 엿보이지 않는 등 그 요건이 충족된다고 볼 수 있다. 따라서 현행법상 개괄조항의 존재를 인정하는지 여부에 따라 乙에 대한 경찰권 발동이 허용될 수 있는지가 결정될 것이다.[43)]

---

42) 상세는 김남진, 경찰 및 질서행정법상의 의무와 그의 승계 등, 고시연구, 2000. 11; 김연태, 경찰책임의 승계, 고려법학 제51호, 2008. 10 참조.

4. 경찰권발동의 효과(무엇을 할 수 있는가)

(1) 경찰상의 편의주의

'공공의 안녕 · 질서에 대한 위해'라고 하는 요건(Tatbestand)이 충족된다고 판단할 때에는 그 효과(Rechtsfolge)로서 경찰권을 발동할 수 있다. 이 단계에서 경찰이 고려해야 하는 것은 ① 경찰권을 발동할 것인가 안할 것인가, ② 어떻게 발동할 것인가의 문제이다. 전자가 결정재량(Entschließungsermessen)의 문제이며, 후자가 선택재량(Auswahlermessen)의 문제이다.[44] 경찰에게 진정한 의미의 재량이 인정되는 것은 바로 이 영역에서이다. 즉, 이 영역에 있어서는 원칙적으로 합법주의(Legalitätsprinzip)가 아니라 편의주의(Opportunitätsprinzip)[45]가 적용된다고 말할 수 있다.

특히 개괄조항에 근거하여 경찰권을 발동하는 경우에 그 재량의 영역이 넓음을 이유로 '조리에 의한 재량권(경찰권발동)의 한계'를 논하게 되었다고 하는 점에 유의할 필요가 있다.

(2) 경찰소극의 원칙

경찰은 공공의 안녕과 질서유지를 그 직무로 하고 있다(경찰관직무집행법 2조 7호 참조). 환언하면 공공의 안녕 · 질서에 대한 위해의 방지가 그의 임무이다. 따라서 소극적인 현상의 유지가 그의 본래의 임무이며 적극적으로 현상을 개선한다든가 나아가서 국민의 복리를 증진한다든가 하는 것은 경찰의 본무가 아니다. 경찰이 위해방지라고 하는 본래의 임무 또는 목적을 벗어나서 행동하게 되면 목적일탈 또는 권한남용으로서 위법시된다. 경찰이 위해방지라고 하는 본래의 직무 이외의 목적을 위하여 경찰권을 발동하기 위해서는 별도의 수권이 필요하다.

5. 과잉금지의 원칙(경찰비례의 원칙)

(1) 통설적 경찰비례원칙론에 대한 비판

종래의 통설은 법이 경찰권에 대하여 포괄적인 재량권[46]을 부여하고 있음을

---

43) 상세는 김연태, 행정법사례연습, 835면 이하 참조.

44) 재량의 이와 같은 구분에 관하여는 김남진 · 김연태(Ⅰ), 231면 이하 참조.

45) 편의주의는 합목적성의 원칙(Zweckmäßigkeitsprinzip)이라고 말할 수 있다. 자세한 것은 김남진, 행정상의 편의주의, 월간고시, 1978. 8; 이기춘, 다수의 경찰질서책임자이론의 역사적 개관 및 선택재량지도원칙에 관한 연구, 토지공법연구 제73집 제2호, 2016 참조.

46) 종래의 통설은 경찰권의 한계를 논함에 있어, 재량과 판단여지를 구분하지 않는다. 한편으로 무의미한 자유재량, 기속재량의 구분을 하는 것부터가 문제시된다. 이러한 점에 관하여는 김남진 · 김연태(Ⅰ),

전제로 그것을 제약하기 위한 조리(법원칙)의 하나로서의 경찰비례원칙을 설명함에 있어, ① 경찰권발동의 조건과 ② 경찰권발동의 정도에 관하여 설명함이 일반적이다.[47] 그러나 그 두 가지 가운데 전자, 즉 "경찰권발동의 조건"에 관한 부분은 전술한 "경찰권발동의 요건"의 내용과 중복된다고 보겠으며, 비례의 원칙이라는 본래의 의미와 일치되지도 않는다고 판단된다.

한편, 과거 비례의 원칙이라는 이름 아래 설명되었던 내용들은 오늘날 과잉금지의 원칙(Übermaßverbot) 또는 광의의 비례원칙(Verhältnismäßigkeit iwS)이라는 이름의 법원칙으로서 발전되고 있다.[48] 이러한 전제 아래, 경찰권발동의 한계를 설정하는 이 법원칙의 근거 · 의미 · 내용 등에 관해 살펴보기로 한다.[49]

(2) 근거 및 적용범위

흔히 경찰비례의 원칙을 조리상의 원칙이라고 한다. 즉 불문법(불문의 법원)의 하나라는 뜻이다. 그러나 불문법으로서 발전된 이 법원칙(비례의 원칙)은 현재 실정법(성문법)의 원칙으로 되어 있다고 봄이 정당하다. "국민의 모든 자유와 권리는 … 필요한 경우에 한하여 법률로써 제한할 수 있으며"라는 헌법규정으로부터 그 비례원칙(과잉금지원칙)을 도출할 수 있으며, 특히 "이 법에 규정된 경찰관의 직권은 그 직무수행에 필요한 최소한도 내에서 행사되어야 하며, 이는 남용되어서는 아니 된다"(경찰관 직무집행법 1조 2항)라는 규정은 경찰비례원칙의 직접적인 근거규정으로 볼 수 있다.

경찰비례의 원칙은 이와 같이, 개별조항에 명문화되어 있는 점에서 개괄조항에 근거를 두고 있다고 판단되는 여타의 다른 법원칙(조리상의 원칙)과 구별된다고 판단된다.[50]

[판례] 구 「경찰관 직무집행법」 제1조 제2항은 "이 법에 규정된 경찰관의 직권은 그 직무수행에 필요한 최소한도 내에서 행사되어야 하며 이를 남용하여서는 아니 된다."라고 규정하여 경찰비례의 원칙을 명시적으로 선언하고 있다. 이는 경찰행정 영역에서의 헌법상 과잉금지원칙을 표현한 것으로서, 공공의 안녕과 질서유지라는

233면 이하 참조.

47) 김도창(하), 312면 이하; 박윤흔 · 정형근(하), 325-326면 이하 등.

48) 상세는 김남진, 기본문제, 55면 이하 참조.

49) 이에 대한 상세는 서정범 · 김연태 · 이기춘, 경찰법연구, 507면 이하 참조.

50) 예컨대, 경찰공공의 원칙, 경찰책임의 원칙 등은 개괄조항의 존재를 전제로 발전된 법원칙이라고 봄이 타당하다. 그들 원칙을 포괄적으로 정한 개별조항을 발견할 수 없는 것이다.

> 공익목적과 이를 실현하기 위하여 개인의 권리나 재산을 침해하는 수단 사이에는 합리적인 비례관계가 있어야 한다는 의미를 갖는다.
>
> 경찰관이 구체적 상황에 비추어 그 인적·물적 능력의 범위 내에서 적절한 조치라는 판단에 따라 범죄의 진압 및 수사에 관한 직무를 수행한 경우에는 그러한 직무수행이 객관적 정당성을 상실하여 현저하게 불합리한 것으로 인정되지 않는 한 이를 위법하다고 할 수는 없다. 한편, 불법적인 농성 진압의 경우 그 진압의 필요성, 농성의 태양 및 장소의 상황 등에서 예측되는 피해 발생의 구체적 위험성의 내용 등에 비추어 볼 때 농성 진압을 계속 수행할 것인지 여부 및 그 방법 등이 현저히 합리성을 결하여 위법하다고 평가할 수 있는 때에 그 직무집행이 법령에 위반한 것이라고 할 수 있다(대판 2022. 11. 30, 2016다26662, 2016다26679, 2016다26686).

(3) 종래 경찰비례의 원칙(경찰상의 비례원칙)으로 불렸던 법원칙은(경찰상의) 오늘날 '과잉금지의 원칙' 또는 '광의의 비례원칙'으로 불리고 있으며, 그 내용은 다음과 같이 분설될 수 있다.

(가) 적합성의 원칙(Grundsatz der Geeignetheit)

여기에서 적합성의 원칙이라고 함은, 경찰기관이 취한 조치 또는 수단이 그가 의도하는 목적을 달성하는 데에 적합해야 함을 의미한다. 경찰기관의 조치·수단은 공공의 안녕·질서에 대한 위해를 방지하는 데 적합하고, 그를 시행하는 것이 수범자에게 사실적으로 또한 법적으로 가능하여야 한다. 위해방지의 목적을 달성할 수 없는 조치, 이미 멸실된 물건의 인도를 요구하는 것과 같이 사실적으로 불가능한 조치 및 수범자에게 위법한 행위를 할 것을 요구하거나 또는 수범자가 사법적으로 그를 이행할 수 없는 명령을 내용으로 하는 조치(예컨대 건물에 대한 처분권을 갖지 못하는 임차인에게 발하여진 건물의 철거처분)와 같은 법적으로 불가능한 조치는 적합성의 원칙에 반한다.

어떠한 조치 하나만으로 목적을 달성할 수 있는 것이 아니고, 다른 조치·수단과 합쳐져서 목적을 달성할 수 있는 경우에도 동 원칙은 충족되는 것으로 볼 수 있다. 어떤 조치의 적합성 여부가 불확실한 경우에는 이미 알려져 있는 수단 또는 이론에 비추어 그 적합성 여부가 심사될 필요가 있으며, 그러한 심사가 행해졌다면 그 요건은 충족되는 것으로 볼 수 있다.

적합성의 원칙이 최상의, 즉 가장 적합한 수단일 것을 요구하는 것은 아니다. 목적달성에 기여할 수 있으면 충분한 것이다.

(나) 필요성의 원칙(Grundsatz der Erforderlichkeit)

이 원칙은 경찰조치(경찰권의 발동)는 의도하는 목적달성을 위하여 필요한 한도 이상으로 행해져서는 안 됨을 의미한다. 환언하면, 일정한 목적달성을 위해 적합한 수단이 여러 가지 있는 경우에, 경찰기관은 그 중에서 관계자에게 가장 적은 부담을 주는 수단을 선택해야 함을 의미한다. 따라서 필요성의 원칙은 "최소침해의 원칙"(Grundsatz des geringsten Eingriffs)이라고도 한다.

예컨대, 위험한 건물에 대하여 개수명령으로써 목적을 달성할 수 있음에도 불구하고 철거명령을 발하는 일, 음식점영업허가의 신청이 있는 경우에 부관으로서의 부담(Auflage)을 붙이게 되면 행정목적을 달성할 수 있음에도 불구하고 그 허가를 거부하는 일, 공공시설의 사용료 등을 부과함에 있어 사용자의 수익을 상회하는 정도의 금액을 부과하는 일 등은 그 필요성의 원칙에 위배되는 것으로 보고 있다.[51)]

과연 어떤 조치가 최소침해의 원칙을 충족하는가를 판단하는 일은 용이하지 않다. 따라서 예컨대, 행정청(경찰기관)이 의무자에게 어떤 작위 또는 급부를 명한 경우에 상대방이 대안을 제안하는 경우에는, 그 대안이 상술한 '적합성'의 원칙을 충족하고, 공중에게 더 많은 부담이 과해지지 않는 한 그것을 받아들임이 타당한 것으로 새겨진다. 이 경우 상대방이 제안한 대안이 객관적으로 보아 상대방에게 원안(행정청이 명한 조치)보다 불리하다고 판단되는 경우에도, 상대방의 의사를 존중해야 한다고 새겨지고 있다. 예컨대, 행정청이 건물주에게 어떤 건물의 개수를 명하였는데 건물주가 당해 건물의 철거를 대안으로 제의한 경우에는 행정청은 원칙적으로 그것을 받아들일 의무가 있다고 보는 것이다. 독일의 문헌에서 '대체수단의 제공'(Angebot des Austauschmittels)이라는 이름 아래 설명되고 있는 위와 같은 법리는 독일의 많은 주의 경찰법[52)]에 명문화되어 있는데, 그와 같은 명문규정이 없는 경우에도 최소침해의 원칙에서 유출되는 당연한 법리로서 새겨지고 있다.[53)] 또한 의무자가 대안을 제공할 수 있는 기간은 보통 행정쟁송을 제기할 수 있는 기간인 것으로 보고 있다.

(다) 상당성의 원칙(Grundsatz der Angemessenheit)

어떤 행정조치가 설정된 목적 실현을 위하여 필요한 경우라도 그 행정조치

51) 공공시설의 사용료가 사용자의 수익의 정도에 비례해야 함을 특히 등가의 원칙(Äquivalenzprinzip)이라고도 한다.

52) §5 II 2 BayPAG; §9 II 2 Berl ASOG; §4 II 2 BrempolG; §3 II 2 RhPfDVG.

53) Schenke, S. 277 f.; Drews/Wacke/Vogel/Martens, S. 194 f.

를 취함에 따른 불이익이 그것에 의해 달성되는 이익(또는 효과)보다 큰 경우에는 의도한 조치가 취해져서는 안 된다. 오늘날 상당성 또는 수인가능성의 원칙(Grundsatz der Zumutbarkeit)으로도 불리우는 이 원칙은 종래 협의의 비례원칙(Verhältnismäßigkeit ieS)이라고 불리움이 일반적이었다.

이 원칙에 의하면 행정조치의 목적과 관계자에 대한 불이익 사이에 적절한 비례관계가 있어야 한다. 즉 상당성의 원칙은 관련된 이익 사이의 적정한 비교형량을 요구한다. 행정조치에 의한 불이익과 그를 정당화시키는 이유의 중요성을 비교형량함에 있어서 기대가능성의 한계가 지켜져야 한다. 행정조치에 의하여 달성하려는 공익보다 관계자의 불이익이 크다면 상당성의 원칙에 위배되는 것으로 위법이 된다. 다만, 비교형량을 함에 있어서 행정기관에게는 광범위한 결정의 여지가 있으므로 관련된 이익의 중요성을 명백하게 잘못 판단하였을 때에만 상당성의 원칙에 반하는 것이 된다.

이 원칙은 흔히 「경찰은 대포로 참새를 쏘아서는 안 된다」(Die Polizei soll nicht mit Kanonen auf Spatzen schießen) 또는 「버찌 나무에 앉아 있는 참새를 쫓기 위해 대포를 쏘아서는 안 된다. 비록 그것이 유일한 수단일지라도」라는 예문으로 독일의 문헌[54]에서 설명되고 있다. 독일의 많은 주의 경찰법[55]에는 그 상당성의 원칙(협의의 비례원칙)이 명문화되고 있거니와, 우리의 「경찰관 직무집행법」에 있어서의 "경찰관은 범인의 체포·도주의 방지, 자기 또는 타인의 생명·신체에 대한 방호, 공무집행에 대한 항거의 억제를 위하여 필요하다고 인정되는 상당한 이유가 있을 때에는 그 사태를 합리적으로 판단하여 필요한 한도 내에서 무기를 사용할 수 있다"(동법 10조의4)라는 규정 역시 같은 취지의 규정으로 볼 수 있다. 독일의 판례[56] 가운데에는, 보도에 주차하였으므로 법을 위반하기는 하였으나 통행에 아무런 지장을 주는 것이 아니었다면, 그 승용차를 즉시로 견인하는 것은 협의의 비례원칙을 위반한 것으로 위법하다고 판시한 것이 있다.[57]

---

54) Fleiner, Institutionen des Deutschen Verwaltungsrechts, 1928, S. 404; Mayer/Kopp, S. 299.

55) §5 II BWPolG; §3 II BremPolG 등.

56) OVG Münster, MDR 1980, 874.

57) 그러나 최근의 독일 판례는 이와 같은 경우에도 그것이 부정적인 선례로 되는 것을 고려하여 원칙적으로 비례의 원칙에 반하지 않는 것으로 보는 경향에 있다(BVerwG, NJW 1990, 931). 장애인전용주차공간, 보행자전용구역 등과 같은 교통시설이 갖는 기능을 손상한 경우에 그것이 다른 교통참여자에게 구체적인 장애가 되거나 위험을 초래할 가능성이 있는지의 여부를 심사함이 없이 견인조치의 적법성을 원칙적으로 긍정하고 있다. 즉 이에 의하여 일반 예방적인 관점 또한 고려할 가치가 있는 것으로 인정하고 있다. 이에 대하여는 서정범(역), 앞의 책, 185면 참조.

6. 보충성의 원칙

경찰이 공공의 안녕·질서에 대한 위해방지의 직무를 맡고 있으나 현실적으로 그와 같은 직무와 권한이 형식적 의미의 경찰 이외의 기관의 권한으로 되어 있는 경우가 많다. 위생경찰이 그 일례이다. 보건·위생에 관한 행정이 보건복지부 및 그 산하기관 내지는 일반지방행정청의 권한으로 되어 있음은 주지의 사실이다. 그러나 그럼에도 불구하고 형식적 의미의 경찰은 다른 행정기관의 관할영역에서 경찰위해가 일어나고 있고 그에 대한 직접적인 권한을 가진 기관이 아직 권한행사를 하지 못하고 있는 동안 및 그 한도에서 경찰위해를 방지·제거할 수 있는 권한을 가진다고 볼 수 있다.[58] 이러한 내용의 법리를 보충성의 원칙(Subsidiaritätsprinzip)이라고 한다.

7. 경찰권발동의 의무화(경찰개입청구권)

(1) 재량권의 0으로 수축

위에서 살펴 본 바와 같은 요건이 충족되면, 경찰은 경찰권을 발동할 수 있다. 그리고 경찰권을 발동할 것인가 아닌가(ob), 어떻게 발동할 것인가(wie)는 일단 경찰의 재량사항임은 전술한 바와 같다. 그러나 경우에 따라서는 경찰권의 발동이 의무로 변하는 경우도 있을 수 있다. 예컨대, 공공의 안녕·질서에 대한 위해가 중대하며 급박한 경우가 이에 해당한다. 이러한 경우에 있어서도 경찰에 여전히 경찰권을 발동할 수도 안할 수도 있는 재량권이 남아 있다고 볼 수는 없다. 경찰에게는 이러한 경우 결정재량은 사라지고 경찰권의 발동(의무)만이 유일한 길로서 남아 있다고 보지 않으면 안 된다. 재량권의 0으로 수축 이론[59]이 여기에도 적용되는 것이다.[60]

[판례] 경찰은 범죄의 예방, 진압 및 수사와 함께 국민의 생명, 신체 및 재산의 보호 기타 공공의 안녕과 질서유지를 직무로 하고 있고, 직무의 원활한 수행을 위하여 경찰관 직무집행법, 형사소송법 등 관계 법령에 의하여 여러 가지 권한이 부여되어 있으므로, 구체적인 직무를 수행하는 경찰관으로서는 제반 상황에 대응하여 자신에게 부여된 여러 가지 권한을 적절하게 행사하여 필요한 조치를 할 수 있고, 그러한 권한은 일반적으로 경찰관의 전문적 판단에 기한 합리적인 재량에 위임되

58) 동지판례: 대판 1986. 1. 28, 85도2448.
59) 김남진·김연태(Ⅰ), 243면 이하 참조.
60) 이에 대한 상세한 논의는 서정범·김연태·이기춘, 경찰법연구, 493면 이하 참조.

어 있으나, 경찰관에게 권한을 부여한 취지와 목적에 비추어 볼 때 구체적인 사정에 따라 경찰관이 권한을 행사하여 필요한 조치를 하지 아니하는 것이 현저하게 불합리하다고 인정되는 경우에는 권한의 불행사는 직무상 의무를 위반한 것이 되어 위법하게 된다(대판 2016. 4. 15, 2013다20427. 동지 판례: 대판 2004. 9. 23, 2003다49009).

(2) 경찰개입청구권의 발생

그러면 경찰상의 재량권(결정재량)이 0으로 수축된 상황에서 개인에게는 경찰권의 발동을 청구할 수 있는 권리가 인정될 수 있는 것인가? 이 문제는 결국 공법상의 권리(개인적 공권)에 관한 일반이론에 의하여 결정될 성질의 것이다.[61] 즉, 개인에게 공법상의 권리가 발생하기 위해서는 최소한 ① 법규가 공익이외에 사익을 보호하는 취지를 담고 있어야 하며, ② 그 관계법규에 의한 행정권의 발동이 기속행위에 해당하여야 한다. 관계법규의 강행법규성(zwingender Rechtssatz)으로서 설명되기도 한다.

결국 개인에게 경찰권발동에 대한 청구권이 성립하기 위하여는 경찰법규에서 사익을 보호하는 취지를 읽을 수 있어야 한다. 과거에는 경찰은 오로지 공익을 위해서만 봉사하며 따라서 경찰로부터 사인이 어떠한 이익을 향유하더라도 그것은 반사적 이익(Rechtsreflex)에 지나지 않는 것으로 생각하였다. 그러나 근래에는 국가관의 변천, 개인의 지위향상 등의 추세에 따라 경찰법규 역시 사인의 이익을 보호하는 것으로 새기는 경향이 농후해지고 있다. 우리의 판례상 무장공비와 격투중에 있는 청년의 가족의 요청을 받고도 경찰이 출동하지 않음으로 인해 그 청년이 공비에 의해 사살된 사건[62]에 있어서 대법원은 피해자 가족의 국가에 대한 배상청구권을 인정한 바 있다. 이와 같은 대법원의 판지는 경찰법규의 사익보호성을 전제하지 않고서는 성립될 수 없는 일이다. 그리고 경찰법규의 그와 같은 해석은 우리와 유사한 경찰법규를 가지고 있는 나라에 있어서의 일반적인 추세라 할 수 있다.[63]

[판례] 범죄의 예방·진압 및 수사는 경찰관의 직무에 해당하며(경찰관직무집행법 제2조 제2호 참조), 그 직무행위의 구체적 내용이나 방법 등이 경찰관의 전문적 판단에 기한 합리적인 재량에 위임되어 있으므로, 경찰관이 구체적 상황 하에서 그 인적·물적 능력의 범위

---

61) 김남진·김연태(Ⅰ), 제1편 제3장 제6절 공권과 공의무(공법관계의 내용) 참조.
62) 대판 1971. 4. 6, 71다124.
63) Vgl. Friauf, S. 211 f.

내에서의 적절한 조치라는 판단에 따라 범죄의 진압 및 수사에 관한 직무를 수행한 경우, 경찰관에게 그와 같은 권한을 부여한 취지와 목적, 경찰관이 다른 조치를 취하지 아니함으로 인하여 침해된 국민의 법익 또는 국민에게 발생한 손해의 심각성 내지 그 절박한 정도, 경찰관이 그와 같은 결과를 예견하여 그 결과를 회피하기 위한 조치를 취할 수 있는 가능성이 있는지 여부 등을 종합적으로 고려하여 볼 때, 그것이 객관적 정당성을 상실하여 현저하게 불합리하다고 인정되지 않는다면 그와 다른 조치를 취하지 아니한 부작위를 내세워 국가배상책임의 요건인 법령 위반에 해당한다고 할 수 없다(대판 2007. 10. 25, 2005다23438).[64]

Ⅲ. 개별적 수권조항과 표준적 직무행위

1. 개별적 수권조항과 경찰권발동의 한계

개별적 수권조항(Spezialermächtigung)이란 상술한 개괄조항(개괄적 수권조항) 이외의 일체의 경찰법상의 수권조항(이하 '개별조항'이라고 함)을 의미한다. 따라서 여기에는 특별경찰법(예컨대, 감염병의 예방 및 관리에 관한 법률) 및 일반경찰법에 해당하는 「경찰관 직무집행법」 제3조(불심검문) 이하 제10조의4(무기의 사용)의 규정도 당연히 포함된다.

이들 개별조항에 의거하여 경찰권을 발동하는 경우에 있어서의 한계는 일차적으로 개개 조항의 해석을 통해서 얻어질 수 있다. 개별조항에 의거하여 경찰권을 발동하는 경우에도 재량이 인정되며, 그 한도에서 '경찰권발동의 조리상의 한계'가 논해질 수 있다. 그럼에도 불구하고 이 경우에 있어서는, 개괄조항에 의거하여 경찰권을 발동하는 경우에 있어서와 같이 경찰권발동에 관하여 적용되는 여러 법원칙 또는 조리(경찰공공의 원칙, 경찰책임의 원칙, 보충성의 원칙 등)가 포괄적으로 적용되지는 않는다.[65] 여기에 바로 '경찰권의 근거와 한계(또는 경찰권발동의 요건과 효과)'를 논함에 있어 개괄조항에 의거하는 경우와 개별조항에 의거하는 경우를 나누어 고찰할 이유가 있다고 하겠다.

64) 경찰관들이 인질의 구출 및 납치범의 검거 직무를 수행하는 과정에서 범인에게 돈을 전달하기로 한 인질의 아버지가 피살된 사안에서, 경찰관의 직무수행이 합리성 내지 상당성을 현저히 결여하였다거나 합리적인 판단 기준에서 현저히 잘못된 것이라고 볼 수 없다는 이유로 국가배상책임을 부정한 사례.

65) 예컨대, 「경찰관 직무집행법」은 "경찰관은 수상한 거동 기타 주위의 사정을 합리적으로 판단하여 어떠한 죄를 범하였거나 범하려 하고 있다고 의심할 만한 상당한 이유가 있는 자 또는 이미 행하여진 범죄나 행하여지려고 하는 범죄행위에 관하여 그 사실을 안다고 인정되는 자를 정지시켜 질문할 수 있다"(3조 1항)라고 규정하고 있는데, 이에 의하여 경찰권을 발동(불심검문)하는 경우, 경찰공공의 원칙, 경찰책임의 원칙 등을 포괄적으로 적용할 여지는 없다고 보는 것이다.

2. 경찰의 표준적 직무행위

경찰권발동의 개별적 조항 가운데 「경찰관 직무집행법」 제3조 이하의 규정은 특별한 의미를 가진다. 그 이유는 그들 개별조항에 의거한 경찰작용은 경찰의 표준적 또는 전형적 직무행위로 볼 수 있기 때문이다. 바꾸어 말하면, 실질적 의미의 경찰작용(또는 경찰조치) 가운데 표준적·전형적 직무행위에 해당하는 것들이 그곳에 모아졌다고 볼 수 있는 것이다. 독일의 경찰법규에도 그에 상당한 규정들이 있으며, 학자[66]들이 그들 경찰작용을 표준적 직무조치(Standardmaßnahmen)라고 부르고 있음은 우리의 좋은 참고가 될 만하다.

우리의 문헌에서는 그들 경찰작용을 경찰상의 즉시강제(내지는 행정조사)로 봄이 보통이다. 그러나 엄밀히 검토해 보면 그 안에는 이질적인 조치가 포함되어 있으며, 무엇보다도 그들 대부분이 행정행위(의사작용과 사실작용이 합쳐진 합성처분)의 성질을 가진다는 점에 유의할 필요가 있다. 그럼에도 불구하고, 이들 문제는 일반의 예에 따라 경찰상의 즉시강제와 관련시켜 고찰하기로 한다.

제 4 절 경찰작용(행위형식)

Ⅰ. 경찰하명과 경찰의무

1. 통설적 경찰하명의 의의 및 문제점

경찰하명(또는 질서하명)은 종래 "일반통치권에 기하여 경찰상의 목적을 위해 국민에 대하여 작위·부작위·급부·수인 등의 의무를 명하는 일체의 행위"로 설명되었다. 국민에 대하여 경찰상의 의무를 명하는 것이면 모두 경찰하명이라고 불렀기에 행정행위로서의 경찰하명, 즉 경찰처분 이외에 법률 또는 이른바 법규명령[1)]에 의한 경찰의무의 부과까지 경찰하명으로 부르는 것이 되었다. 이러한 의미의 경찰하명은 다 같이 '경찰의무'를 국민에 대하여 부과한다는

66) Drews/Wacke/Vogel/Martens, S. 131 ff.; Friauf, S. 172 ff.; 서정범(역), 앞의 책, 64면 이하 참조.

1) 오늘날 법규 내지 법규명령의 뜻이 학자에 따라 상당한 차이를 나타내고 있는 바, ① 일반성·추상성, ② 법률에의 종속성, ③ 재판규범성을 가진다는 점이 중요하다고 생각한다. 반면에 일반국민에 대한 구속성은 법규의 능력(Fähigkeit)이기는 하나, 상소는 아니라고 볼 것이다(김남진, 기본문제, 30면 이하; 김남진·김연태(Ⅰ), 167면 등). 대통령령 또는 부령으로 정해진 직제와 같이, 현실적으로 직접 국민에 대해 구속력을 가지지 않는 법규명령도 많이 있는 것이다.

공통점을 가지고 있으나, 상술한 바와 같은 경찰하명 개념에는 다음과 같은 문제점이 있다.

첫째, 법률에 의한 경찰하명, 법규명령에 의한 경찰하명 및 경찰처분에는 그의 권한의 소재 · 형식 · 효과 · 집행의 수단 · 쟁송형태 등에 있어 현저한 차이가 있음에도 불구하고 그것을 간과 내지는 경시하는 결과를 가져왔다.

둘째, "법률에 의한 경찰하명"은 경찰작용 내지 경찰의 행위형식(Handlungsformen)에 포함되지 않음에도 불구하고 이것을 경찰작용에 포함시키는 잘못을 초래했다.

셋째, 경찰하명의 전부를 행정행위(처분)[2]로 오해시킬 우려가 있으며, 실제로 그렇게 오해하고 있는 학설[3]도 있다. 그 원인은 행정법총론에서 '하명'이 행정행위의 일종으로 분류되고 있는 때문인 것으로 보인다.

경찰하명이라는 용어가 위와 같은 문제점을 지니고 있기에, 앞으로는 그러한 용어(종래의 통설적 의미의 경찰하명)는 회피함이 좋을 것으로 생각된다.[4]

2. 경찰의무

인간은 고립하여 살 수 없으며, 남과 더불어 살지 않으면 안 된다. 따라서 각자는 자기의 행위나 자기의 지배하에 있는 물건이 공공의 안녕 · 질서를 해치지 않도록 노력하며, 만일에 자기의 행위나 물건으로 인하여 공공의 안녕 · 질서에 위해가 가해지는 경우에는 그것을 방지하고, 이미 발생한 장해를 제거할 의무를 진다고 말할 수 있다. 바로 그와 같은 이치를 하나의 법원칙(Rechtsgrundsatz)으로 보며, 그와 같은 법원칙에 입각한 개인의 의무성(Verpflichtigkeit)을 경찰의무(Polizeipflicht)라고 하기도 한다.[5]

그러나 보통 우리가 경찰의무라고 할 때에는, 법률[6]에 의하여, 또는 법률에 근거한 명령(법규명령)[7]이나 행정행위(후술의 '경찰처분')에 의하여 개인에게 과해진 경찰

2) 학문적 의미의 행정행위와 쟁송법상의 처분개념의 이동에 관해서는 김남진 · 김연태(Ⅰ), 214면 이하 참조.

3) 예컨대 「경찰하명(Polizeibefehl)이란 경찰목적을 위하여, 국가의 일반통치권에 의거하여, 개인에게 특정한 작위 · 부작위 · 수인 또는 급부의 의무를 명하는 행정행위이다」(박윤흔 · 정형근(하), 330면)라는 설명이 그에 해당한다.

4) 다만, 이러한 비판을 타당시하여 경찰처분과 같은 의미로서의 경찰하명(질서하명) 개념을 사용하는 예도 있음을 밝혀 두기로 한다. 김동희(Ⅱ), 229면; 석종현(하), 306면 이하 참조.

5) Wolff/Bachof, Verwaltungsrecht Ⅲ, S. 63.

6) 「청소년보호법」 29조는 "청소년유해업소의 업주는 청소년을 고용하여서는 아니 된다. 청소년유해업소의 업주가 종업원을 고용하려면 미리 나이를 확인하여야 한다"(1항)고 규정하고 있는데, 이와 같은 규정이 바로 '법률'이 경찰의무를 정한 예에 해당하는 셈이다.

목적을 위한 의무를 의미한다. 경찰의무는 내용적으로 작위·부작위·급부·수인 등으로 나누어질 수 있는 데, 그 어느 것이나 '경찰목적'을 위한 것인 점에 공통점과 특색이 있다. 여기에서 경찰목적이란 간단히 말해서 '공공의 안녕·질서의 유지' 또는 '공공의 안녕·질서에 대한 위해의 방지'를 의미한다.[8]

우리나라에서의 종래의 다수설은 앞에 적어 놓은 바와 같이 그 형식의 여하를 불문하고, 경찰의무를 과하는 국가적 행위의 전부를 경찰하명으로 부른 바 있다. 그러나 법률에 의한 의무부과는 행정작용으로 볼 수 없을 뿐만 아니라, 경찰명령과 경찰처분간에는 너무나 차이가 많으므로 아래에서는 양자(경찰명령과 경찰처분)를 나누어 고찰하기로 한다.[9]

Ⅱ. 경찰명령

1. 경찰명령의 의의

여기에서 경찰명령이라고 함은 경찰상의 법규명령을 말한다. 법규명령만을 의미하는 점에서, 법규의 성질을 가지지 않는 경찰상의 행정규칙(경찰규칙)은 여기에서 제외된다. 행정규칙 가운데 이른바 재량준칙과 같은 것은 실질적으로 국민에게 지대한 영향을 미친다. 법규(법률·법규명령 등)가 행정청에 대하여 재량권(결정재량·선택재량)을 부여하고 있더라도, 일단 재량준칙이 정해지면, 이후 행정청은 그 재량준칙에 따라 권한을 행사하게 되기 때문이다.

경찰규칙(경찰상의 행정규칙)은 법규가 아니므로, 그에 위반하더라도 위법이 되지 않음이 원칙이다. 그런데도 그 경찰규칙에 위반하여 타인보다 불리한 조치를 취하는 경우 "평등원칙(또는 신뢰보호의 원칙) 위반으로 위법이다" 하는 문제를 일으킬 수 있다. 즉 경찰규칙 위반이 바로 위법이 되지는 않으나, 경찰규칙 위반이 평등원칙 위반 또는 신뢰보호원칙 위반이라는 결과를 가져옴으로써 위법을 구성할 수 있는 것이다(행정의 자기구속의 원칙).[10]

---

7) 도로교통법 시행령(대통령령)은 「모든 차의 운전자는 도로에서 정차할 때에는 차도의 오른쪽 가장자리에 정차할 것. 다만, 차도와 보도의 구별이 없는 도로의 경우에는 도로의 오른쪽 가장자리로부터 중앙으로 50센티미터 이상의 거리를 두어야 한다」(11조 1항 1호)라고 규정하고 있는데, 이는 '명령'에 의해 정해진 경찰의무의 예라 할 수 있다.

8) 자세한 것은 본서 373면 이하 참조.

9) 이와 관련하여 서정범, 경찰의 행위형식으로서 경찰명령과 경찰상의 행정행위, 안암법학 제8호, 1999 참조.

10) 자세한 것은 김남진·김연태(Ⅰ), 62면 이하 참조.

[판례] 상급행정기관이 하급행정기관에 대하여 업무처리지침이나 법령의 해석적용에 관한 기준을 정하여 발하는 이른바 '행정규칙이나 내부지침'은 일반적으로 행정조직 내부에서만 효력을 가질 뿐 대외적인 구속력을 갖는 것은 아니므로 행정처분이 그에 위반하였다고 하여 그러한 사정만으로 곧바로 위법하게 되는 것은 아니다. 다만, 재량권 행사의 준칙인 행정규칙이 그 정한 바에 따라 되풀이 시행되어 행정관행이 이루어지게 되면 평등의 원칙이나 신뢰보호의 원칙에 따라 행정기관은 그 상대방에 대한 관계에서 그 규칙에 따라야 할 자기구속을 받게 되므로, 이러한 경우에는 특별한 사정이 없는 한 그를 위반하는 처분은 평등의 원칙이나 신뢰보호의 원칙에 위배되어 재량권을 일탈·남용한 위법한 처분이 된다(대판 2009. 12. 24, 2009두7967).

경찰명령은 법규범(Rechtsnorm)의 일종인 점에서 행정행위의 일종인 경찰처분과 구분된다. 즉, 전자는 행정청의 일반적·추상적 규율(generell-abstrakte Regelung)인 점에서 행정청의 개별적·구체적 규율(individuell-konkrete Regelung) 등을 중심으로 한 구체적인 조치와 구별된다.[11]

2. 경찰명령의 종류·효력 등

경찰명령도 수권의 근거, 제정의 범위 등을 기준으로 위임명령·집행명령·긴급명령 등으로 분류되며, 그들 명령이 대외적으로 효력을 발생하기 위해서는 주체(권한의 소재)·내용·절차·형식·공포 등의 요건을 갖추어야 하는 점은 일반의 법규명령에 있어서와 다름이 없다.[12]

경찰명령은 법규범의 일종이므로 그것을 구체화하는 행정행위(경찰처분)를 통해서 개인에 대해 구체적인 법적 효과를 발생함이 원칙이며, 경찰명령의 실효성은 벌칙(경찰벌)을 통해 확보됨이 보통이다. 바꾸어 말하면, 경찰명령의 직접적인 강제집행(대집행 등)은 원칙적으로 인정되지 않는다.[13]

또한 경찰명령은 행정행위(쟁송법상의 처분)가 아니므로 원칙적으로 항고쟁송(취소소송 등)의 대상이 되지 않으며, 그의 위법 여부가 구체적인 사건에서의 재판의 전제가 되는 경우에 부대적으로 심사될 수 있을 뿐이다(구체적인 규범심사). 경찰명령에 하자가 있는 경우에는 이론상 그것은 무효가 되며, 취소할 수 있는(anfechtbar) 행위 같은 것은 존재하지 않는다.[14] 즉 경찰명령에는 공정력 또는 예선적 효력

---

11) 법규명령과 행정행위의 구별에 관한 상세에 관해서는 김남진·김연태(Ⅰ), 216면 이하; 김남진, 기본문제, 167면 이하 참조.
12) 자세한 것은 김남진·김연태(Ⅰ), 173면 이하.
13) 상세는 김남진·김연태(Ⅰ), 581면 참조.

등으로 말해지고 있는 구속력이 없다.[15] 다만, 명령의 형식을 취하고 있으면서도 그것이 실질적으로 행정행위의 성질을 가지고 있는 경우에는 그에 대한 항고쟁송의 제기는 가능하다고 보아야 할 것이다.

[관련판례] 법령의 효력을 가진 명령이라도 그 효력이 다른 행정행위를 기다릴 것 없이 직접적으로 또 현저히 그 자체로서 국민의 권리훼손 기타 이익침해의 효과를 발생케 되는 성질의 것이라면 행정소송법상 처분이라 보아야 할 것이요, 따라서 그에 관한 이해관계자는 그 구체적 관계사실과 이유를 주장하여 그 명령의 취소를 법원에 구할 수 있을 것이다(대판 1954. 8. 19, 1953행상37).[16]

Ⅲ. 경찰처분

1. 경찰처분의 의의 및 내용

여기에서 경찰처분이라고 함은 경찰상의 행정행위 가운데 상대방에게 의무를 부과하거나 불이익을 과하는 것을 총칭한다. 즉, 경찰목적을 위하여 특정인 또는 불특정 다수인에게 작위 · 부작위 · 급부 · 수인 등의 의무를 부과하거나 허가(운전면허 등)와 같은 수익처분의 취소 · 정지, 거부 · 부작위 등 불이익을 과하는 행위를 말한다. 따라서 부과되는 의무의 종류에 따라 작위처분 · 부작위처분(금지) · 급부처분 · 수인처분, 거부처분, 부작위처분, 취소 또는 철회처분 등으로 분류될 수 있다.

행정법총론에 있어서는 상대방에게 의무를 부과하는 행정행위를 특별히 '하명'이라고 부름이 일반적이다.[17] 그러한 예에 따르게 되면 여기에서의 경찰처분의 대부분은 '경찰행정청의 하명'에 해당하는 셈이다. 따라서 여러 가지 문제가 있는 '통설적 의미의 경찰하명' 대신에 경찰행정청의 하명만을 경찰하명이라고

---

14) 김남진 · 김연태(Ⅰ), 180면 이하; 김남진, 명령의 하자이론, 고시계, 1990. 12, 33면 이하 참조.

15) 다수설이 말하는 공정력 또는 예선적 효력은 본래의 공정력(행정행위의 직접 상대방 등에 대한 구속력)과 구성요건적 효력(행정행위의 처분청 외의 국가적 기관에 대한 구속력)으로 구분되어야 할 것이다. 김남진 · 김연태(Ⅰ), 318면; 김남진, 기본문제, 256면 이하 참조.

16) 조례가 집행행위의 개입 없이도 그 자체로서 직접 국민의 구체적인 권리의무나 법적 이익에 영향을 미치는 등의 법률상 효과를 발생하는 경우 그 조례는 항고소송의 대상이 되는 행정처분에 해당한다고 보아, 대법원은 경기도 두밀분교통폐합에 관한 조례에 대하여도 처분성을 인정하였다(대판 1996. 9. 20, 95누8003).

17) 김남진 · 김연태(Ⅰ), 257면 등.

부르는 것이 타당시된다. 한편, 「행정심판법」(2조 1항) 및 「행정소송법」(2조 1항)은 '처분'개념을 정의하고 있는데,[18] 경찰처분이라고 하는 경우, 그 곳에 정해져 있는 처분과 일치하는 것이 아닌 점에 유의할 필요가 있다.

2. 경찰처분의 종류

(1) 법률효과(내용)에 따른 분류

작위(물건의 이동·제거 등), 부작위(통행금지·건축금지 등), 급부(통행료의 지불 등), 수인(경찰조사·경찰강제 등에 응해야 하는 등)의 의무를 부과하는 경찰처분(경찰상의 하명) 및 경찰상의 불이익처분(운전면허의 취소·철회·정지 등)[19]이 이에 해당한다.

(2) 대인적 처분과 물적 처분

경찰처분은 직접 사람에 대해 의무·불이익 등을 부과하는 것인가, 물건의 성질 내지 상태에 관해 규율하는 것인가에 따라 대인적 처분과 물적 처분(dingliche Verfügungen)으로 나눌 수 있다. 경찰행정청에 의한 주차금지구역의 지정, 일방통행 등 교통표지가 행정행위인가 아니면 일반적·추상적 규율로서의 법규명령인가는 오랫동안 다투어진 문제인데, 학설의 다수는 행정행위의 일종으로 보고 있다.[20]

대인적 처분은 그 규율의 범위 여하에 따라 개별·구체적 규율로서의 개별처분과 일반·구체적 규율로서의 일반처분(Allgemeinverfügung)으로 나누어진다. 후자는 규율의 대상은 다수인이나 규율의 범위가 시간적·장소적으로 한정되어 있는 것을 말한다. 예컨대, 경찰서장에 의한 특정 일시·특정 장소에서의 집회금지와 같은 하명이 이에 해당한다. 다만, 독일의 행정절차법은 상술한 물적 행정행위도 일반처분의 일종으로서 규정하고 있다.

(3) 독립처분과 비독립처분

독립처분(selbständige Verfügung)이란 경찰권의 개괄적 수권조항(Generalklausel)에 의거한 경찰처분을 말하며, 비독립처분(unselbständige Verfügung)이란 개별적 법규정(개별적 수권조항)에 의거한 경찰처분을 말한다. 전자는 실존하는 구체

---

18) 학문적 의미의 행정행위와 쟁송법상의 처분개념의 이동이 문제되고 있다. 상세는 김남진·김연태(Ⅰ), 214면 이하 참조.

19) 중앙행정심판위원회의 심판대상의 7-8할은 운전면허의 취소 또는 정지에 관한 처분(경찰처분)인 것으로 추산된다.

20) 김남진·김연태(Ⅰ), 218면; 김남진, 횡단보도설치의 법적 성질 등, 고시연구, 2001. 5 참조.

적 위험(tatsächlich vorhandene konkrete Gefahr)을 방지하기 위해서만 발해질 수 있다.

경찰권발동의 수권조항을 개괄(일반)조항과 개별조항으로 나누는 것은 독일에서의 오랜 전통이다. 따라서 독일에서 경찰처분을 독립처분과 비독립처분으로 나누는 것은 당연하다고 할 수 있다.[21] 이미 앞에서 본 바와 같이, 우리나라에도 경찰상의 개괄조항(개괄적 수권조항)이 존재하는가는 다투어지고 있는데, 그것을 긍정하는 입장[22]에서 볼 때에는 그 독립처분과 비독립처분의 구분이 의미있는 것이 된다.

(4) 직접시행

여기에서 직접시행(unmittelbare Ausführung)이라고 함은 의사작용으로서의 경찰작용과 실력적 사실행위가 하나의 행위로 합쳐져 행해지는 경찰처분을 말한다.[23] 우리의 현행법 가운데, 「경찰관 직무집행법」상의 대부분의 조치가 이에 해당한다고 함은 앞에 기술해 놓은 바와 같다.[24]

생각건대, 종래 「경찰관 직무집행법」상의 조치를 오로지 행정상의 즉시강제의 수단(내지는 행정조사)으로만 생각하고 행정행위의 범주에서 완전히 배제했던 것에 잘못이 있는 것 같다. 예컨대 불심검문에 관하여, 동법은 「범죄행위에 관하여 그 사실을 안다고 인정되는 자를 정지」시킬 수 있음을 규정하고 있는데(3조 1항), 그 '정지' 는 그것이 구두로 하든, 사실행위를 수반하는 경우이든 경찰처분의 성질을 충분히 갖는다고 말할 수 있다. 이 말은 경찰관이 위험발생의 방지를 위해 「위해를 받을 우려가 있는 자를 필요한 한도 내에서 억류」하는 조치(동법 5조 1항 2호), 「통행을 제한하거나 금지」하는 조치(동법 5조 2항)에도 그대로 타당하다고 말할 수 있다.

여기에서 말하는 직접시행이 행정행위의 일종인 까닭에 그것이 억류와 같은 계속처분(Dauerverfügung)의 취소 후에도 위법한 상태(예컨대 사람의 억류, 물건의 영치 등)가 남아있는 경우에는 공법상의 결과제거청구권(Folgenbeseitigungsanspruch)의 법리[25]에 입각한 결과제거의 청구를 할 수 있다. 물론 처음부터 그 두 가지 청구를 병합하는 것도 가능한 일이다.

---

21) Vgl. Friauf, S. 200 f.; Wolff/Bachof, a.a.O., S. 85.
22) 본서 368면 이하 참조.
23) 독일에서의 직접시행의 이론 및 근거에 관해서는 Vgl. Friauf, S. 194 f.; Schenke, S. 319 f.
24) 본서 440면 이하 참조.
25) 이에 관한 상세는 김남진 · 김연태(Ⅰ), 제5편 제4장 참조.

3. 경찰처분의 형식

경찰처분은 구술, 문서, 행동, 그 밖의 여러 가지 표시(Zeichen)를 통해 행해진다. 전등을 통한 교통신호, 교통경찰관의 수신호 등도 경찰처분에 해당한다. 오늘날 행정의 자동(기계)화가 광범하게 진행됨에 따라 그 행정의 자동화작용 또는 행정자동결정(automatisch hergestellter Bescheid)이 행정법상의 여러 가지 새로운 문제를 제기시키고 있음은 주지의 사실이라고 할 수 있다.[26]

4. 경찰처분의 성립 · 효력발생요건(적법 · 유효요건)

경찰처분도 그것이 적법하게 성립하여 효력을 발생하기 위해서는 주체 · 절차 · 형식 · 내용 등에 관한 요건을 갖추고 그 내용이 상대방에게 고지되어야 함은 일반의 행정행위에 있어서와 동일하다.[27] 아래에서는 특히 주요한 점에 관해서만 고찰해 보기로 한다.

(1) 주체(권한의 소재)에 관한 요건

경찰처분도 그에 관한 권한을 가진 기관이 행하여야 한다. 일반행정에 있어서는 행정행위(하명 · 허가 등)는 기관장인 행정청(장관 · 시장 · 군수 등)의 이름으로 행해짐이 보통이다. 이에 대하여 경찰처분은 학문적으로 집행기관(실력행사기관)으로 분류되는 경찰관에 의해서도 많이 행해지는 점이 특색이라 할 수 있다. 상술한 직접시행(unmittelbare Ausführung)을 행하는 경찰관, 교통정리를 행하는 경찰관 등이 이에 해당하며, 「경찰관 직무집행법」, 「도로교통법」 등이 그에 관한 실정법적 근거가 된다.

(2) 절차에 관한 요건

청문, 이유제시, 신분증 · 증표의 제시, 다른 행정기관과의 협의 등을 절차적 요건으로서 나열할 수 있다. 그 가운데 오늘날 '청문'과 '이유제시'의 중요성이 강조됨에 따라 개별법에 그 청문에 관한 규정이 많이 도입되어 있을 뿐 아니라 「행정절차법」과 같은 일반법도 제정되어 있는 점에 유의할 필요가 있다.[28]

---

26) 상세는 김남진 · 김연태(Ⅰ), 제2편 제4장 제7절 이하; 김중권, 행정자동결정에 대한 사법심사, 김윤구 박사화갑기념논문집, 1999, 559면 이하 참조.

27) 김남진 · 김연태(Ⅰ), 제2편 제3장 제6절 행정행위의 성립 및 효력발생 참조.

28) 상세는 김남진 · 김연태(Ⅰ), 제3편 제2장 제3절; 김남진, 이유보완의 능부와 범위, 고시계, 2000. 8, 110면 이하 참조.

[판례①] 헌법 제12조 제3항 본문은 동조 제1항과 함께 적법절차원리의 일반조항에 해당하는 것으로서, 형사절차상의 영역에 한정되지 않고 입법·행정 등 국가의 모든 공권력의 작용에는 절차상의 적법성뿐만 아니라 법률의 실체적 내용도 합리성과 정당성을 갖춘 실체적인 적법성이 있어야 한다는 적법절차의 원칙을 헌법의 기본원리로 명시한 것이다(헌재 1992. 12. 24, 92헌가8).

[판례②] 행정청이 침해적 행정처분을 하면서 당사자에게 행정절차법상의 사전통지를 하거나 의견제출의 기회를 주지 않고, 그 처분의 근거와 이유를 제시하지 아니하였다면, 그러한 절차를 거치지 않아도 되는 예외적인 경우에 해당하지 아니하는 한 그 처분은 위법하다. … (중략) … 이 사건 해임처분 과정에서 원고가 그 처분의 내용을 사전에 통지받거나 그에 대한 의견제출의 기회 등을 받지 못했고, 해임처분 시 그 법적 근거 및 구체적 해임 사유를 제시받지 못해 이 사건 해임처분은 위법하지만, 그 절차나 처분형식의 하자가 중대하고 명백하다고 볼 수 없어 취소사유에 해당한다(대판 2012. 2. 23, 2011두5001).

(3) 형식에 관한 요건

법이 문서 등 일정한 형식을 요구하고 있는 경우에는 그에 따라야 한다. 특히 불이익처분을 하는 경우에 이유를 제시해야 함은 헌법상의 법치국가원칙에서 유래하는 법의 일반원칙에 해당한다고 할 수 있다. 그리하여 그 이유제시(이유부기 포함)는 현재 「행정절차법」의 주요내용(제23조)이 되고 있다.[29]

[판례] 면허(주류판매허가)의 취소처분에는 그 근거가 되는 법령이나 취소권유보의 부관 등을 명시하여야 함은 물론 처분을 받은 자가 어떠한 위반사실에 대하여 당해 처분이 있었는지를 알 수 있을 정도로 사실을 적시할 것을 요하며, 이와 같은 취소처분의 근거와 위반사실의 적시를 빠뜨린 하자는 피처분자가 처분 당시 그 취지를 알고 있었거나 그 후에 알게 되었다고 하여도 치유될 수 없다(대판 1990. 9. 11, 90누1786. 동지판례: 대판 2012. 2. 23, 2011두5001).[30]

(4) 내용에 관한 요건

경찰처분도 내용이 적법·가능하고 명확해야 함은 일반의 행정행위에 있어

29) 이에 관한 상세는 김남진·김연태(Ⅰ), 483면 이하 참조.

30) 이 판례가 이유제시(이유부기)의 중요성을 강조하고 있는 점은 평가할 만하다. 그러나 하자의 치유에 관하여서는 지나치게 엄격하다는 비판을 면하기 어렵다(상세는 김남진·김연태(Ⅰ), 제3편 제2장 제4절 행정절차의 하자 참조). 다만, 하자의 치유에 명문의 근거가 있어야 한다는 견해로서는 오준근, 행정절차법, 1998, 358면 참조.

서와 동일하다.[31] 그 가운데 특히 경찰처분과 관련하여 강조될 점은 다음과 같은 점이다.

첫째, 경찰목적에 적합해야 한다. 여기에서 경찰목적이라고 함은 공공의 안녕·질서의 유지 또는 위험의 방지(Gefahrenabwehr)를 의미한다.[32]

둘째, 법률우위의 원칙, 법률유보의 원칙을 준수해야 하는 동시에, 특히 재량행위의 경우에는 과잉금지의 원칙(광의의 비례원칙)[33] 등 법의 일반원칙을 준수할 것이 요청된다. 「행정소송법」은 "행정청의 재량에 속하는 처분이라도 재량권의 한계를 넘거나 그 남용이 있는 때에는 법원은 이를 취소할 수 있다"(27조)라고 규정하고 있는데, 이러한 규정은 경찰처분에도 그대로 적용되지 않을 수 없다.

셋째, 특히 독립처분(selbständige Verfügung)의 경우, '현존하는 구체적인 위해의 존재'가 그의 요건으로서 요구되고 있음은 앞에 적어 놓은 바와 같다.

(5) 고 지

경찰처분도 원칙적으로 상대방에게 고지되어야 효력을 발생함은 일반의 행정행위에 있어서와 동일하다. 이와 관련하여, 「행정절차법」이 송달에 관하여 자세히 규정하고 있으며(제14조) 「행정청이 처분을 할 때에는 당사자에게 그 처분에 관하여 행정심판 및 행정소송을 제기할 수 있는지 여부, 그 밖에 불복을 할 수 있는지 여부, 청구절차 및 청구기간, 그 밖에 필요한 사항을 알려야 한다」(제26조)는 등 불복고지(Rechtsbehelfsbelehrung)에 관하여 규정하고 있는 점에 유의할 필요가 있다.[34]

5. 경찰처분의 구속력·효과

(1) 경찰처분의 구속력

경찰처분이 위에서 살펴 본 바와 같은 요건을 충족하여 효력 또는 유효성(Wirksamkeit)을 발생하게 되면, 그 처분은 직접 상대방, 제3자, 처분청, 처분청 외의 국가적 기관(다른 행정청, 법원) 등에 대하여 여러 가지 상이한 내용의 구속력(Verbindlichkeit)을 발생한다.[35]

---

31) 김남진·김연태(Ⅰ), 226면 이하 참조.
32) 본서 373면 이하 참조.
33) 김남진, 기본문제, 55면 이하 및 본서 386면 이하 참조.
34) 자세한 것은 김남진·김연태(Ⅰ), 제5편 제6장 제8절 행정심판의 불복고지 참조.
35) 이하의 내용은 행정법총론에서 '행정행위의 효력 또는 구속력'의 이름으로 설명되는 내용이다. 따라서 그의 상세한 내용에 관하여는 김남진·김연태(Ⅰ), 제2편 제3장 제7절 행정행위의 효력 및 구속력 참조.

(가) 협의의 구속력(내용적 구속력)

경찰처분이 각각 그 내용에 따라 발생하는 구속력(효과)을 '협의의 구속력'이라 말할 수 있다. 예컨대 경찰처분이 내용에 따라 작위의무 · 부작위의무 · 급부의무 · 수인의무 등을 발생시키는 것을 말한다. 따라서 이들 구속력을 하나로 묶어 협의의(또는 내용적) 구속력 등으로 부를 의의는 별로 없다고 여겨진다.

(나) 공정력

경찰처분에 위법한 하자가 있더라도 그 하자가 중대 · 명백하여 무효가 되지 않는 한, 권한있는 기관에 의하여 취소될 때까지 처분의 상대방 등은 당해 처분을 일단 유효한 것으로 인정하는 처분의 구속력을 의미한다. 다만, 학자에 따라서는 다음에 말하는 '구성요건적 효력'까지 공정력에 포함시키기도 한다.

(다) 구성요건적 효력

독일 문헌에서 보통 Tatbestandswirkung으로 말해지고 있는 행정행위의 구속력을 우리말로 옮겨 본 것이 그 내용으로서, 경찰처분이 유효하게 존재하고 있는 이상, 다른 국가적 기관(처분청 이외의 행정기관 · 취소소송의 수소법원 이외의 법원 등)은 그 경찰처분의 존재 또는 내용을 인정해야 하는 처분의 구속력을 의미한다. 우리나라에서 Tatbestand를 보통 '구성요건'으로 번역하는 경향이 있어 '구성요건적 효력'이라는 이름을 붙여 보았다. 학자에 따라서는 '사실적 효력' 등으로 부르기도 한다. 본래 Tatbestand는 "tatsächlich bestehen(사실상으로 존재한다)"의 준말이므로, 그 말뜻에 따라 '사실적 효력'으로 부름도 무방할 것이다.

경찰처분에 '구성요건적 효력'이 인정되는 결과, 甲이 乙지방경찰청장으로부터 운전면허를 받은 이상(도로교통법 80조 이하 참조), 다른 국가적 기관은 그 운전면허가 무효가 아닌 이상, 甲이 운전면허를 받은 사람으로 인정해야 하는 구속을 받게 된다. 그리고 그것은 법률이 운전면허권을 乙지방경찰청장에게 부여하고 있는 취지에 비추어 보아 당연한 일이다. 그러나 그 '구성요건적 효력'은 乙지방경찰청장의 운전면허가 '적법'하다는 것까지 인정해 주는 효과까지는 가지지 않는다. 그 결과 국가배상소송 등에 있어, 乙지방경찰청장의 처분의 적법성 여부가 선결문제가 되는 경우, 법원은 그의 위법성 여부를 스스로 심사할 수 있다. 저자 등은 이와 같은 문제를 처분의 구성요건적 효력과 관련시켜 설명하는데 대하여, '처분의 구성요건적 효력'을 공정력에 포함시키는 입장에서는 선결문제 역시 공정력과 관련시켜 설명하고 있는 점에 유의할 필요가 있다.

(라) 불가변력

경찰처분이 일단 행해진 이상, 처분청 스스로도 임의로 그 처분을 변경하지 못하는 구속력을 의미한다. 불가변력이 미치는 범위에 관해서는 여러 가지 경우를 나누어서 판단할 수밖에 없다.

(마) 불가쟁력

경찰처분이 위법·부당하며, 그 처분에 의하여 자기의 권리·이익을 침해당하였다고 생각하는 사람은 법(행정심판법·행정소송법 등)이 정한 기간 안에 쟁송을 제기하여야 하며, 그 기간을 도과하게 되면, 그 이후에는 원칙적으로 쟁송을 제기할 수 없게 된다. 처분에 인정되는 이와 같은 구속력을 불가쟁력이라고 하며, 위의 불가변력과 합쳐 존속력(또는 확정력)이라고 부른다.

(바) 규준력(후행처분에 대한 구속력)

처분이 같은 목적·효과를 향하여 연속적으로 행해지고, 앞의 처분이 불가쟁력을 발생한 이상, 후행처분의 단계에서 앞의 처분의 위법성을 주장할 수 없는 구속력을 의미한다. 이 문제는, '하자의 승계'라는 이름으로 설명되기도 한다.

법원은 직위해제를 받은 경찰공무원이 그 후에 행해진 직권면직처분에 대한 취소소송사건에서, 직위해제처분(선행처분)이 불가쟁력을 발생한 이상 직권면직처분(후행처분)의 취소를 구하는 소송에서 선행처분의 위법성을 주장할 수 없다고 판시하였다.[36] 그러나 법원의 그와 같은 판단은 직위해제를 받은 공무원에 대해 너무나 가혹하다는 비판을 받지 않을 수 없다.

[참조판례] 선행처분과 후행처분이 서로 독립하여 별개의 효과를 목적으로 하는 경우에도 선행처분의 불가쟁력이나 구속력이 그로 인하여 불이익을 입게 되는 자에게 수인한도를 넘는 가혹함을 가져오며, 그 결과가 당사자에게 예측가능한 것이 아닌 경우에는 국민의 재판받을 권리를 보장하고 있는 헌법의 이념에 비추어 선행처분의 후행처분에 대한 구속력은 인정될 수 없다(대판 1994. 1. 25, 93누8542, 동지판례: 대판 1998. 3. 13, 96누6059, 433; 대판 2005. 4. 15, 2004두14915; 대판 2013. 3. 14, 2012두6964).

---

36) 대판 1984. 9. 11, 84누191. 이 판례에 대한 평석으로는 김남진, 기본문제, 977면 이하 참조. 아울러 행정행위의 규준력의 시각에서 판단할 사항을 '소의 이익(협의)' 내지 '하자승계'의 시각에서 판단한 대판 1998. 9. 4, 97두19588(원자로부지사전승인처분 취소청구사건)에 대한 비판으로는 김남진, 법률신문, 1998. 12. 14 및 김남진, 다단계 행정행위와 존속력, 사법연구, 2000. 2, 44면 이하 참조.

(2) 경찰처분의 효과

우리의 학계에서는 경찰처분(경찰하명)의 효과와 관련하여 특히 다음과 같은 점을 상세하는 경향이 있다.[37]

(가) 경찰의무의 발생

경찰처분은 그의 내용(법률효과)에 따라 상대방(특정인 또는 일정 범위의 다수인)에게 작위·부작위·급부·수인 등의 의무를 발생시킨다. 경찰처분에 의하여 상대방에게 발생시키는 의무를 특별히 경찰의무라고 한다. 그런데 이와 같은 경찰의무는 행정주체에 대하여 지는 것이지 제3자에 대하여 지는 것이 아닌 점이 특별히 강조된다. 예컨대, 의사의 의료법상의 의무(환자를 진료할 의무 등)는 행정주체에 대한 의무이지 환자에 대한 의무가 아닌 까닭에 환자는 의사에 대하여 "자기를 진료하여 줄 것을 요구할 수 있는 권리"를 가지지 않는다고 하는 점이 강조된다.

(나) 경찰의무와 법률행위

경찰처분은 직접 상대방에게 작위·부작위 등의 의무를 사실상으로 행할 의무를 부과할 뿐, 상대방이 행하는 행위의 법률적 효력을 좌우한다든가 하는 효과를 가지지 않는다는 것이다. 따라서 예컨대, 경찰행정청이 특정인에게 어떤 물건의 매매를 금하였는데, 그 사람이 그 명령을 어기고 물건을 매매한 경우, 경찰청의 명령(매매금지명령)을 위반하여 행한 매매의 효력이 부인되지는 않는다고 하는 것이다.

(3) 경찰처분의 효과가 미치는 범위

(가) 대인적 범위

이 문제는 경찰처분의 효과가 처분의 직접적 수명자(Adressat)에게만 미치는가 아니면 수명자로부터 다른 사람에게 이전될 수 있는 것인가에 관련된 문제이다. 이에 대한 해답은 그 경찰처분이 일신전속적 성질의 대인적 처분인가 아니면 대물적 처분으로서 그 물건이 거래의 대상이 되는 것인가에 따라 결정될 성질의 것이다. 후자에 있어서는 어떤 물건 또는 시설에 대한 점유나 소유권이 이전되면, 그 물건에 대한 처분의 효과도 이전된다고 말할 수 있다. 이러한 문제는 현재 주유소의 영업허가, 이발소의 영업양도의 이전의 효과와 관련

37) 우리의 학계에서는 경찰처분 외에 법률 및 법규명령의 내용적 구속력(의무의 부과)까지 '경찰하명'으로 불러 그의 구속력 내지는 효과를 포괄적으로 설명하는 경향이 있다. 그러나 그것은 부당하며 여러 가지 잘못을 일으키고 있음은 전술한 바와 같다(본서 제7편 제1장 제4절 경찰작용 참조).

하여 문제를 야기시키고 있다. 예컨대 부정휘발유를 판매하였음을 이유로 영업정지를 받은 영업주(甲)가 당해 주유소를 다른 사람(乙)에게 판매한 경우, 甲에 대한 '영업허가정지'라는 경찰처분의 효과가 乙에게 미치는가(이전되는가) 하는 식의 문제가 제기되고 있는 것이다.[38]

(나) 지역적 범위

경찰처분의 효과가 미치는 지역적 범위는 당해 경찰행정청의 관할구역에 한정되는 것이 원칙이다. 따라서 이 문제는 주로 지방행정청의 처분과 관련하여 논의되는 것이라고 하겠다. 경찰처분 가운데 대물적 처분은 그의 효과가 당해 행정청의 관할구역 외에 미칠 수도 있다. 자동차에 대한 운행정지처분과 같은 것이 그에 해당한다.

6. 경찰처분의 실효성확보수단(의무이행확보수단)

경찰처분을 통해 의무를 부과하였는데, 의무자가 스스로 의무를 이행하지 않는 경우에 그 의무를 어떠한 방법으로 이행하게 만들 수 있는 것인가?

개인 간에 있어서는 한 쪽이 권리를 가지고 다른 한 쪽이 의무를 지고 있는 경우에 있어서, 그 의무자가 의무를 스스로 이행하지 않는 경우, 원칙적으로 법원에 소송을 제기하는 방법으로써 그 의무를 강제하는 수밖에 없다. 이에 대하여 행정주체(국가 · 지방자치단체 등)는 경찰처분 등을 통해 과한 의무를 의무자가 스스로 이행하지 않는 경우에 직접 또는 간접으로 실력을 행사하여 의무이행을 확보할 수 있는데, 뒤에서 고찰하게 되는 경찰상의 강제집행, 경찰벌 등이 그에 해당한다.[39]

7. 경찰처분과 행정구제

(1) 국가배상(손해배상)

경찰처분과 관련된 직무를 집행함에 당하여 공무원이 고의 또는 과실로 법령에 위반하여 타인에게 손해를 입힌 때에는 국가 또는 지방자치단체는 그 손해를 배상하여야 한다(국가배상법 2조 1항).[40] 이 경우 공무원에게 고의 또는 중대한 과실이 있는 때에는 국가 또는 지방자치단체는 그 공무원에게 구상할 수 있다(동법 2조 2항).

---

38) 이에 관하여는 김남진 · 김연태(Ⅰ), 107면 이하 참조.

39) 본서 제7편 제1장 제6절 참조.

40) 이에 관하여는 이재영, 경찰직무관련 국가배상소송에 대한 판결문 내용분석, 경찰학연구 제17권 제3호, 2017; 정세종, 경찰의 직무수행과 관련된 국가배상실태와 개선방안, 한국경찰학회보, 제10권 제1호, 2008 참조.

이러한 경우, 피해자는 그 가해공무원에게 직접 손해배상을 청구할 수 있는가? 이 문제와 관련하여 학설이 나누어져 있는 가운데,[41] 판례도 긍정(대판 1972. 10. 10. 69다701)과 부정(대판 1994. 4. 12. 93다11807)을 거친 끝에 현재는 다음에 보는 바와 같이, 절충적 입장을 취하고 있다고 새겨진다.

[판례] 공무원이 직무수행 중 불법행위로 타인에게 손해를 입힌 경우에는 국가 등이 국가배상책임을 부담하는 외에 공무원 개인도 고의 또는 중과실이 있는 경우에는 불법행위로 인한 손해배상책임을 진다 할 것이다(대판 1996. 2. 15. 95다38677).[42]

(2) 공용침해에 따른 보상(손실보상)

국가배상(손해배상)에 있어서와는 달리, 손실보상에 관하여는 「국가배상법」과 같은 일반법이 없다. 따라서 일차적으로 개별법이 정하는 바에 따라 보상을 청구할 수밖에 없다.

2013년 4월 5일 「경찰관 직무집행법」이 개정되어 경찰상 손실보상제도가 도입되어 재산상 손실에 대한 보상이 가능하게 되었으며(제11조 의2), 최근 2018년 12월 24일 재산상 손실뿐만 아니라 생명·신체에 대한 손실도 보상범위에 포함하는 것으로 다시 한번 개정되어 국민의 기본권 보장에 충실을 기하게 되었다.[43] 즉, 이에 의하면, 국가는 경찰관의 적법한 직무집행으로 인하여 ① 손실발생의 원인에 대하여 책임이 없는 자가 생명·신체 또는 재산상의 손실을 입은 경우(손실발생의 원인에 대하여 책임이 없는 자가 경찰관의 직무집행에 자발적으로 협조하거나 물건을 제공하여 생명·신체 또는 재산상의 손실을 입은 경우를 포함한다)(동조 1항 1호), ② 손실발생의 원인에 대하여 책임이 있는 자가 자신의 책임에 상응하는 정도를 초과하는 생명·신체 또는 재산상의 손실을 입은 경우에(동조 1항 2호), 손실을 입은 자에 대하여 정당한 보상을 하여야 한다(동조 1항). 이때 보상을 청구할 수 있는 권리는 손실이 있음을 안 날부터 3년, 손실이 발생한 날부터 5년간 행사하지 아니하면 시효의 완성으로 소멸한다(동조 2항). 그리고 손실보상신청 사건을 심의하기 위하여 손실보상심의위원회를 둔다(동조 3항). 경찰청장 또는 시·도경찰청장은 제3항의 손실보상심의위원회의 심의·의결에 따라 보상금을 지급하고, 거짓 또는 부정한 방법으로

---

41) 이에 관한 상세는 김남진·김연태(Ⅰ), 708면 이하 참조.

42) 이 사건에서 다수의견과 견해를 달리하는 '별개의견', '반대의견', '반대보충의견'이 있는 등, 대법원 내에서도 의견이 일치되지 않음은 주목할 만한 일이다(상세는 김남진·김연태(Ⅰ), 710면 이하 참조).

43) 이에 관한 상세는 김용주, 경찰손실보상 심의사례의 경찰법적 검토, 공법학연구 제20권 제1호, 2019. 2, 265면 이하; 김성태, 경찰작용에서의 손실보상-경찰관직무집행법 적용 실제에서의 몇 가지 쟁점과 입법적 보완에 대한 소고, 홍익법학 제19권 제4호, 2018 참조.

보상금을 받은 사람에 대하여는 해당 보상금을 환수하여야 한다(동조 4항). 보상금이 지급된 경우 손실보상심의위원회는 대통령령으로 정하는 바에 따라 국가경찰위원회에 심사자료와 결과를 보고하여야 한다. 이 경우 국가경찰위원회는 손실보상의 적법성 및 적정성 확인을 위하여 필요한 자료의 제출을 요구할 수 있다(동조 5항). 경찰청장 또는 시·도경찰청장은 제4항에 따라 보상금을 반환하여야 할 사람이 대통령령으로 정한 기한까지 그 금액을 납부하지 아니한 때에는 국세 체납처분의 예에 따라 징수할 수 있다(동조 6항). 제1항에 따른 손실보상의 기준, 보상금액, 지급 절차 및 방법, 제3항에 따른 손실보상심의위원회의 구성 및 운영, 제4항 및 제6항에 따른 환수절차, 그 밖에 손실보상에 관하여 필요한 사항은 대통령령으로 정한다(동조 7항)라고 규정하고 있다.

(3) 행정쟁송

경찰처분은 「행정심판법」 또는 「행정소송법」에 규정되어 있는 처분에 해당하므로, 그들 법률에 의거한 쟁송을 통해 구제를 받을 수 있다.

위법·부당한 경찰처분으로 인하여 법률상 이익을 침해받은 자는 취소심판·무효등확인심판·의무이행심판 등의 제기를 통해 구제를 신청할 수 있으며(행정심판법 5조), 위법한 경찰처분을 통해 법률상 이익을 침해받은 자는 취소소송·무효등확인소송·부작위위법확인소송 등을 제기하여 구제를 신청할 수 있다(행정소송법 4조).

다만, 행정심판은 '위법한' 처분뿐만 아니라 '부당한' 처분에 대해서도 제기할 수 있는 것인데, 행정소송에 있어서와 같이 '법률상 이익'이 있는 자에게만 청구인적격을 인정하고 있는 점 등 현행법의 해석·적용과 관련하여 검토되어야 할 문제가 많이 있는 점에 유의할 필요가 있다.[44]

Ⅳ. 경찰허가

1. 경찰허가의 의의 및 성질

경찰허가란 일반적인 경찰금지를 특정한 경우에 해제함으로써, 적법하게 일정한 행위를 할 수 있게 해주는 경찰상의 행정행위이다. 경찰허가에 해당하는

44) 이러한 점에 관하여는 김남진·김연태(Ⅰ), 801면 이하 참조.

행위를 법령상으로는 면허, 인허, 등록, 지정 등으로 표현하기도 하며, 질서허가라고 말하기도 한다.

경찰허가는 경찰처분과 함께 경찰상의 행정행위의 중심을 이룬다. 경찰허가는 행정행위, 즉 보통 '개별적 · 구체적 규율'의 성질을 가지는 점에서 '일반적 · 추상적 규율'로서의 명령이나, 직접적으로는 법적 효과를 발생하지 않는 사실행위(행정지도 등) 등의 행위형식과 구분된다.[45]

경찰허가는 금지(부작위의무)를 해제하는 행정행위인 점에서 경찰의무를 부과하는 행위 내지는 경찰허가의 거부 및 경찰허가의 폐지(취소 · 철회)를 포함하는 침익적 행정행위의 성질을 가지는 경찰처분[46]과 구별된다. 따라서 경찰처분을 「법령에 의거하여 특정한 경찰의무를 과하기 위하여 하는 구체적인 행정행위이다」라고 정의하면서도 경찰허가를 경찰처분으로 보고 있음은[47] 모순이라 하지 않을 수 없다. 경찰허가는 위해방지의 목적을 위하여 법령상의 잠정적인 금지를 해제하여 개인의 자연적 자유를 회복시켜주는 행위인 점에서 특정인에게 권리 · 포괄적 법적 지위 등을 설정시켜주는 특허와 구별되며, 예방적 금지를 해제하여 주는 행위인 점에서 억제적 금지를 해제하여 주는 예외적 승인('예외적 허가'라고도 함)과 구별된다. '허가'는 위해방지라고 하는 통제목적을 위해 잠정적으로 금지된 행위를 적법하게 할 수 있게 하여 주는 행정행위인데 대하여, '예외적 승인'은 사회적으로 유해한(sozialschädlich) 행위임으로 인하여 일반적으로 금지된 행위를 특정한 경우에 예외적으로 적법하게 할 수 있게 하여 주는 행정행위인 점에서 상호 구별된다.[48] 예컨대, 주거지역 내의 주택건축은 '허가'의 대상이 되는데 대하여 풍치지구 또는 개발제한구역 내의 건축은 '예외적 승인'의 대상이 된다고 말할 수 있다.

다음에 보는 바와 같이 경찰허가는 일반적으로 기속행위로서의 성질을 가진다고 말할 수 있다.[49]

---

45) 행정행위의 의의 · 종류 등에 관한 상세에 관하여는 김남진 · 김연태(Ⅰ), 제2편 제3장 제1절 · 제3절 참조.

46) "경찰처분"의 그와 같은 의미에 관해서는 본서 395면 이하 참조.

47) 이상규(하), 327면, 332면.

48) 허가의 구별 개념으로서 특허 · 인가, 예외적 승인 등에 관해서는 김남진 · 김연태(Ⅰ), 259면 이하; 김남진, 기본문제, 205면 이하 참조.

49) 이러한 의미의 경찰허가와 특허기업(공익사업)의 특허의 구별에 관하여는 본서 제7편 제2장 제4절 제2관 이하 참조.

2. 경찰허가의 종류

(1) 기속허가와 재량허가

이것은 허가가 기속행위인가 재량행위인가에 따르는 구분이다. 허가의 요건이 충족된 경우에 있어서 허가청이 허가의 의무를 지는 경우의 허가가 기속허가이며, 허가의 요건이 충족된 경우에 있어서도 허가를 할 것인가 안할 것인가에 관한 재량(결정재량) 및 누구에 대해서 할 것인가, 또는 수정허가[50]를 할 것인가 등에 관한 재량(선택재량)을 가지는 경우의 허가가 재량허가이다. 다만, 허가는 일반적으로 기속허가의 성질을 가진다고 볼 수 있다.

학자에 따라서는 경찰허가가 '기속재량행위'인 것으로 설명한다.[51] 그러나 재량행위는 재량이 인정되어 있는 범위 안에서는 '자유'로운 반면에 재량의 한계를 벗어날 수 없는 '기속'을 받는 등 재량에는 본래 '자유'로운 면과 '기속'을 받는 양면이 있는 점에 유의할 필요가 있다.[52] 그러한 의미에서, 자유재량·기속재량의 구별을 전제로 하는 기속재량이라는 용어는 경찰허가와 관련하여서도 피하는 것이 좋을 것으로 생각된다.[53]

한편, 경찰허가와 관련하여 허가의 요건이 불확정개념(unbestimmter Begriff)으로 정하여져 있음으로 인하여 판단여지(Beurteilungsspielraum)가 인정된다고 하는 경우, 그 판단여지와 재량을 동일시해서는 안 될 것이다.[54]

(2) 통제허가와 예외적 승인(예외적 허가)

허가와 예외적 승인의 차이는 전술한 바와 같다.[55] 그럼에도 불구하고 양자는 다같이 '금지의 해제'인 점에 공통점이 있으며, 그러한 의미에서 양자를 허가의 종류(Arten der Erlaubnis)의 일종으로서 열거하기도 한다.

(3) 대인적·대물적·혼합적 허가

허가의 위와 같은 구분은 허가의 요건이 인적 요소(개인의 능력·자격 등)를 기준으로 하

---

50) '수정인가'는 성질상 허용되지 않지만 '수정허가'는 일반적으로 가능시되고 있다. 이 점에 관하여는 특히 김남진·이명구, 행정법연습, 93면 이하 참조.
51) 박윤흔·정형근(하), 338면 등.
52) 상세는 김남진·김연태(Ⅰ), 233면 참조.
53) 아울러 김남진, 판례평석, 법률신문, 1998. 4. 6 참조.
54) 재량과 판단여지의 이질성 등에 관하여는 김남진·김연태(Ⅰ), 231면 이하; 김남진, 기부금품 모집허가의 성질 등, 법률신문, 2000. 4. 6 및 2000. 5. 25 참조.
55) 아울러 김남진, 통제허가와 예외적 승인의 구별 등, 고시연구, 2000. 6, 308면 이하; 김중권, 행정법상 억제적 금지에 대한 예외적 승인에 대한 소고, 법정고시, 1998. 4, 77면 이하 참조.

는 것인가(대인적 허가), 물적 요소를 기준으로 하는 것인가(대물적 허가), 인적·물적 요소를 다 함께 기준으로 하는 것인가(혼합적 허가)에 따른 구분이다. 이들 허가의 구분은 뒤에서 보는 바와 같이 허가효과의 이전성(승계)의 가부와 관련하여 중요한 의미를 가진다.

(4) 부분허가·가허가

건설에 장기간의 시일이 소요되는 시설 등의 설치와 관련하여 그의 일부에 대한 부분허가가 주어질 수 있다. 또한 시설의 설치에 오랜 시일이 걸리는 영업허가 등에 있어, 일단 영업허가를 부여한 후 지정된 기간 내에 그 시설을 갖추지 않는 경우에 영업허가를 철회할 수 있게 하고 있는 경우도 있는데, 이러한 경우를 '가허가'라고 말할 수 있다.[56]

(5) 일반허가

학자 가운데에는, 행정청이 상대방의 신청 없이 직권으로 행하는 허가로서의 '일반허가'를 인정하며, '특정 외래품 수입금지의 일반적 해제' 등을 그 예로서 든다. 그러나 그러한 경우는 '일반적 금지의 철회 또는 정지'로 보는 것이 타당시된다.[57]

3. 경찰허가의 적법·발효요건

경찰허가도 그것이 적법하게 성립하고 효력을 발생하기 위해서는 여러 가지 요건, 즉 주체·내용·절차·형식 등에 관한 요건을 갖추어야 함은 다른 행정행위에 있어서와 마찬가지이다.[58] 아래에서는 경찰허가와 관련하여 특히 중요한 요건에 관하여 고찰하기로 한다.

(1) 신청(출원)

경찰허가는 보통 신청에 의하여 행해진다. 그러한 의미에서 경찰허가는 협력 또는 동의를 요하는 행정행위(zustimmungsbedürftiger Verwaltungsakt)라고 할 수 있다. 다만, 우리나라에서는 아직도 '쌍방적 행정행위'라는 용어가 사용되고 있는데, 그러한 용어는 ① 상대방의 신청까지 행정행위로 부르게 되는 점, ② 진정한 쌍방적 행위인 "공법상의 계약"과의 구별을 애매하게 만드는 점에

---

56) 부분허가, 가허가 등에 관하여는 김남진, 샘물개발 가허가의 요건 등, 판례월보 제364호, 2001. 1 등 참조.
57) 동지: 이상규(하), 331면.
58) 이들 요건의 상세에 관하여는 김남진·김연태(Ⅰ), 제2편 제3장 제6절 행정행위의 성립 및 효력발생 참조.

서 부적절한 것으로 생각된다.[59)]

이와 관련하여, 신청 없이 행해진 경찰허가가 당연무효인가 하는 점이 다투어지고 있다. 다수설[60)]은 당연무효로 보고 있는데 대하여, 출원이 없는 허가나 출원의 내용과 다른 허가도 법령에 특별한 규정이 있거나 상대방이 명백하게 그 수익을 거부하지 아니하면 당연히 무효가 되는 것은 아님을 주장하는 설[61)]도 있다. 생각건대, 신청 또는 동의가 없는 경찰허가는 그의 효력(Wirksamkeit)이 일정 기간 부동상태에 있다가, 상대방의 동의가 있음으로써 그의 효력이 완성된다고 말할 수 있다.[62)] 그러한 의미에서 신청(동의)없이 행해진 경찰허가도 언제나 당연무효라고는 할 수 없다.

(2) 시험, 검사 등

경찰허가는 위험방지의 필요에서의 일반적·잠정적 금지의 해제행위임은 앞에서 설명한 바와 같다. 그러한 의미에서, 금지해제의 전단계로서 상대방으로 하여금 일정한 시험을 치르게 하거나(운전면허) 물품·시설 등 검사를 받게 하는 경우가 많이 있다(식품위생법 31조 등 참조).

(3) 타기관의 협력(동의)

경찰허가에는 다른 행정기관의 동의, 승인 등 협력을 요하는 경우가 적지 아니하다. 건축허가에 소방서장 등의 동의를 필요로 하는 경우가 그 일례이다(화재예방, 소방시설 설치·유지 및 안전관리에 관한 법률 7조 참조). 이러한 경우, 그 동의의 거부 등을 행정행위로서 볼 수 있는가 하는 것이 논의의 대상이 되기도 한다.[63)]

(4) 타인의 동의

경찰허가에는 때때로 '건축주의 동의', '인근주민의 동의' 등을 그의 요건의 하나로서 요구하는 경우가 있다. 그러한 요구는 법령의 근거를 필요로 한다고 보지 않을 수 없다. 그럼에도 불구하고 행정실무상으로는 법령의 근거 없이 그러한 요건의 충족을 요구하는 경우가 있음으로써 물의를 일으키는 예가 적지 않다.[64)]

---

59) 신청과 신고의 구분 등에 관하여는 김남진, 건축신고반려조치의 법적 성질, 법률신문, 2000. 12. 28 참조.
60) 김도창(하), 329면; 박윤흔·정형근(하), 339면 등.
61) 이상규(하), 330면.
62) 동지: Wolff/Bachof, Verwaltungsrecht I, 9. Aufl., S. 403.
63) 김남진, 기본문제, 951면 이하 참조.
64) 이러한 점에 관하여는 김남진·이명구, 행정법연습, 78면 이하 참조.

(5) 거리의 제한

법이 위험방지를 위하여 건물·위험시설 등의 설치에 일정한 거리제한을 두는 경우도 적지 않다. 다만, 이 경우에도 법률유보의 원칙이 준수되지 않으면 안 된다. 그럼에도 불구하고 동 원칙이 준수되지 않음으로 인하여 분쟁이 일어나는 경우도 적지 않다. 예컨대, 주유소설치허가(위치변경허가)에 있어 법령에 규정이 없음에도 불구하고 행정청이 주유소 상호간의 거리제한을 허가요건으로 정할 수 있느냐 하는 것이 재판상 문제된 바 있다. 법원이 이것을 긍정한 사례(아래 판례)가 있으나, 허가의 요건으로서의 거리제한 같은 것은 법률의 수권이 필요하다고 보아야 할 것이다.

[판례] 본건 위치변경신청에 대한 불허가처분 당시의 소방법 시행령 제78조 소정의 시설기준 가운데 주유소 상호간의 거리에 관한 명문의 제한을 둔 바 없다 하더라도 피고 시가 본건 원고의 위치변경신청을 불허함에 있어서 화재의 예방 및 진화를 위한 소방법상의 목적 및 석유사업법 제17조 및 동법 시행령 제10조에 의하여 주유소 등에 대한 사업조정의 권한이 있는 상공부장관으로부터 주유소의 난립억제에 관한 통첩에 의하여 주유소의 신규설치 또는 이전에 기존 주유소와의 간에 1킬로미터 이상의 거리를 두도록 한 내무부장관의 지시를 적용하였다 하여 위와 같은 내부기준이 소방법 및 동법 시행령상의 허가요건이나 시설기준에 관한규정에 저촉된다거나 이를 제한한 것이라고 보기 어렵다(대판 1974. 11. 26, 74누110).

다른 한편, 경찰허가와 관련하여 경업자간의 경쟁을 방지하기 위하여 거리제한을 허가요건으로서 정할 수 있는가 하는 것이 헌법상의 직업(선택)의 자유와 관련하여 문제되기도 한다. 단계이론(Stufentheorie)에 의할 때 거리제한 등을 통해 국민의 직업의 자유를 제한하는 데에는 엄격한 요건이 요구된다고 말할 수 있다.

(6) 경찰허가의 형식

경찰허가는 일정한 형식으로 행해지는 경우가 적지 않다. 증서(허가증·면허증 등), 감찰증의 교부, 장부에의 등록 등이 그 예이다(도로교통법 85조). 그러나 구두에 의한 경찰허가도 가능하며, 추정적·묵시적 허가도 있을 수 있다. 무허가건물의 방치 등이 그 예이다.

(7) 수수료 · 조세의 납부

학설[65]에 따라서는 수수료, 조세의 납부 등을 경찰허가의 요건으로 열거하기도 한다. 이 점에 대해서 다른 학설[66]은 그것들은 경찰허가 자체의 요건은 아니며, '별개의 행위'임을 지적한다. 생각건대, 수수료는 경찰허가의 부관(부담)으로서 정해지는 경우가 대부분이며, 조세(면허세 등)의 부과는 경찰허가의 요건과 직접 결부됨이 없이 별도로 행해짐이 보통이라 할 수 있다.

4. 경찰허가의 부관

(1) 부관의 의의 및 종류

경찰허가는 수익적 행정행위의 일종으로서, 부관(Nebenbestimmung)이 붙여지는 경우가 많이 있는데, 그 부관이란 "부관이 붙여진 행정행위의 효과를 제한 또는 보충하기 위한 부대적 규율"을 의미한다. 종래의 통설은 그 부관을 "행정행위의 효과를 제한하기 위하여 주된 의사표시에 붙여진 종된 의사표시"로서 정의하고서는 부관은 법률행위적 행정행위 및 재량행위에만 붙일 수 있고, 이른바 준법률행위적 행정행위 및 기속행위에는 붙일 수 없다고 하였다. 이러한 주장이 타당한가는 '부관의 한계'와 관련하여 뒤에서 살펴보기로 한다.

(2) 부관의 종류

(가) 조 건

조건이란, 경찰허가와 같은 행정행위의 효과의 발생 또는 소멸을 장래의 불확실한 사실(사건)에 의존시키는 부관을 말하며, 정지조건과 해제조건으로 나누어진다. '가옥의 준공을 조건으로 하는 영업허가'와 같이, 어떤 사실의 성취(가옥의 준공)와 더불어 행정행위(경찰허가)의 효과를 발생케 하는 것이 정지조건이며, '앞으로 3개월 내에 영업을 시작할 것을 조건으로 하는 영업허가'와 같이, 어떤 사실의 성취(3개월이 지나도 영업을 개시하지 않음)와 더불어 행정행위의 효력을 소멸케 하는 것이 해제조건이다.

(나) 기 한

행정행위의 효과의 발생 · 소멸 또는 계속을 시간적으로 정한 부관이 기한으로서, 시기와 종기로 나누어진다. 기한을 "행정행위의 효과의 발생 또는 소멸

---

65) 김도창(하), 330면; 박윤흔 · 정형근(하), 340면.
66) 이상규(하), 330면.

을 장래 도래가 확실한 사실의 발생에 의존시키는 부관"으로 정의하기도 한다. ○○년 ○○월 ○○일과 같은 날짜는 '도래가 확실'한 점에서 그것이 불확실한 조건의 경우와 다른 셈이다.

허가에 붙여진 종기가 도래하면, 허가의 효과가 소멸하는 것이 일반적이지만, 그 기한을 존속기간이 아니라 갱신기간으로 보아야 하는 경우도 있을 수 있다.

[판례] 일반적으로 행정처분에 효력기간이 정하여져 있는 경우에는 그 기간의 경과로 그 행정처분의 효력은 상실되고, 다만 허가에 붙은 기한이 그 허가된 사업의 성질상 부당하게 짧은 경우에는 이를 그 허가 자체의 존속기간이 아니라 그 허가 조건의 존속기간으로 보아 그 기한이 도래함으로써 그 조건의 개정을 고려한다는 뜻으로 해석할 수는 있지만, 그와 같은 경우라 하더라도 그 허가기간이 연장되기 위하여는 그 종기가 도래하기 전에 그 허가기간의 연장에 관한 신청이 있어야 하며, 만일 그러한 연장신청이 없는 상태에서 허가기간이 만료하였다면 그 허가의 효력은 상실된다(대판 2007. 10. 11, 2005두12404. 동지 판례: 대판 1995. 11. 10, 94누11866).

(다) 부 담

부담이란 행정행위(경찰허가 등)의 주된 내용에 부가되어 그 행정행위의 상대방에게 작위·부작위·급부 등의 의무를 부과하는 부관을 말한다. 음식점영업허가를 행하면서 여러 가지 시설을 갖출 의무를 부과하는 것이 그 예이다. 조건과 혼동하지 않도록 유의할 필요가 있다.

(라) 철회권의 유보

행정청이 일정한 경우(의무를 이행하지 않는 경우 등)에 행정행위(경찰허가 등)의 효력을 소멸시킬 수 있음을 정한 부관이 철회권의 유보이다. 행정실무에 있어서는 '취소권의 유보'라고도 한다. 부담과 함께 가장 많이 활용되는 부관이라 할 수 있다. 부관으로서 철회권을 유보하였다 하여 유보한 사실만 발생하면 철회가 자유로운 것은 아니며, 여기에도 철회의 일반원칙(비례의 원칙·신뢰보호의 원칙 등)이 적용되는 점에 유의할 필요가 있다.

[판례] 취소(철회)권을 유보한 경우에 있어서도 무조건으로 취소권을 행사할 수 있는 것이 아니고, 취소를 필요로 할 만한 공익상의 필요가 있는 경우에 한하여 취소권을 행사할 수 있다(대판 1964. 6. 9, 64누40 등).

(마) 법률효과의 일부배제

이는 법률이 행정행위(경찰허가 등)에 부여하는 효과의 일부를 배제하는 내용의 부관을 말한다. 음식점영업허가를 부여하면서, "10일에 하루는 휴업할 것"을 정하는 부관 같은 것이 그에 해당한다. 법률이 정하는 효과를 행정청의 의사로 배제(제외)하려는 것이므로, '법령의 근거'가 있어야만 붙일 수 있다고 보지 않으면 안 된다.

(바) 행정행위의 사후변경의 유보(부담유보)

이는 행정청이 행정행위를 하면서, 사후에 부관을 부가 또는 변경할 수 있는 권한을 유보하는 내용의 부관을 말한다. 독일의 행정절차법(36조 2항 5호)은 부담의 사후부가·변경 또는 보충을 유보하는 내용의 부관에 관하여 정하고 있는데, 이러한 부관을 간단히 '부담유보'라고 부른다.

(사) 수정부담

예를 들면, 상대방이 3층집의 건축허가를 신청한 경우에 행정청이 2층집을 지을 것으로 내용을 수정하여 건축허가를 부여하는 경우와 같이, 행정행위에 부가하여 새로운 의무를 부과하는 것이 아니라 상대방이 신청한 것과는 다르게 행정행위의 내용을 정하는 것을 흔히 '수정부담'이라고 부른다. 그러나 엄격히 말하면, '부관'의 일종이 아니라 '새로운 행정행위'로 보아야 한다는 것이 오늘에 있어서의 학설의 일반적 경향이다.

(3) 부관의 가능성·한계

어떠한 행정행위에 부관을 붙일 수 있는가? 종래의 통설은 법률행위적 행정행위(허가·특허·인가 등) 및 재량행위에만 부관을 붙일 수 있고, 준법률행위적 행정행위(확인·공증·통지·수리 등)나 기속행위에는 부관을 붙일 수 없다고 주장하였다. 그러나 예컨대 법률행위적 행정행위(귀화허가 등)에도 부관을 붙이는 것이 부적당한 것이 있는 반면, 이른바 준법률행위적 행정행위(공증 등)에 부관(기한 등)을 붙이는 사례가 있으며, 또한 기속행위에도 절대로 부관을 붙이지 못하는 것이 아님이 입증됨에 따라 종래의 통설은 오늘날 점차 그 지지를 상실하고 있다. 그럼에도 불구하고, 아직 판례는 종래의 통설에 따르는 경향에 있다.

[판례] 기속행위 내지 기속적 재량행위 행정처분에 부담인 부관을 붙인 경우 일반적으로 그 부관은 무효라 할 것이다(대판 1998. 12. 22, 98다51305. 동지판례: 대판 1997. 6. 13, 96누12269; 대판 1995. 6. 13, 94다56883).[67]

5. 경찰허가의 효과

(1) 다면적 효과(법률상 이익과 반사적 이익)

경찰허가는 위해방지를 위한 일반적 금지(경찰금지)를 해제하여 자유를 회복시켜 주는 효과를 가진다. 그리고 이에 의하여 회복되는 개인의 자유는 헌법상의 기본권에 해당하는 경우가 대부분이다. 즉, 영업허가에 의하여 회복되는 영업의 자유는 직업(수행)의 자유권(헌법 15조)의 성질을 가지며, 건축허가에 의하여 회복되는 건축의 자유는 재산권(동법 23조)의 성질을 가진다고 볼 수 있다. 따라서 개인의 그와 같은 자유가 기본권으로서 법의 보호를 받음은 말할 필요도 없다.

> **[참고판례]** 건축허가가 있으면 그 허가 자체가 허가받는 사람에게는 일종의 이익으로 받아들여지게 되며 허가받은 자는 그 허가를 기초로 건물을 건축하고 준공검사를 받으며 관계법령에 따른 그 건축물의 유지·관리의무를 지는 것이므로 건축물이 준공된 후에도 그 허가의 효력이 지속된다고 볼 것인 바, 반대의 견해로서 이미 건축물이 준공된 이 사건 건축허가취소처분을 다투는 것은 소의 이익이 없다는 논지는 채용할 바가 아니다(대판 1984. 12. 11, 83누147).

경찰허가가 기속행위인 경우에는 허가를 해 줄 것을 요구할 수 있는 권리(공법상의 개인적 권리)가 상대방에게 인정될 수 있으며,[68] 이러한 경우에 행정청이 허가를 거부한다든가 응답이 없는 경우에는, 허가신청자는 불허가처분의 취소쟁송, 의무이행심판, 부작위위법확인소송 등의 방법을 통해 그의 법률상 이익을 보호받을 수 있다.

그럼에도 불구하고, 허가에 의하여 발생하는 이익은 '반사적 이익'이며, 그 점이 '법률상 이익(권리)'을 발생시키는 특허와 구별된다고 흔히 말해진다. 이러한 설명은 잘못된 것인가?

생각건대, 그러한 설명은 '기존업자와 신규업자와의 관계'를 놓고 볼 때에는 타당하다. 예컨대, 甲이 음식점영업허가를 받아 음식점을 경영하고 있는데 이웃에 乙이 음식점영업허가를 받아 영업을 시작함으로 인하여 甲이 불이익을 받게 되는 경우가 그에 해당한다. 甲과 乙은 다 같이 법이 정한 요건(시설기준 등)을 충족하여 허가를 받은 것으로서, '장사가 잘되고 안 되는 등의 영업상의 이익'

---

67) 이 판례에 대한 비판적 평석에 관하여는 김남진, 교섭·합의에 의한 부관의 효력, 법률신문, 1995. 11. 13 참조.

68) 기속행위와 공권의 이와 같은 관계에 대하여는 김남진·김연태(Ⅰ), 235면 이하 참조.

은 허가의 효과와는 무관계한 것이다. 즉, 신규영업자의 영업으로 인하여 기존업자가 영업상의 불이익을 받더라도 그것은 허가의 효과와는 무관계한 것이므로, 흔히 "허가의 효과(이익)는 반사적 이익이다"라고 말해지는 것이다. 그리고 그 점이 '기존업자(자동차운수업자 등)의 영업상의 이익(지역적·독점적 이익 등)'을 법이 보호해 주는 특허와 다른 점이다.[69]

[참고판례①] 한의사 면허는 경찰금지를 해제하는 명령적 행위(강학상 허가)에 해당하고, 한약조제시험을 통하여 약사에게 한약조제권을 인정함으로써 한의사들의 영업상 이익이 감소되었다고 하더라도 이러한 이익은 사실상의 이익에 불과하고 약사법이나 의료법 등의 법률에 의하여 보호되는 이익이라고는 볼 수 없으므로, 한의사들이 한약조제시험을 통하여 한약조제권을 인정받은 약사들에 대한 합격처분의 무효확인을 구하는 당해 소는 원고적격이 없는 자들이 제기한 소로서 부적법하다(대판 1998. 3. 10, 97누4289. 동지판례: 대판 1981. 1. 27, 79누433; 대판 1963. 8. 31, 63누101).

[참고판례②] 영업허가는 유기장경영권을 설정하는 설권행위가 아니고 일반적 금지를 해제하는 영업자유의 회복이라 할 것이므로 그 영업상의 이익은 반사적 이익에 불과하다(대판 1985. 2. 8, 84누369).

위에 기술한 바에 의하여, 경찰허가에는 권리(법률상 이익)로서의 측면과 반사적 이익(사실상 이익)으로서의 측면이라는 두 가지 측면이 있다. 그럼에도 불구하고, 종래 '반사적 이익'의 측면만 강조함으로 인하여 여러 가지 오해가 일어났다고 할 수 있다.[70] 이러한 문제의 이해를 위해서도 반사적 이익과 공권(개인의 공법상의 권리) 내지는 법률상 이익의 구분은 필요하고도 유용한 일이다. 그러한 의미에서 그 양자의 구별을 경시하려는 입장에 대해서는 의문을 표시하지 않을 수 없다.[71]

(2) 경찰허가와 타법률관계

경찰허가는 경찰상의 금지만 해제하여 줄 뿐, 다른 법률상의 제한까지 해제하여 주는 것은 아니다.[72] 따라서 공무원의 신분을 가진 자가 예컨대 음식점영

69) 이른바 특허기업의 특허(영업의 특허)와 경찰허가와의 이동의 상세에 관하여는 본서 553면 이하 참조.
70) 이에 관한 상세는 김남진, 허가의 성질과 효과, 월간고시, 1983. 5; 김남진, 기본문제, 205면 이하; 김동희, 허가와 특허개념의 재검토, 월간고시, 1987. 11, 28면 이하 참조.
71) 이에 관한 근래의 논의에 관하여는 김남진, 법률상 이익과 사실상 이익의 구분, 법률신문 1999. 8. 19 참조.
72) 반대로, 동일대상이 경찰허가와 공물의 사용허가의 대상이 되는 경우(지하상가에서의 음식점영업허가 등)도 있는 점에 유의할 필요가 있다. 상세는 김남진, 음식점영업허가와 공물관리권과의 관계, 법률신문, 2000. 10. 2 참조.

업허가를 받더라도 공무원법상의 영리활동금지조항(국가공무원법 64조 1항, 지방공무원법 56조 1항 등)으로 인하여 위 영업을 할 수 없는 것이다.

(3) 경찰허가와 법률행위의 효력

경찰허가는 적법요건일 뿐이므로, 허가를 받지 않고 행한 영업행위(법률적 행위)도 처벌의 대상이 되기는 하나 그의 법률적 효력이 부인(무효)되지 않는 것이 일반적이다. 이 점이 허가와 인가의 다른 점이다.

(4) 경찰허가의 효과의 범위(이전성 여부)

경찰허가의 효과가 어디까지 미치는가, 그리고 그의 효과가 이전될 수 있는가 하는 문제는 허가의 종류에 따라 차이가 있다.

(가) 대인적 효과

경찰허가의 효과가 미칠 수 있는 인적 범위도 역시 허가의 종류에 따라 차이가 있다.

① 대인적 허가의 경우: 경력·기능 등 개인적 사정을 표준으로 하여 행하여지는 경찰허가(운전면허, 이용사면허 등)의 효과는 허가를 받은 자의 일신에 전속하며 타인에게 이전되거나 상속될 수 없다.

② 대물적 허가의 경우: 물적 시설·환경 등 객관적 사정을 표준으로 하여 행해지는 경찰허가(건축허가·자동차 검사합격처분 등)의 효과는 허가의 대상이 된 물건의 이전에 따라 동시에 이전·승계됨이 원칙이다. 이것과 관련하여, 그 대물적 허가의 효과의 이전과 함께 허가양도자에게 있는 허가철회사유까지 허가양수인에게 이전되는가 하는 것이 문제되고 있다. 법원은 이것을 긍정한 바 있다.

[판례] 석유사업법 제 규정 및 석유판매업자의 영업양도, 사망, 합병의 경우뿐만 아니라 경매 등의 절차에 따라 단순히 석유판매시설만의 인수가 이루어진 경우에도 석유판매업자의 지위승계를 인정하고 있는 점을 종합하여 보면, 석유판매업 등록은 원칙적으로 대물적 허가의 성격을 갖고, 또 석유판매업자가 같은 법 제26조의 유사석유제품 판매금지를 위반함으로써 같은 법 제13조 제3항 제6호, 제1항 제11호에 따라 받게 되는 사업정지 등의 제재처분은 사업자 개인의 자격에 대한 제재가 아니라 사업의 전부나 일부에 대한 것으로서 대물적 처분의 성격을 갖고 있으므로, 위와 같은 지위승계에는 종전 석유판매업자가 유사석유제품을 판매함으로써 받게 되는 사업정지 등 제재처분의 승계가 포함되어 그 지위를 승계한 자에 대하여 사업정지 등의 제재처분을 취할 수 있다고 보아야 한다(대판 2003. 10. 23, 2003두8005. 동지 판례: 대판 2001. 6. 29, 2001두1611).[73]

참고로 식품위생법은 행정제재처분의 효과의 이전(승계)을 인정하면서, 다만 영업의 양수인 등이 양수 또는 합병시에 그 처분 또는 위반사실을 알지 못하였음을 증명하는 때에는 그러하지 아니하다고 규정하고 있다(78조).

③ 혼합적 허가의 경우: 개인의 주관적 사정과 시설 등 객관적 사정을 아울러 고려하여 행하여지는 경찰허가(가스영업허가·음식점영업허가 등)에 있어서는 물적 시설의 양도나 상속에 의하여 허가의 효과 역시 당연히 이전되는 것이 아니고, 시설의 양수인 또는 상속인으로 하여금 새로이 허가를 받게 함이 보통이다(구 전당포영업법 시행령 3조 등). 그리고 이 경우 심사의 대상은 양수인 등의 주관적 사정에 한한다고 새겨지고 있다.

(나) 지역적 효과

경찰허가의 효과는 허가청의 관할구역 내에만 미치는 것이 원칙이다. 다만, 허가의 성질상 타구역에도 미침이 당연한 것(운전면허 등)은 예외이다. 법이 이에 관하여 명문의 규정(구 도로운송차량법 52조 등)을 둔 경우도 있다.

(5) 경찰허가의 경신

경찰허가에 종기가 붙여져 있는 경우에, 그 종기의 도래로 인하여 허가의 효력이 소멸(실효)[74]함은 당연하다. 그러나 영업허가 등의 경우, 허가갱신의 제도를 두어 허가의 효과를 계속하게 함이 원칙이다. 만일에 종기의 도래 이전에 허가갱신의 신청을 하였는데 허가의 종기 이후에 허가갱신의 거부가 행해진 경우, 이 문제를 어떻게 해결할 것인가, 허가의 갱신이 없으면 당해 경찰허가의 효력은 당연히 소멸한다는 견해[75]와 갱신의 거부는 장래에 향해서만 허가의 효력을 소멸시킨다고 보는 견해[76]가 나누어져 있는 바, 신의칙[77]에 비추어 개별적으로 판단될 문제이다.

[판례①] 종기인 기한에 관하여는 일률적으로 기한이 왔다고 하여 당연히 그 행정행위의 효력이 상실된다고 할 것이 아니고, 그 기한이 사업의 성질상 부당하게

73) 이 판례에 대한 평석으로는 김남진, 석유판매업의 양도양수와 귀책사유의 승계여부, 법률저널, 2003. 3. 11; 김남진, 고시연구, 2002. 9, 82면 이하 참조. 아울러 제재사유의 승계여부에 관한 상세는 김남진·김연태(Ⅰ), 108면 이하 참조.
74) 이에 관하여는 김남진·김연태(Ⅰ), 제2편 제3장 제11절 행정행위의 실효 참조.
75) 이상규(하), 336면.
76) 박윤흔·정형근(하), 342-343면.
77) 김남진·김연태(Ⅰ), 48면 이하 참조.

짧은 기한을 정한 경우에 있어서는 … 그 기한이 옴으로써 그 조건의 갱신을 고려한다는 뜻으로 해석하여야 한다(대판 1996. 11. 10, 94누11866).

[판례②] 사행행위의 허가의 갱신허가는 … 종전의 허가처분과는 별도의 새로운 행정처분이라고 보아야 할 것이므로, 허가관청은 기존허가를 받은 자에 대해서 다시 허가를 할 때에는 신법소정의 허가요건 및 허가를 제한하고 있는 경우에 해당하고 있는지 여부를 새로이 판단하여 허가 여부를 결정하여야 하며, 재허가를 불허하더라도 기득권박탈이나 신뢰보호원칙에 어긋난다고 할 수 없다(대판 1993. 5. 25, 93구4177).

6. 경찰허가의 불허가의 효과

(1) 기속허가의 경우

경찰허가가 기속행위의 성질을 가질 때에는 그에 관한 요건을 충족한 상대방은 허가청에 대하여 허가를 청구할 수 있는 공법상의 권리를 가진다. 따라서 그 기속허가의 거부 또는 부작위에 대해서는 권리침해를 이유로 한 쟁송(이행심판·거부처분의 취소쟁송·부작위의 위법확인소송 등)의 제기가 가능하다.

(2) 재량허가의 경우

재량허가의 경우는, 상대방은 다만 "하자 없는 재량행사청구권"만을 가질 수 있으며, 이에 의한 구제방법을 취할 수 있다.[78]

7. 경찰허가의 취소

(1) 취소의 의의

경찰허가 등 행정행위의 취소는 하자있는, 즉 위법 또는 부당한 행위를 소멸시키는 행위를 말한다. 행정청이 직권으로 취소하는 경우를 직권취소라 하고, 상대방 등의 쟁송제기의 결과 취소되는 경우를 쟁송취소(취소재결·취소판결)라고 한다. 또한 실무상으로는 다음에 보는 철회를 취소로 부르는 경향이 있다. 그러나 직권취소·쟁송취소 및 철회 사이에는 너무나 차이가 많으므로, 아래에서는 직권취소에 관해서만 고찰하기로 한다.

(2) 취소권자와 법적 근거

허가 등 행정행위의 취소에 관하여 규정을 두고 있는 법률(도로교통법 93조, 정부조직법 11조 2항, 18조 2항 등)이 많이 있다. 그러한 명문의 규정이 없는 경우에도 직권취소가 가능한 것인가?

---

78) 상세는 김남진·김연태(Ⅰ), 116면 이하 참조.

(가) 처분청의 경우

허가를 행한 행정청, 즉 처분청의 경우 명문의 근거없이도 하자있는 행정행위를 직권으로 취소할 수 있는 것에 대해서는 이론이 없다.

[판례] 행정처분에 하자가 있는 경우에는 법령에 특별히 취소사유로 규정하고 있지 아니하여도 행정청은 그가 행한 위법한 행정처분을 취소할 수 있다(대판 1982. 7. 27. 81누271. 동지판례: 대판 1986. 2. 25, 85누664).

(나) 감독청의 경우

개별법 또는 정부조직법 등 법적 근거에 의하여 취소권을 행사할 수 있음은 말할 필요가 없다. 그러면 법에 명문의 근거가 없는 경우에도 감독권에 의거하여 당연히 취소권을 행사할 수 있는 것인가? 이 문제에 대한 학설은 긍정설과 부정설로 나누어져 있는 상태이다.

생각건대, 감독청의 감독권에는 하급행정청의 권한을 직접 행사할 수 있는 권한까지 포함되는 것은 아니며, 따라서 감독권에는 취소·정지권이 당연히 포함되지는 않는다고 볼 것이다. 결국 법령상의 근거가 없는 한 감독청은 처분청에 대하여 처분의 취소를 명할 수 있을 뿐, 감독청이 직접 취소할 수는 없는 것이다.

(3) 취소의 사유

경찰허가 등 행정행위에 위법·부당 등 하자가 있는 경우에 그것이 일단 취소사유가 되는 것에 대해서는 이론이 없다. 그러나 하자가 치유된 경우, 하자있는 행위가 다른 행정행위로서 전환된 경우에는 그 취소사유가 소멸되었다고 보아야 할 것이다.

(4) 취소의 기준과 제한

행정행위에 하자가 있다고 하여 언제나 그 행위가 취소될 수 있는 것은 아니다. 특히 경찰허가와 같은 수익적 행정행위에 있어서는 그의 취소에 여러 가지 제약이 따른다는 점에 유의할 필요가 있다.

첫째로, 하자의 귀책사유가 누구에게 있는가 하는 점이 먼저 고려되어야 한다. 행정행위에 하자가 있을지라도 행정청의 착오 등 그 책임이 행정청에 있는 경우에는 취소가 자유롭지 않다고 보아야 한다. 반대로 상대방이 서류를 위조했다든가, 공무원에게 뇌물을 주었다는 등 상대방에게 귀책사유가 있는 경우에는 그 취소는 자유롭다고 보아야 할 것이다.

둘째로, 취소로 얻어지는 이익(공익)과 취소로 인해 상대방 등이 입게 되는 불이익 등이 고려되지 않으면 안 된다(이익형량 및 과잉금지원칙의 고려).

셋째로, '행정에 대한 신뢰보호원칙'이 고려되어야 한다. 즉, 예컨대 경찰허가에 하자가 있을지라도, 상대방이 그 허가를 적법한 것으로 믿은 경우, 그리하여 건축의 착수, 영업의 개시 등 행위의 착수가 있는 경우 등은 허가의 취소가 크게 제약을 받는다고 보아야 한다.

[판례①] 행정처분에 하자가 있음을 이유로 처분청이 이를 취소하는 경우에도 그 처분이 국민에게 권리나 이익을 부여하는 이른바 수익적 행정행위인 때에는 그 처분을 취소하여야 할 공익상 필요와 그 취소로 인하여 당사자가 입게 될 기득권과 신뢰보호 및 법률생활안정의 침해 등 불이익을 비교교량한 후 공익상 필요가 당사자가 입을 불이익을 정당화할 만큼 강한 경우에 한하여 취소할 수 있음은 소론과 같으나, 그 처분의 하자가 당사자의 사실은폐나 기타 사위의 방법에 의한 신청행위에 기인한 것이라면 당사자는 그 처분에 의한 이익이 위법하게 취득되었음을 알아 그 취소가능성도 예상하고 있었다고 할 것이므로 그 자신이 위 처분에 관한 신뢰이익을 원용할 수 없음은 물론 행정청이 이를 고려하지 아니하였다고 하여도 재량권의 남용이 되지 않는다(대판 1990. 2. 27, 89누2189; 동지 판례: 대판 1987. 11. 24, 87누396).

[판례②] 행정청이 앞서 표명한 공적인 견해에 반하는 행정처분을 함으로써 달성하려는 공익이 행정청의 공적 견해표명을 신뢰한 개인이 그 행정처분으로 인하여 입게 되는 이익의 침해를 정당화할 수 있을 정도로 강한 경우에는 신뢰보호의 원칙을 들어 그 행정처분이 위법하다고는 할 수 없다고 할 것이다(대판 1998. 11. 13, 98두7343).[79]

8. 경찰허가의 철회

(1) 철회의 의의 · 직권취소와의 구별

경찰허가의 철회는, 허가가 하자없이 성립하였으나 그 허가를 더 이상 존속시킬 수 없는 새로운 사정이 발생하였음을 이유로 장래에 향하여 그의 효력을 소멸시키는 행정행위이다. 실정법 및 실무상으로는 철회도 취소라고 함이 보통이다.

직권취소와 비교할 때, 철회는 ① 처분청만이 할 수 있는 점, ② 원칙적으로 장래에 향해서만 효력을 발생하는 점, ③ 철회원인이 행정행위 성립 후에 발생하는 점 등에서 구별된다고 할 수 있다.

79) 이 판례에 대한 비판적 평석에 대하여는, 김남진, 신뢰보호요건의 충족과 권리보호, 법률신문, 1999. 2. 1 및 김남진, 고시연구, 2000. 9, 42면 이하 참조.

(2) 철회권자와 법적 근거

경찰허가의 철회는 처분청(허가권자)만이 할 수 있는데, 처분청은 법률에 명문의 근거가 없는 경우에도 허가를 철회할 수 있는가 하는 것이 문제된다.

학설은 소극설(근거 불요설)과 적극설(근거 필요설)이 나누어져 있는 가운데 판례는 소극설을 취하고 있는 것으로 보인다.

> **[판례]** 처분 당시에 그 행정처분에 별다른 하자가 없었고 또 처분 후에 이를 취소할 별도의 법적 근거가 없다 하더라도 원래의 처분을 그대로 존속시킬 필요가 없게 된 사정변경이 생겼거나 또는 중대한 공익상의 필요가 발생한 경우에는 별개의 행정행위로 이를 철회하거나 변경할 수 있다고 보아야 한다(대판 1992. 1. 17, 91누3130).

그러나 맹목적인 소극설에 대해서는 의문을 가지지 않을 수 없다. 그 이유는 적법하게 허가를 받아 영업을 하고 있으며, 아무런 잘못도 없는데 단순히 '새로운 사정'이 발생하였다는 이유만으로 허가를 철회할 수 있다고 보는 것은 법치주의에 반한다고 판단되기 때문이다. 이 점과 관련하여, 어떤 사람이 허가를 받아 영업을 한다든가 건축을 하는 경우, 그 영업, 건축 등은 헌법에 보장되어 있는 기본권의 행사로서의 성격을 가진다고 하는 점에 유의할 필요가 있다. 따라서 적어도 단순히 공익상의 이유로 허가를 철회하는 경우에는 법적 근거를 필요로 한다고 봄이 타당하다. 다행히 최근에 제정된 「행정기본법」은 법령등 또는 사정의 변경이 있거나 중대한 공익을 위하여 필요한 경우 등에는 철회할 수 있다는 규정을 둠으로써, 철회에 대한 일반적 법적 근거를 마련하였다(19조).

(3) 철회의 사유와 철회권의 제한

철회의 사유는 추상적으로 말하여 '허가를 존속시킬 수 없는 새로운 사정의 발생'이라고 말할 수 있다. 구체적으로는 ① 철회권유보사실의 발생, ② 부담 등 의무의 불이행, ③ 사실관계의 변화, ④ 법령의 개정, ⑤ 공익상의 필요, ⑥ 기타 법령이 정한 사실의 발생 등이 그에 해당한다.

「행정기본법」은 철회 사유로 ① 법률에서 정한 철회 사유에 해당하게 된 경우, ② 법령등의 변경이나 사정변경으로 처분을 더 이상 존속시킬 필요가 없게 된 경우, ③ 중대한 공익을 위하여 필요한 경우 등 3가지를 규정하고 있다(19조 1항).

주의할 점은 위와 같은 철회사유가 발생하였다 하여 철회가 자유로운 것은 아니며, 과잉금지원칙 등 법원칙을 존중하여야 한다는 점이다. 그에 따라 철회보다 가벼운 조치(허가의 정지, 개선명령 등)를 통해서도 행정목적이 달성될 수 있는 경우에는 그에 의하지 않으면 안 된다.

아울러 철회는 행정기관이 취할 수 있는 '가장 무거운 제재'로서의 성격을 가진다는 점에 유의할 필요가 있다.

[판례①] 면허청이 상대방에게 면허를 주는 행정처분을 하였을 때에는 비록 법규상의 취소권 발동사유가 발생하더라도 취소하여야 할 공익상의 필요와 취소로 인하여 당사자가 입을 불이익 등을 형량하여 취소 여부를 결정하여야 하고 이것이 잘못되었을 경우에는 위법함을 면할 수 없다(대판 1990. 6. 26, 89누5713).

[판례②] 주유소가 단 한번 부정휘발유를 취급한 것을 이유로 가장 무거운 제재인 석유판매업허가 자체를 취소한 행정처분은 원고에게 너무 가혹하여 그 재량권의 범위를 일탈한 것이다(대판 1988. 5. 10, 87누707).

(4) 철회의 절차와 이유제시

경찰허가와 같은 수익적 행정행위를 철회하는 경우에는 청문의 기회를 주고 이유를 제시하여야 한다. 개별법(공중위생관리법 12조 등)에 근거가 있는 외에 행정절차법(22조, 23조 등)이 채택하고 있는 대원칙이라 할 수 있다.

[판례] 면허의 취소처분에는 그 근거가 되는 법령이나 취소권 유보의 부관 등을 명시하여야 함은 물론 처분을 받은 자가 어떠한 위반사실에 대하여 당해 처분이 있었는지를 알 수 있을 정도로 사실을 적시할 것을 요하며, 이와 같은 취소처분의 근거와 위반사실의 적시를 빠뜨린 하자는 피처분자가 처분 당시 그 취지를 알고 있었다거나 그 후 알게 되었다 하여도 치유될 수 없다고 할 것인바, 세무서장인 피고가 주류도매업자인 원고에 대하여 한 이 사건 일반주류도매업면허취소통지에 '상기 주류도매장은 무면허 주류 판매업자에게 주류를 판매하여 주세법 제11조 및 국세법사무처리규정 제26조에 의거 지정조건위반으로 주류판매면허를 취소합니다'라고만 되어 있어서 원고의 영업기간과 거래상대방 등에 비추어 원고가 어떠한 거래행위로 인하여 이 사건 처분을 받았는지 알 수 없게 되어 있다면 이 사건 면허취소처분은 위법하다(대판 1990. 9. 11, 90누1786, 동지판례: 대판 1987. 5. 26, 86누788).

(5) 철회의 효과

철회의 효과는 장래에 미치는 것이 원칙이다. 철회의 부수적 효과로서 원상회복, 관련문서의 반환 등이 명해질 수 있으며, 상대방의 책임으로 돌릴 수 있는 경우를 제외하고서는 허가의 철회로 발생하는 손실은 보상되어야 한다.

9. 경찰허가의 실효

(1) 실효의 의의

경찰허가 등 행정행위의 실효는 아무런 하자없이 성립한 행정행위가 일정한 사실의 발생에 의하여 당연히 그 효력을 상실하는 경우를 말한다.

실효는 ① 일단 적법하게 효력을 발생한 행정행위가 실효사유의 발생에 의해 효력을 상실하는 점에서 처음부터 아무런 효력이 없는 '행정행위의 무효'와 구별되며, ② 실효사유의 발생과 더불어 당연히(자동적으로) 행정행위의 효력이 상실되는 점에서, 행정행위의 효력을 소멸시키는 행정청의 의사표시를 필요로 하는 취소 또는 철회와 구별된다.

(2) 실효의 사유

실효의 사유에는 다음과 같은 것이 있다.

① 행정행위의 대상의 소멸(사람의 사망, 물건의 멸실 등)
② 해제조건의 성취
③ 종기의 도래
④ 행정의 목적달성

Ⅴ. 그 밖의 경찰작용

1. 종래의 관례

행정법각론(행정법 Ⅱ)에서 경찰작용(경찰의 행위형식)을 설명함에 있어, 우리나라 및 일본에서는 경찰하명(경찰명령 · 경찰처분)과 경찰허가에 대해서만 설명하는 것이 오랜 관례가 되어 왔다고 할 수 있다. 이 책 역시 일단 종래의 관례에 따라 경찰허가까지만 자세히 설명해 놓았음을 밝혀 놓기로 한다.

2. 앞으로의 과제

경찰작용의 이름아래 경찰하명과 경찰허가까지만 설명하는 종래의 관례에는 문제가 많이 있다. 경찰작용에 그 두 가지만 있는 것으로 오해를 일으키며,

경찰의 실상을 올바로 설명하지 못하는 것이 되기 때문이다.

경찰(실질적 의미의 경찰)이 실제로는 다양한 활동을 전개하고 있음에도 불구하고 책에서는 그 경찰하명과 경찰허가에 관해서만 설명하고 있는 이유는 어디에 있는 것인가? 그의 첫째 이유는 지면의 제약에 있다고 할 수 있다. 그러나 그 밖에도 종래 경찰을 "공공의 안녕·질서를 유지하기 위하여 국민에 대하여 명령·강제하며 그의 자연적 자유를 제한하는 권력작용"이라는 식으로 이해 또는 설명한 데에도 기인한다고 할 수 있다.

경찰의 임무가 실제로는 개인적·사회적 법익을 '보호'하는 것임에도 불구하고 개인적 자유를 '제한'하는 것에 조준하여 이론구성을 한 종래의 경찰법학에는 여러 가지 문제가 있다고 생각되며, 언젠가는 재구성되어야 하리라고 생각된다. 그러한 점을 의식하면서도 여기에서는 다음과 같은 점만 지적해 두기로 한다.

이 책은 경찰작용을 설명함에 있어, 종래의 경찰하명론을 비판하였으며, 그에 따라 경찰명령과 경찰처분을 구분하여 설명해 놓았다. 또한 경찰처분과 경찰허가를 종래의 틀을 벗어나 보다 상세히 설명해 놓았다. 경찰의 그 밖의 행위형식에 대해서도 설명하고자 하였으나, 역시 지면의 제약을 받지 않을 수 없다. 그러므로 나머지의 수많은 경찰작용, 즉 경찰상의 확약·계획·계약·사실행위(행정지도, 비공식적 행정활동 등)·사법작용 등에 관하여는 행정법총론(행정법 I)에서의 설명을 참고하기를 당부한다.

제 5 절 경찰절차·경찰조사·경찰공개

I. 개 설

과거의 행정법학은 행정을 공권력의 발동으로 이해함으로써 행정작용(행정의 행위형식)에 관해 설명함에 있어도, 명령(행정입법)과 행정행위만을 중점적으로 설명하는 경향에 있었다. 그러나 행정의 임무 및 형식이 다양해짐에 따라 행정법교과서에 있어서의 그에 관한 설명에 커다란 변화가 일어나고 있음은 앞에 적어 놓은 바와 같다. 행정법총론에서 광의의 행정절차(행정의 사전절차·행정조사·행정공개 포함)가 체계적으로 설명되게 된 것은 근년의 일이다. 그와 같은 행정법의 이론 및 제도의 발전에 발맞추어 경찰법에서도 당연히 그들 문제를 다룰 필요가 생기게 되었다. 본절에서 경찰절차(광의)를 다루는 이유는 그러한 점에 있다. 다만, 그 경찰절차(광의)에도 행정법총론에서의 행정절차(광의)의 설명이 기본적으로 그대로 타당할 수 있으므로, 이곳에서는 경찰법과 관련된 범위에서 간단히 살펴보기로 한다.

Ⅱ. 경찰절차

1. 경찰절차의 의의

경찰절차도 행정법총론에 있어서의 행정절차와 마찬가지로 광의 · 협의 · 최협의로 나누어 볼 수 있다. 그와 같은 분류에 따르게 되면, 광의의 경찰절차는 "경찰의 의사결정과 집행에 관련된 모든 과정"을, 협의의 경찰절차는 "각종의 경찰작용의 사전절차"를, 최협의의 경찰절차는 "경찰상의 행정행위(특히 경찰처분)의 사전절차"를 각각 의미한다고 할 수 있다. 다만, 아래에서는 주로 '협의의 경찰절차'에 중점을 두고 설명하기로 한다.

2. 경찰절차의 주요내용

(1) 사전통지

경찰기관이 행하고자 하는 행정작용(경찰허가의 취소 등)의 내용과 청문의 일시 · 장소 등을 알리는 행위가 여기에서 말하는 사전통지이다. 행정절차에 관한 일반법인 행정절차법은 청문의 사전통지(21조 2항) 및 송달의 방법(14조)에 관하여 규정하고 있다.

(2) 청 문

사전통지된 내용에 따라 이해관계인에게 자기의 의견을 진술하며 스스로를 방어할 수 있는 기회를 제공하는 것이 청문(광의)이다. 「행정절차법」은 광의의 청문을 '의견청취'라고 부르고 있으며 그 내용을 의견제출, 청문 및 공청회로 나누어 규정하고 있다(27조 이하).

(3) 결정 및 결정이유의 제시

경찰결정의 최종단계로서의 결정은 청문에 나타난 사실의 평가를 토대로 행해지는 것이며, 이유를 제시함을 원칙으로 한다(행정절차법 23조 참조).

(4) 기 타

이상은 행정절차(경찰절차 포함)의 최소한도의 내용이다. 그밖에 처분기준의 설정과 공표, 공문서의 열람(정보공개) 등을 행정절차의 이름 아래 설명하기도 하는데, 이 책에서는 그들 문제를 별도로 다루고 있다.

Ⅲ. 경찰조사

1. 경찰조사의 의의

(1) 개념적 특색

경찰조사란 경찰상 필요한 정보·자료 등을 수집하기 위한 일체의 경찰작용을 의미한다. 그러한 의미에서 '권력적 수단에 의한 조사'뿐만 아니라 '비권력적 수단에 의한 조사'도 포함한다.

(2) 즉시강제와의 이동

과거에는 행정조사(경찰조사 포함)를 즉시강제에 포함시켜 고찰하는 경향이 있었는데, 근년에는 양자를 구분하여 고찰함이 일반적이다. 그 이유는, 첫째로 즉시강제는 실력작용인데 대하여 행정조사는 질문 등 비권력작용을 주로 하고 있는 점, 둘째로 즉시강제는 직접 일정한 상태를 실현시키는 작용인데 대하여, 행정조사는 준비적·보조적 수단에 지나지 않는다고 하는 것이다.

2. 경찰조사의 형태(종류)

경찰조사는 보는 관점에 따라 여러 가지로 분류할 수 있다.

(1) 성질(수단)에 의한 구분

경찰조사는 그의 성질 또는 수단에 의하여 ① 권력적 조사와 ② 비권력적 조사로 나눌 수 있는데, 전자는 행정행위 또는 행정강제(강제집행 및 즉시강제)의 수단에 의해 행해지는 것을 말하며, 후자는 비권력적 사실행위에 의해 행해지는 것을 말한다.

(2) 대상에 의한 구분

경찰조사는 그의 대상에 따라 ① 대인적 조사, ② 대물적 조사, ③ 대가택조사 등으로 구분할 수 있다.

(3) 기 타

경찰조사는 그밖에 ① 구두에 의한 조사와 문서에 의한 조사, ② 개별적 조사와 집단적 조사, ③ 적극적 조사(질문, 장부 등 검사, 임검, 자료제출명령 등)와 소극적 조사(보고의 접수 등) 등으로 분류할 수 있다.

3. 경찰조사의 근거와 수단

(1) 「경찰관 직무집행법」상의 수단

동법은 경찰관이 공공안녕에 대한 위험의 예방과 대응을 위한 정보를 수집 · 작성할 수 있음을 명시하고 있다(경찰관직무집행법2조4호). 그 밖에 불심검문(동법 3조), 위험방지를 위한 건물 등에의 출입(동법 7조), 사실의 확인(동법 8조) 등이 경찰조사의 수단으로서 활용될 수 있다.

(2) 「행정조사기본법」상의 수단과 방법

「행정조사기본법」 제9조부터 제12조는 행정조사의 방법으로서 출석 · 진술요구, 보고요구와 자료제출의 요구, 현장조사, 시료채취 등의 구체적인 내용에 관하여 규정하고 있다.

4. 경찰조사의 통제와 준용법원칙

(1) 개인정보의 수집 제한

경찰기관을 비롯한 공공기관, 법인, 단체 및 개인 등의 개인정보처리자는 정보주체의 동의를 받은 경우, 법률에 특별한 규정이 있거나 법령상 의무를 준수하기 위하여 불가피한 경우 등 「개인정보 보호법」 제15조 제1항 각 호의 어느 하나에 해당하여 개인정보를 수집하는 경우에는 그 목적에 필요한 최소한의 개인정보를 수집하여야 한다. 이 경우 최소한의 개인정보 수집이라는 입증책임은 개인정보처리자가 부담한다(동법 16조).

한편, 개인정보처리자는 당초 수집 목적과 합리적으로 관련된 범위에서 정보주체에게 불이익이 발생하는지 여부, 암호화 등 안전성 확보에 필요한 조치를 하였는지 여부 등을 고려하여 대통령령으로 정하는 바에 따라 정보주체의 동의 없이 개인정보를 이용할 수 있다(동법 15조 3항).

(2) 영장제도의 적용

경찰조사가 특히 형사책임의 추급과 관련하여 강제적으로 행해지는 경우에는 영장제도의 적용이 있다고 보아야 한다. 이것은 즉시강제에 영장제도의 적용이 있는 것과 같은 이치이다.[1]

(3) 증표 등의 제시

경찰조사가 비강제적으로 행해지는 경우에도 최소한 조사자의 증표의 제시가 있어야 할 것인바, 개별법률에도 증표제시에 관한 규정을 두고 있는 예가 많이 있다(총포·도검·화약류 등의 안전관리에 관한 법률 44조 2항, 재해구호법 10조 2항).

(4) 개인정보의 보호

경찰조사와 관련하여 특히 유의할 점은 수집된 개인정보를 철저히 관리함으로써 개인이 불측의 불이익을 입지 않게 하여야 하는 점이다. 공공기관 또는 사기업이 수집한 개인정보를 소홀히 취급함으로써 개인이 피해를 입는 예는 수 없이 많이 있는 것이다. 그러한 점에서 경찰기관은 최소한 「개인정보 보호법」에 정하여져 있는 다음과 같은 수칙을 철저히 지켜야 할 것이다.[2]

(가) 개인정보 보호 원칙(동법 3조)

① 개인정보처리자는 개인정보의 처리 목적을 명확하게 하여야 하고 그 목적에 필요한 범위에서 최소한의 개인정보만을 적법하고 정당하게 수집하여야 한다.

② 개인정보처리자는 개인정보의 처리 목적에 필요한 범위에서 적합하게 개인정보를 처리하여야 하며, 그 목적 외의 용도로 활용하여서는 아니 된다.

③ 개인정보처리자는 개인정보의 처리 목적에 필요한 범위에서 개인정보의 정확성, 완전성 및 최신성이 보장되도록 하여야 한다.

④ 개인정보처리자는 개인정보의 처리 방법 및 종류 등에 따라 정보주체의 권리가 침해받을 가능성과 그 위험 정도를 고려하여 개인정보를 안전하게 관리하여야 한다.

⑤ 개인정보처리자는 개인정보 처리방침 등 개인정보의 처리에 관한 사항을 공개하여야 하며, 열람청구권 등 정보주체의 권리를 보장하여야 한다.

⑥ 개인정보처리자는 정보주체의 사생활 침해를 최소화하는 방법으로 개인

---

1) 이에 관한 상세는 김용주, 행정조사와 특별사법경찰관리의 수사의 경계획정, 경찰학연구 제14권 제4호, 2014. 12, 96면 이하; 오명신, 경찰행정조사와 수사의 구별, 경찰학연구 제14권 제1호, 177면 이하; 홍지은, 특별사법경찰의 행정조사와 수사, 범죄수사학연구 제10호, 2020, 105면 이하 참조.

2) 아울러 김남진, 기본문제, 397면 이하; 김남진, 행정조사와 개인정보보호, 월간고시, 1990. 2; 김연태, 정보의 자기결정권과 경찰의 정보관리, 고려법학 제36호, 2001. 4 등 참조.

정보를 처리하여야 한다.

⑦ 개인정보처리자는 개인정보를 익명 또는 가명으로 처리하여도 개인정보 수집목적을 달성할 수 있는 경우 익명처리가 가능한 경우에는 익명에 의하여, 익명처리로 목적을 달성할 수 없는 경우에는 가명에 의하여 처리될 수 있도록 하여야 한다.

⑧ 개인정보처리자는 이 법 및 관계 법령에서 규정하고 있는 책임과 의무를 준수하고 실천함으로써 정보주체의 신뢰를 얻기 위하여 노력하여야 한다.

(나) 개인정보의 목적 외 이용·제공 제한(동법 18조)

개인정보처리자는 개인정보를 「개인정보 보호법」 제15조 제1항 및 제39조의3 제1항 및 제2항에 따른 범위를 초과하여 이용하거나 제17조 제1항 및 제3항에 따른 범위를 초과하여 제3자에게 제공하여서는 아니 된다(동법 18조 1항).

제1항에도 불구하고 개인정보처리자는 다음의 어느 하나에 해당하는 경우에는 정보주체 또는 제3자의 이익을 부당하게 침해할 우려가 있을 때를 제외하고는 개인정보를 목적 외의 용도로 이용하거나 이를 제3자에게 제공할 수 있다. 다만, 이용자(「정보통신망 이용촉진 및 정보보호 등에 관한 법률」 제2조 제1항 제4호에 해당하는 자를 말한다)의 개인정보를 처리하는 정보통신서비스 제공자(「정보통신망 이용촉진 및 정보보호 등에 관한 법률」 제2조 제1항 제3호에 해당하는 자를 말한다)의 경우 제1호·제2호의 경우로 한정하고, 제5호부터 제9호까지의 경우는 공공기관의 경우로 한정한다(동법 18조 2항).

① 정보주체로부터 별도의 동의를 받은 경우

② 다른 법률에 특별한 규정이 있는 경우

③ 정보주체 또는 그 법정대리인이 의사표시를 할 수 없는 상태에 있거나 주소불명 등으로 사전 동의를 받을 수 없는 경우로서 명백히 정보주체 또는 제3자의 급박한 생명, 신체, 재산의 이익을 위하여 필요하다고 인정되는 경우

④ 개인정보를 목적 외의 용도로 이용하거나 이를 제3자에게 제공하지 아니하면 다른 법률에서 정하는 소관 업무를 수행할 수 없는 경우로서 보호위원회의 심의·의결을 거친 경우

⑤ 조약, 그 밖의 국제협정의 이행을 위하여 외국정부 또는 국제기구에 제공하기 위하여 필요한 경우

⑥ 범죄의 수사와 공소의 제기 및 유지를 위하여 필요한 경우

⑦ 법원의 재판업무 수행을 위하여 필요한 경우

⑧ 형(刑) 및 감호, 보호처분의 집행을 위하여 필요한 경우

(다) 개인정보를 제공받은 자의 이용 · 제공 제한(동법 19조)

개인정보처리자로부터 개인정보를 제공받은 자는 다음의 어느 하나에 해당하는 경우를 제외하고는 개인정보를 제공받은 목적 외의 용도로 이용하거나 이를 제3자에게 제공하여서는 아니 된다.

① 정보주체로부터 별도의 동의를 받은 경우

② 다른 법률에 특별한 규정이 있는 경우에 해당하는 경우

(라) 개인정보의 파기(동법 21조)

개인정보처리자는 보유기간의 경과, 개인정보의 처리 목적 달성 등 그 개인정보가 불필요하게 되었을 때에는 지체 없이 그 개인정보를 파기하여야 한다. 다만, 다른 법령에 따라 보존하여야 하는 경우에는 그러하지 아니하다(동법 21조 1항).

개인정보처리자가 제1항에 따라 개인정보를 파기할 때에는 복구 또는 재생되지 아니하도록 조치하여야 하며(동법 21조 2항), 개인정보처리자가 제1항 단서에 따라 개인정보를 파기하지 아니하고 보존하여야 하는 경우에는 해당 개인정보 또는 개인정보파일을 다른 개인정보와 분리하여서 저장 · 관리하여야 한다(동법 21조 3항).

5. 관련된 법률문제[3]

(1) 불법한 조사의 문제

경찰조사가 위법하게 행해진 경우, 그것에 입각한 조치의 위법성의 문제를 일으킬 수 있다.

(2) 실력행사의 제한

개인이 비권력적 경찰조사에 불응하더라도 법률의 근거가 없는 이상 실력행사는 행할 수 없다. 구체적인 문제로서, 공무원이 위생검사 등 경찰조사를 위해 타인의 영업소에 들어가려고 하는데 상대방이 저지하는 경우, 법률에 근거가 없는 이상, 공무원은 강제로(실력을 행사하여) 영업소에 들어 갈 수 없다고 보아야 할 것이다. 그 대신 행정당국은 고발, 영업허가의 철회 등의 방법을 통한 제재 내지는 간접적 강제를 취할 수 있다고 새겨진다.

[판례①] 경찰관 ○○○는 본건에 있어서 피고인에 대하여 임의동행을 요구하다가 거절당하자 무리하게도 피고인을 잡아끄는 등 강제로 인치하려고만 하였을 뿐

3) 이하의 문제에 관한 상세는 김남진 · 김연태(Ⅰ), 제3편 제3장 제1절 행정조사 참조.

피고인을 현행범으로 체포할 요건도 갖추어지지 않았거나 현행범으로 체포하려한 것도 아닌 것이니 적법한 공무집행행위가 있었다고 볼 수 없고, 따라서 피고인이 위 ○○○의 현행범체포의 공무집행을 방해하였다는 공소사실은 그 증명이 없음에 귀착된다(대판 1972. 10. 31. 72도2005).

[판례②] 경찰관이 임의동행을 요구하며 손목을 잡고 뒤로 꺾어 올리는 등으로 제압하자 거기에서 벗어나려고 몸싸움을 하는 과정에서 경찰관에게 경미한 상해를 입힌 경우, 이와 같은 행위는 임의동행을 거부하는 피고인을 불법하게 체포·구금한 것으로 볼 수밖에 없고, 따라서 피고인의 범행은 이러한 불법 체포·구금으로 인한 신체에 대한 현재의 부당한 침해에서 벗어나기 위한 행위로서 그 행위에 이른 경위와 그 목적 및 수단, 행위자의 의사 등 제반 사정에 비추어 위법성이 결여된 행위라고 볼 것이다(대판 1999. 12. 28. 98도138).

6. 경찰조사와 권리구제

(1) 적법한 조사의 경우

적법한 조사로 인하여 손실을 입은 자에 대하여는 보상이 지급되어야 할 것이다.

(2) 위법한 조사의 경우

위법한 조사로 인하여 불이익을 입은 자는 행정쟁송(행정심판·행정소송), 국가배상을 통한 권리구제를 강구할 수 있다.

Ⅳ. 경찰공개

1. 개　설

행정의 공개는 행정의 민주화를 위해서나 부패를 방지하기 위해서나 필수적인 일이다. 행정의 민주화에 따라 행정절차(행정의 사전절차)의 제도가 채택되어 청문의 기회가 부여되더라도 행정이 가지고 있는 문서나 정보가 공개되지 않으면 청문의 효과를 거두지 못하게 된다. 행정의 측에서는 상대방에 대한 정보·자료를 충분히 확보하고 있는데 대하여 상대방인 국민측에서는 그에 대항할 무기를 지니지 못하는 것이 되기 때문이다. 그럼에도 불구하고 행정측은 여러 가지 이유를 내세워 공개를 꺼려왔으며, 행정공개가 제도적으로 정착하기 시작한 것은 근년의 일이다.

그 행정공개(경찰공개 포함)는 내용적으로 정보공개와 회의공개로 나누어질 수 있기에 아래에서도 그 양자를 나누어 살펴보기로 한다.

2. 정보공개

(1) 정보공개의 법적 근거

정부 역시 행정이 확보하고 있는 정보공개의 필요성을 인정하여 대통령령인 정부공문서규정(이후의 「사무관리규정」, 현재의 「행정 효율과 협업 촉진에 관한 규정」)을 통해 정보공개를 위한 노력을 기울인 바 있으며, 법원은 위 정부공문서규정을 원용하여 국민의 공문서열람의 권리를 보장하고자 노력한 바 있다.

[판례] 일반적으로 국민은 국가기관에 대하여 기밀에 관한 사항 등 특별한 경우 이외에는 보관하고 있는 문서의 열람 및 복사를 청구할 수 있고, 정부공문서규정 제36조 2항의 규정도 행정기관으로 하여금 일반국민의 문서열람 및 복사신청에 대하여 기밀 등 특별한 사유가 없는 한 이에 응하도록 하고 있으므로 그 신청을 거부한 것이 위법하다고 한 원심판단은 정당하다(대판 1989. 10. 24, 88누9312).[4]

헌법재판소는 나아가 헌법상의 언론자유조항(21조)을 근거로 국민의 공문서 열람권을 인정한 바도 있다.

[판례] 청구인에게 정당한 이해관계있는 정부보유정보(임야조서)의 개시요청에 대해 이해관계인지 여부 및 타인의 사생활 등 공익을 침해할 소지 여부에 대해 아무런 검토없이 불허하였다면 이는 헌법 제21조에 의하여 보장되는 청구인의 '알 권리'를 침해한 것으로 위헌이다(헌재 1989. 9. 4, 88헌마22. 동지판례: 헌재 1991. 5. 13, 90헌마133).

한편, 정부에 의한 법률제정이 지체되는 가운데 지방자치단체(청주시)의 행정정보공개조례안이 지방의회에 의해 가결되었는데, 그의 합법성 여부가 문제되어 대법원에 제소된 바 있다. 「행정정보공개는 그의 성격상 전국 공통의 이해관계를 가지는 것이며, 먼저 법률에 의하여 체계화된 기준이 마련된 후 그 범위 안에서 조례제정이 가능한 것이다. 따라서 모법의 근거 없이 제정된 정보

4) 이 판례에는 그러나 문제점이 많이 있다. 법원이 구체적인 법적 근거를 제시함이 없이 일반적으로 국민이 문서의 열람 등을 청구할 수 있는 것으로 판시하고 있는 점이 이해하기 어려운 점이며, 판례에 인용되어 있는 '정부공문서규정'이 법률(모법)의 근거없이 제정된 점도 문제점의 하나로 지적할 수 있다. 상세는 김남진, 기본문제, 1107면 이하 참조.

공개조례는 법령의 범위를 일탈한 위법한 것이다」라는 것이 제소이유가 되었다(지방자치법 159조 1항에 의거한 대법원에의 제소. 현행 동법 192조). 이 사건에서 그러나 대법원은 위 조례안의 합법성을 인정하였다.

> **[판례]** 이 사건 정보공개조례안은 행정에 대한 주민의 알 권리의 실현을 그 근본 내용으로 하면서도 이로 인한 개인의 권리침해 가능성을 배제하고 있으므로 이를 들어 주민의 권리를 제한하거나 의무를 부과하는 조례라고 단정할 수 없고, 따라서 그 제정에 있어 반드시 법률의 개별적 위임이 따로 필요한 것은 아니다(대판 1992. 6. 23. 92추17).

(2) 「공공기관의 정보공개에 관한 법률」의 주요내용

지방자치단체의 정보공개조례가 제정되는 등 관련 법률의 제정이 촉구되는 가운데 드디어 1996년 말에 위 「공공기관의 정보공개에 관한 법률」이 제정되었으며, 제정 7년 후인 2004년 1월초에 전면개정되기에 이르렀다. 경찰행정에도 원칙적으로 위 법률이 적용되므로 그의 주요 내용을 살펴보면 다음과 같다.

(가) 정보공개의 원칙(법 3조)

공공기관이 보유·관리하는 정보는 국민의 알권리 보장 등을 위하여 이 법에서 정하는 바에 따라 적극적으로 공개하여야 한다.

(나) 비공개대상정보(법 9조)

공공기관은 다음의 어느 하나에 해당하는 정보에 대하여는 이를 공개하지 아니할 수 있다.

① 다른 법률 또는 법률에서 위임한 명령(국회규칙·대법원규칙·헌법재판소규칙·중앙선거관리위원회규칙·대통령령 및 조례로 한정한다)에 따라 비밀이나 비공개 사항으로 규정된 정보

② 국가안전보장·국방·통일·외교관계 등에 관한 사항으로서 공개될 경우 국가의 중대한 이익을 현저히 해칠 우려가 있다고 인정되는 정보

③ 공개될 경우 국민의 생명·신체 및 재산의 보호에 현저한 지장을 초래할 우려가 있다고 인정되는 정보

④ 진행 중인 재판에 관련된 정보와 범죄의 예방, 수사, 공소의 제기 및 유지, 형의 집행, 교정(矯正), 보안처분에 관한 사항으로서 공개될 경우 그 직무수행을 현저히 곤란하게 하거나 형사피고인의 공정한 재판을 받을 권리를 침해한다고 인정할 만한 상당한 이유가 있는 정보

⑤ 감사·감독·검사·시험·규제·입찰계약·기술개발·인사관리에 관한

사항이나 의사결정 과정 또는 내부검토 과정에 있는 사항 등으로서 공개될 경우 업무의 공정한 수행이나 연구·개발에 현저한 지장을 초래한다고 인정할 만한 상당한 이유가 있는 정보(다만, 의사결정 과정 또는 내부검토 과정을 이유로 비공개할 경우에는 제13조 제5항에 따라 통지를 할 때 의사결정 과정 또는 내부검토 과정의 단계 및 종료 예정일을 함께 안내하여야 하며, 의사결정 과정 및 내부검토 과정이 종료되면 제10조에 따른 청구인에게 이를 통지하여야 한다).

⑥ 해당 정보에 포함되어 있는 성명·주민등록번호 등 「개인정보 보호법」 제2조 제1호에 따른 개인정보로서 공개될 경우 사생활의 비밀 또는 자유를 침해할 우려가 있다고 인정되는 정보(다만, 다음 각 목에 열거한 사항은 제외한다. ㉠ 법령에서 정하는 바에 따라 열람할 수 있는 정보, ㉡ 공공기관이 공표를 목적으로 작성하거나 취득한 정보로서 사생활의 비밀 또는 자유를 부당하게 침해하지 아니하는 정보, ㉢ 공공기관이 작성하거나 취득한 정보로서 공개하는 것이 공익이나 개인의 권리 구제를 위하여 필요하다고 인정되는 정보, ㉣ 직무를 수행한 공무원의 성명·직위, ㉤ 공개하는 것이 공익을 위하여 필요한 경우로서 법령에 따라 국가 또는 지방자치단체가 업무의 일부를 위탁 또는 위촉한 개인의 성명·직업).

⑦ 법인·단체 또는 개인(이하 "법인 등"이라 한다)의 경영상·영업상 비밀에 관한 사항으로서 공개될 경우 법인 등의 정당한 이익을 현저히 해칠 우려가 있다고 인정되는 정보(다만, 다음 각 목에 열거한 정보는 제외한다. ㉠ 사업활동에 의하여 발생하는 위해(危害)로부터 사람의 생명·신체 또는 건강을 보호하기 위하여 공개할 필요가 있는 정보, ㉡ 위법·부당한 사업활동으로부터 국민의 재산 또는 생활을 보호하기 위하여 공개할 필요가 있는 정보).

⑧ 공개될 경우 부동산 투기, 매점매석 등으로 특정인에게 이익 또는 불이익을 줄 우려가 있다고 인정되는 정보

[판례] 공공기관의 정보공개에 관한 법률(이하 '정보공개법'이라 한다)의 개정 연혁, 내용 및 취지 등에 헌법상 보장되는 사생활의 비밀 및 자유의 내용을 보태어 보면, 정보공개법 제9조 제1항 제6호 본문의 규정에 따라 비공개대상이 되는 정보에는 구 공공기관의 정보공개에 관한 법률의 이름·주민등록번호 등 정보 형식이나 유형을 기준으로 비공개대상정보에 해당하는지를 판단하는 '개인식별정보'뿐만 아니라 그 외에 정보의 내용을 구체적으로 살펴 '개인에 관한 사항의 공개로 개인의 내밀한 내용의 비밀 등이 알려지게 되고, 그 결과 인격적·정신적 내면생활에 지장을 초래하거나 자유로운 사생활을 영위할 수 없게 될 위험성이 있는 정보'도 포함된다고 새겨야 한다. 따라서 불기소처분 기록 중 피의자신문조서 등에 기재된 피의자 등의 인적사항 이외의 진술내용 역시 개인의 사생활의 비밀 또는 자유를 침해할 우려가 인정되는 경우 정보공개법 제9조 제1항 제6호 본문 소정의 비공개대상에 해당한다(대판 2012. 6. 18, 2011두2361).

(다) 정보공개청구권자(법 5조)

① 모든 국민은 정보의 공개를 청구할 권리를 가진다.

② 외국인의 정보공개청구에 관하여는 대통령령으로 정한다.

(라) 비용부담(법 17조)

정보의 공개 및 우송 등에 소요되는 비용은 실비의 범위 안에서 청구인의 부담으로 한다. 다만, 공개를 청구하는 정보의 사용 목적이 공공복리의 유지·증진을 위하여 필요하다고 인정되는 경우에는 비용을 감면할 수 있다.

3. 회의의 공개

정보공개가 기록의 공개를 목적으로 하는데 대하여 회의공개는 공공기관(행정기관 포함)의 의사결정과정을 공개하는 것을 목적으로 하는 것으로서, '행정공개'는 회의공개까지 이루어져야 그의 참다운 목적이 달성될 수 있다고 보아야 할 것이다. 그러한 의미에서 미국의 정부일조법(Government in the Sunshine Act)과 같은 법률이 우리나라에도 하루 속히 제정되기를 바라는 바이다.

제 6 절 경찰의무의 이행확보수단

Ⅰ. 개 설

경찰은 공공의 안녕·질서유지를 그 직무로 한다(경찰관직무집행법 2조 참조). 이와 같은 직무를 경찰은 스스로의 힘으로 혹은 경찰의무자에 대한 하명(경찰처분)을 통해서 수행하며, 긴급한 경우에는 경찰의무자가 아닌 제3자에 대한 하명(의무부과)을 통해서도 수행한다.[1]

경찰의무자(행위책임자·상태책임자)가 자진해서 혹은 하명에 따라 그 의무를 이행하면 경찰목적은 달성된다. 그러나 경찰의무자가 그 의무를 이행하지 않는 경우 및 자발적인 의무이행을 기대하기 어려운 경우도 있으므로 법은 그 경찰의무의 이행확보수단을 마련하고 있다. 경찰강제(경찰상의강제집행·즉시강제), 경찰벌(간접적 의무이행확보수단) 등이 그의 대표적 수단이다. 그밖에 근래에는 과징금 등 새로운 종류의 의무이행확보수단이 활용되는 경향에 있다.

아래에서 이들 수단을 나누어 살펴보기로 한다.

---

1) 본서 제7편 제1장 제4절 참조.

Ⅱ. 경찰상의 강제집행

1. 의의 및 특색

경찰상의 강제집행은 경찰하명(의무부과)에 따르는 의무의 불이행이 있는 경우에 상대방의 신체 또는 재산(가택 포함)에 실력을 가하여 의무를 이행시키거나 의무이행이 있은 것과 같은 상태를 실현하는 경찰작용을 말한다. 미리 하명을 통해서 의무를 부과하였음에도 불구하고 상대방이 그 의무를 이행하지 않는 경우에 행해지는 점에서, 사전에 의무를 명하지 아니하고 행해지는 경찰상의 즉시강제와 구분된다.

경찰상의 강제집행 역시 법원의 힘을 빌리지 아니하고 경찰 스스로의 힘으로 의무의행을 강제(자력강제)할 수 있는 점에 특색이 있다.[2]

2. 법률의 근거와 수단

(1) 개괄적 수권조항상의 수단

경찰권발동의 법적 근거로서 개괄조항(경찰관직무집행법 2조 7호)을 제2차적 · 보충적 수권조항으로서 인정하는 입장에서,[3] 이 조항에 의거하여 의무자(경찰상의 행위책임자 · 상태책임자)에게 위해방지를 위한 하명을 하였음에도 불구하고 의무자가 그 의무를 이행하지 않는 경우에는 경찰관은 의무자의 신체 또는 재산에 실력을 가함으로써 의무의 이행이 있었던 것과 같은 상태를 실현하거나 제3자로 하여금 의무자의 의무를 이행하게 할 수 있다.[4] 이론상 전자의 경우를 직접강제(unmittelbarer Zwang)라고 할 수 있으며, 후자의 경우를 대집행(Ersatzvornahme)이라고 할 수 있다.[5]

(2) 표준적 직무조항에 의한 수단

「경찰관 직무집행법」 제3조 이하의 경찰관의 직무행위를 표준적 직무행위

---

2) 기타 행정강제(강제집행 · 즉시강제)에 관한 일반이론에 관하여는 김남진 · 김연태(Ⅰ), 제4편 행정의 실효성확보수단; 김남진, 기본문제, 370면 이하 참조.

3) 본서 368면 이하 참조.

4) 경찰의무자가 아닌 제3자에게 명하여 경찰위해를 방지할 수 있는 여러 요건에 관하여는 본서 380면 이하 참조.

5) 여기에서 직접강제와 대집행의 구별을 행정기관이 직접 강제조치를 취하는 경우인가, 제3자로 하여금 행하게 하는 경우인가라는 기준을 통해서 하고 있는 점에서 행정대집행법상의 대집행 개념과는 일치되지 않는다는 점을 밝혀두기로 한다.

라고 부르고, 그들 직무행위에 통설이 말하는 바와 같은 즉시강제 이외의 경찰작용이 포함되어 있음은 앞에서 살펴보았다.[6] 그러한 안목에서 볼 때에는 그들 표준적 직무행위에는 하명을 통한 의무불이행을 전제로 하는 강제집행의 수단도 포함되어 있다고 새겨진다. ① 경찰관이 위험발생의 방지를 위해 경고를 발하고, 그에 응하지 않는 경우에 억류·피난 등의 조치를 취하는 작용(경찰관직무집행법 5조 참조), ② 관계인에게 범죄예방을 위해 필요한 경고를 발하고, 그에 응하지 않는 경우에 행위를 제지하는 작용(동법 6조 참조), ③ 범인 또는 소요행위자가 무기·흉기 등 위험한 물건을 소지하고 경찰관으로부터 3회 이상의 투기명령 또는 투항명령을 받고도 이에 불응하면서 계속 항거하므로 무기를 사용하는 경우(동법 10조의4) 등이 이에 해당한다. 그리고 이들 강제조치는 직접강제의 성질을 가진다고 볼 수 있다.

(3) 기타 개별법에 의한 수단

(가) 대집행

타인이 대신하여 행할 수 있는 행위의 이행을 경찰행정청에 의해 명령받았음에도 불구하고 의무자가 이행하지 아니하는 경우, 다른 수단으로써 그 이행을 확보하기 곤란하고 또한 그 불이행을 방치함이 심히 공익을 해할 것으로 인정될 때에는 당해 행정청은 스스로 의무자가 하여야 할 행위를 하거나 또는 제3자로 하여금 이를 하게 하여 그 비용을 의무자로부터 징수할 수 있다(행정대집행법 2조 참조). 개별법에서 이러한 내용의 대집행을 할 수 있음을 규정하고 있는 예가 있다(도로교통법 35조). 그러나 그와 같은 규정이 없더라도 「행정대집행법」이 정한 요건이 충족하는 한 경찰기관은 대집행을 할 수 있다고 새겨진다. 다만, 이론상으로는 행정대집행법에 의거하여 경찰기관이 의무자가 할 행위(자동차의 견인 등)를 대신 행하는 경우를 직접강제로 보고, 제3자로 하여금 이를 행하게 하는 경우만을 대집행으로 볼 수도 있다.[7]

(나) 직접강제

의무자가 명해진 의무를 스스로 이행하지 않는 경우에 행정기관(경찰관 포함)이 의무자의 신체·재산 등에 직접 실력을 가하여 의무를 이행시키거나 의무이행이 있었던 것과 같은 상태를 실현하는 것이 직접강제인데, 「식품위생법」(79조), 「공

---

6) 본서 제7편 제1장 제4절 참조.

7) 독일연방의 행정집행법 및 일부 주의 행정집행법, 경찰법 등은 그와 같은 체계를 취하고 있다. 김남진, 기본문제, 361면 이하.

중위생관리법」(11조) 등에 규정되어 있는 폐쇄조치, 「도로교통법」(47조)상의 위험방지조치(운전금지를 위한 필요한 조치) 등이 이에 해당한다. 근래 개별법에서 직접강제에 관하여 정하고 있는 수가 늘어나고 있음에 비추어 볼 때, 일반법으로서의 행정집행법, 경찰행정법 등의 제정을 통한 관계법규의 정비가 시급히 요청되는 바이다.

(다) 이행강제금

행정법상의 작위·부작위·수인 등의 의무의 불이행이 있는 경우에 일정액의 금액을 납부하게 됨을 계고하여 심리적 압박을 줌으로써 의무이행을 확보하려는 수단이 여기에서 말하는 이행강제금이다. 우리나라에서는 이러한 제도를 '행정상의 비대체적 작위의무 또는 부작위의무'의 불이행이 있는 경우에 적용되는 것으로 이해하는 경향에 있었으며, 명칭도 집행벌이라고 부름이 일반적이었다. 그러나 본래 독일에서 사용되었던 집행벌(Exekutifstrafe)이라는 명칭이 이행강제금(Zwangsgeld)으로 변경된 지 오래 되었으며, 그 이행강제금의 제도가 이미 우리나라의 여러 법률에 채택되어 있는 사실에 비추어 볼 때, 더 이상 집행벌이라는 용어는 사용하지 않음이 좋을 것으로 생각된다.[8]

이행강제금 제도의 대표적인 예인 「건축법」 제80조에서는 "허가권자는 제79조 제1항에 따라 시정명령을 받은 후 시정기간 내에 시정명령을 이행하지 아니한 건축주등에 대하여는 그 시정명령의 이행에 필요한 상당한 이행기한을 정하여 그 기한까지 시정명령을 이행하지 아니하는 경우에" 이행강제금을 부과할 수 있음을 규정하고 있다.

(라) 강제징수

경찰상 금전급부의무의 불이행이 있을 때에는 일반적으로 「국세징수법」이 정하는 바에 따라 강제징수할 수 있다. 예를 들면, 「도로교통법」은 "주차위반차의 이동·보관·공고·매각 또는 폐차 등에 소요된 비용은 그 차의 사용자의 부담으로 하고, 그 비용의 징수에 관하여는 「행정대집행법」 제5조와 제6조의 규정을 적용한다"(35조 6항)라고 규정하고 있는데, 「행정대집행법」 제6조는 "대집행에 요한 비용은 국세징수법의 예에 의하여 징수할 수 있다"(1항)라고 규정하고 있다.

8) 상세는 김남진, 이행강제금과 권리구제, 고시연구, 2001. 1, 95면 이하; 김남진, 대집행과 이행강제금의 이동과 상호관계, 법률신문, 2004. 6. 28 참조.

Ⅲ. 경찰상의 즉시강제

1. 의의 및 종류

경찰상의 즉시강제(sofortige Zwang)는 명령에 의한 사전의 의무부과 없이 상대방의 신체 또는 재산에 실력을 가하여 경찰목적을 실현하는 작용을 의미한다. 이러한 즉시강제는 다음과 같은 두 가지 경우에 행해질 수 있다. 목전의 급박한 위해를 방지 또는 제거할 필요가 있는 경우로서, 하나는 미리 의무 이행을 명할 시간적 여유가 없는 경우이며, 다른 하나는 성질상 미리 의무 이행을 명하는 것만으로는 목적을 달성할 수 없는 경우이다. 이러한 즉시강제 중 후자를 직접시행(unmittelbare Ausführung)이라고 부르기도 한다.[9]

2. 법률상의 근거와 수단

(1) 「경찰관 직무집행법」상의 수단

(가) 개괄조항에 의한 수단

동법 제2조상의 경찰권발동에 관한 개괄조항에 의거하여 경찰관이 보충적 성격의 즉시강제를 할 수 있음은 다른 경우에 있어서와 마찬가지이다.[10]

(나) 개별조항에 의한 수단

동법은 제3조 이하에서 경찰관의 '표준적인 직무행위'에 관하여 규정하고 있는데,[11] 통설의 주장과는 달리 그의 전부가 즉시강제의 성질을 가지는 것 아닌 점에 유의할 필요가 있다.[12] 아울러 그들 경찰상의 즉시강제 가운데에는 의사작용과 사실작용이 합쳐진 합성적 처분(zusammengesetzte Verfügung)의 성질을 가진 것이 많이 있는 바, 그 목록은 다음과 같다.

① 불심검문: 경찰관은 수상한 행동이나 그 밖의 주위 사정을 합리적으로 판단하여 볼 때 어떠한 죄를 범하였거나 범하려 하고 있다고 의심할 만한 상당한 이유가 있는 사람 또는 이미 행하여진 범죄나 행하여지려고 하는 범죄행위에 관한 사실을 안다고 인정되는 사람을 정지시켜 질문할 수 있다(동법 3조 1항).

---

9) 상세는 본서 397면 참조.

10) 본서 368면 이하 참조.

11) 이에 대한 상세한 논의는 김성태 · 김연태 · 박병욱 · 서정범 · 손재영 · 이성용, 경찰관 직무집행법, 2020 참조.

12) 이것과 관련되는 의미의 "경찰상의 조사"에 관하여는 본서 427면 이하 참조.

경찰관은 제1항에 따라 사람을 정지시킨 장소에서 질문을 하는 것이 그 사람에게 불리하거나 교통에 방해가 된다고 인정될 때에는 질문을 하기 위하여 가까운 경찰서·지구대·파출소 또는 출장소(지방해양경찰관서를 포함하며, 이하 "경찰관서"라 한다)로 동행할 것을 요구할 수 있다. 이 경우 동행을 요구받은 사람은 그 요구를 거절할 수 있다(동조 2항). 경찰관은 질문을 할 때에 그 사람이 흉기를 가지고 있는지를 조사할 수 있다(동조 3항).

경찰관은 제1항이나 제2항에 따라 질문을 하거나 동행을 요구할 경우 자신의 신분을 표시하는 증표를 제시하면서 소속과 성명을 밝히고 질문이나 동행의 목적과 이유를 설명하여야 하며, 동행을 요구하는 경우에는 동행 장소를 밝혀야 한다(동조 4항). 경찰관은 제2항에 따라 동행한 사람의 가족이나 친지 등에게 동행한 경찰관의 신분, 동행 장소, 동행 목적과 이유를 알리거나 본인으로 하여금 즉시 연락할 수 있는 기회를 주어야 하며, 변호인의 도움을 받을 권리가 있음을 알려야 한다(동조 5항). 경찰관은 제2항에 따라 동행한 사람을 6시간을 초과하여 경찰관서에 머물게 할 수 없다(동조 6항). 제1항부터 제3항까지의 규정에 따라 질문을 받거나 동행을 요구받은 사람은 형사소송에 관한 법률에 따르지 아니하고는 신체를 구속당하지 아니하며, 그 의사에 반하여 답변을 강요당하지 아니한다(동조 7항).

[판례①] 경찰관직무집행법(이하 '법'이라고 한다)의 목적, 법 제1조 제1항, 제2항, 제3조 제1항, 제2항, 제3항, 제7항의 내용 및 체계 등을 종합하면, 경찰관이 법 제3조 제1항에 규정된 대상자(이하 '불심검문 대상자'라 한다) 해당 여부를 판단할 때에는 불심검문 당시의 구체적 상황은 물론 사전에 얻은 정보나 전문적 지식 등에 기초하여 불심검문 대상자인지를 객관적·합리적인 기준에 따라 판단하여야 하나, 반드시 불심검문 대상자에게 형사소송법상 체포나 구속에 이를 정도의 혐의가 있을 것을 요한다고 할 수는 없다. 그리고 경찰관은 불심검문 대상자에게 질문을 하기 위하여 범행의 경중, 범행과의 관련성, 상황의 긴박성, 혐의의 정도, 질문의 필요성 등에 비추어 목적 달성에 필요한 최소한의 범위 내에서 사회통념상 용인될 수 있는 상당한 방법으로 대상자를 정지시킬 수 있고 질문에 수반하여 흉기의 소지 여부도 조사할 수 있다(대판 2014. 2. 27, 2011도13999).

[판례②] 경찰은 불심검문에 수반하여 소지품검사를 할 수 있으나 그 소지품검사는 흉기소지를 조사하는 것에 한정되어 있으므로, 의복 또는 휴대품의 외부를 손으로 만져서 확인하는 검사(stop and frisk)로 흉기 소지 여부를 탐지하고 그 개연성이 있는 경우 가방 등을 열어 보여줄 것을 요구할 수 있을 뿐 그 개연성이 없는 한 일반소지품 검사는 허용되지 않는다. 전경들은 원고가 고분고분하지 않았다는

> 이유로 대중이 지나는 공공장소에서 불심검문과 관련없이 원고의 명예와 자존심을 훼손하는 말을 큰소리로 떠들어 원고를 모욕하였다. 그러므로 위 전경들은 직무집행과 관련하여 고의 또는 과실로 법령을 위배하여 원고에게 정신적 피해를 가하였다 할 것이고 피고(대한민국)는 공무원인 전경들의 행위로 말미암은 원고의 손해를 배상할 책임이 있다(서울지법 1997. 11. 13. 91가소31675).

② 보호조치와 임시영치: 경찰관은 수상한 행동이나 그 밖의 주위 사정을 합리적으로 판단해 볼 때, 정신착란을 일으키거나 술에 취하여 자신 또는 다른 사람의 생명·신체·재산에 위해를 끼칠 우려가 있는 사람, 자살을 시도하는 사람 또는 미아·병자·부상자 등으로서 적당한 보호자가 없는 자에 해당하는 것이 명백하고 응급구호가 필요하다고 믿을 만한 상당한 이유가 있는 사람(이하 "구호대상자"라 한다)을 발견하였을 때에는 보건의료기관이나 공공구호기관에 긴급구호를 요청하거나 경찰관서에 보호하는 등 적절한 조치를 할 수 있다(동법 4조 1항). 긴급구호를 요청받은 보건의료기관이나 공공구호기관은 정당한 이유 없이 긴급구호를 거절할 수 없다(동조 2항).

경찰관이 보호조치를 하였을 때에는 지체 없이 구호대상자의 가족, 친지 또는 그 밖의 연고자에게 그 사실을 알려야 하며, 연고자가 발견되지 아니할 때에는 구호대상자를 적당한 공공보건의료기관이나 공공구호기관에 즉시 인계하여야 한다(동조 4항). 경찰관서에서 보호하는 기간은 24시간을 초과할 수 없다(동조 7항).

한편, 경찰관은 보호조치를 하는 경우 구호대상자가 휴대하고 있는 무기·흉기 등 위험을 일으킬 수 있는 것으로 인정되는 물건을 경찰관서에 임시로 영치(領置)하여 놓을 수 있다(동조 3항). 임시로 영치하는 기간은 10일을 초과할 수 없다(동조 7항).

경찰관이 제4항에 따라 구호대상자를 공공보건의료기관이나 공공구호기관에 인계하였을 때에는 즉시 그 사실을 소속 경찰서장이나 해양경찰서장에게 보고하여야 한다(동조 5항). 그리고 이때 보고를 받은 소속 경찰서장이나 해양경찰서장은 대통령령으로 정하는 바에 따라 구호대상자를 인계한 사실을 지체 없이 해당 공공보건의료기관 또는 공공구호기관의 장 및 그 감독행정청에 통보하여야 한다(동조 6항).

③ 위험발생의 방지: 경찰관은 사람의 생명 또는 신체에 위해를 끼치거나 재산에 중대한 손해를 끼칠 우려가 있는 천재, 사변, 인공구조물의 파손이나

붕괴, 교통사고, 위험물의 폭발, 위험한 동물 등의 출현, 극도의 혼잡, 그 밖의 위험한 사태가 있을 때에는 위험발생의 방지를 위한 조치를 할 수 있다(동법 5조). 이 경우 그 구체적인 수단에는 그 장소에 모인 사람, 사물의 관리자, 그 밖의 관계인에게 필요한 경고를 하는 것, 매우 긴급한 경우에는 위해를 입을 우려가 있는 사람을 필요한 한도에서 억류하거나 피난시키는 것, 그 장소에 있는 사람, 사물의 관리자, 그 밖의 관계인에게 위해를 방지하기 위하여 필요하다고 인정되는 조치를 하게 하거나 직접 그 조치를 하는 것 등이 있다(동조 1항). 경찰관은 제1항의 조치를 하였을 때에는 지체 없이 그 사실을 소속 경찰관서의 장에게 보고하여야 한다(동조 3항).

경찰관서의 장은 대간첩 작전의 수행이나 소요 사태의 진압을 위하여 필요하다고 인정되는 상당한 이유가 있을 때에는 대간첩 작전지역이나 경찰관서·무기고 등 국가중요시설에 대한 접근 또는 통행을 제한하거나 금지할 수 있다(동조 2항).

한편, 제2항의 조치를 하거나 제3항의 보고를 받은 경찰관서의 장은 관계기관의 협조를 구하는 등 적절한 조치를 하여야 한다(동조 4항).

[판례] 경찰관직무집행법 제5조는 경찰관은 인명 또는 신체에 위해를 미치거나 재산에 중대한 손해를 끼칠 우려가 있는 위험한 사태가 있을 때에는 그 각 호의 조치를 취할 수 있다고 규정하여 형식상 경찰관에게 재량에 의한 직무수행권한을 부여한 것처럼 되어 있으나, 경찰관에게 그러한 권한을 부여한 취지와 목적에 비추어 볼 때 구체적인 사정에 따라 경찰관이 그 권한을 행사하여 필요한 조치를 취하지 아니하는 것이 현저하게 불합리하다고 인정되는 경우에는 그러한 권한의 불행사는 직무상의 의무를 위반한 것이 되어 위법하게 된다(대판 1998. 8. 25, 98다16890).[13]

④ 범죄의 예방·제지: 경찰관은 범죄행위가 목전에 행하여지려고 하고 있다고 인정될 때에는 이를 예방하기 위하여 관계인에게 필요한 경고를 하고, 그 행위로 인하여 사람의 생명·신체에 위해를 끼치거나 재산에 중대한 손해를 끼칠 우려가 있는 긴급한 경우에는 그 행위를 제지할 수 있다(동법 6조).

13) 경찰관이 농민들의 시위를 진압하고 시위과정에 도로 상에 방치된 트랙터 1대에 대하여 이를 도로 밖으로 옮기거나 후방에 안전표지판을 설치하는 것과 같은 위험발생방지조치를 취하지 아니한 채 그대로 방치하고 철수하여 버린 결과, 야간에 그 도로를 진행하던 운전자가 위 방치된 트랙터를 피하려다가 다른 트랙터에 부딪혀 상해를 입은 사안에서 국가배상책임을 인정한 사례.

[판례①] 경찰관 직무집행법 제6조는 "경찰관은 범죄행위가 목전에 행하여지려고 하고 있다고 인정될 때에는 이를 예방하기 위하여 관계인에게 충분한 경고를 하고, 그 행위로 인하여 사람의 생명·신체에 위해를 끼치거나 재산에 중대한 손해를 끼칠 우려가 있는 긴급한 경우에는 그 행위를 제지할 수 있다."라고 규정하고 있다. 위 조항 중 경찰관의 제지에 관한 부분은 범죄의 예방을 위한 경찰행정상 즉시강제, 즉 눈앞의 급박한 경찰상 장해를 제거하여야 할 필요가 있고 의무를 명할 시간적 여유가 없거나 의무를 명하는 방법으로는 그 목적을 달성하기 어려운 상황에서 의무불이행을 전제로 하지 아니하고 경찰이 직접 실력을 행사하여 경찰상 필요한 상태를 실현하는 권력적 사실행위에 관한 근거 조항이다. 경찰행정상 즉시강제는 그 본질상 행정 목적 달성을 위하여 불가피한 한도 내에서 예외적으로 허용되는 것이므로, 위 조항에 의한 경찰관의 제지 조치 역시 그러한 조치가 불가피한 최소한도 내에서만 행사되도록 그 발동·행사요건을 신중하고 엄격하게 해석하여야 하고, 그러한 해석·적용의 범위 내에서만 우리 헌법상 신체의 자유 등 기본권 보장 조항과 그 정신 및 해석 원칙에 합치될 수 있다. 특히 경찰관 직무집행법은 제1조 제2항에서 "경찰관의 직권은 그 직무 수행에 필요한 최소한도에서 행사되어야 하며 남용되어서는 아니 된다."라고 선언하여 경찰비례의 원칙을 명시적으로 규정하고 있는데, 이는 경찰행정 영역에서의 헌법상 과잉금지원칙을 표현한 것으로서, 공공의 안녕과 질서유지라는 공익목적과 이를 실현하기 위하여 개인의 권리나 재산을 침해하는 수단 사이에는 합리적인 비례관계가 있어야 한다는 의미를 갖는다. 그러므로 경찰관은 형사처벌의 대상이 되는 행위가 눈앞에서 막 이루어지려고 하는 것이 객관적으로 인정될 수 있는 상황이고 그 행위를 당장 제지하지 않으면 곧 인명·신체에 위해를 미치거나 재산에 중대한 손해를 끼칠 우려가 있는 상황이어서, 직접 제지하는 방법 외에는 위와 같은 결과를 막을 수 없는 급박한 상태일 때에만 경찰관 직무집행법 제6조에 의하여 적법하게 그 행위를 제지할 수 있고, 그 범위 내에서만 경찰관의 제지 조치가 적법하다고 평가될 수 있다(대판 2021. 11. 11. 2018다288631).

[판례②] ㉮ 경찰관직무집행법 제6조 제1항 중 경찰관의 제지에 관한 부분은 범죄의 예방을 위한 경찰 행정상 즉시강제에 관한 근거 조항이다. 행정상 즉시강제는 그 본질상 행정 목적 달성을 위하여 불가피한 한도 내에서 예외적으로 허용되는 것이므로, 위 조항에 의한 경찰관의 제지 조치 역시 그러한 조치가 불가피한 최소한도 내에서만 행사되도록 그 발동·행사 요건을 신중하고 엄격하게 해석하여야 한다. 그러한 해석·적용의 범위 내에서만 우리 헌법상 신체의 자유 등 기본권 보장 조항과 그 정신 및 해석 원칙에 합치될 수 있다.

㉯ 구 집회 및 시위에 관한 법률에 의하여 금지되어 그 주최 또는 참가행위가 형사처벌의 대상이 되는 위법한 집회·시위가 장차 특정지역에서 개최될 것이 예상된다고 하더라도, 이와 시간적·장소적으로 근접하지 않은 다른 지역에서 그 집

회・시위에 참가하기 위하여 출발 또는 이동하는 행위를 함부로 제지하는 것은 경찰관직무집행법 제6조 제1항의 행정상 즉시강제인 경찰관의 제지의 범위를 명백히 넘어 허용될 수 없다. 따라서 이러한 제지 행위는 공무집행방해죄의 보호대상이 되는 공무원의 적법한 직무집행이 아니다(대판 2008. 11. 13, 2007도9794).

[판례③] ㉮ 경찰관 직무집행법 제6조에 따른 경찰관의 제지 조치가 적법한 직무집행으로 평가되기 위해서는, 형사처벌의 대상이 되는 행위가 눈앞에서 막 이루어지려고 하는 것이 객관적으로 인정될 수 있는 상황이고, 그 행위를 당장 제지하지 않으면 곧 인명・신체에 위해를 미치거나 재산에 중대한 손해를 끼칠 우려가 있는 상황이어서, 직접 제지하는 방법 외에는 위와 같은 결과를 막을 수 없는 절박한 사태이어야 한다. 다만 경찰관의 제지 조치가 적법한지는 제지 조치 당시의 구체적 상황을 기초로 판단하여야 하고 사후적으로 순수한 객관적 기준에서 판단할 것은 아니다.

㉯ 주거지에서 음악 소리를 크게 내거나 큰 소리로 떠들어 이웃을 시끄럽게 하는 행위는 경범죄 처벌법 제3조 제1항 제21호에서 경범죄로 정한 '인근소란 등'에 해당한다. 경찰관은 경찰관 직무집행법에 따라 경범죄에 해당하는 행위를 예방・진압・수사하고, 필요한 경우 제지할 수 있다(대판 2018. 12. 13, 2016도19417).

⑤ 위험방지를 위한 출입: 경찰관은 제5조 제1항・제2항 및 제6조에 따른 위험한 사태가 발생하여 사람의 생명・신체 또는 재산에 대한 위해가 임박한 때에 그 위해를 방지하거나 피해자를 구조하기 위하여 부득이하다고 인정하면 합리적으로 판단하여 필요한 한도에서 다른 사람의 토지・건물・배 또는 차에 출입할 수 있으며(동법 7조 1항), 흥행장, 여관, 음식점, 역, 그 밖에 많은 사람이 출입하는 장소의 관리자나 그에 준하는 관계인은 경찰관이 범죄나 사람의 생명・신체・재산에 대한 위해를 예방하기 위하여 해당 장소의 영업시간이나 해당 장소가 일반인에게 공개된 시간에 그 장소에 출입하겠다고 요구하면 정당한 이유 없이 그 요구를 거절할 수 없다(동조 2항). 경찰관은 대간첩 작전 수행에 필요할 때에는 작전지역에서 제2항에 따른 장소를 검색할 수 있다(동조 3항). 경찰관은 제1항부터 제3항까지의 규정에 따라 필요한 장소에 출입할 때에는 그 신분을 표시하는 증표를 제시하여야 하며, 함부로 관계인이 하는 정당한 업무를 방해해서는 아니 된다(동조 4항).

⑥ 사실의 확인 등: 경찰관서의 장은 직무 수행에 필요하다고 인정되는 상당한 이유가 있을 때에는 국가기관이나 공사(公私) 단체 등에 직무 수행

에 관련된 사실을 조회할 수 있다. 다만, 긴급한 경우에는 소속 경찰관으로 하여금 현장에 나가 해당 기관 또는 단체의 장의 협조를 받아 그 사실을 확인하게 할 수 있다(동법 8조 1항).

경찰관은 미아를 인수할 보호자, 유실물을 인수할 권리자, 사고로 인한 사상자 또는 행정처분을 위한 교통사고 조사에 필요한 사실을 확인하기 위하여 필요하면 관계인에게 출석하여야 하는 사유 · 일시 및 장소를 명확히 적은 출석요구서를 보내 경찰관서에 출석할 것을 요구할 수 있다(동조 2항).

⑦ **경찰장비의 사용:** 경찰관은 직무수행 중 무기, 경찰장구, 최루제와 그 발사장치, 살수차, 감식기구, 해안 감시기구, 통신기기, 차량 · 선박 · 항공기 등 경찰장비를 사용할 수 있다. 다만, 사람의 생명이나 신체에 위해를 끼칠 수 있는 경찰장비(이하 "위해성 경찰장비"라 한다)를 사용할 때에는 필요한 안전교육과 안전검사를 받은 후 사용하여야 한다(동법 10조 1항 및 2항).

경찰관은 경찰장비를 함부로 개조하거나 경찰장비에 임의의 장비를 부착하여 일반적인 사용법과 달리 사용함으로써 다른 사람의 생명 · 신체에 위해를 끼쳐서는 아니 되며(동조 3항), 위해성 경찰장비는 필요한 최소한도에서 사용하여야 한다(동조 4항).

[판례①] ㉮ 위해성 경찰장비인 살수차와 물포는 필요한 최소한의 범위에서만 사용되어야 하고, 특히 인명 또는 신체에 위해를 가할 가능성이 더욱 커지는 직사살수는 타인의 법익이나 공공의 안녕질서에 직접적이고 명백한 위험이 현존하는 경우에 한해서만 사용이 가능하다고 보아야 한다.

㉯ 또한 위해성 경찰장비인 살수차와 물포는 집회나 시위 참가자들을 해산하기 위한 목적의 경찰장비이고 경찰관이 직사살수의 방법으로 집회나 시위 참가자들을 해산시키는 것은 집회의 자유나 신체의 자유를 침해할 우려가 있으므로 적법절차의 원칙을 준수하여야 한다. 따라서 경찰관이 직사살수의 방법으로 집회나 시위 참가자들을 해산시키려면, 먼저 집회 및 시위에 관한 법률 제20조 제1항 각호에서 정한 해산 사유를 구체적으로 고지하는 적법한 절차에 따른 해산명령을 시행한 후에 직사살수의 방법을 사용할 수 있다고 보아야 한다. 경찰청 훈령인 '물포운용지침'에서도 '직사살수'의 사용요건 중 하나로서 '도로 등을 무단점거하여 일반인의 통행 또는 교통소통을 방해하고 경찰의 해산명령에 따르지 아니하는 경우'라고 규정하여, 사전에 적법한 '해산명령'이 있어야 함을 요구하고 있다(대판 2019. 1. 17, 2015다236196).

[판례②] 구 경찰관직무집행법 제10조 제3항은 "경찰장비를 임의로 개조하거나 임의의 장비를 부착하여 통상의 용법과 달리 사용함으로써 타인의 생명 · 신체에

위해를 주어서는 아니된다."라고 정하고, 구 「경찰장비의 사용기준 등에 관한 규정」(이하 '경찰장비사용규정'이라 한다) 제3조는 "경찰장비는 통상의 용법에 따라 필요한 최소한의 범위 안에서 사용하여야 한다."라고 정하고 있는바, 위 조항에서 말하는 경찰장비는 '인명 또는 신체에 위해를 가할 수 있는 경찰장비'를 뜻한다(위 규정 제2조 참조). 위 규정들은 경찰비례의 원칙에 따라 경찰관의 직무수행 중 경찰장비의 사용 여부, 용도, 방법 및 범위에 관하여 재량의 한계를 정한 것이라 할 수 있고, 특히 위해성 경찰장비는 그 사용의 위험성과 기본권 보호 필요성에 비추어 볼 때 본래의 사용방법에 따라 지정된 용도로 사용되어야 하며 다른 용도나 방법으로 사용하기 위해서는 반드시 법령에 근거가 있어야 한다(헌재 2018. 5. 31, 2015헌마476 참조).

위와 같은 경찰관의 직무수행 및 경찰장비의 사용과 관련한 재량의 범위 및 한계를 고려해 보면, 불법적인 농성을 진압하는 방법 및 그 과정에서 어떤 경찰장비를 사용할 것인지는 구체적 상황과 예측되는 피해 발생의 구체적 위험성의 내용 등에 비추어 경찰관이 그 재량의 범위 내에서 정할 수 있다. 그러나 그 직무수행 중 특정한 경찰장비를 필요한 최소한의 범위를 넘어 관계법령에서 정한 통상의 용법과 달리 사용함으로써 타인의 생명·신체에 위해를 가하였다면, 불법적인 농성의 진압을 위하여 그러한 방법으로라도 해당 경찰장비를 사용할 필요가 있고 그로 인하여 발생할 우려가 있는 타인의 생명·신체에 대한 위해의 정도가 통상적으로 예견되는 범위 내에 있다는 등의 특별한 사정이 없는 한 그 직무수행은 위법하다고 보아야 한다.

나아가 경찰관이 농성 진압의 과정에서 경찰장비를 위법하게 사용함으로써 그 직무수행이 적법한 범위를 벗어난 것으로 볼 수밖에 없다면, 상대방이 그로 인한 생명·신체에 대한 위해를 면하기 위하여 직접적으로 대항하는 과정에서 그 경찰장비를 손상시켰더라도 이는 위법한 공무집행으로 인한 신체에 대한 현재의 부당한 침해에서 벗어나기 위한 행위로서 정당방위에 해당한다(대판 2022. 11. 30, 2016다26662, 2016다26679, 2016다26686).

⑧ 경찰장구의 사용: 경찰관은 현행범이나 사형·무기 또는 장기 3년 이상의 징역이나 금고에 해당하는 죄를 범한 범인의 체포 또는 도주 방지, 자신이나 다른 사람의 생명·신체의 방어 및 보호, 공무집행에 대한 항거 제지를 위하여 필요하다고 인정되는 상당한 이유가 있을 때에는 그 사태를 합리적으로 판단하여 필요한 한도에서 수갑, 포승, 경찰봉, 방패 등 경찰장구를 사용할 수 있다(동법 10조의2).

[판례] 피고인이 메트암페타민(일명 '필로폰')을 투약하였다는 마약류 관리에 관한 법률 위반(향정) 혐의에 관하여, 피고인의 소변(30cc), 모발(약 80수), 마약류 불법사용 도구 등에 대한 압수·수색·검증영장을 발부받은 다음 경찰관이 피고인의 주거지를 수색하여 사용 흔적이 있는 주사기 4개를 압수하고, 위 영장에 따라 3시간가량 소변과 모발을 제출하도록 설득하였음에도 피고인이 계속 거부하면서 자해를 하자 이를 제압하고 수갑과 포승을 채운 뒤 강제로 병원 응급실로 데려고 가 응급구조사로 하여금 피고인의 신체에서 소변(30cc)을 채취하도록 하여 이를 압수한 사안에서, 피고인을 병원 응급실로 데리고 가는 과정에서 공무집행에 항거하는 피고인을 제지하고 자해 위험을 방지하기 위해 수갑과 포승을 사용한 것은 경찰관 직무집행법에 따라 허용되는 경찰장구의 사용으로서 적법하다(대판 2018. 7. 12, 2018도6219).

⑨ **분사기의 사용:** 경찰관은 범인의 체포 또는 범인의 도주 방지, 불법집회·시위로 인한 자신이나 다른 사람의 생명·신체와 재산 및 공공시설 안전에 대한 현저한 위해의 발생 억제를 위하여 부득이한 경우에는 현장책임자가 판단하여 필요한 최소한의 범위에서 분사기(「총포·도검·화약류 등의 안전관리에 관한 법률」에 따른 분사기를 말하며, 그에 사용하는 최루 등의 작용제를 포함한다) 또는 최루탄을 사용할 수 있다(동법 10조의3).

동법 10조 2항에 따른 살수차, 10조의3에 따른 분사기·최루탄 또는 제10조의4에 따른 무기를 사용하는 경우 그 책임자는 사용 일시·장소·대상, 현장책임자, 종류, 수량 등을 기록하여 보관하여야 한다(동법 11조).

[판례] ㉮ 경찰관은 범인의 체포 또는 도주의 방지, 타인 또는 경찰관의 생명·신체에 대한 방호, 공무집행에 대한 항거의 억제를 위하여 필요한 때에는 최소한의 범위 안에서 가스총을 사용할 수 있으나, 가스총은 통상의 용법대로 사용하는 경우 사람의 생명 또는 신체에 위해를 가할 수 있는 이른바 위해성 장비로서 그 탄환은 고무마개로 막혀 있어 사람에게 근접하여 발사하는 경우에는 고무마개가 가스와 함께 발사되어 인체에 위해를 가할 가능성이 있으므로, 이를 사용하는 경찰관으로서는 인체에 대한 위해를 방지하기 위하여 상대방과 근접한 거리에서 상대방의 얼굴을 향하여 이를 발사하지 않는 등 가스총 사용시 요구되는 최소한의 안전수칙을 준수함으로써 장비 사용으로 인한 사고 발생을 미리 막아야 할 주의의무가 있다.

㉯ 경찰관이 난동을 부리던 범인을 검거하면서 가스총을 근접 발사하여 가스와 함께 발사된 고무마개가 범인의 눈에 맞아 실명한 경우 국가배상책임이 있다(대판 2003. 3. 14, 2002다57218).

⑩ 무기의 사용: 경찰관은 범인의 체포, 범인의 도주 방지, 자신이나 다른 사람의 생명·신체의 방어 및 보호, 공무집행에 대한 항거의 제지를 위하여 필요하다고 인정되는 상당한 이유가 있을 때에는 그 사태를 합리적으로 판단하여 필요한 한도에서 무기를 사용할 수 있다. 다만, 다음 각 호의 어느 하나에 해당할 때를 제외하고는 사람에게 위해를 끼쳐서는 아니 된다(동법 10조의4 1항).

㉠ 「형법」에 규정된 정당방위와 긴급피난에 해당할 때

㉡ 다음 각 목의 어느 하나에 해당하는 때에 그 행위를 방지하거나 그 행위자를 체포하기 위하여 무기를 사용하지 아니하고는 다른 수단이 없다고 인정되는 상당한 이유가 있을 때

ⓘ 사형·무기 또는 장기 3년 이상의 징역이나 금고에 해당하는 죄를 범하거나 범하였다고 의심할 만한 충분한 이유가 있는 사람이 경찰관의 직무집행에 항거하거나 도주하려고 할 때

ⓘⓘ 체포·구속영장과 압수·수색영장을 집행하는 과정에서 경찰관의 직무집행에 항거하거나 도주하려고 할 때

ⓘⓘⓘ 제3자가 가목 또는 나목에 해당하는 사람을 도주시키려고 경찰관에게 항거할 때

ⓘⓥ 범인이나 소요를 일으킨 사람이 무기·흉기 등 위험한 물건을 지니고 경찰관으로부터 3회 이상 물건을 버리라는 명령이나 항복하라는 명령을 받고도 따르지 아니하면서 계속 항거할 때

㉢ 대간첩 작전 수행 과정에서 무장간첩이 항복하라는 경찰관의 명령을 받고도 따르지 아니할 때

한편, 대간첩·대테러 작전 등 국가안전에 관련되는 작전을 수행할 때에는 개인화기 외에 공용화기를 사용할 수 있다(동조 3항).

[판례①] 경찰관은 범인의 체포, 도주의 방지, 자기 또는 타인의 생명·신체에 대한 방호, 공무집행에 대한 항거의 억제를 위하여 무기를 사용할 수 있으나, 이 경우에도 무기는 목적 달성에 필요하다고 인정되는 상당한 이유가 있을 때 그 사태를 합리적으로 판단하여 필요한 한도 내에서 사용하여야 하는바(경찰관직무집행법 10조의4), 경찰관의 무기 사용이 이러한 요건을 충족하는지 여부는 범죄의 종류, 죄질, 피해법익의 경중, 위해의 급박성, 저항의 강약, 범인과 경찰관의 수, 무기의 종류, 무기 사용의 태양, 주변의 상황 등을 고려하여 사회통념상 상당하다고 평가되는지 여부에 따라 판단하여야 하고, 특히 사람에게 위해를 가할 위험성이 큰 권총의 사용에 있어

서는 그 요건을 더욱 엄격하게 판단하여야 한다(대판 2008. 2. 1. 2006다6713).

[판례②] 야간에 술이 취한 상태에서 병원에 있던 과도로 대형 유리창문을 쳐 깨뜨리고 자신의 복부에 칼을 대고 할복자살하겠다고 난동을 부린 피해자가 출동한 2명의 경찰관들에게 칼을 들고 항거하였다고 하여도 위 경찰관 등이 공포를 발사하거나 소지한 가스총과 경찰봉을 사용하여 위 망인의 항거를 억제할 시간적 여유와 보충적 수단이 있었다고 보여지고, 또 부득이 총을 발사할 수밖에 없었다고 하더라도 하체부위를 향하여 발사함으로써 그 위해를 최소한도로 줄일 여지가 있었다고 보여지므로, 칼빈소총을 1회 발사하여 피해자의 왼쪽 가슴 아래 부위를 관통하여 사망케 한 경찰관의 총기사용행위는 경찰관직무집행법 제11조 소정의 총기사용 한계를 벗어난 것이다(대판 1991. 9. 10. 91다19913).

[판례③] 경찰관이 신호위반을 이유로 한 정지명령에 불응하고 도주하던 차량에 탑승한 동승자를 추격하던 중 몸에 지닌 각종 장비 때문에 거리가 점점 멀어져 추격이 힘들게 되자 수차례에 걸쳐 경고하고 공포탄을 발사했음에도 불구하고 계속 도주하자 실탄을 발사하여 사망케 한 경우, 위 사망자가 아무런 흉기를 휴대하지 아니한 상태에서 경찰관을 공격하거나 위협하는 등 거칠게 항거하지 않고 단지 계속하여 도주하였다면 그러한 상황은 형법에 규정된 정당방위나 긴급피난의 요건에 해당한다고 보기 어렵고, 위 사망자가 경찰관의 정지명령에 응하지 아니하고 계속 도주하였다는 사실만으로 경찰관직무집행법 제11조에서 규정하는 범죄를 범하였거나 범하였다고 의심할 충분한 이유가 있다고 보기도 어려우며, 동료 경찰관이 총기를 사용하지 않고도 함께 도주하던 다른 일행을 계속 추격하여 체포한 점에 비추어 볼 때, 경찰관이 추격에 불필요한 장비를 일단 놓아둔 채 계속 추격을 하거나 공포탄을 다시 발사하는 방법으로 충분히 위 사망자를 제압할 여지가 있었다고 보이므로, 경찰관이 그러한 방법을 택하지 아니하고 실탄을 발사한 행위는 경찰관직무집행법 제11조에 정해진 총기 사용의 허용 범위를 벗어난 위법행위이다(대판 1999. 6. 22. 98다61470).

(2) 타법령상의 수단

(가) 대인적 강제

「경찰관 직무집행법」 이외의 경찰법규가 인정하고 있는 대인적 강제의 수단은 여러 가지가 있는데, 대부분 공중위생에 관계되는 법규에서 인정되고 있다. 그 대표적인 예는 다음과 같다.

감염병환자를 치료받게 하거나 입원시킬 수 있고(감염병의 예방 및 관리에 관한 법률 42조 1항), 감염병의심자를 적당한 장소에 일정한 기간 입원 또는 격리시킬 수 있으며(동법 47조 3호), 마약류중독자에 대하여는 치료보호를 받도록 할 수 있고(마약류관리에 관한 법률 40조), 수난구호를 위한 원조강제를 할 수도 있다(수상에서의 수색·구조 등에 관한 법률 29조). 또한 범인의 체포 등 그 직무를 수행할 때에 17세 이상의 자에게 주민등록증의 제시를 요구할 수도 있다(주민등록법 26조 1항).

(나) 대물적 강제

불량식품이나 불량의약품 등 그 물건 자체의 존재가 사회적 장해를 발생시킬 우려가 있는 경우에는 그 물건의 존재를 소멸시키는 폐기처분을 내린다(식품위생법 72조, 약사법 71조). 또한 물건의 소지를 영구적으로 박탈함으로써 간접적으로 소유권을 소멸시키는 결과를 발생시키기도 하는 수거 또는 압수가 있는데, 그 가운데 수거는 경찰장해의 제거를 위해 행해지거나 실험상 필요한 경우에 행해진다(식품위생법 22조 1항). 위법광고물을 제거하기도 하고(옥외광고물 등의 관리와 옥외광고산업 진흥에 관한 법률 10조 2항), 소화를 위한 강제처분을 하는 경우도 있고(소방기본법 25조), 감염병병원체에 오염되었거나 오염되었다고 의심되는 물건에 대해 방역조치를 하기도 한다(감염병의 예방 및 관리에 관한 법률 47조 4호).

(다) 대가택 강제

소유자나 관리자의 의사에 반하여 타인의 가택·영업소 등에 대하여 실력을 가하여 행정상 필요한 상태를 실현하는 것을 말한다. 그런데 종래 대가택 강제로 인식되었던 것, 예를 들면 식품 또는 영업시설 등의 출입·검사(식품위생법 22조), 총포·화약류의 제작소·저장소의 출입·검사(총포·도검·화약류 등의 안전관리에 관한 법률 44조) 등은 오늘날에는 대부분 행정조사의 영역에서 논의되고 있다.[14]

3. 경찰상의 즉시강제와 영장제도

헌법은 개인의 신체·주거의 자유 및 재산을 보호하기 위하여 개인의 신체·재산 및 가택에 대한 침해에 법관의 영장을 얻도록 규정하고 있다(헌법 12조·16조). 이들 헌법규정은 형사사법권의 행사인 강제조치로부터 국민의 기본권을 보장하기 위한 것이라는 입장에서 행정상의 즉시강제에의 적용을 부인하는 견해도 있으나, 헌법의 취지로 보아 행정상의 즉시강제에서도 존중되어야 함이 당연하다. 특히, 그 강제조치가 형사책임의 추급과 직접적인 관련성을 띠고 있는 경우에는 영장제도에 관한 헌법규정은 당연히 적용된다고 보아야 할 것이다. 다만, 목전의 급박한 장해를 제거하기 위한 경우로 법관의 영장을 사전에 구할 수 없는 경우와 범죄수사와 관계가 없는 즉시강제에는 반드시 법관의 영장을 요하는 것으로 볼 수 없고 신분증 등 증표의 제시로써 족하다고 볼 것이다(약사법 69조 2항 등 참조).[15]

---

14) 상세는 김남진·김연태(Ⅰ), 제3편 제3장 제1절 행정조사 참조.

[판례] 영장주의가 행정상 즉시강제에도 적용되는지에 관하여는 논란이 있으나, 행정상 즉시강제는 상대방의 임의이행을 기다릴 시간적 여유가 없을 때 하명 없이 바로 실력을 행사하는 것으로서, 그 본질상 급박성을 요건으로 하고 있어 법관의 영장을 기다려서는 그 목적을 달성할 수 없다고 할 것이므로, 원칙적으로 영장주의가 적용되지 않는다고 보아야 할 것이다. 만일 어떤 법률조항이 영장주의를 배제할 만한 합리적인 이유가 없을 정도로 급박성이 인정되지 아니함에도 행정상 즉시강제를 인정하고 있다면, 이러한 법률조항은 이미 그 자체로 과잉금지의 원칙에 위반되는 것으로서 위헌이라고 할 것이다(헌재 2002. 10. 31, 2000헌가12).

4. 경찰상의 즉시강제에 대한 구제

경찰상 즉시강제는 경찰상 즉시목적을 달성하기 위하여 개인의 신체 또는 재산에 실력을 가하는 권력작용이기 때문에 개인의 권리와 이익에 대한 침해가 항상 우려되며, 따라서 그로 인한 권익침해에 대한 구제의 문제가 각별한 관심사가 되고 있다.

(1) 적법한 경찰상 즉시강제에 대한 구제

경찰상 즉시강제가 경찰장해자 또는 제3자에게 수인의 한도를 넘는 특별한 희생을 가한 경우에는 손실보상을 청구할 수 있다. 개별법(수상에서의 수색·구조 등에 관한 법률 39조, 소방기본법 25조 5항)에서 보상에 관하여 규정하고 있는 경우도 있으나, 그에 관한 규정이 없는 경우에 있어서의 손실의 구제방법으로서는 수용유사침해 또는 수용적 침해의 법리에 의한 손실보상이 논해지기도 한다.[16] 그러나 입법을 통한 문제해결이 가장 바람직한 일임은 분명하다.

(2) 위법한 경찰상 즉시강제에 대한 구제

(가) 행정쟁송

위법 또는 부당한 즉시강제로 인하여 권리·이익을 침해당한 경우에는 행정심판이나 행정쟁송을 통해 그 취소·변경을 구할 수 있다. 다만, 경찰상의 즉시강제는 급박한 조치로서 단시간 내에 이미 그 행위가 완료되어 쟁송의 대상이 소멸되어 버리는 경우가 대부분이므로 행정쟁송은 즉시강제가 비교적 장기에 걸쳐 행하여지는 경우(물건의 영치 등)에만 생각할 수 있다.

15) 아울러 김남진·김연태(Ⅰ), 제4편 제3장 행정상 즉시강제 참조.

16) 상세는 김남진·김연태(Ⅰ), 제5편 제3장 제2절 수용유사 및 수용적 침해에 대한 손실보상 참조.

(나) 손해배상의 청구

즉시강제가 「국가배상법」상의 공무원의 직무상 불법행위를 구성하는 경우에는 동법에 의한 손해배상을 청구할 수 있음은 당연하다. 위법한 즉시강제에 대한 구제방법으로는 이 방법이 가장 적합하다고 할 수 있다.

(다) 정당방위

경찰상의 즉시강제의 급박성에 비추어 볼 때 이에 대한 저항은 공무집행방해죄가 성립하지 아니하고 「형법」상의 정당방위, 즉 "자기 또는 타인의 법익에 대한 현재의 부당한 침해를 방위하기 위한 행위"로서 면책성을 생각할 수 있다.

(라) 기 타

그 밖에 공무원의 형법상 책임(공무원의 직무에 관한 죄), 「국가공무원법」·「경찰공무원법」·「경찰관 직무집행법」상의 책임(징계책임 등)을 경찰강제에 대한 구제수단으로서 열거하는 예를 발견할 수 있는데, 이를 개인의 권리 및 이익의 구제제도로 볼 수는 없다.

Ⅳ. 경 찰 벌

1. 경찰벌의 의의 및 성질

경찰벌이란 경찰법상의 의무위반에 대하여 일반통치권에 기하여 과하는 제재로서의 벌을 말한다. 이와 같은 경찰벌은 직접적으로는 '과거의 의무위반'에 대하여 과해지는 것인데, 처벌규정이 존재함으로써 의무자에게 심리적 압박을 가하여 간접적으로 의무이행을 확보하는 기능을 하는 셈이다. 그러한 점에서 의무의 불이행이 있는 경우에 직접 상대방의 신체·재산 등에 실력을 가하여 의무이행을 확보하는 경찰강제와 구별된다.

이와 같은 경찰벌(경찰상의 행정벌)은 징계벌·이행강제금(집행벌)·형사벌과도 각각 구별되는 성질을 가진다.[17]

2. 경찰벌의 근거

죄형법정주의는 경찰벌에도 적용되므로, 경찰벌을 과하기 위해서는 법률에 근거를 두지 않으면 안 된다. 법률은 경찰벌에 관한 사항을 명령(법규명령)에

---

17) 자세한 것은 김남진·김연태(Ⅰ), 617면 이하 참조.

위임할 수 있으나 처벌의 대상·성질·한도를 구체적으로 정하여 위임하여야 한다. 지방자치단체도 법률의 위임이 있는 경우에 조례로 벌칙(행정벌)을 정할 수 있다(지방자치법 28조 1항 단서). 그 밖에 지방자치단체는 조례로써 조례위반행위에 대하여 1천만원 이하의 과태료를 정할 수 있도록 되어 있다(지방자치법 34조 참조).

3. 경찰벌의 종류

경찰벌은 그 처벌의 내용에 따라 경찰형벌과 경찰질서벌로 구별된다.

(1) 경찰형벌

경찰형벌은 경찰법상의 의무위반에 대하여 사형·징역·금고·자격상실·자격정지·벌금·구류·과료 및 몰수와 같이 형법상의 형을 과하는 경찰벌을 말한다. 경찰형벌에 관하여는 원칙적으로 형법총칙의 규정이 적용되며(형법 8조), 법령에 특별한 규정이 있는 경우에는 그에 따른다(동법 8조 단서).[18]

(2) 경찰질서벌

경찰질서벌은 경찰법상의 의무위반에 대한 제재로서 과해지는 과태료를 말한다. 경찰질서벌은 일정한 신고·보고·등록·서류비치 등을 하여야 할 경찰법상의 의무를 해태하는 것과 같이 직접적으로 공공의 안녕·질서(사회적 법익)를 침해하는 것이 아니라, 간접적으로 경찰목적의 달성에 장해를 미칠 위험이 있는 행위에 대하여 과하여지는 것이 보통이다. 그런데 경찰질서벌에 관해서는 형법총칙이 적용되지 않고 종래 통칙적 규정이 없어 경찰질서벌의 대상이 되는 행위에 대하여는 개개의 법률규정에 따라 판단할 수밖에 없었다. 이에 따라 경찰질서벌의 대상이 되는 행위의 성립과 과태료 처분에 관한 법률규정의 불명확성으로 인하여 실무에서 적용하는데 어려움이 많았으며 국민의 권익이 침해될 우려도 적지 않았다. 그리하여 이러한 점들을 개선하여 과태료가 의무이행확보수단으로서의 기능을 효과적으로 수행할 수 있도록 하는 한편 국민의 권익을 보호하려는 목적으로 「질서위반행위규제법」이 제정되어 2008. 6. 22.부터 시행되어오고 있다.

종래 경찰질서벌의 대상이 되는 행위는 단순한 업무해태로서 반윤리성이 희박하므로, 행위자의 고의·과실과 같은 주관적 요건을 문제삼지 않고 객관적 법규위반이 있으면 질서벌을 과할 수 있는 것으로 보았다.

---

18) 상세는 김남진·김연태(Ⅰ), 620면 이하 참조.

[판례] 이 사건 과태료와 같은 행정질서벌은 행정질서유지를 위하여 행정법규위반이라는 객관적 사실에 대하여 과하는 제재이므로 반드시 현실적인 행위자가 아니라도 법령상 책임자로 규정된 자에게 부과되고 또한 특별한 규정이 없는 한 원칙적으로 위반자의 고의·과실을 요하지 않는다(대판 1994. 8. 26, 94누6949. 동지 판례: 대판 1993. 11. 9, 93누16345).

그러나 「질서위반행위규제법」에서는 고의 또는 과실이 있어야 질서위반행위가 성립하는 것으로 규정하고 있다(7조). 다만, 자신의 행위가 위법하지 아니한 것으로 오인하고 행한 질서위반행위는 그 오인에 정당한 이유가 있는 때에 한하여 과태료를 부과하지 않는다고 규정하고 있다(8조). 행정형벌(경찰형벌 포함)과 질서벌은 다 함께 행정벌이므로 동일 행정범에 대해 병과할 수 없다. 다만, 행정처분의 병과는 가능하다.

[판례] 운행정지처분의 이유가 된 사실관계로 자동차운송사업자가 이미 형사처벌을 받은 바 있다 하여 피고(서울특별시장)의 자동차운수사업법 제31조를 근거로 한 운행정지처분이 일사부재리의 원칙에 위반된다 할 수 없다(대판 1983. 6. 14. 82누439).

한편, 위반사실의 동일성이 인정되지 않는 경우에는 행정질서벌인 과태료의 부과처분 후에 행정형벌을 부과하더라도 일사부재리의 원칙에 반하는 것은 아니다.

[판례] 자동차의 임시운행허가를 받은 자가 그 허가 목적 및 기간의 범위 안에서 운행하지 아니한 경우에 과태료를 부과하는 것은 당해 자동차가 무등록 자동차인지 여부와는 관계없이, 이미 등록된 자동차의 등록번호표 또는 봉인이 멸실되거나 식별하기 어렵게 되어 임시운행허가를 받은 경우까지를 포함하여, 허가받은 목적과 기간의 범위를 벗어나 운행하는 행위 전반에 대하여 행정질서벌로써 제재를 가하고자 하는 취지라고 해석되므로, 만일 임시운행허가기간을 넘어 운행한 자가 등록된 차량에 관하여 그러한 행위를 한 경우라면 과태료의 제재만을 받게 되겠지만, 무등록 차량에 관하여 그러한 행위를 한 경우라면 과태료와 별도로 형사처벌의 대상이 된다(대판 1996. 4. 12. 96도158).

4. 경찰벌의 과벌절차

(1) 경찰형벌의 과벌절차

경찰형벌은 「형사소송법」이 정하는 바에 따라 과벌하는 것이 원칙이나 다음과 같은 예외가 인정되어 있다.

(가) 통고처분

일정한 「출입국관리법」 위반행위나 「도로교통법」의 범칙행위가 있는 경우에 있어서, 그 범증이 충분할 때에는 출입국관리사무소장 또는 경찰서장은 벌금 또는 과료에 상당하는 금액 또는 범칙금[19]을 납부하도록 통고처분함으로써 형사소송에 대신할 수 있다(출입국관리법 102조, 도로교통법 163조). 통고처분을 받은 자는 10일 내에 그 금액을 납부하여야 하며, 납부하지 않을 때에는 곧 고발하거나(출입국관리법 105조) 즉결심판에 회부하여야 한다(도로교통법 165조). 통고처분을 받은 자가 소정의 기간 내에 통고된 금액을 납부한 때에는 당해 범칙행위를 이유로 다시 처벌받지 아니한다(출입국관리법 106조, 도로교통법 164조 3항).

(나) 즉결심판[20]

20만원 이하의 벌금·구류 또는 과료의 행정형벌은 「즉결심판에 관한 절차법」이 정하는 바에 따라 즉결심판에 의하여 과하여지며, 그 형은 경찰서장에 의하여 집행된다(동법 18조 1항). 즉결심판에 불복이 있는 피고인은 고지를 받은 날로부터 7일 이내에 소관 지방법원 또는 지방법원지원에 정식재판을 청구할 수 있다(법원조직법 35조).

(2) 경찰질서벌의 부과절차

종전에는 과태료의 부과·징수절차가 통일되어 있지 않았다. 「질서위반행위규제법」이 시행되기 전까지는 과태료부과처분은 두 가지의 방식으로 이루어졌다. 하나는 법원이 「비송사건절차법」에 따라 부과·징수하는 방법으로, 행정청의 위반사실 통보에 따라 과태료부과대상자의 주소지를 관할하는 지방법원이 「비송사건절차법」에 따라 부과하는 방식이다(비송사건절차법 247조, 248조). 다른 하나는 일차적으로 행정청이 부과하고, 그에 대해 이의신청이 있으면 행정청이 관할 법원에 그 사실을 통보하도록 하여, 그 통보를 받은 법원이 「비송사건절차법」에 따라 부과하는 방식이다.

그러나 「질서위반행위규제법」은 행정청이 일차적으로 과태료를 부과·징수하고, 당사자의 이의제기가 있으면 행정청은 그 사실을 관할 법원에 통보하도

19) 범칙금은 「도로교통법」에 마련된 벌과금으로서, 범칙금의 액수는 범칙행위의 종류·차종에 따라 대통령령으로 정하게 되어 있다(동법 162조 3항 참조). 범칙금과 그의 부과절차 등의 상세에 관하여는 손기식, 교통형법, 1986, 113면 이하; 석종현, 교통범칙금과 행정벌과의 관계, 월간고시, 1994. 6, 59면 이하 등 참조.

20) 즉결심판은 행정벌 이외의 벌의 과벌절차로서도 활용되고 있다.

록 하며, 그 통보를 받은 법원이 비송사건절차에 따라 재판을 한 후 그에 따라 검사가 집행하는 것으로 절차를 일원화하고 있다. 한편, 「질서위반행위규제법」이 시행되고 있음에도 개별법에서 별도의 절차를 여전히 규정하고 있는 경우에 어느 절차를 적용할 것인지가 문제가 되는데, 이에 대해 동법 제5조에서는 "과태료의 부과 · 징수, 재판 및 집행 등의 절차에 관한 다른 법률의 규정 중 이 법의 규정에 저촉되는 것은 이 법으로 정하는 바에 따른다"고 규정하여, 「질서위반행위규제법」이 우선적으로 적용됨을 명시하고 있다. 구체적인 부과 · 징수 절차를 살펴보면 다음과 같다.[21]

(가) 과태료 부과 · 징수절차

국가 또는 지방자치단체의 기관 등 행정청(2조 2호)이 과태료를 부과하고자 하는 때에는 미리 당사자에게 통지하고 10일 이상의 기간을 정하여 의견제출기회를 준 후 서면으로 과태료를 부과하여야 한다(16조, 17조). 행정청의 과태료 부과에 불복하는 당사자는 과태료 부과통지서를 받은 날부터 60일 이내에 해당 행정청에 서면으로 이의제기를 할 수 있고, 이 경우 행정청의 과태료 부과처분은 그 효력을 상실한다(20조). 이의제기를 받은 행정청은 이의제기를 받은 날부터 14일 이내에 관할 법원에 통보하고 그 사실을 즉시 당사자에게 통지하여야 한다(21조).

이와 같이 「질서위반행위규제법」에 의하여 과태료 부과 · 징수절차가 통일적으로 규율됨으로써 행정청의 신속하고 적정한 과태료 부과 · 징수로 행정능률이 향상되고 국민의 권익이 보호될 것으로 기대된다.

(나) 과태료 재판절차

종전에는 과태료 재판을 규율하는 「비송사건절차법」상 관련 규정이 미비하여 재판 실무상 통일되지 아니한 부분이 있었고, 행정청이 이해당사자임에도 재판에 참여할 기회가 인정되지 않는 등 문제점이 있었다.

이에 대하여 「질서위반행위규제법」에서는 과태료 재판절차에 관한 미비점

---

21) 「질서위반행위규제법」의 적용대상에 대해서는 다음과 같은 점을 유의할 필요가 있다. 동법은 원칙적으로 과태료가 행정질서벌로서 부과되는 경우에 적용되며, 그 명칭이 과태료라고 하더라도 사법상 · 소송법상의 과태료나 징계벌로서의 과태료는 동법의 적용대상이 아니다. 따라서 ① 민법 · 상법 등 사인간의 법률관계를 규율하는 법 또는 민사소송법 · 가사소송법 · 민사집행법 · 형사소송법 · 민사조정법 등 분쟁해결에 관한 절차를 규율하는 법상의 의무를 위반하여 과태료를 부과하는 경우는 적용대상이 아니며, ② 공증인법 · 법무사법 · 변리사법 · 변호사법 등 기관 · 단체 등이 질서유지를 목적으로 구성원의 의무위반에 대하여 제재를 할 수 있도록 규정하는 법률에 따른 징계사유에 해당하여 과태료를 부과하는 경우는 적용대상이 아니다(동법 2조 1호, 동법 시행령 2조 참조).

을 보완함으로써 과태료 재판이 신속하고 공정하게 진행될 수 있도록 규정하고 있다. 행정청으로부터 이의제기 사실을 통보받은 법원은 이를 즉시 검사에게 통지하고(30조), 심문기일을 열어 당사자의 진술 및 검사의 진술의견 혹은 서면의견을 들어야 하며(31조), 행정청도 재판에 참여할 수 있다(32조 1항). 다만 법원은 상당하다고 인정하는 때에는 심문 없이 과태료 재판을 할 수 있으나, 당사자와 검사가 이러한 약식재판의 고지를 받은 날부터 7일 이내에 이의신청을 하여 법원이 그 적법성을 인정하는 때에는 약식재판은 그 효력을 잃게 되며 법원은 심문을 거쳐 다시 재판하여야 한다(44조, 50조). 과태료 재판은 결정으로 하고(36조), 당사자와 검사에게 고지함으로써 효력이 생기며(37조), 당사자와 검사는 과태료 재판에 대하여 즉시항고를 할 수 있다(38조).

(다) 과태료의 실효성 제고

과태료를 체납하여도 체납자에게 아무런 불이익이 없고 행정청이 적극적으로 강제징수를 추진하기가 곤란하여 과태료 체납현상이 만연하고 있으며, 고액·상습체납자도 급증하고 있는 현실을 타개하기 위하여 「질서위반행위규제법」에서는 과태료의 실효성 제고를 위한 여러 규정들을 두고 있다.

과태료 부과 전 의견제출기한 이내에 당사자가 과태료를 자진납부하는 경우에는 과태료를 감경할 수 있도록 규정하고 있다(18조). 또한 과태료의 부과·징수를 위하여 행정청에게 공공기관 등에 대한 자료제공요청권한(23조)을 부여하고 있으며, 과태료를 체납하는 경우에는 가산금을 징수하고(24조), 관허사업을 제한할 수 있으며(52조), 신용정보기관에 관련 정보를 제공할 수 있고(53조), 고액·상습체납자에 대하여는 법원의 재판을 통하여 30일의 범위 내에서 감치할 수 있도록 규정하고 있다(54조).

V. 그 밖의 제재 및 의무이행확보수단

1. 제도적 의의

행정상의 강제집행, 즉시강제 및 행정벌이 전통적으로 행정법상(경찰법 포함)의 의무이행확보수단으로서 활용되어 왔다. 그러나 국민생활이 다양·복잡해짐에 따라 행정법상의 의무이행확보수단도 다양해지는 경향에 있다. 우리나라의 경우, 일반법으로서의 행정집행법(경찰집행법 포함)이 제정되어 있지 않는 등 행정강제제도의 불비도 그 원인으로서 작용하고 있다고 말할 수 있다.

2. 각종 수단

앞에서 살펴 본 전통적 수단 이외의 의무이행확보수단으로서는 과징금 등 금전적 수단이 있으며, 그 밖의 수단으로서는 ① 수익적 행정행위의 철회·거부(관허사업의 제한 등), ② 공급중단, ③ 법 위반사실의 공표, ④ 취업제한, ⑤ 국외여행의 제한 등을 열거할 수 있다.[22)]

제 7 절 경찰상의 손해보전·비용상환

Ⅰ. 개 설

개인이 적법 또는 위법한 경찰활동으로 인하여 불이익을 입은 경우에 그의 보전방법으로서는 손실보상 또는 손해배상(국가배상)의 청구를 생각할 수 있다. 다만, 경찰활동과 관련해서는 청구권자가 경찰위해발생에 대한 책임자(행위책임자·상태책임자)인가 그렇지 않은 제3자인가 등 특별히 고려되어야 할 문제가 있다.

한편, 사인(단체 포함)이 경찰권 발동을 유발한 경우에 있어서, 당해 사인에 대하여 경찰권발동에 대한 비용을 청구할 수 있느냐 하는 문제 역시 고려되어야 할 문제이며, 독일의 일부 주에서는 그것을 입법화한 예도 있다. 아래에서 이들 문제를 구체적으로 고찰하기로 한다.[1)]

---

22) 상세한 것은 김남진·김연태(Ⅰ), 제4편 제5장 기타의 행정의 실효성확보수단 참조.

1) 관련문헌: 김남진, 기본문제, 719면 이하; 김남진·이명구, 행정법연습, 535면 이하; 김연태, 경찰비용의 부담, 공법연구 제34집 제4호 제2권, 2006. 6; 서정범·박병욱, 쿠겔만의 독일경찰법, 2015, 399면 이하 참조.

Ⅱ. 개인의 행정주체에 대한 청구권

1. 비위해발생자의 청구권

(1) 손실보상청구권

경찰(관)은 공공의 안녕과 질서유지의 직무를 담당하고 있다(경찰관직무집행법 2조 참조). 환언하면, 경찰은 공공의 안녕·질서에 대한 위험을 예방하며 현존하는 장해를 제거할 직무를 담당하고 있다고 말할 수 있다.[2] 경찰은 그와 같은 직무를 수행하기 위하여 개별적 수권규정(특히 경찰관직무집행법 3조 이하)에 의거하여, 경찰상의 위해발생자(경찰상의 행위책임자 또는 상태책임자)에 대하여 명령함으로써 그들로 하여금 위해를 방지케 하거나 또는 경찰 스스로의 힘(인원과 장비)을 통하여 위해를 방지함이 원칙이다.

그러나 때로는 위해발생자에게 명령하는 방법으로, 또는 경찰 스스로의 힘으로 경찰위해를 방지·제거할 수 없는 경우도 있을 수 있다. 큰 교통사고가 일어나서 사고를 일으킨 운전자가 움직일 수 없는 상태에 있는데다가 현장에 있는 경찰관의 힘만으로는 사태를 수습할 수 없는 경우 등이 이에 해당한다. 이러한 경우에는 경찰은 비위해발생자, 즉 경찰위해에 책임(행위책임·상태책임)이 없는 제3자의 도움을 받아서라도 긴급사태를 수습하여야 한다고 보지 않으면 안 된다. 「경찰관 직무집행법」이 위험발생의 방지를 위하여 그 장소에 있는 자, 사물의 관리자 기타 관계인에게 위해방지상 필요하다고 인정되는 조치를 하게 할 수 있음은 그러한 취지로 새길 수 있다(동법 5조 1항 3호 참조). 즉, 법은 상기한 경찰비상사태에 있어 비위해발생자에 대해서도 명령을 발하여 경찰상의 위해를 방지할 수 있게 하고 있는 것이다.

「경찰관 직무집행법」상의 위 규정은 비위해발생자에 대하여 경찰권을 발동할 수 있는 개별적 수권조항(Spezialermächtigung)의 일례에 지나지 않는다.[3] 그러나 동법 제2조 7호를 보충적인 개괄적 수권조항(Generalermächtigung)[4]으로 보는 입장에서는, 일정한 요건하에 그 개괄조항에 의거하여서도 비위해발생자에 대하여 명령하여 경찰위해를 방지할 수 있는 것으로 보고 있다. 그 일정한 요건이란 ① 급박한 위해가 존재하고 있을 것, ② 다른 방법에 의해서는 위해

---

2) 본서에서는 그 위험과 장해를 합쳐 위해로 표시하고 있음은 앞에서 밝혀 놓은 바 있다.
3) 이에 관한 상세는 서정범, 경찰행정법, 227면 이하 참조.
4) 본서 368면 이하 참조.

를 방지할 수 없을 것, ③ 제3자(비위해발생자)의 생명이나 건강을 해치지 않을 것, ④ 제3자의 본래의 급박한 업무를 방해하지 않을 것, ⑤ 위해방지를 위한 최소한도에 그칠 것, ⑥ 일시적 방편일 것, ⑦ 손실을 보상할 것 등이다.[5] 상기한 요건은 개별적 수권조항에 의거하여 제3자에 대하여 경찰권을 발동하는 경우에도 준수해야 할 법원칙(조리)으로 볼 수 있다.

그러면 이러한 경우에 제3자는 어떠한 방법으로 손실보상을 청구할 수 있는 것인가? 이에 대하여 「경찰관 직무집행법」은 아무런 규정을 마련하지 않아 입법의 흠결 내지 공백으로 지적을 받아왔었다. 그러나 최근 개정된 「경찰관 직무집행법」(시행 2014. 4. 6. 법률 제11736호)은 손실발생의 원인에 대하여 책임이 없는 자가 재산상 손실을 입을 경우(손실발생의 원인에 대하여 책임이 없는 자가 경찰관의 직무집행에 자발적으로 협조하거나 물건을 제공하여 재산상의 손실을 입은 경우를 포함), 또한 손실발생의 원인에 대하여 책임이 있는 자가 자신의 책임에 상응하는 정도를 초과하는 재산상의 손실을 입은 경우에 국가에 손실보상을 청구할 수 있도록 근거규정을 마련하였다(동법 제11조 의2 제1항). 이어 2018년 12월 24일 다시 한번 개정되어 재산상 손실뿐만 아니라 생명·신체에 대한 손실도 보상범위에 포함되도록 함으로써, 국민의 기본권 보장에 더욱 더 충실을 기하게 되었다. 보상을 청구할 수 있는 권리는 손실이 있음을 안 날로부터 3년, 손실이 발생한 날부터 5년간 행사하지 않으면 시효가 완성되어 소멸하고(동법 제11조 의2 제2항), 손실보상신청 사건을 심의하기 위하여 손실보상심의위원회를 두도록 하였다(동법 제11조 의2 제3항).[6]

(2) 손해배상의 청구

비위해발생자가 공무원의 직무상 불법행위로 인하여 손해를 받은 경우에는 국가 또는 지방자치단체에 대하여 손해배상을 청구할 수 있다(국가배상법 2조 등 참조).

2. 위해발생자의 청구권

자기의 행위 또는 물건 등으로 인하여 경찰위해를 일으킴으로써 경찰권이 발동되었고, 그로 인하여 재산상 손실을 입은 자에 대하여는 일반적으로 손실보상청구권이 인정되지 않는다고 보아야 할 것이다.[7] 예컨대, 썩은 음식물을 판

---

5) 본서 380면 이하 참조.

6) 상세는 본서 401면 이하 참조. 한편, 경찰손실보상에 관한 경찰법 이론체계 및 경찰손실보상 심의사례의 유형별 분석에 대해서는 김용주, 경찰손실보상 심의사례의 경찰법적 검토, 공법학연구 제20권 제1호 2019. 2; 김용주·김민정, 경찰손실보상에 관한 경찰법 도그마틱－쟁점 사례 분석과 제언, 고려법학 제111호, 2023. 12. 참조.

7) 동지: Schenke, S. 333.

매하므로 관계공무원이 그것을 폐기시킨 경우, 건물이 쓰러질 위험이 있어 관계공무원이 그것을 헐어버린 경우 등이 그에 해당된다. 흔히 외관적 위해발생자(Anscheinstörer)라고 불리우는 자에 대한 경찰권발동의 경우도 마찬가지이다. 여기에서 '외관적 위해발생자'라고 함은 객관적 관찰자(objektiver Betrachter)에게 위해를 일으키고 있는 것으로 보임으로 인하여 경찰권발동의 대상이 되었으나, 사후적으로 그렇지 않은 것으로 판명된 자를 의미한다. 결국 그 '외관적 위해발생자'도 앞에서 설명한 위해발생자의 범주에 포함된다고 보면 될 것이다.

위해발생자에게 손실이 발생한 경우에도 보상이 주어지지 않는 이유는 재산권의 사회적 제약성(Sozialbindung der Eigentum)에서 찾을 수 있다.[8] 물론 입법권자는 이에 대한 예외를 만들 수 있다. 즉, 이론적으로는 손실보상을 하지 않아도 되는 경우에 보상을 행할 수도 있다는 것이다. 감염병병원체에 오염된 건물에 대한 소독 등의 감염병 예방조치로 인하여 손해를 입은 건물의 소유자에게 보상하는 것이 그 일례이다(감염병의 예방 및 관리에 관한 법률 49조, 64조 7호 참조).

위해발생자에게 자신의 책임의 정도를 넘는 손실이 발생하였다면, 그에 대하여는 보상이 주어져야 할 것이다. 위에서 언급한 바와 같이 최근 개정된 「경찰관 직무집행법」에서는 이에 관한 명문의 규정을 두었다. 즉, 손실발생의 원인에 대하여 책임이 있는 자가 자신의 책임에 상응하는 정도를 초과하는 생명·신체 또는 재산상의 손실을 입은 경우에 국가에 대해 손실보상을 청구할 수 있다(동법 제11조의2 제1항).

Ⅲ. 경찰행정주체의 비용상환청구권

1. 위해발생자에 대한 청구권

(1) 대집행의 비용상환청구권

「행정대집행법」은 남이 대신할 수 있는 작위의무의 불이행이 있는 경우에 행정기관 스스로 그 의무를 이행하거나 제3자로 하여금 행하게 한 다음에 그 비용을 의무자로부터 징수할 수 있음을 규정하고 있다(동법 2조·6조 참조).

다른 한편, 도로교통법은 경찰이 정차·주차 위반차량을 이동하거나 보관한

8) 이 점에 관하여는 김남진·김연태(Ⅰ), 755면 이하; 김남진, 기본문제, 456면 참조.

경우에 있어, 그에 소요된 비용을 행정대집행법이 정한 바에 따라 징수할 수 있음을 규정하고 있다(동법 35조 참조).[9]

(2) 직접강제 · 즉시강제 등의 비용상환청구권

독일의 여러 주의 경찰법은 경찰상의 직접강제 · 즉시강제[10]에 소요된 비용상환에 관한 규정을 두고 있으며, 학자들의 그 문제에 대한 연구[11]도 매우 활발하다. 국제적인 운동시합(특히 축구경기), 청소년이 많이 참가하는 대중가요제(Pop-Festival), 옥외시위(Demonstration) 등이 빈번히 개최되며, 그 때마다 관할 경찰관서의 힘만으로는 위해방지의 직무를 완수하기 어려우며, 타경찰관서 등에 직무응원을 구할 수밖에 없는 처지에 놓이게 됨으로써 경찰비용징수법(Polizeikostenrecht)이 제정되기에 이르렀다는 소식이다.[12]

옥외시위가 대중국가시대에 있어서 민중의 효과적인 의사표시수단이 되고 있으며, '움직이는 집회'의 성격을 가짐으로써 헌법상의 집회의 자유조항에 의하여 국민의 기본권으로서 보장되어 있음은 주지의 사실이다(헌법 21조 1항 참조). 그러나 그렇다고 해서 옥외집회가 항상 적법 · 타당성을 지니며 좋은 결과만을 가져오는 것은 아니다. 시위 등의 빈발로 인하여 경찰이 짊어지게 되는 부담과중도 고려할 필요가 있다.

2. 비위해발생자에 대한 청구권

(1) 원칙론과 입법례

경찰이 경찰위해를 직접 일으키지 않은 자, 즉 비위해발생자(Nichtstörer)에 대하여 경찰비용을 청구한다는 것은 일견 모순된 일로 보지 않을 수 없다. 그럼에도 불구하고, 독일의 일부 주에서는 그에 관한 입법을 행한 바 있어, 우리의 주목을 끌 만하다. 그 일례가 바덴-뷔르템베르크 주 경찰법상의 규정(81조)이다. 동조는 사인인 행사(이벤트)개최자(privater Veranstalter)의 행사(운동경기 등)로 인하여 관할구역 밖으로부터의 경찰응원을 필요로 한 경우, 그에 대한 경찰비용

9) 주차위반과 관련한 법적 문제에 관하여는 김남진 · 이명구, 행정법연습, 513면 이하 참조.

10) 오늘날 우리나라에서 통용되고 있는 직접강제, 즉시강제 등에 대한 관념 내지 이해에는 재음미되어야 할 점이 많이 있다. 상세는 김남진, 기본문제, 370면 이하 참조.

11) Vgl. Würtemberger, Erstattung von Polizeikosten, NVwZ 1983, S. 192 ff.; Götz, Kostenrecht der Polizeiund Ordnugsverwaltung, DVBI. 1984, S. 14 ff.; Schenke, Erstattung der Kosten von Polizeieinsätzen, NJW 1983, S. 1882 ff.; 박상희 · 서정범, 경찰작용법제의 개선방안, 한국법제연구원, 1996, 176면 이하.

12) 독일의 경찰비용에 관한 상세는 서정범 · 박병욱, 쿠겔만의 독일경찰법, 2015, 399면 이하 참조.

을 청구할 수 있게 하였던 것이다.[13] 그러나 그러한 규정은 국민의 집회의 자유, 직업의 자유 등 기본권을 제약할 우려가 있다는 점에서, 행사가 순전히 상업적 성질인 경우에 한하여 허용된다고 보아야 할 것이다.

(2) 공법상 사무관리 법리의 적용

「민법」은 의무 없이 타인을 위하여 사무를 관리한 경우에 있어서, 관리자는 본인에 대하여 본인을 위해 지출한 필요비 또는 유익비에 대한 상환을 청구할 수 있게 하고 있다(동법 739조). 이러한 「민법」상의 사무관리에 관한 법리가 공법관계에 유추적용될 수 있음은 일반적으로 승인되어 있는 바이다.[14] 다만, 그러한 법리가 경찰(위해방지)의 영역에도 적용될 수 있는가에 관해서는 의문이 제기되지 않을 수 없다. 그 이유는 위해방지(공공의 안녕·질서에 대한 위해방지)는 경찰의 고유업무로서 '의무없이 타인을 위하여 사무를 관리'하는 것으로 보기 어렵다는 것이다. 따라서 이 문제 역시 입법을 통한 해결이 최선의 길이라 할 수 있다.

(3) 공법계약을 통한 비용징수

이 방면의 입법이 전혀 마련되어 있지 않은 우리의 현실에 있어서는, 상업적 행사(이벤트)의 주최자와 경찰과의 계약을, 상업적 행사로 인해 특별히 소요된 경찰비용을 징수하는 문제 정도로서 생각해 볼 만한 일이다. 예컨대, 사기업이 미인선발대회를 개최하며 시가행진 등을 하는 경우에 있어서 경비에 소요되는 비용을 계약을 통해 징수하는 일은 생각해 볼 만한 일이다. 청원경찰제도도 그에 유사한 제도로서 생각할 수 있다(청원경찰법 2조 등 참조).

---

13) 다만 동 규정은 법적 허용성 여부에 대한 논란 및 다른 주와의 형평성 문제 때문에 1991년 폐지되었다. 그러나 축구경기(분데스리가) 등 대규모 행사가 점점 상업화됨에 따라 경찰비용의 징수는 다시금 논란의 대상이 되었다. 작센 주에서는 바덴-뷔르템베르크 주 경찰법과 법적인 구성체계에 있어서는 다르지만 결과에 있어서 유사한 내용을 담고 있는 규정을 1997년에 마련하였다. 즉 공로상에서의 아마추어 스포츠 행사와 전통적인 지역축제의 경우를 제외하고 경찰이 사적인 목적을 위하여 차단·보호조치를 한 경우에 그에 대하여 수수료를 부과한다는 규정을 두고 있다.

14) 김남진, 공법상의 채권관계, 고시연구, 1984. 2; 김남진·김연태(Ⅰ), 791면 이하 참조.

제 2 장 급부행정법

제 1 절 개 설

Ⅰ. 급부행정의 의의

1. 급부행정의 등장배경

근대적 입헌국가에서는 국가(정부)는 국방 및 사회의 질서유지의 임무만을 수행하고 개인의 일상적 생활은 각자의 자유와 창의에 맡기는 것을 이상으로 삼았다. 그러한 시대에 있어서는 국가의 기능과 역할은 적을수록 좋은 것으로 평가되었으며, 경제 등 시민생활은 보이지 않는 손에 의하여 예정조화적으로 움직일 것으로 기대되었다. 이와 같은 신조와 사상이 개인을 권력의 질곡으로부터 해방시켰으며, 물질문명을 성취시키는 데 크게 기여하였음은 높이 평가할 만하다.

그러나 자유주의의 진전은 여러 가지 부(마이너스)의 효과도 초래하였다. 계층적·지역적 격차의 출현도 그 중의 하나이다. 다른 한편, 도시적·문화적 생활의 진전은 개인의 자급자족능력의 상실이라는 현상을 초래했다. 도시적 생활에 있어서는 물·연료·교통 등 일상적 중요사에 있어서 '남'으로부터의 공급이나 도움 없이는 하루도 생활하기 어려운 상태에 이르게 된 것이다. 그 '남'의 주된 역할을 담당하는 것이 오늘의 행정이라고 하겠으며, 생존배려(Daseinsvorsorge)[1]를 중심으로 한 급부행정(Leistungsverwaltung)이라는 영역을 형성하기에 이르렀다. 오늘날은 개인의 생활만이 아니라, 기업에 의한 생산까지도 국가에 의한 배려에 의존하는 바가 크기 때문에 급부행정의 폭은 더욱 넓어져 가는 추

1) Forsthoff에 의하여 창시된 생존배려개념은 급부행정이론의 개척자(Wegbereiter) 구실을 하였다고 볼 수 있다. 상세는 김남진, 생존배려개념의 의의 및 효용, 고시연구, 1982. 2; 김남진, 기본문제, 797면 이하; 이명구, 급부행정과 권리관계론, 고시연구, 1992. 11 참조.

세에 있다.

2. 개념적 정의

국가(정부)에 의한 급부적 행정이 하나의 유형을 형성하고, 학문적으로도 급부행정이라는 용어가 정착되어 있으나, 그의 정의는 학자에 따라 다소간에 차이가 있다.

급부행정을 교과서를 통해 최초로 체계화했다고 볼 수 있는 볼프(Hans J. Wolff)는 급부행정을 「주는 활동을 통해 공동체 구성원의 이익추구를 직접적으로 촉진하는 공행정」[2]으로 정의한 바 있다.[3]

위와 같은 Wolff의 정의는 우리 학계에도 영향을 미쳐, 현재 급부행정은 「국민에 대한 수익적 활동(공기업·공물 등을 통한 경제적·사회적·문화적 이익의 제공, 자금지원 등을 통한 경제조장, 사회보장, 문화적 보호 등)에 의하여 적극적으로 공공복리를 증진하는 내용의 모든 행정활동」,[4] 「생활배려적 활동에 의하여 사회구성원의 이익추구활동을 직접적으로 조장하여 주는 공행정작용」[5] 등으로 정의되고 있다.

본서에서는 일단 Wolff의 정의를 그대로 받아들이기로 한다. 동시에 급부행정을 '비권력적 작용'으로 한정시킬 수는 없다는 점[6]을 지적해 두기로 한다.

Ⅱ. 급부행정의 종류

급부행정은 보는 관점에 따라 여러 가지로 분류될 수 있는데, 그의 주요한 분류는 다음과 같다.

1. 임무(Aufgaben)를 기준으로 한 분류

공급행정(Vorsorgeverwaltung)·사회행정(Sozialverwaltung)[7]·조성행정(Förderungsverwaltung) 등으로 구분될 수 있다.

---

2) Wolff/Bachof, Verwaltungsrecht Ⅲ, 4. Aufl., 1978, S. 182.

3) 원문: Diejenige öffentliche Verwaltung, die Interessenverfolgung der Mitglieder des Gemeinwessens durch gewährende Tätigkeit unmittelbar fördert.

4) 김도창(하), 359면.

5) 김동희(Ⅱ), 253면.

6) 동지: 박윤흔·정형근(하), 366면; 석종현·송동수(하), 347면 이하.

7) 우리나라에서는 '사회보장행정'이라는 용어가 더 많이 사용되는 경향이 있다.

(1) 공급행정

현대적 문명사회에 있어 사회구성원이 이용하지 않을 수 없는 공물・영조물・공기업 등을 설치・경영하는 행정을 말한다. 즉, 도로・우편 등 교통・통신시설, 전기・가스・수도 등 생활재화의 공급, 학교・도서관 등 영조물, 병원・양로원 등 보건・양육시설 등의 설치・관리작용이 그에 속한다. 배려행정이라고 불려지기도 한다.

(2) 사회행정

사회구성원의 안전한 생존을 배려해 주는 행정작용이다. 건강・재해・실업 등에 관한 각종 보험, 국가 또는 사회에 책임이 있는 침해에 대한 보상, 노유・폐질자에 대한 구호, 사회적 약자에 대한 부조 등이 그의 주된 내용을 이룬다.

(3) 조성행정

개인생활・기업의 능력 등을 구조적으로 개선시켜 주는 내용의 행정이다. 농업・공업 등 각종 산업의 발전, 개인의 기업운영・장학 등을 위한 자금조성(Subventionierungen), 그 밖의 사회적・경제적・문화적 목적을 가진 기술적・재정적 원조가 이에 속한다. 이 중에서 자금조성이 가장 큰 비중을 차지한다.

2. 급부의 종류(Leistungsart)를 기준으로 한 분류

① 현금의 지급, ② 물질의 공여, ③ 서비스(역무)의 제공, ④ 공직에의 우선채용, ⑤ 기타로 구분될 수 있다.

3. 급부의 이유(Leistungsgrund)를 기준으로 한 분류

① 보수의 성질을 가지는 것, ② 보험금의 지급 등 기여금을 바탕으로 하는 것, ③ 보상의 성질을 가지는 것, ④ 개인적 구호를 위한 것, ⑤ 사회적 구조의 개선을 위한 것, ⑥ 교통・통신 등 개인의 불가피한 의존이 이유가 되는 것 등으로 나눌 수 있다.

4. 급부의 상대(Leistungsadressaten)를 기준으로 한 분류

① 일반인에 대한 급부, ② 특정인에 대한 급부 등으로 나눌 수 있다.

5. 법률에 의한 기속(Gesetzgebundenheit)의 정도를 기준으로 한 분류

① 의무적 급부, ② 재량적 급부, ③ 법률로부터의 자유로운 급부(예컨대 예산에만 근거를 둔 급부) 등으로 나뉜다.

6. 법적 형식(Rechtsform)을 기준으로 한 분류

일단 고권적 급부(hoheitliche Leistung)와 사법상의 급부(privatrechtliche Leistung)로 나눌 수 있다. 그러나 여기에서 주의해야 할 것은 급부행정은 법적 형식에 있어서 한 가지 내용의 급부를 위해 상이한 법적 형식을 취하는 경우가 많다는 사실이다. 예를 들면 공법적으로 조직된 급부시설을 사법적으로 이용케 한다거나, 혹은 자금지급의 결정은 행정행위의 형식으로 행하고 실제의 지급은 은행으로부터의 대부라고 하는 사법적 형식을 취하는 것(이단계설) 등이 그에 해당한다.

Ⅲ. 급부행정의 기본원칙[8]

1. 사회국가의 원칙

비록 독일의 기본법(20조 1항 및 28조 1항)에서와 같은 명문규정은 없으나, 우리 헌법 역시 사회국가의 원칙을 헌법의 기본원칙으로 삼고 있다는 것에 관해서는 이론이 없다고 하겠다.[9] 국민생활의 균등한 향상을 기할 것을 규정한 헌법전문, 생존권적 기본권에 관한 조항(31조 내지 36조) 및 경제질서에 관한 조항(특히 119조 2항) 등이 그것을 뒷받침하고 있다. 문제는 그 사회국가의 원칙이 어떠한 내용과 효력을 가지느냐 하는 데 있다.

1) 우선 그의 내용부터 보게 되면, 사회국가원칙은 국가 및 기타의 공행정주체에 대해 사회질서를 사회적 정의에 따라 형성할 권능과 의무를 부여함을 의미한다. 그리고 여기에서 사회적 정의라고 함은 모든 국민에게 인간다운 생활을 보장하고 적당한 수준의 경제적·문화적 수요를 충족시켜 주는 상태를 의미하는데, 이를 위해서는 상호충돌하는 여러 이익간의 조정이 주로 국가에

---

8) 주요문헌: Wolff/Bachof, a.a.O., S. 189 ff.; 김남진, 월간고시, 1980. 4; 박수혁, 고시계, 1986. 6; 석종현, 월간고시, 1987. 5; 김용섭, 급부행정의 법률유보에 관한 연구, 법제연구, 1995, 220면 이하.
9) 동지: 임현, 공과금부과에 있어 사회적 조정의 고려 가능성, 공법연구 제30집 제2호, 2001. 12, 391면.

의해 다음과 같은 방향으로 행해지지 않으면 안 된다. 즉, 인간의 생존에 필수적인 수요가 우선하고 그 밖의 것은 그의 후열에 서게 하는 것이다.

2) 그러면 사회국가원칙은 어떠한 효과를 가진다고 볼 것인가? 생각건대, 사회국가원칙으로부터의 직접적인 효과는 생활능력이 없는 자에 대한 국가의 보호의무라 할 수 있다. 그리고 이것은 헌법(34조)이 명문으로 규정하고 있는 바이다. 이것을 구체화한 법률이 「사회보장기본법」, 「국민기초생활보장법」, 「국민연금법」, 「국민건강보험법」, 「노인복지법」 등이다.

3) 사회국가원칙은 국가적 공동체에 대해서뿐만 아니라 그의 구성원인 국민에 대해서도 일정한 의무를 부과하고 있다고 볼 수 있는데, 그것이 즉 사회적 연대성과 우애성이다. 헌법은 "재산권의 행사는 공공복리에 적합하도록 하여야 한다"(23조 2항)라고 하고 있고, 모든 국민에게 근로의 의무를 지우고 있는데(32조 2항), 이들 조항에서 우리는 국민의 사회국가적 의무를 발견할 수 있다.

2. 보충성의 원칙

1) 보충성의 원칙이란 사인의 생활수단의 확보나 이익의 추구는 원칙적으로 사인 또는 관계되는 단위생활공동체에 맡겨져야 하고, 공적인 손은 사회적 힘이 스스로의 힘으로써는 그의 과업을 수행하지 못할 때 비로소 개입함을 의미하기도 한다. 독일 연방헌법재판소는 우선적으로 작은 공동체가 활동해야 하며, 이것이 충분치 않을 때에 비로소 국가적 수단이 개입할 수 있다는 것이 보충성원칙이 의미하는 바라고 판시한 바 있다.[10] 그러한 의미에서 보충성의 원칙은 지방자치와도 밀접한 관계에 있다고 할 수 있다.[11]

2) 보충성원칙을 하나의 법원칙으로 인정할 수 있는가? 독일에서는 그 문제에 대한 의견이 나누어져 있던 가운데,[12] 1992년 12월 21일의 헌법(기본법)개정을 통해 동 원칙을 법원칙으로 명문화하기에 이르렀다. 동법 제23조 제1항에 있어서의 "유럽의 통일을 위하여 독일연방공화국은 유럽연합의 발전에 기여하며, 민주적·법치국가적·사회국가적·연방국가적인 원칙과 보충성의 원칙을 준수하며 기본법에 본질적으로 상응하는 기본권을 보장한다"의 규정이 그에

10) BVerfG 10, 83.

11) 상세는 이기우, 지방자치와 보충성의 원칙, 자치행정, 1997. 5, 29면 이하; 이덕연, 지방자치단체 영리활동의 법적 한계, 사법행정, 1997. 3, 15면 이하.

12) Vgl. Hoffmann-Becking, Die Begrenzung der wirtschaftlichen Betätigung der öffentlichen Hand durch Subsidiaritätsprinzip und Übermaßverbot, Fschr. f. Wolff, 1973, S. 445 f.

해당한다.

그러면, 우리 헌법하에서도 이 원칙을 하나의 헌법원칙으로 볼 수 있는 것인가? 아직 이 문제에 대한 깊은 연구가 행해지지 않은 상태하에서, 「우리 헌법이 전제로 하는 인간상이나 가치질서, 법치국가가 전제로 하는 정의의 원칙, 기본권의 최대한의 보장을 규정하는 헌법 제37조 제2항, 지방분권적 원리를 규정하는 헌법 제117조 등은 보충성의 원칙을 사상적인 기반으로 한다는 점에서 보충성의 원칙은 헌법상의 일반적 원칙으로 충분한 자격을 갖는다」[13]고 보는 입장도 있음을 적어 놓기로 한다.

다른 한편, 「국민기초생활보장법」이 "이 법에 따른 급여는 수급자가 자신의 생활의 유지·향상을 위하여 … 최대한 노력하는 것"을 전제로 하는 등(3조 1항) 자활을 기본원칙으로 하고 있는 점 등에 비추어 보아, 보충성원칙을 급부행정에 적용되는 하나의 법원칙으로 보는 데에는 지장이 없다고 생각된다.

3. 법률적합성의 원칙

1) 법률적합성원칙의 주된 내용을 이루는 것이 법률의 우위와 법률의 유보임은 주지의 사실이다. 이 중에서 법률우위원칙이 급부행정에도 적용되는 것에 대해서는 이론이 있을 수 없다. 그러나 법률유보원칙이 급부행정에 적용되는가에 관해서는 현재까지도 다툼이 있다.[14]

전통적 행정법이론에 있어서는 이른바 침해유보의 이론이 지배적이었다. 즉, 행정권이 개인의 자유(주로 신체의 자유)나 권리(주로 재산권)를 침해·제한하는 경우에만 법률의 근거(국회의 동의)를 요하며, 급부행정 등 그 밖의 행정영역(행정조직·특별권력관계 등)에 있어서는 행정은 법률로부터 자유롭다는 것이었다. 이것은 입헌군주국가에 있어서 행정권이 그 누구에 의해 군주에게 부여된 것이 아니라 군주에게 고유한 것임을 전제로 한 것이었다. 따라서 이러한 이론이 국민주권적 민주주의원리와 충돌하게 됨은 당연하다. 바로 후자에 입각하여 전통적 침해유보이론을 가장 철저히 비판한 것이 예쉬(D. Jesch) 등에 의해 주창된 전부유보설의 주장이다. 그 전부유보설에 의하면, 민주국가에 있어서는 국민대표기관으로서의 의회가 우월적 지위를 누리며, 다른 기관 특히 집행기관으로서의 행정부는 헌법에 의해 직접 부여된 것을 제외하고서는 의회의 수권에 의해서 비로

13) 이기우, 지방자치와 보충성의 원칙, 자치행정, 1997. 5, 37면.
14) 상세는 김남진·김연태(Ⅰ), 35면 이하 참조.

소 권력을 획득하는 것으로 된다.[15] 그러나 그와 같은 주장에 대해서는 행정권이나 입법권이나 다 같이 헌법제정권력(pouvoir constituant)인 국민에 의해 제정된 권력(pouvoir constitué)인 점에서 직접 국민에 의해 수권된 것이며, 전부유보설은 헌법상의 권력분립주의를 경시하는 것이라는 반격이 가해졌다.[16] 한편, 전통적 침해유보이론은 또 다른 측면으로부터의 공격을 받았는데, 그것이 흔히 사회유보설로 불리고 있는 진영으로부터의 비판이다. 이들은 대체로 현대국가에 있어서는 국민이 국가로부터의 급부에 의존하는 측면이 많다는 것, 따라서 이제는 국가로부터의 침해를 방어하는 것만이 아니라 국가로부터의 급부를 확보하는 것이 자유의 내용을 이루므로 국가에 의한 급부에 관해서도 국민대표기관인 의회가 이니셔티브를 장악해야 함을 이유로 내세운다.[17] 즉, 급부행정에 있어서도 법률유보원칙이 적용되어야 한다는 것이다. 그러나 이러한 주장에 대해서는 급부행정에 대해서까지 법률유보원칙을 확장하게 되면 이 때까지 예산, 조직법규, 행정규칙 등에 의거해서 행해져 온 급부행정을 그에 관한 법률이 제정될 때까지 중단하게 됨으로써 오히려 역효과를 가져온다는 점, 그렇지 않아도 업무량이 많은 입법권을 더욱 비대화시키며 과로케 한다는 점, 급부행정에 대해서도 예산, 법률우위원칙, 기본권규정 등에 의한 통제가 행해지고 있는 점 등을 근거로 반격이 가해지고 있다.[18]

2) 현재 우리나라에도 앞에 소개한 여러 종류의 법률유보론이 전개되고 있는 바, 급부행정과 관련하여서는 새로이 등장한 침해유보설(또는 신침해유보설) 내지는 본질사항유보설이 설득력을 가지는 것으로 생각된다. 급부행정에 있어서는 그 급부가 상대방 또는 경쟁자에게 침해적 효과를 가져온다거나 사회형성적 조치에 해당하는 것이 아닌 한 언제나 법률에 의한 수권을 필요로 하는 것은 아니며, 예산에만 근거한 금전적 급부 등도 가능하다고 보여진다.

4. 평등의 원칙

1) 평등의 원칙은 동일한 사실관계에 대하여 동일한 법적 효과를 부여하여야 함을 의미한다. 이른바 질서행정에 있어서는 '불평등한 부담의 금지'가 그의 본질

15) Jesch, Gesetz und Verwaltung, 1961, S. 171 f.
16) Ossenbühl, in: Erichen(Hg.), Allgemeines Verwaltungsrecht, 11. Aufl., 1998, S. 195 f.
17) Mallmann, VVDStRL Heft 19(1961), S. 190 f.; Rupp, Grundfragen der heutigen Verwaltungsrecht, 2. Aufl., 1992, S. 105 f.
18) Bullinger, Vertrag und Verwaltungsakt, 1962, S. 91 f.; Ossenbühl, a.a.O., S. 196 f.

적 내용을 이루는데 대하여, 급부행정에 있어서는 '불공평한 수익의 금지', 나아가서는 '평등한 분배의 제공'이 평등원칙의 본질적 내용을 이룬다고 할 수 있다.

2) 평등원칙의 기능은 급부행정의 각 분야에서 다소 상이한 모습을 띤다. 첫째로, 공급행정의 영역에 있어서는 누구도 정당한 이유 없이 공물이나 영조물 등의 이용에서 배제되어서는 안 된다. 여자고등학교에의 남학생의 입학불허와 같이 합리적인 이유가 있을 때에는 물론 예외이다.

둘째로, 사회행정의 영역에 있어서는 어떠한 집단의 사람들에게 사회보장 등에 관한 청구권을 어느 정도로 거부할 수 있느냐 하는 것이 평등원칙과 관련하여 중요한 문제를 구성한다. 예컨대 의료보험제를 어느 집단에게 실시하고 어느 집단에 대해서는 실시하지 않느냐 하는 것이 우리나라에 있어서도 현실적으로 등장하였던 문제이다.[19]

셋째로, 평등원칙은 조성행정의 영역에 있어서도 중요한 의미를 가진다. 특히 그것이 법률적 수권 없이 행해질 때 더욱 그러하다. 예컨대, 정부가 특정 기업체에 자금지원을 행한다고 할 때 이 기업은 다른 기업에 비해 가격경쟁 등에 있어서 유리한 입장에 서게 되며, 반대로 다른 기업은 그만큼 불리한 입장에 놓이게 되지 않을 수 없다. 그런데, 자금지원 등은 그의 요건에 관하여 고려해야 할 사항이 매우 많으므로 그 평등원칙을 엄격히 적용하기가 매우 어려운 상태에 있다. 그만큼 재량의 범위가 넓은 셈인데, 이러한 영역에 있어서의 행정의 자의를 방지하며 경쟁자에 대한 권리구제의 길을 열어주는 것이 무하자재량행사청구권[20] 및 행정의 자기구속의 법리[21]인 셈이다.

3) 한편, 평등원칙은 행정이 사법의 형식을 취해 급부행정을 행하는 경우에도 적용되는 점에 관해 유의할 필요가 있다. 이른바 행정사법[22]의 이론이 그에 해당한다.

5. 과잉금지의 원칙

일명 '광의의 비례원칙'으로 불리우는 이 원칙은 다음과 같은 소원칙으로 구성되어 있다.[23]

---

19) 다만 현재는 전국민의료보험제가 실시(1989년 7월 1일부터)되고 있다.

20) 김남진 · 김연태(Ⅰ), 114면 이하; 신보성, 무하자재량행사청구권, 고시계, 1993. 4; 정준현, 판례상 무하자재량행사청구권, 판례월보, 1993. 7; 정하중, 무하자재량행사청구권의 법리와 그 실무화, 월간고시, 1993. 12 참조.

21) 김남진 · 김연태(Ⅰ), 62면 이하; 김남진, 기본문제, 91면 이하 등 참조.

22) 김남진 · 김연태(Ⅰ), 458면 이하 참조.

1) 첫째가 적합성의 원칙이다. 이는 목적달성을 위해 유용하지 않은 수단을 사용해서는 안 됨을 의미한다. 둘째는 필요성의 원칙이다. 이는 특히 급부행정의 경우 납세자인 일반국민에게 가장 적은 불이익이 돌아가게 되는 수단을 선택해야 함을 의미한다. 최소침해의 원칙이라고도 한다. 셋째는 상당성의 원칙 또는 협의의 비례의 원칙이다. 이는 특정한 목적달성을 위해 필요한 수단이 그에 의해 달성되는 효과보다도 더 큰 불이익을 초래한다고 판단되는 때에는, 그 수단의 활용이 배제되어야 함을 의미한다.

2) 위의 과잉금지의 원칙으로부터 급부와 내용적으로 직접 관련되지 않는 반대급부(부관포함)를 요구해서는 안 된다는 의미의 부당결부금지의 원칙[24]이 도출된다.

6. 신뢰보호의 원칙

신뢰보호의 원칙은 급부적 행정작용의 적법성이나 존속성을 정당하게 신뢰한 사람의 이익을 보호해야 함을 의미한다.[25] 이러한 것으로부터 위법한 행정행위의 취소제한, 적법한 행정행위의 철회제한 등의 법리가 도출되기도 한다.

제 2 절 공 물 법

Ⅰ. 공물의 개념

1. 공물의 정의 및 종래의 통설에 대한 의문

우리나라에서는 종래 공물을 「행정주체에 의하여 직접 공적 목적에 제공된 개개의 유체물」이라고 정의하는 입장이 통설적 지위를 차지하였다.[1] 그와 같은 공물개념에 따르게 되면, 관습법에 의해 성립하는 자연공물, 동력(에너지)·공간과 같은 무체물, 물건의 집합체인 각종의 시설(특히 공공시설)이 공물개념으

23) 이에 관한 상세는 김남진·김연태(Ⅰ), 제1편 제2장 제5절; 김남진, 행정상의 비례원칙, 월간고시, 1993. 6 참조. 경찰법 분야에서의 동 원칙의 의미 내용에 관해서는 본서 383면 이하 참조.

24) 상세는 김남진·김연태(Ⅰ), 64면 이하 참조.

25) 상세는 김남진·김연태(Ⅰ), 48면 이하; 김남진, 신뢰보호요건의 충족과 권리보호, 법률신문, 1999. 5. 6 참조.

1) 김도창(하), 400면; 이상규(하), 430면.

로부터 제외된다. 그러나 그와 같은 공물개념으로부터 제외되어 있는 것들이야말로 급부행정(공급행정)의 중요한 수단이 되고 있음을 생각할 때, 그것을 받아들이기가 어렵다.

따라서 공물은 「국가 등 행정주체에 의하여, 또는 관습법에 의하여 직접 공적 목적에 제공되어 공법적 규율을 받는 유체물과 무체물 및 물건의 집합체(시설)」로 개념정의되어야 한다고 생각되며, 이러한 공물개념은 점차 여러 학자에 의해 지지를 받고 있는 것으로 보인다.[2)]

한편, 후술하는 공공용물만을 '협의의 공물'이라고 부르기도 한다.

2. 공물의 개념적 요소

(1) 개개의 유체물과 무체물 및 물건의 집합체

앞에서 살펴본 바와 같이 종래의 통설적 견해는 유체물만이 공물이 될 수 있다고 한다. 그러나 「민법」이 "본법에서 물건이라고 함은 유체물 및 전기 기타 관리할 수 있는 자연력을 말한다"(98조)라고 규정하고 있음에 비추어 보더라도 공물을 유체물에 국한시킬 이유나 필요가 없다고 하겠으며, 따라서 동력(에너지)·공간과 같은 무체물도 공물이 될 수 있다고 보는 것이 타당할 것이다. 독일민법(§90 BGB)이 유체물만을 물건으로 규정하고 있음에도 불구하고, 동력(에너지)·유수·공간 같은 무체물을 공물개념에 포함시키고 있는 독일 학계(행정법학계)의 경향[3)]을 참고할 만하다.

종래의 다수설은 또한 '개개의 유체물'만을 공물로 보았는데, 반드시 그럴 필요가 없다. 도서관 내의 책 한권 한권을 공물이라고 할 수 있는 동시에, 도서관의 시설 전체를 공물로 볼 수 있는 것이다. 즉 개개의 유체물뿐만 아니라, 다수의 물건이 집합하여 단일한 가치를 이루고 있는 것으로서의 집합물(Sachgesamtheit) 또는 시설(Einrichtung) 역시 공물에 해당한다.[4)] 공급행정의 대표적

---

2) 김동희(Ⅱ), 261면 이하; 류지태·박종수(신론), 1077면 이하; 홍정선(하), 573면 이하; 신보성, 공물의 공용지정, 고시연구, 1990. 5, 63면; 신보성, 공물법의 문제점과 과제, 고시계, 1993. 12, 61면; 이일세, 공물의 사용관계에 관한 연구, 고려대학교 박사학위논문, 1991, 19면 이하.

3) 통설은 그러하나, 이설(유체물설)도 없지 않다. 상세는 vgl. Papier, Recht der öffentlichen Sachen, in: Erichsen(Hg.), S. 573 f.

4) 이상규변호사는 "개개의 유체물"만이 공물이 될 수 있다고 하면서도, 여기에서 개개의 유체물이란 단일물인 유체물만을 뜻하는 것이 아니라 합성물이나 집합물도 포함된다고 하는 바(이상규(하), 431면), 이러한 점에서는 그 표현상의 차이에도 불구하고 견해를 같이 한다고 생각된다. 한편, 박윤흔교수는 개개의 유체물만이 공물이 될 수 있다는 종래의 견해를 수정하여 개개의 유체물 외에 집합물을 공물개념에 포함시키고 있다(박윤흔·정형근(하), 414면 이하).

수단으로 볼 수 있는 도로·공원·운동장 같은 것이 개개의 유체물이라기보다 집합물이라는 점을 생각해 볼 필요가 있다.

그러나 공물은 어디까지나 물적 개념인 점에서 인적·물적 시설로서의 종합체이며 조직체(Organization)인 영조물(Anstalt)과 구별된다. 따라서 공물의 일종으로서의 공공시설과 영조물을 동일시하는 견해에는 찬성하기 어렵다.[5)]

(2) 「직접」 공적 목적에 제공된 물건

공물은 그 사용가치에 의해 직접 공적 목적에 제공된 것이며, 이러한 점에서 국유의 미개간지·광산·유가증권 등과 같이 그 재산가치에 의해서 간접적으로 공적 목적에 기여하는 재정재산과 구별된다. 재정재산은 행정주체의 사물에 속하며, 원칙적으로 사법의 규율을 받는다.

[판례] 공유수면은 공공용에 공하는 소위 자연공물로서 그 자체가 직접 공공의 용에 공하게 되는 것이므로 재산적·경제적 가치에 의하여 간접적으로 행정목적에 공하는 행정주체의 재산권의 대상인 재정재산(잡종재산)과는 그 성질이 다르다(대판 1967. 4. 25. 67다131).

(3) 행정주체 또는 관습법에 의해 공적 목적에 제공된 물건

공물은 행정주체에 의해 또는 관습법에 의하여 공적 목적에 제공되고 공법의 규율을 받는 물건이다. 따라서 사인이 그의 사유지를 도로용·공원용 기타 공적 목적에 제공하더라도 공물은 아니다. 또한 후술의 '공물의 성립'에서 보는 바와 같이, 행정주체에 의해 공용지정된 물건(인공공물)만이 아니라 관습법에 의해 공용지정된 물건(자연공물) 역시 공물에 포함된다.

(4) 공적 목적에 제공된 물건

공물은 공적 목적에 제공된 물건이다. 공물의 관념은 공적 목적에 제공된 물건이 특수한 법규·법원칙의 적용을 받는 점에 착안하여 수립된 것이다. 따라서 그의 소유권의 귀속, 즉 국유냐 공유냐 하는 것과는 관계가 없다. 그리고 여기서 '공적 목적'이란 행정주체의 직접적 사용의 경우뿐만 아니라 일반공중에 의한 사용까지를 포함한다.

---

5) 이에 관한 상세는 본서 523면 이하 참조.

3. 공물과 국·공유재산

공물의 개념은 어떠한 물건이 공적 목적에 제공됨으로써 공법적 규율을 받게 되는 점에 착안하여 수립된 것이며, 그 물건의 소유권의 귀속과는 직접 관계가 없다. 이 점에서 「국유재산법」과 「공유재산 및 물품 관리법」에서 말하는 국유재산 및 공유재산과는 그의 관념을 달리한다. 예컨대 사유재산이라도 행정주체에 의해 공적 목적에 제공되면 공물인데 대하여, 국·공유재산이라도 공적 목적에 제공되고 있지 않으면 공물이 아니다. 현재 국·공유재산은 그 용도에 따라 행정재산과 일반재산으로 구분되며, 행정재산은 다시 공용재산·공공용재산·기업용재산·보존용재산으로 나누어진다(국유재산법 6조, 공유재산 및 물품관리법 5조).[6] 이 중에서 일반재산은 학문적 의미의 공물에는 포함되지 않는다.

Ⅱ. 공물의 종류

공물은 여러 가지 관점에서 분류될 수 있다.[7]

1. 목적에 의한 분류

(1) 공공용물

공공용물이란 직접으로 일반공중의 사용에 제공된 물건을 말한다. 도로·공원·광장·하천·그의 부속물 등이 이에 해당한다. 「국유재산법」 및 「공유재산 및 물품 관리법」상의 공공용재산은 여기의 공공용물에 해당한다. 영조물의 요소를 이루고 있는 물건(Sache im Anstaltsgebrauch)도 이에 포함시킬 수 있다.

(2) 공용물

공용물이란 국가, 지방자치단체 등 행정주체가 직접 자신의 사용에 제공하고 있는 물건을 말한다. 예를 들면 관청의 건물·집기·비품 등이 이에 해당한다. 「국유재산법」 및 「공유재산 및 물품 관리법」의 공용재산과 기업용재산의

---

6) 과거 국유재산을 행정재산(공용재산, 공공용재산, 기업용재산으로 나뉨), 보존재산, 잡종재산으로 분류하였으나, 개정된 국유재산법은 국유재산을 행정재산과 일반재산으로 나눈 뒤, 행정재산을 다시 공용재산, 공공용재산, 기업용재산, 보존용재산으로 분류하고 있다. 공유재산에 대해서도 동일한 분류체계를 따르고 있다.

7) 근래에는 공물을 국가적 임무수행의 한 수단으로 이해하여, 기능(관리·급부·보장)을 기준으로 한 분류가 강조되기도 한다. 상세는 김남진, 공물의 기능과 환경보전, 월간고시, 1990. 6; 김남진, 기본문제, 815면 이하 참조.

대부분이 공용물에 해당한다.

(3) 보존공물

보존공물이란 국보·중요문화재와 같이 그 물건 자체의 보존이 목적으로 되어 있는 물건을 말한다. 보존공물은 「국유재산법」 및 「공유재산 및 물품관리법」상의 보존용 재산과 같이 국유 또는 공유인 것도 있으나 사유물인 경우도 많다. 사유물이 보존공물로 지정됨으로써 그 목적달성에 필요한 한도에서 공용제한을 받게 되는 것이다.

공물의 위와 같은 구별은 그의 법적 성질, 성립과정 및 이용관계 등에 있어서 의미를 가짐은 뒤에서 보는 바와 같다.

2. 성립과정에 의한 분류

(1) 인공공물

도로·공원 등과 같이 행정주체에 의하여 인공이 가해지고, 그것이 공적 목적에 제공됨으로써 공물이 되는 물건을 말한다.

(2) 자연공물

하천·해변 등과 같이 자연의 상태 그대로 공적 목적에 이용될 수 있는 실체를 가지는 물건을 말한다.

3. 소유권의 귀속주체에 의한 분류

공물의 소유권이 국가에 있는 경우를 국유공물, 지방자치단체에 있는 경우를 공유공물, 사인에게 있는 경우를 사유공물이라고 한다.

4. 소유주체와 관리주체와의 관계에 의한 분류

공물관리주체는 자기 소유의 물건을 공물로 지정하는 경우도 있고, 타인 소유의 물건을 공물로 지정하는 경우도 있는데, 전자와 같이 공물관리주체와 소유주체가 일치하는 경우를 자유(自有)공물이라 하고, 후자와 같이 그것이 서로 다른 경우를 타유(他有)공물이라고 한다. 예컨대 국가가 사인의 토지를 임차하여 도로를 개설한 것이 타유공물의 대표적 예이다.

Ⅲ. 공물의 성립

공물이 공물로서의 성질을 취득하는 것을 공물의 성립이라고 한다. 그 공물의 성립요건은 공물의 종류에 따라 차이가 있으므로 아래에서 나누어 고찰하기로 한다.

1. 공공용물의 성립

공공용물이 성립하기 위해서는 원칙적으로 그 물건이 일반공중의 사용에 제공될 수 있는 형체적 요소(실체)와 이것을 공공용물로서 일반공중의 사용에 제공한다는 취지의 행정주체의 의사적 행위, 즉 공용지정(Widmung)을 필요로 한다. 다만, 무체물인 공물에 있어서는 후자만이 공물성립의 요소가 된다고 할 수 있다.

(1) 형체적 요소

유체물로서의 공공용물이 성립하기 위해서는 일정한 물건이 일반공중의 사용에 제공될 수 있는 형체를 갖출 것이 필요하다. 하천・해변 등과 같은 자연공물은 자연적 상태 그대로 일반공중의 사용에 제공될 수 있으므로 형체적 요소를 갖추기 위한 특별한 행위를 요하지 않으나, 도로・운동장과 같은 인공공물의 경우는 토지 기타의 물건에 공사를 시행하여 시설을 설치하는 등 인력을 가하여 일반공중이 사용할 수 있는 형태를 갖출 것이 필요하다. 다만, 뒤에서 보는 바와 같이 장래에 특정한 공적 목적에 제공될 것이 예정된 토지 등 물건(예정공물)에 대해서는 상술한 요소를 갖추기 전에도 공물에 준하여 취급하는 경우가 있다.[8]

(2) 공용지정(법적 행위)

(가) 의 의

어떤 물건이 공공용물이 되기 위해서는 그 물건을 일반공중의 사용에 제공하는 취지의 공용지정을 필요로 한다. 공용지정은 어떠한 물건이 특정한 공적 목적에 제공되며, 그로 인하여 그 물건에 대한 사권의 행사가 제한되는 등 공

8) 본서 485면 참조.

법상의 특별한 지위를 갖게 된다는 것을 선언하는 법적 행위이다. 그런데 하천·해변과 같은 자연공물에 관해서는 공용지정을 필요로 하지 않는다는 것이 우리나라에서의 종래의 유력설이었다.[9] 이는 행정행위 형식의 공용지정만을 염두에 둔 때문인 것으로 보인다. 그러나 후술하는 바와 같이 공용지정은 행정행위에 의해서뿐만 아니라 법규(관습법 포함)에 의해서도 가능하며, 따라서 자연공물도 법규 등에 의한 공용지정을 필요로 하는 경우가 있음을 인정해야 할 것이다.[10]

한편, 용어의 사용에 관하여 음미할 필요가 있다. 독일어의 Widmung을 우리나라 및 일본에서는 '공용개시' 또는 '공용개시행위'로 번역하여 사용하는 것이 통례이다.[11] 그러나 Widmung은 본래 어떤 물건에 대하여 공법상의 특별한 지위를 부여하는 법적 행위로서의 성질을 가지는 것인데 대하여,[12] 공용개시(또는 공용개시행위)로 번역하는 경우에는 준공식에서 테이프를 끊는 행사와 같은 사실행위로 오해될 우려가 있다. 이러한 점에서 본서에서는 '공용지정'이라는 용어를 사용하고 있으며, 점차 동조자[13]가 늘어나고 있는 것으로 보인다.

(나) 공용지정의 형식과 성질

우리나라에서는 종래 공용지정의 성질에 관하여, 사실행위설과 행정행위설이 대립하고 있다고 보고, 이 중에서 행정행위설이 타당하다고 하는 견해가 유력하였다.[14] 그러나 이러한 견해는 다음과 같은 점에서 문제가 있다. ① 오늘날 사실행위설을 주장하는 학자는 찾아볼 수 없으므로,[15] 공용지정의 성질과 관련

---

9) 김도창(하), 408면; 박윤흔·정형근(하), 418면; 김동희(Ⅱ), 268면. 한편, 자연공물의 경우 일반적으로 공용지정(공용개시행위)을 필요로 하지 아니하나, 그에 대한 예외(법령에 의한 일반적인 행위의 형식으로서의 공공용물의 설정에 관한 의사표시)를 인정하는 견해도 있다. 이상규(하), 439면; 석종현·송동수(하), 399면 이하.

10) 동지: 류지태·박종수(신론), 1077면 이하; 홍정선(하), 578면; 신보성, 공물의 공용지정, 고시연구, 1990. 5, 70면. 이에 관한 상세는 본서 473면 이하; 김남진, 공물의 공용지정, 월간고시, 1992. 3, 20면 이하; 성봉근, 공물의 성립에 관한 연구, 고려대학교 석사학위논문, 1992, 42면 이하 참조.

11) 김도창(하), 409면; 박윤흔·정형근(하), 422면; 이상규(하), 437면; 김동희(Ⅱ), 269면.

12) Vgl. Papier, Recht der öffentlichen Sachen, 2. Aufl., 1984, S. 3; Pappermann/Löhr/Andriske, Recht der öffentlichen Sachen, 1987, S. 23.

13) 석종현·송동수(하), 398면; 홍정선(하), 577면; 신보성, 공물의 공용지정, 62면 이하; 이일세, 앞의 논문, 25면. 한편, 공물의 Widmung을 간단히 "공물지정"으로 번역함도 좋을 것이다. 이에 관해서는 김남진, 공물의 공용지정, 15면 참조.

14) 박윤흔·정형근(하), 423면; 석종현·송동수(하), 399면; 이상규(하), 437면; 김동희(Ⅱ), 269면.

15) 통설적 견해는 사실행위설을 취하는 문헌으로 Otto Mayer, Deutsches Verwaltungsrecht Bd. Ⅱ, S. 58과 美濃部達吉, 行政法撮要(下), 798면을 들고 있으나, 전자는 1924년에, 그리고 후자는 대정 12년(1923년)에 출간된 것임을 생각할 때 오늘날의 학설로서는 무의미하다고 할 것이다. 한편, O. Mayer의 견해를 사실행위설로 보는 견해도 문제가 있는 바, 이에 관한 상세는 김남진, 공물의 공용지정, 22면 이하 참조.

하여 사실행위설과 행정행위설이 대립하고 있는 것으로 보는 것은 적절치 못하다. ② 종래의 통설적 견해는 공용지정의 성질을 행정행위로 보고 있으나, 후술하는 바와 같이 공용지정은 행정행위뿐만 아니라 법률·법규명령·조례·관습법과 같은 법규의 형식에 의해서도 행해지고 있는 점에 유의할 필요가 있다.[16)]

[판례] 국유재산법상의 행정재산이란 국가가 소유하는 재산으로서 직접 공용, 공공용, 또는 기업용으로 사용하거나 사용하기로 결정한 재산을 말한다. 그 중 도로, 공원과 같은 인공적 공공용 재산은 법령에 의하여 지정되거나 행정처분으로써 공공용으로 사용하기로 결정한 경우, 또는 행정재산으로 실제로 사용하는 경우의 어느 하나에 해당하면 행정재산이 되는 것이다(대판 2014. 11. 27. 2014두10769).

① **법률에 의한 공용지정:** 구 「하천법」(2007. 4. 6. 전면개정 전)은 "하천의 물이 계속하여 흐르고 있는 토지 및 지형, 당해 토지에 있어서의 식물이 자라는 상황 기타의 상황이 매년 1회 이상 물이 흐른 흔적을 나타내고 있는 토지(대홍수 기타 천연현상에 의하여 일시적으로 그 상황을 나타내고 있는 토지를 제외한다)의 구역"을 '하천구역'의 하나로 정해 놓고 있었다(동법 2조 1항 2호). 종래의 통설은 이러한 경우를 공용지정(공용개시행위) 없이 자연공물로서의 공공용물이 성립하는 예로서 보았다.[17)] 그러나 이러한 경우에는 어떤 물건이 법률이 정한 사실상의 요건을 충족함으로써 공법상의 특별한 지위를 획득하게 되는 법률에 의한 공용지정에 해당한다고 봄이 타당하다. 다음에 보는 바와 같이, 대법원도 법률에 의한 공용지정을 인정하고 있다.

[판례①] 구 조선하천령 제11조 및 같은 영 시행규칙 제21조, 구 하천법 제2조, 제12조, 제13조 및 현행 하천법 제2조 제1항 제2호 등 관련 규정의 취지에 비추어 볼 때, 하천이 통상 자연적 상태에 의하여 공물로서의 성질을 가진다고 하더라도, 그 종적 구간과 횡적 구역에 관하여 행정행위나 법규에 의한 공용지정이 이루어져야 비로소 국가가 공공성의 목적과 기능을 수행하기 위하여 필요한 행정재산이 된다고 할 것이고, 이것은 이러한 법 규정들이 준용되는 준용하천의 경우에도 마찬가지이다(대판 1999. 5. 25. 98다62046).

---

16) 동지: 홍정선(하), 578면 이하; 신보성, 앞의 논문, 65면 이하. 우리나라에서와는 달리 독일의 문헌은 공용지정의 법적 형식(Rechtsform der Widmung)을 다양하게 나누어 설명하는 것이 지배적이다. Vgl. Papier, S. 36 ff.; Pappermann/Löhr/Andriske, S. 13 f.

17) 박윤흔·정형근(하), 418면; 김동희(Ⅱ), 268면.

[판례②] 하천법 제2조 제1항의 규정을 비롯한 관계 법규에 의하면, 제방으로부터 하천측에 위치하는 이른바 제외지는 위 법 제2조 제1항 제2호 (다)목 전단에 의하여 당연히 하천구역에 속하게 되는 것이지 이러한 제외지가 위 법 제2조 제1항 제2호 (다)목 후단의 적용을 받아 관리청의 지정이 있어야 하천구역이 되는 것은 아닌 것이다(대판 1992. 6. 9, 91누10497).

결국 어떤 토지가 구 「하천법」 제2조 1항 2호 각 목 소정의 요건을 충족하게 되면 「하천법」상의 하천구역이 되는 것이었고, 하천관리청이 특정 토지를 하천대장에 등재했는지의 여부, 하천관리청이 하천구역으로 지정했는지의 여부는 하천구역의 성립과는 무관하다는 것이 대법원의 판지라고 하겠다. 어떤 토지를 하천구역으로 성립시키는 법적 근거는 「하천법」상의 당해 규정에서 찾아야 하므로, 구 「하천법」 제2조 1항 2호는 '법률에 의한 공용지정'의 예에 해당하였던 것이다. 그런데 하천구역을 결정하는데 사용되었던 매년 1회 이상 물이 흐른 흔적을 나타내고 있는 토지의 구역이라는 판단기준이 명확하지 아니하여 분쟁 발생의 원인이 되므로 이를 명확히 할 필요가 있어, 종전에는 법률의 규정에 따라 직접 정해지는 구역과 하천관리청장이 지정하는 구역을 합하여 하천구역으로 운영하여 왔던 것을 2007. 4. 6. 전면개정된 「하천법」(법률 제8338호)에서는 하천관리청이 하천구역을 결정하도록 규정하였다(2조 2호 및 10조).

② 법규명령에 의한 공용지정: 구 「하천법」(2007. 4. 6. 전면개정 전)은 국가하천 및 지방1급하천의 구간은 대통령령으로 지정하도록 정하고 있었으며(7조 1항),[18] 「공항시설법」은 "장애물제한표면이라 함은 항공기의 안전운항을 위하여 비행장 주변에 장애물(항공기의 안전운항을 방해하는 지형·지물 등을 말한다)의 설치 등이 제한되는 표면으로서 대통령령으로 정하는 것을 말한다"(2조 14호)라고 규정하고 있다. 전자는 유체물로서의 공공용물이 법규명령에 의해 공용지정되는 예라고 하겠으며,[19] 후자는 비유체물인 공공용물에 대한 사례로 볼 수 있다.[20]

---

18) 2007. 4. 6. 전면개정된 「하천법」에서는 국가하천은 국토해양부장관이, 지방하천의 경우에는 특별시장·광역시장·도지사가 그 구간을 지정하는 것으로 규정하고 있다(7조).

19) 구 「하천법」(1991. 1. 21. 개정 전의 것)은 「"하천"이라고 함은 공공의 이해에 밀접한 관계가 있는 하천으로서 대통령령으로써 그 명칭과 구간이 지정된 것을 말한다」(2조 1항 1호)라고 규정하였는데, "법규명령에 의한 공물지정"의 사례에 해당한다. 2007. 4. 6. 전면개정된 「하천법」에서는 국가하천은 국토해양부장관이, 지방하천의 경우에는 특별시장·광역시장·도지사가 그 구간을 지정하는 것으로 규정하고 있다(7조).

20) 공항시설법상의 장애물제한표면 중 '수평표면'과 같이 비유체물로서의 공간(Luftraum)이 공물로서 존재할 수 있음을 생각할 때, 개개의 유체물만이 공물의 요소를 이룬다고 보는 통설의 공물개념은 재검토

③ 조례에 의한 공용지정: 물건 또는 물건의 집합체에 대한 공중의 이용이 지방자치단체의 조례에 의해 지정될 때 조례에 의한 공용지정이 있게 된다. 이것은 지방자치단체가 설치하는 공공시설에 있어서와 같이 영조물적으로 이용되는 물건(anstaltlich genutzte Sache)의 공용지정에서 그 예를 발견할 수 있다.[21]

④ 행정행위를 통한 공용지정: 「도로법」은 "도로관리청은 도로 노선의 지정·변경 또는 폐지의 고시가 있으면 지체 없이 해당 도로의 도로구역을 결정·변경 또는 폐지하여야 한다"(25조 1항)라고 규정하고 있는 바, 위의 예에서 '도로구역의 결정'이 행정행위에 의한 공용지정에 해당한다. 여기에서의 '행정행위'는 직접적으로는 공물의 성질이나 상태를 규율하고 사람에 대해서는 간접적으로 법적 효과를 미치는 점에서 물적 행정행위의 성질을 가진다고 판단된다.[22]

한편, 「도로법」상의 도로에 관한 여러 법적 행위 가운데 어느 것이 공용지정에 해당하는가 하는 점은 명확하지 않다. 즉, 도로에 관한 법적 행위 가운데에는 ⓘ 관할구역 밖의 도로노선지정(20조 1항), ⓙ 도로구역의 결정고시(25조 3항), ⓚ 도로사용개시공고(39조 1항) 등이 있는 바, 이 중 어느 것이 도로의 공용지정에 해당하느냐 하는 것이다. 이 점에 관해 학설은 ⓙ의 도로구역의 결정고시를 공용지정으로 보고 있음은 앞에서 지적한 바와 같다.[23] 이러한 「도로법」상의 규정을 떠나서 마치 인공공물(공공용물)의 공용지정(통설이 말하는 바 공용개시행위)의 전부가 행정행위인 것처럼 말한다면 그것은 오해라고 할 수밖에 없다. 공용지정의 형식에는 행정행위 이외에도 법률, 법규명령 등이 있음은 앞에서 살펴본 바와 같다.[24]

> **[판례]** 국유재산법상의 행정재산이란 국가가 소유하는 재산으로서 직접 공용, 공공용 또는 기업용으로 사용하거나 사용하기로 결정한 재산을 말하고(국유재산법 제6조 제2항 참조), 그중 도로와 같은 인공적 공공용 재산은 법령에 의하여 지정되거나 행정처분으로써 공공용으로 사용하기로 결정한 경우 또는 행정재산으로 실제로 사용하는 경우

를 요한다고 생각한다.

21) 우리나라에서는 공공시설과 영조물을 동일시하는 경향이 있다(박윤흔·정형근(하), 383면; 이상규(하), 379면 등). 그러나 공공시설은 '물적 개념'인데 대하여 영조물은 인적 요소를 포함한 '조직체'를 의미하는 점에서 양자를 구별함이 타당하다. 상세는 김남진, 지방자치단체주민의 법적 지위, 월간고시, 1987. 11, 21면 이하; 김남진, 영조물이용관계와 권리보호, 고시연구, 1992. 11, 16면.

22) 이러한 물적 행정행위에 관하여는 김남진·김연태(Ⅰ), 218면 이하; 김남진, 기본문제, 232면 이하 참조.

23) 김도창(하), 410면; 박윤흔·정형근(하), 423면 등.

24) 우리나라의 문헌은 대부분 행정행위 이외의 공용지정에 대해서는 언급이 없는 바, 이것은 모든 공용지정이 행정행위인 것으로 오해하고 있는 것으로 보인다.

의 어느 하나에 해당하여야 비로소 행정재산이 되는데, 특히 도로는 도로로서의 형태를 갖추고 도로법에 따른 노선의 지정 또는 인정의 공고 및 도로구역 결정·고시를 한 때 또는 도시계획법 또는 도시재개발법에서 정한 절차를 거쳐 도로를 설치하였을 때에 공공용물로서 공용개시행위가 있으므로, 토지의 지목이 도로이고 국유재산대장에 등재되어 있다는 사정만으로 바로 토지가 도로로서 행정재산에 해당한다고 할 수는 없다. 이는 국유재산대장에 행정재산으로 등재되어 있다가 용도폐지된 바가 있더라도 마찬가지이다(대판 2016. 5. 12, 2015다255524).

한편, 묵시적 행정행위에 의한 공용지정도 존재할 수 있다고 본다. 그러나 도로의 공용지정에 있어서와 같이 실정법이 그의 공고에 관해서 규정하고 있는 경우에는 묵시적 행위에 의한 공용지정은 부인된다고 봄이 타당하다.[25]

⑤ 관습법에 의한 공용지정: 해변과 같은 공공용물의 공용지정은 관습법을 통해 이루어진다고 볼 수 있다.[26] 다만, 우리나라에서는 그 자연공물의 공물로서의 성립에는 법적 행위(통설이 말하는 바 의사적 행위)로서의 공용지정을 필요로 하지 않는다고 보는 것이 통설적 견해임은 앞에서 살펴 본 바와 같다.[27]

(다) 공용지정의 전제·과정

① 정책결정(위치결정 등): 특히 인공공물로서의 공공용물에 대한 공용지정을 하기 위해서는 그에 앞서 여러 가지 준비가 필요한 데, 그 중의 하나가 그 공물의 위치결정 등에 관한 정책결정이다. 그리고 그 정책이 계획의 형식을 취할 때에는 그것을 정책적 계획결정이라고 불러도 좋을 것이다.[28] 도로와 같이 국민생활이나 환경에 많은 영향을 미치는 공공용물의 건설이나 공용지정에 있어서는 이해관계인의 의견청취 등 신중한 절차를 거쳐 행해질 것이 요망된다(도로법 26조). 「행정절차법」이 "계획을 수립·시행하거나 변경하고자 하는 때에" 이를 예고하도록 정하고 있음도(동법 46조 1항) 같은 취지로 이해될 수 있다.

② 권원의 취득(용지취득 등): 행정주체가 공공용물 등 공물의 공용지정을 하기 위해서는 그 전제로서 미리 토지 기타의 물건에 관하여 정당한 권원(Rechtstitel)을 취득할 필요가 있다. 즉, 행정주체는 자기가 소유하는 토지 등에 관하여는 임의로 공용지정을 할 수 있겠으나, 타인이 소유하는 토지 등을 공적

25) 동지: Papier, S. 39.
26) 동지: 류지태·박종수(신론), 1078면.
27) 김도창(하), 408면; 박윤흔·정형근(하), 464면; 김동희(Ⅱ), 268면.
28) 행정계획의 상세에 관하여는 김남진·김연태(Ⅰ), 제2편 제4장 제2절 참조.

목적에 제공하기 위해서는 미리 그것에 대하여 소유권·지상권·임차권 기타의 지배권을 취득하든가 또는 그 물건의 소유권자 등의 동의를 얻을 필요가 있다. 권원의 취득은 보통 행정주체가 매매계약, 토지수용 등의 수단을 통하여 그 물건에 대한 소유권을 취득함이 보통이다.

권원없이 행한 공용지정으로 인하여 권리를 침해당한 자는 관계 행정주체에 대하여 손해배상·부당이득반환 또는 원상회복을 청구할 수 있다는 것이 통설적 견해이다.[29] 이에 대하여 판례는 권원없이 불법으로 타인의 토지를 도로로 공용지정한 경우에 행정주체의 부당이득반환 또는 손해배상책임은 인정하였으나, 원상회복은 인정하지 않았다.[30]

[판례①] 국가나 지방자치단체가 도로법 또는 도시계획법에 의한 수용절차 등 적법한 보상절차를 취하지 아니하고 타인의 토지를 도로로 점유하고 있다면 그 토지 소유자와의 사이에서는 법률상 원인 없이 이를 점유 사용하고 있는 것이므로 도로법 등의 적용을 받는 도로인 여부에 관계없이 국가나 지방자치단체는 그 점유로 인한 부당이득반환의무를 면치 못한다(대판 1991. 3. 12, 90다5795. 동지판례: 대판 1988. 11. 22, 87다카931; 대판 1982. 12. 14, 82다카846).

[판례②] 도로법 제5조는, 도로를 구성하는 부지에 대하여는 사권을 행사할 수 없다고 규정하고 있고, 그 법조의 적용을 받는 도로는 적어도 도로법에 의한 노선인정과 도로구역결정 또는 이에 준하는 도시계획법 소정 절차를 거친 도로를 말한다(대판 1992. 12. 8, 92다22725 참조). 그리고 국가 또는 지방자치단체가 도로부지에 대하여 소유권을 취득하는 등 적법한 권원 없이 도로로 사용하고 있다고 하더라도, 이로 인하여 불법 점유로 인한 임료 상당의 손해배상의무가 성립하는 것은 별론으로 하고, 도로법 제5조의 적용을 배제할 것은 아니다(대판 1999. 11. 26, 99다40807. 동지판례: 대판 1968. 10. 22, 68다1317).

③ **축조공사**: 공물의 축조공사는 직접 행정주체가 행하거나 도급계약을 통해 민간기업이 행하게 된다.

(라) 공용지정의 하자

공용지정에 하자가 있는 경우에 그의 법적 효과는 어떻게 되는가? 이것은 그 공용지정이 어떤 형식으로 행해졌는가에 따라 다르다고 보지 않으면 안 된다. 즉, 공용지정이 법규명령 등 법규를 통해 행해진 경우에는 그것에 하자가 있는 경우 그 공용지정은 무효로 보지 않으면 안 된다. 이에 대하여 공용지정

29) 박윤흔·정형근(하), 423면 이하; 류지태·박종수(신론), 1079면 이하 등.
30) 다만, 판례는 상수도관의 매설을 위한 권원 없는 토지점유에 대하여는 원상회복(시설의 철거, 토지인도 청구)을 인정하였다(대판 1987. 7. 7, 85다카1383).

이 행정행위(처분)를 통해서 행해진 경우에는 그 공용지정은 하자의 정도에 따라 무효 또는 취소할 수 있는 행위로 된다고 보지 않을 수 없다. 법규와 행정행위 간에 그 "하자있는 공용지정의 법적 효과"가 위에서 말한 바와 같은 차이가 생기는 이유는, 무엇보다 행정행위에는 이른바 공정력이 있기 때문이라고 하겠다.[31] 다시 말하면, 행정행위에 대해서는 항고쟁송(취소심판, 취소소송 등)이 인정되고 있는데 대하여 법규(법률·명령·조례 등)에 대해서는 그것이 인정되고 있지 않기 때문이라고 할 수 있다.

2. 공용물의 성립

관공서의 청사 등 공용물이 성립하기 위해서는 공용물로서의 형체를 갖추어 행정주체가 사실상 사용을 개시하는 것으로써 족하며, 별도로 공용지정을 필요로 하지 않는다고 보는 것이 통설적 견해이다.[32] 이에 대하여 공용물의 성립에 있어서도 명시나 묵시의 공용지정이 필요하다는 견해도 있다.[33] 생각건대, 공용물은 행정주체 자신의 사용에 제공된 것임에 비추어 볼 때, 전설이 타당하다고 판단된다.

한편, 타인의 토지, 물건 등을 공용물로 만들기 위해서는 공공용물에 있어서와 같이 그에 대한 권원을 취득할 필요가 있다.

3. 보존공물의 성립

보존공물은 특정한 물건 그 자체의 보존을 목적으로 하는 공물이다. 어떠한 물건이 보존공물로 되면 공물로서의 공법적 제약을 받기 때문에, 보존공물의 성립에는 공물로서의 형체를 갖추는 외에 의사적 행위로서의 공용지정을 필요로 한다. 이 경우의 공용지정도 법규에 의한 것과 행정행위에 의한 것으로 구분된다(문화유산의 보존 및 활용에 관한 법률 23조 이하 참조). 그리고 보존공물의 지정은 관보에 고시하고, 지체없이 소유권자 또는 관리자에게 알려야 한다(동법 28조). 보존공물의 지정의 효력발생은 그 소유자, 점유자 또는 관리자에 대해서는 관보에 고시한 날부터 그 효력을 발생한다(동법 30조).

한편, 보존공물은 공용물·공공용물과는 달리 물건의 사용이 아니라 그 보

---

31) 상세는 김남진·김연태(Ⅰ), 313면 이하 참조.
32) 김도창(하), 411면; 박윤흔·정형근(하), 426면 등.
33) 홍정선(하), 578면.

존에 주안점이 있는 것이므로, 어떤 물건이 보존공물로 지정되어도 그 물건에 대한 권리의 본질을 해치지 않는 것이 보통이다. 따라서 보존공물의 공용지정에 있어서 행정주체는 일반적으로 그 물건 위에 권원을 취득할 필요는 없는 점에서 공용물 또는 공공용물의 성립과는 크게 다르다.

Ⅳ. 예정공물

예정공물은 장래에 공물로 할 것이 예정된 물건을 말한다. 그리고 예정공물에 대하여는, 장래 공적 목적을 위하여 제공하는 데에 지장이 없도록 공물에 준한 법적 취급을 하는 것이 보통이다.

구 하천법(법률 제13493호로 개정되기 전의 법률) 제11조에 따르면 하천관리청은 하천의 신설, 그 밖의 하천공사로 새로이 하천구역으로 편입될 토지를 하천예정지로 지정할 수 있고, 하천예정지 안에서 공작물의 신축 또는 개축 등의 행위를 하려는 자는 하천관리청의 허가를 받도록 규정되어 있었다. 그러나 하천예정지로 지정된 후 그 하천에 관한 사업이 3년 이내에 착수되지 아니하여 대부분 지정의 효력을 잃고 있으며, 하천예정지의 지정으로 인한 손실을 제대로 보상하지 않은 채 행위제한만 이루어지고 있어 국민의 사유재산권을 침해하고 불편을 가중시키고 있는 문제가 지적되어, 2015년 8월 동법 개정을 통하여 하천예정지 지정 및 행위제한 규정은 삭제되었다.[34]

Ⅴ. 공물의 공용변경

공물의 성질을 유지하면서 그 법적 상태를 변경하는 것이 공물의 공용변경(Widmungsänderung)인데, 이에는 등급변경(Umstufung)과 부분공용폐지(Teileinziehung)가 있다.[35] 여기에서 등급변경이란, 도로의 경우 교통상 중요도의 변경에 따라 당해 도로의 등급 또는 종류를 올리거나 내리는 것을 말한다.[36] 당초

34) 개정법 부칙(공포한 날부터 시행)에 따라 하천관리청은 이 법 시행 당시 종전의 제11조에 따라 지정·고시된 하천예정지를 이 법 시행 후 6개월 이내에 폐지하거나 하천구역으로 결정하여야 하며, 이 기간 이내에 폐지되거나 하천구역으로 결정되지 아니한 하천예정지는 동 기간의 만료로 그 지정의 효력을 잃게 된다.

35) 상세는 김남진, 공물의 성립·변경·소멸, 월간고시, 1991. 3, 61면 이하 참조.

36) Vgl. Papier, S. 53 f.: Pappermann/Löhr/Andriske, S. 34 f.

의 도로등급지정(Einstufung)은 공용지정의 부분을 이룸으로써 독립된 행정행위가 아닌데 대하여, 등급변경은 독립된 별개의 행정행위(물적 행정행위)로서의 성질을 가진다고 할 수 있다.[37)]

다음으로 부분공용폐지란 사용종류·사용목적·사용범위와 관련하여 보통사용을 사후에 제한하는 것을 의미한다.[38)] 부분공용폐지는 공물이 여전히 공물의 성질을 유지하는 점에서 공물의 공용폐지(소멸)와는 구분될 필요가 있다. 도심에 보행자전용도로를 조성하기 위하여 자동차의 운행을 제한·배제하는 경우를 부분공용폐지의 예로 들 수 있다.

Ⅵ. 공물의 소멸

공물의 소멸이란 공물의 형체적 요소가 소멸되었거나 공용폐지에 의하여 공물로서의 성질을 상실하는 경우를 말한다. 공물의 소멸사유는 공물의 성립에 있어서와 같이 공물의 종류에 따라 다르므로, 아래에서 나누어 고찰하기로 한다.

1. 공공용물의 소멸

(1) 형체적 요소의 소멸

공공용물의 형체적 요소가 소멸된 경우에 곧 공물로서의 성질을 잃게 되는지에 관하여 학설은 나누어져 있다. 긍정설에 의하면, 공물은 공공의 사용에 제공될 수 있는 형체를 갖춤으로써 성립되는 것이기 때문에, 자연적 또는 인위적으로 공물의 형체가 소멸되고 사회통념상 그 형체의 회복을 기대할 수 없게 되면 당해 공물은 당연히 소멸된다고 한다.[39)] 이에 대하여 제한적 긍정설은 자연공물에 있어서는 그 성립에 있어서 공용지정을 요하지 않으므로 그 자연적 상태의 영구·확정적 멸실에 의하여 당연히 공물로서의 성질을 상실하는데 대하여, 인공공물은 공물의 형체가 영구·확정적으로 변화·멸실하여 그 회복이 사회통념상 불가능하게 되었다 하더라도, 그것은 공용폐지의 사유는 되지만 그것만으로 곧 공물소멸사유가 되지는 않는다고 한다.[40)] 생각건대, 공공용물은 형체

---

37) Vgl. Papier, S. 53; Pappermann/Löhr/Andriske, S. 34; Kodal/Krämer, Straßenrecht, 4. Aufl., 1985, S. 245.
38) Vgl. Pappermann/Löhr/Andriske, S. 34; Kodal/Krämer, S. 262 f.
39) 석종현·송동수(하), 405면; 이상규(하), 441면.
40) 김도창(하), 412-413면; 박윤흔·정형근(하), 428면; 김동희(Ⅱ), 271면 이하.

적 요소와 의사적 요소(공용지정)를 갖춤으로써 성립함에 비추어 볼 때, 그 성립요소 중 어느 하나가 소멸하면 공물의 성질을 상실한다고 보는 것이 타당할 것이다. 이 때, 그 형체적 요소의 소멸은 사회통념상 회복을 기대할 수 없을 정도로 영구·확정적이어야 하며, 일시적으로 형체적 요소가 손상되어 그 형체의 회복을 기대할 수 있는 경우에는 해당되지 않는다고 할 것이다.

(2) 공용폐지

공공용물은 그 물건에 대하여 공적 목적에의 공용을 폐지시키는 행위인 공용폐지에 의하여 공물로서의 성질을 상실하게 된다. 따라서 단순히 사실상 공물로서의 용도에 사용되고 있지 않다는 사실만으로는 공물로서의 성질을 상실했다고 볼 수 없다. 물론, 묵시적 공용폐지로 새겨질 수 있는 경우는 예외이다.

[판례①] 행정재산이 기능을 상실하여 본래의 용도에 제공되지 않는 상태에 있다 하더라도 관계법령에 의하여 용도폐지가 되지 아니한 이상 당연히 취득시효의 대상이 되는 잡종재산이 되는 것은 아니고, 공용폐지의 의사표시는 묵시적인 방법으로도 가능하나 행정재산이 본래의 용도에 제공되지 않는 상태에 있다는 사정만으로는 묵시적인 공용폐지의 의사표시가 있다고 볼 수 없으며, 또한 공용폐지의 의사표시는 적법한 것이어야 하는바, 행정재산은 공용폐지가 되지 아니한 상태에서는 사법상 거래의 대상이 될 수 없으므로 관재당국이 착오로 행정재산을 다른 재산과 교환하였다 하여 그러한 사정만으로 적법한 공용폐지의 의사표시가 있다고 볼 수도 없다(대판 1998. 11. 10, 98다42974).

[판례②] 공물의 공용폐지에 관하여 국가의 묵시적인 의사표시가 있다고 인정되려면 공물이 사실상 본래의 용도에 사용되고 있지 않다거나 행정주체가 점유를 상실하였다는 정도의 사정만으로는 부족하고, 주위의 사정을 종합하여 객관적으로 공용폐지 의사의 존재가 추단될 수 있어야 할 것이다(대판 2009. 12. 10, 2006다87538. 동지판례: 대판 1999. 1. 15, 98다49548).

우리나라에서의 다수설은, 자연공물은 그 성립에 공용지정을 필요로 하지 않는 것과 마찬가지로 그의 소멸에 있어서도 공용폐지를 필요로 하지 않는다는 입장을 취한다.[41] 생각건대, 그러한 견해는 공용폐지가 행정행위의 형식으로만 행해지는 것으로 보는데 기인한다고 판단된다. 그러나 공용폐지는 공용지정과 마찬가지로 행정행위의 형식뿐만 아니라 법규에 의해서도 가능하며, 따라서 법률·법규명령·조례·관습법 등에 의한 공용폐지에 의하여 자연공물이 소멸

41) 김도창(하), 412-413면; 박윤흔·정형근(하), 429면 등.

하는 경우도 있을 수 있다고 보아야 할 것이다.

[판례] ㉮ 공유수면으로서 자연공물인 바다의 일부가 매립에 의하여 토지로 변경된 경우에 다른 공물과 마찬가지로 공용폐지가 가능하다고 할 것이며, 이 경우 공용폐지의 의사표시는 명시적 의사표시뿐만 아니라 묵시적 의사표시도 무방하다.

㉯ 공물의 공용폐지에 관하여 국가의 묵시적인 의사표시가 있다고 인정되려면 공물이 사실상 본래의 용도에 사용되고 있지 않다거나 행정주체가 점유를 상실하였다는 정도의 사정만으로는 부족하고, 주위의 사정을 종합하여 객관적으로 공용폐지 의사의 존재가 추단될 수 있어야 한다.

㉰ 토지가 해면에 포락됨으로써 사권이 소멸하여 해면 아래의 지반이 되었다가 매립면허를 초과한 매립으로 새로 생성된 사안에서, 국가가 그 토지에 대하여 자연공물임을 전제로 한 아무런 조치를 취하지 않았다거나 새로 형성된 지형이 기재된 지적도에 그 토지를 포함시켜 지목을 답 또는 잡종지로 기재하고 토지대장상 지목을 답으로 변경하였다 하더라도, 그러한 사정만으로는 공용폐지에 관한 국가의 의사가 객관적으로 추단된다고 보기에 부족하다고 할 것이다(대판 2009. 12. 10, 2006다87538).

공용폐지가 행해지면 당해 물건은 공물로서의 성질을 상실하고, 그에 대한 공법적 제한이 해제된다. 그에 따라 사법상의 소유권 기타 사권의 행사가 가능하게 되는 등, 사법의 적용대상이 된다.

사유공물인 도로의 경우, 그 공용폐지는 소유권자에게는 이익을 주지만 그것을 이용하고 있던 일반공중과 인접주민에게는 불이익을 주게 되므로 제3자효 행정행위의 성질을 가진다고 할 수 있다.[42] 이처럼 공용폐지는 일반공중의 사용 및 인접주민의 사용에 커다란 영향을 미치므로 그들의 권리구제가 문제되는바, 이는 보통사용(인근주민의 보통사용을 포함)의 법적 성질과 관련하여 논의될 필요가 있다.[43]

2. 공용물의 소멸

공용물은 그 형체적 요소의 소멸이나 행정주체에 의한 사실상 사용의 폐지에 의하여 소멸하며, 별도의 공용폐지행위를 요하지 않는다는 것이 통설적 견해이다.[44] 이에 대하여 공용물의 경우에도 사용의 폐지는 묵시적인 공용폐지를

42) 제3자효 행정행위의 상세에 관하여는 김남진 · 김연태(Ⅰ), 251면 이하 참조.

43) 이에 관한 상세는 본서 503면 이하 참조.

44) 김도창(하), 415면; 박윤흔 · 정형근(하), 429면 등.

전제로 하는 것이라는 반대의 의견도 있다. 생각건대, 이 문제는 "공용물의 성립에 공용지정을 필요로 하느냐"의 문제와 연계하여 판단하면 될 것으로 판단된다.

3. 보존공물의 소멸

보존공물은 행정주체의 보존공물지정해제행위에 의하여 공물의 성질을 상실하게 된다. 문화재가 그 가치를 상실하거나 그 밖의 특별한 사유가 있는 때에 문화재지정을 해제하는 것(문화재보호법 31조)이 대표적 예이다.

한편, 보존공물의 형체적 요소가 멸실된 경우에 곧 공물로서의 성질을 상실하게 되는지에 관해서는 학설이 대립하고 있다. 긍정설에 의하면 보존공물은 형체적 요소의 멸실로 인하여 당연히 공물로서의 성질을 상실하며, 그러한 경우의 지정해제행위는 보존공물의 소멸의 확인행위에 지나지 않는데 대하여,[45] 부정설에 의하면 보존공물의 형체적 요소가 멸실되더라도 이는 공물지정해제사유는 되지만 그것만으로 곧 공물의 성질을 상실하는 것은 아니라고 한다.[46] 생각건대, 공공용물의 소멸에 있어서와 마찬가지로 전설이 타당하다.

Ⅶ. 공물의 법적 특색

기본사례

乙은 1944년 공유수면인 갯벌을 간척하여 점유해왔고 이를 甲이 1958년에 증여받아 평온・공연하게 점유해왔다. 이 토지(이하 대상토지라 한다)와 바다 사이에 있는 토지도 모두 과거에는 해면이었으나 거의 같은 시기에 성토되어 대상토지를 제외하고는 1959년 지적공부에 모두 등록되고 1960년에 상환완료를 원인으로 소유권이전등기가 되거나 각 점유자 명의로 소유권보존등기가 경료되었다. 이 경우 갑이 현재 점유하고 있는 간척토지는 시효취득의 대상이 되는가?

45) 석종현・송동수(하), 406면; 이상규(하), 443면.
46) 김도창(하) 415면; 박윤흔・정형근(하), 430면.

1. 개 설

공물은 직접 공적 목적에 제공되는 물건이므로 그 목적을 달성하기 위해 필요한 한도에서 여러 가지 공법적 규율을 받고 있다. 공물에 관하여 어느 정도로 사법이 적용되고 어느 정도로 특수한 법적 규율이 가해질 수 있는가에 관해 공소유권설 및 사소유권설의 대립이 있었으나, 그 문제는 어디까지나 실정법의 문제로서 개개의 실정법에 의거하여 구체적으로 검토되어야 할 것이다.

2. 각국의 공물법제

(1) 무주물제

로마법에서는 공공용물, 특히 하천같은 것은 무주물(res nullius)로 간주되는 동시에, 누구도 소유권을 취득할 수 없게 되어 있었다고 한다.[47]

(2) 공소유권제

프랑스에서는 도로·하천 등의 공물(domaine public)에 대해서는 국가의 공소유권을 인정하고 있다(민법 538조). 이러한 공소유권의 대상으로서의 공물은 남에게 양도할 수 없으며(inalienable), 시효취득할 수 없는(imprescriptible) 것에 특징이 있다.

독일에서도 일부 주(Land)에 공물의 공소유권제(öffentliches Eigentum)가 도입되어 있다. 즉, Hamburg 자유시[48]에서는 공로(公路)의 부지에 대하여, Baden-Württemberg 주[49]에서는 하천에 대하여 공소유권을 인정함으로써 사소유권에 의거한 처분이나 거래를 배제하고 있다.

우리의 구 「하천법」(2007. 4. 6. 개정 전의 것)은 「하천은 이를 국유로 한다」(3조)라고 규정하고 있었는데, 이것은 동법이 프랑스적 공소유권을 채택하였던 것으로 새겨졌다.[50] 그런데 하천으로 편입되는 사유의 토지가 사전 보상 및 등기절차 없이 바로 국유로 됨에 따라 사유재산권을 침해한다는 논란이 있을 뿐만 아니라, 막대한 보상비 마련 등 국가의 재정여건상 어려움이 있어서, 2007. 4. 6. 전면개정된 「하천법」(법률 제8338호)에서는 하천의 국유제를 폐지하고, 그 대신 하천을 구성하는 사유의 토지 등에 대하여는 소유권 이전 및 저당권 설정 등의 일부 사권행사를

47) Vgl. Erichsen(Hg.), S. 578; Fritsch, Ius Fluviaticum Romano-Germanicum Ⅱ, 1772, S. 79.
48) §49 Abs. 1 HambWG.
49) §4 Abs. 1, §5 BWWG.
50) 동지: 박윤흔·정형근(하), 435면; 석종현·송동수(하), 409면.

제외하고는 사권을 행사할 수 없도록 하고, 국가하천으로 지정된 토지에 대하여는 매수청구제를 도입하였다(4조 및 79조 내지 81조).

(3) 사소유권제(이원제)

여기에서 사소유권제라고 함은, 공물에 대한 행정주체나 사인의 사법상의 소유권을 일단 인정하면서, 그 공물이 이른바 공용지정(Widmung)[51]을 통해 공적 목적에 제공되는 한도에서 사소유권의 행사가 제한받게 된다고 보는 법제를 말한다. 학자에 따라서는 그러한 법제를 공물에 관한 이원적 구조(dualisitio),[52] 양두(兩頭)적 법구조(januskopfige Rechtskonstruktion)[53] 또는 수정된 사소유권의 구조(Konstruktion eines modifizierten Privateigentums)라고 부르기도 한다. 독일의 경우, 일부 예외가 있기는 하나, 이원제를 채택하고 있다고 보는 점에 별 이의가 없는 것으로 보인다.[54]

우리나라의 공물법제 역시 독일식의 이원제를 그의 기본으로 하고 있다고 할 수 있다. 이것을 잘 나타내고 있는 것이 「도로법」상의 "도로를 구성하는 부지, 옹벽, 그 밖의 물건에 대하여 사권을 행사할 수 없다. 다만, 소유권을 이전하거나 저당권을 설정하는 경우에는 사권을 행사할 수 있다"(4조)라고 하는 규정이다. 그러나 다른 한편으로, 국유재산에는 사권을 설정하지 못하고(국유재산법 11조 2항), 행정재산은 원칙적으로 대부·매각·교환·양여·신탁 또는 대물변제하거나 출자의 목적으로 하지 못하며, 이에 사권을 설정하지 못하게 되어 있으므로(공유재산 및 물품 관리법 19조),[55] 행정재산에 대하여는 하천에 대해서와 같이 실질적으로 공소유권제가 채택되어 있는 것이나 다름없다고 하겠다.

(4) 결어(공소유권론과 공물관리권)

공물상의 권리가 어떠한 성질을 가지는가와 관련하여 Otto Mayer의 공소유권설(Lehre vom öffentlichen Eigentum)이 자주 거론된다. Mayer가 독일법에 프랑스적 공소유권제를 도입하려고 노력하였음은 널리 알려져 있는 사실이다.

---

51) 본서 478면 이하 참조.

52) Pappermann/Löhr/Andriske, S. 16.

53) Stern, in: VVDStRL Heft 21(1962), S. 187.

54) Vgl. Erichsen(Hg.), S. 493 f.

55) 다만 이에 대한 예외로서, 「한국도로공사법」은 「① 국가는 유료도로관리권을 공사에 출자할 수 있다. ② 제1항의 규정에 의하여 유료도로관리권을 공사에 출자하는 경우에는 국유재산의 현물출자에 관한 법률 제3조의 규정을 준용하며, 그 출자가액은 국가가 당해 유료도로의 신설 또는 개축에 투자한 가액으로 한다」(제6조)라고 규정하고 있다.

Mayer는 본래 구 프랑스령이었다가 제1차대전 후 다시 프랑스로 복귀한 지역(엘사스 · 로트링겐) 소재의 대학(Strassbourg)에서 교수생활을 시작한 사람이다. 당시 그 지역에는 아직 프랑스법이 통용되었던 것도 하나의 사정이 되어, 그의 첫 저서는 프랑스행정법의 이론(Theorie des französischen Verwaltungsrechts, 1886년)이었다. 그만큼 Mayer의 행정법이론에는 프랑스의 영향이 컸던 셈이다. 그러나 독일에는 일부 예외를 제외하고서는 공소유권제는 도입되어 있지 않으며, 우리 역시 같은 사정에 있음은 앞에 기술해 놓은 바와 같다. 공물에 대한 법제로서의 공소유권제와 사소유권제 중 어느 것을 받아들일 것인가는 입법사항으로서, 이론을 통해 결말이 날 문제가 아니라고 하겠다.

다른 한편, 공물주체의 공물에 대한 권리 또는 권능은 공물의 관리권(Sachherrschaft)으로서, 공물에 대한 소유권의 행사와는 구별되어야 한다. 그러한 의미에서 공물과 관련하여 '공소유권'의 문제를 깊이 논할 실익은 없다고 하겠다.[56]

3. 공물의 실정법상의 특색

공물은 공용지정을 통해 공적 목적에 제공된 물건이다. 따라서 사소유권의 대상이 되는 물건일지라도 그 물건이 공적 목적에 제공되고 있는 한도에서 그 사권의 행사는 제약을 받지 않을 수 없다. 이러한 점이 공물의 사물(私物)에 대한 특색을 이룬다고 할 수 있다. 그러면 어떤 물건이 공물로서 어느 정도 사적 거래가 제약받는 등의 특색을 가지는 것인가? 이 문제는 개개의 공물별로 구체적으로 탐구될 성질의 것이다. 아울러 그 개개 공물이 가지는 특색의 근거는 그 물건을 공용에 제공한 공용지정 및 그의 법적 근거(실정법 및 관습법)에서 찾지 않으면 안 된다. 공용지정의 근거가 되는 법규범을 통해 개개 공물의 특색이 충분히 밝혀지지 않는 경우에는 조리, 법의 일반원칙 등이 그것을 보충하는 역할을 하게 된다고 말할 수 있다.

이러한 전제하에서 공물이 가지는 어느 정도 공통적인 특색을 살펴보기로 한다.

(1) 융통성의 제한

공물은 그것이 공적 목적에 제공되는 한도에서 사권의 설정 등 융통성(거래)이 제한됨은 불가피하며 또한 당연하다고 할 수 있다. 다만, 그 제한의 정도

56) 동지: 박윤흔 · 정형근(하), 435면.

는 공물의 종류에 따라 상당한 차이가 있다. 즉, ① 사유의 가능성을 전적으로 배제하고 있는 것(구 하천법 3조), ② 원칙적으로 국유재산에는 사권을 설정하지 못하도록 하고(국유재산법 11조 2항), 행정재산은 대부·매각·교환·양여·신탁 또는 대물변제하거나 출자의 목적으로 하지 못하며, 이에 사권을 설정하지 못하도록 하면서(공유재산 및 물품 관리법 19조), 다만 그 용도나 목적에 장애가 되지 않는 범위에서 사용 또는 수익을 허가할 수 있도록 하는 것(동법 20조), ③ 도로와 같이 사권의 설정을 당연시하면서, 도로의 효용에 장애가 되는 사권의 설정이나 행사를 제한하고 있는 것(도로법 4조 등 참조), ④ 지정문화재와 같이 사권의 설정이나 이전을 당연시하면서 소유권의 이전에 대한 신고의무 등을 부과하고 있는 것(문화유산의 보존 및 활용에 관한 법률 40조 등 참조) 등으로 구분된다. 아울러 다음과 같은 판례가 좋은 참고가 될 만하다.

[판례①] 하천구역인 이상 나라가 이를 개인에게 불하하여 수불하자 명의의 소유권이전등기가 경료되었다 하더라도 당해 토지가 국유지임에 아무런 영향이 없다(대판 1979. 8. 21, 78다1922).

[판례②] 행정재산은 사법상 거래의 대상이 되지 아니하는 불융통물이므로 비록 관재 당국이 이를 모르고 매각하였다 하더라도 그 매매는 당연무효라 아니할 수 없으며, 사인간의 매매계약 역시 불융통물에 대한 매매로서 무효임을 면할 수 없다(대판 1995. 11. 14, 94다50922. 동지판례: 대판 1967. 6. 27, 67다806).

[판례③] 도로의 부지에 대하여는 사권의 행사가 금지되고 도로부지가 된 후에 이를 매수한 자는 그러한 부담이 붙은 소유권을 취득한 것이므로 손해보상을 청구함은 모르되, 그 인도 및 임료상당 손해금을 청구할 수는 없다(대판 1967. 7. 26, 65다2105. 동지판례: 대판 1968. 10. 22, 68다1317).

(2) 강제집행의 제한

공물에 대해 강제집행이 가능한지의 여부에 대해서, 우리나라의 통설적 견해는 "국가에 대한 강제집행은 국고금을 압류함으로써 한다"는 「민사집행법」의 규정(192조)에 의하여 국유공물에 대한 강제집행은 인정되지 않지만, 그 밖의 공물에 있어서는 공유공물이든 사유공물이든 막론하고 융통성이 허용되는 한도에서 강제집행이 가능하다고 한다.[57]

공물에 대한 강제집행의 가능 여부는 일단 공물이 융통성을 가지느냐 않느냐에 의해 결정된다고 할 수 있는 바, 국·공유재산은 위에서 본 바와 같이 융

57) 김도창(하), 434-435면; 박윤흔·정형근(하), 438면; 석종현·송동수(하), 412면; 이상규(하), 448면; 김동희(Ⅱ), 275면 이하.

통성이 제한되어 있으므로 그 한도에서 강제집행이 제한받는다고 보지 않을 수 없다. 국가에 대한 강제집행은 국고금의 압류를 통해서만 할 수 있게 한 「민사집행법」의 규정(192조)도 하나의 근거로 원용될 만하다. 지방자치단체에 대한 강제집행 역시 공고금의 압류를 통해서 행해질 수 있다고 보아야 할 것이다. 다른 한편, 융통성이 인정되는 사유공물에 대한 강제집행은 가능하다고 보아야 할 것이다. 그렇더라도 이에 의해 공물에 대한 소유권을 취득하는 자는 그 물건을 계속 공용에 제공할 부담을 지게 된다고 봄이 타당하다(대판 1966. 7. 26, 65다2105 등 참조).

(3) 시효취득의 제한

사물은 원칙으로 부동산의 경우 20년간(등기한 자는 10년간), 동산의 경우는 10년간 소유의 의사로써 평온·공연하게 점유를 계속하면 시효로 소유권을 취득할 수 있게 되어 있다(민법 245조 및 246조 참조). 이와 관련하여, 공물도 시효취득의 대상이 될 수도 있는지에 관하여 학설이 대립되어 왔다.

① 부정설에 의하면 공물은 직접 공공의 목적을 위하여 제공되는 것임에 비추어 볼 때 공물로서 제공되어 있는 한 시효취득의 대상이 되지 않는다고 한다.[58] ② 제한적 시효취득설(공물부담부시효취득설)에 의하면 공물은 융통성이 인정되고 있는 한도에서 시효취득의 대상이 될 수 있으나, 다만 이 경우에도 시효취득자는 그 물건을 계속 공적 목적에 공용할 법적 제한이 붙은 채로 소유권을 취득한다고 한다.[59] 이에 대하여 ③ 완전시효취득설에 의하면, 공물이 법정의 기간 동안 장기간 평온·공연하게 본래의 사용목적이 아닌 다른 사적 목적으로 점유되었다면 묵시적인 공용폐지가 있는 것으로 보아, 그 물건은 이미 사물이므로 완전한 시효취득의 대상이 될 수 있다고 한다.[60] ④ 판례는 행정재산에 관하여 부정설을 취해 왔다.

[판례①] 행정목적을 위하여 공용되는 행정재산은 공용폐지가 되지 않는 한 사법상 거래의 대상이 될 수 없으므로 취득시효의 대상이 될 수도 없다(대판 1983. 6. 14, 83다카181. 동지판례: 대판 1968. 8. 3, 68다1198).

[판례②] 본건 토지는 피고시가 1992. 10. 22 구거로서의 공공용물에 제공되었던 토지로서, 1972. 11. 3. 대구시 중구 대신동 178의 4 구거 101평에서 분할되어 용도

58) 김동희(Ⅱ), 276면.
59) 김도창(하), 436면.
60) 박윤흔·정형근(하), 439면; 이상규(하), 450면; 석종현·송동수(하), 414면.

폐지가 되고 기록도 대지로 변경한 사실을 인정하고, 따라서 위 용도폐기가 되기 전까지는 피고시의 행정재산의 공공용물로서 사법상의 거래 또는 시효취득의 대상이 될 수 없다(대판 1976. 9. 28. 76다1127).

그러는 가운데 구 「국유재산법」(5조 2항)은 "국유재산은 민법 제245조의 규정에 불구하고 시효취득의 대상이 되지 아니한다"라고 규정하기에 이르렀고(1986. 12. 31), 구 「지방재정법」(74조 2항)도 동일한 법개정을 통하여 공유재산에 대해서도 동일한 법규정을 두기에 이르렀다. 그러한 입법에 대해 의문을 가지던 중, 헌법재판소는 국·공유재산중 잡종재산(현행 일반재산)에 대하여까지 시효취득을 배제하는 것은 위헌이라고 판시하였다(국유재산에 관한 결정은 헌재 1991. 5. 13, 89헌가97, 공유재산에 관한 결정은 헌재 1992. 10. 1, 92헌가6). 이에 따라 구 「국유재산법」 제5조 2항과 구 「지방재정법」에 제74조 2항에 잡종재산(현행 일반재산)이 시효취득의 대상이 됨을 명시하는 단서 조항이 추가되었으며,[61] 현재는 국·공유재산의 분류체계의 변경으로 인해 "행정재산은 민법 제245조에도 불구하고 시효취득의 대상이 되지 아니한다"고 규정하고 있다(국유재산법 7조 2항, 공유재산 및 물품 관리법 6조 2항).

(4) 공용수용의 제한

공물은 공적 목적에 제공되어 있는 것이므로 공물 그 자체를 바로 수용할 수는 없다고 보아야 할 것이다. 따라서 공물(토지 등)을 다른 공적 목적에 사용하기 위해 수용할 필요가 있는 경우에는 먼저 그 공물을 공용폐지(Entwidmung)한 연후에 수용하여야 할 것이다. 「공익사업을 위한 토지 등의 취득 및 보상에 관한 법률」이 "공익사업에 수용되거나 사용되고 있는 토지등은 특별히 필요한 경우가 아니면 다른 공익사업을 위하여 수용하거나 사용할 수 없다"(19조 2항)고 규정하고 있음은 바로 그러한 이치를 성문화한 것으로 볼 수 있다.

[관련판례] 토지수용법은 제5조의 규정에 의한 제한 이외에는 수용의 대상이 되는 토지에 관하여 아무런 제한을 하지 아니하고 있을 뿐만 아니라, 토지수용법 제5조, 문화재보호법 제20조 제4호, 제58조 제1항, 부칙 제3조 제2항 등의 규정을 종합하면 구 문화재보호법 제54조의2 제1항에 의하여 지방문화재로 지정된 토지가 수용의 대상이 될 수 없다고 볼 수는 없다(대판 1996. 4. 26. 95누13241).[62]

61) 관련규정은 다음과 같다. ① 구 「국유재산법」 제5조 2항(국유재산은 민법 제245조의 규정에도 불구하고 시효취득의 대상이 되지 아니한다. 다만, 잡종재산의 경우는 그러하지 아니하다), ② 구 「지방재정법」 제74조 2항(공유재산은 민법 제245조의 규정에도 불구하고 시효취득의 대상이 되지 아니한다. 다만, 잡종재산의 경우는 그러하지 아니하다).

(5) 공물의 범위결정 · 경계사정

공물의 범위 또는 경계는 행정주체(국가 등) 또는 공물의 관리청이 공용지정을 통해서 일방적으로 결정할 수 있음이 보통이다. 하천구간의 지정(하천법 7조), 도로구역의 결정 · 고시(도로법 25조), 공원구역의 지정 · 고시(자연공원법 6조)와 같은 작용이 그에 해당한다. 여기에서 공물의 범위결정 내지 경계사정은 공물에 대한 소유권의 범위를 결정하는 것이 아니라, 공적 목적에 제공됨으로써 공법적 규율을 받게 되는 공물의 구체적인 범위를 확정하는 행위이다.

상기한 바와 같은 공용지정이 적법 · 유효하기 위해서는 여러 가지 요건을 갖추어야 한다. 아울러 공용지정의 요소로서의 경계사정 등이 어떤 법적 효과를 가지며, 그에 대해 분쟁이 있는 경우에 어떠한 쟁송수단이 있는가는 공용지정 등의 행위형식 여하에 따라 판단할 수밖에 없다. 일부 학설은 아직도 공용지정 및 공물의 범위결정 등을 모두 행정행위(특히 확인행위)로 보고 있으나, 이들 행위가 모두 행정행위에 해당되는 것은 아니며 법률 · 명령 등 법규에 의한 공용지정도 있다는 점을 상기하여야 할 것이다.

(6) 공물의 설치 · 관리의 하자로 인한 손해배상

도로 · 하천 기타 공물의 설치 또는 관리에 하자가 있기 때문에 타인에게 손해가 발생하였을 때에는, 공작물 등의 설치 · 보존의 하자로 인한 점유자 또는 소유자의 배상책임에 관한 「민법」의 규정(758조)에 의하는 것이 아니라 「국가배상법」이 정하고 있는 바에 따라 국가 또는 지방자치단체가 그 손해를 배상할 책임을 진다(동법 5조 이하 참조).[63]

[판례] ㉮ 국가배상법 제5조 제1항 소정의 영조물의 설치 또는 관리의 하자라 함은 영조물이 그 용도에 따라 통상 갖추어야 할 안전성을 갖추지 못한 상태에 있음을 말하는 것으로서, 영조물이 완전무결한 상태에 있지 아니하고 그 기능상 어떠한 결함이 있다는 것만으로 영조물의 설치 또는 관리에 하자가 있다고 할 수 없는 것이고, 위와 같은 안전성의 구비 여부를 판단함에 있어서는 당해 영조물의 용도, 그 설치장소의 현황 및 이용 상황 등 제반 사정을 종합적으로 고려하여 설치 관리자가 그 영조물의 위험성에 비례하여 사회통념상 일반적으로 요구되는 정도의 방호조치 의무를 다하였는지 여부를 그 기준으로 삼아야 할 것이며, 객관적으로 보아 시간적 · 장소적으로 영조물의 기능상 결함으로 인한 손해발생의 예견가능성과 회피가능

62) 이 판례에 대한 평석으로서는 김남진, 문화재의 수용가능성 여부 등, 판례월보, 2000. 10 참조.
63) 이에 관한 상세는 김남진 · 김연태(Ⅰ), 제5편 제1장 제3절 참조.

성이 없는 경우, 즉 그 영조물의 결함이 영조물의 설치관리자의 관리행위가 미칠 수 없는 상황 아래에 있는 경우에는 영조물의 설치·관리상의 하자를 인정할 수 없다.

㉯ 자연영조물로서의 하천은 원래 이를 설치할 것인지 여부에 대한 선택의 여지가 없고, 위험을 내포한 상태에서 자연적으로 존재하고 있으며, 간단한 방법으로 위험상태를 제거할 수 없는 경우가 많고, 유수라고 하는 자연현상을 대상으로 하면서도 그 유수의 원천인 강우의 규모, 범위, 발생시기 등의 예측이나 홍수의 발생작용 등의 예측이 곤란하고, 실제로 홍수가 어떤 작용을 하는지는 실험에 의한 파악이 거의 불가능하고 실제 홍수에 의하여 파악할 수밖에 없어 결국 과거의 홍수 경험을 토대로 하천관리를 할 수밖에 없는 특질이 있고, 또 국가나 하천관리청이 목표로 하는 하천의 개수작업을 완성함에 있어서는 막대한 예산을 필요로 하고, 대규모 공사가 되어 이를 완공하는 데 장기간이 소요되며, 치수의 수단은 강우의 특성과 하천 유역의 특성에 의하여 정해지는 것이므로 그 특성에 맞는 방법을 찾아내는 것은 오랜 경험이 필요하고 또 기상의 변화에 따라 최신의 과학기술에 의한 방법이 효용이 없을 수도 있는 등 그 관리상의 특수성도 있으므로, 하천관리의 하자유무는, 과거에 발생한 수해의 규모·발생의 빈도·발생원인·피해의 성질·강우상황·유역의 지형 기타 자연적 조건, 토지의 이용상황 기타 사회적 조건, 개수를 요하는 긴급성의 유무 및 그 정도 등 제반 사정을 종합적으로 고려하고, 하천관리에 있어서의 위와 같은 재정적·시간적·기술적 제약하에서 같은 종류, 같은 규모 하천에 대한 하천관리의 일반수준 및 사회통념에 비추어 시인될 수 있는 안전성을 구비하고 있다고 인정할 수 있는지 여부를 기준으로 하여 판단해야 한다(대판 2007. 9. 21. 2005다65678).

(7) 공물과 상린관계

공물에 대하여는 공물의 목적을 달성하기 위하여 공물 그 자체에 대하여 공법상 제한을 가하는 외에 법률의 규정에 의하여 인접지역 또는 인접주민에 대하여 여러 가지 제한을 가하는 경우가 적지 않다. 예컨대, 「도로법」상의 접도구역(동법 40조), 「하천법」상의 홍수관리구역(동법 12조), 「철도안전법」상의 철도보호지구(동법 45조) 등에 있어서 일정한 행위를 제한·금지하거나 일정한 작위의무를 과하는 것 등이 그에 해당한다. 그러한 특별한 규정이 없는 경우에는 「민법」의 상린관계에 관한 규정(216조 이하)이 유추적용된다고 보아야 할 것이다.

이 밖에 오늘날 도로와 같은 공물의 상린관계와 관련하여서는 여러 가지 새로운 법적 문제가 제기되고 있다. 예컨대, 도로공사(지하철공사 등 포함) 등이 장기화됨으로 인하여 인접주민이 생활상 또는 영업상 사회적 제약을 넘어서는 막대한 손실을 입었다고 하는 경우 이에 대한 피해구제를 어떻게 할 것인가 등이 그에 해당한다. 이러한 경우 인접주민이 입는 손실의 모두를 "공물의 설치·관리에 따르는 하자에 의한 손해"로 볼 수는 없는 것이다. 생각건대, 그러한 경우에는 이른바 재산권의 수용적 침해에 대한 보상의 법리[64]를 통해 해결할 수 있는 것으로 본다.[65] 이 밖의 도로 등 공물로 인해 야기되는 환경파괴, 소음 등 공해의 발생에 대하여 어떻게 대처할 것인가 등 공물의 상린관계와 관련하여 앞으로 연구·검토되어야 할 일이 많이 있음을 지적해 두기로 한다.[66]

(8) 공물의 등기

공물인 부동산에 대하여도 「부동산등기법」에 의한 등기를 하여야 한다. 국유공물인 부동산의 등기에 있어서의 권리자의 명칭은 국(國)으로 하고 소관중앙관서의 명칭을 기재하여야 한다(국유재산법 14조 참조).

(9) 공물의 관리 및 사용관계

이에 관하여는 아래에서 별도로 고찰하기로 한다.

기본사례

공유수면은 인위적 가공이 없다는 점에서 자연공물에 해당하고 「국유재산법」상의 국유재산으로서 동법 제6조 2항 소정의 행정재산 중 공공용재산에 해당한다. 따라서 대상토지가 공유수면의 성질을 그대로 승계하여 행정재산의 성질을 갖는다면 대상토지는 공물에 해당하여 시효취득이 부정된다(국유재산법 7조 2항). 따라서 대상토지가 공물인지 여부에 따라 대상토지의 시효취득 가부가 결정되는바, 대상토지는 무면허매립지이므로 국유재산이고(대판 1996. 6. 28, 96다13903), 사안의 경우 공유수면인 갯벌이 간척되어 원상복구할 수 없을 정도의 성상이 변경된 이상 대상토지는 '공유수면으로서의 공물성'은 상실되었으나(그러나 대판 1995. 11. 14, 94다42877에 의하면 판례는 반대의 입장이다), 이 경우에도 그 기반의 토지, 즉 공유수면의 자연공물성을 그대로 승계한다고 봄이 타당하므로 대상토지는 행정재산으로 보아야 할 것이며, 공유수면이라 함은 바다·바닷가·하천·호소·구거 기타 공공용으로 사용되는 수면 또는 수류로서 국유인 것(공유수면관리법 2조)을 말하고 이 때 바닷가라 함은 만조수위선으로부터 지적공부에 등록된 지역까지의 사이를 일컫는 것이므로 인근 주변의 간척지는 모두가 지적공부에 등록되어 공유수면에서 제외되는 이상 1959년에 묵시적 공용폐지가 있었다고 할 것이다. 따라서 대상토지는 시효취득의 대상이 된다.[67]

---

64) 독일의 경우 Frankfurt U-Bahn사건(BGH NJW 1972, S. 243)과 München U-Bahn사건(BGH NJW 1977, S. 1817)에서 인접주민에 대한 손실보상을 인정한 바 있다. 이에 관해서는 이일세, 앞의 학위논문, 111면 이하 참조.

65) 이에 대한 상세는 김남진·김연태(Ⅰ), 제5편 제3장 제2절 수용유사 및 수용적 침해에 대한 손실보상; 김남진, 기본문제, 506면 이하 참조.

66) 상세는 김남진, 공물의 기능과 환경보전, 월간고시, 1990. 6; 김남진, 기본문제, 815면 이하 참조.

67) 상세는 김연태, 행정법사례연습, 874면 이하 참조.

Ⅷ. 공물의 관리 및 사용관계

기본사례

(1) 甲은 A시의 공유재산인 도로의 상하 공간에 건물을 신축하였는데, 건물의 지상 1층 공간에는 차도가 설치되어 있다. 위 도로는 주로 갑의 건물사용을 위한 사람과 차량의 통행 및 주차를 위하여 사용되고 있으나 일반의 차량통행, 보행 및 주차 등을 위하여도 사용되고 있다. 이 경우 A시의 시장 乙이 甲에게 도로점용료부과처분을 하였다면 당해 처분은 적법한가?

(2) 서울시 성북구청장 乙은 청사 내의 비어 있는 부지 위에 매점 건물을 신축할 수 있도록 甲에게 건축허가를 발급해 주어 건축물이 완공단계에 있다. 그리하여 甲이 위 부지의 사용허가를 신청하였으나 구청장 乙은 이를 반려하였다. 이에 甲이 서울 북부지방법원에 성북구를 상대로 반려처분무효확인소송을 제기하여 민사 제1부에 사건이 배당되었다. 수소법원은 이 사건을 재판할 수 있는가?

1. 개 설

공물의 사용관계란 공물주체와 사용자간에 발생하는 법률관계를 말한다. 공물의 사용관계는 그 성질상 일반적으로 공공용물에 관하여 발생하며, 공용물에 있어서는 그 목적달성에 지장이 없는 범위 내에서 제한적으로만 인정된다고 보지 않을 수 없다.

공물의 사용관계는 그의 사용방법에 따라 보통사용과 특별사용으로 구분되는데, 후자는 다시 그의 성질에 따라 허가사용・특허사용・관습법에 의한 특별사용・계약(공법계약・사법계약)에 의한 사용・공물의 영조물적 사용 등으로 구분될 수 있다.

2. 공물의 보통사용(일반 또는 자유사용)

(1) 공공용물과 보통사용

(가) 의 의

공물의 보통사용(Gemeingebrauch)이란 누구든지 공물을 행정청의 허락을 받음이 없이 그의 사용목적에 따라 사용하는 경우를 말하며, 이를 일반사용[68] 또는 자유사용[69]이라고도 한다.

(나) 법적 성질

보통사용의 법적 성질(보통사용을 통해서 얻는 사용자의 법적 이익)에 관해서는 이전부터 학설이 나누어져 있었다. 사권설, 반사적 이익설, 인신적 자유의 유출(Ausfluß der persönlichen Freiheit)설, 공권설 등이 그에 해당된다. 그 중에서도 특히 반사적 이익설과 공권설의 대립이 심하였다. 그 밖에 우리나라에는 보호이익설이 존재하는데 아래에서 그 내용을 살펴보기로 한다.[70]

① 반사적 이익설: 이는 공물의 보통사용은 공물주체가 당해 공물을 일반인의 자유로운 사용에 제공하고 있는 결과로서 오는 반사적 이익에 지나지 않으며, 따라서 보통사용이 침해된 경우에도 권리구제를 받을 수 없다는 견해로서, 20세기 전반기의 독일 및 1970년대까지의 우리나라에서의 지배적 견해였다. 예컨대, 옐리네크는「공물의 사용을 구하는 권리는 원칙적으로 반사적 이익으로 보아야 한다. 그 이유는 공물의 공개성의 근거는 공중의 사용을 명하는 법규에서만 발견되기 때문이다」[71]라고 하였으며, 오토 마이어는「공물의 자유사용의 주체는 불특정다수이며 모든 사람에게 그의 사용이 허용된다. 또한 자유사용의 내용은 물건을 이용하는 가능성에 지나지 않으며, 물건을 점용한다든가 처분한다든가 하는 권능을 포함하지 않는다. 따라서 그것은 경찰국가시대의 허용(Verstattung)과 아무런 차이가 없다」[72]라고 하였던 것이다. 그러나 오늘날 독일 및 우리나라에 있어서 반사적 이익설을 주장하는 학자는 찾아보기 어렵다.

② 공권설: 이는 공물의 보통사용관계에 있어서 사용자의 이익을 공법상의 권리로서 보며, 따라서 보통사용을 위법하게 침해당한 경우 방해배제청구권 또는 손해배상청구권 등의 행사를 통해 구제받을 수 있다는 견해를 총칭한다. 그리고 이러한 견해가 오늘날 국내외에서의 통설이라 할 수 있다.[73]

③ 보호이익설: 이는 공물의 보통사용은 공법상의 권리에 속하는 것은 아니지만, 그것이 단순한 반사적 이익으로만 그치는 것도 아닌 것으로서, 공권

68) 박윤흔·정형근(하), 448면; 석종현·송동수(하), 422면; 이상규(하), 459면; 김동희(Ⅱ), 284면.

69) 김도창(하), 421면; 홍정선(하), 594면.

70) 주요문헌: 이명구, 공공용물의 일반사용의 성질, 한태연박사회갑논문집, 1977, 573면 이하; 김영훈, 공물사용관계의 법적 형태, 월간고시, 1985. 2, 50면 이하; 신보성, 도로의 보통사용과 목적외사용, 고시계, 1990. 10; 이일세, 공물의 일반사용, 고시연구, 1990. 8.

71) G. Jellinek, System des subjektiven öffentlichen Rechts, 1902, 2. Aufl., S. 74.

72) O. Mayer, Deutsches Verwaltungsrecht, Bd. Ⅱ, 3. Aufl., 1923, S. 76.

73) Vgl. Pappermann/Löhr/Andriske, S. 76 f.; Kodal/Krämer, S. 507 ff.; 김도창(하), 421면; 박윤흔·정형근(하), 451면; 이상규(하), 460면; 김동희(Ⅱ), 286면 이하; 김원주, 공물이용관계의 재검토, 고시계, 1986. 6, 58면; 신보성, 도로의 보통사용과 목적외사용, 고시계, 1990. 10, 123면.

과 반사적 이익의 중간영역에 위치하는 보호이익에 해당한다는 견해이다.[74] 그 이유로서 공물관계법은 개인이익의 보호를 직접 목적으로 하는 것은 아니기 때문에 공물의 보통사용을 공법상의 권리로 보는 것은 무리가 있으며, 또한 공물이용관계 등이 복리행정작용의 일환으로 행해지고 국민이 공물급부에 점차 의존한다는 점에서 단순한 반사적 이익으로 볼 수도 없다는 것을 든다. 다른 한편, 보호이익설을 주장하는 학자는 공물의 보통사용이 위법하게 침해된 경우에 그 이용자에게 방해배제청구권 또는 손해배상청구권을 인정한다는 점에서 보면 권리와 보호이익 사이에 아무런 차이점을 발견할 수 없다는 점을 인정한다.

④ 결 어: 공물의 보통사용의 법적 성질이 반사적 이익인가 공권인가의 문제는 공물의 사용관계에 특유한 문제가 아니라, 공권과 반사적 이익의 구별에 관한 일반론에서 도출될 문제이다.[75] 따라서 그 양자의 구별은 일차적으로 공권과 반사적 이익의 구별에 관한 일반적 기준(관계법규의 강행법규성 여부 및 사익보호성 여부 등)에 따라 결정되어야 할 것이다.[76] 그러므로 그러한 기준을 매개함이 없이, 헌법상의 환경권, 현대국가의 복리국가성 등에서 공물의 보통사용의 공권성(법률상 이익성)을 찾으려는 견해[77]에는 문제가 있는 것으로 보인다.

한편, 보호이익설에 대해서는, 본래 권리라는 것이 '법적으로 보호되는 이익'(rechtlich geschutztes Interesse)을 의미하는 것으로서, 그러한 의미에서 법의 보호 밖에 놓이는 이익인 반사적 이익과 구별되는 것이므로, 법률상 보호이익은 권리의 다른 표현에 지나지 않는다는 비판이 가해질 수 있다.[78]

공물의 보통사용이 공권으로서의 성질을 갖는다 하더라도, 그것은 일반적으로 공물을 방해받지 않고 그 공용목적에 따라 자유롭게 사용할 수 있는 권리(자유권), 다시 말하면 행정청이나 제3자에 대하여 자신의 정당한 보통사용을 수인할 것과 그 사용을 위법하게 제한·방해하지 않을 것을 구할 수 있는 권리로서의 성질을 가진다고 할 수 있다. 따라서 공물의 보통사용권이 위법하게 침해된 경우에는 방해배제청구권이나 손해배상청구권을 통해서 구제를 받을 수 있

74) 석종현·송동수(하), 423면 이하.

75) Salzwedel도 "도로의 보통사용이 주관적 공권을 보장하는 것이냐 반사적 이익만을 주는 것이냐의 오래된 논쟁은 도로법 외의 문제이며, 그것은 공권(subjektiv-öffentliches Recht)하에 무엇을 이해하느냐 하는 것에 달려있다"라고 설명하고 있다. Vgl. Ders., Anstaltsnutzung und Nutzung öffentlicher Sachen, in: Erichsen/Martens, Allgemeines Verwaltungsrecht, 9. Aufl., 1992, S. 546.

76) 이에 관한 상세는 김남진·김연태(Ⅰ), 111면 이하 참조.

77) 김도창(하), 421면; 이상규(하), 460면.

78) 이에 관한 상세는 김남진·김연태(Ⅰ), 111면 이하, 김남진, 기본문제, 103면 이하 참조.

다. 그러나 공물의 보통사용권은 일반적으로 공물이 변경 또는 폐지되지 않고 현 상태를 유지할 것을 요구하거나 또는 새로운 공물을 설치해 줄 것을 요구할 수 있는 권리(적극적 청구권)로서의 성질을 가지는 것은 아니라고 보아야 할 것이다. 다만 예외적으로 인접주민의 경우, 기존의 도로 이외에는 다른 통행수단이 없는 등의 특별한 요건하에서는 그 폐지에 대항할 수 있다고 보아야 할 것이다.

[판례①] 공로에 대하여는 공로이용자 각자는 다른 공로이용자가 그 도로에 대하여 가지는 이익 내지 자유를 침해하지 않는 정도 내에서 자기의 생활상 필요한 행동을 자유로이 할 수 있는 사용의 자유권을 가진다고 해석함이 상당하며, 다만 사용의 반사적 이익에 그친다고 할 수 없고 … 따라서 어떤 공로이용자가 위 권리를 방해당한 때에는 민법상 불법행위의 문제를 야기한다(대구지법 1965. 6. 15, 64나453. 동지판례: 부산지법밀양지원 1968. 11. 5, 67가425).

[판례②] 일반적으로 도로는 국가나 지방자치단체가 직접 공중의 통행에 제공하는 것으로서 일반국민은 이를 자유로이 이용할 수 있는 것이기는 하나, 그렇다고 하여 그 이용관계로부터 당연히 그 도로에 관하여 특정한 권리나 법령에 의하여 보호되는 이익이 개인에게 부여되는 것이라고까지는 말할 수 없으므로, 일반적인 시민생활에 있어 도로를 이용만하는 사람은 그 용도폐지를 다툴 법률상의 이익이 있다고 말할 수 없지만, 공공용재산이라고 하여도 당해 공공용재산의 성질상 특정 개인의 생활에 개별성이 강한 직접적이고 구체적인 이익을 부여하고 있어서 그에게 그로 인한 이익을 가지게 하는 것이 법률적인 관점으로도 이유가 있다고 인정되는 특별한 사정이 있는 경우에는 그와 같은 이익은 법률상 보호되어야 할 것이고, 따라서 도로의 용도폐지처분에 관하여 이러한 직접적인 이해관계를 가지는 사람이 그와 같은 이익을 현실적으로 침해당한 경우에는 그 취소를 구할 법률상의 이익이 있다(대판 1992. 9. 22, 91누13212).

(다) 보통사용의 내용과 범위

공물의 사용이 보통사용에 속하기 위해서는 그 공용목적에 따른 사용이어야 한다. 공물의 공용목적은 각 공물에 따라 다르므로 구체적인 보통사용의 내용은 당해 공물의 공용목적 내지 그에 관한 관계법규에 의해 결정될 수밖에 없을 것이다. 또한 같은 종류의 공물일지라도 때와 장소에 따라 그의 사용방법에 차이가 있을 수 있는 점도 부인할 수 없다. 예컨대 도로는 「일반인의 교통을 위하여 제공」되는 것이므로, 그것을 교통목적으로 사용되는 경우에 보통사용에 속하게 된다.[79] 그러나 교통이라는 개념은 매우 다의적인 것으로서 시대의 변

79) 독일 연방원거리도로법(Bundesfernstraßengesetz) 제7조 1항은 교통목적으로(zum Verkehr) 사용하는

천, 과학기술의 발달에 따라 변화하며, 또한 도로의 종류나 위치 여하에 따라서도 그 내용을 달리 한다는 점에 유의할 필요가 있다.[80]

한편, 공물의 공용목적 범위 내의 사용일지라도 구체적인 경우에 있어서 이해관계의 충돌을 조정하고, 공물의 보호와 유지, 공공의 안녕질서 등을 위하여 공물관리권이나 공물경찰권에 의해 제한될 수 있다는 점에 관해서도 유념할 필요가 있다.

(라) 사용료

공물의 보통사용은 무료임이 보통이다. 다만 법률·조례 등에 의한 사용료의 징수는 가능하며(공유재산 및 물품관리법 22조 참조), 이러한 사용료의 징수가 보통사용의 성질과 모순되는 것은 아니다. 왜냐하면 "사용료를 지불한다"는 것은 "공물사용에 대한 허락"을 의미하는 것이 아니기 때문이다. 사용료의 징수는 공물의 보통사용권을 제한하는 것이므로 반드시 법령의 근거가 있어야 하며, 보통사용권을 본질적으로 침해하여서는 안 된다. 만약 도로의 통행료의 징수가 고액이어서 당해 도로를 이용하는 것이 사실상 곤란하고 대체도로도 없는 경우에는 도로의 보통사용권을 침해하는 결과를 초래하여 허용되지 않는다고 할 것이다.[81]

(마) 인접주민의 고양된 보통사용

도로나 하천과 같은 공물에 인접하여 거주하거나 토지 등을 소유하고 있는 자(인접주민: Anlieger)에 의한 공물의 보통사용관계는 특별한 고찰을 요한다. 이들은 그 도로나 하천 등에 대하여 일반인(통행인 등)보다 특별한 이해관계를 가지며, 그러한 의미에서 이들에게는 일반인의 보통사용을 넘어서는 법률상 이익이 인정된다고 하겠는 바, 이를 '인접주민의 고양된 보통사용(gesteigerter Gemeingebrauch)'이라고 한다.[82] 예컨대 인접주민이 건물을 건축·수리하기 위해 일시적으로 도로의 일부에 건축자재를 쌓아 놓거나 건축장비를 설치하는 것, 연도(沿道)의 상점주인이 도로공간으로 돌출하여 영업간판을 설치하거나 물건을 싣고 내리기 위해 도로의 일부를 일시 사용하는 것 등이 그에 해당한다.

경우에 보통사용에 속한다는 것을 명문으로 규정하고 있다.

80) 이에 관한 상세는 이일세, 앞의 학위논문, 55면 이하; 이일세, 공물의 일반사용, 고시연구, 1990. 8, 221면 이하 등 참조.

81) 김창규·김명연, 유료도로관계법제개선방안연구, 한국법제연구원, 2000. 11, 16면.

82) 이에 관한 상세는 특히, 이일세, 앞의 학위논문, 92면 이하; 이일세, 인접주민에 의한 도로의 고양된 보통사용, 고시연구, 1992. 6, 198면 이하; 김남진, 도로의 보통사용과 허가사용의 구분, 판례월보, 1999. 8, 32면 이하 참조.

위와 같은 내용의 '인접주민의 고양된 보통사용'은 행정청의 특별한 허락을 받지 아니하고 공물을 사용할 수 있다는 점에서는 '일반인의 보통사용'과 성질을 같이 한다. 그러나 위에 설명한 바와 같은 도로 등의 사용은 공물과 지리적으로 밀접한 관계에 있는 인접주민에게만 인정되며, 통상의 보통사용을 넘어서는 사용이 허용되는 점에서 전자와 구별된다. 아울러 그와 같은 인접주민의 공물사용권은 개별법에 명문의 규정이 없더라도 관습법 또는 헌법상의 재산권보호조항(23조 1항)에 의해 보장된다고 할 수 있다.

[판례] 공물의 인접주민은 다른 일반인보다 인접공물의 일반사용에 있어 특별한 이해관계를 가지는 경우가 있고, 그러한 의미에서 다른 사람에게 인정되지 아니하는 이른바 고양된 일반사용권이 보장될 수 있으며, 이러한 고양된 일반사용권이 침해된 경우 다른 개인과의 관계에서 민법상으로도 보호될 수 있으나, 그 권리도 공물의 일반사용의 범위 안에서 인정되는 것이므로, 특정인에게 어느 범위에서 이른바 고양된 일반사용권으로서의 권리가 인정될 수 있는지의 여부는 당해 공물의 목적과 효용, 일반사용관계, 고양된 일반사용권을 주장하는 사람의 법률상의 지위와 당해 공물의 사용관계의 인접성, 특수성 등을 종합적으로 고려하여 판단하여야 한다. 따라서 구체적으로 공물을 사용하지 않고 있는 이상 그 공물의 인접주민이라는 사정만으로는 공물에 대한 고양된 일반사용권이 인정될 수 없다(대판 2006. 12. 22, 2004 다68311, 68328).[83]

한편, 공물의 변경·폐지 등으로 인하여 공물의 보통사용이 침해된 경우에 있어서, 일반인에게는 수인한도 내의 것일지라도 인접주민에게는 수인한도를 넘어서는 것이어서 손실보상을 해주어야 하는 경우를 생각할 수 있다.

(2) 공용물의 보통사용

공용물은 행정주체 자신의 사용에 제공되는 것이므로 일반인의 보통사용의 대상이 되지 않는 것이 원칙이나, 그 본래의 목적을 방해하지 않는 한도에서 일정한 조건 아래 보통사용이 허용되는 경우가 있다. 국공립학교 운동장의 사용, 국·공립학교 구내의 자유통행 등이 그 예이다.

---

83) 이 판례에 대한 상세한 분석에 대해서는 조규현, 공물의 인접주민이 공물에 대하여 가지는 고양된 일반사용권, 대법원판례해설 제63호, 2007; 전극수, 도로에 대한 고양된 일반사용, 토지공법연구 제51집, 2010 참조.

3. 공물의 허가사용

(1) 공공용물의 허가사용

(가) 의의 및 성질

공물을 보호하며, 사용자간의 이해조정 등을 위하여 그의 사용을 일반적으로 금지시킨 다음 행정청의 허가를 받아 사용하도록 하고 있는 경우가 있는데, 이러한 경우를 공물의 허가사용이라고 한다. 여기에서의 허가는 공물사용의 일반적 금지(부작위의무)를 해제하는 것에 지나지 않는 점에서 공물사용의 특별한 권리를 설정하는 '공물사용의 특허'와 구별된다.

(나) 허가사용의 형태

① **공물관리권에 의한 허가사용**: 공물의 사용이 타인의 공동사용에 지장을 줄 우려가 있거나 공물을 해칠 우려가 있다고 인정되는 경우에 공물관리청의 허가를 받아 사용하도록 하는 경우가 이에 해당한다. 공유수면으로부터 물을 끌어 쓰고자 하는 경우 사전에 관리청의 허가를 받아야 하는 것(공유수면 관리 및 매립에 관한 법률 8조 1항) 등이 그 예이다.

② **공물경찰권에 의한 허가사용**: 공물의 사용관계에서 발생하는 공공의 안녕 · 질서에 대한 위해를 방지할 목적에서 공물경찰청의 허가를 받아 사용하도록 하는 경우가 이에 해당한다. 다만 공물경찰권에 의한 허가사용은 우리 실정법상으로는 그 예가 거의 없다. 일부 문헌[84]에서는 경찰서장이 도로에서의 위험방지를 위하여 보행자 또는 차량의 통행을 금지 · 제한한 다음, 일정한 조건하에 그것을 해제하는 경우(도로교통법 6조 2항)를 공물경찰권에 의한 허가사용의 예로 들고 있는데, 동규정은 단지 위험방지를 위하여 도로의 통행을 금지하거나 제한할 수 있음을 규정하고 있고 그의 해제에 대하여는 규정하고 있지 않으며, 또한 그 금지 · 제한은 위험방지를 위한 특별한 경우에 행하여지는 것으로 그것의 해제는 예외적으로 행하여진 금지 · 제한을 위험방지의 필요가 없어짐으로써 본래의 사용상태로 돌려놓는 금지 · 제한의 철회에 해당하고 일반적 금지 · 제한을 특별한 경우에 해제하는 사용허가라 할 수 없다.

(다) 사용허가와 부담

공물관리권에 의한 허가사용에 있어서는 사용료를 부과 · 징수하거나(공유수면 관리 및 매립에 관한 법률 13조, 국유재산법 32조 등 참조), 사용자에게 각종의 의무와 부담을 과함이 보통이다.[85] 이 때 사

84) 이상규(하), 463면; 석종현 · 송동수(하), 426면; 홍정선(하), 597면 참조.

용료 지급의무를 이행하지 않는 경우에는 행정상 강제징수절차에 의한 강제집행이 인정되는 것이 일반적이며(공유수면 관리 및 매립에 관한 법률 13조 8항, 국유재산법 73조 2항 등), 사용료징수에 불복하는 경우에는 행정쟁송이 인정된다.

(2) 공용물의 허가사용

공용물은 보통 행정주체 자신의 사용에 제공되는 것이지만, 당해 공물의 목적달성에 지장이 없는 범위 안에서 허가사용이 인정되는 경우가 있다. 법이 그것을 명시하고 있는 경우도 있는데, 「관리청은 그 용도나 목적에 장애가 되지 아니하는 범위에서만(공용·공공용·기업용 재산) 또는 보존목적의 수행에 필요한 범위에서만(보존용 재산) 행정재산의 사용허가를 할 수 있다」(국유재산법 30조 1항)라는 규정이 이에 해당한다(같은 취지로 공유재산 및 물품 관리법 20조 1항 참조). 다만 이들 규정에 의거하여 행해지는 사용허가 가운데, 성질상 사용특허로 새겨야 하는 경우도 있다고 보아야 할 것이다.

4. 공물의 특허사용

(1) 의 의

특정인에게 일반인에게는 인정되지 않는 공물의 사용권을 설정하는 것을 '공물사용권의 특허'라 하고, 그 사용관계를 특허사용이라고 한다. 도로에 공작물·물건 기타의 시설을 신설·개축·변경 또는 제거하거나 기타의 목적을 위한 점용허가(도로법 61조), 하천의 점용허가(하천법 33조) 등이 그 예에 해당한다. 「국유재산법」상의 사용허가(30조) 가운데에서도 성질상 사용특허로 보아야 할 것이 있음은 앞에 적어 놓은 바와 같다.

> **[판례]** 도로법 제40조 제1항에 의한 도로점용은 일반공중의 교통에 사용되는 도로에 대하여 이러한 일반사용과는 별도로 도로의 특정부분을 유형적 고정적으로 특정한 목적을 위하여 사용하는 이른바 특별사용을 뜻하는 것이다(대판 2002. 10. 25, 2002두5795. 동지판례: 대판 1999. 5. 14, 98두17906; 대판 1995. 2. 14, 94누5830; 대판 2010. 11. 25, 2010도12529).

(2) 특허행위의 성질

(가) 동의에 의한 행정행위

공물사용특허의 성질에 관하여 과거에는 그것을 공법상 계약으로 보는 입

---

85) 이 의무와 부담의 내용은 특허사용에 있어서와 유사하므로, 그곳에서 설명하기로 한다.

장[86]도 유력하였다. 그러나 현재는 그것이 행정행위의 성질을 가진다는 것에 의견의 일치를 보이고 있다. 다만 상당수 학자[87]가 '쌍방적 행정행위'라는 용어를 사용하는데 대하여, '동의 또는 신청에 의한 행정행위'라는 용어가 보다 적합하다고 생각한다. '쌍방적'이라는 용어는 계약을 표현할 때 사용함이 적합하다고 보기 때문이다.[88]

(나) 재량행위성 여부

일부의 학설은 공물의 사용특허가 원칙적으로 '자유재량행위'임을 강조한다. 판례 또한 다음에 보는 바와 같이 그러한 용어를 사용하는 경우가 있다.

[판례①] 구 도로법 제61조 제1항에 의한 도로점용허가는 일반사용과 별도로 도로의 특정 부분에 대하여 특별사용권을 설정하는 설권행위이다. 도로관리청은 신청인의 적격성, 점용목적, 특별사용의 필요성 및 공익상의 영향 등을 참작하여 점용허가 여부 및 점용허가의 내용인 점용장소, 점용면적, 점용기간을 정할 수 있는 재량권을 갖는다(대판 2019. 1. 17. 2016두56721).

[판례②] 하천부지 점용허가 여부는 관리청의 자유재량에 속하고, 재량행위에 있어서는 법령상의 근거가 없다고 하더라도 부관을 붙일 것인가의 여부는 당해 행정청의 재량에 속한다고 할 것이고, 또한 같은 법 제25조 단서가 하천의 오염방지에 필요한 부관을 붙이도록 규정하고 있으므로 하천부지 점용허가의 성질의 면으로 보나 법규정으로 보나 부관을 붙일 수 있음은 명백하다(대판 1991. 10. 11. 90누8688).

[판례③] 하천부지 점용허가 여부는 관리청의 재량에 속하고 재량행위에 있어서는 법령상의 근거가 없어도 부관을 붙일 것인가의 여부는 당해 행정청의 재량에 속한다(대판 2008. 7. 24. 2007두25930).

생각건대, 공물의 사용특허라는 행정행위가 기속행위인가 재량행위인가는 그에 관한 법의 규정을 바탕으로 개별·구체적으로 판단할 일이다. 국민에게 이익을 주는 행위(수익적 행정행위)는 무조건 재량행위 또는 기속재량행위로 보는 경향이 있으나, 반드시 그렇지는 않다고 보아야 할 것이다. 아울러 오늘날 "자유재량·기속재량의 구별"이 비판을 받고 있다는 점도 환기할 필요가 있다. 재량은 일면 자유롭고 일면 기속을 받는 까닭에(모든 재량이 자유재량과 기속재량의 성질을 가지는 까닭에) 자유재량·기속재량의

86) 일본에서의 과거의 유력설이었다.
87) 김도창(하), 426면; 박윤흔·정형근(하), 456-457면; 이상규(하), 464면; 김동희(Ⅱ), 290면 등.
88) 자세한 것은 김남진, 동의에 의한 행정행위, 고시계, 1985. 11, 37면 이하; 김남진, 기본문제, 239면 이하 참조.

구분이 무의미하다고 보는 것이다.[89)]

일반적으로 공물의 사용특허에 있어서는 행정청에 구체적 사정에 적합한 판단을 할 수 있는 독자적 판단권, 즉 재량권이 인정됨이 보통이라고 하겠다. 다만 예외적으로 관계법에서 명시적으로 사용특허에 기속성을 부여하고 있는 경우도 있음을 유념하여야 할 것이다(도로법 64조: 공익사업을 위한 도로의 점용).

(3) 특허사용관계의 내용

특허를 받은 자는 공물의 사용권을 취득하는 동시에 특허에 부수한 여러 가지 의무를 부담하게 됨이 보통이다. 그리고 그의 구체적인 내용은 법령·조례·특허명령서 등에 의해 정해진다.

(가) 공물사용권

공물의 사용특허를 받은 자는 공물사용권을 취득하는데, 그 권리는 다음과 같은 성질을 가진다.

① **공권성**: 공물사용권은 공법에 의거하여 취득한 권리이며, 사용자의 이익과 아울러 공익(공적 목적을 위한 공물의 유지·관리)을 보호하려는 것이므로 공권(공법상의 권리)의 성질을 가진다고 말할 수 있다.[90)]

② **채권성·물권성**: 공물의 사용권은 공물주체에 대해 일정한 공물의 사용을 청구할 수 있는 채권으로서의 성질을 가진다는 것이 통설[91)]과 판례의 견해이다.

> **[판례]** 하천의 점용허가권은 특허에 의한 공물사용권의 일종으로서 하천의 관리주체에 대하여 일정한 특별사용을 청구할 수 있는 채권에 지나지 아니하고 대세적 효력이 있는 물권이라 할 수 없다(대판 2015. 1. 29, 2012두27404. 동지판례: 대판 1990. 2. 13, 89다카23022).

그러나 도로에 선로나 전신주를 부설하기 위하여 도로의 점용허가 등 공물의 사용특허를 얻은 자는 점용허가기간중 당해 도로부분을 배타적으로 사용할 수 있는 점에서 그 사용권이 물권적 성질을 아울러 가진다고 봄이 타당하다. 한편, 실정법 가운데에는 공물사용권이 물권에 속한다는 것을 명기한 예도 있다.[92)]

---

89) 상세는 김남진·김연태(Ⅰ), 233면 이하 참조.

90) 동지: 김도창(하), 427면; 박윤흔·정형근(하), 458면; 석종현·송동수(하), 429면; 이상규(하), 465면; 홍정선(하), 599면. 한편 어떤 권리가 공권인가 사권인가의 문제는 "공법과 사법의 구별"의 문제에 직결되는 것이라 할 것인 바, 이에 관한 상세는 김남진·김연태(Ⅰ), 88면 이하 참조.

91) 김도창(하), 427면, 박윤흔·정형근(하), 458면; 석종현·송동수(하), 430면; 김동희(Ⅱ), 292면.

③ **재산권성**: 공물의 사용권은 수익성을 가지는 점에서 재산권의 하나로 볼 수 있다. 따라서 공권력에 의하여 침해를 받는 경우에는 행정쟁송, 국가배상청구 등 각종의 공법상의 구제수단을 강구할 수 있으며, 사인에 의하여 그 권리를 침해받는 경우에는 사법상의 각종의 구제수단을 강구할 수 있다고 하지 않을 수 없다.

(나) 공물사용권자의 의무

공물사용권자는 법령 등에 의해 보통 다음과 같은 여러 가지 공법상의 의무를 부담한다.

① **사용료납부의무**: 공물주체(공물의 관리주체)는 공물사용권자로부터 점용료 또는 사용료를 징수하는 것이 보통이다. 사용료징수에 관하여 명문의 규정을 두고 있는 경우도 있으나(지방자치법 153조, 도로법 66조 1항, 하천법 37조 1항 등), 그러한 법률의 규정이 없는 경우에도 사용료를 징수할 수 있다는 것이 통설적 견해이다.[93] 사용료납부의무는 공의무의 성질을 가지며, 그 불이행에 대하여는 행정상 강제징수절차가 적용됨이 보통이다(도로법 69조, 하천법 67조 등 참조). 또한 사용료 부과 · 징수에 대한 불복은 행정쟁송절차에 의함이 보통이다.

[참고판례] 甲 시가 국유재산인 토지상에 근로자 종합복지관 등을 건축하여 점유 · 사용하고 있다는 이유로 해당 국유지의 관리청인 乙 시가 사용료 부과처분을 한 사안에서, 구 국유재산법 제32조 제1항에 의하면 행정재산을 사용허가한 때에는 대통령령으로 정하는 요율과 산출방법에 따라 매년 사용료를 징수하고, 공유수면 관리 및 매립에 관한 법률 제13조 제1항에 의하면 공유수면관리청은 점용 · 사용허가나 공유수면의 점용 · 사용협의 또는 승인을 받은 자로부터 대통령령으로 정하는 바에 따라 매년 공유수면 점용료 또는 사용료를 징수하여야 하므로, 乙 시가 甲 시에 국유재산에 대한 사용료 또는 점용료를 부과하기 위해서는 乙 시가 甲 시에 국유재산의 점용 · 사용을 허가하였거나 그에 관한 협의 또는 승인이 있었던 경우라야 한다(대판 2017. 4. 27, 2017두31248).

② **공사 또는 비용부담의무**: 공물이 다른 공작물의 효용을 함께 갖추고 있으면 공물주체는 타공작물의 관리자(실질적인 공물의 이용자)에게 공물을 위한 공사를 시키

92) 예컨대, 「수산업법」 제16조 2항은 어업면허에 의한 어업권이, 「광업법」 제10조 1항은 광업허가에 의한 광업권이 그리고 「댐건설 및 주변지역지원 등에 관한 법률」 제29조는 댐사용권이 물권에 속함을 명문으로 규정하고 있다.

93) 박윤흔 · 정형근(하), 459면; 이상규(하), 467면; 홍정선(하), 599면.

거나 그 유지를 담당케 하는 경우가 있다(도로법 33조, 하천법 29조 등 참조).

③ **제해시설 또는 손실보상의무:** 특허에 의한 공물사용이 그 공물 위에 이미 존재하는 타인의 권익을 침해하거나 공익에 장해를 미칠 우려가 있는 경우에는 장해의 예방 또는 제거를 위하여 필요한 시설을 설치할 의무 또는 기득권침해에 대한 손실보상의무를 부담하는 경우도 있다(하천법 35조 등).

(4) 특허사용관계의 종료

공물의 특허사용관계는 다음과 같은 원인에 의해 소멸된다.

(가) 공물의 소멸

공물사용권은 그 목적물인 공물의 공용폐지나 형체적 요소의 멸실에 의하여 소멸된다. 공물이 공익상의 필요에 의해 공용폐지되는 경우에 특허사용자는 자신의 공물사용권을 근거로 해서 그에 대항할 수는 없지만, 이 경우에도 사용기간의 만료 전의 공물사용권이 소멸함으로써 받는 손실에 대해서는 보상을 청구할 수 있을 것이다.

(나) 공물사용권의 포기

공물사용권은 재산권으로서의 성질을 갖기 때문에 사용권자의 포기에 의하여 소멸될 수 있다.

(다) 기한의 도래 또는 해제조건의 성취

공물사용권의 특허는 일정한 사용기한을 정하여서 하는 것이 보통이며,[94] 경우에 따라서는 해제조건을 부관으로 하여 특허가 부여되는 경우도 있다. 이때에 특허기한의 만료(종기의 도래) 또는 해제조건의 성취에 의하여 특허사용관계가 종료됨은 물론이다.

(라) 특허의 철회 · 취소

공물사용의 특허는 ① 상대방의 의무위반, ② 공익상의 필요 등을 이유로 철회될 수 있는데(도로법 96조 · 97조, 하천법 69조 · 70조 등), 어느 경우나 사전에 청문을 해야 함이 원칙이고(도로법 101조, 하천법 91조), 특히 후자의 경우는 그로 인한 손실에 대해 정당한 보상을 하여야 한다(도로법 99조, 하천법 76조 · 77조 참조). 또한 부정한 방법으로 사용특허를 받은 경우에는 취소의 원인이 된다(국유재산법 36조 1항 등 참조). 철회나 취소의 원인이 있다하여 그의 철회나 취소가

---

94) 실정법에서 사용기간에 대해 명문의 규정을 두고 있는 경우도 있다. 예컨대, 「국유재산법」은 국유공물(행정재산)의 사용 · 수익허가기간을 5년 이내로 제한하고 있으며(35조 1항), 「수산업법」은 어업면허의 유효기간을 10년을 원칙으로 하고 있다(14조 1항).

자유로운 것이 아니고 비례원칙(과잉금지원칙) 등에 의한 제약을 받는다고 하는 점[95]에 유념할 필요가 있다.

(5) 부언: 허가사용과 특허사용의 상대화

원래 공물법상의 허가사용과 특허사용의 구별은, 독일의 경우 구 도로법(Wegerecht)에서 사용기간의 장·단, 사용기간 만료 전의 철회의 능부, 그에 따르는 손실보상의 요부 등을 기준으로 행해졌다. 그러나 독일의 현재의 법제에서는 대체로 특별사용(erlaubnispflichtige Sondernutzung)만 공물의 사용관계로서 인정되는 경향에 있다. 「도로법」, 「하천법」, 「국유재산법」 등 우리의 실정법 역시 양자의 구별을 하지 않고 있는 점에 비추어 볼 때, 이론상으로도 양자의 확연한 구별은 실익이 없는 것으로 보인다. 즉, 「도로법」은 도로의 일체의 점용을 허가사항으로 정하고 있으며(61조), 그에 대한 감독이나 손실보상에 있어서도 사용관계의 형태 여하(허가사용·특허사용 등)에 따르는 차이를 두고 있지 않다. 「하천법」·「국유재산법」 등의 법률 역시 그러하다.

종래의 우리의 통설은 허가사용의 법적 성질(허가사용을 통해 획득하는 이용자의 이익 내지 법적 지위)을 '반사적 이익'으로 보고 특허사용의 그것만을 '공권'으로서 보는 태도를 견지하였기에, 후자의 '권리성'에 대해서만 장황하게 설명하는 태도를 취해 왔다고 여겨진다. 그러나 실정법이 양자의 구별을 거의 하고 있지 않으며, 또한 공물의 보통사용 역시 공권으로서의 측면이 있음이 인식되어 있는 이상, 유독 공물의 특허사용의 공권성에 대해서만 역설할 필요가 적어졌다고 보는 것이다.

5. 관습법에 의한 특별사용

(1) 의 의

공물의 사용권(하천의 유수사용권 등)이 지방적·민중적 관습법에 의해서도 설정될 수 있음이 이론 및 판례상으로 인정되고 있다. 다만, 관습법상의 공물사용권의 내용은 그 바탕이 된 관습에 의하여 정하여진다는 점에 유의할 필요가 있다. 우리나라의 판례는 주로 하천으로부터의 용수권, 입어권 등과 관련하여 관습법상의 특별사용권을 인정한 바 있으며, 일본의 판례[96] 가운데에는 관습법상의 도로사용권을 인정한 예도 있다.

---

95) 상세는 김남진·김연태(Ⅰ), 제1편 제2장 제5절 행정법의 일반원칙 참조.
96) 東京地判 昭和 30. 9. 12, 下民集 6巻 9號, 1967면.

[판례] 공유하천으로부터 용수를 함에 있어서 하천법 제25조에 의하여 하천관리청으로부터 허가를 얻어야 한다고 하더라도 그 허가를 필요로 하는 법규의 공포시행 전에 원고가 위 화덕상보에 의하여 용수할 수 있는 권리를 관습에 의하여 취득하였음이 뚜렷하므로 위 하천법의 규정에 불구하고 그 기득권이 있다(대판 1972. 3. 31, 72다78. 동지판례: 대판 1968. 6. 4, 68다337).

(2) 성립요건

관습법에 의한 사용권이 성립하기 위해서는 ① 특정범위의 사람들이 공물을 평온·공연하게 장기간 사용한 사실이 있어야 하고, ② 그것이 관계인들에게 인정되어 법적 확신을 얻는 등 관습법 성립의 요건이 충족되어야 함은 다른 경우에 있어서와 마찬가지이다. 그러나 현대사회의 다원성, 이질성, 가변성 등이 이유가 되어 오늘날은 그 관습법 성립요건의 충족이 어렵다고 하는 점도 유의할 필요가 있다.[97]

(3) 특별사용의 권리성

관습법에 의한 공물의 특별사용은 권리로서의 성격을 가지며, 그 권리는 공권, 물권, 재산권으로서의 특색을 지닌다고 할 수 있다.[98]

6. 계약에 의한 사용

(1) 공법계약에 의한 사용

국가 등 행정주체와 사인간의 공법계약을 통하여 사인에게 공물의 사용권을 설정할 수 있는 가능성 자체는 부인할 수 없다. 또한 사용허가(행정행위)를 갈음하는 공법계약의 체결의 가능성 역시 인정함이 좋을 것이다.[99]

(2) 사법계약에 의한 사용

사법계약을 통한 공물사용의 가능성을 배제할 수 없음은 공법계약에 의한 사용에 있어서와 마찬가지이다. 혹은 사용관계의 설정은 행정행위(처분)를 통해서 행하고, 그 이후의 문제를 사법관계로서 구성하는 이원적 법률관계의 구성(2단계설의 적용)[100]도 생각할 수 있는 일이다.

---

97) 이러한 점에 관하여는 김남진·김연태(Ⅰ), 72면 이하 참조.

98) 따라서 "공물의 사용권"에 관하여 설명한 부분(권리의 채권성 제외)이 거의 그대로 타당하다고 볼 수 있다.

99) 이러한 점에 관하여는 김남진·김연태(Ⅰ), 제2편 제4장 제3절 참조.

100) 이 점에 관하여는 김남진, 기본문제, 860면 이하 참조.

7. 행정재산의 목적외 사용

국·공유재산으로서의 일반재산은 직접 공적 목적에 제공된 재산이 아니고 그 경제적 가치에 따라 간접적으로 공적목적에 기여하는 것이므로, 원칙적으로 사법의 적용을 받으며, 일정한 사유의 제한이 있기는 하지만 원칙적으로 사법상 계약에 의하여 대부·매각·교환·양여·신탁 등을 할 수 있다(국유재산법 46조, 48조, 54조, 55조, 공유재산 및 물품 관리법 28조). 판례도 일반재산에 대한 법률관계에 대해 동일한 입장을 취하고 있다. 즉 ① 일반재산의 대부행위의 법적 성질은 사법상 계약이며, 그 대부료 납부고지의 법적 성질 역시 사법상의 이행청구라고 하였으며(대판 2000. 2. 11, 99다61675), ② 일반재산의 대부신청을 거부한 것은 항고소송의 대상이 되는 행정처분이 아니라고 하였다(대판 1998. 9. 22, 98두7602).

[판례①] 국유잡종재산에 관한 관리 처분의 권한을 위임받은 기관이 국유잡종재산을 대부하는 행위는 국가가 사경제 주체서 상대방과 대등한 위치에서 행하는 사법상의 계약이고, 행정청이 공권력의 주체로서 상대방의 의사 여하에 불구하고 일방적으로 행하는 행정처분이라고 볼 수 없으며, 국유잡종재산에 관한 대부료의 납부고지 역시 사법상의 이행청구에 해당하고, 이를 행정처분이라고 할 수 없다(대판 2000. 2. 11, 99다61675).
[판례②] 구 공유재산 및 물품 관리법 제14조 제1항, 제28조 제1항 등의 규정에 의하여 특별시장·광역시장 또는 도지사로부터 공유재산 관리의 권한을 위임받은 시장·군수 또는 구청장이 공유재산인 잡종재산을 대부하는 행위는 지방자치단체가 사경제 주체로서 상대방과 대등한 위치에서 행하는 사법상의 계약이다(대판 2010. 11. 11, 2010다59646).

그에 반해 국·공유재산으로서의 행정재산은 직접 공적 목적에 제공된 재산으로서, 원칙적으로 행정재산은 처분이 금지되며, 사권을 설정하지 못한다(국유재산법 11조, 27조, 공유재산 및 물품 관리법 19조). 그러나 행정재산도 그 용도나 목적에 장애가 되지 아니하는 범위안에서 또는 보존목적의 수행에 필요한 범위안에서 관리청은 행정재산의 사용허가를 할 수 있는바(국유재산법 30조, 공유재산 및 물품 관리법 20조), 이러한 사용허가에 따른 행정재산의 사용관계를 행정재산의 목적외 사용이라 한다(예: 관청청사의 일부에 구내매점의 영업을 허가하는 경우).

이와 관련하여 「국유재산법」 제30조와 「공유재산 및 물품 관리법」 제20조에 따른 행정재산의 목적외 사용관계가 공법관계인가 아니면 사법관계인가 하는 점이 다투어지고 있다.

(1) 학 설

(가) 사법관계설

행정재산의 목적외 사용은 사용자의 사적이익을 도모하는 데 있고, 관리청과 사용자 간에 관리청의 우월관계가 존재한다고 보기 어려우며, 「국유재산법」 제30조에 따르는 한 사권설정도 가능할 뿐만 아니라, 사용허가라는 용어만으로 당해 행위를 공법관계라고 할 수는 없다는 것 등을 이유로 사법관계로 본다.

(나) 공법관계설

구 「국유재산법」과는 달리 현행 「국유재산법」은 행정재산의 사용허가의 철회에 대하여 일반재산의 임대차규정을 준용하지 아니하고, 독자적으로 행정재산의 사용허가 및 그 허가의 취소·철회를 규정하고 있다는 점에서, 행정재산의 목적외 사용관계를 여전히 사법관계로 해석하는 것은 법률의 명문규정과 입법취지에 반하는 것이라는 이유로 공법관계로 본다.[101]

(다) 이원적 법률관계설

행정재산의 목적외 사용의 발생이나 소멸은 「국유재산법」상 행정청의 허가 또는 허가취소에 의하도록 규정되어 있고, 「국유재산법」의 개정취지가 사용관계의 발생·소멸과 사용료의 징수관계에 대해 공법적으로 규율하려는 의도이므로 그 범위 안에서는 공법관계이지만, 행정재산의 사용관계는 그 실질에 있어 사법상의 임대차관계와 같으므로 특수한 공법적 규율이 있는 사항을 제외하고는 사법관계로 본다.[102]

(2) 판 례

대법원은 행정재산의 사용허가의 법적 성질을 강학상의 특허로 보고 있으며, 행정재산의 사용허가의 신청에 대한 거부와 그 사용허가의 취소에 대해서도 항고소송의 대상이 되는 행정처분이라고 하는 바, 공법관계설의 입장을 따르는 것으로 보인다.

> **[판례①]** 국유재산 등의 관리청이 하는 행정재산의 사용·수익에 대한 허가는 순전히 사경제주체로서 행하는 사법상의 행위가 아니라 관리청이 공권력을 가진 우월적 지위에서 행하는 행정처분으로서 특정인에게 행정재산을 사용할 수 있는 권

---

101) 김동희(Ⅱ), 296면; 류지태·박종수(신론), 1101면; 박균성(하), 465면; 홍정선(하), 602면.
102) 박윤흔·정형근(하), 464면.

리를 설정하여 주는 강학상 특허에 해당한다(대판 2006. 3. 9. 2004다31074).[103]

[판례②] 공유재산의 관리청이 행정재산의 사용·수익에 대한 허가는 순전히 사경제주체로서 행하는 사법상의 행위가 아니라 관리청이 공권력을 가진 우월적 지위에서 행하는 행정처분으로서 특정인에게 행정재산을 사용할 수 있는 권리를 설정하여 주는 강학상 특허에 해당한다. 행정재산의 사용·수익허가처분의 성질에 비추어 국민에게는 행정재산의 사용·수익허가를 신청할 법규상 또는 조리상의 권리가 있다고 할 것이므로 공유재산의 관리청이 행정재산의 사용·수익에 대한 허가 신청을 거부한 행위 역시 행정처분에 해당한다(대판 1998. 2. 27. 97누1105. 동지판례: 대판 1997. 4. 11. 96누17325).[104]

[판례③] 국·공유재산의 관리청이 행정재산의 사용·수익을 허가한 다음 그 사용·수익하는 자에 대하여 하는 사용·수익허가취소는 순전히 사경제주체로서 행하는 사법상의 행위라 할 수 없고, 이는 관리청이 공권력을 가진 우월적 지위에서 행한 것으로서 항고소송의 대상이 되는 행정처분이다(대판 1997. 4. 11. 96누17325. 동지판례: 대판 1996. 2. 13. 95누11023).

[판례④] 공유재산의 관리청이 하는 행정재산의 사용·수익에 대한 허가는 순전히 사경제주체로서 행하는 사법상의 행위가 아니라 관리청이 공권력을 가진 우월적 지위에서 행하는 행정처분이라고 보아야 할 것인바, 구 지방재정법 제82조 제1항, 제83조 제2항 등 규정의 내용에 비추어 볼 때 그 행정재산이 구 지방재정법 제75조의 규정에 따라 기부채납받은 재산이라 하여 그에 대한 사용·수익허가의 성질이 달라진다고 할 수는 없다(대판 2001. 6. 15. 99두509. 동지판례: 대판 1998. 2. 27. 97누1105).

(3) 검 토

행정재산의 사용관계가 공법관계인가 사법관계인가를 결정하는 기준은 일차적으로 실정법의 규정에서 찾아야 한다. 1976년에 「국유재산법」이 개정되기 전에는 행정재산의 사용·수익허가에 대하여 잡종재산(현행 일반재산)에 관한 규정을 준용하도록 규정하고 있어서, 당시의 통설과 판례는 이를 사법관계로 간주하였다. 그러나 동법 개정이후에는 그것을 사법상 사용관계라고 볼 여지는 없어졌다고 할 것이다. 현행 「국유재산법」은 ① 제30조에서 행정재산의 사용허가를, 그리고 제36조에서 사용허가의 취소와 철회를 규정하여 행정행위로서 규정하고 있고, ② 제32조는 사용료의 징수를, 그리고 제72조는 변상금의 징수를 규정하는 등 행정청의 자력집행을 가능하게 하는 규정을 두어 공법적 규율을 강화시켜 놓고 있다. 이러한 규정들에 비추어 「국유재산법」상의 행정재산의 목

103) 이에 대해서는 이주원, 행정재산의 사용·수익에 대한 허가의 법적 성질, 대법원판례해설 61호, 2006. 12 참조.

104) 이에 대한 평석으로는 김남진, 행정재산의 사용허가의 성질 등, 법률신문, 1998. 6. 15 참조.

적외 사용은 공법관계라고 보는 것이 타당하다. 이러한 논의는 공유재산에 대해서도 그대로 적용된다(공유재산 및 물품 관리법 20조, 22조, 25조, 81조 참조).[105)]

[참고판례] 공유재산 및 물품 관리법은 제81조 제1항에서 공유재산 등의 관리청은 사용·수익허가나 대부계약 없이 공유재산 등을 무단으로 사용·수익·점유한 자 또는 사용·수익허가나 대부계약의 기간이 끝난 후 다시 사용·수익허가를 받거나 대부계약을 체결하지 아니한 채 공유재산 등을 계속하여 사용·수익·점유한 자에 대하여 대통령령이 정하는 바에 따라 공유재산 등의 사용료 또는 대부료의 100분의 120에 해당하는 변상금을 징수할 수 있다고 규정하고 있는데, 이러한 변상금의 부과는 관리청이 공유재산 중 일반재산과 관련하여 사경제 주체로서 상대방과 대등한 위치에서 사법상 계약인 대부계약을 체결한 후 그 이행을 구하는 것과 달리 관리청이 공권력의 주체로서 상대방의 의사를 묻지 않고 일방적으로 행하는 행정처분에 해당한다(대판 2013. 1. 24, 2012다79828).

8. 공물의 영조물적 사용

공물을 그 자체 독립한 개체로서 사용하는 경우가 일반적으로 말하여지고 있는 공물의 사용관계이며, 공물이 영조물(Anstalt)의 구성부분을 이루고 있는 경우, 그것을 사용하는 것이 "공물의 영조물적 사용"이다. 양자의 구별은, 사용자의 공물에 대한 관계가 전자의 경우 물적(dinglich) 또는 물권적(sachenrechtlich) 지위에 서는데 대하여, 후자의 경우 채권·채무적 지위(obligatorische Rechtsposition)에 있게 되는 점이라 하겠다.

사례해설

(1) 도로점용료부과처분이 적법하려면 甲의 도로사용이 도로점용에 해당해야 한다. 사안의 경우 甲이 사용하는 도로는 일반의 차량통행, 보행 및 주차 등을 위하여도 사용되고 있지만 이는 단지 건물소유자의 독점적, 배타적 지배를 방해하지 않는 범위 내에서 사용

105) 한편, 구 「지방재정법」은 제82조 제1항에서 공유재산의 사용·수익허가를 규정하고, 제2항에서 잡종재산에 관한 규정(잡종재산의 관리 및 처분, 계약의 해제 등)을 준용하도록 하고 있어, 개정전의 국유재산법과 동일한 규율 시스템을 취하고 있었다. 이에 대하여 대법원은 공유재산의 사용·수익허가 및 허가취소, 허가신청에 대한 거부 등을 항고소송의 대상이 되는 행정처분으로 판시하여 국유재산과 공유재산의 목적외 사용을 동일한 법률관계로 다루고 있었던 바(대판 1997. 4. 11, 96누17325; 대판 1998. 2. 27, 97누1105), 양자를 다르게 취급할 이유가 없다는 점에서 타당하다고 할 것이다. 그런데 2005년 「지방재정법」의 전면개정시에 공유재산 등의 사용허가에 관한 사항은 「공유재산 및 물품관리법」(20조 이하)에서 규정하게 되었으며, 동법은 현행 「국유재산법」의 규정내용과 마찬가지로 규율하고 있어 해석상의 논란은 이제는 그 의미가 없다고 할 것이다.

하는 것에 불과하므로 당해 도로의 주된 용도와 기능은 甲의 이익을 위한 것이라고 판단된다. 따라서 甲의 도로사용은 「도로법」 제61조 소정의 도로점용에 해당하므로 동법 제66조에 따른 도로점용료부과처분은 적법하다.[106]

(2) 사안상 성북구청 내의 빈 부지는 행정재산으로서 공용재산(공유재산 및 물품관리법 5조 1항, 2항)에 해당하는 바, 甲이 이를 매점부지로 사용한다면 이는 공용재산인 행정재산을 원래의 목적외의 것으로 사용하는 것이 된다. 이러한 행정재산의 목적외 사용관계는 공법관계로 보아야 할 것이므로 공유재산의 사용허가반려행위 역시 민사법원의 심판대상이 아니라 할 것이다. 따라서 사안의 경우 수소법원은 甲이 제기한 소송을 재판할 수 없다.[107]

Ⅸ. 공물의 관리와 공물경찰

1. 공물의 관리

(1) 의 의

공물 본래의 목적을 달성하기 위한 공물주체의 일체의 활동을 공물의 관리라고 한다. 이러한 공물의 관리는 사물의 관리와는 달리 물건을 단순히 재산적 가치의 객체로서 관리하는 것이 아니라, 전적으로 공적 목적을 달성하기 위해 관리하는 데에 특색이 있다. 이와 같은 공물관리의 특색은 아래의 사항에 나타나고 있다.

(2) 공물관리권

(가) 성 질

공물관리권은 공물 본래의 목적을 달성하기 위한 공행정작용이다. 공물관리권의 성질에 관해 종래에는 그것을 소유권의 한 권능으로 보는 견해도 없지 않았으나, 오늘날은 공물주체가 공물의 목적을 달성하기 위하여 행사하는 독립한 공법상의 물권적 지배권이라고 보는 것이 통설의 견해이다.[108]

(나) 공물관리권의 형식

공물관리권도 행정작용이므로, 명령(법규명령 · 행정규칙) · 행정계획 · 행정행위(처분) · 공법계약 · 사실행위(행정지도 포함) · 사법작용 등 다양한 형식으로 행해질 수 있다.

---

106) 상세는 김연태, 행정법사례연습, 901면 이하 참조.
107) 상세는 김연태, 행정법사례연습, 628면 이하 참조.
108) 김도창(상), 416면; 박윤흔 · 정형근(하), 443-444면; 김동희(Ⅱ), 280면.

(다) 공물관리권의 내용

공물관리권은 적극적으로 공물의 목적을 달성키 위한 작용과 소극적으로 공물에 대한 장해를 방지하기 위한 작용으로 나누어질 수 있는데, 공물의 범위 결정(도로법 25조, 하천법 10조 등), 공물의 목적달성을 위한 공용부담(도로법 81조 1항, 하천법 75조 등), 공물의 사용·수익의 허가(도로법 61조, 하천법 33조 등) 등은 전자에 속하고, 공물의 유지·수선·보관(도로법 31조, 하천법 27조 등), 공물의 목적에 대한 장해의 방지 및 제거(도로법 83조, 하천법 46조) 등은 후자에 속한다.

(3) 공물의 관리자

공물의 관리는 그 공물의 관리권을 가지는 공물주체 스스로 행하는 것이 원칙이다. 그러나 때로는 공물주체가 그 관리를 타자에게 위임·위탁하는 경우도 있다. 예를 들면 국도의 수선 및 유지 업무를 도지사에게 위임하는 것(도로법 31조 2항) 등이 그에 해당한다.

(4) 공물관리와 비용부담

공물의 관리에 소요되는 비용은 공물주체가 부담하는 것이 원칙이다. 다만 이에 대해서는 법률상 여러 가지 특례가 인정되고 있다. 즉, 국가가 관리하는 공물에 대한 관리비용의 전부 또는 일부를 관계 지방자치단체에게 부담시킨다거나(도로법 87조 1항, 하천법 61조 1항), 지방자치단체가 관리하는 공물의 관리비용의 전부 또는 일부를 다른 지방자치단체에게 부담시키는 경우(도로법 87조 2항, 하천법 61조 2항·3항) 등이 그 예이다.

(5) 공물관리상의 손해배상과 손실보상

(가) 공물관리의 하자로 인한 손해배상

도로·하천 기타 공물의 설치·관리에 하자가 있기 때문에 타인에게 손해를 발생하게 하였을 때에는 관리주체 또는 비용주체인 국가 또는 지방자치단체가 그 손해를 배상하여야 한다(국가배상법 5조·6조 참조).

과거에는 그 공물에 하자(안전성의 결여)가 있기만 하면 '관리의 하자'는 불문하고 배상책임을 져야 한다는 주장(객관설)이 유력하였다. 그러나 「국가배상법」이 '영조물(공물)의 하자'를 배상책임의 요건으로 정하고 있는 것이 아니라, '영조물의 설치·관리의 하자'를 그 요건으로 정하고 있는 만큼 '관리의 하자'는 문제삼지 않고 '물건의 하자'만 있으면 배상책임이 발생하는 식으로 판단하는 것은 잘못이라는 주장(의무위반설·위법무과실책임설)이 소개 내지 논의되고 있다.[109]

109) 상세는 김남진·김연태(Ⅰ), 제5편 제1장 제3절 영조물의 설치·관리상의 하자로 인한 손해배상 참조.

[판례①] 영조물인 도로의 설치·관리의 하자는 도로의 위치 등 장소적인 조건, 도로의 구조, 교통량, 사고시에 있어서의 교통사정 등 도로의 이용상황과 본래의 이용목적 등 제반 사정과 물적 결함의 위치, 현상 등을 종합적으로 고려하여 사회통념에 따라 구체적으로 판단하여야 하는 바, 도로의 설치 후 집중호우 등 자연력이 작용하여 본래목적인 통행상의 안전에 결함이 발생한 경우에는 그 결함이 제3자의 행위에 의하여 발생한 경우와 마찬가지로, 도로에 그와 같은 결함이 있다는 것만으로 성급하게 도로의 보존상 하자를 인정하여서는 안 되고, 당해 도로의 구조, 장소적 환경과 이용상황 등 제반 사정을 종합하여 그와 같은 결함을 제거하여 원상으로 복구할 수 있는데도 방치한 것인지 여부를 개별적·구체적으로 심리하여 판단하여야 한다」(대판 1998. 2. 13. 97다49800. 동지 판례: 대판 1993. 6. 8. 93다11678).

[판례②] ㉮ 공작물인 도로의 설치·관리상의 하자는 도로의 위치 등 장소적인 조건, 도로의 구조, 교통량, 사고시에 있어서의 교통 사정 등 도로의 이용 상황과 그 본래의 이용 목적 등 여러 사정과 물적 결함의 위치, 형상 등을 종합적으로 고려하여 사회통념에 따라 구체적으로 판단하여야 한다.

㉯ 강설에 대처하기 위하여 완벽한 방법으로 도로 자체에 융설 설비를 갖추는 것이 현대의 과학기술 수준이나 재정사정에 비추어 사실상 불가능하다고 하더라도, 최저 속도의 제한이 있는 고속도로의 경우에 있어서는 도로관리자가 도로의 구조, 기상예보 등을 고려하여 사전에 충분한 인적·물적 설비를 갖추어 강설시 신속한 제설작업을 하고 나아가 필요한 경우 제때에 교통통제 조치를 취함으로써 고속도로로서의 기본적인 기능을 유지하거나 신속히 회복할 수 있도록 하는 관리의무가 있다.

㉰ 폭설로 차량 운전자 등이 고속도로에서 장시간 고립된 사안에서, 고속도로의 관리자가 고립구간의 교통정체를 충분히 예견할 수 있었음에도 교통제한 및 운행정지 등 필요한 조치를 충실히 이행하지 아니하였으므로 고속도로의 관리상 하자가 있다.

㉱ 고속도로의 관리상 하자가 인정되는 이상 고속도로의 점유관리자는 그 하자가 불가항력에 의한 것이거나 손해의 방지에 필요한 주의를 해태하지 아니하였다는 점을 주장·입증하여야 비로소 그 책임을 면할 수 있다(대판 2008. 3. 13. 2007다29287).

(나) 적법한 공물관리로 인한 손실보상

도로·하천 기타 공물의 유지·관리를 위해 타인의 재산권을 침해(수용·사용·제한)한 경우에 정당한 보상을 지급해야 함은 헌법이 명하는 바이다(23조 3항). 이에 따라 「도로법」은 공용부담으로 인한 손실보상에 대해 "이 법에 따른 처분이나 제한으로 손실을 입은 자가 있으면 국토교통부장관이 행한 처분이나 제한으로 인한 손실은 국가가 보상하고, 행정청이 한 처분이나 제한으로 인한 손실은 그 행정청이 속해 있는 지방자치단체가 보상하여야 한다"(76조 1항)라고 규정하고 있는데, 같은 취지의 규정은 「하천법」(76조·77조) 등 다른 법률에서도 찾아 볼 수 있다.

2. 공물경찰

공물경찰이란 공물상의 안녕질서유지(위해의 방지)를 위한 경찰작용을 말한다. 공물은 공물이라는 이유만으로 당연히 경찰권의 대상이 되는 것은 아니지만, 공물의 안전을 해치고 질서에 장해를 일으키는 행위나 상태는 경찰권발동의 대상이 된다.[110] 예컨대 「도로교통법」은 "경찰공무원(자치경찰공무원을 제외한다)은 도로의 파손, 교통사고의 발생이나 그 밖의 사정으로 고속도로 등에서 교통이 위험 또는 혼잡하거나 그러할 우려가 있는 때에는 교통의 위험 또는 혼잡을 방지하고 교통의 안전 및 원활한 소통을 확보하기 위하여 필요한 범위 안에서 진행 중인 자동차의 통행을 일시 금지 또는 제한하거나 그 자동차의 운전자에게 필요한 조치를 명할 수 있다"(58조)는 식으로 공물경찰에 관하여 규정하고 있다.

3. 공물관리권과 공물경찰권과의 관계

(1) 공물관리권과 공물경찰권의 구별

(가) 목 적

공물관리권은 적극적으로 공물 본래의 목적을 달성시킴을 목적으로 하는데 대하여, 공물경찰권은 소극적으로 공물상의 안녕과 질서에 대한 위해를 방지함을 목적으로 한다.

(나) 권 능

공물관리권은 공물주체의 공물에 대한 지배권으로서의 성질을 가지며, 공물경찰권은 경찰권이라고 하는 일반통치권으로서의 성질을 가진다.

(다) 발동범위

공물관리권에 의해서는 공물의 계속적이고 독점적인 사용권을 설정할 수 있는데 대하여, 공물경찰권에 의해서는 공물의 사용관계의 질서를 유지하기 위

110) 공물경찰권의 행사에도 경찰권발동의 근거와 한계(요건과 효과)에 관한 여러 법리가 타당하다는 점에 유의할 필요가 있다. 이에 대해서는 본서 제7편 제1장 제6절 경찰권발동의 근거와 한계 참조.

한 견지에서의 일시적 사용허가를 행할 수 있을 뿐이다.[111]

(라) 위반에 대한 제재 · 강제방법

관리권의 작용에 의해서는 일반적으로 위반자를 그의 이용관계에서 배제하는 것이 최고의 제재수단이 되는데 대하여, 공물경찰권에 의해서는 위반자에 대해서 형벌을 과하며 행정상의 강제집행을 할 수도 있음이 보통이다.

(2) 공물관리권과 공물경찰권과의 관계

공물관리권과 공물경찰권간에는 위에서 본 바와 같은 차이가 있으나 동일한 공물에 관하여 양자의 권한이 경합하는 경우가 있다. 예를 들면 「도로법」(76조)에 기해 도로관리청이 도로의 구조를 보전하기 위해 도로의 통행을 금지 · 제한하는 동시에, 「도로교통법」에 기해 경찰권이 위해방지 기타 교통의 안전을 위해 통행을 금지 · 제한하는 경우(동법 58조)가 그 일례이다. 이러한 경우의 양자의 작용은 각각 독립하는 효력을 가지는 것이므로 상호 존중되지 않으면 안 된다(도교통법 70로조 참조).

제 3 절 영조물법

Ⅰ. 개 설

1. 영조물의 개념

영조물 또는 공영조물(öffentliche Anstalt)은 광의로는 국가 등 행정주체가 그의 목적을 달성하기 위하여 제공한 인적 · 물적 시설의 종합체(조직체)를 의미하며,[1] 협의로는 광의의 영조물 가운데 주로 정신 · 문화적 또는 진료적 목적에 계속적으로 제공된 것만을 의미한다.[2] 국공립 교육 · 연구기관, 교도소, 도서

111) 이러한 점에 관하여는 앞의 "공물의 사용관계" 참조.

1) 광의의 영조물개념이 Otto Mayer(Deutsches Verwaltungsrecht, 3. Aufl., Bd. Ⅱ, S. 318)에서 유래하고 있음은 잘 알려져 있는 사실이다.

2) 오늘날 영조물개념은 국내외적으로 다양한 의미로 사용되고 있는 바, 본서에서는 일단 이곳에 제시된 의미로 사용하기로 한다. 영조물이론의 근래의 경향에 관하여는 vgl. Thode/Peres, Anstalten des öffentlichen Rechts im, Spannungsfeld zwischen deutschem und europäischem Recht, VerwArch. 1998, S. 439 f.; Papier, in: Erichsen(Hg.), S. 580 f.; Maurer, S. 610 ff.; 이명구, 영조물법이론의 재조명, 고시연구, 1987, 3-4; 김남진, 영조물이용관계와 권리보호, 고시연구, 1992. 11; 김철용, 영조물법

관, 박물관, 병원 등이 대표적 예이다. 본서에서는 영조물을 원칙적으로 협의의 개념으로 사용하기로 한다.

2. 유사개념과의 구별

(1) 공기업과의 구별

공기업(öffentliche Unternehmen)은 광의로는 광의의 영조물과 같은 뜻을 가지며, 협의로는 그 중에서 기업성(수지적합성)을 가지고 있는 것만을 의미한다. 본서는 협의의 공기업개념을 택하고 있으므로, 그 점에서 영조물과 공기업은 구별된다.[3] 따라서 양자의 서술에 있어 중첩되는 부분이 많이 있을 수 있다. 그러므로 영조물의 장에서는 그의 이용관계에 중점을 두어 고찰하기로 한다.

(2) 공공시설과의 구별

공공시설은 유체물의 집합체로서, 공물의 일종을 의미함이 보통이다. 이 점에서 인적·물적 시설의 종합체인 영조물과 구별된다.[4] 다만 우리나라[5] 및 일본[6]에서는 양자를 동일한 것으로 보는 입장도 있다. 「지방자치법」(17조 2항)에 있어서와 같이 공공시설이라는 용어가 공공용물, 영조물, 공기업 등을 포괄하는 의미로 사용되는 경우도 있다.[7] 이 곳에서의 영조물이 그와 같은 의미의 공공시설과 같은 뜻이 아님은 말할 필요도 없다.

3. 영조물의 종류

영조물은 여러 가지 관점에서 분류될 수 있다.

(1) 주체에 의한 분류

① 국영영조물, ② 공영영조물, ③ 특수법인영조물 등으로 분류될 수 있다. ③에 해당하는 것으로서는 한국학중앙연구원, 한국과학기술원(KAIST), 적십자병원, 서울대학교병원 등을 들 수 있다.[8]

론의 문제점과 과제, 고시계, 1993. 12.

3) 상세는 본서 523면 및 김철용, 앞의 논문, 16면 이하 참조.

4) 동지: 류지태·박종수(신론), 1105면.

5) 박윤흔·정형근(하), 383면; 이상규(하), 379면.

6) 原龍之助, 공물영조물법(신판), 1974, 360면 이하.

7) 본서 94면 참조.

8) 아울러 김남진·김연태(Ⅰ), 101면 참조.

(2) 목적에 의한 분류

영조물의 설립 내지 경영 목적에 의할 때, ① 문화·교육적 영조물, ② 연구영조물(Forschungsanstalten), ③ 교도영조물, ④ 의료·휴양 등 영조물(Kranken- und Pflegeanstalten) 등으로 분류할 수 있다. 영조물을 광의로 파악하는 입장에서는 그 밖에 수도·가스·교통·오물처리 등 시민의 일상생활에 필요한 물자나 서비스를 공급하는 영조물(Versorgungs- und Entsorgungsanstalten), 은행 등 영조물(Bankenanstalten), 보험영조물(Versicherungsanstalten), 경제유도 및 경제진흥영조물(wirtschaftslenkende und wirtschaftsfördernde Anstalten) 등을 영조물 목적에 의한 분류 속에 포함시키기도 한다.[9] 다만 본서는 그들 영조물을 공기업법의 대상으로 삼고 있다.[10]

(3) 독립성의 유무(또는 조직형태)에 의한 분류

① 국가 등 행정주체가 직접 경영하는 직영영조물과 ② 독립한 법인격을 가지고 있는 영조물법인으로 분류될 수 있다.

(4) 이용성에 의한 분류

① 행정주체에 소속한 직원(공무원)만이 이용하는 공용영조물과 ② 일반공중이 이용할 수 있는 공공용영조물로 분류될 수 있다.

Ⅱ. 영조물의 이용관계

1. 이용관계의 의의 및 성질

(1) 이용관계의 다면성

영조물이용관계의 법적 고찰은 O. Mayer로부터 시작되었다고 볼 수 있다. 그는 공영조물(öffentliche Anstalt)을 「공행정의 주체에 의하여 특정한 공적 목적에 봉사하도록 정해진 인적·물적 수단의 종합체」라고 정의한 후, 「공영조물은 그의 본질에 있어서 공행정의 일부이다. 공영조물에 있어서 민법적 질서는 결코 당연한 것이 아니다. 그와는 반대로 그의 자연적 지반은 공법질서이다」, 「영조물의 이용이 예외적으로 민법적 규율하에 두어지지 않는 한, 공영조물의

9) Wolff/Bachof/Stober, Verwaltungsrecht Ⅰ, S. 307 f.
10) 본서 제7편 제2장 제4절 제1관 공기업 참조.

일반적 성질은 공법적 질서에 대해서도 타당하다. 공영조물은 공공복리라는 하나의 목적에 봉사하지 않으면 안 된다」는 등의 말로써 영조물의 이용관계가 공법적 성질(특별권력관계)을 가지는 점을 강조하였다.[11]

그러나 영조물이용관계의 공법일원적 파악은 당초부터 학계의 강한 비판을 받은 바 있으며,[12] 현재는 영조물이용에 공법적인 것과 사법적인 것 및 양자가 혼합된 것 등이 있다는 것에 의견의 일치를 보고 있는 셈이다.[13] 또한 행정행위와 같은 공법행위를 통해 영조물의 이용관계를 설정하고서 급부관계를 사법적으로 구성함도 가능하다고 생각된다.

(2) 이용관계의 특별권력관계성 여부

영조물의 이용관계는 과거 오랫동안 특별권력관계(besondere Gewaltverhältnisse)의 성질을 가지는 것으로 보아왔다. 그리고 특별권력관계의 특색은 무엇보다 그 영역에는 법이 침투할 수 없으며, 따라서 원칙적으로 법률유보의 원칙이 적용되지 않으며, 그 내부에서 일어나는 문제는 사법심사를 통한 구제의 대상이 되지 않는다는 점에서 찾았다. 영조물규칙 등 영조물이 독자적으로 정한 일반 추상적 규율이 법규명령과 구별되는 의미에서 행정규칙(또는 행정명령)이라는 이름으로 불리운 것도 전통적 특별권력관계이론의 하나의 특색을 이룬다.[14]

그러나 영조물이용관계를 포함하여 특별권력관계에 관한 전통적 이론은 1960년대 이후 십자포화의 비판(Kritik der Kreuzfeuer)을 받았으며, 그 결과 많은 이론적 변용을 겪기에 이르렀다. 명칭도 특별권력관계라는 용어를 피하여 특별신분관계, 특별행정법관계, 공법상의 특별기속(öffentlich-rechtliche Sonderbindung)[15] 등의 용어가 사용되는 경향이 있다. 이들 새로운 경향의 이론에 따르게 되면, 영조물이용관계도 원칙적으로 법률관계인 점이 긍정되면서도, 이른바 일반권력관계(국가 등 행정주체와 일반시민과의 관계)와는 다소나마 다른 특색을 인정받게 된다. 즉 법률유보원칙이 이 영역에도 원칙적으로 적용된다고 보면서도, 그 영조물의 목적

11) Mayer, a.a.O., S. 288 f.

12) Vgl. E. Kaufmann, WBStVR, Bd. 3, S. 708 f.

13) 주 2)의 문헌 및 홍정선(하), 622면; 류지태·박종수(신론), 1106면 등 참조.

14) 영조물이용관계를 포함한 전통적 특별권력관계(이론)의 특색에 관하여는 김남진·김연태(Ⅰ), 제1편 제3장 제7절 참조.

15) 근래 주목받고 있는 그와 같은 명칭 및 법이론에 관하여는 vgl. Loschelder, Vom besonderen Gewaltverhältnis zur öffentlich-rechtlichen Sonderbindung, 1982; Klein, Besonderes Gewaltverhältnis, DVBl. 1987, S. 105 ff.

과 기능을 달성하는 데 필요한 범위 내에서의 영조물이용자에 대한 특수한 규율 역시 허용된다고 보는 것이다.[16)]

(3) 사법적 이용관계의 공법적 기속

오늘날은 영조물이용관계에 공법관계와 사법관계가 혼재할 수 있음은 일단 긍정된다. 그러나 행정법학에 있어서는 영조물(또는 공기업)의 이용관계를 사법적으로 구성하는 것에 대한 의구심이 오랫동안 지배했다고 볼 수 있다. 프라이너(Fritz Fleiner)에 의해 말하여진 「국가 및 지방자치단체의 사법으로의 도피」(Flucht von Staat und Gemeinde in das Privatrecht)에 대한 우려[17)]가 그것을 단적으로 말해준다. 그런데 행정의 사법적 활동이라고 해서 법으로부터 완전히 자유로운 것이 아니고 그것에도 다음과 같은 제약이 있는 것을 간과해서는 안 된다.

그 첫째가 사법 자체에 의한 제약이다(민법 2조·103조, 독일민법 826조 등).

둘째는 이른바 행정사법(Verwaltungsprivatrecht)[18)]의 법리이다. 즉, 국고작용(행정주체의 사법적 활동)도 헌법상의 평등조항, 생존권보장 등의 기본권규정에 의한 제약을 받는다고 하는 것이다. 이것은 기본권규정의 제3자적 효력(Drittwirkung)의 적용례로 볼 수 있다.

셋째는 실정법상의 많은 제약이다. 특히 근래에는 영조물법의 영역에도 많은 법률이 제정되고 있는데, 학교(교육)에 관련된 것으로서 「교육기본법」, 「초·중등교육법」, 「고등교육법」 등이 그에 해당한다.

2. 이용관계의 설정

영조물의 이용관계는 기본적으로 영조물주체와 이용자간의 합의에 의해 성립한다고 할 수 있다. 다만 합의가 반드시 공법 또는 사법상의 계약에 의해 이루어지는 것은 아니다. 학교에서의 입학허가와 같이 '상대방의 동의(신청)에 의한 행정행위'[19)]에 의하여 이용관계가 설정되는 경우도 상당수 있다.

박물관·공원 등에 대한 출입이 개방되어 있는 경우에도 묵시적인 합의가 성립되어 있다고 봄이 타당하다. 초등학교입학·감염병환자의 병원입원 등과

---

16) 아울러 김남진·김연태(Ⅰ), 제1편 제3장 제7절 특별권력(신분)관계 참조.

17) Fleiner, Institutionen des deutschen Verwaltungsrechts, 8. Aufl., 1928, S. 326.

18) 이에 관하여는 김남진·김연태(Ⅰ), 제2편 제4장 제8절 행정의 사법적 활동 참조.

19) '동의 또는 신청에 의한 행정행위'를 우리나라에서는 '쌍방적 행정행위'라고 부르는 설도 많이 있다. 그러나 그 '쌍방적'이라는 표현은 계약의 경우에 합당한 것으로서, 행정행위에 그러한 용어를 사용함은 부적절하다. 상세는 김남진·김연태(Ⅰ), 254면 이하 참조.

같은 이용강제(Benutzungszwang)라고 하는 것도 법률이나 조례 등에 정해진 의무가 자동적으로 집행되는 것이 아니라, 각각의 행정행위 등을 통해 개별적으로 이용관계가 설정되는 것으로 보아야 할 것이다.

3. 영조물이용자의 법적 지위

(1) 이용자의 권리 · 의무

영조물이용관계도 원칙적으로 법률관계의 성질을 가진다고 할 때, 그의 내용은 일단 이용자 및 영조물주체의 권리와 의무가 그의 중심을 이룬다고 할 수 있다. 이용자의 권리로서는 ① 영조물이용권, ② 행정쟁송권, ③ 손해보전청구권 등을 열거할 수 있으며, 이용자의 의무로서는 ① 영조물에서의 질서준수의무, ② 이용대가납부의무 등을 열거할 수 있다.[20]

(2) 영조물이용권의 법적 성질

영조물이용자의 영조물주체에 대한 권리(이용권)와 관련하여서는 다음과 같은 점이 검토될 필요가 있다.

(가) 「공권」인가 「사권」인가

첫째로 그 이용권이 공권이냐 사권이냐 하는 것이 문제가 되고 있는 바, 이것은 궁극적으로 공권과 사권의 구별의 기준을 어디에서 찾느냐 하는 것에 귀결된다고 하겠다. 일단 공행정주체에 대해서만 권리 · 의무를 귀속시키는 법이 공법이라고 하는 입장을 취할 때,[21] 그러한 법에 의해 이용자가 공행정주체에 대해 가지는 권리가 공권이라고 말할 수 있다. 이에 대해 이용자의 영조물주체에 대한 권리일지라도 누구에게나 권리 · 의무를 귀속시키는 법에 의해 향유하게 되는 권리는 사권으로서의 성질을 가진다고 할 수 있다.

(나) 「권리」인가 「반사적 이익」인가

영조물이용자의 영조물이용권이 권리(특히 공권)인가 반사적 이익인가 하는 것이 또한 문제되기도 한다. 이 문제 역시 공권(같은 의미로서의 법률적 이익)과 반사적 이익의 구분에 관한 일반적 기준, 즉 ① 관련법규의 사익보호성 여부, ② 관련법규의 강행법규성 여부(이용관계설정행위의 기속행위 여부)에 의해 구체적으로 판단될 사항이다.[22]

---

20) 영조물이용자의 권리 · 의무는 내용적으로 뒤에서 고찰하게 되는 공기업이용자의 그것과 내용적으로 중복되는 면이 있다. 그리하여 여기에서는 간단히 기술하였음을 밝혀 둔다.

21) 상세는 김남진 · 김연태(Ⅰ), 88면; 김남진, 법률상이익과 사업상이익의 구분, 법률신문, 1999. 8. 19 참조.

(다) 「채권적 권리」인가 「물권적 권리」인가

공물사용자의 공물의 사용권이 물권적 성질을 아울러 가지는데 대하여, 영조물이용자의 이용권은 영조물주체에 대한 채권으로서의 성질을 가진다고 할 수 있다.

4. 영조물주체의 권능과 영조물규칙

(1) 영조물주체의 권능과 의무

영조물이용자가 영조물주체에 대하여 여러 가지 권리·의무를 가지는 것에 대응하여 영조물(관리)주체도 여러 가지 권능 내지는 의무를 가진다. 영조물주체의 권능으로서는 ① 이용조건설정권, ② 이용대가징수권, ③ 명령·징계권 등을 열거할 수 있으며, 그의 의무로서는 ① 영조물의 계속적 유지관리의무, ② 이용자에게 영조물을 이용시킬 의무, ③ 이용자의 평등대우의무 등을 열거할 수 있다.[23)]

(2) 영조물규칙의 법적 성질

영조물주체의 권능과 관련하여 특히 문제가 되는 것이 영조물주체의 영조물규칙의 제정권 및 영조물규칙의 법적 성질의 문제이다.

학교의 규칙 등 영조물규칙은 오랫동안 행정규칙의 일종으로서 전혀 법 내지 법규의 성질을 가지지 않는 것으로 생각되었다. 영조물이용관계를 이른바 특별권력관계의 일종으로 생각한 이론의 소산이다. 그러나 전통적인 특별권력관계이론에 대한 비판의 일환으로서, 그 영조물규칙을 포함한 특별권력관계 내의 일반적 명령의 법적 성질에 대한 재검토가 가해지고 있는 바, 그 결과로 공무원, 학생 등 특별권력관계구성원의 지위(권리·의무)에 관계되는 행정규칙은 법 또는 법규로서의 성질을 가지는 것이 아니냐 하는 주장이 대두되었으며, 이들 행정규칙을 여타 행정규칙과 구별하기 위해 특별명령(Sonderverordnung)이라고 부르기도 한다.

확실히, 학생·환자·교도소재소자 등 영조물이용자는 '사람'인 점에서, 그들의 권리의무에 관한 규율은 실질적 의미의 법규라고 말할 수 있다.[24)]

---

22) 상세는 김남진·김연태(Ⅰ), 110면 이하; 김남진, 공권의 성립요건, 월간고시, 1990. 8 참조.

23) 영조물주체의 권능과 의무의 부분은 뒤에서 고찰하게 되는 공기업주체의 권리·의무와 내용적으로 중복되는 면이 있다. 그리하여 여기에서는 간단히 언급하기로 한다.

24) 그러나 법률의 수권에 의하지 않은 특별명령(특별규칙)은 어디까지나 행정규칙의 일종으로 보아야 한다. 법규의 실질적 및 형식적 의미에 관하여는 김남진·김연태(Ⅰ), 제2편 제2장 제2절 참조.

그러한 의미에서 그에 관한 모든 사항을 법률의 수권 없이 영조물주체가 독자적으로 제정할 수 있다고 생각하는 것은 헌법의 취지(기본법규정)에 어긋난다. 전통적인 특별권력관계이론이 비판을 받고 있는 것도, 영조물이용관계 등을 법률유보로부터 완전히 자유로운 영역으로 본 데에 있다.

오늘날은 그와 같은 전통적인 이론이 극복되는 단계에 있으나, 그렇다고 이른바 일반권력관계와 특별권력(신분)관계를 동질의 것으로 보는 견해[25]에 대해서는 찬성할 수 없다. 영조물주체 등에 대해서는, 영조물의 목적과 기능을 효과적으로 달성하기 위해 어느 정도 개괄적인 수권도 허용되며, 그 한도 내에서 독자적인 규율도 가능하다고 보아야 한다.[26] 그에 따라 영조물의 이용자는 일반국민에 있어서보다 자유나 권리에 제한을 받으며, 일반국민에게는 인정되지 않는 의무와 부담을 질 수도 있다고 보지 않으면 안 된다.[27] 그러나 우리의 현실에서는 법률의 근거 없이 학생들의 기본권(언론·집회의 자유 등)을 제한하는 등 과거의 특별권력관계이론의 잔재가 남아 있음이 사실이다.

(3) 학교교칙에 관한 새로운 시도

대표적 영조물이용관계로서의 학교(대학 포함)의 이용관계에 관한 실정법이 정비되어 가는 과정에서 학교교칙에 관한 명문의 근거가 설정되어 있음은 주목할 만한 현상이다. 「초·중등교육법」(8조) 및 「고등교육법」(6조) 등의 "학교의 장(학교를 설립하는 경우에는 당해 학교를 설립하고자 하는 자를 말한다)은 법령의 범위 안에서 지도·감독기관(국립학교인 경우에는 교육과학기술부장관, 공·사립학교인 경우에는 교육감을 말한다. 이하 "관할청"이라 한다)의 인가를 받아 학교규칙(이하 "학칙"이라 한다)을 제정할 수 있다"는 내용의 규정이 그에 해당한다.

그러면, 법률에 학교교칙의 법적 근거가 설정됨으로써 그 학교교칙의 법적 성질에 어떤 변화가 초래되었다고 볼 것인가? 말하자면, 이제는 학교교칙은 더 이상 행정규칙이 아니라 법규명령이다 하는 주장이 성립될 수 있는 것인가?

생각건대, 현재와 같이 법규명령의 제정권자, 요건·절차 등이 헌법(75조, 76조, 95조) 및 법률(법령 등 공포에 관한 법률)에 규정되어 있는 이상 학교교칙의 제정근거가 법률에 정해져 있다 하여 학교교칙의 행정규칙성(영조물규칙 또는 자치입법으로서의 성질)에 변화가 생기는 것은 아니라고 생각된다.

25) 이상규(상), 188면 참조.

26) 특히 대학규칙의 경우, 자치입법으로서의 성격이 강조될 필요가 있다.

27) 아울러 김남진·김연태(Ⅰ), 128면 이하 참조.

5. 영조물이용관계의 종료

영조물의 이용관계는 ① 이용목적의 완료(학교의 졸업 등), ② 이용관계로부터의 탈퇴(자진퇴학 등), ③ 이용관계의 배제(퇴학 등), ④ 영조물의 폐지(폐교 등) 등의 사유에 의해 종료된다.

Ⅲ. 이용자의 권리보호와 영조물책임

1. 이용자의 권리보호

전통적인 특별권력관계이론에 있어서는 특별권력관계는 문자 그대로 권력관계(Gewaltverhältnis)로서 법률관계가 아닌 까닭에, 특별권력관계의 내부사항은 법원의 심사대상이 되지 않는다고 하였다. 그리고 전통적 행정법이론은 영조물이용관계를 전형적인 특별권력관계의 일종으로 보았던 까닭에 영조물이용자는 영조물주체에 의해 어떠한 불이익을 받는다 하더라도 소송을 통한 권리보호(Rechtsschutz)를 받을 수 없는 것으로 보았다. 그러나 근래에는 특별권력관계이론의 변화의 결과로서, 영조물이용관계 내에서도 행정처분이 존재할 수 있으며, 그 한도 내에서 법원에의 제소를 통한 권리구제가 가능하다는 것에 의견의 일치를 보고 있다.

[판례①] 특별권력관계에 있어서도 위법·부당한 특별권력의 발동으로 말미암아 권리를 침해당한 자는 행정소송법 제1조의 규정에 따라 그 위법 또는 부당한 처분의 취소를 구할 수 있다(대판 1982. 7. 27, 80누86).[28]

[판례②] 학생에 대한 징계권의 발동이나 징계의 양정이 징계권자의 교육적 재량에 맡겨져 있다고 할지라도 법원이 심리한 결과 그 징계처분에 위법사유가 있다고 판단되는 경우에는 이를 취소할 수 있는 것이고, 징계처분이 교육적 재량행위라는 이유만으로는 사법심사의 대상에서 당연히 제외되는 것은 아니다(대판 1991. 11. 22, 91누2144).

그러나 그렇다고 하여 영조물이용관계 내의 모든 조치가 사법심사의 대상이 된다고 생각하면 그것 또한 속단이다. 예컨대 징계처분, 유급처분과 같이 영조물이용자의 지위에 직접적인 영향을 미치는 조치만이 그에 포함되며 숙제의

28) 이 판례에 대한 평석에 관하여는 김남진, 사법행정, 1994. 2 참조.

부여 · 채점(능력의 평가)과 같은 행위는 원칙적으로 그에 포함되지 않는다고 보아야 할 것이다. 그들을 분류하는 일반적인 기준으로서 기본관계(Grundverhältnis)와 경영수행관계(Betriebsverhältnis)의 분류[29]같은 것은 의미 있는 것으로 생각된다.[30]

2. 영조물책임

(1) 영조물이용자에 대한 책임

「국가배상법」은 "공공의 영조물의 설치 또는 관리에 하자가 있기 때문에 타인에게 손해를 발생하게 하였을 때에는 국가나 지방자치단체는 그 손해를 배상하여야 한다"(5조 1항)라고 규정하고 있다. 그리하여 영조물의 이용자가 영조물의 설치 · 관리의 하자로 인하여 손해를 입은 경우, 당해 영조물의 설치 · 관리자 또는 영조물설치 · 관리의 비용부담자에 대하여 손해배상을 청구할 수 있다(동법 6조 참조).

(2) 제3자에 대한 영조물책임

영조물의 설치 · 관리에 따르는 상기 배상책임의 규정이 영조물이용자 이외의 제3자에 대하여도 적용됨은 설명을 요하지 않는다. 나아가서 제3자는 「민법」에 의하여, 소유권을 방해하는 영조물에 대하여 소유권방해의 제거를 청구할 수 있고, 소유권을 방해할 염려가 있는 행위의 예방을 또한 청구할 수 있다(동법 214조 참조). 더 나아가서 제3자는 그의 소유권방해배제 내지는 방해예방청구권에 의거하여 영조물의 운영중지도 청구할 수 있는 것인가?

이 점과 관련하여, 외국(독일)의 경우, 그 영조물의 국민생활에의 긴요도에 따라 차이를 두고 있다.[31] 예컨대, 국민의 일상적 보건 · 위생을 담당하는 영조물에 대해서는 사법상의 권리에 입각하여 그의 운영을 중지시킬 수는 없는 것으로 보고 있는데, 우리에게도 하나의 참고가 된다고 판단된다.

(3) 국가배상법상의 영조물의 의미

「국가배상법」 제5조상의 '영조물'은 학문적 의미의 영조물이 아니라 공물을 의미한다고 하는 것이 우리나라에서의 통설적 견해이다. 그러나 본장에서의 여

29) Vgl. Ule, Besonderes Grundverhältnis, VVDStRL, Heft 15, S. 151 ff.; ders., Verwaltungsprozeßrecht, 1987, S. 193 ff.

30) 동지: Püttner, Grund- und Betriebsverhältnis, DVBI. 1987, S. 190 ff.

31) Vgl. Salzwedel, in: Erichsen/Martens, 9. Aufl., S. 527.

러 문제와 관련시켜 볼 때, 그 영조물개념에서 학문적 의미의 영조물을 반드시 배제할 필요는 없을 것으로 보인다.[32]

특히, 영조물에 하자가 있는 것만으로 국가나 지방자치단체가 바로 배상책임을 지는 것이 아니라, '설치 · 관리'에 하자가 있는 경우에 배상책임을 지도록 되어 있는 점에 비추어 볼 때, 그러하다.[33]

제4절 공기업과 특허기업

제1관 공 기 업

Ⅰ. 공기업의 의의

1. 공기업개념에 관한 학설

국가(지방자치단체 등 기타의 행정주체를 포함함)가 사인의 경제생활에 개입하여 그것을 감독 · 유도할 뿐 아니라 직접 기업가(entrepreneur, Unternehmer)로서 활동한 지는 오래이다.[1]

국가(행정권)의 경제개입의 형식[2]이 다양한 것과 마찬가지로 기업가로서의 활동의 동기나 형태 역시 매우 다양하다. 그리하여 학자들의 공기업 정의를 위한 많은 노력에도 불구하고 아직 견해의 일치를 보지 못하고 있다. 행정의 정의와 마찬가지로 공기업 역시 정의하기는 어렵고 묘사(기술)할 수밖에 없다는 탄식[3]이 나오게 되는 이유도 이해할 만한 일이다.[4]

현재까지의 공기업의 의의에 관한 주요 학설을 개관하면 다음과 같다.

---

32) 이 점은 '공물의 영조물적 이용'도 공물의 사용형태(공물의 사용관계)의 하나로 볼 수 있는 점에서 더욱 긍정될 만하다.

33) 상세는 김남진 · 김연태(Ⅰ), 731면 이하 참조.

1) 각국에서의 공기업의 발달, 그의 현황을 정확히 파악한다는 것은 너무나 벅찬 일이다. 따라서 이 부분은 행정법의 문헌 외에 그 방면의 전문서(안용식역, 비교공기업론, 1983; 유훈, 공기업론, 제4정판, 1993, 139면 이하)의 참조를 권하기로 한다.

2) 이 점에 관하여는 김남진, 경제행정의 행위형식, 월간고시, 1987. 5, 146면 이하 참조.

3) Vgl. Becker, Öffentliche Unternehmen als Gegenstand des Wirtschaftsverwaltungsrechts, DÖV 1984, S. 315.

4) 국가(지방자치단체 포함)에 의한 직 · 간접의 기업경영과 사인의 경제활동에의 개입, 이 두 가지 행정작용을 중심으로 하여 경제행정법(Wirtschaftsverwaltungsrecht)을 독립시키고 있는 것이 독일 행정법학계의 일반적인 경향이라 할 수 있다.

(1) 광의의 공기업

국가 또는 공공단체가 경영하는 모든 사업을 공기업으로 보는 바와 같이 주체만을 기준으로 공기업을 정의하는 설이다. 그러나 현실적으로 존재하지 않는 설이다. 「지방공기업법」이 광의의 공기업개념을 취하는 것같이 설명되기도 한다.[5] 그러나 「지방공기업법」 역시 동법의 규율대상을 원칙적으로 동법에 열거되어 있는 지방공기업, 동법에 의하여 설립된 지방공사와 지방공단이 경영하는 사업으로 한정하고 있는 동시에, 그곳에 열거되어 있는 사업이 수도사업, 공업용수도사업, 궤도사업, 자동차운송사업, 지방도로사업, 하수도사업, 주택사업, 토지개발사업 등으로 공공성을 띠고 있으며(동법 2조 참조), 또한 독립채산제를 채택하고 있다는 점에서(동법 14조), 광의의 공기업과 동법상의 공기업이 일치되는 것은 아니다. 어떻든 광의의 공기업개념에 따르면 전매사업과 같이 행정주체가 재정적 수입을 직접목적으로 하는 순수 영리적 사업도 공기업에 속하게 되는 바, 유사한 법 현상을 통일적으로 설명한다는 학문적 목적에 비추어 볼 때 광의의 공기업개념은 문자 그대로 너무 넓다고 보지 않을 수 없다.

[판례] 어떤 사업이 공익사업인가의 여부는 그 사업자체의 성질에 의하여 정할 것이고 사업주체의 여하에 의하여 정할 것은 아니다(대판 1970. 9. 22, 70누81).

(2) 협의의 공기업

공기업을 "급부주체가 직접 국민에 대한 생활배려를 위하여 인적·물적 종합시설을 갖추어 경영하는 비권력적 사업"[6]이라고 정의하는 예에서 보는 바와 같이, 사업의 주체·목적·수단(성질)에 의해 공기업개념을 규정하는 견해이다. 이러한 견해는 공기업의 개념요소로 '기업성'을 들고 있지 않으므로, 수익성을 가지지 않는 사회적 사업, 문화적 사업까지 공기업에 포함시키고 있다.[7] 그러나 그들 사업은 '기업'이라는 명칭과 상응하지 않을 뿐 아니라, 본서의 경우 사회적 사업은 사회행정, 문화적 사업은 공영조물행정의 대상이 되고 있다는 점에서, 공기업에 포함시키는 것은 부적당한 것으로 여겨진다.

---

5) 이상규(하), 376면.
6) 김도창(하), 369면.
7) 김도창(하), 369면.

(3) 최협의의 공기업

협의의 공기업 개념에 '수익성' 또는 '교환경제성'이라는 요소(기업성)를 가미하여, 공기업을 일단 "국가 또는 지방자치단체나 이들이 설립한 법인이 직접적으로 사회적 공공복리를 위하여 경영하는 기업" 또는 "국가 또는 공공단체가 직접 사회공공의 이익을 위하여 경영하는 기업"으로 정의하면서도 특허기업을 공기업에 포함시키는 입장이 이에 해당한다.[8] 이러한 입장은 사업의 수익성을 강조함으로 인하여, 전혀 경제성을 가지지 아니하는 정신·문화적 사업(박물관·교도소·도서관 등)이나, 일반개인에게 무상으로 역무나 재화를 제공하는 작용(도로·공원 등의 자유사용 등)이 공기업에서 제외됨을 강조한다. 다만, 이른바 특허기업(후술)까지를 동설이 취하는 공기업에 포함시키고 있는 점에 문제점이 있다.

(4) 사견(제4설)

최협의의 공기업개념이 정신·문화적 사업을 공기업에서 제외하는 것에는 찬성한다. 그러한 행정작용은 기술한 바와 같이 공영조물의 기능에 포함시킴이 합당하기 때문이다. 그러나 다른 한편으로, 일단 최협의의 공기업개념을 채택하면서 다시 '특허기업'을 그 안에 포함시킴은 이해하기 어렵다. 특허기업에는 최협의의 공기업에 적용되는 「정부기업예산법」, 「공공기관의 운영에 관한 법률」, 지방공기업법 등 주요 법률이 적용되지 않기 때문이다. 그러한 의미에서 본서에서는 공기업을 "국가·지방자치단체 및 그에 의해 설립된 법인이 사회공공의 이익을 위하여 직접 경영하거나 경영에 참가하는 기업"으로 정의하는 동시에 특허기업(또는 공익사업)은 공기업이 아니고 사기업임을 강조하기로 한다.[9]

한편, 이러한 강학상의 공기업은 「정부투자기관 관리기본법」과 「정부산하기관 관리기본법」을 통합하여 제정된 「공공기관의 운영에 관한 법률」 소정의 공기업과는 구별된다. 동법 소정의 공기업이란 제5조 1항 소정의 기관 중 직원

---

8) 박윤흔·정형근(하), 379면; 이상규(하), 377면. 김동희 교수는 스스로 '최협의설을 취한다'라고 밝히고 있다(행정법(Ⅱ), 299면). 그러면서도 공익사업(특허기업)을 공기업에 포함시키지는 않는 점에서 이들 "최협의설"과 구별된다고 할 수 있다.

9) 동지: 석종현·송동수(하), 360면; 류지태·박종수(신론), 1110면; 홍정선(하), 628면. 한편, 프랑스법상의 공기업의 개념요소로서는 ① 사업의 주체는 국가·지방자치단체와 구별되는 독립된 법인격체일 것, ② 생산된 재화 또는 역무를 일정한 값에 판매할 것, ③ 국가 또는 지방자치단체가 소유(직·간접으로 50% 이상의 자본참여)를 통하여 지배하는 기업일 것 등이 요구된다고 한다. 이러한 공기업개념에 따르면 국가 또는 지방자치단체가 직접 경영하는 행정청형기업은 공기업에서 제외되는 반면, 공기업의 사업목적을 사회공공의 이익을 위한 것에 한정시키고 있지 않은 점에서 우리나라의 최협의의 공기업개념과 차이가 있다고 한다. 이에 관한 상세는 변해철, 공기업법의 문제점과 과제, 고시계, 1993. 12, 49면 이하 참조.

정원이 50인 이상이고 자체수입액이 총수입액의 2분의 1 이상인 기관 중에서 기획재정부장관이 지정하는 기관으로서 후술하는 강학상의 공기업의 유형 중 특수법인기업에 해당한다.

2. 공기업의 개념적 요소

(1) 공기업의 주체는 국가 지방자치단체 및 그에 의해 설립된 법인이다.

(2) 공기업은 사회공공의 이익을 증진하는 데 이바지함을 목적으로 한다. 따라서 국가에 의해서 설립되었다고 하더라도 군수품을 생산하는 기업, 직접적으로는 국가의 재정목적에 이바지하는 기업 같은 것은 공기업에 포함되지 않는다. 공기업이 사회공공의 이익을 증진하는 목적을 가지는 것이지만, 그의 목적을 지나치게 엄격하게 제한할 필요는 없다. 따라서 국민의 생활배려라고 하는 '공급행정'의 일환으로서 행해지는 것 외에, 국가의 기간산업육성, 지역개발, 소비자보호 같은 것도 공기업의 목적사업에 포함시켜도 무방할 것이다.[10]

(3) 공기업도 하나의 '기업'으로서 수익성을 요소로 한다. 따라서 인적·물적 시설의 종합체를 통한 정신·문화적 사업 등은 공영조물과 같은 별도의 이름으로 부름이 적당하다.

3. 공기업과 공영조물과의 이동

공기업과 공영조물 및 공공시설의 차이점에 관하여는 앞에서 간단히 지적한 바 있다. 학자 가운데는 공영조물과 공공시설을 동일시하는 견해도 있으나, 본서에서 양자를 구별하고 있음은 앞에서 언급한 바 있다.[11] 그러한 전제하에, 여기에서 공기업과 공영조물과의 이동에 관해 부연하면 다음과 같다.

(1) 공통점

(가) 주 체

양자는 다 함께 원칙으로 국가 또는 공공단체에 의해 경영·관리되고 있다.

---

10) 독일의 문헌들은 공기업의 목적을 탄력적으로 새기는 경향이 있다. Vgl. Püttner, Die öffentlichen Unternehmen, 1984, S. 53; Jarass, Wirtschaftsverwaltungsrecht und Wirtschaftsverfassungsrecht, 2. Aufl., 1984, S. 215. 한편, 롤프 슈토버(저), 최송화·이원우(공역)의 독일경제행정법(1997)은 공급 및 폐기물처리업, 금융업, 보험업, 상공업, 주택건설업, 서비스업 등을 위한 기업을 공기업으로 예시하고 있다(229면).

11) 본서 523면 참조.

(나) 목 적

양자는 다 함께 사회공공이익의 증진이라는 사회목적에 봉사하고 있다.

(다) 성질 · 수단

양자는 다 함께 급부작용에 속하며, 비권력적 작용으로서의 관리작용을 그의 수단으로 삼고 있다.

(2) 차이점

(가) 고찰의 관점

공기업은 사업의 동태적 측면 · 작용면에서 파악된 개념인데 대하여, 영조물은 사업을 주로 정태적으로 조직면에 착안하여 파악된 관념이라고 할 수 있다.

(나) 내 용

공기업은 수익성 · 교환경제성을 개념의 주요소로 하고 있는데 대하여, 영조물은 정신적 · 문화적 사업으로서의 의의를 가진다.

(다) 계속성

공기업의 관념은 반드시 계속적인 사업일 것을 요소로 하지 않고 일시적인 사업도 포함하는데 대하여, 영조물은 계속적 존재로서의 성격을 갖는다.

(라) 이용관계

공기업은 일정한 역무(서비스)나 재화를 개인 또는 일반인에게 제공하기는 하나 공기업 자체가 이용의 대상이 되지는 않는 경우(한국토지공사 등)가 많은데 대하여, 영조물은 개인과의 사이에 이용관계의 설정을 당연히 전제하고 있다.

이상과 같은 양자의 차이가 있음으로 인하여, 본서는 양자를 별도로 고찰하는 태도를 취하고 있다.

4. 공기업과 제3섹터

근래 '제3섹터'라는 말이 많이 사용되고 있음으로써 그 제3섹터와 공기업과의 이동이 문제시되고 있다. 결론부터 말하면, 우리나라에서 '제3섹터'라고 함은, 공공부문과 민간부문이 합동으로 벌이는 사업형태를 의미하는 것으로서, 그 안에는 '공기업(특히 지방공사)형 제3섹터'와 '사법인형 제3섹터'가 포함되어 있다고 말할 수 있다.

본래 제3섹터(the third sector)라는 용어는 미국에서 유래한 것으로 제1섹터

(연방정부, 주정부)도 아니고 제2섹터(민간기업)도 아닌 독립섹터(independent sector)로서의 재단, 봉사단체, 노동조합 등을 가리키는 용어로서 사용되는 경향에 있다. 이에 대해 일본에서는 "국가 또는 지방자치단체와 민간의 공동출자에 의한 각종 법인"을 의미함이 보통인데, 우리나라에서 통용되는 제3섹터는 일본식의 그것과 같은 의미를 가진다고 볼 수 있다. 따라서 '제3섹터'의 전부가 공기업은 아니며, 국가 또는 지방자치단체가 민자유치를 통해 경영하는 기업만이 공기업의 성격을 갖는다고 볼 수 있다. 이를 위한 법원으로서 「사회기반시설에 대한 민간투자법」이 제정되어 있다.[12]

Ⅱ. 공기업의 종류

공기업은 보는 관점에 따라 여러 가지로 분류될 수 있다.

1. 경영주체에 의한 분류

(1) 국영기업

국가가 자기의 경제적 부담에 의하여 스스로 관리·경영하는 기업을 말하며, 우편사업, 우체국예금사업, 양곡관리사업 및 조달사업 등이 이에 해당한다. 정부기업이라고도 말하여진다(정부기업예산법 2조 참조).

(2) 공영기업

지방자치단체가 자기의 경제적 부담에 의하여 스스로 관리·경영하는 기업을 말한다. 「지방공기업법」은 이를 지방직영기업이라 한다(2조 1항).

지방직영기업에는 수도사업, 공업용수도사업, 궤도사업, 자동차운송사업, 지방도로사업, 하수도사업, 주택사업, 토지개발사업 등이 있다(동법 2조 1항).

(3) 국영공비기업·공영국비기업

국영공비기업 또는 공영국비기업이란 국가와 지방자치단체와의 협력에 의하여 행해지는 공기업을 말하며, 전자는 지방자치단체의 경비부담(전부 또는 일부)에 의하여 국가가 경영하는 공기업을 말하며, 후자는 국가의 경비부담(전부 또는 일부)에 의하여 지방자치단체가 경영하는 사업을 말한다. 이들 공기업은

12) 주요문헌: 배득종·김성수·유평준, 민자유치론, 1995; 김성수, 개별행정법, 148면 이하.

도로사업 등에서 그 예를 찾아 볼 수 있다(도로법 85조).

(4) 특수법인기업

국가 또는 지방자치단체에 의하여 특정한 공기업의 관리·경영을 위해 설립된 법인체기업을 말한다. 일반적으로 특별법(예: 한국산업은행법·대한석탄공사법·한국조폐공사법 등)에 의하여 설립되며, 「공공기관의 운영에 관한 법률」의 적용을 받는 공공기관, 지방자치단체의 조례에 의하여 설립되는 지방공사, 지방공단(지방공기업법 제3장·제4장 참조) 등이 이에 해당한다.

2. 독점권의 유무에 의한 분류

(1) 독점기업

공기업의 경영주체가 당해 기업경영에 관해 법률상의 독점권을 가지고 있는 공기업을 말한다.[13] 기업경영에 대한 사실상의 독점을 하고 있는 공기업을 이에 포함시키는 설[14]도 없지 않다.

우리 헌법은 개인의 직업선택의 자유와 사유재산권을 기본권으로서 보장하고 있으며(15조·23조), 기업의 경제상의 자유와 창의를 존중하는 경제질서를 기본으로 하고 있으므로(119조 1항), 독점기업은 불가피한 예외적인 경우에만 허용된다고 보지 않으면 안 된다. 뿐만 아니라 공기업의 설립 그 자체가 일정한 한계 내에서만 허용된다고 보지 않으면 안 된다(후술 참조).

현행법상 국가의 독점기업으로서는 우편사업(우편법 2조), 우편환사업(우편환법 3조) 등을 들 수 있으며, 공공단체의 독점사업으로서는 수도사업(수도법 12조), 농수산물도매사업(농수산물유통 및 가격안정에 관한 법률 17조) 등을 들 수 있다.

(2) 비독점기업

상기 독점기업 이외의 공기업이 이에 해당한다. 비독점기업 가운데에는 공기업주체에 의한 사실상 독점 하에 있는 기업도 상당수 있다. 전기사업, 철도사업, 궤도사업, 가스사업 등이 그에 해당한다.

---

13) 동지: 석종현·송동수(하), 365면; 이상규(하), 382면; 홍정선(하), 629면.
14) 김도창(하), 373면.

3. 독립성의 유무에 의한 분류

(1) 비독립적 기업

공기업이 국가나 지방자치단체의 행정조직에 의하여 직접 경영되며, 독립한 법인격을 가지지 않는 기업(철도사업, 수도사업 등)을 말한다. 즉, 공기업의 경영 · 조직이 일반행정작용 · 조직의 일부로서 행하여지는 것이다.

(2) 독립적 기업

국가나 지방자치단체로부터의 행정조직의 계열에서 분리된 법인체기업(전술한 특수법인기업, 지방공사)을 말한다. 한국전기통신공사, 한국방송공사 등 과거 비독립적 기업의 형태로 운영되던 것이 독립적 기업으로 전환하는 예가 많이 있는 바, 비독립적 기업의 인사나 예산 · 회계상의 제약을 벗어나 능률적 · 탄력적 기업경영을 하기 위한 것이 그 동기가 되고 있다.

4. 조직형태에 의한 분류

(1) 행정청형기업

전술한 비독립적 기업이 이에 해당한다. "정부부처의 형태를 지닌 공기업"[15) 등으로도 불린다. 철도청 · 수도사업소 등 공기업을 관장하고 있는 행정기관을 보통 현업관서 또는 현업기관이라고 부른다.

(2) 법인체기업

전술한 독립적 기업이 이에 해당한다. 법인체기업은 다시 특별법에 의해 설립된 법인기업, 즉 특수법인기업(한국도로공사, 한국산업은행 등), 조례에 의거하여 설립된 공기업(지방공사, 지방공단), 회사체기업(한국전기통신공사 등) 등으로 구별될 수 있다.

5. 투자의 직 · 간접에 의한 분류[16)]

(1) 직접투자기업(기관)

「공공기관의 운영에 관한 법률」 제4조 소정의 공공기관 중 정부가 투자한 공공기관이 대체로 이에 해당한다.

---

15) 유훈, 공기업론, 1993, 35면.
16) 공기업의 이와 같은 분류에 관하여는 유훈, 공기업론, 1993, 51면.

(2) 간접투자기업(기관)

공공기관 중 정부가 투자한 공공기관이 다시 투자한 기업으로서 「공공기관의 운영에 관한 법률」 제4조 1항 5호와 6호의 공공기관(6호 소정의 정부출연기관 제외)이 대체로 이에 해당한다.

Ⅲ. 공기업의 개설과 준용법원칙

1. 공기업의 개설

공기업의 개설은 자유로운가 아니면 법률 또는 그에 준한 법규의 근거를 필요로 하는가. 이 문제는 법률유보의 원칙에 대하여 어떠한 견해를 가지는가와 개개 공기업의 성격에 따라 결론을 달리할 수 있다. 그러나 최소한 예산심의를 위하여 국회 또는 지방의회의 심의를 거치게 되므로, 그 문제를 여기에서 깊이 다룰 실익은 적다.[17] 아래에서는 공기업의 종류에 따라 그 문제를 간략히 검토하기로 한다.

(1) 국영기업의 개설

반드시 법률의 수권을 필요로 하지는 않지만, 최소한 「정부조직법」(4조)에 정해져 있는 대로 대통령령에 근거함을 필요로 한다. 다만 독점기업으로서의 국영기업 및 국영공비기업의 개설을 위해서는 법률의 수권이 필요하다. 전자는 개인의 동종기업의 경영을 금지하는 효과를 발생하기 때문이며, 후자는 지방자치단체에 부담을 과하게 되기 때문이다.

(2) 공영기업의 개설

지방자치단체는 주민의 복리증진과 사업의 효율적 수행을 위하여 지방공기업을 설치·운영할 수 있는 바(지방자치법 163조), 지방공기업의 설치·운영에 관한 기본사항은 조례로 정하도록 하고 있다(지방공기업법 5조).

(3) 특수법인기업의 개설

특별법(한국전력공사법 등)에 의해 설치되어 있는 것이 대부분이며, 상법상의 주식회사에 대한 정부의 투자형식으로 개설하는 예(한국감정원 등)도 있다. 한편, 지방자치단체

17) 법률의 유보에 관련된 문제에 관하여는 김남진·김연태(Ⅰ), 35면 이하 참조.

가 지방공사나 지방공단을 설립하고자 할 때에는 그 설립·업무운영에 관한 기본적인 사항을 조례로 정하도록 하고 있다(지방공기업법 49조·76조).

2. 준용법원칙

(1) 헌법상의 기본원리

우리 헌법은 민주국가원리, 법치국가원리, 사회국가원리를 헌법의 기본원리로서 정하고 있다.[18] 따라서 국가나 지방자치단체가 이들 헌법원리에 위배될 수 없음은 물론, 국가 및 지방자치단체의 분신이라 할 공기업도 기본적으로 이들 헌법원리의 테두리 안에서 활동하여야 한다고 보아야 한다.[19] 각 공기업이 설립근거가 되는 법률·조례에 위배될 수 없음은 물론, 평등의 원칙 등 헌법상의 기본권조항에 의한 제약을 받는 사실, 따라서 공기업에 대한 여러 가지 형태의 통제가 행해지는 사실(후술 참조)은 이러한 각도에서 이해될 수 있는 일이다.

(2) 보충성의 원칙

이곳에서의 보충성의 원칙(Subsidiaritätsprinzip)이란, 지방자치단체는 사인(사기업)에 의해 보다 훌륭히, 또한 보다 경제적으로 수행될 수 없는 경우에만 경제적 활동을 할 수 있다는 원칙을 의미한다. 독일의 대부분의 주의 기초지방자치단체법(Gemeindeordnung)은 동 원칙을 성문화하고 있으며, 학설은 공적 목적(öffentlicher Zweck), 능력적합성(Leistungsfähigkeitsbezug)과 함께 상기 보충성을 지방자치단체의 경제활동을 제약하는 3원칙의 하나로 보고 있다.[20]

「지방공기업법」은 "지방자치단체는 지방공기업을 설치·설립 또는 경영할 때에 민간경제를 위축시키거나, 공정하고 자유로운 경제질서를 해치거나, 환경을 훼손시키지 아니하도록 노력하여야 한다"(3조 2항)라고 규정하고 있는데, 그 가운데 "민간경제를 위축시켜서는 안 된다"고 하는 대목에는 상술한 보충성의 원칙이 함축되어 있다고 새겨진다.

---

18) 이러한 점에 관하여는 김남진·김연태(Ⅰ), 30면 이하 참조.

19) 동지: 정순훈, 국가의 경제간섭의 법적 한계에 관한 연구, 연세대학교 박사학위논문, 1986; 정순훈, 경제헌법, 1993, 185면 이하.

20) Vgl. Steiner(Hg.), Besonderes Verwaltungsrecht, 5. Aufl., S. 108 ff.; 이덕연, 지방자치단체 영리활동의 한계, 사법행정, 1997. 3, 15면 이하.

Ⅳ. 공기업의 경영

공기업은 사기업과 비교해 볼 때 인사·경영·재무 등에 있어 많은 특색을 지니고 있다. 공공기관 운영의 투명성과 임원 인사에서의 독립성과 공정성을 제고하기 위하여 공공기관운영위원회의 회의록 공개, 임원추천위원회의 후보자 추천기한 등에 관한 사항들이 규정되어 있다(공공기관의 운영에 관한 법률 10조 6항, 29조 8항, 30조 2항, 34조 2항, 40조의3).

1. 인사관리

공기업구성원의 인사관리는 행정청형기업인가 법인체기업인가에 따라 큰 차이가 있다. 전자에 있어서는 그의 구성원은 공무원의 신분을 가지며, 따라서 그의 임용·복무·보수 등에 있어 「국가공무원법」 또는 「지방공무원법」 등의 적용을 받는다.

후자, 즉 법인체기업에 있어 공공기관은 「공공기관의 운영에 관한 법률」에 의하여(24조 이하), 지방공사는 「지방공기업법」에 의하여(58조 이하) 규율을 받으며 그의 구성원은 원칙적으로 공무원의 신분을 가지지 않는다. 「공공기관의 운영에 관한 법률」 소정의 공공기관 중 공기업·준정부기관의 임원으로 기관장을 포함한 이사와 감사를 둔다(24조). 동법은 이러한 공기업·준정부기관의 임원 임면의 객관성·공정성을 확보하기 위하여, 공기업의 장은 임원추천위원회가 복수로 추천하여 운영위원회의 심의·의결을 거친 사람 중에서 주무기관의 장의 제청으로 대통령이 임명하도록 하고, 준정부기관의 장은 임원추천위원회가 복수로 추천한 사람 중에서 주무기관의 장이 임명하도록 하며, 그 밖에 비상임이사 및 감사의 임명도 임원추천위원회의 추천 및 운영위원회의 심의·의결을 거치도록 하고 상임이사는 임원추천위원회의 추천을 거치도록 규정하고 있다(동법 25, 26조).

지방공사에 있어서는 임원은 사장을 포함한 이사 및 감사로써 구성된다. 이 중에서 사장은 임원추천위원회에서 추천된 자 중에서 지방자치단체의 장이 임명하며, 이사는 임원추천위원회에서 추천된 자 중에서 임명하되, 상임이사는 사장이 임면하고 비상임이사는 지방자치단체의 장이 임면한다(지방공기업법 58조). 직원은 정관이 정하는 바에 의하여 사장이 임면한다(동법 63조).

2. 경영관리

행정청형기업의 경우 일반행정조직에 의하여 직접 경영되기 때문에 그 경영관리의 방식은 일반행정의 운영방식과 크게 다르지 않다. 그러므로 공기업의 경영관리에 관하여 중요한 의미를 가지는 것은 법인체기업이다.

법인체기업의 경영관리는 기본적으로 「공공기관의 운영에 관한 법률」이 정하는 바에 따르나, 구체적인 경영관리의 방식은 각 공기업의 사업내용 및 성질에 따라 다르다. 공공기관의 운영에 관한 사항을 심의·의결하기 위하여 기획재정부장관 소속하에 공공기관운영위원회를 둔다(공공기관의 운영에 관한 법률 8조). 지방공사 및 지방공단은 항상 기업의 경제성과 공공복리를 증대하도록 운영하여야 하는 바, 그 업무 및 운영에 관한 기본적인 사항은 조례로 정하도록 되어 있다(지방공기업법 3조, 49조 2항 참조).

3. 재무관리

행정청형기업은 원칙적으로 다른 행정작용과 같이 예산·회계상의 제약을 받으나, 경영의 합리성·능률성을 확보하기 위하여 독립채산제를 채택하며, 특별회계를 두어 회계상의 특례를 인정하는 것이 보통이다.

법인체기업은 일반행정기관에 대한 예산·회계상의 원칙이나 절차는 적용되지 않으나, 적정한 회계관리를 위하여 「공공기관의 운영에 관한 법률」은 공기업과 준정부기관의 예산 및 회계에 관한 기본적인 사항을 정하고 있다.

Ⅴ. 공기업의 보호와 감독

1. 공기업의 보호

공기업에 대하여 법은 그의 목적을 달성케 하기 위하여 사기업에는 인정되지 않는 여러 가지 보호를 하며 특전을 향유케 한다. 그 보호의 종류 및 범위는 공기업의 종류에 따라 일정치 않으나 그의 주된 것은 다음과 같다.

(1) 기업의 독점권

공기업을 보호하기 위하여 법적으로 그 사업의 독점권을 보장하고 있는 경우가 있는 바, 우편사업의 국가에 의한 독점(우편법 2조)이 그 예이다.

(2) 공용부담특권

공기업에게 그 사업의 원활한 수행을 위하여 타인의 토지의 수용, 출입, 장애물의 제거 등의 특관리 인정된다(공익사업을 위한 토지 등의 취득 및 보상에 관한 법률 9조 · 12조 등, 도시철도법 10조 내지 14조, 수도법 60조 · 61조 등).

(3) 경제상의 특전

공기업에 대한 경제상의 특전으로는 비과세(국영 · 공영 사업의 경우), 조세의 감면(조세특례제한법 72조 이하), 국공유재산의 무상이용, 타재산과의 교환(국유재산법 54조), 사용료 등의 강제징수(수도법 68조), 보조금의 교부(보조금관리에 관한 법률 2조, 지방재정법 23조 등), 손해배상책임의 제한 또는 면제(우편법 제5장) 등이 있다.

(4) 행정강제권

공기업을 위한 토지수용 등 공용부담특권의 행사와 관련하여 공기업은 관할 시장 · 군수 등에 대집행을 신청할 수 있으며(공익사업을 위한 토지 등의 취득 및 보상에 관한 법률 89조), 공기업이 제공하는 역무 또는 재화의 대가에 대한 강제징수관리 인정되기도 한다(수도법 68조, 우편법 24조 등).

(5) 형사제재(공기업벌)에 의한 보호

공기업의 안전 · 확실한 경영을 확보하기 위하여 공기업에 대한 침해에 대하여 특별한 형사적 제재를 과하는 경우가 있다. 이러한 공기업벌은 그것을 내용적으로 보면 ① 외부로부터의 침해에 대해 과하는 것(기업독점권의 침해, 기업용 물건의 손괴 등에 대한 제재), ② 기업자 자신의 의무위반에 대한 제재(기업경영상의 의무 위반, 이용거부 등), ③ 공기업의 이용자의 의무위반에 대한 제재 등으로 나누어진다.

2. 공기업의 감독 · 통제

공기업과 관련된 가장 중요한 문제 중의 하나가 어떻게 하면 기업의 자주성과 책임성을 확보하느냐 하는 것이다.[21] 따라서 공기업의 감독 내지 통제의 문제를 고찰함에 있어서도 그 양 가치를 조화시키는 것에 유념할 필요가 있다.

공기업 가운데 '행정청형기업'에 있어서는 상급기관의 하급기관에 대한 감독의 법리가 그대로 타당하므로 여기에서는 논외로 하며, 법인체공기업에 대한 감독의 문제만을 살펴보기로 한다. 법인체공기업에 대한 정부의 감독이 가지는 가장 큰 의미는 정부가 공기업경영에 대한 책임을 국회 및 국민에 대하여 진다고 하는 점에서 찾을 수 있다.

---

21) 이 문제에 관한 이론적 · 비교법적 고찰에 관하여 특히 유훈, 공기업론, 1993, 471면 이하 참조.

(1) 행정청에 의한 감독

공기업에 대한 직접적인 감독은 행정청에 의해 행해지게 되는데, 이것은 다시 주무부장관에 의한 것, 기획재정부장관에 의한 것, 감사원에 의한 것으로 나눌 수 있다.

(가) 주무부장관에 의한 감독

특정한 법인체기업에 대한 주무부장관의 감독은 「일반적 감독」과 「개별적 감독」으로 나누어진다. 전자는 "문화체육관광부장관은 공사의 경영목표를 달성하기 위하여 필요한 범위 안에서 공사의 업무를 지도 · 감독한다"(한국관광공사법 16조)라는 식으로 법이 주무부장관에 대하여 포괄적인 감독권을 부여하고 있는 경우에 있어서의 감독을 말하며 후자, 즉 개별적 감독은 예컨대 「공공기관의 운영에 관한 법률」 소정의 공기업의 장이나 준정부기관의 장 및 상임이사가 겸직을 하고자 할 때에는 주무부장관의 허가를 얻어야 하는 것(37조 2항)과 같이 특정한 사항에 대하여 감독권을 행사하는 경우를 말한다.

위의 두 종류의 감독 가운데 일반적 감독의 경우에는 감독권의 범위가 문제가 된다. 일반적 감독을 공기업의 모든 사항에 대한 감독으로 새긴다면 특수법인의 존재이유의 하나인 공기업의 자주성을 해치는 결과가 되기 때문이다. 따라서 일반적 감독은 법인체공기업의 업무처리의 일반적인 지침을 정하여 그의 준수 여부를 감독하는 것으로 그치되, 어떠한 문제나 사건이 일어난 경우에는 당해 개별적인 문제에 대해서도 감독권을 행사할 수 있는 것으로 새김이 타당시된다.[22]

(나) 기획재정부장관에 의한 감독

기획재정부장관은 공공기관의 경영공시 의무 및 통합공시 의무를 성실하게 이행하지 않거나 허위의 사실을 공시한 때에는 당해 기관으로 하여금 해당 사실을 공고하고 허위사실 등을 시정하도록 명령할 수 있으며, 운영위원회의 심의 · 의결을 거쳐 주무기관의 장 또는 해당 공공기관의 장에게 관련자에 대한 인사상의 조치 등을 취하도록 요청할 수 있다(공공기관의 운영에 관한 법률 12조 3항). 그리고 기획재정부장관은 경영실적보고서와 경영목표 등을 기초로 동법 소정의 공기업 및 준정

---

22) 이른바 '장영자사건'에 있어서와 같이, 금융기관에 대한 감독청의 적절한 감독권의 불행사로 인하여 개인이 손해를 입은 경우에 있어, 행정청의 부작위로 인한 국가배상청구가 가능한가 하는 문제도 검토해 볼 만한 일이다. 외국(독일)에서는 그것이 긍정된 사례가 있다. Vgl. Papier, Wirtschaftsaufsicht und Staatshaftung, JuS 1980, S. 265 ff.; Püttner, Von der Bankenaufsicht zur Staatsgarantie für Bankenlagen?, JZ 1982, S. 47 ff.; 김남진, 기본문제, 447면 이하.

부기관의 경영실적을 평가하고, 평가결과 경영실적이 부진한 공기업 및 준정부기관의 기관장 또는 상임이사의 해임을 건의하거나 요구할 수 있다(48조). 또한 기획재정부장관은 동법 소정의 공기업의 경영지침 이행에 관한 사항을 감독하고 운영위원회의 심의·의결을 거쳐 개선에 필요한 조치를 취하여야 한다(51조).

(다) 감사원에 의한 감독

자본금의 2분의 1 이상을 국가 또는 지방자치단체가 출자한 법인의 회계는 감사원의 필요적 검사사항이므로(감사원법 22조 1항 3호), 법인체공기업의 회계는 감사원의 검사대상이 되며, 그 임원 및 직원의 직무는 감사원의 감찰대상이 된다(동법 24조).

(2) 국회에 의한 통제

공기업은 넓은 의미의 행정작용에 포함되므로, 국회에 의한 통제대상이 된다. 다만 국회의 공기업에 대한 통제는 국회가 가지는 입법권(헌법 40조), 예산안심의권(동법 54조), 국무위원 등에 대한 질문권(동법 62조) 등을 통해 간접적으로 행해질 수 있다고 보아야 한다. 국정감사권 및 국정조사관리 발동되는 경우(동법 61조)에는 그 예외이다.

(3) 법원에 의한 통제

공기업에 관련된 사건이 법원의 심판대상이 됨으로써 법원이 공기업에 대해 간접적으로 영향을 미칠 수 있음을 부인할 수 없다.

Ⅵ. 공기업의 이용관계

1. 공기업이용관계의 의의

공기업은 직접 사회공공의 복리를 증진하기 위해 국가·지방자치단체, 특수법인 등이 경영하는 기업으로서, 국민은 이들 기업으로부터 여러 가지 역무(서비스) 및 재화를 공급받으며 생활하고 있다. 예를 들면 우편·철도 등의 사업을 이용한다든지, 공영수도·가스 등의 공급을 받는 것 등이 그에 해당한다. 이와 같이 국민이 공기업으로부터 역무 및 재화를 공급받거나 그 설비를 이용하는 법률관계를 가리켜 공기업의 이용관계라고 한다.

(1) 일시적 이용관계와 계속적 이용관계

공기업의 이용관계는 일시적 이용관계와 계속적 이용관계로 나눌 수 있다. 전자는 공중전화를 이용한다든가, 종묘를 산다든가 하는 식으로 일회적인 이용으로 이용관계가 종료하는 경우를 말하며, 후자는 수도를 가설하여 이용한다든가, 국민주택에 이주한다든가 하는 식으로 이용관계가 장기간 계속되는 경우를 의미한다.

공기업의 이용관계와 관련된 법적 문제는 주로 계속적 이용관계에 관계되므로, 계속적 이용관계만을 공기업의 이용관계로 보려는 것이 일반적 경향이다.

(2) 영조물이용관계와의 구분

공기업에 관한 여러 학설 가운데 최협의설, 즉 수익성을 요소로 하는 사업만을 공기업으로 보려는 것이 우리나라에서의 다수설임은 앞에서 본 바와 같다.[23] 그러한 입장을 취하는 이상, 특별신분관계(특별행정법관계)를 형성하며, 정신·문화적 성격을 가진 사업의 이용관계는 영조물이용관계로서 공기업의 이용관계와 구분하여 다룸이 타당하다는 것이 본서의 입장이다.[24]

[판례] 철도사업은 공공의 복리를 증진하기 위하여 국가가 비권력적 수단에 의하여 경영하는 공기업의 일종에 불과하고 공권력의 주체로서 국민에 대하여 우월적인 지위에서 이를 경영하는 것은 아니며 따라서 그 이용관계는 국민과의 사이에서 이른바 권력관계가 성립될 여지가 전혀 없다고 할 것이다(서울고판 1970. 2. 10, 69구93).

2. 공기업이용관계의 성질

(1) 성질구명의 필요성

공기업이용관계의 성질을 구명하는 것은 특히 공기업이용관계에 관하여 분쟁이 일어난 경우에 있어서의 쟁송절차를 정하며, 법의 흠결이 있는 경우에 있어서의 적용법규를 모색하기 위해 필요하다. 즉, 공법상의 법률관계에 관한 소송으로서 행정소송에 대해서는 「행정소송법」에 관할·쟁송절차·심리·판결 등에 있어 민사소송과는 다른 여러 특례(항고소송의 피고적격·제소기간·집행부정지원칙·직권심리·사정판결 등)가 인정되어 있으며, 공법관계에 있어서 법의 흠결이 있는 경우에는 공법규정, 공법원리를 우선적으로 유추·적용할 것이 요청되고 있다.[25] 여기에 바로 공기업이용관계가

23) 본서 제7편 제2장 제4절 참조.
24) 본서 524면 이하 참조.

공법관계인가 사법관계인가의 성질을 구명할 필요가 있다.

(2) 사법관계의 일반성

오늘날에는 "공기업의 이용관계 전부를 공법관계이다"라고 한다든가 반대로 "그 전부가 사법관계이다"라고 하는 설은 발견하기 어렵다. 공기업도 기업의 일종인 점에서 사인이 경영하는 동종의 사업과 본질적으로 다를 것이 없기 때문에 공기업의 이용관계는 공법관계로 보아야 할 특별한 이유가 없는 한 일반적으로 사법관계의 성질을 가진다고 보는 것이 통설 및 판례의 경향이라 할 수 있다.

[판례] 전화의 이용관계는 … 비록 그것이 공중통신역무의 제공이라는 이용관계의 특수성 때문에 그 이용조건 및 방법, 이용의 제한, 이용관계의 종료원인 등에 관하여 여러 가지 법적 규제가 있기는 하나 그 성질은 사법상의 법률관계에 불과하다(대판 1982. 12. 28, 82누441).

(3) 공법관계로 볼 수 있는 경우

공기업의 이용관계의 공법관계 여부는 개별적으로 정해져야 하는 것으로서, 다음과 같은 경우에는 그 법률관계를 공법관계로 볼 수 있다.

(가) 법에 명시된 규정이 있는 경우

① 이용대가의 징수에 행정상 강제집행이 인정되어 있는 경우(수도법 68조, 우편법 24조, 방송법 66조), ② 이용대가의 부과·징수에 대해 행정쟁송이 인정되어 있는 경우(지방자치법 157조 4항) 등이 이에 해당한다.[26]

[판례] 수도법에 의하여 지방자치단체인 수도업자가 그 수돗물의 공급을 받은 자에 대하여 하는 수도료의 부과징수와 이에 따른 수도료의 납부관계는 공법상의 권리의무관계라 할 것이므로, 이에 관한 소송은 행정소송절차에 의하여야 하고 민사소송절차에 의할 수는 없다(대판 1977. 2. 22, 76다2517).

(나) 법률관계의 공공성이 특별히 강한 경우

법이 공법관계로 볼 수 있는 특별규정을 두고 있지 않더라도 그 법률관계의

25) 김남진·김연태(Ⅰ), 91면 참조.

26) 법이 이용관계에 관하여 벌칙을 두고 있는 경우를 공법관계로서 법이 명시하고 있는 경우로서 예시하는 설(김도창(하), 389면)도 있으나 획일적으로 말하기는 어렵다고 판단된다.

공공성, 공익성이 특별히 강한 경우에는 그것을 공법관계로 보아야 한다는 것이 학설의 일반적 경향이나, 아직 확립된 기준이 제시되지 못하고 있는 것이 현황이다. 다른 한편, 공기업이용관계가 사법관계인 경우에도 행정사법의 법리[27)]가 적용되는 점을 유의할 필요가 있다.

3. 공기업이용관계의 성립

(1) 성립의 유형

(가) 합의에 의한 성립

공기업의 이용관계는 공기업측과 사용자간의 합의, 즉 계약에 의하여 성립함이 원칙이다.

(나) 이용이 강제되는 경우

공기업의 이용은 공기업측과 이용자간의 자유로운 의사합치에 의하여 성립함이 원칙이나, 이용이 강제되는 경우도 있다. 보험의 가입강제(고용보험 및 산업재해보상보험의 보험료징수 등에 관한 법률 5조) 등에서 그 예를 발견할 수 있다.

(2) 이용관계성립에 있어서의 특수성

(가) 획일성 · 정형성

공기업의 이용관계는 양 당사자간의 합의에 의해 성립하는 것이 원칙으로 되어 있으나, 이용관계의 내용이 법령 · 약관 등에 의해 획일화 · 정형화되어 있음으로써 그 계약은 부합계약(contrat d'adhésion)의 성격을 띠고 있다. 즉, 이용자는 이용할 것인가 안할 것인가에 관해서만 의사를 가질 뿐, 이용의 내용에 관해서는 의사합치의 여지가 기의 배제되어 있는 셈이다.

(나) 강제성

공기업의 종류에 따라서는 이용관계의 설정이 사실상 강제되어 있는 경우도 적지 않다. 즉 수도 등이 공기업에 의해 사실상 독점되어 있는 상태하에서 이용자에게 그의 이용이 강제되어 있는 것이나 다름이 없다. 이러한 경우를 이용강제의 한 유형으로서의 "간접계약강제"로 표현하기도 한다.

(다) 외형성

공기업의 이용이 일반에게 공개되어 있는 경우에는 이용자의 사정이 개별

27) 이에 관한 상세는 김남진 · 김연태(Ⅰ), 458면 이하 참조.

적으로 고려됨이 없이 외형적·획일적으로 처리되는 면이 있다. 우편의 이용관계의 성립에 있어 제한능력자를 능력자로 간주하는 것(우편법 10조)이 그 일례이다.

4. 공기업이용관계의 내용

(1) 일반적인 내용과 특색

공기업의 이용관계가 성립하게 되면, 그 효과로서 '이용자'는 역무(서비스) 또는 재화의 공급을 받고 시설을 이용하는 등의 권리를 가지게 되는 반면에 그에 상응한 의무를 지게 되며, '공기업주체' 역시 역무 또는 재화의 공급에 따르는 여러 가지 권리·의무를 지니게 된다. 다만, 그들 이용자 및 공기업주체의 권리·의무의 내용이 법령·조례·약관 등에 의해 정형화되어 있는 점이 공기업이용관계 내용의 특색을 이룬다고 말할 수 있다. 아래에서는 이용자 및 공기업주체의 권리의 측면에서 이용관계의 내용을 살펴보기로 한다.

(2) 이용자의 권리

(가) 공기업이용권

공기업의 이용관계가 성립하면 이용자는 법령·조례·약관 등이 정하는 바에 따라 공기업으로부터 역무 또는 재화의 공급을 받으며, 혹은 시설을 이용할 수 있는 권리를 가지게 되는 바, 이용자의 그와 같은 권리를 공기업의 이용권리라고 한다. 이용자의 공기업이용권에 대응하여 공기업주체에게는 이용자에게 공기업을 이용시킬 의무가 발생하게 된다(수도법 39조).

공기업이용권은 공기업주체에 대해 이용을 요구할 수 있는 권리인 점에서 채권적 성질을 가지며,[28] 공권(공법상의 권리)으로 볼 수 있는 특별한 규정이 있는 경우 외에는 사권(사법상의 권리)의 성질을 가진다고 보아야 한다는 것에는 이론이 없다.[29]

(나) 평등한 급부를 받을 권리

헌법은 국민의 평등권을 보장하고 있다(11조). 이와 같은 평등권, 평등원칙은 행정의 사법작용에 대해서도 적용된다는 것이 학설의 일반적 경향이다. 이른바 행정사법(Verwaltungsprivatrecht)의 이론이 이에 해당한다. 그렇다고 할 때, 공기업의 이용자는 공기업의 이용관계가 공법관계이든 사법관계이든 불문하고,

---

28) 이 점에서는 영조물이용권과 성질을 같이 하며, 물권인 공물의 사용권과는 성질을 달리한다. 이러한 점에 관하여는 본서 524면 이하 참조.

29) 공법과 사법, 공권과 사권의 구분에 관하여는 김남진·김연태(Ⅰ), 88면 이하 참조.

공기업주체로부터 평등한 급부를 받을 권리를 가진다고 할 수 있다.

(다) 권리보호청구권

이용자는 공기업주체에 의하여 법률상의 이익을 침해받는 경우, 채무의 불이행이 있는 경우, 불법행위로 인하여 손해를 받은 경우 등에는 그 법률관계가 공법관계인가 사법관계인가에 따라 그에 상응한 권리보호를 위한 조치를 취할 수 있다.

① **행정쟁송권**: 공기업의 이용관계가 공법관계의 성질을 가지는 경우에는 행정쟁송을 통한 권리보호를 청구할 수 있다.

[판례] 수도법에 의하여 지방자치단체와 수도사업자가 그 수돗물의 공급을 받은 자에 대하여 하는 수도료의 부과·징수와 이에 따른 수도료의 납부관계는 공법상의 권리의무관계라 할 것이므로 이에 관한 소송은 행정소송절차에 의하여야 한다(대판 1977. 2. 22, 76다2517. 동지판례: 대판 1982. 12. 14, 82누374).

② **손해배상청구권**: 공기업의 이용과 관련하여 공기업에 근무하는 공무원의 직무상 불법행위로 손해를 받은 자와 국영기업 및 공영기업의 영조물(공공시설)의 설치·관리의 하자로 인하여 손해를 받은 자는 「국가배상법」이 정하는 바에 따라 국가 또는 지방자치단체에 대하여 손해배상을 청구할 수 있다(동법 2조·5조·6조 등 참조).

반면에, 공기업의 이용과 관련하여 이용자가 공무원의 사법상 직무행위 내지는 공무원이 아닌 직원의 불법행위, 공작물의 설치·보존의 하자 등으로 인하여 손해를 받은 경우에는 민법에 의한 손해배상청구가 가능하다(민법 750조·756조·758조 참조). 다만, 특별법에 공기업의 이용관계와 관련된 손해배상과 관련하여 공기업주체의 손해책임을 제한 또는 부인하는 규정을 두고 있는 점에 유의할 필요가 있다(우편법 38조 내지 45조 등 참조).

[판례①] 철도편으로 탁송한 화물이 훼손된 경우에는 철도운송인인 피고에게 위 화물운송에 관하여 과실이 있다고 일응 추정되는 것이며, 운송인은 화물운송에 관하여 주의를 해태하지 아니하였음을 증명하지 아니하면 운송화물의 훼손으로 인한 손해배상책임을 면치 못한다(대판 1975. 10. 7, 75다71. 동지판례: 대판 1965. 12. 28, 65다2125).

[판례②] 국영철도에 의한 여객운송중에 여객이 사망하였다면 피해자는 나라를 상대로 상법 제148조에 의한 손해배상청구도 할 수 있다(대판 1969. 7. 29, 69다832).

(3) 공기업주체의 권리

공기업주체가 가지는 주요한 권리에는 다음과 같은 것이 있다.

(가) 이용조건제정 · 변경권

공기업주체는 이용대가 · 이용시간 등 이용조건을 제정하며 혹은 변경하는 권리를 가진다.

공기업의 이용조건은 법령 또는 조례 · 규칙에 의하여 정해지는 경우와 법령 또는 조례 · 규칙의 범위 안에서 공기업규칙의 형식으로 정해지는 경우가 있다. 이 중에서 전자를 위반하는 경우에는 형벌 · 과태료 등에 의한 제재(행정벌의 일종인 공기업벌)가 과해지는 것이 보통이다(우편법 46조 이하, 도시철도법 47조 이하, 지방자치법 156조). 반면 후자를 위반한 경우에는 행정벌과 같은 제재를 과할 수 없고, 다만 이용의 배제 · 정지 등과 같은 제재를 과할 수 있을 따름이다.

> **[판례]** 한국전력공사의 전기공급규정은 그것이 비록 전기사업법 제15조에 의하여 전기사업자인 한국전력공사가 동력자원부장관의 인가를 받아 전기요금 기타 공급조건에 관한 사항을 정한 것이라 하더라도 이는 한국전력공사의 사무처리상의 편의를 위한 규정에 불과할 뿐 국민에 대하여 일반적 구속력을 갖는 법규로서의 효력은 없고, 단지 한국전력공사와 전기공급계약을 체결하거나 그 규정의 적용에 동의한 수용가에 대하여서만 효력이 미칠 뿐이다(대판 1988. 4. 12, 88다2).

(나) 이용대가징수권

공기업주체는 그 공기업이 제공한 역무나 재화 등에 대한 대가를 징수할 수 있다. 그 대가에는 '수수료'의 성질을 가지는 것과 '사용료'의 성질을 가지는 것이 있는 바, 전자는 공기업의 역무의 제공에 대한 대가를 의미하며, 후자는 공기업이 제공하는 재화의 대가 또는 물적 시설의 이용대가를 의미함이 보통이다.[30]

공기업의 이용이 이용자의 자유의사에 의하는 경우에는 이용대가의 부과 · 징수는 반드시 법규에 근거할 필요는 없을 것이다. 그러나 이용강제의 경우는 법규(법령 · 조례 · 규칙)에 근거하지 않으면 안 된다. 이와 관련하여 공공요금(다른 법률이 정하는 바에 따라 결정 · 승인 · 인가 또는 허가하는 사업이나 물품의 가격 또는 요금) 또는 수수료(국가 또는 국가로부터 위탁받은 기관이 다른 법률이 정하는 바에 따라 제공하는 행정서비스, 시설이용 및 특정한 권리부여 등에 대한 보상으

---

30) 「지방자치법」은, 지방자치단체는 "공공시설의 이용 또는 재산의 사용에 대하여 사용료를 징수할 수 있다"(153조), "위임사무가 특정인을 위한 것일 경우 그 사무에 대하여 수수료를 징수할 수 있다"(154조 2항)라는 표현을 통해 양자를 구분하고 있다.

(로 징수하는 대가)를 정하거나 변경하고자 할 때에는 주무부장관으로 하여금 기획재정부장관과 미리 협의를 하도록 하고 있다(물가안정에 관한 법률 4조).

이용대가의 불납에 대하여 법이 행정상의 강제징수를 인정하고 있는 경우(우편법 24조, 수도법 68조, 지방자치법 157조)에는 그에 의할 수 있으며, 이러한 규정이 없는 경우에는 민사상의 강제집행절차에 의하여야 할 것이다.

(다) 제재권

학설은 공기업주체의 권리의 하나로서 질서유지권 또는 명령 · 징계권을 열거한다.[31] 그러나 영조물의 이용관계와 공기업의 이용관계를 구분하는 본서의 입장에서 볼 때에는, 공기업주체에는 영조물주체에 있어서와 같은 명령 · 징계권이 인정되는 예는 드문 것으로 보인다. 다만 이용자가 관계법규를 위반하거나 이용조건을 어기는 경우에 이용자의 이용을 배제할 수 있으므로, 이러한 내용의 공기업주체의 권리를 '제재권'으로 부르기로 한다. 학자에 따라서는 여기서의 제재권을 "이용관계의 해지 · 정지"의 이름으로 설명하기도 한다.[32]

5. 공기업이용관계의 종료

공기업이용관계는 다음과 같은 사유에 의해 종료한다.

(1) 이용목적의 완료

철도이용에 있어서의 목적지 도착, 우편물의 배달 등이 이러한 경우에 해당한다.

(2) 이용관계에서의 탈퇴

이용자는 이용강제의 경우를 제외하고서는 이용관계로부터 자진탈퇴할 수 있다고 보지 않으면 안 된다.

(3) 이용관계에서의 배제

공기업이용자가 법령 또는 이용조건을 위반하는 경우에는, 공기업주체는 이용자를 이용관계로부터 배제함으로써 이용관계를 종료시킬 수 있다.

(4) 공기업의 폐지

공기업은 그의 공공적 성격으로 인하여 폐지가 자유롭지 않다고 보아야 한

31) 김도창(하), 386면; 석종현 · 송동수(하), 380면; 이상규(하), 409면.
32) 김동희(Ⅱ), 321면.

다. 그러나 수요의 감퇴 등의 이유로 공기업이 폐지되는 일은 있을 수 있으며, 그에 의하여 공기업이용관계가 종료될 수 있다.

제2관 특허기업과 특허기업의 특허

I. 특허기업의 의의

1. 광의의 특허기업과 협의의 특허기업

(1) 광의의 특허기업

학자에 따라서는 사인이 행정청으로부터 특허를 받아 경영하는 기업(자동차운수사업 등)을 공기업으로 부르며, 이러한 공기업의 특허에 의하여 경영되는 기업을 특허기업이라고 하며, 또한 법령에 의하여 직접 설립되는 특수법인(대한토지주택공사 등) 역시 특허기업으로 부르기도 한다.[1] 이러한 입장에서 말하는 특허기업을 "광의의 특허기업"이라 부르기로 한다. 과거에는 그러한 광의의 특허기업개념을 취하는 학자가 많은 편이었으나, 현재는 소수설이라 할 수 있다.

(2) 협의의 특허기업(공익사업)

특허기업을 협의로 이해하는 입장에서는 특허처분기업, 즉 사인이 행정청으로부터 특허를 받아 경영하는 공익사업만을 특허기업으로 본다.[2] 이러한 견해에 의하면 특허기업은 사인이 공익사업을 경영하는 것인 점에서 사기업에 속하며, 따라서 국공영공기업이나 특수법인공기업과는 구별된다고 한다. 본서 역시 이러한 입장을 취하고 있다.

우리의 실정법상 국민의 일상생활에 필요한 재화나 역무를 제공하는 사기업, 예컨대 물·전기 등의 '공급사업', 자동차운수사업·해상운송사업과 같은 '교통사업' 등에 대하여는 이른바 허가영업(음식점영업·위생접객업)에 대해서보다 법이 여러 가지 특별한 규율을 하고 있다. 사업면허의 요건이 엄격하며(여객자동차 운수사업법 6조 등), 사업개선명

---

1) 그리고 이러한 입장에서는 "법령에 의하여 직접 공기업의 특허가 행하여지는 경우"를 법규특허라고 부른다. 이상규(하), 418면 등 참조.

2) 과거와는 달리 현재는 거의 모든 행정법학자가 이러한 입장을 취하고 있다고 볼 수 있다. 박윤흔·정형근(하), 403-404면 등; 김동희, 공익사업의 특허, 고시계, 1993. 12, 36면; 김동희(Ⅱ), 322면 이하 등 참조.

령 등 적극적인 감독(동법 23조)을 받는 반면으로, 어느 정도 독점적 경영권이 보장되며, 공용부담특권(전기사업법 87조 이하), 공물사용권(동법 92조)과 같은 특권·특전이 인정되기도 한다. 행정주체에 의한 강제매수권(수도법 44조)이 인정되어 있는 것도 하나의 특색으로 열거될 수 있다.

위의 특허기업이 가지는 여러 특색 가운데 불가결의 요소를 이루는 점은 특허기업에 어느 정도 독점적인 경영권이 보장되며, 경영상의 이익이 경쟁자로부터 보호되고 있는 점이다. 그러한 독점적 경영권의 보장은 법이 "사업계획이 해당 노선이나 사업구역의 수송 수요와 수송력 공급에 적합할 것"(여객자동차운수사업법 5조 1항 1호), "배전사업 및 구역전기사업의 경우 둘 이상의 배전사업자의 사업구역 또는 구역전기사업자의 특정한 공급구역 중 그 전부 또는 일부가 중복되지 아니할 것"(전기사업법 7조 5항 3호) 등으로 명시적으로 표시되는 외에, 법의 전체적 취지에 비추어 보아 그렇게 새겨지는 경우까지를 포함한다.[3] 특허기업에 대하여 어느 정도 독점적인 경영권리 보장되는 이유는, 그들 사업은 한정된 지역의 고객 밖에는 기대할 수 없어 수요의 탄력성이 없는 반면에 사업을 위하여 거액의 자본이 소요되므로, 그들 사업을 완전경쟁상태에 두는 경우 수지악화를 초래하여 그 피해가 수요자에게 미치는 것을 방지하려는 데 있다. 결국 특허기업자의 어느 정도 안정된 경영권과 수요자에 대한 양질의 역무(서비스)의 제공이라고 하는 두 가지 요청을 충족하기 위하여 안출된 제도가 특허기업이라고 할 수 있다. 특허기업을 일명 '공익사업'으로 부르는[4] 이유도 그 점에 있다.

2. 특허기업(협의)과 국공영기업·특수법인기업과의 구별

(1) 특허기업과 국·공영기업과의 구별

특허기업은 사기업이다. 그러한 점에서 국영기업·공영기업과 같은 공기업과 구분된다. 국영기업과 공영기업은 국가 및 지방자치단체의 행정조직을 통해 운용되며, 종업원은 공무원의 신분을 가진다. 그러나 특허기업은 어디까지나 사기업으로서 행정조직이나 공무원법과는 전혀 무관하다.

---

3) 법원은 일찍이 해상운송사업자 및 자동차운수사업자의 경영상 이익에 대하여, "기존업자의 이익은 단순한 사실상의 이익이 아니고, 법에 의하여 보호되는 이익이라고 해석된다"라고 명시한 바 있다(대판 1969. 12. 30, 69누106; 대판 1974. 4. 9, 73누173).

4) 특허기업(beliehene Unternehmen)이라는 명칭이 독일에서 유래한 것인데 비하여, 공익사업(public utilities)이라는 명칭은 미국에서 유래한다고 할 수 있다.

(2) 특허기업과 특수법인기업과의 구별

특수법인기업은 정부(지방자치단체 포함)가 출자나 지원 또는 임원임면 권한 행사 등을 통하여 사실상의 지배력을 확보하고 있는 법인체공기업으로서, 원칙적으로 「공공기관의 운영에 관한 법률」 및 「지방공기업법」의 규율을 받는 공기업이다. 특히 「공공기관의 운영에 관한 법률」의 적용을 받는 특수법인체기업이 인사·경영·재무 등의 면에서 특별한 규율을 받으며, 특별한 보호와 통제를 받고 있음은 앞에서 충분히 살펴본 바 있다.[5] 그러나 특허기업은 사기업으로서 「공공기관의 운영에 관한 법률」이나 「지방공기업법」과는 무관하므로, 법의 규율을 달리하는 협의의 특허기업(공익사업)과 특수법인기업은 구분할 필요가 있다.

3. 결 어

생각건대, 특수법인기업은 정부(지방자치단체 포함)가 직접 경영에 참여(Mitwirkung)하는 한 형태로서 볼 수 있는데 대하여, 특허기업은 정부가 경영에 개입(intervention)하는 경우의 대상이 된다고 말할 수 있다.[6]

전술한 바에 의하여, 협의의 특허기업(공익사업)과 특수법인기업은 그의 주체나 적용법규 등을 크게 달리함이 명백해졌다고 볼 수 있다. 따라서 본관에서는 협의의 특허기업 또는 공익사업만을 특허기업으로 보며, 원칙적으로 그것에 관련된 사항에 관해서만 고찰하기로 한다.

Ⅱ. 특허기업(공익사업)의 특허[7]

1. 특허기업의 특허의 의의 및 성질

특허기업의 특허란 행정청이 사인에게 공익사업의 독점적 경영권을 설정하여 주는 형성적 행정행위이다. 분설하면 다음과 같다.

(1) 특허기업의 특허의 주체는 행정청이다. 행정청은 국가 또는 지방자치단체의 의사를 결정·표시할 수 있는 권한을 가진 행정기관을 의미한다. 특허기업의 특허의 주체는 국가의 행정청, 즉 행정관청(행정각부 장관 등)이 됨이 보통이나, 지방

5) 본서 555면 이하 참조.

6) 정부에 대한 경제에의 참여와 개입, 이 두 가지 작용이 경제행정법(Wirtschaftsverwaltungsrecht)의 큰 줄거리를 이룬다고 할 수 있다. 본서 제7편 제5장 참조.

7) 이에 관한 문헌으로서는 김남진, 허가와 특허의 구별과 기준, 고시연구, 1999. 11, 14면 이하 참조.

지치단체의 장(행정청)이 그 주체가 됨을 배제하지 않는다. '행정청'이라는 용어 대신에, '행정주체'라는 용어가 사용되기도 하나, 행정청과 행정청이 속하는 행정주체와는 구별될 필요가 있다.[8)]

(2) 특허기업의 경영주는 사인이다. 그러한 의미에서 특허기업은 어디까지나 사기업이며, 공기업이 아니다. 본서가 특허기업이 공기업으로 오해될 소지가 있는 '공기업의 특허'라는 용어를 의도적으로 피하는 이유는 그 점에 있다.

(3) 특허의 대상이 되는 사업은 공익사업(협의의 특허기업)이다. 예를 들면 전기사업, 자동차운수사업, 해상운송사업 등이 그에 해당된다. 반드시 국가 등에 그 경영권이 독점되어 있는 것을 전제로 하는 것은 아니며, 어느 정도의 지역적 독점권이 보장되어 있는 공익사업이 그 대상이 된다(후술 참조).

(4) 특허기업의 특허는 형성적 행정행위의 성질을 가진다. 이 점에서 부작위 의무를 해제하는 명령적 행위로서의 허가와 구별되고 있다. 다만 특허(형성적 행위)의 구체적인 효과에 관해서는 학자간에 다소나마 견해의 차이가 있다.

(가) 포괄적 법률관계설정설

이 설은 특허를 특정한 공기업경영에 관한 각종의 권리·의무를 포괄적으로 설정하는 설권행위로 본다. 「공기업의 특허는 특정한 공기업의 경영권과 그 경영권의 효과적인 수행을 담보하기 위한 특권을 부여함과 동시에, 당해 공기업경영에 관한 의무와 부담을 지우는 것을 내용으로 하는 포괄적 법률관계를 설정하는 형성적 행위라고 할 수 있다」라는 견해[9)]가 이에 해당한다.

(나) 독점적 경영권설정설

이 설은 특허를 기업의 독점적 경영권을 특정인에게 설정하여 주는 형성적 행위로 보는 입장이다. 「특허는 특정인에게 독점적 경영권을 설정하여 주는 행위인 바, 그것은 전통적인 견해에서와 같이 기업의 국가독점을 전제로 하여 국가가 가지는 기업경영권을 부여하는 것이 아니고, 특허행위에 의하여 기업의 독점적 경영권을 설정하여 주는 것이다」라고 하는 입장,[10)] 또한 특허를 공기업의 경영권을 부여하는 행위로 보며, 경영의무 기타의 공법상의 의무는 그 특허에 부수하여 부과되는 것으로 보는 입장[11)] 등이 그에 해당한다.

---

8) 행정청과 행정관청의 의미내용에 관하여는 본서 11면 참조.
9) 이상규(하), 414면. 동지: 변재옥, 공기업의 특허, 고시연구, 1997. 10, 84면 이하; 석종현·송동수(하), 382면 이하.
10) 박윤흔·정형근(하), 405-406면. 동지: 류지태·박종수(신론), 1121면.
11) 김도창(하), 391면.

(다) 허가설

이 설은 특허기업의 특허와 경영허가와의 성질상의 구별을 부정하며, 특허 역시 자유의 회복을 의미하는 허가의 일종으로 보는 입장이다. 그러나 기업경영의 특허와 허가의 차이를 전적으로 부인하는 설은 우리나라는 존재하지 않는 것으로 보인다.

(라) 결 어

'특허기업'은 국가·지방자치단체 또는 그의 분신으로서의 특수법인이 경영하는 기업, 즉 공기업이 아니라 사인이 행정청의 승인을 받아 경영하는 사기업인 점에서, 역시 사인이 행정청의 승인을 받아 경영하는 '허가영업'과의 공통점이 있다. 다만 특허기업은 국민생활에 필수적인 물자나 역무(서비스)를 제공하는 사업임을 이유로 특별한 보호와 통제를 받고 있는 점이 다른 점이다. 그 보호의 핵심을 이루고 있는 것이 일정 범위 내에서의 사업의 독점적 경영권의 보장이다. 특허기업에 대해 사업의 독점적 경영권을 보장하는 이유는, 대체로 그 특허사업의 경영에는 막대한 설비투자를 필요로 함에도 불구하고 한정된 고객밖에는 기대할 수 없기 때문이다. 법은 특허기업에 대해 기업의 독점적 경영권을 부여하는 동시에 공중의 이익보호 등을 위해 여러 가지 의무와 부담을 과한다(후술 참조). 결국 특허기업의 특허를 통해 특허기업자는 여러 가지 권리와 의무를 부여받게 되나, 그의 핵심을 이루는 것은 기업의 독점적 경영권의 설정이라 할 수 있다.[12]

2. 특허기업의 특허와 관련된 문제점

(1) 특허기업의 특허와 영업의 허가와의 이동

특허기업의 특허(또는 공익사업의 특허)는 행정청이 특정인에게 수익사업의 경영권을 설정해 주는 형성적 행정행위인데 대하여, 영업의 허가(또는 경찰상의 영업허가)는 행정청이 질서유지를 위하여 일반적으로 과해져 있는 영업금지(부작위의무)를 특정인에게 해제하여 자유를 회복시켜 주는 명령적 행정행위인 것으로 일반적으로 설명되고 있다. 그러나 양자의 차이는 상대적인 것에 지나지 않으며, 양자간에는 공통점 또한 많이 있다. 이러한 점은 상술한 양자에 대한

12) 대법원리 공기업특허로 판시한 보세구역설영(설영)특허와 관련해서는, 그 보세장치장업은 공기업으로도 특허기업으로도 보기 어려우며 아울러 동 특허 또한 특허도 허가도 아닌 예외적 승인으로 보아야 할 것이다. 동 판례(대판 1989. 5. 9, 88누4188)에 대한 상세는 김남진, 기본문제, 956면 이하 참조.

정의만으로는 충분히 해명되지 않으므로 아래에서 설명을 통해 보완하고자 한다.

(가) 양자의 공통점 · 유사점

특허기업의 특허와 영업허가를 대비해 볼 때 양자간에는 ① 행정청에 의한 법률행위적 행정행위인 점, ② 수익적 행정행위인 점, ③ 상대방의 신청을 요하는 행정행위인 점 등의 공통점이 있다. 그러나 이러한 점보다는 다음과 같은 점이 보다 주목되어야 할 공통점이다.

첫째, 양자는 다 같이 사인의 영업행위의 적법요건으로서의 의의를 가진다. 다시 말하면 특허 또는 허가를 받지 않고 특허기업 또는 허가영업을 임의로 개설하게 되면 처벌을 받음이 보통이다.

둘째, 양자는 다 같이 사인의 영업행위에 대한 사전통제로서의 의의를 가진다. 만일에 누구든지 특허영업, 허가영업에 해당하는 영업행위를 자유롭게 할 수 있게 해 놓은 다음, 사후에 요건불비의 영업행위를 금지하는 등 사후통제방식을 취하게 되면, 그에 의하여 행위자 및 사회가 입게 되는 불이익 내지 혼란은 사전통제방식을 취한 경우에 있어서보다 훨씬 커질 가능성이 있다. 여기에 바로 허가 · 특허 · 인가 등의 사전통제제도가 존재하는 이유가 있다.

셋째, 특허기업의 특허나 영업의 허가나 특정인이 헌법상의 직업선택의 자유라고 하는 자유권(기본권)을 적법하게 행사할 수 있게 하여 주는 점에서 다 같이 형성적 행위로서의 성질을 가진다고 볼 수도 있다. 독일의 문헌은 허가(Erlaubnis) 역시 법률관계에 새로운 변화를 초래한다는 의미에서 그것을 형성적 행정행위의 일종으로 봄이 일반적이다.[13] 그럼에도 불구하고, 뒤에서 보는 바와 같이, 양자(특허기업의 특허 · 영업의 허가)간에는 상대적이나마 많은 차이가 있으므로, 그 양자의 구별을 부인하여서는 안 될 것이다.[14]

(나) 양자의 차이점

특허기업의 특허와 영업의 허가 사이에 위에 살펴본 바와 같은 공통점 내지 유사점이 있는 것이 사실이나, 상대적이나마 다음과 같은 차이점이 인정된다.

① **대상사업상의 차이**: 허가의 대상이 되는 사업은 먹고, 마시고, 즐기고, 쉬는 일 등과 관련되는 풍속영업이 주요 대상이 되고 있다. 즉, 「식품위생법」상의 허가대상이 되는 업종(식품접객업, 유흥주점영업 등), 「관광진흥법」상의 허가 또는 등록이 되

13) Vgl. Maurer, S. 214; Mayer/Kopp, S. 197.
14) 상세는 김남진, 허가와 특허의 구별과 기준, 고시연구, 1999. 11, 14면 이하 참조.

는 업종(관광숙박업, 카지노업, 유원지시설업 등)이 그 대표적 예이다.[15] 이에 대해 특허의 대상이 되는 사업은 국민생활에 필수적인 재화나 역무(서비스)를 제공하는 전기·수도·가스 등 공급사업, 운송사업과 같은 공익사업이 그의 주요대상이 되고 있다. 관련 법률로서는 「전기사업법」, 「수도법」, 「도시가스사업법」, 「여객자동차운수사업법」, 「해운법」, 「궤도운송법」 등이 있다.

허가사업은 모든 사람이 그것을 이용해야 하는 사업이 아니다. 그에 대해 특허사업은 대체로 일정지역의 사람이 그것을 이용하지 않을 수 없는 사업으로서의 성격을 가진다. "허가영업에 대한 허가"와 "특허기업에 대한 특허"가 가지는 여러 가지 차이는 바로 양 행정작용에 의해 규율되는 대상사업(업종)의 차이에서 유래한다고 할 수 있다.

② **규율목적상의 차이**: 영업허가제도는 소극적으로 공공의 안녕·질서유지(위해의 방지)를 목적으로 하는데 대하여, 특허기업의 특허제도는 적극적으로 공공의 복리증진을 목적으로 한다고 볼 수 있다. 따라서 허가영업에 대해서는 그것이 공공의 안녕·질서에 위해를 가져오지 않는 한 행정권은 개입하지 않는 데 대하여, 특허기업에 대해서는 적극목적을 위한 개입이 행해지게 된다.

③ **요건(기준)상의 차이**: 허가영업의 허가요건은 시설기준이 중심이 됨으로써 비교적 그것이 명확한 것이 보통이다(식품위생법 36조, 관광진흥법 5조 등 참조). 이에 대하여 특허기업의 특허에 관하여는 그의 요건에 관하여 법이 불확정개념을 사용함으로써 판단의 여지(Beurteilungsspielraum)가 인정될 가능성이 많다. 예컨대 특허기업의 특허의 기준에 관하여 법은 수급이 적합할 것, 사업자가 사업에 필요한 능력을 가질 것 등을 규정하고 있는 바(여객자동차 운수사업법 5조, 해운법 5조, 도시가스사업법 3조 등 참조), 그러한 요건충족 여부의 판단에는 정책적 고려, 전문·기술적 판단 등이 소요됨으로써 행정청의 판단에 대하여 사법심사가 억제되는 의미의 판단여지[16]가 인정될 가능성이 상대적으로 많은 것이다.

④ **재량성의 차이**: 종래 영업의 허가 또는 그 거부는 기속재량에 속하는 데 대하여, 특허기업의 특허 또는 그 거부는 자유(또는 공익)재량에 속하는 식으로 설명됨이 일반적이었다.[17] 그러나 이와 같은 설명에는 다음과 같은 문제

---

15) 대표적 허가영업이었던 공중위생업법상의 숙박업·목욕장업·미용업 등은 현재 공중위생관리법상의 "신고영업(영업소 개설 사실을 시장·군수·구청장에게 신고하여야 하는 영업)"으로 변경되었다(동법 3조). 아울러 「풍속영업의 규제에 관한 법률」 제2조 등 참조.

16) 이와 같은 의미의 판단여지와 복수행정간의 선택에 자유를 의미하는 재량과는 구별할 필요가 있다. 이러한 점에 관하여는 김남진·김연태(Ⅰ), 230면 이하 참조.

17) 김도창(하), 393면; 이상규(하), 415면.

점이 있다.

첫째, 재량이란 복수행위간의 선택의 자유를 의미하는 것으로서, 모든 재량은 자유재량이며, 동시에 목적 · 한계 등에 의한 기속을 받는 기속재량임이 무시되고 있다.[18)]

둘째, 재량과 판단여지의 구분이 무시되고 있다. 전술한 바와 같이 특허기업의 특허요건에는 법이 불확정개념을 사용하고 있음으로써 판단의 여지가 인정될 가능성이 많다. 그러나 일단 특허기업자가 특허의 요건을 충족하고 있다고 판단되는 한, 일반적으로 행정청에게 특허를 할 수도 있고 안할 수도 있는 의미의 결정재량(Entschließungsermessen)은 부인된다고 생각되므로, 이 점에 있어서는 영업의 허가와 특허기업의 특허 사이에는 차이가 없음이 보통이다.

⑤ 감독 · 보호상의 차이: 허가영업에 대해서는 영업자가 공공의 안녕 · 질서를 해치지 않는 한 행정권은 감독권을 통해 개입하지 않는 동시에 어떠한 보호 · 특전을 부여하지도 않음이 보통이다. 이에 반하여, 특허기업에 대하여는 특허와 더불어 사업의 개시의무를 비롯한 여러 가지 의무가 과해지며, 감독청의 감독도 사업목적달성을 위한 적극적인 내용(사업계획의 요구 · 요금의 인가제 · 공급조건의 통제 · 사업의 조정 등)을 포함하는 동시에, 공용부담특권 등 보호 · 특전이 부여됨이 보통이다.

⑥ 이익보호상의 차이: 허가영업에 있어서는 영업자의 영업허가에 의한 이익은 반사적 이익으로서 경업자의 경업에 의한 침익으로부터 보호받지 못하는데 대하여, 특허기업자의 특허에 의한 이익은 법에 의한 보호를 받는다. 대법원이 공중목욕장업자 및 유기장업자의 영업상의 이익을 반사적 이익으로 본데 대하여,[19)] 해상운송사업자 및 자동차운수업자의 영업상의 이익을 법에 의하여 보호되는 이익으로 판시하고 있음은 위에 지적한 바와 같은 양자의 차이를 잘 나타내 주고 있다.[20)] 따라서 만일에 행정청의 "제3자에 대한 특허기업의 특허(제3자효 행정행위)"로 인하여 기존업자가 영업상의 이익을 침해받은 경우에는 그 제3자효 행정행위에 대한 취소소송을 통해 보호를 받을 수가 있는 셈이다.

[판례①] 한의사면허는 경찰금지를 해제하는 명령적 행위(강학상 허가)에 해당하고, 한약조제시험을 통하여 약사에게 한약조제권을 인정함으로써 한의사인 원고들의

18) 대법원이 아직도 자유재량 기속재량을 구분하고 있는 점에 대한 비판으로는 김남진, 판례평석, 법률신문, 1998. 4. 6; 김남진, 처분기준으로서의 대통령령 · 부령 등, 고시계, 1998. 6, 168면 이하 등 참조.
19) 대판 1963. 8. 31, 63누101; 대판 1984. 11. 13, 84누389.
20) 대판 1960. 12. 30, 69누106; 대판 1974. 4. 9, 73누173.

영업상 이익이 감소되었다 하더라도 이러한 이익은 사실상의 이익에 불과하고 약사법이나 의료법 등의 법률에 의하여 보호되는 이익이라고 볼 수 없다(대판 1998. 3. 10. 97누4289).[21]

[판례②] 행정처분의 직접 상대방이 아닌 제3자라 하더라도 당해 행정처분으로 인하여 법률상 보호되는 이익을 침해당한 경우에는 취소소송을 제기하여 그 당부의 판단을 받을 자격이 있다 할 것이나, 여기에서 말하는 법률상 보호되는 이익이란 당해 행정처분의 근거 법률에 의하여 보호되는 직접적이고 구체적인 이익을 말하고 제3자가 당해 행정처분과 관련하여 간접적이거나 사실적·경제적인 이해관계를 가지는 데 불과한 경우는 여기에 포함되지 아니한다. 일반적으로 면허나 인·허가 등의 수익적 행정처분의 근거가 되는 법률이 해당 업자들 사이의 과당경쟁으로 인한 경영의 불합리를 방지하는 것도 그 목적으로 하고 있는 경우, 다른 업자에 대한 면허나 인·허가 등의 수익적 행정처분에 대하여 미리 같은 종류의 면허나 인·허가 등의 수익적 행정처분을 받아 영업을 하고 있는 기존의 업자는 경업자에 대하여 이루어진 면허나 인·허가 등 행정처분의 상대방이 아니라 하더라도 당해 행정처분의 취소를 구할 당사자적격이 있다. … 시외버스운송사업계획변경인가처분으로 시외버스 운행노선 중 일부가 기존의 시내버스 운행노선과 중복하게 되어 기존 시내버스사업자의 수익감소가 예상되는 경우, 기존의 시내버스운송사업자에게는 위 처분의 취소를 구할 법률상의 이익이 있다(대판 2002. 10. 25, 2001두4450. 동지판례: 대판 1999. 10. 12, 99두6026).

⑦ 행위의 성질상의 차이: 영업의 허가는 개인의 자연적 자유를 회복시켜주는 행위인 점에서 "명령적 행위"의 성질을 가지는데 대하여, 특허기업의 특허는 기업의 경영권을 설정해 주는 의미에서 형성적 행위의 성질을 가진다고 함이 일반적 설명이다. 그러나 이 점에 관하여는 이론이 있음은 전술한 바와 같다.

(2) 특허기업의 특허의 형식

특허기업의 특허의 형식에 관하여는 다음과 같은 학설이 대립되어 있다.

(가) 이원설

이는 특허기업(공기업)의 특허의 형식에 법규특허와 특허처분의 두 가지가 있다는 주장을 말한다.[22] 이원설의 입장에서는 공사·국책은행 등 특수법인기업의 법률에 의한 설립을 법규특허라고 부르고 있는 것이다.

21) 이 판례의 평석에 관하여는 김남진, 법률상이익과 사실상이익의 구분, 법률신문, 1999. 8. 19 참조.
22) 이상규(하), 418면.

(나) 일원설

이는 특허처분만을 특허기업의 특허로서 인정하는 입장을 말한다.[23] 일원설의 입장에서는 이른바 법규특허는 국가가 그 분신으로 독립법인인 정부투자기관을 설립하고, 이것을 통하여 적극적으로 경제적·후생적 활동에 참가하는 형식으로서 이해한다.

(다) 결 어

일원설의 주장과 같이, 특수법인(기업)의 설립은 국가(지방자치단체 포함)의 경제참여의 한 형식이며, 국영기업, 공영기업의 설립과 같은 의미를 가진다. 이에 대해 사인(사법인 포함)에 대한 특허기업의 특허는 국가의 경제에 대한 개입으로서의 의미를 가지며, 오히려 사인에 대한 영업의 허가에 가까운 성격을 지니고 있다. 특수법인기업에 대해서는 「공공기관의 운영에 관한 법률」, 「지방공기업법」 등이 적용되는데 대하여, 특허기업에는 이들 법률이 적용되지 않는 점에서도 그러한 차이를 발견할 수 있다. 그러한 의미에서, 법규에 의한 특수법인의 설립(법규특허)은 특허기업의 특허개념에서 제외시킴이 타당시된다.

이른바 법규특허를 특허기업의 특허로부터 제외할 때, 그 특허는 출원에 의한 행정행위(처분)의 성질을 가진다고 볼 수 있으며, 특허에는 특허명령서를 통한 부관이 붙여짐이 보통이다.

3. 특허기업의 법률관계

행정청으로부터 특허기업의 특허를 부여받은 자는 그에 의하여 특허기업을 경영할 수 있는 권리 및 그에 수반된 여러 가지 특전을 누림과 동시에 특허기업이 그의 목적을 달성하는 데 필요한 여러 가지 의무와 부담을 부과 받게 됨이 보통이다.

(1) 특허기업자의 권리와 특권

(가) 특허기업자의 권리

특허기업자는 특허기업의 특허에 의해 당해 특허기업을 경영할 수 있는 권리(기업경영권)를 취득한다. 이러한 기업경영권에 기업의 독점적 경영권이 포함되는가 여부에 대하여는 긍정설(독점적 경영권설정설)과 부정설(포괄적 법률관계설정설)이 나누어져 있음은 앞에서 살펴 본 바와 같다.

---

23) 현재의 압도적 다수설이라 할 수 있다.

생각건대, 특허기업과 허가영업 및 특허기업의 특허와 영업의 허가와의 구별의 결정적인 기준은 특허기업자의 영업상의 이익은 법의 보호를 받는 데 대하여 허가영업자의 영업상의 이익은 반사적 이익으로서(경업자와의 관계에 있어서) 법의 보호를 받지 못하는 점에서 구해야 할 것이다.[24] 허가영업에 있어서는 행정청(허가권자)은 허가요건으로서의 시설기준에 적합한 시설을 갖춘 모든 허가신청자에게 허가를 부여해야 할 의무를 짐이 보통이다. 이에 의하여 허가영업자가 수익을 올리는가 여부는 행정청으로서 관여할 바가 아니다. 영업자가 돈을 벌고 안 벌고는 허가요건과는 무관하므로 '반사적 이익(사실상의 이익)'의 성질을 가진다. 이에 대해, 특허기업에 있어서는 법이 그 특허의 기준의 하나로서 수급적합의 원칙을 정하고 있으므로, 행정청은 적어도 과당경쟁으로 인한 특허기업자의 수지악화를 방지해야 할 의무가 있다. 따라서 만일에, 행정청이 신규업자에 대해 동종의 특허기업의 특허를 부여함으로써 기존업자의 경영상의 수지악화를 초래하게 되면, 기존업자는 법률상의 이익침해를 이유로 취소소송을 제기할 수 있는 것이다. 그리고 특허기업자가 향유하는 이와 같은 경영상의 이익을 "독점적 경영권"이라 부를 수 있다.

[참고판례] 자동차운수사업법 제6조 제1호에서 당해 사업계획이 노선 또는 사업구역의 수송수요와 수송력공급에 적합할 것을 면허의 기준으로 한 것은 주로 자동차운수사업에 대한 질서를 확립하고 자동차운수사업의 종합적인 발달을 도모하여 공공복리의 증진을 목적으로 하고 있으며, 동시에 한편으로는 업자간의 경쟁으로 인한 경영의 합리화를 보호하자는 데도 그 목적이 있다. 따라서 이러한 기존업자의 이익은 단순한 사실상의 이익이 아니고 법에 의하여 보호되는 이익이라고 해석된다(대판 1974. 4. 9, 73누173, 동지판례: 대판 1992. 4. 28, 91누10220).

(나) 특허기업자의 특권

특허기업자는 기업경영권을 취득하는 외에 법령 또는 특허처분을 통해 특허기업의 원활한 운영을 위해 필요한 보호와 특전을 부여받는 경우가 많다. 그 종류는 기업에 따라 다르지만, 일반적인 것으로서 다음과 같은 것이 있다.

① **공용부담권:** 공용부담권이란 본래 국가 등이 공공필요를 위하여 타인에게 강제적으로 경제적 부담을 과할 수 있는 힘을 의미한다. 특허기업자에게는 개별법(전기사업법 87조 이하, 수도법 60조 이하) 또는 일반법(공익사업을 위한 토지 등의 취득 및 보상에 관한 법률)에 의하여 타인의 토지를

24) 주 19) 및 20)에 소개한 대법원판례 참조.

사용하고 장애물을 제거하는 등의 공용부담권이 인정되는 경우가 있다.

② **공물사용권:** 특허기업자에게는 사업을 위해 필요한 한도 내에서 도로 등 공물을 사용할 수 있는 권리가 인정되기도 한다(전기사업법 92조 등). 이러한 경우에도 특허기업자는 공물의 사용에 관하여 사전에 공물관리자의 허가를 받아야 하나, 공물관리자는 정당한 사유 없이 그 공물사용의 허가를 거부하지 못한다(도로법 64조 참조).

③ **경제상의 보호:** 특허기업자에게는 그 사업의 원활한 수행을 위해 각종의 경제상의 보호·특전이 부여되기도 한다. 그 중요한 수단으로서는, 면세·감세, 보조금의 교부, 국공유지의 무상대부·양여 등이 있다.

④ **행정벌에 의한 보호:** 법은 특허기업을 방해하거나 그의 시설을 파괴하는 자를 처벌하는 방법 등을 통해 특허기업을 보호하기도 한다(전기사업법 70조·102조, 도시가스사업법 48조 등).

(2) 특허기업자의 의무와 부담

특허기업자는 위에서 본 바와 같은 보호·특전을 누리는 반면에, 특허기업의 공익성으로 인해 특별한 의무와 부담을 지기도 하는 바, 주요한 것으로서 다음과 같은 것이 있다.

(가) 기업경영의무

특허기업은 공익사업이므로, 경영의 특허를 받은 자는 그것을 경영할 의무를 지며, 경영의무위반은 특허의 철회사유가 됨이 보통이다. 경영의무의 내용은 다음과 같이 세분할 수 있다.

① **기업개시의무:** 특허기업의 특허를 받은 자는 특허행정청이 지정하는 기일 또는 기간 내에 사업을 개시할 의무를 짐이 보통이다(여객자동차 운수사업법 7조, 전기사업법 9조 등 참조).

② **기업시행(계속)의무:** 특허기업자는 일단 사업을 개시한 이상, 그 사업을 계속할 의무를 지며, 특허행정청에 대한 신고 등이 없이는 사업을 휴업 또는 폐지할 수 없는 의무를 짐이 보통이다(여객자동차 운수사업법 16조, 해운법 18조, 도시가스사업법 8조, 전기사업법 14조 등 참조).

③ **이용제공의무:** 특허기업은 국민의 일상생활에 필수적인 재화나 역무를 제공하는 사업이므로, 국민으로부터의 요청이 있는 경우에는 그의 요청에 응하는 동시에 이용자를 차별해서는 안 되는 의무를 짐이 보통이다(도시가스사업법 20조 3항 4호, 전기사업법 20조 등 참조).

(나) 지시·감독을 받을 의무

공공의 안녕·질서유지를 위한 소극적인 감독을 받는 허가영업과는 달리, 특허기업은 기업의 성공적인 운영 및 이용자의 편의를 위하여 행정청에 의한 적극적인 지시·감독을 받을 의무를 짐이 보통이다. 과거에는 행정주체와 특허기업자와의 관계를 특별권력관계의 일종으로 봄으로써 법률의 근거 없이도 행정기관이 특허기업자를 지휘·감독할 수 있는 것으로 보는 경향이 있었다. 그러나 오늘날은 행정주체의 특허기업에 대한 감독관계는 특별권력관계 또는 특별신분관계로부터 제외함이 일반적이다. 따라서 오늘날은 행정주체의 특허기업에 대한 감독은 허가영업에 비해 여러 가지 적극적인 감독을 받되, 여기에도 법률유보의 원칙이 지배하는 것으로 이해되어야 한다. 감독의 구체적인 내용은 다음과 같다.

① **기업의 감시:** 감독행정기관은 기업의 실태를 파악하기 위하여 특허기업자에 대하여 보고 또는 서류의 제출을 명할 수 있으며, 또한 관계공무원은 서류·물건 등을 검사하거나 관계자에게 질문할 수 있음이 보통이다. 후자의 경우, 당해 공무원은 그 권한을 표시하는 증표를 휴대하고 관계자에게 이를 제시하지 않으면 안 된다(여객자동차 운수사업법 79조, 해운법 50조, 도시가스사업법 41조, 전기사업법 66조·22조 등 참조).

② **기업의 인적 능력·구성 등에 대한 감독:** 특허기업은 그 기업을 경영할 수 있는 능력이 있는 자에게 특허하도록 되어 있으며, 결격사유 있는 자는 특허를 얻을 수 없게 되어 있다(여객자동차 운수사업법 5조·6조, 해운법 5조·8조 등 참조). 그러한 의미에서 기업의 인적 능력은 항상 행정청에 의한 감독의 대상이 된다고 볼 수 있다. 한편, 기업은 일정한 업무에 대해서는 공인된 자격소지자를 선임해야 하는 의무를 지기도 하는 바(전기사업법 73조, 도시가스사업법 29조, 여객자동차 운수사업법 21조 등 참조), 이러한 점 역시 감독의 대상이 된다고 할 수 있다.[25)]

③ **기업의 물적 기초에 대한 감독:** 특허기업자가 그 사업을 양도·양수하는 경우에는 감독행정청에게 신고해야 함이 일반적이다(여객자동차 운수사업법 14조, 도시가스사업법 7조 등 참조). 이밖에 특허기업의 회계 및 재무가 감독의 대상이 되며(전기사업법 93조·105조), 혹은 물적 시설이 감독의 대상이 되기도 한다(도시가스사업법 11조 이하).

④ **기업활동에 대한 감독:** 특허기업은 그의 사업계획이 법이 정한 기준에 합치될 때 특허를 받게 되는 것이므로, 그 사업계획의 변경은 감독행정청의 인가대상이 되는 동시에, 감독행정청은 공익상의 이유로 사업계획의 변경을 포함하여 사업개선명령을 발할 수 있음이 보통이다(여객자동차 운수사업법 10조·23조, 해운법 14조·30조, 도시가스사업법 18조·27조 등 참조).

---

25) 일부 문헌에서는 나아가, 특허기업의 관리기관을 정부가 직접 임명하거나 선임에 인가를 받게 하는 경우도 있는 것으로 설명되어 있다. 그러나 특허기업은 어디까지나 사기업인 점에서 그러한 일은 있기 어려우며, 실정법에 그 예를 찾아보기 어렵다.

요금 등 공급조건이나 운송조건에 대해서도 신고사항(여객자동차 운수사업법 8조, 해운법 11조 등)으로 하거나, 인가사항(전기사업법 16조)으로 하거나, 승인사항(도시가스사업법 20조)으로 하고 있다. 그 밖에 기업활동에 대한 감독의 내용은 기업의 종류에 따라 다양하다. 어느 경우에든 사업면허(특허)의 철회가 가장 강력한 감독수단이라고 하겠는 바, 이 경우 그 철회는 수익적 행정행위에 관한 법원칙[26]을 준수할 필요가 있다.

(다) 특허기업자의 부담

특허기업자는 그 사업의 공공성으로 인하여 허가사업에서는 보기 어려운 여러 가지 부담을 지는 바, 주요한 것으로서 다음과 같은 것이 있다.

① 기업물건의 불융통성: 전술한 바와 같이, 특허기업은 그 사업의 양도·양수 또는 합병에 감독행정청의 인가를 받도록 하고 있는 바, 이것은 특허기업에 제공되어 있는 물건의 융통성이 제한받고 있음을 의미한다.

② 특별부담: 특별부담이란 보통 국가나 공공단체 또는 제3자를 위하여 명령이나 특별명령서에 의하여 특허기업자에게 과하여지는 부담을 말하는 바, i) 저렴한 요금으로 물건이나 역무를 제공해야 할 의무, ii) 타자를 위하여 기업설비를 공용할 의무 등이 그 예이다.

③ 특권료의 납부의무: 특권료(特權料)란 특허기업자가 독점적 이익을 누리는 대가로 국가에 지급하는 금전을 말하는 것으로서, 법률 또는 특허명령서에 근거하여 납부하게 한다.

④ 매수에 응할 의무: 특허기업에 대해서는 법률 또는 특허명령서를 통해, 국가(지방자치단체 포함) 등에 의한 매수에 응할 의무가 부과될 수도 있다(수도법 44조 참조). 다만 이와 관련하여, 헌법이 "국방상 또는 국민경제상 긴절한 필요로 인하여 법률이 정하는 경우를 제외하고는 사영기업을 국유 또는 공유로 이전하거나 그 경영을 통제 또는 관리할 수 없다"(126조)라고 규정하고 있는 점에 유의할 필요가 있다.

⑤ 보험에 가입할 의무: 특허기업은 보험에 가입할 의무를 지기도 한다(도시가스사업법 43조).

4. 특허기업의 이용관계

특허기업은 기본적으로 사인이 경영하는 사기업이다. 다만 특허기업이 공중

26) 철회의 준칙, 법률유보원칙과의 관계 등에 관하여는 김남진·김연태(Ⅰ), 392면 이하 참조.

의 일상생활에 필요한 물건이나 역무를 제공함으로 인하여 순수 사기업인 허가영업보다 국가 또는 지방자치단체가 적극적인 감독과 보호를 하는 점이 다른 점이라고 할 수 있다. 따라서 국가 또는 지방자치단체와 특허기업과의 관계는 공법관계의 성질을 가지지만, 그 특허기업과 이용자와의 관계, 예컨대 특허기업으로서의 버스운수회사와 승객과의 관계, 도시가스공급회사와 가스수급자와의 관계 등은 사법관계의 성질을 가진다고 보지 않을 수 없다. 다만 법률이 요금의 강제징수 등을 인정하게 되면, 그 한도에서 공법관계로서의 성질을 가질 수 있다.

5. 특허기업의 이전 · 위탁 · 종료

(1) 특허기업의 이전

특허기업의 이전이란 특허기업자가 그 기업경영권을 타인에게 이전하는 것을 말한다. 양도 · 합병이 대표적 예이며, 상속도 이에 포함시킬 수 있다. 특허기업의 특허에 수급적합의 원칙, 능력의 소유 등 많은 요건이 설정되어 있는 바와 같이, 특허기업의 양도나 합병에 있어서도 특허에 필요한 요건충족이 필요하다고 보지 않으면 안 된다. 법이 특허기업의 양도 · 양수나 합병을 대부분 신고 또는 인가사항으로 정하고 있는 이유도 거기에 있다(여객자동차 운수사업법 14조, 전기사업법 10조 등 참조).

(2) 특허기업의 위탁

특허기업의 위탁(또는 위임)이란, 특허기업의 경영권은 특허기업자가 가지고 있으면서 다만 특허기업의 관리 · 경영을 타인에게 위탁하는 경우를 의미한다. 특허기업의 특허의 취지에 비추어 볼 때 특허기업의 위탁은 원칙적으로 허용되지 않는다고 보지 않으면 안 된다. 특허기업의 경영은 권리인 동시에 의무로서의 성질을 가진다고 보기 때문이다. 다만 법은 예외적으로 감독행정청에게 신고를 하여 특허사업의 경영을 위탁할 수 있게 하고 있다(여객자동차 운수사업법 13조 등). 이와 같이 감독행정청의 인가를 받아 사업의 관리를 위탁하는 것이 아니고, 단순히 명의를 이용시키는 행위는 금지된다고 보지 않으면 안 된다(여객자동차 운수사업법 12조).

(3) 특허기업의 종료

특허기업의 특허를 받은 자는 특허기업을 계속해야 할 의무를 지고 있음은 앞에서 본 바와 같다. 따라서 사업의 휴업이나 폐지 역시 감독행정청의 허가 또는 신고사항이 되고 있음이 보통이다(여객자동차 운수사업법 16조, 해운법 18조 등 참조).

이 밖에 특허의 철회, 실효, 기한의 만료 등에 의하여 특허기업은 종료될 수 있다.

제 5 절 사회(보장)행정법

Ⅰ. 개설(사회보장의 이념과 사회행정법)

사회행정법(또는 사회법, 사회보장법)[1]은 사회국가(Sozialstaat)를 전제로 한다. 바꾸어 말하면, 사회행정법은 헌법상의 사회국가의 이념을 구체화하며 실천하는 것을 그 목적으로 한다. 근래 행정법은 헌법의 집행법이며 '구체화된 헌법'임이 강조되고 있거니와,[2] 그러한 명제는 사회행정법의 경우에도 그대로 타당하다.

우리 헌법에는 독일기본법[3]에서와 같이 사회국가원리를 직접적으로 명시한 규정은 없다. 그러나 우리 헌법에는 대한민국의 사회국가성을 밝혀주는 분명하고도 충분한 규정들이 산재해 있다. 헌법 전문에 있어서의 "안으로는 국민 생활의 균등한 향상을 기하고…"의 규정, 헌법 제2장에 있어서의 여러 사회적(생존권적) 기본권조항(31조·32조·33조·34조·36조 등), 제9장에 있어서의 경제헌법조항(119조·127조) 등이 그에 해당한다.[4]

사회(보장)행정법과 관련하여서는, 특히 헌법 제34조가 '사회보장 등'이라는 제목하에 ① 모든 국민은 인간다운 생활을 할 권리를 가진다. ② 국가는 사회

1) 본서에서 사회행정법의 이름으로 다루어지는 내용이 학자에 따라서는 사회법 또는 사회보장법이라는 이름으로 다루어지기도 한다. 사회행정법 또는 사회법(Sozialrecht)이라는 명칭이 독일에서 많이 사용되는 경향이 있는데 대하여, 사회보장(sozial security) 또는 사회보장법이라는 명칭은 그의 어원을 영·미에 두고 있다고 볼 수 있는 바, 현재 우리나라의 법학계에서는 후자의 예에 따르는 경향이 많은 것으로 보인다. 김유성, 한국사회보장법론, 1997; 전광석, 한국사회보장법론, 2005; 김동희(Ⅱ), 332면 이하 등 참조. 다른 한편, 사회복지법을 '광의의 사회법'으로 이해하는 저자도 있음을 밝혀 두기로 한다(박송규, 사회복지법제론, 2003, 11면 이하 참조).

2) 이러한 점에 관하여는 김남진·김연태(Ⅰ), 30면 이하 참조.

3) 독일의 기본법(Grundgesetz)은 독일이 민주적·사회적 법치국가(demokratischer und sozialer Rechtstaat)임을 명시하고 있다(동법 20조 1항, 28조 1항 참조).

4) 이러한 이유로 '사회국가원리'는 행정법의 지도원리의 하나라고 할 수 있다(김남진·김연태(Ⅰ), 39면 이하). 주의할 것은 사회국가와 사회주의국가는 구별된다고 하는 점이다. 전자는 사회정의를 민주주의 및 법치주의의 방법으로 실현하고자 하는데 대하여, 후자는 사유재산제의 부인 및 일당독재를 근간으로 하는 체제를 의미하기 때문이다.

보장·사회복지의 증진에 노력할 의무를 진다. ③ 국가는 여자의 복지와 권익의 향상을 위하여 노력하여야 한다. ④ 국가는 노인과 청소년의 복지향상을 위한 정책을 실시할 의무를 진다. ⑤ 신체장애자 및 질병·노령 기타의 사유로 생활능력이 없는 국민은 법률이 정하는 바에 의하여 국가의 보호를 받는다. ⑥ 국가는 재해를 예방하고 그 위험으로부터 국민을 보호하기 위하여 노력하여야 한다라고 규정하고 있는 점을 되새겨 볼 필요가 있다.

다만, 위 헌법규정과 관련하여서는, 그 내용을 구체화하는 1차적인 임무는 입법권자에게 주어져 있는 점에 유의할 필요가 있다. 따라서 입법권자는 그 사회국가의 이념 또는 목표를 실현함에 있어 광범위한 형성의 여지(Gestaltungs-spielraum)를 가진다고 할 수 있으며, 사회행정법의 구체적 내용도 입법(법률제정)을 통해 정해진다고 하지 않을 수 없다. 비록 헌법이 "모든 국민은 인간다운 생활을 할 권리를 가진다"(34조 1항)라고 규정하고 있지만, 동조에 근거하여 모든 국민이 직접 국가에 대하여 인간다운 생활의 보장을 청구할 수는 없다고 보게 되는 이유도 그 점에 있다.

[판례] 헌법 규정에 따라 국민에게 주어진 사회보장에 따른 국민의 수급권은 국가에게 적극적으로 급부를 요구할 수 있는 권리를 주된 내용으로 한다. 국가가 국민에게 인간다운 생활을 할 권리를 보장하기 위하여 사회보장수급권에 관한 입법을 할 경우에는 국가의 재정부담 능력, 전체적인 사회보장수준과 국민감정 등 사회정책적인 고려, 상충하는 국민 각 계층의 갖가지 이해관계 등 복잡 다양한 요소를 함께 고려해야 한다. 따라서 이에 관한 기준을 설정하는 데에는 입법부 또는 입법에 의하여 다시 위임을 받은 행정부 등 해당 기관에 상대적으로 광범위한 재량이 있는 것으로 봄이 타당하다(대판 2017. 7. 11, 2015두2864).

Ⅱ. 사회행정법의 의의 및 구성

1. 사회행정법의 의의

사회행정법은 일단(광의로) 행정주체에 의한 사회정책의 입안 및 집행에 관한 법이라고 말할 수 있으며, 그 사회정책이란 앞에 설명한 바와 같은 사회국가의 이념과 목표를 실현하는 시책을 의미한다고 말할 수 있다. 다만, 아직 사회행정법이라는 명칭조차 정착되어 있지 않은 상태이므로 사회(보장)행정법의 의의에 관해서도 정설이 없는 상태이다. 이것은 사회행정 또는 사회보장행정의 내포에 대한 각자의 생각에 차이가 있기 때문이다. 사회보장행정을 "행정주체가 개인이 인간다운 생활을 할 수 있도록 최저생활을 보장함으로써 공공복리를 증진하기 위하여 행하는 사회보험, 공공부조·사회복지서비스 및 관련 복지제도 등의 급부행정작용"이라고 설명하거나[5] 또는 사회보장을 '사회적 위험'에 대한 보호제도로서 이해하는 입장[6]도 있다.

앞에서, 사회행정법이란 넓은 의미로 "사회국가의 이념을 구체화하며 실천하는 법"임을 강조하였다. 다만, 이 책에서는 그 사회행정법을 급부행정법의 일부로 위치시키고 있으므로, 본서에서의 사회행정법, 즉 '좁은 의미의 사회행정법'은 "사회구성원의 생존을 배려해 주기 위하여 행하는 공공부조, 사회보험, 원호 등에 관한 급부행정법이다"라고 정의하기로 한다.

2. 사회행정법의 내용과 구성

(1) 실정법상의 규정

「사회보장기본법」(1995. 12. 30 제정)의 전신인 「사회보장에관한법률」(1963년 제정)은 사회보장에 관하여 「사회보험에 의한 제급여와 무상으로 행하는 공적 부조」로 정의한 바 있다. 이에 대해 「사회보장기본법」은 "출산, 양육, 실업, 노령, 장애, 질병, 빈곤 및 사망 등의 사회적 위험으로부터 모든 국민을 보호하고 국민 삶의 질을 향상시키는 데 필요한 소득·서비스를 보장하는 사회보험, 공공부조, 사회서비스를 말한다"(3조 1호)라고 규정하였다.

(2) 이론서의 구성

사회행정법 또는 사회보장법 등의 이름으로 어떠한 내용을 그 안에 담고 있는가는 학자(저서)에 따라 상당한 차이가 있다. 즉, 사회보장이라는 이름 아래 그 안에 공공부조(공적 부조)·사회보험·사회복지 서비스 및 특별원호를 담고 있는 예,[7] 사회보장제도의 영역으로서 사회보험, 공공부조, 사회서비스 및 관련 복지제도에 관해 설명하는 예,[8] 사회보장법을 사회보험법체계, 사회보상법체계, 공공부조법체계 및 사회복지관련법체계 등으로 나눌 수 있다고 보는 견해[9] 등

5) 박윤흔·정형근(하), 468면.
6) 김동희(Ⅱ), 332면.
7) 박윤흔·정형근(하), 469면.
8) 김동희(Ⅱ), 333면 이하.
9) 전광석, 한국사회보장법론, 85면.

매우 다양하다. 본서에서는 「사회보장기본법」 및 학설을 참고하여 사회행정(법)의 내용을 공공부조, 사회보험, 특별원호 및 사회복지서비스로 나누어 살펴보기로 한다.

Ⅲ. 사회행정(사회보장)의 내용

1. 공공부조

(1) 의 의

공공부조 또는 공적 부조(öffentliche Fürsorge)란, 국가와 지방자치단체의 책임 하에 생활유지능력이 없거나 생활이 어려운 국민의 최저생활을 보장하고 자립을 지원하는 제도를 의미한다(사회보장기본법 3조 3호 참조).

공공부조의 대표적인 것으로는 「국민기초생활보장법」[10]에 의한 생활보장과 「의료급여법」에 의한 의료보호가 있다(후술 '내용' 참조).

(2) 적용원칙과 특색

공공부조에는 다음과 같은 원칙이 적용된다고 볼 수 있다.[11]

(가) 기초생활의 보장(Gewähr des Existenzminimums)

문명국가에서 성인은 자기의 수입으로써 자기 자신과 자신의 가족을 부양함이 원칙이다. 그러나 이에 대한 예외로서, 생활유지의 능력이 없거나 생활이 어려운 자가 있는 경우에 이들에게 기초생활을 보장하고 자활을 조성하려는 것이 공공부조의 기본적 취지라고 할 수 있다(사회보장기본법 3조 3호 참조).

(나) 보충성의 원칙(Subsidiarität)

공공부조는 보호대상자가 자신의 생활의 유지·향상을 위하여 그 자산·근로능력 등을 활용하여 최대한 노력하는 것을 전제로 한다(국민기초생활 보장법 3조 참조).

---

10) 국민기초생활보장법(1999. 9. 7 제정)이 2000년 10월 1일부터 시행됨과 더불어 생활보호법은 폐지되었다.

11) 이하의 내용에 관해서는 vgl. 특히 Ruland, Sozialrecht, in: Schmidt-Aßmann(Hg.), Besonderes Verwaltungsrecht, 11. Aufl., 1999. S. 748 ff.; 김유성, 전게서, 300면 이하; 박송규, 222면 이하. 아울러 이 가운데 박송규박사는 공공부조의 기본원리로서 ① 국가책임의 원리, ② 생활권보장의 원리, ③ 무차별평등의 원리, ④ 최저생활보장의 원리, ⑤ 보충성의 원리, ⑥ 자립조장의 원리를 열거하며, 공공부조 실시상의 원칙으로서 ① 신청보호의 원칙, ② 기준 및 정도의 원칙, ③ 필요즉응의 원칙, ④ 세대단위의 원칙, ⑤ 현금부조의 원칙, ⑥ 재가(在家)보호의 원칙을 열거하고 있다.

(다) 개별성의 원칙(Individualisierungsprinzip)

생활유지의 능력이 없거나 생활이 어려운 자의 생활생태는 각양각색이기 때문에 부조의 내용이나 정도는 그 보호대상자의 사정에 따라 개별적으로 결정될 필요가 있다(국민기초생활 보장법 4조 2항 등 참조).

(라) 목적성의 원칙(Finalität)

피보호자가 보호를 필요로 하게 된 원인(Grund der Bedürftigkeit)은 불문한다. 따라서 게으름과 방탕이 빈곤의 원인인 경우에도 부조를 받을 자격이 있는 셈이다.

(마) 과잉금지의 원칙(Übermaßverbot)[12)]

보호대상자에게 행해지는 부조는 그의 내용이 적합하고 필요하며 상당한 것이어야 한다.

(3) 구 분

(가) 생활보장

1) 급여의 종류

「국민기초생활 보장법」에 따른 급여의 종류는 다음과 같다(국민기초생활 보장법 7조 이하).

① 생계급여: 생계급여는 수급자에게 의복·음식물 및 연료비와 기타 일상생활에 기본적으로 필요한 금품을 지급하여 그 생계를 유지하게 하는 것을 내용으로 한다(동법 8조). 생계급여는 수급자의 주거에서 행한다. 다만, 수급자가 그 주거가 없거나 주거가 있어도 그곳에서는 급여의 목적을 달성할 수 없는 경우 또는 수급자가 희망하는 경우에는 보장시설(사회복지시설)이나 타인의 가정에 위탁하여 급여를 행할 수 있다(동법 10조).

② 주거급여: 주거급여는 수급자에게 주거 안정에 필요한 임차료, 수선유지비, 그 밖의 수급품을 지급하는 것으로 한다(동법 11조).

③ 의료급여: 「의료급여법」이 정하는 바에 의한다(후술 참조).

④ 교육급여: 교육급여는 수급자에게 입학금·수업료·학용품비·기타 수급품을 지급하는 것으로 하되, 학교의 종류·범위 등에 관하여 필요한 사항은 대통령령으로 정한다(동법 12조).

⑤ 해산급여: 해산급여는 생계급여, 주거급여, 의료급여 중 하나 이상의

12) 행정의 모든 영역에 적용되는 그 과잉조치금지의 원칙 또는 '광의의 비례원칙'에 대한 상세한 내용에 관해서는 김남진·김연태(Ⅰ), 44면 이하 참조.

급여를 받는 수급자에게 ㉠ 조산(助産), ㉡ 분만 전과 분만 후에 필요한 조치와 보호를 행하는 것으로 하며, 보장기관이 정하는 의료기관에 위탁하여 행할 수 있다(동법 13조).

⑥ **장제급여**: 장제급여는 생계급여, 주거급여, 의료급여 중 하나 이상의 급여를 받는 수급자가 사망한 경우 사체의 검안·운반·화장 또는 매장 기타 장제조치를 행하는 것으로 하며, 실제로 장제를 실시하는 자에게 장제에 필요한 비용을 지급함으로써 행한다(동법 14조).

⑦ **자활급여**: 자활급여는 수급자의 자활을 조성하기 위하여 다음 각호의 급여를 행하는 것으로 한다.

㉠ 자활에 필요한 금품의 지급 또는 대여
㉡ 자활에 필요한 근로능력의 향상 및 기능습득의 지원
㉢ 취업알선 등 정보의 제공
㉣ 자활을 위한 근로기회의 제공
㉤ 자활에 필요한 시설 및 장비의 대여
㉥ 창업교육, 기능훈련 및 기술·경영 지도 등 창업지원
㉦ 자활에 필요한 자산형성 지원
㉧ 그 밖에 대통령령으로 정하는 자활을 위한 각종 지원

위 자활급여는 관련 공공 또는 민간기관·시설에 위탁하여 이를 행할 수 있다. 이 경우 그에 소요되는 비용은 보장기관이 이를 부담한다(동법 15조).

2) 보장기관

급여는 수급권자 또는 수급자의 거주지를 관할하는 시·도지사와 시장·군수·구청장이 행한다. 다만, 주거가 일정하지 아니한 경우에는 수급권자 또는 수급자가 실제 거주하는 지역을 관할하는 시장·군수·구청장이 행한다(동법 19조).

3) 급여의 신청

수급권자와 그 친족, 그 밖의 관계인은 관할 시장·군수·구청장에게 수급권자에 대한 급여를 신청할 수 있다(동법 21조).

4) 급여의 결정

시장·군수·구청장은 수급자의 신청에 의한 조사를 하였을 때에는 지체없이 급여 실시 여부와 급여의 내용을 결정하여야 한다(동법 26조).

5) 급여의 변경

보장기관은 수급자의 소득·재산·근로능력 등이 변경된 경우에는 직권 또

는 수급자나 그 친족 기타 관계자의 신청에 의하여 그에 대한 급여의 종류・방법 등을 변경할 수 있다(동법 29조).

(나) 의료보호

생활유지의 능력이 없거나 생활이 어려운 자에게 「의료급여법」이 정하는 바에 따라 실시되는 의료보호의 주요내용은 다음과 같다.

1) 보호대상자

「의료급여법」에 의한 보호대상자는 다음과 같다(동법 3조).

① 「국민기초생활 보장법」에 따른 의료급여 수급자
② 「재해구호법」에 따른 이재민으로서 보건복지부장관이 의료급여가 필요하다고 인정한 사람
③ 「의사상자 등 예우 및 지원에 관한 법률」에 따라 의료급여를 받는 사람
④ 「입양특례법」에 따라 국내에 입양된 18세 미만의 아동
⑤ 「독립유공자예우에 관한 법률」, 「국가유공자 등 예우 및 지원에 관한 법률」 및 「보훈보상대상자 지원에 관한 법률」의 적용을 받고 있는 사람과 그 가족으로서 국가보훈처장이 의료급여가 필요하다고 추천한 사람 중에서 보건복지부장관이 의료급여가 필요하다고 인정한 사람
⑥ 「무형유산의 보전 및 진흥에 관한 법률」에 따라 지정된 국가무형유산의 보유자(명예보유자를 포함한다) 및 그 가족으로서 문화재청장이 의료급여가 필요하다고 추천한 사람 중에서 보건복지부장관이 의료급여가 필요하다고 인정한 사람
⑦ 「북한이탈주민의 보호 및 정착지원에 관한 법률」의 적용을 받고 있는 사람과 그 가족으로서 보건복지부장관이 의료급여가 필요하다고 인정한 사람
⑧ 「5・18민주화운동 관련자 보상 등에 관한 법률」 제8조에 따라 보상금등을 받은 사람과 그 가족으로서 보건복지부장관이 의료급여가 필요하다고 인정한 사람
⑨ 「노숙인 등의 복지 및 자립지원에 관한 법률」에 따른 노숙인 등으로서 보건복지부장관이 의료급여가 필요하다고 인정한 사람
⑩ 그 밖에 생활유지 능력이 없거나 생활이 어려운 사람으로서 대통령령으로 정하는 사람

2) 보장기관

의료급여에 관한 업무는 수급권자의 거주지를 관할하는 시·도지사와 시장·군수·구청장이 행한다(동법 5조).

3) 보호비용의 부담

급여비용은 대통령령이 정하는 바에 따라 그 전부 또는 일부를 의료급여기금에서 부담하되, 의료급여기금에서 일부를 부담하는 경우 그 나머지 비용은 본인이 부담한다(동법 10조, 26조).

2. 사회보험

(1) 의 의

사회보험이라 함은, 국민에게 발생하는 사회적 위험(리스크)[13]을 보험의 방식으로 대처함으로써 국민건강과 소득을 보장하는 제도를 말한다(사회보장기본법 3조 2호 참조).

(2) 사회보험의 특색

한 마디로 사회보험이라고 하지만 개개 제도에 따라 상당한 차이가 있기 때문에 사회보험의 본질을 말한다는 것은 거의 불가능하다. 다만, 공공부조 내지 사(私)보험과 비교하여 사회보험에는 다음과 같은 특색이 있다고 할 수 있다.

첫째, 공공부조는 그 재원을 일반재원에 의존하는 데 비하여 사회보험은 피보험자, 그의 사용주, 정부 등으로부터의 보험료.또는 기여금(Beiträgen)에 의존함이 보통이다.

둘째, 공공부조에는 개별성의 원칙이 적용되는데 대하여 사회보험에 있어서는 반대로 구체적 수요의 불문성원칙(Unabhängigkeit von konkreter Bedürftigkeit)이 적용된다. 즉, 법정의 사고가 발생한 경우 수요자의 실제의 사정을 불문하고 일정액의 보험금이 지급됨이 보통이다.

셋째, 사회보험의 가입자는 공법인으로서의 단결된 공동체(Solidargemeinschaft)를 형성하고 있다고 볼 수 있다.

넷째, 사회보험에서는 사보험과 달리 사회적 조정(sozialer Ausgleich)의 요소가 가미됨에 따라 보험의 원리는 일정한 수정을 받게 된다. 즉, 사보험에서는 보험에의 가입 여부가 당사자의 자유로운 의사로 정해지지만, 사회보험에서는

---

13) 법률은 '위험'이라는 용어를 사용하고 있으나, 학문적으로는 '리스크(risk, Risiko)'의 성질을 가진다고 봄이 옳을 것이다. 양자의 차이에 관하여는 본서 799면 및 김중권, 리스크행정으로서의 의약품감시에 관한 소고, 법률신문, 2004. 8. 16 참조.

법에 정해진 자에게 가입의무가 부과됨이 보통이다.

(3) 사회보험의 종류

우리의 실정법에 비추어, 사회보험은 다음과 같이 분류될 수 있다.

(가) 국민건강보험

① 의의 및 연혁: 국민건강보험은 국민의 질병·부상·분만 또는 사망 등에 대하여 보험급여를 함을 내용으로 한다. 우리나라에는 1963년의 「의료보험법」 제정을 통해 처음으로 사회보험으로서의 의료보험이 실시되었다. 처음에는 임의적용을 원칙으로 하였으나, 그 뒤 당연적용으로 바뀌었으며, 가입대상과 적용영역이 점차 확대되었다. 1981년의 지역의료보험 실시, 1987년의 한방의료보험의 실시, 1989년 7월의 도시지역에서의 의료보험 실시 등이 그것을 말하여 준다.

1990년대에 들어서서, 의료보험통합에 대한 논의가 계속되던 중, 1997년 말에 이르러 종전의 「공무원 및 사립학교교직원 의료보험법」의 폐지와 「국민의료보험법」의 제정을 통해 부분통합이 이루어졌고, 1999년에 있어서의 「국민건강보험법」의 제정을 통해 형식상으로 의료보험의 통합이 이루어졌다고 할 수 있다.

② 국민건강보험법의 내용

㉠ 가입자·피부양자: 의료급여법에 따라 의료급여를 받는 자와 「독립유공자예우에 관한 법률」 및 「국가유공자 등 예우 및 지원에 관한 법률」에 의하여 의료보호를 받는 자를 제외한, 국내에 거주하는 국민은 이 법에 의한 건강보험의 가입 또는 피부양자가 된다(동법 5조).

㉡ 보험자·보험급여: 건강보험의 보험자는 국민건강보험공단이 되며, 가입자 및 피부양자의 질병·부상·출산 등에 대하여 진찰·검사, 약제·치료재료의 지급, 처치·수술 기타의 치료, 예방·재활, 입원, 간호, 이송 등의 요양급여를 하며, 공단은 가입자 및 피부양자에 대하여 질병의 조기발견과 그에 따른 요양급여를 하기 위하여 건강검진을 실시한다(동법 13조·41조·52조 등 참조).

(나) 산업재해보험

① 의의 및 연혁: 산업재해보험(이하 '산재보험'이라고 함)도 부상·질병·장해·사망 등을 대상으로 하는 보험인 점에서 건강보험 등 다른 사회보험과 그 본질을 같이 한다. 그러면서도 산재보험은 그 원인인 산업재해가 업무상의 재해, 직업병 등

노동관계의 특유한 위험에 기인하는 점, 급여도 건강보험 등에 비하여 높은 점 등에 특색이 있다.

근로에 따른 재해·질병은 거의 필연적이라 할 수 있다. 그리고 이로 인한 손해는 민사상의 손해배상의 방법으로 해결할 수도 있다. 그러나 손해배상제도는 과실책임주의를 그 기초로 하고 있기 때문에 사용자의 고의·과실을 입증하는 데 어려움이 따른다. 반면에 사용자의 책임도 무한대로 확대될 수 있다. 여기에 무과실책임주의를 바탕으로 하며, 보험의 기법을 통해 사용자의 부담도 덜어주는 산재보험제도가 발달하게 된 이유가 있다.

산재보험에 관한 현행법은 크게 ① 일반근로자를 대상으로 하는 「근로기준법」과 「산업재해보상보험법」, ② 공무원과 사립학교교원을 대상으로 하는 「공무원연금법」 및 「사립학교교직원 연금법」, ③ 선원을 대상으로 하는 「어선원 및 어선 재해보상보험법」 등으로 분류될 수 있다. 이 가운데 다음에서는 「산업재해보상보험법」이 정한 산재보험에 관하여만 간단히 살펴보기로 한다.

② 산업재해보상보험법의 내용

㉠ 보험관계: 정부(고용노동부장관)의 위탁을 받은 근로복지공단을 보험자로 하고, 사업주를 보험가입자로 하는 제도를 채용하고 있다. 사업주는 보험가입자로서 보험료를 부담하며, 그 보험료로 산업재해를 당한 피재자 등에게 소정의 보험급여를 지급하며, 피보험자격인 근로자는 보험료를 납부하지 아니하고 보험급여를 받는다.

「산업재해보상보험법」은 사업의 위험률·규모 및 사업장소 등을 고려하여 대통령령으로 정하는 사업을 제외하고 원칙적으로 모든 사업 또는 사업장에 적용된다(법 6조, 시행령 2조 1항 참조).

㉡ 보험급여: 「산업재해보상보험법」에 의한 급여에는 요양급여, 휴업급여, 장해급여, 간병급여, 유족급여, 상병보상연금, 장의비, 직업재활급여 등이 있다(동법 36조 이하).

[참고판례] 산업재해보상보험법 제5조 제1호가 정하는 업무상의 사유에 따른 질병으로 인정하려면 업무와 질병 사이에 인과관계가 있어야 하고 증명책임은 원칙적으로 근로자 측에 있다. 여기에서 말하는 인과관계는 반드시 의학적·자연과학적으로 명백히 증명되어야 하는 것은 아니고 법적·규범적 관점에서 상당인과관계가 인정되면 증명이 있다고 보아야 한다. 산업재해의 발생원인에 관한 직접적인 증거가 없더라도 근로자의 취업 당시 건강상태, 질병의 원인, 작업장에 발병원인이 될

만한 물질이 있었는지, 발병원인물질이 있는 작업장에서 근무한 기간 등의 여러 사정을 고려하여 경험칙과 사회통념에 따라 합리적인 추론을 통하여 인과관계를 인정할 수 있다. 이때 업무와 질병 사이의 인과관계는 사회 평균인이 아니라 질병이 생긴 근로자의 건강과 신체조건을 기준으로 판단하여야 한다(대판 2017. 8. 29, 2015두3867. 동지 판례: 대판 2004. 4. 9, 2003두12530; 대판 2008. 5. 15, 2008두3821).

(다) 국민연금보험

① 의의 및 연혁: 「국민연금법」에 의하여 실시되는 국민연금제도는 국민의 노령·장애 또는 사망에 대하여 연금급여를 실시하는 제도로서, ㉠ 연금보험료를 주된 재원으로 하고, ㉡ 연금보험료와 급여가 법정되어 있고, ㉢ 그 가입이 강제되고 있는 점에 비추어 사회보험의 성격을 가진다.

또한 국민연금은 장애자와 노령퇴직자의 장기적 소득보장을 목적으로 하는 점에서 ㉠ 상병(傷病)에 대한 요양급여를 주목적으로 하는 건강보험과 구별되며, ㉡ 근로자의 업무상 재해를 대상으로 하지 않는 점에서 산재보험과 구별된다.

국민연금제도는 본래 1973년에 제정된 「국민복지연금법」을 통해 실시할 예정이었다. 그러나 여건부족으로 그의 실시가 보류되었으며, 「국민연금법」으로 전면개정(1986. 12. 31)되어 실시되기에 이르렀다.[14]

② 내 용: 국민연금사업은 보건복지부장관(실제로는 그 위탁을 받은 국민연금공단)이 맡아 주관하며, 가입자는 18세 이상 60세 미만의 국민이 된다. 다만, 「공무원연금법」·「사립학교교직원 연금법」, 「군인연금법」 및 「별정우체국법」을 적용받는 공무원, 군인, 교직원 및 별정우체국 직원, 그 밖에 대통령령으로 정하는 자는 제외한다(동법 6조).

급여에는, 노령연금·장애연금·유족연금·반환일시금이 있으며, 이에 소요되는 보험비용은 가입자에 고용된 자(사업장 가입자)의 경우에는 본인과 사용자가 각각 일부를 부담하고, 그 외의 자(지역 가입자)의 경우에는 본인이 전액을 부담한다.[15] 한

---

14) 「국민연금법」이 실제로 실시된 것은 1988년부터이다. 1995년부터는 농어민에게 실시되었으며, 1999년 4월 1일부터는 도시자영업자(약 8백 19만명)와 5인 미만 사업장 근로자(약 2백 28만명)에 대해 확대실시되기에 이르렀다. 그러나 실업, 부도 등 사회변동이 극심했던 국제통화기금(IMF) 체제 이전인 1997년도 자료를 소득산정자료로 사용하였음으로 인하여 여러 가지 혼란을 겪은 바 있다.

15) 우리의 이와 같은 제도는 '적립방식'에 해당하는 셈이며, 그 점에서 '부과방식'과 구별된다. 여기에서 '부과방식'이란, 보험료의 적립없이 가입자로부터 보험료를 거두어 노령층에게 곧바로 연금을 지급하는 방식을 말하며, '적립방식'이란, 납부자의 납부보험금을 적립액으로 쌓아놓고, 이윤을 발생시켜 노후에 이를 되돌려 주는 방식을 말한다. 부과방식을 택할 경우, 노령인구증가 등으로 연금지급액이 늘어나면서 재정고갈의 위험성이 있는 탓에 국가의 재정지원이 필수적인 반면, 적립방식은 재정고갈의 위험성이

편, 국가는 매년 국민연금사업의 관리·운영에 필요한 국민연금공단의 관리운영비의 전부 또는 일부를 부담한다.

(라) 고용보험

고용보험제도는 실업근로자의 생활안정과 재취업촉진을 목적으로 하는 제도로서, 「고용보험법」이 그의 기본법이라 할 수 있으며, 각종의 퇴직수당도 고용보험의 성격을 가진다고 할 수 있다.

「고용보험법」은 고용규모와 관계없이 원칙적으로 전 사업장에 적용되며, 급여(실업급여)에는 구직급여와 취업촉진수당(조기재취업수당·직업능력개발수당·광역구직활동비·이주비)이 있다. 재원은 사업주와 피용자가 부담하는 보험료(각각 절반부담)와 급여의 종류에 따라 일정률을 보조하는 국고부담금으로 구성된다. 이른바 IMF사태로 실업자가 급격히 양산된 사태 하에서 고용보험이 여러모로 기능을 발휘한 바 있다.

3. 특별원호

특별원호(Sonderversorgung)란 국가에게 간접적 책임이 있는, 또는 집단적으로 발생한 희생자에 대해 주어지는 보상적 원호(Versorgung zum Ausgleich für mittelbar vom Staat verantwortet und idR massenweise aufgetretene Einbußen)를 의미한다. 재원은 공공부조에 있어서와 같이 일반재원에 의존한다. 이에 관한 일반법으로서는 「독립유공자예우에 관한 법률」과 「국가유공자 등 예우 및 지원에 관한 법률」이 있다.

수혜자(보훈대상자)는 ① 순국선열, ② 애국지사, ③ 전몰군경, ④ 전상군경, ⑤ 순직군경, ⑥ 공상군경, ⑦ 무공수훈자 및 보국수훈자, ⑧ 6·25참전 재일학도의용군인, ⑨ 4·19혁명사망자, ⑩ 4·19혁명부상자 및 혁명공로자, ⑪ 순직공무원, ⑫ 공상공무원, ⑬ 국가사회발전 특별공로순직자, ⑭ 국가사회발전 특별공로상이자, ⑮ 국가사회발전 특별공로자 등이다.

원호의 방법으로서는 보훈급여금(보상금 등)의 지급, 교육지원, 취업지원, 의료지원, 대부, 기타(양도지원 등)가 있다.

「의사상자 등 예우 및 지원에 관한 법률」에 의한 의사상자구호, 「재해구호법」에

상대적으로 낮은 셈이다. 그러나 특히 IMF체제 이후 경제적 곤란을 겪고 있는 국민이 많이 있는 만큼, 적립방식을 취하더라도 한시적으로나마 저소득층을 위한 국고지원이 마련되어야 했다는 지적도 많은 것이 사실이다.

의한 재해구호, 「일제하 일본군위안부 피해자에 대한 보호·지원 및 기념사업 등에 관한 법률」, 「북한이탈주민의 보호 및 정착지원에 관한 법률」, 「민주화운동관련자 명예회복 및 보상 등에 관한 법률」, 「5·18민주화운동 관련자 보상 등에 관한 법률」, 「제주4·3사건 진상규명 및 희생자 명예회복에 관한 특별법」에 의한 지원과 보호 등도 특별원호에 포함시킬 수 있다.

4. 사회서비스

사회서비스란 국가·지방자치단체 및 민간부문의 도움이 필요한 모든 국민에게 복지, 보건의료, 교육, 고용, 주거, 문화, 환경 등의 분야에서 인간다운 생활을 보장하고 상담, 재활, 돌봄, 정보의 제공, 관련 시설의 이용, 역량 개발, 사회참여 지원 등을 통하여 국민의 삶의 질이 향상되도록 지원하는 제도를 말한다(사회보장기본법 3조 4호 참조).

「한부모가족지원법」, 「장애인복지법」, 「아동복지법」, 「노인복지법」, 「모자보건법」, 「성매매방지 및 피해자보호 등에 관한 법률」, 「사회복지사업법」, 「장애인·노인·임산부 등의 편의증진 보장에 관한 법률」 등이 그의 근거법이다.

이들 법에 의한 급부는 의료급부, 시설의 제공, 생활상의 편의제공 등이 중심을 이룬다.

제 6 절 조성행정법

Ⅰ. 개 설

조성행정(Förderungsverwaltung)이란, 일반적으로 공적 목적을 위하여 개인의 생활이나 기업의 상태 등을 구조적으로 개선시켜 주기 위한 행정을 의미하고 있다. 장학금·연구비의 지급, 기업에 대한 융자 등 자금조성(Subvention, Subventioneirung)이 그의 중심을 이룬다. 직접 개인의 생활에 편의를 제공하거나 생활을 돕는 것이 아니고, 공적 목적을 위하여 개인·기업을 구조적으로 개선시킴(Strukturverbesserung)을 직접 목적으로 하는 점에서 같은 급부행정으로서의 공급행정·사회(보장)행정과 구별된다.

학자에 따라서는 무체재산권(발명특허권·공업소유권·저작권 등), 광업권, 어업권 등의 보호·감독까지도 '사권보호'라는 이름 아래 조성행정에 포함시키기도 한다.[1] 그러나 그들 영역은 독립된 학문분야를 이루고 있을 뿐 아니라 조성행정과는 너무나 이질적이라 생각되기에 본서는 그에 따르지 않기로 하며, 아래에서는 자금조성에 관해서만 고찰하기로 한다.

Ⅱ. 자금조성[2]

1. 자금조성의 의의

자금조성 또는 자금조성행정이란, "행정주체(국가·지방자치단체 등)가 공익목적을 위하여 사인(기업포함)에게 제공하는 경제적 급부" 또는 "국가 등의 행정주체가 특정한 경제, 문화, 사회정책적 목적을 추구하기 위하여 사인에게 제공하는 재정적 이익"으로 설명한다. 우리나라에서 자금조성 또는 자금조성행정이라고 할 때, 독일어의 Subvention 또는 Subventionierung을 염두에 두고 있는 것은 분명하다. 그리고 독일에 있어서도 그의 개념이 일치되어 있지 않음은 사실이다.[3] 그럼에도 불구하고 사인만을 그 자금조성의 수급자로 보는 점에 있어서는 일치되어 있다고 할 수 있다. 이에 대해 우리나라에서는 공공단체를 수급자에 포함시키는 견해도 있다. 자금조성행정에 대해 「국가 또는 지방자치단체 기타의 공공단체가 특정한 사업의 촉진·조장 등을 도모하기 위하여, 그러한 사업을 행하는 공공단체 또는 사인 등에게 금전의 급부 기타의 방법에 의한 경제상의 원조를 부여하는 행정」[4] 등으로 정의하는 입장이 그에 해당한다.

한편, 「보조금 관리에 관한 법률」은 '보조금'에 대하여 "국가 외의 자가 수행하는 사무 또는 사업에 대하여 국가가 이를 조성하거나 재정상의 원조를 하기 위하여 교부하는 보조금(지방자치단체에 대한 것과 기타 법인·단체 또는 개인의 시설자금이나 운영자금으로 교부하는 것만 해당한다)·부담금(국제조약에 따른 부담금은 제외한다) 그 밖에 상당한 반대급부를 받지 아니하고 교부하는 급부금으로서 대통령령으로 정하는 것"으로 정의하고 있는데(동법 2조 1호), '국가'만을 급부의 주체로 하고 있으며, 자금조성보다 좁은 의미의 '보조금'의 '예산과 관리'에 중점을 두고 있는

1) 박윤흔·정형근(하), 500면 이하.
2) 주요문헌: 김연태, 자금조성에 있어 법률유보, 안암법학 제4집, 1996, 393면 이하; 한견우, 보조금의 예산 및 관리에 관한 법률상의 보조금행정, 저스티스 제31권 제2호, 1998, 43면 이하; 정하중, 자금조성행정의 법적 성격과 행위형식, 공법연구 제28집 제1호, 1999, 131면 이하.
3) Vgl. Maurer, S. 444 ff.
4) 박윤흔·정형근(하), 500면.

점에서, 행정주체의 사인에 대한 경제적 급부에 중점을 두고 있는 자금조성과는 많이 다르다고 하지 않을 수 없다.

다른 한편, 우리나라가 UR협정을 체결하고 세계무역기구(WTO) 및 OECD에 가입함으로 인하여 산업에 대한 보조금 등의 지급은 국제적인 규범에 합치되어야 하는 등의 문제가 제기되고 있음을 적어 두기로 한다.[5]

2. 자금조성의 종류

(1) 생활영역에 의한 분류

자금조성은 조성되는 생활영역을 기준으로 경제 · 문화 · 관광 · 스포츠 · 과학기술 · 환경 등 여러 분야로 나누어 고찰될 수 있을 것이다.[6]

(2) 제공되는 급부(이익제공)의 종류에 따른 분류

(가) 소비적 보조금(verlorene Zuschüsse)

장학금, 연구보조비, 생산장려금 등 수급자가 반환의 의무를 지지 않는 각종의 보조금이 이에 해당한다.[7] 지급주체의 입장에서 볼 때에는 메워지지 않는 지출의 성격을 가지므로 "소비된 또는 상실된(verloren)"이라는 수식어가 붙여진 것으로 보인다. 물론 수급자가 그 보조금을 지급목적에 위배하여 사용했다든가, 보조금의 지급에 따른 의무를 이행하지 않았다든가 하는 것을 이유로 반환의무를 지는 경우는 여기에서 말하는 '반환의 의무'에 해당되지 않는다(보조금 관리에 관한 법률 제5장 참조). 「한국연구재단법」은 한국연구재단의 사업으로 학술 및 연구개발 활동의 지원, 학술 및 연구개발 인력의 양성과 활용의 지원, 학술 및 연구개발 활동의 국제협력 촉진 지원 등을 규정하고 있는데(동법 5조 1항), 이에 의해 지급되는 장학금, 보조금 등이 여기에서 말하는 '소비적 보조금'에 해당한다고 할 수 있다.

(나) 융자(Darlehen)

수급자에게 일반 시장금리보다 유리한 조건으로 행해지는 자금지원(저렴한 이자, 유리

---

5) 이러한 점에 관하여는 오준근 등, 보조금제도 관련법제의 현황과 개선방안－UR협정에 따른 산업지원 개선과 관련하여, 한국법제연구원 연구보고 94 · 4 참조.

6) 위 법제연구원의 연구보고서(94-4)는 경제활동분야에서의 관련보조금을 상업 · 광공업 · 동력자원 · 중소기업 · 농수산업 · 환경 · 과학기술 · 국방 · 서비스산업 및 기타로 나누어 고찰하고 있다(51면 이하).

7) 보조금에 관한 일반법인 「보조금 관리에 관한 법률」은 보조사업이 완료한 때에 그 보조사업자에게 상당한 수익이 발생하는 경우에 그 보조금의 교부목적에 위배되지 아니하는 범위 안에서 이미 교부한 보조금의 전부 또는 일부에 해당하는 금액을 국가에 반환하게 하는 조건을 붙일 수 있음을 규정하고 있다(동법 18조 2항).

(한 상환 조건 등)을 말한다.

(다) 보증(Bürgerschaften)

수급자가 제3자(은행, 외국 등)에게 지고 있는 채무를 국가 등이 보증하는 것을 말한다. 현재 이에 관한 일반법으로서 「신용보증기금법」이 제정되어 있는데, 동법은 "신용보증기금을 설립하여 담보능력이 미약한 기업의 채무를 보증하게 하여 기업의 자금융통을 원활히 하고, 신용정보의 효율적인 관리·운용을 통하여 건전한 신용질서를 확립함으로써 균형있는 국민경제의 발전에 이바지함을 목적"으로 하고 있다. 이와 같은 법률이 제정되기 전에도 국책은행 등에 의한 보증이 널리 행해진 바 있다.[8]

(라) 보장(Garantie)

자금조성의 수급자가 특정한 위험이 예상되는 사업에 실패하는 경우 행정주체가 그 손실을 보전해 주는 것을 의미한다. 현재 보증·보장을 뒷받침하는 여러 법률이 제정되어 있는데, 「벤처기업육성에 관한 특별조치법」·「중소기업기본법」 등이 그에 해당한다.

(마) 사실적 조성(Realförderungen)[9]

여기에서 사실적 조성이라 함은 ① 국공유 토지나 시설 등을 무상으로 양여·대부하는 등의 물적 지원(Naturalsubvention), ② 공공영역에 있어서의 우대(Bevorzugung bei der öffentlichen Auftragsvergabe) 등의 방법으로 상대방에게 경제적 이익을 제공하는 것을 말한다. 「산업기술단지 지원에 관한 특례법」은 ①을 위한 대표적 법률로서 볼 수 있으며(10조 등), 「중소기업창업 지원법」은 ②에 관련된 많은 규정(4조 등)을 두고 있다.

아울러 이른바 '자금조성'에는 여기에서 보는 바와 같은 '비금전적 급부'도 포함된다는 점을 유의할 필요가 있다.

(바) 면세 등

이른바 자금조성에 위에서 본바와 같은 '적극적인 지원', 즉 급부적 자금조성(Leistungssubvention) 이외에 세금 기타의 각종 부담금의 감면과 같은 '소극

8) 과거 우리 기업(건설업)이 중동지역에 많이 진출하였을 때에 국책은행 등이 신용보증을 하였다가 낭패를 당한 일은 잘 알려져 있는 바라고 하겠다. 기업들이 도입한 상업차관을 갚지 못하여 지급보증을 한 국내 금융기관이 대신 상환한 대금의 규모가 1,193억원에 이르렀다고 한다(매일경제신문, 1987. 11. 10 참조).

9) '실질적 조성'이라고 번역되기도 한다. 이 점에 관하여는 롤프 슈토버(저), 최송화·이원우(공역), 독일경제행정법, 1997, 278면 참조.

적인 지원', 즉 공제적 자금조성(Verschonungssubventiom)까지를 포함시킬 것인가는 하나의 쟁점이 되고 있다. 독일에서는, 경제적으로는 후자도 같은 의미를 가지지만, 법적 규율이라는 점에서는 양자간에 많은 차이가 있음을 이유로 자금조성으로 보지 않으려는 경향에 있다.[10] 이에 대해 우리나라에서는 후자도 자금조성에 포함시키는 경향에 있는 것으로 볼 수 있다.

공제적 자금조성에 관하여도 많은 법률이 제정되어 있는데, 「조세특례제한법」이 대표적 법률이라 할 수 있다. 한편, 「벤처기업육성에 관한 특별조치법」(22조)은 벤처기업에 대해, 「문화산업진흥 기본법」(27조)은 사업시행자에게 각종의 부담금(농지보전부담금 · 대체산림자원조성비 · 대체초지조성비 · 교통유발부담금 등)을 면제하는 특칙을 두고 있음이 주목된다.

3. 자금조성의 근거와 한계

(1) 헌법적 근거

자금조성은 우리 헌법의 기본원리의 하나로 볼 수 있는 사회국가원리(Sozialstaatsprinzip)[11]의 요청이라고 하겠으며, 또한 그에 적합하지 않으면 안 된다. 구체적으로는 "국가는 중소기업을 보호 · 육성하여야 한다"(123조 3항), "국가는 대외무역을 육성하며…"(125조) 등 헌법 제9장의 경제헌법조항에서 자금조성의 헌법적 근거를 찾을 수 있다.

(2) 법률적 근거와 법률유보원칙

자금조성에 관한 많은 법률이 제정되어 있음은 앞에서 살펴 본 바와 같다. 이와 관련하여 이론적으로 문제가 되는 것은 자금조성에 법률유보원칙이 적용되느냐 하는 것이다. 그 문제는 결국 법률유보에 관한 수많은 학설(침해유보설 · 전부유보설 · 사회유보설 · 본질사항유보설 등)[12] 가운데 어느 것을 취하느냐에 따라 결론이 달라질 수밖에 없다. 그러나 적어도 수급자 또는 경쟁자에게 침해적 효과를 가져온다거나 사회형성적 조치에 해당하는 내용의 자금조성에는 법률의 수권이 필요하다고 보아야 할 것이다.

(3) 적용법원칙

급부행정에 적용되는 기본원칙으로서 보통 사회국가의 원칙 · 보충성의 원

---

10) 예컨대 vgl. Maurer, S. 445.

11) 최송화 · 이원우(공역), 앞의 책, 438면 참조.

12) 이에 관하여는 김남진 · 김연태(I), 36면 이하; 김남진, 기본문제, 37면 이하 참조.

칙 · 법률적합성의 원칙 · 평등의 원칙 · 과잉급부금지의 원칙 · 신뢰보호의 원칙 등이 열거되고 있는 바, 그 중에서도 자금조성과 관련하여 중요한 의미를 가지는 것이 평등의 원칙과 과잉급부금지의 원칙(부당결부금지의 원칙 포함)이라고 할 수 있다.

동일업종에 여러 개의 경쟁업체가 있는 경우에 특정업체만이 정부의 자금조성을 받는다고 하게 되면, 그 결과 타 경쟁업체가 불리한 위치에 놓일 것이 분명하다. 따라서 이러한 경우에 그 타 경쟁업체는 평등원칙을 근거로 하여 경쟁자소송(Konkurrentenklage)[13]을 제기하는 문제를 생각할 수도 있다. 만일에 자금조성의 급부자가 부당한 반대급부를 요구하는 경우 수급자는 행정권한의 부당결부금지의 원칙(Koppelungsverbot)[14]에 입각하여 방어책을 강구할 수 있을 것이다.

다른 한편, 행정주체가 특정인에게 자금조성을 할 것인가 아닌가, 누구에게 할 것인가는 일반적으로 급부자의 재량(결정재량 · 선택재량)에 맡겨져 있다고 볼 수 있다. 따라서 그러한 경우, 개인에게는 그 자금조성의 급부를 청구할 수 있는 권리(Anspruch auf Subventionierung)는 인정되지 않으며, 다만 무하자재량행사청구권(Anspruch auf ermessensfehlerfreie Entscheidung)[15]만이 인정된다고 보아야 할 것이다.

Ⅲ. 자금조성의 형식

1. 상이한 여러 형식

자금조성이 어떠한 형식으로 행해지는가는 개개 자금조성별로 관계법규에 의거하여 판단할 수밖에 없는 바, 다음의 여러 형식을 통해 행해진다고 할 수 있다.

(1) 행정행위

사인에 대한 보조금(소비적 보조금)의 지급결정은 일반적으로 행정행위를 통해 행해진다고 볼 수 있다. 보조금에 관한 일반법으로 볼 수 있는 「보조금 관리에 관한 법률」은 행정청(중앙관서의 장)이 보조금의 교부결정을 일방적으로 행하고(17조), 부관

13) 이에 관한 상세는 김남진, 기본문제, 1066면 이하 참조.
14) 이에 관하여는 김남진 · 김연태(Ⅰ), 64면 이하; 김남진 · 이명구, 행정법연습, 277면 이하 참조.
15) 이에 관한 상세는 김남진 · 김연태(Ⅰ), 117면 이하 참조.

(보조금의 교부조건)을 붙일 수 있음을 규정하고 있다(18조). 이와 같은 규정에 비추어 볼 때, 동법에 의한 보조금의 교부결정도 행정행위의 성질을 가진다고 새겨진다.[16]

(2) 공법상 계약

보조금의 지급 등이 행정주체와 상대방간의 공법상 계약을 통해 결정될 수도 있을 것이다. 이 점과 관련하여 「보조금 관리에 관한 법률」에 있어서와 같이, 법이 보조금의 지급결정을 행정행위를 통해 행할 수 있음을 정하고 있는 경우에, 행정주체가 공법상 계약을 통해 결정할 수 있는 것인가? 독일의 행정절차법은 '행정행위를 갈음하는 공법계약'을 명문으로 인정하고 있다(동법 54조). 그와 같은 명문규정이 없는 우리나라에 있어서 그 문제를 어떻게 볼 것인가에 대해서는 아직 의견의 일치를 보지 못하고 있는 상태이다.[17]

(3) 사법상 계약

자금조성이 사법상 계약을 통해 행해지는 경우도 많이 있을 수 있다. 예컨대 국유 또는 공유의 부동산(일반재산)의 임대 등은 사법상 계약을 통해 행해진다고 볼 수 있다(국유재산법 제4장, 공유재산 및 물품 관리법 29조 이하 참조).[18]

(4) 2단계 모형

자금조성(특히 대부·보증 등)을 할 것인가 아닌가는 행정행위를 통해 결정하고, 그의 집행은 사법계약을 통해 행해지는 경우, 이러한 행위형식을 2단계 모형이라고 하고 그러한 모형을 지지하는 학설을 이단계설(Zweistufentheorie)이라고 부른다. 독일에서 한 때 유행하였던 그 이론이 근래에는 점차 자취를 감추어 가는 것으로 보인다. 그 2단계이론에는 다음과 같은 문제점이 있기 때문이다.

첫째, 2단계설은 자금의 대부 등이 행정행위와 사법계약이라는 두 가지 행위형식을 통해 이루어진다고 보고 있는데, 그 중에서 후자는 하나의 허구 또는 의제에 지나지 않는 것이 아닌가 하는 의문이 제기되고 있다. 실제로 제1단계의 행위에서 대부조건을 구체화하고 있는 경우는 그의 집행으로서의 사실행위(대금의 지불)만 남아있고, 법률적 행위로서의 제2단계의 행위는 존재하지 않을 수 있

16) 다만, 「보조금의 교부는 행정주체가 상대방에게 일정한 금액의 금전을 지급할 것을 내용으로 하는 공법상의 증여계약에 속한다」(이상규(하), 503면)라고 하는 입장도 있다.
17) 이 점과 관련하여, 다른 학자가 "1996년 12월 31일에 제정된 행정절차법에서의 공법상 계약에 관한 규정의 결여는 입법상의 큰 미비"임을 지적(정하중, 앞의 논문, 149면)하고 있는 것에 공감을 표한다.
18) 이와 관련하여 국·공유행정재산의 사용허가가 행정행위의 성질을 가지는가, 사법상의 법률행위의 성질을 가지는가 하는 점은 오래도록 쟁점이 되어왔다. 이에 대한 상세는 본서 506면 이하 참조.

다고 하겠다.

둘째, 2단계설의 제2의 난점은, 대부 또는 보증이라고 하는 하나의 법률관계를 공법관계와 사법관계라고 하는 두 개의 법률관계로 나누게 되고, 그 결과 법률관계에 다툼이 있는 경우에 하나(반)는 행정소송, 다른 하나(다른 반)는 민사소송이라고 하는 소송방법을 취해야 한다고 하는 불편하고도 기이한 결과를 가져오는 점이다.

셋째, 행정행위로서의 대부결정은 유효하게 성립되었는데 대하여 제2단계인 계약의 체결단계에서 일이 원만히 처리되지 않는 경우(예컨대 대부조건 등에 있어서 양자의 의견이 일치되지 않는 경우) 그 문제를 어떻게 해결하느냐 하는 것은 용이한 일이 아니다.

2. 소 결

2단계이론이 가지는 상술한 바와 같은 난점이 이유가 되어, 근래에는 그 조성행정의 법률관계의 성립을 행정행위 또는 공법계약이라는 1단계의 법률관계(ein stuftiges Rechtsverhältniss)로 구성하며 양자간의 선택의 자유를 인정하려는 것이 대세인 것으로 보인다.

이에 비하여 우리나라의 경우, 자금조성의 주요 수단인 융자나 보증이 거의 전적으로 금융기관과 사인(수혜자)간의 사법상 계약을 통해 행해지고 있는 것으로 보인다. 그렇게 되는 경우, 사인(신청자)에게는 청구권이 인정되지 않으며, 위법한 거부에 대한 적절한 구제수단이 인정되기 어려운 점 등의 문제가 존재하는바, 이들 문제의 해결에 앞으로 학문적 · 입법적 노력이 기울여져야 할 필요가 있다고 하겠다.[19]

19) 아울러, 다른 학자가 우리나라에서 융자 등 자금조성과 관련하여 "자금조성관계에 있어서 금융기관과 수급자의 관계를 전적으로 사법적으로 보는 견해는 행정법학이 지금까지 이에 대한 법치국가적인 이론적 기반을 제공하지 못하였으며, 실무계 역시 이에 대한 충분한 의식이 결여된 데 기인"한다고 비판하고, "자금조성관계의 공법적 구성은 법치행정실현의 필연적 귀결이다"(정하중, 앞의 논문, 149면)라고 결론짓고 있는 것에 공감을 표한다.

제3장 토지 및 지역정서행정법

제1절 개 설

Ⅰ. 지역정서의 의의

본장의 대상이 되는 토지 및 지역정서행정(이하 지역정서라고 함)을 「국토의 이용·개발·보전을 목적으로 하며, 혹은 지역의 기반·구조를 장래에 향하여 적극적·계획적으로 형성하는 행정활동」으로 정의해 보기로 한다. 그러나 아직 지역정서(地域整序)의 개념이나 정의가 정착되어 있지는 않다. 학자에 따라서는 유사한 용어로서 개발정서행정, 생활공간형성행정 또는 지역개발행정이라는 용어를 사용하며, 그것을 「국민경제질서 또는 경제기반·생활환경을 일정한 방향으로 보전·정비·개선하고 형성함으로써 적극적으로 국민경제의 발전과 국민의 복리향상의 목적을 달성하기 위하여, 국민의 경제활동 기타 일상생활에 관여하여 정서하는 행정활동」,[1] 또는 「국민이 건강하고 문화적인 생활을 영위하는 데 필요한 공간적·환경적 조건을 보전·정비·개선하고, 새로이 형성하기 위하여 직접 또는 간접으로 국민의 활동을 규제·유도하거나 일정한 의무를 과하는 행정작용」[2] 또는 「적극적·계획적으로 국토 및 미이용자원을 효율적으로 이용함으로써 국민의 생활을 향상시키기 위하여 일정지역의 물적 환경을 정비·형성하는 행정작용」[3] 등으로 정의하고 있다.

1) 김도창(하), 499면.
2) 박윤흔·정형근(하), 628면.
3) 김동희(Ⅱ), 437면.

Ⅱ. 지역정서의 전개

20세기 초까지 국가는 국토의 이용이나 지역사회의 형성에 관해서도 불간섭주의를 취하여 그들 문제는 전적으로 토지소유자 또는 사기업의 자유 및 지역주민의 자치에 맡겨져 있었다. 그런데 산업혁명을 거쳐 자본주의경제가 발전함과 동시에 다수의 노동자가 집중하는 공업도시에 있어서 거주조건이 나쁜 빈민가가 발생하여 커다란 사회문제가 됨에 따라 도시에 있어서의 거주조건을 개선하고, 공동생활을 영위하기 위해 필요한 도로·공원 등의 시설을 정비하며, 도시의 질서있는 발전을 도모하기 위해 행정주체가 직접 도시계획이라는 형식으로 지역정서에 나서기 시작했다. 그런데 오늘에 있어서는 도시만을 대상으로 한 국소적 대증요법만으로는 인구와 산업의 대도시에의 집중에 의한 과밀의 폐해, 도시와 농촌간의 지역격차의 증대 등의 문제에 대처할 수 없기에 이르렀다. 그리하여 현대국가는 국토 전체의 조화와 균형있는 발전을 도모하기 위해 국토에 있어서 각 지역이 담당해야 할 지역질서를 설정하고, 인구나 산업의 과밀지역에 대해서는 주택이나 도시시설의 정비 및 과밀억제정책 내지 분산책을 취하며, '사회·경제적 기반구조가 취약한 지역'에 대해서는 적극적인 개발·진흥정책을 취하기에 이르렀다. 이것이 현대국가의 구조정책(Strukturpolitik)이라 일컬어지는 것인 바, 이와 같은 지역구조정책이 배분적 정의의 실현을 목표 삼는 봉사국가·사회국가의 이념과 밀접히 결합되어 있음은 말할 것도 없다.

현대국가의 이와 같은 구조정책을 실시하기 위해 일정한 계획에 따라 토지의 이용이나 개발행위를 제한하고, 공공시설을 위해 필요한 토지를 취득하며, 각종의 공공사업을 실시하는 국가 및 지방자치단체 등의 행정활동의 총체가 지역정서이거니와, 우리나라에도 이들 목적을 위한 각종 입법(국토기본법·국토의 계획 및 이용에 관한 법률·수도권정비계획법·도시개발법·도시 및 주거환경정비법·건축법·공익사업을 위한 토지 등의 취득 및 보상에 관한 법률·농어촌정비법·산업입지 및 개발에 관한 법률·지방자치분권 및 지역균형발전에 관한 특별법)과 계획이 제정·정비됨으로써 지역정서행정이 활성화되고 있다.[4)]

4) 주요문헌: 김의원, 한국국토개발사연구, 1983; 황명찬, 지역개발론, 1985; 황명찬(편), 토지정책론, 1985; 황명찬, 한국의 토지와 주택, 1989; 허재영, 국토개발론, 1986; 허재영, 토지정책론, 1993; 김상용, 토지법, 1988; 남우, 도시와 국토, 1988; 박원석, 국토와 토지정책, 1989; 유경춘, 토지이용의 공법적 규제, 1990; 김안제 외, 한국의 지방자치와 지역개발, 1994; 국토정책연구원, 국토정책, 1995; 류상열·이건영·박양호(공편), 국토 21세기, 국토개발연구원 총서①, 1997; 국토개발연구원, 국토공간의 개발과 정비(국토법제편람 1), 1997; 유해웅, 토지법제론, 2000; 대한국토·도시계획학회(편저), 토지이용계획론, 1999.

Ⅲ. 지역정서의 특색

지역정서는 국토의 체계적 이용, 지역사회의 기반구조의 형성 등의 적극 목적을 실현하기 위한 행정활동이다. 따라서 그것이 규제적·침해적 행정활동으로서 행하여지는 경우에도 단순히 소극적으로 질서를 유지하기 위해 명령·강제하는 경찰작용과 구분된다. 또한 인간의 사회·경제활동의 장인 국토 또는 지역공간을 일정한 방향으로 정서·형성하는 것을 목적으로 하는 점에서 인간의 경제활동에 의해 구성되는 경제질서 그 자체를 일정한 방향으로 정서하는 것을 목적으로 하는 경제규제와도 다르다. 한편, 지역정서행정이 국토의 균형있는 발전과 지역공간의 정서·형성 등을 통해 모든 국민에게 건강하고 문화적인 생활을 보장함을 목적으로 하고, 주택의 공급·상하수도의 정비·산업의 조장 등 국민에 대한 급부를 그 내용으로 삼고 있기는 하나, 규제적·침해적 수단이 대량으로 사용되는 점에서 전체를 급부행정의 체계에 정치시킴도 적당치 않다.

Ⅳ. 지역정서행정법의 구성

본장의 내용이 되고 있는 지역정서행정법은 이상에 기술한 것을 포괄하는 것이 되어야 할 것이다. 다만 아직까지 우리나라에 강력하게 남아 있는 종전의 편제를 생각하여, 일부는 본장에서, 다른 일부는 제4장 공용부담법에서 다루기로 한다. 아울러 제3장과 제4장이 합쳐진 내용이 우리나라에서 통칭되고 있는 토지공법[5]의 주요내용이라는 점을 밝혀 둔다.

5) 주요문헌: 김남진·박상희, 토지공법론, 1994; 김경열, 신토지공법, 1993; 석종현, 토지행정법, 1993; 김의원, 국토백상, 1996; 이규황, 토지공개념과 신도시, 1999; 김종보, 건축행정법, 2002; 유해웅, 국토계획법해설, 2003; 김남진, 국토이용계획변경승인신청과 법적문제, 법률신문, 2004. 1. 26.

제 2 절 국토의 계획 · 이용 · 관리

Ⅰ. 국토계획

1. 연 혁

1963년에 「국토건설종합계획법」이 제정되어 법적 근거가 마련되고 1972년도부터 추진되어 온 국토계획은 시대적 여건에 부응하여 공간적 측면에서 국가발전의 기틀을 형성하는 것을 그 기본방향으로 하여 왔다. 국가의 경제기반이 전반적으로 취약했던 1970년대 초에 수립된 제1차 국토건설종합계획은 대단위 공업용지의 개발과 각종 국토기반 시설의 확충을 통해 국가경제성장의 기반을 구축함으로써 국토의 생산성을 제고하는 것을 그 기조로 하였으며, 1982년 이래 추진된 제2차 국토건설종합계획은 1970년대의 거점개발 과정에서 나타난 국토공간구조의 불균형을 해소하고 경제성장에 부응하여 국민복지 수준을 제고하는 것을 기조로 하였다.

1992년 1월 8일 확정 · 공고된 제3차 국토건설종합계획(이하 "국토계획"이라 함)은 1990년대에 있어, 국내적으로는 지방화 · 민주화 · 첨단화 · 도시화 및 소득수준 향상이 지속되고 국제적으로는 탈이데올로기화와 개방화 및 환경규제가 확산될 것에 대비하여 이들 여건변화에 능동적으로 대처하기 위하여 작성되었다. 부연하면, 제3차 국토계획은 국토공간의 균형성, 국토이용의 효율성, 국민생활의 쾌적성 및 남북국토의 통합성을 4대 기조로 하고 있으며, 그의 기본목표는 ① 지방분산형 국토골격의 형성, ② 생산적 및 자원절약적 국토이용체계의 구축, ③ 국민복지향상과 국토환경의 보존, ④ 남북통일에 대비한 국토기반의 조성으로 되어 있었다.

한편, 2003년 1월 1일자로 기존의 「국토건설종합계획법」은 폐지되고 이를 보완 · 발전시킨 「국토기본법」이 제정되었다(2002. 2. 4. 법률 제6654호). 동법은 국토에 관한 계획 및 정책을 수립 · 시행함에 있어서 지향하여야 할 이념과 기본방향을 명시하고, 국토계획의 수립과 체계적인 실천을 위한 제도적 장치를 마련하여 국토의 지속가능한 발전을 도모하는 것을 그 목적으로 하고 있다.

현재 시행중인 「국토기본법」의 주요내용을 정리하면 다음과 같다.

① 국토관리의 기본이념이 국토의 지속가능한 발전에 있음을 명시하고, 이를 실천하기 위하여 국토계획 및 정책을 수립·집행하는 때에는 「환경정책기본법」에 따른 환경보전계획의 내용을 고려하여 환경에 미치는 영향을 검토함으로써 국토의 균형발전, 경쟁력있는 국토 여건의 조성, 적정수준의 서비스 제공을 받을 수 있는 국토여건 조성, 환경친화적 국토관리를 지향하도록 하였다(2조-5조).

② 국토계획을 국토종합계획·초광역권계획·도종합계획·시군종합계획·지역계획 및 부문별계획으로 구분하고, 상호간의 관계를 명확히 하는 등 계획간의 조화와 일관성을 도모하였다(6조-8조).

③ 국토전역을 대상으로 국토의 장기적인 발전방향을 제시하기 위하여 국토교통부장관은 국토공간구조의 정비, 지역별 기능분담, 국토기간시설의 확충, 지하공간의 합리적 이용 및 관리, 국토환경의 보전 및 개선 등에 관한 장기적인 정책방향이 포함된 국토종합계획을 수립하도록 하고, 국민 및 관계 전문가를 대상으로 한 공청회를 열어 의견을 청취한 다음 국토정책위원회와 국무회의의 심의를 거쳐 대통령의 승인을 얻어 이를 확정하도록 하였다(9조-12조).

④ 도의 장기적인 발전목표 및 전략을 제시하기 위하여 도지사는 지역공간구조의 정비, 지역 내 기능분담, 토지의 용도별 이용 및 계획적 관리에 관한 사항 등을 포함한 도종합계획을 수립하도록 하고, 공청회를 열어 의견을 청취한 다음 국토정책위원회의 심의를 거쳐 국토교통부장관의 승인을 얻어 이를 확정하도록 하였다(13조-15조).

⑤ 중앙행정기관의 장 또는 지방자치단체의 장은 지역특성에 맞는 정비나 개발을 위하여 수도권발전계획·지역개발계획 등 지역계획을 수립할 수 있도록 하였다(16조).

⑥ 중앙행정기관의 장은 국토전역을 대상으로 하여 소관업무에 관한 부문별계획을 수립할 수 있도록 하고, 부문별계획을 수립한 때에는 지체 없이 국토교통부장관에게 통보하도록 하였다(17조).

⑦ 국토교통부장관은 국토종합계획의 정기적 평가결과와 사회적·경제적 여건 변화를 고려하여 5년마다 이를 전반적으로 재검토하고 필요한 경우 정비하여야 하며, 초광역권계획·도종합계획·시군종합계획·지역계획 및 부문별계획이 서로 상충되거나 국토종합계획에 부합하지 아니하다고 판단되거나 「환경정책기본법」에 따른 환경보전계획과의 연계성이 부족하여 상호 보완·조정할 필요가 있다고 인정되는 경우에는 중앙행정기관의 장 또는 지방자치단체의

장에게 당해 계획을 조정할 것을 요청할 수 있고, 특별한 사유없이 이러한 요청을 반영하지 않는 경우에는 직접 조정할 수 있도록 하는 등 국토계획의 효율적인 추진을 도모하였다(18조-22조).

⑧ 국토정보체계의 구축, 국토의 계획 및 이용에 관한 연차보고서, 국토조사, 국토모니터링 추진 등에 관한 사항을 정함으로써 국토계획과 정책이 합리적으로 수립·집행·점검되도록 하였다(24조-25조의2).

⑨ 국토계획 및 정책에 관한 중요 사항을 심의하기 위하여 국무총리 소속으로 국토정책위원회를 설치하고, 국토종합계획에 관한 사항, 초광역권계획에 관한 사항, 도종합계획에 관한 사항, 지역계획에 관한 사항, 부문별계획에 관한 사항, 국토계획평가에 관한 사항 등에 대해 심의하도록 하였다(26조-28조).

2. 국토계획의 의의

국토계획이라고 함은, 국토를 이용·개발 및 보전할 때 미래의 경제적·사회적 변동에 대응하여 국토가 지향하여야 할 발전방향을 설정하고 이를 달성하기 위한 계획을 말한다(국토기본법 6조 1항).

3. 국토계획의 종류

국토계획은 국토종합계획, 초광역권계획, 도종합계획, 시군종합계획, 지역계획 및 부문별계획으로 구분된다(동법 6조 2항).

(1) 국토종합계획

국토종합계획은 국토전역을 대상으로 하여 국토의 장기적인 발전방향을 제시하는 종합계획으로서, 국토교통부장관이 수립하는 계획이다(동법 6조 2항 1호·9조 1항).

국토교통부장관이 국토종합계획을 수립하고자 하는 때에는 중앙행정기관의 장 및 특별시장·광역시장·특별자치시장·도지사 또는 특별자치도지사(이하 "시·도지사"라 한다)에게 대통령령이 정하는 바에 의하여 국토종합계획에 반영되어야 할 정책 및 사업에 관한 소관별 계획안의 제출을 요청할 수 있으며, 제출받은 소관별 계획안을 기초로 대통령령이 정하는 바에 의하여 이를 조정·총괄하여 국토종합계획안을 작성하며, 제출된 소관별 계획안의 내용 외에 국토종합계획에 포함되는 것이 타당하다고 인정되는 사항에 대하여는 관계 행정기관의 장과 협의하여 국토종합계획안에 이를 반영할 수 있다(동법 9조 2항·3항).

국토교통부장관은 국토종합계획안을 작성한 때에는 공청회를 열어 의견을 청취하고 이를 반영하여야 하며, 국토정책위원회와 국무회의의 심의를 거친 후 대통령의 승인을 얻어야 한다(동법 11조·12조).

(2) 초광역권계획

초광역권계획은 지역의 경제 및 생활권역의 발전에 필요한 연계·협력사업 추진을 위하여 2개 이상의 지방자치단체가 상호 협의하여 설정하거나 「지방자치법」 제199조의 특별지방자치단체가 설정한 권역으로, 특별시·광역시·특별자치시 및 도·특별자치도의 행정구역을 넘어서는 권역을 대상으로 하여 해당 지역의 장기적인 발전 방향을 제시하는 계획이다(동법 6조 2항 1의2호).

초광역권을 구성하고자 하는 시·도지사 또는 「지방자치법」 제199조의 특별지방자치단체의 장(이하 "초광역권계획 수립주체"라 한다)은 초광역권의 발전을 위하여 필요한 경우에는 구성 지방자치단체의 장과 협의하여 초광역권계획을 수립(확정된 계획을 변경하는 경우를 포함한다)할 수 있다. 초광역권계획 수립주체가 초광역권계획을 수립하려는 때에는 초광역권계획의 수립에 관한 협의 및 조정 등을 위하여 초광역권계획위원회를 구성·운영하여야 한다(동법 12조의2 1항·2항).

초광역권계획 수립주체는 초광역권계획안을 작성하였을 때에는 공청회를 열어 의견을 청취하고 이를 반영하여야 한다. 국토교통부장관은 초광역권계획을 승인하려면 미리 관계 중앙행정기관의 장과 협의한 후 국토정책위원회의 심의를 거쳐야 한다(동법 12조의2 3항).

(3) 도종합계획

도종합계획은 도 또는 특별자치도의 관할구역을 대상으로 하여 당해 지역의 장기적인 발전방향을 제시하는 종합계획으로서, 도지사가 수립하는 계획이다(동법 6조 2항 2호·13조 1항).

도지사가 도종합계획을 수립하는 때에는 「국토의 계획 및 이용에 관한 법률」에 의하여 도에 설치된 도시계획위원회의 심의를 거쳐, 국토교통부장관의 승인을 얻어야 한다(동법 13조 2항·15조).

(4) 시군종합계획

시군종합계획은 특별시·광역시·특별자치시·시 또는 군(광역시의 군을 제외한다)의 관할구역을 대상으로 하여 당해 지역의 기본적인 공간구조와 장기발전방향을 제시하고, 토지이용 · 교통 · 환경 · 안전 · 산업 · 정보통신 · 보건 · 후생 · 문화 등에 관하여 수립하는 계획으로서 「국토의 계획 및 이용에 관한 법률」에 의하여 수립되는 도시계획을 말한다(동법 6조 2항).

(5) 지역계획

지역계획은 특정한 지역을 대상으로 특별한 정책목적을 달성하기 위하여 수립하는 계획으로서, 중앙행정기관의 장 또는 지방자치단체의 장이 지역특성에 맞는 정비나 개발을 위하여 필요하다고 인정하는 경우에 관계 중앙행정기관의 장과 협의하여 수립하는 계획을 말하며, 그 종류는 다음과 같다(동법 6조 2항 4호 · 16조).

① 수도권발전계획: 수도권에 과도하게 집중된 인구와 산업의 분산 및 적정배치를 유도하기 위하여 수립하는 계획

② 지역개발계획: 성장 잠재력을 보유한 낙후지역 또는 거점지역 등과 그 인근지역을 종합적 · 체계적으로 발전시키기 위하여 수립하는 계획

③ 그 밖에 다른 법률에 의하여 수립하는 지역계획

(6) 부문별계획

부문별계획은 국토전역을 대상으로 하여 특정부문에 대한 장기적인 발전방향을 제시하는 계획으로서, 중앙행정기관의 장이 소관업무에 관하여 수립하는 계획이다(동법 6조 2항 5호 · 17조 1항).

중앙행정기관의 장이 부문별계획을 수립하고자 하는 경우에는 국토종합계획의 내용을 반영하고 이와 상충되지 않도록 하여야 하며, 부문별계획을 수립한 때에는 지체없이 국토교통부장관에게 알려야 한다(동법 17조 2항 · 3항).

4. 국토계획의 상호관계 및 조정

국토종합계획은 초광역권계획, 도종합계획 및 시 · 군종합계획의 기본이 되며, 부문별계획과 지역계획은 국토종합계획과 조화를 이루어야 한다. 또한 도종합계획은 해당 도의 관할구역에서 수립되는 시 · 군종합계획의 기본이 된다. 국토종합계획은 20년을 단위로 하여 수립하며, 초광역권계획, 도종합계획, 시 · 군종합계획, 지역계획 및 부문별계획의 수립권자는 국토종합계획의 수립 주기를 고려하여 그 수립 주기를 정하여야 한다. 국토계획의 계획기간이 만료되었음에도 불구하고 차기 계획이 수립되지 아니한 경우에는 해당 계획의 기본이 되는 계획과 저촉되지 아니하는 범위에서 종전의 계획을 따를 수 있다(동법 7조).

「국토기본법」에 따른 국토종합계획은 다른 법령에 따라 수립되는 국토에 관한 계획에 우선하며 그 기본이 되는데, 다만 군사에 관한 계획에 대하여는 그러하지 아니하다(동법 8조).

국토교통부장관은 초광역권계획, 도종합계획, 시·군종합계획, 지역계획 및 부문별계획이 ① 서로 상충되거나 국토종합계획에 부합하지 아니한다고 판단되는 경우, ② 국토계획평가 실시 결과 해당 국토계획을 보완·조정할 필요가 있다고 인정되는 경우, ③ 「환경정책기본법」에 따른 환경계획과의 연계성이 부족하여 상호 보완·조정할 필요가 있다고 인정되는 경우에는 중앙행정기관의 장 또는 지방자치단체의 장에게 해당 계획을 조정할 것을 요청할 수 있다(동법 20조 1항). 제1항에 따라 계획을 조정할 것을 요청받은 중앙행정기관의 장 또는 지방자치단체의 장이 특별한 사유 없이 이를 반영하지 아니하는 경우에는 국토교통부장관이 국토정책위원회의 심의를 거쳐 이를 조정할 수 있으며(동조 2항), 제2항에 따른 조정을 하려면 미리 관계 중앙행정기관의 장 또는 해당 지방자치단체의 장의 의견을 들어야 한다(동조 3항).

또한 국토교통부장관은 중앙행정기관의 장 또는 지방자치단체의 장이 국토계획의 시행을 위하여 하는 처분이나 사업이 상충되어 국토계획의 원활한 실시에 지장을 줄 우려가 있다고 인정하는 경우에는 국토정책위원회의 심의를 거쳐 그 처분이나 사업을 조정할 수 있으며(동법 21조 1항), 제1항에 따른 조정을 하려면 미리 관계 중앙행정기관의 장 또는 해당 지방자치단체의 장의 의견을 들어야 한다(동조 3항).

Ⅱ. 도시계획

1. 「국토의 계획 및 이용에 관한 법률」의 제정

종전에는 국토를 도시지역과 비도시지역으로 구분하여 도시지역에는 「도시계획법」, 비도시지역에는 「국토이용관리법」으로 이원화하여 운용하였으나, 국토의 난개발(亂開發) 문제가 대두됨에 따라 2003년 1월 1일부터는 「도시계획법」과 「국토이용관리법」을 통합하여 비도시지역에도 「도시계획법」에 의한 도시계획기법을 도입할 수 있도록 「국토의 계획 및 이용에 관한 법률」을 제정하였다(2002. 2. 4. 법률 제6655호로 제정되어 2013. 1. 1. 시행). 이를 통해 국토의 계획적·체계적인 이용을 통한 난개발의 방지와 환경친화적인 국토이용체계를 구축하고자 하였다. 2002. 2. 4. 제정된 「국토의 계획 및 이용에 관한 법률」의 주요 내용은 다음과 같다.

① 전국토를 종전의 5개 용도지역(도시 · 준도시 · 농림 · 준농림 · 자연환경보전지역)에서 4개 용도지역(도시 · 관리 · 농림 · 자연환경보전지역)으로 축소하고, 종전에 난개발 문제가 제기되었던 준농림지역이 편입되는 관리지역을 보전관리지역 · 생산관리지역 · 계획관리지역으로 세분하여 관리하도록 함으로써 난개발 문제의 해소를 도모하고 있다(동법 6조 및 36조).

② 토지를 합리적으로 이용하고 토지에 대한 중복규제를 최소화하기 위하여 다른 법률에 의하여 일정면적 이상의 지역 · 지구 · 구역 등을 지정하고자 하는 경우에는 건설교통부장관과 미리 협의하거나 승인을 얻도록 하고 있다(동법 8조).

③ 종전의 「국토이용관리법」의 적용대상이었던 비도시지역에 대하여도 종합적인 계획인 도시기본계획 및 도시관리계획을 수립하도록 함으로써 계획에 따라 개발이 이루어지는 "선계획 후개발"의 국토이용체계를 구축하고자 하였다(동법 18조 및 24조).

④ 도시관리계획은 광역도시계획 및 도시기본계획에 부합되게 입안하도록 하고, 도시와 농촌 · 산촌 · 어촌 지역의 도시관리계획은 해당 지역의 인구밀도, 토지이용의 특성, 주변환경 등을 종합적으로 고려하여 차등화되게 입안하도록 하였다(법 제 25조).

⑤ 시 · 도지사가 도시관리계획을 결정하고자 하는 때에는 도시계획위원회의 심의를 거치도록 하되, 건축물의 높이에 관한 사항, 건축물의 배치 · 형태 · 색채에 관한 사항, 경관계획에 관한 사항에 대하여는 건축위원회와 도시계획위원회의 공동심의를 거치도록 하였다(동법 30조).

⑥ 계획관리지역 또는 개발진흥지구로서 개발수요가 많은 지역에 대하여는 건폐율 · 용적률 등을 다른 지역보다 완화하여 적용할 수 있도록 하되, 제2종지구단위계획구역으로 지정하여 토지의 효율적 이용을 도모하고 고밀도개발에 따른 기반시설부족, 환경훼손 등을 방지할 수 있도록 하였다(동법 51조 3항 및 52조 3항).

⑦ 건축물의 건축, 토지의 형질변경 등의 경우에 허가를 받도록 하는 개발행위허가제도가 종전에는 도시지역에 한정되어 실시되었으나, 앞으로는 개발행위허가제도의 실시지역을 전국토로 확대하는 한편, 허가권자가 일정한 개발행위에 대하여 개발행위허가를 하고자 하는 경우에는 미리 도시계획위원회의 심의를 거치도록 하였다(동법 56조 및 59조).

⑧ 기반시설을 더 이상 설치할 수 없을 정도로 개발이 완료된 지역에서는

추가적인 개발행위로 인하여 기반시설의 용량이 부족하지 아니 하도록 건폐율·용적률을 강화하는 개발밀도관리구역제도를 도입하였다(동법 66조).

⑨ 개발행위가 집중되어 도로·하수도 등 기반시설의 설치가 새로이 필요한 지역에서 개발행위를 하는 자는 기반시설을 직접 설치하거나 설치에 필요한 비용을 시장·군수 등에게 납부하도록 하는 기반시설부담구역제도를 도입하고, 설치하여야 할 기반시설의 종류, 비용의 부담기준, 기반시설부담계획의 수립에 관한 사항 등을 정하였다(동법 67조 내지 70조).

⑩ 농림지역과 자연환경보전지역의 훼손을 방지하기 위하여 농림지역의 건폐율을 60퍼센트 이하에서 20퍼센트 이하로, 용적률을 400퍼센트 이하에서 80퍼센트 이하로, 자연환경보전지역의 건폐율을 40퍼센트 이하에서 20퍼센트 이하로 각각 강화하였다(법 제77조 및 제78조).

2. 도시계획의 의의와 법적 성질 및 특색

(1) 학문적 의미의 도시계획

도시계획은 학문적으로 「다양화되어 있는 도시활동이 일체가 되어, 그 기능을 충분히 발휘할 수 있도록 도시의 구성에 통일성을 부여하고, 가로·광장 등 공공시설을 정비함과 동시에 토지의 이용을 합리화하는 것을 목적으로 하는 종합적 계획」 등으로 정의되고 있다. 그러나 도시를 어떻게 파악하는가에 따라 도시계획의 정의도 달라질 수 있다.[1)]

그러므로 본서에서는 「국토의 계획 및 이용에 관한 법률」에서 정하고 있는 '법률적 의미의 도시계획개념'을 그대로 받아들이는 것으로써 만족하고자 한다.

(2) 법률적 의미의 도시계획

「국토의 계획 및 이용에 관한 법률」이 정하는 도시계획은 크게 "광역도시계획"과 "도시·군계획"의 두 가지로 구분되며, "도시·군계획"은 다시 "도시·군기본계획"과 "도시·군관리계획"으로 구분된다.

"광역도시계획"이란 동법 제10조에 따라 지정된 광역계획권의 장기발전방향을 제시하는 계획을 말한다(동법 2조 1호), "도시·군계획"이란 특별시·광역시·특별자치시·특별자치도·시 또는 군(광역시의 관할 구역에 있는 군은 제외한다. 이하 같다)의 관할 구역에 대하여 수

1) 도시 및 도시계획에 관한 문헌으로서는 특히 황용주, 도시계획, 삶과 문화의 틀짜기, 1997; 류상열·이건영·박양호(공편), 국토 21세기, 1997; 대한국토·도시계획학회(편저), 토지이용계획론, 1999; 유해웅, 국토계획법해설, 2003 참조.

립하는 공간구조와 발전방향에 대한 계획으로서 "도시·군기본계획"과 "도시·군관리계획"으로 구분한다(동법 2조 2호).

"도시·군기본계획"이란 특별시·광역시·특별자치시·특별자치도·시 또는 군의 관할 구역에 대하여 기본적인 공간구조와 장기발전방향을 제시하는 종합계획으로서 도시·군관리계획 수립의 지침이 되는 계획을 말한다(동법 2조 3호).

"도시·군관리계획"이란 특별시·광역시·특별자치시·특별자치도·시 또는 군의 개발·정비 및 보전을 위하여 수립하는 토지 이용, 교통, 환경, 경관, 안전, 산업, 정보통신, 보건, 복지, 안보, 문화 등에 관한 계획으로서 ① 용도지역·용도지구의 지정 또는 변경에 관한 계획, ② 개발제한구역, 도시자연공원구역, 시가화조정구역(市街化調整區域), 수산자원보호구역의 지정 또는 변경에 관한 계획, ③ 기반시설의 설치·정비 또는 개량에 관한 계획, ④ 도시개발사업이나 정비사업에 관한 계획, ⑤ 지구단위계획구역의 지정 또는 변경에 관한 계획과 지구단위계획, ⑥ 입지규제최소구역의 지정 또는 변경에 관한 계획과 입지규제최소구역계획 등을 말한다(동법 2조 4호).

(3) 도시계획의 법적 성질

(광의의) 도시계획이 법적으로 어떤 성질 내지는 효력(구속력)[2]을 가지는가, 이 문제는 이론상으로뿐만 아니라, 판례상으로 자주 다투어지는 문제이다. 동일한 도시계획을 놓고 하급심[3]은 처분성을 부인하여 취소소송의 대상이 되지 않는다고 판시한 데 대하여, 대법원은 처분에 해당한다고 판시한 바도 있다.

> **[판례]** 도시계획법 제12조 소정의 도시계획결정이 고시되면 도시계획구역안의 토지나 건물소유자의 토지형질변경, 건축물의 신축·개축 또는 증축 등 권리행사가 일정한 제한을 받게 되는 바, 이런 점에서 볼 때 고시된 도시계획결정은 특정개인의 권리 내지 법률상의 이익을 개별적이고 구체적으로 규제하는 효과를 가져오게 하는 행정청의 처분이라 할 것이고 이는 행정소송의 대상이 되는 것이라 할 것이다(대판 1982. 3. 9, 80누105).

2) 여기에서 효력(Wirksamkeit)은 유효성을 의미하고, 구속력(Verbindlichkeit)은 대상에 따라서 그 효과를 달리하는 구체적인 법적 효과를 의미한다. 다만, 우리나라에서는 대다수 학자가 효력과 구속력을 구분하지 않는 경향에 있기에 '효력(구속력)'이라는 표현을 사용하였다. 상세는 김남진·김연태(Ⅰ), 312면 이하 참조.

3) 서울고판 1980. 1. 29, 79구416: 「도시계획결정은 도시계획사업의 기본이 되는 일반적·추상적인 도시계획의 결정으로서 특정 개인에게 어떤 직접적이며 구체적인 권리·의무관계가 발생한다고 볼 수 없다」.

그러나 어느 도시계획이 구체적으로 어떠한 성질 또는 구속력을 가지는가, 즉 법규명령 · 행정규칙 · 행정행위 등 여러 행위형식 중 어느 것에 해당하는가는 개별적으로 판단되어야 하며, 포괄적으로 또는 획일적으로 판단될 성질의 것이 아니다. 또한 도시계획이 설혹 행정행위(처분)에 해당하는 경우에도 그것은 일반처분(Allgemeinverfügung) 또는 물적 행정행위(dinglicher Verwaltungsakt)에 해당할 가능성이 크다고 할 것이다.[4]

한편, 「국토의 계획 및 이용에 관한 법률」의 규정에 따른 도시계획들 중 광역도시계획과 도시 · 군기본계획은 다른 도시계획에 대한 지침이 되는 데 그치는 것으로 대외적 구속력이 인정되지 않는 반면, 도시 · 군관리계획은 그 내용상 국민에 대하여 직접적으로 법적 구속력을 갖는 계획이며, 지형도면의 고시가 있은 날부터 효력이 발생하는 도시 · 군관리계획의 결정(동법 31조)은 행정행위로서의 성질을 갖는다 할 것이다.[5]

[참고판례] 산업입지에 관한 법령은 산업단지에 적합한 시설을 설치하여 입주하려는 자와 토지 소유자에게 산업단지 지정과 관련한 산업단지개발계획 입안과 관련한 권한을 인정하고, 산업단지 지정뿐만 아니라 변경과 관련해서도 이해관계인에 대한 절차적 권리를 보장하는 규정을 두고 있다. 또한 산업단지 안에는 다수의 기반시설 등 도시계획시설 등을 포함하고 있고, 국토의 계획 및 이용에 관한 법률의 해석상 도시계획시설부지 소유자에게는 그에 관한 도시 · 군관리계획의 변경 등을 요구할 수 있는 법규상 또는 조리상 신청권이 인정된다고 해석되고 있다. 헌법상 재산권 보장의 취지에 비추어 보면 토지의 소유자에게 위와 같은 절차적 권리와 신청권을 인정한 것은 정당하다고 볼 수 있다. 이러한 법리는 이미 산업단지 지정이 이루어진 상황에서 산업단지 인의 토지 소유자로서 종전 산업단지개발계획을 일부 변경하여 산업단지개발계획에 적합한 시설을 설치하여 입주하려는 자가 종전 계획의 변경을 요청하는 경우에도 그대로 적용될 수 있다.

그러므로 산업단지개발계획상 산업단지 안의 토지 소유자로서 산업단지개발계획에 적합한 시설을 설치하여 입주하려는 자는 산업단지지정권자 또는 그로부터 권한을 위임받은 기관에 대하여 산업단지개발계획의 변경을 요청할 수 있는 법규상 또는 조리상 신청권이 있고, 이러한 신청에 대한 거부행위는 항고소송의 대상이 되는 행정처분에 해당한다고 보아야 한다(대판 2017. 8. 29. 2016두44186).

4) 상세는 김남진, 기본문제, 232면 이하 참조.
5) 동지: 김동희(Ⅱ), 453면; 류지태 · 박종수(신론), 1230면 및 1236면.

(4) 도시계획의 특색(계획재량과 형량명령)

도시계획도 법에 의거해서 행해지지만, 다른 계획에 있어서와 마찬가지로 도시계획에는 숙명적으로 재량성이 따르게 된다. 관련법규가 그의 목적·수단 등을 이종(異種)복수로 정함이 보통이기 때문이다. 그러한 이유로 계획재량과 행위재량(또는 효과재량)은 상대적이나마 성질을 달리한다고 말할 수 있다.[6] 행위재량이 가언명령적 명제(Wenn-Dann-Schema) 또는 조건적 프로그램(konditional Programm)을 취하고 있는데 대하여, 계획재량은 목적·수단적 명제(Zweck-Mittel-Schema) 또는 목적 프로그램(Zweckprogramm)을 취하고 있다고 말할 수 있는 것이다. 즉 통상적인 재량행위는 법이 정한 요건이 충족된 경우에 그 법이 정한 효과를 발생하는 데 있어서 그 효과의 발생 여부가 행정청의 의사에 맡겨져 있는 경우를 의미하는 데 반하여, 계획에 관한 규정은 대체로 그 요건에 해당하는 부분을 목적규정으로 정하고 있으며, 그 목적달성을 위한 수단의 선택, 시간적 순서 등에 있어 그 계획청에게 광범위한 형성의 자유를 인정하고 있는 것이다.

계획재량에 있어서는 각종의 이익이 상호 대립되고 얽혀 있는 경우가 많음으로 인하여 그들 여러 이익을 정당하게 형량(교량)함이 절대적 요청으로 되어 있다. 형량명령(Gebot der Abwägung)이라고 일컬어지는 법원칙이 이것을 말하여 주며, 독일의 건설법전(1조 6항)[7]이 그러한 원칙을 성문화하고 있음은 잘 알려져 있는 사실이다.

계획형량에 있어서 형량명령이 절대적 요청임으로 인하여 ① 형량을 전혀 행하지 않는 경우인 형량의 결여·해태(Abwägungsausfall), ② 형량의 대상에 마땅히 포함시켜야 할 사항을 빠뜨리고 형량을 행한 경우인 형량의 흠결·결함(Abwägungsdefizit), ③ 여러 이익간의 형량을 하기는 하였으나 그것이 객관성·비례성을 결한 경우인 잘못된 형량·오형량(Abwägungsfehleinschätzung) 등은 모두 계획재량의 하자로서 계획의 위법원인이 된다고 보고 있다. 계획과 관련하여 절차가 특별히 중시[8]되는 이유도 그 형량명령에 충실하기 위한 것이라고 말할 수 있다.

우리나라의 경우 학계에서 그 계획재량상의 형량명령의 법리가 논의된 것

---

6) 상세는 김남진·김연태(Ⅰ), 411면 이하; 김남진, 기본문제, 293면 이하 참조.

7) 원문: Bei der Aufstellung der Bauleitpläne sind die öffentlichen und privaten Belange gegeneinander und untereinander gerecht abzuwägen.

8) 독일의 행정절차법(72조 이하) 및 우리의 행정절차법(46조 등) 참조.

은 오래 되었는데,[9] 근년에는 판례에 정착되어 있는 것으로 보인다.

[판례] 구 도시계획법 등 관계 법령에는 추상적인 행정목표와 절차만이 규정되어 있을 뿐 행정계획의 내용에 대하여는 별다른 규정을 두고 있지 아니하므로 행정주체는 구체적인 행정계획을 입안·결정함에 있어서 비교적 광범위한 형성의 자유를 가진다고 할 것이지만, 행정주체가 가지는 이와 같은 형성의 자유는 무제한적인 것이 아니라 그 행정계획에 관련되는 자들의 이익을 공익과 사익 사이에서는 물론이고 공익 상호간과 사익 상호간에도 정당하게 비교교량하여야 한다는 제한이 있는 것이고, 따라서 행정주체가 행정계획을 입안·결정함에 있어서 이익형량을 전혀 행하지 아니하거나 이익형량의 고려 대상에 마땅히 포함시켜야 할 사항을 누락한 경우 또는 이익형량을 하였으나 정당성과 객관성이 결여된 경우에는 그 행정계획결정은 형량에 하자가 있어 위법하다(대판 2006. 9. 8, 2003두5426. 동지판례: 대판 2007. 4. 12, 2005두1893; 대판 2012. 1. 12, 2010두5806).

3. 광역도시계획

(1) 광역도시계획의 의의

광역도시계획이라 함은 광역계획권의 장기발전방향을 제시하는 계획을 말한다(국토의 계획 및 이용에 관한 법률 2조 1호).

(2) 광역계획권의 지정·변경

국토교통부장관 또는 도지사는 둘 이상의 특별시·광역시·특별자치시·특별자치도·시 또는 군의 공간구조 및 기능을 상호 연계시키고 환경을 보전하며 광역시설을 체계적으로 정비하기 위하여 필요한 경우에는 인접한 둘 이상의 특별시·광역시·특별자치시·특별자치도·시 또는 군의 관할 구역 전부 또는 일부를 대통령령으로 정하는 바에 따라 광역계획권으로 지정할 수 있으며(동법 10조 1항), 중앙행정기관의 장, 특별시장·광역시장·특별자치시장·도지사·특별자치도지사(이하 "시·도지사"라 한다), 시장 또는 군수는 국토교통부장관이나 도지사에게 광역계획권의 지정 또는 변경을 요청할 수 있다(동법 10조 2항).

또한 국토교통부장관은 광역계획권을 지정하거나 변경하려면 관계 시·도지사, 시장 또는 군수의 의견을 들은 후 중앙도시계획위원회의 심의를 거쳐야 하며(동법 10조 3항), 도지사가 광역계획권을 지정하거나 변경하려면 관계 중앙행정기관의 장, 관계 시·도지사, 시장 또는 군수의 의견을 들은 후 지방도시계획위원

9) 김남진·김연태(Ⅰ), 415면 이하; 김현준, 계획법에서의 형량명령, 공법연구 제30집 제2호, 2001, 362면 이하; 김남진, 도시관리계획의 입안과 형량명령, 법률저널, 2003. 11. 3 등 참조.

회의 심의를 거쳐야 한다(동법 10조 4항). 만약 국토교통부장관 또는 도지사는 광역계획권을 지정하거나 변경하면 지체 없이 관계 시·도지사, 시장 또는 군수에게 그 사실을 통보하여야 한다(동법 10조 5항).

(3) 광역도시계획의 수립권자

국토교통부장관, 시·도지사, 시장 또는 군수는 다음의 구분에 따라 광역도시계획을 수립하여야 한다. ① 광역계획권이 같은 도의 관할 구역에 속하여 있는 경우에는 관할 시장 또는 군수가 공동으로 수립하고, ② 광역계획권이 둘 이상의 시·도의 관할 구역에 걸쳐 있는 경우에는 관할 시·도지사가 공동으로 수립하며, ③ 광역계획권을 지정한 날부터 3년이 지날 때까지 관할 시장 또는 군수로부터 광역도시계획의 승인 신청이 없는 경우에는 관할 도지사가 수립하고, ④ 국가계획과 관련된 광역도시계획의 수립이 필요한 경우나 광역계획권을 지정한 날부터 3년이 지날 때까지 관할 시·도지사로부터 광역도시계획의 승인 신청이 없는 경우에는 국토교통부장관이 수립한다(동법 11조 1항).

한편, 국토교통부장관은 시·도지사가 요청하는 경우와 그 밖에 필요하다고 인정되는 경우에는 제1항에도 불구하고 관할 시·도지사와 공동으로 광역도시계획을 수립할 수 있다(동법 11조 2항). 그리고 도지사는 시장 또는 군수가 요청하는 경우와 그 밖에 필요하다고 인정하는 경우에는 제1항에도 불구하고 관할 시장 또는 군수와 공동으로 광역도시계획을 수립할 수 있으며, 시장 또는 군수가 협의를 거쳐 요청하는 경우에는 단독으로 광역도시계획을 수립할 수 있다(동법 11조 3항).

(4) 광역도시계획의 내용

광역도시계획에는 다음 각 호의 사항 중 그 광역계획권의 지정목적을 이루는 데 필요한 사항에 대한 정책 방향이 포함되어야 한다(동법 12조 1항).

① 광역계획권의 공간 구조와 기능 분담에 관한 사항
② 광역계획권의 녹지관리체계와 환경 보전에 관한 사항
③ 광역시설의 배치·규모·설치에 관한 사항
④ 경관계획에 관한 사항
⑤ 그 밖에 광역계획권에 속하는 특별시·광역시·특별자치시·특별자치도·시 또는 군 상호 간의 기능 연계에 관한 사항으로서 대통령령으로 정하는 사항

한편, 광역도시계획의 수립기준 등은 대통령령으로 정하는 바에 따라 국토

교통부장관이 정한다(동법 12조 2항).

(5) 광역도시계획의 수립 · 변경절차

국토교통부장관, 시 · 도지사, 시장 또는 군수는 광역도시계획을 수립하거나 변경하려면 미리 인구, 경제, 사회, 문화, 토지 이용, 환경, 교통, 주택, 그 밖에 대통령령으로 정하는 사항 중 그 광역도시계획의 수립 또는 변경에 필요한 사항을 대통령령으로 정하는 바에 따라 조사하거나 측량하여야 하며(동법 13조), 미리 공청회를 열어 주민과 관계 전문가 등으로부터 의견을 들어야 하고, 공청회에서 제시된 의견이 타당하다고 인정하면 광역도시계획에 이를 반영하여야 한다(동법 14조).

또한 시 · 도지사, 시장 또는 군수는 광역도시계획을 수립하거나 변경하려면 미리 관계 시 · 도, 시 또는 군의 의회와 관계 시장 또는 군수의 의견을 들어야 한다(동법 15조).

(6) 광역도시계획의 승인

시 · 도지사는 광역도시계획을 수립하거나 변경하려면 국토교통부장관의 승인을 받아야 한다(동법 16조 1항). 국토교통부장관은 광역도시계획을 승인하거나 직접 광역도시계획을 수립 또는 변경(시 · 도지사와 공동으로 수립하거나 변경하는 경우를 포함한다)하려면 관계 중앙행정기관과 협의한 후 중앙도시계획위원회의 심의를 거쳐야 하며(동법 16조 2항), 협의 요청을 받은 관계 중앙행정기관의 장은 특별한 사유가 없는 한 그 요청을 받은 날부터 30일 이내에 국토교통부장관에게 의견을 제시하여야 한다(동법 16조 3항). 또한 국토교통부장관은 직접 광역도시계획을 수립 또는 변경하거나 승인하였을 때에는 관계 중앙행정기관의 장과 시 · 도지사에게 관계 서류를 송부하여야 하며, 관계 서류를 받은 시 · 도지사는 대통령령으로 정하는 바에 따라 그 내용을 공고하고 일반이 열람할 수 있도록 하여야 한다(동법 16조 4항).

한편, 시장 또는 군수는 광역도시계획을 수립하거나 변경하려면 도지사의 승인을 받아야 하는데(동법 16조 5항), 도지사가 광역도시계획을 승인하거나 직접 광역도시계획을 수립 또는 변경(시장 · 군수와 공동으로 수립하거나 변경하는 경우를 포함한다)하는 경우에는 위에서 살펴본 절차를 준용하도록 하고 있다(동법 16조 6항).

(7) 광역도시계획의 조정

광역도시계획을 공동으로 수립하는 시·도지사는 그 내용에 관하여 서로 협의가 되지 아니하면 공동이나 단독으로 국토교통부장관에게 조정(調停)을 신청할 수 있으며(동법 17조 1항), 국토교통부장관은 제1항에 따라 단독으로 조정신청을 받은 경우에는 기한을 정하여 당사자 간에 다시 협의를 하도록 권고할 수 있으며, 기한 내에 협의가 이루어지지 아니하는 경우에는 직접 조정할 수 있다(동법 17조 2항).

국토교통부장관은 제1항에 따른 조정의 신청을 받거나 제2항에 따라 직접 조정하려는 경우에는 중앙도시계획위원회의 심의를 거쳐 광역도시계획의 내용을 조정하여야 한다. 이 경우 이해관계를 가진 지방자치단체의 장은 중앙도시계획위원회의 회의에 출석하여 의견을 진술할 수 있다(동법 17조 3항). 광역도시계획을 수립하는 자는 제3항에 따른 조정 결과를 광역도시계획에 반영하여야 한다(동법 17조 4항).

한편, 광역도시계획을 공동으로 수립하는 시장 또는 군수는 그 내용에 관하여 서로 협의가 되지 아니하면 공동이나 단독으로 도지사에게 조정을 신청할 수 있다(동법 17조 5항). 제5항에 따라 도지사가 광역도시계획을 조정하는 경우에는 제2항부터 제4항까지의 규정을 준용하며, 이 경우 "국토교통부장관"은 "도지사"로, "중앙도시계획위원회"는 "도의 지방도시계획위원회"로 본다(동법 17조 6항).

(8) 광역도시계획협의회의 구성 및 운영

국토교통부장관, 시·도지사, 시장 또는 군수는 광역도시계획을 공동으로 수립할 때에는 광역도시계획의 수립에 관한 협의 및 조정이나 자문 등을 위하여 광역도시계획협의회를 구성하여 운영할 수 있다(동법 17조의2 1항). 이때 광역도시계획협의회에서 광역도시계획의 수립에 관하여 협의·조정을 한 경우에는 그 조정 내용을 광역도시계획에 반영하여야 하며, 해당 시·도지사, 시장 또는 군수는 이에 따라야 한다(동법 17조의2 2항).

(9) 광역도시계획의 효력

전술한 바와 같이 광역도시계획은 다른 도시계획에 대한 지침으로서의 역할만을 하기 때문에 대외적인 구속력은 없다고 할 것이다.

4. 도시 · 군기본계획

(1) 도시 · 군기본계획의 의의

도시 · 군기본계획이란 특별시 · 광역시 · 특별자치시 · 특별자치도 · 시 또는 군의 관할 구역에 대하여 기본적인 공간구조와 장기발전방향을 제시하는 종합계획으로서 도시 · 군관리계획수립의 지침이 되는 계획을 말한다(동법 2조 3호).

(2) 도시 · 군기본계획의 수립권자

특별시장 · 광역시장 · 특별자치시장 · 특별자치도지사 · 시장 또는 군수는 관할구역에 대하여 도시 · 군기본계획을 수립하여야 한다(동법 18조 1항 본문). 다만, 시 또는 군의 위치, 인구의 규모, 인구감소율 등을 고려하여 대통령령으로 정하는 시 또는 군은 도시 · 군기본계획을 수립하지 아니할 수 있는데(동법 18조 1항 단서), 그에 해당하는 시 또는 군으로는 ①「수도권정비계획법」 제2조 제1호의 규정에 의한 수도권에 속하지 아니하고 광역시와 경계를 같이하지 아니한 시 또는 군으로서 인구 10만명 이하인 시 또는 군, ② 관할구역 전부에 대하여 광역도시계획이 수립되어 있는 시 또는 군으로서 당해 광역도시계획에 도시 · 군기본계획의 정책방향이 모두 포함되어 있는 시 또는 군 등이 있다(동법 시행령 14조).

한편, 특별시장 · 광역시장 · 특별자치시장 · 특별자치도지사 · 시장 또는 군수는 지역여건상 필요하다고 인정되는 때에는 인접한 특별시 · 광역시 · 특별자치시 · 특별자치도 · 시 또는 군의 관할구역의 전부 또는 일부를 포함하여 도시 · 군기본계획을 수립할 수 있는데, 이러한 경우에는 미리 당해 특별시장 · 광역시장 · 특별자치시장 · 특별자치도지사 · 시장 또는 군수와 협의하여야 한다(동법 18조 2항-3항).

(3) 도시 · 군기본계획의 내용

도시 · 군기본계획에는 다음 각 호의 사항에 대한 정책 방향이 포함되어야 한다(동법 19조).

① 지역적 특성 및 계획의 방향 · 목표에 관한 사항

② 공간구조, 생활권의 설정 및 인구의 배분에 관한 사항

③ 토지의 이용 및 개발에 관한 사항

④ 토지의 용도별 수요 및 공급에 관한 사항

⑤ 환경의 보전 및 관리에 관한 사항

⑥ 기반시설에 관한 사항
⑦ 공원 · 녹지에 관한 사항
⑧ 경관에 관한 사항
⑨ 기후변화 대응 및 에너지 절약에 관한 사항
⑩ 방재 · 방범 등 안전에 관한 사항
⑪ 위의 ②부터 ⑩까지 규정된 사항의 단계별 추진에 관한 사항
⑫ 그 밖에 대통령령으로 정하는 사항

(4) 도시 · 군기본계획의 수립 · 변경절차

도시 · 군기본계획의 경우에도 광역도시계획과 마찬가지로 기초조사와 공청회를 하여야 한다(동법 20조). 또한 도시 · 군기본계획을 수립하거나 변경하려면 미리 당해 특별시 · 광역시 · 특별자치시 · 특별자치도 · 시 또는 군 의회의 의견을 들어야 하며, 특별시 · 광역시 · 특별자치시 · 특별자치도 · 시 또는 군의 의회는 특별한 사유가 없으면 30일 이내에 도시 · 군기본계획의 수립권자인 특별시장 · 광역시장 · 특별자치시장 · 특별자치도지사 · 시장 또는 군수에게 의견을 제시하여야 한다(동법 21조).

(5) 도시 · 군기본계획의 승인

특별시장 · 광역시장 · 특별자치시장 또는 특별자치도지사는 도시 · 군기본계획을 수립하거나 변경하려면 관계 행정기관의 장(국토교통부장관을 포함한다)과 협의한 후 지방도시계획위원회의 심의를 거쳐야 한다. 협의 요청을 받은 관계 행정기관의 장은 특별한 사유가 없으면 그 요청을 받은 날부터 30일 이내에 특별시장 · 광역시장 · 특별자치시장 또는 특별자치도지사에게 의견을 제시하여야 한다. 특별시장 · 광역시장 · 특별자치시장 또는 특별자치도지사는 도시 · 군기본계획을 수립하거나 변경한 경우에는 관계 행정기관의 장에게 관계 서류를 송부하여야 하며, 대통령령으로 정하는 바에 따라 그 계획을 공고하고 일반인이 열람할 수 있도록 하여야 한다(동법 22조).

한편, 시장 또는 군수는 도시 · 군기본계획을 수립하거나 변경하려면 대통령령으로 정하는 바에 따라 도지사의 승인을 받아야 하며, 도지사는 도시 · 군기본계획을 승인하려면 관계 행정기관의 장과 협의한 후 지방도시계획위원회의 심의를 거쳐야 한다. 협의 요청을 받은 관계 행정기관의 장은 특별한 사유가 없으면 그 요청을 받은 날부터 30일 이내에 도지사에게 의견을 제시하여야 한

다. 도지사는 도시·군기본계획을 승인하면 관계 행정기관의 장과 시장 또는 군수에게 관계 서류를 송부하여야 하며, 관계 서류를 받은 시장 또는 군수는 대통령령으로 정하는 바에 따라 그 계획을 공고하고 일반인이 열람할 수 있도록 하여야 한다(동법 22조 의2).

(6) 도시·군기본계획의 효력

광역도시계획과 마찬가지로 도시·군기본계획 역시 대외적인 구속력을 지니지 않는다고 볼 것이다.

5. 도시·군관리계획

(1) 도시·군관리계획 일반론

(가) 도시·군관리계획의 의의 및 종류

도시·군관리계획이란 특별시·광역시·특별자치시·특별자치도·시 또는 군의 개발·정비 및 보전을 위하여 수립하는 토지 이용·교통·환경·경관·안전·산업·정보통신·보건·복지·안보·문화 등에 관한 계획으로서 ① 용도지역·용도지구의 지정 또는 변경에 관한 계획, ② 용도구역(개발제한구역·도시자연공원구역·시가화조정구역·수산자원보호구역)의 지정 또는 변경에 관한 계획, ③ 기반시설의 설치·정비 또는 개량에 관한 계획, ④ 도시개발사업이나 정비사업에 관한 계획, ⑤ 지구단위계획구역의 지정 또는 변경에 관한 계획과 지구단위계획, ⑥ 입지규제최소구역의 지정 또는 변경에 관한 계획과 입지규제최소구역계획 등으로 나뉜다(동법 2조 4호).

(나) 도시·군관리계획의 입안권자(동법 24조)

특별시장·광역시장·특별자치시장·특별자치도지사·시장 또는 군수는 관할구역에 대하여 도시·군관리계획을 입안하여야 한다. 특별시장·광역시장·특별자치시장·특별자치도지사·시장 또는 군수는 ① 지역여건상 필요하다고 인정하여 미리 인접한 특별시장·광역시장·특별자치시장·특별자치도지사·시장 또는 군수와 협의한 경우, ② 인접한 특별시·광역시·특별자치시·특별자치도·시 또는 군의 관할 구역을 포함하여 이미 도시·군기본계획을 수립한 경우에는 인접한 특별시·광역시·특별자치시·특별자치도·시 또는 군의 관할구역의 전부 또는 일부를 포함하여 도시·군관리계획을 입안할 수 있다. 이러한 경우의 도시·군관리계획은 관계 특별시장·광역시장·특별자치시장·특별자치도지사·시장 또는 군수가 협의하여 공동으로 입안하거나 입안할 자를 정하며, 협의가 성립되지 아니하는 경우에는 도시 · 군관리계획을 입안하려는 구역이 같은 도의 관할 구역에 속하는 때에는 관할 도지사가, 둘 이상의 시 · 도의 관할 구역에 걸쳐 있을 때에는 국토교통부장관(수산자원보호구역의 경우 해양수산부장관)이 입안할 자를 지정하고 그 사실을 고시하여야 한다.

한편, 국토교통부장관은 ① 국가계획과 관련된 경우, ② 둘 이상의 시 · 도에 걸쳐 지정되는 용도지역 · 용도지구 또는 용도구역과 둘 이상의 시 · 도에 걸쳐 이루어지는 사업의 계획 중 도시 · 군관리계획으로 결정하여야 할 사항이 있는 경우, ③ 특별시장 · 광역시장 · 특별자치시장 · 특별자치도지사 · 시장 또는 군수가 제138조에 따른 기한까지 국토교통부장관의 도시 · 군관리계획의 조정 요구에 따라 도시 · 군관리계획을 정비하지 아니하는 경우에는 직접 또는 관계 중앙행정기관의 장의 요청에 의하여 도시관리계획을 입안할 수 있다. 이 경우 국토교통부장관은 관할 시 · 도지사 및 시장 · 군수의 의견을 들어야 한다.

또한 도지사는 ① 둘 이상의 시 · 군에 걸쳐 지정되는 용도지역 · 용도지구 또는 용도구역과 둘 이상의 시 · 군에 걸쳐 이루어지는 사업의 계획 중 도시 · 군관리계획으로 결정하여야 할 사항이 포함되어 있는 경우, ② 도지사가 직접 수립하는 사업의 계획으로서 도시 · 군관리계획으로 결정하여야 할 사항이 포함되어 있는 경우에는 직접 또는 시장이나 군수의 요청에 의하여 도시 · 군관리계획을 입안할 수 있다. 이 경우 도지사는 관계 시장 또는 군수의 의견을 들어야 한다.

(다) 도시 · 군관리계획의 입안

도시 · 군관리계획은 광역도시계획 및 도시 · 군기본계획에 부합되어야 한다. 국토교통부장관(수자원보호구역의 경우 해양수산부장관), 시 · 도지사, 시장 또는 군수는 도시 · 군관리계획을 입안할 때에는 대통령령으로 정하는 바에 따라 도시 · 군관리계획도서(계획도 및 계획조서)와 이를 보조하는 계획설명서(기초조사결과 · 재원조달방안 및 경관계획 등)를 작성하여야 한다. 도시 · 군관리계획은 계획의 상세 정도, 도시 · 군관리계획으로 결정하여야 하는 기반시설의 종류 등에 대하여 도시 및 농 · 산 · 어촌 지역의 인구밀도, 토지이용의 특성 및 주변 환경 등을 종합적으로 고려하여 차등을 두어 입안하여야 한다(동법 25조).

한편, 주민(이해관계자를 포함한다)은 기반시설의 설치 · 정비 또는 개량에 관한 사항, 지구단위계획구역의 지정 및 변경과 지구단위계획의 수립 및 변경에 관한 사항 등에 대하여 동법 제24조에 따라 도시 · 군관리계획을 입안할 수 있는 자에게 도시·군관리계획의 입안을 제안할 수 있다. 이 경우 제안서에는 도시·군관리계획도서와 계획설명서를 첨부하여야 한다(동법 26조 1항). 도시·군관리계획의 입안을 제안받은 자는 그 처리 결과를 제안자에게 알려야 하며(동법 26조 2항), 도시·군관리계획의 입안을 제안받은 자는 제안자와 협의하여 제안된 도시·군관리계획의 입안 및 결정에 필요한 비용의 전부 또는 일부를 제안자에게 부담시킬 수 있다(동법 26조 3항).

(라) 도시·군관리계획의 입안절차

도시·군관리계획을 입안하는 경우에도 광역도시계획의 경우와 마찬가지로 기초조사를 하여야 한다(동법 27조 1항). 그 기초조사의 내용에는 도시·군관리계획이 환경에 미치는 영향 등에 대한 환경성검토를 포함해야 하며(동법 27조 2항), 또한 토지적성평가와 재해취약성분석을 포함해야 한다(동법 27조 3항). 다만, 도시·군관리계획으로 입안하려는 지역이 도심지에 위치하거나 개발이 끝나 나대지가 없는 등 대통령령으로 정하는 요건에 해당하면 제1항부터 제3항까지의 규정에 따른 기초조사, 환경성 검토, 토지적성평가 또는 재해취약성분석을 하지 아니할 수 있다(동법 27조 4항).

도시·군관리계획의 입안권자는 도시·군관리계획을 입안하는 경우 주민의 의견을 들어야 하며, 그 의견이 타당하다고 인정되면 도시·군관리계획안에 반영하여야 한다. 다만, 국방상 또는 국가안전보장상 기밀을 지켜야 할 필요가 있는 사항으로서 관계 중앙행정기관의 장이 요청하는 것이거나 대통령령으로 정하는 경미한 사항인 경우에는 그러하지 아니하다(동법 28조 1항). 주민의 의견 청취에 필요한 사항은 대통령령으로 정하는 기준에 따라 해당 지방자치단체의 조례로 정한다(동법 28조 5항). 한편, 도시·군관리계획의 입안권자는 용도지역·용도지구 또는 용도구역의 지정 또는 변경지정, 광역도시계획에 포함된 광역시설의 설치·정비 또는 개량에 관한 도시·군관리계획의 결정 또는 변경결정 그리고 기반시설의 설치·정비 또는 개량에 관한 도시·군관리계획의 결정 또는 변경결정에 대하여는 지방의회의 의견을 들어야 한다(동법 28조 6항, 동법 시행령 22조 7항).

[판례] 구 국토의 계획 및 이용에 관한 법률(이하 '법'이라 한다) 제28조 제1항, 제2항, 제3항, 제4항, 구 국토의 계획 및 이용에 관한 법률 시행령(이하 '시행령'이라 한다) 제22조 제5항이 관할 행정청으로 하여금 도시관리계획을 입안할 때 해당 도시관리계획안의 내용을 주민에게 공고·열람하도록 한 것은 다수 이해관계자의 이익을 합리적으로 조정하

여 국민의 권리에 대한 부당한 침해를 방지하고 행정의 민주화와 신뢰를 확보하기 위하여 국민의 의사를 그 과정에 반영시키는 데 그 취지가 있다.

이러한 주민의견청취 절차의 의의와 필요성은 시장 또는 군수가 도시관리계획을 입안하는 과정에서뿐만 아니라 도시관리계획안이 도지사에게 신청된 이후에 내용이 관계 행정기관의 협의 및 도시계획위원회의 심의 등을 거치면서 변경되는 경우에도 마찬가지이고, 도지사가 도시관리계획의 결정 과정에서 신청받은 도시관리계획안의 중요한 사항을 변경하는 것은 그 범위에서 시장 또는 군수에 의하여 신청된 도시관리계획안을 배제하고 도지사가 직접 도시관리계획안을 입안하는 것과 다르지 않다. 그러므로 도지사가 관계 행정기관의 협의 등을 반영하여 신청받은 당초의 도시관리계획안을 변경하고자 하는 경우 내용이 해당 시 또는 군의 도시계획조례가 정하는 중요한 사항인 때에는 다른 특별한 사정이 없는 한 법 제28조 제2항, 시행령 제22조 제5항을 준용하여 그 내용을 관계 시장 또는 군수에게 송부하여 주민의 의견을 청취하는 절차를 거쳐야 한다(대판 2015. 1. 29, 2012두11164).

(마) 도시·군관리계획의 결정권자

도시·군관리계획은 시·도지사가 직접 또는 시장·군수의 신청에 따라 결정한다. 다만, 「지방자치법」 제198조에 따른 서울특별시와 광역시 및 특별자치시를 제외한 인구 50만 이상의 대도시의 경우에는 해당 시장이 직접 결정하고, 다음 각 호의 도시·군관리계획은 시장 또는 군수가 직접 결정한다(동법 29조 1항).

① 시장 또는 군수가 입안한 지구단위계획구역의 지정·변경과 지구단위계획의 수립·변경에 관한 도시·군관리계획

② 「국토의 계획 및 이용에 관한 법률」 제52조 1항 1호의2에 따라 지구단위계획으로 대체하는 용도지구 폐지에 관한 도시·군관리계획. 이때 해당 시장(대도시 시장은 제외한다) 또는 군수가 도지사와 미리 협의한 경우에 한정한다.

위와 같은 규정에도 불구하고 다음 각 호의 도시·군관리계획은 국토교통부장관이 결정한다. 다만, 제4호의 도시·군관리계획은 해양수산부장관이 결정한다(동법 29조 2항).

① 국토교통부장관이 입안한 도시·군관리계획

② 개발제한구역의 지정 및 변경에 관한 도시·군관리계획

③ 시가화조정구역의 지정 및 변경에 관한 도시·군관리계획

④ 수산자원보호구역의 지정 및 변경에 관한 도시·군관리계획

(바) 도시·군관리계획의 결정

시·도지사가 도시·군관리계획을 결정하려면 관계 행정기관의 장과 미리 협의하여야 하며, 국토교통부장관이 도시·군관리계획을 결정하려면 관계 중앙행정기관의 장과 미리 협의하여야 한다. 이 경우 협의요청을 받은 기관의 장은 특별한 사유가 없으면 그 요청을 받은 날부터 30일 이내에 의견을 제시하여야 한다(동법 30조 1항).

시·도지사는 국토교통부장관이 입안하여 결정한 도시·군관리계획을 변경하거나 광역도시계획과 관련하여 시·도지사가 입안한 도시·군관리계획, 개발제한구역이 해제되는 지역에 대하여 해제 이후 최초로 결정되는 도시·군관리계획, 2 이상의 시·도에 걸치는 기반시설의 설치·정비 또는 개량에 관한 도시·군관리계획 중 국토교통부령이 정하는 도시·군관리계획 등의 사항을 결정하려면 미리 국토교통부장관과 협의하여야 한다(동법 30조 2항, 동법 시행령 25조 1항).

국토교통부장관은 도시·군관리계획을 결정하려면 중앙도시계획위원회의 심의를 거쳐야 하며, 시·도지사가 도시·군관리계획을 결정하려면 시·도도시계획위원회의 심의를 거쳐야 한다. 다만, 시·도지사가 지구단위계획(지구단위계획과 지구단위계획구역을 동시에 결정할 때에는 지구단위계획구역의 지정 또는 변경에 관한 사항을 포함할 수 있다)이나 「국토의 계획 및 이용에 관한 법률」 제52조 1항 1호의2에 따라 지구단위계획으로 대체하는 용도지구 폐지에 관한 사항을 결정하려면 대통령령으로 정하는 바에 따라 「건축법」 제4조에 따라 시·도에 두는 건축위원회와 도시계획위원회가 공동으로 하는 심의를 거쳐야 한다(동법 30조 3항).

국토교통부장관이나 시·도지사는 국방상 또는 국가안전보장상 기밀을 지켜야 할 필요가 있다고 인정되면(관계 중앙행정기관의 장이 요청할 때만 해당된다) 그 도시·군관리계획의 전부 또는 일부에 대하여 협의 및 심의절차를 생략할 수 있다(동법 30조 4항).

위의 절차들은 결정된 도시·군관리계획을 변경하려는 경우에 준용된다. 다만, 대통령령으로 정하는 경미한 사항을 변경하는 경우에는 그러하지 아니하다(동법 30조 5항).

국토교통부장관 또는 시·도지사는 도시·군관리계획을 결정한 때에는 이를 고시하고, 관계 서류를 관계 특별시장·광역시장·특별자치시장·특별자치도지사·시장 또는 군수에게 송부하여 일반이 열람할 수 있도록 하여야 하며, 특별시장·광역시장·특별자치시장·특별자치도지사는 관계 서류를 일반이 열람할 수 있도록 하여야 한다(동법 30조 6항).

(사) 도시 · 군관리계획 결정의 효력

도시 · 군관리계획 결정의 효력은 제32조 제4항에 따라 지형도면을 고시한 날로부터 발생한다. 도시 · 군관리계획결정 당시 이미 사업이나 공사에 착수한 자는 그 도시 · 군관리계획 결정에 관계없이 그 사업이나 공사를 계속할 수 있다. 다만, 시가화조정구역이나 수산자원보호구역의 지정에 관한 도시 · 군관리계획결정이 있는 경우에는 특별시장 · 광역시장 · 시장 또는 군수에게 신고하고 그 사업 또는 공사를 계속할 수 있다(동법 31조).

이러한 도시 · 군관리계획의 결정으로 인하여 지정된 용도지역 · 용도지구 및 용도구역 안에서는 여러 가지 행위제한이 뒤따르게 되며, 이러한 까닭으로 동 결정은 광역도시계획이나 도시 · 군기본계획과는 다르게 국민에 대한 직접적인 구속력을 지니는 것으로서 행정행위성을 인정할 수 있을 것이다.

(2) 용도지역

(가) 의 의

용도지역이란 토지의 이용 및 건축물의 용도 · 건폐율 · 용적률 · 높이 등을 제한함으로써 토지를 경제적 · 효율적으로 이용하고 공공복리의 증진을 도모하기 위하여 서로 중복되지 아니하게 도시 · 군관리계획으로 결정하는 지역을 말한다(동법 2조 15호).

동법은 전국토를 종전의 5개 용도지역(도시 · 준도시 · 농림 · 준농림 · 자연환경보전지역)에서 4개 용도지역(도시 · 관리 · 농림 · 자연환경보전지역)으로 축소하고, 종전에 난개발 문제가 제기되었던 준농림지역이 편입되는 관리지역을 보전관리지역 · 생산관리지역 · 계획관리지역으로 세분하여 관리하도록 함으로써 난개발 문제의 해소를 도모하고 있다.

(나) 용도지역의 지정

용도지역은 토지의 이용실태 및 특성, 장래의 토지이용방향, 지역 간 균형발전 등을 고려하여 구분하며(동법 6조), 국토교통부장관, 시 · 도지사 또는 대도시 시장은 다음 각 호의 어느 하나에 해당하는 용도지역의 지정 또는 변경을 도시 · 군관리계획으로 결정한다(동법 36조). 용도지역의 구분은 다음과 같다.

① **도시지역**: 인구와 산업이 밀집되어 있거나 밀집이 예상되어 당해 지역에 대하여 체계적인 개발 · 정비 · 관리 · 보전 등이 필요한 지역으로서 다음과 같이 세분된다.

㉠ 주거지역: 거주의 안녕과 건전한 생활환경의 보호를 위하여 필요한

지역

㉡ 상업지역: 상업 그 밖의 업무의 편익증진을 위하여 필요한 지역

㉢ 공업지역: 공업의 편익을 증진하기 위하여 필요한 지역

㉣ 녹지지역: 자연환경 · 농지 및 산림의 보호, 보건위생, 보안과 도시의 무질서한 확산을 방지하기 위하여 녹지의 보전이 필요한 지역

② **관리지역**: 도시지역의 인구와 산업을 수용하기 위하여 도시지역에 준하여 체계적으로 관리하거나 농림업의 진흥, 자연환경 또는 산림의 보전을 위하여 농림지역 또는 자연환경보전지역에 준하여 관리가 필요한 지역으로서 다음과 같이 세분된다.

㉠ 보전관리지역: 자연환경 보호, 산림 보호, 수질오염 방지, 녹지공간 확보 및 생태계 보전 등을 위하여 보전이 필요하나, 주변 용도지역과의 관계 등을 고려할 때 자연환경보전지역으로 지정하여 관리하기가 곤란한 지역

㉡ 생산관리지역: 농업 · 임업 · 어업 생산 등을 위하여 관리가 필요하나, 주변 용도지역과의 관계 등을 고려할 때 농림지역으로 지정하여 관리하기가 곤란한 지역

㉢ 계획관리지역: 도시지역으로의 편입이 예상되는 지역이나 자연환경을 고려하여 제한적인 이용 · 개발을 하려는 지역으로서 계획적 · 체계적인 관리가 필요한 지역

③ **농림지역**: 도시지역에 속하지 아니하는 농지법에 의한 농업진흥지역 또는 산지관리법에 의한 보전산지 등으로서 농림업의 진흥과 산림의 보전을 위하여 필요한 지역을 말한다.

④ **자연환경보전지역**: 자연환경 · 수자원 · 해안 · 생태계 · 상수원 및 문화재의 보전과 수산자원의 보호 · 육성 등을 위하여 필요한 지역을 말한다.

(다) 용도지역 안에서의 행위제한(동법 76조-78조 참조)

용도지역 안에서의 행위제한으로는 건축제한, 건폐율과 용적률의 최대한도 제한 등이 있다. 용도지역 안에서는 당해 용도지역의 지정목적에 적합하도록 건축물 그 밖의 시설의 용도 · 종류 및 규모 등의 제한이 이루어지며, 또한 관할구역의 면적 및 인구규모, 용도지역의 특성 등을 감안하여 조례로써 건폐율과 용적률의 최대한도가 정해진다.

(3) 용도지구

(가) 의 의

용도지구란 토지의 이용 및 건축물의 용도 · 건폐율 · 용적률 · 높이 등에 대한 용도지역의 제한을 강화하거나 완화하여 적용함으로써 용도지역의 기능을 증진시키고 경관 · 안전 등을 도모하기 위하여 도시 · 군관리계획으로 결정하는 지역을 말한다(동법 2조 16호). 즉 용도지구는 용도지역의 기능을 보완하는 것으로서 특정한 용도지역 위에 지정되는 것이며, 둘 이상의 용도지구가 중복하여 지정될 수도 있다.

(나) 용도지구의 지정

용도지구의 지정 또는 변경은 국토교통부장관, 시 · 도지사 또는 대도시 시장이 도시 · 군관리계획으로 결정하는데, 용도지구의 구분은 다음과 같다(동법 37조).

① **경관지구**: 경관의 보전 · 관리 및 형성을 위하여 필요한 지구

② **고도지구**: 쾌적한 환경 조성 및 토지의 효율적 이용을 위하여 건축물 높이의 최고한도를 규제할 필요가 있는 지구

③ **방화지구**: 화재의 위험을 예방하기 위하여 필요한 지구

④ **방재지구**: 풍수해, 산사태, 지반의 붕괴, 그 밖의 재해를 예방하기 위하여 필요한 지구

⑤ **보호지구**: 문화재, 중요 시설물(항만, 공항 등 대통령령으로 정하는 시설물을 말한다) 및 문화적 · 생태적으로 보존가치가 큰 지역의 보호와 보존을 위하여 필요한 지구

⑥ **취락지구**: 녹지지역 · 관리지역 · 농림지역 · 자연환경보전지역 · 개발제한구역 또는 도시자연공원구역의 취락을 정비하기 위한 지구

⑦ **개발진흥지구**: 주거기능 · 상업기능 · 공업기능 · 유통물류기능 · 관광기능 · 휴양기능 등을 집중적으로 개발 · 정비할 필요가 있는 지구

⑧ **특정용도제한지구**: 주거 및 교육 환경 보호나 청소년 보호 등의 목적으로 오염물질 배출시설, 청소년 유해시설 등 특정시설의 입지를 제한할 필요가 있는 지구

⑨ **복합용도지구**: 지역의 토지이용 상황, 개발 수요 및 주변 여건 등을 고려하여 효율적이고 복합적인 토지이용을 도모하기 위하여 특정시설의 입지를 완화할 필요가 있는 지구

⑩ 그 밖에 대통령령으로 정하는 지구

(다) 용도지구 안에서의 행위제한

용도지구 안에서의 행위제한으로는 건축제한이 있다. 용도지구 안에서는 용도지구의 지정목적에 적합하도록 건축물이나 그 밖의 시설의 용도·종류 및 규모 등이 제한되며, 이러한 제한은 대통령령으로 정하는 기준에 따라 조례로써 정할 수 있다(동법 76조 2항·3항).

(4) 용도구역

(가) 의 의

용도구역이란 토지의 이용 및 건축물의 용도·건폐율·용적률·높이 등에 대한 용도지역 및 용도지구의 제한을 강화하거나 완화하여 따로 정함으로써 시가지의 무질서한 확산방지, 계획적이고 단계적인 토지이용의 도모, 토지이용의 종합적 조정·관리 등을 위하여 도시·군관리계획으로 결정하는 지역을 말한다(동법 2조 17호).

이러한 용도구역으로는 개발제한구역, 도시자연공원구역, 시가화조정구역, 수산자원보호구역 등이 있다.

(나) 용도구역의 지정

① **개발제한구역의 지정**(동법 38조): 국토교통부장관은 도시의 무질서한 확산을 방지하고 도시주변의 자연환경을 보전하여 도시민의 건전한 생활환경을 확보하기 위하여 도시의 개발을 제한할 필요가 있거나 국방부장관의 요청이 있어 보안상 도시의 개발을 제한할 필요가 있다고 인정되면 개발제한구역의 지정 또는 변경을 도시·군관리계획으로 결정할 수 있다. 그리고 개발제한구역의 지정 또는 변경에 관하여 필요한 사항은 따로 법률로 정하도록 하고 있는데, 이에 해당하는 법률이 바로 「개발제한구역의 지정 및 관리에 관한 특별조치법」이다.

② **시가화조정구역의 지정**(동법 39조): 시·도지사는 직접 또는 관계 행정기관의 장의 요청을 받아 도시지역과 그 주변지역의 무질서한 시가화를 방지하고 계획적·단계적인 개발을 도모하기 위하여 대통령령으로 정하는 기간동안 시가화를 유보할 필요가 있다고 인정되면 시가화조정구역의 지정 또는 변경을 도시·군관리계획으로 결정할 수 있다.

다만, 국가계획과 연계하여 시가화조정구역의 지정 또는 변경이 필요한 경우에는 국토교통부장관이 직접 시가화조정구역의 지정 또는 변경을 도시·군관리계획으로 결정할 수 있다. 시가화조정구역의 지정에 관한 도시·군관리계획의 결정은 시가화 유보기간이 끝난 날의 다음날부터 그 효력을 잃는다.

③ **수산자원보호구역의 지정**(동법 40조): 해양수산부장관은 직접 또는 관계 행정기관의 장의 요청을 받아 수산자원의 보호·육성을 위하여 필요한 공유수면이나 그에 인접된 토지에 대한 수산자원보호구역의 지정 또는 변경을 도시·군관리계획으로 결정할 수 있다.

④ **도시자연공원구역의 지정**(동법 38조의2): 시·도지사 또는 대도시 시장은 도시의 자연환경 및 경관을 보호하고 도시민에게 건전한 여가·휴식공간을 제공하기 위하여 도시지역 안에서 식생이 양호한 산지(山地)의 개발을 제한할 필요가 있다고 인정하면 도시자연공원구역의 지정 또는 변경을 도시관리계획으로 결정할 수 있다.

(다) 개발제한구역

① **구 「도시계획법」에서의 개발제한구역의 지정**: 1971년 1월 제정된 「도시계획법」 제21조는 도시의 무질서한 확산을 방지하고 도시주변의 자연환경을 보전하여 도시민의 건전한 생활환경을 확보하기 위하여 또는 국방부장관의 요청이 있어 보안상 도시의 개발을 제한할 필요가 있다고 인정되는 때에 건설부장관(국토교통부장관)이 도시개발을 제한할 수 있는 구역(개발제한구역)의 지정을 도시계획으로 결정할 수 있음을 규정하였다.

이에 의거하여 정부는 같은 해 7월, 수도권 주변을 개발제한구역으로 지정하였으며, 모두 8차례에 걸쳐 전국 14개 권역이 개발제한구역으로 지정된 바 있다. 전 국토의 5.4%에 해당하는 토지가 개발제한구역으로 지정되었으며, 대부분이 임야 또는 전·답 등 농경지이나, 대지도 2.1% 정도를 차지했던 것으로 알려져 있다.

그 위에 개발제한구역을 지정한 지 근 30년이 지나는 동안에 정치·경제·사회 등 모든 분야에서 개발제한구역 지정 당시와는 여건이 많이 변화하였는데도 그 개발제한구역 내에 거주하는 주민은 엄격한 토지이용규제 등으로 낙후한 생활을 강요받는 등 민원이 끊이질 않았다. 특히 개발제한구역의 지정으로 인한 재산권의 침해가 현실적으로 일어나고 있는데도 구 「도시계획법」에는 보상규정이 없음으로 인하여, 문제를 더욱 어렵게 만들었다.

② **헌법재판소에 의한 헌법불합치결정**: 보상규정을 두고 있지 않은 구 「도시계획법」 제21조의 위헌성 여부가 문제된 사건에서 대법원은 거듭 합헌결정

을 하였다. 개발제한구역의 지정에 의한 "토지소유자의 불이익은 공공의 복리를 위하여 감수하지 아니하면 안 될 정도의 것이라고 인정되므로 손실보상의 규정을 두지 아니하였다 하여 헌법 제23조 제3항이나 제37조 제2항에 위배되는 것이라고 할 수 없다"고 하는 것이 그 판지였다(대결 1990. 5. 8, 89부2. 동지판례: 대판 1994. 5. 10, 93도2397; 대판 1996. 6. 28, 94다54511 등). 그러나 헌법재판소는 대법원과는 달리 헌법불합치결정을 내렸으며, 이것이 「개발제한구역의 지정 및 관리에 관한 특별조치법」(이하 "특별조치법"이라 한다)을 제정하게 된 직접적인 계기가 되었다.

[판례] 이 사건의 법률조항이 규정한 개발제한구역의 지정이라는 제도 그 자체는 토지재산권에 내재하는 사회적 기속성을 구체화한 것으로서 원칙적으로 합헌적인 규정인데, 다만 구역지정으로 말미암아 일부 토지소유자에게 사회적 제약의 범위를 넘는 가혹한 부담이 발생하는 예외적인 경우에도 보상규정을 두지 않은 것에 위헌성이 있는 것이므로, 헌법불합치결정을 선고함으로써 입법자가 이 사건 법률조항을 헌법에 적합하게 개정할 때까지 그대로 유지해야 할 당위성이 있다(헌재 1998. 12. 24, 89헌마214, 90헌바16, 97헌바78 병합).

③ **특별조치법상의 행위제한과 특례:** 개발제한구역에서는 그 지정목적에 위배되는 건축물의 건축 및 용도변경, 공작물의 설치, 토지의 형질변경, 죽목의 벌채, 토지의 분할, 물건을 쌓아놓는 행위 또는 「국토의 계획 및 이용에 관한 법률」 제2조 제11호에 따른 도시계획사업의 시행을 할 수 없는 제한을 받는다(특별조치법 12조). 그러면서도 ① 존속 중인 건축물 등에 대한 특례(특별조치법 13조), ② 취락지구에 대한 특례(특별조치법 15조)가 인정되는 한편, 주민지원사업(특별조치법 16조), 토지매수의 청구(특별조치법 17조) 등을 통해 개발제한구역 주민의 이익을 도모하고 있다.

Ⅲ. 개발행위의 허가

1. 의 의

개발행위허가제도는 건축물의 건축, 토지의 형질변경 등의 일정한 개발행위에 대하여 사전에 허가를 받도록 하는 제도인데, 종전에는 도시지역에 한정되어 실시되었으나 「국토의 계획 및 이용에 관한 법률」에서는 국토의 난개발 방지를 위하여 개발행위허가제도의 실시지역을 전국토로 확대하고 있다.

2. 개발행위허가의 대상과 허가기준

① 건축물의 건축 또는 공작물의 설치, ② 토지의 형질변경(경작을 위한 토지의 형질변경은 제외), ③ 토석의 채취, ④ 토지 분할, ⑤ 녹지지역·관리지역 또는 자연환경보전지역 안에 물건을 1월 이상 쌓아놓는 행위 등은 특별시장·광역시장·특별자치시장·특별자치도지사·시장 또는 군수의 허가를 받아야 한다(동법 56조 1항).

[판례] 건축물의 건축은 건축주가 그 부지를 적법하게 확보한 경우에만 허용될 수 있다. 여기에서 '부지 확보'란 건축주가 건축물을 건축할 토지의 소유권이나 그 밖의 사용권원을 확보하여야 한다는 점 외에도 해당 토지가 관계 법령상 건축물의 건축이 허용되는 법적 성질을 지니고 있어야 한다는 점을 포함한다. 토지는 그 토지의 용도(지목)에 적합하게 이용되어야 한다. 어떤 토지를 그 지목과 달리 이용하기 위해서는 해당 토지의 용도를 적법하게 변경하기 위하여 국토의 계획 및 이용에 관한 법률 제56조 제1항에 따른 개발행위(토지형질변경) 허가를 받아야 한다. 그 토지의 실제 현황이 어느 시점에 공부상의 지목과 달라졌거나 또는 토지의 물리적인 형상을 변경하기 위한 공사가 필요하지 않더라도 마찬가지이다(대판 2020. 7. 23, 2019두31839).

제1항에도 불구하고 ① 재해복구 또는 재난수습을 위한 응급조치, ② 「건축법」에 따라 신고하고 설치할 수 있는 건축물의 개축·증축 또는 재축과 이에 필요한 범위에서의 토지의 형질 변경(도시·군계획시설사업이 시행되지 아니하고 있는 도시·군계획시설의 부지인 경우만 가능하다), ③ 그 밖에 대통령령으로 정하는 경미한 행위(조성이 완료된 기존 대지에 건축물이나 그 밖의 공작물을 설치하기 위한 토지의 형질변경 등 동법 시행령 제53조에 규정된 행위) 등은 허가를 받지 않아도 할 수 있다. 다만, 재해복구 또는 재난수습을 위한 응급조치를 한 경우에는 1개월 이내에 특별시장·광역시장·특별자치시장·특별자치도지사·시장 또는 군수에게 신고를 하여야 한다(동법 56조 4항).

[판례] 국토의 계획 및 이용에 관한 법률 제56조 제1항 제2호, 제4항 제3호, 국토의 계획 및 이용에 관한 법률 시행령 제53조 제3호 (다)목에 따라 개발행위허가가 면제되는 토지형질변경이란, 토지의 형질을 외형상으로 사실상 변경시킴이 없이 건축부분에 대한 허가만을 받아 그 설치를 위한 토지의 굴착만으로 건설이 가능한 경우를 가리키고, 그 외형을 유지하면서는 원하는 건축물을 건축할 수 없고 그 밖에 건축을 위하여 별도의 절토, 성토, 정지작업 등이 필요한 경우는 포함되지 않는다.

국토의 계획 및 이용에 관한 법률 제56조 제1항 제2호, 제4항 제3호, 제58조 제3항, 국토의 계획 및 이용에 관한 법률 시행령(이하 '국토계획법 시행령'이라 한다) 제53조 제3호 (가)목, (다)목, 제56조 제1항 [별표 1의2] 제2호 (가)목, (나)목의 규정을 종합해 볼 때,

조성이 완료된 기존 대지에 건축물을 설치하기 위한 경우라 하더라도 절토나 성토를 한 결과 최종적으로 지반의 높이가 50cm를 초과하여 변경되는 경우에는 비탈면 또는 절개면이 발생하는 등 그 토지의 외형이 실질적으로 변경되므로, 토지형질변경에 대한 별도의 개발행위허가를 받아야 하고, 그 절토 및 성토가 단순히 건축물을 설치하기 위한 토지의 형질변경이라는 이유만으로 국토계획법 시행령 제53조 제3호 (다)목에 따라 개발행위허가를 받지 않아도 되는 경미한 행위라고 볼 수 없다(대판 2023. 9. 21. 2022두31143).

개발행위허가의 신청을 받은 허가권자는 그 신청내용이 다음 각호의 기준에 적합한 경우에 한하여 허가를 하여야 한다(동법 58조).

① 용도지역별 특성을 고려하여 대통령령으로 정하는 개발행위의 규모에 적합할 것. 다만, 개발행위가 「농어촌정비법」 제2조 제4호에 따른 농어촌정비사업으로 이루어지는 경우 등 대통령령으로 정하는 경우에는 개발행위 규모의 제한을 받지 아니한다.

② 도시·군관리계획의 내용 및 성장관리방안(동조 4항)에 어긋나지 아니할 것

③ 도시·군계획사업의 시행에 지장이 없을 것

④ 주변지역의 토지이용실태 또는 토지이용계획, 건축물의 높이, 토지의 경사도, 수목의 상태, 물의 배수, 하천·호소·습지의 배수 등 주변환경이나 경관과 조화를 이룰 것

⑤ 해당 개발행위에 따른 기반시설의 설치나 그에 필요한 용지의 확보계획이 적절할 것

[판례] 국토의 계획 및 이용에 관한 법률(이하 '국토계획법'이라 한다) 제2조 제11호, 제58조 제1항 제3호, 제3항, 국토의 계획 및 이용에 관한 법률 시행령 제56조 제1항 [별표 1의2] 제1호 (다)목 규정의 내용, 체계 및 도시·군계획사업에 관한 제반 절차 등에 비추어 보면, 국토계획법 제58조 제1항 제3호에서 개발행위허가 기준의 하나로 정하고 있는 "도시·군계획사업의 시행에 지장이 없을 것"에서 말하는 도시·군계획사업은 반드시 개발행위허가신청에 대한 처분 당시 이미 도시·군계획사업이 결정·고시되어 시행이 확정되어 있는 것만을 의미하는 것이 아니고, 도시·군계획사업에 관한 구역 지정 절차 내지 도시·군관리계획 수립 등의 절차가 구체적으로 진행되고 있는 등의 경우에는 행정청으로서는 그와 같이 구체적으로 시행이 예정되어 있는 도시·군계획사업의 시행에 지장을 초래하는 개발행위에 대해서 이를 허가하지 아니할 수 있다(대판 2021. 4. 29. 2020두55695).

3. 개발행위허가의 절차

(1) 허가의 신청

개발행위를 하려는 자는 그 개발행위에 따른 기반시설의 설치나 그에 필요한 용지의 확보·위해방지·환경오염방지·경관·조경 등에 관한 계획서를 첨부한 신청서를 개발행위허가권자에게 제출하여야 한다(동법 57조 1항).

(2) 처리기간

특별시장·광역시장·특별자치시장·특별자치도지사·시장 또는 군수는 개발행위허가의 신청에 대하여 특별한 사유가 없으면 대통령령으로 정하는 기간 이내에 허가 또는 불허가의 처분을 하여야 하는데(동법 57조 2항), 동법 시행령 제54조 1항에 따르면 그 기간은 15일(도시계획위원회의 심의를 거쳐야 하거나 관계 행정기관의 장과 협의를 하여야 하는 경우에는 심의 또는 협의기간은 제외)이다.

한편, 특별시장·광역시장·특별자치시장·특별자치도지사·시장 또는 군수는 제2항에 따라 허가 또는 불허가의 처분을 할 때에는 지체 없이 그 신청인에게 허가내용이나 불허가처분의 사유를 서면 또는 국토이용정보체계를 통하여 알려야 한다(동법 57조 3항).

(3) 도시계획사업시행자의 의견청취

특별시장·광역시장·특별자치시장·특별자치도지사·시장 또는 군수는 개발행위허가 또는 변경허가를 하려면 그 개발행위가 도시·군계획사업의 시행에 지장을 주는지에 관하여 해당 지역에서 시행되는 도시·군계획사업의 시행자의 의견을 들어야 한다(동법 58조 2항).

(4) 개발행위에 대한 도시계획위원회의 심의

관계 행정기관의 장은 ① 건축물의 건축 또는 공작물의 설치를 목적으로 하는 토지의 형질변경으로서 그 면적이 허가기준면적 이상인 경우, ② 녹지지역, 관리지역, 농림지역 또는 자연환경보전지역에서 건축물의 건축 또는 공작물의 설치를 목적으로 하는 토지의 형질변경으로서 그 면적이 허가기준면적 미만인 경우, ③ 부피 3만세제곱미터 이상의 토석채취 등의 경우에 이 법에 따라 허가 또는 변경허가를 하거나 다른 법률에 따라 인가·허가·승인 또는 협의를 하려면 중앙도시계획위원회나 지방도시계획위원회의 심의를 거쳐야 한다(동법 59조 1항 및 동법 시행령 57조 1항).

(5) 조건부허가

특별시장·광역시장·특별자치시장·특별자치도지사·시장 또는 군수는 개발행위허가를 하는 경우에 대통령령으로 정하는 바에 따라 그 개발행위에 따른 기반시설의 설치 또는 그에 필요한 용지의 확보·위해방지·환경오염방지·경관·조경 등에 관한 조치를 할 것을 조건으로 개발행위허가를 할 수 있다(동법 57조 4항).

4. 개발행위허가의 이행담보

(1) 이행보증금

특별시장·광역시장·특별자치시장·특별자치도지사·시장 또는 군수는 기반시설의 설치나 그에 필요한 용지의 확보·위해방지·환경오염방지·경관·조경 등을 위하여 필요하다고 인정되는 경우에는 이의 이행을 보증하기 위하여 개발행위허가(다른 법률에 따라 개발행위허가가 의제되는 협의를 거친 인가·허가·승인 등을 포함한다.)를 받는 자로 하여금 이행보증금을 예치하게 할 수 있다. 다만, ① 국가나 지방자치단체가 시행하는 개발행위, ②「공공기관의 운영에 관한 법률」에 따른 공공기관 중 대통령령으로 정하는 기관이 시행하는 개발행위, ③ 그 밖에 해당 지방자치단체의 조례로 정하는 공공단체가 시행하는 개발행위 등의 경우에는 그러하지 아니하다(동법 60조 1항).

(2) 원상회복과 대집행

특별시장·광역시장·특별자치시장·특별자치도지사·시장 또는 군수는 개발행위허가를 받지 아니하고 개발행위를 하거나 허가내용과 다르게 개발행위를 하는 자에게는 그 토지의 원상회복을 명할 수 있으며, 원상회복의 명령을 받은 자가 원상회복을 하지 아니하면 행정대집행법에 따른 행정대집행에 따라 원상회복을 할 수 있고, 대집행에 소요되는 비용은 개발행위허가를 받은 자가 예치한 이행보증금에서 사용할 수 있다(동법 60조 3항·4항).

5. 준공검사

건축물의 건축 또는 공작물의 설치, 토지의 형질 변경(경작을 위한 토지의 형질 변경은 제외한다), 토석의 채취행위에 대한 개발행위허가를 받은 자는 그 개발행위를 마치면 국토교통부령으로 정하는 바에 따라 특별시장·광역시장·특별자치시장·특별자치도지사·시장 또는 군수의 준공검사를 받아야 한다. 다만, 건축물의 건축 또는 공작물의 설치행위에 대하여「건축법」제22조에 따른 건축물의 사용승인을 받은 경우에는 그러하지 아니하다(동법 62조).

6. 개발행위허가의 제한

국토교통부장관, 시·도지사, 시장 또는 군수는 ① 녹지지역이나 계획관리지역으로서 수목이 집단적으로 자라고 있거나 조수류 등이 집단적으로 서식하고 있는 지역 또는 우량 농지 등으로 보전할 필요가 있는 지역, ② 개발행위로 인하여 주변의 환경·경관·미관·문화재 등이 크게 오염되거나 손상될 우려가 있는 지역, ③ 도시·군기본계획이나 도시·군관리계획을 수립하고 있는 지역으로서 그 도시·군기본계획이나 도시·군관리계획이 결정될 경우 용도지역·용도지구 또는 용도구역의 변경이 예상되고 그에 따라 개발행위허가의 기준이 크게 달라질 것으로 예상되는 지역, ④ 지구단위계획구역으로 지정된 지역, ⑤ 기반시설부담구역으로 지정된 지역으로서 도시·군관리계획상 특히 필요하다고 인정되는 지역에 대해서는 중앙도시계획위원회나 지방도시계획위원회의 심의를 거쳐 한 차례만 3년 이내의 기간 동안 개발행위허가를 제한할 수 있다.

다만, ③에서 ⑤까지에 해당하는 지역에 대해서는 중앙도시계획위원회나 지방도시계획위원회의 심의를 거치지 아니하고 한 차례만 2년 이내의 기간 동안 개발행위허가의 제한을 연장할 수 있다(동법 63조 1항). 또한 국토교통부장관, 시·도지사, 시장 또는 군수는 개발행위허가를 제한하려면 제한지역·제한사유·제한대상행위 및 제한기간을 미리 고시하여야 한다(동법 63조 2항).

한편, 개발행위허가 제한지역 등을 고시한 국토교통부장관, 시·도지사, 시장 또는 군수는 해당 지역에서 개발행위를 제한할 사유가 없어진 경우에는 그 제한기간이 끝나기 전이라도 지체없이 개발행위허가의 제한을 해제하여야 한다(동법 63조 3항).

Ⅳ. 토지의 거래규제

1. 개 설

일반적으로 경제가 발전하고 산업화·도시화가 촉진되면 택지, 공업용지 및 공공용지의 수요가 증가하고 그에 따라 지가가 상승하게 마련이다. 우리나라는 특히 인구가 과밀하고 토지가 절대 부족한 여건하에서 급속한 산업화·도시화가 이루어졌기 때문에 지가가 급격히 상승함과 동시에 투기적 토지거래현상도 심하였다. 그리하여 구 국토이용관리법에서는 토지거래허가제도를 규정하고 있었는데, 새로 제정된 「국토의 계획 및 이용에 관한 법률」에서도 이 제도를 규정하였다.

이후 부동산 거래 관련 인·허가 제도의 근거법률을 일원화하기 위해 제정된 「부동산 거래신고 등에 관한 법률」(2016. 1. 19. 법률 제13797호로 제정되어 2017. 1. 20. 시행됨)[10]에서 이 제도를 규정하고 있다(동법 10조 이하 참조).

2. 허가구역의 지정과 거래계약허가

(1) 허가구역의 지정(동법 10조)

국토교통부장관 또는 시·도지사는 국토의 이용 및 관리에 관한 계획의 원활한 수립과 집행, 합리적인 토지 이용 등을 위하여 토지의 투기적인 거래가 성행하거나 지가가 급격히 상승하는 지역과 그러한 우려가 있는 지역에 대하여는 5년 이내의 기간을 정하여 토지거래계약에 관한 허가구역으로 지정할 수 있으며, 허가구역으로 지정하려면 중앙도시계획위원회 또는 시·도도시계획위원회의 심의를 거쳐야 한다. 다만, 지정기간이 끝나는 허가구역을 계속하여 다시 허가구역으로 지정하려면 심의 전에 미리 시·도지사 및 시장·군수 또는 구청장의 의견을 들어야 한다.

한편, 국토교통부장관 또는 시·도지사는 허가구역으로 지정한 때에는 지체 없이 이를 공고하고, 그 공고 내용을 국토교통부장관은 시·도지사를 거쳐 시장·군수 또는 구청장에게 통지하고, 시·도지사는 국토교통부장관, 시장·군수 또는 구청장에게 통지하여야 하며, 통지를 받은 시장·군수 또는 구청장은 지체 없이 그 공고 내용을 그 허가구역을 관할하는 등기소의 장에게 통지하여야 하며, 지체 없이 그 사실을 7일 이상 공고하고, 그 공고 내용을 15일간 일반이 열람할 수 있도록 하여야 한다.

허가구역의 지정은 국토교통부장관이 허가구역의 지정을 공고한 날부터 5일 후에 그 효력이 발생한다.

---

10) 이 법률은 「부동산 거래신고에 관한 법률」상 부동산 거래신고, 「외국인토지법」상 외국인의 토지취득 신고·허가, 「국토의 계획 및 이용에 관한 법률」상 토지거래허가 등 부동산거래 관련 인·허가 제도의 근거 법률을 일원화하기 위해 제정된 것으로, 부동산 거래 등의 신고 및 허가에 관한 사항을 정하여 건전하고 투명한 부동산 거래질서를 확립하고 국민경제에 이바지함을 목적으로 한다(동법 제1조 참조).

(2) 토지거래계약의 허가

허가구역 안에 있는 토지에 관한 소유권·지상권(소유권·지상권의 취득을 목적으로 하는 권리를 포함)을 이전하거나 설정(대가를 받고 이전하거나 설정하는 경우에 한한다)하는 계약을 체결하려는 당사자는 공동으로 시장·군수 또는 구청장의 허가를 받아야 한다.[11] 허가받은 사항을 변경하려는 경우에도 또한 같다(동법 11조 1항). 여기에서의 허가는 '학문적 의미의 인가' 내지는 '허가+인가'의 성질을 가진다고 할 수 있다. 그러나 대법원은 「국토이용관리법」상의 토지거래계약허가에 대하여 그 성질을 '인가'로 보고 있다.

[판례] 국토이용관리법 제21조의3 제1항 소정의 허가가 규제지역 내의 모든 국민에게 전반적으로 토지거래의 자유를 금지하고 일정한 요건을 갖춘 경우에만 금지를 해제하여 계약체결의 자유를 회복시켜 주는 성질의 것이라고 보는 것은 위 법의 입법취지를 넘어선 지나친 해석이라고 할 것이고, 규제지역 내에서도 토지거래의 자유가 인정되나 다만 위 허가를 허가 전의 유동적 무효 상태에 있는 법률행위의 효력을 완성시켜 주는 인가적 성질을 띤 것이라고 보는 것이 타당하다(대판 1991. 12. 24, 90다12243).

한편, 허가를 받지 아니하고 체결한 토지거래계약은 그 효력이 발생하지 않는데(동조 6항), 이에 대하여 판례는 그 무효를 확정적 무효와 유동적 무효로 나누고 있다.

[판례] 토지의 소유권 등 권리를 이전 또는 설정하는 내용의 거래계약은 관할 관청의 허가를 받아야만 그 효력이 발생하고 허가를 받기 전에는 물권적 효력은 물론 채권적 효력도 발생하지 아니하여 무효라고 보아야 할 것인바, 다만 허가를 받기 전의 거래계약이 처음부터 허가를 배제하거나 잠탈하는 내용의 계약일 경우에는 확정적으로 무효로서 유효화 될 여지가 없으나 이와 달리 허가받을 것을 전제로 한 거래계약(허가를 배제하거나 잠탈하는 내용의 계약이 아닌 계약은 여기에 해당하는 것으로 본다)일 경우에는 허가를 받을 때까지는 법률상 미완성의 법률행위로서 소유권 등 권리의 이전 또는 설정에 관한 거래의 효력이 전혀 발생하지 않음은 위의 확정적 무효의 경우와 다를 바 없지만, 일단 허가를 받으면 그 계약은 소급하여 유효한 계약이 되고 이와 달리 불허가가 된 때에는 무효로 확정되므로 허가를 받기까지는 유동적 무효의 상태에 있다고 보는 것이 타당하므로 허가 받을 것을 전제로 한 거래계약은 허가받기 전의 상태에서는 거래계

---

11) 김남진·김연태(Ⅰ), 259면 이하 참조. 한편, 토지거래허가제의 위헌성 여부가 다투어진 사건에서 헌법재판소는 토지거래허가제를 합헌으로 결정한 바 있다(헌재 1989. 12. 22, 88헌가13).

약의 채권적 효력도 전혀 발생하지 않으므로 권리의 이전 또는 설정에 관한 어떠한 내용의 이행청구도 할 수 없으나 일단 허가를 받으면 그 계약은 소급해서 유효화 되므로 허가 후에 새로이 거래계약을 체결할 필요는 없다(대판 1991. 12. 24. 90다12243).

3. 토지의 선매

시장·군수 또는 구청장은 토지거래계약에 관한 허가신청이 있는 경우 그 토지가 ① 공익사업용 토지이거나 ② 토지거래계약허가를 받아 취득한 토지를 그 이용목적대로 이용하고 있지 아니한 토지[12]인 때에는, 해당 토지에 대하여 국가, 지방자치단체, 한국토지주택공사, 그 밖에 대통령령으로 정하는 공공기관 또는 공공단체가 그 매수를 원하는 경우에는 이들 중에서 해당 토지를 매수할 자(선매자)를 지정하여 그 토지를 협의 매수하게 할 수 있다(동법 15조 1항). 시장·군수 또는 구청장은 위 토지 중 어느 하나에 해당하는 토지에 대하여 토지거래계약허가신청이 있는 경우에는 그 신청이 있는 날부터 1개월 이내에 선매자를 지정하여 토지 소유자에게 알려야 하며, 선매자는 지정 통지를 받은 날부터 1개월 이내에 그 토지 소유자와 대통령령으로 정하는 바에 따라 선매협의를 끝내야 한다(동법 15조 2항). 시장·군수 또는 구청장은 선매협의가 이루어지지 아니한 경우에는 지체 없이 허가 또는 불허가의 여부를 결정하여 통보하여야 한다(동법 15조 4항).

4. 권리구제

(1) 이의신청(동법 13조)

허가신청에 대한 처분에 대해 이의가 있는 자는 그 처분을 받은 날부터 1개월 이내에 시장·군수 또는 구청장에게 이의를 신청할 수 있다. 그리고 이의신청을 받은 시장·군수 또는 구청장은 시·군·구 도시계획위원회의 심의를 거쳐 그 결과를 이의신청인에게 알려야 한다.

(2) 불허가처분을 받은 토지의 매수청구(동법 16조)

허가신청에 대하여 불허가처분을 받은 자는 그 통지를 받은 날부터 1개월

12) 이 경우 '그 토지를 허가받은 목적'이 무엇인지는 원칙적으로 토지거래계약허가증의 기재에 의하여야 하고, 허가받은 목적대로 이용하고 있는지는 허가받은 목적, 토지거래허가 신청 시 국토의 계획 및 이용에 관한 법률 시행규칙 제21조 제1항에 따라 제출한 토지이용계획의 내용, 허가받은 토지의 이용현황, 토지이용계획과 토지이용현황이 차이가 있는 경우 그 정도와 사유 등을 종합적으로 고려하여 판단하여야 한다(대판 2012. 2. 29, 2011두10935).

이내에 시장·군수 또는 구청장에게 해당 토지에 관한 권리의 매수를 청구할 수 있다.

매수 청구를 받은 시장·군수 또는 구청장은 국가·지방자치단체·한국토지공사 그 밖에 대통령령으로 정하는 공공기관 또는 공공단체 중에서 매수할 자를 지정하여, 매수할 자로 하여금 예산의 범위에서 공시지가를 기준으로 하여 해당 토지를 매수하게 하여야 한다. 다만, 토지거래계약 허가신청서에 적힌 가격이 공시지가보다 낮은 경우에는 허가신청서에 적힌 가격으로 매수할 수 있다.

제3절 개발이익의 환수

Ⅰ. 개 설

1. 개발이익의 개념

'개발이익'이란 개발사업의 시행이나 토지이용계획의 변경, 그 밖에 사회적·경제적 요인에 따라 정상지가(正常地價)상승분을 초과하여 개발사업을 시행하는 자(사업시행자)나 토지 소유자에게 귀속되는 토지 가액의 증가분을 말한다(개발이익 환수에 관한 법률 2조 1호).

'개발사업'이란 국가나 지방자치단체로부터 인가·허가·면허 등(신고를 포함)을 받아 시행하는 택지개발사업이나 산업단지개발사업 등을 말한다(동법 2조 2호).

2. 개발이익환수의 필요성

자신의 노력과는 관계없이 공공적 개발사업으로 인하여 받게 되는 이익은 불로소득인 셈이므로 이를 사유화시키는 것은 사회정의에 어긋난다. 특히 개발이익의 사유화는 지가의 급격한 상승과 투기적 거래의 근본원인이 된다고 할 수 있다.

[관련판례] 헌법 제23조 제3항의 '정당한 보상'은 완전보상을 뜻하는 것이나 개발이익을 보상액에서 배제하는 것은 정당보상의 원리에 어긋나는 것이 아니며 달리 위 토지수용법의 규정이 헌법상 정당보상의 원리에 어긋나는 것이라 볼 수 없고,

평등의 원칙이 국가가 언제 어디에서 기본권에 관한 상황이나 제도의 개선을 시작할 것인지의 선택을 방해하는 것은 아니므로 일부 토지소유자로부터만 개발이익을 환수하는 것이 합리적 이유없는 차별이라고는 할 수 없다(헌재 1990. 6. 25. 89헌마107).

Ⅱ. 개발이익의 환수

1. 개 설

개발이익을 환수하는 방법은 여러 가지가 있을 수 있다.

도시계획세 · 공동시설세 · 양도소득세 등과 같은 과세조치, 일반거래나 공용매수 및 수용보상시 개발이익을 배제하기 위한 공시지가제, 사업시행자에 대한 개발부담금 등이 그에 해당한다.

개발이익환수제도의 유형분류

환수유형	제 도	대상지역	주요시행국가
1. 원천적 환수형	① 토지의 국 · 공유화 및 임대제 ② 공적토지취득시 기준지가제도	전 지 역	스웨덴, 싱가포르, 이스라엘
	③ 공적토지취득시 초과수용(지대수용)제도	사업지역	프랑스, 독일
	④ 공적토지취득시 상계제도	주변지역	프랑스
2. 과세형	⑤ 보유과세(재산세 지가세) ⑥ 토지증가세 ⑦ 양도소득세	전 지 역	대부분 국가 대만, 이탈리아 대부분 국가
3. 부담금 징수형	⑧ 개발허가부공공시설부담금제 ⑨ 개발부담금제 ⑩ 개발권의 매각 ⑪ 개발권이전 ⑫ 수익자부담금제	사업지역	일본, 독일 독일, 싱가포르 미국, 프랑스 미국 일본, 독일
4. 시설정비 부담형	⑬ 개발허가부공공시설부담제 ⑭ 계획적 단위개발 ⑮ Incentive 용도지역제	사업지역	일본, 미국, 영국, 독일, 프랑스 미국 미국

2. 「개발이익 환수에 관한 법률」에 의한 환수

위 법률은 토지로부터 발생되는 개발이익을 환수하여 이를 적정하게 배분함으로써 토지에 대한 투기를 방지하고 토지의 효율적인 이용을 촉진하여 국민경제의 건전한 발전에 이바지함을 목적으로 1989년 말에 제정되었다(1989. 12. 30. 법률 제4175호). 동법은 그 뒤 여러 차례 개정되었는데 현재 시행중인 법률(2017. 12. 26. 법률 제15305호로 개정된 것)의 주요내용은 다음과 같다.

(1) 개발이익과 개발부담금

'개발이익'이란 개발사업의 시행이나 토지이용계획의 변경, 그 밖에 사회적·경제적 요인에 따라 정상지가(正常地價)상승분을 초과하여 개발사업을 시행하는 자(사업시행자)나 토지 소유자에게 귀속되는 토지 가액의 증가분을 말한다(동법 2조 1호). 국가는 그 개발이익을 법이 정하는 바에 따라 '개발부담금'으로 징수하여야 한다(동법 3조).

(2) 대상사업

개발부담금의 부과 대상인 개발사업은 다음 각 호의 어느 하나에 해당하는 사업 등으로 한다(동법 5조).

① 택지개발사업(주택단지조성사업을 포함한다)
② 산업단지개발사업
③ 관광단지조성사업(온천 개발사업을 포함한다)
④ 도시개발사업, 지역개발사업 및 도시환경정비사업
⑤ 교통시설 및 물류시설 용지조성사업
⑥ 체육시설 부지조성사업(골프장 건설사업 및 경륜장·경정장 설치사업을 포함한다)
⑦ 지목 변경이 수반되는 사업으로서 대통령령으로 정하는 사업
⑧ 그 밖에 제1호부터 제6호까지의 사업과 유사한 사업으로서 대통령령으로 정하는 사업

(3) 납부의무자

개발부담금 부과대상 사업의 시행자는 개발부담금을 납부할 의무가 있다. 다만, 개발사업을 위탁하거나 도급한 경우에는 그 위탁이나 도급을 한 자, 타인이 소유하는 토지를 임차하여 개발사업을 시행한 경우에는 그 토지의 소유자, 개발사업을 완료하기 전에 사업시행자 등의 지위를 승계하는 경우에는 그 지위를 승계한 자가 개발부담금을 납부하여야 한다(동법 6조).

[판례①] 토지로부터 발생되는 개발이익을 환수하여 이를 적정하게 배분함으로써 토지에 대한 투기를 방지하고 토지의 효율적인 이용을 촉진하여 국민 경제의 건전한 발전에 이바지한다는 개발이익환수에 관한 법률(이하 '법'이라 한다)의 제정 목적이나, 개발사업 시행으로 정상지가 상승분을 초과하여 개발사업을 시행하는 자(이하 '사업시행자'라 한다)나 토지 소유자에게 귀속되는 토지가액 증가분이 개발부담금 부과대상임을 고려하면, 법 제6조 제1항 본문에서 정한 개발부담금 납부의무자로서의 사업시행자는 특별한 사정이 없는 한 개발사업의 시행으로 불로소득적 개발이익을 얻게 되는 토지소유자인 사업시행자를 말한다(대판 2014. 8. 28, 2013두14696).

[판례②] 구 개발이익환수에관한법률 제6조 제1항 소정의 개발부담금 납부의무자로서의 사업시행자는 특단의 사정이 없는 이상 개발사업 시행으로 불로소득적 개발이익을 얻게 되는 토지소유자인 사업시행자를 말하고, 토지가액 증가로 나타나는 개발이익을 얻지 않고 단순히 개발사업을 위탁 또는 도급받아 시행한 자나 토지를 임차하여 사업을 시행하는 자 등은 제외된다(대판 1993. 8. 24, 92누19354).

[판례③] 구 개발이익환수에관한법률 제6조 소정의 개발부담금 납부의무자인 "사업시행자" 중 실질적으로 개발이익이 귀속되지 아니한 자는 그 부과대상자에 해당하지 않는다 할 것인바, 타인 소유의 토지를 임차하여 개발사업을 시행한 경우 그 토지가액 증가로 인한 개발이익은 특별한 사정이 없는 한 토지소유자에게 귀속된다 할 것이므로 그와 같은 경우 임차인에 불과한 사업시행자는 개발부담금 납부의무자가 아니다(대판 1993. 10. 8, 93누10521).

(4) 부과기준

개발부담금의 부과 기준은 부과 종료 시점의 부과 대상 토지의 가액(종료시점지가)에서 부과 개시 시점의 부과 대상 토지의 가액(개시시점지가), 부과 기간의 정상지가상승분, 개발비용을 뺀 금액으로 한다(동법 8조).

(5) 개발부담금의 산정

납부 의무자가 납부하여야 할 개발부담금은 다음과 같다.

첫째, ① 택지개발사업(주택단지조성사업을 포함한다), ② 산업단지개발사업, ③ 관광단지조성사업(온천 개발사업을 포함한다), ④ 도시개발사업 · 지역개발사업 · 도시환경정비사업, ⑤ 교통시설 및 물류시설 용지조성사업, ⑥ 체육시설 부지조성사업(골프장 건설사업 및 경륜장·경정장 설치사업을 포함한다)의 경우에는 동법 제8조에 따라 산정된 개발이익의 100분 20을 개발부담금으로 산정한다(동법 13조 1호).

둘째, 지목 변경이 수반되는 사업으로서 대통령령으로 정하는 사업, 그 밖에

①부터 ⑥까지의 사업과 유사한 사업으로서 대통령령으로 정하는 사업의 경우에는 동법 제8조에 따라 산정된 개발이익의 100분의 25를 개발부담금으로 산정한다(동법 13조 2호 본문). 다만, 「국토의 계획 및 이용에 관한 법률」 제38조에 따른 개발제한구역에서 위 개발사업을 시행하는 경우로서 납부 의무자가 개발제한구역으로 지정될 당시부터 토지 소유자인 경우에는 100분의 20으로 한다(동법 13조 2호 단서).

(6) 징수금의 배분

징수된 개발부담금의 100분의 50에 해당하는 금액은 개발이익이 발생한 토지가 속하는 지방자치단체에 귀속되고, 이를 제외한 나머지 개발부담금은 따로 법률로 정하는 지역발전특별회계에 귀속된다(동법 4조 1항).

제 4 절 부동산가격공시

Ⅰ. 부동산가격공시의 일원화

종전의 「지가공시 및 토지 등의 평가에 관한 법률」은 2005. 1. 14. 전부개정되어 「부동산가격공시 및 감정평가에 관한 법률」로 변경되었으며, 이후 2016. 1. 19. 전부개정되어 「부동산 가격공시에 관한 법률」로 변경되었다.

1989. 4. 1. 제정된 「지가공시 및 토지 등의 평가에 관한 법률」은 기존의 다원화된 지가조사체계, 즉 구 국토이용관리법에 의한 보상가격 산정기준으로서의 기준지가, 소득세법에 의한 양도소득세액 등의 산정기준으로서의 기준시가, 금융기관의 담보물가격 등 산정기준으로서의 토지시가, 지방세법에 의한 재산세액 등 산정기준으로서의 과세시가표준액 등의 다원적 지가조사체계를 일원화 하여 공시지가의 공신력을 높이기 위하여 제정되었다.[1]

2005. 1. 14. 전부개정된 「부동산가격공시 및 감정평가에 관한 법률」은 세부담의 형평성을 제고하기 위하여 주택에 대한 토지·건물의 통합과세를 내용으로 하는 부동산 보유세제의 개편에 따라 현행 공시지가제도 외에 토지와 건물의 적정가격을 통합평가하여 공시하는 주택가격공시제도를 도입하고, 현재 분산되어 있는 부동산가격 평가체계의 일원화를 꾀하고 있다.

1) 이에 관한 상세는 김남진·박상희, 토지공법론, 1994, 249면 이하 참조.

현행 「부동산 가격공시에 관한 법률」은 기존 「부동산 가격공시 및 감정평가에 관한 법률」이 부동산의 적정가격을 공시하는 행정과 감정평가사의 업무를 함께 규정하고 있어 일반 국민으로 하여금 부동산 가격공시가 감정평가업자의 업무로 인식되는 문제점을 해소하고자 동법에서 감정평가사 관련 규정을 분리하여 별도의 법률로서 「감정평가 및 감정평가사에 관한 법률」을 제정함으로써 일반 국민의 오해를 없애고, 부동산 가격공시 및 감정평가에 관한 사항을 규정하여 가격공시제도의 발전을 기하고 있다.

Ⅱ. 지가공시제도

1. 표준지공시지가

(1) 표준지공시지가의 공시

국토교통부장관은 토지이용상황이나 주변 환경, 그 밖의 자연적·사회적 조건이 일반적으로 유사하다고 인정되는 일단의 토지 중에서 선정한 표준지에 대하여 매년 공시기준일 현재의 단위면적당 적정가격(이하 "표준지공시지가"라 한다)을 조사·평가하고, 중앙부동산가격공시위원회의 심의를 거쳐 이를 공시하여야 하며(부동산 가격공시에 관한 법률 3조 1항), 표준지공시지가를 공시하기 위하여 표준지의 가격을 조사·평가할 때에는 대통령령으로 정하는 바에 따라 해당 토지 소유자의 의견을 들어야 한다(동법 3조 2항). 제1항에 따른 표준지의 선정, 공시기준일, 공시의 시기, 조사·평가 기준 및 공시절차 등에 필요한 사항은 대통령령으로 정한다(동법 3조 3항).

표준지공시지가의 공시에는 표준지의 지번, 표준지의 단위면적(1제곱미터)당 가격, 표준지의 면적 및 형상, 표준지 및 주변토지의 이용상황, 지목, 용도지역, 도로 상황, 그 밖에 표준지공시지가 공시에 필요한 사항이 포함되어야 한다(동법 5조 및 동법 시행령 10조).

(2) 표준지공시지가의 조사·평가

(가) 표준지의 선정과 평가기준

표준지공시지가는 매 필지별로 조사·평가하는 것은 아니고 토지이용상황이나 주변환경 그 밖의 자연적·사회적 조건이 일반적으로 유사하다고 인정되는 일단의 토지 중에서 선정한 표준지에 대하여 조사·평가한다(동법 3조 1항).

표준지의 적정가격을 조사·평가하는 경우에는 인근유사토지의 거래가격·임대료 및 당해 토지와 유사한 이용가치를 지닌다고 인정되는 토지의 조성에 필요한 비용추정액 등을 종합적으로 참작하여야 한다(동법 3조 4항).

(나) 감정평가업자에 의한 조사·평가

국토교통부장관이 표준지의 적정가격을 조사·평가하고자 할 때에는 둘 이상의 「감정평가 및 감정평가사에 관한 법률」에 따른 감정평가업자에게 이를 의뢰하여야 한다. 다만, 지가 변동이 작은 경우 등 대통령령으로 정하는 기준에 해당하는 표준지에 대해서는 하나의 감정평가업자에게 의뢰할 수 있다(동법 3조 5항).

(3) 표준지공시지가의 열람 등

국토교통부장관이 지가를 공시한 때에는 그 내용을 특별시장·광역시장 또는 도지사를 거쳐 시장·군수 또는 구청장에게 송부하여 일반으로 하여금 열람하게 하고, 이를 도서·도표 등으로 작성하여 관계 행정기관 등에 공급하여야 한다(동법 6조).

(4) 이의신청 및 표준지공시지가의 재공시

표준지공시지가에 대하여 이의가 있는 자는 공시지가의 공시일로부터 30일 이내에 서면으로 국토교통부장관에게 이의를 신청할 수 있다(동법 7조 1항).

국토교통부장관은 이의신청기간이 만료된 날부터 30일 이내에 이의신청을 심사하여 그 결과를 신청인에게 서면으로 통지하여야 한다. 이 경우 국토교통부장관은 이의신청의 내용이 타당하다고 인정될 때에는 당해 표준지공시지가를 조정하여 다시 공시하여야 한다(동조 2항).

(5) 토지의 감정평가

감정평가업자가 토지를 감정평가하는 경우에는 그 토지와 이용가치가 비슷하다고 인정되는 「부동산 가격공시에 관한 법률」에 따른 표준지공시지가를 기준으로 하여야 한다. 다만, 적정한 실거래가가 있는 경우에는 이를 기준으로 할 수 있다(감정평가 및 감정평가사에 관한 법률 3조 1항). 그러나 감정평가업자가 「주식회사의 외부감사에 관한 법률」에 따른 재무제표 작성 등 기업의 재무제표 작성에 필요한 감정평가와 담보권의 설정·경매 등 대통령령으로 정하는 감정평가를 할 때에는 해당 토지의 임대료, 조성비용 등을 고려하여 감정평가를 할 수 있다(동법 3조 2항).

(6) 표준지공시지가의 적용

국가·지방자치단체, 「공공기관의 운영에 관한 법률」에 따른 공공기관 및 대통령령이 정하는 공공단체(산림조합·농업협동조합·수산업협동조합·중소기업진흥공단 및 산업단지관리공단 등)가 ① 공공용지의 매수 및 토지의 수용·사용에 대한 보상, ② 국·공유토지의 취득 또는 처분, ③ 그 밖에 대통령령이 정하는 토지가격의 산정 등을 위하여 토지가격을 산정하는 경우에는 그 토지와 이용가치가 비슷하다고 인정되는 하나 또는 둘 이상의 표준지의 공시지가를 기준으로 토지가격비준표를 사용하여 지가를 직접 산정하거나 감정평가업자에게 감정평가를 의뢰하여 산정할 수 있다. 다만, 필요하다고 인정할 때에는 산정된 지가를 그 목적에 따라 가감(加減) 조정하여 적용할 수 있다(부동산 가격공시에 관한 법률 8조).

(7) 표준지공시지가의 효력

표준지공시지가는 토지시장의 지가정보를 제공하고 일반적인 토지거래의 지표가 되며, 국가·지방자치단체 등의 기관이 그 업무와 관련하여 지가를 산정하거나 감정평가업자가 개별적으로 토지를 감정평가하는 경우에 그 기준이 된다(동법 9조).

(8) 표준지공시지가의 법적 성질

(가) 판례의 입장

표준지공시지가가 처분의 성질을 갖는가? 법원은 거듭 그것을 긍정하고 있다.

[판례] 표준지가로 선정된 공시지가에 대하여 불복하기 위하여는 지가공시 및 토지 등의 평가에 관한 법률 제8조 제1항 소정의 이의절차를 거쳐 처분청을 상대로 그 공시지가결정의 취소를 구하는 행정소송을 제기하여야 하는 것이지, 그러한 절차를 밟지 아니한 채 개별토지가격결정을 다투는 소송에서 그 개별토지가격 산정의 기초가 된 표준공시지가의 위법성을 다툴 수는 없다(대판 1996. 12. 6, 96누1832. 동지 판례: 대판 1997. 2. 28, 96누10225).

(나) 사 견

여기서 유의할 점은 표준지공시지가에 두 가지가 있다고 하는 점이다. 그 하나는 개별공시지가의 산정기준이 되는 공시지가이며, 다른 하나는 그 자체가 개별공시지가의 성질을 가지는 경우이다. 후자에 대해 「부동산 가격공시에 관한 법률」은 "표준지로 선정된 토지에 대하여는 해당 토지의 표준지공시지가를 개별공시지가로 본다"(동법 10조 2항)고 규정하고 있는 것이다. 그리하여 개별공시지가를 처분으로 보는 경우 후자인 표준지공시지가 역시 처분의 성질을 가진다고 말할 수 있을 것이다. 그러나 전자인 표준지공시지가 역시 처분으로 볼 수 있는가에 대해서는 의문을 가진다. 전자는 개별공시지가 산정에 있어서의 구속력 없는(가감조정할 수 있는) 기준이 될 뿐 직접 대외적 법적 효과를 발생하지 않기 때문이다.[2)]

2. 개별공시지가

기본사례

甲이 자신에 토지에 대하여 결정·공시된 2004년도 개별공시지가가 합리적이고 객관적인 사정없이 표준지가 동일한 주변토지에 비하여 약 2배 가까이 높게 결정되었음을 이유로 당해 개별공시지가결정에 대하여 취소소송을 제기하였다면 그 인용가능성은?

(1) 지가의 결정·공시 등

(가) 지가의 결정·공시

시장·군수 또는 구청장은 국세, 지방세 등 각종 세금의 부과, 그 밖의 다른 법령이 정하는 목적을 위한 지가산정에 사용하도록 하기 위하여 시·군·구 부동산가격공시위원회의 심의를 거쳐 매년 공시지가의 공시기준일 현재 관할구역안의 개별토지의 단위면적당 가격(이하 '개별공시지가'라 한다)을 결정·공시하고, 이를 관계 행정기관 등에 제공하여야 한다(동법 10조 1항). 다만, 표준지로 산정된 토지, 조세 또는 부담금 등의 부과대상이 아닌 토지 그 밖에 대통령령으로 정하는 토지에 대하여는 개별공시지가를 결정·공시하지 아니할 수 있다. 이 경우 표준지로 선정된 토지에 대하여는 당해 토지의 공시지가를 개별공시지가로 본다(동조 2항).

시장·군수 또는 구청장은 공시기준일 이후에 분할·합병 등이 발생한 토

2) 표준지공시지가의 처분성을 부인하는 것이 학설의 다수이나, 그에 대한 설명은 다양하다. 즉, 사실행위설, 행정규칙설, 내부적(구속력 없는) 행정계획설 등이 나누어져 있다. 표준지공시지가가 개별공시지가의 '산정기준'이 되는 것을 고려해 볼 때 행정규칙설(정확히 말하면, 행정규칙과 유사하다고 보는 입장)이 타당하다고 생각된다. 본래 '기준'이라는 것은 일반성과 추상성(여러 경우에 되풀이 적용됨)을 가지는 것을 의미하기에, 일반적으로 개별적·구체적 규율로서의 성질을 가지는 처분 또는 행정행위와 합치되지 않는다고 보기 때문이다. 다수설이라고 볼 수 있는 행정계획설에 대해서는, 계획이란 '장래에 있어서의 목표를 실현하는 행위형식'으로서 그와 같은 목적의 행정계획은 그의 성질·구속력 등을 기준으로 법률·법규명령·행정규칙·사실행위 등으로 분류될 수 있다는 점에서 비판이 제기될 수 있다(상세는 김남진·김연태(Ⅰ), 제2편 제2절 행정계획 이하 참조). 아울러 공시지가의 성질에 관한 여러 이론에 관해서는, 특히, 강교식·임호정, 공시지가 및 개별공시지가결정이 행정소송의 대상인지, 감정평가논집 제Ⅸ호, 1999. 2, 9면 이하 참조.

지에 대하여는 대통령령이 정하는 날을 기준으로 하여 개별공시지가를 결정 · 공시하여야 한다(동조 3항).

시장 · 군수 또는 구청장이 개별공시지가를 결정 · 공시하는 경우에는 당해 토지와 유사한 이용가치를 지닌다고 인정되는 하나 또는 둘 이상의 표준지의 공시지가를 기준으로 토지가격비준표를 사용하여 지가를 산정하되, 당해 토지의 가격과 표준지의 공시지가가 균형을 유지하도록 하여야 한다(동조 4항).

[판례①] 구 지가공시및토지등의평가에관한법률 제10조 제2항에 근거하여 건설부장관이 표준지와 지가산정대상 토지의 지가형성요인에 관한 표준적인 비교표로서 매년 관계 행정기관에 제공하는 토지가격비준표는 같은 법 제10조의 시행을 위한 집행명령인 개별토지가격합동조사지침과 더불어 법률보충적인 구실을 하는 법규적 성질을 가지고 있는 것으로 보아야 할 것인바, 개발이익환수에관한법률 제10조 제1항에 의하면 개발부담금의 부과기준으로서 부과종료시점의 지가는 구 지가공시및토지등의평가에관한법률 제10조 제2항의 규정에 의한 비교표에 의하여 산정하도록 규정하고 있으므로, 토지가격비준표에 의하여 부과종료시점의 지가를 산정한 것은 정당하다(대판 1998. 5. 26. 96누17103).

[판례②] 부동산 가격공시 및 감정평가에 관한 법률 제11조, 부동산 가격공시 및 감정평가에 관한 법률 시행령 제17조 제2항의 취지와 문언에 비추어 보면, 시장 등은 표준지공시지가에 토지가격비준표를 사용하여 산정된 지가와 감정평가업자의 검증의견 및 토지소유자 등의 의견을 종합하여 당해 토지에 대하여 표준지공시지가와 균형을 유지한 개별공시지가를 결정할 수 있고, 그와 같이 결정된 개별공시지가가 표준지공시지가와 균형을 유지하지 못할 정도로 현저히 불합리하다는 등의 특별한 사정이 없는 한, 결과적으로 토지가격비준표를 사용하여 산정한 지가와 달리 결정되었거나 감정평가사의 검증의견에 따라 결정되었다는 이유만으로 그 개별공시지가 결정이 위법하다고 볼 수는 없다(대판 2013. 11. 14. 2012두15364).

(나) 감정평가업자의 검증 등

시장 · 군수 또는 구청장은 개별공시지가를 결정 · 공시하기 위하여 개별토지의 가격을 산정할 때에는 그 타당성에 대하여 감정평가업자의 검증을 받고 토지소유자 그 밖의 이해관계인의 의견을 들어야 한다. 다만, 시장 · 군수 또는 구청장은 감정평가업자의 검증이 필요없다고 인정되는 때에는 지가의 변동상황 등 대통령령이 정하는 바에 따라 감정평가업자의 검증을 생략할 수 있다(동조 5항).

(2) 주무부장관의 감독 등

국토교통부장관은 지가공시행정의 합리적인 발전을 도모하고 표준지공시지가와 개별공시지가와의 균형유지 등 적정한 지가형성을 위하여 필요하다고 인정하는 경우에는 개별공시지가의 결정·공시 등에 관하여 시장·군수 또는 구청장을 지도·감독할 수 있다(동조 7항).

제1항부터 제7항까지에서 규정한 것 외에 개별공시지가의 산정, 검증 및 결정, 공시기준일, 공시의 시기, 조사·산정의 기준, 이해관계인의 의견청취, 감정평가업자의 지정 및 공시절차 등에 필요한 사항은 대통령령으로 정한다(동조 8항).

(3) 이의신청 등

개별공시지가에 대하여 이의가 있는 자는 개별공시지가의 결정·공시일로부터 30일 이내에 서면으로 시장·군수 또는 구청장에게 이의를 신청할 수 있다(동법 11조 1항).

시장·군수 또는 구청장은 이의신청기간이 만료된 날로부터 30일 이내에 이의신청을 심사하여 그 결과를 신청인에게 서면으로 통지하여야 한다. 이 경우 시장·군수 또는 구청장은 이의신청의 내용이 타당하다고 인정될 때에는 당해 개별공시지가를 조정하여 다시 결정·공시하여야 한다(동조 2항).

[판례] 부동산 가격공시 및 감정평가에 관한 법률 제12조, 행정소송법 제20조 제1항, 행정심판법 제3조 제1항의 규정 내용 및 취지와 아울러 부동산 가격공시 및 감정평가에 관한 법률에 행정심판의 제기를 배제하는 명시적인 규정이 없고 부동산 가격공시 및 감정평가에 관한 법률에 따른 이의신청과 행정심판은 그 절차 및 담당 기관에 차이가 있는 점을 종합하면, 부동산 가격공시 및 감정평가에 관한 법률이 이의신청에 관하여 규정하고 있다고 하여 이를 행정심판법 제3조 제1항에서 행정심판의 제기를 배제하는 '다른 법률에 특별한 규정이 있는 경우'에 해당한다고 볼 수 없으므로, 개별공시지가에 대하여 이의가 있는 자는 곧바로 행정소송을 제기하거나 부동산 가격공시 및 감정평가에 관한 법률에 따른 이의신청과 행정심판법에 따른 행정심판청구 중 어느 하나만을 거쳐 행정소송을 제기할 수 있을 뿐 아니라, 이의신청을 하여 그 결과 통지를 받은 후 다시 행정심판을 거쳐 행정소송을 제기할 수도 있다고 보아야 하고, 이 경우 행정소송의 제소기간은 그 행정심판 재결서 정본을 송달받은 날부터 기산한다(대판 2010. 1. 28, 2008두19987).

(4) 개별공시지가의 정정

시장・군수 또는 구청장은 개별공시지가에 틀린 계산, 오기, 표준지 선정의 착오, 그 밖에 대통령령이 정하는 명백한 오류가 있음을 발견한 때에는 지체 없이 이를 정정하여야 한다(동법 12조).

3. 표준지공시지가와 개별공시지가의 관계 등

(1) 표준지공시지가와 개별공시지가와의 관계

표준지공시지가와 개별공시지가와의 관계에 대하여 법은 전자가 후자의 지표 또는 기준이 됨을 명시하고 있다. 공시지가(표준지공시지가)가 국가・지방자치단체 등의 기관이 그 업무와 관련하여 지가(개별공시지가)를 산정하는 경우의 기준이 된다고 하는 규정(동법 9조), 국가・지방자치단체 등이 법이 정한 목적을 위하여 토지의 가격(개별공시지가)을 산정하는 경우 공시지가(표준지공시지가)를 기준으로 하도록 하고 있는 규정(동법 8조) 등이 그의 근거이다.

(2) 개별공시지가의 법적 성질[3]

개별공시지가의 법적 성질에 관하여도 표준지공시지가에 있어서와 같이, 처분설과 비처분설(행정규칙설・사실행위설 등)이 다투어지고 있는 가운데,[4] 처분설이 다수를 차지하고 있다고 할 수 있다. 판례도 처분설을 취하고 있다.

> **[판례]** 시장, 군수 또는 구청장의 개별토지가격결정은 관계 법령에 의한 토지초과이득세, 택지초과소유부담금 또는 개발부담금 산정의 기준이 되어 국민의 권리나 의무 또는 법률상 이익에 직접적으로 관계되는 것으로서 행정소송법 제2조 제1항 제1호 소정의 행정청이 행하는 구체적 사실에 관한 법집행으로서의 공권력의 행사이므로 항고소송의 대상이 되는 처분에 해당한다(대판 1993. 6. 11. 92누16706).

생각건대, 「부동산 가격공시에 관한 법률」 및 동법 시행령은 개별공시지가에 대하여 토지소유자 기타 이해관계인의 의견청취, 이의신청 및 처리절차와 이의제기기간의 제한 등을 규정하고 있는 바, 이는 개별공시지가결정이 행정처분임을 전제로 한 것이라고 볼 수 있고, 더욱이 조세부과 등의 행정처분을 함에 있어서 통상적으로 개별공시지가에 기속된다는 점에서 국민의 권리・의무에 직

3) 주요문헌: 김남진, 개별공시지가의 법적 성질, 법률신문, 1993. 4. 5; 김남진, 기본문제, 929면 이하; 류지태, 공시지가의 법적 성질, 토지연구, 1994. 1-2월호, 1면 이하; 강교식・임호정, 앞의 논문, 13면 이하.
4) 이에 관한 상세는 김연태, 행정법사례연습, 912면 이하 참조.

접 영향을 미치는 행위라고 볼 수 있으므로 행정처분으로 보아야 할 것이다.[5]

(3) 개별공시지가의 후행처분에 대한 구속력

개별공시지가가 후행처분(과세처분 등)에 대해 어떠한 구속력을 미치는가? 이 점에 대한 법원의 태도는 일관되어 있지 않다. 그러는 가운데, 대법원은 "…선행처분의 불가쟁력이나 구속력이 그로 인하여 불이익을 입게 되는 자에게 수인한도를 넘는 가혹함을 가져오며, 그 결과가 당사자에게 예측가능한 것이 아닌 경우에는 국민의 재판받을 권리를 보장하고 있는 헌법의 이념에 비추어 선행처분의 후행처분에 대한 구속력은 인정될 수 없다"(대판 1994. 1. 25, 93누8542)라고 판시한 바 있다.

다만, 이 판례의 취지에 관해서는 이른바 '하자승계론'의 입장과 '행정행위의 규준력론'의 입장 간에 상이한 평가를 하고 있는 것이 현황이다. 즉, "전자"는 위 판례의 판지를 되도록 낮게 평가하려는데 대하여, "후자"의 입장에서는 위 판례가 '선행처분의 후행처분에 대한 구속력'이라는 표현을 사용하는 등, 규준력(학자에 따라 존속력, 기판력 또는 기결력으로 부르는 등, 명칭이 통일되어 있지 아니하다) 이론의 핵심부분을 받아들인 것으로 높이 평가하려고 하고 있는 것이다.[6]

한편, 대법원은 표준지공시지가의 경우 개별공시지가와 그 목적 · 대상 · 결정기관 · 결정절차 · 금액 등에서 서로 다른 성질의 것이라는 점을 고려하여, 후행처분(조세부과처분)에 대한 소송에서 그 표준지공시지가결정의 위법성을 다툴 수 없다고 하였다가, 최근에는 개별공시지가의 경우와 마찬가지 논리로 후행처분에 대한 소송(수용보상금의 증액을 구하는 소송)에서 표준지공시지가결정의 위법을 독립한 사유로 주장할 수 있다고 하였다.

[판례①] 개별토지가격에 대한 불복방법과는 달리 표준지의 공시지가에 대한 불복방법을 지가공시및토지등의평가에관한법률 제8조 제1항 소정의 절차를 거쳐 처분청을 상대로 다툴 수 있을 뿐 그러한 절차를 밟지 아니한 채 조세소송에서 그 공시지가결정의 위법성을 다툴 수 없도록 제한하고 있는 것은 표준지의 공시지가와 개별토지가격은 그 목적 · 대상 · 결정기관 · 결정절차 · 금액 등 여러 가지면에서 서로 다른 성질의 것이라는 점을 고려한 것이므로, 이러한 차이점에 근거하여 표준지의 공시지가에 대한 불복방법을 개별토지가격에 대한 불복방법과 달리 인정한다

5) 김연태, 행정법사례연습, 913면.

6) 이에 관한 상세는 김남진 · 김연태(Ⅰ), 359면 이하; 김남진, 하자승계론에 대한 비판, 부동산연구 제8집, 1998. 2, 95면 이하; 김남진, 다단계 행정행위와 존속력, 사법연구, 2000. 2, 44면 이하 참조.

고 하여 그것이 헌법상 평등의 원칙, 재판권 보장의 원칙에 위반된다고 볼 수는 없다(대판 1997. 9. 26. 96누7649).

[판례②] 표준지공시지가결정은 이를 기초로 한 수용재결 등과는 별개의 독립된 처분으로서 서로 독립하여 별개의 법률효과를 목적으로 하지만, 표준지공시지가는 이를 인근 토지의 소유자나 기타 이해관계인에게 개별적으로 고지하도록 되어 있는 것이 아니어서 인근 토지의 소유자 등이 표준지공시지가결정 내용을 알고 있었다고 전제하기가 곤란할 뿐만 아니라, 결정된 표준지공시지가가 공시될 당시 보상금 산정의 기준이 되는 표준지의 인근 토지를 함께 공시하는 것이 아니어서 인근 토지 소유자는 보상금 산정의 기준이 되는 표준지가 어느 토지인지를 알 수 없으므로, 인근 토지 소유자가 표준지의 공시지가가 확정되기 전에 이를 다투는 것은 불가능하다. 더욱이 장차 어떠한 수용재결 등 구체적인 불이익이 현실적으로 나타나게 되었을 경우에 비로소 권리구제의 길을 찾는 것이 우리 국민의 권리의식임을 감안하여 볼 때, 인근 토지소유자 등으로 하여금 결정된 표준지공시지가를 기초로 하여 장차 토지보상 등이 이루어질 것에 대비하여 항상 토지의 가격을 주시하고 표준지공시지가결정이 잘못된 경우 정해진 시정절차를 통하여 이를 시정하도록 요구하는 것은 부당하게 높은 주의의무를 지우는 것이고, 위법한 표준지공시지가결정에 대하여 그 정해진 시정절차를 통하여 시정하도록 요구하지 않았다는 이유로 위법한 표준지공시지가를 기초로 한 수용재결 등 후행 행정처분에서 표준지공시지가결정의 위법을 주장할 수 없도록 하는 것은 수인한도를 넘는 불이익을 강요하는 것으로서 국민의 재산권과 재판받을 권리를 보장한 헌법의 이념에도 부합하는 것이 아니다. 따라서 표준지공시지가결정이 위법한 경우에는 그 자체를 행정소송의 대상이 되는 행정처분으로 보아 그 위법 여부를 다툴 수 있음은 물론, 수용보상금의 증액을 구하는 소송에서도 선행처분으로서 그 수용대상 토지 가격 산정의 기초가 된 비교표준지공시지가결정의 위법을 독립한 사유로 주장할 수 있다(대판 2008. 8. 21. 2007두13845).

사례해설

甲이 제기한 취소소송이 인용되려면 개별공시지가결정의 처분성과 위법성이 인정되어야 한다. 우선 처분성에 대하여 살펴보면 개별공시지가결정은 관계 법령에 의한 조세부과 산정의 기준이 되어 국민의 권리나 의무 또는 법률상 이익에 직접적으로 관계되는 행정청의 행위이므로 처분성이 인정된다(대판 1993. 6. 11. 92누16706). 다음으로 위법성에 대하여 살펴보면 합리적이고 객관적인 사정없이 표준지가 동일한 주변토지들에 비하여 약 2배 가까이 높게 결정된 개별공시지가는 표준지공시지가와의 균형을 상실하여 위법하다(부동산 가격공시에 관한 법률 10조 4항 참조). 따라서 甲이 제기한 취소소송은 인용될 것이다.[7]

Ⅲ. 주택가격공시제도

「부동산 가격공시에 관한 법률」에 따른 주택가격 공시제도는 크게 단독주택가격과 공동주택가격의 공시로 대별되며, 다시 단독주택가격은 표준주택가격과 개별주택가격의 공시로 나누어진다.

1. 단독주택가격

(1) 표준주택가격

(가) 표준주택가격의 공시

국토교통부장관은 용도지역, 건물구조 등이 일반적으로 유사하다고 인정되는 일단의 단독주택 중에서 선정한 표준주택에 대하여 매년 공시기준일 현재의 적정가격을 조사·평가하고, 중앙부동산가격공시위원회의 심의를 거쳐 이를 공시하여야 한다(동법 16조 1항).

표준주택가격의 공시에는 ① 표준주택의 지번, ② 표준주택가격, ③ 표준주택의 대지면적 및 형상, ④ 표준주택의 용도, 연면적, 구조 및 사용승인일, ⑤ 지목, ⑥ 용도지역, ⑦ 도로 상황, ⑧ 그 밖에 표준주택가격 공시에 관하여 필요한 사항 등을 포함시켜야 한다(동조 2항, 동법 시행령 29조 참조).

(나) 표준주택가격 공시의 효력

표준주택가격은 국가·지방자치단체 등의 기관이 그 업무와 관련하여 개별주택가격을 산정하는 경우에 그 기준이 된다(동법 19조 1항).

(다) 표준지공시지가 제도의 준용

표준주택가격의 조사·평가의 기준, 표준주택가격의 열람, 이의신청 등에 관해서는 앞에서 설명한 표준지공시지가 제도에 관한 규정들이 준용된다(동법 16조 7항 참조).

(라) 표준주택가격의 법적 성질

앞에서 살펴본 표준지공시지가와 마찬가지로, 표준주택가격은 개별주택가격의 산정을 위한 구속력 없는 기준이 될 뿐 직접적으로 대외적인 법적 효과를 발생시키지는 않는 것이다. 따라서 표준주택가격을 행정처분으로 볼 수는 없을 것이다. 다만, 개별주택가격을 처분으로 본다면, "표준주택으로 선정된 주택에

7) 상세는 김연태, 행정법사례연습, 907면 이하 참조.

대하여는 당해 표준주택가격을 개별주택가격으로 본다"(동법 17조 2항)는 규정에 의해, 이러한 경우의 표준주택가격은 그 처분성이 인정될 수 있을 것이다.

(2) 개별주택가격

(가) 개별주택가격의 결정 · 공시

시장 · 군수 또는 구청장은 시 · 군 · 구부동산가격공시위원회의 심의를 거쳐 매년 표준주택가격의 공시기준일 현재 관할구역 안의 개별주택의 가격을 결정 · 공시하고, 이를 관계행정기관 등에 제공하여야 한다. 다만, 표준주택으로 선정된 단독주택 그 밖에 대통령령이 정하는 단독주택에 대하여는 개별주택가격을 결정 · 공시하지 아니할 수 있다. 이 경우 표준주택으로 선정된 주택에 대하여는 당해 표준주택가격을 개별주택가격으로 본다(동법 17조 2항, 동법 시행령 32조).

개별주택가격의 공시에는 개별주택의 지번, 개별주택가격 등이 포함되어야 한다(동법 17조 3항).

시장 · 군수 또는 구청장이 개별주택가격을 결정 · 공시하는 경우에는 당해 주택과 유사한 이용가치를 지닌다고 인정되는 표준주택가격을 기준으로 주택가격비준표를 사용하여 가격을 산정하되, 해당 주택의 가격과 표준주택가격이 균형을 유지하도록 하여야 한다(동조 5항).

(나) 개별주택가격 공시의 효력

개별주택가격은 주택시장의 가격정보를 제공하고, 국가 · 지방자치단체 등의 기관이 과세 등의 업무와 관련하여 주택의 가격을 산정하는 경우에 그 기준으로 활용될 수 있다(동법 19조 2항). 그 개별주택가격은 표준주택가격과는 달리 직접 과세의 기준이 된다.

(다) 개별공시지가 제도의 준용

개별주택가격에 대한 감정평가업자의 검증, 국토교통부장관의 시장 · 군수 또는 구청장에 대한 지도 · 감독, 개별주택가격에 대한 이의신청, 개별주택가격의 정정 등에 관해서는 앞에서 설명한 개별공시지가 제도에 관한 규정들이 준용된다(동법 16조 7항).

(라) 개별주택가격의 법적 성질

개별공시지가와 마찬가지로 「부동산 가격공시에 관한 법률」 및 동법 시행령은 개별주택가격에 대하여도 토지소유자 등 이해관계인의 의견청취, 이의신청 및 처리절차와 이의제기기간의 제한 등에 대하여 규정하고 있어 그 처분성을 전제하고 있으며, 또한 개별주택가격은 과세의 직접적인 기준으로 활용된다는 점에서 국민의 권리·의무에 직접 영향을 미치는 행위로서 그 처분성이 인정된다 할 것이다.

2. 공동주택가격

(1) 공동주택가격의 공시

국토교통부장관은 공동주택에 대하여 매년 공시기준일 현재의 적정가격을 조사·산정하여, 중앙부동산가격공시위원회의 심의를 거쳐 이를 공시하고, 관계행정기관 등에 제공하여야 한다(동법 18조 1항).

(2) 공동주택가격의 조사·평가

국토교통부장관이 공동주택의 적정가격을 조사·산정하는 경우에는 인근 유사 공동주택의 거래가격·임대료 및 당해 공동주택과 유사한 이용가치를 지닌다고 인정되는 공동주택의 건설에 필요한 비용추정액 등을 종합적으로 참작하여야 하며(동조 5항), 국토교통부장관은 공동주택가격의 조사·산정하고자 할 때에는 부동산원에 의뢰한다(동조 6항).

(3) 공동주택소유자 등의 의견청취

국토교통부장관은 공동주택가격을 공시하기 위하여 공동주택의 가격을 산정한 때에는 공동주택소유자 그 밖의 이해관계인의 의견을 들어야 한다(동조 2항).

(4) 공동주택가격의 열람 및 이의신청

공동주택가격의 열람 및 이의신청에 대하여는 앞에서 설명한 표준지공시지가 제도에 관한 규정이 준용된다(동조 8항).

(5) 공동주택가격의 정정

국토교통부장관은 공시한 가격에 틀린 계산, 오기 그 밖에 대통령령이 정하는 명백한 오류가 있음을 발견한 때에는 지체 없이 이를 정정하여야 한다(동조 7항).

(6) 공동주택가격의 효력

공동주택가격은 개별주택가격과 마찬가지로 주택시장의 가격정보를 제공하고, 국가·지방자치단체 등의 기관이 과세 등의 업무와 관련하여 주택의 가격을 산정하는 경우에 그 기준으로 활용될 수 있다(동법 19조 2항).

(7) 공동주택가격의 법적 성질

공동주택가격 역시 소유자 및 이해관계인의 의견청취 등을 규정하고 있고, 과세의 직접적인 기준으로 활용된다는 점에서 그 처분성이 인정된다 할 것이다.

제 5 절 농지의 이용

Ⅰ. 개 설

1. 농지법의 제정

우리나라의 농지제도는 기본적으로, 1949년에 농지개혁을 위해 제정된 한시적 성격의 「농지개혁법」과 1973년도에 제정된 「농지의 보전 및 이용에 관한 법률」 등에 의해 운영되어 왔는바, 급변하는 대내외적 변화에 적절히 대응하기 어려운 점이 있었다. 즉, 대외적으로는 농업부문의 국제화·세계화 추세가 진전됨에 따라 경영규모의 확대를 통한 경쟁력제고가 시급한 상태이며, 대내적으로는, 농업노동력이 고령화되면서, 농업으로부터 은퇴하고자 하는 농민의 수가 증가하고 있는 바, 이러한 여건변화에 대응하여, 농어촌구조개선을 효율적으로 뒷받침할 수 있는 새로운 농지제도의 정립이 요청되었던 것이다.

정부는 위와 같은 국내외적 정세에 부합되는 새로운 농지제도를 확립하고자 1992년부터 노력해왔는바, 그 노력이 1994년 12월 22일 법률 제4817호로 제정된 농지법으로 결실을 맺게 되었다. 이와 같은 「농지법」의 제정에 의하여 기존의 「농지개혁법」(1949년), 「농지개혁사업정리에 관한 특별조치법」(1968년), 「농지의 보전 및 이용에 관한 법률」(1972년), 「농지임대차관리법」(1968년) 및 「지력증진법」(1969년)이 폐지되는 등 우리나라에서의 농지이용에 관한 법제에 커다란 변화가 초래되었다.

그리하여 아래에서는 현행 「농지법」에 입각하여, 농지의 이용(광의)에 관한 제도에 관해 살펴보기로 한다.

2. 농지법의 기본방향

(1) 농업구조개선의 촉진을 위한 소유 및 이용제도 정립

건전한 경영과 자본의 농업참여를 유도하여 규모화되고 경쟁력 있는 농업경영체 육성을 위하여 노력한다.

(2) 농업기반을 유지하기 위한 적정면적의 농지의 확보 및 보전

집단화된 우량농지는 국민식량의 안정공급과 국토환경보전 등 공익적 기능 수행을 위하여 최대한 보전하고자 노력한다.

(3) 농업과 농어촌의 활성화를 위한 농지의 체계적 활용

건전한 2·3차 산업의 농촌입지를 유도하여, 농촌을 사람이 모여 살 수 있는 복합산업공간으로 육성하고자 노력한다.

3. 기본용어

(1) 농 지

'농지'란 다음의 어느 하나에 해당하는 토지를 말한다(농지법 2조 1호).

① 전·답, 과수원, 그 밖에 법적 지목을 불문하고 실제로 농작물 경작지 또는 다년생식물재배지로 이용되는 토지. 다만, 「초지법」에 따라 조성된 초지 등 대통령령으로 정하는 토지는 제외한다.

② 토지의 개량시설과 토지에 설치하는 농축산물 생산시설로서 대통령령으로 정하는 시설의 부지

(2) 농업인

'농업인'이란 농업에 종사하는 개인으로서 다음의 어느 하나에 해당하는 자를 말한다(동법 2조 2호, 동법 시행령 3조).

① 1천제곱미터 이상의 농지에서 농작물 또는 다년생식물을 경작 또는 재배하거나 1년 중 90일 이상 농업에 종사하는 자

② 농지에 330제곱미터 이상의 고정식온실·버섯재배사·비닐하우스, 그 밖의 농림축산식품부령으로 정하는 농업생산에 필요한 시설을 설치하여 농작물 또는 다년생식물을 경작 또는 재배하는 자

③ 대가축 2두, 중가축 10두, 소가축 100두, 가금 1천수 또는 꿀벌 10군 이상을 사육하거나 1년 중 120일 이상 축산업에 종사하는 자

④ 농업경영을 통한 농산물의 연간 판매액이 120만원 이상인 자

(3) 농업법인

'농업법인'이란 「농어업경영체 육성 및 지원에 관한 법률」 제16조에 따라 설립된 영농조합법인과 같은 법 제19조에 따라 설립되고 업무집행권을 가진 자 중 3분의 1 이상이 농업인인 농업회사법인을 말한다(동법 2조 3호).

4. 농지에 관한 기본이념

① 농지는 국민에게 식량을 공급하고 국토 환경을 보전하는 데에 필요한 기반이며 농업과 국민경제의 조화로운 발전에 영향을 미치는 한정된 귀중한 자원이므로 소중히 보전되어야 하고 공공복리에 적합하게 관리되어야 하며, 농지에 관한 권리의 행사에는 필요한 제한과 의무가 따른다(동법 3조 1항).

② 농지는 농업 생산성을 높이는 방향으로 소유·이용되어야 하며, 투기의 대상이 되어서는 아니된다(동법 3조 2항).

Ⅱ. 농지의 소유와 이용

1. 농지의 소유

(1) 농지의 소유제한

농지는 자기의 농업경영에 이용하거나 이용할 자가 아니면 소유하지 못한다(동법 6조 1항). 다만 국가나 지방자치단체가 농지를 소유하는 경우, 「초·중등교육법」 및 「고등교육법」에 따른 학교, 농림축산식품부령으로 정하는 공공단체·농업연구기관·농업생산자단체 또는 종묘나 그 밖의 농업 기자재 생산자가 그 목적사업을 수행하기 위하여 필요한 시험지·연구지·실습지 또는 종묘생산지로 쓰기 위하여 농림축산식품부령으로 정하는 바에 따라 농지를 취득하여 소유하는 경우, 주말·체험영농을 하려고 농지를 소유하는 경우, 상속(유증을 포함한다)으로 농지를 취득하여 소유하는 경우, 대통령령으로 정하는 기간(8년) 이상 농업경영을 하던 자가 이농(離農)한 후에도 이농 당시 소유하고 있던 농지를 계속 소유하는 경우 등 법률이 정하는 예외적인 경우에는 자기의 농업경영에 이용하지 아니할지라도 농지를 소유할 수 있다(동법 6조 2항, 동법 시행령 4조).

(2) 농지의 소유상한

상속으로 농지를 취득한 자로서 농업경영을 하지 아니하는 자는 그 상속 농지 중에서 총 1만제곱미터까지만 소유할 수 있으며(동법 7조 1항), 대통령령으로 정하는 기간(8년) 이상 농업경영을 한 후 이농한 자는 이농 당시 소유 농지 중에서 총 1만제곱미터까지만 소유할 수 있다(동법 7조 2항). 또한 주말·체험영농을 하려는 자는 총 1천제곱미터 미만의 농지를 소유할 수 있으며, 이 경우 면적 계산은 그 세대원 전부가 소유하는 총 면적으로 한다(동법 7조 3항).

한편, 농지를 임대하거나 무상사용하게 하는 경우에는 제1항 또는 제2항에도 불구하고 소유 상한을 초과할지라도 그 기간에는 그 농지를 계속 소유할 수 있다(동법 7조 4항).

(3) 농업경영에 이용하지 아니하는 농지 등의 처분

소유 농지를 정당한 사유 없이 자기의 농업경영에 이용하지 아니하거나 이용하지 아니하게 되었다고 시장·군수 또는 구청장이 인정하는 자 등은 그 사유가 발생한 날부터 1년 이내에 해당 농지를 처분하여야 한다(동법 10조).

(4) 처분명령 및 매수청구

시장·군수 또는 구청장은 제10조에 따른 처분의무 기간에 처분 대상 농지를 처분하지 아니한 농지 소유자에게 6개월 이내에 그 농지를 처분할 것을 명할 수 있다(동법 11조 1항). 이 경우 농지 소유자는 「한국농어촌공사 및 농지관리기금법」에 따른 한국농어촌공사에 그 농지의 매수를 청구할 수 있으며(동법 11조 2항), 한국농어촌공사는 매수 청구를 받으면 「부동산가격공시 및 감정평가에 관한 법률」에 따른 공시지가를 기준으로 해당 농지를 매수할 수 있다. 이 경우 인근 지역의 실제 거래 가격이 공시지가보다 낮으면 실제 거래 가격을 기준으로 매수할 수 있다(동법 11조 3항).

(5) 이행강제금

시장·군수 또는 구청장은 제11조 제1항(제12조 제2항에 따른 경우를 포함한다)에 따라 처분명령을 받은 후 제11조 제2항에 따라 매수를 청구하여 협의 중인 경우 등 대통령령으로 정하는 정당한 사유 없이 지정기간까지 그 처분명령을 이행하지 아니한 자에게 해당 농지의 토지가액의 100분의 20에 해당하는 이행강제금을 부과한다(동법 63조).

2. 농지의 이용

(1) 농지의 이용증진 등

시장·군수 또는 구청장은 농지를 효율적으로 이용하기 위하여 대통령령으로 정하는 바에 따라 지역 주민의 의견을 들은 후, 「농업·농촌 및 식품산업 기본법」 제15조에 따른 시·군·구 농업·농촌및식품산업정책심의회의 심의를 거쳐 관할 구역의 농지를 종합적으로 이용하기 위한 계획을 수립하여야 하며, 농지이용계획이 확정되면 농지이용계획대로 농지가 적정하게 이용되고 개발되도록 노력하여야 하고, 필요한 투자와 지원을 하여야 한다. 또한 시장·군수·구청장, 한국농어촌공사, 그 밖에 대통령령으로 정하는 자는 농지이용계획에 따라 농지 이용을 증진하기 위하여 농지이용증진사업을 시행할 수 있다(동법 14조·15조).

(2) 농지의 임대차 등

농지이용증진사업 시행계획에 따라 농지를 임대하는 경우 등 「농지법」이 정하는 경우 외에는 원칙적으로 농지를 임대하거나 사용대(使用貸)할 수 없다(동법 23조 1항). 또한 농지를 임차하거나 사용대차한 임차인 또는 사용대차인이 그 농지를 정당한 사유 없이 농업경영에 사용하지 아니할 때에는 시장·군수·구청장은 농림축산식품부령으로 정하는 바에 따라 임대차 또는 사용대차의 종료를 명할 수 있다(동조 2항).

Ⅲ. 농지의 보전 등

1. 농업진흥지역의 지정·운용

(1) 농업진흥지역의 지정

시·도지사는 농지를 효율적으로 이용하고 보전하기 위하여 농업진흥지역을 지정한다. 이 경우, 다음 각 호의 용도구역으로 구분하여 지정할 수 있다(동법 28조).

① **농업진흥구역**: 농업의 진흥을 도모하여야 하는 다음의 어느 하나에 해당하는 지역으로서 농림축산식품부장관이 정하는 규모로 농지가 집단화되어 농업목적으로 이용할 필요가 있는 지역

㉠ 농지조성사업 또는 농업기반정비사업이 시행되었거나 시행 중인 지역으로서 농업용으로 이용하고 있거나 이용할 토지가 집단화되어 있는 지역

㉡ ㉠에 해당하는 지역 외의 지역으로서 농업용으로 이용하고 있는 토지가 집단화되어 있는 지역

② **농업보호구역:** 농업진흥구역의 용수원 확보, 수질 보전 등 농업 환경을 보호하기 위하여 필요한 지역

한편, 농업진흥지역의 지정은 「국토의 계획 및 이용에 관한 법률」에 따른 녹지지역·관리지역·농림지역 및 자연환경보전지역을 대상으로 하며, 다만 특별시의 녹지지역은 제외된다(동법 29조).

(2) 행위제한

농업진흥구역에서는 원칙적으로 농업 생산 또는 농지 개량과 직접적으로 관련되지 아니한 토지이용행위를 할 수 없다(동법 32조).

2. 농지의 전용

(1) 농지의 전용허가

농지를 전용하려는 자는 다음의 어느 하나에 해당하는 경우 외에는 대통령령으로 정하는 바에 따라 농림축산식품부장관의 허가(다른 법률에 따라 농지전용허가가 의제되는 협의를 포함한다)를 받아야 한다. 허가받은 농지의 면적 또는 경계 등 대통령령으로 정하는 중요 사항을 변경하려는 경우에도 또한 같다(동법 34조 1항).

① 「국토의 계획 및 이용에 관한 법률」에 따른 도시지역 또는 계획관리지역에 있는 농지로서 제2항에 따른 협의를 거친 농지나 제2항 제1호 단서에 따라 협의 대상에서 제외되는 농지를 전용하는 경우

② 농지전용신고를 하고 농지를 전용하는 경우

③ 「산지관리법」에 따른 산지전용허가를 받지 아니하거나 산지전용신고를 하지 아니하고 불법으로 개간한 농지를 산림으로 복구하는 경우

④ 「하천법」에 따라 하천관리청의 허가를 받고 농지의 형질을 변경하거나 공작물을 설치하기 위하여 농지를 전용하는 경우

(2) 농지보전부담금

농지의 전용허가를 받은 자 등은 농지의 보전·관리 및 조성을 위한 부담금(농지보전부담금)을 농지관리기금을 운용·관리하는 자에게 내야 한다(동법 38조).

제4장 공용부담법

제1절 개 설

Ⅰ. 공용부담개념의 생성

공용부담(öffentliche Lasten)이라는 개념의 창시자로 알려져 있는 Otto Mayer는 공용부담을 「공기업이 그의 목적을 달성하기 위하여 필요로 하는 수단을 공기업에 제공할 국민의 의무」[1]라고 정의한 바 있으며, Walter Jellinek는 공용부담을 협의와 광의로 나누어, 「공익에 직접적으로 관계되지 않은 자에게 과해지는 충성의무 이외의 비금전적 의무」를 협의의 공용부담으로 정의하고, 여기에 금전급부의무를 합친 것을 광의의 공용부담개념으로 정의하였다.[2]

독일에서 발전된 위와 같은 공용부담개념은 일본에 도입되어 「공익상 필요한 특정한 사업의 수요를 충족하며 또는 특정한 물건의 효용을 달성하기 위하여 인민에게 과해지는 공법상의 경제적 부담」을 의미하는 것으로 정착되었으며,[3] 그러한 공용부담개념이 우리나라에서도 통용되기에 이르렀다.

이러한 공용부담개념은 첫째로 도로나 철도 등 특정한 공익사업의 수요를 충족시킨다는 것과, 둘째로 그의 수요를 권력적 수단을 통해서 달성시킨다는 것에 특징이 있다고 말할 수 있다.

Ⅱ. 전통적 공용부담개념의 결함과 동요

일정한 사회·경제적 사정을 배경으로 생성된 전통적 공용부담의 개념은

1) O. Mayer, Deutsches Verwaltungsrecht, Bd. Ⅱ, 1924, S. 217-218.
2) W. Jellinek, Verwaltungsrecht, 1931, S. 415.
3) 일본에서의 공용부담개념의 정착에 관하여는 柳瀬良幹, 公用負擔法, 1960, 3면 이하; 小澤道一, 土地收用法(上), 1987, 30면 이하 참조.

오늘날 그의 기반이 변하였음으로 인해 그대로 유지되기 어려운 상태에 이르렀다.[4)]

아래에서는 전통적 공용부담 가운데 특히 그 핵심이라 할 수 있는 공용수용을 예로 들어 동 개념의 결함을 지적해 보기로 한다.

첫째, 전통적 개념은 일정한 사업을 위해 필요한 토지를 개별적으로 수용하는 것을 전제로 하여 구성된 것이다. 따라서 그러한 제도는 오늘날과 같이 대규모로 행해지는 토지수용에는 적응하기가 어렵다. 예컨대 전원개발, 공업용지개발 등에 있어서와 같이 대단위로 토지의 수용 등이 행해지는 경우에는 피수용자 및 인근 토지소유자간에 이해가 엇갈리는 경우가 많으며, 따라서 보다 고차원적인 입장에서의 이해조정이 필요하다. 전통적인 제도는 바로 이와 같은 목적에 부응하기 어려운 것이다.

둘째, 당사자간의 합의를 기본으로 하는 전통적 방법으로써는 대규모의 토지취득 등의 목적을 달성하려는 경우에 당사자간의 공정을 기하기가 어렵다. 근년 우리나라에서도 행해지고 있는 지가공시제 같은 것이 도입되는 이유도 그러한 데에 있다고 보여진다.

셋째, 종래의 제도로는 이른바 기업이익, 개발이익의 문제를 합리적으로 해결할 수가 없다. 여기에서 우리는 「개발이익환수에 관한 법률」이 별도로 제정되게 된 사정을 이해할 수 있다.

넷째, 전통적 공용부담개념에 있어서는 공용, 공익, 공공의 개념을 엄격히 정의하는 경향이 있었다. 그렇게 해석하는 것이 부담이 과해지는 측에 유리하다고 판단되었기 때문이다. 그러나 오늘날에 있어서는 공용 등을 특정사업을 위한 것으로 한정한다는 것이 부적당하다. 특정사업보다 넓은 의미의 공용을 위해 부담이 과해지는 경우가 많을 뿐만 아니라, 주택이 없는 저소득층에게 주택을 공급하기 위해 토지를 수용하는 것도 공용으로 보는 것과 같이 공용의 내용에 많은 변화가 일어나고 있기 때문이다.[5)]

4) 雄川一郎, 公用負擔法理の動向と土地利用計劃, 公法硏究(日本公法學會) 제29호, 1967, 142면 이하 참조.
5) 자세한 것은 김남진·김연태(Ⅰ), 751면 이하; 김남진, 기본문제, 474면 이하 참조.

Ⅲ. 공용부담개념의 재검토

1. 국내에서의 경향

전통적인 공용부담개념이 오늘의 현실에 부합하지 않는다는 점은 우리나라에서도 인식되고 있다. 그리하여 학자들은 주로 '공용'의 뜻을 넓게 새김으로써 전통적인 공용부담론(인적 공용부담, 물적 공용부담)을 유지하려는 입장을 취하고 있다. 예컨대 공용부담을 「환경(생활공간)정서 · 공공시설운영 등 공익사업 기타의 복리행정상의 수요를 충족하기 위한 수단으로서, 법규에 의거하여 강제적으로 국민에게 과하는 공법상의 인적 · 물적 부담을 말한다」,[6] 또는 「특정 공익사업이나 특정 공익목적을 위하여 또는 특정 물건의 효용을 보존하기 위하여 개인에게 부과되는 경제적 부담」[7]이라고 정의하고서 인적 공용부담과 물적 공용부담을 상설함이 우리나라에서의 일반적인 경향이라 할 수 있다.

2. 외국에서의 경향

우리나라에서와 같이 공용부담개념을 확대하면서까지 전통적인 공용부담론을, 더욱이 행정법각론에서 독립된 장으로 다루고 있는 예는 근래의 외국문헌에서는 발견하기 어렵다. 따지고 보면 그 공용부담의 수단은 행정의 모든 영역에서 활용되고 있다고 봄이 옳을 것이다. 따라서 차라리 공용부담의 일반론은 행정법총론에서 약설하고 구체적인 내용은 각 분야별로 필요한 한도에서 설명해 주는 것이 독자를 위해 도움이 되는 방법이라 생각된다. 이러한 견지에서 볼 때 공용부담을 개인의 공의무의 한 내용으로서 행정법총론에서 약술하고 있는 외국학자의 예[8]는 우리에게 시사하는 바가 많다.

3. 사견: 본서의 구성

공용부담은 광의로는 '공법상의 부담', 즉 '공법상의 의무'와 같은 뜻을 가진다고 말할 수 있다. 그러나 행정법학에 있어서 공용부담은 오랫동안 「특정한 공익사업 또는 공물의 효용을 충족시키기 위해 개인에게 과해지는 공법상의 경제적 부담」을 의미하는 뜻으로 사용되었으며, 그러한 공용부담개념이 오늘날에

6) 김도창(하), 578면.
7) 김동희(Ⅱ), 366면.
8) Wolff/Bachof Ⅰ, S. 304 f. 그러나 근래의 독일문헌에서는 그러한 설명조차 발견하기 어렵다.

와서는 여러 가지 결함을 가지게 되었다는 점은 앞에서 지적한 바와 같다. 그러한 의미에서 종전과 같은 공용부담개념 및 공용부담이론을 유지하는 것에 대해 회의를 가진다. 그럼에도 불구하고, 아직 우리나라에서는 전통적 의미의 공용부담이론이 통용되고 있는 까닭에, 잠정적으로 다수의 경향에 따르기로 한다.

Ⅳ. 공용부담의 의의 및 근거

1. 공용부담의 의의

공용부담은 「공공필요, 특히 공익사업 또는 특정한 물건의 효용을 확보하기 위하여 개인에게 강제적으로 과해지는 공법상의 경제적 부담」으로 정의할 수 있으며, 이것을 분설하면 다음과 같다.

(1) 공용부담은 '공공필요', 특히 공익사업 또는 특정한 물건의 효용을 확보하기 위한 부담이다. 따라서 조세와 같은 재정목적을 위한 부담은 여기에서 제외된다.[9] 다만 그 '공공필요' 또는 '공익'이라는 개념이 너무나 다의적인 개념임으로 인하여 그것을 적극적으로 정의하기는 어렵고, 소극적으로 재정목적, 사익목적과 같은 것을 제외하는 정도로 만족할 수밖에 없다고 말하여진다. 그러나 무주택 사인에게 주택을 공급하기 위한 토지의 수용(공공적 사용수용)에 있어서와 같이 다수의 사인을 위한 공용부담도 존재함이 오늘날의 현실임을 이해할 필요가 있다.[10] 또한 공공필요 여부는 궁극적으로 이익형량을 통해서 결정된다고 말할 수 있다.[11]

법원은 관광시설인 '워커 힐'건설이 문화시설 건설임을 이유로 공익사업에 해당한다(구 토지수용법 3조 소정)고 판시[12]한 바 있으며, 아울러 「공익사업인가 여부는 그 사업체의 성질로 보아 그 사업의 공공성과 독점성을 인정할 수 있는지의 여부로

9) 학설은 일반적으로 군사목적 또는 질서행정목적을 위한 것은 공용부담이 아니라고 한다(이상규(하), 593면 등). 그러나 국방부장관의 요청에 의한 보안목적의 개발제한구역의 지정도 행해지는 점에 유의할 필요가 있다(개발제한구역의 지정 및 관리에 관한 특별조치법 3조 등 참조).

10) 김남진, 공공적 사용수용의 요건, 법률신문, 1987. 12. 24 참조.

11) Vgl. von Brünneck, Das Wohl der Allgemeinheit als Voraussetzung der Enteignung, NVwZ 1986, S. 428 ff.; 김남진, 기본문제, 489면 이하.

12) 대판 1971. 10. 22, 71다1716. 참조판례: 「도시계획법 시행령 제2조 제2호에는 문화시설을 도시계획시설의 하나로 규정하고 있을 뿐 달리 문화시설의 내용이나 종류 등을 규정한 규정을 도시계획법이나 동시행령에 두고 있지 아니하지만, 일반적으로 문화시설이라 함은 문화를 창달하고 향상시킴에 필요한 시설을 의미하는 것이므로 도시계획법상 도시계획에 의하여 설치될 문화시설은 학교, 도서관, 극장, 미술관, 기념관, 전시관 등을 지칭한다고 보아야 한다」(대판 1984. 5. 9, 83누167).

써 정할 것이고, 그 사업주체 여하에 따라 정할 성질의 것이 아니다」[13]라고 판시한 바 있다.

(2) 공용부담은 개인에게 과해지는 부담이다. 따라서 국가의 지방자치단체 등에 대한 부담(지방재정법 21조), 지방자치단체의 국가 등에 대한 부담 등은 공용부담이 아니다.

(3) 공용부담은 공법상의 강제적인 부담이다. 따라서 개인의 사법상 계약에 의한 부담은 공용부담이 아니다.

(4) 공용부담은 개인에게 강제적으로 부과된 경제적 부담이다. 따라서 국가에 대한 충성의무와 같은 윤리적 의무는 공용부담이 아니다.

2. 공용부담의 근거

(1) 헌 법

헌법은 "공공필요에 의한 재산권의 수용·사용 또는 제한 및 그에 대한 보상은 법률로써 하되, 정당한 보상을 지급하여야 한다"(23조 3항)라고 규정하고 있다. 헌법상의 이와 같은 규정은 공용침해(공공필요에 의한 개인의 재산권침해) 및 손실보상의 근거가 되는 점에서, 아울러 공용부담(특히 후술의 물적 공용부담)의 근거가 된다고 볼 수 있다.[14]

(2) 법 률

공용부담과 관련된 법률은 너무나 많아서 여기에서 일일이 열거할 수 없다. 다만 그 중에서도 본서 3장의 주된 내용이 되고 있는 「국토의 계획 및 이용에 관한 법률」, 본장의 주된 내용이 되고 있는 「공익사업을 위한 토지 등의 취득 및 보상에 관한 법률」·「도시개발법」·「도시 및 주거환경정비법」·「도로법」·「하천법」 등이 그의 주된 근거법규라고 할 수 있다.

Ⅴ. 공용부담의 종류

공용부담은 보는 기준에 따라 여러 가지로 분류될 수 있다.

---

13) 대판 1970. 9. 22, 70누81. 동지판례: 헌재 2009. 9. 24, 2007헌바114.

14) 자세한 것은 김남진·김연태(Ⅰ), 738면 이하 참조. 이러한 점에서 공용부담의 문제는 행정법 Ⅰ에서의 공용침해의 부분과 유기적으로 고찰할 필요가 있다.

1. 목적에 의한 분류

공용부담은 공공필요라고 하는 목적을 위해 행해지는 것이다. 따라서 그 공공필요가 다의적인 만큼 목적에 의한 분류도 다양할 수 있다. 군사부담, 보안부담도 그 안에 포함됨은 전술한 바와 같다.[15]

2. 내용에 의한 분류

공용부담은 내용에 따라 인적 공용부담과 물적 공용부담으로 나누어진다.

(1) 인적 공용부담

인적 공용부담 또는 인적 부담이란 특정인에게 작위 · 부작위 · 급부 등의 의무를 과하는 공용부담을 말하며, 따라서 그에 관한 법률관계는 채권적 법률관계로서의 성질을 가진다고 할 수 있다. 인적 공용부담은 후술하는 바와 같이 그의 내용에 따라 다시 ① 부담금, ② 부역 · 현품, ③ 노역 · 물품, ④ 시설부담, ⑤ 부작위부담 등으로 나누어지고 있다.

(2) 물적 공용부담

물적 공용부담 또는 물적 부담이란 특정한 재산권에 일정한 제한 또는 침해를 가하는 공용부담인 것으로 통용되며, 그것은 내용적으로 다시 ① 공용제한, ② 공용수용, ③ 공용환지 · 공용환권 등으로 분류됨이 보통이다. 그러나 후술하는 바와 같이, 이들 작용을 하나의 개념으로 묶기에는 부적당한 면이 많이 있다. 그러한 의미에서 본서에서는 특히 공용환지에 해당하는 것을 도시개발사업과 농업기반등정비사업의 이름으로, 또한 공용환권에 해당하는 것을 도시재개발사업의 이름으로 고찰하기로 한다.

3. 권리자에 의한 분류

공용부담은 그 부담권자(공용부담을 부과하는 자)를 표준으로 국가에 의한 부담, 공공단체에 의한 부담, 사인에 의한 부담으로 나눌 수 있다. 사인이 공용부담권을 행사할 때 그 사인은 공무수탁사인(Beliehene)[16]의 지위를 가진다고 할 수 있는 바, 사인이 기업자 또는 도시개발사업이나 도시재개발사업의 시행자가 되는 경우가

---

15) 주 9) 참조.

16) 사인이 자기의 이름으로 공권력을 위탁받아 행사할 때 공무수탁사인의 지위를 갖는다. 자세한 것은 김남진 · 김연태(Ⅰ), 102면; 김남진, 기본문제, 635면 이하 참조.

그에 해당한다.

4. 기 타

학자에 따라서는, 공용부담의 발생원인을 표준으로 ① 부담의무자의 의사와는 전혀 관계없이 일방적으로 가하여지는 강제부담과 ② 부담의무자의 자유의사에 의하여 성립되는 임의부담으로 나누기도 한다.[17]

그러나 공용부담은 권력적 작용으로서 원칙적으로 강제부담을 뜻하는 것이므로 임의부담은 엄격한 의미에서 공용부담은 아니다.

공용부담의 분류방법으로는 내용을 표준으로 하는 것이 가장 일반적이고 분류의 의의가 크기 때문에, 아래에서는 이에 따라 설명하기로 한다.

제 2 절 인적 공용부담

Ⅰ. 인적 공용부담의 의의

인적 공용부담은 「특정한 공익사업의 수요, 특정한 물건의 효용 등 공공필요를 위하여 법률에 의거하여 개인에게 과하여지는 공법상의 작위·부작위 또는 급부의 의무」를 의미한다. 대인적 공용부담인 점에서 물적 공용부담(공용제한·공용수용·공용환지·공용환권)과 구별된다.

Ⅱ. 인적 공용부담의 종류

인적 공용부담은 여러 기준에 따라 분류할 수 있다.

1. 부과방법에 의한 분류

(1) 개별부담

개별부담은 각 개인에 대하여 개별적으로 과하여지는 부담을 말한다. 따라서 부담의무자가 다수인 경우에도 각자는 자기의 부담분에 대하여만 책임을

---

17) 柳瀨良幹, 公用負擔法, 1960, 28면 이하; 이상규(하), 596면 이하.

진다.

(2) 연합부담

연합부담은 부담의무자인 개인의 총합체에 대하여 공동의 부담으로 과하여지는 부담을 말한다. 연합부담은 당해 부담이 개별적으로 분할되지 않고 총합체에 대하여 부과되는 것이므로, 그 전체의 이행이 있어야 비로소 공용부담이 이행된 것으로 되며, 각 부담의무자는 공용부담의 전체에 대하여 책임을 진다.

2. 부담근거에 의한 분류

(1) 일반부담

일반부담은 일정 범위의 개인에 대하여 그 능력에 따라 과하여지는 부담이다. 일반부담은 그 대상의 일반성이라는 측면에서 국방의무나 납세의무와 유사하지만, 일반부담은 특정 공익사업의 수요를 충족시키기 위한 것이라는 점에서 병력의 유지를 위한 국방의무나 재원의 취득을 위한 납세의무와는 구별된다.

(2) 특별부담

특별부담은 특정 공익사업과 특별한 관계에 있는 자에게 과하여지는 것으로, 당해 관계의 성질과 내용에 따라 개발부담, 원인자부담, 손궤자(손상자)부담 등으로 나눌 수 있다.

(3) 우발부담

우발부담은 우연히 당해 사업의 수요를 충족시킬 수 있는 자에게 과하여지는 부담으로서, 그 정도는 사업의 필요에 따라 결정된다. 우발부담은 특별부담과는 달리 공익적 필요에 기하여 그 의무자에게 불평등하게 과하여지는 것이므로, 그로 인한 '특별한 손실'은 보상되어야 할 것이다.

3. 내용에 의한 분류

인적 공용부담은 그 내용에 따라 부담금, 부역·현품, 노역·물품, 시설부담, 부작위부담 등으로 분류할 수 있다.

Ⅲ. 부 담 금

1. 성 질

부담금이란 특정의 공익사업과 특별한 관계에 있는 자에 대하여 그 사업에 필요한 경비를 부담시키기 위하여 과하는 금전지급의무를 말하며, 인적 공용부담 중 특별부담의 성질을 가진다. 분담금이라고도 한다(지방자치법 155조 참조).

한편, 부담금의 설치·관리 및 운용에 관한 기본적인 사항을 규정하는 법률로 「부담금관리 기본법」이 제정되어 있는바, 동법에서는 부담금의 정의에 관하여 "중앙행정기관의 장, 지방자치단체의 장, 행정권한을 위탁받은 공공단체 또는 법인의 장 등 법률에 따라 금전적 부담의 부과권한을 부여받은 자(이하 "부과권자"라 한다)가 분담금, 부과금, 기여금, 그 밖의 명칭에도 불구하고 재화 또는 용역의 제공과 관계없이 특정 공익사업과 관련하여 법률에서 정하는 바에 따라 부과하는 조세 외의 금전지급의무(특정한 의무이행을 담보하기 위한 예치금 또는 보증금의 성격을 가진 것은 제외한다)를 말한다"고 규정하고 있다(동법 2조).

[판례①] ㉮ 「부담금관리 기본법」은 "부담금은 별표에 규정된 법률에 따르지 아니하고는 설치할 수 없다."고 규정함으로써 부담금 설치를 제한하고 있는데, 「부담금관리 기본법」 제3조 별표 제13호에서는 '국민체육진흥법 제20조 및 제23조에 따른 회원제 골프장 시설 입장료에 대한 부가금'을 부담금의 하나로 명시하고 있다. 다만 어떤 공과금이 조세인지 아니면 부담금인지는 단순히 법률에서 그것을 무엇으로 성격 규정하고 있느냐를 기준으로 할 것이 아니라, 그 실질적인 내용을 결정적인 기준으로 삼아야 한다.

앞서 본 것처럼 골프장 부가금은 체육 진흥에 필요한 시설 비용 및 그 밖의 여러 경비(체육인의 복지 향상, 체육단체 육성, 학교 체육 및 직장 체육 육성, 체육·문화예술 전문인력 양성, 취약 분야 육성, 스포츠산업 진흥에 필요한 경비 등)를 지원하기 위해 설치된 국민체육진흥계정의 재원이다(국민체육진흥법 제19조, 제20조 참조). 골프장 부가금은 시설의 이용 대가와 별개의 금전으로서 해당 골프장 시설 이용자라는 특정 부류의 집단에만 강제적·일률적으로 부과된다. 이처럼 골프장 부가금 납부의무자로부터 수납·징수된 골프장 부가금은 국민체육진흥계정으로 포함되어 국민체육진흥법에서 구체적으로 열거한 용도로 사용된다(국민체육진흥법 제22조 참조). 진흥공단은 국민체육진흥계정을 독립된 회계로 관리·운용하여야 한다(국민체육진흥법 제19조 참조). 이러한 점을 종합적으로 고려할 때, 골프장 부가금은 조세와는 구별되는 것으로서 부담금에 해당한다고 볼 수 있다.

㈏ 부담금은 그 부과 목적과 기능에 따라 순수하게 재정조달의 목적만 가지는 '재정조달목적 부담금'과 재정조달 목적뿐만 아니라 부담금의 부과 자체로써 국민의 행위를 특정한 방향으로 유도하거나 특정한 공법적 의무의 이행 또는 공공출연으로부터의 특별한 이익과 관련된 집단 간의 형평성 문제를 조정하여 특정한 사회·경제정책을 실현하기 위한 '정책실현목적 부담금'으로 구분할 수 있다. 전자의 경우에는 공적 과제가 부담금 수입의 지출 단계에서 비로소 실현되나, 후자의 경우에는 공적 과제의 전부 혹은 일부가 부담금의 부과 단계에서 이미 실현된다.

골프장 부가금은 국민체육의 진흥을 위한 각종 사업에 사용될 국민체육진흥계정의 재원을 마련하는 데에 그 부과의 목적이 있을 뿐, 그 부과 자체로써 골프장 부가금 납부의무자의 행위를 특정한 방향으로 유도하거나 골프장 부가금 납부의무자 이외의 다른 집단과의 형평성 문제를 조정하고자 하는 등의 목적이 있다고 보기 어렵다. 게다가 뒤에서 보는 바와 같이 심판대상조항이 골프장 부가금을 통해 추구하는 공적 과제는 국민체육진흥계정의 집행 단계에서 비로소 실현된다고 할 수 있으므로, 골프장 부가금은 재정조달목적 부담금에 해당한다.

㈐ 재정조달목적 부담금은 특정한 반대급부 없이 부과될 수 있다는 점에서 조세와 매우 유사하므로 헌법 제38조가 정한 조세법률주의, 헌법 제11조 제1항이 정한 법 앞의 평등원칙에서 파생되는 공과금 부담의 형평성, 헌법 제54조 제1항이 정한 국회의 예산심의·확정권에 의한 재정감독권과의 관계에서 오는 한계를 고려하여, 그 부과가 헌법적으로 정당화되기 위하여는 ① 조세에 대한 관계에서 예외적으로만 인정되어야 하며 국가의 일반적 과제를 수행하는 데에 부담금 형식을 남용하여서는 아니 되고, ② 부담금 납부의무자는 일반 국민에 비해 부담금을 통해 추구하고자 하는 공적 과제에 대하여 특별히 밀접한 관련성을 가져야 하며, ③ 부담금이 장기적으로 유지되는 경우 그 징수의 타당성이나 적정성이 입법자에 의해 지속적으로 심사되어야 한다.

특히 부담금 납부의무자는 그 부과를 통해 추구하는 공적 과제에 대하여 '특별히 밀접한 관련성'이 있어야 한다는 점에서 ① 일반인과 구별되는 동질성을 지녀 특정 집단이라고 이해할 수 있는 사람들이어야 하고(집단적 동질성), ② 부담금의 부과를 통하여 수행하고자 하는 특정한 경제적·사회적 과제와 특별히 객관적으로 밀접한 관련성이 있어야 하며(객관적 근접성), ③ 그러한 과제의 수행에 관하여 조세외적 부담을 져야 할 책임이 인정될만한 집단이어야 한다(집단적 책임성). ④ 만약 부담금의 수입이 부담금 납부의무자의 집단적 이익을 위하여 사용될 경우에는 그 부과의 정당성이 더욱 제고된다(집단적 효용성). 또한, 부담금은 국민의 재산권을 제한하는 성격을 가지고 있으므로 부담금을 부과함에 있어서도 평등원칙이나 비례성원칙과 같은 기본권 제한 입법의 한계는 준수되어야 하며, 위와 같은 부담금의 헌법적 정당화 요건은 기본권 제한의 한계를 심사함으로써 자연히 고려될 수 있다

(헌재 2019. 12. 27, 2017헌가21).

[판례②] 「부담금관리 기본법」 제2조는 부담금이란 중앙행정기관의 장, 지방자치단체의 장, 행정권한을 위탁받은 공공단체 또는 법인의 장 등 법률에 따라 금전적 부담의 부과 권한을 부여받은 자가 분담금, 부과금, 기여금, 그 밖의 명칭에도 불구하고 재화 또는 용역의 제공과 관계없이 특정 공익사업과 관련하여 법률에서 정하는 바에 따라 부과하는 조세 외의 금전지급의무를 말한다고 정하고 있다. 어떤 공과금이 부담금에 해당하는지 여부는 그 명칭이 아니라 실질적인 내용을 기준으로 판단하여야 한다. 부담금 부과에 관한 명확한 법률 규정이 존재한다면 반드시 별도로 「부담금관리 기본법」 별표에 그 부담금이 포함되어야만 그 부담금 부과가 유효하게 되는 것은 아니다(대판 2021. 12. 30, 2018다241458).

(1) 조세와의 구별

금전지급의무인 점에서는 조세와 같으나 다음의 점에서 구별된다.

① 부담금은 특정공익사업의 경제충당을 위한 것인데 대해 조세는 행정주체의 일반적 경비에 충당하기 위한 것이다. 다만 목적세(예: 구 도시계획세)와는 그의 실질상의 구별이 어렵다.

② 부담금은 특정의 공익사업과 특별한 관계에 있는 자에 대해 그 관계하는 범위 내에서 과하여지는 것인데 반하여 조세는 일반국민 또는 주민에 대해 그 부담능력에 따라 과하는 점에 차이가 있다.

(2) 사용료·수수료와의 구별

수수료 및 사용료는 공기업의 이용자 혹은 공물의 사용자인 지위에서 부담하는 것인 점에서 일반사인으로서 부담하는 부담금과 구별되며, 따라서 양자는 병과될 수 있다.

2. 종　　류

사업의 종류에 따라 개발부담금(개발이익환수에 관한 법률 3조)·도로부담금(도로법 91조·95조 등)·광역교통시설 부담금(대도시권 광역교통 관리에 관한 특별법 11조)·하천부담금(하천법 65조·67조 등)·사방부담금(사방사업법 7조·16조) 등으로 나뉘며, 부담원인에 따라 다음과 같이 구분된다.

(1) 개발부담금

국가는 개발부담금 부과 대상 사업이 시행되는 지역에서 발생하는 개발이익을 개발부담금으로 징수하여야 하며, 징수된 개발부담금의 100분의 50에 해당하는 금액은 개발이익이 발생한 토지가 속하는 지방자치단체에 귀속되고, 이를 제외한 나머지 개발부담금은 따로 법률로 정하는 지역균형발전 특별회계에 귀속된다(개발이익 환수에 관한 법률 3조·4조). 종전의 도로수익자부담금, 도시계획수익자부담금, 도시재개발수익자부담금 등은 「개발이익환수에 관한 법률」에 의하여 폐지되고 개발부담금으로 통일되었다.

[판례] 도시계획법 제65조 제1항의 규정에 의하여 도시계획사업의 시행자는 그가 시행한 도시계획사업으로 인하여 현저한 이익을 받은 자에게 수익자부담금을 부담시킬 수 있게 되어 있는 바, 여기의 '도시계획사업으로 인하여 현저한 이익을 받는 자'에는 도시계획사업 시행공고 당시에 소유권이전등기를 경료한 당해 부동산의 법률상의 소유자가 아니더라도 원고들과 같이 도시계획사업에 따른 당해 공사로 인하여 이익을 받을 수 있는 승계인도 포함되는 것으로 보는 것이 도시계획사업으로 인하여 이익을 받은 수익자에게 수익자부담금을 부담시키는 도시계획법의 취지에 합당할 것이다(대판 1981. 1. 13, 80누488).

(2) 원인자부담금

특정한 공사의 시행을 필요하게 한 원인을 조성한 자에 대하여 그 공사비용의 전부 또는 일부를 부담시키는 부담금을 말한다. 도로에 수도관을 매설함으로 인하여 도로의 보수공사를 하게 만든 자에 대한 부담금(도로법 91조)이 일례이다(사방사업법 7조 등 참조).

3. 부과 · 징수

부담금을 부과할 수 있는 권리는 당해 사업주체가 가짐이 원칙이다. 다만 사업주체와 비용부담자가 다른 경우(국영공비사업)에는 후자가 부담금의 부과 · 징수권을 가진다고 볼 수 있다.

부담금 부과의 근거가 되는 법률에는 부담금의 부과 및 징수주체, 설치목적, 부과요건, 산정기준, 산정방법, 부과요율 등(이하 "부과요건등"이라 한다)이 구체적이고 명확하게 규정되어야 한다. 다만, 부과요건등의 세부적인 내용은 해당 법률에서 구체적으로 범위를 정하여 위임한 바에 따라 대통령령 · 총리령 · 부령 또는 조례 · 규칙으로 정할 수 있다(부담금관리 기본법 4조). 특히, 부담금은 설치목적을 달성하기 위하여 필요한 최소한의 범위에서 공정성 및 투명성이 확보되도록 부과되어야 하며, 특별한 사유가 없으면 하나의 부과대상에 이중으로 부과되어서는 아니 된다(동법 5조).

부담금의 불이행에 대하여는 강제징수가 인정됨이 보통이며(도로법 69조, 하천법 67조, 지방자치법 157조 등), 부담금의 부과 · 징수에 대하여 이의가 있는 때에는 행정쟁송절차에 의하여 이를 다툴 수 있다.

Ⅳ. 부역·현품

노역 또는 물품이나 그에 상당하는 금전을 선택하여 지급할 의무를 지는 인적 공용부담이다. 노역과 금전과의 선택적 지급의무가 부역이고, 물품과 금전과의 선택적 지급의무를 현품이라 한다. 부역 · 현품은 화폐경제가 충분히 발달하지 않은 시대 및 지역에서 인정되었던 제도이다. 오랫동안 부역 · 현품의 일반적 근거법이었던 「지방자치법」이 동 제도를 폐지함으로써, 오늘날 그 예를 찾아보기 힘들다.

Ⅴ. 노역·물품

1. 성　질

노역 또는 물품의 급부의무인 인적 공용부담이다. 금전과의 선택적 지급의무가 아니고 직접 노역 또는 물품 그 자체를 급부해야 하는 의무인 점에서 부역 · 현품과 구별된다.

노역 또는 물품은 비상재해의 복구 기타 목전에 급박한 필요가 있는 경우에, 달리 그 수요를 충족시킬 방법이 없을 때에 한하여 예외적으로만 인정된다.

2. 종　류

(1) 노역부담

노역의 급부의무인 인적 공용부담이다. 본래 특정한 사업을 위해 필요한 노역은 당해 사업의 종사자나 사법상의 수단으로 충족해야 할 것이다. 따라서 노역부담은 성질상 응급한 경우에만 인정되는 제도이다(도로법 83조 등).

(2) 물품부담

물품의 공급의무인 인적 공용부담으로서 역시 응급부담으로서의 성질을 가진다(도로법 83조 등).

3. 이행의 확보

물품부담의 불이행에 대하여는 행정벌이 과해지며(도로법 114조 9호 참조), 물품부담에 대한 불복은 행정쟁송에 의한다.

Ⅵ. 시설부담

1. 성 질

공익사업의 수요를 충족하기 위하여 그 사업과 특별한 관계에 있는 사람 또는 우발적으로 그 수요를 충족시킬 수 있는 지위에 있는 사람에게 일정한 일 또는 공사를 완성시킬 공법상의 의무를 부과하는 것을 말한다. 부담권자의 명령에 따른 노무에 종사하는 것이 아니고 자기의 책임하에서 일정한 일·공사를 완성시키는 것을 내용으로 하는 점에서 부역이나 노역부담과 구별된다. 또한 공법상의 의무라는 점과 반드시 유상이 아니라는 점에서 민사상의 도급과 구별된다.

2. 종 류

시설부담의 종류로는 수익자부담인 것과 원인자부담인 것이 있는데, 도로가 타 공작물(횡단로 등)의 효용을 겸하는 경우의 도로부담(도로법 33조)이 전자의 예이고, 다른 공사 또는 행위로 인하여 도로공사가 필요하게 된 경우에 부담하는 공사의무(도로법 35조)가 후자의 예에 속한다.

3. 부과·징수

시설부담의 불이행의 경우에 대체성이 있는 것에 대해서는 대집행이 가능하나, 그 밖의 것에 대해서는 벌칙의 적용이 있을 뿐이다.

Ⅶ. 부작위부담

특정한 사업을 독점하기 위한 것과 특정한 사업에 대한 장해를 방지하기 위한 것이 있다. 우편 등 국가의 독점사업을 경영하지 않을 의무(우편법 2조 2항)가 전자의 예이며, 널리 공익사업에 장해가 될 행위를 하여서는 안 되는 부작위의무(도로법 75조)가 후자의 예에 해당한다.

부작위의무의 대부분은 법정부담이며, 예외적으로 행정처분으로 과해지는 경우도 있다. 그 불이행에 대하여는 벌칙의 적용이 있음이 보통이다(도로법 114조 7호).

제 3 절 공용제한

Ⅰ. 개 설

1. 공용제한의 의의

공용제한이란 전통적으로 「공익상 필요한 특정한 사업의 수요를 충족시키기 위해, 혹은 공익상 필요한 특정한 물건의 효용을 높이기 위해 특정한 재산권에 과해지는 제한」이라고 정의되어 왔다. 그러나 오늘날 전통적인 의미의 공용제한 이외에 「국토의 계획 및 이용에 관한 법률」상의 일정한 용도지역(지역·지구·구역) 내에서의 모든 토지의 이용이 제한되는 것과 같이 특정한 공익사업을 목적으로 하는 것이 아닌 국토의 합리적인 이용을 직접목적으로 하는 제도가 발전함으로써, 종래의 공용제한에서 보던 것과 같은 공용제한의 원인인 사업 및 사업주체의 특정성이 완화되고 있다. 이것은 전통적 공용부담개념이 겪고 있는 변화[1]를 그대로 밟고 있는 셈이다. 다만 본서에서는 일단 그 공용제한을 "공공필요, 특히 특정한 공익사업 또는 물건의 효용을 확보하기 위하여 재산권에 가해지는 공법상의 제한"으로 정의해 두기로 한다.

1) 공용제한은 그 '목적'면에서 보게 되면, 공공필요, 특히 특정한 공익사업 또는 특정한 물건의 효용을 높이기 위한 것이다. 전자의 목적을 위한 것을 부담제한이라고 하고, 후자의 목적을 위한 것을 공물제한이라고도 한다.

2) 공용제한은 그의 '대상'면에서 보게 되면 특정한 재산권에 과해짐이 보통이다. 그러나 오늘날은 전 국토 또는 지역·지구를 전체적으로 대상으로 하는 공용제한이 점차 늘어가고 있다. 여기의 재산권에는 부동산물권이 그 중심이

1) 본서 651면 이하 참조.

되나 반드시 그에 한하지는 않는다.

어떻든 공용제한은 '사람'에 대해 의무를 과하는 것이 아니라 직접 '권리'에 대해 제한을 가하는 점에서 인적 공용부담과 구별된다. 후자와의 차이는 이전성의 가부에서도 또한 나타난다.

3) 공용제한은 그 '내용'면에서 보면 권리에 대해 제한을 가하는 것이다. 이 점에서 권리의 소멸을 가져오는 공용수용 및 공용환지·공용환권과 구별된다.

4) 공용제한은 '공법상'의 제한이다. 그러므로 재산권에 대한 사법상의 제한(민법상의 상린관계, 지역권)과 구별된다.

2. 공용제한의 근거

공용제한은 「공공의 필요에 의한 재산권의 수용·사용 또는 제한」을 인정하고 있는 헌법(23조 3항) 및 「국토의 계획 및 이용에 관한 법률」, 「도로법」, 「하천법」, 「개발제한구역의 지정 및 관리에 관한 특별조치법」 등 개별법에 그 근거를 두고 있다.

3. 공용제한과 손실보상 등

공용제한을 통하여 개인에게 특별한 희생 또는 사회적 제약을 넘어서는 손실을 가한 때에는 정당한 보상이 지급되지 않으면 안 된다(헌법 23조 3항 참조). 그리고 법률에 근거규정이 있는 경우도 없지 않다(하천법 76조 등). 그러나 공용제한에 있어서는 손실보상에 관한 규정을 발견할 수 없음이 보통이다. 이유는 공용제한을 통한 재산권의 제한은 대체로 재산권에 내재하는 사회적 제약에 해당하여 보상이 필요없다고 보기 때문인 것으로 보인다.

그러나 그렇지 않는 경우도 현실적으로 존재하고 있음은 부인하기 어렵다. ① 개발제한구역의 지정으로 현저한 재산권의 침해를 입는 경우, ② 도로구역 등으로 고시된 채 장기간 방치함으로써 재산권자에게 심대한 불이익이 발생한 경우 등이 그에 해당한다. 이러한 경우의 구제방법과 관련하여, 학설상으로는 ① 「국가배상법」에 의거한 배상청구, ② 헌법 제23조 3항에 의거한 손실보상청구, ③ 관계규정의 유추적용을 통한 손실보상청구 등의 방안이 제기된 바 있다.[2] 공용제한의 대표적인 경우인 개발제한구역의 지정에 따른 재산권의 침해

---

2) 상세는 김남진·김연태(Ⅰ), 제5편 제3장 및 홍준형, 수용유사침해보상의 법리와 그 수용가능성, 고시연구, 1997. 1, 124면 이하 참조.

와 관련하여 대법원은 구「도시계획법」제21조의 위헌성 주장을 배척하였으나, 헌법재판소는 오랜 침묵 끝에 헌법불합치결정을 내린 바 있다. 이에 맞추어 법률(구 도시계획법)의 개정, 새로운 법률(개발제한구역의 지정 및 관리에 관한 특별조치법)의 제정 등 입법을 통한 해결책이 강구되었다(후술 참조).

(1) 구「도시계획법」제21조에 관련된 판례

(가) 대법원의 합헌판결

개발제한구역 내에 거주한다든가 토지를 가지고 있는 사람들 등 이해관계자는 여러 가지 방법을 통해 자기네들의 고충을 호소하고 법적 투쟁(행정소송, 헌법소원 등)도 행한 바 있다. 그러는 가운데 대법원이 구「도시계획법」제21조 1항을 합헌으로 판시한 사건이 있는 바, 그 내용은 다음과 같다.

> **[판례]** 도시계획법 제21조 제1항, 제2항의 규정에 의하여 개발제한구역 안에 있는 토지의 소유자는 재산상의 권리행사에 많은 제한을 받게 되고, 그 한도 내에서 일반토지소유자에 비하여 불이익을 받게 되었음은 명백하지만 '도시의 무질서한 확산을 방지하고 도시주변의 자연환경을 보전하여 도시민의 건전한 생활환경을 확보하기 위하여, 또는 국방부장관의 요청이 있어 보안상 도시의 개발을 제한할 필요가 있다고 인정되는 때'(도시계획법 제21조 제1항)에 의하여 가하여지는 위와 같은 제한은 공공복리에 적합한 합리적인 제한이라고 볼 것이고, 그 제한으로 인한 토지소유자의 불이익은 공공의 복리를 위하여 감수하지 아니하면 안 될 정도의 것이라고 인정하므로 손실보상의 규정을 두지 아니하였다 하여 도시계획법 제21조 제1항, 제2항의 규정을 헌법 제23조 제3항이나 제37조 제2항에 위배되는 것이라고 할 수 없는 것이다(대결 1990. 5. 8, 89부2. 동지판례: 대판 1994. 5. 10, 93도2397; 대판 1996. 6. 28, 94다54511).[3]

(나) 헌법재판소의 헌법불합치결정[4]

헌법재판소는, 구「도시계획법」제21조에 대한 위헌소원 등과 관련하여,「동법(1971. 1. 19, 법률 제2291호로 제정되어 1972. 12. 30, 법률 제2435호로 개정된 것) 제21조는 헌법에 합치되지 아니한다」라고 판시하였는데, 결정요지는 다음과 같다.

---

3) 이 판례에 대한 비판적 평석에 관하여는 김남진, 기본문제, 1047면 이하 참조.

4) 이 판례에 대한 긍정적 평석에 관하여는 김남진, 개발제한구역과 손실보상 등, 자치공론, 1999. 9, 74면 이하 참조.

[판례①] 이 사건 법률조항에 의한 재산권의 제한은 개발제한구역으로 지정된 토지를 원칙적으로 지정 당시의 토지현황에 의한 이용방법에 따라 사용할 수 있는 한, 재산권에 내재하는 사회적 제약을 비례의 원칙에 합치하게 합헌적으로 구체화한 것이라고 할 것이나, 종래의 지목과 토지현황에 의한 이용방법에 따른 사용도 할 수 없거나 실질적으로 사용·수익할 수 없는 예외적인 경우에도 보상 없이 이를 감수하도록 하고 있는 한, 비례의 원칙에 위반되어 당해 토지소유자의 재산권을 과도하게 침해하는 것으로서 헌법에 위반된다.

[판례②] 어떤 법률이나 법률조항이 헌법에 위반되는 경우에는 헌법의 규범성을 보장하기 위하여 원칙적으로 그 법률이나 법률조항에 대하여 위헌결정을 하여야 한다. 그러나 이 사건에 있어서는 이 사건 법률조항의 위헌성에도 불구하고 위헌결정을 통하여 당장 법률조항의 효력을 소멸시키는 것은 다음 몇 가지의 사정에 비추어 바람직하지 아니하다고 판단된다.

첫째, 이 사건 법률조항이 규정한 개발제한구역의 지정이라는 제도 그 자체는 토지재산권에 내재하는 사회적 기속성을 구체화한 것으로서 원칙적으로 합헌적인 규정인데, 다만 구역지정으로 말미암아 일부 토지소유자에게 사회적 제약의 범위를 넘는 가혹한 부담이 발생하는 예외적인 경우에도 보상규정을 두지 않은 것에 위헌성이 있는 것이므로, 불합치결정을 선고함으로써 입법자가 이 사건 법률조항을 헌법에 적합하게 개정할 때까지 그대로 유지해야 할 필요성이 있다.

둘째, 개발제한구역의 지정에 따라 생기게 된 가혹한 부담의 유무와 정도 및 이에 따른 보상의 구체적인 기준과 방법은 헌법재판소가 일률적으로 확정할 수 없고, 개개의 토지에 대하여 구체적이고 객관적인 사정을 종합하여 입법자가 판단하여야 할 사항이다(헌재 1998. 12. 24, 89헌마214, 90헌바16, 97헌바78 병합).[5)]

(2) 입법조치

(가) 관련법률의 개정

위 헌법재판소결정의 영향으로 구 「도시계획법」은 전면개정이 이루어졌는데, 관계자의 손실을 구제하기 위하여 몇가지 제도들이 새롭게 도입되었다. 그리고 이러한 제도들은 「도시계획법」이 폐지되고 「국토의 계획 및 이용에 관한 법률」이 새로이 제정되면서 동법에도 규정되었다. 헌법재판소결정의 영향으로

5) 헌법재판소에 개발제한구역과 관련된 헌법소원이 처음으로 제기된 것은 1989년 9월이다. 축산업자인 배모씨 등 2명은 자신들의 축사가 그린벨트를 침범했다는 이유로 인천 서구청이 철거를 요구하자 그린벨트를 지정한 도시계획법 제21조가 위헌이라며 헌법소원을 제기하였다. 1990년 5월 21일에는 이모씨가 같은 내용의 헌법소원을 제기하였으며, 1997년 1월에는 개발제한구역 내에 거주하는 이모씨 등 2백50명의 주민이, 개발제한구역 지정에 따른 보상법률을 제정하지 않아 재산권을 침해당했다며 입법부작위 헌법소원을 제기한 바 있다.

새롭게 도입된 제도들을 현행 「국토의 계획 및 이용에 관한 법률」의 규정 내용을 통해 살펴보면 다음과 같다.

① **도시·군계획시설의 공중 및 지하 설치기준과 보상 등:** 도시·군계획시설을 공중·수중·수상 또는 지하에 설치하는 경우 그 높이나 깊이의 기준과 그 설치로 인하여 토지나 건물의 소유권 행사에 제한을 받는 자에 대한 보상 등에 관하여는 따로 법률로 정한다(동법 46조).

② **도시·군계획시설 부지의 매수 청구:** 도시·군계획시설에 대한 도시·군관리계획의 결정의 고시일부터 10년 이내에 그 도시·군계획시설의 설치에 관한 도시·군계획시설사업이 시행되지 아니하는 경우(제88조에 따른 실시계획의 인가나 그에 상당하는 절차가 진행된 경우는 제외한다) 그 도시·군계획시설의 부지로 되어 있는 토지 중 지목이 대(垈)인 토지(그 토지에 있는 건축물 및 정착물을 포함한다)의 소유자는 대통령령으로 정하는 바에 따라 특별시장·광역시장·특별자치시장·특별자치도지사·시장 또는 군수에게 그 토지의 매수를 청구할 수 있다(동법 47조).

③ **도시·군계획시설결정의 실효 등:** 도시·군계획시설결정이 고시된 도시·군계획시설에 대하여 그 고시일부터 20년이 지날 때까지 그 시설의 설치에 관한 도시·군계획시설사업이 시행되지 아니하는 경우 그 도시·군계획시설결정은 그 고시일부터 20년이 되는 날의 다음날에 그 효력을 잃는다(동법 48조).

(나) 「개발제한구역의 지정 및 관리에 관한 특별조치법」의 제정

위 헌법재판소의 판시(헌법불합치 결정)에 따르기 위하여 특별법으로서 「개발제한구역의 지정 및 관리에 관한 특별조치법」이 제정되었는데, 동법은 손실구제 등을 위하여 새로운 제도를 상당수 도입하였다. 현행 「개발제한구역의 지정 및 관리에 관한 특별조치법」을 중심으로 그 내용을 살펴보면 다음과 같다.

① **존속중인 건축물 등에 대한 특례:** 시장·군수·구청장은 법령의 개정·폐지나 그 밖에 대통령령으로 정하는 사유로 인하여 그 사유가 발생할 당시에 이미 존재하고 있던 대지·건축물 또는 공작물이 이 법에 적합하지 아니하게 된 경우에는 대통령령으로 정하는 바에 따라 건축물의 건축이나 공작물의 설치와 이에 따르는 토지의 형질변경을 허가할 수 있다(동법 13조).

② **취락지구에 대한 특례:** 시·도지사는 개발제한구역에서 주민이 집단적으로 거주하는 취락(제12조 1항 3호에 따른 이주단지를 포함한다)을 「국토의 계획 및 이용에 관한 법률」 제37조 1항 8호에 따른 취락지구로 지정할 수 있다(동법 15조).

③ **주민지원사업 등:** 시·도지사 및 시장·군수·구청장은 관리계획에

따라 ㉠ 개발제한구역 주민의 생활편익과 복지의 증진 및 생활비용의 보조 등을 위한 지원사업과 ㉡ 개발제한구역 보전과 관리 등을 위한 훼손지 복구사업을 시행할 수 있다(동법 16조 1항). 국토교통부장관은 「지방자치분권 및 지역균형발전에 관한 특별법」에 따른 지역균형발전특별회계에서 위 사업에 드는 비용을 지원할 수 있다(동법 16조 2항).

④ **토지매수의 청구:** 개발제한구역의 지정에 따라 개발제한구역의 토지를 종래의 용도로 사용할 수 없어 그 효용이 현저히 감소된 토지나 그 토지의 사용 및 수익이 사실상 불가능하게 된 토지(매수대상토지)의 소유자로서 다음 각 호의 어느 하나에 해당하는 자는 국토교통부장관에게 그 토지의 매수를 청구할 수 있으며, 국토교통부장관은 위 매수청구를 받은 토지가 대통령령이 정하는 기준에 해당되면 그 토지를 매수하여야 한다(동법 17조).

㉠ 개발제한구역으로 지정될 당시부터 계속하여 해당 토지를 소유한 자

㉡ 토지의 사용·수익이 사실상 불가능하게 되기 전에 해당 토지를 취득하여 계속 소유한 자

㉢ ㉠ 또는 ㉡에 해당하는 자로부터 해당 토지를 상속받아 계속하여 소유한 자

(3) 소 결

공용제한, 특히 개발제한구역의 지정에 있어서와 같이, 공공필요에 의하여 사회적 제약을 넘어서는 재산권에 대한 제한이 가해지고 있음에도 불구하고 보상규정이 결여되어 있는 관계로 보상을 받지 못하는 경우, 그에 대한 적절한 구제를 받지 못한 것이 우리의 현실이었다.[6]

다행히도 헌법재판소에 의한 헌법불합치결정이 있게 되었고, 그의 영향으로 정부 역시 위에 적어 놓은 바와 같은 입법조치를 취함으로써 사태는 많이 호전되었다.

공용제한으로 불이익을 입는 자에 대한 구제책에 보상만 있는 것이 아니라, 토지매수청구권,[7] 개발권이전권,[8] 공중권[9] 내지 공공지역권[10]의 설정, 감세·보

6) 행정부(국토교통부)는 그 사이, 주로 도시계획법 시행령 및 시행규칙의 개정을 통해 규제를 완화하는 방법으로 주민의 불편을 해소하는 소극적 방법을 취해 왔다. 그러나 그와 같은 방법은 선거철 선심용이라는 비판을 받은 바 있으며, 주민 등 이해당사자도 정부가 주최하는 공청회를 물리적으로 무산시키는 과격한 행동을 취하는 등 곡절이 많았다.

7) 여기에서 '토지매수청구권제'라고 함은, 공용제한을 받게 된 토지 등 소유자의 국가 등 행정주체에 대한 토지매수청구권을 인정하는 제도를 말하는 것으로서, 일본에서 활용되고 있다. 일본의 고도에 있어서의

조금 등의 교부,[11] 주민 등을 위한 소득증대사업의 시행, 생활의 불편해소 등 여러 가지가 있음이 학자·전문가 등에 의해 제기되어 왔고, 그들 중 일부가 입법화되었음을 다행스럽게 여기는 바이다. 앞으로 그에 대한 연구와 입법화가 보다 광범위하게 행해지기를 기대하는 바이다. 무엇보다 주민을 위한 소득증대 사업의 시행, 주민의 불편해소 등의 조치가 시급히 취해질 필요가 있다.

한편, 개발제한구역 내에서 건축물의 건축 및 용도변경 등의 행위를 원칙적으로 제한하는 「개발제한구역의 지정 및 관리에 관한 특별조치법」상의 규정이 비례의 원칙에 위반하여 재산권 등을 침해하는지 여부가 문제된 위헌소원에서 헌법재판소는 해당 규정이 헌법에 위반되지 않는다고 판시한 바 있다.

[판례] 도시의 무질서한 확산을 방지하고 도시주변의 자연환경을 보전하여 도시민의 건전한 생활환경을 확보하기 위하여 도시의 개발을 제한할 필요가 있으므로 개발제한구역지정으로 인한 토지재산권의 제한은 그 목적의 정당성이 인정되고, 개발제한구역 내에서 그 구역지정의 목적에 위배되는 건축물의 건축, 공작물의 설치 등을 원칙적으로 그리고 전면적으로 금지하는 것은 위와 같은 개발제한구역의 입법목적을 달성하는데 기여하므로 수단의 적정성도 인정되며, 개발제한구역 내의 토지에 대한 선별적, 부분적, 예외적 이용제한의 수단만을 선택하여서는 목적의 효율적인 달성을 기대하기 어려우므로 전면적인 규제수단은 입법목적을 달성하기 위해 필요한 최소한의 조치인 것으로 인정된다. 그리고 같은 법이 개발제한구역의 지정으로 인하여 토지의 효용이 현저히 감소하거나 그 사용·수익이 사실상 불가능한 토지소유자에게 토지매수청구권을 인정하는 등 보상규정을 두고 있는 점에 비추어, 이 사건 특조법 조항(구 개발제한구역의 지정 및 관리에 관한 특별조치법 제11조 제1항 중 "건축물의 건축 및 용도변경, 공작물의 설치" 부분 및 같은 조 제2항)이 토지재산권의 제

역사적 풍토의 보전에 관한 특별조치법 11조, 도시녹지보전법 8조 등 참조. 우리나라에서는, 상수원보호구역 내의 일정 토지소유권자에게 인정하기 위한 수도법 개정안이 논의된 바 있었으며, 구 도시계획법(40조) 및 개발제한구역의 지정 및 관리에 관한 특별조치법(17조) 등에 도입되었다.

8) 여기에서 개발권이전제(Transferable Development Rights)라고 함은, 공용제한을 받고 있는 부지에 인정되고 있는 건축용적의 허용한도에서 현재의 이용용적률을 뺀 나머지를 다른 사람에 양도할 수 있는 제도를 의미한다. 주로 미국에서 활용되고 있는 제도로서, 우리나라에서도 국토개발연구원 등에서 그의 채택이 논의된 바 있다.

9) 여기에서 공중권(Air Rights) 또는 공간권(Air Space Rights)이라고 함은, 토지의 상부공간을 수평으로 구획하여 건축 등에 이용할 수 있는 권리를 의미한다. 미국에서는 판례 또는 제정법 등을 통해 일찍부터 인정되어 왔다. 우리나라에서의 도로상의 상가아파트, 민자역사(서울역 등)의 건축 등은 공중권 설정의 사례로 볼 수 있다.

10) 공용제한은 공익사업을 위하여 타인의 재산권에 부작위의무를 과하는 공용지역권의 설정으로 볼 수 있다. 이와 같은 발상에 입각할 때, 그에 대한 보상은 지역권 설정으로 인한 지가하락분에 상당하면 된다는 논리가 성립될 수 있다.

11) 우리나라에서 현재 역사문화미관지구(한옥보전지구)안의 부동산에 대해 재산세 등을 감면해 주고 있으며, 수리비명목의 보조금이 지급되고 있다.

> 한을 통하여 실현하고자 하는 공익의 비중과 이 사건 특조법 조항에 의하여 발생하는 토지재산권의 침해의 정도를 비교형량할 때 양자 사이에 적정한 비례관계가 성립한다고 보이므로 법익균형성도 충족된다. 따라서 개발제한구역 내에서 건축물의 건축 및 용도변경 등의 행위를 제한하는 이 사건 특조법 조항이 비례의 원칙을 위반하여 청구인들의 재산권을 과도하게 침해한 것으로 보기 어렵다(헌재 2004. 2. 26, 2001헌바80. 84, 102, 103, 2002헌바26).

4. 보상의 기준

공용제한과 관련하여 법률이 보상규정을 두고 있지 않는 경우, 종래에는 보상의 가부, 방법에만 논의가 집중되었을 뿐 보상의 기준에 대한 탐구는 소홀히 하였다. 여기에서는 그에 관한 주요 이론에 대해서만 소개해 두기로 한다.

① **상당인과관계설**: 토지이용제한에 의하여 토지소유자 등이 입게 된 손실 중 당해 이용제한과 상당인과관계에 있는 모든 것이 보상되어야 한다는 이론이다.

② **지가저락설**: 토지의 이용제한에 따르는 손실의 보상은 계속적인 이용제한에 의해 발생하는 토지의 이용가치의 저하에 대해 지급되어야 한다는 이론으로서, 독일의 건설법전(Baugestzbuch) 등 실정법 및 판례 등이 취하는 이론으로 볼 수 있다.

③ **실손보전설**: 토지의 이용제한에 의해 현실적으로 발생한 손실이 보상되어야 한다는 이론이다.

④ **지대설**: 공용사용의 성질을 가지는 것이므로, 지대 상당액이 보상의 기준이 되어야 한다는 이론이다.

⑤ **공용지역권설정설**: 토지의 이용제한을 공용지역권의 설정으로 보아, 이에 대한 대상(代償)을 보상해야 한다는 이론이다.

Ⅱ. 공용제한의 분류

공용제한은 보는 관점에 따라 여러 가지로 분류될 수 있다.[12)]

---

12) 공용제한의 분류는 학자에 따라 각양각색이라 어떤 통일적인 기준이 없는 상태이다. 예컨대, 공용제한을 계획제한 · 보전제한 · 사업제한 · 공물제한 · 사용제한으로 나누는 입장도 있다. 김도창(하), 590면 이하; 박윤흔 · 정형근(하), 523면 이하 등 참조.

1. 내용에 의한 분류

① 작위부담, ② 부작위부담, ③ 수인부담으로 나눌 수 있다(후술 참조).

2. 제한의 근거 또는 형식에 의한 분류

① 법률에 의한 제한, ② 명령에 의한 제한, ③ 계획에 의한 제한(계획제한), ④ 행정행위에 의한 제한 등으로 나눌 수 있다. 이 중 계획제한 가운데에는 국토계획 및 도시계획 등에 의한 제한이 가장 큰 비중을 차지하고 있는 바, 이에 관하여는 이미 별도로 고찰한 바 있다.[13)]

3. 목적 또는 원인에 의한 분류

① 공물제한, ② 부담제한, ③ 사용제한(공용사용) 등으로 나눌 수 있다. 아래에서는 이러한 기준을 통해 공용제한의 내용에 관해 살펴보기로 한다.

Ⅲ. 공용제한의 내용

1. 공물제한

공물제한은 제한되는 권리의 목적물이 그 자체로서 공익상 필요하기 때문에 공법상의 제한이 과해지는 경우인 바, 이것에는 다시 권리의 목적물을 공적 목적에 제공하기 위해 제한이 과해지는 경우와, 그 목적물의 존재 자체가 공익상 필요하기 때문에 제한이 과해지는 경우로 구분된다. 사유공물 또는 특허기업재산에 대한 공물제한은 전자의 예이고, 보존공물에 대한 제한은 후자의 예에 속한다.

(1) 사유공물에 대한 제한

사인의 소유에 속하는 물건이 행정주체에 의해 공적 목적에 제공되는 결과로서 그의 소유권에 제한이 과해지는 경우이다. 사유의 토지가 도로의 부지로 되어 있는 경우에 그에 대한 사권의 행사가 제한되는 것(도로법 4조)이 그 예이다.[14)]

---

13) 본서 655면 이하 참조.

14) 동지판례: 대판 1969. 7. 22, 69다783. 아울러 이러한 '공물의 특색'에 관하여는 본서 493면 이하 참조.

(2) 특허기업용재산에 대한 제한

특허기업에 제공되어 있는 물건에 대해 동 특허기업의 원활한 수행을 위해 융통성을 제한하는 경우가 이에 해당한다.

(3) 보존공물에 대한 제한

제한되는 권리의 목적물의 존재 자체가 공익상 필요하기 때문에 과해지는 공물제한이다. 보존공물에 대한 제한이 사유공물이나 특허기업용 재산에 대한 공물제한과 다른 점은 후자는 단순히 제한이 과해지는 것에 그치지 아니하고 그 물건이 공적 목적에 제공됨으로써 비로소 공익목적을 달성하는 것인데 대하여, 전자는 그 물건에 제한을 가하는 현상을 유지하는 것만으로 공익목적이 달성되는 점에 있다.

보존공물에 대한 공물제한의 예로서는 보안림이나 중요문화재에 대한 사실상 행위의 제한(형상변경금지·시설의무 등), 법률상 행위의 제한(수출금지) 등이 있다(산림보호법 9조, 문화재보호법 35조 등 참조).

2. 부담제한

부담제한은 제한되는 권리의 목적물 이외의 특정한 사업(예컨대 도로·하천·사방사업 등)을 위해 개인의 재산권에 과해지는 공법상의 제한을 말한다. 그 내용에 따라 부작위부담·작위부담(시설부담)·수인부담 등으로 나누어진다.

(1) 부작위부담

부작위부담이란 예를 들면 접도구역·연안구역·도시계획구역 등에 있어서 건물·공작물의 건축, 나무심기 기타 일정한 행위가 금지되는 것과 같은 부작위의무를 말한다. 부작위부담은 직접 법령에 의해서(국토의 계획 및 이용에 관한 법률 76조 이하, 도로법 75조) 혹은 행정행위에 의해서 과해진다. 의무의 불이행에 대해서는 벌칙의 적용이 있거나 의무를 위반하여 한 시설의 제거 등을 명하는 외에는 직접 이것을 강제하는 방법이 없음이 보통이다.

(2) 작위부담(시설부담)

일정한 시설의무를 과하는 작위부담에는 그의 목적에 비추어 공익사업에 대한 장해를 방지하기 위한 것과 공익사업의 효용을 증진시키기 위한 것이 있다. 접도구역 내에 토지나 건물을 가지고 있는 자가 도로의 안전을 위한 제해시설을 할 의무(도로법 40조 4항)는 전자의 예이고, 공공하수도의 배수구역 내의 토지소유자 등의 그 배수구역 내의 하수를 공공하수도에 유입시키기 위하여 필요한 배수관 등의 설치의무(하수도법 27조)는 후자의 예에 속한다. 의무의 불이행에 대해서는 벌칙의 적용이 있거나 대집행에 의한 강제집행을 할 수 있다.

(3) 수인부담

수인부담에는 물건에 대한 처분의 수인의무와 권리에 대한 처분의 수인의무가 있다. 접도구역에서의 물건의 제거·벌채 등의 수인의무는 전자의 예이고(도로법 81조 참조), 공용수용 또는 공용사용의 결과로서 그 목적물에 관한 소유권 이외의 권리가 소멸되거나, 혹은 행사가 정지되는 것(공익사업을 위한 토지 등의 취득 및 보상에 관한 법률 45조 참조) 등은 후자의 예이다.

3. 사용제한(공용사용)

공용사용은 공익사업의 주체가 타인의 재산권 위에 공법상의 사용권을 취득하고, 상대방은 그 사용을 수인할 의무를 지는 내용의 공용제한이다. 공용사용의 목적물은 토지가 가장 일반적인 것이나, 그 밖에 건물 등 토지의 정착물이나 저작권 등 무체재산권도 그의 목적물이 될 수 있다(저작권법 51조 참조). 공용사용은 그 내용에 따라 일시적 사용과 계속적 사용으로 구분된다.

(1) 일시적 사용

일시적 사용에는 토지 등에의 출입과 응급부담인 일시적 사용이 있다. 측량·조사 등을 위한 타인의 토지 등에의 출입에 있어 국가와 공공단체는 법률의 규정에 의하여 할 수 있으나 사인의 경우는 행정청의 허가를 얻어야 함이 원칙이다. 그러나 그 어느 경우를 막론하고 상대방에게 통지를 요하며 손실을 보상해야 한다(국토의 계획 및 이용에 관한 법률 131조, 공익사업을 위한 토지 등의 취득 및 보상에 관한 법률 9조·27조 등).

응급부담으로서의 일시적 사용은 비상재해시 재해의 방지와 구호를 위해 행하여지는 것이므로(도로법 83조), 법정부담으로서 그에 대한 허가는 필요없으나 손실의 보상은 행해져야 한다.

(2) 계속적 사용

공익사업을 위하여 비교적 장기간에 걸쳐 타인의 재산을 사용하는 계속적 사용은 「공익사업을 위한 토지 등의 취득 및 보상에 관한 법률」에 정한 절차(3장·4장)에 따른 사용권의 설정에 의거하여 행함이 원칙이다.[15]

토지를 사용하는 기간이 3년 이상인 경우, 토지의 사용으로 인하여 토지의 형질이 변경되는 경우, 사용하려는 토지에 그 토지소유자의 건축물이 있는 경우에 해당 토지소유자는 사업시행자에게 해당 토지의 매수를 청구하거나 관할 토지수용위원회에 그 토지의 수용을 청구할 수 있다(동법 72조).

[판례] 공익사업을 위한 토지 등의 취득 및 보상에 관한 법률(이하 '토지보상법' 이라고 한다) 제72조의 문언, 연혁 및 취지 등에 비추어 보면, 위 규정이 정한 수용청구권은 토지보상법 제74조 제1항이 정한 잔여지 수용청구권과 같이 손실보상의 일환으로 토지소유자에게 부여되는 권리로서 그 청구에 의하여 수용효과가 생기는 형성권의 성질을 지니므로, 토지소유자의 토지수용청구를 받아들이지 아니한 토지수용위원회의 재결에 대하여 토지소유자가 불복하여 제기하는 소송은 토지보상법 제85조 제2항에 규정되어 있는 '보상금의 증감에 관한 소송'에 해당하고, 피고는 토지수용위원회가 아니라 사업시행자로 하여야 한다(대판 2015. 4. 9, 2014두46669).

제 4 절 공용수용

기본사례

폐기물처리시설설치 사업시행자인 인천광역시는 건설부지로 선정된 토지의 소유권을 취득하기 위해 토지소유자 甲과 협의하였으나 협의가 성립되지 않자 중앙토지수용위원회에 재결을 신청하였다. 이에 중앙토지수용위원회는 인천광역시가 수용개시일(2005. 2. 20)까지 甲에 대한 보상금액을 지급하고 수용개시일에 甲의 토지에 대한 소유권을 취득한다는 재결을 하였다.

(1) 보상금액이 적다고 판단한 경우 甲이 제기할 수 있는 불복방법은?

(2) 인천광역시가 폐기물처리시설설치 사업계획을 백지화하고, 도시관리계획결정을 변경하여 대상토지를 한국전력공사가 변전소 부지로 활용토록 하고 2005. 6. 20. 공익사업의 변경을 관보에 고시하였다. 이 경우 甲은 위 토지를 환매할 수 있는가?

---

15) 동지판례: 「일시적인 사용이 아니라 지하철도의 선로를 부설하여 지하철도용지로 사용할 경우와 같이 계속적인 사용의 경우에 있어서도 예정보상금의 공탁만으로 이를 사용할 수 있다는 취지는 아니므로 지하철도용지로 사용되는 토지에 대하여는 토지수용법이 규정한 수용 또는 사용절차에 따라 그 토지의 소유권을 취득하거나 그 토지의 지상 또는 지하에 대하여 사용권을 설정하여야만 이를 사용할 수 있다고 보는 것이 타당하다」(대판 1990. 4. 13, 88누11247).

Ⅰ. 개 설

1. 공용수용의 의의

공용수용이란 특정한 공익사업을 위하여 법률에 의거하여 타인의 토지 등의 재산권을 강제적으로 취득하는 것을 의미하는데, 분설하면 다음과 같다.

1) 공용수용의 목적은 특정한 공익사업을 위한 재산권의 강제적 취득이다. '공익사업의 범위'는 법률로 정해진다(공익사업을 위한 토지 등의 취득 및 보상에 관한 법률 4조 참조).[1)]

2) 공용수용의 목적물은 특정한 재산권이다. 토지소유권은 물론 그 밖의 부동산·동산의 소유권 및 기타의 권리 이외에 광업권·어업권·무체재산권도 그의 목적물이 될 수 있다.

3) 공용수용의 수단은 법령에 의거한 강제적 취득이다. 상대방에게 재산권을 제공할 채무를 부과시키는 것이 아니라 수용권자가 직접 목적물의 권리 그 자체를 일방적으로 취득하는 것이다.

4) 공용수용의 주체는 당해 공익사업의 주체이다(기업자수용권설). 따라서 국가는 물론 공공단체나 사인도 공용수용의 주체가 될 수 있다.[2)]

5) 공용수용에 대해서는 정당한 보상이 지급되지 않으면 안 된다(헌법 23조 3항, 공익사업을위한 토지 등의 취득 및 보상에 관한 법률 40조 등 참조).

2. 공용수용의 근거

(1) 헌법규정

공공필요에 의한 재산권의 수용 및 그에 대한 보상은 법률로써 하되, 정당한 보상을 지급하여야 한다(23조 3항).

(2) 일반법

공용수용에 관한 일반법으로 「공익사업을 위한 토지 등의 취득 및 보상에

---

1) 그럼에도 불구하고 공익사업에 해당하는가 여부는 때때로 문제될 수 있으며, '공공적 사용수용'에 있어서와 같이 그의 내포는 확대되는 경향에 있다. 이러한 점에 관하여는 본서 649면 이하 및 김남진, 공용침해 및 손실보상과 판례의 입장, 법률저널, 2004. 1. 12; 정남철, 공용수용의 요건 및 한계에 관한 재검토, 법조, 2005. 5 참조.

2) 과거에는 국가만이 수용권의 주체가 될 수 있다고 하는 학설(국가수용권설)도 있었으나, 현재는 거의 자취를 감추었다고 볼 수 있다. 아울러 후술의 '공용수용의 당사자' 참조 및 정남철, 사인을 위한 공용수용의 위헌성판단, 헌법논총 제17집, 2006. 12.

관한 법률」이 있다. 동법은 종래의 사법적인 토지취득절차(협의취득절차)를 규율하던 「공공용지의 취득 및 손실보상에 관한 특례법」과 공법적인 토지취득절차(공용수용절차)를 규율하던 「토지수용법」을 통합한 것으로 공법적인 성격과 사법적인 성격을 모두 지니고 있는 법률로 볼 수 있다.

현행 「공익사업을 위한 토지 등의 취득 및 보상에 관한 법률」의 주요내용은 다음과 같다.

① 토지를 취득 또는 사용할 수 있는 공익사업의 범위를 관계 법률에 의하여 시행하는 철도 · 공항 · 항만 · 공영차고지 · 폐수처리 등에 관한 공익사업과 국가 또는 지방자치단체가 시행하는 공공용 시설사업 등으로 한정하고, 제철 · 비료 · 전자 · 조선 등에 관한 사업을 제외하였다(동법 4조).

② 사업시행자는 공익사업을 준비하기 위하여 필요한 때에는 시장 · 군수 · 구청장의 허가를 받아 타인이 점유하는 토지에 출입하여 측량 · 조사 및 장해물의 제거 등을 할 수 있도록 하되, 이로 인하여 발생하는 손실에 대하여는 보상하도록 하였다(동법 9조-13조). 이는 종래의 법규정에는 타인의 토지출입에 관한 규정이 상세하지 않아 토지출입권한에 대한 논란이 있었던 것을 명문의 규정을 둠으로써 해결하고 있다.

③ 공익사업을 위하여 토지 · 물건 등을 취득 · 사용하고자 하는 경우에는 토지조서 및 물건조서의 작성, 보상계획의 공고 및 열람, 보상협의 등의 절차를 거치도록 명시적으로 규정하여 국민의 재산권에 대한 절차적인 보호를 강화하되, 토지 등을 수용 · 사용함에 있어서 사업인정을 받기 전에 이러한 절차를 거친 경우에는 토지조서 및 물건조서의 내용에 변동이 없는 한 사업인정 이후에는 같은 절차를 생략할 수 있도록 하여 절차의 중복방지를 통한 공익사업의 원활한 추진을 도모하고 있다(동법 14조-16조 및 26조).

④ 중앙토지수용위원회의 위원의 수를 종전의 8인 이내에서 20인 이내로 확대하고, 회의는 위원장 및 상임위원 1인과 위원장이 회의마다 지정하는 위원 7인으로 구성하도록 함으로써 중앙토지수용위원회의 효율적인 운영을 도모하고 있다(동법 52조).

⑤ 사업시행자는 토지 등에 대한 보상액을 산정하려는 경우에는 감정평가업자 3인을 선정하여 토지 등의 평가를 의뢰하도록 하되, 해당 토지를 관할하는 시 · 도지사와 토지소유자는 감정평가업자를 각 1인씩 추천할 수 있다. 다만, 시 · 도지사와 토지소유자가 모두 또는 어느 한쪽이 감정평가업자를 추천하지

아니하는 경우에는 2인으로 한다(동법 68조).

⑥ 보상의 전문화를 통하여 보상에 따른 분쟁의 소지를 줄이고 공익사업이 원활하게 수행될 수 있도록, 보상에 관한 업무를 보상전문기관에 위탁할 수 있도록 하고 있다(동법 81조).

⑦ 종전에는 재결에 불복이 있는 때에는 이의신청을 거치지 아니하고는 행정소송을 제기하지 못하였으나, 「행정소송법」의 취지(행정심판의 임의절차화)에 맞추어 이의신청의 재결을 거치지 아니하고도 행정소송을 제기할 수 있도록 함으로써 국민의 권리구제기간을 단축하고, 보상금증감소송의 당사자로 되어 있던 재결청을 소송당사자에서 제외하여 소송유형에 관한 불필요한 논쟁을 종식시키고 사업시행자와 피보상자간의 당사자주의에 충실하도록 하고 있다(동법 85조).

⑧ 종전에는 환매금액에 관하여 사업시행자와 토지소유자간에 다툼이 있는 경우, 구 「공공용지의 취득 및 손실보상에 관한 특례법」에서는 이를 토지수용위원회에, 구 「토지수용법」에서는 법원에 그 금액의 증감을 청구할 수 있도록 하였으나, 동법에서는 이를 법원으로 단일화하고 있다(동법 91조 4항).

(3) 특별법

「공익사업을 위한 토지 등의 취득 및 보상에 관한 법률」이 정하지 않은 특수한 사업, 특수한 재산권 및 특별한 절차 등에 관한 특별법으로서는 「국토의 계획 및 이용에 관한 법률」·「광업법」·「도로법」·「하천법」·「징발법」 등 많은 법률이 있다. 이러한 특별법들은 ① 공용수용을 할 수 있는 공익사업의 종류를 새로이 설정하기 위한 것(도시 및 주거환경정비법 63조), ② 공용수용을 할 수 있는 목적물을 새로이 설정하기 위한 것(특허법 106조), ③ 공용수용의 절차를 간소화 또는 강화하는 등의 특별절차를 마련하기 위한 것(도시개발법 21조 이하) 등으로 나누어 볼 수 있다. 이들 특별법은 동법에 정한 사항 외에는 「공익사업을 위한 토지 등의 취득 및 보상에 관한 법률」을 준용함이 보통이다. 또한 개별법에 정해진 사업(시행)인가, 계획승인 등을 동법상의 사업인정으로 간주하는 예도 많이 있다(도시 및 주거환경정비법 65조 2항, 주택법 27조 2항, 도시개발법 22조 3항 등 참조).

Ⅱ. 공용수용의 당사자 및 목적물

1. 공용수용의 당사자

(1) 수용권자(공용수용의 주체)

수용권자는 그 사업을 위해 공용수용을 할 수 있는 특정한 공익사업의 주체이다. 「공익사업을 위한 토지 등의 취득 및 보상에 관한 법률」은 공익사업의 주체를 '사업시행자'라고 하고 있다(동법 2조 3호). 한편, 공용수용의 주체(수용권자)가 누구인가에 대해서는 견해의 대립이 있는데, 이는 동법이 사업시행자를 수용자로 규정하면서도 공용수용의 효과를 야기할 수 있는 자, 즉 수용재결을 할 수 있는 자를 국가로 하고 있기 때문이다.

국가수용권설에 따르면 공용수용의 본질을 수용의 효과를 야기할 수 있는 능력으로 보아, 공용수용의 주체는 국가이며 공익사업의 주체는 수용청구권을 갖는 것에 불과하다고 본다. 반면 사업시행자수용권설에 따르면 공용수용을 수용의 효과를 향수할 수 있는 능력이라고 보아, 그 효과를 향수할 수 있는 사업시행자가 수용권자라고 본다. 이 견해가 다수설이다.[3]

생각건대, 공용수용의 관념에는 재산권을 취득하기 위한 행위와 그에 따른 재산권의 취득이라는 두 가지 요소가 모두 포함되어 있는데, 전자는 후자를 위한 원인행위에 불과하며 수용의 본체는 재산권의 취득에 있다고 할 것이므로, 그러한 효과를 향수할 수 있는 지위에 있는 자인 사업시행자를 공용수용의 주체로 보는 것이 타당할 것이다.

한편, 사인·사기업도 공용수용의 주체가 될 수 있다. 다만, 사인·사기업의 경우 계속 공적 목적을 수행하는 것에 대한 제도적 장치가 마련될 필요가 있다.

[판례] 도시계획시설사업은 그 자체로 공공필요성의 요건이 충족된다. 또한 이 사건 수용조항(민간기업이 도시계획시설사업의 시행자로서 도시계획시설사업에 필요한 토지 등을 수용할 수 있도록 규정한 '국토의 계획 및 이용에 관한 법률' 제95조 제1항의 "도시계획시설사업의 시행자" 중 "제86조 제7항"의 적용을 받는 부분)은 도시계획시설사업의 원활한 진행을 위한 것이므로 정당한 입법목적을 가진다. 민간기업도 일정한 조건하에서는 헌법상 공용수용권을 행사할 수 있고, 위 수용조항을 통하여 사업시행자는 사업을 원활하게 진행할 수 있으므로, 위 조항은 위 입법목적

3) 김동희(Ⅱ), 389면; 류지태·박종수(신론), 1145면; 박윤흔·정형근(하), 544면; 박평준, 공익사업용지취득보상법, 2003, 92면 등.

을 위한 효과적인 수단이 된다. 만약 사업시행자에게 수용권한이 부여되지 않는다면 협의에 응하지 않는 사람들의 일방적인 의사에 의해 도시계획시설사업을 통한 공익의 실현이 저지되거나 연기될 수 있고, 수용에 이르기까지의 과정이 국토계획법상 적법한 절차에 의해 진행되며, 사업시행자는 피수용권자에게 정당한 보상을 지급해야 하고, 우리 법제는 구체적인 수용처분에 하자가 있을 경우 행정소송 등을 통한 실효적인 권리구제의 방안들을 마련하고 있는 점 등에 비추어 이 사건 수용조항이 피해의 최소성 원칙에 반한다고 볼 수 없고, 우리 국가공동체에서 도시계획시설이 수행하는 역할 등을 감안한다면 위 수용조항이 공익과 사익 간의 균형성을 도외시한 것이라고 보기도 어렵다. 따라서 이 사건 수용조항은 헌법 제23조 제3항 소정의 공공필요성 요건을 결여하거나 과잉금지원칙을 위반하여 재산권을 침해한다고 볼 수 없다(헌재 2011. 6. 30. 2008헌바166, 2011헌바35).[4]

최근 헌법재판소는 고급골프장 사업과 같이 공익성이 낮은 사업에 대해서까지도 시행자인 민간개발자에게 수용권한을 부여하는 구 「지역균형개발 및 지방중소기업 육성에 관한 법률」[5] 제19조 1항의 '시행자' 부분 중 '제16조 1항 4호'에 관한 부분은 헌법에 합치되지 아니한다고 결정하였다.

[판례] 구 지역균형개발 및 지방중소기업 육성에 관한 법률(이하 '지역균형개발법'이라 한다) 제19조 제1항의 '시행자' 부분 중 '제16조 제1항 제4호'에 관한 부분(이하 '이 사건 법률조항'이라 한다)은 이윤추구를 우선적 목적으로 하는 민간개발자라 하더라도 개발촉진지구에서 시행하는 지역개발사업, 즉 지구개발사업의 시행자로 지정되기만 하면 실시계획의 승인을 받아 해당 지구개발사업의 시행을 위하여 타인의 재산을 수용할 수 있는 권한을 부여하고 있으나, 지구개발사업에는 그 자체로 공공필요성이 충족되기 어려운 사업도 포함하고 있다.

'관광휴양지 조성사업'의 경우, 그 중에는 대규모 놀이공원 사업과 같이 개발수준이 다른 지역에 비하여 현저하게 낮은 지역 등의 주민소득 증대에 이바지할 수 있는 등 입법목적에 대한 기여도가 높을 뿐만 아니라 그 사업이 대중을 상대로 하는 영업이면서 대중이 비용부담 등에서 손쉽게 이용할 수 있어 사업 시설에 대한 대중

4) 이에 대하여 재판관 김종대의 이 사건 수용조항에 대한 반대의견은 사인은 어디까지나 자신의 영리 추구를 1차적 목표로 하므로 사인이 수용의 주체가 되는 경우에는 국가가 수용의 주체가 되는 경우에 비하여 수용의 이익이 공동체 전체의 이익으로 귀속될 것이라는 보장이 어렵다. 따라서 당해 수용의 공공필요성을 지속적으로 보장하고 수용을 통한 이익을 공공적으로 귀속시킬 수 있는 심화된 제도적 규율장치를 갖춘 경우에만 사인에 의한 수용이 헌법적으로 정당화될 수 있다. 그러나 이 사건 수용조항의 경우에는 그와 같은 제도적 규율이 부족하므로 이는 평등의 원칙에 위반되고 청구인들의 재산권을 침해한다고 보았다.

5) 2005. 11. 8. 법률 제7695호로 개정되고, 2011. 5. 30. 법률 제10762호로 개정되기 전의 것.

의 이용·접근가능성이 커서 공익성이 높은 사업도 있는 반면, 고급골프장, 고급리조트 등(이하 '고급골프장 등'이라 한다)의 사업과 같이 넓은 부지에 많은 설치비용을 들여 조성됨에도 불구하고 평균고용인원이 적고, 시설 내에서 모든 소비행위가 이루어지는 자족적 영업행태를 가지고 있어 개발이 낙후된 지역의 균형 발전이나 주민소득 증대 등 입법목적에 대한 기여도가 낮을 뿐만 아니라, 그 사업이 대중을 상대로 하는 영업이면서도 사업 시설을 이용할 때 수반되는 과도한 재정적 부담 등으로 소수에게만 접근이 용이하는 등 대중의 이용·접근가능성이 작아 공익성이 낮은 사업도 있다.

나아가 고급골프장 등의 사업을 시행하기 위하여 공용수용을 통하여 달성하려는 공익과 그로 인하여 재산권을 침해당하는 사인의 이익을 형량해 볼 때, 고급골프장 등 사업의 특성상 그 사업 운영 과정에서 발생하는 지방세수 확보와 지역경제 활성화는 부수적인 공익일 뿐이고, 이 정도의 공익이 그 사업으로 인하여 강제수용 당하는 주민들이 침해받는 기본권에 비하여 그 기본권침해를 정당화할 정도로 우월하다고 볼 수는 없다. 따라서 고급골프장 등의 사업에 있어서는 그 사업 시행으로 획득할 수 있는 공익이 현저히 해태되지 않도록 보장하는 제도적 규율이 갖추어졌는지에 관하여는 살펴볼 필요도 없이, 민간개발자로 하여금 위와 같이 공익성이 낮은 고급골프장 등의 사업 시행을 위하여 타인의 재산을 그 의사에 반하여 강제적으로라도 취득할 수 있게 해야 할 필요성은 인정되지 아니한다.

그러므로 이 사건 법률조항은 공익적 필요성이 인정되기 어려운 민간개발자의 지구개발사업을 위해서까지 공용수용이 허용될 수 있는 가능성을 열어두고 있어 헌법 제23조 제3항에 위반된다(헌재 2014. 10. 30, 2011헌바129·2011헌바172).[6]

---

6) 이에 대하여는 지역균형개발법 상 개발촉진지구개발계획에 포함됨으로써 공익성이 있다고 평가받은 지구개발사업에 대해서는 공공필요성이 인정되고, 공익성이 해태되지 않도록 보장하려는 제도적 장치를 갖추고 있다는 점에서 헌법 제23조 제3항에 위배되지 않는다는 취지의 재판관 3인의 반대의견이 있다: 「㉮ 지구개발사업은 지역균형개발법 제10조의 기준에 따라 '개발수준이 다른 지역에 비하여 현저하게 낮은 지역 등의 개발을 촉진하기 위하여 필요하다고 인정되어' 국토해양부장관에 의하여 개발촉진지구로 지정된 지역 내에서 시행하는 지역개발사업으로서, 법 제14조 제7항 제1호 내지 제6호에 규정된 사업을 말하며, 이 사건 법률조항은 지역균형개발법상 지구개발사업 시행자인 민간개발자에게 수용권을 주는 조항일 뿐이다. 헌법재판소는 이미 여러 차례 민간사업자에게 수용권을 주는 조항 자체는 합헌이라고 결정하였고, 민간개발자에게 관광단지 조성을 위하여 토지 수용권을 부여한 관광진흥법 조항을 합헌으로 결정하면서 공공의 필요성을 인정하였다(헌재 2013. 2. 28, 2011헌바250 참조). 관광단지 조성사업에 대해서 공공의 필요성을 인정할 수 있는 이상, 이미 지역균형개발법 상 개발촉진지구개발계획에 포함됨으로써 공익성이 있다고 평가받은 지구개발사업으로서의 관광휴양지 사업에 대해서도 마땅히 공공의 필요성을 인정할 수 있다. ㉯ 이 사건 법률조항은 공익목적을 위해 개발사업을 시행함에 있어 민간기업이 사업시행에 필요한 경우 토지를 수용할 수 있도록 규정할 필요가 있는 점, 수용에 요구되는 공공의 필요성 등에 대한 최종적인 판단권한이 국가와 같은 공적 기관에게 유보되어 있는 점, 공익성이 해태되지 않도록 보장하려는 제도적 장치를 갖추고 있는 점에서 헌법 제23조 제3항이 요구하는 '공공의 필요성'을 갖추고 있다. ㉰ 이 사건에서 민간개발자가 공익성이 낮다고 볼 수 있는 고급골프장 사업의 시행을 위하여 다른 사람의 재산을 수용할 수 있도록 한 것은 다수의견

(2) 피수용자(관계인)

피수용자는 수용목적물의 소유권자 및 기타의 권리자이다.

국토교통부장관의 사업인정의 고시가 있은 후에 수용목적물에 대한 새로운 권리를 취득한 자는 기존의 권리를 승계한 자를 제외하고는 피수용자에 포함되지 않는다(동법 2조 5호 단서).

피수용자는 보상청구권 및 그 밖에 각종의 권리(재결신청권·수용청구권·환매권 등)와 의무를 지닌다.

2. 공용수용의 목적물

(1) 목적물의 종류

공용수용의 목적물로는 ① 토지소유권, ② 토지에 관한 소유권 이외의 권리(지상권, 지역권, 전세권, 저당권 및 임차권 등), ③ 입목, 건물 기타 토지에 정착한 물건 및 이에 관한 소유권 이외의 권리, ④ 광업권, 어업권 또는 물의 사용에 관한 권리(해수나 유수사용권·온천이용권 등), ⑤ 토지에 속한 흙·돌·모래 또는 자갈에 관한 권리 등이 있으며(동법 3조), 그 밖에 개별법에 토석·죽목·운반기구·그 밖의 물건(공작물은 제외한다)에 관한 권리(도로법 83조 등)나 특허권·실용신안권·의장권과 같은 지적재산권(특허법 106조, 실용신안법 28조) 등을 수용의 목적물로 규정하고 있는 경우가 있다.

(2) 목적물의 제한

공용수용은 특정한 공익사업을 위해 필요한 최소한도에 그쳐야 함은 물론 물건 자체의 성질상 수용이 불가능하거나 제한되는 것도 있다. ① 공익사업에 수용 또는 사용되고 있는 토지 등은 특별히 필요한 경우가 아니면 다른 공익사업을 위해서 수용 또는 사용할 수 없으며(공익사업을 위한 토지 등의 취득 및 보상에 관한 법률 19조 2항), ② 치외법권을 가진 외국대사관 등의 부지·건물 및 ③ 토지 이외의 공물 등은 수용할 수가 없다. 공물의 경우에는 그 일반적 특성(불융통성 등)[7]으로 인하여 공용폐지가 되지 않는 한 공물 그 자체로서는 직접 공용수용의 목적물이 되지 않는다고 보아야 할 것이다.[8]

이 적절히 지적한 것처럼 문제가 전혀 없는 것은 아니다. 하지만 이는 행정기개념 개발촉진지구개발사업의 시행자를 지정하고 실시계획을 승인하는 과정에서 개발사업의 공공성 유무 평가를 엄격하게 하지 않은 데 기인하는 것이지, 이 사건 법률조항 자체에 위헌적인 요소가 포함되어 있기 때문이 아니다」.

7) 상세는 본서 490면 이하 참조.

8) 그 결과 현재 특정한 공적 목적에 제공되어 있는 공물을 다른 공적 목적을 위하여 수용할 필요가 있는

[참고판례] 토지수용법은 제5조의 규정에 의한 제한 이외에는 수용의 대상이 되는 토지에 관하여 아무런 제한을 하지 아니하고 있을 뿐만 아니라, 토지수용법 제5조, 문화재보호법 제20조 제4호, 제58조 제1항, 부칙 제3조 제2항 등의 규정을 종합하면 구 문화재보호법 제54조의2 제1항에 의하여 지방문화재로 지정된 토지가 수용의 대상이 될 수 없다고 볼 수는 없다(대판 1996. 4. 26, 95누13241).

(3) 목적물의 확장

공용수용은 당해 공익사업에 필요한 최소한도에 그쳐야 하는 것이 원칙이나, 피수용자의 권리보호 및 사업의 목적달성을 위하여 예외적으로 그 필요 한도를 넘어 수용하는 것이 필요한 경우가 있다. 이러한 제도로서 확장수용(擴張收用) 및 지대수용(地帶收用)이 있다.

(가) 확장수용

확장수용이란 다음의 경우를 말한다.

① **전부수용**(잔여지수용): 동일한 토지소유자에 속하는 일단의 토지의 일부를 수용함으로 인하여 잔여지를 종래의 목적에 사용하는 것이 현저히 곤란할 때에 토지소유자의 청구에 의하여 그 잔여지까지 전부를 수용하는 경우를 말한다(공익을 위한 토지 등의 취득 및 사업 보상에 관한 법률 74조 1항).

② **완전수용**: 토지를 사용하는 경우에 그 사용이 3년 이상인 때, 토지의 사용으로 인하여 토지의 형질이 변경되는 때 및 사용하고자 하는 토지에 건축물이 있는 경우에, 그 토지소유자의 청구에 의하여 그 토지를 수용하는 경우를 말한다(동법 72조).

③ **이전에 갈음하는 수용**: 수용 또는 사용할 토지에 건축물·입목·공작물 등의 물건이 있을 때에는 이전에 필요한 비용을 보상하고 이를 이전하게 함이 원칙이다(동법 75조 1항 본문).

그러나 ㉠ 건축물 등의 이전이 어렵거나 그 이전으로 인하여 건축물 등을 종래의 목적대로 사용할 수 없게 된 경우, ㉡ 건축물 등의 이전비가 그 물건의 가격을 넘는 경우, ㉢ 사업시행자가 공익사업에 직접 사용할 목적으로 취득하는 경우에는 해당 물건의 가격으로 보상하여야 한다(동법 75조 1항 단서).

경우에는 먼저 공용폐지를 하여 일반재산으로 만든 다음에 수용절차를 밟아야 할 것이다. 상세는 김남진, 문화재의 수용가능성 여부 등, 판례월보, 2000. 10, 14면 이하 참조.

(나) 지대수용

지대수용은 본래 사업을 위해 직접 필요한 토지 이외에, 사업을 위한 건축, 토지의 조성·정리에 필요한 때에 그 토지에 인접하는 일대의 토지를 수용하는 경우를 말한다. 우리나라에서는 사업시행을 위해 필요한 경우에 있어 인접한 토지·건축물 등의 일시적 사용만이 인정되고 있다(국토의 계획 및 이용에 관한 법률 95조 2항). 그러나 장차 그의 채택이 고려될 필요가 있다.

Ⅲ. 공용수용의 절차

공용수용의 절차는 크게 두 가지로 나누어진다. 그 하나는 공용수용권이 직접 법률에 의하여 성립하여 별다른 절차를 필요치 않는 경우이며, 다른 하나는 공용수용권이 법률에 정한 일련의 절차를 거쳐 설정되는 경우이다. 전자는 국가 또는 공공단체가 수용권자인 경우로서 급박한 필요가 있는 경우 또는 그 수용을 정당화할 만한 명백한 사유가 있는 경우에만 예외적으로 인정되는데(도로법 83조), 이러한 경우에는 수용자의 통지가 있음으로써 혹은 보상금액의 결정을 조건으로 수용의 효과가 발생한다. 결국 후자만이 엄격한 의미의 공용수용의 절차라고 하겠는데, 후자는 다시 소정의 절차를 다 거치는 보통절차와 그 중의 일부를 생략하는 약식절차로 나누어진다.

1. 보통절차

보통절차는 다음 순으로 진행된다.

(1) 사업의 준비

사업시행자는 공익사업을 준비하기 위하여 시장·군수 또는 구청장의 허가[9]를 받아 타인이 점유하는 토지에 출입하여 측량 또는 조사를 할 수 있으나(공익사업을 위한 토지 등의 취득및 보상에 관한 법률 9조), 소유자 및 점유자의 동의를 얻거나, 동의를 얻지 못하는 경우에는 시장·군수 또는 구청장의 허가를 얻어 장해물을 제거하거나 토지를 파는 행위를 할 수 있다(동법 12조).

9) 여기에서의 허가는 통상적 의미의 허가, 즉 통제허가(Kontrollerlaubnis)가 아니라 예외적 승인(Ausnahmebewilligung)의 성질을 가진다고 말해지고 있다. 그 양자의 구분에 관하여는 김남진·김연태(Ⅰ), 259면 이하; 김남진, 통제허가와 예외적 승인의 구별 등, 고시연구, 2000. 6, 308면 이하 참조.

한편, 이러한 '사업의 준비'는 엄격히 말하면, 사업인정에 선행하는 준비절차로서의 공용제한에 해당하며, 수용을 위한 보통절차에 해당되지는 않는다고 볼 것이다.

(2) 사업인정

(가) 의의 및 성질

사업인정이라 함은 공익사업을 토지 등을 수용하거나 사용할 수 있는 사업으로 결정하는 것으로서(동법 2조 7호), 사업시행자에게 일정한 절차의 이행을 조건으로 하여 특정한 재산권에 대한 수용권을 설정하여 주는 행위(설권행위)이다.

이러한 사업인정은 특정 재산권에 대한 사업시행자와 재산권자 사이의 구체적인 권리·의무를 발생시키는 형성적 행정행위이다. 사업인정이 확인행위인가 형성적 행위인가에 대한 논의가 있으나, 형성적 행위라고 보는 데에 이의가 없다고 하겠다.[10] 판례 또한 같은 입장이다.

[판례①] 공익사업을 위한 토지 등의 취득 및 보상에 관한 법률 제20조 제1항, 제22조 제3항은 사업시행자가 토지 등을 수용하거나 사용하려면 국토교통부장관의 사업인정을 받아야 하고, 사업인정은 고시한 날부터 효력이 발생한다고 규정하고 있다. 이러한 사업인정은 수용권을 설정해 주는 행정처분으로서, 이에 따라 수용할 목적물의 범위가 확정되고, 수용권자가 목적물에 대한 현재 및 장래의 권리자에게 대항할 수 있는 공법상 권한이 생긴다(대판 2019. 12. 12, 2019두47629).

[판례②] 공익사업을위한토지등의취득및보상에관한법률의 규정에 의한 사업인정처분이라 함은 공익사업을 토지 등을 수용 또는 사용할 사업으로 결정하는 것으로서 단순한 확인행위가 아니라 형성행위이다(대판 2005. 4. 29, 2004두14670).

[판례③] 사업인정이란 공익사업을 토지 등을 수용 또는 사용할 사업으로 결정하는 것으로서 공익사업의 시행자에게 그 후 일정한 절차를 거칠 것을 조건으로 일정한 내용의 수용권을 설정하여 주는 형성행위이다. 그러므로 해당 사업이 외형상 토지 등을 수용 또는 사용할 수 있는 사업에 해당하더라도 사업인정기관으로서는 그 사업이 공용수용을 할 만한 공익성이 있는지 여부와 공익성이 있는 경우에도 그 사업의 내용과 방법에 관하여 사업인정에 관련된 자들의 이익을 공익과 사익 사이에서는 물론, 공익 상호 간 및 사익 상호 간에도 정당하게 비교·교량하여야 하고, 비교·교량은 비례의 원칙에 적합하도록 하여야 한다(대판 2019. 2. 28, 2017두71031).

---

10) 상세는 김남진·박상희, 앞의 책, 132면 이하; 박평준, 앞의 책, 144면 이하 참조.

(나) 사업인정권자

「공익사업을 위한 토지 등의 취득 및 보상에 관한 법률」은 사업인정을 국토교통부장관이 하도록 규정하고 있다(동법 20조). 그러나 그 밖의 자에게 사업인정권이 부여되어 있는 경우도 있다(광업법 72조).

(다) 사업인정의 절차 및 요건

국토교통부장관이 사업인정을 하고자 할 때에는 관계 중앙행정기관의 장, 시·도지사 및 중앙토지수용위원회와 협의하여야 하며, 사업인정에 관하여 이해관계가 있는 자의 의견을 들어야 한다(공익사업을 위한 토지 등의 취득 및 보상에 관한 법률 21조). 사업인정의 요건과 관련하여 가장 중요한 것은 사업시행자가 의도하는 사업이 공익사업(동법 4조)에 해당하는가, 수용하고 하는 토지 등이 공공필요의 요건을 충족하고 있는가를 판단하는 일이다. 그리고 이와 같은 판단에는 이른바 '판단여지'가 인정될 수 있다. 특히 그 '공공필요'의 요건의 충족과 관련하여서는, 행정청에 계획재량에 유사한 '형성적 자유'가 인정된다고 하겠으며, 따라서 관계이익의 정당한 형량이 필요하다. 아울러 그 이익형량을 함에 있어서는 과잉금지원칙 또는 광의의 비례원칙(적합성·필요성 또는 최소침해의 원칙·상당성 또는 협의의 비례원칙)이 적용되어야 하는 점에 유의할 필요가 있다. 대법원이 사업인정과 관련하여, 「당해 사업이 외형상 토지 등을 수용 또는 사용할 수 있는 사업에 해당된다 하더라도 행정주체로서는 그 사업이 공용수용을 할 만한 공익성이 있는지의 여부와 공익성이 있는 경우에도 그 사업의 내용과 방법에 대하여 사업인정처분에 관련된 자들의 이익을 공익과 사익 간에서는 물론, 공익 상호간 및 사익 상호간에도 정당하게 비교·교량하여야 하고, 그 비교·교량은 비례의 원칙에 적합하도록 하여야 한다」고 판시하고 있음은(대판 2005. 4. 29, 2004두14670), 같은 취지인 것으로 새겨진다.

[판례] 공익사업을 수행하여 공익을 실현할 의사나 능력이 없는 자에게 타인의 재산권을 공권력적·강제적으로 박탈할 수 있는 수용권을 설정하여 줄 수는 없으므로, 사업시행자에게 해당 공익사업을 수행할 의사와 능력이 있어야 한다는 것도 사업인정의 한 요건이라고 보아야 한다(대판 2019. 2. 28, 2017두71031).

(라) 사업인정의 고시

국토교통부장관이 사업인정을 하였을 때에는 지체 없이 그 뜻을 사업시행자, 토지소유자 및 관계인, 관계 시·도지사에게 통지하고 사업시행자의 성명이나 명칭, 사업의 종류, 사업지역 및 수용하거나 사용할 토지의 세목을 관보에 고시하여야 한다. 고시는 사업인정의 효력발생요건으로서, 사업인정은 고시일로부터 그 효력이 발생한다(동법 22조).

(마) 사업인정의 효과

사업인정의 고시가 있게 되면 수용의 목적물이 확정되며, 이로써 ① 사업인정의 고시 후에 그 토지 등에 관하여 새로운 권리를 취득한 사람에 대하여는 기존의 권리를 승계한 자를 제외하고서는 피수용자(관계인)로 인정하지 아니하며(동법 2조 5호), ② 고시된 토지에 대한 변형행위 등이 금지되고(동법 25조 1항), ③ 사업시행자 등은 당해 토지에 출입하여 측량하거나 조사할 수 있다(동법 27조).

[관련판례] 사업인정의 고시가 있은 후에는 토지의 형질변경금지 등의 효력이 생기므로 사업인정의 고시가 있으면 그 이해관계인은 그 위법을 다툴 법률상 이익이 있어 그 취소를 구할 소송요건을 구비하고 있다(대판 1973. 7. 30, 72누137).

(바) 사업인정의 후행행위에 대한 구속력(규준력)

사업인정이 불가쟁력이 발생하는 경우, 그것이 후행행위(특히 재결처분)에 어떠한 법적 효과(실질적 존속력, 규준력)를 미치는 것인가? 특히, 사업인정의 위법성을 이유로 재결처분의 취소를 구할 수 있는가의 문제와 관련하여 학설[11]이 나누어져 있는데, 행정행위의 규준력에 입각하여 부정설을 취하는 것이 타당하다고 생각된다.[12]

이 문제는 종래 '하자의 승계'라는 이름으로 논해져 왔으며, 그러한 관점에서 「사업인정에 위법이 있는 경우에 사후의 재결절차에 이것이 승계되는 것으로 볼 수 있다」는 견해도 있다.[13]

[판례] 사업인정처분 자체의 위법은 사업인정단계에서 다투어야 하고, 이미 그 쟁송기간이 도과한 수용재결단계에서는 사업인정이 당연무효라고 볼 만한 특단의 사정이 없는 한 그 위법을 이유로 재결의 취소를 구할 수 없다(대판 1992. 3. 13, 91누4324. 동지판례: 대판 1996. 4. 26, 95누13241 등).

11) 사안마다 개별·구체적인 해결을 도모함이 타당하다는 입장으로서는, 박평준, 앞의 책, 164면 참조.
12) 상세는 김남진, 사업인정의 재결에 대한 구속력, 부동산고시, 1994. 4, 23면 이하; 김남진, 하자승계론에 대한 비판, 감정평가논집 제8호, 1998. 2, 95면 이하; 김남진, 다단계 행정행위와 존속력, 사법연구, 2000. 2, 44면 이하 및 김남진·김연태(Ⅰ), 359면 이하 참조.
13) 유해웅, 수용보상법론, 261면.

(사) 사업인정의 실효

① 재결신청 해태로 인한 실효: 사업시행자가 사업인정의 고시가 있은 날로부터 1년 이내에 토지수용위원회에 그에 대한 재결을 신청하지 않을 때에는 그 기간만료일의 다음날부터 사업인정은 그 효력을 상실한다(동법 23조).

[판례] 재결의 효력이 상실되면 재결신청 역시 그 효력을 상실하게 되는 것이므로 그로 인하여 토지수용법 제17조 소정의 사업인정의 고시가 있은 날로부터 1년 이내에 재결신청을 하지 않은 것으로 되었다면 사업인정도 역시 효력을 상실하여 결국 그 수용절차 일체가 백지상태로 환원된다(대판 1987. 3. 10, 84누158).

② 사업의 폐지 · 변경으로 인한 실효: 사업인정의 고시 후 그 사업의 전부 또는 일부를 폐지하거나 변경함으로써 토지 등의 전부 또는 일부를 수용할 필요가 없게 된 때에는 시 · 도지사는 사업시행자의 신고에 의해 또는 직권으로 이를 고시하여야 하며, 그 고시일로부터 사업인정의 전부 또는 일부는 그 효력을 상실한다(동법 24조).

(3) 토지조서 · 물건조서의 작성[14)]

(가) 조서의 작성

사업인정을 받은 사업시행자는 토지조서 및 물건조서를 작성하여 서명 또는 날인을 하고 토지소유자 및 관계인의 서명 또는 날인을 받아야 한다(동법 26조 1항, 14조 1항). 이러한 조서를 작성하는 이유는, 이후의 재결절차를 위해 미리 사업시행자에게 토지 · 물건의 필요사항을 확인시키고 토지소유자 및 관계인에게도 이를 확인시켜, 토지수용위원회에서의 심리의 전제사실을 명확히 하고 심리를 신속하고 원활하게 하려는 데에 있다.

조서작성을 위해 필요한 경우 사업시행자는 해당 토지 또는 물건에 출입하여 이를 측량하거나 조사할 수 있으며(동법 27조), 조서에 대하여 이의가 있는 토지소유자 또는 관계인은 사업시행자에게 서면으로 이의를 제기할 수 있으며, 사업시행자는 그 이의를 해당 조서에 부기하여야 한다(동법 27조 3항, 15조 3항 · 4항).

(나) 조서의 효력

사업시행자, 토지소유자 및 관계인은 미리 이의를 부기한 경우를 제외하고

---

14) 토지조서 · 물건조서의 작성이 공용수용의 절차인가 아닌가는 논란의 대상이 되고 있는데, 절차의 요소로 봄이 다수설이다. 이에 관하여는 특히 김영훈, 공용수용의 절차, 고시계, 1987. 9 참조.

는 작성된 토지조서 및 물건조서에 대하여 이의를 제기할 수 없다. 다만 조서가 진실에 반하는 것을 입증할 때에는 예외이다(동법 27조 3항).

(4) 협 의

(가) 협의의 의의

사업인정의 고시가 있은 후 사업시행자는 그 토지에 관한 권리를 취득하거나 소멸시키기 위하여 토지소유자 및 관계인과 협의하여야 한다(동법 26조 1항, 16조). 협의절차는 의무적인 것으로서 협의를 거치지 않고 재결을 신청하는 것은 위법이다. 다만 사업인정 이전에 협의취득절차를 거쳤으나 협의가 성립되지 아니하여 사업인정을 받은 사업으로서 토지조서 및 물건조서의 내용에 변동이 없는 때에는 협의절차를 거치지 아니할 수 있다. 그러나 이 경우에도 사업시행자 또는 토지소유자 및 관계인이 협의를 요구하는 때에는 협의하여야 한다(동법 26조 2항).

이러한 협의는 수용할 토지의 범위, 수용시기, 손실보상 등에 관한 사업시행자와 피수용자 사이의 교섭행위이다. 협의의 법적 성질에 대하여 공법상 계약으로 보는 것이 통설이다.[15] 협의는 수용권의 주체인 사업시행자가 그 토지 등의 권리를 취득하기 위하여 기득의 수용권을 실행하는 방법의 하나이며, 협의가 성립되지 않으면 재결에 의해 수용을 하게 되므로 공법상 계약의 성질을 가진다고 본다. 이에 대하여 사법상 계약설은 사업시행자가 토지소유자 및 관계인과 법적으로 대등한 지위에서 행하는 임의적 합의이므로 사법상의 매매계약과 성질상 차이가 없다고 본다. 판례는 「공익사업을 위한 토지 등의 취득 및 보상에 관한 법률」상 협의취득의 성격을 사법상 매매계약으로 본다.[16]

협의는 공용수용절차가 완료되기 이전에는 언제든지 가능하다. 대법원 판례에 따르면 수용재결 이후에도 협의하여 취득 및 사용에 관한 계약을 임의로 체결할 수 있다.

> **[판례]** 공익사업을 위한 토지 등의 취득 및 보상에 관한 법률(이하 '토지보상법'이라 한다)은 사업시행자로 하여금 우선 협의취득 절차를 거치도록 하고, 협의가 성립되지 않거나 협의를 할 수 없을 때에 수용재결취득 절차를 밟도록 예정하고 있기는 하다. 그렇지만 일단 토지수용위원회가 수용재결을 하였더라도 사업시행자로서는 수용 또는 사

---

15) 상세한 것은 김남진, 토지수용법상 협의의 성질, 부동산고시, 1994. 3, 18면 이하; 백병재, 토지수용연구, 2000, 230면 이하 참조.

16) 대판 2018. 12. 13, 2016두51719.

용의 개시일까지 토지수용위원회가 재결한 보상금을 지급 또는 공탁하지 아니함으로써 재결의 효력을 상실시킬 수 있는 점, 토지소유자 등은 수용재결에 대하여 이의를 신청하거나 행정소송을 제기하여 보상금의 적정 여부를 다툴 수 있는데, 그 절차에서 사업시행자와 보상금액에 관하여 임의로 합의할 수 있는 점, 공익사업의 효율적인 수행을 통하여 공공복리를 증진시키고, 재산권을 적정하게 보호하려는 토지보상법의 입법 목적(제1조)에 비추어 보더라도 수용재결이 있은 후에 사법상 계약의 실질을 가지는 협의취득 절차를 금지해야 할 별다른 필요성을 찾기 어려운 점 등을 종합해 보면, 토지수용위원회의 수용재결이 있은 후라고 하더라도 토지소유자 등과 사업시행자가 다시 협의하여 토지 등의 취득이나 사용 및 그에 대한 보상에 관하여 임의로 계약을 체결할 수 있다고 보아야 한다(대판 2017. 4. 13, 2016두64241).

(나) 협의의 효과

협의가 성립되면 공용수용절차는 종결되고 수용의 효과가 발생한다. 즉 사업시행자는 수용의 개시일까지 보상금을 지급 또는 공탁하고(동법 40조), 피수용자는 그 개시일까지 토지·물건을 사업시행자에게 인도 또는 이전함으로써(동법 43조), 사업시행자는 목적물에 관한 권리를 취득하고 피수용자는 그 권리를 상실한다(동법 45조).

이 경우 사업시행자가 토지·물건을 취득하는 것은 재결에 의한 원시취득과는 달리 승계취득으로서, 사업시행자는 이전 소유자의 권리 위에 존재하던 부담과 제한들을 그대로 승계하게 된다.

[판례] 토지수용에 있어서 기업자가 토지소유자와 협의하여 토지를 매수함으로써 소유권을 취득하여 토지수용의 효과를 거두었다 할지라도 관할 토지수용위원회로부터 그 협의성립의 확인을 받지 아니한 것이면 토지수용위원회의 재결에 의한 토지수용의 경우와는 달리 그 토지를 원시취득한 것으로는 볼 수 없고 원래 소유자로부터의 승계취득을 한 것이라고 해석할 수밖에 없다(대판 1978. 11. 14, 78다1528. 동지판례: 대판 1994. 6. 28, 94누2732).

(다) 협의성립의 확인

사업시행자는 협의가 성립된 경우에는 사업인정고시가 있은 날로부터 1년 이내에 해당 토지소유자 및 관계인의 동의를 얻어 관할 토지수용위원회에 협의성립의 확인을 신청할 수 있다(동법 29조 1항).

사업시행자가 협의가 성립된 토지의 소재지·지번·지목 및 면적 등 대통령령이 정하는 사항에 대하여 공증인법에 의한 공증을 받아 협의성립의 확인을 신청한 때에는 관할 토지수용위원회가 이를 수리함으로써 협의성립이 확인된 것으로 본다(동조 3항).

토지수용위원회에 의한 협의의 확인 또는 협의확인신청서의 수리는 재결로 간주되며, 사업시행자 · 토지소유자 및 관계인은 그 확인된 협의의 성립이나 내용을 다툴 수 없다(동조 4항).

[판례] 공익사업을 위한 토지 등의 취득 및 보상에 관한 법률(이하 '토지보상법'이라 한다) 제29조에서 정한 협의 성립 확인제도는 수용과 손실보상을 신속하게 실현시키기 위하여 도입되었다. 토지보상법 제29조는 이를 위한 전제조건으로 협의 성립의 확인을 신청하기 위해서는 협의취득 내지 보상협의가 성립한 데에서 더 나아가 확인 신청에 대하여도 토지소유자 등이 동의할 것을 추가적 요건으로 정하고 있다. 특히 토지보상법 제29조 제3항은, 공증을 받아 협의 성립의 확인을 신청하는 경우에 공증에 의하여 협의 당사자의 자발적 합의를 전제로 한 협의의 진정 성립이 객관적으로 인정되었다고 보아, 토지보상법상 재결절차에 따르는 공고 및 열람, 토지소유자 등의 의견진술 등의 절차 없이 관할 토지수용위원회의 수리만으로 협의 성립이 확인된 것으로 간주함으로써, 사업시행자의 원활한 공익사업 수행, 토지수용위원회의 업무 간소화, 토지소유자 등의 간편하고 신속한 이익실현을 도모하고 있다.

한편 토지보상법상 수용은 일정한 요건하에 그 소유권을 사업시행자에게 귀속시키는 행정처분으로서 이로 인한 효과는 소유자가 누구인지와 무관하게 사업시행자가 그 소유권을 취득하게 하는 원시취득이다. 반면, 토지보상법상 '협의취득'의 성격은 사법상 매매계약이므로 그 이행으로 인한 사업시행자의 소유권 취득도 승계취득이다. 그런데 토지보상법 제29조 제3항에 따른 신청이 수리됨으로써 협의 성립의 확인이 있었던 것으로 간주되면, 토지보상법 제29조 제4항에 따라 그에 관한 재결이 있었던 것으로 재차 의제되고, 그에 따라 사업시행자는 사법상 매매의 효력만을 갖는 협의취득과는 달리 확인대상 토지를 수용재결의 경우와 동일하게 원시취득하는 효과를 누리게 된다.

이처럼 간이한 절차만을 거치는 협의 성립의 확인에, 원시취득의 강력한 효력을 부여함과 동시에 사법상 매매계약과 달리 협의 당사자들이 사후적으로 그 성립과 내용을 다툴 수 없게 한 법적 정당성의 원천은 사업시행자와 토지소유자 등이 진정한 합의를 하였다는 데에 있다. 여기에 공증에 의한 협의 성립 확인 제도의 체계와 입법 취지, 그 요건 및 효과까지 보태어 보면, 토지보상법 제29조 제3항에 따른 협의 성립의 확인 신청에 필요한 동의의 주체인 토지소유자는 협의 대상이 되는 '토지의 진정한 소유자'를 의미한다. 따라서 사업시행자가 진정한 토지소유자의 동의를 받지 못한 채 단순히 등기부상 소유명의자의 동의만을 얻은 후 관련 사항에 대한 공증을 받아 토지보상법 제29조 제3항에 따라 협의 성립의 확인을 신청하였음에도 토지수용위원회가 신청을 수리하였다면, 수리 행위는 다른 특별한 사정이 없는 한 토지보상법이 정한 소유자의 동의 요건을 갖추지 못한 것으로서 위법하다. 진정한 토지소유자의 동의가 없었던 이상, 진정한 토지소유자를 확정하는 데 사업시행자의 과실이 있었는지 여부와 무관하게 그 동의의 흠결은 위 수리 행위의 위법사유가 된다. 이에 따라 진정한 토지소유자는 수리 행위가 위법함을 주장하여 항고소송으로 취소를 구할 수 있다(대판 2018. 12. 13, 2016두51719).

(5) 재 결

(가) 재결의 신청

협의가 성립되지 아니하거나 협의를 할 수 없을 때에는 사업시행자는 사업인정의 고시가 있은 날로부터 1년 이내에 관할 토지수용위원회에 재결을 신청할 수 있다(동법 28조 1항).

(나) 재결신청의 청구

재결신청은 사업시행자만이 할 수 있도록 되어 있으나 수용절차의 조속한 종결은 피수용자에게도 중요한 것이므로, 동법은 재결신청의 청구제도를 두고 있다. 따라서 당사자간에 협의가 성립되지 아니한 때에는 토지소유자 및 관계인은 사업시행자에게 재결의 신청을 할 것을 청구할 수 있으며, 청구를 받은 사업시행자는 청구가 있은 날부터 60일 이내에 관할 토지수용위원회에 재결신청을 하여야 한다(동법 30조).

[판례①] 공익사업을 위한 토지 등의 취득 및 보상에 관한 법률 제30조 제1항에서 정한 '협의가 성립되지 아니한 때'에는 사업시행자가 토지소유자 등과 공익사업법 제26조에서 정한 협의절차를 거쳤으나 보상액 등에 관하여 협의가 성립하지 아니한 경우는 물론 토지소유자 등이 손실보상대상에 해당한다고 주장하며 보상을 요구하는데도 사업시행자가 손실보상대상에 해당하지 아니한다며 보상대상에서 이를 제외한 채 협의를 하지 않아 결국 협의가 성립하지 않은 경우도 포함된다고 보아야 한다(대판 2011. 7. 14, 2011두2309).

[판례②] 공익사업을 위한 토지 등의 취득 및 보상에 관한 법률 제28조, 제30조에 따르면, 편입토지 보상, 지장물 보상, 영업·농업 보상에 관해서는 사업시행자만이 재결을 신청할 수 있고 토지소유자와 관계인은 사업시행자에게 재결신청을 청구하도록 규정하고 있으므로, 토지소유자나 관계인의 재결신청 청구에도 사업시행자가 재

결신청을 하지 않을 때 토지소유자나 관계인은 사업시행자를 상대로 거부처분 취소소송 또는 부작위 위법확인소송의 방법으로 다투어야 한다. 구체적인 사안에서 토지소유자나 관계인의 재결신청 청구가 적법하여 사업시행자가 재결신청을 할 의무가 있는지는 본안에서 사업시행자의 거부처분이나 부작위가 적법한가를 판단하는 단계에서 고려할 요소이지, 소송요건 심사단계에서 고려할 요소가 아니다(대판 2019. 8. 29, 2018두57865).

(다) 재 결

재결신청을 받은 토지수용위원회는 지체 없이 이를 공고하고 공고한 날부터 14일 이상 관계서류의 사본을 일반에게 열람시키고 토지소유자 또는 관계인의 의견을 들은 다음 심리를 거쳐 재결을 하여야 한다(동법 31조·32조). 재결은 심리를 개시한 날부터 14일 이내에 이루어져야 하는데, 다만 특별한 사유가 있는 경우에는 1차에 한하여 14일의 범위 안에서 그 기간을 연장할 수 있다(동법 35조).

토지수용위원회가 재결할 내용은 수용 또는 사용할 토지의 구역 및 사용방법, 손실의 보상, 수용 또는 사용의 개시일과 기간 등의 사항이며, 사업시행자·토지소유자 또는 관계인이 신청한 범위안에서 재결하여야 한다(동법 50조).

[판례] 토지수용법은 수용·사용의 일차 단계인 사업인정에 속하는 부분은 사업의 공익성 판단으로 사업인정기관에 일임하고, 그 이후의 구체적인 수용·사용의 결정은 토지수용위원회에 맡기고 있는바, 이와 같은 토지수용절차의 2분화 및 사업인정의 성격과 토지수용위원회의 재결사항을 열거하고 있는 같은 법 제29조 제2항의 규정 내용에 비추어 볼 때, 토지수용위원회는 행정쟁송에 의하여 사업인정이 취소되지 않는 한 그 기능상 사업인정 자체를 무의미하게 하는, 즉 사업의 시행이 불가능하게 되는 것과 같은 재결을 행할 수는 없다(대판 1994. 11. 11, 93누19375).

한편, 대법원은 사업시행자에게 해당 공익사업을 수행할 능력이 있어야 한다는 것은 사업인정의 요건에 해당하는데, 사업시행자가 사업인정을 받은 이후에 이러한 능력이 상실된 상태에서 수용재결을 신청하여 재결을 받은 것은 수용권의 남용에 해당한다고 판시하여, 사업인정 이후에 사업인정 요건이 충족되지 않게 되었음을 이유로 수용재결의 취소를 구할 수 있다고 보았다. 선행행위인 사업인정과 후행행위인 수용재결의 관계에 대하여 행정행위의 규준력의 관점에서 볼 때, 이 사안은 선행행위의 사실상태가 변경된 것에 해당하여 선행행위의 후행행위에 대한 구속력(규준력)이 미치지 않게 되므로 후행행위의 단계에서 선행행위의 효과와 다른 주장을 할 수 있다고 할 것이다.

[판례] 공용수용은 헌법상의 재산권 보장의 요청상 불가피한 최소한에 그쳐야 한다는 헌법 제23조의 근본취지에 비추어 볼 때, 사업시행자가 사업인정을 받은 후 그 사업이 공용수용을 할 만한 공익성을 상실하거나 사업인정에 관련된 자들의 이익이 현저히 비례의 원칙에 어긋나게 된 경우 또는 사업시행자가 해당 공익사업을 수행할 의사나 능력을 상실하였음에도 여전히 그 사업인정에 기하여 수용권을 행사하는 것은 수용권의 공익 목적에 반하는 수용권의 남용에 해당하여 허용되지 않는다. 따라서 수용재결 당시 이미 이 사건 사업을 수행할 능력을 상실한 상태에서 토지에 관한 수용재결을 신청하여 그 재결을 받은 것은 수용권의 남용에 해당한다고 볼 여지가 있다(대판 2011. 1. 27. 2009두1051).

토지수용위원회의 재결은 서면으로 하는데, 그 재결서에는 주문 및 그 이유와 재결의 일자를 기재하고, 위원장 및 회의에 참석한 위원이 기명날인한 후 그 정본을 사업시행자·토지소유자 및 관계인에게 송달하여야 한다(동법 34조).

[판례] 공익사업을 위한 토지 등의 취득 및 보상에 관한 법령이 재결을 서면으로 하도록 하고, '사용할 토지의 구역, 사용의 방법과 기간'을 재결사항의 하나로 규정한 취지는, 재결에 의하여 설정되는 사용권의 내용을 구체적으로 특정함으로써 재결 내용의 명확성을 확보하고 재결로 인하여 제한받는 권리의 구체적인 내용이나 범위 등에 관한 다툼을 방지하기 위한 것이다. 따라서 관할 토지수용위원회가 토지에 관하여 사용재결을 하는 경우에는 재결서에 사용할 토지의 위치와 면적, 권리자, 손실보상액, 사용 개시일 외에도 사용방법, 사용기간을 구체적으로 특정하여야 한다(대판 2019. 6. 13. 2018두42641).

(라) 재결의 효과

토지수용위원회의 재결이 있으면 공용수용의 절차는 종결되고, 일정한 조건 아래 수용의 효과가 발생한다. 즉 사업시행자는 보상금의 지급 또는 공탁을 조건으로 수용의 개시일에 토지에 대한 권리를 원시취득하고(동법 40조·45조), 피수용자가 의무를 이행하지 아니하는 경우에는 대집행신청권이 발생한다(동법 89조). 다만 사업시행자가 수용의 개시일까지 토지수용위원회가 재결한 보상금을 지급 또는 공탁하지 아니한 때에는 당해 재결은 그 효력을 상실하게 된다(동법 42조).

한편, 피수용자는 목적물을 인도 또는 이전할 의무를 지는 반면에, 손실보상청구권 및 환매권을 취득한다.

[판례] 공익사업을 위한 토지 등의 취득 및 보상에 관한 법률(이하 '토지보상법'이라 한다) 제26조, 제28조, 제30조, 제34조, 제50조, 제61조, 제83조 내지 제85조의 규정 내용 및 입법취지 등을 종합하면, 공익사업으로 농업의 손실을 입게 된 자가 사업시행자로부터 토지보상법 제77조 제2항에 따라 농업손실에 대한 보상을 받기 위해서는 토지보상법 제34조, 제50조 등에 규정된 재결절차를 거친 다음 그 재결에 대하여 불복이 있는 때에 비로소 토지보상법 제83조 내지 제85조에 따라 권리구제를 받을 수 있을 뿐, 이러한 재결절차를 거치지 않은 채 곧바로 사업시행자를 상대로 손실보상을 청구하는 것은 허용되지 않는다(대판 2019. 8. 29. 2018두57865).

(마) 재결의 경정과 유탈

재결에 계산상 또는 기재상의 잘못 그 밖에 이와 유사한 잘못이 있는 것이 명백한 때에는 토지수용위원회는 직권으로 또는 당사자의 신청에 의하여 경정재결을 할 수 있다(동법 36조).

한편, 토지수용위원회가 신청의 일부에 대한 재결을 빠뜨린 경우에 그 빠뜨린 부분의 신청은 계속하여 당해 토지수용위원회에 계속된다(동법 37조).

(6) 재결에 대한 불복

재결에 대하여는 행정쟁송을 제기하여 그 취소·변경을 구할 수 있다. 다만 동법은 재결의 조속한 확정을 도모하기 위해 약간의 특례를 규정하고 있는데, 재결 중 손실보상액에 대해서만 불복이 있는 경우에 재결 자체의 취소를 구하는 대신 보상액만의 증액 또는 감액을 청구할 수 있도록 하고 있다(동법 84조).

재결에 대한 불복수단으로는 행정심판으로서의 이의신청과 행정소송의 제기 두 가지가 있는데, 종전에는 이의신청을 제기한 후 행정소송을 제기할 수 있었으나 동법은 이의신청을 제기하지 않고 바로 행정소송을 제기할 수 있게 하고 있다(동법 85조).

(가) 이의신청

중앙토지수용위원회의 재결에 이의가 있는 자는 중앙토지수용위원회에, 지방토지수용위원회의 재결에 대하여 이의가 있는 자는 해당 지방토지수용위원회를 거쳐 중앙토지수용위원회에, 재결서의 정본을 받은 날부터 30일 이내에 이의를 신청할 수 있다(동법 83조).

중앙토지수용위원회는 이의신청이 있는 경우 심리를 통하여 재결이 위법 또는 부당하다고 인정되는 때에는 그 재결의 전부 또는 일부를 취소하거나 보상액을 직접 변경할 수 있다(동법 84조).

법정기간 내에 행정소송을 제기하지 않거나 그 밖의 사유로 이의신청에 대한 재결이 확정된 때에는 「민사소송법」상의 확정판결이 있은 것으로 보며, 재결서의 정본은 집행력있는 판결의 정본과 동일한 효력을 갖게 된다(동법 86조 1항).[17] 한편, 사업시행자·토지소유자 및 관계인은 이의신청에 대한 재결이 확정된 경우 관할 토지수용위원회에 재결확정증명서의 발급을 청구할 수 있다(동법 86조 2항).

(나) 행정소송

사업시행자·토지소유자 또는 관계인은 재결에 대하여 불복이 있는 때에는 재결서를 받은 날부터 90일 이내에, 이의신청을 거친 때에는 이의신청에 대한 재결서를 받은 날부터 60일 이내에 각각 행정소송을 제기할 수 있다(동법 85조 1항). 한편, 종전의 제소기간 60일 또는 30일의 기간은 행정소송의 일반적인 제기기간인 90일보다 짧은 것인데(행정소송법 20조), 판례는 이를 공공사업을 신속하게 수행하여야 할 필요성에서 기인한 것으로서 「행정심판법」이나 「행정소송법」의 관련 규정에 어긋나거나 헌법상의 재판청구권을 침해하는 것은 아니라고 보았다.

[판례①] 수용재결(원재결)에 대한 이의신청기간과 이의재결에 대한 행정소송제기기간을 그 일반법인 행정심판법 제18조 제1항의 행정심판청구기간과 행정소송법 제20조 제1항의 행정소송의 제소기간보다 짧게 규정한 것은 토지수용과 관련한 공공사업을 신속히 수행하여야 할 그 특수성과 전문성을 살리기 위한 필요에서 된 것으로 이해되므로 이를 행정심판법에 어긋나거나 헌법 제27조에 어긋나는 위헌규정이라 할 수 없다(대판 1992. 8. 18, 91누9312).

[판례②] 토지수용법 제73조 제2항이 조항이 규정하는 1월의 청구기간이 행정심판법의 그것에 비하여 상대적으로 비록 단기이긴 하지만 그렇다고 하여 이것이 청구인들의 재판청구권 행사를 불가능하게 하거나 현저히 곤란하게 할 정도로 짧은 것은 아니어서 청구기간에 관한 입법재량의 한계를 일탈한 것이라고 할 수 없다. 나아가 이 조항이 이 조문 제1항과 함께 추구하는 신속한 권리구제 및 법원 판결의 적정성 보장이라는 공익은 매우 크다고 할 것이므로 이 조항이 비례의 원칙을 위반하거나 청구인들의 재판청구권을 침해하거나 평등의 원칙을 위반한다고는 할 수 없다(헌재 2002. 11. 28, 2002헌바38. 동지판례: 헌재 1996. 8. 29, 93헌바63, 95헌바8).

---

17) 그러나 행정작용으로서의 "이의신청에 대한 재결"에 확정판결과 같은 효력을 인정하는 것에 대하여는 의문을 제기할 만하다. 아울러, 여기에서 국가배상법상의 배상심의회의 배상결정에 대하여 재판상 화해와 같은 효력을 인정하였던 동법 제16조가 위헌판결(헌재 1995. 5. 25, 91헌가7)을 받아 삭제된 경위를 감안할 필요가 있다.

한편, 구 「토지수용법」은 재결(수용재결)의 이의신청에 대한 재결(이의재결)에 대하여 행정소송을 제기하도록 규정하고 있었다(75조의2 1항). 물론 동 규정을 반드시 「행정소송법」상의 원처분주의(동법 19조)를 부인하는 취지로 새겨야 하는가에 대해서는 의문이 제기되지만,[18] 대법원은 이 규정을 근거로 수용재결에 대해서는 직접 취소소송을 제기할 수 없고 이의재결이 행정소송의 대상이 되는 것으로 판시한 바 있다.[19] 그러나 현행 「공익사업을 위한 토지 등의 취득 및 보상에 관한 법률」상의 규정방식과 「행정소송법」상의 원처분주의에 비추어볼 때 행정소송의 대상은 이의신청을 거친 경우에도 수용재결 그 자체라 보는 것이 타당할 것이다.[20]

[판례] 공익사업을 위한 토지 등의 취득 및 보상에 관한 법률 제85조 제1항 전문의 문언 내용과 같은 법 제83조, 제85조가 중앙토지수용위원회에 대한 이의신청을 임의적 절차로 규정하고 있는 점, 행정소송법 제19조 단서가 행정심판에 대한 재결은 재결 자체에 고유한 위법이 있음을 이유로 하는 경우에 한하여 취소소송의 대상으로 삼을 수 있도록 규정하고 있는 점 등을 종합하여 보면, 수용재결에 불복하여 취소소송을 제기하는 때에는 이의신청을 거친 경우에도 수용재결을 한 중앙토지수용위원회 또는 지방토지수용위원회를 피고로 하여 수용재결의 취소를 구하여야 하고, 다만 이의신청에 대한 재결 자체에 고유한 위법이 있음을 이유로 하는 경우에는 그 이의재결을 한 중앙토지수용위원회를 피고로 하여 이의재결의 취소를 구할 수 있다고 보아야 한다(대판 2010. 1. 28, 2008두1504).

또한 동법의 규정상 제기할 수 있는 행정소송의 유형은 크게 ① 수용재결의 취소 또는 무효확인을 구하는 항고소송과 ② 보상금의 증액 또는 감액만을 청구하는 소송으로 나뉠 수 있는데, 후자의 경우 구 「토지수용법」과는 달리 소송의 당사자에서 재결청을 제외시키고 있다(동법 85조 2항). 이것은 이러한 유형의 소송에 있어 당해 법률관계의 실질적 당사자가 토지소유자와 사업시행자라는 점에 비추어 볼 때 바람직한 것이며, 이로써 종래 이러한 유형의 소송 성격과 관련된 논의[21]는 종식되게 되었다. 따라서 이제 보상금의 증액 또는 감액만을 청구

18) 구 토지수용법의 이러한 문제점과 관련해서는 김남진, 토지수용재결처분취소, 판례월보 제299호(1995. 8), 15면 이하 참조.
19) 대판 1995. 12. 8, 95누5561; 대판 1991. 2. 12, 90누288; 헌재 2001. 6. 28, 2000헌바77 등 참조.
20) 동지: 김동희(Ⅱ), 402면; 류지태·박종수(신론), 1167면.
21) 구 토지수용법은 보상금의 증감에 관한 소송에 있어서도 재결청을 피고에 포함시키고 있었기 때문에 소송의 성격에 관하여 여러 주장(형식적 당사자소송설, 필요적 공동소송설 등)들이 있었다.

하는 소송은 형식적 당사자소송으로 보아야 할 것이다.

> **[판례]** 어떤 보상항목이 공익사업을 위한 토지 등의 취득 및 보상에 관한 법령상 손실보상대상에 해당함에도 관할 토지수용위원회가 사실을 오인하거나 법리를 오해함으로써 손실보상대상에 해당하지 않는다고 잘못된 내용의 재결을 한 경우에는, 피보상자는 관할 토지수용위원회를 상대로 그 재결에 대한 취소소송을 제기할 것이 아니라, 사업시행자를 상대로 공익사업을 위한 토지 등의 취득 및 보상에 관한 법률 제85조 제2항에 따른 보상금증감소송을 제기하여야 한다(대판 2019. 11. 28. 2018두227).

중앙토지수용위원회의 이의신청 과정에서 보상금이 증액된 경우 사업시행자가 이에 불복하여 행정소송을 제기하기 위해서는 소 제기 전에 증액된 보상금을 공탁하여야 하며, 보상금을 받을 자는 공탁된 보상금을 소송종결시까지 수령할 수 없다(동법 85조 1항 2문).

> **[판례]** 공익사업을 위한 토지 등의 취득 및 보상에 관한 법률 제85조 제1항의 규정 및 관련 규정들의 내용, 사업시행자가 행정소송 제기시 증액된 보상금을 공탁하도록 한 위 제85조 제1항 단서 규정의 입법 취지, 그 규정에 의해 보호되는 보상금을 받을 자의 이익과 그로 인해 제한받게 되는 사업시행자의 재판청구권과의 균형 등을 종합적으로 고려하여 보면, 사업시행자가 재결에 불복하여 이의신청을 거쳐 행정소송을 제기하는 경우에는 원칙적으로 행정소송 제기 전에 이의재결에서 증액된 보상금을 공탁하여야 하지만, 제소 당시 그와 같은 요건을 구비하지 못하였다 하여도 사실심 변론종결 당시까지 그 요건을 갖추었다면 그 흠결의 하자는 치유되었다고 본다(대판 2008. 2. 15. 2006두9832).

(7) 화 해

토지수용위원회는 그 재결이 있기 전에 그 위원 3인으로 구성되는 소위원회로 하여금 사업시행자·토지소유자 및 관계인에게 화해를 권고하게 할 수 있으며, 화해가 성립된 때에는 당해 토지수용위원회는 화해조서를 작성하여 화해에 참여한 위원·사업시행자·토지소유자 및 관계인이 이에 서명 또는 날인을 하도록 하여야 한다. 화해조서에 서명 또는 날인이 된 경우에는 당사자간에 화해조서와 동일한 내용의 합의가 성립된 것으로 본다(공익사업을 위한 토지 등의 취득 및 보상에 관한 법률 33조).

2. 약식절차(공용사용)[22]

다음과 같은 경우에는 약식절차에 의하여 타인의 토지를 사용할 수 있다.

(1) 천재 · 지변시의 공용사용

천재지변이나 그 밖의 사변으로 인하여 공공의 안전을 유지하기 위한 공익사업을 긴급히 시행할 필요가 있는 때에는 사업시행자는 시장 · 군수 또는 구청장의 허가를 받아 즉시 타인의 토지를 사용할 수 있다. 다만, 사업시행자가 국가일 때에는 당해 사업을 시행할 관계 중앙행정기관의 장이, 사업시행자가 시 · 도일 때에는 시 · 도지사가 시장 · 군수 또는 구청장에게 각각 통지하고 이를 사용할 수 있다. 이 경우 토지의 사용기간은 6월을 넘지 못하며, 사업시행자는 타인의 토지를 사용함으로써 발생하는 손실을 보상하여야 한다(동법 38조).

(2) 시급을 요하는 토지의 사용

재결의 신청을 받은 토지수용위원회는 그 재결을 기다려서는 재해를 방지하기 곤란하거나 그 밖에 공공의 이익에 현저한 지장을 줄 우려가 있다고 인정할 때에는 사업시행자의 신청에 의하여 담보를 제공하게 한 후 즉시 해당 토지의 사용을 허가할 수 있다. 다만, 국가나 지방자치단체가 사업시행자인 경우에는 담보를 제공하지 아니할 수 있다. 이 경우에도 토지의 사용기간은 6월을 넘지 못한다(동법 39조).

한편, 이러한 토지사용의 경우에도 토지수용위원회의 재결이 있기 전에 토지소유자나 관계인이 청구할 때에는 사업시행자는 자기가 산정한 보상금을 토지소유자나 관계인에게 지급하여야 하며, 사업시행자가 보상금의 지급시기까지 이를 지급하지 아니하는 때에는 토지소유자나 관계인은 사업시행자가 제공한 담보의 전부 또는 일부를 취득한다(동법 41조).

Ⅳ. 공용수용의 효과

공용수용의 중심적 효과는 사업시행자가 보상금의 지급 또는 공탁을 조건으로 수용의 개시일에 수용목적물에 대한 권리를 원시취득하고, 이와 양립할

---

22) 흔히 '공용수용의 약식절차'로 설명되고 있는 이 부분은 수용이 아니라 사용의 절차임에 유의할 필요가 있다.

수 없는 그 토지·물건에 대한 일체의 권리가 소멸하는 데 있다.

반면 피수용자는 수용목적물의 인도·이전의무를 지며, 그와 동시에 보상금을 받을 수 있는 권리와 수용된 토지가 사업에 불필요하게 되었을 때에는 환매권을 갖게 된다.

1. 사업시행자의 권리취득

(1) 권리취득시기

수용은 협의의 성립이나 재결로써 이루어지는데, 권리의 취득은 재결 즉시에 이루어지는 것이 아니라 따로 정하여진 수용의 개시일에 발생한다. 이것은 협의의 성립 또는 재결시로부터 수용의 개시일까지 보상금의 지급 또는 공탁 및 수용목적물의 인도·이전을 하게 하려는 데 그 취지가 있다.

(2) 권리의 원시취득

사업시행자는 수용의 개시일에 수용목적물에 대한 소유권을 취득하는데, 이는 승계적 취득이 아니라 원시적 취득으로서, 수용의 개시일에 수용목적물에 대한 이전의 모든 권리는 소멸함과 동시에 사업시행자에게 새로운 권리가 발생한다(동법 45조). 즉 사업시행자가 취득하는 소유권은 아무런 부담이나 하자도 없는 완전한 소유권으로서 「민법」상의 하자담보책임과 같은 문제를 일으키지 않는다. 또한 이러한 권리취득의 효과는 모든 권리자에게 발생한다.

(3) 등 기

사업시행자가 취득하는 토지소유권은 「민법」상의 권리이지만, 공용수용과 같은 법률의 규정에 의한 부동산물권의 취득의 경우에는 「민법」상의 형식주의는 적용되지 않으므로(민법 187조 참조), 등기를 하지 않아도 수용의 개시일에 권리를 취득한다. 다만 취득한 소유권을 타인에게 처분하기 위해서는 등기가 필요하다(동조 단서).

2. 손실보상

공용수용은 공익사업의 수요를 충족하기 위하여 타인의 토지 등 재산권을 강제로 취득하는 것이므로 그로 인한 피수용자의 손실에 대해서는 당연히 정당한 보상을 지급하여야 한다. “공공필요에 의한 재산권의 수용·사용 또는 제한 및 그에 대한 보상은 법률로써 하되, 정당한 보상을 지급하여야 한다”는 헌법 제23조 3항의 규정은 바로 공용수용으로 인한 재산권의 침해에 대한 보상원칙을 명시하고 있는 것이며, 이에 따라 「공익사업을 위한 토지 등의 취득 및 보상에 관한 법률」도 아래에서 보는 바와 같은 보상에 관한 규정을 두고 있다.

(1) 손실보상에 관한 원칙

(가) 사업시행자보상의 원칙

토지소유자나 관계인이 입은 손실은 사업시행자가 보상하여야 한다(동법 61조). 사업시행자는 수용의 효과를 향수하는 자이므로 당연하게도 보상주체가 되어야 한다.

(나) 금전보상의 원칙

손실보상은 금전보상을 원칙으로 한다(동법 63조 1항). 다만, 토지소유자가 원하는 경우로서 사업시행자가 해당 공익사업의 합리적인 토지이용계획과 사업계획 등을 고려하여 토지로 보상이 가능한 경우에는 토지소유자가 받을 보상금 중 현금 또는 채권으로 보상받는 금액을 제외한 부분에 대하여 법에서 정해진 기준과 절차에 따라 그 공익사업의 시행으로 조성한 토지로 보상할 수 있다.

또한 사업시행자가 국가·지방자치단체 그 밖에 대통령령으로 정하는 공공기관인 경우로서 ① 토지소유자 또는 관계인이 원하는 경우 또는 ② 부재(不在)의 토지에 대한 보상금이 대통령령이 정하는 일정금액을 초과하는 경우로서 그 초과하는 금액에 대하여 보상하는 경우에는 해당 사업시행자가 발행하는 채권으로 지급할 수 있다(동조 7항).

그 밖에, 토지투기가 우려되는 지역으로서 대통령령이 정하는 지역 안에서 택지개발사업, 산업단지개발사업 등을 시행하는 공공기개념 토지를 수용하는 경우 부재부동산소유자의 토지에 대한 보상금 중 대통령령이 정하는 1억원 이상의 일정금액을 초과하는 부분에 대하여는 당해 사업시행자가 발행하는 채권으로 지급하도록 의무화하고 있다(동조 8항).[23]

(다) 개인별 보상의 원칙

보상은 피보상자에게 개인별로 지급하여야 한다(동법 64조). 다만, 개인별로 보상액을 산정할 수 없는 경우에는 그러하지 아니하다(동조 단서).

---

23) 채권보상제에 대하여는 그의 합헌성 여부가 다투어지고 있는데, 상세는 김남진·김연태(Ⅰ), 767면 이하 참조.

(라) 사전보상의 원칙

사업시행자는 당해 공익사업을 위한 공사에 착수하기 전에 토지소유자 및 관계인에 대하여 보상액 전액을 지급하여야 한다(동법 62조). 이러한 원칙을 관철하기 위해 동법은 사업시행자가 수용의 개시일까지 토지수용위원회가 재결한 보상금을 지급 또는 공탁하지 아니하였을 때에는 재결의 효력이 상실하는 것으로 규정하고 있다(동법 40조·42조).

(마) 시가보상·개발이익의 배제 및 공시지가제도

보상액의 산정은 협의에 의한 경우에는 협의성립 당시의 가격을, 재결에 의한 경우에는 수용 또는 사용의 재결 당시의 가격을 기준으로 한다(동법 67조). 즉 동법은 시가보상의 원칙을 택하고 있다.

다만 시가보상의 원칙은 공시지가제의 채택(부동산 가격공시에 관한 법률 3조)을 통해 변화가 생기게 되었다.

「공익사업을 위한 토지 등의 취득 및 보상에 관한 법률」은 "협의 또는 재결에 의하여 취득하는 토지에 대하여는 공시지가를 기준으로 한다"고 규정하고 있는데(동법 70조 1항), 사업인정 후의 취득의 경우에 공시지가는 사업인정고시일 전의 시점을 공시기준일로 하는 공시지가로서, 당해 토지에 관한 협의의 성립 또는 재결 당시 공시된 공시지가 중 해당 사업인정고시일과 가장 가까운 시점에 공시된 공시지가가 된다(동조 4항). 따라서 이 조항으로 인해 협의성립시 또는 재결시의 시가보상원칙은 사실상 폐지된 것이나 다름없다.

한편, 공시지가를 기준으로 하는 구체적인 토지의 보상액은 "그 공시기준일부터 가격시점까지의 관계 법령에 의한 당해 토지의 이용계획 또는 해당 공익사업으로 인한 지가의 영향을 받지 아니하는 지역의 지가변동률, 생산자물가상승률 그 밖에 해당 토지의 위치·형상·환경·이용상황 등을 고려하여" 결정하여야 한다(동조 1항). 결국 동조 1항 및 4항의 규정에 의하여 당해 공익사업으로 인한 이른바 개발이익은 보상액의 산정에서 배제되고 있는데, 더욱이 이러한 개발이익배제의 원칙은 동법 제67조 2항에서 명시적으로 규정하고 있다.

[판례①] 토지수용보상금을 산정함에 있어 기준이 될 표준지의 공시지가는 수용재결일 이전을 공시기준일로 하여 공시된 것이라야 할 것이고, 수용재결일과의 시간적 간격이 더 가깝다 하여 수용재결일 이후를 기준일로 한 공시지가를 소급적용할 수는 없다(대판 1995. 4. 11, 94누262).

[판례②] 공익사업을 위한 토지 등의 취득 및 보상에 관한 법률 제67조 제2항은 '보상액을 산정할 경우에 해당 공익사업으로 인하여 토지 등의 가격이 변동되었을 때에는 이를 고려하지 아니한다'라고 규정하고 있는바, 수용 대상 토지의 보상액을 산정함에 있어 해당 공익사업의 시행을 직접 목적으로 하는 계획의 승인, 고시로 인한 가격변동은 이를 고려함이 없이 재결 당시의 가격을 기준으로 하여 적정가격을 정하여야 하나, 해당 공익사업과는 관계없는 다른 사업의 시행으로 인한 개발이익은 이를 포함한 가격으로 평가하여야 하고, 개발이익이 해당 공익사업의 사업인정고시일 후에 발생한 경우에도 마찬가지이다(대판 2014. 2. 27, 2013두21182).

(바) 사업시행 이익과의 상계금지의 원칙

사업시행자는 동일한 토지소유자에게 속하는 일단의 토지의 일부를 취득하거나 사용하는 경우 해당 공익사업의 시행으로 인하여 잔여지의 가격이 증가하거나 그 밖의 이익이 발생한 경우에도 그 이익을 그 취득 또는 사용으로 인한 손실과 상계할 수 없다(동법 66조).

(사) 생활보상의 원칙

현행법에 채택되어 있는 보상원칙의 하나로서 생활보상의 원칙을 들 수 있는데, 여기에서 생활보상이라 함은 공용침해로 인하여 생활근거를 상실하게 되는 재산권의 피수용자 등에 대하여 생활재건에 필요한 정도의 보상을 행하는 것을 말한다. 이주대책 등의 수립을 규정하고 있는 동법 제78조의 규정이 이에 해당된다 할 것이다.

[판례] 구 공익사업을 위한 토지 등의 취득 및 보상에 관한 법률 제2조, 제78조에 의하면, 세입자는 사업시행자가 취득 또는 사용할 토지에 관하여 임대차 등에 의한 권리를 가진 관계인으로서, 같은 법 시행규칙 제54조 제2항 본문에 해당하는 경우에는 주거이전에 필요한 비용을 보상받을 권리가 있다. 그런데 이러한 주거이전비는 당해 공익사업 시행지구 안에 거주하는 세입자들의 조기이주를 장려하여 사업추진을 원활하게 하려는 정책적인 목적과 주거이전으로 인하여 특별한 어려움을 겪게 될 세입자들을 대상으로 하는 사회보장적인 차원에서 지급되는 금원의 성격을 가지므로, 적법하게 시행된 공익사업으로 인하여 이주하게 된 주거용 건축물 세입자의 주거이전비 보상청구권은 공법상의 권리이고, 따라서 그 보상을 둘러싼 쟁송은 민사소송이 아니라 공법상의 법률관계를 대상으로 하는 행정소송에 의하여야 한다(대판 2008. 5. 29, 2007다8129).

(2) 손실보상의 내용

(가) 토지 기타 물건의 수용보상

수용할 토지 및 물건에 대한 일반적인 수용보상에는 사업시행자보상의 원칙, 금전보상의 원칙, 시가보상의 원칙 등 앞에서 살펴본 원칙들이 적용된다.

종래 「토지수용법」하에서 적정보상액의 증명책임은 재결청에 있다고 보는 것이 판례의 입장이었는바, 현행법하에서는 재결청이 피고로 되지 않기 때문에 이러한 판례의 입장을 유지할 수는 없을 것으로 보인다. 따라서 민사소송의 일반적인 증명책임의 분배원칙에 따라 보상금청구권의 권리발생요건사실인 손실보상액의 부적정으로 인한 수용재결의 위법성은 토지소유자가 증명하여야 할 것으로 본다.

[참고판례] 수용대상토지에 대한 손실보상액이 적정가액이라는 점은 처분청이 입증하여야 할 것이고 처분청이 손실보상액을 적정하다고 하기 위하여는 수용대상토지에 대한 보상액산정요인들을 특정, 명시하고 그 산정요인들을 어떠한 방법으로 참작하였는지를 알 수 있도록 구체적으로 명시하여서, 보상액평가에 관한 원칙의 선택이 적법함을 입증하여야 할 것이다(대판 1990. 7. 10. 89누3953).

(나) 잔여지보상

잔여지보상에는 잔여지 수용보상, 잔여지 가격하락보상, 잔여지 공사비보상 등이 있다.

① 잔여지 수용보상: 동일한 토지소유자에 속하는 일단의 토지의 일부가 협의에 의하여 매수되거나 수용됨으로 인하여 잔여지를 종래의 목적에 사용하는 것이 현저히 곤란한 때에는 해당 토지소유자는 사업시행자에게 잔여지를 매수하여 줄 것을 청구할 수 있으며, 사업인정 이후에는 관할 토지수용위원회에 수용을 청구할 수 있다(동법 74조 1항).

[판례] 구 공익사업을 위한 토지 등의 취득 및 보상에 관한 법률(2007. 10. 17.호로 개정되기 전의 것 법률 제8665) 제74조 제1항에 규정되어 있는 잔여지 수용청구권은 손실보상의 일환으로 토지소유자에게 부여되는 권리로서 그 요건을 구비한 때에는 잔여지를 수용하는 토지수용위원회의 재결이 없더라도 그 청구에 의하여 수용의 효과가 발생하는 형성권적 성질을 가지므로, 잔여지 수용청구를 받아들이지 않은 토지수용위원회의 재결에 대하여 토지소유자가 불복하여 제기하는 소송은 위 법 제85조 제2항에 규정되어 있

는 '보상금의 증감에 관한 소송'에 해당하여 사업시행자를 피고로 하여야 한다(대판 2010. 8. 19, 2008두822).

② 잔여지 가격하락보상: 사업시행자는 동일한 토지소유자에게 속하는 일단의 토지의 일부를 수용함으로 인하여 잔여지의 가격이 감소하거나 그 밖의 손실이 있을 때에는 이를 보상하여야 한다(동법 73조).

[판례①] 공익사업을 위한 토지 등의 취득 및 보상에 관한 법률(이하 '토지보상법'이라고 한다) 제73조 제1항 본문은 "사업시행자는 동일한 소유자에게 속하는 일단의 토지의 일부가 취득되거나 사용됨으로 인하여 잔여지의 가격이 감소하거나 그 밖의 손실이 있을 때 또는 잔여지에 통로·도랑·담장 등의 신설이나 그 밖의 공사가 필요할 때에는 국토교통부령으로 정하는 바에 따라 그 손실이나 공사의 비용을 보상하여야 한다."라고 규정하고 있다.

여기서 특정한 공익사업의 사업시행자가 보상하여야 하는 손실은, 동일한 소유자에게 속하는 일단의 토지 중 일부를 사업시행자가 그 공익사업을 위하여 취득하거나 사용함으로 인하여 잔여지에 발생하는 것임을 전제로 한다. 따라서 이러한 잔여지에 대하여 현실적 이용상황 변경 또는 사용가치 및 교환가치의 하락 등이 발생하였더라도, 그 손실이 토지의 일부가 공익사업에 취득되거나 사용됨으로 인하여 발생하는 것이 아니라면 특별한 사정이 없는 한 토지보상법 제73조 제1항 본문에 따른 잔여지 손실보상 대상에 해당한다고 볼 수 없다(대판 2017. 7. 11, 2017두40860).

[판례②] 건축물 소유자가 사업시행자로부터 토지보상법 제75조의2 제1항에 따른 잔여 건축물 가격감소 등으로 인한 손실보상을 받기 위해서는 토지보상법 제34조, 제50조 등에 규정된 재결절차를 거친 다음 재결에 대하여 불복이 있는 때에 비로소 토지보상법 제83조 내지 제85조에 따라 권리구제를 받을 수 있을 뿐, 재결절차를 거치지 않은 채 곧바로 사업시행자를 상대로 손실보상을 청구하는 것은 허용되지 않고, 이는 수용대상 건축물에 대하여 재결절차를 거친 경우에도 마찬가지이다(대판 2015. 11. 12, 2015두2963, 동지판례: 대판 2014. 4. 24, 2012두6773; 대판 2014. 9. 25, 2012두24092).

③ 잔여지 공사비보상: 사업시행자는 동일한 토지소유자에 속하는 일단의 토지의 일부를 수용함으로 인하여 잔여지에 통로·도랑·담장 등의 신설 및 그 밖의 공사가 필요한 때에는 그 공사의 비용을 보상하여야 한다. 위의 ② 또는 ③의 보상금액이 잔여지의 가격보다 큰 경우에는 사업시행자는 그 잔여지를 매수할 수 있다(동법 73조).

(다) 지상물건의 이전보상

건축물 · 입목 · 공작물과 그 밖에 토지에 정착한 물건(건축물 등)에 대하여는 이전에 필요한 비용(이전비)을 보상하고 이를 이전하게 하여야 한다. 다만, ① 건축물 등을 이전하기 어렵거나 그 이전으로 인하여 건축물 등을 종래의 목적대로 사용할 수 없게 된 경우, ② 건축물 등의 이전비가 그 물건의 가격을 넘는 경우, ③ 사업시행자가 공익사업에 직접 사용할 목적으로 취득하는 경우에 해당하는 때에는 해당 물건의 가격으로 보상하여야 한다(동법 75조 1항).

[판례①] 「공익사업을 위한 토지 등의 취득 및 보상에 관한 법률」(이하 '토지보상법'이라고 한다) 제75조 제1항은 "건축물 · 입목 · 공작물과 그 밖에 토지에 정착한 물건(이하 '건축물등'이라고 한다)에 대하여는 이전에 필요한 비용(이하 '이전비'라고 한다)으로 보상하여야 한다. 다만 다음 각 호의 어느 하나에 해당하는 경우에는 해당 물건의 가격으로 보상하여야 한다. 1. 건축물등을 이전하기 어렵거나 그 이전으로 인하여 건축물등을 종래의 목적대로 사용할 수 없게 된 경우, 2. 건축물등의 이전비가 그 물건의 가격을 넘는 경우, 3. 사업시행자가 공익사업에 직접 사용할 목적으로 취득하는 경우"라고 규정하고 있다. 이와 함께 「공익사업을 위한 토지 등의 취득 및 보상에 관한 법률 시행규칙」 제33조 제4항, 제36조 제1항 등 관계 법령의 내용에 비추어 보면, 사업시행자가 사업시행에 방해가 되는 지장물에 관하여 법 제75조 제1항 단서 제2호에 따라 이전에 소요되는 실제 비용에 못 미치는 물건의 가격으로 보상한 경우, 사업시행자로서는 물건을 취득하는 제3호와 달리 수용 절차를 거치지 아니한 이상 보상만으로 물건의 소유권까지 취득한다고 볼 수 없다(대판 2022. 11. 17, 2022다253243).

[판례②] 「도시 및 주거환경 정비법」(이하 '도시정비법'이라 한다) 제65조 제1항에 따라 준용되는 「공익사업을 위한 토지 등의 취득 및 보상에 관한 법률」(이하 '토지보상법'이라 한다) 제43조는 "토지소유자 및 관계인과 그 밖에 토지소유자나 관계인에 포함되지 아니하는 자로서 수용하거나 사용할 토지나 그 토지에 있는 물건에 관한 권리를 가진 자는 수용 또는 사용의 개시일까지 그 토지나 물건을 사업시행자에게 인도하거나 이전하여야 한다."라고 규정하고 있다. 정비사업의 시행자가 사업시행에 방해가 되는 지장물에 관하여 토지보상법 제75조 제1항 단서 제1호 또는 제2호에 따라 물건의 가격으로 보상한 경우, 사업시행자가 당해 물건을 취득하는 위 단서 제3호와 달리 수용의 절차를 거치지 아니한 이상 사업시행자가 그 보상만으로 당해 물건의 소유권까지 취득한다고 보기는 어렵지만, 지장물의 소유자가 토지보상법 시행규칙 제33조 제4항 단서에 따라 스스로의 비용으로 철거하겠다고 하는 등 특별한 사정이 없는 한 사업시행자는 자신의 비용으로 이를 제거할 수 있고, 지장물의 소유자는 사업시행자

의 지장물 제거와 그 과정에서 발생하는 물건의 가치 상실을 수인하여야 할 지위에 있다. 따라서 사업시행자가 지장물에 관하여 토지보상법 제75조 제1항 단서 제1호 또는 제2호에 따라 지장물의 가격으로 보상한 경우 특별한 사정이 없는 한 지장물의 소유자는 사업시행자에게 지장물을 인도할 의무가 있다(대판 2023. 8. 18, 2021다249810).

(라) 잔여건축물 손실보상

사업시행자는 동일한 건축물소유자에게 속하는 일단의 건축물의 일부가 취득되거나 사용됨으로 인하여 잔여 건축물의 가격이 감소하거나 그 밖의 손실이 있을 때에는 그 손실을 보상하여야 한다. 다만, 잔여 건축물의 가격 감소분과 보수비를 합한 금액이 잔여 건축물의 가격보다 큰 경우에는 사업시행자는 그 잔여 건축물을 매수할 수 있다.

건축물소유자는 동일한 건축물소유자에게 속하는 일단의 건축물의 일부가 협의에 의하여 매수되거나 수용됨으로 인하여 잔여 건축물을 종래의 목적에 사용하는 것이 현저히 곤란할 때에는 그 건축물소유자는 사업시행자에게 잔여 건축물을 매수하여 줄 것을 청구할 수 있으며, 사업인정 이후에는 관할 토지수용위원회에 수용을 청구할 수 있다(동법 75조의2).

(마) 측량·조사로 인한 손실보상

사업시행자는 사업의 준비 또는 사업인정의 고시가 있은 후에 타인의 토지에 출입하여 측량·조사를 할 수 있으나, 그로 인해 발생한 손실은 보상하여야 한다(동법 9조 4항, 27조 4항). 또한 사업시행자는 사업의 준비를 위하여 타인의 토지에 출입하여 측량·조사함에 있어서 부득이한 사유가 있는 경우에는 그 소유자 및 점유자의 동의를 얻거나 시장·군수 또는 구청장의 허가를 얻어 장해물의 제거 또는 시굴을 할 수 있는데, 그로 인해 발생한 손실 역시 보상하여야 한다(동법 12조 4항).

(바) 사업의 폐지·변경 등으로 인한 보상

사업시행자는 사업인정이 고시된 후 사업의 전부 또는 일부를 폐지·변경하거나, 사업인정이나 재결이 실효됨으로 인하여 토지소유자나 관계인이 입은 손실을 보상하여야 한다(동법 23조 2항, 24조 6항, 42조 2항).

(사) 기타 손실의 보상

사업시행자는 수용 또는 사용에 따라 부대적으로 통상 발생하는 경제적 손실을 보상하여야 한다. 동법은 영업의 손실 등에 대한 보상(동법 77조), 이주대책의 수립(동법 78조, 78조의2), 그 밖의 토지에 관한 비용보상(동법 79조) 등을 규정하고 있다.

[판례①] '영업상의 손실'이란 수용의 대상이 된 토지·건물 등을 이용하여 영업을 하다가 그 토지·건물 등이 수용됨으로 인하여 영업을 할 수 없거나 제한을 받게 됨으로 인하여 생기는 직접적인 손실, 즉 수용손실을 말하는 것일 뿐이고 공공사업의 시행 결과 그 공공사업의 시행이 기업지 밖에 미치는 간접손실을 말하는 것은 아니다(대판 1998. 1. 20, 95다29161).

[판례②] 「공익사업을 위한 토지 등의 취득 및 보상에 관한 법률」(이하 '토지보상법'이라고 한다) 제79조 제2항(그 밖의 토지에 관한 비용보상 등)의 위임에 따른 같은 법 시행규칙(이하 '시행규칙'이라고 한다) 제64조 제1항 제2호에 의하면, 공익사업시행지구 밖에서 영업손실의 보상대상이 되는 영업을 하고 있는 자가 공익사업의 시행으로 인하여 '진출입로의 단절, 그 밖의 부득이한 사유로 인하여 일정한 기간 동안 휴업하는 것이 불가피한 경우'에 해당하는 경우 그 영업자의 청구에 의하여 당해 영업을 공익사업시행지구에 편입되는 것으로 보아 보상하여야 한다.

모든 국민의 재산권은 보장되고, 공공필요에 의한 재산권의 수용 등에 대하여는 정당한 보상을 지급하여야 하는 것이 헌법의 대원칙이고(헌법 제23조), 법률도 그런 취지에서 공익사업의 시행 결과 그 공익사업의 시행이 공익사업시행지구 밖에 미치는 간접손실 등에 대한 보상의 기준 등에 관하여 상세한 규정을 마련해 두거나 하위 법령에 세부사항을 정하도록 위임하고 있다.

이러한 공익사업시행지구 밖의 영업손실은 공익사업의 시행과 동시에 발생하는 경우도 있지만, 공익사업에 따른 공공시설의 설치공사 또는 설치된 공공시설의 가동·운영으로 발생하는 경우도 있어 그 발생원인과 발생시점이 다양하므로, 공익사업시행지구 밖의 영업자가 발생한 영업상 손실의 내용을 구체적으로 특정하여 주장하지 않으면 사업시행자로서는 영업손실보상금 지급의무의 존부와 범위를 구체적으로 알기 어려운 특성이 있다. 토지보상법 제79조 제2항에 따른 손실보상의 기한을 공사완료일부터 1년 이내로 제한하면서도 영업자의 청구에 따라 보상이 이루어지도록 규정한 것(시행규칙 제64조 제1항)이나 손실보상의 요건으로서 공익사업시행지구 밖에서 발생하는 영업손실의 발생원인에 관하여 별다른 제한 없이 '그 밖의 부득이한 사유'라는 추상적인 일반조항을 규정한 것(시행규칙 제64조 제1항 제2호)은 간접손실로서 영업손실의 이러한 특성을 고려한 결과이다.

위와 같은 공익사업시행지구 밖 영업손실보상의 특성과 헌법이 정한 '정당한 보상의 원칙'에 비추어 보면, 공익사업시행지구 밖 영업손실보상의 요건인 '공익사업의 시행으로 인한 그 밖의 부득이한 사유로 일정 기간 동안 휴업이 불가피한 경우'란 공익사업의 시행 또는 시행 당시 발생한 사유로 휴업이 불가피한 경우만을 의미하는 것이 아니라 공익사업의 시행 결과, 즉 그 공익사업의 시행으로 설치되는 시설의 형태·구조·사용 등에 기인하여 휴업이 불가피한 경우도 포함된다고 해석함이 타당하다(대판 2019. 11. 28, 2018두227).

(3) 보상의 지급 또는 공탁

사업시행자는 수용 또는 사용의 개시일(토지수용위원회가 재결로서 결정한 수용 또는 사용을 개시하는 날)까지 관할 토지수용위원회가 재결한 보상금을 지급하여야 한다. 다만 ① 보상금을 받을 자가 그 수령을 거부하거나 보상금을 수령할 수 없을 때, ② 사업시행자의 과실없이 보상금을 받을 자를 알 수 없을 때, ③ 관할 토지수용위원회가 재결한 보상금에 대하여 사업시행자가 불복할 때, ④ 압류나 가압류에 의하여 보상금의 지급이 금지되었을 때에는 수용 또는 사용의 개시일까지 수용 또는 사용하고자 하는 토지 등의 소재지의 공탁소에 보상금을 공탁할 수 있다. 사업시행자는 ③의 경우 보상금을 받을 자에게 자기가 산정한 보상금을 지급하고 그 금액과 토지수용위원회가 재결한 보상금과의 차액을 공탁하여야 한다. 이 경우 보상금을 받을 자는 그 불복의 절차가 종결될 때까지 공탁된 보상금을 수령할 수 없다(동법 40조).

[판례] 사업시행자가 수용의 개시일까지 재결보상금을 지급 또는 공탁하지 아니한 때에는 재결은 효력을 상실하고(공익사업을 위한 토지 등의 취득 및 보상에 관한 법률 제42조 제1항), 사업시행자의 재결신청도 효력을 상실하므로, 사업시행자는 다시 토지수용위원회에 재결을 신청하여야 한다(대판 2017. 4. 7, 2016두63361).

(4) 보상협의회

공익사업이 시행되는 해당 지방자치단체의 장은 필요한 경우에는 보상액 평가를 위한 사전의견수렴, 잔여지의 범위 및 이주대책 수립에 관한 사항, 해당 사업지역내 공공시설의 이전 등에 관한 사항, 토지소유자나 관계인 등이 요구하는 사항 중 지방자치단체의 장이 필요하다고 인정하는 사항 등을 협의하기 위하여 보상협의회를 둘 수 있다. 예전에는 임의적인 사항이었으나 토지소유자 등이 보상과정에 적극적으로 참여할 수 있도록 하기 위하여 법개정을 통해 대통령령으로 정하는 규모 이상의 공익사업을 시행하는 경우에는 의무적으로 보상협의회를 두도록 하였다(동법 82조).

3. 수용목적물의 인도 · 이전

토지소유자 및 관계인과 그 밖에 토지소유자나 관계인에 포함되지 아니하는 자로 수용하거나 사용할 토지나 그 토지에 있는 물건에 관한 권리를 가진 자는 수용 또는 사용의 개시일까지 그 토지나 물건을 사업시행자에게 인도하거나 이전하여야 한다(동법 43조). 따라서 인도 · 이전의 권리자는 사업시행자이지만, 사업시행자가 수용목적물에 대한 권리를 취득하는 것은 수용의 개시일이므로(동법 45조), 사업시행자의 위 권리는 소유권에 기한 것이 아니라 재결의 효과로서 법률이 직접 부여한 권리라 할 것이다.

목적물의 인도 · 이전의 불이행 또는 불능시에는 사업시행자의 신청에 의한 대집행 및 대행이 이루어진다(동법 44조 · 89조).

4. 위험부담의 이전

수용의 효과는 보상을 조건으로 수용의 개시일에 완성되는 것이나 재결에 의하여 일응 구체적인 권리관계의 내용이 결정되는 것이므로, 토지수용위원회의 재결이 있은 후 수용하거나 사용할 토지나 물건이 토지소유자 또는 관계인의 고의나 과실 없이 멸실되거나 훼손된 경우 그로 인한 손실은 사업시행자가 부담한다(동법 46조).

[판례] 댐 건물로 인한 수몰지역 내의 토지를 매수하고 지하입목에 대하여 적절한 보상을 하기로 특약하였다면 보상금이 지급되기 전에 그 입목이 멸실되었다고 하더라도 매수 또는 보상하기로 한 자는 이행불능을 이유로 위 보상약정을 해제할 수 없다(대판 1977. 12. 27. 76다1472).

5. 환 매 권

(1) 환매권의 의의 및 제도적 배경

환매권이란 공용수용의 목적물이 당해 공익사업에 불필요하게 되었거나 그것이 현실적으로 수용의 전제가 된 공익사업에 공용되지 아니하는 경우에 원래의 피수용자가 일정한 요건하에 다시 매수하여 소유권을 회복할 수 있는 권리를 말한다.[24)]

---

24) 헌재 1994. 2. 24, 92헌가15 내지 17, 20 내지 24.

환매권은 이와 같이, 수용된 목적물이 더 이상 필요하지 않게 되었을 때에 원소유자에게 그 소유권을 회복할 수 있는 기회를 주려는 것이므로, 오늘날 강조되는 재산권의 존속보장[25]의 사상과도 합치된다고 말할 수 있다. 다만 다수의 학자는 공평의 원칙, '피수용자의 감정의 만족' 등에서 환매권의 정당성을 찾으려 한다.[26]

(2) 환매의 법적 근거

환매권이 헌법상 재산권 보장규정으로부터 직접 도출되는 권리인가, 아니면 개별 법령상의 근거가 있어야만 인정되는가에 대하여 논란이 있다.

독일의 연방헌법재판소는 「수용의 목적이 실현되지 않는 경우에는 기본법 제14조의 재산권보장으로부터 이전의 토지소유자의 환매권이 도출된다. 환매권의 행사를 위하여 언제나 명백한 법적 근거가 있어야 하는 것은 아니다」라고 판시한 바 있다.[27]

이에 대하여 우리의 대법원과 헌법재판소의 견해는 나누어져 있다. 즉 헌법재판소는 환매권이 헌법상의 재산권 보장조항으로부터 도출되는 것으로서 헌법이 보장하는 재산권의 내용에 포함되는 권리로 보는데 대하여, 대법원은 개별 법령의 규정에 의하여 구체적으로 형성되어야만 인정되는 권리로 이해하고 있다.

[판례①] ㉮ (다수의견) 일단 공용수용의 요건을 갖추어 수용절차가 종료되었다고 하더라도 그 후에 수용의 목적인 공공사업이 수행되지 아니하거나 또는 수용된 재산이 당해 공공사업에 필요 없게 되거나 이용되지 아니하게 되었다면 수용의 헌법상 정당성과 공공사업자에 의한 재산권 취득의 근거가 장래를 향하여 소멸한다고 보아야 한다. 따라서 토지수용법 제71조 소정의 환매권은 헌법상의 재산권 보장규정으로부터 도출되는 것으로서 헌법이 보장하는 재산권의 내용에 포함되는 권리이며, 피수용자가 손실보상을 받고 소유권의 박탈을 수인할 의무는 그 재산권의 목적물이 공공사업에 이용되는 것을 전제로 하기 때문에 위 헌법상 권리는 피수용자가 수용 당시 이미 정당한 손실보상을 받았다는 사실로 말미암아 부인되지 않는다.[28]

---

25) 재산권의 '존속보장'이란, '가치보장'에 대한 개념으로서, 공용수용과 관련하여 대가의 지불(보상)에 만족하여서는 안 되고 재산권의 존속을 우선시해야 함을 의미한다. 그리고 그러한 사상은 재산권이 정신적 자유의 기초를 이룬다는 생각과 연계된다. 어느 정도의 재산이 있어야 마음이 든든하며 정신적으로도 강해진다고 보는 것이다. 상세는 김남진, 기본문제, 465면 이하; 송희성, 재산권의 존속보장과 공공필요의 요건, 고시연구, 1994. 12, 84면 이하 참조.

26) 이에 대하여는 김연태, 환매권과 공익사업의 변환에 관한 소고, 강구철 교수 화갑기념 논문집, 2007, 407면 이하 참조.

27) BVerfGE 38, 175 ff.

㉯ (별개의견)… 이 법상의 환매권 역시 헌법상의 요청에 따라 종전 소유자에게 보장되는 권리는 아니고 다만 종전 소유자의 감정과 공평의 이념을 고려하고 공공사업에 필요한 토지의 원활한 조달을 위하여 입법정책상 인정된 권리에 불과하다고 할 것이다(헌재 1994. 2. 24, 92헌가15 내지 17, 20 내지 24).

[판례②] 재산권 보장규정인 헌법 제23조 제1항, 제3항의 근본취지에 비추어 볼 때, 어느 토지에 관하여 공공필요에 의한 수용절차가 종료되었다고 하더라도 그 후에 수용의 목적인 공공사업이 수행되지 아니하거나 또는 수용된 토지를 당해 공공사업에 이용할 필요가 없게 된 경우에는 특별한 사정이 없는 한 피수용자에게 그의 의사에 따라 수용토지의 소유권을 회복할 수 있는 권리를 인정하여야 할 것이다. 그러나 한편, 국가가 공공필요에 의하여 보상금을 지급하고 토지 소유권을 수용함으로써 이를 취득한 마당에 사후적으로 그 토지에 대한 수용목적이 소멸하였다고 하여 피수용자가 오랜 세월이 지난 후에도 언제든지 일방적으로 수용토지의 소유권을 회복할 수 있다고 한다면 수용토지를 둘러싼 권리관계를 심히 불안정하게 하고 이로 인하여 그 토지의 효율적인 이용이나 개발을 저해하는 등의 불합리한 결과를 초래할 수 있다고 할 것인바, 이러한 결과는 헌법이 기본원리로 하고 있는 법치주의의 요소인 법적 안정성 등에는 반하는 것이라고 할 것이다. 뿐만 아니라 수용된 토지에 국가나 기업자가 투자하여 개발한 이익이 있는 경우 그 이익이 공평하게 분배될 수 있도록 하는 조치도 필요하다. 그러므로 입법자는 수용토지에 대한 수용목적이 소멸한 경우에 피수용자가 그 토지의 소유권을 회복할 수 있는 권리의 내용, 성립요건, 행사기간 방법 및 소유권 회복시 국가나 기업자에게 지급하여야 할 대금 등을 규정함으로써 그 권리를 구체적으로 형성하여 보장함과 동시에 이를 법적 안정성, 형평성 등 다른 헌법적 요청과 조화시키는 내용의 법령을 제정하여야 할 것이고, 피수용자로서는 입법자가 제정한 법령에 의하여 수용토지 소유권의 회복에 관한 권리를 행사할 수 있는 것이라고 해석함이 상당하다. 따라서 입법자가 법령을 제정하지 않고 있거나 이미 제정된 법령이 소멸하였다고 하여 피수용자가 곧바로 헌법상 재산권 보장규정을 근거로 하여 국가나 기업자를 상대로 수용목적이 소멸한 토지의 소유권 이전을 청구할 수 있는 것은 아니라고 보아야 할 것이며, 피수용자의 토지가 위헌인 법률에 의하여 수용되었다고 하여 달리 볼 것도 아니다(대판 1998. 4. 10, 96다52359).

생각건대, 환매권이 헌법상의 재산권 보장조항으로부터 직접 도출되는 권리인지 여부는 환매권을 인정하는 것이 재산권보장의 본질적 내용에 해당하는지

28) 이외에도 환매권을 헌법상 재산권 보장조항으로부터 도출되는 권리로 보고 있는 헌법재판소의 결정례들로는 헌재 1998. 12. 24, 97헌마87·88; 헌재 1996. 4. 25, 95헌바9; 헌재 1995. 10. 26, 95헌바22 등이 있다.

에 따라 판단하여야 할 것이다. 개별 법률로 재산권의 내용이 구체화되지 않은 경우에 헌법조항이 직접 적용되기 위하여는 재산권에 대한 본질적인 침해에 해당하여야 하는데, 재산권의 수용에 대하여 손실보상이 지급된 상황에서 환매권을 인정하지 않는 것이 재산권에 대한 본질적 침해라고 볼 수는 없을 것이다.

헌법상의 재산권보장에 환매의 이념이 내포되어 있다고 보더라도, 재산권보장으로부터 바로 행사 가능한 환매권이 도출된다고 볼 수는 없다. 그와 같은 결론은 헌법해석의 한계를 벗어나는 것이며, 동시에 법원의 권한을 넘는 것이다. 환매의 행사요건, 기간, 방법 등은 다양하기 때문에 그에 대한 일반원칙을 관련 규정으로부터 도출할 수는 없다. 결론적으로 환매권은 개별 법률에 의하여 구체적으로 형성되고 보장되어야 행사할 수 있는 권리라고 해석하여야 할 것이다.[29)]

현행 실정법에서는 「공익사업을 위한 토지 등의 취득 및 보상에 관한 법률」 제91조 이하 및 「택지개발촉진법」 제13조 등에서 환매권에 대한 근거규정을 찾을 수 있다.

(3) 환매권의 법적 성질

「공익사업을 위한 토지 등의 취득 및 보상에 관한 법률」상의 환매권이 공권인지, 아니면 사권인지가 문제된다. 이는 환매에 관한 다툼에 대하여 행정소송을 제기하여야 하는지, 민사소송으로 처리하여야 하는지와 관련된다.

사업인정 전 취득으로 인한 환매권의 경우, 사업시행자가 사업인정 전 사법적 수단에 의해 취득한 토지를 토지소유자가 「공익사업을 위한 토지 등의 취득 및 보상에 관한 법률」이 정한 요건을 충족하면 환매금액을 지급하고 환매의사를 표시하여 환매하는 것이므로 이 경우의 환매권은 사법상 권리라고 보는 것이 타당하며, 이에 대하여는 대체로 견해가 일치되어 있다. 그러나 사업인정 전의 임의매수도 공법적 성질을 가지는 것으로 파악하는 입장에서 이 경우의 환매권 역시 공권으로 보는 견해도 있다.[30)] 그에 대하여 사업인정 후 취득으로 인한 환매권의 법적 성질에 대하여는 학설이 나누어져 있다.

공권설은 환매권이 공권력의 주체에 대한 권리라는 점과 공법적 원인에 기하여 야기된 법적 상태를 원상으로 회복하는 것이라는 점 등을 그 근거로 한

---

29) 이에 대하여는 김연태, 환매권과 공익사업의 변환에 관한 소고, 강구철 교수 화갑기념 논문집, 2007, 411면 이하.

30) 김유환, 환매권의 법리, 박윤흔박사 화갑기념논문집, 1997, 592면.

다.[31] 사권설은, 환매권의 내용은 수용당한 토지를 되돌려 받을 수 있는 권리로서 토지의 소유권이 수용의 반대방향으로 이전되기는 하나, 수용의 해제나 취소가 아니라 유효하게 성립된 수용이 사후에 발생한 법정의 환매요건이 충족됨으로써 수용당한 자가 순수하게 자기의 개인적 이익을 위하여 이용되고 있지 아니하는 수용목적물을 다시 취득하기 위한 권리이므로 그 법적 성질은 수용과는 달리 사법상의 권리로 보아야 한다고 한다.[32]

대법원은 환매를 사법상의 매매로 보아 사권설을 취하고 있으며, 이러한 환매권의 존부에 관한 확인을 구하는 소송 및 환매금액의 증감을 구하는 소송 역시 민사소송에 해당하는 것으로 보고 있다.

[판례①] 징발재산 정리에 관한 특별조치법 제20조 소정의 환매권은 일종의 형성권으로서 그 존속기간은 제척기간으로 보아야 할 것이며, 위 환매권은 재판상이든 재판외이든 그 기간 내에 행사하면 이로써 매매의 효력이 생기고, 위 매매는 같은 조 제1항에 적힌 환매권자와 국가 간의 사법상의 매매라 할 것이다(대판 1992. 4. 24, 92다4673).

[판례②] 구 공익사업을 위한 토지 등의 취득 및 보상에 관한 법률(이하 '구 공익사업법'이라 한다) 제91조에 규정된 환매권은 상대방에 대한 의사표시를 요하는 형성권의 일종으로서 재판상이든 재판 외이든 위 규정에 따른 기간 내에 행사하면 매매의 효력이 생기는 바, 이러한 환매권의 존부에 관한 확인을 구하는 소송 및 구 공익사업법 제91조 제4항에 따라 환매금액의 증감을 구하는 소송 역시 민사소송에 해당한다(대판 2013. 2. 28, 2010두22368).

헌법재판소 또한 환매권의 발생 여부 또는 그 행사의 가부에 관하여 사업시행자와 환매권자의 다툼은 민사소송절차에 의하여 해결되어야 하는 것으로 보고 있다.

[판례] 청구인들이 주장하는 환매권의 행사는 그것이 공공용지의 취득 및 손실보상에 관한 특례법 제9조에 의한 것이든, 토지수용법 제71조에 의한 것이든, 환매권자의 일방적 의사표시만으로 성립하는 것이지, 상대방인 사업시행자 또는 기업자의 동의를 얻어야 하거나 그 의사 여하에 따라 그 효과가 좌우되는 것은 아니다. 따라서 이 사건의 경우 피청구인이 설사 청구인들의 환매권 행사를 부인하는 어떤 의

---

31) 김남진, 기본문제, 1179면; 류지태・박종수(신론), 1159면 이하; 홍정선(하), 723면; 김해룡, 토지법상 환매권의 법리, 계명법학, 제2집, 1998, 36면 이하.

32) 임호정, 공공용지에 대한 환매권, 박윤흔박사 화갑기념논문집, 1997, 614면; 김연태, 행정법사례연습, 895-896면 이하.

사표시를 하였다 하더라도, 이는 환매권의 발생 여부 또는 그 행사의 가부에 관한 사법관계의 다툼을 둘러싸고 사전에 피청구인의 의견을 밝히고, 그 다툼의 연장인 민사소송절차에서 상대방의 주장을 부인하는 것에 불과하므로, 그것을 가리켜 헌법소원심판의 대상이 되는 공권력의 행사라고 볼 수는 없다(헌재 1994. 2. 24. 92헌마283).

(4) 환매권자

환매권자는 협의취득일 또는 수용의 개시일 당시의 토지소유자 또는 그 포괄승계인이다(동법 91조 1항). 포괄승계인이라 함은 자연인인 상속인과 복수의 법인이 합병한 경우에는 합병 후의 새로운 법인을 말한다. 따라서 수용 당시 같은 필지였던 토지를 매매 등에 의하여 취득한 특정승계인은 환매권자가 될 수 없다.

또한 토지의 소유권 이외의 권리자, 토지에 정착한 물건의 소유자, 그 정착물의 소유권 이외의 권리자 또는 그 포괄승계인은 환매권자가 될 수 없다.

환매권은 양도될 수 없다.

(5) 환매권의 대항력

환매권은 「부동산등기법」이 정하는 바에 의하여 공익사업에 필요한 토지의 협의취득 또는 수용의 등기가 된 때에는 이를 제3자에게 대항할 수 있다(동법 91조 5항). 여기에서 '대항할 수 있다'라고 하는 것은 토지인 수용목적물이 제3자에게 양도되더라도 등기가 되어 있는 경우 그 제3자는 그 환매권자에 대하여 권리가 있음을 주장하지 못한다는 뜻이다.

[판례] 구 공익사업을 위한 토지 등의 취득 및 보상에 관한 법률 제91조 제5항은 '환매권은 부동산등기법이 정하는 바에 의하여 공익사업에 필요한 토지의 협의취득 또는 수용의 등기가 된 때에는 제3자에게 대항할 수 있다'고 정하고 있다. 이는 협의취득 또는 수용의 목적물이 제3자에게 이전되더라도 협의취득 또는 수용의 등기가 되어 있으면 환매권자의 지위가 그대로 유지되어 환매권자는 환매권을 행사할 수 있고, 제3자에 대해서도 이를 주장할 수 있다는 의미이다(대판 2017. 3. 15. 2015다238963).

(6) 환매의 목적물

환매의 목적물은 토지소유권에 한정되며(동법 91조 1항), 그 이외의 권리 및 물건은 환매의 대상이 되지 아니한다.

[판례] 수용된 토지 등이 공공사업에 필요없게 되었을 경우에는 피수용자가 그 토지 등의 소유권을 회복할 수 있는 권리 즉 환매권은 헌법이 보장하는 재산권에 포함된다. 그러나 수용이 이루어진 후 공익사업이 폐지되거나 변경되었을 때, 건물에 대해서까지 환매권을 인정할 것인지에 관해서는 입법재량의 범위가 넓다고 볼 것이다. 왜냐하면 수용의 주된 대상이 되는 토지와는 달리 건물은 아래와 같은 특수성이 있기 때문이다.

토지의 경우에는 공익사업이 폐지·변경되더라도 기본적으로 형상의 변경이 없는 반면, 건물은 그 경우 통상 철거되거나 그렇지 않더라도 형상의 변경이 있게 되며, 토지에 대해서는 보상이 이루어지더라도 수용당한 소유자에게 감정상의 손실 등이 남아있게 되나, 건물의 경우 정당한 보상이 주어졌다면 그러한 손실이 남아있는 경우는 드물다. 따라서 토지에 대해서는 그 존속가치를 보장해 주기 위해 공익사업의 폐지·변경 등으로 토지가 불필요하게 된 경우 환매권이 인정되어야 할 것이나, 건물에 대해서는 그 존속가치를 보장하기 위하여 환매권을 인정하여야 할 필요성이 없거나 매우 적은 것이다.

통상 수용된 건물이 통상 철거되거나 장기간의 공익사업 불이행시 형상이 변하거나 관리가 부실하게 되는 것을 감안할 때, 건물에 대한 환매권을 인정하지 않는 그러한 입법이 자의적인 것이라거나 정당한 입법목적을 벗어난 것이라 할 수 없다(헌재 2005. 5. 26, 2004헌가10).

환매권의 행사는 환매의 요건에 해당하는 토지의 전부에 대하여 행하는 것이지, 그 중의 일부에 대해서만 선택적으로 행사할 수 있는 것은 아니다. 즉 동법 91조 1항의 "토지의 전부 또는 일부"라는 표현은 수용된 토지의 일부만이 환매의 요건을 갖춘 경우에는 그 일부의 토지 전체에 대하여 환매권을 행사할 수 있는 것이고, 수용된 토지의 전부가 환매의 요건에 해당하는 경우에는 그 전부에 대하여 환매권을 행사할 수 있다는 취지로 보아야지, 환매요건에 해당하는 토지의 일부에 대해서만 환매권을 행사할 수도 있다는 것으로 보아서는 안 될 것이다.

(7) 환매의 요건

환매권은 다음과 같은 경우에 행사할 수 있다.

① 공익사업의 폐지·변경 또는 그 밖의 사유로 취득한 토지의 전부 또는 일부가 필요 없게 된 경우(동법 91조 1항).

② 토지의 협의취득일 또는 수용의 개시일부터 5년 이내에 취득한 토지의

전부를 당해 해당 사업에 이용하지 아니한 경우(동조 2항).

①에서 환매권 발생 사유 중 하나로 규정된 '사업의 폐지'에는 처음부터 사업을 추진할 법적 근거가 없었던 경우와 같이 사업시행자의 토지소유권 등 취득이 당연무효인 경우는 포함되지 않는다. 또한 '필요 없게 된 경우'란 당초에는 필요하였으나 사후적으로 필요 없게 된 경우를 의미하므로 취득 당시부터 필요 없었던 경우는 여기에 해당하지 않는다. 그리고 환매권 행사의 대상인 '당해 사업'은 협의취득 또는 수용의 목적이 된 구체적인 특정의 공익사업을 의미한다.

[판례①] 수용된 토지의 환매권에 관하여 규정한 토지수용법 제71조 제1항 소정의 '사업의 폐지·변경 기타의 사유로 인하여 수용한 토지의 전부 또는 일부가 필요 없게 된 때'라 함은 기업자의 주관적인 의사와는 관계없이 수용의 목적이 된 구체적인 특정의 공익사업이 폐지되거나 변경되는 등의 사유로 인하여 당해 토지가 더 이상 그 공익사업에 이용될 필요가 없어졌다고 볼 만한 객관적인 사정이 발생한 경우를 말하는 것인바, 수용된 토지가 필요 없게 되었는지 여부는 당해 사업의 목적과 내용, 수용의 경위와 범위, 당해 토지와 사업과의 관계, 용도 등 제반 사정에 비추어 합리적으로 판단하여야 한다(대판 1998. 3. 27, 97다39766. 동지판례: 대판 1994. 1. 25, 93다11760, 11777; 대판 1994. 8. 12, 93다50550).

[판례②] 공익사업을 위한 토지 등의 취득 및 보상에 관한 법률(이하 '토지보상법'이라 한다)이 환매권을 인정하는 취지는, 토지의 원소유자가 사업시행자로부터 토지 등의 대가로 정당한 손실보상을 받았다고 하더라도 원래 자신의 자발적인 의사에 기하여 그 토지 등의 소유권을 상실하는 것이 아니어서 그 토지 등을 더 이상 당해 공익사업에 이용할 필요가 없게 된 때, 즉 공익상의 필요가 소멸한 때에는 원소유자의 의사에 따라 그 토지 등의 소유권을 회복시켜 주는 것이 공평의 원칙에 부합한다는 데에 있다.

한편 구 공익사업을 위한 토지 등의 취득 및 보상에 관한 법률(이하 '구 토지보상법'이라 한다) 제4조 제7호, 구 국토의 계획 및 이용에 관한 법률(이하 '구 국토계획법'이라 한다) 제95조 제1항에 의하면, 구 국토계획법에 따른 도시계획시설사업은 구 토지보상법 제4조의 공익사업에 해당하는데, 구 국토계획법 제86조 제5항은 같은 조 제1항 내지 제4항에 따른 행정청이 아닌 자가 도시계획시설사업을 시행하기 위해서는 대통령령이 정하는 바에 따라 건설교통부장관 등으로부터 시행자로 지정을 받도록 규정하고 있다.

이러한 토지보상법 및 구 국토계획법의 규정 내용과 환매권의 입법 취지 등을 고려하면, 도시계획시설사업의 시행자로 지정되어 그 도시계획시설사업의 수행을 위하여 필요한 토지를 협의취득하였다고 하더라도, 시행자 지정이 처음부터 효력이 없거나 토지의 취득 당시 해당 도시계획시설사업의 법적 근거가 없었던 것으로 볼 수 있는 등 협의취득이 당연무효인 경우, 협의취득일 당시의 토지소유자가 소유권에 근거하여 등기 명의를 회복하는 방식 등으로 권리를 구제받는 것은 별론으로 하더라도 토지보상법 제91조 제1항에서 정하고 있는 환매권을 행사할 수는 없다고 봄이 타당하다(대판 2021. 4. 29, 2020다280890).

[판례③] '당해 사업'이란 협의취득 또는 수용의 목적이 된 구체적인 특정의 공익사업을 말하고, '취득한 토지가 필요 없게 된 때'라 함은 협의취득 또는 수용의 목적이 된 구체적인 특정의 공익사업이 폐지되거나 변경되는 등의 사유로 인하여 당해 토지가 더 이상 그 공익사업에 직접 이용될 필요가 없어졌다고 볼 만한 객관적인 사정이 발생한 때를 말한다. 취득한 토지가 필요 없게 되었는지의 여부는 당해 사업의 목적과 내용, 취득의 경위와 범위, 당해 토지와 사업의 관계, 용도 등 제반 사정에 비추어 객관적 사정에 따라 합리적으로 판단하여야 한다(대판 2021. 9. 30, 2018다282183).

[판례④] '국토의 계획 및 이용에 관한 법률' 제88조, 제96조 제2항에 의해 도시계획시설사업에 관한 실시계획의 인가를 공익사업법 제20조 제1항의 사업인정으로 보게 되는 경우에는 그 실시계획의 인가를 받을 때 구체적으로 특정된 공익사업이 바로 공익사업법 제91조 제1항에 정한 협의취득 또는 수용의 목적이 된 당해 사업에 해당한다(대판 2010. 9. 30, 2010다30782).

②에서 말하는 '사업에 이용하지 아니한 때'란 사실상 사업의 이용에 제공하지 아니한 상태를 의미하는 것으로서, 토지의 전부가 사업에 제공되지 아니한 경우에 한한다.

한편, 잔여지의 매수 또는 수용의 청구에 의하여 잔여지가 매수 또는 수용된 경우, 그 잔여지에 대하여는 잔여지에 접한 일단의 토지가 필요없게 된 경우에만 환매할 수 있다(동조 3항).

(8) 환매요건의 특칙(공익사업의 변환)

동법은 국가 · 지방자치단체 또는 대통령령으로 정하는 공공기개념 사업인정을 받아 공익사업에 필요한 토지를 협의취득 또는 수용한 후 해당 공익사업이 제4조 제1호부터 제5호까지에 규정된 다른 공익사업으로 변경된 경우 환매권의 행사기간은 관보에 해당 공익사업의 변경을 고시한 날부터 기산한다고 규정하고 있다(동법 91조 6항).

환매권 행사를 제한하는 동 규정은 종전에는 동법 제4조의 제1호에서 제4호까지 규정된 공익사업으로 변경되는 경우에만 적용되었으나, 공익사업의 안정적 추진을 위하여 2010년 법 개정에 의해 공익사업의 변경이 인정되어 환매권

행사를 제한할 수 있는 공익사업으로 제5호(택지개발사업)가 추가되었다.

특정 공익사업이 다른 공익사업으로 변경된 경우에도 환매권자에게 환매하도록 한 후 새로운 공익사업의 시행을 위하여 다시 협의취득하거나 수용하는 것이 원칙이라 할 것이지만, 동법은 토지에 대한 환매를 인정하여 사유화한 다음에 다시 같은 토지를 협의취득 또는 수용하는 번거로운 절차를 피하기 위하여 이러한 조항을 둔 것이다.

[판례①] 원래 국민의 재산권을 제한하는 토지수용권 등의 발동은 공공복리의 증진을 위하여 긴요하고도 불가피한 특정의 공익사업의 시행에 필요한 최소한도에 그쳐야 하는 것이므로, 사정의 변경 등에 따라 그 특정된 공익사업의 전부 또는 일부가 폐지·변경됨으로써 그 공익사업을 위하여 취득한 토지의 전부 또는 일부가 필요 없게 되었다면, 설사 그 토지가 새로운 다른 공익사업을 위하여 필요하다고 하더라도 환매권을 행사하는 환매권자(원소유자나 그 포괄승계인)에게 일단 되돌려 주었다가 다시 협의취득하거나 수용하는 절차를 밟아야 되는 것이 원칙이라고 할 것이나, 당초의 공익사업이 공익성의 정도가 높은 다른 공익사업으로 변경되고 그 다른 공익사업을 위하여 토지를 계속 이용할 필요가 있을 경우에는, 환매권의 행사를 인정한 다음 다시 협의취득이나 수용 등의 방법으로 그 토지를 취득하는 번거로운 절차를 되풀이하지 않게 하기 위하여 이른바 '공익사업의 변환'을 인정함으로써 환매권의 행사를 제한하려는 것이 토지수용법 제71조 제7항의 취지이므로 사업인정을 받은 당해 공익사업의 폐지·변경으로 인하여 수용한 토지가 필요 없게 된 때에는, 같은 법 조항에 의하여 공익사업의 변환이 허용되는 같은 법 제3조 제1호 내지 제4호에 규정된 다른 공익사업으로 변경되는 경우가 아닌 이상, 환매권자가 그 토지를 환매할 수 있는 것이라고 보지 않을 수 없다(대판 1992. 4. 28, 91다29927).

[판례②] 공익사업의 변환을 인정한 입법 취지 등에 비추어 볼 때, '공익사업을 위한 토지 등의 취득 및 보상에 관한 법률' 제91조 제6항은 사업인정을 받은 당해 공익사업의 폐지·변경으로 인하여 협의취득하거나 수용한 토지가 필요 없게 된 때라도 위 규정에 의하여 공익사업의 변환이 허용되는 다른 공익사업으로 변경되는 경우에는 당해 토지의 원소유자 또는 그 포괄승계인에게 환매권이 발생하지 않는다는 취지를 규정한 것이라고 보아야 하고, 위 조항에서 정한 "제1항 및 제2항의 규정에 의한 환매권 행사기간은 관보에 당해 공익사업의 변경을 고시한 날로부터 기산한다."는 의미는 새로 변경된 공익사업을 기준으로 다시 환매권 행사의 요건을 갖추지 못하는 한 환매권을 행사할 수 없고 환매권 행사 요건을 갖추어 제1항 및 제2항에 정한 환매권을 행사할 수 있는 경우에 그 환매권 행사기간은 당해 공익사업의 변경을 관보에 고시한 날로부터 기산한다는 의미로 해석해야 한다(대판 2010. 9. 30, 2010다30782).

토지의 협의취득 또는 수용 후 당해 공익사업이 다른 공익사업으로 변경되는 경우에 당해 토지의 원소유자 또는 그 포괄승계인의 환매권을 제한하고, 환매권 행사 기간을 변환 고시일부터 기산하도록 규정한 동조의 규정(동법 91조 6항 본문)에 대한 헌법소원심판에서, 헌법재판소는 과잉금지원칙에 위배되지 않으므로 헌법에 위반되지 아니한다고 결정하였다.

[판례] ㉮ 이 사건 법률조항은 사업인정을 받은 당해 공익사업의 폐지·변경으로 인하여 협의취득하거나 수용한 토지가 필요 없게 된 때라도 공익사업의 변환이 허용되는 다른 공익사업으로 변경되는 경우에는 당해 토지의 원소유자 또는 그 포괄승계인에게 환매권이 발생하지 않는다는 취지의 규정인바, 공익사업 변환으로 환매권이 제한되는 경우 그 환매권 행사기간은 관보에 당해 공익사업의 변경을 고시한 날로부터 기산하게 되어 새로 변경된 공익사업을 기준으로 다시 환매권 행사의 요건을 갖추지 못하는 한 피수용자는 환매권을 행사할 수 없게 된다. 이는 수용된 토지가 애초의 사업목적이 폐지·변경되었다는 사유만으로 다른 공익사업을 위한 필요가 있음에도 예외 없이 원소유자에게 당해 토지를 반환하고 나서 다시 수용절차를 거칠 경우 발생할 수 있는 행정력 낭비를 막고 소유권 취득 지연에 따른 공익사업 시행에 차질이 없도록 하여 공익사업을 원활하고 효율적으로 시행하려는 데 그 목적이 있다. 이러한 입법목적은 정당하며, 이 사건 법률조항은 이를 위하여 적절한 수단이라고 할 것이다. ㉯ 이 사건 법률조항은 공익사업 변환을 전반적으로 인정할 때 발생할 수 있는 폐해를 최소화하기 위하여 변환이 가능한 공익사업의 시행자와 사업의 종류를 한정하고 있다. 또한 공익사업 변환을 하기 위해서는 적어도 새로운 공익사업이 공익사업법 제20조 제1항의 규정에 의해 사업인정을 받거나 또는 위 규정에 따른 사업인정을 받은 것으로 의제하는 다른 법률의 규정에 의해 사업인정을 받은 것으로 볼 수 있는 경우이어야 하고, 이 사건 법률조항에 의한 공익사업 변환은 토지를 재수용하는 것이 아니라 환매권 행사를 연기하는 효과를 발생시키는 것이므로, 공익사업 변환을 토지수용과 마찬가지로 취급하여 반드시 환매권자를 위한 엄격하고 구체적인 규정을 둘 필요는 없다고 할 것이다. 위와 같은 점을 고려할 때 이 사건 법률조항은 침해의 최소성 원칙에 반하지 아니한다. ㉰ 이 사건 법률조항으로 인하여 제한되는 사익인 환매권은 이미 정당한 보상을 받은 소유자에게 수용된 토지가 목적사업에 이용되지 않을 경우에 인정되는 것이고, 변환된 공익사업을 기준으로 다시 취득할 수 있으므로, 이 사건 법률조항으로 인하여 제한되는 사익이 이로써 달성할 수 있는 공익에 비하여 중하다고 할 수 없다. 이상에서 본 바와 같이 이 사건 법률조항은 과잉금지 원칙에 위배되어 청구인의 재산권을 침해한다고 할 수 없다. ㉱ 그러므로 이 사건 법률조항은 헌법에 위반되지 아니한다(헌재 2012. 11. 29, 2011헌바49).

이에 관하여 동조의 규정이 침해의 최소성 및 법익균형성의 요건을 갖추지 못하여 과잉금지원칙에 위배되어 헌법에 위반된다는 재판관 1인의 반대의견이 있었다.[33]

[판례] (반대의견) ㉮ 이 사건 법률조항은 사업인정을 받은 당해 공익사업이 폐지·변경되어 협의취득 또는 수용한 토지가 필요 없게 된 경우에 다른 공익사업으로의 변환을 허용하여, 당해 토지의 원소유자 또는 그 포괄승계인으로 하여금 당해 공익사업의 폐지·변경에도 불구하고 환매권을 행사할 수 없도록 제한하는 규정이다. ㉯ 어떤 공익사업을 위하여 토지를 수용한 후 그 본래의 공익사업이 폐지·변경되어 공익사업법 제91조 제1항 소정 환매권의 대상이 되는 경우, 그 해당 토지를 다른 공익사업에 전용하려 하면 이는 새로운 토지수용에 해당하는 것이므로, 공공수용의 요건 충족 여부를 새로이 엄격하게 심사해야 하는 것이 원칙이고, 그 전용결정에 대한 불복방법 등 구제절차도 마련되어야 할 것이다. 그런데 이 사건 법률조항은 단순히 변환 가능한 공익사업의 종류 및 주체만을 제한하고 있을 뿐이다. 특히 이 사건 법률조항은 존속보장을 하지 않을 만한 다른 공익, 즉 사업의 긴급성의 요건에 대해서 규정하지 아니하고, 환매권자가 변환되는 공익사업 진행과정에 사전적으로 관여할 수 있는 기회조차 보장하지 아니한다. 한편, 이 사건 법률조항은 재수용의 횟수를 제한하거나 개발이익이 아닌 정상적인 지가상승분 정도는 지급하도록 함으로써 재산권 침해의 정도를 완화하는 방법 등도 고려하지 않고 있으므로, 이 사건 법률조항은 기본권의 제한에 관한 침해의 최소성 원칙에 반한다 할 것이다. ㉰ 수용토지의 원소유자로부터 재수용절차를 거치도록 하더라도 반드시 공익사업의 시행에 차질이 생길만큼 오랜 시일이 소요되는 것은 아니므로, 이 사건 법률조항이 달성하고자 하는 공익이 이로써 제한되는 사익에 비하여 크게 중하다고도 보기 어렵다. ㉱ 결국, 이 사건 법률조항은 침해의 최소성 및 법익균형성의 요건을 갖추지 못하여 과잉금지원칙에 위배되므로, 헌법에 위반된다(헌재 2012. 11. 29, 2011헌바49 반대의견).

생각건대, 동조의 규정은 처음 사업인정을 받은 공익사업에서 동법 제4조 제1호 내지 제5호의 다른 공익사업으로 변경되는 경우에만 적용된다. 2010년 개정 전의 구법에 의할 경우(제4조 1호 내지 4호의 공익사업으로 변경되는 경우에만 적용됨), 공원조성사업(동법 4조 3호)을 위해 수용된 토지를 택지개발사업(동법 4조 5호)을 위해 제공하는 것과 같은 경우에는 공익사업의 변경이 인정되지 않았다. 그러나 현행법에 의할 경우 택지개발사업(동법 4조 5호)으로 변경된 경우에도 공익사업 변경으로 인하여 환매권의 행사는 제한

33) 공익사업변환 규정의 위헌성에 대하여는 김연태, 환매권과 공익사업의 변환에 관한 소고, 강구철 교수 화갑기념 논문집, 2007, 424면.

될 것이다.

공익사업의 변경이 인정되지 않을 경우 사업시행자는 해당 토지를 환매 후 다시 협의취득하거나 수용하는 절차를 거쳐야 할 것이다.

[판례] 계쟁토지의 취득목적사업인 공원조성사업이 시행되어 그 토지를 포함한 그 일대의 토지들 위에 공원조성공사가 완료되고 공중의 공동사용에 제공되었다가, 그 후 위 토지를 포함한 그 일대의 토지들이 택지개발예정지구로 지정되고 이에 대한 택지개발계획이 승인되자, 위 토지 위의 공원시설을 철거하고 그 지상에 아파트건축공사를 착수하여 현재에 이르기까지 그 공사를 시행하고 있다면, 위 토지는 당초의 취득목적사업인 위 공원조성사업에는 더 이상 필요 없게 된 것임이 객관적으로 명백하다고 하지 않을 수 없고, 당초의 목적사업인 공원조성사업은 토지수용법 제3조 제3호에 해당하는 공익사업인 반면, 그 후 시행한 택지개발사업은 같은 법 제3조 제5호에 해당하는 공익사업임이 법문상 명백하므로, 토지수용법 제71조 제7항과 공공용지의 취득 및 손실보상에 관한 특례법 제1조 · 제2조 · 제9조 등 관계법령의 규정취지로 미루어 볼 때, 위 토지 위에 택지개발사업이 새로 시행되고 있다는 이유만으로는 공원조성사업에 필요 없게 된 위 토지의 원소유자가 위 특례법 제9조 제1항에 따라 위 토지를 환매할 수 없는 것은 아니다(대판 1992. 4. 28, 91다29927).

또한 동조의 규정에 의한 공익사업의 변경은 사업시행자가 국가 · 지방자치단체 또는 대통령령으로 정하는 공공기관인 경우에 한하여 허용된다. 이들의 경우 남용의 우려가 크지 않다는 데에 허용이유가 있으나, 공익사업 추진상의 행정편의를 고려한 규정이라 생각된다.

공익사업의 변경과 관련하여 또 한 가지 문제가 되는 것은 변경된 공익사업의 시행자가 변경되기 전의 사업시행자와 동일한 것이어야 하는가이다. 판례는 사업시행자가 동일하지 않은 경우에도 공익사업의 변경을 인정하고 있다.

[판례①] 이른바 "공익사업의 변환"이 국가 · 지방자치단체 또는 정부투자기개념 사업인정을 받아 토지를 협의취득 또는 수용한 경우에 한하여, 그것도 사업인정을 받은 공익사업이 공익성의 정도가 높은 토지수용법 제3조 제1호 내지 제4호에 규정된 다른 공익사업으로 변경된 경우에만 허용되도록 규정하고 있는 토지수용법 제71조 제7항 등 관계법령의 규정내용이나 그 입법이유 등으로 미루어 볼 때, 같은 법 제71조 제7항 소정의 "공익사업의 변환"이 국가 · 지방자치단체 또는 정부투자기관 등 기업자(또는 사업시행자)가 동일한 경우에만 허용되는 것으로 해석되지는 않는다(대판 1994. 1. 25, 93다11760, 11777, 11784).

[판례②] 공익사업을 위한 토지 등의 취득 및 보상에 관한 법률(이하 '토지보상법'이라고 한다) 제91조 제6항의 입법 취지와 문언, 1981. 12. 31. 구 토지수용법(2002. 2. 4. 법률 제6656호로 제정된 토지보상법 부칙 제2조에 의하여 폐지)의 개정을 통해 처음 마련된 공익사업 변환 제도는 기존에 공익사업을 위해 수용된 토지를 그 후의 사정변경으로 다른 공익사업을 위해 전용할 필요가 있는 경우에는 환매권을 제한함으로써 무용한 수용절차의 반복을 피하자는 데 주안점을 두었을 뿐 변경된 공익사업의 사업주체에 관하여는 큰 의미를 두지 않았던 점, 민간기업이 관계 법률에 따라 허가·인가·승인·지정 등을 받아 시행하는 도로, 철도, 항만, 공항 등의 건설사업의 경우 공익성이 매우 높은 사업임에도 사업시행자가 민간기업이라는 이유만으로 공익사업의 변환을 인정하지 않는다면 공익사업 변환 제도를 마련한 취지가 무색해지는 점, 공익사업의 변환이 일단 토지보상법 제91조 제6항에 정한 '국가·지방자치단체 또는 공공기관의 운영에 관한 법률 제4조에 따른 공공기관 중 대통령령으로 정하는 공공기관'(이하 '국가·지방자치단체 또는 일정한 공공기관'이라고 한다)이 협의취득 또는 수용한 토지를 대상으로 하고, 변경된 공익사업이 공익성이 높은 토지보상법 제4조 제1~5호에 규정된 사업인 경우에 한하여 허용되므로 공익사업 변환 제도의 남용을 막을 수 있는 점을 종합해 보면, 변경된 공익사업이 토지보상법 제4조 제1~5호에 정한 공익사업에 해당하면 공익사업의 변환이 인정되는 것이지, 변경된 공익사업의 시행자가 국가·지방자치단체 또는 일정한 공공기관일 필요까지는 없다(대판 2015. 8. 19, 2014다201391).

(9) 환매권행사의 제척기간

환매권은 다음과 같은 기간 내에 행사하여야 한다.

① 취득한 토지의 전부 또는 일부가 필요 없게 된 경우 중 ⓘ 해당 사업의 폐지·변경으로 필요 없게 된 때에는 관계 법률에 따라 사업이 폐지·변경된 날 또는 제24조에 따른 사업의 폐지·변경 고시가 있는 날부터 10년, ⓘⓘ 그 밖의 사유로 필요 없게 된 때에는 사업완료일부터 10년 이내에 환매하여야 한다(동법 91조 1항).

② 협의취득일 또는 수용의 개시일부터 5년 이내에 취득한 토지의 전부를 해당 사업에 이용하지 아니하였을 때에는 협의취득일 또는 수용의 개시일부터 6년 이내에 환매권을 행사하여야 한다(동조 2항).

[판례] 공공용지의 취득 및 손실보상에 관한 특례법 제9조 제1항은 공공사업에 필요한 토지 등의 취득일부터 10년 이내에 당해 공공사업의 폐지·변경 기타의 사유로 인하여 취득한 토지 등의 전부 또는 일부가 필요 없게 되었을 때를 환매권 행사의 요건으로 하고 있음에 반하여, 제2항은 그 취득일부터 5년을 경과하여도 취득한 토지 등의 전부를 공공사업에 이용하지 아니하였을 때를 환매권 행사의 요건으로 하고 있는 등 그 요건을 서로 달리하고 있으므로, 어느 한쪽의 요건에 해당되면 다른 쪽의 요건을 주장할 수 없게 된다고 할 수는 없고, 양쪽의 요건에 모두 해당된다고 하여 더 짧은 제척기간을 정한 제2항에 의하여 제1항의 환매권의 행사가 제한된다고 할 수도 없을 것이므로, 제2항의 규정에 의한 제척기간이 도과되었다 하여 제1항의 규정에 의한 환매권 행사를 할 수 없는 것도 아니라 할 것이다(대판 1995. 2. 10. 94다31310).

개정 전「공익사업을 위한 토지 등의 취득 및 보상에 관한 법률」제91조 제1항은 "토지의 협의취득일 또는 수용의 개시일('취득일'이라 한다)부터 10년 이내에 해당 사업의 폐지·변경 또는 그 밖의 사유로 취득한 토지의 전부 또는 일부가 필요 없게 된 경우 그 토지의 전부 또는 일부가 필요 없게 된 때부터 1년 또는 그 취득일부터 10년 이내에 그 토지를 환매할 수 있다."고 규정하였다.

헌법재판소는 2020년 11월 26일 재판관 6:3의 의견으로, 환매권의 발생기간을 제한한 동법 제91조 제1항 중 '토지의 협의취득일 또는 수용의 개시일부터 10년 이내에' 부분이 헌법에 합치되지 아니한다는 결정(헌법불합치)을 선고하였다.

헌법불합치 결정에 따라 동 조항은 "공익사업의 폐지·변경 또는 그 밖의 사유로 취득한 토지의 전부 또는 일부가 필요 없게 된 경우 ① 사업의 폐지·변경으로 필요 없게 된 때에는 관계 법률에 따라 사업이 폐지·변경된 날 또는 제24조에 따른 사업의 폐지·변경 고시가 있는 날부터 10년 이내, ② 그 밖의 사유로 필요 없게 된 때에는 사업완료일부터 10년 이내에 그 토지를 환매할 수 있다."고 개정되었다.

[판례] 우리 헌법은 국민의 재산권 보장을 원칙으로 하고 예외적으로 공공필요 등 헌법상 요건을 갖춘 경우 토지수용 등을 인정하고 있다. 따라서 일단 공공필요성 등 공용수용의 요건을 갖추어 토지수용 등의 절차가 종료되었다고 하더라도, 공익사업에 해당 토지가 필요 없게 된 경우에는 토지수용 등의 헌법상 정당성이 장래를 향하여 소멸한 것이므로, 이러한 경우 종전 토지소유자가 소유권을 회복할 수

있는 권리인 환매권은 헌법이 보장하는 재산권의 내용에 포함되는 권리이다. 또한 협의취득의 경우에도 수용에 의한 강제취득방법이 사실상 후속조치로 남아있어 공용수용과 비슷한 공법적 기능을 수행하므로, 협의취득 후 인정되는 환매권도 헌법상 재산권으로 보아야 한다(헌재 1994. 2. 24. 92헌가15등 참조).

이와 같이 환매권은 헌법상 재산권의 존속보장과 밀접한 관련을 가지는 권리라 할 것인데, '공익사업을 위한 토지 등의 취득 및 보상에 관한 법률' 제91조 제1항 중 '토지의 협의취득일 또는 수용의 개시일(이하 이 조에서 "취득일"이라 한다)부터 10년 이내에' 부분(이하 '이 사건 법률조항'이라 한다)은 '취득일로부터 10년 이내'로 환매권의 발생기간을 제한하고 있는데, 이러한 제한은 환매권의 구체적 행사를 위한 내용을 정한 것이라기보다는 환매권 발생 여부 자체를 정하는 것이어서 사실상 원소유자의 환매권을 배제하는 결과를 초래할 수 있으므로, 헌법 제37조 제2항에서 정한 기본권 제한입법의 한계를 준수하고 있는지 살펴본다.

환매권의 발생기간을 제한한 것은 사업시행자의 지위나 이해관계인들의 토지이용에 관한 법률관계 안정, 토지의 사회경제적 이용 효율 제고, 사회일반에 돌아가야 할 개발이익이 원소유자에게 귀속되는 불합리 방지 등을 위한 것인데, 그 입법목적은 정당하고 이와 같은 제한은 입법목적 달성을 위한 유효적절한 방법이라 할 수 있다.

공익사업의 불확실성과 소요기간의 장기화 등 사회적 변화에도 불구하고 이 사건 법률조항이 정한 환매권 발생기간인 '10년'을 예외 없이 유지하게 되면, 토지수용 등의 원인이 된 공익사업의 변경·폐지로 공공필요성이 소멸된 경우에도, 단지 10년이 경과하였다는 사정만으로 환매권이 배제되는 결과가 초래될 수 있다. 다른 나라의 입법례에 비추어 보아도 환매권의 발생기간은 제한하지 아니하고 공익사업이 '필요 없게 된 때'부터 행사기간만을 비교적 짧게 제한하거나, 10년보다 더 긴 기간으로 규정하고, 토지에 현저한 변경이 있을 때 환매거절권을 부여하는 등 보다 덜 침해적인 방법으로 입법목적을 달성하고 있다. 이 사건 법률조항은 침해의 최소성 원칙에 어긋난다.

이 사건 법률조항으로 제한되는 사익은 헌법상 재산권인 환매권의 '발생' 제한이고, 이 사건 법률조항으로 환매권이 '발생'하지 않는 경우에는 환매권 통지의무도 발생하지 않기 때문에 환매권 상실에 따른 손해배상도 받지 못하게 되므로, 사익 제한 정도가 상당히 크다.

그런데 10년 전후로 토지가 필요 없게 되는 것은 취득한 토지가 공익목적으로 실제 사용되지 못한 경우가 대부분이다. 토지보상법은 부동산등기부상 협의취득이나 토지수용의 등기원인 기재가 있는 경우 환매권의 대항력을 인정하고 있어 공익사업에 참여하는 이해관계인들은 환매권이 발생할 수 있음을 충분히 알 수 있다.

토지보상법은 이미 환매대금증감소송을 인정하여 당해 공익사업에 따른 개발이익이 원소유자에게 귀속되는 것을 차단하고 있다.

따라서 이 사건 법률조항이 추구하고자 하는 공익은 원소유자의 사익침해 정도를 정당화할 정도로 크다고 보기 어려우므로, 법익의 균형성을 충족하지 못한다.

결국 이 사건 법률조항은 헌법 제37조 제2항에 반하여 국민의 재산권을 침해하여 헌법에 위반된다.

다만 이 사건 법률조항의 위헌성은 환매권의 발생기간을 제한한 것 자체에 있다기보다는 그 기간을 10년 이내로 제한한 것이 환매권에 대한 과도한 제한이라는 데 있다. 이 사건 법률조항의 위헌성을 제거하기 위하여 발생기간을 제한하되 그 기간을 10년보다 장기로 정하는 방법, 발생기간을 장기로 변경하면서 10년을 초과한 경우 중 토지에 현저한 변경이 있는 등 구체적인 공익이 발생하였을 때에 사업시행자에게 환매거절권을 부여하는 방법, 환매권 발생기간을 따로 정하지 아니하고 공익사업이 '필요 없게 된 때'부터 행사기간만 제한하는 방법 등 다양한 방안이 있을 수 있고 이는 입법재량 영역에 속한다. 따라서 이 사건 법률조항에 대하여 단순위헌 결정을 하는 대신 헌법불합치 결정을 선고한다(헌재 2020. 11. 26, 2019헌바131).[34)]

(10) 환매가격

환매가격은 원칙적으로 당해 토지에 대하여 받은 보상금에 상당하는 금액이나(91조 1항), 그 토지의 가격이 협의취득일 또는 수용개시일 당시에 비하여 현저히 변동되었을 때에는 사업시행자와 환매권자는 환매금액에 대하여 서로 협의하되, 협의가 성립되지 아니하면 그 금액의 증감을 법원에 청구할 수 있다(동조 4항).

「공익사업을 위한 토지 등의 취득 및 보상에 관한 법률」 제91조 제4항 중 '토지의 가격이 취득일 당시에 비하여 현저히 상승한 경우 환매금액에 대한 협

34) 이에 대한 재판관 이선애, 재판관 이종석, 재판관 이미선의 반대의견이 있다. 3인의 재판관은 기본권 제한 입법의 한계를 일탈하여 청구인들의 재산권을 침해한 것이 아니라고 보았다: 「㉮ 환매권은 헌법상 재산권 보장규정으로부터 도출되는 것으로서 헌법이 보장하는 재산권의 내용에 포함되는 권리이며, 그 구체적인 내용과 한계는 법률에 의하여 정해진다. 이 사건 법률조항은 환매권의 구체적인 모습을 형성하면서 환매권 행사를 제한하는 것임을 염두에 두고 기본권 제한 입법의 한계를 일탈한 것인지 살펴볼 필요가 있다. ㉯ 환매권의 발생기간을 합리적 범위 내로 제한하지 않는다면 해당 토지가 공익사업의 시행을 위하여 취득된 날로부터 상당한 기간이 지난 이후에도 언제든지 환매권이 발생할 수 있어 공익사업시행자의 지위나 해당 토지를 둘러싼 관계인들의 법률관계가 심히 불안정한 상태에 놓일 수밖에 없게 된다. ㉰ 우리나라의 경우 부동산 가치 변화가 상당히 심하고, 토지를 정주(定住) 공간보다는 투자의 대상으로 인식하는 사회적 경향이 상당히 존재하며, 원소유자가 환매권을 행사하는 주된 동기가 상승한 부동산의 가치회수인 경우가 있음을 고려하면, 이 사건 법률조항의 환매권 발생기간 제한이 환매권을 형해화하거나 그 본질을 훼손할 정도로 불합리하다고 볼 수 없다」.

의가 성립하지 아니한 때에는 사업시행자로 하여금 환매금액의 증액을 청구할 수 있도록 한 부분'(이하 '이 사건 증액청구조항'이라 한다)이 환매권자의 재산권을 침해하는지 여부가 문제된 사건에서 헌법재판소는 헌법에 위반되지 아니한다고 결정하였다.

> **[판례]** 이 사건 증액청구조항이 환매목적물인 토지의 가격이 통상적인 지가상승분을 넘어 현저히 상승하고 당사자 간 협의가 이루어지지 아니할 경우에 한하여 환매금액의 증액청구를 허용하고 있는 점, 환매권의 내용에 토지가 취득되지 아니하였다면 원소유자가 누렸을 법적 지위의 회복을 요구할 권리가 포함된다고 볼 수 없는 점, 개발이익은 토지의 취득 당시의 객관적 가치에 포함된다고 볼 수 없는 점, 환매권자가 증액된 환매금액의 지급의무를 부담하게 될 것을 우려하여 환매권을 행사하지 못하더라도 이는 사실상의 제약에 불과한 점 등에 비추어 볼 때, 위 조항이 재산권의 내용에 관한 입법형성권의 한계를 일탈하여 환매권자의 재산권을 침해한다고 볼 수 없다(헌재 2016. 9. 29. 2014헌바400).

한편, 여기서 환매금액의 증감을 구하는 소송은 민사소송에 해당한다.

구 「토지수용법」의 규정(71조 5항)과 달리, 구 「공공용지의 취득 및 손실보상에 관한 특례법」의 규정(9조 3항)에 의하면 협의가 성립되지 아니할 때 바로 법원에 환매가격의 증감에 관한 소송을 제기하는 것이 아니라, 관할 토지수용위원회의 재결, 중앙토지수용위원회의 이의재결을 거쳐 소송을 제기할 수 있었다. 또한 이 경우 환매가격의 증감에 관한 소송은 재결청 외의 사업시행자(감액청구의 경우) 또는 재결청 외의 환매권자(증액청구의 경우)를 각각 피고로 하는 공법상 당사자소송이라고 보았다. 그에 비하여 구 「토지수용법」의 규정(71조 5항)에 의한 환매가격의 증감에 관한 소송은 민사소송에 해당하였다.

> **[판례①]** 환매권의 존부에 관한 확인을 구하는 소송 및 공익사업의 위한 토지 등의 취득 및 보상에 관한 법률 제91조 제4항에 따라 환매금액의 증감을 구하는 소송 역시 민사소송에 해당한다(대판 2013. 2. 28. 2010두22368).
>
> **[판례②]** 공공용지의 취득 및 손실보상에 관한 특례법 제9조 제3항 및 같은 법 시행령(이하 '시행령'이라고만 한다) 제7조 제1항의 규정에 의하면 환매권 행사 당시 환매대상토지의 가격이 취득 당시 지급한 보상금에 당해 사업과 관계없는 인근 유사토지의 환매 당시까지의 지가변동률을 곱한 금액을 초과하는 경우에는 사업시행자 또는 환매권자는 환매가격을 결정하기 위하여 상대방과 협의를 하여야 하고 그 협의가 성립되지 아니할 때에는 환매대상토지의 소재지를 관할하는 토지수용위원회에 재결

을 신청할 수 있도록 하고 있으며, 나아가 시행령 제7조 제3항에 의하여 준용되는 토지수용법 제73조 내지 제75조의2의 규정에 의하면 관할토지수용위원회의 재결에 대하여 불복이 있는 자는 중앙토지수용위원회에 이의를 신청할 수 있고, 중앙토지수용위원회의 이의재결에 대하여 불복이 있는 자는 행정소송을 제기할 수 있는데, 그 행정소송이 환매가격의 증감에 관한 소송인 때에는 당해 소송을 제기하는 자가 환매권자인 경우에는 재결청 외에 사업시행자를, 사업시행자인 경우에는 재결청 외에 환매권자를 각각 피고로 하도록 하고 있다.

위와 같이 토지수용법 제75조의2 제2항에 의하여 사업시행자가 환매권자를 상대로 하는 소송은 공법상의 당사자소송으로 사업시행자로서는 환매가격이 위 보상금 상당액보다 증액 변경될 것을 전제로 하여 환매권자에게 그 환매가격과 위 보상금 상당액의 차액의 지급을 구할 수 있는 것이다(대판 2000. 11. 28, 99두3416).

(11) 환매의 절차

(가) 환매의 최고

사업시행자는 환매할 토지가 생겼을 때에는 지체없이 그 사실을 환매권자에게 통지하여야 한다. 다만 사업시행자가 과실없이 환매권자를 알 수 없는 때에는 이를 공고하여야 한다(동법 92조 1항).

환매의 대상토지가 생겼을 경우 이를 환매권자에게 통지 또는 공고하는 것은 사업시행자의 의무이다. 그러나 환매권자는 그 통지 또는 공고에 의하여 환매권을 행사할 수 있는 것이 아니라, 그러한 통지 또는 공고가 없더라도 환매요건의 충족으로서 환매권을 행사할 수 있다. 다만 이러한 통지 또는 공고는 조기에 환매권을 소멸시킬 수 있는 효과를 발생시킨다.

(나) 환매권의 행사

환매권자는 사업시행자의 통지 또는 공고에 관계없이 환매의 의사표시와 함께 환매가격을 사업시행자에게 지급함으로써 환매권을 행사할 수 있다.

(12) 환매권의 소멸

환매권은 ① 사업시행자의 통지 등이 없는 경우에는 동법 91조에 따른 제척기간이 경과하는 때에 소멸되며, ② 사업시행자의 통지 등이 있는 경우에는 제척기간에 관계없이 환매권자가 통지를 받은 날 또는 공고를 한 날부터 6개월이 경과하면 소멸된다(동법 92조 2항).

사례해설

(1) 「공익사업을 위한 토지 등의 취득 및 보상에 관한 법률」은 재결에 대한 불복으로서 이의신청(동법 83조)과 행정소송(동법 85조)을 규정하고 있고 이의신청은 임의적 전치절차이다. 甲이 수용재결에 대하여 보상액의 부적정을 이유로 이의신청을 하는 경우에는 수용재결서의 정본을 송달받은 날로부터 30일 이내에 중앙토지수용위원회에 이의를 신청할 수 있고(동법 83조), 보상액이 부적정하여 중앙토지수용위원회가 수용재결이 위법 또는 부당하다고 인정하는 때에는 보상액을 증액할 수 있다(동법 84조 1항). 한편, 甲이 이의신청을 거친 때에는 이의신청에 대한 재결서를 받은 날로부터 30일 이내에, 이의신청을 거치지 않은 때에는 수용재결서를 받은 날로부터 60일 이내에 사업시행자인 인천광역시를 상대로 보상금증액청구소송을 제기할 수 있다(동법 85조 1항).

(2) 甲은 수용의 개시일 당시 당해 토지의 소유자이므로 정당한 환매권자이고(동법 91조 1항), 애초의 수용목적이었던 폐기물처리시설 설치사업이 변전소 설치사업으로 변경 결정되었으므로 이는 동법 제91조 1항 소정의 수용의 개시일로부터 10년 이내에 사업의 변경으로 인하여 취득한 토지의 전부 또는 일부가 필요 없게 된 경우에 해당하여 甲은 일단 환매권을 취득하였다. 또한 동법 제91조 1항의 경우에는 당해 토지의 전부 또는 일부가 필요 없게 된 때부터 1년 내지 협의취득일 또는 수용의 개시일부터 10년 이내에 환매권을 행사하여야 하는바, 사안의 경우 수용의 개시일은 2005. 2. 20.이므로 제척기간은 도과하지 않은 것으로 판단된다.

그러나 폐기물처리시설 설치사업이 동법 제4조 2호 소정의 공익사업인 변전소 설치사업으로 변경되었고 사업시행자가 인천광역시에서 한국전력공사로 바뀌었더라도 사업시행자의 동일성을 요하지 않는다는 견지에서(대판 1994. 1. 25, 93다11760), 사안의 경우는 공익사업의 변환에 해당한다. 따라서 변전소 설치사업으로 변경함을 관보에 고시한 2005. 6. 20.부터 다시 동법 제91조 1항 소정의 기간이 기산되는 이상(동법 91조 6항) 甲의 환매권 행사는 제한된다.[35]

35) 상세는 김연태, 행정법사례연습, 886면 이하 참조.

제 5 절 도시개발사업(공용환지 Ⅰ)

Ⅰ. 개 설

1. 도시개발사업의 전신으로서의 토지구획정리사업

「도시개발법」은 도시개발에 관하여 필요한 사항을 규정함으로써 계획적이고 체계적인 도시개발을 도모하고 쾌적한 도시환경의 조성과 공공복리의 증진에 기여할 목적으로 제정되었는데(동법 1조 참조), 도시개발의 방식으로서 ① 수용 또는 사용방식(제3장 제2절)과 ② 환지방식(제3장 제3절)을 채택하고 있다.

위 두 가지 방식 가운데 환지방식은 본래 토지구획정리사업의 이름으로 행해졌으며, 그 동안 「토지구획정리사업법」에 근거하여 행해졌던 것인데, 이 법은 「도시개발법」의 시행과 더불어 폐지되었다. 다른 한편, 그 「토지구획정리사업법」은 1966년 8월 3일 법률 제1822호로 제정되었으며, 동법의 제정 이전에는 구 「도시계획법」(1962년 1월 20일 제정) 및 일제하의 조선시행지령(1934. 6. 20)에 근거하여 도시개발(구획정리사업)이 행해진 셈이다. 그리고 그 동안 한국에서의 시가지의 조성과 개발의 근 50%가 토지구획정리사업의 방식(환지방식)으로 행해졌음을 생각할 때, 도시개발사업으로서의 토지구획정리사업은 매우 긴 역사를 지니고 있는 셈이다.[1]

2. 수용방식과 환지방식의 비교

새로이 제정된 「도시개발법」이 도시개발의 방식으로서 수용 또는 사용방식(이하 "수용방식"이라 함)과 환지방식을 채택하였음은 앞에 밝혀 놓은 바 있는데, 여기에서 특히 "환지방식"이라 함은 토지의 교환·분합과 형질변경을 주된 수단으로 하여 도시를 개발하는 방식을 의미한다. 아울러, 그 두 가지 도시개발방식(수용방식과 환지방식)을 비교할 때, 다음과 같은 장점과 단점이 있다고 말할 수 있다.

① 도시의 개발에 있어 수용방식의 경우, 종전의 토지소유자가 당해 지역을

---

1) 상세는 양승두, 한국의 토지구획정리제도에 관한 고찰, 법과 사회, 제6집, 1987. 4, 65면 이하; 법제처(간), 대한민국법제오십년사(하), 1999, 1778면 이하; 대한국토·도시계획학회, 도시개발론, 212면 이하; 전연규·안신정, 도시개발법의 해설과 사례, 2004, 117면 이하 참조.

떠나지 않을 수 없게 되는데 대하여, 환지방식의 경우, 종전의 토지소유자가 그 주변지역에서 토지의 일부를 환지받아 머물게 됨으로써 도시개발의 혜택을 누리는 장점이 있다.

② 수용방식의 경우, 피수용자가 충분한 보상을 받지 못하는데 비하여, 인근의 토지소유자 등이 개발이익(불로소득)을 향유한다는 평을 듣는데 대하여, 환지방식의 경우, 그러한 폐단을 줄일 수 있는 편이다.

③ 수용방식을 통해서는 수용된 지역에 있어서의 공공시설을 정비하는 데 그치는데 대하여 환지방식의 경우, 시행지구 내의 전체 토지가 정비될 수 있는 장점을 지닐 수 있다.

④ 이상에서 본 바와 같이, 도시개발에 있어 환지방식이 수용방식에 비하여 여러 장점을 지니고 있기는 하나, 절차가 복잡하고 이해조정이 쉽지 않으며, 장기간의 시간을 소요하는 단점을 지닌다고 할 수 있다. 그리하여 근년에는 수용방식이 점차 늘어가는 추세에 있다.

Ⅱ. 도시개발의 시행

1. 도시개발구역의 지정 등(도시개발법 3조)

① 다음의 어느 하나에 해당하는 자는 계획적인 도시개발이 필요하다고 인정되는 때에는 도시개발구역을 지정할 수 있다.

㉠ 특별시장 · 광역시장 · 도지사 · 특별자치도지사(이하 "시 · 도지사"라 한다)

㉡ 「지방자치법」 제198조에 따른 서울특별시와 광역시를 제외한 인구 50만 이상의 대도시의 시장(이하 "대도시 시장"이라 한다)

② 도시개발사업이 필요하다고 인정되는 지역이 둘 이상의 특별시 · 광역시 · 도 · 특별자치도(이하 "시 · 도"라 한다) 또는 「지방자치법」 제198조에 따른 서울특별시와 광역시를 제외한 인구 50만 이상의 대도시(이하 "대도시"라 한다)의 행정구역에 걸치는 경우에는 관계 시 · 도지사 또는 대도시 시장이 협의하여 도시개발구역을 지정할 자를 정한다.

③ 국토교통부장관은 다음 각 호의 어느 하나에 해당하면 ①과 ②에도 불구하고 도시개발구역을 지정할 수 있다.

㉠ 국가가 도시개발사업을 실시할 필요가 있는 경우

㉡ 관계 중앙행정기관의 장이 요청하는 경우

㉢ 「도시개발법」(이하 "법"이라 한다) 제11조 제1항 제2호에 따른 공공기관의 장 또는 같은 항 제3호에 따른 정부출연기관의 장이 대통령령으로 정하는 규모 이상으로서 국가계획과 밀접한 관련이 있는 도시개발구역의 지정을 제안하는 경우

㉣ ②에 따른 협의가 성립되지 아니하는 경우

㉤ 그 밖에 대통령령으로 정하는 경우

④ 시장(대도시 시장을 제외한다) · 군수 또는 구청장(자치구의 구청장을 말한다)은 대통령령으로 정하는 바에 따라 시 · 도지사에게 도시개발구역의 지정을 요청할 수 있다.

⑤ 제1항에 따라 도시개발구역을 지정하거나 그 지정을 요청하는 경우 도시개발구역의 지정대상 지역 및 규모, 요청 절차, 제출 서류 등에 필요한 사항은 대통령령으로 정한다.

2. 개발계획의 수립 및 변경(동법 4조)

① 도시개발구역을 지정하는 자(이하 "지정권자"라 한다)는 도시개발구역을 지정하려면 해당 도시개발구역에 대한 도시개발사업의 계획(이하 "개발계획"이라 한다)을 수립하여야 한다. 다만, 제2항에 따라 개발계획을 공모하거나 대통령령으로 정하는 지역에 도시개발구역을 지정할 때에는 도시개발구역을 지정한 후에 개발계획을 수립할 수 있다.

② 지정권자는 창의적이고 효율적인 도시개발사업을 추진하기 위하여 필요한 경우에는 대통령령으로 정하는 바에 따라 개발계획안을 공모하여 선정된 안을 개발계획에 반영할 수 있다. 이 경우 선정된 개발계획안의 응모자가 제11조 제1항에 따른 자격 요건을 갖춘 자인 경우에는 해당 응모자를 우선하여 시행자로 지정할 수 있다.

③ 지정권자는 직접 또는 제3조 제3항 제2호 및 같은 조 제4항에 따른 관계 중앙행정기관의 장 또는 시장 · 군수 · 구청장 또는 제11조 제1항에 따른 도시개발사업의 시행자의 요청을 받아 개발계획을 변경할 수 있다.

④ 지정권자는 환지 방식의 도시개발사업에 대한 개발계획을 수립하려면 환지 방식이 적용되는 지역의 토지면적의 3분의 2 이상에 해당하는 토지 소유자와 그 지역의 토지 소유자 총수의 2분의 1 이상의 동의를 받아야 한다. 환지 방식으로 시행하기 위하여 개발계획을 변경(대통령령으로 정하는 경미한 사항의 변경은 제외한다)하려는 경우에도

또한 같다.

⑤ 지정권자는 도시개발사업을 환지 방식으로 시행하려고 개발계획을 수립하거나 변경할 때에 도시개발사업의 시행자가 제11조 제1항 제1호에 해당하는 자이면 제4항에도 불구하고 토지 소유자의 동의를 받을 필요가 없다.

⑥ 지정권자가 도시개발사업의 전부를 환지 방식으로 시행하려고 개발계획을 수립하거나 변경할 때에 도시개발사업의 시행자가 제11조 제1항 제6호의 조합에 해당하는 경우로서 조합이 성립된 후 총회에서 도시개발구역의 토지면적의 3분의 2 이상에 해당하는 조합원과 그 지역의 조합원 총수의 2분의 1 이상의 찬성으로 수립 또는 변경을 의결한 개발계획을 지정권자에게 제출한 경우에는 제4항에도 불구하고 토지 소유자의 동의를 받은 것으로 본다.

⑦ 제4항에 따른 동의자 수의 산정방법, 동의절차, 그 밖에 필요한 사항은 대통령령으로 정한다.

3. 시행자 등(동법 11조)[2)]

① 도시개발사업의 시행자(이하 "시행자"라 한다)는 다음 각 호의 자 중에서 지정권자가 지정한다. 다만, 도시개발구역의 전부를 환지 방식으로 시행하는 경우에는 제5호의 토지 소유자나 제6호의 조합을 시행자로 지정한다.

㉠ 국가나 지방자치단체

㉡ 대통령령으로 정하는 공공기관

㉢ 대통령령으로 정하는 정부출연기관

㉣ 「지방공기업법」에 따라 설립된 지방공사

㉤ 도시개발구역의 토지 소유자(공유수면 관리 및 매립에 관한 법률 28조에 따라 면허를 받은 자를 해당 공유수면을 소유한 자로 보고 그 공유수면을 토지로 보며, 법 제21조에 따른 수용 또는 사용 방식의 경우에는 도시개발구역의 국공유지를 제외한 토지면적의 3분의 2 이상을 소유한 자를 말한다)

㉥ 도시개발구역의 토지 소유자(공유수면 관리 및 매립에 관한 법률 28조에 따라 면허를 받은 자를 해당 공유수면을 소유한 자로 보고 그 공유수면을 토지로 본다)가 도시개발을 위하여 설립한 조합(도시개발사업의 전부를 환지 방식으로 시행하는 경우에만 해당하며, 이하 "조합"이라 한다)

---

2) 현행 도시개발사업을 시행하기 위해 설립된 민·관공동출자법인의 공공시행자와 민간참여자 간의 이익배분, 적정 이윤율 등에 대해 따로 정하고 있지 않아 민간참여자의 이익이 과도하게 발생할 수 있다는 문제 제기가 있었다. 이에 민간참여자의 이익을 합리적으로 제한하고 도시개발사업의 절차적 투명성 확보를 위해 민·관공동출자법인이 도시개발사업을 시행하고자 하는 경우 민간참여자의 이윤율 상한을 사업의 특성, 민간참여자의 기여 정도 등을 고려하여 대통령령으로 정하도록 하고, 민간참여자 선정 방법, 민간참여자와의 사업시행을 위한 협약 체결 절차, 협약 체결 시 지정권자의 승인 및 정부의 관리·감독 권한 등에 관한 사항을 정하는 "법인의 설립과 사업시행"(동법 11조의2)에 관한 「도시개발법」 개정이 2021. 12. 21. 이루어졌고, 2022. 6. 22. 시행된다.

㉦ 「수도권정비계획법」에 따른 과밀억제권역에서 수도권 외의 지역으로 이전하는 법인 중 과밀억제권역의 사업 기간 등 대통령령으로 정하는 요건에 해당하는 법인

㉧ 「주택법」 제4조에 따라 등록한 자 중 도시개발사업을 시행할 능력이 있다고 인정되는 자로서 대통령령으로 정하는 요건에 해당하는 자(주택법 제2조 제4호에 따른 주택단지와 그에 수반되는 기반시설을 조성하는 경우에만 해당한다)

㉨ 「건설산업기본법」에 따른 토목공사업 또는 토목건축공사업의 면허를 받는 등 개발계획에 맞게 도시개발사업을 시행할 능력이 있다고 인정되는 자로서 대통령령으로 정하는 요건에 해당하는 자

㉩ 「부동산개발업의 관리 및 육성에 관한 법률」 제4조 제1항에 따라 등록한 부동산개발업자로서 대통령령으로 정하는 요건에 해당하는 자

㉪ 「부동산투자회사법」에 따라 설립된 자기관리부동산투자회사 또는 위탁관리부동산투자회사로서 대통령령으로 정하는 요건에 해당하는 자

㉫ 제1호부터 제9호까지, 제9호의2 및 제10호에 해당하는 자(제6호에 따른 조합은 제외한다)가 도시개발사업을 시행할 목적으로 출자에 참여하여 설립한 법인으로서 대통령령으로 정하는 요건에 해당하는 법인

② 지정권자는 제1항 단서에도 불구하고 다음의 어느 하나에 해당하는 사유가 있으면 지방자치단체나 대통령령으로 정하는 자(이하 "지방자치단체 등"이라 한다)를 시행자로 지정할 수 있다. 이 경우 도시개발사업을 시행하는 자가 시・도지사 또는 대도시 시장인 경우 국토교통부장관이 지정한다.

㉠ 토지 소유자나 조합이 대통령령으로 정하는 기간에 시행자 지정을 신청하지 아니한 경우 또는 지정권자가 신청된 내용이 위법하거나 부당하다고 인정한 경우

㉡ 지방자치단체의 장이 집행하는 공공시설에 관한 사업과 병행하여 시행할 필요가 있다고 인정한 경우

㉢ 도시개발구역의 국공유지를 제외한 토지면적의 2분의 1 이상에 해당하는 토지 소유자 및 토지 소유자 총수의 2분의 1 이상이 지방자치단체등의 시행에 동의한 경우

③ 지정권자는 제1항 제5호에 따른 토지 소유자 2인 이상이 도시개발사업을 시행하려고 할 때 또는 같은 호에 따른 토지 소유자가 같은 항 제7호부터 제10호까지의 규정에 해당하는 자와 공동으로 도시개발사업을 시행하려고 할 때에

는 대통령령으로 정하는 바에 따라 도시개발사업에 관한 규약을 정하게 할 수 있다.

④ 제2항에 따라 지방자치단체등이 도시개발사업의 전부를 환지 방식으로 시행하려고 할 때와 제1항 제1호부터 제4호까지 또는 제11호(제1항 제1호부터 제4호까지의 규정에 해당하는 자가 대통령령으로 정하는 비율을 초과하여 출자한 경우로 한정한다)에 해당하는 자가 도시개발사업의 일부를 환지 방식으로 시행하려고 할 때에는 대통령령으로 정하는 바에 따라 시행규정을 작성하여야 한다.

⑤ 제1항 제2호부터 제4호까지의 규정에 해당하는 자, 도시개발구역의 토지 소유자(수용 또는 사용의 방식으로 제안하는 경우에는 도시개발구역의 국공유지를 제외한 토지면적의 3분의 2 이상을 사용할 수 있는 대통령령으로 정하는 권원을 가지고 2분의 1 이상을 소유한 자를 말한다) 또는 제1항 제7호부터 제11호까지의 규정에 해당하는 자는 대통령령으로 정하는 바에 따라 특별자치도지사 · 시장 · 군수 또는 구청장에게 도시개발구역의 지정을 제안할 수 있다. 다만, 제3조 제3항에 해당하는 자는 국토교통부장관에게 직접 제안할 수 있다.

⑥ 토지 소유자 또는 제1항 제7호부터 제11호까지(제1항 제1호부터 제4호까지의 규정에 해당하는 자가 대통령령으로 정하는 비율을 초과하여 출자한 경우는 제외한다)의 규정에 해당하는 자가 제5항에 따라 도시개발구역의 지정을 제안하려는 경우에는 대상 구역 토지면적의 3분의 2 이상에 해당하는 토지 소유자(지상권자를 포함한다)의 동의를 받아야 한다.

⑦ 특별자치도지사 · 시장 · 군수 또는 구청장은 제안자와 협의하여 도시개발구역의 지정을 위하여 필요한 비용의 전부 또는 일부를 제안자에게 부담시킬 수 있다.

⑧ 지정권자는 다음 각 호의 어느 하나에 해당하는 경우에는 시행자를 변경할 수 있다.

㉠ 도시개발사업에 관한 실시계획의 인가를 받은 후 2년 이내에 사업을 착수하지 아니하는 경우

㉡ 행정처분으로 시행자의 지정이나 실시계획의 인가가 취소된 경우

㉢ 시행자의 부도 · 파산, 그 밖에 이와 유사한 사유로 도시개발사업의 목적을 달성하기 어렵다고 인정되는 경우

㉣ 제1항 단서에 따라 시행자로 지정된 자가 대통령령으로 정하는 기간에 도시개발사업에 관한 실시계획의 인가를 신청하지 아니하는 경우

⑨ 제5항에 따라 도시개발구역의 지정을 제안하는 경우 도시개발구역의 규모, 제안 절차, 제출 서류, 기초조사 등에 관하여 필요한 사항은 제3조 제5항과 제6조를 준용한다.

⑩ 제2항 제3호 및 제6항에 따른 동의자 수의 산정방법, 동의절차, 그 밖에 필요한 사항은 대통령령으로 정한다.

⑪ 제1항 제1호부터 제4호까지의 규정에 해당하는 자는 도시개발사업을 효율적으로 시행하기 위하여 필요한 경우에는 대통령령으로 정하는 바에 따라 설계·분양 등 도시개발사업의 일부를 「주택법」 제4조에 따른 주택건설사업자 등으로 하여금 대행하게 할 수 있다.

4. 도시개발사업시행의 위탁(동법 12조)

시행자는 항만·철도, 그 밖에 대통령령으로 정하는 공공시설의 건설과 공유수면의 매립에 관한 업무를 대통령령으로 정하는 바에 따라 국가, 지방자치단체, 대통령령으로 정하는 공공기관·정부출연기관 또는 지방공사에 위탁하여 시행할 수 있다(동법 12조 1항). 또한 시행자는 도시개발사업을 위한 기초조사, 토지매수 업무, 손실보상 업무, 주민 이주대책 사업 등을 대통령령으로 정하는 바에 따라 관할 지방자치단체, 대통령령으로 정하는 공공기관·정부출연기관·정부출자기관 또는 지방공사에 위탁할 수 있다(동법 12조 2항).

5. 조합설립의 인가(동법 13조)

① 조합을 설립하려면 도시개발구역의 토지 소유자 7명 이상이 대통령령으로 정하는 사항을 포함한 정관을 작성하여 지정권자에게 조합 설립의 인가를 받아야 한다.

② 조합이 인가를 받은 사항을 변경하려면 지정권자로부터 변경인가를 받아야 한다. 다만, 대통령령으로 정하는 경미한 사항을 변경하려는 경우에는 신고하여야 한다.

③ 조합 설립의 인가를 신청하려면 해당 도시개발구역의 토지면적의 3분의 2 이상에 해당하는 토지 소유자와 그 구역의 토지 소유자 총수의 2분의 1 이상의 동의를 받아야 한다.

④ 제3항에 따른 동의자 수의 산정방법 및 동의절차, 그 밖에 필요한 사항은 대통령령으로 정한다.

6. 실시계획의 작성 및 인가 등(동법 17조)

① 시행자는 대통령령으로 정하는 바에 따라 도시개발사업에 관한 실시계

획(이하 "실시계획"이라 한다)을 작성하여야 한다. 이 경우 실시계획에는 지구단위계획이 포함되어야 한다.

② 시행자(지정권자가 시행자인 경우는 제외한다)는 제1항에 따라 작성된 실시계획에 관하여 지정권자의 인가를 받아야 한다.

③ 지정권자가 실시계획을 작성하거나 인가하는 경우 국토교통부장개념 지정권자이면 시·도지사 또는 대도시 시장의 의견을, 시·도지사가 지정권자이면 시장·군수 또는 구청장의 의견을 미리 들어야 한다.

④ 제2항과 제3항은 인가를 받은 실시계획을 변경하거나 폐지하는 경우에 준용한다. 다만, 국토교통부령으로 정하는 경미한 사항을 변경하는 경우에는 그러하지 아니하다.

⑤ 실시계획에는 사업 시행에 필요한 설계 도서, 자금 계획, 시행 기간, 그 밖에 대통령령으로 정하는 사항과 서류를 명시하거나 첨부하여야 한다.

7. 실시계획의 고시(동법 18조)

① 지정권자가 실시계획을 작성하거나 인가한 경우에는 대통령령으로 정하는 바에 따라 이를 관보나 공보에 고시하고 시행자에게 관계 서류의 사본을 송부하며, 대도시 시장인 지정권자는 일반에게 관계 서류를 공람시켜야 하고, 대도시 시장이 아닌 지정권자는 해당 도시개발구역을 관할하는 시장·군수 또는 구청장에게 관계 서류의 사본을 보내야 한다. 이 경우 지정권자인 특별자치도지사와 본문에 따라 관계 서류를 받은 시장·군수 또는 구청장은 이를 일반인에게 공람시켜야 한다.

② 제1항에 따라 실시계획을 고시한 경우 그 고시된 내용 중 「국토의 계획 및 이용에 관한 법률」에 따라 도시관리계획(지구단위계획을 포함한다)으로 결정하여야 하는 사항은 같은 법에 따른 도시관리계획이 결정되어 고시된 것으로 본다. 이 경우 종전에 도시관리계획으로 결정된 사항 중 고시 내용에 저촉되는 사항은 고시된 내용으로 변경된 것으로 본다.

③ 제2항에 따라 도시관리계획으로 결정·고시된 사항에 대한 「국토의 계획 및 이용에 관한 법률」 제32조의 도시관리계획에 관한 지형도면의 고시에 관하여는 법 제9조 제4항을 준용한다.

8. 도시개발계획의 시행방식

도시개발사업은 도시개발구역안의 토지 등을 수용 또는 사용하는 방식이나 환지방식 또는 이를 혼용하는 방식으로 시행할 수 있다.

Ⅲ. 수용 또는 사용방식에 의한 사업시행

1. 토지등의 수용 또는 사용(동법 22조)

① 시행자는 도시개발사업에 필요한 토지등을 수용하거나 사용할 수 있다. 다만, 제11조 제1항 제5호 및 제7호부터 제11호까지의 규정(같은 항 제1호부터 제4호까지의 규정에 해당하는 자가 100분의 50 비율을 초과하여 출자한 경우는 제외한다)에 해당하는 시행자는 사업대상 토지면적의 3분의 2 이상에 해당하는 토지를 소유하고 토지 소유자 총수의 2분의 1 이상에 해당하는 자의 동의를 받아야 한다. 이 경우 토지 소유자의 동의요건 산정기준일은 도시개발구역지정 고시일을 기준으로 하며, 그 기준일 이후 시행자가 취득한 토지에 대하여는 동의 요건에 필요한 토지 소유자의 총수에 포함하고 이를 동의한 자의 수로 산정한다.

② 제1항에 따른 토지등의 수용 또는 사용에 관하여 이 법에 특별한 규정이 있는 경우 외에는 「공익사업을 위한 토지 등의 취득 및 보상에 관한 법률」을 준용한다.

③ 제2항에 따라 「공익사업을 위한 토지 등의 취득 및 보상에 관한 법률」을 준용할 때 제5조 제1항 제14호에 따른 수용 또는 사용의 대상이 되는 토지의 세부목록을 고시한 경우에는 「공익사업을 위한 토지 등의 취득 및 보상에 관한 법률」 제20조 제1항과 제22조에 따른 사업인정 및 그 고시가 있었던 것으로 본다. 다만, 재결신청은 같은 법 제23조 제1항과 제28조 제1항에도 불구하고 개발계획에서 정한 도시개발사업의 시행 기간 종료일까지 하여야 한다.

2. 토지상환채권의 발행(동법 23조)

① 시행자는 토지 소유자가 원하면 토지 등의 매수 대금의 일부를 지급하기 위하여 대통령령으로 정하는 바에 따라 사업 시행으로 조성된 토지·건축물로 상환하는 채권(이하 "토지상환채권"이라 한다)을 발행할 수 있다. 다만, 제11조 제1항 제5호부터 제11호까지의 규정에 해당하는 자는 대통령령으로 정하는 금융기관 등으로부터

지급보증을 받은 경우에만 이를 발행할 수 있다.

② 시행자(지정권자가 시행자인 경우는 제외한다)는 제1항에 따라 토지상환채권을 발행하려면 대통령령으로 정하는 바에 따라 토지상환채권의 발행계획을 작성하여 미리 지정권자의 승인을 받아야 한다.

3. 이주대책 등(동법 24조)

시행자는 「공익사업을 위한 토지 등의 취득 및 보상에 관한 법률」로 정하는 바에 따라 도시개발사업의 시행에 필요한 토지 등의 제공으로 생활의 근거를 상실하게 되는 자에 관한 이주대책 등을 수립·시행하여야 한다.

4. 선 수 금(동법 25조)

① 시행자는 조성토지등을 공급받거나 이용하려는 자로부터 대통령령으로 정하는 바에 따라 해당 대금의 전부 또는 일부를 미리 받을 수 있다.

② 시행자(지정권자가 시행자인 경우는 제외한다)는 제1항에 따라 해당 대금의 전부 또는 일부를 미리 받으려면 지정권자의 승인을 받아야 한다.

5. 원형지의 공급과 개발(동법 25조의2)

시행자는 도시를 자연친화적으로 개발하거나 복합적·입체적으로 개발하기 위하여 필요한 경우에는 대통령령으로 정하는 절차에 따라 미리 지정권자의 승인을 받아 다음의 어느 하나에 해당하는 자에게 원형지를 공급하여 개발하게 할 수 있다. 이 경우 공급될 수 있는 원형지의 면적은 도시개발구역 전체 토지 면적의 3분의 1 이내로 한정한다.

1. 국가 또는 지방자치단체
2. 「공공기관의 운영에 관한 법률」 제4조에 따른 공공기관
3. 「지방공기업법」에 따라 설립된 지방공사
4. 제11조 제1항 제1호 또는 제2호에 따른 시행자가 복합개발 등을 위하여 실시한 공모에서 선정된 자
5. 원형지를 학교나 공장 등의 부지로 직접 사용하는 자

6. 조성토지 등의 공급계획(동법 26조)

시행자(지정권자가 시행자인 경우는 제외한다)는 조성토지 등을 공급하려고 할 때에는 조성토지 등의

공급 계획을 작성하거나 변경하여 지정권자에게 제출하여야 한다. 이 경우 행정청이 아닌 시행자는 시장·군수 또는 구청장을 거쳐 제출하여야 한다.

7. 학교용지 등의 공급가격(동법 27조)

시행자는 학교, 폐기물처리시설, 그 밖에 대통령령으로 정하는 시설을 설치하기 위한 조성토지등과 이주단지의 조성을 위한 토지를 공급하는 경우에는 해당 토지의 가격을 「감정평가 및 감정평가사에 관한 법률」에 따른 감정평가법인 등이 감정평가한 가격 이하로 정할 수 있다.

Ⅳ. 환지방식에 의한 사업시행(공용환지)

1. 환지계획의 작성(동법 28조)

① 시행자는 도시개발사업의 전부 또는 일부를 환지 방식으로 시행하려면 다음 각 호의 사항이 포함된 환지 계획을 작성하여야 한다.

㉠ 환지 설계

㉡ 필지별로 된 환지 명세

㉢ 필지별과 권리별로 된 청산 대상 토지 명세

㉣ 제34조에 따른 체비지(替費地) 또는 보류지(保留地)의 명세

㉤ 제32조에 따른 입체 환지를 계획하는 경우에는 입체 환지용 건축물의 명세와 제32조의3에 따른 공급 방법·규모에 관한 사항

㉥ 그 밖에 국토교통부령으로 정하는 사항

② 환지 계획은 종전의 토지와 환지의 위치·지목·면적·토질·수리·이용 상황·환경, 그 밖의 사항을 종합적으로 고려하여 합리적으로 정하여야 한다.

③ 시행자는 환지 방식이 적용되는 도시개발구역에 있는 조성토지 등의 가격을 평가할 때에는 토지평가협의회의 심의를 거쳐 결정하되, 그에 앞서 대통령령으로 정하는 공인평가기개념 평가하게 하여야 한다.

2. 환지계획의 인가 등(동법 29조)

① 행정청이 아닌 시행자가 제28조에 따라 환지 계획을 작성한 경우에는 특별자치도지사·시장·군수 또는 구청장의 인가를 받아야 한다.

② 제1항은 인가받은 내용을 변경하려는 경우에 준용한다. 다만, 대통령령으로 정하는 경미한 사항을 변경하는 경우에는 그러하지 아니하다.

③ 행정청이 아닌 시행자가 제1항에 따라 환지 계획의 인가를 신청하려고 하거나 행정청인 시행자가 환지 계획을 정하려고 하는 경우에는 토지 소유자와 해당 토지에 대하여 임차권, 지상권, 그 밖에 사용하거나 수익할 권리(이하 "임차권등"이라 한다)를 가진 자(이하 "임차권자등"이라 한다)에게 환지 계획의 기준 및 내용 등을 알리고 대통령령으로 정하는 바에 따라 관계 서류의 사본을 일반인에게 공람시켜야 한다. 다만, 대통령령으로 정하는 경미한 사항을 변경하는 경우에는 그러하지 아니하다.

④ 토지 소유자나 임차권자등은 제3항의 공람 기간에 시행자에게 의견서를 제출할 수 있으며, 시행자는 그 의견이 타당하다고 인정하면 환지 계획에 이를 반영하여야 한다.

⑤ 행정청이 아닌 시행자가 제1항에 따라 환지 계획 인가를 신청할 때에는 제4항에 따라 제출된 의견서를 첨부하여야 한다.

⑥ 시행자는 제4항에 따라 제출된 의견에 대하여 공람 기일이 종료된 날부터 60일 이내에 그 의견을 제출한 자에게 환지 계획에의 반영여부에 관한 검토 결과를 통보하여야 한다.

3. 토지면적을 고려한 환지(동법 31조)

시행자는 토지 면적의 규모를 조정할 특별한 필요가 있으면 면적이 작은 토지는 과소(過小) 토지가 되지 아니하도록 면적을 늘려 환지를 정하거나 환지 대상에서 제외할 수 있고, 면적이 넓은 토지는 그 면적을 줄여서 환지를 정할 수 있다.

4. 입체환지(동법 32조)

시행자는 도시개발사업을 원활히 시행하기 위하여 특히 필요한 경우에는 토지 또는 건축물 소유자의 신청을 받아 건축물의 일부와 그 건축물이 있는 토지의 공유지분을 부여할 수 있다.

5. 공공시설의 용지 등에 관한 조치(동법 33조)

①「공익사업을 위한 토지 등의 취득 및 보상에 관한 법률」 제4조 각 호의 어느 하나에 해당하는 공공시설의 용지에 대하여는 환지 계획을 정할 때 그 위

치 · 면적 등에 관하여 제28조 제2항에 따른 기준을 적용하지 아니할 수 있다.

② 시행자가 도시개발사업의 시행으로 국가 또는 지방자치단체가 소유한 공공시설과 대체되는 공공시설을 설치하는 경우 종전의 공공시설의 전부 또는 일부의 용도가 폐지되거나 변경되어 사용하지 못하게 될 토지는 제66조 제1항 및 제2항에도 불구하고 환지를 정하지 아니하며, 이를 다른 토지에 대한 환지의 대상으로 하여야 한다.

6. 체비지 등(동법 34조)

① 시행자는 도시개발사업에 필요한 경비에 충당하거나 규약 · 정관 · 시행규정 또는 실시계획으로 정하는 목적을 위하여 일정한 토지를 환지로 정하지 아니하고 보류지로 정할 수 있으며, 그 중 일부를 체비지(替費地)로 정하여 도시개발사업에 필요한 경비에 충당할 수 있다.

② 특별자치도지사 · 시장 · 군수 또는 구청장은 「주택법」에 따른 공동주택의 건설을 촉진하기 위하여 필요하다고 인정하면 제1항에 따른 체비지 중 일부를 같은 지역에 집단으로 정하게 할 수 있다.

7. 환지 예정지

(1) 환지 예정지의 지정(동법 35조)

시행자는 도시개발사업의 시행을 위하여 필요하면 도시개발구역의 토지에 대하여 환지 예정지를 지정할 수 있다. 이 경우 종전의 토지에 대한 임차권자 등이 있으면 해당 환지 예정지에 대하여 해당 권리의 목적인 토지 또는 그 부분을 아울러 지정하여야 한다.

(2) 환지 예정지 지정의 효과(동법 36조)

① 환지 예정지가 지정되면 종전의 토지의 소유자와 임차권자등은 환지 예정지 지정의 효력발생일부터 환지처분이 공고되는 날까지 환지 예정지나 해당 부분에 대하여 종전과 같은 내용의 권리를 행사할 수 있으며 종전의 토지는 사용하거나 수익할 수 없다.

② 시행자는 제35조 제1항에 따라 환지 예정지를 지정한 경우에 해당 토지를 사용하거나 수익하는 데에 장애가 될 물건이 그 토지에 있거나 그 밖에 특별한 사유가 있으면 그 토지의 사용 또는 수익을 시작할 날을 따로 정할 수 있다.

③ 환지 예정지 지정의 효력이 발생하거나 제2항에 따라 그 토지의 사용 또

는 수익을 시작하는 경우에 해당 환지 예정지의 종전의 소유자 또는 임차권자등은 제1항 또는 제2항에서 규정하는 기간에 이를 사용하거나 수익할 수 없으며 제1항에 따른 권리의 행사를 방해할 수 없다.

④ 시행자는 제34조에 따른 체비지의 용도로 환지 예정지가 지정된 경우에는 도시개발사업에 드는 비용을 충당하기 위하여 이를 사용 또는 수익하게 하거나 처분할 수 있다.

⑤ 임차권등의 목적인 토지에 관하여 환지 예정지가 지정된 경우 임대료·지료, 그 밖의 사용료 등의 증감이나 권리의 포기 등에 관하여는 제48조와 제49조를 준용한다.

8. 사용·수익의 정지(동법 37조)

① 시행자는 환지를 정하지 아니하기로 결정된 토지 소유자나 임차권자등에게 날짜를 정하여 그날부터 해당 토지 또는 해당 부분의 사용 또는 수익을 정지시킬 수 있다.

② 시행자가 제1항에 따라 사용 또는 수익을 정지하게 하려면 30일 이상의 기간을 두고 미리 해당 토지 소유자 또는 임차권자등에게 알려야 한다.

9. 장애물 등의 이전 및 제거(동법 38조)

시행자는 법 제35조 제1항에 따라 환지 예정지를 지정하거나 법 제37조 제1항에 따라 종전의 토지에 관한 사용 또는 수익을 정지시키는 경우나 대통령령으로 정하는 시설의 변경·폐지에 관한 공사를 시행하는 경우 필요하면 도시개발구역에 있는 건축물과 그 밖의 공작물이나 물건(이하 "건축물등"이라 한다) 및 죽목, 토석, 울타리 등의 장애물(이하 "장애물등"이라 한다)을 이전하거나 제거할 수 있다. 이 경우 시행자(행정청이 아닌 시행자만 해당한다)는 미리 관할 특별자치도지사·시장·군수 또는 구청장의 허가를 받아야 한다.

10. 환지처분 등

(1) 환지처분(동법 40조)

① 시행자는 환지 방식으로 도시개발사업에 관한 공사를 끝낸 경우에는 지체 없이 대통령령으로 정하는 바에 따라 이를 공고하고 공사 관계 서류를 일반인에게 공람시켜야 한다.

② 도시개발구역의 토지 소유자나 이해관계인은 제1항의 공람 기간에 시행자에게 의견서를 제출할 수 있으며, 의견서를 받은 시행자는 공사 결과와 실시계획 내용에 맞는지를 확인하여 필요한 조치를 하여야 한다.

③ 시행자는 제1항의 공람 기간에 제2항에 따른 의견서의 제출이 없거나 제출된 의견서에 따라 필요한 조치를 한 경우에는 지정권자에 의한 준공검사를 신청하거나 도시개발사업의 공사를 끝내야 한다.

④ 시행자는 지정권자에 의한 준공검사를 받은 경우(지정권자가 시행자인 경우에는 법 제51조에 따른 공사 완료 공고가 있는 때)에는 대통령령으로 정하는 기간에 환지처분을 하여야 한다.

⑤ 시행자는 환지처분을 하려는 경우에는 환지 계획에서 정한 사항을 토지 소유자에게 알리고 대통령령으로 정하는 바에 따라 이를 공고하여야 한다.

(2) 환지처분의 효과(동법 42조)

① 환지 계획에서 정하여진 환지는 그 환지처분이 공고된 날의 다음 날부터 종전의 토지로 보며, 환지 계획에서 환지를 정하지 아니한 종전의 토지에 있던 권리는 그 환지처분이 공고된 날이 끝나는 때에 소멸한다.

② 제1항은 행정상 처분이나 재판상의 처분으로서 종전의 토지에 전속하는 것에 관하여는 영향을 미치지 아니한다.

③ 도시개발구역의 토지에 대한 지역권은 제1항에도 불구하고 종전의 토지에 존속한다. 다만, 도시개발사업의 시행으로 행사할 이익이 없어진 지역권은 환지처분이 공고된 날이 끝나는 때에 소멸한다.

④ 제28조에 따른 환지 계획에 따라 환지처분을 받은 자는 환지처분이 공고된 날의 다음 날에 환지 계획으로 정하는 바에 따라 건축물의 일부와 해당 건축물이 있는 토지의 공유지분을 취득한다. 이 경우 종전의 토지에 대한 저당권은 환지처분이 공고된 날의 다음 날부터 해당 건축물의 일부와 해당 건축물이 있는 토지의 공유지분에 존재하는 것으로 본다.

⑤ 제34조에 따른 체비지는 시행자가, 보류지는 환지 계획에서 정한 자가 각각 환지처분이 공고된 날의 다음 날에 해당 소유권을 취득한다. 다만, 법 제36조 제4항에 따라 이미 처분된 체비지는 그 체비지를 매입한 자가 소유권 이전 등기를 마친 때에 소유권을 취득한다.

⑥ 제41조에 따른 청산금은 환지처분이 공고된 날의 다음 날에 확정된다.

[판례] 토지구획정리사업법에 의한 토지구획정리는 환지처분을 기본적 요소로 하는 것으로서 환지예정지지정처분은 사업시행자가 사업지구내의 종전 토지소유자로 하여금 환지계획에서 환지로 정하여진 토지를 환지처분이 있을 때까지 사이에 사용수익할 수 있게 하는 처분에 불과하고, 한편 환지처분은 사업시행자가 환지계획구역의 전부에 대하여 공사를 완료한 후 환지계획에 따라 환지교부 등을 하는 처분으로서 일단 공고되어 효력을 발생하게 된 이후에는 환지 전체의 절차를 처음부터 다시 밟지 않는 한 그 일부만을 따로 떼어 환지처분을 변경할 길이 없으며 다만 그 환지처분에 위법이 있다면 그 위법을 이유로 하여 민사상의 절차에 따라 권리관계의 존부를 확정하거나 손해의 배상을 구하는 등의 길이 있을 뿐이므로, 그 환지확정처분의 일부에 대하여 취소를 구할 법률상 이익은 없다고 할 것이다(대판 1990. 9. 25, 88누2557. 동지판례: 대판 1985. 4. 23, 84누446; 대판 1993. 12. 28, 93누4502; 대판 2013. 2. 28, 2010두2289).

11. 청 산 금

(1) 청산금의 결정(동법 41조)

환지를 정하거나 그 대상에서 제외한 경우 그 과부족분은 종전의 토지 및 환지의 위치 · 지목 · 면적 · 토질 · 수리 · 이용 상황 · 환경, 그 밖의 사항을 종합적으로 고려하여 금전으로 청산하여야 한다. 청산금은 환지처분을 하는 때에 결정하여야 한다. 다만, 제30조나 제31조에 따라 환지 대상에서 제외한 토지 등에 대하여는 청산금을 교부하는 때에 청산금을 결정할 수 있다.

(2) 청산금의 징수 · 교부 등(동법 46조)

① 시행자는 환지처분이 공고된 후에 확정된 청산금을 징수하거나 교부하여야 한다. 다만, 제30조와 제31조에 따라 환지를 정하지 아니하는 토지에 대하여는 환지처분 전이라도 청산금을 교부할 수 있다.

② 청산금은 대통령령으로 정하는 바에 따라 이자를 붙여 분할징수하거나 분할교부 할 수 있다.

③ 행정청인 시행자는 청산금을 내야 할 자가 이를 내지 아니하면 국세 또는 지방세 체납처분의 예에 따라 징수할 수 있으며, 행정청이 아닌 시행자는 특별자치도지사 · 시장 · 군수 또는 구청장에게 청산금의 징수를 위탁할 수 있다. 이 경우 제16조 제5항을 준용한다.

④ 청산금을 받을 자가 주소 불분명 등의 이유로 청산금을 받을 수 없거나 받기를 거부하면 그 청산금을 공탁할 수 있다.

[판례] 도시개발법 제46조 제3항에 따라 도시개발사업조합이 관할 지방자치단체의 장에게 도시개발법에 따른 청산금의 징수를 위탁할 수 있다 하더라도, 그 지방자치단체의 장이 징수위탁에 응하지 아니하는 등의 특별한 사정이 있는 때에는 도시개발사업조합은 직접 공법상 당사자소송으로써 청산금의 지급을 구할 수 있다 (대판 2017. 4. 28, 2013다1211).

(3) 청산금의 소멸시효(동법 47조)

청산금을 받을 권리나 징수할 권리를 5년간 행사하지 아니하면 시효로 소멸한다.

12. 감가보상금(동법 45조)

행정청인 시행자는 도시개발사업의 시행으로 사업 시행 후의 토지 가액의 총액이 사업 시행 전의 토지 가액의 총액보다 줄어든 경우에는 그 차액에 해당하는 감가보상금을 대통령령으로 정하는 기준에 따라 종전의 토지 소유자나 임차권자등에게 지급하여야 한다.

13. 임대료 등의 증감청구(동법 48조)

① 도시개발사업으로 임차권 등의 목적인 토지 또는 지역권에 관한 승역지(承役地)의 이용이 증진되거나 방해를 받아 종전의 임대료·지료, 그 밖의 사용료 등이 불합리하게 되면 당사자는 계약 조건에도 불구하고 장래에 관하여 그 증감을 청구할 수 있다. 도시개발사업으로 건축물이 이전된 경우 그 임대료에 관하여도 또한 같다.

② 제1항의 경우 당사자는 해당 권리를 포기하거나 계약을 해지하여 그 의무를 지지 아니할 수 있다.

③ 제40조 제5항에 따라 환지처분이 공고된 날부터 60일이 지나면 임대료·지료, 그 밖의 사용료 등의 증감을 청구할 수 없다.

14. 권리의 포기 등(동법 49조)

① 도시개발사업의 시행으로 지역권 또는 임차권 등을 설정한 목적을 달성할 수 없게 되면 당사자는 해당 권리를 포기하거나 계약을 해지할 수 있다. 도시개발사업으로 건축물이 이전되어 그 임대의 목적을 달성할 수 없게 된 경우에도 또한 같다.

② 제1항에 따라 권리를 포기하거나 계약을 해지한 자는 그로 인한 손실을 보상하여 줄 것을 시행자에게 청구할 수 있다.

③ 제2항에 따라 손실을 보상한 시행자는 해당 토지 또는 건축물의 소유자 또는 그로 인하여 이익을 얻는 자에게 이를 구상할 수 있다.

④ 제40조 제5항에 따라 환지처분이 공고된 날부터 60일이 지나면 제1항에 따른 권리를 포기하거나 계약을 해지할 수 없다.

⑤ 제2항에 따른 손실보상에 관하여는 타인 토지의 출입 등에 관한 손실보상의 방법 및 절차 등에 관한 규정을 준용한다.

⑥ 제3항에 따른 손실보상금의 구상에 관하여는 법 제16조 제4항 및 제5항을 준용한다.

제 6 절 농업기반 등 정비사업(공용환지 Ⅱ)

Ⅰ. 개 설

1. 농어촌정비법의 제정

종전에 도시에서의 공용환지는 「토지구획정리사업법」에 의거하여 행해지고, 농촌에서의 경지정리는 「농촌근대화촉진법」에 의거하여 행해졌다. 그런데 「농어촌정비법」(1994. 12. 22. 법률 제4823호 제정)이 제정됨에 따라 여기에 변화가 생겼다. 농어촌지역에서의 공용환지가 새로 제정된 「농어촌정비법」에 의거하여 행해지게 되었기 때문이다. 또한, 새로 제정된 「농어촌정비법」은 농어촌지역에서의 공용환지를 주목적으로 제정된 것도 아니다. 동법은, 본래 "농업생산기반, 농어촌 생활환경, 농어촌 관광휴양자원 및 한계농지 등을 종합적·체계적으로 정비·개발하여 농수산업의 경쟁력을 높이고 농어촌 생활환경 개선을 촉진함으로써 환경친화적이고 현대적인 농어촌 건설과 국가의 균형발전에 이바지하는 것을 목적"으로 제정된 법률이다(농어촌정비법 1조 참조). 공용환지에 관한 부분은 다만 그 중의 일부분에 지나지 않는다.

아래에서는 위 농어촌정비법에 규정되어 있는 공용환지에 대해서만 살펴보기로 한다.

2. 농업기반 등 정비사업의 시행

「농어촌정비법」에서의 공용환지는 농업생산기반 정비사업의 시행을 위하여 필요한 경우에 시행할 수 있도록 되어 있는데(동법 25조 이하), 여기에서 '농업생산기반 정비사업'이라 함은 다음의 사업을 말한다.

(1) 농업생산기반 정비사업(동법 2조 5호)

다음의 사업이 이에 해당한다.

① 농어촌용수 개발사업

② 경지 정리, 배수 개선, 농업생산기반시설의 개수·보수와 준설 등 농업생산기반 개량사업

③ 농수산업을 주목적으로 간척, 매립, 개간 등을 하는 농지확대 개발사업

④ 농업 주산단지 조성과 영농시설 확충사업

⑤ 저수지(농어촌용수를 확보할 목적으로 하천, 하천구역 또는 연안구역 등에 물을 가두어 두거나 관리하기 위한 시설과 홍수위 이하의 수면 및 토지), 담수호 등 호수와 늪의 수질오염 방지사업과 수질개선 사업

⑥ 농지의 토양개선사업

⑦ 그 밖에 농지를 개발하거나 이용하는 데에 필요한 사업

(2) 생활환경정비사업(동법 2조 10호)

① 집단화된 농어촌 주택, 공동이용시설 등을 갖춘 새로운 농어촌마을 건설사업

② 기존 마을의 토지와 주택 등을 합리적으로 재배치하기 위한 농어촌마을 재개발사업

③ 분산된 마을의 정비사업

④ 간이 상수도, 마을하수도(하수도법 제2조 제4호에 따른 공공하수도 중 농어촌지역에 마을 단위로 설치하는 공공하수도) 및 오수·폐수 정화시설의 설치 등 농어촌 수질오염 방지를 위한 사업

⑤ 주민생활의 거점이 되는 지역을 중점적으로 개발하는 정주생활권 개발사업

⑥ 빈집의 정비

⑦ 농어촌 임대주택의 공급 및 관리를 위한 사업

⑧ 치산녹화 등 국토보전시설의 정비·확충

⑨ 농어촌 주택의 개량(신축·증축·개축 및 대수선)사업

⑩ 슬레이트(석면이 함유된 슬레이트)가 사용된 농어촌 주택·공동이용시설 등 시설물에

대한 슬레이트의 해체·제거 및 처리 사업

⑪ 그 밖에 농어촌지역과 준농어촌지역의 생활환경을 개선하기 위하여 필요한 사업

Ⅱ. 사업의 시행

1. 시 행 자

농업생산기반 정비사업은 국가, 지방자치단체, 「한국농어촌공사 및 농지관리기금법」에 따른 한국농어촌공사 또는 토지 소유자가 시행하며, 다만 농업 주산단지 조성과 영농시설 확충사업은 「농업협동조합법」 제2조에 따른 조합도 시행할 수 있다(동법 10조).

생활환경정비사업은 시장·군수·구청장이 시행하되, 다만 시장·군수·구청장은 생활환경정비사업을 효율적으로 추진하기 위하여 사업의 전부 또는 일부에 대하여 한국농어촌공사 등을 사업시행자로 지정할 수 있다(동법 56조 1항). 아울러 시장·군수·구청장은 생활환경정비사업을 효율적으로 추진하기 위하여 필요하면 한국농어촌공사, 한국토지주택공사, 지방공기업 및 주택건설 사업자에게 사업의 전부 또는 일부를 위탁하여 시행하게 할 수 있다(동법 56조 3항).

2. 일시이용지의 지정

농업생산기반 정비사업 시행자는 사업의 공사가 준공되기 전이라도 필요하면 농림축산식품부령으로 정하는 바에 따라 해당 사업 시행지역의 토지에 대하여 종전의 토지를 대신할 일시 이용지를 지정할 수 있다. 이 경우 동법 제25조에 따라 환지계획에서 정할 사항을 고려하여야 한다(동법 38조 1항). 이 일시이용지가 「토지구획정리사업법」상의 환지예정지에 해당하는 셈이다.

3. 환지계획

(1) 환지계획의 수립

농업생산기반 정비사업 시행자는 농업생산기반 정비사업 시행을 위하여 필요하면 사업 시행 전의 토지를 대신하여 사업 시행 후의 토지를 정하고, 이로 인하여 생긴 이해관계의 불균형을 금전으로 청산하게 하기 위한 환지계획을

세워야 한다. 이 경우 환지계획에서 환지는 종전의 토지와 상응하여야 하되, 농업생산기반 정비사업 시행에 따른 환지는 농업경영의 합리화에 기여할 수 있도록 집단 지정하여야 한다. 또한 환지를 받을 수 있는 자는 토지등기부상의 토지 소유자여야 한다. 이때 환지계획에는 농림축산식품부령으로 정하는 바에 따라 다음 각 호의 사항이 포함되어야 한다(동법 25조).

① 토지 소유자별 환지계획 및 청산금 내용
② 종전 토지 및 시행 후 토지의 필지별 내용
③ 환지를 지정하지 아니하는 토지 및 그 밖에 특별한 취급을 하는 토지의 내용
④ 그 밖에 농림축산식품부령으로 정하는 사항

(2) 환지계획의 인가

농업생산기반 정비사업 시행자는 농업생산기반 정비사업의 공사를 준공한 후 그 사업의 성질상 필요한 경우에는 지체 없이 그 농업생산기반 정비사업을 시행하는 지역에 대한 환지계획을 세워 시·도지사의 인가를 받아야 한다. 다만, 수혜면적이 3천만제곱미터 이상인 사업은 농림축산식품부장관의 인가를 받아야 한다. 이 경우 농업생산기반 정비사업 시행자가 위 인가를 받으려면 환지계획의 개요와 그 밖에 필요한 사항을 14일 이상 공고하고 그 구역의 토지 등 소유자에게 개별 통지하여야 하며, 토지 등 소유자의 3분의 2 이상의 동의를 받아야 한다(동법 26조).

4. 환지의 지정

(1) 특정용도의 환지지정

농업생산기반 정비사업 시행자는 그 사업계획에서 정하여진 다음 각 호의 용도에 필요한 토지를 환지로 지정할 수 있다(동법 34조 1항).

① 그 사업 시행상 필요하여 새로 조성된 농업생산기반시설의 용지
② 미곡종합처리장, 공동집하장 등 농업경영을 합리화하고 농업의 구조를 개선하기 위한 시설의 용지
③ 그 밖에 농어촌 발전과 농어민 복지 향상을 위한 시설로서 대통령령으로 정하는 시설의 용지

(2) 입체환지의 지정

농업생산기반 정비사업 시행자는 토지 소유자가 신청하거나 동의할 경우에는 종전 토지를 대신하여 사업 시행으로 조성된 부지를 포함하는 건축물의 전부 또는 일부를 환지로 지정할 수 있다(동법 34조 6항).

5. 환지처분의 효과와 청산금

(1) 환지처분의 효과

환지 처분의 고시가 있는 경우에는 환지계획에 따라 교부될 환지는 환지계획을 고시한 다음 날부터 종전 토지로 보며, 그 환지계획에 따라 환지를 지정하지 아니할 종전 토지에 존재하는 권리는 그 고시가 있는 날에 소멸된 것으로 본다(동법 37조 1항).

(2) 청산금

농림축산식품부장관 또는 시・도지사는 환지계획의 인가신청에 대해 인가를 한 경우에는 지체 없이 그 사실을 고시하고 시장・군수・구청장과 등기소에 알려야 하며(동법 26조 6항), 이러한 고시가 있으면 농업생산기반 정비사업 시행자는 그 고시된 환지계획에 의하여 청산금을 지급하거나 징수하여야 한다. 이 경우에 그 청산금은 환지 인가가 있는 날부터 90일 이내에 청산하여야 한다(동법 37조 5항).

6. 교환・분합

(1) 교환・분합의 시행

시장・군수・구청장 또는 한국농어촌공사는 농지 소유자 2명 이상이 신청하거나 농지 소유자가 신청하지 아니하더라도 토지 소유자가 동의를 한 경우에는 농지에 관한 권리, 그 농지의 이용에 필요한 토지에 관한 권리 및 농업생산기반시설과 농어촌용수의 사용에 관한 권리의 교환・분할・합병을 시행할 수 있다(동법 43조).

(2) 교환・분합의 효과

위 교환・분할의 인가에 대한 고시가 있을 때에는 그 고시된 교환・분할・합병계획에 따라 소유권은 이전되고 저당권・지상권・임차권 또는 사용차권이 설정되며 이에 대응하는 종전의 권리는 소멸되고, 지역권은 설정되거나 소멸된다(동법 45조).

제 7 절 도시 및 주거환경정비사업(공용환권)

Ⅰ. 개 설

1. 도시재개발 및 공용환권의 필요성

고대희랍은 도시국가로서 존재하였다고 말해지고 있으니, 도시의 역사는 그만큼 긴 셈이다. 그러나 본격적인 도시의 발달은 제2차 및 3차 산업의 발달에 힘입은 바 크다고 보아야 할 것이다. 도시에 산업이 집중됨으로써 농촌으로부터 사람들이 모이게 되었으며, 그에 따라 도시는 점점 비대해진 것이다.

사람들이 농촌에서 살 때에는, 생활의 주요 수단을 스스로 해결하였다. 식량을 스스로 조달하였을 뿐 아니라, 물이나 연료, 교통 등의 문제도 스스로 해결하였다. 그러나 사람들이 도시에 모여 살면서부터 사람들은 농촌에서와 같은 자급자족능력을 상실하게 되었으며, 그에 따라 공적 손에 의한 생활배려(Daseinsvorsorge)가 필요하게 되었는 바, 도시에서의 열악한 주택 등 생활환경개선을 위한 재개발, 그의 수단으로서의 공용변환, 즉 토지 등의 이용가치를 전반적으로 증진시키기 위하여 일정한 지역 안에 있어서의 토지의 소유권 기타의 권리를 교환·분합하는 제도가 활용될 수 있는 것이다. 낡고 낮은 건물을 헐고, 그 자리에 아파트 등 높은 건물을 신축하는 경우, 종전의 집이나 땅에 대한 권리가 새로운 건물 등에 대한 권리로서 변환하지 않을 수 없는 것이다.

2. 「도시 및 주거환경정비법」의 제정

우리나라에서의 재개발사업은 1971년에 전면 개정된 구「도시계획법」에 처음으로 도입되었고, 1976년 말에 구「도시재개발법」이 제정됨으로써 독립적으로 규율되기에 이르렀다. 구「도시재개발법」은 그 뒤 몇 차례의 개정이 이루어졌으며, 특히 1995년의 법률개정은 여러 가지 면에서 많은 개선을 가져 왔는데, ① 종전의 도심지재개발사업·주택재개발사업에 공장재개발사업을 추가한 점, ② 지방자치단체의 권한을 확대한 점, ③ '순환재개발방식'을 채택하여 공사기간중 주민의 주거안정을 기하도록 한 점, ④ 재개발사업시행인가를 받은 경우, 다른 법률에 의한 인·허가를 받은 것으로 간주하는 집중제를 채택한 점, ⑤

재개발조합이 사업을 시행하는 경우, 종전에는 조합설립과 사업시행인가를 동시에 받도록 한 것을, 양자를 분리시켜 사업추진의 편이를 증진시키고 있는 점, ⑥ 지방자치단체에 설치되어 있는 재개발사업기금에 국공유지매각대금의 일부를 적립할 수 있게 함으로써 사업추진을 원활하게 하고 있는 점 등이 그에 해당한다. 반면에, 토지 등의 소유권자만 보호하고, 구가옥의 셋방 등을 얻어 사는 임차권자 또는 전세권자 등 사회적 약자에 대한 보호가 실질적으로 결여되어 있다는 비판을 받기도 하였다.[1]

한편, 현재 시행되고 있는 「도시 및 주거환경정비법」은 개별법으로 운영되던 주택재정비사업의 통합 및 종합관리로 사업의 일관성과 '선계획 · 후개발'에 입각한 도시관리를 도모하고, 재개발 · 재건축 등 주택재정비사업의 제도운영상 나타났던 문제점들을 보완하기 위하여 제정되었으며, 그로 인해 종래 도시재개발법에 의한 재개발사업 및 도시환경정비사업, 「도시저소득주민의 주거환경개선을 위한 임시조치법」에 의한 주거환경개선사업, 「주택건설촉진법」에 의한 재건축사업 등이 정비사업으로서 통일적으로 관리되게 되었다.

3. 정비사업의 의의 및 구분

「도시 및 주거환경정비법」에 있어서의 '정비사업'이라 함은 도시기능을 회복하기 위하여 정비구역 또는 가로구역(정비구역이 아닌 대통령령으로 정하는 구역으로 가로주택정비사업으로 한정) 정비기반시설을 정비하거나 주택 등 건축물을 개량하거나 건설하는 사업으로서 다음과 같이 구분된다(동법 2조 2호 참조).

(1) 주거환경개선사업

주거환경개선사업이란 도시저소득주민이 집단으로 거주하는 지역으로서 정비기반시설이 극히 열악하고 노후 · 불량건축물이 과도하게 밀집한 지역에서 주거환경을 개선하거나 단독주택 및 다세대주택이 밀집한 지역에서 정비기반시설과 공동이용시설 확충을 통하여 주거환경을 보전 · 정비 · 개량하기 위하여 시행하는 사업을 말한다.

(2) 재개발사업

재개발사업은 정비기반시설이 열악하고 노후 · 불량건축물이 밀집한 지역에

---

1) 이러한 점에 관하여는, 특히 오준근, 주택재개발사업에 있어 임차권자에 대한 손실보상: 개정 도시재개발법의 문제점과 그 대안제시를 위하여, 박윤흔박사화갑기념논문집, 1997, 282면 이하 참조.

서 주거환경을 개선하거나 상업지역 · 공업지역 등에서 도시기능의 회복 및 상권활성화 등을 위하여 도시환경을 개선하기 위하여 시행하는 사업을 말한다.

특별자치시장 · 특별자치도지사 · 시장 · 군수 · 자치구의 구청장 또는 토지주택공사 등이 주거환경개선사업의 시행자, 재개발사업의 시행자 또는 재개발사업의 대행자로서, 건설 · 공급되는 주택의 전체 세대수 또는 전체 연면적 중 토지등소유자 대상 분양분을 제외한 나머지 주택의 세대수 또는 연면적의 100분의 20 이상 100분의 50 이하의 범위에서 대통령령으로 정하는 기준에 따라 특별시 · 광역시 · 특별자치시 · 도 · 특별자치도 또는 「지방자치법」 제198조에 따른 서울특별시 · 광역시 및 특별자치시를 제외한 인구 50만 이상 대도시의 조례로 정하는 비율 이상을 제80조에 따른 지분형주택, 「공공주택 특별법」에 따른 공공임대주택 또는 「민간임대주택에 관한 특별법」 제2조 제4호에 따른 공공지원민간임대주택으로 건설 · 공급하는 재개발사업은 공공재개발사업이라고 한다.

(3) 재건축사업

재건축사업이란 정비기반시설은 양호하나 노후 · 불량건축물에 해당하는 공동주택이 밀집한 지역에서 주거환경을 개선하기 위하여 시행하는 사업을 말한다.

시장 · 군수등 또는 토지주택공사등 재건축사업의 시행자로서, 종전의 용적률, 토지면적, 기반시설 현황 등을 고려하여 대통령령으로 정하는 세대수 이상을 건설 · 공급하는 재건축사업은 공공재건축사업이라 한다.

Ⅱ. 도시·주거환경정비기본계획의 수립

1. 도시 · 주거환경정비기본계획의 수립

특별시장 · 광역시장 · 특별자치시장 · 특별자치도지사 또는 시장은 관할 구역에 대하여 도시 · 주거환경정비기본계획(이하 "기본계획"이라 한다)을 10년 단위로 수립하여야 한다. 다만, 도지사가 대도시가 아닌 시로서 기본계획을 수립할 필요가 없다고 인정하는 시에 대하여는 기본계획을 수립하지 아니할 수 있다(동법 4조 1항). 또한 특별시장 · 광역시장 · 특별자치시장 · 특별자치도지사 또는 시장(이하 "기본계획의 수립권자"라 한다)은 기본계획에 대하여 5년마다 타당성 여부를 검토하여 그 결과를 기본계획에 반영하여야 한다(동법 4조 2항).

기본계획에는 ① 정비사업의 기본방향, ② 정비사업의 계획기간, ③ 인구·건축물·토지이용·정비기반시설·지형 및 환경 등의 현황, ④ 주거지 관리계획, ⑤토지이용계획·정비기반시설계획·공동이용시설설치계획 및 교통계획, ⑥ 녹지·조경·에너지공급·폐기물처리 등에 관한 환경계획, ⑦ 사회복지시설 및 주민문화시설 등의 설치계획, ⑧ 도시의 광역적 재정비를 위한 기본방향, ⑨ 정비구역으로 지정할 예정인 구역(이하 "정비예정구역"이라 한다)의 개략적 범위, ⑩ 단계별 정비사업 추진계획(정비예정구역별 정비계획의 수립시기가 포함되어야 한다), ⑪ 건폐율·용적률 등에 관한 건축물의 밀도계획, ⑫ 세입자에 대한 주거안정대책, ⑬ 그 밖에 주거환경 등을 개선하기 위하여 필요한 사항으로서 대통령령으로 정하는 사항이 포함되어야 한다(동법 5조 1항). 기본계획의 수립권자는 기본계획에 ① 생활권의 설정, ② 생활권별 기반시설 설치계획 및 주택수급계획을 포함하는 경우에는 기본계획에 포함되어야 할 사항 중 ⑨ 정비예정구역의 개략적 범위 및 ⑩ 단계별 정비사업 추진계획의 사항을 생략할 수 있다(동법 5조 2항).

기본계획의 수립권자는 기본계획을 수립하거나 변경하려는 경우에는 14일 이상 주민에게 공람하여 의견을 들어야 하며, 제시된 의견이 타당하다고 인정되면 이를 기본계획에 반영하여야 한다(동법 6조 1항). 또한 기본계획의 수립권자는 제1항에 따른 공람과 함께 지방의회의 의견을 들어야 한다. 이 경우 지방의회는 기본계획의 수립권자가 기본계획을 통지한 날부터 60일 이내에 의견을 제시하여야 하며, 의견제시 없이 60일이 지난 경우 이의가 없는 것으로 본다(동법 6조 2항).

기본계획의 수립권자(대도시의 시장이 아닌 시장은 제외한다)는 기본계획을 수립하거나 변경하려면 관계 행정기관의 장과 협의한 후 「국토의 계획 및 이용에 관한 법률」 제113조 제1항 및 제2항에 따른 지방도시계획위원회(이하 "지방도시계획위원회"라 한다)의 심의를 거쳐야 한다. 다만, 대통령령으로 정하는 경미한 사항을 변경하는 경우에는 관계 행정기관의 장과의 협의 및 지방도시계획위원회의 심의를 거치지 아니한다(동법 7조 1항). 대도시의 시장이 아닌 시장은 기본계획을 수립하거나 변경하려면 도지사의 승인을 받아야 하며, 도지사가 이를 승인하려면 관계 행정기관의 장과 협의한 후 지방도시계획위원회의 심의를 거쳐야 한다. 다만, 제1항 단서에 해당하는 변경의 경우에는 도지사의 승인을 받지 아니할 수 있다(동법 7조 2항). 또한 기본계획의 수립권자는 기본계획을 수립하거나 변경한 때에는 지체 없이 이를 해당 지방자치단체의 공보에 고시하고 일반인이 열람할 수 있도록 하여야 하며(동법 7조 3항), 기본계획의 수립권자는 제3항에 따라 기본계획을 고시한 때에는 국토교통부령으로 정하는 방법 및 절차에 따라 국토교통부장관에게 보고하여야 한다(동법 7조 4항).

2. 정비계획의 결정과 정비구역의 지정

정비구역은 정비사업을 계획적으로 시행하기 위하여 지정·고시된 구역을 말한다(동법 2조 1호). 정비계획은 정비구역을 지정 고시하기 위한 일련의 계획작용을 말한다.

특별시장·광역시장·특별자치시장·특별자치도지사·시장 또는 군수(광역시의 군수는 제외하며, 이하 "정비구역의 지정권자"라 한다)는 기본계획에 적합한 범위에서 노후·불량건축물이 밀집하는 등 대통령령으로 정하는 요건에 해당하는 구역에 대하여 제16조에 따라 정비계획을 결정하여 정비구역을 지정(변경지정을 포함한다)할 수 있다(동법 8조 1항).

정비구역의 지정권자는 정비구역 지정을 위하여 직접 정비계획을 입안할 수 있고(동법 8조 4항), 자치구의 구청장 또는 광역시의 군수는 정비계획을 입안하여 특별시장·광역시장에게 정비구역 지정을 신청하여야 한다. 이 경우 지방의회의 의견을 첨부하여야 한다(동법 8조 5항). 한편, 토지등소유자는 ① 단계별 정비사업 추진계획상 정비예정구역별 정비계획의 입안시기가 지났음에도 불구하고 정비계획이 입안되지 아니한 경우, ② 기본계획에 정비예정구역의 개략적 범위 및 단계별 정비사업 추진계획이 생략된 경우, ③ 천재지변 등 대통령령으로 정하는 불가피한 사유로 긴급하게 정비사업을 시행할 필요가 있다고 판단되는 경우에는 정비계획의 입안권자에게 정비구역의 지정을 위한 정비계획의 입안을 요청할 수 있다(동법 13조의2 1항). 또한 토지등소유자는 ① 단계별 정비사업 추진계획상 정비예정구역별 정비계획의 입안시기가 지났음에도 불구하고 정비계획이 입안되지 아니하거나 같은 호에 따른 정비예정구역별 정비계획의 수립시기를 정하고 있지 아니한 경우, ② 토지등소유자가 제26조 제1항 제7호 및 제8호에 따라 토지주택공사등을 사업시행자로 지정 요청하려는 경우, ③ 대도시가 아닌 시 또는 군으로서 시·도조례로 정하는 경우, ④ 정비사업을 통하여 공공지원민간임대주택을 공급하거나 임대할 목적으로 주택을 주택임대관리업자에게 위탁하려는 경우로서 제9조 제1항 제10호 각 목을 포함하는 정비계획의 입안을 요청하려는 경우, ⑤ 제26조 제1항 제1호 및 제27조 제1항 제1호에 따라 정비사업을 시행하려는 경우, ⑥ 토지등소유자(조합이 설립된 경우에는 조합원을 말한다)가 3분의 2 이상의 동의로 정비계획의 변경을 요청하는 경우(다만, 제15조 제3항에 따른 경미한 사항을 변경하는 경우에는 토지등소유자의 동의절차를 거치지 아니한다), ⑦ 토지등소유자가 공공재개발사업 또는 공공재건축사업을 추진하려는 경우 등에 해당하는 경우에는 정비계획의 입안권자에게 정비계획의 입안을 제안할 수 있다(동법 14조 1항).

정비계획의 입안권자는 정비계획을 입안하거나 변경하려면 주민에게 서면으로 통보한 후 주민설명회 및 30일 이상 주민에게 공람하여 의견을 들어야 하며, 제시된 의견이 타당하다고 인정되면 이를 정비계획에 반영하여야 한다(동법 15조 1항). 정비계획의 입안권자는 위의 주민공람과 함께 지방의회의 의견을 들어야 하는데, 이 경우 지방의회는 정비계획의 입안권자가 정비계획을 통지한 날부터 60일 이내에 의견을 제시하여야 하며, 의견제시 없이 60일이 지난 경우 이의가 없는 것으로 본다(동법 15조 2항). 다만 상기 제1항 및 제2항에도 불구하고 대통령령으로 정하는 경미한 사항을 변경하는 경우에는 주민에 대한 서면통보, 주민설명회, 주민공람 및 지방의회의 의견청취 절차를 거치지 아니할 수 있다(동법 15조 3항).

정비계획에는 ① 정비사업의 명칭, ② 정비구역 및 그 면적, ③ 도시·군계획시설의 설치에 관한 계획, ④ 공동이용시설 설치계획, ⑤ 건축물의 주용도·건폐율·용적률·높이에 관한 계획, ⑥ 환경보전 및 재난방지에 관한 계획, ⑦ 정비구역 주변의 교육환경 보호에 관한 계획, ⑧ 세입자 주거대책, ⑨ 정비사업 시행 예정시기 등의 사항에 포함되어야 한다(동법 9조 1항).

정비구역의 지정권자는 정비구역을 지정하거나 변경지정하려면 지방도시계획위원회의 심의를 거쳐야 한다. 다만, 제15조 제3항에 따른 경미한 사항을 변경하는 경우에는 지방도시계획위원회의 심의를 거치지 아니할 수 있다(동법 16조 1항). 정비구역의 지정권자는 정비구역을 지정(변경지정을 포함한다. 이하 같다)하거나 정비계획을 결정(변경결정을 포함한다. 이하 같다)한 때에는 정비계획을 포함한 정비구역 지정의 내용을 해당 지방자치단체의 공보에 고시하여야 한다(동법 16조 2항). 정비구역의 지정권자는 제2항에 따라 정비계획을 포함한 정비구역을 지정·고시한 때에는 국토교통부령으로 정하는 방법 및 절차에 따라 국토교통부장관에게 그 지정의 내용을 보고하여야 하며, 관계 서류를 일반인이 열람할 수 있도록 하여야 한다(동법 16조 3항).

위의 일련의 절차에 따라 정비구역의 지정·고시가 있는 경우 해당 정비구역 및 정비계획 중 「국토의 계획 및 이용에 관한 법률」 제52조 제1항 각 호의 어느 하나에 해당하는 사항은 같은 법 제50조에 따라 지구단위계획구역 및 지구단위계획으로 결정·고시된 것으로 본다(동법 17조 1항). 「국토의 계획 및 이용에 관한 법률」에 따른 지구단위계획구역에 대하여 제9조 제1항 각 호의 사항을 모두 포함한 지구단위계획을 결정·고시(변경 결정·고시하는 경우를 포함한다)하는 경우 해당 지구단위계획구역은 정비구역으로 지정·고시된 것으로 본다(동법 17조 2항). 정비구역이 지정되면 행위제한의 법적 효과가 발생한다. 정비구역에서 ① 건축물의 건축, ② 공작물의 설치, ③ 토지의 형질변경, ④ 토석의 채취, ⑤ 토지분할, ⑥ 물건을 쌓아 놓는 행위 등을 하려는 자는 시장·군수 등의 허가를 받아야 한다. 허가받은 사항을 변경하려는 때에도 또한 같다(동법 19조 1항).

한편, 정비구역의 지정권자는 ① 정비예정구역에 대하여 기본계획에서 정한 정비구역 지정 예정일부터 3년이 되는 날까지 특별자치시장, 특별자치도지사, 시장 또는 군수가 정비구역을 지정하지 아니하거나 구청장 등이 정비구역의 지정을 신청하지 아니하는 경우, ② 재개발사업·재건축사업(제35조에 따른 조합(이하 "조합"이라 한다)이 시행하는 경우로 한정한다)이 ㉮ 토지 등 소유자가 정비구역으로 지정·고시된 날부터 2년이 되는 날까지 제31조에 따른 조합설립추진위원회(이하 "추진위원회"라 한다)의 승인을 신청하지 아니하는 경우, ㉯ 토지 등 소유자가 정비구역으로 지정·고시된 날부터 3년이 되는 날까지 제35조에 따른 조합설립인가(이하 "조합설립인가"라 한다)를 신청하지 아니하는 경우, ③ 3. 토지 등 소유자가 시행하는 재개발사업으로서 토지 등 소유자가 정비구역으로 지정·고시된 날부터 5년이 되는 날까지 사업시행계획인가를 신청하지 아니하는 경우에는 정비구역 등을 해제하여야 한다(동법 20조 1항).

특별자치시장, 특별자치도지사, 시장, 군수 또는 구청장 등이 위 사유에 의해 정비구역 등을 해제하는 경우 30일 이상 주민에게 공람하여 의견을 들어야 한다(동법 20조 3항). 특별자치시장, 특별자치도지사, 시장, 군수 또는 구청장 등은 제3항에 따른 주민공람을 하는 경우에는 지방의회의 의견을 들어야 한다. 이 경우 지방의회는 특별자치시장, 특별자치도지사, 시장, 군수 또는 구청장 등이 정비구역 등의 해제에 관한 계획을 통지한 날부터 60일 이내에 의견을 제시하여야 하며, 의견제시 없이 60일이 지난 경우 이의가 없는 것으로 본다(동법 20조 4항).

정비구역의 지정권자는 정비구역 등의 해제를 요청받거나 정비구역 등을 해제하려면 지방도시계획위원회의 심의를 거쳐야 한다(동법 20조 5항). 다만 정비구역의 지정권자는 ① 정비구역 등의 토지 등 소유자(조합을 설립한 경우에는 조합원을 말한다)가 100분의 30 이상의 동의로 연장을 요청하는 경우, ② 정비사업의 추진 상황으로 보아 주거환경의 계획적 정비 등을 위하여 정비구역 등의 존치가 필요하다고 인정하는 경우에는 2년의 범위에서 기간을 연장하여 정비구역 등을 해제하지 아니할 수 있다(동법 20조 6항).

정비구역의 지정권자는 ① 정비사업의 시행으로 토지 등 소유자에게 과도한 부담이 발생할 것으로 예상되는 경우, ② 정비구역 등의 추진 상황으로 보아 지정 목적을 달성할 수 없다고 인정되는 경우 등에는 지방도시계획위원회의 심의를 거쳐 정비구역 등을 해제할 수 있다. 이 경우 이를 위한 구체적인 기준 등 필요한 사항은 시·도조례로 정한다(동법 21조 1항).

정비구역 등이 해제된 경우에는 정비계획으로 변경된 용도지역, 정비기반시설 등은 정비구역 지정 이전의 상태로 환원된 것으로 본다(동법 22조 1항).

Ⅲ. 정비사업의 시행

1. 정비사업의 시행방법

(1) 주거환경개선사업의 경우

주거환경개선사업은 ① 사업시행자가 정비구역에서 정비기반시설 및 공동이용시설을 새로 설치하거나 확대하고 토지 등 소유자가 스스로 주택을 보전·정비하거나 개량하는 방법, ② 사업시행자가 정비구역의 전부 또는 일부를 수용하여 주택을 건설한 후 토지 등 소유자에게 우선 공급하거나 대지를 토지 등 소유자 또는 토지 등 소유자 외의 자에게 공급하는 방법, ③ 사업시행자가 제69조 제2항에 따라 환지로 공급하는 방법, ④ 사업시행자가 정비구역에서 제74조에 따라 인가받은 관리처분계획에 따라 주택 및 부대시설·복리시설을 건설하여 공급하는 방법 중 어느 하나에 해당하는 방법 또는 이를 혼용하는 방법으로 한다(동법 23조 1항).

(2) 재개발사업의 경우

재개발사업은 정비구역에서 제74조에 따라 인가받은 관리처분계획에 따라 건축물을 건설하여 공급하거나 제69조 제2항에 따라 환지로 공급하는 방법으로 한다(동법 23조 2항).

(3) 재건축사업의 경우

재건축사업은 정비구역에서 제74조에 따라 인가받은 관리처분계획에 따라 주택, 부대시설·복리시설 및 오피스텔(「건축법」 제2조 제2항에 따른 오피스텔을 말한다. 이하 같다)을 건설하여 공급하는 방법으로 한다. 다만, 주택단지에 있지 아니하는 건축물의 경우에는 지형여건·주변의 환경으로 보아 사업 시행상 불가피한 경우로서 정비구역으로 보는 사업에 한정한다(동법 23조 3항).

2. 시 행 자

(1) 주거환경개선사업의 시행자

제23조 제1항 제1호에 따른 방법으로 시행하는 주거환경개선사업은 시장·군수 등이 직접 시행하되, 토지주택공사 등을 사업시행자로 지정하여 시행하게 하려는 경우에는 제15조 제1항에 따른 공람공고일 현재 토지 등 소유자의 과반수의 동의를 받아야 한다(동법 24조 1항).

한편, 제23조 제1항 제2호부터 제4호까지의 규정에 따른 방법으로 시행하는 주거환경개선사업은 시장·군수 등이 직접 시행하거나 시장·군수 등이 ㉮ 토지주택공사 등, ㉯ 주거환경개선사업을 시행하기 위하여 국가, 지방자치단체, 토지주택공사 등 또는 「공공기관의 운영에 관한 법률」 제4조에 따른 공공기관이 총지분의 100분의 50을 초과하는 출자로 설립한 법인을 시행자로 지정하거나, 또는 이들과 공동으로 ㉮ 「건설산업기본법」 제9조에 따른 건설업자, ㉯ 「주택법」 제7조 제1항에 따라 건설업자로 보는 등록사업자를 시행자로 지정할 수 있다(동법 24조 2항).

(2) 재개발 사업·재건축 사업의 시행자

재개발사업은 ① 조합이 시행하거나 조합이 조합원의 과반수의 동의를 받아 시장·군수 등, 토지주택공사 등, 건설업자, 등록사업자 또는 대통령령으로 정하는 요건을 갖춘 자와 공동으로 시행하는 방법, ② 토지 등 소유자가 20인 미만인 경우에는 토지 등 소유자가 시행하거나 토지 등 소유자가 토지 등 소유자의 과반수의 동의를 받아 시장·군수 등, 토지주택공사 등, 건설업자, 등록사업자 또는 대통령령으로 정하는 요건을 갖춘 자와 공동으로 시행하는 방법 중 어느 하나에 해당하는 방법으로 시행할 수 있다(동법 25조 1항).

재건축사업은 조합이 시행하거나 조합이 조합원의 과반수의 동의를 받아 시장·군수 등, 토지주택공사 등, 건설업자 또는 등록사업자와 공동으로 시행할 수 있다(동법 25조 2항).

(3) 재개발사업·재건축사업의 공공시행자

시장·군수 등은 재개발사업 및 재건축사업이 ① 천재지변, 「재난 및 안전관리 기본법」 제27조 또는 「시설물의 안전 및 유지관리에 관한 특별법」 제23조에 따른 사용제한·사용금지, 그 밖의 불가피한 사유로 긴급하게 정비사업을 시행할 필요가 있다고 인정하는 때, ② 제16조 제2항 전단에 따라 고시된 정비계획에서 정한 정비사업시행 예정일부터 2년 이내에 사업시행계획인가를 신청하지 아니하거나 사업시행계획인가를 신청한 내용이 위법 또는 부당하다고 인정하는 때(재건축사업의 경우는 제외한다), ③ 추진위원회가 시장·군수 등의 구성승인을 받은 날부터 3년 이내에 조합설립인가를 신청하지 아니하거나 조합이 조합설립인가를 받은 날부터 3년 이내에 사업시행계획인가를 신청하지 아니한 때, ④ 지방자치단체의 장이 시행하는 「국토의 계획 및 이용에 관한 법률」 제2조 제11호에 따른 도시·군계획사업과 병행하여 정비사업을 시행할 필요가 있다고 인정하는 때, ⑤ 제59조 제1항에 따른 순환정비방식으로 정비사업을 시행할 필요가 있다고 인정하는 때, ⑥ 제113조에 따라 사업시행계획인가가 취소된 때, ⑦ 해당 정비구역의 국·공유지 면적 또는 국·공유지와 토지주택공사 등이 소유한 토지를 합한 면적이 전체 토지면적의 2분의 1 이상으로서 토지 등 소유자의 과반수가 시장·군수 등 또는 토지주택공사 등을 사업시행자로 지정하는 것에 동의하는 때, ⑧ 해당 정비구역의 토지면적 2분의 1 이상의 토지소유자와 토지 등 소유자의 3분의 2 이상에 해당하는 자가 시장·군수 등 또는 토지주택공사 등을 사업시행자로 지정할 것을 요청하는 때 중 어느 하나에 해당하는 때에는 제25조에도 불구하고 직접 정비사업을 시행하거나 토지주택공사 등(토지주택공사 등이 건설업자 또는 등록사업자와 공동으로 시행하는 경우를 포함한다)을 사업시행자로 지정하여 정비사업을 시행하게 할 수 있다(동법 26조 1항). 시장·군수 등은 제1항에 따라 직접 정비사업을 시행하거나 토지주택공사 등을 사업시행자로 지정하는 때에는 정비사업 시행구역 등 토지 등 소유자에게 알릴 필요가 있는 사항으로서 대통령령으로 정하는 사항을 해당 지방자치단체의 공보에 고시하여야 한다(동법 26조 2항). 시장·군수 등이 직접 정비사업을 시행하거나 토지주택공사 등을 사업시행자로 지정·고시한 때에는 그 고시일 다음 날에 추진위원회의 구성승인 또는 조합설립인가가 취소된 것으로 본다. 이 경우 시장·군수 등은 해당 지방자치단체의 공보에 해당 내용을 고시하여야 한다(동법 26조 3항).

(4) 조 합

(가) 조합의 구성

시장 · 군수 등, 토지주택공사 등 또는 지정개발자가 아닌 자가 정비사업을 시행하려는 경우에는 토지등소유자로 구성된 조합을 설립하여야 한다. 다만, 제25조 제1항 제2호에 따라 토지등소유자가 재개발사업을 시행하려는 경우에는 그러하지 아니하다(동법 35조 1항).

조합을 설립하려는 경우에는 제16조에 따른 정비구역 지정 · 고시 후 ① 추진위원회 위원장(이하 "추진위원장"이라 한다)을 포함한 5명 이상의 추진위원회 위원, ② 제34조 제1항에 따른 운영규정에 대하여 토지등소유자 과반수의 동의를 받아 조합설립을 위한 추진위원회를 구성하여 국토교통부령으로 정하는 방법과 절차에 따라 시장 · 군수 등의 승인을 받아야 한다(동법 31조 1항). 제1항에 따라 추진위원회의 구성에 동의한 토지등소유자(이하 이 조에서 "추진위원회 동의자"라 한다)는 제35조 제1항부터 제5항까지의 규정에 따른 조합의 설립에 동의한 것으로 본다. 다만, 조합설립인가를 신청하기 전에 시장 · 군수 등 및 추진위원회에 조합설립에 대한 반대의 의사표시를 한 추진위원회 동의자의 경우에는 그러하지 아니하다(동법 31조 2항).

[판례] 구 도시 및 주거환경정비법 제13조 제1항, 제2항, 제14조 제1항, 제15조 제4항, 제5항 등 관계 법령의 내용, 형식, 체제 등에 비추어 보면, 조합설립추진위원회(이하 '추진위원회'라고 한다)구성승인처분은 조합의 설립을 위한 주체인 추진위원회의 구성행위를 보충하여 그 효력을 부여하는 처분으로서 조합설립이라는 종국적 목적을 달성하기 위한 중간단계의 처분에 해당하지만, 그 법률요건이나 효과가 조합설립인가처분의 그것과는 다른 독립적인 처분이기 때문에, 추진위원회 구성승인처분에 대한 취소 또는 무효확인 판결의 확정만으로는 이미 조합설립인가를 받은 조합에 의한 정비사업의 진행을 저지할 수 없다. 따라서 추진위원회 구성승인처분을 다투는 소송 계속 중에 조합설립인가처분이 이루어진 경우에는, 추진위원회 구성승인처분에 위법이 존재하여 조합설립인가 신청행위가 무효라는 점 등을 들어 직접 조합설립인가처분을 다툼으로써 정비사업의 진행을 저지하여야 하고, 이와는 별도로 추진위원회 구성승인처분에 대하여 취소 또는 무효확인을 구할 법률상의 이익은 없다고 보아야 한다(대판 2013. 1. 31, 2011두11112, 2011두11129).

(나) 조합의 설립인가 등

재개발사업의 추진위원회(제31조 제4항에 따라 추진위원회를 구성하지 아니하는 경우에는 토지등소유자를 말한다)가 조합을 설립하려면 토지등소유자의 4분의 3 이상 및 토지면적의 2분의 1 이상의 토지소유자의 동의를 받아 ① 정관, ② 정비사업비와 관련된 자료 등 국토교통부령으로 정하는 서류, ③ 그 밖에 시·도조례로 정하는 서류를 첨부하여 시장·군수 등의 인가를 받아야 한다(동법 35조 2항).

재건축사업의 추진위원회(제31조 제4항에 따라 추진위원회를 구성하지 아니하는 경우에는 토지등소유자를 말한다)가 조합을 설립하려는 때에는 주택단지의 공동주택의 각 동(복리시설의 경우에는 주택단지의 복리시설 전체를 하나의 동으로 본다)별 구분소유자의 과반수 동의(공동주택의 각 동별 구분소유자가 5 이하인 경우는 제외한다)와 주택단지의 전체 구분소유자의 4분의 3 이상 및 토지면적의 4분의 3 이상의 토지소유자의 동의를 받아 제2항 각 호의 사항을 첨부하여 시장·군수 등의 인가를 받아야 한다(동법 35조 3항). 제3항에도 불구하고 주택단지가 아닌 지역이 정비구역에 포함된 때에는 주택단지가 아닌 지역의 토지 또는 건축물 소유자의 4분의 3 이상 및 토지면적의 3분의 2 이상의 토지소유자의 동의를 받아야 한다(동법 35조 4항). 조합이 인가받은 사항을 변경하고자 하는 때에는 총회에서 조합원의 3분의 2 이상의 찬성으로 의결하고, 제2항 각 호의 사항을 첨부하여 시장·군수 등의 인가를 받아야 한다. 다만, 대통령령으로 정하는 경미한 사항을 변경하려는 때에는 총회의 의결 없이 시장·군수 등에게 신고하고 변경할 수 있다(동법 35조 5항).

시장·군수등은 위 따른 신고를 받은 날부터 20일 이내에 신고수리 여부를 신고인에게 통지하여야 한다(동법 35조 6항). 시장·군수등이 위 정한 기간 내에 신고수리 여부 또는 민원 처리 관련 법령에 따른 처리기간의 연장을 신고인에게 통지하지 아니하면 그 기간이 끝난 날의 다음 날에 신고를 수리한 것으로 본다(동법 35조 7항).

[판례] 구 도시 및 주거환경정비법이 재개발조합의 설립에 토지등소유자의 서면에 의한 동의를 요구하고 그 동의서를 재개발조합설립인가신청 시 행정청에 제출하도록 하는 취지는 서면에 의하여 토지등소유자의 동의 여부를 명확하게 함으로써 동의 여부에 관하여 발생할 수 있는 관련자들 사이의 분쟁을 미연에 방지하고 나아가 행정청으로 하여금 재개발조합설립인가신청 시에 제출된 동의서에 의하여서만 동의요건의 충족 여부를 심사하도록 함으로써 동의여부의 확인에 불필요하게 행정력이 소모되는 것을 막기 위한 데 있다(대판 2012. 1. 10, 2010두16394).

조합이 정비사업을 시행하는 경우 「주택법」 제54조를 적용할 때에는 조합을 같은 법 제2조 제10호에 따른 사업주체로 보며, 조합설립인가일부터 같은 법 제4조에 따른 주택건설사업 등의 등록을 한 것으로 본다(동법 35조 8항).

주택재건축사업에 대한 행정청의 조합설립인가의 법적 성격에 관하여, 구 「주택건설촉진법」에서 규정한 바에 따른 재건축조합설립인가는 강학상의 '인가'로 보았으나,[2] 현행 「도시 및 주거환경정비법」상의 재건축조합설립 인가처분은 「단순히 사인들의 조합설립행위에 대한 보충행위로서의 성질을 갖는 것에 그치는 것이 아니라 법령상 요건을 갖출 경우 도시 및 「주거환경정비법」상 주택재건축사업을 시행할 수 있는 권한을 갖는 행정주체(공법인)로서의 지위를 부여하는 일종의 설권적 처분의 성격을 갖는다」고 판시하여, 강학상 '특허'로서의 성격에 중점이 있다고 보았다.[3]

한편, 「도시 및 주거환경정비법」에 따른 주택재개발사업조합(재개발조합)의 인가처분에 대하여는 「단순히 사인들의 조합설립행위에 대한 보충행위로서의 성질을 갖는 것이 아니라 법령상 일정한 요건을 갖출 경우 행정주체(공법인)의 지위를 부여하는 일종의 설권적 처분의 성격을 갖는다」고 하여, '인가'로서의 성격은 없고 '특허'의 성격만 있다고 하였다.

재개발사업은 재건축사업과 비교하여 그 공공성·강제성의 정도에 있어서 차이가 있다. 「도시 및 주거환경정비법」상 재건축사업과 재개발사업은 노후·불량건축물이 밀집한 지역에서 주거환경을 개선하기 위한 사업이라는 점에서 같지만, 재건축사업은 정비기반시설은 양호한 지역을 대상으로 하나, 재개발사업은 정비기반시설이 열악한 지역을 대상으로 한다는 점에서 차이가 있다(동법 2조 2호). 이와 같은 차이로 인해 재개발사업의 경우 공공성이 재건축사업의 경우보다 강하다고 할 수 있고, 그에 따라 공적 개입의 정도도 더 강화된다. 또한 조합원의 자격에 있어서도 재개발사업에서는 정비구역 안의 토지 등 소유자

---

2) 구 「주택건설촉진법」 시행 당시 재건축조합은 주택사업을 시행하는 주택조합의 일종으로 민간사업자일 뿐, 행정주체의 지위를 갖지 않았다.

3) 조합설립인가를 강학상의 인가, 즉 보충행위로 보면, ① 조합을 상대로 조합설립결의의 무효확인을 구하는 민사소송이 조합설립의 효력을 다투는 주된 방법이 될 것이므로 조합설립결의와 관할 행정청의 인가 중 전자에 무게가 쏠리게 될 것이고, ② 무효확인을 구하는 소송이므로 원칙적으로 제소기간의 제한을 받지 않을 것이며, ③ 민사소송으로 판결의 효력 또한 소를 제기한 당사자들(원고와 조합) 사이에서만 미치게 되어, 소를 제기한 당사자가 승소하더라도 그 효력은 제한적일 수밖에 없는 반면, 조합설립인가를 특허, 즉 설권적 처분으로 보면, ① 조합설립의 효력을 다투는 주된 방법이 관할 행정청을 상대로 조합설립인가의 취소 또는 무효확인을 구하는 행정소송이 될 것이므로 조합설립결의와 관할 행정청의 인가 중 후자가 다툼의 중심이 될 것이고, ② 취소를 구하는 경우 제소기간의 제한을, 무효확인을 구하는 경우에는 하자가 중대하고 객관적으로 명백하여야 하는 제한을 받게 되며, ③ 처분을 취소하거나 무효로 확인하는 확정판결은 당사자인 행정청 기타 관계 행정청을 기속함은 물론, 제3자에게도 효력을 미치게 된다. 따라서 조합설립인가를 설권적 처분으로 보면, 과거보다 조합설립을 둘러싼 분쟁을 신속하고 정합성 있게 해결할 수 있게 되고, 조합의 지위가 장기간 불안한 상태에 놓이는 것도 방지할 수 있는 효과가 있다고 한다(서울행정법원 실무연구회, 행정소송의 이론과 실무, 2014, 549면 이하).

전원이 재개발조합의 조합원이 되고 이들은 조합설립에 동의하지 않더라도 조합원의 지위를 갖지만(강제가입제), 재건축사업에서는 토지 등 소유자로서 재건축사업에 동의한 자만이 재건축조합의 조합원이 될 수 있다(동법 39조 1항).

[판례①] 주택건설촉진법에서 규정한 바에 따른 관할시장 등의 재건축조합설립인가는 불량·노후한 주택의 소유자들이 재건축을 위하여 한 재건축조합설립행위를 보충하여 그 법률상 효력을 완성시키는 보충행위일 뿐이므로 그 기본되는 조합설립행위에 하자가 있을 때에는 그에 대한 인가가 있다 하더라도 기본행위인 조합설립이 유효한 것으로 될 수 없고, 따라서 그 기본행위는 적법유효하나 보충행위인 인가처분에만 하자가 있는 경우에는 그 인가처분의 취소나 무효확인을 구할 수 있을 것이지만 기본행위인 조합설립에 하자가 있는 경우에는 민사쟁송으로써 따로 그 기본행위의 취소 또는 무효확인 등을 구하는 것은 별론으로 하고 기본행위의 불성립 또는 무효를 내세워 바로 그에 대한 감독청의 인가처분의 취소 또는 무효확인을 소구할 법률상 이익이 있다고 할 수 없다(대판 2000. 9. 5, 99두1854. 동지판례: 대결 2002. 3. 11, 2002그120).

[판례②] 행정청이 도시 및 주거환경정비법 등 관련 법령에 근거하여 행하는 조합설립인가처분은 단순히 사인들의 조합설립행위에 대한 보충행위로서의 성질을 갖는 것에 그치는 것이 아니라 법령상 요건을 갖출 경우 도시 및 주거환경정비법상 주택재건축사업을 시행할 수 있는 권한을 갖는 행정주체(공법인)로서의 지위를 부여하는 일종의 설권적 처분의 성격을 갖는다고 보아야 한다. 그리고 그와 같이 보는 이상 조합설립결의는 조합설립인가처분이라는 행정처분을 하는 데 필요한 요건 중 하나에 불과한 것이어서, 조합설립결의에 하자가 있다면 그 하자를 이유로 직접 항고소송의 방법으로 조합설립인가처분의 취소 또는 무효확인을 구하여야 하고, 이와는 별도로 조합설립결의 부분만을 따로 떼어내어 그 효력 유무를 다투는 확인의 소를 제기하는 것은 원고의 권리 또는 법률상의 지위에 현존하는 불안·위험을 제거하는 데 가장 유효·적절한 수단이라 할 수 없어 특별한 사정이 없는 한 확인의 이익은 인정되지 아니한다(대판 2009. 9. 24, 2008다60568. 동지판례: 대판 2009. 10. 15, 2009다30427; 대판 2009. 10. 15, 2009다10638, 10645; 대판 2010. 2. 25, 2007다73598).[4)]

[판례③] 재개발조합설립인가신청에 대한 행정청의 조합설립인가처분은 단순히 사인(私人)들의 조합설립행위에 대한 보충행위로서의 성질을 가지는 것이 아니라 법령상 일정한 요건을 갖추는 경우 행정주체(공법인)의 지위를 부여하는 일종의 설권적 처분의 성질을 가진다고 보아야 한다. 그러므로 도시 및 주거환경정비법상 재개발조합설립인가신청에 대하여 행정청의 조합설립인가처분이 있은 이후에는, 조합설립동의에 하자가 있음을 이유로 재개발조합 설립의 효력을 부정하려면 항고소송으로 조합설립인가처분의 효력을 다투어야 한다(대판 2010. 1. 28, 2009두4845. 동지판례: 대판 2009. 9. 24, 2009마168, 169; 대판 2010. 4. 8, 2009다27636).

---

4) 이 판례에서 이 사건 소는 「도시 및 주거환경정비법」상 주택재건축정비사업조합에 대한 행정청의 조합

(다) 조합의 법인격

조합은 법인으로 하고 조합설립인가를 받은 날부터 30일 이내에 주된 사무소의 소재지에서 대통령령으로 정하는 사항을 등기하는 때에 성립한다(동법 38조 1항, 2항). 조합은 명칭에 "정비사업조합"이라는 문자를 사용하여야 한다(동법 38조 3항).

(라) 총회개최 및 의결사항

조합에는 조합원으로 구성되는 총회를 두고, 조합장이 직권으로 소집하거나 조합원 5분의 1 이상 또는 대의원 3분의 2 이상의 요구로 조합장이 소집하며, 조합원 또는 대의원의 요구로 총회를 소집하는 경우 조합은 소집을 요구하는 자가 본인인지 여부를 대통령령으로 정하는 기준에 따라 정관으로 정하는 방법으로 확인하여야 한다(동법 44조 1항, 2항).

① 정관의 변경, ② 자금의 차입과 그 방법·이자율 및 상환방법, ③ 정비사업비의 세부 항목별 사용계획이 포함된 예산안 및 예산의 사용내역, ④ 예산으로 정한 사항 외에 조합원에게 부담이 되는 계약, ⑤ 시공자·설계자 또는 감정평가업자(제74조 제2항에 따라 시장·군수 등이 선정·계약하는 감정평가업자는 제외한다)의 선정 및 변경, ⑥ 정비사업전문관리업자의 선정 및 변경, ⑦ 조합임원의 선임 및 해임, ⑧ 정비사업비의 조합원별 분담내역, ⑨ 사업시행계획서의 작성 및 변경, ⑩ 관리처분계획의 수립 및 변경, ⑪ 청산금의 징수·지급과 조합 해산 시의 회계보고, ⑫ 제93조에 따른 비용의 금액 및 징수방법, ⑬ 그 밖에 조합원에게 경제적 부담을 주는 사항 등 주요한 사항을 결정하기 위하여 대통령령 또는 정관으로 정하는 사항에 대해서는 총회의 의결을 거쳐야 한다(동법 45조 1항). 위 사항 중 이 법 또는 정관에 따라 조합원의 동의가 필요한 사항은 총회에 상정하여야 한다(동법 45조 2항). 총회의 의결은 이 법 또는 정관에 다른 규정이 없으면 조합원 과반수의 출석과 출석 조합원의 과반수 찬성으로 하고 ⑨ 사업시행계획서의 작성 및 변경, ⑩ 관리처분계획의 수립 및 변경에 대해서는 조합원 과반수 찬성으로 의결한다.

조합원은 서면으로 의결권을 행사할 수 있으며, ① 조합원이 권한을 행사할 수 없어 배우자, 직계존비속 또는 형제자매 중에서 성년자를 대리인으로 정하

설립인가처분이 있은 후에 조합설립결의의 하자를 이유로 민사소송으로 그 결의의 무효 등 확인을 구하는 것으로 제기된 것인바, 그 소가 확인의 이익이 없는 부적법한 소에 해당하다고 볼 여지가 있으나, 재건축조합에 관한 설립인가처분을 보충행위로 보았던 종래의 실무관행 등에 비추어 그 소의 실질이 조합설립인가처분의 효력을 다투는 취지라고 못 볼 바 아니고, 여기에 소의 상대방이 행정주체로서의 지위를 갖는 재건축조합이라는 점을 고려하면, 그 소가 공법상 법률행위에 관한 것으로서 행정소송의 일종인 당사자소송으로 제기된 것으로 봄이 상당하고, 그 소는 이송 후 관할법원의 허가를 얻어 조합설립인가처분에 대한 항고소송으로 변경될 수 있어 관할법원인 행정법원으로 이송함이 마땅하다고 판시하였다.

여 위임장을 제출하는 경우, ② 해외에 거주하는 조합원이 대리인을 지정하는 경우, ③ 법인인 토지등소유자가 대리인을 지정하는 경우 해당하는 경우에는 대리인을 통하여도 의결권을 행사할 수 있다. 서면으로 의결권을 행사하는 경우에는 정족수를 산정할 때에 출석한 것으로 본다(동법 45조 5항). 조합은 서면의결권을 행사하는 자가 본인인지를 확인하여야 한다(동법 45조 6항).

3. 사업시행의 인가

사업시행자(제25조 제1항 및 제2항에 따른 공동시행의 경우를 포함하되, 사업시행자가 시장·군수등인 경우는 제외한다)는 정비사업을 시행하려는 경우에는 사업시행계획서에 정관등과 그 밖에 국토교통부령으로 정하는 서류를 첨부하여 시장·군수 등에게 제출하고 사업시행계획인가를 받아야 하고, 인가받은 사항을 변경하거나 정비사업을 중지 또는 폐지하려는 경우에도 또한 같다. 다만, 대통령령으로 정하는 경미한 사항을 변경하려는 때에는 시장·군수 등에게 신고하여야 한다(동법 50조 1항). 시장·군수 등은 특별한 사유가 없으면 제1항에 따라 사업시행계획서의 제출이 있은 날부터 60일 이내에 인가 여부를 결정하여 사업시행자에게 통보하여야 한다(동법 50조 4항). 한편, 시장·군수 등은 위 경미한 사항의 변경에 관한 신고를 받은 날부터 20일 이내에 신고수리 여부를 신고인에게 통지하여야 하고(동법 50조 2항), 해당 기간 내에 신고수리 여부 또는 민원 처리 관련 법령에 따른 처리기간의 연장을 신고인에게 통지하지 아니하면 그 기간이 끝난 날의 다음 날에 신고를 수리한 것으로 본다(동법 50조 3항).

[참고판례] 구 도시 및 주거환경정비법(이하 '구 도시정비법'이라 한다) 제8조 제3항, 제28조 제1항에 의하면, 토지 등 소유자들이 그 사업을 위한 조합을 따로 설립하지 아니하고 직접 도시환경정비사업을 시행하고자 하는 경우에는 사업시행계획서에 정관 등과 그 밖에 국토해양부령이 정하는 서류를 첨부하여 시장·군수에게 제출하고 사업시행인가를 받아야 하고, 이러한 절차를 거쳐 사업시행인가를 받은 토지 등 소유자들은 관할 행정청의 감독 아래 정비구역 안에서 구 도시정비법상의 도시환경정비사업을 시행하는 목적 범위 내에서 법령이 정하는 바에 따라 일정한 행정작용을 행하는 행정주체로서의 지위를 가진다. 그렇다면 토지 등 소유자들이 직접 시행하는 도시환경정비사업에서 토지 등 소유자에 대한 사업시행인가처분은 단순히 사업시행계획에 대한 보충행위로서의 성질을 가지는 것이 아니라 구 도시정비법상 정비사업을 시행할 수 있는 권한을 가지는 행정주체로서의 지위를 부여하는 일종의 설권적 처분의 성격을 가진다. (중략) 도시환경정비사업을 직접 시행하려는 토지 등 소유자들은

시장·군수로부터 사업시행인가를 받기 전에는 행정주체로서의 지위를 가지지 못한다. 따라서 그가 작성한 사업시행계획은 인가처분의 요건 중 하나에 불과하고 항고소송의 대상이 되는 독립된 행정처분에 해당하지 아니한다고 할 것이다(대판 2013. 6. 13, 2011두19994).

사업시행자(시장·군수 등 또는 토지주택공사 등은 제외한다)는 사업시행계획인가를 신청하기 전에 미리 총회의 의결을 거쳐야 하며, 인가받은 사항을 변경하거나 정비사업을 중지 또는 폐지하려는 경우에도 또한 같다. 다만, 제1항 단서에 따른 경미한 사항의 변경은 총회의 의결을 필요로 하지 아니한다(동법 50조 5항). 토지등소유자가 제25조 제1항 제2호에 따라 재개발사업을 시행하려는 경우에는 사업시행계획인가를 신청하기 전에 사업시행계획서에 대하여 토지등소유자의 4분의 3 이상 및 토지면적의 2분의 1 이상의 토지소유자의 동의를 받아야 한다. 다만, 인가받은 사항을 변경하려는 경우에는 규약으로 정하는 바에 따라 토지등소유자의 과반수의 동의를 받아야 하며, 제1항 단서에 따른 경미한 사항의 변경인 경우에는 토지등소유자의 동의를 필요로 하지 아니한다(동법 50조 6항). 지정개발자가 정비사업을 시행하려는 경우에는 사업시행계획인가를 신청하기 전에 토지등소유자의 과반수의 동의 및 토지면적의 2분의 1 이상의 토지소유자의 동의를 받아야 한다. 다만, 제1항 단서에 따른 경미한 사항의 변경인 경우에는 토지등소유자의 동의를 필요로 하지 아니한다(동법 50조 7항). 시장·군수 등은 제1항에 따른 사업시행계획인가(시장·군수 등이 사업시행계획서를 작성한 경우를 포함한다)를 하거나 정비사업을 변경·중지 또는 폐지하는 경우에는 국토교통부령으로 정하는 방법 및 절차에 따라 그 내용을 해당 지방자치단체의 공보에 고시하여야 한다. 다만, 제1항 단서에 따른 경미한 사항을 변경하려는 경우에는 그러하지 아니하다(동법 50조 9항).

시장·군수 등은 사업시행계획인가를 하거나 사업시행계획서를 작성하려는 경우에는 대통령령으로 정하는 방법 및 절차에 따라 관계 서류의 사본을 14일 이상 일반인이 공람할 수 있게 하여야 한다. 다만, 제50조 제1항 단서에 따른 경미한 사항을 변경하려는 경우에는 그러하지 아니하다(동법 56조 1항). 토지등소유자 또는 조합원, 그 밖에 정비사업과 관련하여 이해관계를 가지는 자는 제1항의 공람기간 이내에 시장·군수 등에게 서면으로 의견을 제출할 수 있으며, 시장·군수 등은 제출된 의견을 심사하여 채택할 필요가 있다고 인정하는 때에는 이를 채택하고, 그러하지 아니한 경우에는 의견을 제출한 자에게 그 사유를 알려주어야 한다(동법 56조 2항, 3항).

사업시행자가 사업시행계획인가를 받은 때에는 관계 법률에 따른 인가·허가·승인·신고·등록·협의·동의·심사·지정 또는 해제(이하 "인·허가 등"이라 한다)가 있은 것으로 보는 의제효가 있으며, 사업시행계획인가의 고시가 있은 때에는 관계 법률에 따른 인·허가 등의 고시·공고 등이 있은 것으로 본다(동법 57조 1항).

4. 사업시행을 위한 조치

(1) 임시거주시설 설치 등

사업시행자는 주거환경개선사업 및 재개발사업의 시행으로 철거되는 주택의 소유자 또는 세입자에게 해당 정비구역 안과 밖에 위치한 임대주택 등의 시설에 임시로 거주하게 하거나 주택자금의 융자를 알선하는 등 임시거주에 상응하는 조치를 하여야 한다(동법 61조 1항). 사업시행자는 제1항에 따라 임시거주시설(이하 "임시거주시설"이라 한다)의 설치 등을 위하여 필요한 때에는 국가·지방자치단체, 그 밖의 공공단체 또는 개인의 시설이나 토지를 일시 사용할 수 있다(동법 61조 2항) 국가 또는 지방자치단체는 사업시행자로부터 임시거주시설에 필요한 건축물이나 토지의 사용신청을 받은 때에는 대통령령으로 정하는 사유가 없으면 이를 거절하지 못한다. 이 경우 사용료 또는 대부료는 면제한다(동법 61조 3항).

사업시행자는 제61조에 따라 공공단체(지방자치단체는 제외한다) 또는 개인의 시설이나 토지를 일시 사용함으로써 손실을 입은 자가 있는 경우에는 손실을 보상하여야 하며, 손실을 보상하는 경우에는 손실을 입은 자와 협의하여야 한다(동법 62조 1항). 사업시행자 또는 손실을 입은 자는 제1항에 따른 손실보상에 관한 협의가 성립되지 아니하거나 협의할 수 없는 경우에는 「공익사업을 위한 토지 등의 취득 및 보상에 관한 법률」 제49조에 따라 설치되는 관할 토지수용위원회에 재결을 신청할 수 있다(동법 62조 2항). 위의 손실보상은 이 법에 규정된 사항을 제외하고는 「공익사업을 위한 토지 등의 취득 및 보상에 관한 법률」을 준용한다(동법 62조 3항).

(2) 토지 등의 수용 또는 사용

사업시행자는 정비구역에서 정비사업(재건축사업의 경우에는 제26조 제1항 제1호 및 제27조 제1항 제1호에 해당하는 사업으로 한정한다)을 시행하기 위하여 「공익사업을 위한 토지 등의 취득 및 보상에 관한 법률」 제3조에 따른 토지·물건 또는 그 밖의 권리를 취득하거나 사용할 수 있다(동법 63조).

[판례] 주택재건축사업은 주택재개발사업에 비하여 국가의 개입이 약한 방법으로 진행되고, 대상지역이 불량주거지가 아니며, 사업에 동의한 자로 구성된 조합의 결성을 통해 진행된다는 점에서 주택재개발사업과 비교하여 그 공공성·강제성의 정도에 차이가 있으므로, 주택재건축사업의 시행자에게 토지 등 수용권을 부여하지 않는 대신 주택재건축사업에 동의하지 않는 자에 대하여 매도청구를 할 수 있도록 하고, 다만 예외적으로 공공사업으로서의 성격이 강한 경우에만 수용권을 부여한 것이다. 이는 토지 등 소유자의 자발적 참여를 중시하는 정비사업의 성격이 강한 주택재건축사업의 경우에까지 수용권을 부여하는 것은 주택재건축사업의 목적과 성격에 부합하지 않는다는 입법자의 판단에 의한 것으로서, 이러한 입법자의 판단에는 합리적 이유가 있다. 한편 주택재건축사업의 시행자에게 수용권을 부여하여 임차권자에게 손실보상을 하도록 할 경우 손실보상 부담을 둘러싼 불필요한 분쟁이 초래될 수 있는바, 그와 같은 분쟁의 방지 및 이를 통한 주택재건축사업의 원활한 진행이라는 공익의 측면에서 보더라도 주택재건축사업 시행자에게 원칙적으로 수용권을 부여하지 않은 것에는 합리적 이유가 있다(헌재 2015. 6. 25. 2013헌바86).

(3) 매도청구

재건축사업의 사업시행자는 사업시행계획인가의 고시가 있은 날부터 30일 이내에 ① 제35조 제3항부터 제5항까지에 따른 조합설립에 동의하지 아니한 자, ② 제26조 제1항 및 제27조 제1항에 따라 시장·군수 등, 토지주택공사 등 또는 신탁업자의 사업시행자 지정에 동의하지 아니한 자에게 조합설립 또는 사업시행자의 지정에 관한 동의 여부를 회답할 것을 서면으로 촉구하여야 한다(동법 64조 1항). 제1항의 촉구를 받은 토지등소유자는 촉구를 받은 날부터 2개월 이내에 회답하여야 하고, 이 기간 내에 회답하지 아니한 경우 그 토지등소유자는 조합설립 또는 사업시행자의 지정에 동의하지 아니하겠다는 뜻을 회답한 것으로 본다(동법 64조 2항, 3항). 제2항의 기간이 지나면 사업시행자는 그 기간이 만료된 때부터 2개월 이내에 조합설립 또는 사업시행자 지정에 동의하지 아니하겠다는 뜻을 회답한 토지등소유자와 건축물 또는 토지만 소유한 자에게 건축물 또는 토지의 소유권과 그 밖의 권리를 매도할 것을 청구할 수 있다(동법 64조 4항).

5. 관리처분계획(환권계획)

(1) 의 의

관리처분계획이란 정비사업이 완료된 후에 행할 분양처분을 미리 정하는 계획을 말한다. 주택재건축·재개발 등의 정비사업을 시행하려면 토지소유자로 구성된 조합을 설립하고, 조합원의 분양신청을 받은 후 관리처분계획안을 마련하여 그에 대한 조합 총회결의와 토지 등 소유자의 공람절차를 거친 후 행정청의 인가·고시를 거쳐야 한다. 관리처분계획은 행정청의 인가·고시를 통해 비로소 구속적 행정행위로서의 효력이 발생하게 되며, 토지 등 소유자의 권리·의무에 직접적인 구속력을 미치는 것으로서 행정쟁송상의 처분에 해당한다고 볼 것이다.

[판례①] 도시재개발법에 의한 재개발조합은 조합원에 대한 법률관계에서 적어도 특수한 존립목적을 부여받은 특수한 행정주체로서 국가의 감독하에 그 존립 목적인 특정한 공공사무를 행하고 있다고 볼 수 있는 범위 내에서는 공법상의권리의무 관계에 서 있는 것이므로 분양신청 후에 정하여진 관리처분계획의 내용에 관하여 다툼이 있는 경우에는 그 관리처분계획은 토지 등의 소유자에게 구체적이고 결정적인 영향을 미치는 것으로서 조합이 행한 처분에 해당하므로 항고소송의 방법으로 그 무효확인이나 취소를 구할 수 있다(대판 2002. 12. 10, 2001두6333. 동지판례: 대판 1996. 2. 15, 94다31235; 대판 1997. 11. 28, 95다43594).[5]

[판례②] 도시 및 주거환경정비법(이하 '도시정비법'이라고 한다)에 따른 주택재건축정비사업조합(이하 '재건축조합'이라고 한다)은 관할 행정청의 감독 아래 도시정비법상의 주택재건축사업을 시행하는 공법인(도시정비법 제18조)으로서, 그 목적 범위 내에서 법령이 정하는 바에 따라 일정한 행정작용을 행하는 행정주체의 지위를 갖는다. 그리고 재건축조합이 행정주체의 지위에서 도시정비법 제48조에 따라 수립하는 관리처분계획은 정비사업의 시행 결과 조성되는 대지 또는 건축물의 권리귀속에 관한 사항과 조합원의 비용 분담에 관한 사항 등을 정함으로써 조합원의 재산상 권리·의무 등에 구체적이고 직접적인 영향을 미치게 되므로, 이는 구속적 행정계획으로서 재건축조합이 행하는 독립된 행정처분에 해당한다(대판 2009. 9. 17, 2007다2428).

한편, 행정처분인 관리처분계획에 이르기 위한 전제행위로서 조합 총회결의에 하자가 있는 경우 이를 다투는 방법에 대하여, 최근 대법원은 관리처분계획안에 대한 조합 총회결의는 관리처분계획이 인가·고시되기 전에는 조합 총회결의를 '당사자소송'으로 다툴 수 있지만, 관리처분계획이 인가·고시된 후에는 관리처분계획에 대한 '항고소송'으로 다투어야 하고, 그와 별도로 행정처분에 이르는 절차적 요건 중 하나에 불과한 총회결의 부분만 따로 떼어내어 효력 유무를 다투는 확인의 소를 제기하는 것은 특별한 사정이 없는 한 허용되지 않는다고 판시함으로써, 인가·고시 전후를 불문하고 '민사소송'으로 총회결의의 하

5) 종래 도시재개발법에 의한 재개발사업은 현행법상 「도시 및 주거환경정비법」에 의하여 규율되고 있다.

자를 다툴 수 있다고 한 종전의 입장을 변경하였다.

[판례] ㉮ 관리처분계획은 재건축조합이 조합원의 분양신청 현황을 기초로 관리처분계획안을 마련하여 그에 대한 조합 총회결의와 토지 등 소유자의 공람절차를 거친 후 관할 행정청의 인가·고시를 통해 비로소 그 효력이 발생하게 되므로(도시 및 주거환경정비법 제24조 제3항 제10호, 제48조 제1항, 제49조), 관리처분계획안에 대한 조합 총회결의는 관리처분계획이라는 행정처분에 이르는 절차적 요건 중 하나로, 그것이 위법하여 효력이 없다면 관리처분계획은 하자가 있는 것으로 된다. 따라서 행정주체인 재건축조합을 상대로 관리처분계획안에 대한 조합 총회결의의 효력 등을 다투는 소송은 행정처분에 이르는 절차적 요건의 존부나 효력유무에 관한 소송으로서 그 소송결과에 따라 행정처분의 위법 여부에 직접 영향을 미치는 공법상 법률관계에 관한 것이므로, 이는 행정소송법상의 당사자소송에 해당한다. ㉯ 그리고 이러한 소송은, 관리처분계획이 인가·고시되기 전이라면 위법한 총회결의에 대해 무효확인 판결을 받아 이를 관할 행정청에 자료로 제출하거나 재건축조합으로 하여금 새로이 적법한 관리처분계획안을 마련하여 다시 총회결의를 거치도록 함으로써 하자 있는 관리처분계획이 인가·고시되어 행정처분으로서 효력이 발생하는 단계에까지 나아가지 못하도록 저지할 수 있고, 또 총회결의에 대한 무효확인판결에도 불구하고 관리처분계획이 인가·고시되는 경우에도 관리처분계획의 효력을 다투는 항고소송에서 총회결의의 무효확인소송의 판결과 증거들을 소송자료로 활용함으로써 신속하게 분쟁을 해결할 수 있으므로, 관리처분계획에 대한 인가·고시가 있기 전에는 허용할 필요가 있다. 그러나 나아가 관리처분계획에 대한 관할 행정청의 인가·고시까지 있게 되면 관리처분계획은 행정처분으로서 효력이 발생하게 되므로, 총회결의의 하자를 이유로 하여 행정처분의 효력을 다투는 항고소송의 방법으로 관리처분계획의 취소 또는 무효확인을 구하여야 하고, 그와 별도로 행정처분에 이르는 절차적 요건 중 하나에 불과한 총회결의 부분만을 따로 떼어내어 효력 유무를 다투는 확인의 소를 제기하는 것은 특별한 사정이 없는 한 허용되지 않는다고 보아야 한다(대판 2009. 9. 17. 2007다2428).

(2) 분양공고 및 분양신청

사업시행자는 사업시행계획인가의 고시가 있은 날(사업시행계획인가 이후 시공자를 선정한 경우에는 시공자와 계약을 체결한 날)부터 120일 이내에 ① 분양대상자별 종전의 토지 또는 건축물의 명세 및 사업시행계획인가의 고시가 있은 날을 기준으로 한 가격(사업시행계획인가 전에 제81조 제3항에 따라 철거된 건축물은 시장·군수 등에게 허가를 받은 날을 기준으로 한 가격), ② 분양대상자별 분담금의 추산액, ③ 분양신청기간, ④ 그 밖에 대통령령으로 정하는 사항을 토지등소유자에게 통지하고, 분양의 대상이 되는 대지 또는 건축물의 내역 등 대통령령으로 정하는 사항을 해당 지역에서 발간되는 일간신문에 공고하여야 한다. 다만, 토지등소유자 1인이 시행하는 재개발사업의 경우에는 그러하지 아니하다. 이때 분양신청기간은 통지한 날부터 30일 이상 60일 이내로 하여야 한다. 다만, 사업시행자는 제74조 제1항에 따른 관리처분계획의 수립에 지장이 없다고 판단하는 경우에는 분양신청기간을 20일의 범위에서 한 차례만 연장할 수 있다. 대지 또는 건축물에 대한 분양을 받으려는 토지등소유자는 제2항에 따른 분양신청기간에 대통령령으로 정하는 방법 및 절차에 따라 사업시행자에게 대지 또는 건축물에 대한 분양신청을 하여야 한다(동법 72조).

[판례] 재개발조합이 조합원들에게 '조합원 동·호수 추첨결과 통보 및 분양계약 체결 안내'라는 제목으로 계약의 지연 등으로 인한 개인적 불이익을 당하지 않도록 유념해 달라는 내용의 통지를 한 경우, 위 통지는 조합원들에 대하여 관리처분계획에서 정한 바에 따라 위 기한까지 분양계약에 응하여 분양대금을 납부해 줄 것을 안내하는 것에 불과하고, 조합원들에게 분양계약의 체결 또는 분양금의 납부를 명하거나 기타 법률상 효과를 새로이 발생하게 하는 등 조합원들의 구체적인권리의무에 직접적 변동을 초래하는 행정처분에 해당한다고 볼 수 없다(대판 2002. 12. 10, 2001두6333. 동지판례: 대판 2002. 12. 27, 2001두2799).

한편, 사업시행자는 ① 분양신청을 하지 아니한 자, ② 분양신청기간 종료 이전에 분양신청을 철회한 자, ③ 제72조 제6항 본문에 따라 분양신청을 할 수 없는 자, ④ 제74조에 따라 인가된 관리처분계획에 따라 분양대상에서 제외된 자에 대해서는 관리처분계획이 인가·고시된 다음 날부터 90일 이내에 토지, 건축물 또는 그 밖의 권리의 손실보상에 관한 협의를 하여야 한다(동법 73조).

(3) 관리처분계획의 인가

사업시행자는 분양신청기간이 종료된 때에는 분양신청의 현황을 기초로 ① 분양설계, ② 분양대상자의 주소 및 성명, ③ 분양대상자별 분양예정인 대지 또는 건축물의 추산액, ④ 보류지 등의 명세와 추산액 및 처분방법, ⑤ 분양대상자별 종전의 토지 또는 건축물 명세 및 사업시행계획인가 고시가 있은 날을 기준으로 한 가격(사업시행계획인가 전에 제81조 제3항에 따라 철거된 건축물은 시장·군수 등에게 허가를 받은 날을 기준으로 한 가격), ⑥ 정비사업비의 추산액(재건축사업의 경우에는 「재건축초과이익 환수에 관한 법률」에 따른 재건축부담금에 관한 사항을 포함한다) 및 그에 따른 조합원 분담규모 및 분담시기, ⑦ 분양대상자의 종전 토지 또는 건축물에 관한 소유권 외의 권리명세, ⑧ 세입자별 손실보상을 위한 권리명세 및 그 평가액, ⑨ 그 밖에 정비사업과 관련한 권리 등에 관하여 대통령령으로 정하는 사항이 포함된 관리처분계획을 수립하여 시장 · 군수 등의 인가를 받아야 하며, 관리처분계획을 변경 · 중지 또는 폐지하려는 경우에도 또한 같다. 다만, 대통령령으로 정하는 경미한 사항을 변경하려는 경우에는 시장 · 군수 등에게 신고하여야 한다(동법 74조 1항).

[판례①] 도시재개발법 제34조에 의한 행정청의 인가는 주택개량재개발조합의 관리처분계획에 대한 법률상의 효력을 완성시키는 보충행위로서 그 기본되는 관리처분계획에 하자가 있을 때에는 그에 대한 인가가 있었다 하여도 기본행위인 관리처분계획이 유효한 것으로 될 수 없으며, 다만 그 기본행위가 적법 · 유효하고 보충행위인 인가처분 자체에만 하자가 있다면 그 인가처분의 무효나 취소를 주장할 수 있다고 할 것이지만, 인가처분에 하자가 없다면 기본행위에 하자가 있다 하더라도 따로 그 기본행위의 하자를 다투는 것은 별론으로 하고 기본행위의 무효를 내세워 바로 그에 대한 행정청의 인가처분의 취소 또는 무효확인을 소구할 법률상의 이익이 있다고 할 수 없다(대판 2001. 12. 11. 2001두7541).

[판례②] 도시 및 주거환경정비법 관련 규정의 내용, 형식 및 취지 등에 비추어 보면, 당초 관리처분계획의 경미한 사항을 변경하는 경우와 달리 관리처분계획의 주요 부분을 실질적으로 변경하는 내용으로 새로운 관리처분계획을 수립하여 시장 · 군수의 인가를 받은 경우에는, 당초 관리처분계획은 달리 특별한 사정이 없는 한 효력을 상실한다(대판 2012. 3. 22. 2011두6400 전합).

(4) 관리처분계획의 인가절차

사업시행자는 관리처분계획인가를 신청하기 전에 관계 서류의 사본을 30일 이상 토지등소유자에게 공람하게 하고 의견을 들어야 한다. 시장 · 군수 등은 사업시행자의 관리처분계획인가의 신청이 있은 날부터 30일 이내에 인가 여부를 결정하여 사업시행자에게 통보하여야 한다. 다만, 시장 · 군수 등은 제3항에 따라 관리처분계획의 타당성 검증을 요청하는 경우에는 관리처분계획인가의 신청을 받은 날부터 60일 이내에 인가 여부를 결정하여 사업시행자에게 통지하여야 한다. 시장 · 군수 등이 관리처분계획을 인가하는 때에는 그 내용을 해당 지방자치단체의 공보에 고시하여야 한다. 또한 사업시행자는 공람을 실시하려거나 시장 · 군수 등의 인가 고시가 있은 때에는 대통령령으로 정하는 방법과 절차에 따라 토지등소유자에게는 공람계획을 통지하고, 분양신청을 한 자에게는 관리처분계획인가의 내용 등을 통지하여야 한다(동법 78조).

종전의 토지 또는 건축물의 소유자 · 지상권자 · 전세권자 · 임차권자 등 권리자는 제78조 제4항에 따른 관리처분계획인가의 고시가 있은 때에는 제86조에 따른 이전고시가 있는 날까지 종전의 토지 또는 건축물을 사용하거나 수익할 수 없다. 다만, ① 사업시행자의 동의를 받은 경우, ② 「공익사업을 위한 토지 등의 취득 및 보상에 관한 법률」에 따른 손실보상이 완료되지 아니한 경우에는 그러하지 아니하다(동법 81조 1항).

(5) 건축물의 철거 등

사업시행자는 관리처분계획인가를 받은 후 기존의 건축물을 철거하여야 한다(동법 81조 2항). 다만, ① 「재난 및 안전관리 기본법」·「주택법」·「건축법」 등 관계 법령에서 정하는 기존 건축물의 붕괴 등 안전사고의 우려가 있는 경우, ② 폐공가(廢空家)의 밀집으로 범죄발생의 우려가 있는 경우에는 기존 건축물 소유자의 동의 및 시장·군수 등의 허가를 받아 해당 건축물을 철거할 수 있다. 이 경우 건축물의 철거는 토지등소유자로서의 권리·의무에 영향을 주지 아니한다(동법 81조 3항).

6. 관리처분(환권처분)

(1) 의 의

관리처분이란 사업시행자가 사업 완료 후에 관리처분계획에 따라 분양처분 등을 하는 것을 말하며 일반적으로 형성적 행정행위로 파악된다.[6] 정비사업의 시행으로 조성된 대지 및 건축물은 관리처분계획에 의하여 이를 처분 또는 관리하여야 한다(동법 79조 1항).

(2) 관리처분의 절차

(가) 준공인가

시장·군수 등이 아닌 사업시행자가 정비사업 공사를 완료한 때에는 시장·군수 등의 준공인가를 받아야 한다. 준공인가신청을 받은 시장·군수 등은 지체 없이 준공검사를 실시하여야 한다. 이 경우 시장·군수 등은 효율적인 준공검사를 위하여 필요한 때에는 관계 행정기관·공공기관·연구기관, 그 밖의 전문기관 또는 단체에게 준공검사의 실시를 의뢰할 수 있다(동법 83조 1항, 2항).

시장·군수 등은 준공검사를 실시한 결과 정비사업이 인가받은 사업시행계

6) 김동희(Ⅱ), 434면; 류지태·박종수(신론), 1211면.

획대로 완료되었다고 인정되는 때에는 준공인가를 하고 공사의 완료를 해당 지방자치단체의 공보에 고시하여야 하며, 직접 시행하는 정비사업에 관한 공사가 완료된 때에는 그 완료를 해당 지방자치단체의 공보에 고시하여야 한다(동법 83조 3항, 4항).

(나) 분양처분

사업시행자는 제83조 제3항 및 제4항에 따른 고시가 있은 때에는 지체 없이 대지확정측량을 하고 토지의 분할절차를 거쳐 관리처분계획에서 정한 사항을 분양받을 자에게 통지하고 대지 또는 건축물의 소유권을 이전하여야 한다. 다만, 정비사업의 효율적인 추진을 위하여 필요한 경우에는 해당 정비사업에 관한 공사가 전부 완료되기 전이라도 완공된 부분은 준공인가를 받아 대지 또는 건축물별로 분양받을 자에게 소유권을 이전할 수 있다(동법 86조 1항).

사업시행자는 제1항에 따라 대지 및 건축물의 소유권을 이전하려는 때에는 그 내용을 해당 지방자치단체의 공보에 고시한 후 시장·군수 등에게 보고하여야 하며, 이 경우 대지 또는 건축물을 분양받을 자는 고시가 있은 날의 다음 날에 그 대지 또는 건축물의 소유권을 취득한다(동법 86조 2항).

[판례①] 도시 및 주거환경정비법에 따른 이전고시는 준공인가의 고시로 사업시행이 완료된 이후에 관리처분계획에서 정한 바에 따라 종전의 토지 또는 건축물에 대하여 정비사업으로 조성된 대지 또는 건축물의 위치 및 범위 등을 정하여 소유권을 분양받을 자에게 이전하고 가격의 차액에 상당하는 금액을 청산하거나 대지 또는 건축물을 정하지 않고 금전적으로 청산하는 공법상 처분이다(대판 2016. 12. 29, 2013다73551. 동지판례: 대판 2012. 3. 22. 2011두6400).

[판례②] 이전고시의 효력 발생으로 이미 대다수 조합원 등에 대하여 획일적·일률적으로 처리된 권리귀속 관계를 모두 무효화하고 다시 처음부터 관리처분계획을 수립하여 이전고시 절차를 거치도록 하는 것은 정비사업의 공익적·단체법적 성격에 배치되므로, 이전고시가 효력을 발생하게 된 이후에는 조합원 등이 관리처분계획의 취소 또는 무효확인을 구할 법률상 이익이 없다고 봄이 타당하다(대판 2012. 3. 22. 2011두6400 전합. 동지판례: 대판 2012. 5. 24. 2009두22140).[7]

[판례③] 도시 및 주거환경정비법 제54조 제1항, 제2항, 제55조 제1항과 같이 대지 또는 건축물의 소유권 이전에 관한 고시의 효력이 발생하면 조합원 등이 관리처분계획에 따라 분양받을 대지 또는 건축물에 관한 권리의 귀속이 확정되고 조합원 등은 이를 토대로 다시 새로운 법률관계를 형성하게 되는데, 이전고시의 효력 발생

으로 대다수 조합원 등에 대하여 권리귀속 관계가 획일적·일률적으로 처리되는 이상 그 후 일부 내용만을 분리하여 변경할 수 없고, 그렇다고 하여 전체 이전고시를 모두 무효화시켜 처음부터 다시 관리처분계획을 수립하여 이전고시 절차를 거치도록 하는 것도 정비사업의 공익적·단체법적 성격에 배치되어 허용될 수 없다. 위와 같은 정비사업의 공익적·단체법적 성격과 이전고시에 따라 이미 형성된 법률관계를 유지하여 법적 안정성을 보호할 필요성이 현저한 점 등을 고려할 때, 조합설립인가처분의 취소나 무효확인 판결이 확정되기 전에 이전고시의 효력이 발생하였다면 더 이상 정비사업 결과를 원상으로 되돌리는 것은 허용될 수 없으므로 이전고시의 효력이 발생한 후에는 원칙적으로 조합설립인가처분의 취소 또는 무효확인을 구할 법률상 이익이 없다고 해석함이 타당하다(대판 2014. 9. 25. 2011두20680).

(3) 분양처분의 효과

(가) 대지 및 건축물에 대한 권리의 확정

대지 또는 건축물을 분양받을 자에게 소유권을 이전한 경우 종전의 토지 또는 건축물에 설정된 지상권·전세권·저당권·임차권·가등기담보권·가압류 등 등기된 권리 및 「주택임대차보호법」 제3조 제1항의 요건을 갖춘 임차권은 소유권을 이전받은 대지 또는 건축물에 설정된 것으로 본다. 이 경우 취득하는 대지 또는 건축물 중 토지 등 소유자에게 분양하는 대지 또는 건축물은 「도시개발법」 제40조에 따라 행하여진 환지로 보며, 보류지와 일반에게 분양하는 대지 또는 건축물은 「도시개발법」 제34조에 따른 보류지 또는 체비지로 본다(동법 87조).

(나) 등 기

사업시행자는 소유권이전의 고시가 있은 때에는 지체 없이 대지 및 건축물에 관한 등기를 지방법원지원 또는 등기소에 촉탁 또는 신청하여야 한다. 정비사업에 관한 소유권이전의 고시가 있은 날로부터 촉탁 또는 신청에 의한 등기가 있을 때까지는 저당권 등의 다른 등기를 하지 못한다(동법 88조).

---

7) 위 대법원 판결의 별개의견에서는 "관리처분계획의 무효확인이나 취소를 구하는 소송이 적법하게 제기되어 계속 중인 상태에서 이전고시가 효력을 발생하였다고 하더라도, 이전고시에서 정하고 있는 대지 또는 건축물의 소유권 이전에 관한 사항 외에 관리처분계획에서 정하고 있는 다른 사항들에 관하여서는 물론이고, 이전고시에서 정하고 있는 사항에 관하여서도 여전히 관리처분계획의 취소 또는 무효확인을 구할 법률상 이익이 있다고 보는 것이 이전고시의 기본적인 성격 및 효력에 들어맞을 뿐 아니라, 행정처분의 적법성을 확보하고 이해관계인의 권리·이익을 보호하려는 행정소송의 목적 달성 및 소송경제 등의 측면에서도 타당하며, 항고소송에서 소의 이익을 확대하고 있는 종전의 대법원판례에도 들어맞는 합리적인 해석이다."라고 판시하고 있다.

(다) 청산금

대지 또는 건축물을 분양받은 자가 종전에 소유하고 있던 토지 또는 건축물의 가격과 분양받은 대지 또는 건축물의 가격 사이에 차이가 있는 경우 사업시행자는 소유권이전의 고시가 있은 후에 그 차액에 상당하는 금액(이하 "청산금"이라 한다)을 분양받은 자로부터 징수하거나 분양받은 자에게 지급하여야 한다. 다만, 사업시행자는 정관 등에서 분할징수 및 분할지급을 정하고 있거나 총회의 의결을 거쳐 따로 정한 경우에는 관리처분계획인가 후부터 소유권이전의 고시가 있은 날까지 일정 기간별로 분할징수하거나 분할지급할 수 있다(동법 89조).

청산금을 납부할 자가 이를 납부하지 아니하는 경우 시장·군수 등인 사업시행자는 지방세 체납처분의 예에 따라 징수(분할징수를 포함한다. 이하 이 조에서 같다)할 수 있으며, 시장·군수 등이 아닌 사업시행자는 시장·군수 등에게 청산금의 징수를 위탁할 수 있다(동법 90조).

[판례] 도시정비법 제57조 제1항에 규정된 청산금의 징수에 관하여는 지방세체납처분의 예에 의한 징수 또는 징수 위탁과 같은 간이하고 경제적인 특별구제절차가 마련되어 있으므로, 시장·군수가 사업시행자의 청산금 징수 위탁에 응하지 아니하였다는 등의 특별한 사정이 없는 한 시장·군수가 아닌 사업시행자가 이와 별개로 공법상 당사자소송의 방법으로 청산금 청구를 할 수는 없다(대판 2017. 4. 28, 2016두39498. 동지 판례: 대판 2014. 9. 4, 2014다203588).

(라) 저당권의 물상대위

정비구역에 있는 토지 또는 건축물에 저당권을 설정한 권리자는 사업시행자가 저당권이 설정된 토지 또는 건축물의 소유자에게 청산금을 지급하기 전에 압류절차를 거쳐 저당권을 행사할 수 있다(동법 91조).

제 5 장 경제행정법

제 1 절 개 설

Ⅰ. 경제행정법의 의의

종래 경제법이라고 하면 주로 경제의 자유롭고 공정한 질서를 유지하기 위해 독점형성이나 불공정경쟁을 규제하는 것으로 이해되었고, 이는 성질상 공법임에도 불구하고 주로 사법학자들에 의해 연구되었다. 그러나 경제법은 문자 그대로 인간의 경제활동에 관한 법으로 이해되어야 할 것이며 그에는 경제사법과 경제공법이 다 같이 포함된다고 할 수 있다.[1] 즉 경제법은 경제사법과 경제공법의 상위개념이며 이 양자의 구분의 기준은 공법과 사법의 구분의 경우와 동일하다. 경제행정법은 경제공법 중에서 경제생활에 관한 헌법이라고 할 수 있는 경제헌법을 제외한 것이 되는 셈이며 간단히 말해서 국민의 경제활동에 관한 행정법을 의미한다. 경제행정은 자유경쟁질서의 확보 이외에, 경제를 규제·유도·촉진하는 모든 행정작용을 말한다. 따라서 경제행정법은 종래의 경제법의 분야를 포괄하는 것이며,[2] 구체적으로는 "경제생활에 참여하는 자와 공행정간의 관계 및 경제의 감시·지도·촉진 등을 위한 공행정기관의 설치 및 그 활동을 규율하는 규범의 전체"라고 말할 수 있다.[3]

1) 동지: Schmidt, Öffentliches Wirtschaftsrecht, in: Achterberg/Püttner(Hrsg.), Besonderes Verwaltungsrecht Ⅰ, 1990, S. 8; 롤프 슈토버(저), 최송화·이원우(공역), 독일경제행정법, 1997, 13면; 이기수, 경제법, 2009, 10면.

2) 논리·체계적으로 이러함에도 불구하고 우리나라와 마찬가지로 독일에서도 독점 및 불공정거래의 규제에 관한 법을 별도의 과목으로 인위적으로 분리해서 다루고 있는데, 이는 그들의 시험제도 때문이라고 한다(Vgl. Arndt, Wirtschaftsverwaltungsrecht, in: Steiner(Hg.), Besonderes Verwaltungsrecht, 1995, S. 756).

3) Vgl. Jarass, Wirtschaftsverwaltungsrecht und Wirtschaftsverfassungsrecht, 2. Aufl., 1984, S. 34; 홍정선(하), 732면; 박종국, 경제행정법에 관한 고찰, 사법행정, 1993. 1, 19면.

Ⅱ. 경제행정과 헌법

1. 헌법상의 경제질서

헌법은 "대한민국의 경제질서는 개인과 기업의 경제상 자유와 창의를 존중함을 기본으로 한다"라고 하면서도, "국가는 균형있는 국민경제의 성장 및 안정과 적정한 소득의 분배를 유지하고, 시장의 지배와 경제력의 남용을 방지하며, 경제주체간의 조화를 통한 경제의 민주화를 위하여 경제에 관한 규제와 조정을 할 수 있다"라고 규정하고 있다(119조). 이와 같은 헌법규정에 비추어 볼 때, 극단의 '자유방임적 경제체제'도 또한 극단의 '중앙통제적 경제체제'도 아닌 이른바 사회적 시장경제체제[4]가 우리 헌법이 지향하는 경제의 기본질서라고 할 수 있다. 국가는 한편으로는 자본주의의 모순을 제거하고 다른 한편으로는 경제의 원활한 순환을 촉진시키기 위하여 사경제활동 및 경제질서에 개입하는 것이다.[5]

2. 경제행정의 헌법적 한계

경제행정도 헌법적 한계를 지켜야 함은 물론이다. 여기에 속하는 대표적인 것으로는 비례의 원칙, 직업의 자유, 재산권의 보장, 근로의 권리, 근로자의 노동삼권, 집회·결사의 자유, 평등권, 사적 자치, 계약의 자유 등이 있다. 이 중에서도 경제행정과 관련하여 특히 중요한 것으로는 비례의 원칙과 직업의 자유이다.

(1) 비례의 원칙

우리나라는 그 동안 경제발전을 최우선으로 하면서 국민경제 전반에 걸쳐 국가가 주도적이고 적극적으로 참여하고 개입해 온 것이 사실이다. 그러나 국

4) 슈토버(Rolf Stober)는 '사회적 시장경제'에 대해 「시장경제적 요소를 주로 하여 중앙관리적 요소를 가미한 요소들의 결합이 소위 사회적 시장경제이다」, 「사회적 시장경제는 사회적 성격을 가진 시장경제이다. 국가는 경제활동하는 인간의 기본적 자유를 보장한다. 국가는 사회적 정의를 위해 요구되는 경우에 한해서 경제과정에 개입한다. "가능한 한 많은 자유, 반드시 필요한 한도 내에서의 강제"라는 표어가 여기서의 중심문제로 된다」(최송화·이원우(공역), 앞의 책, 61면)라고 기술하고 있음은 사회적 시장경제를 이해하는 데 도움이 될 것으로 생각된다.

5) 참조: 김남진, 개혁대상으로서의 규제와 보장국가적 규제, 법연 제33호, 2012. 9; 김남진, 사회국가와 보장국가와의 관계, 법연 제36호, 2012. 12; 김남진, "경제에 대한 국가의 역할"과 관련하여, 공법연구 제42집 제1호, 2013. 10; 김남진, 한국에서의 보장국가론과 규제개혁, 학술원통신 제261호, 2015. 4.

가가 균형있는 국민경제의 성장, 경제의 안정, 적정한 소득의 분배, 시장의 지배와 경제력 남용의 방지, 경제의 민주화 등의 필요에 의해 경제에 관한 통제와 조정을 하더라도 이는 한계가 있는 것이며, 개인과 기업의 경제상 자유와 창의는 최대한 존중되도록 하는 것이 원칙이다. 원칙과 예외가 전도되어서는 안 될 것이다. 이와 관련하여서 경제행정의 법적 한계로서 비례의 원칙이 중요한 역할을 한다.

경제분야에서 개인의 경제적 자유를 제한하는 모든 조치는 비례의 원칙에 합당하여야 한다. 국가가 경제조치를 통하여 추구하는 공익은 그로 인해 제한받는 개인의 자유와 형량되어야 하는 바, 거기에는 다음의 3가지 원칙이 지켜져야 한다. 첫째, 국가의 경제조치는 의도하는 목적에 적합하여야 한다(적합성의 원칙). 둘째, 그 조치는 목적실현을 위해 필요한 한도 이상으로 행해져서는 안 된다. 즉 개인의 경제적 자유를 가장 적게 제한하는 수단을 택해야 한다(필요성의 원칙, 최소침해의 원칙). 셋째, 위의 두 가지 원칙에 합치되더라도 행정조치로 인해 제한받는 자유의 정도가 그로 인해 추구되는 공익보다 큰 경우에는 해당 조치를 취해서는 안 된다. 제한의 정도가 클수록 그에 비례해서 공익의 절박성·필요성도 커야 한다(상당성의 원칙, 협의의 비례의 원칙).[6]

(2) 직업의 자유

경제행정과 관련이 있는 것에 재산권의 보장, 근로의 권리, 근로자의 노동삼권, 집회·결사의 자유, 평등권, 계약의 자유 등 여러 가지가 있지만 그 중에서 가장 직접적으로 관련이 있는 기본권은 '직업의 자유' 내지는 '영업의 자유'라고 할 수 있다.[7] 그리고 자연인만이 아니라 법인도 이 기본권의 주체가 됨은 주지의 일에 속한다고 할 수 있다.

헌법 제15조는 '직업선택의 자유'를 보장하고 있다. 그러나 이는 직업 '선택'의 자유만이 아닌 직업 '행사'의 자유를 포함하는 '직업의 자유'를 의미한다고 해석된다. 직업 '선택'과 '행사'의 자유의 구분은 그의 제한과 관련하여 중요한 의미가 있다. 직업의 자유를 제한하는 데 있어서도 어떤 직업의 선택 자체를 제한하는 것은 선택된 직업행사방법을 제한하는 경우보다 훨씬 엄격한 전제조건이 충족되어야 한다.

---

6) 상세는 김남진·김연태(Ⅰ), 44면 이하 참조.

7) 자연인에게는 '영업'의 자유가 '직업'의 자유의 한 내용이지만 법인의 경우에는 '직업의 자유'는 바로 '영업의 자유'를 의미한다고 할 수 있다.

직업의 자유의 제한에 관해서는 독일의 연방헌법재판소의 판례를 통해 확립된 '3단계이론'이 있다.[8] 직업의 자유를 불가피하게 제한해야 하는 경우에도 우선 첫 단계로 직업행사의 제한을 통해서 목적을 달성하려고 해야 한다. 이에 속하는 대표적인 것으로는 영업시간의 제한, 개인택시의 부제 영업제도 등이다. 첫 단계의 조치로 목적달성이 불가능할 때 한해서 고려될 수 있는 것이 두 번째 단계인 주관적 사유를 이유로 직업선택의 자유를 제한하는 것이다. 이는 일정한 능력 내지는 자격을 갖출 것을 전제조건으로 하여 이를 충족하는 사람에게만 일정한 직업을 가질 수 있게 하는 것이다. 직업의 성격상 전문성이나 기술이 요구되는 까닭에 일정한 시험에 합격한 자만이 특정한 직업을 선택할 수 있게 하는 경우가 이에 해당한다. 마지막 세 번째 단계는 직업선택의 자유를 어떤 객관적인 전제조건과 결부시킴으로써 제한하는 것이다. 사업소 상호간의 거리를 제한하거나 일정지역의 사업자의 수를 제한하여 영업허가를 하는 경우가 이에 속한다. 주관적인 전제조건은 기본권주체가 스스로 충족시킬 수 있는 것인 반면에 객관적인 전제조건은 기본권주체와는 무관하여 그것의 충족에 아무런 영향력을 미칠 수 없는 까닭이다. 이 경우는 기본권 제한의 심각성이 그만큼 크다. 따라서 매우 중대한 공익에 대한 위험이 심각하며 가능성이 높은 경우에 이를 방어하기 위해서 불가피한 경우에만 그와 같은 기본권의 제한이 허용된다.[9] 결국 이 3단계이론은 전단계의 방법으로는 목적달성이 불가능할 때에만 그 다음 단계의 제한방법을 택할 수 있다는 것이므로, 직업의 자유의 제한에 적용될 수 있는 비례의 원칙을 설명하고 있는 셈이다. 여기서 유의해야 할 것은 제한의 단계를 정하는 데뿐만 아니라 각 단계 내에서도 다시 비례의 원칙이 적용된다는 점이다. 예를 들면 직업행사의 제한의 단계에 있어서

8) Vgl. BVerfGE 7, 377(Apothekenurteil).

9) 「공중목욕장업 상호간의 거리를 제한하는 것은 동일 업종의 적정분포를 위한 것이며, 그러한 이유로는 헌법상 보장된 영업의 자유가 제한될 수 없다」는 판례가 있다(대판 1963. 8. 22, 63누97). 동일한 관점에서 주유소의 거리제한도 문제가 있다고 할 것이다. 헌법재판소는 경비업자의 겸업금지규정에 대해 「이 사건 법률조항은 청구인들과 같이 경비업을 경영하고 있는 자들이나 다른 업종을 경영하면서 새로이 경비업에 진출하고자 하는 자들로 하여금 경비업을 전문으로 하는 별개의 법인을 설립하지 않는 한 경비업과 그 밖의 업종간에 택일하도록 법으로 강제하고 있다. 이와 같이 당사자의 능력이나 자격과 상관없는 객관적 사유에 의한 제한은 월등하게 중요한 공익을 위하여 명백하고 확실한 위험을 방지하기 위한 경우에만 정당화될 수 있고, 따라서 헌법재판소가 이 사건을 심사함에 있어서는 헌법 제37조 제2항이 요구하는바 과잉금지의 원칙, 즉 엄격한 비례의 원칙이 그 심사척도가 된다」고 하여 동 규정이 직업의 자유를 침해한다고 판시한 바 있고(헌재 2002. 4. 25, 2001헌마614), 또한 「법무사법 시행규칙 제3조 1항의 '법원행정처장이 법무사를 보충할 필요가 있다고 인정되는 경우'라는 규정은 국민이 충족할 수 있는 전제조건이 아니며, 그로 인해 일반국민에게는 법무사 직업선택의 길이 봉쇄되고 특정집단에게만 열려 있게 되므로 위헌이 된다」고 판시한 바 있다(헌재 1990. 10. 15, 89헌마178).

영업시간이나 일수를 제한하는 경우에도 비례의 원칙을 지켜야 하고 제한의 정도가 지나쳐서는 안 된다. 제2단계의 주관적 전제조건도 직업의 내용에 비해 지나치게 어려워서는 안 되며, 이 때는 전단계에 비해서 재량의 범위가 좁게 인정된다.[10)]

제 2 절 경제행정의 특수성

경제행정(또는 경제규제)은 소극적으로 사회의 안녕 · 질서에 대한 위해를 방지함을 임무로 하는 질서유지행정과는 달리, 국민경제를 일정한 방향으로 유도 · 형성 · 조정하고 그의 조화적 발전을 기하고자 하는 적극적 작용으로서의 성질을 가진다. 이러한 경제행정의 특색으로서는 다음과 같은 것을 들 수 있다.

1. 종합성과 계획성

경제분야의 현상은 매우 다양 · 다기하다. 국민경제가 조화롭게 발전하도록 하고 일정한 방향으로 나아가도록 하기 위해서는 서로 영향을 미치는 다양한 경제분야를 종합적으로 규율하여야 하며, 일정한 목표를 달성하기 위하여 구상하고 활동기준을 설정하는 행정계획을 수립하여야 한다. 우리나라에서 그 동안 7차에 걸쳐 경제계획 내지 경제 · 사회계획이 시행되었음은 경제영역에서의 계획의 중요성을 보여주는 셈이다.

2. 촉진적 · 유도적 기능

경제행정의 근거가 되는 법규는 단순히 행정주체가 우월적 지위에서 명령 · 강제하는 근거가 되는 것에 그치지 아니하고, 행정주체가 적극적으로 경제를 일정한 방향으로 촉진하고 유도하는 행정근거를 제공해 준다고 할 수 있다.

3. 행정청의 광범위한 재량 등의 인정

경제를 규제 · 촉진 · 지도하는 데는 고도의 정책적 판단과 전문기술적 지식을 필요로 하는 경우가 많다. 그리하여 구체적 · 기술적 기준의 설정 등을 행정청에 의한 입법(명령)이나 계획에 위임하는 경우가 많은 동시에 또한 법의 집

---

10) Arndt, S. 770.

행에 있어서도 행정청에 광범위한 재량과 형성적 자유 내지는 판단의 여지를 부여하는 경향이 많이 있다.[1]

4. 다양한 행정수단

경제행정은 생산·소비·분배 등 국민의 경제생활 전반에 미치며, 법률관계는 물론 사실관계와도 여러 관련을 맺고 있다. 그 결과 그의 행정수단도 하명·허가·면제, 허가의 취소와 같은 전통적·권력적 수단에만 의존하고 있는 것이 아니라 경제생활을 보호·조성하기 위한 행정지도·행정계획·사법적 행위 등 다양한 수단이 활용되고 있다. 특히 행정주체가 공기업을 설립하여 경제주체로서 스스로 경제활동에 참여하는 경우가 있는 점은 경제행정의 두드러진 특색 중의 하나라 할 수 있다.[2]

제 3 절 경제행정조직

경제행정의 주체인 국가(정부)와 지방자치단체는 관련 행정기관·공기업 등을 통해서 경제행정을 수행한다. 이 가운데, 현행법하의 경제행정조직의 개요를 살펴보면 다음과 같다.

(1) 중앙행정기관

현행의 정부조직에 있어 경제의 주무부서는 기획재정부이다. 그러나 그 밖에도 국무총리소속하의 금융위원회·공정거래위원회 등이 경제에 대한 막강한 권한을 행사하고 있음이 현황이다.[1]

(2) 공기업

경제행정과 관련하여서 특기할 것은 공기업이다. 국가와 지방자치단체는 공기업을 통해서 국민경제에 참여하고 경제행정을 수행한다. 공기업은 독립성의 유무에 따라 비독립적 기업과 독립적 기업으로 분류할 수 있음은 주지하는 바

---

1) 재량(결정재량·선택재량)과 형성적 자유 내지 판단여지의 이동 등에 대하여는 김남진·김연태(Ⅰ), 231면 이하 참조.

2) 국가가 경제에 관여(Einwirkung)하는 방식은 개입(Intervention)과 자영적 활동(Eigenbetätigung)으로 대별할 수 있다. 상세는 김남진, 국가의 경제에의 참여와 개입, 공법연구 제16집, 1988, 95면 이하; 김남진, 기본문제, 758면 이하; 정순훈, 경제헌법, 1993, 129면 이하 등 참조.

1) 현행의 정부조직의 상세에 관하여는 본서 제6편 제2장 국가행정조직법 이하 참조.

와 같다.[2)]

여기에서 비독립적인 기업이란 국가나 지방자치단체의 행정조직의 일부로서 운영되며 독립된 법인격을 가지지 않는 기업을 말한다. 즉, 공기업의 경영·조직이 일반 행정작용·조직의 일부로서 행해지는 경우이다. 정부부처의 형태를 지닌 까닭에 행정청형 기업이라고도 하며 그러한 공기업을 관장하고 있는 행정기관을 현업관서 또는 현업기관이라고 부른다. 우편사업(국영기업)과 수도사업(공영기업)이 이에 속하는 대표적인 예이다.

다른 한편, 국가와 지방자치단체는 행정계열에서 분리되어 법인격을 갖는 공기업에 의해 경제행정을 수행하기도 하는데, 특별법에 의하여 설립되는 특수법인기업, 조례 등에 의거하여 설립되는 지방공기업, 상법에 준거하여 개설되는 회사체기업 등이 그에 속한다.

민간자본이 취약하고 민간기업이 발달되지 않은 단계에서는 공기업이 특정분야에 있어서 경제발전의 기관차 역할을 담당하였음을 부인할 수 없다. 그러나 오늘날 상당수 공기업이 비능률과 부패의 대명사처럼 되어 있음으로 인해 민영화를 포함한 개혁의 대상이 되어 있는 상태이다.

(3) 기 타

국가는 동업자간에 일정한 단체를 구성하도록 하고 인가를 부여한 후 이 단체에게 법률에 의해 자치권을 부여하여 공적 임무를 수행하게 하는 경우가 있다. 이를 '경제자치'라고도 한다. 경제자치는 국가가 경제를 보호·육성하는 데 있어서 이들의 전문지식을 활용하여 올바른 결정을 내리는 데 도움이 되며, 단체로 하여금 자신들의 직업과 관련된 임무를 구성원의 이익을 위함과 동시에 공익을 위해 스스로 수행하게 하는 데 의의가 있다. 이와 같은 공법상의 단체에 속하는 것으로는 상공회의소가 대표적이며 그밖에도 전문자유직업에 속하는 의사회, 치과의사회, 한약사회, 약사회, 변호사회, 농업협동조합을 위시한 각종의 협동조합 등이 있다.[3)] 이들은 국가의 감독을 받으며 자치법규라고 볼 수 있는 정관 또는 회칙을 제정하고, 그 구성원에 대한 교육(의료법 30조 2항, 약사법 15조)·감독·징계(의료법 시행령 13조, 약사법 시행령 제10조)를 하기도 한다. 특히 상공회의소는 상공업에 관한 조사·연구, 상공업에 관한 지원 계획의 수립·시행, 상공업에 관한 증명·검사와 감정, 상

2) 공기업에 관한 상세는 본서 제7편 제2장 제4절 제1관 공기업 이하 참조.

3) 이들 조직은 행정법학에서 보통 공공조합 또는 공법상의 사단법인으로 불려지고 있다(본서 62면 이하 참조).

공업에 관한 기술 및 기능의 보급과 검정, 대기업 및 중소기업 간의 협조와 조정, 국제통상의 진행과 국제경제협력 외에도 여러 임무를 수행한다(상공회의소법 3조).

경제행정에 사인이 참여하는 경우도 있다. 사인이 자신의 이름으로 공행정사무를 처리할 수 있는 권한을 부여받아 공권력을 행사하는 경우가 있는데 이를 공무수탁사인(Beliehene)이라고 한다.[4] 이는 국가의 행정부담을 경감하고 분산시키며, 사인의 지식과 재력을 이용하기 위함이다.[5] 사인이 기업자 또는 공공사업의 시행자로서 토지수용권 등 공권력을 행사하는 경우가 이에 해당한다.[6] 그밖에 이와 구분되는 것으로 사인이 고권적 권한을 행사하는 것이 아니라 단지 법령에 의해 자신에게 주어진 임무를 이행할 뿐인 공의무담당자(Indienstgenommene, 예: 소득세법 127조에 따라 소득세의 원천징수의무가 부과된 자, 장애인고용촉진 및 직업재활법 28조에 의해 장애인을 고용할 의무가 부과된 사업주)와 단순히 행정의 보조자(Verwaltungshelfer)로서 활동하는 경우가 있다.

제 4 절 경제행정의 임무

경제행정의 임무는 소극적으로 경제상의 위험을 방지하고 경제질서를 보호 · 유지하기 위한 경제감독(Wirtschaftsaufsicht)과 적극적으로 경제를 바람직한 상태로 이끌어 가기 위한 경제유도(Wirtschaftslenkung) 및 경제를 직접 · 간접으로 지원하는 경제조성(Wirtschaftsförderung)으로 대별될 수 있다. 다만, 그들 상호간의 구분이 명확한 것은 아니다. 특히 경제유도와 경제조성은 상호 중첩되는 경우가 많이 있다. 예컨대 자금지원은 경제를 지원 · 조성함과 동시에 경제를 유도하기 위한 것일 수도 있는 것이다. 그러한 의미에서 넓은 의미의 경제유도에는 경제조성이 포함된다고 볼 수 있다.[1]

Ⅰ. 경제감독

경제감독이란 사경제활동에 참여하는 경제주체가 경제에 관한 법령을 준수

4) 이에 관한 상세는 김남진 · 김연태(Ⅰ), 102면 참조.
5) Schmidt, S. 34.
6) 상세는 본서 680면 이하 참조.
1) Vgl. Arndt, S. 803; Rinchk/Schwark, Wirtschaftsrecht, 1986, S. 261 ff.

하는지의 여부를 감독하는 행정작용을 말한다. 위생경찰이나 산업경찰상의 감독[2]은 일반적 · 경제외적인 위험을 방지하여 공공의 안녕과 질서를 유지하는 것을 목적으로 하고 있는데 대하여, 경제감독은 국민경제의 이익을 위해 법령에 위배되는 영업 · 기업활동을 단속하는 등, 경제상의 위험을 예방하고 경제질서를 유지하는 것을 목적으로 한다.

경제감독을 하는 행정청은 주로 통제 · 감시하는 기능과 잘못된 것을 시정하는 기능을 하게 된다. 또한 행정청은 위험을 예방하고(예: 식품위생법), 법적 지식이 부족한 자, 사회적 약자를 보호하며(보험업법, 소비자기본법, 할부거래에 관한 법률, 예금자보호법),[3] 회사의 기능을 유지하고(상법), 경제질서(독점규제 및 공정거래에 관한 법률)와 특정 경제분야의 구조를 보호하는(은행법) 등 여러 기능을 수행한다.

Ⅱ. 경제유도

경제유도란 경제적 · 사회정책적으로 바람직한 상태를 실현하거나, 경제생활이 올바로 진행되도록 하기 위해 경제의 여러 과정에 국가가 관여하는 것을 말한다.[4] 앞에서 살펴 본 경제감독이 소극적으로 경제에 관련된 위험을 예방하기 위한 행정작용인데 대하여, 경제유도는 국가 등 행정주체가 경제에 적극적으로 참여 · 개입하는 작용을 의미한다.

또한 국가의 재정정책, 조세정책, 통화정책 등도 경제유도를 위한 중요한 수단이 된다고 말할 수 있다. 예컨대, 조세의 부과는 직접적으로는 국가 등의 재원조달을 목적으로 하는 것이지만, 조세감면을 통해 특정산업을 육성하는가 하면, 조세의 중과를 통해 토지투기 등을 억제하는 등 경제유도를 위한 효과적인 수단으로서도 활용되고 있는 것이다.

---

2) 경찰처분 · 경찰허가 · 경찰벌 · 경찰강제 등이 그의 주요 수단이 되고 있으며, 이들 문제는 경찰행정법(본서 347면 이하)에서 자세히 고찰한 바 있다.

3) 이 가운데 「예금자보호법」은 은행이 파산 등의 사유로 예금 등을 지급할 수 없는 상황에 대처하기 위하여 예금보험제도 등을 효율적으로 운영함으로써 예금자를 보호하고 금융제도의 안전성을 유지하기 위하여 제정된 법률이다. 이른바 IMF관리시대에 들어서면서 많은 금융기관(종합금융 · 은행 등)이 도산 · 폐쇄됨에 따라 '예금자보호'의 문제가 시급한 당면과제였다.

4) 행정을 그의 임무 또는 목적에 따라 질서행정 · 급부행정 · 유도행정 · 공과행정 · 조달행정 등으로 구분할 수 있는데, 이에 관한 상세는 김남진 · 김연태(Ⅰ), 15면 이하 참조.

Ⅲ. 경제조성

경제조성이란 국가가 경제를 발전시키고 공공복리를 증진하기 위하여 특정 경제활동을 지원하고 진흥시키는 것을 말한다. 구체적으로 경제구조의 개선, 경제위기 극복, 기술개발, 생산성 향상, 수출의 증대, 특정 국내산업의 보호, 지역간 경제불균형 해소, 고용증대, 중소기업의 진흥과 보호, 특정기업의 도산예방, 창업지원 등 그 목적은 지극히 다양하다.

경제조성은 촉진하고자 하는 경제활동분야를 경제적으로 직접 지원하는 것이므로 이는 주로 자금조성(Subvention)이라는 방법에 의해 이루어진다. 자금조성이란 국가 또는 기타의 행정주체가 공공이익을 증진하기 위하여 사인에게 일반적으로 반대급부 없이 재산적 이익을 제공하는 것을 말한다. 「보조금 관리에 관한 법률」은 보조금에 관하여 "국가 외의 자가 수행하는 사무 또는 사업에 대하여 국가(「국가재정법」 별표 2에 규정된 법률에 따라 설치된 기금을 관리·운용하는 자를 포함한다)가 이를 조성하거나 재정상의 원조를 하기 위하여 교부하는 보조금(지방자치단체에 교부하는 것과 그 밖에 법인·단체 또는 개인의 시설자금이나 운영자금으로 교부하는 것만 해당한다), 부담금(국제조약에 따른 부담금은 제외한다), 그 밖에 상당한 반대급부를 받지 아니하고 교부하는 급부금으로서 대통령령으로 정하는 것을 말한다"(2조 1호)라고 정의하고 있는데, 이는 여기서 말하는 자금조성과는 동일하지 않다.[5]

제 5 절 경제행정의 행위형식과 수단

경제행정에는 여러 가지의 행위형식 내지는 수단이 활용되고 있다. 일반행정에 있어서와 마찬가지로 경제행정의 행위형식에 있어서도 정원(numerus clausus)이 없는 셈이다. 그러나 그러한 수단, 특히 경제에 대한 규제는 경제행정의 목적달성에 필요한 최소한도에 그쳐야 한다.

5) 이에 관한 상세는 본서 582면 이하 참조.

Ⅰ. 경제행정의 행위형식

1. 법령에 의한 직접적 규율

경제행정에 있어서도 다른 분야와 마찬가지로 일반·추상적 규율로서의 법령은 개별·구체적 조치로서의 행정행위의 근거·기준이 됨으로써 국민에 대하여는 간접적인 규율을 함이 보통이다. 그러나 법령이 구체적인 조치인 행정행위를 거치지 아니하고 개인에 대하여 직접적으로 규율하는 경우도 많이 있다. 기준환율에 의하지 아니한 외국환거래의 정지(외국환거래법 6조), 매점매석행위의 금지(물가안정에 관한 법률 7조), 부당한 공동행위 및 불공정거래행위의 금지(독점규제 및 공정거래에 관한 법률 40조·45조), 불공정약관조항의 사용금지(약관의 규제에 관한 법률 17조), 이자의 제한(이자제한법 2조) 등이 그에 해당한다.

이들 법령의 위반행위는 일반적으로 행정벌의 대상이 된다. 거래행위 자체의 효력은 일정하지 않다. 사업자간에 있어서의 부당한 공동행위에 관한 계약이나 법정최고이자율인 연 25퍼센트(이자제한법 2조 1항)의 초과부분 및 불공정약관 등은 무효이지만, 최고가격을 초과한 거래나 매점을 위한 거래행위 자체는 유효하다고 할 것이다. 또한 이들 법령에 위반한 행위를 한 경우는 그로 인해 얻은 경제적 이익을 박탈하고 법령의 준수를 강제하기 위해 '과징금'(독점규제 및 공정거래에 관한 법률 8조·38조·43조·50조·53조 등)을 부과하기도 한다.

2. 행정행위

경제에 대한 규제는 법령에 근거한 행정청의 행정행위로 행해지는 경우가 일반적이다. 다만, 행정행위는 개별·구체적인 규율로서의 전형적인 행정행위 외에 일반·구체적 규율로서의 일반처분(Allgemeinverfügung), 물적 행정행위 등이 있다.[1] 행정행위는 법적 효과에 따라 다음과 같이 구분할 수 있다.

(1) 하 명

행정청이 국민에 대하여 개별적으로 작위·부작위·급부·수인의 의무를 명하는 것을 말한다. 가격표시명령(물가안정에 관한 법률 3조), 불공정거래행위 또는 특수관계인에 대한 부당한 이익제공행위의 중지 및 재발방지를 위한 조치·계약조항의 삭제·시정명령을 받은 사실의 공표 등의 명령(독점규제 및 공정거래에 관한 법률 49조) 등이 그 예이다.

1) 이에 관해서는 김남진·김연태(Ⅰ), 218면 이하 참조.

(2) 허 가

법령에 의하여 일반적으로 금지되어 있는 행위를 행정청이 일정한 경우에 해제하는 것을 말한다. 이는 경제질서의 유지와 경제의 건전한 발전을 위하여 일정한 경제활동을 일단 금지한 후, 금지된 자유를 회복시켜 주는 것으로서, 주로 경제감독의 수단으로 발동된다. 그 예로서 전략물자의 수출허가(대외무역법 19조), 보험사업의 허가(보험업법 4조) 등이 있다.

(3) 인 가

이는 행정청의 승인이 사인의 경제상의 법률행위의 유효요건으로 되어 있는 경우에 행정청이 행하는 동의로서, 이것이 보충적으로 행해질 때 비로소 사인간의 경제상의 효력이 완성된다. 이는 국가에 의한 강력한 경제개입수단으로서, 은행의 신설에 필요한 금융위원회의 인가(은행법 8조), 수출입의 승인(대외무역법 11조 2항), 토지거래허가(부동산 거래신고 등에 관한 법률 11조) 등이 그 예이다.

(4) 특 허

특허는 행정청이 특정인에게 새롭게 권리·능력을 부여하며, 포괄적으로 법률관계를 설정하는 등의 행정행위를 말한다. 경제행정법의 분야에서는 특허기업의 특허(공익사업의 특허), 특허와 영업허가(경찰허가)와의 구별과 관련하여 특별한 의미를 가지고 있다.[2)]

3. 사법적 경제활동

경제행정분야의 두드러진 특징의 하나는 국가가 고권적이고 일방적인 수단에만 의존하지 않고 사인과 같은 지위에서 경제활동에 참여하는 경우가 많다는 점이다. 이를 사법적 경제활동이라고 하며 광의의 국고작용 또는 국고행정이라고도 한다. 협의의 국고행정은 다음의 '행정의 보조작용'과 '행정의 영리적 활동'만을 의미한다.

(1) 행정의 사법상 보조작용(조달작용)

행정주체도 행정임무를 원활히 수행하기 위하여 재화와 용역을 필요로 함은 물론이다. 국가 등은 사무용품·자동차·부동산 등을 구입한다거나 근로자를 고용하고, 각종 공사를 실시하는 등 가장 큰 소비자이기도 하다. 이처럼 필

2) 상세는 본서 554면 이하 참조.

요한 재화와 용역을 구매하여 행정기관에 공급하는 것은 그 자체가 행정작용이기보다는 행정주체의 행정활동을 보조하는 작용이며, 이를 조달작용이라고도 한다. 이 때는 국가 등은 하나의 소비자로서 사인과 대등한 입장에서 사법상의 계약을 체결하게 된다. 계약의 체결은 공고를 하여 일반경쟁에 붙여야 하나, 계약의 목적·성질 등에 비추어 필요한 경우 경쟁참가자의 자격을 제한하거나 참가자를 지명하거나 수의계약에 의할 수도 있다(국가를 당사자로 하는 계약에 관한 법률 7조). 이 경우 국가가 사법상의 계약을 체결한다고 하여 사인과 같은 정도의 사적자치를 향유하는 것은 아니며 「국가를 당사자로 하는 계약에 관한 법률」과 같은 법령에 의해 일정한 제한이 따르는 외에도 기본권조항(특히 평등의 원칙)에 의한 구속을 받는다. 따라서 합리적인 이유 없이 경쟁자들을 차별대우한다거나 수의계약을 남용해서는 안 된다.

(2) 행정의 영리적 활동

국가 등이 스스로의 행정기관을 통해 또는 공사·주식회사 등의 형태로서 기업적 활동을 전개하는 경우가 있음은 전술한 바와 같다. 그 가운데서 기업활동의 목적이 다음에서 말하는 생활배려와 같은 행정과제를 수행하는 데 있는 것이 아니라 영리를 추구하는 데 있는 경우가 이에 해당한다. 국가가 광산이나 은행을 경영하거나 주식회사에 자본참여를 하는 경우, 지방자치단체가 영리목적으로 기업을 경영하는 경우 등이 이에 해당한다. 이러한 기업적 활동은 영리를 추구한다고 하더라도 이기적인 영리추구를 목적으로 하는 일반 사기업의 경우와 동일하다고는 할 수 없다. 국가의 존립목적상 오로지 영리만을 추구하는 것은 허용되지 않는다고 할 것이다. 이 경우에는 민·상법 등 일반 사기업에 적용되는 법이 적용되기는 하나, 그렇다고 완전한 사적자치가 국가에 대해 인정될 수 있는 것은 아니다.

(3) 사법형식에 의한 행정과제의 직접적 수행

오늘날 국민은 국가의 각종 급부에 의존하면서 살고 있다. 교통·수도·전기·가스·통신·쓰레기처리 등의 생활배려와 각종의 자금조성 등 그 예가 많이 있다. 이와 같은 활동은 급부행정에 속하는 것이며 이는 본질적으로 행정임무라는 점과 공익을 위한 것이라는 점에서 위의 두 가지 사법적 활동과는 성질이 다르다. 국가 등은 일반적으로 공기업을 설립하거나 계약의 체결 등 사법적 형식으로 이러한 행정과제를 수행한다. 행정은 과거에는 질서행정이 주된 것이었으며 따라서 공법적으로 활동하는 것이 보통이었으나, 생활배려와 같은 급부행정분야에서는 공법과 사법의 형식 중에서 선택을 할 자유가 주어지는 경우가 많고, 점차 사법의 형식에 의하는 경우가 많아지고 있다. 국가가 공법의 형식으로 행정을 하게 되면, 기본권 조항을 비롯한 각종 법적 제한을 받는 것이 당연하기 때문에 이것을 피하기 위하여 "사법으로 도피(Flucht ins Privatrecht)" 하여 사인과 같은 정도의 자유를 누리려고 할 수도 있다. 그러한 경우에는 그에 비례하여 국민의 기본권의 보호가 취약해질 가능성이 커지게 된다. 그리하여 국민의 권리보호를 위해 국가가 사법적으로 활동하더라도 사적자치가 완전히 보장되는 것은 아니고, 어느 정도 공법적 제한을 받는다고 하는 것이 바로 행정사법의 이론이다. 종래에는 행정사법의 적용을 행정이 직접 행정과제를 수행하는 경우에만 한정하는 경향이 있었으나 상술한 것처럼 위의 두 경우에도 사적자치가 완전히 보장되는 것은 아니므로 그렇게 제한적으로 볼 것은 아니다.[3)]

한편, 국가가 공기업을 경영함으로 인해 사기업과의 경쟁의 문제가 발생하는 경우가 있는데, 공기업과 경쟁관계에 있는 사기업은 사실상 경쟁의 자유가 침해받게 된다. 그와 같은 경쟁의 자유의 침해는 오직 공익을 위해 불가피한 경우에만 허용된다고 할 것이다. 또한 국가가 독점적으로 공기업을 운영하는 경우나 생활배려를 위한 공기업의 이용을 강제하는 경우는(예: 수도사업), 경쟁은 전혀 존재하지 않게 되며, 이는 결국 직업선택의 금지를 의미하게 된다. 따라서 그와 같은 일은, 국가 등 행정주체의 독점이 개인의 자유제한을 정당화할 정도로 특별히 중요한 공익을 위한 경우에만 허용되어야 할 것이다.[4)]

4. 행정지도

행정기관은 그 소관사무에 속하는 사항에 관하여 권고 · 조언 · 교시(정보제공) 등 비권력적 · 임의적 수단을 이용하여 상대방의 협력하에 일정한 행정목적을 달성하려고 하는 경우가 많이 있다. 바로 그와 같은 행정지도는 특히 경제행정의 분야에서 많이 활용되며 실효성을 거두고 있다.

다만, 사경제 분야에 있어서도 아직 국가(지방자치단체 포함)의 힘이 막강하며, 사기업 등이 국가의 유 · 무형의 지시나 혜택에 의존하는 바가 많기 때문에, 행정지도가 실질적으로는 강압적 성질을 띠는 경우가 많이 있음을 간과해서는 안 될

3) 상세는 김남진 · 김연태(Ⅰ), 458면 이하; 김남진, 고시연구, 2000. 10, 93면 이하 참조.
4) 유사한 내용의 독일 연방헌법재판소의 판례로서는 vgl. BVerfGE, 21, 245, 249 ff.

것이다. 「행정절차법」에 그 행정지도의 근거·방식 등이 성문화된 이유도 그러한 점에 있다(동법 48조 이하 참조).[5]

우리의 흥미를 끄는 사실은, 당초 일본 등 아시아 제국에서 실시되고 있는 행정지도에 대해 비판적·회의적 시각을 가졌던 서구의 나라(독일 등)에서도 행정지도가 비공식 행정작용 등의 이름으로 시행되고 있는 사실이다.

5. 행정계획

우리나라에서 경제개발을 위해 오랫동안 경제계획이 수립·시행되어 왔음은 주지하는 바이다. 행정계획은 "상호 관련된 정합적 수단을 통하여 일정한 목표를 실현하는 것을 내용으로 하는 행정의 행위형식"이라고 말할 수 있다.[6] 그리고 경제계획 역시 다른 행정계획에 있어서와 같이 계획기간, 대상지역, 책정수준, 구체화의 정도, 형식, 구속력 등 여러 가지 기준에 의한 분류가 가능하다. 이 가운데 구속력을 기준으로 할 때, 명령적 계획, 유도적 계획, 홍보적 또는 지침적 계획 등으로 분류될 수 있는 바, 경제계획은 대체로 행정내부적 구속력을 가지는 동시에, 국민에 대하여는 유도적·홍보적 효력을 발휘한다고 말할 수 있다. 아울러 행정계획에는 그것에 특유한 계획재량이 부수하기 마련이며, 계획재량에 있어서는 관계 제이익의 정당한 형량이 요청된다는 점에 유의할 필요가 있다.[7]

6. 정책적 수단

국가가 경제의 일반적 동향에 총괄적으로 영향력을 행사하는 수단으로 다음과 같은 것을 들 수 있다.

(1) 조세정책

조세는 본래 국가의 재정수입을 확보하기 위한 것이지만 조세의 감면이나 중과세 등의 방법을 통해서 특정한 경제활동을 촉진하거나 억제하며, 관세 등을 통해 국내산업을 보호하는 등의 기능을 발휘하기도 한다.

---

5) 행정지도에 관한 상세는 김남진·김연태(Ⅰ), 제2편 제4장 제6절 행정지도 참조.
6) 김남진·김연태(Ⅰ), 제2편 제4장 제2절 행정계획 참조.
7) 상세는 김남진·김연태(Ⅰ), 415면 이하 및 본서 602면 이하 참조.

(2) 재정정책

국가의 예산 및 각종 경제계획에 의한 자금지원의 결정 등과 같은 재정정책은 국민 총수요의 증감을 가져와 경기동향에 많은 영향을 미친다.

(3) 금융 · 통화정책

통화량의 증감은 물가의 변동 등 경제생활에 많은 영향을 미친다. 화폐발행량의 조절, 지급준비율의 결정, 국 · 공채 등의 유가증권의 매매 또는 대차를 통한 공개시장조작 등이 이에 속한다.

Ⅱ. 경제에 대한 규제완화와 적용원칙

1. 규제완화의 제창과 실천

헌법은 대한민국의 경제질서는 개인과 기업의 경제상의 자유와 창의를 존중함을 기본으로 하면서도, 시장의 지배와 경제력남용의 방지 등을 위하여 경제에 대한 규제와 조정을 할 수 있음을 규정하고 있다(119조). 바로 그와 같은 헌법규정에 근거하여 경제규제를 위한 수많은 법령이 제정되어 있으며, 그에 의거하여 대폭적인 규제가 행해지고 있다. 민간자본이 형성되어 있지 않고, 경제활동이 빈약한 시절에 있어서는 정부가 경제활동을 주도할 수밖에 없어 정부에 의한 경제의 규제와 향도는 광범히 행해질 수밖에 없었다.

그러나 경제의 규모가 커지고 민간에 의한 경제활동이 활발해짐에 따라 경제에 대한 규제와 지나친 간섭은 경제활동을 위축시키고 장애가 되는 면이 있음이 점차 드러나게 되었다. 그리하여 1980년대에 들어서면서부터는 「민간의 창의력과 활력을 저해하는 각종 정부규제의 완화」가 정책과제로서 등장하였으며, 노력을 계속해 왔다.[8] 그럼에도 불구하고 그의 성과가 부진하였기에, 정부는 드디어 법률의 힘으로써 규제완화를 강행할 의지를 나타나게 되었는데, 그것을 위한 대표적인 법률이 1995년 초에 제정되고 수차에 걸쳐 개정된 「기업활동 규제완화에 관한 특별조치법」과 1997년 8월에 제정된 「행정규제기본법」 및 「민원 처리에 관한 법률」이다.

---

8) 김남진, 정부규제의 완화와 강화, 사법행정, 1994. 2(시론); 최병선, 정부규제론, 1992, 법문사, 627면 이하 참조.

2. 규제완화의 특례

「기업활동 규제완화에 관한 특별조치법」은 기업활동에 관한 행정규제의 완화 및 특례에 관한 사항을 규정하여 원활한 기업활동을 도모하고, 국민경제의 건전한 발전에 이바지함을 목적으로 제정된 법으로서(동법 1조), 행정규제를 정하고 있는 다른 법률의 규정(「행정규제기본법」 제외)에 우선하여 적용하도록 되어 있는데(동법 3조), 동법에 규정되어 있는 특례의 개요는 다음과 같다.

① 창업 및 공장설립에 관한 규제완화(2장)

② 의무고용의 완화(3장)

③ 수출입에 관한 규제의 완화(4장)

④ 검사 등의 완화(5장)

⑤ 진입 제한 등의 완화(6장)

3. 행정규제의 원칙과 기준

국민소득 80달러의 빈곤을 탈피하는 데에는 정부주도의 경제시책도 어느 정도 불가피한 것으로 여겨졌다. 그러한 필요에서 경제규제에 관한 많은 법률이 제정되었다. 그러나 국민생활이 전반적으로 향상되고 개인의 창의와 적극적인 활동이 기대되는 단계에 이르러서는, 정부의 간섭과 규제가 오히려 역기능을 자아냄이 명백해졌다. 앞에서 살펴 본 각종의 '규제완화의 특례'는 그러한 이유로 탄생되기에 이르렀다.

'규제완화의 특례'는 기존의 규제를 완화하기 위한 조치로서의 의미를 가진다. 따라서 미래를 향한 규제완화의 조치가 또한 필요한 셈인데, 이를 위한 제도가 「행정규제기본법」 및 「민원 처리에 관한 법률」에 정해진 내용이다. 주요 항목만 적어 보면 다음과 같다.

① 규제법정주의(행정규제기본법 4조)

② 규제의 원칙(동법 5조): 그 목적 실현에 필요한 최소한의 범위에서 설정되어야 하며, 그 적용은 객관적이고 투명하고 공정해야 한다.

③ 규제영향분석 및 자체심사(동법 7조)

④ 규제의 존속기한 및 재검토기한 명시(동법 8조)

⑤ 의견수렴(동법 9조)

⑥ 규제 정비의 요청(동법 17조)

⑦ 기존규제의 심사(동법 18조)

⑧ 기존규제의 자체정비(동법 19조)
⑨ 기존규제의 존속기한 및 재검토기한 명시(동법 19조의2)
⑩ 민원 처리의 원칙(민원 처리에 관한 법률 6조): 행정기관의 장은 관계법령등에서 정한 처리기간이 남아 있다거나 그 민원과 관련 없는 공과금 등을 미납하였다는 이유로 민원 처리를 지연시켜서는 아니 된다. 다만, 다른 법령에 특별한 규정이 있는 경우에는 그에 따른다. 또한 행정기관의 장은 법령의 규정 또는 위임이 있는 경우를 제외하고는 민원 처리의 절차 등을 강화하여서는 아니 된다.
⑪ 민원 처리 관련 정보보호(동법 7조)
⑫ 민원실의 설치(동법 12조)
⑬ 민원심사관의 지정(동법 25조)
⑭ 민원 처리결과의 통지(동법 27조)
⑮ 민원 1회방문 처리제의 시행(동법 32조)
⑯ 민원조정위원회의 설치·운영(동법 34조)
⑰ 민원처리기준표의 고시(동법 36조)
⑱ 민원제도개선조정회의(동법 40조)

제 6 절 경제행정의 구체적 내용

Ⅰ. 경제질서에 관한 행정

국가는 자본주의의 고도화에 따라 나타나는 독점의 폐해를 방지·배제하여 바람직한 경제질서를 유지하기 위하여 경제에 관여하는 경우가 있다. 이는 한편으로는 경제적 지배자를 규제하여 그들의 시장지배적 지위의 남용과 과도한 경제력의 집중을 방지하고, 다른 한편으로는 경제적 약자를 보호하는 기능을 한다.

1. 독점규제

사업자의 시장지배적 지위의 남용과 과도한 경제력의 집중을 방지하고, 부당한 공동행위 및 불공정거래행위를 규제하여 공정하고 자유로운 경쟁을 촉진함으로써 창의적 기업활동을 조장하고 소비자를 보호함과 아울러 국민경제의 균형있는 발전을 도모하기 위하여 「독점규제 및 공정거래에 관한 법률」이 제정되어 있는데, 그의 주요 내용은 다음과 같다.

(1) 독점규제의 주된 내용

① 시장지배적 사업자의 지위남용의 금지(동법 5조)
② 기업결합의 제한 및 신고(동법 9조·11조)
③ 지주회사의 설립·전환의 신고(동법 17조)
④ 지주회사 등의 행위제한 등(동법 18조)
⑤ 상호출자의 금지 등(동법 21조)
⑥ 순환출자의 금지 및 순환출자에 대한 의결권 제한(동법 22조·23조)
⑦ 계열회사에 대한 채무보증의 금지(동법 24조)
⑧ 금융회사·보험회사 및 공익법인의 의결권 제한(동법 25조)
⑨ 비상장회사 등의 중요사항 공시(동법 27조)
⑩ 기업집단현황 등에 관한 공시(동법 28조)
⑪ 부당한 공동행위의 금지(동법 40조)
⑫ 불공정거래행위의 금지(동법 45조)
⑬ 재판매가격유지행위의 금지(동법 46조)
⑭ 특수관계인에 대한 부당한 이익제공 등 금지(동법 47조)
⑮ 보복조치의 금지(동법 48조)
⑯ 사업자단체의 경쟁제한 행위 금지(동법 51조)

(2) 공정거래위원회의 설치

독점규제에 관한 사무를 독립적으로 수행하기 위하여 국무총리 소속으로 공정거래위원회[1]를 설치하고 있으며, 그 소관사무는 다음과 같다(동법 54조, 55조).

① 시장지배적지위의 남용행위 규제에 관한 사항
② 기업결합의 제한 및 경제력 집중의 억제에 관한 사항
③ 부당한 공동행위 및 사업자단체의 경쟁제한행위 규제에 관한 사항

---

1) 공정거래위원회의 기능에 관한 전문적 연구에 관하여는 서동원, 대기업에 대한 공법적 규제에 관한 연구 - 공정거래법상의 규제를 중심으로 -, 한양대학교 박사학위논문, 1997 참조.

④ 불공정거래행위, 재판매가격유지행위 및 특수관계인에 대한 부당한 이익제공의 금지행위 규제에 관한 사항
⑤ 경쟁제한적인 법령 및 행정처분의 협의·조정 등 경쟁촉진정책에 관한 사항
⑥ 다른 법령에서 공정거래위원회의 소관으로 규정한 사항

2. 중소기업의 보호·육성

중소기업은 한 나라 경제의 기반이라고 할 수 있다. 따라서 우리 헌법은 "국가는 중소기업을 보호·육성하여야 한다"고 하고, 나아가 "국가는 농·어민과 중소기업의 자조조직을 육성하여야 하며, 그 자율적 활동과 발전을 보장한다"고 규정하고 있다(123조 3·5항). 이러한 헌법정신에 따라 중소기업을 보호·육성하기 위하여 많은 법률이 제정되어 있다. 우선 「중소기업기본법」을 들 수 있는데, 이 법은 중소기업이 나아갈 방향과 중소기업을 육성하기 위한 시책의 기본적인 사항을 규정하여 창의적이고 자주적인 중소기업의 성장을 지원하고 나아가 산업 구조를 고도화하고 국민경제를 균형 있게 발전시키는 것을 목적으로 제정된 것이며, 중소기업에 관한 헌장으로서 시책의 원칙만을 규정하고 있다. 중소기업에 관한 구체적인 법률로서는 중소기업의 진흥 및 중소기업제품구매촉진을 위한 「중소기업진흥에 관한 법률」 및 「중소기업제품 구매촉진 및 판로지원에 관한 법률」, 중소기업의 설립을 촉진하고 성장·발전을 지원하기 위한 「중소기업창업 지원법」, 중소기업자들의 협동화를 위한 「중소기업협동조합법」, 중소기업자의 사업활동기회를 확보하여 주기 위한 「대·중소기업 상생협력 촉진에 관한 법률」 및 「중소기업 기술혁신 촉진법」, 「중소기업기술 보호 지원에 관한 법률」, 「중소기업인력지원 특별법」 등이 있다.[2)]

3. 소비자보호

소비자보호(행정)란 문자 그대로 '소비자'의 권리를 확립하고 피해의 예방 또는 구제를 실질적으로 보장하려는 일련의 행정작용을 말한다.

오늘의 고도자본주의사회에 있어서, 기업의 결합과 경쟁제한적인 각종의 협정 내지 거래방법으로 말미암아 공급자의 시장지배력이 증대되고 있는데 반하여, 소비자는 비조직적임과 동시에 새로운 생산기술 내지 제품에 대한 깊은 지

2) 앞에 기술해 놓은 '스크린쿼터제', '집단구매계약제' 등도 중소기업을 보호하기 위한 제도로 볼 수 있다.

식이 결여되어 있는 것이 보통이기 때문에 오늘의 상거래 내지 유통구조에 있어서 위험부담자의 지위에 서게 되었다.

그와 같은 상황에 대한 인식을 바탕으로 헌법은 “국가는 건전한 소비행위를 계도하고 생산품의 품질향상을 촉구하기 위한 소비자보호운동을 법률이 정하는 바에 의하여 보장한다”라고 규정하고 있으며(124조), 그와 같은 내용의 헌법의 집행법[3]으로서 「소비자기본법」이 있다. 이 법은 소비자의 권익을 증진하기 위하여 소비자의 권리와 책무, 국가·지방자치단체 및 사업자의 책무, 소비자단체의 역할, 소비자정책위원회, 한국소비자원 및 소비자분쟁조정위원회, 소비자의 피해구제(소비자 단체소송) 등에 관하여 규정하고 있다. 그 밖에 소비자보호에 관련된 주요 법률로서는 「독점규제 및 공정거래에 관한 법률」, 「약관의 규제에 관한 법률」, 「전기용품 및 생활용품 안전관리법」, 「계량에 관한 법률」 등이 있다.

Ⅱ. 경제활동에 관한 행정

정부는 생산·분배·소비·소득·물가·금융 등 국민의 경제활동에 관여하는 경우도 많이 있다.

1. 자금·금융규제

국가 등은 국가자금(일반·특별회계상의 국가자금, 기금)과 지방재정자금 등을 경제에 투입하거나, 중앙은행이 은행권발행과 공개시장조작을 함으로써 민간의 자금·금융에 대해 보조적 작용을 하기도, 민간의 자금과 금융에 직접 관여하기도 한다(예: 금융통화위원회의 은행업무에 대한 각종 통제, 한국은행법 28조, 은행법 30조).

2. 증권거래규제

증권거래는 국민의 직접투자에 의하여 민간자본을 동원하며, 기업에 대해 생산자금을 공급함으로써 국민경제를 발전시키는 기능을 한다. 이에 관한 일반법으로서 「증권거래법」이 제정되어 있었으나 2007년 8월 폐지되었고, 「증권거래법」을 비롯한 「선물거래법」, 「간접투자자산운용업법」 등 관련법률이 통합되어

3) 이와 관련하여, 오늘날 행정법은 헌법의 집행법이며, '구체화된 헌법'이라고 불려지는 점에 관하여 상기할 필요가 있다. 아울러 이에 관한 상세는 김남진·김연태(Ⅰ), 30면 이하 참조.

「자본시장과 금융투자업에 관한 법률」이 새로이 제정되었다. 이 법률은 2009년 2월에 시행되었다.

3. 물자의 관리와 규제

정부는 국민생활의 안정과 국민경제의 발전을 도모하기 위하여 국민생활 또는 국민경제와 밀접한 관계가 있는 물자의 심한 과·부족 또는 무질서한 유통을 조절·제한하는 임무를 수행하기도 하는데, 주요한 활동으로서는 다음과 같은 것이 있다.

(1) 정부비축제도

생활필수품, 원자재 및 시설자재로서 ① 해외 의존도가 높은 물자, ② 국민생활 안정에 매우 중요한 물자, ③「방위사업법」 제3조제7호에 따른 방위산업물자의 안정적 생산을 위하여 필요한 물자, ④ 그 밖에 물가안정과 수급조절, 재난·국가위기 등 비상시 대비를 위해 긴급히 대처할 필요가 있는 물자에 대해서는 원활한 물자수급과 물가안정을 위하여 정부가 직접 구매하여 비축·공급한다(조달사업에 관한 법률 2조 및 동법 시행령 3조).

(2) 농수산물관리

국가는 양곡의 효율적인 수급관리와 양곡증권정리기금의 설치 등을 통하여 식량을 안정적으로 확보함으로써 국민경제에 이바지하기 위하여 「양곡관리법」 등에 의하여 양곡을 관리한다(동법 1조 참조). 또한 「농수산물유통 및 가격안정에 관한 법률」에 의하여 농수산물의 적정한 가격을 유지함으로써 생산·소비자를 보호하기 위하여 출하조절, 출하손실보상, 비축사업, 도매시장의 운영, 거래의 제한 등을 하기도 한다(동법 1조 참조).

4. 물가규제

자본주의적 교환경제하에서 모든 경제활동의 중추를 이루고 있는 가격은 수요·공급의 법칙을 통해 자유로이 형성되는 것을 원칙으로 한다. 그러나 자동적 조절작용이 기능하지 않는 경우에는 인위적 방법에 의하여 균형·안정을 도모할 필요가 생기므로, 가격의 폭락 혹은 앙등이 있는 경우에 그 안정을 도모하기 위하여 물가규제가 행해진다.

일반적 물가규제에는 ① 최고가격의 지정 등(물가안정에 관한 법률 2조), ② 가격표시제

(동법 3조), ③ 공공요금 및 수수료의 규제(동법 4조 1항), ④ 긴급수급조정조치(동법 6조) 등이 있으며, 특수한 물가규제에는 「농수산물 유통 및 가격안정에 관한 법률」 제8조에 의한 생산자보호를 위한 가격예시제도와 같은 것이 있다.

5. 자원의 관리 · 규제

토지 · 물 · 에너지 등의 자연자원의 개발 · 보전 또는 이용을 효과적으로 수행하기 위한 행정활동도 행해진다.

이에 관한 법으로는 자원의 종합개발에 관한 기본법으로서의 「국토기본법」, 토지자원에 관한 「국토의 계획 및 이용에 관한 법률」 · 「농지법」 · 「산업입지 및 개발에 관한 법률」, 수자원에 관한 「하천법」 · 「댐건설 및 주변지역지원 등에 관한 법률」, 에너지자원에 관한 「에너지이용 합리화법」 · 「원자력진흥법」 · 「석탄산업법」 · 「석유 및 석유대체연료 사업법」 · 「전기사업법」 등이 제정되어 있다.

Ⅲ. 대외경제에 관한 행정

자본주의경제에 있어서 상품과 자본은 그 성질상 이익이 생기는 대로 국경을 초월하여 이동하려는 경향을 띠고 있다. 그에 따라 국제경제의 흐름을 그대로 방임하는 경우, 생산기술 등이 뒤떨어지는 후발국은 선진국의 시장으로 흡수되어, 독자적 산업발전은 기대하기 어렵게 된다. 이에 따라 각국은 타 국가와의 교역을 촉진하는 한편으로 자국의 산업보호를 위해 대외경제에 어느 정도 개입하지 않을 수 없게 되는 바, 그에 관련된 법을 대외경제법이라고 통칭할 수 있다. 개별법으로서 「대외무역법」, 「외국환거래법」, 「외국인투자 촉진법」, 「무역보험법」, 「자유무역지역의 지정 및 운영에 관한 법률」 등이 제정되어 있다. 국경을 넘어서까지 끝없이 이윤을 좇아다니는 자본의 생리와 자국의 산업과 평화를 유지할 책무를 지니고 있는 국내정치가 슬기롭게 조화할 수 있게 하는 기술을 연마할 필요가 그 어느 때보다 요청되는 바라고 하겠다.

제6장 환경행정법

제1절 개 념

1. 환경문제의 심각성과 환경행정법의 과제

산업문명의 발달과 인구의 팽창에 따른 공기·물 등 자연환경의 오염, 생활환경의 악화 등으로 인하여 인간과 모든 생물의 생존까지 위협당하고 있는 것이 오늘의 현실이다. 더욱이 이러한 환경문제는 오늘날 단일국가를 넘어 전 지구적 문제로서의 심각성을 지니게 된 결과, 국제적 차원에서 해결을 모색할 필요가 생겼다. 1972년 스톡홀름에서 개최된 유엔인간환경회의의 인간환경선언(Declaration on the Human Environment)이 환경파괴로 인한 인류의 멸망을 경고한 것은 그러한 점에서 큰 의의가 있다. 그 후 1992년 6월 브라질 리우데자네이루에서 개최된 환경과 개발에 관한 유엔회의(UN Conference on Environment and Development: UNCED)는 지구환경을 보전하기 위하여 27개항의 '환경과 개발에 관한 리우선언'과 '21세기를 위한 세부실천요강(Agenda 21)', 기후변화협약 및 생물다양성협약 등을 채택하기에 이르렀다. 우리나라가 1991년에 「오존층보호를 위한 특정물질의 제조규제 등에 관한 법률」을 제정하였음도 위와 같은 국제적 노력에 호응하기 위한 것이라고 하겠다.

우리 헌법은 유래가 드물게 국민의 환경권에 관하여 규정하고 있는데, 제35조에 있어서의 「① 모든 국민은 건강하고 쾌적한 환경에서 생활할 권리를 가지며, 국가와 국민은 환경보전을 위하여 노력하여야 한다. ② 환경권의 내용과 행사에 관하여는 법률로 정한다」[1]라고 하는 것이 그 내용이다. 그리고 그와 같은 헌법규정을 구체화하는 것이 헌법의 집행법으로서의 환경행정법의 과제라고 할 수 있다.

---

1) 헌법상 환경조항에 관한 비교법적 고찰에 관하여는 고문현, 헌법상 환경조항에 관한 연구, 서울대학교 박사학위논문, 1999 참조.

[판례] 헌법 제35조 제1항은 모든 국민은 건강하고 쾌적한 환경에서 생활할 권리를 가진다고 규정하고 있으므로, 국민이 수돗물의 질을 의심하여 수돗물을 마시기를 꺼린다면 국가로서는 수돗물의 질을 개선하는 등의 필요한 조치를 취함으로써 그와 같은 의심이 제거되도록 노력하여야 하고, 만일 수돗물에 대한 국민의 불안감이나 의심이 단시일 내에 해소되기 어렵다면 국민으로 하여금 다른 음료수를 선택하여 마실 수 있게 하는 것이 국가의 당연한 책무이다(대판 1994. 3. 8, 92누1728).

2. 환경행정법의 법원

환경행정법은 환경행정의 조직·작용·절차·구제에 관한 법을 말한다. 현행 환경행정법제는 체계적으로 우선 1990년에 제정된 「환경정책기본법」을 기본으로 하고 있으며,[2] 환경오염규제에 관한 것으로는 「대기환경보전법」, 「물환경보전법」,[3] 「해양환경관리법」, 「해양생태계의 보전 및 관리에 관한 법률」, 「소음·진동관리법」, 「화학물질관리법」, 「폐기물관리법」, 「순환경제사회 전환 촉진법」, 「폐기물의 국가간 이동 및 그 처리에 관한 법률」, 「자원의 절약과 재활용촉진에 관한 법률」, 「해양폐기물 및 해양오염퇴적물 관리법」 등이 있고, 그 밖에 「자연환경보전법」, 「해양환경 보전 및 활용에 관한 법률」, 「독도 등 도서지역의 생태계 보전에 관한 특별법」, 「환경개선비용 부담법」, 「환경영향평가법」, 「환경분쟁조정법」, 「환경기술 및 환경산업 지원법」, 「환경친화적 산업구조로의 전환촉진에 관한 법률」 등이 있다. 이외에도 「하수도법」, 「하천법」, 「원자력안전법」, 「방사성폐기물 관리법」 등 수많은 개별법에 환경에 관계되는 법규정들이 산재해 있다.

제 2 절 환경행정의 기본원칙

환경행정의 기본원칙으로서는 다음과 같은 것을 들 수 있다. 이들 원칙은 서로 선택적으로, 보충적으로 또는 중복되게 적용될 수 있으며, 법률에 명문으로 규정됨으로써 직접 구속력을 갖기도 하고, 환경행정 및 법정책에 있어서 행

2) 환경정책기본법의 제정배경 등에 관하여는 특히 이상돈, 환경정책기본법에 대한 고찰, 공법연구 제21집, 1993, 157면 이하 및 이상돈, 지구촌환경보호와 한국의 환경정책, 1995, 221면 이하 참조.

3) 동 법률은 수질 및 수생태계에서 물환경 전반으로 보전의 대상을 확대하기 위하여 법률의 제명을 「수질 및 수생태계 보전에 관한 법률」에서 「물환경보전법」으로 변경하여 2018년 1월 18일부터 시행되었다.

위원칙으로서 기능을 하기도 한다.[1)]

1. 사전배려의 원칙

사전배려의 원칙(Vorsorgeprinzip)[2)]이란 국가와 사회는 미래를 예측하고 계획성 있는 행위를 함로써, 발생할 우려가 있는 위험과 리스크(risk, Risiko)[3)]에 사전에 대비하여야 하고, 생태계의 기초와 자연자원의 관리와 보전을 위해 사전에 배려해야 한다는 원칙을 말한다. 이것은 환경보호에 있어서 제1차적이고도 근본적인 원칙이라고 할 수 있다.

환경보전을 위하여는 단순히 환경상의 위해[4)]를 방지・제거하는 것만으로는 부족하며, 환경의 오염이나 파괴가 일어나지 않도록 사전에 충분한 대책을 수립하여 집행할 필요가 있다. 우리의 「환경정책기본법」[5)]이 제1조에서 「이 법은…환경오염과 환경훼손을 예방하고 환경을 적정하고 지속가능하게 관리・보전함으로써 모든 국민이 건강하고 쾌적한 삶을 누릴 수 있도록 함을 목적으로 한다」라고 규정하고 있음은, 동법이 여기에서 말하는 사전배려의 원칙을 법정책의 하나로 삼고 있음을 나타내고 있다고 볼 수 있다.

2. 존속보장의 원칙

존속보장의 원칙(Bestandsschutzprinzip)이란 환경을 더 이상 악화시켜서는

1) 이하의 기술에 관하여는 특히 vgl. Breuer, Umweltschutzrecht, in: Schmidt-Aßmann(Hg.), Besonderes Verwaltungsrecht, 11. Aufl., 1999, S. 468 f. 다만, 우리나라에서는 사전배려・원인자부담 및 협동의 세 원칙에 대해 설명하는 입장(천병태・김명길, 환경법론, 1997, 41면 이하; 김연태, 환경보존작용연구, 1999, 32면 이하), 위 세 가지 원칙에 존속보장을 합친 네 원칙에 대하여 설명하는 입장(김동희(Ⅱ), 503면 이하; 류지태・박종수(신론), 1300면 이하; 홍준형, 환경법, 97면 이하)이 있는 등 다양하다. 김남진, 환경법의 변천과 기본원리, 고시연구, 2004. 3; 동인, 지속가능한 발전을 위하여, 고시연구, 2004. 11 참조.

2) 이에 대한 상세는 김연태, 환경법에 있어서 사전배려원칙의 실현, 법학논집 제34호, 고려대학교 법학연구원, 1998 참조.

3) '위험'과 '리스크'의 구별에 관하여는 견해가 나누어져 있는 바, '위험'은 경험을 통해 해가 닥칠 것을 예측할 수 있는 경우로서 방지가 가능한 것을 의미하고, '리스크'는 해가 닥치는 것을 예측하기 어려우며, 따라서 리스크 가운데에는 참고 견딜 수밖에 없으나 사전대비(예컨대, 보험 등)가 필요한 것으로 이해할 수 있다. 위험(Gefahr)과 리스크(Risiko)의 구별에 관한 최근의 문헌으로서는 vgl. Peine, Risikoabschätzung im Bodenschutz, DVBl 1998, S. 157 f. 참고로 리스크 일반에 관한 문헌으로는 김남진, 위험의 방지와 리스크의 사전배려, 고시계, 2008. 3; 류지태, 행정법에서의 위험관리, 행정법의 이해, 2006, 425면 이하; 김중권 역, 공법상의 리스크 조종, 중앙법학 6권 3호, 2004. 10; 김중권 역, 리스크결정과 법치국가적 행정법, 법학연구 12권, 2001. 12; 김현준, 경찰법 및 환경법에서의 위험과 리스크, 행정법연구, 2008.

4) 위험과 장해가 합쳐진 것을 '위해'라고 한다.

5) 기본법의 특색에 관하여는 김남진, 자치행정, 1994. 6, 82면 이하; 박영도, 기본법의 법제상의 위치, 법제연구, 1994. 5, 27면 이하 참조.

안 되며 현존의 상태로 유지해야 한다는 것을 의미한다. 악화금지(Verschlechterungsverbot)의 원칙이라고도 한다. 사전배려의 원칙이 적극적·미래지향적인 성격의 것이라면, 이 원칙은 소극적으로 현상유지를 중시할 뿐이고 현재의 환경상태의 개선을 추구하는 것은 아니다. 인간은 환경을 생활의 터전으로 또한 생산수단의 하나로서 활용하고 있다. 사전배려의 원칙은 이를 인정하고 이를 위해 어느 정도의 추가적인 환경부담을 허용한다. 이에 비해 존속보장의 원칙은 현상의 악화를 금지한다는 점에서 보다 엄격한 원칙이라고 할 수 있다. 자연생태계의 보호와 복원 그리고 동식물의 보존을 규정하고 있는 「자연환경보전법」 제2조 제2호와 제3호는 이 원칙을 입법화한 대표적인 예로 볼 수 있다. 이러한 의미의 존속보장의 원칙은 특히 환경의 오염 및 파괴행위의 금지 내지는 금지의 해제(허가)와 관련하여 중요한 의미를 갖는다.

3. 원인자책임의 원칙

자기의 행위, 자기의 보호·감독하에 있는 자의 행위 내지는 물건으로 인하여 환경에 부담을 끼친 자(원인자)는 환경부담의 회피·경감·제거에 대한 책임을 지지 않으면 안 된다. 바꾸어 말하면, 행정주체는 1차적으로 상기한 원인자에 대하여 환경부담의 회피·경감·제거의 의무를 과함으로써 환경보전의 목적을 달성할 수 있는 셈이다. 이와 같은 내용의 원인자책임의 원칙(Verursacherprinzip)[6]은 경찰법상의 경찰책임의 원칙[7]과 유사한 점이 있다.

이른바 오염자비용부담의 원칙(Polluter Payment Principle) 또는 비용귀속의 원칙(Kostenzurechnungsprinzip)은 상술한 원인자책임의 원칙의 요소를 이룬다고 할 수 있다. 과연 원인자에게 그 비용부담을 얼마만큼 부과할 것인가 하는 것은 입법정책의 문제이다. 직접 원인자의 책임으로 돌릴 수 있는 오염의 방지 및 제거를 위한 비용, 즉 현실비용(Ist-Kosten)만을 부담시킬 수도 있으며, 나아가 적극적인 환경관리를 위한 비용, 즉 당위비용(Soll-Kosten)까지 부담시킬 수도 있는 일이다. 생태계환경을 자원으로써 대량소비하는 생산자(기업)에게는 당위비용까지 일부 부담시킴이 좋을 것으로 생각된다. 우리의 실정법 역시 비용부담에 관한 많은 규정을 두고 있다. 「환경정책기본법」 제7조, 「환경개선비용 부담법」 제9조 이하, 배출부과금제도를 규정한 「대기환경보전법」 제35조,

6) 이에 대하여는 이기춘, 환경법상 원인자책임원칙에 대한 소고, 환경법연구 제24권 제2호, 2002. 12 참조.
7) 이 원칙에 관하여는 김남진, 경찰책임과 경찰비상사태, 고시계, 1979. 10 및 본서 378면 이하 참조.

「물환경보전법」 제4조의7, 제41조 등이 이에 속한다.

그러나 원인자책임의 원칙을 단지 환경오염의 방지·제거 및 조정의 비용부담 문제에 한정해서는 안 된다. 오히려 명령·금지 등에 의하여 직접적으로 행위를 통제함으로써 환경오염의 해소의무를 규율한 법규정에서 알 수 있듯이 원인자책임의 원칙은 실질적인 책임에 대한 원칙인 것이다. 따라서 원인자책임의 원칙을 실현하는 수단에는 사후적으로 비용부담의무 또는 공과금을 부과하는 것뿐만 아니라, 명령·금지 등에 의하여 행위를 통제하는 것 및 민사상의 책임 또는 부작위청구권을 인정하는 것도 포함되는 것이다.

한편, 원인자책임 원칙이 세대 간의 형평성이나 미래세대 이익을 고려함에 있어 다소 미흡하다는 측면과 그 원인자 및 부담범위의 확인에 한계가 있다는 점을 보완하기 위하여 「환경정책기본법」은 그간 논의되어 오던 수익자 부담원칙을 신설하였다.[8] 이에 따라 국가 및 지방자치단체는 국가 또는 지방자치단체 이외의 자가 환경보전을 위한 사업으로 현저한 이익을 얻는 경우 이익을 얻는 자에게 그 이익의 범위에서 해당 환경보전을 위한 사업 비용의 전부 또는 일부를 부담하게 할 수 있다(환경정책기본법 7조의2).

4. 공동부담의 원칙

공동부담의 원칙(Gemeinlastprinzip)이란 국가 또는 공공단체가 환경오염의 방지·감소 및 제거를 위한 비용을 부담하는 것을 말한다. 이는 결국 납세자인 국민이 공동으로 비용을 부담하는 것이다. 물론 공동부담의 원칙도 원인자책임의 원칙과 마찬가지로 비용부담에 한정하는 것이 아니라 공동체의 실질적 책임에 관한 원칙이다.

위의 원인자책임의 원칙을 실제로 적용하는 데는 여러 가지 어려운 경우가 있을 수 있다. 환경을 오염시키는 물품의 생산자와 중간상인 그리고 소비자가 있다고 할 때, 환경오염의 원인자를 확정하는 것은 문제가 될 수 있다. 또한 환경오염 중에는 여러 오염원의 결합에 의하여 발생하는 것이 많다. 이러한 경우에 원인자를 찾기란 결코 쉬운 일이 아닐 것이다. 그밖에 비용을 환산하는 것도 간단하지 않을 것이다. 일반적으로 원인자책임의 원칙이 공동부담의 원칙에 우선해야 하지만, 원인자책임의 원칙이 갖고 있는 원인자확정의 문제, 책임귀

8) 이에 관한 문헌으로는 한상운·마아랑, 현행 환경정책기본법상 "수익자부담원칙"의 의미와 법적 과제, 환경법연구 제44권 3호, 2022. 11, 347면 이하 참조.

속 및 범위의 문제와 관련하여, 또한 사회·경제정책적 고려에 의하여 원인자책임의 원칙은 공동부담의 원칙에 의하여 제한될 수 있는 것이다. 대체로 공동부담의 원칙은 원인자를 확정할 수 없는 때 또는 급박한 위험을 제거해야 할 필요가 있고 다른 방법으로는 목적을 달성할 수 없는 때, 그리고 사회·경제정책적으로 필요할 때에 적용될 수 있다.

5. 협력의 원칙[9]

현대국가의 숙명적 과제가 된 환경보전은 국가의 힘만으로는 불가능하며, 국가와 국민 특히 경제계가 서로 협력하지 않으면 안 된다. 협력의 원칙(Kooperationsprinzip)이란 환경보전의 과제를 달성하기 위하여 환경목표의 설정, 의사형성 그리고 결정의 여러 과정에 국가와 사회의 모든 이해관계인이 참여하고 협력하여야 한다는 것을 말한다.

헌법은 "국가와 국민은 환경보전을 위하여 노력하여야 한다"(35조 1항 후단)라고 특별히 규정하고 있으며, 그에 따라 「환경정책기본법」도 국가 및 지방자치단체의 책무(4조), 사업자의 책무(5조), 국민의 권리와 의무(6조)를 규정해 놓고 있다.

국민의 국가에 대한 협력은 반드시 물질적인 것에 한정되는 것은 아니며 환경보전을 위한 기술과 지식 등 비물질적인 것도 포함된다는 점에 유의할 필요가 있다. 또한 양자의 협력은 국민의 환경정책입안에의 참여를 통해서 개인의 자유확보에도 크게 이바지하게 된다고 말할 수 있다.[10]

제 3 절 환경행정의 유형

환경법의 규율대상으로서의 환경정책 내지는 환경행정은 보는 관점에 따라 여러 가지로 분류될 수 있다. 다만 아래에서는 환경정책의 목적 내지 대상을 기준으로 다음과 같이 분류해 보기로 한다.[1]

9) 이에 관한 문헌으로는 김성수, 환경법상 협력의 원칙, 고시연구, 2000, 3·4월호; 정남철, 환경법상 협동의 원칙, 환경법연구 제25권 1호, 2003. 9, 375면 이하 참조.
10) 「행정절차법」의 제정은 이러한 영역에서도 유용하게 활용될 필요가 있다고 하겠다.
1) 이하의 설명에 관하여는 vgl. 특히 Breuer, S. 486 ff.

1. 매개적 환경보전

토양, 물, 대기 등은 '환경'의 주된 요소를 이루며, 환경오염은 주로 이들 요소의 오염이 그 원인을 이룬다. 그러므로 환경보전은 우선적으로 그들 매체의 보전부터 시작하여야 하는 바, 이에 관계되는 활동을 매개적 환경보전(medialer Umweltschutz)이라고 부를 수 있다. 그러한 관점에서, 환경보전을 토양환경보전, 수질 및 수자원환경보전, 대기환경보전, 해양환경보전 등으로 구분할 수 있는데, 관련 법률로서 「토양환경보전법」, 「대기환경보전법」, 「물환경보전법」, 「해양환경관리법」, 「자연환경보전법」, 「해양환경 보전 및 활용에 관한 법률」 등이 제정되어 있다.[2)]

2. 인과적 환경보전

환경의 오염원 또는 파괴원에 대한 대증요법적 환경행정을 인과적 환경보전(kausaler Umweltschutz)이라고 부를 수 있다. 즉 환경오염 등의 소재에 대해 직접 규율함으로써 환경에 대한 위해를 방지·제거하는 일이 인과적 환경보전이라 할 수 있다.

인과적 환경보전은 오염원에 따라 소음·진동의 관리, 핵 및 방사능오염의 방지, 화학물질오염의 방지, 폐기물의 관리 등으로 분류될 수 있는데, 관련 법률로서는 「소음·진동관리법」, 「원자력안전법」, 「화학물질관리법」, 「가축분뇨의 관리 및 이용에 관한 법률」, 「폐기물관리법」, 「해양폐기물 및 해양오염퇴적물 관리법」 등이 제정되어 있다. 다만 여기에서의 인과적 환경보전이 앞서 본 매개적 환경보전과 확연히 구분될 수 있는 것은 아니며, 양자는 상호 교차되어 있다고 말할 수 있다.

3. 육생적 환경보전

동물 또는 식물을 직접적으로 보호하는 것에 관계되는 행정활동을 육생적 환경보전(vitale Umeltschutz)이라고 부를 수 있다. 「자연환경보전법」, 「수산업법」, 「해양생태계의 보전 및 관리에 관한 법률」, 「산지관리법」, 「야생생물 보호 및 관리에 관한 법률」 등이 그 육생적 환경보전에 직접 관련되는 법률이라 할 수 있다.

---

2) 한편, 물·공기 등과 같은 무체물 또한 공물로 보게 되면, 공물의 보장기능은 환경보전과 상관성을 가지게 된다. 상세는 김남진, 공물의 기능과 환경보전, 월간고시, 1990. 6; 김남진, 기본문제, 815면 이하 참조.

이들 법률에 의한 환경보전이 인간적 환경(menschliche Umwelt)의 보호 및 통제와 관련을 맺고 있지만 직접 인간의 보건을 유지·보호하는 것을 내용으로 하지 않는다는 점에 유의할 필요가 있다.

4. 통합적 환경보전

자원개발과 생태계의 보호 등 상호 대립·경쟁관계에 있는 대상을 통합·조정하는 것을 내용으로 하는 행정활동을 통합적 환경보전(integrierter Umweltschutz)이라고 부를 수 있는데, 그의 전형적 행위형식은 계획이다. 환경보전을 위한 특별대책지역 및 자연환경보전지역의 지정과 같이 직접 통합적 환경보전을 위한 계획이 존재하기도 하나, 국토종합계획, 도시계획에 있어서와 같이 통합적 환경보전이 그의 부분적 목적이 되고 있는 지역계획도 다수 존재하고 있다. 아울러 환경영향평가제도는 통합적 환경보전을 위한 중요수단이 된다고 할 수 있다.

제 4 절 환경행정의 행위형식과 수단

환경행정 역시 그의 목적을 달성하기 위하여 다양한 행위형식 내지는 수단을 동원하고 있다. 그리고 그의 목록에는 행정법총론의 교재에 열거되어 있는 모든 행위형식 및 그의 실효성확보를 위한 수단[1]이 포함될 수 있다. 뿐만 아니라 환경행정이 과거의 대증요법적·인과적 환경보전으로부터 자원경제적·생태보전적·통합적 환경보전으로 그의 중점이 옮겨짐에 따라 환경행정의 행위형식 및 수단도 전문화·다양화해가는 추세에 있다. 다만 여기에서는 「환경정책기본법」 등에 규정되어 있는 주요수단에 관해서만 기술해 보기로 한다.

아울러, 최근의 규제완화 경향과 관련하여, 「행정규제기본법」, 「민원 처리에 관한 법률」 및 「기업활동 규제완화에 관한 특별조치법」 등의 내용에 대해서도 유의해야 함을 적어두기로 한다.

1. 환경계획

환경계획이란 환경을 사전에 배려하고 환경목표를 실현하기 위하여 관련되

1) 상세는 김남진·김연태(Ⅰ), 제2편 및 제4편; 김연태, 환경보전작용연구, 74면 이하 참조.

는 여러 문제와 이해관계를 종합적으로 조정하고 여러 수단을 유기적으로 결합시키는 미래형성적인 환경정책수단을 말한다.[2] 「환경정책기본법」은 환경부장관으로 하여금 관계 중앙행정기관의 장과 협의하여 국가차원의 환경보전을 위한 종합계획(이하 '국가환경종합계획'이라 한다)을 20년마다 수립하도록 하고 있다(동법 14조 1항). 국무회의의 심의를 거쳐 확정되는 국가환경종합계획에는 ① 인구·산업·경제·토지 및 해양의 이용 등 환경변화 여건에 관한 사항, ② 환경오염원·환경오염도 및 오염물질 배출량의 예측과 환경오염 및 환경훼손으로 인한 환경의 질(質)의 변화 전망, ③ 환경의 현황 및 전망, ④ 환경정의 실현을 위한 목표 설정과 이의 달성을 위한 대책, ⑤ 환경보전 목표의 설정과 이의 달성을 위한 단계별 대책 및 사업계획, ⑥ 사업의 시행에 소요되는 비용의 산정 및 재원 조달 방법, ⑦ 직전 종합계획에 대한 평가 등이 포함되어야 한다(동법 15조). 그리고 환경부장관은 환경적·사회적 여건 변화 등을 고려하여 5년마다 국가환경종합계획의 타당성을 재검토하고 필요한 경우 이를 정비하여야 한다(동법 16조의2 1항). 또한 시·도지사는 국가환경종합계획에 따라 관할 구역의 지역적 특성을 고려하여 해당 시·도의 환경계획을 수립·시행하여야 한다(동법 18조 1항). 이 외에도 환경계획에 속하는 것으로서는 「자연환경보전법」상의 자연환경보전기본계획 및 생물다양성과 생물자원의 보전대책 수립(8조·35조), 「해양환경 보전 및 활용에 관한 법률」 상의 해양환경종합계획(10조), 「국토기본법」, 「국토의 계획 및 이용에 관한 법률」 등 각종 개별법에 규정된 환경에 관련된 토지이용계획 등이 있다.[3]

2. 환경기준의 설정과 유지

(가) 정부는 국민의 건강을 보호하고 쾌적한 환경을 조성하기 위하여, 환경기준을 설정하여야 하며 환경여건의 변화에 따라 그 적정성이 유지되도록 하여야 한다(환경정책기본법 12조). 일반적으로 환경기준이란 쾌적한 환경을 보전하고 사람의 건강을 보호하기 위하여 요구되는 일정한 환경상태를 유지하기 위해 정해놓은 기준으로서 환경행정이 추구하는 지침 또는 목표치라고 할 수 있다. 환경기준에는 국가 전체가 획일적으로 적용받는 국가환경기준(개별법에 근거하여 환경부령으로 정해짐이 보통이다) 외

2) 아울러 계획(행정계획)의 일반론에 관하여는 김남진·김연태(Ⅰ), 제2편 제4장 제2절 행정계획 참조.
3) 이에 관하여는 김원주, 환경보전과 환경계획, 고시계, 1995. 11; 김원주, 한국환경법학의 어제·오늘·내일(정년기념논문집), 2000. 2, 290면 이하; 양승두, 환경오염과 토지이용규제에 관한 연구, 환경법연구 제3권, 71면 이하; 김현준, 계획법으로서의 국토계획법과 그 환경보호과제, 토지공법연구 제20집, 2003. 12, 53면 이하; 본서 제7편 제3장 제2절 국토의 계획·이용·관리 이하 참조.

에 지역환경의 특수성을 감안하여 서울특별시장·광역시장 또는 도지사가 환경부장관의 승인을 얻어 지방자치단체의 조례로 정하는 지역환경기준이 있다(동법 12조 3항 등).

(나) 국가 또는 지방자치단체는 위의 환경기준이 적절히 유지되도록 환경에 관련되는 법령의 제정 또는 개정과 행정계획의 수립 및 사업의 집행에 있어서 ① 환경 악화의 예방 및 그 요인의 제거, ② 환경오염지역의 원상회복, ③ 새로운 과학기술의 사용으로 인한 환경오염 및 환경훼손의 예방, ④ 환경오염방지를 위한 재원의 적정 배분 등의 사항을 고려하여야 한다(동법 13조).

이처럼 환경행정이란 환경기준을 정해 놓고 이의 달성을 위해 행정역량을 투입해 나가는 과정의 집합이라고 볼 수 있으므로 환경기준은 환경행정의 핵심적 위치에 있다고 할 수 있다.

(다) 여러 환경기준이 어떠한 성질 또는 효력(구속력)을 가지는가는 각 환경기준이 정해지는 형식(법규명령·행정규칙·조례 등)에 따라 판단할 사항이다.[4)]

3. 환경영향평가

(1) 환경영향평가의 의의

환경영향평가(Environmental Impact Assessment, Umweltverträglichkeitsprüfung)란 환경에 영향을 미칠 수 있는 사업의 계획을 수립함에 있어 그 사업이 환경에 미칠 영향을 미리 예측·평가하여 환경상의 악영향을 제거·완화시킬 수 있는 방안을 강구하는 환경분석(Environmental Analysis)을 말한다. 이는 상술한 사전배려의 원칙의 정신에 따라 환경의 파괴를 예방하고 최소화하기 위한 제도로서 1969년 미국의 국가환경정책법(National Environmental Policy Act)에서 유래한다고 볼 수 있다. 우리나라의 경우 종전 「환경·교통·재해 등에 관한 영향평가법」[5)]에 그 근거를 두었으나,[6)] 환경·교통·재해·인구영향평가 등 성격이 서로 다른 평가제도를 통합·운영하여 오면서 평가제도 상호 간에 중복

---

4) 예컨대 부령으로 환경기준이 정해지는 경우, 그것이 법규명령인가 행정규칙(행정명령)인가의 문제는 학설·판례상 다투어지고 있는 문제이다. 부령의 내용(실질)에 따라 판단하여야 한다는 입장(행정규칙설)도 없지 않으나, 형식에 입각하여 법규명령으로 보아야 한다는 학설이 다수설이라 할 수 있다(김남진·김연태(Ⅰ), 199면 이하 참조).

5) 2001년 1월 1일부터 시행된 「환경·교통·재해 등에 관한 영향평가법」은 환경영향평가법, 도시교통정비촉진법, 자연재해대책법 및 수도권정비계획법에서 별도로 정하고 있던 환경·교통·재해·인구영향평가를 통합하여 규정하고 있는 법으로서의 성격을 가진다.

6) 이에 관한 상세는 특히 고영훈, 환경법, 2002, 74면 이하 참조.

현상이 발생하거나 각종 영향평가서 작성에 과다한 시간·비용·인력이 소요되는 등의 문제점이 제기됨에 따라 이를 개선하기 위하여 「환경영향평가법」으로 개정되었다. 2011년 전부개정에서는 종전 「환경정책기본법」에서 규정하고 있던 사전환경성검토를 삭제하는 대신 전략환경영향평가를 새로 도입하였다. 전략환경영향평가 제도는 환경영향을 고려하는 전략적 접근의 필요성이 요구됨에 따라 의사결정의 보다 상위단계인 정책·계획·프로그램단계에서부터 환경에 영향을 미칠 수 있는 중요한 영향들을 사전에 평가하는 과정을 말한다.

(2) 전략환경영향평가

전략환경영향평가란 환경에 영향을 미치는 계획을 수립할 때에 환경보전계획과의 부합 여부 확인 및 대안의 설정·분석 등을 통하여 환경적 측면에서 해당 계획의 적정성 및 입지의 타당성 등을 검토하여 국토의 지속가능한 발전을 도모하는 것을 말한다(동법 2조 1호).

(가) 전략환경영향평가의 대상

동법에 의거하여 다음 각 호의 어느 하나에 해당하는 계획을 수립하려는 행정기관의 장은 전략환경영향평가를 실시하여야 한다(동법 9조 1항).

① 도시의 개발에 관한 계획
② 산업입지 및 산업단지의 조성에 관한 계획
③ 에너지 개발에 관한 계획
④ 항만의 건설에 관한 계획
⑤ 도로의 건설에 관한 계획
⑥ 수자원의 개발에 관한 계획
⑦ 철도(도시철도를 포함한다)의 건설에 관한 계획
⑧ 공항의 건설에 관한 계획
⑨ 하천의 이용 및 개발에 관한 계획
⑩ 개간 및 공유수면의 매립에 관한 계획
⑪ 관광단지의 개발에 관한 계획
⑫ 산지의 개발에 관한 계획
⑬ 특정 지역의 개발에 관한 계획
⑭ 체육시설의 설치에 관한 계획

⑮ 폐기물 처리시설의 설치에 관한 계획
⑯ 국방・군사 시설의 설치에 관한 계획
⑰ 토석・모래・자갈・광물 등의 채취에 관한 계획
⑱ 환경에 영향을 미치는 시설로서 대통령령으로 정하는 시설의 설치에 관한 계획

전략환경영향평가 대상계획은 그 계획의 성격 등을 고려하여 국토의 전 지역이나 일부 지역을 대상으로 개발 및 보전 등에 관한 기본방향이나 지침 등을 일반적으로 제시하는 정책계획과 국토의 일부 지역을 대상으로 하는 개발기본계획으로 구분한다(동법 9조 2항). 전략환경영향평가 대상계획 및 제2항에 따른 정책계획 및 개발기본계획의 구체적인 종류는 대통령령으로 정한다(동법 9조 3항).

(나) 평가항목・범위 등의 결정

전략환경영향평가 대상계획을 수립하려는 행정기관의 장은 전략환경영향평가를 실시하기 전에 평가준비서를 작성하여 환경영향평가협의회의 심의를 거쳐, 전략환경영향평가 대상지역, 토지이용구상안, 대안, 평가 항목・범위・방법 등(이하 "전략환경영향평가항목등"이라 한다)을 결정하여야 한다(동법 11조 1항). 행정기관 외의 자가 제안하여 수립되는 전략환경영향평가 대상계획의 경우에는 전략환경영향평가 대상계획을 제안하는 자가 평가준비서를 작성하여 전략환경영향평가 대상계획을 수립하는 행정기관의 장에게 전략환경영향평가항목등을 결정하여 줄 것을 요청하고 요청을 받은 행정기관의 장은 대통령령으로 정하는 기간 내에 환경영향평가협의회의 심의를 거쳐 전략환경영향평가 대상계획을 제안하는 자에게 그 결과를 통보하여야 한다(동법 11조 2항, 3항). 전략환경영향평가 대상계획을 수립하려는 행정기관의 장은 제1항 및 제3항에 따라 결정된 전략환경영향평가항목등을 대통령령으로 정하는 방법에 따라 공개하고 주민 등의 의견을 들어야 한다(동법 11조 5항). 다만, 전략환경영향평가 대상계획을 수립하려는 행정기관의 장은 해당 계획이 입지 등 구체적인 사항을 정하고 있지 않거나 정량적인 평가가 불가능한 경우 등에는 평가 항목・범위・방법 등을 간략하게 하는 약식전략환경영향평가 실시를 결정할 수 있다(동법 11조의2 1항).

(다) 전략환경영향평가서 초안의 작성

개발기본계획을 수립하는 행정기관의 장은 전략환경영향평가항목등에 맞추어 전략환경영향평가서 초안을 작성한 후 주민 등의 의견을 수렴하여야 한다. 다만, 행정기관 외의 자가 제안하여 수립되는 개발기본계획의 경우에는 개발기

본계획을 제안하는 자가 전략환경영향평가서 초안을 작성하여 개발기본계획을 수립하는 행정기관의 장에게 제출하여야 한다(동법 12조 1항).

개발기본계획을 수립하는 행정기관의 장은 전략환경영향평가서 초안을 환경부장관, 승인기관의 장(승인등을 받아야 하는 계획만 해당한다), 그 밖에 대통령령으로 정하는 관계 행정기관의 장에게 제출하여 의견을 들어야 한다(동법 12조 2항).

(라) 주민 등의 의견수렴

개발기본계획을 수립하려는 행정기관의 장은 개발기본계획에 대한 전략환경영향평가서 초안을 공고·공람하고 설명회를 개최하여 해당 평가 대상지역 주민의 의견을 들어야 한다. 다만, 대통령령으로 정하는 범위의 주민이 공청회의 개최를 요구하면 공청회를 개최하여야 한다(동법 13조).

(마) 전략환경영향평가서의 작성 및 협의요청 등

승인등을 받지 아니하여도 되는 전략환경영향평가 대상계획을 수립하려는 행정기관의 장은 해당 계획을 확정하기 전에 전략환경영향평가서를 작성하여 환경부장관에게 협의를 요청하여야 한다(동법 16조 1항). 승인등을 받아야 하는 전략환경영향평가 대상계획을 수립하는 행정기관의 장은 전략환경영향평가서를 작성하여 승인기관의 장에게 제출하여야 하며, 승인기관의 장은 해당 계획에 대하여 승인등을 하기 전에 환경부장관에게 협의를 요청하여야 한다(동법 16조 2항).

(3) 환경영향평가의 구체적 내용

(가) 환경영향평가의 대상사업

동법에 의거하여 환경영향평가를 실시하여야 하는 사업(이하 "환경영향평가 대상사업"이라 한다)은 다음 각 호와 같다(동법 22조).

① 도시의 개발사업
② 산업입지 및 산업단지의 조성사업
③ 에너지 개발사업
④ 항만의 건설사업
⑤ 도로의 건설사업
⑥ 수자원의 개발사업
⑦ 철도(도시철도를 포함한다)의 건설사업
⑧ 공항의 건설사업
⑨ 하천의 이용 및 개발 사업

⑩ 개간 및 공유수면의 매립사업
⑪ 관광단지의 개발사업
⑫ 산지의 개발사업
⑬ 특정 지역의 개발사업
⑭ 체육시설의 설치사업
⑮ 폐기물 처리시설의 설치사업
⑯ 국방·군사 시설의 설치사업
⑰ 토석·모래·자갈·광물 등의 채취사업
⑱ 환경에 영향을 미치는 시설로서 대통령령으로 정하는 시설의 설치사업

이들 환경영향평가 대상사업의 구체적인 종류, 범위 등은 대통령령으로 정한다(동법 22조 2항).

특별시·광역시·도·특별자치도 또는 인구 50만 이상의 시(이하 "시·도"라 한다)는 환경영향평가 대상사업의 종류 및 범위에 해당하지 아니하는 사업으로서 대통령령으로 정하는 범위에 해당하는 사업에 대하여 지역 특성 등을 고려하여 환경영향평가를 실시할 필요가 있다고 인정하면 해당 시·도의 조례로 정하는 바에 따라 그 사업을 시행하는 자로 하여금 환경영향평가를 실시하게 할 수 있다(동법 42조 1항 본문).

(나) 평가항목·범위 등의 결정

승인등을 받지 아니하여도 되는 사업자는 환경영향평가를 실시하기 전에 평가준비서를 작성하여 대통령령으로 정하는 기간 내에 환경영향평가협의회의 심의를 거쳐 환경영향평가 대상지역, 환경보전방안의 대안, 평가 항목·범위·방법 등(이하 "환경영향평가항목등"이라 한다)을 결정하여야 한다(동법 24조 1항). 승인등을 받아야 하는 사업자는 환경영향평가를 실시하기 전에 평가준비서를 작성하여 승인기관의 장에게 환경영향평가항목등을 정하여 줄 것을 요청하고, 요청을 받은 승인기관의 장이나 환경부장관은 대통령령으로 정하는 기간 내에 환경영향평가협의회의 심의를 거쳐 환경영향평가항목등을 결정하여 사업자에게 통보하여야 한다(동법 24조 2항 4항).

사업자는 전략환경영향평가 실시에 따라 전략환경영향평가항목등이 결정된 경우로서 환경부장관과 전략환경영향평가에 대하여 협의하였을 때에는 위의 환경영향평가항목등의 결정 절차를 거치지 아니할 수 있다. 이 경우 전략환경영향평가 실시에 따라 결정된 전략환경영향평가항목등은 위의 절차에 따라 결

정된 환경영향평가항목등으로 본다(동법 24조 6항).

(다) 주민 등의 의견수렴

사업자는 결정된 환경영향평가항목등에 따라 환경영향평가서 초안을 작성하여 주민 등의 의견을 수렴하여야 하고 사업자는 주민 등의 의견 수렴 결과와 반영 여부를 대통령령으로 정하는 방법에 따라 공개하여야 한다(동법 25조 1항, 4항).

사업자는 환경영향평가 대상사업에 대한 개발기본계획을 수립할 때에 전략환경영향평가서 초안의 작성 및 의견 수렴 절차를 거친 경우로서 일정한 요건을 모두 충족하는 경우[7]에는 협의기관의 장과의 협의를 거쳐 환경영향평가서 초안의 작성 및 의견 수렴 절차를 거치지 아니할 수 있다(동법 25조 5항).

[판례] 환경영향평가를 거쳐야 할 대상사업에 대하여 환경영향평가를 거치지 아니하였음에도 불구하고 승인 등 처분이 이루어진다면, 사전에 환경영향평가를 함에 있어 평가대상지역 주민들의 의견을 수렴하고 그 결과를 토대로 하여 환경부장관과의 협의내용을 사업계획에 미리 반영시키는 것 자체가 원천적으로 봉쇄되는바, 이렇게 되면 환경파괴를 미연에 방지하고 쾌적한 환경을 유지·조성하기 위하여 환경영향평가제도를 둔 입법 취지를 달성할 수 없게 되는 결과를 초래할 뿐만 아니라 환경영향평가대상지역 안의 주민들의 직접적이고 개별적인 이익을 근본적으로 침해하게 되므로, 이러한 행정처분의 하자는 법규의 중요한 부분을 위반한 중대한 것이고 객관적으로도 명백한 것이라고 하지 않을 수 없어, 이와 같은 행정처분은 당연무효이다(대판 2006. 6. 30, 2005두14363).[8]

(라) 환경영향평가서의 작성 및 협의요청 등

승인기관장등은 환경영향평가 대상사업에 대한 승인등을 하거나 환경영향

---

7) 1. 제18조에 따라 전략환경영향평가서의 협의 내용을 통보받은 날부터 3년이 지나지 아니한 경우
2. 제18조에 따른 협의 내용보다 사업규모가 30퍼센트 이상 증가되지 아니한 경우
3. 제18조에 따른 협의 내용보다 사업규모가 제22조 제2항에 따라 대통령령으로 정하는 환경영향평가 대상사업의 최소 사업규모 이상 증가되지 아니한 경우
4. 폐기물소각시설, 폐기물매립시설, 하수종말처리시설, 공공폐수처리시설 등 주민의 생활환경에 미치는 영향이 큰 시설의 입지가 추가되지 아니한 경우

8) 한편, 대법원은 환경영향평가를 거치지 아니하거나 부실하게 거친 경우 승인 등 처분의 효력에 대하여 "환경영향평가법령에서 정한 환경영향평가를 거쳐야 할 대상사업에 대하여 그러한 환경영향평가를 거치지 아니하였음에도 승인 등 처분을 하였다면 그 처분은 위법하다 할 것이나, 그러한 절차를 거쳤다면, 비록 그 환경영향평가의 내용이 다소 부실하다 하더라도, 그 부실의 정도가 환경영향평가제도를 둔 입법 취지를 달성할 수 없을 정도이어서 환경영향평가를 하지 아니한 것과 다를 바 없는 정도의 것이 아닌 이상, 그 부실은 당해 승인 등 처분에 재량권 일탈·남용의 위법이 있는지 여부를 판단하는 하나의 요소로 됨에 그칠 뿐, 그 부실로 인하여 당연히 당해 승인 등 처분이 위법하게 되는 것이 아니다"고 판시한 바 있다(대판 2006. 3. 16, 2006두330).

평가 대상사업을 확정하기 전에 환경부장관에게 협의를 요청하여야 한다. 이 경우 승인기관의 장은 환경영향평가서에 대한 의견을 첨부할 수 있다(동법 27조 1항). 승인 등을 받지 아니하여도 되는 사업자는 환경부장관에게 협의를 요청할 경우 환경영향평가서를 작성하여야 하며, 승인등을 받아야 하는 사업자는 환경영향평가서를 작성하여 승인기관의 장에게 제출하여야 한다(동법 27조 2항).

(마) 환경영향평가의 대행

환경영향평가등을 하려는 자는 환경영향평가등의 평가서 초안 및 평가서, 사후환경영향조사서, 약식평가서(이하 "환경영향평가서등"이라 한다)를 작성할 때에는 환경영향평가업의 등록을 한 자("환경영향평가업자"라 한다)에게 그 작성을 대행하게 할 수 있다(동법 53조 1항). 환경영향평가등을 대행하는 사업("환경영향평가업"이라 한다)을 하려는 자는 환경영향평가사 등의 기술인력과 시설 및 장비를 갖추어 환경부장관에게 등록을 하여야 한다(동법 54조 1항).

(바) 환경영향평가서등의 공개

환경부장관은 다른 법령에 따라 공개가 제한되는 경우를 제외하고는 제70조 제3항에 따른 정보지원시스템 등을 이용하여 환경영향평가서등을 공개할 수 있다(동법 66조 1항).

(사) 소규모환경영향평가

보전이 필요한 지역과 난개발이 우려되어 환경보전을 고려한 계획적 개발이 필요한 지역으로서 대통령령으로 정하는 지역("보전용도지역"이라 한다)에서 시행되는 개발사업이나 환경영향평가 대상사업의 종류 및 범위에 해당하지 아니하는 개발사업으로서 대통령령으로 정하는 개발사업에 해당하는 개발사업("소규모 환경영향평가 대상사업"이라 한다)을 하려는 자는 소규모 환경영향평가를 실시하여야 한다(동법 43조 1항).

(아) 환경영향평가사

환경영향평가사가 되려는 사람은 환경부장관이 실시하는 자격시험에 합격하여야 하며, 환경부장관은 자격시험에 합격한 사람에게 자격증을 발급하여야 한다(동법 63조 1항 및 63조의2). 환경영향평가사가 아닌 사람은 환경영향평가사 또는 이와 비슷한 명칭을 사용하지 못한다(동법 63조 4항). 환경영향평가업의 기술인력으로 등록된 환경영향평가사의 직무는 환경 현황 조사, 환경영향 예측·분석, 환경보전방안의 설정 및 대안 평가 및 환경영향평가서등의 작성 및 관리의 직무를 수행한다(동법 54조 3항).

(4) 환경영향평가의 하자와 승인처분의 효력

환경영향평가에 실체상 또는 절차상 하자가 존재하는 경우 그러한 하자 있는 환경영향평가를 바탕으로 한 처분의 위법성을 인정할 수 있는지에 대한 문제이다. 환경영향평가는 그 대상이 되는 사업의 실시를 위한 사업계획승인처분 등의 절차로서의 성질을 갖게 된다. 따라서 환경영향평가의 하자는 실체상 하자이든 절차상 하자이든 사업계획승인처분 등의 절차상 하자로서의 성질을 갖는다.[9]

(가) 실체상 하자

실체상 하자란 환경영향평가서가 환경에 대한 영향을 조사·평가하여야 할 사항을 누락하였거나 조사·평가하기는 하였으나 그 내용이 부실하게 작성되어 제출되고 그 부실이 환경부장관의 협의과정에서 보완되지 아니한 것을 말한다. 또한 승인기관의 장이 환경부장관의 협의 의견을 무시하거나 반영하지 아니한 경우도 실체적 하자에 해당한다.

대법원은 「환경영향평가법」에 따라 환경영향평가를 거쳐야 할 대상사업에 대하여 처분이 이루어진 경우 법원으로서는 먼저 「환경영향평가법」에 따라 환경영향평가절차가 제대로 진행되었는지 여부와 환경영향평가절차가 제대로 진행되었다면 환경영향평가서를 기초로 환경영향평가의 내용이 부실한지 여부를 따져야 하고, 만약 환경영향평가의 내용이 부실하다면 그 부실의 정도가 환경영향평가제도를 둔 입법 취지를 달성할 수 없을 정도이어서 환경영향평가를 하지 아니한 것과 다를 바 없는 정도인지 여부, 그 부실의 정도가 환경영향평가제도를 둔 입법취지를 달성할 수 없을 정도에 이르지 아니한 경우에는 그 부실로 인하여 당해 처분에 재량권 일탈·남용의 위법이 있는지 여부 등을 심리하여 그 결과에 따라 당해 처분의 적법 여부를 판단하여야 한다고 하여 법원의 심리기준을 제시하고 있다.[10]

[판례] 환경영향평가법령에서 정한 환경영향평가를 거쳐야 할 대상사업에 대하여 그러한 환경영향평가를 거치지 아니하였음에도 승인 등 처분을 하였다면 그 처분

---

9) 박균성·함태성, 환경법, 326면.

10) 이러한 판례에 대하여는 기준이 너무 엄격하여 실체적 하자에 대한 사법심사를 포기한 것과 다름없다는 이유로 비판하는 견해(김홍균, 환경영향평가와 사법심사, 법조 제53권 제6호, 2004, 18면)와, 환경영향평가서의 부실을 이유로 처분 자체를 취소하게 되면 대상사업이 법률적 근거를 완전히 상실하는 중대한 결과를 초래하기 때문에 불가피하다고 보는 견해(허상수, 도롱뇽의 당사자능력과 환경소송, 판례연구 제18집, 2007, 560면)가 있다.

은 위법하다 할 것이나, 그러한 절차를 거쳤다면, 비록 그 환경영향평가의 내용이 다소 부실하다 하더라도, 그 부실의 정도가 환경영향평가제도를 둔 입법 취지를 달성할 수 없을 정도이어서 환경영향평가를 하지 아니한 것과 다를 바 없는 정도의 것이 아닌 이상, 그 부실은 당해 승인 등 처분에 재량권 일탈·남용의 위법이 있는지 여부를 판단하는 하나의 요소로 됨에 그칠 뿐, 그 부실로 인하여 당연히 당해 승인 등 처분이 위법하게 되는 것이 아니다(대판 2006. 3. 16, 2006두330. 동지판례: 대판 2001. 6. 29, 99두9902; 대판 1998. 9. 22, 97누19571).

한편, 판례는 승인기관의 장이 환경부장관과의 협의를 거친 이상 협의의견에 반하는 처분을 하였다고 하여도 그 처분이 위법하다고 할 수는 없다고 하여 환경부장관의 협의의견은 승인기관의 장에 대한 구속력이 없다고 보고 있다.[11)]

이는 협의기관의 의견을 반영하지 않은 승인계획의 하자에 대해 문제없다는 취지의 판결이지만, 현행 「환경영향평가법」과 같이 승인기관에게 협의내용을 반영시킬 의무를 지우고 있지 않았던 구 「환경정책기본법」을 근거로 한 판결이라는 점을 유념할 필요가 있다. 따라서 현행법상 협의제도가 구 「환경정책기본법」과 같이 단순한 의견교환 수준의 협의를 넘어선 것으로 보아, 사업계획에 협의 내용이 반영되지 않은 것은 위법하다고 하겠다.[12)]

[판례] 국립공원 관리청이 국립공원 집단시설지구개발사업과 관련하여 그 시설물 기본설계 변경승인처분을 함에 있어서 환경부장관과의 협의를 거친 이상, 환경영향평가서의 내용이 환경영향평가제도를 둔 입법 취지를 달성할 수 없을 정도로 심히 부실하다는 등의 특별한 사정이 없는 한, 공원관리청이 환경부장관의 환경영향평가에 대한 의견에 반하는 처분을 하였다고 하여 그 처분이 위법하다고 할 수는 없다(대판 2001. 7. 27, 99두2970).

---

11) 이에 대하여는 「환경영향평가법」상 "협의 내용을 통보받은 승인기관의 장은 이를 지체없이 사업자에게 통보하여(제29조 2항), 협의 내용에 따른 필요한 조치를 하도록 하여야 하고, 사업자도 협의 내용에 따른 필요한 조치를 하여야 하며(제30조 1항), 승인기관의 장은 협의 내용이 사업계획에 반영되었는지 여부를 확인하고, 협의 내용이 반영되지 아니한 때에는 이를 반영하도록 하여야 하며(제30조 2항), 사업자 또는 승인기관의 장은 통보받은 협의 내용에 대하여 이의가 있는 때에는 환경부장관에게 협의 내용을 조정하여 줄 것을 요청할 수 있고, 승인기관의 장등은 협의 내용의 조정을 요청하였을 때에는 조정결과에 대해 통보를 받기 전에는 당해 사업계획 등에 대하여 승인등을 하거나 확정을 하여서는 아니된다(제31조)" 등의 규정 내용을 살펴보면, '협의'란 동의까지를 요구하지는 않는다고 하더라도 승인기관의 장은 환경부장관의 협의 내용을 최대한 반영하도록 노력하여야 할 의무를 지고 있는 것이어서 승인기관의 장이 이러한 노력을 충실히 하지 않은 경우에는 그 불충실의 정도에 따라서 승인처분의 취소사유가 된다고 보아야 한다는 견해(박균성, 환경영향평가의 하자와 사업계획승인처분의 효력, 행정판례연구 제7집, 박영사, 2002, 386면)가 있다.

12) 서은주·정영철, 적법절차에서 본 환경영향평가의 절차적 하자문제, 연세법학연구 제23권 제2호, 2013, 167면 참조.

(나) 절차상 하자

절차상 하자란 환경영향평가에 있어 설명회, 공청회 등의 필요한 의견수렴 절차가 행해지지 않은 경우, 의견수렴절차에 하자가 있는 경우, 환경부장관과의 협의가 없었던 경우 등을 말한다.

판례는 설명회 및 공청회에 일부 주민들의 참가·출입을 제한하거나 참가 주민들의 이견 등으로 공청회 절차가 정상적으로 진행되지 않았다는 등의 하자는 그로 인한 환경영향평가서의 부실의 정도가 환경영향평가제도를 둔 입법 취지를 달성할 수 없을 정도에 이른다고 볼 수 없다는 이유로 처분의 위법성을 인정하지 않고 있다. 그러나 환경영향평가서 작성시 요구되는 의견수렴절차는 환경에 영향을 미치는 개발사업의 시행과 관련하여 그로 인한 영향을 받는 주민들로 하여금 의사결정과정에 참여하게 하고 정보를 전달하여 다수 이해관계자의 이익을 합리적으로 조정하는데 그 목적이 있는 것이므로 의견수렴절차에 하자가 있는 경우에는 그 하자가 아주 경미하여 무시할 수 있는 정도가 아니라면 그 처분은 위법하다고 해야 할 것이다.

[판례] 전원개발사업에 관한 환경영향평가에 있어서, 전원개발사업자가 전원개발사업에 관한 환경영향평가서 작성을 위한 설명회 및 공청회에 일부 주민들의 참가·출입을 제한하거나 참가 주민들의 이견 등으로 공청회 절차가 정상적으로 진행되지 않았다는 등의 하자가 있다고 하더라도, 원자력발전사업에 관해 이해관계가 대립할 수밖에 없는 지역 주민들의 의견수렴과정과 환경영향평가의 내용상 한계가 있는 과학적·기술적 특성 등을 고려할 때 의견수렴절차 및 영향평가의 내용은 어느 정도 유연하게 평가함이 상당한 점 등에 비추어, 그 부실의 정도가 환경영향평가제도를 둔 입법 취지를 달성할 수 없을 정도에 이른다고 볼 수 없다(부산지법 2006. 4. 13, 2005구합1153).

(다) 환경영향평가를 실시하지 않은 경우

판례는 환경영향평가 대상사업임에도 불구하고 환경영향평가를 실시하지 아니한 경우에는 처분의 위법성을 인정한다.

[판례] 환경영향평가를 거쳐야 할 대상사업에 대하여 환경영향평가를 거치지 아니하였음에도 불구하고 승인 등 처분이 이루어진다면, 사전에 환경영향평가를 함에 있어 평가대상지역 주민들의 의견을 수렴하고 그 결과를 토대로 하여 환경부장관과의 협의내용을 사업계획에 미리 반영시키는 것 자체가 원천적으로 봉쇄되는바, 이렇게 되면 환경파괴를 미연에 방지하고 쾌적한 환경을 유지·조성하기 위하여

환경영향평가제도를 둔 입법 취지를 달성할 수 없게 되는 결과를 초래할 뿐만 아니라 환경영향평가대상지역 안의 주민들의 직접적이고 개별적인 이익을 근본적으로 침해하게 되므로, 이러한 행정처분의 하자는 법규의 중요한 부분을 위반한 중대한 것이고 객관적으로도 명백한 것이라고 하지 않을 수 없어, 이와 같은 행정처분은 당연무효이다(대판 2006. 6. 30, 2005두14363).

4. 상시측정

국가 및 지방자치단체는 자연환경 및 생활환경 현황, 환경오염 및 환경훼손 실태, 환경오염원 및 환경훼손 요인, 환경의 질의 변화, 그 밖에 국가환경종합계획등의 수립·시행에 관하여 필요한 사항을 상시 조사·평가하여야 하며, 이러한 조사·평가를 적정하게 시행하기 위한 연구·감시·측정·시험 및 분석 체제를 유지하여야 한다(환경정책기본법 22조).

5. 특별대책지역 등의 지정

(가) 환경부장관은 환경오염·환경훼손 또는 자연생태계의 변화가 현저하거나 현저하게 될 우려가 있는 지역과 환경기준을 자주 초과하는 지역을 관계중앙행정기관의 장 및 시·도지사와 협의하여 환경보전을 위한 특별대책지역으로 지정·고시하고, 해당 지역의 환경보전을 위한 특별종합대책을 수립하여 관할 시·도지사에게 이를 시행하게 할 수 있다(환경정책기본법 38조 1항). 개별 법률은 이 특별대책지역에서는 환경부장관이 통상의 기준치보다 엄격한 특별배출허용기준치를 정할 수 있도록 하고 있으며(대기환경보전법 16조 6항, 물환경보전법 32조 5항), 경우에 따라서는 이 지역의 사업장에서 배출되는 오염물질을 배출농도가 아닌 배출총량으로 규제할 수 있도록 하고 있다(대기환경보전법 22조 1항, 물환경보전법 4조 1항).[13]

(나) 환경부장관은 자연상태가 원시성을 유지하고 있거나 생물다양성이 풍부하여 보전 및 학술적 연구가치가 큰 지역 등 자연생태·자연경관을 특별히 보전할 필요가 있는 지역을 생태·경관보전지역으로 지정할 수 있다. 생태·경

---

13) 이를 '총량규제'라고 한다. 이는 일정지역의 환경기준이 유지되기 위해서는 당해지역의 오염물질 배출총량이 어느 정도가 되는 것이 적당한가를 고려하여 이를 결정하고, 오염물질의 감소계획을 수립하여 각 사업장의 오염물질 배출허용량을 할당하는 방식이다. 농도규제방식의 경우는 사업장이 집중되어 오염물질의 규모가 클 경우 각 사업장이 농도기준을 지킨다고 해도 전체적으로 다량의 오염물질이 배출되기 때문에 오염물질이 급격하게 집적되어 환경기준의 유지가 곤란하여 지역단위의 환경보전에 별로 효과가 없다. 그러나 이 방식을 도입하는 데는 환경용량의 산정이나 배출량의 배분문제 등 기술적으로 어려운 점이 많이 있다.

관보전지역은 생태·경관핵심보전구역, 생태·경관완충보전구역, 생태·경관전이보전구역 등으로 구분한다(자연환경보전법 2장).

6. 사업자 등에 대한 감독

(1) 배출시설의 설치허가 및 제한 등

배출시설(대기, 수질, 토양을 오염시키거나 소음, 진동, 악취 등으로 국민의 건강과 생활환경에 피해를 주거나 또는 줄 우려가 있는 오염물질 등을 배출하는 시설물·기계·기구 기타 물체로서 환경부령으로 정한 것)을 설치하고자 하는 자는 대통령령으로 정하는 바에 따라 시·도지사의 허가를 받거나 시·도지사에게 신고하여야 하며, 배출시설의 설치허가(변경허가 포함)를 받은 자가 이를 설치함에 있어서는 배출되는 오염물질 등을 법정의 배출허용기준 이하로 나오게 하기 위하여 방지시설을 설치하여야 한다(환경정책기본법 29조, 대기환경보전법 23조·26조 등 참조). 사업자는 배출시설이나 방지시설의 설치를 완료하거나 배출시설의 변경을 완료하여 그 배출시설 및 방지시설을 가동하려면 환경부령으로 정하는 바에 따라 미리 환경부장관 또는 시·도지사에게 가동개시신고를 하여야 한다(대기환경보전법 30조).

(2) 개선명령

환경부장관 또는 시·도지사는 「대기환경보전법」 제30조에 따른 신고를 한 후 조업 중인 배출시설에서 나오는 오염물질의 정도가 배출허용기준을 초과한다고 인정하면 기간을 정하여 사업자에게 그 오염물질의 정도가 배출허용기준 이하로 내려가도록 필요한 조치를 취할 것을 명할 수 있다(동법 33조).

(3) 조업정지 등 명령

환경부장관 또는 시·도지사는 개선명령을 받은 자가 개선명령을 이행하지 아니하거나 기간 내에 이행은 하였으나 검사 결과 법정의 배출허용기준을 계속 초과하면 해당 배출시설의 전부 또는 일부에 대하여 조업정지를 명할 수 있다(동법 34조 1항 참조).

(4) 허가의 취소 등

환경부장관 또는 시·도지사는 사업자가 ① 거짓이나 그 밖의 부정한 방법으로 허가·변경허가를 받았거나 신고·변경신고를 한 때, ② 이 법 또는 이 법에 따른 명령에 위반한 때 등 36조에서 정한 각 호에 해당하는 경우에는 배출시설의 설치허가 또는 변경허가를 취소하거나 배출시설의 폐쇄를 명하거나 또는 6월 이내의 기간을 정하여 배출시설 조업정지를 명할 수 있다. 일정한 경우는

반드시 설치허가 또는 변경허가를 취소하거나 폐쇄를 명하여야 한다(동법 36조).[14]

(5) 위법시설에 대한 폐쇄조치 등

환경부장관 또는 시·도지사는 규정에 따른 허가를 받지 아니하거나 신고를 하지 아니하고 배출시설을 설치하거나 사용하는 자에게는 그 배출시설의 사용중지를 명하여야 한다. 다만, 그 배출시설을 개선하거나 방지시설을 설치·개선하더라도 그 배출시설에서 배출되는 오염물질의 정도가 배출허용기준 이하로 내려갈 가능성이 없다고 인정되는 경우 또는 그 설치장소가 다른 법률에 따라 그 배출시설의 설치가 금지된 경우에는 그 배출시설의 폐쇄를 명하여야 한다(동법 38조).

7. 배출부과금 및 비용부담

(1) 배출부과금

환경부장관 또는 시·도지사는 대기오염물질로 인한 대기환경상의 피해를 방지하거나 줄이기 위하여 대기오염물질을 배출하는 사업자와 허가·변경허가를 받지 아니하거나 신고·변경신고를 하지 아니하고 배출시설을 설치 또는 변경한 자에 대하여 배출부과금을 부과·징수한다(동법 35조).[15]

(2) 비용부담

이미 앞에서 본 바와 같이, 「환경정책기본법」은 자기의 행위 또는 사업활동으로 환경오염 또는 환경훼손의 원인을 발생시킨 자는 그 오염·훼손의 방지와 오염·훼손된 환경을 회복·복원할 책임을 지며, 환경오염 또는 환경훼손으로 인한 피해의 구제에 드는 비용을 부담하여야 하는 원칙(오염원인자 책임원칙)을 명기하고 있으며(동법 7조), 「환경개선비용부담법」은 환경부장관으로 하여금 경유를 연료로 사용하는 자동차의 소유자로부터 환경개선부담금을 부과·징수하도록 규정하고 있다(동법 9조).

14) 다만 이러한 사유가 있는 경우에는 그 허가의 철회는 과잉금지의 원칙 등에 의한 제약을 받는 점에 유의할 필요가 있다. 상세는 김남진·김연태(Ⅰ), 392면 참조.

15) 이에 관한 상세는 김성수, 환경부담금과 환경보호, 연세법학연구, 제2집; 정하중, 배출부과금의 제도적 근거와 법적 개선방향, 환경법연구 제15권, 1993, 43면 이하 참조.

제 5 절 권익구제

1. 민사소송

어떤 사업체가 배출하는 오염물질로 인해 피해를 입고 있는 경우 피해구제의 방법으로서는 우선 피해자가 가해자를 상대로 손해배상·방해배제 또는 방해예방을 구하는 등 사법적 절차를 통하여 해결하는 것을 생각할 수 있다. 그런데 이 때 복합오염의 경우 원인규명이 곤란하고 동시에 가해자를 특정하기 어려우며 피해자도 광범위하고 또한 가해자의 고의·과실·위법성, 인과관계의 입증 등에 난점이 많다. 따라서 학자들에 의하여 무과실책임주의의 채용, 인과관계의 추정, 의제적 책임주의의 설정 등 여러 가지 개선책이 제시되어 있다.[1]

「환경정책기본법」이 환경오염 또는 환경훼손으로 피해가 발생한 경우에 있어서 무과실책임을 인정하고, 가해자를 특정할 수 없을 때는 원인자의 연대책임을 규정하고 있는 것도 동일한 관점에서 나온 것이라고 할 수 있다(동법 44조 참조).

[판례] 환경권은 명문의 법률규정이나 관계 법령의 규정 취지 및 조리에 비추어 권리의 주체, 대상, 내용, 행사방법 등이 구체적으로 정립될 수 있어야만 인정되는 것이므로, 사법상의 권리로서의 환경권을 인정하는 명문의 규정이 없는데도 환경권에 기하여 직접 방해배제청구권을 인정할 수 없다(대판 1997. 7. 22, 96다56153).[2]

---

1) 주요문헌: 김기수, 공해의 사법적 구제의 방향과 상린관계법적 구성, 환경법연구 창간호(1979), 116면 이하; 구연창, 공해의 사법적 구제, 고시계, 1978. 6; 권용우, 공해의 예방과 배제청구, 법과 공해, 1974, 160면 이하; 정권섭, 환경오염과 사법상 구제, 법과 환경, 1977, 136면 이하; 홍천룡, 환경오염피해의 구제, 환경법연구 제14권, 1992, 6면 이하; 오석락, 환경소송과 제문제, 1991; 이상규, 환경(공해)판례의 연구, 1993; 서희원, 환경소송, 2004.

2) 동지판례: 대판 2009. 9. 24, 2009두2825; 대판 1995. 9. 15, 95다23378. 다만, 후자(95다23378 판결)의 원심(부산고판 1995. 5. 18, 95카합5)이 "헌법상 규정된 환경권은 사람이 인간다운 생활을 영위함으로써 인간으로서의 존엄을 유지하기 위하여 필수적으로 요구되는 것이므로 인간의 생래적인 기본권의 하나로서 모든 사람에게 다같이 보장되는 보편적인 권리로서의 성질을 가진다 할 것이고, 이러한 환경권의 내용인 환경에는 공기, 물, 일광, 토양, 정온 등 자연적 환경을 비롯하여 자연의 경관도 포함되고, 이러한 자연적 환경 이외에 역사적·문화적 유산의 문화적 환경뿐 아니라 사회적 활동을 하는데 필요한 도로, 공원, 교량 등과 같은 사회적 시설로서 인간생활상 필요불가결한 사회적 환경도 포함됨은 당연하고, 교육환경 역시 사회적·문화적 환경에 속한다 할 것이다"라고 판시하였는바, 이 사건에서 대법원은 헌법상의 환경권에 의한 방해배제청구권은 인정하지 않고 민법상의 소유권에 기한 방해배제의 청구를 받아들인 것으로 새겨진다. 이 판례에 대한 평석으로는 김연태, 헌법상 환경권의 보호대상과 법적 효력, 고려대 판례연구 9집, 1998. 2 참조.

2. 행정쟁송

민사소송과는 별도로 행정쟁송을 통한 권리구제의 방법이 있을 수 있다. 위의 사업체의 활동은 행정청의 행정활동과 관련이 있음이 당연하다. 그에 해당하는 행정활동이 바로 각종 건축허가, 제조소설치허가, 제품허가, 설치허가 등이다. 또한 행정청은 환경의 보전을 위해 시설의 설치허가 및 취소권(대기환경보전법 23조·36조), 개선명령(동법 33조), 조업정지권(동법 34조), 위법시설의 폐쇄조치권(동법 38조) 등과 같은 각종 권한을 가지고 있다. 피해자의 손해발생이 그와 같은 행정청의 작위(조업허가)나 부작위(조업정지권의 불행사)와 관련이 있을 때 피해자는 행정청을 상대로 하여 어떠한 내용의 권익구제를 청구할 수 있느냐가 문제이다.[3)]

(1) 취소쟁송

배출시설의 허가와 같은 행정행위는 이른바 제3자효 행정행위인 경우가 많다. 따라서 피해자가 제3자의 입장에서 사업자에 대한 허가의 위법·부당을 이유로 그 허가의 취소를 구하는 쟁송이 있을 수 있다. 그런데 제3자가 행정청으로 하여금 자신이 아닌 사업자에게 발급된 허가를 취소하라고 요구하기 위해서는 그와 같은 요구를 할 법률상의 이익이 있느냐 하는 것이 문제가 된다. 「행정심판법」과 「행정소송법」은 행정심판의 청구인 내지 원고적격을 '법률상 이익이 있는 자'로 한정시키고 있기 때문이다.[4)] 여기서 법률상의 이익이라는 것은 법률이 보호하고 있는 이익 내지는 법이 보호하고 있다고 해석되는 이익을 의미하는 것이며, 이는 결국 관계 법령이 공익만이 아니고 제3자의 이익도 보호하는 규범(drittschützende Normen)인지의 여부에 달려 있게 된다. 과거에는 건축법 등에서 환경보전 등을 위해서 허가제를 취하고 있는 등 일정한 제한규정이 있음으로 말미암아 현실적으로 어떤 이익을 받고 있다고 하더라도 이는 법령상의 제약의 결과로서 생기는 반사적 이익 또는 사실상의 이익에 불과한 것이라고 보는 경향이 강했다. 그러나 오늘날에는 공권 내지는 법률상의 이익을 확대하여 해석하려 하고 있음은 주지하는 바와 같다. 일반적으로 「대기환경보전법」이나 「물환경보전법」상의 배출시설허가와 배출물질의 허용기준은 오염물

---

3) 환경행정과 관련된 행정쟁송에도 행정쟁송에 관한 일반론(김남진·김연태(Ⅰ), 제5편 제6장 행정쟁송과 행정심판 참조)이 그대로 적용되므로, 여기에서는 깊이 들어가지 않기로 한다.

4) 행정심판법이 행정심판의 청구인적격을 '법률상 이익이 있는 자'로 한정시키고 있음이 입법상 과오에 해당하는지 여부에 관한 논란에 대하여는 김남진·김연태(Ⅰ), 811면 이하; 김남진, 기본문제, 559면 이하; 김남진, 행정심판의 청구인적격－행정심판법 제9조의 개정을 촉구하며－, 고시연구, 1999. 6 참조.

질로 인해 피해를 입을지도 모르는 인근주민 등을 보호하기 위한 규정이라고 할 것이며, 따라서 이들에게 청구인 내지 원고적격을 인정할 수 있을 것이다.[5] 이와 관련하여 우리 헌법에서는 환경권을 하나의 기본권으로서 명시적으로 인정하고 있다는 것도 참고하여야 할 것이다(동법 35조).

[판례①] 환경영향평가에 관한 자연공원법령 및 환경영향평가법의 취지는 집단시설지구개발사업이 환경을 해치지 아니하는 방법으로 시행되도록 함으로써 집단시설지구개발사업과 관련된 환경공익을 보호하려는 데에 그치는 것이 아니라 그 사업으로 인하여 직접적이고 중대한 환경피해를 입으리라고 예상되는 환경영향평가 대상지역 안의 주민들이 개발 전과 비교하여 수인한도를 넘는 환경침해를 받지 아니하고 쾌적한 환경에서 생활할 수 있는 개별적 이익까지도 보호하려는 데 있다 할 것이므로, 위 주민들이 공원사업시행허가처분과 관련하여 갖고 있는 위와 같은 환경상의 이익은 단순히 환경공익 보호의 결과로 국민 일반이 공통적으로 가지게 되는 추상적·평균적·일반적인 이익에 그치지 아니하고 주민 개개인에 대하여 개별적으로 보호되는 직접적·구체적 이익으로 보아야 할 것이다(대판 1998. 4. 24, 97누3286).

[판례②] 공유수면매립면허처분과 농지개량사업 시행인가처분의 근거 법규 또는 관련 법규가 되는 구 공유수면매립법, 구 농촌근대화촉진법, 구 환경보전법, 구 환경보전법 시행령, 구 환경정책기본법, 구 환경정책기본법 시행령의 각 관련 규정의 취지는, 공유수면매립과 농지개량사업시행으로 인하여 직접적이고 중대한 환경피해를 입으리라고 예상되는 환경영향평가 대상지역 안의 주민들이 전과 비교하여 수인한도를 넘는 환경침해를 받지 아니하고 쾌적한 환경에서 생활할 수 있는 개별적 이익까지도 이를 보호하려는 데에 있다고 할 것이므로, 위 주민들이 공유수면매립면허처분 등과 관련하여 갖고 있는 위와 같은 환경상의 이익은 주민 개개인에 대하여 개별적으로 보호되는 직접적·구체적 이익으로서 그들에 대하여는 특단의 사정이 없는 한 환경상의 이익에 대한 침해 또는 침해우려가 있는 것으로 사실상 추정되어 공유수면매립면허처분 등의 무효확인을 구할 원고적격이 인정된다. 한편, 환경영향평가 대상지역 밖의 주민이라 할지라도 공유수면매립면허처분 등으로 인하여 그 처분 전과 비교하여 수인한도를 넘는 환경피해를 받거나 받을 우려가 있는 경우에는, 공유수면매립면허처분 등으로 인하여 환경상 이익에 대한 침해 또는 침해우려가 있다는 것을 입증함으로써 그 처분 등의 무효확인을 구할 원고적격을 인정받을 수 있다(대판 2006. 3. 16, 2006두330 전합. 동지판례: 대판 2006. 12. 22, 2006두14001; 대판 2008. 9. 11, 2006두7577).[6]

---

5) 환경행정소송에 있어서의 원고적격에 대한 상세는 김연태, 환경행정소송상 소송요건의 문제점과 한계 -원고적격을 중심으로, 안암법학 제35호, 2011. 참조.

6) 이 판례와 관련하여 홍준형, 공공정책에 대한 사법적 결정의 법이론적 한계(Ⅰ) - 대법원의 새만금사건 판결을 중심으로, 법제 제581호, 2006. 5; 홍준형, 환경분쟁조정제도의 실효성 및 실효성 제고방안에 대

[판례③] ㉮ 행정처분의 직접 상대방이 아닌 자로서 그 처분에 의하여 자신의 환경상 이익이 침해받거나 침해받을 우려가 있다는 이유로 취소나 무효확인을 구하는 제3자는, 자신의 환경상 이익이 그 처분의 근거 법규 또는 관련 법규에 의하여 개별적·직접적·구체적으로 보호되는 이익, 즉 법률상 보호되는 이익임을 입증하여야 원고적격이 인정된다. 다만, 그 행정처분의 근거 법규 또는 관련 법규에 그 처분으로써 이루어지는 행위 등 사업으로 인하여 환경상 침해를 받으리라고 예상되는 영향권의 범위가 구체적으로 규정되어 있는 경우에는, 그 영향권 내의 주민들에 대하여는 당해 처분으로 인하여 직접적이고 중대한 환경피해를 입으리라고 예상할 수 있고, 이와 같은 환경상의 이익은 주민 개개인에 대하여 개별적으로 보호되는 직접적·구체적 이익으로서 그들에 대하여는 특단의 사정이 없는 한 환경상 이익에 대한 침해 또는 침해 우려가 있는 것으로 사실상 추정되어 법률상 보호되는 이익으로 인정됨으로써 원고적격이 인정되며, 그 영향권 밖의 주민들은 당해 처분으로 인하여 그 처분 전과 비교하여 수인한도를 넘는 환경피해를 받거나 받을 우려가 있다는 자신의 환경상 이익에 대한 침해 또는 침해 우려가 있음을 입증하여야만 법률상 보호되는 이익으로 인정되어 원고적격이 인정된다. ㉯ 환경상 이익에 대한 침해 또는 침해 우려가 있는 것으로 사실상 추정되어 원고적격이 인정되는 사람에는 환경상 침해를 받으리라고 예상되는 영향권 내의 주민들을 비롯하여 그 영향권 내에서 농작물을 경작하는 등 현실적으로 환경상 이익을 향유하는 사람도 포함된다. 그러나 단지 그 영향권 내의 건물·토지를 소유하거나 환경상 이익을 일시적으로 향유하는 데 그치는 사람은 포함되지 않는다(대판 2009. 9. 24, 2009두2825).

(2) 의무이행심판 내지 부작위위법확인소송

또한 사업장에서 배출되는 오염물질이 배출허용기준을 초과하고 있음에도 불구하고 행정청이 상술한 개선명령·조업정지명령·시설이전명령 등과 같은 조치를 취하지 않음으로 인해 피해를 본 주민은 행정청으로 하여금 어떠한 조치를 취할 것을 청구할 수 있을 것인지가 문제될 수 있다. 이 경우에도 일단 관계명령을 기준으로 판단하여야 함은 물론이다. 단지 몇 개의 규정(물환경보전법 4조의6: 초과배출자에 대한 조치명령, 대기환경보전법 38조: 위법 시설에 대한 폐쇄조치)이 예외적으로 행정청에게 특정한 작위의무를 부과하고 있는 경우를 제외하고는 대개의 경우 규제조치의 여부와 종류에 대해 행정청에게 재량이 인정되어 있는 경우는 원칙적으로 주민은 행정청이 어떠한 특정한 규제조치를 취하도록 청구할 수는 없다고 보아야 할 것이다. 그러나 행정청은 재

한 고찰, 환경법연구 제28권 1호, 2006. 5; 정남철, 환경소송과 인인보호 - 소위 새만금사건과 관련하여, 환경법연구 제28권 1호, 2006. 5; 강현호, 국책사업에 대한 공격수단으로서의 행정개입청구권에 대한 고찰, 토지공법연구 제37집 2호, 2007. 8 등 참조.

량을 하자없이 행사하여야 하며 또한 그러한 규제조치는 단순히 공익만을 위한 것이 아니고 인근 주민을 위한 것이기도 하므로 주민은 무하자재량행사청구권(Anspruch auf fehlerfreie Ermessensausübung)은 갖는다고 하겠다. 나아가 관계법규의 해석상 주민의 이익을 보호하기 위한 것이 인정되고 피해가 중대하고 수인하기 어려우며(schwer und unzumutbar bzw. unerträglich) 제반사정을 고려해 볼 때 어떠한 특정한 조치를 취하는 것이 합당한 경우가 있게 된다. 이러한 때에는 행정청의 재량은 0으로 수축하여 행정권의 발동(개입)이 의무로 변하게 된다. 그에 상응하여 주민은 행정개입청구권을 가지게 되는데, 그러한 실체법상의 청구권에 입각하여 의무이행심판 내지는 부작위위법확인소송을 제기할 수 있게 된다.[7]

3. 국가배상

환경행정분야에서 국가 또는 지방자치단체의 배상책임은 첫째, 공무원이 고의·과실로 위법한 시설을 허가하여 제3자 손해가 발생한 경우, 둘째, 개선명령과 같은 규제조치를 취하지 않음으로 인해, 즉 공무원의 부작위로 인해 손해가 발생한 경우, 셋째, 국가나 지방자치단체의 직접적인 환경오염행위 또는 환경관련 공공시설의 설치·관리의 하자로 인한 경우 등을 생각할 수 있다(국가배상법 2조, 5조 등 참조). 첫째의 경우에는 환경분야는 비교적 전문적인 분야로서 과실을 증명하기가 어려우며 과실책임주의를 엄격하게 적용하기에는 곤란한 경우가 많다. 과실의 객관화나 증명책임의 전환의 법리 등을 통하여 무과실책임으로 접근하는 경향이 강하다.[8] 둘째의 경우는 공무원의 부작위가 위법인지의 여부가 문제의 핵심이 된다. 이는 다시 규제조치가 법적 의무인지의 여부에 날려있나. 어기에는 위의 행정쟁송부분에서 서술한 것이 그대로 적용된다. 셋째의 경우, 전단과 관련해서는 「환경정책기본법」 제44조가 무과실책임을 규정하고 있는 사실을 감안할 필요가 있으며, 후단과 관련해서는 「국가배상법」 제5조의 영조물의 설치나 관리의 하자로 인한 국가배상의 법리가 그대로 적용된다는 점에 대해 유의할 필요가 있다.

---

7) 이 경우에도 환경권이 기본권으로서 인정되고 있다는 점도 고려되어야 할 것이다. 그러나 사업자의 입장에서 보면 침해적인 조치가 되므로 주민의 권리만이 강조되어서는 안 되고 사업자의 직업의 자유, 재산권의 보장과 같은 기본권과 비례의 원칙 등도 참작하여야 할 것이다. 아울러 행정개입청구권에 관하여는 김남진·김연태(Ⅰ), 123면 이하; 김남진, 기본문제, 137면 이하 참조.

8) 김남진·김연태(Ⅰ), 680면 이하; 홍준형, 환경법, 382면; 김동희(Ⅱ), 544면 이하; 류지태, 환경책임과 관련된 논점, 고시연구, 1992. 6; 류지태, 환경책임법입법론, 공법연구 제20집, 1992, 295면 이하 참조.

4. 손실보상

환경보전과 관련하여 공권력이 국민의 재산권을 침해한 경우에 손실보상을 해야 함은 당연하다. 현행법상 손실보상을 명시하고 있는 경우로는 폐수종말처리시설 설치 또는 대기오염을 측정하는 측정망 설치에 필요한 토지·건축물 또는 그 토지에 정착된 물건을 수용·사용하는 경우(물환경보전법 49조의4와 대기환경보전법 5조), 자연생태·자연경관의 보전을 위하여 개발사업을 제한하거나 영농행위를 제한함으로 인해 재산상의 손실이 발생한 경우(자연환경보전법 53조) 등이 있다.

5. 환경분쟁조정제도(쟁송외적 분쟁해결)

환경문제에 관한 쟁송에는 많은 시간과 비용이 소요됨이 보통이다. 그리하여 「환경정책기본법」은 정부로 하여금 환경오염으로 인한 분쟁이 신속하고 공정하게 해결되도록 하기 위하여 필요한 시책을 강구하고, 환경오염 또는 환경훼손으로 인한 피해를 원활히 구제하기 위하여 필요한 시책을 강구하도록 하고 있다(동법 42조·43조). 이에 따라 제정된 「환경분쟁 조정법」(1997. 8. 28. 법률 5393호)은 분쟁의 공정·신속한 해결을 위하여 환경분쟁의 알선·조정 및 재정(裁定)의 절차 등을 규정하고 있다.

환경분쟁조정제도의 대상은 "환경분쟁"이다. 「환경분쟁 조정법」 제2조 제2호는 "환경분쟁"을 "환경피해에 대한 다툼과 「환경기술 및 환경산업 지원법」 제2조 제2호의 규정에 의한 환경시설[9]의 설치 또는 관리와 관련된 다툼"이라고 정의하고 있다. 여기서 환경피해란 방사능오염으로 인한 피해를 제외한, 사업활동, 그 밖에 사람의 활동에 의하여 발생하였거나 발생이 예상되는 대기오염, 수질오염, 토양오염, 해양오염, 소음·진동, 악취, 자연생태계 파괴, 일조 방해, 통풍 방해, 조망 저해, 인공조명에 의한 빛공해, 지하수 수위 또는 이동경로의 변화, 하천수위의 변화, 그 밖에 대통령령으로 정하는 원인으로 인한 건강상·재산상·정신상[10]의 피해를 말한다(동법 2조 1호).

분쟁이 발생한 경우에 당사자의 일방 또는 쌍방은 중앙 또는 지방환경분쟁조정위원회에 분쟁의 알선·조정·재정 및 중재를 신청할 수 있다(동법 16조 1항). 알선

9) 「환경기술 및 환경산업 지원법」 제2조 제2호에서는 "환경시설"이란 환경오염물질 등으로 인한 자연환경 및 생활환경에 대한 위해를 사전에 예방 또는 감소하거나 환경오염물질의 적정한 처리 또는 폐기물 등의 재활용을 위한 시설·기계·기구, 그 밖의 물체로서 환경부령으로 정하는 것(환경오염방지시설, 하수도, 폐수종말처리시설, 재활용시설, 폐기물 처리시설, 수도시설 등)을 말한다고 규정하고 있다.

10) 「환경분쟁 조정법」은 명문으로 정신적 피해를 환경피해의 개념에 포함시켰다.

은 알선위원이 분쟁당사자의 의견을 듣고 사건이 공정하게 해결되도록 주선함으로써 분쟁당사자의 화해를 유도하고 합의가 이루어지게 하는 절차로서, 분쟁해결절차 중에서 형식성이 가장 약한 약식절차이다. 조정이란 중립적인 제3자적 지위를 가진 조정기구가 당사자의 의견을 듣고 조정안을 작성하여 분쟁당사자에게 수락을 권고함으로써 분쟁을 해결하는 제도이다. 조정은 신청에 의해 개시되지만 중앙조정위원회는 환경오염으로 인한 사람의 생명 · 신체에 대한 중대한 피해, 제2조 제2호의 환경시설의 설치 또는 관리와 관련된 다툼 등 사회적으로 파급효과가 클 것으로 우려되는 환경분쟁에 대하여는 당사자의 신청이 없는 경우에도 직권으로 조정절차를 시작할 수 있다(동법 30조). 조정은 당사자가 조정안을 수락하고 이를 조서에 기재함으로써 성립된다(동법 33조 1항). 이러한 조정조서는 당사자가 임의로 처분할 수 없는 사항에 관한 것이 아닌 한 재판상 화해와 동일한 효력이 있다(동법 35조의2).

재정이란 당사자 간의 환경분쟁에 관하여 재정기관이 준사법적 절차에 따라서 위법성, 인과관계의 유무, 피해액 등에 대한 법률적 판단을 내려 분쟁을 해결하는 제도를 말한다. 재정은 문서로써 하여야 하며, 재정문서는 지체 없이 당사자 또는 대리인에게 송달하여야 한다. 당사자가 송달일로부터 60일 이내에 소송제기를 하지 아니하거나 소송이 철회된 때, 또는 지방재정위원회의 재정인 경우 60일 이내에 중앙환경분쟁조정위원회에 불복하여 재정을 신청하지 아니한 경우는, 그 재정문서는 재판상 화해와 동일한 효력이 있다. 다만, 당사자가 임의로 처분할 수 없는 사항에 관한 것은 그러하지 아니하다(동법 42조).

중재란 양 당사자가 중재를 통해 분쟁을 해결하기로 합의하면 중재위원회가 인과관계의 유무와 피해액을 판단하여 결정하는 재판에 준하는 절차를 말한다. 당사자가 중재 합의에 이르면 어느 당사자 일방이 환경분쟁조정위원회에 신청함으로써 시작되며, 중재위원회가 환경분쟁 피해에 대하여 위법성과 인과관계의 유무, 피해규모 등에 대하여 사실조사 및 심문 등의 절차를 거쳐 법률적 판단을 내려 분쟁을 해결하도록 한다. 중재는 문서로써 해야 하고, 중재의 효력은 중재문서가 당사자에게 송달된 날로부터 양쪽 당사자 간에 법원의 확정 판결과 동일한 효력을 갖는다(동법 45조의4).

6. 입 법 론

위에서는 현행법을 바탕으로 한 권익구제에 관하여 살펴보았다. 그런데 환경문제의 심각성이나 특수성(입증의 곤란성, 피해자의 범위의 불확정성 등)에 비추어 볼 때, 전통적 쟁송수단이나 법리를 통해서는 문제의 해결이 용이하지 않으며 그에 따라 새로운 제도의 모색이 필요시되고 있다. 이 때에 고려의 대상이 되고 있는 것이 독일에서 채택되고 있는 단체소송(Verbandsklage),[11] 미국의 일부지역에서 채택되고 있는 대표소송(class action), 시민소송(citizen suit) 또는 공익소송(public action) 등이다.[12]

11) 독일 환경법상의 단체소송에 대하여는 김연태, 환경공익의 침해에 대한 행정의 책임과 그에 대한 소송, 고려법학 제90호, 2018, 172면 이하 참조.

12) 상세는 김남진, 기본문제, 549면 이하; 홍준형, 환경법, 947면 이하 등 참조.

제 7 장 재정법(재무행정법)

제 1 절 개 념

Ⅰ. 재정의 의의

1. 재정의 개념

재정이란 일반적으로 "국가 또는 지방자치단체가 그 존립과 활동에 필요한 재원을 취득하며 이를 관리하는 작용"으로 이해되고 있다. 재정을 재무행정이라고 부르기도 한다.

2. 개념적 요소

(1) 재정의 목적

재정은 국가 또는 지방자치단체의 존립과 활동에 필요한 재원을 취득하고 이를 관리하는 것을 목적으로 한다.

경찰(수수료)·공기업(사업수입)·공용부담(부담금), 사법(벌금·소유권의 국고귀속) 등의 작용도 국가·지방자치단체의 수입을 수반하는 일이 있으나, 이들은 모두 본래 다른 특정한 목적을 위하여 행하여지는 작용이며, 수입은 그것에 수반해서 부수적으로 또는 우연히 발생함에 불과하고 원래 재원의 취득을 목적으로 하는 것이 아니기 때문에 재정작용과는 구별되지 않으면 안 된다. 다만 이들 수입을 취득 후에 국고금 등으로 관리하는 것은 재정작용에 속한다.

(2) 재정의 수단

재정은 재정권력작용과 재정관리작용으로 나누어진다. 전자는 권력으로써 국민에게 명령하고 강제하는 작용으로서, 수단에 있어서는 경찰·규제 등의 권력작용과 유사하다. 반면에 후자는 재산을 관리하고 회계를 경리하는 작용으로서, 그 작용의 성질은 개인 또는 사단체가 그 재산을 관리하고 수지를 경리하는 작용과 유사하다. 다만 국가·지방자치단체의 재산 또는 회계의 경리는 공정을 확보하고 문란을 방지할 필요가 강하기 때문에 특히 공법적인 규율을 설정해서 행정권에 제한을 가하고 있는 점에 특색이 있다.

(3) 재정의 권력적 기초

재정 가운데 재정권력작용은 일반통치권에 의거하는 작용이며, 고유한 권력행위로서의 특색을 가지므로, 원칙적으로 국가 또는 통치권의 일부를 부여받은 지방자치단체만이 이것을 행사할 수 있다. 이에 대하여 재정관리작용은 일반재정관리권의 작용이며, 일반적으로 국민의 이해와 밀접한 관련을 가지고 특히 그 공정을 확보할 필요가 있기 때문에 실정법상 이에 대해 특별한 제약을 가하고 있는 것으로서, 이에 대한 법적 규율은 사법에 대한 특별법 또는 행정의 내부규율의 성질을 가진다고 볼 수 있다.

Ⅱ. 재정법의 기본원칙

재정법도 행정법의 하나의 영역이므로 행정법을 지배하는 기본원리(지도원리)인 민주주의·법치국가원리·사회국가의 원리가 여기에도 그대로 타당하다고 보지 않으면 안 된다.[1] 그들 대원리에 입각하여 재정법의 영역에서 특별히 요청되는 법원칙으로서는 다음과 같은 것을 들 수 있다.

1. 재정의회주의

헌법 및 행정법의 지도원리인 민주주의, 법치국가원리에 비추어 볼 때, 국가의 재정도 국민대표기관인 의회(국회)의 승인과 통제하에 행해지지 않으면 안된다. 그러한 의미에서 재정은 구체적으로 다음과 같은 법원리의 지배하에 행해지도록 되어 있다.

(1) 조세법률주의

조세법률주의라고 함은 과세의 요건·효과·절차 등을 법률로 정해야 함을 의미한다. 이러한 의미의 조세법률주의는 「대표없이는 과세없다」(No taxation,

1) 상세는 김남진·김연태(Ⅰ), 30면 이하 참조.

without representation)라는 구호에 그의 사상적 기초를 두고 있다. 우리 헌법 역시 "조세의 종목과 세율은 법률로 정한다"(59조)라는 규정을 통해서 이 원칙을 명시해 놓고 있다.[2]

(2) 예산심의 · 확정의 원칙

예산은 1회계연도의 국가(또는 지방자치단체)의 세입 · 세출의 예정서로서, 국회의 심의를 거쳐 성립되는 국법의 일형식이다. 이러한 예산을 국회로 하여금 심의하게 하는 취지는 조세법률주의와 그 뿌리를 같이 한다고 볼 수 있는 바, 헌법은 "국회는 국가의 예산안을 심의 · 확정한다"(54조 1항)라는 규정을 통해 이 원칙을 명문화해 놓고 있다.

(3) 결산심사의 원칙

예산이 국회의 심의를 거쳐 확정된 이상 정부는 그 예산이 정한 바에 따라 세입 · 세출을 도모하지 않으면 안 되는 바, 그의 실행 여부를 예산심의권자인 국회가 점검하는 제도적 장치가 국회에 의한 결산심사의 제도이다. 헌법은 "감사원은 세입 · 세출의 결산을 매년 검사하여 대통령과 차년도 국회에 그 결과를 보고하여야 한다"(99조)라는 규정을 통해서 이 원칙을 명문화해 놓고 있다. 의원내각제하에서는 의회에 의한 결산의 불승인은 내각에 대한 불신임을 의미하는 것이 보통이다. 따라서 우리 헌법하에서도 국회는 국정에 관한 감사 · 조사권(61조)을 활용하는 등, 결산심사를 좀더 철저히 할 필요가 있다고 여겨진다.

2. 재정관리의 엄정주의

재정관리의 엄정주의란 국가의 재산은 모든 국민의 재산이며 또한 국가의 존립과 활동을 위해서 필요한 것이므로, 국가의 재산이 멸실되거나 훼손되지 않도록 엄정하게 관리하여야 한다는 것을 의미한다. 이는 지방자치단체의 경우도 마찬가지이다. 이러한 재정관리의 엄정주의는 「국유재산법」과 「국가채권관리법」 등을 통해 구체화되고 있다.

(1) 채권존중의 원칙

국가의 채권의 전부 또는 일부를 면제하거나 효력을 변경함에는 법률에 의하여야 한다(구 예산회계법 12조 1항 참조). 따라서 법령에 따라 계약이나 채권의 발생에 관한 행위

2) 보다 상세한 내용은 김남진, 기본문제, 872면 이하 참조.

를 하는 자가 채권의 내용을 정함에 있어서 다른 법령에 규정된 경우를 제외하고는 채권의 감면이나 이행기간의 연장에 관하여 규정할 수 없다(국가채권관리법 33조 1항).

(2) 적정대가의 원칙

국가의 재산은 법률에 의하지 아니하고는 교환·양여·대부·출자 또는 지급의 수단으로 사용할 수 없다(구 예산회계법 13조 1항 참조). 이는 적정대가 없이는 국유재산의 교환 등을 할 수 없다는 것을 규정한 것인 바, 오늘날에는 이 원칙에 대한 예외를 규정한 법률이 늘어나고 있다(한국과학기술원법 11조 등).

3. 건전재정주의의 원칙

건전재정주의란 국가의 재정상의 운영에 있어 수입과 지출간의 균형을 이루어 적자재정이 되지 않도록 하여야 한다는 것을 의미한다. 이는 지방자치단체의 경우도 마찬가지이다. 이러한 건전재정주의는 기채금지의 원칙과 감채의 원칙을 통해 구체화된다.

(1) 기채금지의 원칙

국가의 세출은 국채·차입금(외국정부·국제협력기구 및 외국법인으로부터 도입되는 차입자금을 포함한다) 외의 세입을 그 재원으로 하여야 하며, 다만 부득이한 경우에는 국회의 의결을 얻은 금액의 범위 안에서 국채 또는 차입금으로써 충당할 수 있다(국가재정법 18조).

그리고 국채를 모집하거나 예산 외에 국가의 부담이 될 계약을 체결하려 할 때에는 정부는 미리 국회의 의결을 얻어야 한다(헌법 58조). 지방자치단체가 지방채를 발행하려고 하는 경우에도 지방의회의 의결을 얻어야 한다(지방자치법 139조, 지방재정법 11조).

(2) 감채의 원칙

매 회계연도 세입세출의 결산상 잉여금 중 다른 법률에 따른 것과 「국가재정법」 제48조의 규정에 따른 이월액을 공제한 금액(이하 "세계잉여금"이라 한다) 중에서, 교부세나 교부금의 정산에 사용하거나 공적상환기금에 출연한 금액을 제외한 나머지의 100분의 30 이상을 ① 국채 또는 차입금의 원리금, ② 「국가배상법」에 따라 확정된 국가배상금, ③ 「공공자금관리기금법」에 따른 공공자금관리기금의 융자계정의 차입금의 원리금 등의 국가채무를 상환하는 데 사용하여야 한다. 이러한 세계잉여금의 사용 또는 출연은 그 세계잉여금이 발생한 다음 연도까지 그 회계의 세출예산에 관계없이 이를 하되, 국무회의의 심의를 거쳐 대통령의 승인을 얻어야 한다(국가재정법 90조).

Ⅲ. 재정법의 법원

재정법의 인식근거(Erkenntnisgrund)가 그의 법원이다.[3] 재정법의 성문법원으로서는 헌법 규정(54조 내지 59조)이 있는 외에 많은 법률이 있는 바, 조세에 관련된 것으로서 「국세기본법」·「국세징수법」·「소득세법」 등 각종 세법, 회계에 관련된 것으로서 「국가재정법」·「국가회계법」·「정부기업예산법」·「보조금관리에 관한 법률」·「국유재산법」·「지방재정법」·「물품관리법」·「국가채권 관리법」·「국채법」 등이 그에 해당한다. 이 밖에 성문법원으로서 명령·자치법규 등이 있다.

제 2 절 재정작용

Ⅰ. 개 념

재정작용 또는 재정작용의 형태는 크게 재정권력작용과 재정관리작용으로 나누어진다. 전자는 다시 재정명령·재정하명·재정허가·재정면제·재정강제·재정조사·재정상의 제재 등으로 나누어질 수 있으며, 후자는 재산의 관리와 수입·지출관리로 나누어질 수 있다.

Ⅱ. 재정권력작용

1. 재정명령(재정상의 행정입법)

재정명령은 재무행정기관에 의해 발해지는 일반적·추상적 규율(abstrakt-generelle Regelung)을 의미하는데, 내용적으로는 법규명령과 행정규칙으로 나누어진다. 재정명령은 재정목적을 위해 발해진다는 점이 특이할 뿐, 행정입법으

---

3) 법원의 의미내용에 관하여는 김남진·김연태(Ⅰ), 제1편 제2장 제6절 행정법의 법원 이하 참조.

로서의 명령(법규명령 · 행정규칙)에 관한 법리가 그대로 타당하다는 점에 유의하면 될 것이다.

다른 한편, 헌법은 재정경제상의 위기에 있어서 국가의 안전보장 또는 공공의 안녕질서를 유지하기 위하여 긴급한 조치가 필요하고 국회의 집회를 기다릴 여유가 없을 때에 한하여 대통령이 법률의 효력을 가진 명령을 발할 수 있게 하고 있다(76조 1항). 이러한 재정긴급명령은 그의 효력, 효력발생요건 등에서 일반적인 재정명령(위임명령 · 집행명령)과는 구별된다.

2. 재정처분

(1) 재정처분의 의의 및 성질

재정처분이란 재무행정기관이 발하는 처분을 의미한다.

재정처분은 보통 대인처분으로서, 재무행정기관(행정청)에 의한 개별적 · 구체적 규율로서의 성질을 가진다. 그러나 일반적 · 구체적 규율로서의 일반처분 및 물적 행정행위(dinglicher Verwaltungsakt) 등도 많이 행해지는 점에 유의할 필요가 있다.[1]

한편, 헌법은 재정긴급명령과 함께 재정긴급처분을 인정하고 있는 바(76조 1항), 이러한 재정처분은 처분의 성질을 가지나 그의 효력(구속력), 효력발생요건 등에 있어서 일반적인 재정처분과 차이가 있는 점에 유의할 필요가 있다.

(2) 재정처분의 분류

(가) 내용에 의한 분류

재정처분은 그의 내용, 즉 처분이 발생하는 법률적 효과에 따라 재정하명(작위하명 · 부작위하명 · 급부하명 · 수인하명) · 재정허가 · 재정면제 · 재정특허 · 재정인가 · 재정확인 · 재정공증 · 재정통지 · 재정수리 등으로 분류될 수 있다.[2]

학자에 따라서는, 법규하명(법률 및 법규명령에 의한 하명)과 재정처분(행정행위)으로서의 하명을 합쳐서 '재정명령'이라고 부르는 동시에, 그의 하자, 쟁송절차 등을 설명한다.[3] 그러나 같은 '하명'이더라도 법률이나 법규명령에 의한 하명은 그의 효력, 쟁송절차 등에 있어서 처분과는 많은 차이가 있는 점을 간과해서는 안 될 것이다.[4]

1) 상세는 김남진 · 김연태(Ⅰ), 218면 이하; 김남진, 기본문제, 232면 이하 참조.
2) 행정행위의 내용(법률적 효과)에 따른 분류의 상세에 관하여는 김남진 · 김연태(Ⅰ), 256면 이하 참조.
3) 김도창(하), 631면; 이상규(하), 711면 등.
4) 이들 학설에 의하게 되면 '경찰하명' 개념 역시 동일한 문제점을 안고 있다. 이 점에 관하여는 본서 387

(나) 재정상의 재량처분 · 기속처분

재량처분은 복수행위간의 선택의 자유가 인정된 처분을 의미하며, 이는 다시 결정재량처분과 선택재량처분으로 구분된다. 그 효과의 면에 있어서 '선택의 자유'가 인정되어 있는 경우의 재량과 법령이 처분의 요건에 불확정개념(불확정법개념)을 사용하고 있음으로써 그의 포섭(Subsumtion)과 관련하여 판단여지(Beurteilungsspielraum)가 인정되는 경우와는 구별되어야 할 것이다.[5]

(다) 재정상의 복효처분

복효처분 또는 복효적 행정행위(Verwaltungsakt mit Doppelwirkung)란 하나의 행위가 수익과 침익(부담)이라고 하는 복수의 효과를 발생하는 것을 말한다. 이것은 다시 동일인에 대하여 그와 같은 효과(세금의 일부면제 등)를 미치는 혼합효처분과 1인에게는 이익을 타인(제3자)에게는 불이익을 미치는 제3자효 행정행위(Verwaltungsakt mit Drittwirkung)로 나누어진다. 이 중에서 재정법상 많은 문제점을 일으키는 것은 후자(제3자효처분)이다.[6]

(라) 기 타

재정처분도 행정행위의 일반적인 분류에 따라 수익처분과 침익처분, 직권적 처분과 동의(또는 신청)에 의한 처분, 적극적 처분과 소극적 처분, 대인적 처분과 대물적 처분 등으로 구분될 수 있다.[7]

3. 재정상의 제재

재정상의 제재는 재정상의 의무위반에 대하여 과해지는 일체의 불이익으로서의 제재를 의미한다. 여기에는 전통적 수단으로서의 재정벌과 기타의 것이 있다.

(1) 재정벌

(가) 재정벌의 의의 · 종류

재정벌이라 함은 국가 또는 지방자치단체가 재정상의 의무위반에 대하여 제재로서 과하는 벌을 말한다. 재정벌은 직접적으로는 과거에 행해진 재정상의 의무위반에 대하여 제재를 과함으로써 재정법규의 실효성을 보장하는 것을 목

면 이하; 김남진, 기본문제, 865면 이하 참조.

5) 상세는 김남진 · 김연태(Ⅰ), 231면 이하; 김남진, 기본문제, 213면 이하 참조.

6) 상세는 김남진 · 김연태(Ⅰ), 251면 이하; 김남진, 기본문제, 605면 이하 참조.

7) 상세는 김남진 · 김연태(Ⅰ), 251면 이하 참조.

적으로 하는 것이나, 간접적으로 의무자에 대해 심리상의 압박을 가함으로써 그의 의무이행을 확보하는 기능을 가진다. 재정벌은 재정형벌과 재정질서벌로 나누어지는데,[8] 전자는 형법에 이름이 있는 벌을 과하며 형법총칙의 적용을 받는 벌인데 대하여, 후자는 과태료가 과해지는 벌이라는 점에 양자의 차이가 있다. 다만 현행의 재정벌은 대부분이 재정형벌이며, 후자의 예는 드물다.

(나) 재정범의 종류

재정벌이 과해지는 비행을 재정범이라고 하는데, 이것은 보통 포탈범과 재정질서범으로 나뉜다. 전자는 사기 기타 부정한 행위로써 현실적으로 국가 또는 지방자치단체에 재산상의 손해를 가하는 행위를 말하며(탈세, 밀수, 술·담배의 밀조 등), 후자는 재정하명에 위반하여 재정상의 손해를 발생시킬 우려가 있는 행위를 말한다(장부기재의 해태, 허위신고 등). 다만, 후자에 대해서도 대부분 행정형벌이 과해진다(조세범 처벌법 14조 참조).

(다) 재정벌의 특수성

① 재정벌은 행정주체의 재정상의 수입확보를 주안으로 하기 때문에 종래 금전벌을 원칙으로 하였는데, 근래에는 자유형을 병과하는 사례가 많다.

② 재정형벌에 관해서는 특별한 규정이 없는 한 형법총칙이 적용된다(형법 8조). 그러나 「조세범 처벌법」이 형법 제38조 제1항 제2호 중 벌금경합에 관한 제한가중규정의 적용을 배제하고(동법 20조), 행위자 이외에 법인 및 감독자를 처벌하는 예(동법 18조)에서 볼 수 있는 바와 같이, 형법총칙의 적용에 예외가 인정되는 경우가 있다(관세법 278조).

(라) 과벌절차의 특수성

재정형벌은 최종적으로는 「형사소송법」의 절차에 따라 과해진다. 다만, 재정범의 처벌절차의 현저한 특색은 형사소추에 선행하여 「조세범 처벌법」, 「관세법」 등이 정하는 바에 따라 관계공무원에 의한 범칙사건의 조사가 행해지는 점, 벌금 이외의 형에 해당하는 벌에 대해서는 원칙적으로 통고처분의 제도가 적용되는 점에 있다. 그리고 그와 같은 간이과형절차는 조사·통고처분 및 고발로 이루어진다.

① 범칙사건의 조사: 통고처분 또는 고발을 하기 위한 준비로서 범칙사건의 증거모집 및 발견과 범칙사실의 유무 및 범칙자를 확정하기 위한 일련

8) 재정벌을 재정형벌과 재정질서벌로 구분하는 것은 행정벌을 행정형벌과 행정질서벌로 구분하는 것에 상응하는 것이다. 이러한 점에 관하여는 김남진·김연태(Ⅰ), 619면 이하 참조.

의 절차를 범칙사건의 조사라고 한다.

범칙사건조사의 방법은 피의자의 동의·협력을 전제로 하는 임의조사(질문·검사·검정 등)와 강제조사(임검·압수·수색 등)로 대별된다. 강제조사에는 원칙으로 법관의 영장을 필요로 한다(조세범 처벌절차법 9조, 관세법 296조).

② **통고처분**

㉠ 요건과 내용: 지방국세청장 또는 세무서장은 조세범칙행위의 확증을 얻었을 때에는 대통령령으로 정하는 바에 따라 그 대상이 되는 자에게 그 이유를 구체적으로 밝히고 벌금에 해당하는 금액, 몰수 또는 몰취에 해당하는 물품, 추징금에 해당하는 금액을 납부할 것을 통고하여야 한다(조세범 처벌절차법 15조).

또한 관세청장이나 세관장은 관세법을 조사한 결과 범죄의 확증을 얻었을 때에는 그 이유를 구체적으로 밝히고 ① 벌금에 상당하는 금액, ② 몰수에 해당하는 물품, ③ 추징금에 해당하는 금액을 납부할 것을 통고할 수 있다(관세법 311조).

㉡ 효과: 통고처분을 받은 범칙자가 통고처분을 이행할 것인가의 여부는 그의 자유의사에 의해 결정된다. 통고내용을 이행한 때에는 확정판결과 동일한 효력을 발생하고 일사부재리의 원칙이 적용된다(조세범 처벌절차법 15조, 관세법 317조).

㉢ 통고처분에 대한 불복: 통고처분은 상대방의 임의의 승복을 발효요건으로 하기 때문에 통고처분 그 자체만으로는 통고이행을 강제하거나 상대방에게 아무런 권리의무를 형성하지 않는다. 또한 행위자가 통고이행을 하지 않는다고 하여 강제집행에 의하여 실현시킬 수 없다. 따라서 통고처분은 행정쟁송 대상으로서의 처분성이 없다고 본다.[9)]

행정쟁송에 의한 통고처분의 취소를 인정하려는 시도는 법이 예정하지 아니한 방법으로 우회적으로 당사자의 권리구제를 보장하려는 시도라고 할 수 있다. 생각건대, 통고처분은 기본적으로 형사소송절차를 예정하고 있는 제도로서 별도로 항고쟁송을 인정한다면 절차의 중복과 쟁송 진행의 혼란 및 모순을 초래할 위험이 존재하게 되므로, 통고처분에 대하여는 형사소송절차에 의해서만 다투도록 하는 것이 타당하다고 본다.

다만, 이와 같이 통고처분의 취소쟁송을 부정한다면, 당사자는 통고처분에 대한 불복으로서 통고처분에 기한 범칙금을 납부하지 아니하고, 형사소송절차인 즉결심판절차에서 유·무죄를 다투어야 하고, 이는 범칙행위자가 형벌을 받아야 하는 사실상의 위험을 감수해야 한다는 불합리가 있게 된다. 따라서 입법

---

9) 헌재 1998. 5. 28, 96헌바4.

적으로 통고처분에 불복하는 경우 당해 행정청에 대하여 이의제기를 할 수 있는 절차를 따로 마련해 두는 것이 필요할 것으로 보인다.

[판례①] 경찰서장의 통고처분은 행정소송의 대상이 되는 행정처분이 아니므로 그 처분의 취소를 구하는 소송은 부적법하고, 도로교통법상의 통고처분을 받은 자가 그 처분에 대하여 이의가 있는 경우에는 통고처분에 따른 범칙금의 납부를 이행하지 아니함으로써 경찰서장의 즉결심판청구에 의하여 법원의 심판을 받을 수 있게 될 뿐이다(대판 1995. 6. 29, 95누4674. 동지판례: 대판 1980. 10. 14, 80누380).

[판례②] 도로교통법상의 통고처분은 처분을 받은 당사자의 임의의 승복을 발효요건으로 하고 있으며, 행정공무원에 의하여 발하여지는 것이지만, 통고처분에 따르지 않고자 하는 당사자에게는 정식재판의 절차가 보장되어 있다. 통고처분 제도는 경미한 교통법규 위반자로 하여금 형사처벌절차에 수반되는 심리적 불안, 시간과 비용의 소모, 명예와 신용의 훼손 등의 여러 불이익을 당하지 않고 범칙금 납부로써 위반행위에 대한 제재를 신속·간편하게 종결할 수 있게 하여 주며, 교통법규 위반행위가 홍수를 이루고 있는 현실에서 행정공무원에 의한 전문적이고 신속한 사건처리를 가능하게 하고, 검찰 및 법원의 가중한 업무부담을 덜어준다. 또한 통고처분제도는 형벌의 비범죄화 정신에 접근하는 제도이다. 이러한 점들을 종합할 때, 통고처분제도의 근거규정인 도로교통법 제118조 본문이 적법절차원칙이나 사법권을 법원에 둔 권력분립원칙에 위배된다거나, 재판청구권을 침해하는 것이라 할 수 없다(헌재 2003. 10. 30, 2002헌마275).

㉣ 고발: 조세범·관세범에 대해서는, 원칙적으로 관계 기관의 고발이 없으면 검사는 기소하지 못한다(조세범 처벌법 21조, 관세법 284조).

[판례] 관계공무원의 고발없이 조세범처벌법상의 범칙사건에 대하여 한 공소제기는 위법하다(대판 1961. 2. 8, 60도56).

(2) 그 밖의 재정상의 제재

과거에는 재정법 분야에서도 행정벌인 재정벌이 행정상의 제재의 전부나 다름없었다. 그러나 근년에는 새로운 종류의 제재수단이 증가하는 추세에 있는데,[10] 가산금·과징금·부당이득세·법 위반사실의 공표·국외여행의 제한 등이 그에 해당한다. 수도·전기 등의 공급거부, 관허사업의 제한 등은 비교적 오래된 제재수단이라 할 수 있으며, 수익처분의 정지나 철회도 무거운 제재수단

10) 이러한 점의 상세에 관하여는 김남진·김연태(Ⅰ), 제4편 제5장 기타의 행정의 실효성확보수단 참조.

으로 활용되고 있다. 행정벌의 질서벌(과태료)로의 전환도 하나의 추세이다.

한편, 앞에서 살펴본 각종의 제재수단은 제재 그 자체에 목적이 있다기보다는 그러한 수단을 설치함으로써 국민으로 하여금 행정법상의 의무를 이행시키려는데 목적을 두고 있다고 볼 수 있다. 행정상의 제재를 "간접적 의무이행수단" 또는 "행정상의 실효성확보수단" 등으로 부르는 이유도 그 점에 있다.

그러나 다른 한편, 행정기관은 행정의 실효성확보를 위하여 어떠한 수단이든 동원할 수 있는 것은 아니며, 최소한 목적과 수단 간에 합리적인 연관성(sachliche Zusammenhang)이 있지 않으면 안 된다. 이에 관련된 법원칙을 행정권한의 부당결부금지원칙(Koppelungsverbot)이라고 한다.[11]

4. 재정상의 강제집행

재정상의 강제집행은 재정법상의 의무의 불이행이 있는 경우에 행정기관이 의무자의 신체나 재산에 실력을 가하여 의무의 이행을 강제하거나 의무의 이행이 있은 것과 같은 상태를 실현하는 행정작용을 말한다. 재정상의 강제집행이 이론상 ① 대집행, ② 직접강제, ③ 이행강제금(집행벌), ④ 강제징수로 나누어짐은 행정상의 강제집행[12]에 있어서와 마찬가지이다. 이 가운데서 재정법의 영역에서 가장 많이 활용되고 있는 것은 강제징수인데, 이에 관하여는 후술의 조세법에서 상술하기로 한다.[13]

5. 재정상의 즉시강제와 조사

(1) 재정상의 즉시강제(즉시집행)

재정상의 즉시강제는 통설에 따른다면, 조세 또는 관세의 포탈을 방지하기 위하여 급박한 필요가 있거나, 미리 의무를 명하는 것으로는 목적을 달성할 수 없는 경우에 직접 사람의 신체 또는 재산에 실력을 가하여 재정목적을 실현하는 권력적 사실행위를 의미한다. 그리고 그의 수단은 ① 대인적 강제, ② 대물적 강제, ③ 대가택강제 등으로 나눌 수 있음은 일반의 행정상 즉시강제[14]에 있어서와 동일하다.

---

11) 상세한 것은 김남진·김연태(Ⅰ), 649면 참조.
12) 이에 관한 상세는 김남진·김연태(Ⅰ), 제4편 제2장; 김남진, 기본문제, 361면 이하 참조.
13) 본서 865면 이하 참조.
14) 상세는 김남진·김연태(Ⅰ), 제4편 제3장 이하 참조.

(2) 재정상의 조사

행정기관에 의한 정보·자료 등을 수집하기 위한 활동을 '행정조사'라고 할 수 있는데,[15] 이 가운데 재정목적을 위한 것을 '재정상의 조사'라고 부를 수 있다. 다만 조사작용 가운데 권력작용만을 조사로 볼 것인가 아니면 권력작용과 비권력작용을 합친 것을 조사로 볼 것인가에 관해서는 다툼이 있는 가운데,[16] 후자가 타당하다고 생각한다.

한편, 행정조사(재정조사 포함)와 관련하여 오늘날 특히 관심이 쏠리고 있는 문제는, 그 조사를 통해서 얻어진 정보의 관리(개인정보의 보호 포함)와 국민의 정보에 대한 접근권(행정공개)임을 지적해 두고자 한다.[17]

Ⅲ. 재정관리작용

1. 의 의

재정관리작용이란 국가 또는 지방자치단체가 그의 재정 및 수입·지출을 관리하는 작용을 말한다. 그리고 이를 '회계'라고 부름이 보통이다.

2. 재정관리작용의 내용

재정관리작용, 즉 회계는 보통 ① 재산의 관리인 물품회계와 ② 수입·지출의 관리인 현금회계로 나눌 수 있다.

15) 상세는 김남진·김연태(Ⅰ), 제3편 제3장 제1절 참조.
16) 상세는 변재옥, 행정조사, 고시계, 1988. 4, 42면 이하; 김남진, 기본문제, 370면 이하 참조.
17) 상세는 김남진, 행정조사와 개인정보보호, 월간고시, 1990. 2; 김남진·김연태(Ⅰ), 제3편 제3장 제2절 및 제3편 제4장 참조.

제3절 조 세

Ⅰ. 개 설

1. 조세의 의의 및 성질

조세란 "국가 또는 지방자치단체가 반대급부로서가 아니라 재력취득의 목적으로 과세권에 의하여 법률이 정한 과세요건에 해당하는 모든 사람으로부터 일반적 표준에 따라 균등하게 부과·징수하는 금전"이라고 풀이할 수 있다. 이것을 분설하면 다음과 같다.

① 조세는 금전으로 급부함을 원칙으로 한다. 예전에는 금전 이외의 물품 또는 노역이 조세의 기능을 담당한 일도 있으나 화폐경제가 확립되면서 조세는 금전급부를 원칙으로 하고 있다.

② 조세는 국가 또는 지방자치단체가 통치권의 주체로서 가지는 과세권에 의거해 과하는 권력적 과징금이다. 이 점에서 공공조합의 조합비, 기타 행정주체의 사업수입·재정수입은 조세와 구별된다.[1)]

③ 조세는 특별한 급부에 대한 반대급부 또는 보상의 성질을 가지지 않는 일방적 과징금이다. 이 점에서 각종의 사용료·특권료 등은 과세와 구별된다.

④ 조세는 법률이 정한 과세요건에 해당하는 모든 사람에 대해 일반적 표준에 의해 균등하게 과세됨을 원칙으로 한다. 즉 조세는 국민의 담세력에 기초를 둔 균등성의 원칙에 대응하지 않으면 안 된다.

⑤ 조세는 수입의 확보, 즉 재력의 조달을 본래의 목적으로 한다. 따라서 다른 목적을 위한 작용에 부수하여 발생하는 수입인 벌금·과료·과태료 등의 처벌수입과 구별되며, 또한 특정사업에 제공하기 위한 수입인 부역·현품·부담금과도 구별된다. 다만 조세는 일반경비에 충당함을 목적으로 하는 외에 특정한 경비에 충당할 목적으로 과징되는 경우(목적세)도 있다.

---

1) 이 점과 관련하여 오늘날 특히 문제가 되고 있는 것이 흔히 준조세로 불려지고 있는 것이다. 여기에서 '준조세'라고 불리는 것은 정식의 조세가 아니면서도 '부담금', '기금' 등의 명칭으로 개인이나 기업체에 대해 강제로 부과되는 금전적 부담(신용보증기금·국제교류기금·사학진흥기금·관광진흥개발기금·축산발전기금·전력산업기반기금·환경개선부담금·과밀부담금·과학기술진흥기금 등)을 말한다.

2. 조세의 종류

조세는 보는 표준에 따라 다음과 같이 여러 가지로 구분할 수 있다.

(1) 국세와 지방세

과세권자에 의한 구분이다. 국세는 국가가 부과·징수하는 조세로서, 소득세·법인세·상속세·증여세·종합부동산세·부가가치세·개별소비세·교통세·에너지세·환경세·주세·인지세·증권거래세·교육세·농어촌특별세가 이에 속한다.

(2) 직접세와 간접세

법률상의 납세의무자와 조세의 실질상의 부담자가 일치하는 조세를 직접세라 하고, 조세부담의 전가가 행하여져 납세의무자와 실질상의 부담자가 일치하지 않는 조세를 간접세라 한다. 소득세·법인세·상속세는 전자의 예이고, 주세·관세·부가가치세는 후자의 예이다.

학자에 따라서는 담세력을 직접 나타내는 소득 또는 재산 자체에 과하는 조세를 직접세라 하고, 담세력을 간접으로 추정시키는 사실(물자의 소비, 재산의 이전, 거래행위 등)을 과세객체로 삼는 조세를 간접세라 설명하기도 한다.

(3) 내국세와 관세

전자는 국내에 있는 과세물건에 대하여 과하는 조세를 말하며, 후자는 외국으로부터 수입하는 재화에 대하여 과하는 조세를 말한다.

(4) 인세·물세·행위세

과세물건의 차이에 의한 구별이다. 소득·재산 등이 귀속하는 사람을 중심으로 하여 인적 측면에 주안점을 두어 과하는 것이 인세이며, 물건의 취득·제조·판매·수입 또는 물건에서 생기는 수익에 과하는 조세가 물세이며, 직접 물건을 목적으로 하지 않는 법률적 또는 경제적 행위에 과하는 조세가 행위세이다. 이와 같은 구별은 과세권의 소재를 명백히 하고 중복과세를 피하는 데에 의의가 있다.

(5) 보통세와 목적세

조세수입의 용도에 따른 분류이다. 보통세는 국가 또는 지방자치단체의 일반경비에 충당하기 위하여 과하는 조세이며, 목적세는 용도가 구체적이라는 이

점이 있는데, 우리나라에는 현재 지방세에만 인정되고 있다. 즉, 특별시세·광역시세 및 시·군세 중의 도시계획세와 공동시설세 및 구세인 사업소세 등이 그 예이다.

(6) 수익세·재산세·거래세·소비세

과세대상의 성질에 따른 분류이다. 수익세는 개인의 수익(소득세·법인세)이, 재산세는 재산의 소유(재산세·상속세·증여세)가, 거래세는 재화의 이전으로 나타나는 담세력(인지세·등록세), 소비세는 개인의 특정의 소비(특별소비세·주세)가 각각 과세대상이 되는 것이다.

(7) 정기세와 임시세

조세의 과징시기에 따른 분류이다. 즉, 정기세는 월·기·년 등 일정한 시한을 단위로 정기적으로 과하는 조세(소득세·법인세·농업소득세 등)를 말하며, 임시세는 과세물건이 발생할 때마다 수시로 과하는 조세(상속세·취득세·인지세 등)를 말한다.

Ⅱ. 조세법의 기본원칙

1. 개 념

조세법을 전체적으로 개관해 볼 때 그 곳에는 몇 가지 중요한 법원칙이 지배하고 있음을 발견할 수 있는데, 그들 법원칙은 세법의 올바른 이해를 위하여서뿐만 아니라 세법의 해석·운용을 위해서도 매우 중요한 의미를 가진다. 다만 어떠한 것을 조세법의 기본원칙으로 볼 것인가에 대해서는 학자간에 상당한 차이가 있다. 즉, 우리의 행정법문헌에서는 ① 조세법률주의, ② 영구세주의(이상 형식상의 기본원칙), ③ 공평부담의 원칙, ④ 수입확보의 원칙, ⑤ 능률주의(이상 실질상의 기본원칙), ⑥ 실질과세의 원칙, ⑦ 근거과세의 원칙, ⑧ 소급과세금지의 원칙(이상 과세기술상의 원칙) 등이 열거되고 있는데 대하여 조세법의 전문서는 ① 조세법률주의, ② 조세평등주의, ③ 신의성실의 원칙 등 몇 가지 중요원칙에 관하여만 해설하는 경향을 띠고 있는 것이다.

한편, 독일의 조세법(Steuerrecht)문헌은 좀더 다양한 내용을 제시하고 있다. 즉 ① 과세의 법률적합성(Gesetzmäßigkeit der Besteuerung), ② 인간다운 취급(menschenwürdige Behandlung), ③ 평등원칙(Gleichheitssatz), ④ 결혼 및 가족의

경시금지(Verbot der Benachteilung von Ehe und Familie), ⑤ 사회국가의 원칙(Sozialstaatsprinzip), ⑥ 과세침익의 한계(Steuereingriffsschranken), ⑦ 법적 안정성(Rechtssicherheit), ⑧ 능력의 원칙(Leistungsfähigkeitsprinzip), ⑨ 수요의 원칙(Bedürfnisprinzip), ⑩ 수입의 원칙(Verdienstsprinzip), ⑪ 실용성원칙을 통한 완화(Abschwächung durch Praktikabilitätsprinzip) 등을 조세법의 체계적 원칙(systemtragende Prinzipien des Steuerrechts)으로서 해설하고 있는 것이다.[2)]

위의 사례를 참고로 하여 아래에서는 몇 가지 주요 원칙에 관하여만 살펴보기로 한다.[3)]

2. 조세법률주의

(1) 의의 및 근거

조세법률주의라고 함은 과세의 요건·효과·절차 등을 법률로 정하여야 함을 의미한다. 우리나라의 대부분의 문헌은 그 조세법률주의의 내용으로서 '과세요건법정주의', '과세요건명확주의'를 강조한다. 그러나 과세의 요건(Tatbestand)만이 아니라 과세의 법률효과(Rechtsfolge)까지도 법률로 정할 것을 요구하는 것이 조세법률주의의 취지라고 하겠으며, 그러한 점에서 형법에 있어서의 죄형법정주의보다도 엄격한 면이 있다.[4)] 조세법률주의의 사상적 기초는 「대표없이는 과세없다」(No taxation, without representation), 같은 의미로서의 「법률없이는 조세없다」(Keine Steuer ohne Gesetz)라는 구호에 잘 표현되어 있다고 할 수 있다.

헌법은 "과세의 종목과 세율은 법률로 정한다"(59조)라는 규정을 통해 우리의 실정법이 조세법률주의를 취하고 있음을 명백히 하고 있는 바, 그의 취지는 조세의 세율뿐만 아니라 과세의 요건과 효과 및 절차 등의 사항이 모두 법률로 정해질 것을 요구하는 취지로 새겨진다. 그 결과 납세자에게 여러 법률효과 가운데 선택할 권리를 인정하는 것(Zulässigkeit von Wahlrechten)이나 합의과세(Steuervereinbarungen) 같은 것은 원칙적으로 부인된다고 보지 않으면 안 된다.[5)]

---

2) Tipke, Steuerrecht, 10. Aufl., 1985, S. 21 ff.

3) 이하의 내용을 법치국가원리·조세평등의 원칙·조세법적용의 원칙·조세부과의 원칙으로 나누어 설명하는 예도 있다. 류지태·김연태·김중권, 세법, 1998, 26면 이하 참조.

4) 동지: Tipke, S. 24.

5) 상세는 김남진, 기본문제, 872면 이하 참조.

(2) 조세법률주의와 명령 · 조세통칙과의 관계

(가) 명령과의 관계

헌법은 "대통령은 법률에서 구체적으로 범위를 정하여 위임받은 사항과 법률을 집행하기 위하여 필요한 사항에 관하여 대통령령을 발할 수 있다"(75조)라고 규정하고 있으며, 같은 취지의 총리령 및 부령을 인정하고 있다(95조 참조).

이와 같은 의미의 법규명령(위임명령 · 집행명령)이 그의 수권범위를 넘어서면 위법으로 되는 바,[6] 대법원은 그의 취지를 다음과 같이 밝혀놓고 있다.

> **[판례]** 조세법률주의 원칙은 과세요건 등 국민의 납세의무에 관한 사항을 국민의 대표기관인 국회가 제정한 법률로써 규정하여야 하고, 그 법률을 집행하는 경우에도 이를 엄격하게 해석 · 적용하여야 하며, 행정편의적인 확장해석이나 유추적용을 허용하지 아니함을 뜻한다. 그러므로 법률의 위임 없이 명령 또는 규칙 등 행정입법으로 과세요건 등에 관한 사항을 규정하거나 법률에 규정된 내용을 함부로 유추 · 확장하는 내용의 해석규정을 마련하는 것은 조세법률주의 원칙에 위배된다(대판 2021. 9. 9, 2019두35695).

(나) 조세통칙과의 관계

여기에서 조세통칙(또는 조세통첩)이라고 함은 세법의 해석기준이나 세무행위의 운용준칙을 정한 세무행정청의 행정규칙을 의미한다. 조세통칙의 대부분은 국세청장이 발하고 있으나 주무부장관 등 그 밖의 행정청이 발하는 경우도 있다. 이러한 조세통칙에는 기본통칙과 개별통칙이 있는데, 전자는 각 세법의 조문순서에 따라 그 해석이나 운용방침을 체계화한 것으로서 국세청장이 이를 제정하고 있다.[7]

이들 조세통칙과 관련하여 특히 문제가 되는 점은 조세통칙을 법원 또는 법규로 볼 수 있는가 하는 것인데,[8] 조세법의 분야에서 조세통칙의 법원성은 부인됨이 일반적인데, 다음에 보는 바와 같이, 판례상 그에 대한 예외가 없지 않다.

---

6) 법규명령에 관한 그 밖의 상세에 관하여는 김남진 · 김연태(Ⅰ), 제2편 제2장 제2절 참조.

7) 행정규칙으로서의 기본통칙은 조세법 특유의 것으로서 현재 국세기본법기본통칙, 국세징수법기본통칙, 소득세법기본통칙 등 세법별로 다수가 제정되어 있다.

8) 행정규칙의 법원성, 법 내지는 법규성의 여부가 이론 및 실무상으로 크게 다투어지고 있는 문제임은 주지의 사실이라고 할 수 있다. 상세는 김남진 · 김연태(Ⅰ), 제2편 제2장 제3절; 김남진, 기본문제, 186면, 880면 이하; 김백영, 국세청훈령의 성질과 효력, 판례월보, 214호, 55면 이하 참조.

[판례] 상급행정기관이 하급행정기관에 대하여 업무처리지침이나 법령의 해석적용에 관한 기준을 정하여서 발하는 이른바 행정규칙은 일반적으로 행정조직 내부에서만 효력을 가질뿐 대외적인 구속력을 갖는 것은 아니지만, 법령의 규정이 특정 행정기관에게 그 법령내용의 구체적 사항을 정할 수 있는 권한을 부여하면서 그 권한행사의 절차나 방법을 특정하고 있지 아니한 관계로 수임행정기관이 행정규칙의 형식으로 그 법령의 내용이 될 사항을 구체적으로 정하고 있다면 그와 같은 행정규칙, 규정은 행정규칙이 갖는 일반적 효력으로서가 아니라, 행정기관에 법령의 구체적 내용을 보충할 권한을 부여한 법령규정의 효력에 의하여 그 내용을 보충하는 기능을 갖게 된다 할 것이므로 이와 같은 행정규칙, 규정은 당해 법령의 위임한계를 벗어나지 아니하는 한 그것들과 결합하여 대외적인 구속력이 있는 법규명령으로서의 효력을 갖게 된다. (중략) 위 재산제세사무처리규정이 국세청장의 훈령형식으로 되어 있다 하더라도 이에 의한 거래지정은 소득세법시행령의 위임에 따라 그 규정의 내용을 보충하는 기능을 가지면서 그와 결합하여 대외적 효력을 발생하게 된다 할 것이므로 그 보충규정의 내용이 위 법령의 위임한계를 벗어났다는 등 특별한 사정이 없는 한 양도소득세의 실지거래가액에 의한 과세의 법령상의 근거가 된다(대판 1987. 9. 29, 86누484).[9]

(3) 조세법률주의의 예외

(가) 지방세에 있어서의 특례

지방세의 세목, 과세대상, 과세표준, 세율 등도 법률이 정하고 있으나 일정한 범위에서 조례에 의한 규율이 인정되고 있다(지방세기본법 5조).

(나) 관세에 있어서의 특례

관세도 조세의 일종이므로 그의 부과·징수는 법률에 의함이 원칙이나, 일정범위에서의 조약에 의한 협정세율이 인정된다고 하겠으며, 수권관세제도를 취함으로써 관세율에 탄력성을 부여하고 있는 바, 조세법률주의에의 저촉 여부가 문제시되고 있다.

3. 조세평등의 원칙

(1) 의의 및 근거

조세평등의 원칙 또는 공평부담의 원칙이라고 함은 모든 국민이 능력에 따라 균등하게 조세를 부담하여야 함을 의미한다. 조세는 국민이 직접적인 반대

9) 동 판례에 대한 상세는 김남진, 기본문제, 900면 이하 참조.

급부 없이 일방적으로 부담하는 것이므로 조세윤리(Steuermoral)는 조세평등주의가 구현될 때 확립된다고 할 수 있다.[10)]

일찍이 프랑스 인권선언(1789년의 인간 및 시민의 권리선언)은 「무력을 유지하기 위하여 또한 행정의 제비용을 위하여 공동의 조세는 불가결하다. 그것은 모든 시민 사이에 능력에 따라 평등하게 배분되지 않으면 안 된다」(13조)라는 규정을 통해서 조세평등주의를 천명한 바 있다. 이러한 내용의 조세평등주의를 성문화한 헌법전은 그 밖에도 상당수 있다(바이마르헌법 123조 1항 등). 우리 헌법은 조세평등주의를 직접 규정하고 있지는 않으나 제11조상의 평등원칙조항에 그 취지가 담겨져 있다고 볼 수 있다.

(2) 조세평등원칙의 구현

(가) 입법상의 평등원칙

평등원칙은 우선 조세의 입법단계에서부터 준수되지 않으면 안 된다. 즉, 각 납세자군 사이에 있어서 그의 담세력에 따른 공평한 부담이 이루어지도록 세심한 배려가 행해지지 않으면 안 되는바, 공평한 조세부담은 그 자체 정의(Gerechtigkeit)를 의미한다.

(나) 실질과세의 원칙

조세평등의 원칙은 조세법의 해석·적용의 단계에서도 준수되지 않으면 안 되는바, 이와 관련하여 특히 강조되는 것이 실질과세의 원칙이다.

실질과세의 원칙은 조세부담의 공평을 기하기 위하여 형식보다는 실질에 따라 과세하여야 한다는 원칙이다. 형식과 실질이 일치하지 않는 경우에 실질을 중시한다는 것이 조세정의에 부합하는 것임은 분명하다. 따라서 실질과세의 원칙은 반드시 명문의 규정이 있어야 하는 것은 아니며, 명문규정이 없더라도 조세법의 영역에서 실질주의가 적용되어야 하는 것은 당연하다.

> **[판례]** 구 국세기본법 제14조 제1항, 제2항이 천명하고 있는 실질과세의 원칙은 헌법상의 기본이념인 평등의 원칙을 조세법률관계에 구현하기 위한 실천적 원리로서, 조세의 부담을 회피할 목적으로 과세요건사실에 관하여 실질과 괴리되는 비합리적인 형식이나 외관을 취하는 경우에 그 형식이나 외관에 불구하고 실질에 따라 담세력이 있는 곳에 과세함으로써 부당한 조세회피행위를 규제하고 과세의 형평을 제고하여 조세정의를 실현하고자 하는 데 주된 목적이 있다. 이는 조세법의 기본원

---

10) Vgl. Tipke, S. 28; ders., Steuergerechtigkeit, 1981, S. 24; Isensee, Festschrift für H.P. Ipsen, S. 418.

> 리인 조세법률주의와 대립관계에 있는 것이 아니라 조세법규를 다양하게 변화하는 경제생활관계에 적용함에 있어 예측가능성과 법적 안정성이 훼손되지 않는 범위 내에서 합목적적이고 탄력적으로 해석함으로써 조세법률주의의 형해화를 막고 실효성을 확보한다는 점에서 조세법률주의와 상호보완적이고 불가분적인 관계에 있다고 할 것이다(대판 2012. 1. 19, 2008두8499).

실질과세의 원칙은 두 가지 내용을 갖는데, 귀속의 실질주의(실질귀속의 원칙)와 거래내용의 실질주의(실질계산의 원칙)가 그것이다. 귀속의 실질주의는 과세물건의 명목상의 귀속에 관계없이 사실상 과세물건이 귀속된 자를 납세의무자로 보아야 함을 의미한다. 「국세기본법」은 "과세의 대상이 되는 소득, 수익, 재산, 행위 또는 거래의 귀속이 명의일 뿐이고 사실상 귀속되는 자가 따로 있는 때에는 사실상 귀속되는 자를 납세의무자로 하여 세법을 적용한다"(14조 1항)고 하여 귀속에 관한 실질주의를 규정하고 있다. 예를 들면 타인에게 명의를 빌려준 사람에게 과세할 수 없고 명의를 빌린 사람을 납세의무자로 보아야 하는데, 이는 귀속에 관한 실질주의에 따른 것이다.

> **[판례]** 국세기본법 제14조 제1항은 실질과세 원칙을 정하고 있는데, 소득이나 수익, 재산, 거래 등 과세대상에 관하여 그 귀속명의와 달리 실질적으로 귀속되는 사람이 따로 있는 경우에는 형식이나 외관에 따라 귀속명의자를 납세의무자로 삼지 않고 실질적으로 귀속되는 사람을 납세의무자로 삼겠다는 것이다. 따라서 재산 귀속명의자는 이를 지배·관리할 능력이 없고 명의자에 대한 지배권 등을 통하여 실질적으로 이를 지배·관리하는 사람이 따로 있으며 그와 같은 명의와 실질의 괴리가 조세 회피 목적에서 비롯된 경우에는, 그 재산에 관한 소득은 재산을 실질적으로 지배·관리하는 사람에게 귀속된 것으로 보아 그를 납세의무자로 보아야 한다. 실질과세 원칙은 비거주자나 외국법인이 원천지국인 우리나라의 조세를 회피하기 위하여 조세조약상 혜택을 받는 나라에 명목회사를 설립하여 법인 형식만을 이용하는 국제거래뿐만 아니라, 거주자나 내국법인이 거주지국인 우리나라의 조세를 회피하기 위하여 소득세를 비과세하거나 낮은 세율로 과세하는 조세피난처에 사업활동을 수행할 능력이 없는 외형뿐인 이른바 '기지회사(base company)'를 설립하고 법인 형식만을 이용함으로써 실질적 지배·관리자에게 귀속되어야 할 소득을 부당하게 유보해 두는 국제거래에도 마찬가지로 적용된다(대판 2018. 12. 13, 2018두128).

거래내용에 관한 실질주의는 과세표준을 형성하게 되는 과세대상을 파악함에 있어서 납세자나 그 상대방 등이 사용하는 명칭이 실질내용과 일치하지 않을 경우에는 그 실질내용에 따라 과세하여야 한다는 것이다. 「국세기본법」은 "세법 중 과세표준의 계산에 관한 규정은 소득, 수익, 재산, 행위 또는 거래의 명칭이나 형식과 관계없이 그 실질 내용에 따라 적용한다"(14조 2항)고 하여 내용에 관한 실질주의를 규정하고 있다. 예를 들어 매매의 형식을 취했으나 그 실질은 증여에 해당할 경우에 이를 증여로 보고 증여세를 부과하는 것은 거래내용에 대한 실질주의를 따른 결과이다.

[판례] 부동산경매절차에서 부동산을 매수하려는 사람이 다른 사람과 사이에 자신이 매수대금을 부담하여 다른 사람 명의로 매각허가결정을 받고 나중에 그 부동산의 반환을 요구한 때에 이를 반환받기로 약정한 다음 그 다른 사람을 매수인으로 한 매각허가가 이루어진 경우, 그 경매절차에서 매수인의 지위에 서게 되는 사람은 그 명의인이므로 그가 대내외적으로 경매 목적 부동산의 소유권을 취득하고, 위 부동산을 양도함에 따른 양도소득은 특별한 사정이 없는 한 그 소유자인 명의인에게 귀속되는 것이 원칙이다. 다만, 부동산 경매절차에서 매수대금을 부담한 사람이 다른 사람 명의로 매각허가결정을 받은 후에 자신의 의사에 따라 위 부동산을 제3자에게 양도하여 그 양도대금을 모두 수령하고 명의인은 매수대금을 부담한 사람에게 위 부동산을 반환하기로 한 약정의 이행으로서 직접 위 제3자에게 소유권이전등기를 경료해 준 경우에는 그 매수대금을 부담한 사람이 양도소득을 사실상 지배·관리·처분할 수 있는 지위에 있어 '사실상 소득을 얻은 자'라고 할 것이므로 실질과세의 원칙상 그 매수대금을 부담한 사람이 양도소득세 납세의무를 진다(대판 2010. 11. 25, 2009두19564).

(다) 근거과세의 원칙

과세평등의 원칙은 일명 자의의 금지(Willkürverbot)를 의미한다고 보겠는바,[11] 이를 위해서는 근거과세의 원칙이 지켜질 필요가 있다. 근거과세의 원칙은 확정과세에 대한 것으로서 납세의무자가 세법에 따라 장부를 갖추어 기록하고 있는 경우에는 해당 국세 과세표준의 조사와 결정은 그 장부와 이에 관계되는 증거자료에 의하여야 함을 의미한다(국세기본법 16조 1항 참조). 다만 국세를 조사·결정할 때 장부의 기록 내용이 사실과 다르거나 장부의 기록에 누락된 것이 있을 때에는 그 부분에 대해서만 정부가 조사한 사실에 따라 결정할 수 있다(동법 16조 2항). 한편, 추계과세는 근거과세의 방법으로 과세할 수 없는 특별한 경우에만 예외

11) 동지: Tipke, S. 29.

적으로 활용되어야 하며, 따라서 그에 대한 입증책임은 과세관청에게 있다.

[판례] 추계과세는 실액조사가 불가능하여 추계의 방법에 의할 수밖에 없는 경우에 한함은 물론 그 추계의 방법과 내용이 가장 진실에 가까운 소득실액을 반영할 수 있도록 합리적이고 타당성이 있는 것이어야 하며, 이러한 추계과세의 적법 여부가 다투어지는 경우에 그 합리성과 타당성에 관한 입증책임은 과세관청에게 있다 (대판 1997. 9. 9, 96누12054. 동지판례: 대판 1990. 11. 23, 90누2734; 대판 1987. 7. 7, 87누32).

4. 법적 안정성의 원칙

법적 안정성은 헌법의 기본원리인 법치국가원리[12]로부터 도출되는 것으로서 조세행정의 영역에 있어서는 특별히 다음과 같은 요청을 담고 있다.

(1) 명확성의 원칙

과세권의 발동을 통해서 국민은 중대한 재산권의 침해를 받게 되므로 그 과세의 요건과 효과는 미리 법률로써 명확히 정해지지 않으면 안 된다. 이것은 과세에 있어서의 예측가능성을 확보하기 위한 것인 바, 이를 위해서는 납세의무자, 과세물건, 과세표준, 세율 등이 미리 법률로써 명확히 정해질 필요가 있다. 일찍이 아담 스미스(Adam Smith)는 국부론(Wealth of Nation)에서 「모든 사람이 납부할 조세는 자의적인 것이어서는 안 된다. 납부기한, 방법, 금액은 납세자와 그 밖의 모든 자에게 명확하여야 한다」라고 기술하여 명확성의 원칙(certainty)을 공평의 원칙(equality), 편의의 원칙(convenience), 징세비최소의 원칙(economy)과 더불어 조세 4원칙으로 정한 바 있다.

한편, 상술한 명확성원칙(Bestimmtheit)을 관철하기 위해서는 불확정개념을 통한 판단의 여지(Beurteilungsspielraum) 및 재량(Ermessen)[13]의 폭을 되도록 축소함이 바람직하다고 하지 않을 수 없다. 그러면서도 세법에서의 불확정개념 등의 사용이 불가피함으로 인하여 세법통칙 등을 통하여 세무행정의 명확성을 기하려고 노력하고 있는 것이 현황이라고 할 수 있다.

12) 민주국가원리, 법치국가원리 및 사회국가원리는 우리의 헌법 및 행정법상의 기본원리라고 할 수 있다. 상세는 김남진 · 김연태(Ⅰ), 30면 이하 참조.

13) 행정법학에서는 판단의 여지와 재량의 이동의 문제는 일단락되었다고 볼 수 있다(김남진 · 김연태(Ⅰ), 231면 이하; 김남진, 기본문제, 213면 이하 등 참조). 이에 대하여 조세법학의 분야에서는 아직도 양자가 혼용되어 있는 듯이 보인다.

(2) 소급금지의 원칙

여기에서 소급금지의 원칙(Rückwirkungsverbot) 또는 과세불소급의 원칙이라고 함은 납세의무자의 법적 지위가 소급해서 불리하게 되어서는 안 되는 것을 의미한다. 헌법은 "모든 국민은 소급입법에 의하여 … 재산권을 박탈당하지 아니한다"(13조 2항)라는 규정을 통해서 소급금지의 원칙을 명문화해 놓고 있다. 「국세기본법」 역시 "국세를 납부할 의무가 성립한 소득, 수익, 재산, 행위 또는 거래에 대해서는 그 성립 후의 새로운 세법에 따라 소급하여 과세하지 아니한다"(18조 2항)라는 규정을 통해 동 원칙을 명문화해 놓고 있다.

동 원칙과 관련하여 과세기간 또는 과세연도의 도중에서부터 시행되는 새로운 개정세법이 그 시행 전부터 계속되는 사실 또는 법률관계에 대하여 적용되는지가 문제된다. 이에 대하여 대법원은 법인세의 경우 과세표준계산의 기간인 사업연도의 종료 당시에 과세요건은 완성되고 그 때에 납세의무가 성립되는 것이므로 사업연도의 진행중 세법이 개정되었을 경우에 그 사업연도종료 당시의 법에 의하여 그 사업연도의 개시일분부터 과세하는 것은 조세법률주의 또는 법률불소급의 원칙에 위배된다고 할 수 없다고 판시한 바 있다.[14]

소급효를 법률이 효력을 발생하기 전에 완성된 사실 또는 법률관계에 대하여 세법의 효력이 미치는 것을 의미하는 진정 소급효(echte Rückwirkung)와 세법이 현재 진행중인, 즉 아직 종료되지 않은 사실 또는 법률관계에 대하여 장래에 향하여 효력을 발생함으로써 납세의무자의 법적 지위를 사후적으로 불리하게 변경하는 것을 말하는 부진정 소급효(unechte Rückwirkung)로 구분하여,[15] 전자는 허용되지 않고 후자는 허용된다고 보는 견해가 있는데 이는 너무 형식적이고 실제에 있어서 불합리한 결과를 가져올 우려가 있다.[16] 법률규정이 이미 완결된 사실에 관계하는지 아니면 현재 진행중인 사실에 관한 것인지는 입법기술에 의하여 달라질 수 있는 것이다.

생각건대, 납세의무자의 법적 지위를 불리하게 변경하는 법률규정의 적법성 여부는 납세의무자의 신뢰보호 및 법적 안정성과 입법자가 법개정에 의하여 추구하려는 공익의 비교형량에 의하여 판단하여야 할 것이다.[17] 법개정에 의하

14) 대판 1964. 12. 15, 64누94. 동지판례: 대판 1996. 10. 29, 96누9426; 대판 1995. 8. 11, 94누14308 등.

15) 이러한 구분은 독일의 연방헌법재판소의 판례에 그 뿌리를 두고 있다. BVerfGE 13, 274(278); 18, 135(144) 참조.

16) 독일 연방헌법재판소는 원칙에 대한 예외를 인정함으로써 불합리한 결과를 피하려 하고 있다. 이에 대하여는 류지태·김연태·김중권, 세법, 1998, 41면 이하 참조.

17) 동지: 김성수, 조세법의 기본원칙, 김도창박사고희기념논문집, 1993, 885면.

여 달성하려는 공익보다 관계자의 신뢰보호의 필요가 크다면 경과규정을 두어 진행중인 사실에 대한 새로운 법률규정의 적용, 이른바 부진정 소급효도 피해야 할 것이다.

[판례] 소급입법을 진정 부진정으로 나누는 척도는 개념상으로는 쉽게 구분되나 사실상 질적 구분이 아닌 양적 구분으로, 단순히 법기술적 차원으로 이루어질 가능성이 있으므로 이와 같은 구분의 기준에 관하여 이견이 있을 수 있다. …그러나 현재로서는 이를 대체할 새로운 대안도 찾기 어려우므로 종전의 구분을 그대로 유지하는 것이 불가피하다고 생각된다. 다만 부진정 소급입법에 속하는 입법에 대해서는 일반적으로 과거에 시작된 구성요건 사항에 대한 신뢰는 더 보호될 가치가 있다고 할 것이기 때문에 신뢰보호의 원칙에 대한 심사가 장래입법에 비해서보다는 일반적으로 더 강화되어야 할 것이다. 우리 재판소는 신뢰보호의 원칙의 판단은 신뢰보호의 필요성과 개정법률로 달성하려는 공익을 비교형량하여 종합적으로 판단하여야 한다고 하였는바, 이러한 판시는 부진정 소급입법의 경우에도 당연히 적용되어야 할 것이다(헌재 1995. 10. 26. 94헌바12).

(3) 유추금지의 원칙

여기에서 유추금지의 원칙(Analogieverbot)이라고 함은 조세행정기관이나 법관은 세법을 유추하거나 확장해석하여 납세자에게 불이익하게 세법을 적용해서는 안 됨을 의미한다. 이와 같은 유추금지의 원칙은 헌법상의 민주국가원리, 권력분립의 원칙 및 행정의 법률적합성으로부터 파생되어온 법원칙인 것으로 간주되고 있다.[18]

주지하는 바와 같이 행정법은 총칙이 제정되어 있지 않은 등 아직 미미하고 흠결이 많음으로 인하여 선진법으로서의 사법, 헌법 및 관련 공법규정의 유추적용을 통해 그 간극을 메울 것이 요청되고 있다.[19] 그러나 그럼에도 불구하고 조세행정에 있어서와 같은 침해행정의 영역에 있어서는 법적 안정성의 원칙상 원칙적으로 납세의무자에게 불리한 유추적용은 허용되지 않는다고 보아야 할 것이다.

18) Vgl. Tipke(Hg.), Grenzen der Rechtsforbildung, 1982, S. 406 f.; Locher, Grenzen der Rechtsfindung im Steuerrecht, 1983, S. 31 f.

19) 우리나라에서는 그동안 행정법규의 흠결을 사법규정의 유추적용을 통해 메우는 것에 대해서만 초점을 맞추어 왔다고 할 수 있다. 그러나 오히려 헌법 등 공법규정의 유추적용이 선행되어야 할 것이다. 상세는 김남진·김연태(Ⅰ), 83면 이하; 김남진, 기본문제, 80면 이하; 김남진, 판례평석, 법률신문, 1990. 4. 2 참조.

(4) 신뢰보호의 원칙

여기에서 신뢰보호의 원칙(Grundsatz des Vertrauensschutz)이라고 함은 국민의 행정에 대한 신뢰가 보호받을 만한(schutzwürdig) 것인 때에는 행정권은 그에 반하는 행동을 하여서는 아니 됨을 의미한다.[20] 「국세기본법」은 "세법의 해석이나 국세행정의 관행이 일반적으로 납세자에게 받아들여진 후에는 그 해석이나 관행에 의한 행위 또는 계산은 정당한 것으로 보며, 새로운 해석이나 관행에 의하여 소급하여 과세되지 아니한다"(18조 3항)라는 규정을 통해서 이것을 명문화해 놓고 있다.

문제는 어떠한 경우에 그와 같은 요건이 충족된다고 볼 것인가 하는 점에 있다고 하겠는 바, 판례는 ① 과세관청이 납세자에게 신뢰의 대상이 되는 공적인 견해표명을 할 것, ② 과세관청의 견해표명이 정당하다고 신뢰한 데 대하여 납세자에게 귀책사유가 없을 것, ③ 납세자가 그 견해표명을 신뢰하고 이에 따라 무엇인가 행위를 할 것, ④ 과세관청이 위 견해표명에 반하는 처분을 함으로써 납세자의 이익이 침해되는 결과가 초래할 것 등의 요건이 충족될 때 납세자는 신의·성실의 원칙 내지는 행정의 신뢰보호원칙에 의한 보호를 받을 수 있는 것으로 보고 있다.

[판례] 지방세기본법 제18조에 의하면, 세무공무원은 신의에 따라 성실하게 직무를 수행하여야 한다. 일반적으로 조세법률관계에서 과세관청의 행위에 대하여 신의성실의 원칙이 적용되기 위하여는, ① 과세관청이 납세자에게 신뢰의 대상이 되는 공적인 견해를 표명하여야 하고, ② 납세자가 과세관청의 견해표명이 정당하다고 신뢰한 데 대하여 납세자에게 귀책사유가 없어야 하며, ③ 납세자가 그 견해표명을 신뢰하고 이에 따라 무엇인가 행위를 하여야 하고, ④ 과세관청이 위 견해표명에 반하는 처분을 함으로써 납세자의 이익이 침해되는 결과가 초래되어야 한다.

그리고 과세관청의 공적인 견해표명은 원칙적으로 일정한 책임 있는 지위에 있는 세무공무원에 의하여 명시적 또는 묵시적으로 이루어짐을 요하나, 신의성실의 원칙 내지 금반언의 원칙은 합법성을 희생하여서라도 납세자의 신뢰를 보호함이 정의, 형평에 부합하는 것으로 인정되는 특별한 사정이 있는 경우에 적용되는 것으로서 납세자의 신뢰보호라는 점에 그 법리의 핵심적 요소가 있는 것이므로, 위 요건의 하나인 과세관청의 공적 견해표명이 있었는지 여부를 판단하는 데 있어 반드시 행정조직상의 형식적인 권한분장에 구애될 것은 아니고 담당자의 조직상 지위

20) 상세는 김남진·김연태(Ⅰ), 48면 이하; 김남진, 기본문제, 68면 이하 참조.

와 임무, 당해 언동을 하게 된 구체적인 경위 및 그에 대한 납세자의 신뢰가능성에 비추어 실질에 의하여 판단하여야 한다(대판 2019. 1. 17, 2018두42559).

5. 과잉금지의 원칙

과잉금지의 원칙(Übermaßverbot) 또는 광의의 비례원칙은 공권력이 필요 이상으로 부적당하게 행사됨으로써 국민의 권익을 침해해서는 안 됨을 의미한다. 동 원칙은 구체적으로 ① 적합성의 원칙, ② 필요성 또는 최소침해의 원칙, ③ 상당성 또는 협의의 비례원칙으로써 구성되어 있다. 위와 같은 내용의 과잉금지원칙은 조세의 강제징수와 관련하여 특별히 중요한 의미를 가진다.[21]

Ⅲ. 조세의 부과

1. 과세권자

국세의 과세권자는 국가이고, 지방세의 과세권자는 지방자치단체이다(국세기본법 2조 1호, 지방세기본법 4조 참조).

2. 과세요건

조세를 부과할 수 있는 요건을 과세요건이라고 하는데, 과세요건은 납세의무자, 과세물건, 과세표준 및 세율로 이루어진다.

(1) 납세의무자

① 납세의무자란 국가 또는 지방자치단체에 세금을 납부할 의무를 지는 자이다. 이 점에서 간접세에 있어서의 실제적 부담자와 납세관리자, 소득세 등의 징수의무자와 구별된다.

② 공유물, 공동사업에 관계되는 조세에 관하여는 각 납세의무자가 연대하여 공동납세의무자가 된다(국세기본법 25조, 지방세기본법 44조).

③ 납세의무자는 사망, 법인의 합병 등에 의하여 상속인 등에 승계된다(국세기본법 23조, 24조).

④ 해산법인의 청산인 · 무한책임사원 · 과점주주를 위한 법인 · 사업양도

21) 김남진 · 김연태(Ⅰ), 44면 이하; 김남진, 기본문제, 55면, 382면 이하 참조.

인·양도담보권자 등은 제2차 납세의무자가 된다(국세기본법 38조 내지 41조). 제2차 납세의무자의 납세의무는 주된 납세의무자와의 관계에서 부종성과 보충성을 가지므로, 제2차 납세의무자는 주된 납세의무자로부터 징수할 수 없는 금액을 한도로 하여 보충적으로 납세의무를 부담한다.[22]

(2) 과세물건

(가) 과세물건의 의의

과세물건이란 법령에 의하여 과세의 목적물로 정하여진 물건, 즉 조세부과의 대상이 되는 것을 말한다. 과세물건은 과세의 물적 기초가 되므로, 그것은 개인의 담세력을 정확히 나타내는 것이어야 한다.

(나) 과세물건의 종류

수익세에 있어서의 '소득', 재산세에 있어서의 '재산', 거래세에 있어서의 '경제적 거래행위', 소비세에 있어서의 '소비행위' 등이 대표적인 과세물건에 해당한다.

(다) 과세물건과 이중과세

과세의 적정·공평을 기하기 위해서는 이중과세를 피하지 않으면 안 된다. 그리하여 조세법은 입법정책상 조세를 인세·물세·행위세로 나누어, '인세'는 납세의무자의 주거지에서, '물세'는 물건의 소재지에서, '행위세'는 행위지에서 과세함을 원칙으로 하고 있다.

한편, 국세와 지방세간의 과세물건의 중복을 피하기 위하여 「국세와 지방세의 조정 등에 관한 법률」이 제정되어 있는데, 동법은 이를 위해 국세와 지방세의 종목을 명시하고(2조, 3조), 국가와 지방자치단체는 동법에 규정된 것을 제외하고는 과세물건이 중복되는 어떠한 명목의 세법도 제정하지 못하도록 규정하고 있다(4조).

(라) 과세물건의 귀속

과세물건의 귀속이란 구체적인 납세의무자가 누구인가를 결정함을 말하는데, 이에는 명목과세주의와 실질과세주의가 있다. 우리의 현행법은 실질과세주의를 취하고 있다(국세기본법 14조, 지방세기본법 17조).

---

22) 대판 1983. 5. 10, 82누123; 대판 1985. 3. 26, 83누689 등 참조.

(3) 과세표준

과세표준이란 세액산출의 기초(과세금액 결정의 기준)가 되는 과세대상의 수량 또는 가액을 말한다(국세기본법 2조 14호). 소득세에 있어서의 소득액, 주세에 있어서의 주류의 양 내지는 알코올의 도수 등이 그에 해당한다.

과세표준은 인지세의 경우에 있어서와 같이 법률에 의하여 명백히 결정되어 있는 경우(인지세법 3조)를 제외하고서는, 부과과세의 경우에는 부과처분에 의하여 확정되고, 신고납세의 경우에는 납세의무자가 스스로 계산하여 정부에 신고함으로써 구체적으로 확정된다. 부과과세이지만 납세의무자에게 과세표준의 신고의무를 지우는 세목도 있으나(상속세 및 증여세법 67조 · 68조 등), 이 경우의 과세표준신고는 신고납세와 같이 과세표준과 납세의무를 확정하는 효과는 갖지 못하고, 부과처분과 관련한 참고자료를 제출한다는 의미에서의 협력의무를 이행하는 데 불과하다.[23]

(4) 세 율

세율이란 세액산정을 위하여 과세표준에 곱하여야 할 비율을 말하며, 일정한 금액으로 정하여지는 경우 법정세 및 종량세와 백분율 또는 천분율로 정하여지는 경우(종가세)로 구분된다.

그 세율을 정하는 방법에는 다음의 두 가지가 있다.

(가) 비례세율

과세표준의 크기에 관계없이 동일한 세율이 적용되는 경우로서, 주세(주세법 8조)가 그 일례이다.

(나) 누진세율

과세표준인 수량 또는 금액이 증가함에 따라 높은 세율이 적용되는 경우를 말한다. 누진세율에는 과세표준인 가액이나 수량이 늘어남에 따라 ① 과세표준의 전체에 대하여 그에 상당하는 계층의 세율을 적용하는 데 그치는 단순누진세율과, ② 과세표준을 여러 단계로 분할하여 높은 단계로 올라감에 따라 누진되는 다른 세율을 적용하는 초과누진세율(소득세 · 법인세 · 상속세 · 증여세 등)이 있다.

---

23) 대판 1987. 3. 10, 86누566.

3. 조세채무의 확정과 부과처분

(1) 신고납세제와 부과과세제

조세를 납부할 의무, 즉 조세의무의 확정에는 신고와 부과처분이라는 두 가지 방식이 있다. 신고납세제는 납세자가 법률에 의거하여 산출된 과세표준과 세액을 과세관청에 스스로 신고하여 확정하는 것을 말하며, 소득세, 법인세, 부가가치세, 개별소비세, 주세, 증권거래세, 교육세, 교통·에너지·환경세 등이 그에 의거하고 있다. 그리고 국세 가운데 상속세, 증여세 등이 부과과세의 대상이 되고 있다(상속세 및 증여세법 3조 및 4조).

위와 같은 신고납세와 부과과세는 그러나 상대적 의미를 가진다고 할 수 있다. 부과과세의 대상도 대부분 신고를 의무로 하고, 신고를 해태하는 경우 가산세가 부과되는 경우가 대부분이기 때문이다. 그만큼, 오늘의 세제에 있어, 납세자의 협력(신고 등)이 중요한 의미를 가지는 점에 유의할 필요가 있다.[24]

(2) 부과처분의 형식

조세의 부과처분은 원칙적으로 과세기간·세목·세액·납부기한·납부장소와 세액의 산출근거를 적은 고지서(납세고지서)를 납세의무자에게 발부함으로써 하여야 한다(국세징수법 6조 및 7조, 지방세법 116조 2항 등).

세액의 산출근거 등 기재사항을 누락한 납세고지서에 의한 부과처분은 위법으로 판단된다.[25] 다만 경미한 형식적 하자를 이유로 실체적 진실을 무시하거나 경시하는 태도는 지양해야 할 것이다.

[판례①] 납세고지서에 세액산출근거를 전혀 명기하지 않았다면, 설사 과세관청이 사전에 원고의 직원을 불러 과세의 근거와 세액산출근거 등을 사실상 알려준바 있다 하더라도 이로써 그 하자가 치유될 수는 없다 할 것이다(대판 1988. 2. 9. 83누404).[26]

[판례②] 하나의 납세고지서에 의하여 본세와 가산세를 함께 부과할 때에는 납세고지서에 본세와 가산세 각각의 세액과 산출근거 등을 구분하여 기재하여야 하고, 여러 종류의 가산세를 함께 부과하는 경우에는 가산세 상호 간에도 종류별로 세액과 산출근거 등을 구분하여 기재하여야 한다. 본세와 가산세 각각의 세액과 산출근거 및 가산세 상호 간의 종류별 세액과 산출근거 등을 제대로 구분하여 기재하지

24) 상세는 특히 김성수, 조세행정법과 납세자의 협력, 허경교수화갑기념논문집, 389면 이하 참조.
25) 대판 1984. 2. 14, 83누602; 대판 1984. 5. 9, 84누116; 대판 1993. 4. 13, 92누10623; 대판 1995. 9. 26, 95누1729 등 참조.
26) 본 판례에 대한 비판적 평석으로는 김남진, 기본문제, 1018면 이하 참조.

않은 채 본세와 가산세의 합계액 등만을 기재한 경우에도 과세처분은 위법하다(대판 2018. 12. 13, 2018두128).

[판례③] 국세징수법 제9조 제1항은 "세무서장은 국세를 징수하려면 납세자에게 그 국세의 과세기간, 세목, 세액 및 그 산출근거, 납부기한과 납부장소를 적은 납세고지서를 발급하여야 한다."라고 규정하고 있다. 따라서 납세고지서에 해당 본세의 과세표준과 세액의 산출근거 등이 제대로 기재되지 않았다면 특별한 사정이 없는 한 그 징수처분은 위법하다.

그러나 납세고지서의 세율이 잘못 기재되었다고 하더라도 납세고지서에 기재된 문언 내용 등에 비추어 원천징수의무자 등 납세자가 세율이 명백히 잘못된 오기임을 알 수 있고 납세고지서에 기재된 다른 문언과 종합하여 정당한 세율에 따른 세액의 산출근거를 쉽게 알 수 있어 납세자의 불복 여부의 결정이나 불복신청에 지장을 초래하지 않을 정도라면, 납세고지서의 세율이 잘못 기재되었다는 사정만으로 그에 관한 징수처분을 위법하다고 볼 것은 아니다(대판 2019. 7. 4, 2017두38645).

(3) 부과기간

「국세기본법」이 국세징수권과 국세부과권을 구분하여 국세징수권의 소멸시효에 관한 규정(27조) 외에 국세 부과의 제척기간에 관한 규정(26조의2)을 두고 있는 점에 유의할 필요가 있다. 이에 따르면 국세는 일정 기간이 만료된 후에는 부과할 수 없는데, 상속세와 증여세의 경우에는 원칙적으로 그 기간은 10년이다. 다만 납세자가 사기 기타 부정한 행위로 상속세·증여세를 포탈하거나 환급·공제받은 경우 및 상속세·증여세의 과세표준을 신고하지 않거나 허위·누락하여 신고한 경우에는 그 기간이 15년이다(동법 26조의2 4항 참조). 그리고 그 밖의 국세의 경우에는 원칙적으로 그 기간은 5년인데, 다만 납세자가 사기 기타 부정한 행위로 국세를 포탈하거나 환급·공제받는 경우에는 10년, 법정신고기한 내에 과세표준신고서를 제출하지 않은 경우에는 7년으로 하고 있다(동조 2항 참조).

[판례] 구 국세기본법(2014. 12. 23. 법률 제12848호로 개정되기 전의 것, 이하 같다) 제26조의2 제1항에 의하면, 국세는 이를 부과할 수 있는 날부터 5년이 경과한 후에는 부과할 수 없고(제3호), 다만 납세자가 사기 기타 부정한 행위로써 국세를 포탈하거나 환급·공제받는 경우에는 10년(제1호), 납세자가 법정신고기한 내에 과세표준신고서를 제출하지 아니한 경우에는 7년(제2호)이 경과한 후에는 부과할 수 없다. 또한 구 국세기본법 제26조의2 제5항 및 같은 법 시행령(2019. 2. 12. 대통령령 제29534호로 개정되기 전의 것) 제12조의3 제1항 제1호는 과세표준과

세액을 신고하는 국세의 경우 부과제척기간은 해당 국세의 과세표준과 세액에 대한 신고기한 또는 신고서 제출기한의 다음 날부터 기산한다고 규정하고 있고, 구 부가가치세법(2013. 6. 7. 법률 제11873호로 전부 개정되기 전의 것) 제19조 제1항은 사업자는 각 과세기간에 대한 과세표준과 납부세액 또는 환급세액을 과세기간 종료 후 25일 이내에 사업장 관할 세무서장에게 신고하여야 한다고 규정하고 있다. 이와 같은 국세부과의 제척기간이 경과한 후에 이루어진 부과처분은 무효이다(대판 2019. 8. 30, 2016두62726. 동지판례: 대판 2018. 12. 13, 2018두128).

4. 과세제외 및 조세의 감면

(1) 의 의

과세제외는 일반적으로 과세대상이 되어 있는 물건을 특별한 사유로 과세의 대상에서 제외하는 것을 말하며, 조세의 감면은 납세의무자의 신청에 의하여 납세의무의 전부 또는 일부를 면제하는 것을 말한다. 즉, 과세제외는 법률이 처음부터 과세의 대상에서 제외하여 전혀 납세의무가 발생하지 않는 것인데 대하여, 조세의 감면은 납세의무자에 대하여 특별한 이유가 있는 경우에 그의 신청에 의거한 행정행위에 의하여 이미 발생한 납세의무를 소멸시키는 것이다(관세법 88조 이하 참조).

(2) 근거법령 및 사유

과세제외 및 조세감면에 관한 것은 일반법인 「조세특례제한법」 및 각종 세법과 「관세법」에 규정되어 있다. 과세제외는 대개 외교상 이유, 공익사업의 보호, 담세력박약자에 대해 보호 등이 그 사유가 되어 있으며, 조세의 감면은 재해로 인한 담세력의 상실, 공익사업의 육성, 외화의 획득 등이 그 사유로 되고 있다.

Ⅳ. 조세의 징수

조세징수의 방법은 보통징수·특별징수·변태징수 및 강제징수의 네 가지로 구분될 수 있다.

1. 보통징수

국세에 관하여는 세무관서 또는 세관장, 지방세에 관하여는 시장·군수·구청장이 납세의 고지를 하고 동 고지에 의해 지정된 기한·장소에 부과받은 세액을 납부함으로써 징수절차가 종료하는 것이 통상의 조세징수절차이다.

2. 특별징수

보통징수 이외의 징수절차로서는 다음과 같은 것이 있다.

① 관세를 부과할 수출입우편물에 대해서 일정한 경우는 통관우체국의 통보를 받은 세관장의 세액통지에 따라 당해 우체국장이 징수한다(관세법 259조·260조).

② 인지세는 법률이 지정하는 서류물품의 세액에 상당한 수입인지를 첩부함으로써 납부한다(인지세법 8조).

③ 특정한 조세(예: 소득세)는 사인·사법인에게 위임되는 일이 있다(협의의 특별징수: 원천징수).

④ 납세의무자가 국세·지방세 기타 공과금의 체납처분을 받을 때 등에는 세무서장은 당해 관서·법원 등에 대하여 체납세금의 교부를 청구해야 하며(국세징수법 59조), 압류하고자 하는 재산이 이미 다른 기관에서 압류하고 있는 때에는 교부청구에 갈음하여 압류에 참가하여야 한다(동법 61조).

[판례] 국세징수법 제56조에 규정된 교부청구는 과세관청이 이미 진행 중인 강제환가절차에 가입하여 체납된 조세의 배당을 구하는 것으로서 강제집행에 있어서의 배당요구와 같은 성질의 것이므로, 해당 조세는 교부청구 당시 체납되어 있음을 요한다.

국세징수법 제56조, 제14조 제1항 제1호 내지 제6호의 문언과 체계, 교부청구 제도의 취지와 성격, 교부청구를 하여야 하는 사유 등을 종합하면, 납세자에게 국세징수법 제14조 제1항 제1호 내지 제6호의 사유가 발생하였고 납부고지가 된 국세의 납부기한도 도과하여 체납 상태에 있는 경우라면, 과세관청은 독촉장을 발급하거나 이미 발급한 독촉장에 기재된 납부기한의 도과를 기다릴 필요 없이 해당 국세에 대하여 교부청구를 할 수 있다고 보아야 한다(대판 2019. 7. 25, 2019다206933).

3. 변태징수

조세는 납기에 징수·납부함을 원칙으로 한다. 이에 대한 예외적인 징수방법이 변태징수이며, 이에는 납기전징수와 징수유예가 있다.

(1) 납기전징수

납기전징수란 납기에 완납을 기대할 수 없는 특별한 사유가 있는 경우에 이미 확정된 조세를 납부기한의 이익을 박탈하여 그 납기전에 징수하는 것을 말한다. 납기전징수는 ① 국세의 체납으로 체납처분을 받을 때, ② 지방세 또는 공과금의 체납으로 체납처분을 받을 때, ③ 강제집행을 받을 때, ④ 「어음법」 및 「수표법」에 따른 어음교환소에서 거래정지처분을 받은 때, ⑤ 경매가 시작된 때, ⑥ 법인이 해산한 때, ⑦ 국세를 포탈하려는 행위가 있다고 인정될 때, ⑧ 납세관리인을 정하지 아니하고 국내에 주소 또는 거소를 두지 아니하게 된 때 등의 경우에 행해진다(국세징수법 9조, 지방세징수법 22조).

(2) 징수유예

징수유예란 납기전징수와는 반대로, 일정한 사유가 있는 경우 납기가 도래한 납세의무의 이행을 납세의무자를 위하여 일정기간 유예하는 것을 말한다. 즉, ① 재해 또는 도난으로 재산에 심한 손실을 입은 경우, ② 사업에 현저한 손실은 입은 경우, ③ 사업이 중대한 위기에 처한 경우, ④ 납세자 또는 그 동거가족의 질병이나 중상해로 장기치료가 필요한 경우, ⑤ 「국제조세조정에 관한 법률」에 따른 상호합의절차가 진행 중인 경우, ⑥ 그리고 위에 준하는 사유가 있을 때의 경우에는 직권 또는 신청에 의해 일정기간 조세의 징수를 유예할 수 있다(국세징수법 13조, 지방세징수법 25조 이하, 관세법 10조).

4. 강제징수

(1) 개 설

납세의무자가 그 납기까지 납세의무를 스스로 이행하지 아니하는 것을 조세의 체납이라고 하는 바, 조세의 체납이 있는 경우에는 행정권이 납세자의 재산에 실력을 가하여 강제징수하게 된다. 조세의 강제징수는 일반적으로 국세징수법에 의해 행해지므로, 아래에서 「국세징수법」에 의한 강제징수(체납처분)에 관하여 살펴보기로 한다.

(2) 강제징수절차상의 당사자 · 관계인

(가) 징수주체(채권자)와 징수기관

종래 「국세징수법」은 국세징수기관으로서 세무서장 및 세무공무원에 관해 규정하고 있는 동시에 시장 · 구청장 · 군수 등에게 국세의 징수를 위탁할 수 있음을 규정하고 있었으나, 해당 조문을 삭제(2012. 1. 1. 법률 제11125호)하였다. 세무서장 등은 징수주체인 국가의 기관에 지나지 않으며, 국세징수의 경우 국가가 채권자

(Gläubiger)라고 말할 수 있다. 지방세의 경우는 지방자치단체가, 공공조합 등 공공단체의 부과금의 징수에 있어서는 그 공공단체가 채권자로서 징수주체가 되는 것이라고 말할 수 있다. 그러한 취지를 명문화한 입법례도 있다(독일의 조세기본법 252조).[27]

행정상 강제징수에 있어서는 국가 등이 채권자인 동시에 징수주체라고 하는 이중적 지위(Doppelstellung)를 가지는 동시에 사법절차(민사상의 강제집행)에 있어서 보다 집행기관에 넓은 재량권이 인정되어 있는 점이 그의 특색으로 지적되기도 한다.[28]

(나) 체납자(채무자)

「국세징수법」은 '체납자'란 국세를 지정납부기한까지 납부하지 아니한 자를 말한다고 규정하고 있다(2조 1항 3호). 이러한 의미의 체납자는 강제징수절차에 있어서의 채무자(Vollstreckungsschuldner)라고 볼 수 있는바, 그러한 취지를 명문화한 입법례(독일의 조세기본법 253조)도 있다.

(다) 절차상의 제3관계자

강제징수절차(체납처분)에 있어서의 채무자는 전술한 체납자, 즉 본래의 납세의무자이다. 그러나 체납자 이외의 자도 징수절차법상의 채무자가 되는 경우가 있는바, 제2차 납세의무자(국세기본법 38조 내지 41조) · 양도담보권자(동법 42조) 등이 이에 해당한다. 이들 및 압류재산에 대한 제3의 권리자를 절차상의 제3관계자(vom Verfahren betroffene Dritte)라고 부를 수 있다.[29]

(3) 강제징수의 요건

(가) 적극적 징수요건

첫째, 징수절차는 유효한 집행명의, 즉 행정처분에 기초하지 않으면 안 된다. 하자 있는(위법한) 행정처분일지라도 무효가 아닌 한 집행명의(Vollstreckungstitel)로서의 기능을 수행할 수 있다. 과세처분 등이 위법 · 부당한 이유로 쟁송을 제기하더라도 원칙적으로 집행(강제징수절차)은 정지되지 아니한다(국세기본법 57조, 행정심판법 30조, 행정소송법 23조).

---

27) 동조는 「징수절차에 있어서 징수행정청이 속하는 단체(Körperschaft)가 징수되는 청구권의 채권자가 된다」고 규정하고 있다.

28) Vgl. Schwarz, in: Hübschmann/Hepp/Spitaler, AO und FGO, 8. Aufl., 1986, §249 AO Anm. 32a; Tipke/Kruse, AO und FGO, 12. Aufl., 1986, §249, AO Tz 7.

29) Vgl. App, Verwaltungsvollstreckung wegen Geldleistungen, JuS 1987, S. 204.

둘째, 납기가 도래하여야 한다. 다만 법은 일정한 경우의 납기전징수를 인정하고 있다(국세징수법 9조 1항, 지방세징수법 22조 1항).

셋째, 독촉을 하여야 한다. 납세자가 국세를 지정납부기한까지 완납하지 아니한 경우 지정납부기한이 지난 후 10일 내에 체납된 국세에 대한 독촉장을 발급하여야 한다. 이 경우 관할 세무서장은 독촉을 하는 날부터 20일 이내의 범위에서 기한을 정하여 발급한다(국세징수법 10조).

(나) 소극적 징수요건

첫째, 국가에 대한 강제집행은 국고금의 압류에 의해서만 가능하다(민사집행법 192조). 지방자치단체 역시 동일하게 새겨야 할 것이다.[30]

둘째, 외교관 등 치외법권의 향유자에 대한 강제집행은 허용되지 않는다.[31]

셋째, 세무서장은 법률로 정한 특별한 사유가 있는 경우에는 국세 또는 체납액의 징수를 유예할 수 있다(국세징수법 13조).

넷째, 강제징수로 인하여 생길 회복하기 어려운 손해를 예방하기 위하여 긴급한 필요가 있다고 인정되는 경우에는 행정심판 또는 행정소송의 심리중 당사자의 신청 또는 재결청이나 법원의 직권으로 집행의 전부 또는 일부가 정지될 수 있다(행정심판법 30조 2항, 행정소송법 23조 2항 참조).[32]

다섯째, 어떤 법률이 헌법재판소에 의하여 위헌으로 결정된 경우에는 동법에 의거한 금전급부의무는 집행될 수 없다(헌법재판소법 47조 참조).[33]

(4) 강제징수조치의 종류와 선택 등

(가) 징수조치의 목록

징수조치는 이론상 진정한 징수조치(echte Vollstreckungsmaßnahmen)와 부진정한 징수조치(unechte Vollstreckungsmaßnahmen)로 나눌 수 있다.[34]

첫째, 진정한 징수조치는 그의 대상 여하에 따라 ① 동산 및 유가증권에 대한 조치, ② 채권에 대한 조치, ③ 부동산에 대한 조치, ④ 무체재산권 등에 대한 조치로 나눌 수 있다(후술 참조).

---

30) 법의 유추해석을 통해 그렇게 새기는 것이 타당할 것이다. 상세는 김남진·김연태(Ⅰ), 80면 이하; 김남진, 기본문제, 80면 이하 참조.

31) 김남진·김연태(Ⅰ), 81면 이하 참조.

32) 독일의 조세기본법은 「행정행위는 집행이 정지되거나 쟁송의 제기를 통해 방해받지 않는 한 집행될 수 있다」라고 규정하고 있다(제251조 1항).

33) 헌법재판이 활발한 독일에서는 그러한 취지를 조세기본법에 명기하고 있다(제251조 2항).

34) Vgl. App, a.a.O., S. 205.

둘째, 부진정한 징수조치로서는 ① 집행채권자(행정주체)의 수중에 있는 담보권의 실행, ② 파산절차 또는 화의절차에의 참가, ③ 교부청구(국세징수법 59조 참조) 등을 들 수 있다.

(나) 수색 · 질문 · 검사

첫째, 세무공무원은 재산을 압류하기 위하여 필요한 때에는 체납자의 가옥 · 선박 · 창고 기타의 장소를 수색하거나 폐쇄된 문 · 금고 또는 가구를 열게 하거나 또는 열 수 있다. 체납자의 재산을 점유하는 제3자가 재산의 인도를 거부한 때, 제3자의 가옥 · 선박 · 창고 등에 체납자의 재산을 은닉한 혐의가 있다고 인정되는 경우에도 또한 같다(동법 35조 참조).

둘째, 세무공무원은 체납처분을 집행함에 있어서 압류할 재산의 소재 또는 수량을 알고자 할 때에는 ① 체납자, ② 체납자와 거래관계가 있는 자, ③ 체납자의 재산을 점유하는 자, ④ 체납자와 채권 · 채무관계가 있는 자, ⑤ 체납자가 주주 또는 사원인 법인, ⑥ 체납자인 법인의 주주 또는 사원 등에게 질문하거나 장부 · 서류 기타의 물건을 검사할 수 있다(동법 36조).

셋째, 세무공무원이 상기한 수색 또는 검사를 할 때에는 그 가족 등을, 이들이 없거나 참여에 응하지 않을 때에는 경찰공무원 등을 증인으로 참여시켜야 한다(동법 37조).

(다) 관허사업의 제한

① 세무서장은 납세자가 대통령령으로 정하는 사유 없이 국세를 체납하였을 때에는 허가 · 인가 · 면허 및 등록과 그 갱신이 필요한 사업의 주무관서에 그 납세자에 대하여 그 허가등을 하지 아니할 것을 요구할 수 있으며, ② 허가등을 받아 사업을 경영하는 자가 국세를 3회 이상 체납한 경우로서 그 체납액이 500만원 이상일 때에는 대통령령으로 정하는 경우를 제외하고 그 주무관서에 사업의 정지 또는 허가등의 취소를 요구할 수 있다. 위와 같은 세무서장의 요구가 있을 때에는 해당 주무관서는 정당한 사유가 없으면 요구에 따라야 한다(국세징수법 112조).

이와 같은 관허사업의 제한은 체납자의 더 이상의 체납을 방지하기 위한 조치로서 이해될 수 있으나, 이른바 행정권한의 부당결부금지원칙의 견지에서 재음미가 요청된다고 하겠다.[35)]

---

35) 상세는 김남진 · 김연태(Ⅰ), 649면 참조.

(라) 과잉금지원칙

행정기관은 강제징수를 행함에 있어 결정재량 및 선택재량[36]을 가짐이 보통이다. 이러한 재량권의 행사에 있어서 각별히 준수해야 할 것이 과잉금지원칙(Übermaßverbot)[37] 또는 광의의 비례원칙(Verhältnismäßigkeit i.w.S.)이라고 불리우는 법원칙이다. 이 원칙은 국세징수법의 여러 조항에 내재되어 있는데, 그 내용은 다음과 같다.

첫째로, 징수조치는 적합한(geeignet) 것이어야 한다. 법이 체납처분의 목적물인 총재산의 추산가액이 체납처분비에 충당하고 남을 여지가 없는 때에는 체납처분을 중지하도록 규정하고 있음은 동 원칙의 표현으로 볼 수 있다(국세징수법 85조 참조).

둘째로, 징수조치는 필요한(erforderlich) 것이어야 한다. 다시 말하면, 징수기관은 채무자에게 가장 적은 고통을 주는 수단과 방법을 통해 목적을 달성해야 한다. 법이 압류금지재산을 열거하고 있는 사실(동법 41조), 일정한 재산에 대하여는 납세자가 다른 재산을 제공하는 때에는 압류할 수 없게 하고 있는 사실(동법 42조), 급여금에 대하여는 2분의 1을 초과하여 압류할 수 없게 하고 있는 사실(동법 42조) 등을 동 법원칙의 표현으로 볼 수 있다.

셋째, 징수조치는 상당한(angemessen) 것이어야 한다. 다시 말하면, 징수조치는 납세자의 납세액에 비례해야 한다. 법이 추정되는 납세액의 한도 안에서 납세자의 재산이나 채권을 압류할 수 있게 하고 있는 사실(국세징수법 31조), 압류해제요건에 관해 규정하고 있는 사실(동법 53조 참조) 등은 이러한 상당성의 원칙(협의의 비례원칙)을 표현하고 있는 것으로 새길 수 있다.

(5) 집행(체납처분)

체납처분은 크게 압류·매각·청산(충당)의 3단계로 나누어 행해진다.

(가) 압 류

체납처분절차는 압류에 의해 개시되는데, 압류는 그 대상 여하에 따라 다음과 같이 구분된다.

① 동산과 유가증권의 압류: 동산[38] 또는 유가증권(어음·수표·주권·창고증권·화물상환증·선하증권 등)[39]

---

36) 우리나라에서는 아직까지도 자유재량과 기속재량을 구분하는 예를 볼 수 있다. 그러나 재량의 그와 같은 구분은 무의미할 뿐 아니라, 결정재량(ob의 재량)과 선택재량(wie의 재량)의 구분이야말로 필요하고도 의미 있는 일임을 다시 한번 강조한다. 상세는 김남진·김연태(Ⅰ), 233면 이하 참조.

37) 동 원칙의 상세에 관하여는 김남진, 기본문제, 55면 이하 참조.

38) 국세징수법이 선박·항공기·건설기계 및 차량에 관하여는 따로 규정하고 있으므로(동법 제45조, 46조), 여기에서 말하는 동산에서 제외된다. 다만 등기·등록되지 않은 것들은 동산으로 취급된다(징수통칙

의 압류는 세무공무원이 점유함으로써 행한다. 다만 운반하기 곤란한 재산은 체납자 또는 제3자로 하여금 보관하게 할 수 있다. 이 경우에는 봉인 기타의 방법으로 압류재산임을 명백히 하여야 한다(국세징수법 48조·49조).

세무서장은 유가증권을 압류한 때에는 그 유가증권에 관계되는 금전채권을 추심할 수 있다(동법 50조).

② **채권의 압류**: 채권의 압류는 세무서장이 그 뜻을 채무자에게 통지함으로써 한다(동법 51조 1항). 다만 여기에서의 채권은 「금전 또는 매각할 수 있는 재산의 급부를 목적으로 하는 것」에 국한된다(징수통칙 3-5-1…41①).

채무자에게 압류의 통지를 한 때에는 세무서장은 체납액을 한도로 채권자(체납자)를 대위한다(동법 52조 2항).

③ **부동산 등의 압류**: 「국세징수법」은 토지 및 그 정착물(민법 99조 1항) 이외에, 공장재단·광업재단 및 선박과 항공기·건설기계 및 자동차 등을 부동산으로 보고 있으며, 이들을 압류하고자 할 때에는 압류등기 또는 압류등록을 촉탁하여야 한다(동법 45조 1항·46조 참조). 한편, 등기되지 않은 부동산을 압류할 때에는 토지대장등본, 건축물대장등본 또는 부동산종합증명서를 갖추어 보존등기를 소관 등기소에 촉탁하여야 한다(동법 45조 4항). 건축중의 건물은 그 건물의 사용목적으로 보아 사용가능한 정도로 완성한 때 부동산으로 압류하며(징수통칙 3-6-1…45①), 이 정도에 이르지 않은 건축중의 건물은 동산으로 압류하여야 한다.

부동산 등의 압류에 있어서는 그 뜻을 체납자에게 통지하여야 한다(국세징수법 45조 6항).

④ **그 밖의 재산권의 압류**: 세무서장은 앞서 설명한 재산권 이외의 재산권을 압류할 때 권리의 변동에 등기 또는 등록이 필요한 경우에는 관할 등기소 등에 압류의 등기 또는 등록을 촉탁하여야 한다. 다만 권리의 변동에 등기 또는 등록이 필요하지 아니한 재산권을 압류하려는 경우에는 제3채무자 또는 체납자에게 이를 통지하여야 한다(동법 55조).

⑤ **참가압류**: 세무서장은 압류하고자 하는 재산이 이미 다른 기관에서 압류하고 있는 재산인 때에는 교부청구에 갈음하여 참가압류통지서를 그 재산을 이미 압류한 기관에 송달함으로써 그 압류에 참가할 수 있다(동법 61조).

3-4-4…38). 금전도 동산이며, 금전을 압류한 경우에는 압류한 금액만큼 체납액이 징수된 것으로 본다.

39) 유가증권은 증권상의 권리의 행사 또는 이전이 증권의 소득 또는 교부를 통해 가능한 것이어야 하므로, 차용증서, 영수증, 은행예금증서 등은 유가증권으로 볼 수 없다.

(나) 압류재산의 매각

매각은 체납자의 압류재산을 금전으로 환가하는 것을 의미한다. 매각의 법적 성질에 관하여는 행정처분설과 사법계약설(채무자와 매수인 사이의 매매)이 나누어져 있는 가운데, 판례[40]는 전자의 입장을 취하고 있다.

(다) 청 산

청산은 체납처분에 의하여 수령한 금액을 체납세금, 기타의 공과금, 담보채권 및 납세자에게 배분하는 행정작용을 말한다.

Ⅴ. 납세의무의 소멸

납세의무가 소멸되는 주된 원인으로는 다음과 같은 것이 있다.

1. 납세의무의 이행

(1) 이행자

조세는 납세의무자에 의하여 이행되는 것이 보통이나, 반드시 그래야만 하는 것은 아니다. 납세의무자가 이행 전에 사망한 경우에는 그 의무는 상속인 또는 재산관리인에게 이전되며, 그 상속인 또는 상속재산관리인이 상속재산을 한도로 의무를 이행함으로써 소멸된다(국세기본법 24조).

한편, 납세의무자인 법인이 합병되었을 때에는 합병 후 존속하는 법인 또는 합병에 의하여 설립된 법인이 그 의무를 이행하여야 한다. 또한 납세의무는 납세보증인·연대납세의무자·양도담보권자·제2차 납세의무자 또는 그 밖의 제3자에 의한 이행에 의해서도 소멸된다.

(2) 이행방법

납세의무의 이행은 금전으로 하는 것이 원칙이나, 현물(상속세 및 증여세법 73조, 지방세법 117조 등), 인지(인지세법 8조) 등에 의한 이행이 허용되는 경우도 있다.

2. 시 효

납세의무는 시효에 의해서도 소멸한다. 국세징수권의 소멸시효는 5억원 이

40) 예컨대, 「과세관청이 체납처분으로서 행하는 공매는 우월한 공권력의 행사로서 행정소송의 대상이 되는 공법상의 행정처분이다」(대판 1984. 9. 25, 84누201) 등으로 판시하고 있다.

상의 국세는 10년, 5억원 미만의 국세는 5년이며, 이러한 소멸시효에 대해서는 「국세기본법」 또는 세법에 특별한 규정이 있는 경우를 제외하고는 민법에 따른다(국세기본법 27조 1항 및 2항). 지방세징수권의 경우에는 가산세를 제외한 지방세의 금액이 5천만원 이상인 경우에는 10년, 5천만원 미만인 경우에는 5년의 소멸시효를 규정하고 있다(지방세기본법 39조 1항). 한편, 관세징수권의 소멸시효는 5억원 이상의 관세(내국세를 포함한다. 이하 같다)는 10년, 5억원 미만의 관세는 5년이며, 납세자의 과오납금 또는 그 밖의 관세의 환급청구권의 소멸시효 역시 5년이다(관세법 22조 1항 및 2항).

소멸시효의 중단 및 정지와 관련하여, 국세징수권의 경우 납세고지, 독촉 또는 납부최고, 교부청구, 압류로 소멸시효가 중단되며(국세기본법 28조 1항), 세법에 따른 분납기간 · 징수 유예기간 · 체납처분유예기간 · 연부연납기간 · 세무공무원이 제기한 사해행위 취소소송 또는 채권자대위소송이 진행중인 기간의 경우에는 소멸시효가 진행되지 아니한다(동법 28조 3항). 시효중단의 효과는 중단사유가 있는 부분에 대해서만 발생한다.

[판례] ㉮ 조세는 국가존립의 기초인 재정의 근간으로서, 세법은 공권력 행사의 주체인 과세관청에 부과권이나 우선권 및 자력집행권 등 세액의 납부와 징수를 위한 상당한 권한을 부여하여 공익성과 공공성을 담보하고 있다. 따라서 조세채권자는 세법이 부여한 부과권 및 자력집행권 등에 기하여 조세채권을 실현할 수 있어 특별한 사정이 없는 한 납세자를 상대로 소를 제기할 이익을 인정하기 어렵다.

㉯ 다만 납세의무자가 무자력이거나 소재불명이어서 체납처분 등의 자력집행권을 행사할 수 없는 등 구 국세기본법 제28조 제1항이 규정한 사유들에 의해서는 조세채권의 소멸시효 중단이 불가능하고 조세채권자가 조세채권의 징수를 위하여 가능한 모든 조치를 충실히 취하여 왔음에도 조세채권이 실현되지 않은 채 소멸시효기간의 경과가 임박하는 등의 특별한 사정이 있는 경우에는, 그 시효중단을 위한 재판상 청구는 예외적으로 소의 이익이 있다고 봄이 타당하다.

㉰ 국가 등 과세주체가 당해 확정된 조세채권의 소멸시효 중단을 위하여 납세의무자를 상대로 제기한 조세채권존재확인의 소는 공법상 당사자소송에 해당한다(대판 2020. 3. 2, 2017두41771).

3. 기 타

그 밖에 부과처분의 취소, 국세환급금의 충당(동법 51조 2항) 등에 의해서도 납세의무는 소멸한다.

Ⅵ. 세무행정구제 및 과오납반환청구

기본사례

서울시 서초구 세무서장 乙이 부과한 법인세 부과처분에 대하여 甲주식회사가 취소소송을 제기하려면 어떠한 전치절차를 거쳐야 하는가?

1. 과세전적부심사

세무조사 결과에 대한 서면통지, 그 밖에 대통령령으로 정하는 과세예고 통지를 받은 자는 통지를 받은 날부터 30일 이내에 통지를 한 세무서장이나 지방국세청장에게 통지 내용의 적법성에 관한 심사(과세전적부심사)를 청구할 수 있다. 다만, ①「국세징수법」 제9조에 규정된 납기전징수의 사유가 있거나 세법에서 규정하는 수시부과의 사유가 있는 경우, ②「조세범 처벌법」 위반으로 고발 또는 통고처분하는 경우, ③ 세무조사 결과 통지 및 과세예고 통지를 하는 날부터 국세부과 제척기간의 만료일까지의 기간이 3개월 이하인 경우, 그 밖에 대통령령으로 정하는 경우에는 그러하지 아니한다(국세기본법 81조의15).

본래 이 제도는, 그 동안 국세청훈령을 통하여 실시해 오던 것인데, 법률개정을 통해 2000년 1월부터 시행하게 되었다.

2. 행정쟁송

(1) 행정심판

조세의 부과 · 징수에 관한 행정심판에 관해서는 「행정심판법」의 적용이 배제되고(국세기본법 56조 1항 등), 「국세기본법」 · 「관세법」 · 「지방세법」이 적용된다.

(가) 「일반국세」에 대한 심판절차

구 「국세기본법」은 국세에 대한 심판절차를 필요적 이심제, 선택적 삼심제로 구성하고 있었다. 즉 국세의 부과 · 징수에 관한 처분에 불복하여 다투는 심판절차로서, 국세청장에 대한 심사청구와 국세심판소장에 대한 심판청구를 필수적으로 제기하고, 심사청구를 하기 전에 세무서장 또는 지방국세청장을 상대로 하는 이의신청을 제기할 있도록 하고 있었다. 그러나 납세자의 신속한 사법적 권리구제를 위하여 1999년 8월 31일에 개정된 「국세기본법」에서는 국세에 관한 처분 등에 대하여 불복하는 경우 그 절차를 심사청구와 심판청구 중 하나만 거치면 행정소송을 제기할 수 있도록 하였다. 동일한 처분에 대하여 심사청구와 심판청구를 중복하여 제기할 수 없도록 하였다. 다만 심사청구 또는 심판청구에 앞서 이의신청을 할 수 있다(동법 55조).

① **이의신청**: 국세의 부과와 징수에 관한 처분에 대하여 이의가 있는 자는, 국세청장이 조사·결정 또는 처리할 처분을 제외하고서는, 불복의 사유를 갖추어 처분을 하였거나 하였어야 할 세무서장이나 지방국세청장에게 이의신청을 할 수 있다(동법 55조 3항·66조). 이의신청은 필요적 절차가 아니라 임의적 절차이다.

이의신청은 그 처분의 통지를 받은 날로부터 또는 처분이 있었던 것을 안 날로부터 90일 이내에 제기하여야 한다(동법 61조 1항, 66조 6항 참조). 이의신청이 처분의 집행정지의 효력을 발생하지 아니함은 행정심판의 경우에 있어서와 마찬가지이다(동법 57조).

② **심사청구**: 위법·부당한 처분이나 이의신청에 대한 결정에 이의가 있을 때, 또는 이의신청의 결정기간 내에 결정의 통지가 없을 때에는 처분세무서장을 거쳐 국세청장에게 심사청구를 할 수 있다(동법 62조 1항). 심사청구는 당해 처분이 있는 것을 안 날 또는 처분의 통지를 받은 날로부터 90일 이내에 제기하여야 한다(동법 61조). 심사청구는 처분의 집행정지의 효력을 발생하지 않는다. 국세청장은 심사청구가 있는 때에는 심사청구를 받은 날로부터 90일 이내에 국세심사위원회의 심의를 거쳐 결정하여야 한다(동법 64조·65조).

③ **심판청구**: 심판청구는 당해 처분의 통지를 받은 날로부터 또는 처분이 있었던 것을 안 날로부터 90일 이내에 당해 처분을 하거나 하였어야 할 세무서장을 거쳐 조세심판원장에게 하여야 한다(동법 68조 1항·69조 1항). 이의신청을 거친 경우에는 그에 대한 결정의 통지를 받은 날로부터 90일 이내에 하여야 한다(동법 68조 2항·61조 2항).

심판청구에 대한 결정기관은 국무총리 소속의 조세심판원이다. 조세심판원은 원장과 조세심판관으로 구성되어 있다(동법 67조). 조세심판원장이 심판청구를 받은 때에는 조세심판관회의가 그 심리를 거쳐 이를 결정한다. 다만, 심판청구의 대상이 경미한 경우 등에는 주심조세심판관이 이를 심리하여 결정할 수 있다(국세기본법 78조).

조세심판원의 결정에는 불고불리원칙과 불이익변경금지의 원칙이 적용되며(동법 79조), 그 결정은 관계행정청을 기속한다(동법 80조).

(나) 「관세」에 대한 행정심판

관세에 대한 행정심판으로서 심사청구와 심판청구가 있으나, 국세의 경우와 마찬가지로 행정소송의 필요적 전치절차로서 이 중의 하나만을 거치면 되고, 양자를 중복하여 제기할 수 없다(관세법 119조 8항 · 120조 2항). 한편, 관세의 경우에도 임의적 절차로서 이의신청을 제기할 수 있다(동법 119조 2항).

(다) 「지방세」에 대한 행정심판

지방세에 대한 행정심판은 이의신청과 심사청구(또는 심판청구)의 이심제로 구성되어 있다(지방세기본법 89조 이하).

그런데 헌법재판소가 지방세에 관한 처분에 대하여 이의신청 및 심사청구를 거치지 아니하고는 행정소송을 제기할 수 없도록 규정한 구 「지방세법」 제78조 2항이 행정심판에 사법절차를 준용하도록 한 헌법 제107조 3항 및 재판청구권을 보장한 헌법 제27조 3항에 위반된다고 판시하여, 동 조항은 삭제되었다. 그에 따라 지방세에 관한 처분에 불복하여 행정소송을 제기하는 경우, 이의신청이나 심사청구(또는 심판청구)는 임의적인 전심절차로 되었다.

[판례] 지방세 부과처분에 대한 이의신청 및 심사청구의 심의 · 의결기관인 지방세심의위원회는 그 구성과 운영에 있어서 심의 · 의결의 독립성과 공정성을 객관적으로 신뢰할 수 있는 토대를 충분히 갖추고 있다고 보기 어려운 점, 이의신청 및 심사청구의 심리절차에 사법절차적 요소가 매우 미흡하고 당사자의 절차적 권리보장의 본질적 요소가 결여되어 있다는 점에서 지방세법상의 이의신청 · 심사청구제도는 헌법 제107조 제3항에서 요구하는 '사법절차 준용'의 요청을 외면하고 있다고 할 것인데, 지방세법 제78조 제2항은 이러한 이의신청 및 심사청구라는 2중의 행정심판을 거치지 아니하고서는 행정소송을 제기하지 못하도록 하고 있으므로 위 헌법조항에 위반될 뿐만 아니라, 재판청구권을 보장하고 있는 헌법 제27조 제3항에도 위반된다 할 것이며, 나아가 필요적 행정심판전치주의의 예외사유를 규정한 행정소송법 제18조 제2항, 제3항에 해당하는 사유가 있어 행정심판제도의 본래의 취지를 살릴 수 없는 경우에까지 그러한 전심절차를 거치도록 강요한다는 점에서도 국민의 재판청구권을 침해한다 할 것이다(헌재 2001. 6. 28. 2000헌바30).

(2) 감사원에 대한 심사청구

「감사원법」에 의하면 감사원의 감사를 받는 자의 직무에 관한 처분 기타의 행위에 대하여 이해관계 있는 자는 감사원에 심사청구를 할 수 있으므로(동법 43조 1항),

국세·관세·지방세에 관한 처분에 대하여도 감사원에 심사청구를 할 수 있다.

감사원에 대해 심사청구를 제기하였거나 제기하여 그 결정을 받은 때에는 「국세기본법」·「관세법」상의 심사청구나 심판청구를 제기할 수 없으며(국세기본법 55조 1항, 관세법 119조 1항), 지방세법상의 이의신청이나 심사청구를 제기할 수 없다(지방세기본법 89조 2항). 따라서 청구인은 처음부터 불복하려는 처분에 대해, 감사원에 대한 심사청구를 제기할 것인지, 아니면 조세 관련법상의 심판절차를 거칠 것인지를 선택하여야 한다.

다만, 「국세기본법」·「관세법」상의 이의신청은 임의적 절차로서 이의신청을 제기한 경우에도 감사원에 대한 심사청구기간 내에 있는 한 감사원에 대한 심사청구의 제기가 불허되는 것은 아니다. 감사원에 대한 심사청구기간은 처분이 있은 것을 안 날로부터 90일 이내이다.

「감사원법」은 감사원의 심사청구에 대한 결정에 대하여 불복하는 경우에 결정의 통지를 받은 날로부터 90일 이내에 처분청을 피고로 하여 행정소송을 제기할 수 있도록 규정하고 있다(동법 46조의2). 이러한 점에 비추어 감사원의 심사청구제도는 실질적으로 행정소송과의 관계에 있어서 전심절차로서의 성질을 갖는 것으로 이해될 수 있다.

(3) 행정소송

조세(일반국세·관세 및 지방세)에 관한 처분에 불복이 있는 자는 궁극적으로 법원에 행정소송을 제기할 수 있다. 조세에 관한 행정소송 역시 특별한 규정이 없으면 「행정소송법」이 정한 바에 따른다. 다만, 「국세기본법」 및 「관세법」은 행정심판·제소기간과 관련하여 「행정소송법」 제18조·제20조에 대한 특칙을 두고 있다(국세기본법 56조, 지방세기본법 98조, 관세법 120조).

위에서 살펴 본 바와 같이, 일반국세와 관세의 경우에 행정소송은 심사청구 또는 심판청구와 그에 대한 결정을 거치지 아니하면 제기할 수 없다(국세기본법 56조, 지방세기본법 98조, 관세법 120조). 다만 대법원은 일정한 경우에 예외를 인정하고 있다.

[판례] 조세행정에 있어서 2개 이상의 같은 목적의 행정처분이 단계적·발전적 과정에서 이루어진 것으로서 서로 내용상 관련이 있다든지, 조세행정소송 계속 중에 그 대상인 과세처분을 과세관청이 변경하였는데 위법사유가 공통된다든지, 동일한 행정처분에 의하여 수인이 동일한 의무를 부담하게 되는 경우에 선행처분에 대하여 또는 그 납세의무자들 중 1인이 적법한 전심절차를 거친 때와 같이, 국세청장과 조세심판원으로 하여금 기본적 사실관계와 법률문제에 대하여 다시 판단할 수

있는 기회를 부여하였을 뿐더러 납세의무자로 하여금 굳이 또 전심절차를 거치게 하는 것이 가혹하다고 보이는 등 정당한 사유가 있는 때에는 납세의무자가 전심절차를 거치지 아니하고도 과세처분의 취소를 청구하는 행정소송을 제기할 수 있다고 할 것이나, 그와 같은 정당한 사유가 없는 경우에는 전심절차를 거치지 아니한 채 과세처분의 취소를 청구하는 행정소송을 제기하는 것은 부적법하다(대판 2014. 12. 11, 2012두20618. 동지 판례: 대판 2009. 5. 28, 2007두25817).

제소기간은 심사청구 또는 심판청구에 대한 결정의 통지를 받은 날로부터 90일 이내로 하되, 법정의 결정기간(심사청구의 경우에는 90일, 심판청구의 경우에는 90일) 내에 결정의 통지를 받지 못한 경우에는 결정의 통지를 받기 전이라도 그 결정기간이 경과한 날로부터 행정소송을 제기할 수 있다(국세기본법 56조, 지방세기본법 98조, 관세법 120조).

한편, 지방세의 경우에는 이의신청이나 심사청구(또는 심판청구)를 거치지 아니하고 바로 행정소송을 제기할 수 있다.

3. 과오납반환청구

(1) 의 의

과오납금이란 법률상 조세로서 납부해야 할 원인이 없는 데도 불구하고 납부되어 있는 금전으로서, 이것은 일종의 부당이득이므로 그의 납부자는 당연히 반환청구권을 가지며, 국가 또는 지방자치단체는 이것을 반환하여야 할 의무를 진다. 다만 과오납의 원인이 과세처분 등 행정처분에 의하여 발생한 경우에는 그 행정처분이 취소되기까지는 그 납부는 법률상의 원인에 의한 것이므로 환부청구권은 발생하지 않는다고 보아야 할 것이다.[41]

(2) 과오납금의 발생

세금의 과오납은 ① 위법 · 부당한 과세처분에 의하여 납부한 후에 동 과세처분이 취소 · 변경된 경우, ② 과세처분이 무효인 경우, ③ 납세자의 착오로 초과납부한 경우, ④ 체납처분의 종료 등에 의하여 발생한다.

(3) 과오납금의 처리

과오납된 세금 · 가산금 · 체납처분비와 과오납금 등은 다른 조세 · 가산금 ·

41) 과오납반환청구를 포함한 공법상의 부당이득반환청구에 대한 상세는 김남진 · 김연태(I), 794면 이하 참조.

체납처분비 등에 충당하고 그 나머지는 환부한다(국세기본법 51조, 관세법 46조, 지방세기본법 60조 참조).

(4) 환부가산금

과오납한 세금·가산금·체납처분비 및 그 이자를 환부하거나 다른 조세채무에 충당하거나 지급할 때에는 대통령령으로 정하는 국세환급가산금 기산일부터 충당하는 날 또는 지급결정을 하는 날까지의 기간과 금융회사 등의 예금이자율 등을 고려하여 대통령령으로 정하는 이자율에 따라 계산한 국세환급가산금을 국세환급금에 가산하여야 한다(국세기본법 52조, 지방세는 지방세기본법 62조, 관세는 관세법 48조 참조).

사례해설

사안의 경우 甲이 다투고자 하는 대상은 법인세 부과처분(이하 당해처분이라 한다)이고 법인세는 국세이며(국세기본법 2조 1호 나목), 국세부과처분에 대하여 취소소송을 제기하려면 필요적으로 국세기본법 소정의 특별 행정심판절차를 거쳐야 한다(56조 2항). 사안의 경우 甲은 당해 처분이 있는 것을 안 날 또는 처분의 통지를 받은 날로부터 90일 이내에 乙을 거쳐(대판 1985. 5. 28, 83누435판결에 의하면 세무서장을 거치지 않고 바로 국세청장에게 심사청구를 하여도 된다) 국세청장에게 심사청구를 하거나 조세심판원장에게 심판청구를 할 수 있다(동법 55조, 56조). 그러나 심사청구와 심판청구를 중복하여 제기할 수는 없다(동법 55조 9항). 만일 乙에게 또는 乙을 거쳐 서울지방국세청장에게 이의신청을 한 경우에는(이의신청은 임의적 절차이다. 동법 55조 3항) 이의신청에 대한 결정문을 송달받은 날로부터 90일 이내에 심사청구나 심판청구를 하여야 한다(동법 61조 2항 본문). 그리고 당해 처분이 있은 것을 안 날로부터 90일 이내에 乙을 거쳐 감사원에 심사청구를 할 수도 있다(감사원법 43조).

판례색인

[헌법재판소]

[대법원]

[하급심]

사항색인

[ㅈ]

[ㅊ]

[ㅌ]

[ㅍ]

[ㅎ]

[저자약력]

金 南 辰

서울대학교 법과대학, 동 대학원 수료
네덜란드 Institute of Social Studies 수료
독일 Freiburg대학교 객원교수
사법시험 · 행정고시 등 시험위원
한국공법학회 회장
한국행정법학회 이사장
국무총리행정심판위원회 위원
고려대학교 법과대학 교수
현재 대한민국학술원 회원

〈저 서〉

行政法 I (共著), 法文社
行政法 II (共著), 法文社
行政法의 基本問題, 法文社
行政法演習(共著), 考試硏究社
客觀式 行政法(共著), 經世院
主觀式 行政法(共著), 經世院
土地公法論(共著), 經世院
경찰행정법, 경세원

金 連 泰

고려대학교 법과대학(법학사)
고려대학교 대학원(법학석사)
독일 Osnabrück대학교 법과대학(법학박사)
변호사시험, 사법시험, 행정고시, 외무고시, 입법고시, 지방고시 등 시험위원
중앙행정심판위원회 위원
헌법재판소 헌법연구위원
국가경찰위원회 위원
현재 고려대학교 법학전문대학원 교수

〈저 서〉

行政法 I (共著), 法文社
行政法 II (共著), 法文社
行政法事例演習, 弘文社
稅法(共著), 法文社
행정법객관식연습(공저), 박영사
경찰법연구(공저), 세창출판사
경찰관 집무집행법(공저), 박영사
환경보전작용연구, 고려대학교 출판부

行政法 Ⅱ [제28판]

1989년 4월 25일	초판 발행	2011년 3월 25일	제15판 발행
1991년 3월 20일	제2판 발행	2012년 3월 25일	제16판 발행
1994년 9월 5일	제3판 발행	2013년 3월 25일	제17판 발행
1995년 2월 20일	제4판 발행	2014년 3월 25일	제18판 발행
1996년 3월 5일	제5판 발행	2015년 3월 15일	제19판 발행
2000년 3월 20일	제6판 발행	2016년 3월 15일	제20판 발행
2002년 3월 15일	제7판 발행	2017년 3월 30일	제21판 발행
2004년 9월 10일	제8판 발행	2018년 3월 15일	제22판 발행
2005년 3월 10일	제9판 발행	2019년 3월 25일	제23판 발행
2006년 3월 22일	제10판 발행	2020년 3월 25일	제24판 발행
2007년 3월 5일	제11판 발행	2021년 3월 25일	제25판 발행
2008년 3월 15일	제12판 발행	2022년 6월 20일	제26판 발행
2009년 3월 27일	제13판 발행	2023년 3월 25일	제27판 발행
2010년 3월 25일	제14판 발행	2024년 3월 20일	제28판 발행

著者 金南辰 · 金連泰

發行人 裵孝善

發行處 圖書出版 法文社

주 소 10881 경기도 파주시 회동길 37-29

등 록 1957년 12월 12일 / 제2-76호 (윤)

전 화 (031)955-6500~6 FAX (031)955-6525

E-mail (영업) bms@bobmunsa.co.kr

(편집) edit66@bobmunsa.co.kr

홈페이지 http://www.bobmunsa.co.kr

조 판 법 문 사 전 산 실

정가 53,000 원

ISBN 978-89-18-91487-9

불법복사는 지적재산을 훔치는 범죄행위입니다.

이 책의 무단전재 또는 복제행위는 저작권법 제136조 제1항에 의거, 5년 이하의 징역 또는 5,000만원 이하의 벌금에 처하게 됩니다.